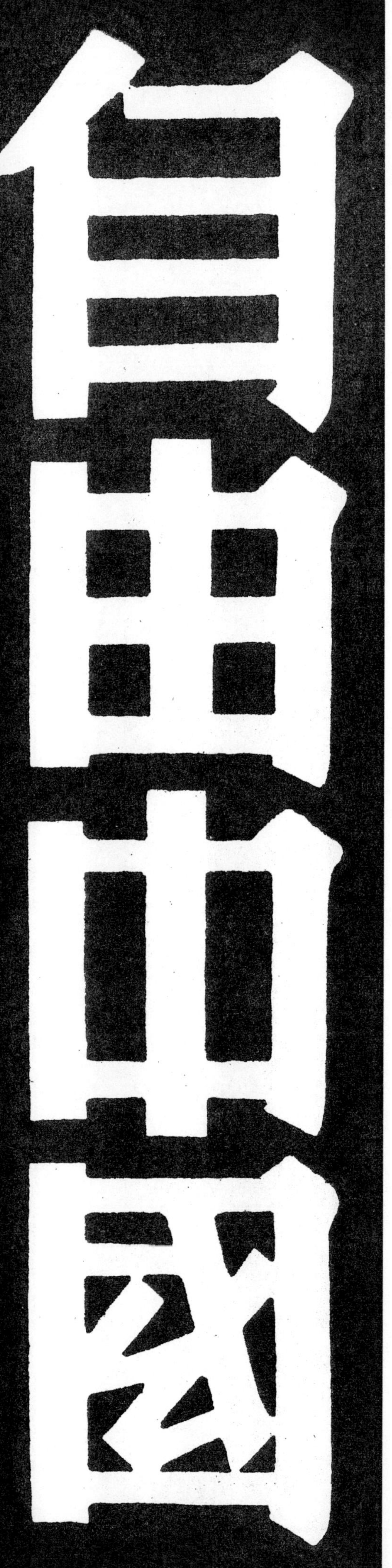

FREE CHINA

合訂本 第四集

（第五卷）

中華民國四十一年一月一日出版

社址：臺北市金山街一巷二號

自由中國合訂本第四集要目

第五卷　第一期

我們的立場……社論
韓戰一年對於世界的影響……社論
政治作風和人情味……夏道平
論革命……羅鴻詔
臺灣之農業……陳世璨
臺灣之水利……陳克誠
與刼後王孫話將來……曾英奇
西班牙怎樣反共……警雷
血染皖南……君健
五月的癸村……歐陽賓
百年罪惡……仲孚譯
我看傻當順兒……鐘梅音

第五卷　第二期

開城談判的裏面觀……社論
傳統與革新……雷震
論澳洲的外交政策及其對中共的態度……孫宏偉
臺灣的畜牧……戈福江
日本簡化漢字之經過……余蒼白
人變鬼的故事……羊叔子
大陸學人的面面觀……王國復
堆草龍……宛宛
蘇俄囚營十一年記(上)……章生道譯
一九八四年……海光

第五卷　第三期

願美國勿再鑄大錯……社論
談教育機會均等問題……王雲五
論政治責任……夏道平
中共統治技術的剖視……邵德潤
園藝事業在臺灣……陸之琳
艾森豪威爾與西歐……安道
西班牙留學生的憤怒……不文
游擊英雄馳閩江……曼青
覺醒……苓
一位馳譽法國藝壇的中國畫家……蘇雪林
憶高劍父先生……祝秀俠
蘇俄囚營十一年記(中)……章生道譯

第五卷　第四期

有容乃大……社論
對日和約中國參加問題……黃正銘
共黨語言可以襲用嗎？……殷海光
論美澳紐三國安全公約……孫宏偉
臺灣之森林……朱惠方
解除整肅與右傾危機……袁固
西班牙近事……警雷
中共怎樣奴役工人階級……丹心
陸小曼的房子與匪區貪汚……雪人
百科全書的故事……吳魯芹
蘇俄囚營十一年記(下)……章生道譯

第五卷　第五期

寫在舊金山和會的前面……社論
致本社的一封信……胡適
十年來中美關係急遽惡化的原委……胡適
美國應如何爭取主動遏止侵略……黃雪邨
入學考試不及格怎麼辦？……毛子水
『共黨語言可以襲用嗎？』書後……雷震
臺灣應實施的林業政策……王子定
印尼共產黨……津棠
杜威訪澳紀聞……胡慧
「特等功臣」縱火犯……李楚
遙念祖國……來乙
臨別的光(上)……水姬
馬克思與社會科學者……劉世超譯
史達林與毛「主席」……涂允綏譯
極權對民主自由的威脅……海光

第五卷　第六期

「九一八」廿週年敬告日本人民……社論
陳院長致胡適之先生函
中山思想之新綜析……錢穆
論和平……羅鴻詔
個人與國家……李中直
史達林陰謀攫取中國的鐵證……吳相湘
法國整軍問題……警雷
沙坪壩風光黯淡……丘宛如
一個「階級本質」的例證……晉文
臨別的光(下)……水姬
辯證法和黑格爾的歷史神學……聶華苓譯

第五卷 第七期

言論自由的認識及其基本條件……社論
輿論與民主政治……雷震
馬克斯經濟學批評(上)……胡原道
日本文字的改革運動……梁容若
臺灣土壤概況與農林利用……梁鉅榮
且看鹿死誰手……石達生
南漪湖上的反共英雄……江鳳
血的洗禮……歐陽賓
梁啓超徐志摩論俄帝……吳相湘
文明是怎樣創造的？……海光

第五卷 第八期

剖視人和魔鬼的談判……社論
中共將亡於「宣傳」……成舍我
從一個國家來看心、物、與非心非物……徐復觀
馬克思經濟學批評(下)……胡原道
臺灣特產香茅油……洪北江
從世界大勢看臺灣前途……伴耘
義和團幽靈復活……梅川克
蕭軍之死……陳紀瀅
自由的謳歌……惜夢
從中東問題說到非洲的戰略地位……幼麟譯
在東南亞的中國人……孫宏偉

第五卷 第九期

軍法與普通司法的劃分……社論
論「化佃農爲自耕農」……張丕介
橫臥在東西羅馬之間的三億回教徒往那裡去？……李中直
公教人員待遇辦法的檢討與改善芻議……林炳康
共產黨如何左右了美國輿論……許思澄
幼稚的左派爲患日本……苗劍秋
日本社會黨左派的剖析……高臨渡
與潘重規先生論紅樓夢(上)……李辰冬
福萊斯特爾陰魂的控訴……朱可立譯
科學與社會……海光

第五卷 第十期

本刊第三年的開始……社論
英國大選的教訓……社論
兩年來本刊內容的分析和檢討……夏道平
民主政治就是民意政治……雷震
民本主義與民主主義……羅鴻詔
民主政治的起脚點……申思聰
中東的缺口……范叔寒
戰後法國新經濟政策……郭垣
從東京看中日和約前途……余蒼白
從胡適之陳獨秀談起……常思談，王約翰
客從長春來……祁自珍
與潘重規先生論紅樓夢(下)……李辰冬
布爾雪維克對民主的曲解……王正路譯

第五卷 第十一期

再向日本人民進一言……社論
從民權初步論精誠團結……張佛泉
苦撐待變……杭社武
「苦撐待變」與反共抗俄必勝信念……吳相湘
談明年美國大選……陳香梅
法共動態……警雷
西德整軍問題……安道
蕭軍之死與赤色文人的末路……辛叔子
陳毅與饒漱石間的暗鬪……柳甦生
海外心影……陶藍
糾正世人對共產主義的錯覺……召中譯
自由人(美國出版)……海光

第五卷 第十二期

反共與團結——本刊一貫的主張……社論
民主政治就是輿論政治……雷震
論巴斯底的鑰匙……李中直
泰國政變與東南亞局勢……張任飛
北方學人的悲劇……梵星
縱觀世局話和平……伴耘
爲日本前途憂……苗劍秋
我的父親……段永蘭
霍夫曼論自由……聶華苓譯
封建式的現行公文程式應予改革……余崇華

定價：平裝每册三十五元
精裝每册四十五元

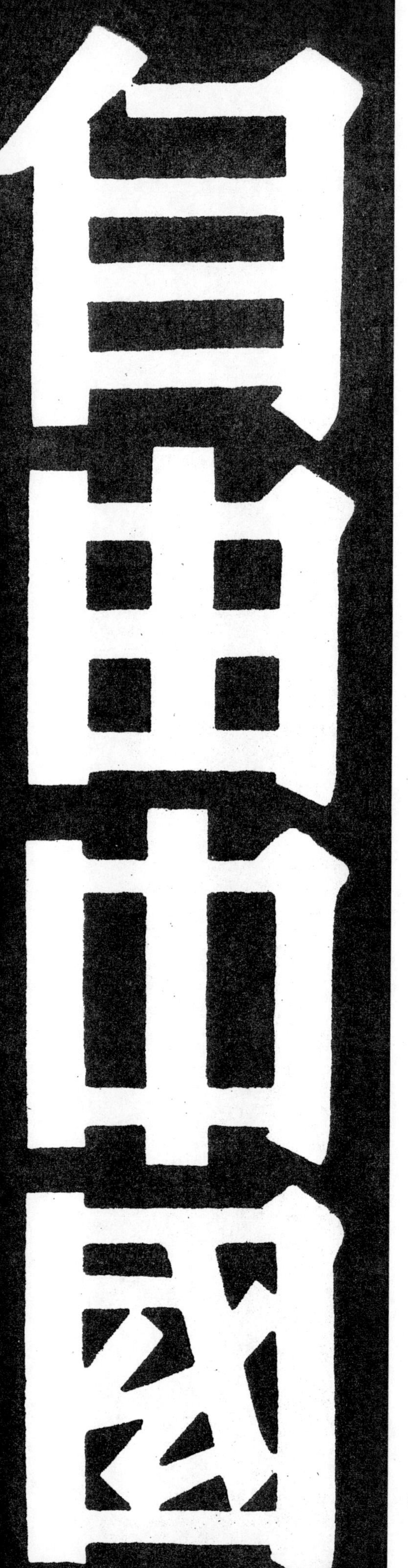

FREE CHINA

第五卷 第一期

要目

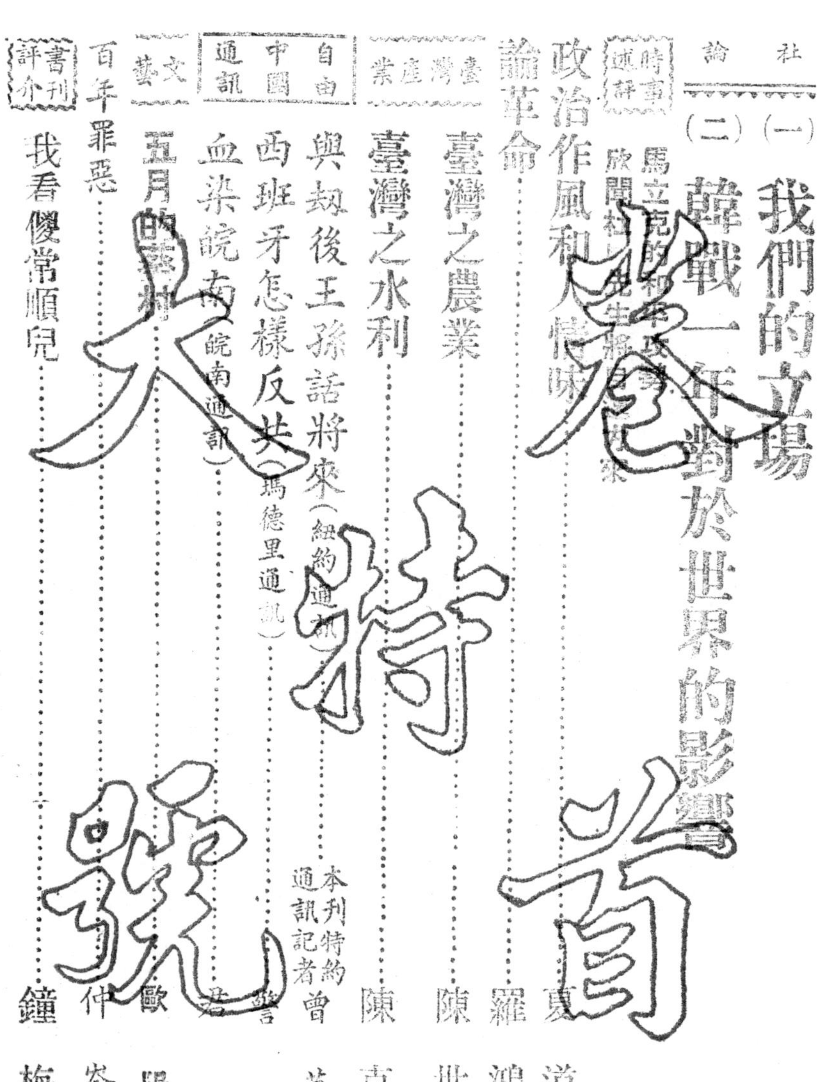

社論
(一)我們的立場
(二)韓戰一年對於世界的影響
時事述評
馬立克的和平攻勢
欣聞杜[illegible]先生[illegible]來
政治作風和人情味……夏道平
論革命……羅鴻詔
臺灣產業
臺灣之農業……陳世璨
臺灣之水利……陳克誠
自由中國通訊
與舅後王孫話將來(紐約通訊)……本刊特約通訊記者 曾英奇
西班牙怎樣反共(馬德里通訊)……警雷
血染皖南(皖南通訊)……君健
文藝
五月的[illegible]……歐陽實
百年罪惡……仲岑譯
書刊評介
我看傻常順兒……鐘梅音

中華民國四十年七月一日出版
社址：臺北市金山街一巷二號

半月大事記

六月十日（星期日）

美總統特使杜勒斯抵巴黎，與法政府商談對日和約問題。

韓境聯軍佔領鐵原、金化兩重要地區。

蘇俄政府就對日和約問題照會美國，重申共五月七日之建議，仍圖阻擾和約之進行。

六月十一日（星期一）

美國務院發言人麥克讀德宣稱：美國將拒絕蘇俄關於對日和約之建議。

美國防部長馬歇爾離日返美。

美參謀首長會議主席布萊德雷自歐洲返抵華府。

美空軍部長芬勒特飛抵東京。

英代表團抵伊京德黑蘭與伊朗政府談判石油國有問題。

我出席聯合國首席代表蔣廷黻，駐美大使館參事陳之邁，否認中國在美有所謂「遊說組織」。

我駐韓大使邵毓麟奉召返臺述職。

六月十二日（星期二）

臺灣省參議會第十一次大會揭幕。

魏德邁將軍在參院作證，主張聯軍自韓撤退，並與蘇俄斷絕外交關係。

韓國會議員金東成抵臺訪問。

六月十三日（星期三）

美總統特使杜勒斯由法返英，與英政府續商對日和約。

行政院院會通過修訂戡亂時期臺灣省准許人民入境出境暫行辦法，放寬限制並簡化申請手續。

六月十四日（星期四）

外長葉公超發表聲明，强調中國具有與其他盟國平等參加簽訂對日和約之權利。

英政府發表公報，宣佈英美間就對日和約問題已獲致完全協議。

美國務院發表聲明，對杜勒斯與英政府間關於對日和約商談所獲致的協議，表示滿意。

韓境聯軍攻入卅八線北廿英里之平康。

伊朗政府宣佈，英伊石油公司必須事先同意繳出該公司全部收益，始能舉行談判。

六月十五日（星期五）

美空軍部長芬勒特視察完畢，離日返美。

美總統特使杜勒斯結束與英法兩國之商談，飛返華府，向杜魯門總統提出報告。

美英法三國照會蘇俄，要求直接召開四國外長會議，不必經由四外長代表商訂議程。

中央社倫敦合衆電：官方證實美英法三國政府業已同意以一億五千萬經援南斯拉夫，美國提供全數的三分之二，英國四分之一，法國八分之一。

美國家安全委員會咨請國會寬限九十天執行對資共國家停止經援案。

六月十六日（星期六）

美政府列舉貨單就對中、韓共禁運實施情形向聯合國提出報告。

美前國防部長詹森在參院作證稱，如果蘇俄選擇戰爭，美國將贏得勝利。

盟總以備忘錄通知日本政府，取消特別整肅案。

伊朗總理摩沙德同意再予英伊石油公司以四十八小時之限期答覆最後通諜。

韓境共軍進入平康，搶移物資。

六月十七日（星期日）

日首相吉田謁盟軍統帥李奇威將軍，商討和約中的中國代表權問題。

法衆議院改選，戴高樂派獲一百十七席，共產黨獲一百〇二席，中間派獲二百八十三席。

六月十八日（星期一）

蔣總統發表談話，聲明參加對日和約權絕不容疑，任何含歧視性條件，中國均不接受。

英外相摩理遜致函伊朗總理摩沙德要求以友好態度進行談判。

六月十九日（星期二）

白吉爾中將在美參院作證，反對承認中共，力主支持國軍反攻大陸。

英法政府正式通知聯合國，已履行五月十八日聯大決議案，實施對中韓共戰略物資之禁運。

我駐美大使顧維鈞訪美助理國務卿魯斯克，表明中國政府對參加對日和約所持之態度。

六月二十日（星期三）

赫爾利在參院作證，譴責國務院外交政策背離美國原則，並斥雅爾達協定出賣中國。

麥帥拒絕再度出席參院作證。

英伊談判決裂，伊總理摩沙德下令接收英伊石油公司，惟仍保證石油之對外供應。

美國務卿艾其遜發表聲明，希望伊朗政府重行考慮其使石油談判破裂的行動。

英內閣舉行緊急會議，商討伊朗危機。

六月廿一日（星期四）

日本政府宣佈解除七萬日人的整肅處分。

伊朗國會對摩沙德不妥協政策投信任票。

英下院召開緊急會議，討論伊朗危機。

美駐伊大使格拉第謁伊朗國王提出解決石油爭議的緊急呼籲。

韓境聯軍進入開城。

杜魯門總統下令設心理戰略委員會，對付蘇俄及其附庸國之冷戰，並任命前陸長格萊為負責人。

六月廿二日（星期五）

英政府要求國際法院以臨時裁決書制止伊朗政府接收英伊石油公司。

四外長代表會議破裂，美英法代表發表聯合聲明，譴責蘇俄應負阻撓會議之責。

美對日和約協商副代表艾理生抵馬尼拉與菲政府商談對日和約。

六月廿三日（星期六）

聯合國秘書長賴伊分函卅九個聯合國國家，要求考慮派軍援韓。

美衆院通過七十二億元增稅案。

日本政府宣佈新經濟政策，保證與自由世界合作。

社論

（一）我們的立場

本刊出版到現在，已滿四卷了。除卻每期登載的「自由中國的宗旨」外，我們於創刊號出版時曾有一發刊詞，於第三卷的首期復有一卷頭語。這些文字，都可以使我們的態度呈現於讀者的前面，今天似乎無須再煩絮了。但一來因爲現在的讀者或許還有未曾讀到本刊的創刊號和第三卷第一期的，二來因爲我們雖然自始至終固守我們的立場，但因時局的變更，我們立論的重點不能不有轉移的地方，所以我們現在把本刊的立場鄭重的從新述說一番，以期稍有裨益於讀者。

反共抗俄，爲本刊出世的使命。這個至當而不可易的大原則，現在已成爲我們中華民國的國策，自不用我們再在這裏闡釋。不過二年以來，事實的觀察和歷史的推論，都使我們愈加相信這個國策的正大光明。政治上最崇高的目的，自然是世界的永久和平；而要獲得世界的永久和平，非把共產國際的主宰者蘇俄和蘇俄爪牙的政權摧毀不可。我們知道，設使蘇俄的政權一直如現在的下去，則整個歐洲，包括英國在內，不出十年，必爲蘇俄所吞噬。現在克里姆林宮的主人所日夜謀畫的，決不是什麼社會主義的推行，乃是怎樣才可以得到侵略世界的成功。所以反共抗俄，非特是我們正大光明的國策，乃是全世界愛自由愛和平的人所應當以爲職志的。老實說，僅僅「抗」俄還不够；要世界眞正太平，必須「滅」俄。滅俄並不是說殺盡蘇俄的人民，只是把共產極權的俄國變成自由民主的俄國罷了。正名定義，應說反共滅蘇。不過這種事重在實行，不重空話；舊名習用已久，我們亦姑從俗。只希望本刊的讀者，知道我們所謂「反共抗俄」，意即是「反共滅蘇」。

我們以爲世界的永久和平，自然是值得人類以極大的代價去換取的。在這個原子時代中，如果世界沒有永久的和平，人類就算不至於立刻滅絕，亦有隨時滅絕的危險。稍有思想的人，應當知道這不是我們故意說出過火的話。而現在世界上黑暗的力量，最爲世界永久和平的障礙的，便是蘇俄。因爲這個緣故，我們雖然極端的憎惡戰爭，雖然想用種種方法以阻止或消滅戰爭，但對於反共抗俄的戰爭則以爲是正當的，是神聖的，是值得我們拚命去幹的。

或以爲蘇俄雖屬狼子野心，但必不至於不知道原子戰爭的危險，不至於情願世界趨於毀滅：或許蘇俄到了心滿意足時，亦能適可而止。這大不然。蘇俄的瘋狂到了現在的程度，決不能知道他自己有什麼危險了。至於人類的滅絕，是蘇俄從來所不以爲意的。蘇俄如果對於人類有幾分道德的心腸，則決不至三十年來，在國內專以屠殺人民爲事，在國外專以製造混亂和悲慘的局面爲事了。至於蘇俄心滿意足的話，那只有全世界人民都服服帖帖的向克里姆林宮屈伏的時候。人類歷史中會有這樣一幕悲劇麼？現在英印的姑息政策，非特損人，亦不利己，就是中了前面那種見解的毒害。

更有一輩怯懦的人，以爲蘇俄已然這樣的橫蠻，我們儘可逆來順受：等到蘇俄統一世界，天下不亦就太平了。這個見解，更爲荒謬！固無論現在世界上文明的民族，十之八九都絕對不願意受蘇俄的管轄的；即令盡皆願意，而極權政治的沒有穩固性，乃是歷史的事實所可證明的。如果全世界人民都受蘇俄的管轄，就最幸運的局面講，這些人民必至於沒有絲毫人生的意義，而人類更沒有任何價值可言；至於社會混亂，文化退步，和平的不能長久持續，那是勢所必至的事情。要靠向蘇俄求太平，眞俗語所謂「請閻王醫病」。現在大陸上有一部分同胞，當初固亦抱極端容忍的態度的；但到現在，悲慘的情形，實有我們所不忍述的。這些人都可以說中了這種荒謬見解的毒害。

自有人類歷史以來，如果有所謂神聖的戰爭，我們現在這個反共抗俄的戰爭便是一個，或者竟是第一個。（歷史中只有解放黑奴的戰爭略可和反共抗俄的戰爭相比擬。）我們生在這個亂世，固然不幸；但我們得有機會在這個大時代中發揮我們固有的仁義道德，從事於這個戰爭，以爲全人類前途造幸福，自是人生最有意義的事情，亦是人生最幸運的事情。凡姑息和怯懦的人們，都因見事不審見理不明的緣故，所以到了誤人誤已的地步。去歲的北韓侵入南韓，完全是出於克里姆林宮的策略。聯合國的組織援韓聯軍，乃是世界性的反共抗俄戰爭的一節。而聯合國恐引起中共的藉口，不請我們派兵參加，致使我枕戈待命的英勇戰士，不能立即揚眉吐氣於朝鮮戰場。但結果中共仍然奉克里姆林宮的命令而派兵入韓。中共加入韓戰後滿了八個月，我政府才接到聯合國籲請派遣軍隊參加援韓的通知書。聯合國過分小心的顧慮，非特不能阻止中共的侵韓，並且延長韓戰的時間。因爲過去八個月裏面，如果有我們訓練優良的國軍在聯軍中，則中共軍隊倒戈反正的定必更多，全韓或早已平定了。

說到這裏，我們對於國民政府二十餘年以來的外交方針，不得不作一番讚美。我們政府對於國際的事情，從善服義，守忠履信，從不玩弄詭譎的手段；如果對世界和平有裨補，即犧牲自己的利益亦所不恤。過去我們對於國際聯盟和聯合國的態度，是值得世界上每個國家效法的。至於蔣總統於抗戰勝利後對日本所採取的寬大政策，尤足表現我國政治道德的崇高。這非特在日本人民中發生極自然的感激，即在我們自己亦覺得有可以自欣慰的地方。

我們政府這種外交政策，非特是我們所極端擁護，亦是我們所應當竭力向世界上的每個人民顯揚的。在這件事情上，弱小的民族，固然應該學我們；就是强大的國家，也應該以我們爲老師。（英國沒有我們這種精神，往往見利忘義；從前毀了一個國際聯盟，現在又打算毀壞聯合國。我們想那些聰明的英國政治家，定必不以英國政府的舉動爲然的。）必須地球上幾個强大的民主國家都有我們這種棄私奉公的精神，然後聯合國才能發揮「世界政府」的力量，而世界的永久和平才可確保。

這是本刊對於世界政治的立場。對於我們自己國內呢？這在本刊發行人所揭出的「自由中國的宗旨」中說得最簡明：「（一）我們要督促各級的政府，切實改革政治經濟，努力建立自由民主的社會；（二）我們要支持並督促政府用種種力量抵抗共產黨的剝奪一切自由的極權政治；（三）我們要盡我們的努力，援助淪陷區域的同胞，幫助他們早日恢復自由；（四）我們的最後目標，是要使整個中華民國成爲自由的中國。」這裏的（二）（三）兩條，含義容易明白，用不着再作詮釋；（一）（四）兩條，則有申明的必要。

我們所以要督促各級的政府切實改革政治經濟，努力建立自由民主的社會，完全是因爲我們國家民族生死存亡的關係。我們現在的政俗，若不痛加改革，我們中華民族實在沒有存在的理由。我們政府的領袖，自身雖勇於改進，然群下固難免良莠不齊。因此，上雖英明，而下仍不免沿襲欺罔的弊俗。這樣下去，國家自難以維持得住。所以我們以督促爲手段，以改革和民主自由爲目的。我們以爲必有督促乃有改革，必有改革乃能漸進於民主。或忠告善道，或提撕警覺，甚或當頭棒喝，都是我們督促的方式。我們所可自信的，我們出言雖戇直，然滿腔忠誠，無非爲國家民族計。間有衝犯「各級政府」的地方，然只就事論事，決沒有私人恩怨羼雜在裏面。我們以爲凡挾持私意以攻訐他人，都是極不高明的舉動：這是我們所絕對不屑做的。又民主政治的建立，要靠健全的輿論來督促，而健全的輿論，對於任何一個具體問題的批評，要以負責的態度來指責，決不能含沙射影或指桑罵槐。過去我們抱這種態度，以後我們仍抱這種態度。我們知道「切實改革」是很難做到的事情，自由和民主更不是一時所可達到的目的；我們的「督促」是否有效，是一個問題。不過如果沒有我們的督促，恐怕更沒有改革的希望。這是我們所以不辭勞怨而負起這個責任的緣故。

復次，「自由中國」這個名詞，是現在人人都用得來的。但本刊當初所以採用牠爲名字，的確是兼取牠的兩種意義的。一是對國際的用法：在這裏，自由便是不受其他國家控制的意思。凡爲聯合國會員國的國家，都應該有這種自由。（蘇俄的衞星國，都是蘇俄的附庸，算不得自由的國家。蘇俄所以讓他們加入聯合國，目的只在叫他們在會場中和民主國家搗亂，並不是以他們爲有自由國家的資格。）一是對本國的用法：在這裡，自由便是指人民享有憲法所賦予的各項自由或指人民享有聯合國「人權宣言」中的各項自由。就後邊這個用法講，我們極知道自由是不容易做到的事情。凡在勢位中的人，不是能夠「內恕己而量人」的，多不肯讓人家有自由；至於修養不是很到家的尋常百姓，亦多不知道應該怎樣去享用自由。但眞正有這兩種可貴的資格的，社會裏面能有幾個。通常以法律爲自由的範圍，雖違反少數哲學家的意見，我們是大致贊成的。但守法又何嘗是容易的事情！國家執法的官吏，枉法或濫用法律以殘害人民的，時有所聞；其他更不待言了。至於人民，能夠安分守法的固多，不知道法律爲何物的亦不少。（官吏中固亦有不知道法律爲何物者！）這樣的想去，便可知道自由的問題不是容易談的了。但自由是人類進步的一種因素，又是民主政治的基礎。國家法律一天存在，我們便可享用憲法上所賦予的自由；聯合國人權宣言一天有效，我們便可希望國家保護我們以享用人們所應得的自由。若世界上到了沒有法律的時候，如現在大陸國土那樣，那當然什麼都談不到。我們現在最大的希望，是全國上下，共同謹守法律！這是創造自由中國的基礎，亦是改革政治最要緊的藥石。

孟子曰，「入則無法家拂士，出則無敵國外患者國恒亡。」現在我們的國家，固不能說沒有敵國外患；但就輿論界的情形而論，則法家拂士實嫌太少。我們雖不敢自居於法家拂士，至少亦以芻蕘自比。我們非特希望政府中人採擇我們的意見，更希望讀者都以我們爲良友。我們的意見豈能盡善盡美，但我們的態度則是十分誠懇的。至於在本刊所發表的言論，當然都歡迎讀者加以批評或討論。

我們應在宣傳和思想方面，去作大大的努力；一方說明西方的立場，一方指出莫斯科勝利對於人類的危機。在這方面花的錢，比實際戰爭中花的錢，效能要大百倍以上。

——羅 素。

社論

（二）韓戰一年對於世界的影響

一九五〇年六月二十五日，韓共首領金日成在史達林嗾使之下，突然進攻南韓。南韓軍應戰，駐日美軍出動馳援，韓國戰事於焉展開，戰事進行至今忽忽已及一年。自地略學的眼光觀察，朝鮮半島除翼護日本以外，本無重大軍略價值。然而，韓戰之進行，在世界反共制俄行動中，有如一氣温測量計，可藉以觀測世界反共制俄的氣候：我們藉韓戰可知極權勢力與自由勢力的盈虛消長。

韓戰爆發，北韓軍全力猛犯。美軍倉促應戰，兵力短少，且不熟悉共軍戰術，接戰不利，逐漸退守釜山外圍。在釜山外圍相持不久，九月十五日，聯軍登陸仁川，戰情丕變。韓共後路被截，幾成甕中之鱉，相率驚惶潰敗，軍力一蹶不振，有組織的抵抗瓦解。聯軍追奔逐北，飲馬鴨綠江畔。韓戰至此，本可告一段落恢復和平。然而，在戰事行將結束之際，中國共黨軍隊以『志願軍』姿態出馬，十一月二十六日直接作戰，於是韓戰進入一新的階段。中國共黨參戰之初，以人海向前衝進，聯軍寡不敵衆，向後轉進。十二月底聯軍撤過三十八度；本年一月四日放棄漢城。十日以後，聯軍戰線穩定於原州與烏州以南一帶。半年以來，兩軍彼往此來，進退拉鋸於三十八度之間。

綜觀這一年來的韓戰，其所予世界政治，軍事，與文化的影響是很重大的。韓戰爆發的警耗一傳至聯合國，安全理事會立即通過議決案，制止戰事，命令北韓撤兵。自此以後，關於三十八度問題，和平條件問題，通過中國共黨為侵略者問題，禁運問題，或一波三折，或懸而不決，或各國步調不一。顯然，配合韓戰的政治措施，不及軍事方面的成就大。這種現象之所以形成，是由於英印諸國之現實主義作祟。然而，所幸美國底態度始終堅定不移。美國在對付共黨蘇俄的問題上，雖不有意激怒共黨蘇俄以掀起大戰，雖開啓和平談判之門，但毫不畏縮，不猶豫。不能讓步的地方則不讓步。

這一切政治措施，美國都在聯合國名義之下行之。美國為什麼這樣緊緊抱着聯合國這塊招牌不放呢？從表面的權宜之計看來，聯合國是空洞的，沒有實力，主要的力量在美國手裡，美國拿着聯合國這塊招牌，不過是藉以孤立蘇俄，壓倒蘇俄而已。

這種看法是只從近利着眼的一種看法。固然，從國際政治當前的現象看來，美國是藉聯合國以制蘇俄，但從更深遠的意義着想，則不止如此。現在，至少在文明國家，個人與個人之間的自然野蠻狀態已經停止了：一個人不能隨意打人罵人，不能像野蠻人那樣隨意奪人之妻。可是國與國之間的自然野蠻狀態還沒有終止：强國可以隨意侵略弱國。這種國與國之間的自然野蠻狀態一日不終止，世界便一日得不到和平。第一次世界大戰以後，各國痛定思痛，美國威爾遜總統要想出一個根本的辦法終止國與國間的這種任意殺伐的自然狀態，於是而有國際聯盟的組織。可是，為實現這一美好的國際組織不旋踵為日本破壞，終於第二次世界大戰爆發。第二次世界大戰期間，同盟國家仍然認為國際聯盟的理想是維繫世界和平之所必須，於是而有一九四二年聯合國組織產生。但是，自第二次世界大戰末期以來，蘇俄繼德日之後，又成為聯合國的一大威脅。美國政治家認為，强國如此橫行，世界禍亂，了無已時。要納各國行動於正軌，必須保持作為國際正義與法治象徵的聯合國。美國之所作所為，就是拿他的實力來支持聯合國這塊招牌。這塊招牌果眞支持起來，强國不敢輕舉妄動，於是就有了權威。聯合國有了權威，於是國際間的糾紛就可在聯合國解決，而不必訴諸武力。這樣一來，世界的永久和平就可實現。所以，美國無論如何，總要抱着聯合國這塊招牌行事。這是美國的傳統思想之表現。

在軍事方面，因着韓戰的刺激，美國人民收束了第二次世界大戰復員以後的鬆懈心情，而着着動員起來，再度負起作民主國家兵工廠的責任，援助各個反共國家，並加强各個戰略基地的武裝。西歐各國也為之驚醒，接受美國的勸告，重整軍備，積極從事反共制俄工作。東南亞各地的反共聯合陣線也在逐漸形成之中。

而比這些工作更為根本的，則為西歐自由文明之重振。政治民主與個人自由本為西歐文明的結晶。可是，這些結晶，西歐人民和美國人民習染太久，儼如呼吸空氣，視同故常，反而不覺其重要；東方人民則多未嘗其滋味。共黨之侵略大韓民國，為直接向民主自由進軍的信號。這一信號，警醒了世界自由人民：自由民主的根本原則已受到直接威脅，不可不急起保衛。共黨在文化戰上已早着先鞭。一八四八年馬克斯共產黨宣言之揭示，即為向西歐自由文明挑戰之近代的第一聲。民主世界自覺在文化戰上已遠落人後，必須亟謀旗鼓重振，以冀從思想文化戰的勝利中贏得根本的勝利。於是，杜魯門提倡『眞理運動』，並進而成立『心理作戰局』。文化戰爭今後當逐漸在全世界展開，喚醒自由的靈魂。

自由人民在此韓戰周年之時，應須齊聲向史達林致謝。史達林自以為算無遺策。而彼所發動之韓戰，則為克姆林宮向自由世界進攻之炮號。這一炮號，明示自由人民：『史達林是不會饒過我們的』。大家奔赴反共制俄的戰線。這一年間，自由人民，無論在反共的軍事政治，或文化方面，都有了長足的成就。而共黨勢力則日在式微之中。我們已經看見赤潮在開始退落。如果大家本此原則堅穩前進，不中途妥協，不中假和平的詭計。最近馬立克所發表的「和平」呼籲，便是一個陰險的騙局，萬萬不能為他所惑。我們相信史達林終于會在自由力量之前失敗；而世界將因此走上眞實的和平與進步的正路。

時事述評

馬立克的和平攻勢

韓戰已經整整打了周年了。民主國家因此得到警惕，就東西兩面建立起防禦來，現在西德的建軍已着着進展，對日和約也接近完成，眼看美國對遠東的積極政策快要形成，政治上和軍事上的反擊便要雙管齊下了。侵略的共黨集團想鬆懈西方的鬪志，於是史大林又微笑起來。最近馬立克的廣播提議韓戰雙方停戰言和，只是這微笑的表示而已。杜威老早已警告過，當心史大的微笑！他說，如果他微笑，我們也報之以微笑，便是要上當的。這兩天賴伊和恩第詹已經報之以微笑了，美英法的當局們因為礙得撇扭太多了，還不敢有明白的表示，但也頗感興奮的樣子，那麼在最近的將來會有怎樣的發展呢？

由聯合國屢次的決議案看來，最要緊的條件便是先行停戰。如果戰火不停，則馬立克提議的直接談判殊難辦到，即在聯合國內談判，也怕提不起多大興趣。所以停火是先決的條件，而戰場上並沒有顯現停戰的跡象。且看中共對內的工作，土改加緊進行，屠殺正在擴大，而獻機獻砲剛剛開始勸派，這些都是準備長期作戰的樣子。他們在報紙上天天誇稱勝利，而且這幾天空軍的出動動輒數十架，其活動區域直到漢城，聯軍前線的官兵都猜測中共又將發動攻勢了。這麼說來，要使談判能够開始都還不是易事。即使談判開始了，雙方的條件能否接近，也是未知之數。誠然這次馬立克的廣播中並沒有提到中共以前所提的三個條件，但也沒有提出代替的條件來，故談判開始後會不會再行提出以事延宕，又有誰能保證？縱使因為兩方謀和心切，互作讓步，以三八線為中心，兩邊劃出相當地域為緩衝地帶，而成立了和議，但是艾其遜的聲明要求共黨保證不再事侵略一事，確實是一個難關。美國的政府固然急於謀和，以打擊擁護麥克亞瑟而反對杜魯門的一派。然若幾個月乃至一年以內北韓又要向南韓進軍，則杜魯門政府的威望只有比今日更加低落，故不再侵略的保證是不能放的棄條件。由共黨方面言之，鐵幕是他們鬪爭的利器，絕對不能揭開的，故絕無許可聯合國派員進入北韓作自由調查的可能。果然則所謂保證只是一紙空言，美國政府自不容易上當，杜魯門要求蘇聯以行動表示和平的誠意，豈不是以揭開鐵幕為條件之一嗎？總之，蘇俄式的和平是壓服的和平，除非全世界各國都和它的附庸國一樣，聽其號令，受其指揮，決沒有和平的可能的，至多也不過暫時休戰罷了。（漸）

欣聞杜威先生將自遠方來

合衆社紐約首府阿爾班尼二十三日電報導說：兩度競選總統失敗的杜威州長今天宣佈，他將於七月二日離舊金山飛往太平洋區域旅行，以便研究那裡的情況云云。這一簡短的電訊，使所有這個區域裡除了共產黨份子以外的人民都不禁感到，將有朋自遠方來，而準備熱切地歡迎。

本來一個國家的一位州長，到世界上某一地區作一種考察性的旅行，是無足輕重的。但這一次「杜威」州長的旅行「太平洋」，其意義却大有不同。

今天的美國居民除了印地安等少數土著以外，百分之九十九的都是來自歐洲及西菲。他們自東向西一直開拓到太平洋岸。事實上隨着十九世紀的翻開，北美合衆國即變成了一個兩洋國家。老羅斯福總統「十九世紀是大西洋的世紀，廿世紀是太平洋的世紀」的警語，並不單單是說明了太平洋的重要性，另一方面更關注了美國的地理位置。但除了西海岸的幾州以外，絕大多數美國人民的目光對於今天世局情勢的發展，並沒有能作平衡的投射。一般美國人之所以會如此，是受了與美國歷史以俱來的傳統心理的支配，無足奇怪，奇怪的到是另一些人——一些所謂美國的政治家們。

貴為政治家者其必有與衆不同之處（但不必是超人）：首先他觀察事情的態度必須是客觀的，不能為任何傳統心理所支配；心情必須是凌空的，不能為任何情感所蒙蔽。然而今天美國當政的袞袞諸公則頗缺乏這種德性。個個都像旋風迷了眼睛，跟隨着歐洲歷史的幽靈狂奔。把「歐洲第一」的原則奉為金科玉律，視為當然。眞是可笑之至。

然而在一個進步的社會裡，人們的靈感是不會窒息的。在這種社會裡，留心的人們常會發現，每當夜深人靜萬籟俱寂之後，往往會有驚人的曠野之呼聲破空而降。自鐵道爾・羅斯福總統喊出了第一聲後，這種聲浪在美國四十八州的地方即時有所聞，到了杜威州長出而競政，所謂「兩洋外交政策」者已經有了具體的化身了。

「兩洋外交政策」是杜威兩次競選的主要口號，但結果都失敗了。然而他並不恢心，更不肯放棄他的主張。杜威之為杜威，就在於他的這種有獨到的見解而更能忠於他的見解上。本來，民主政治的競爭就在於政策的存廢，而不是政權的誰屬。杜威先生競選總統已經有兩次失敗了，他可能還有不只兩次的失敗，然而我們深信有遠見而忠於自己意見的杜威先生，是不會為了取得政權而犧牲他的政策的。

這裡我們謹以知音之地主的身份，等待嘉賓的翩然降臨。（白）

政治作風和人情味

夏道平

以前學童發蒙的時候，第一課教「人之初，性本善」；現在幼稚園的第一本課本，翻開第一頁就是兩個圖形：一隻大狗和一隻小狗，旁邊印的字，是「大狗叫，小狗跳」。教學法顯然是進步了，以具體的圖象代替抽象的理念，作爲知識啓蒙的第一課。可是，學究先生看了搖頭：『不講人性講狗形，斯文掃地！』

政治作風，本來不是政治問題的根本。根本在理念，其次在制度，作風只是末端。但在講授民主第一課的階段，我們覺得，談作風比談理念切實些，容易被接受些。因爲作風是有目共覩的，指出來，大家可給一個好或壞的評判；理念是藏在腦子裏的東西。藏在腦子裏的東西，別人摸不着；而且有的人自己也拿不穩。所以就理念談理念，姓李的儘管是對的，並不能一下子說服姓張的，如果姓張的是權勢中人，則尤其不易說服。所以，我們不講理念，只講作風，猶之乎對發蒙的學童不講人性講狗形。這並不是故意捨本求末，而是想以較爲具體的代替純粹抽象的，讓某些人容易看得進些。

政治，照國父中山先生的說法，「管理衆人的事就叫做政治」。這句話，想是大家聽慣了的，想也是大家一聽到就覺得全懂了的。其實，聽，是聽慣了，懂，却未必大家全懂。「管理」是需要權力的，所以政治權力必須加强。這一點最容易懂，尤其是當政者最會懂到這一點。如果我們以一百分作爲最高分數來評判古今中外當政者對於這一點所懂到的程度，有時我們很可給以一百八十分。可是除「管理」二字以外，這句話的其他部份，就不是那麼簡單易懂了。「衆人的事」，應該包括些什麼，應該不包括些什麼，不僅史達林與杜魯門的答覆不同，即史達林與佛朗哥，杜魯門與艾德禮，他們的辦法也彼此不一樣。這個問題不在話題內，且撇開。本文是談「政治作風和人情味」，我們的着眼點是在「衆人」的「人」字上。

說到「人」，就必然離不開「衆」，尤其是說及「人情味」的場合。如果地球上只有一個你，或者只有一個我，就根本無所謂人情味這個東西。可是我們尤應知道，政治上所謂的「衆人」，是指全體國人，決不是指國以下某個圈子內的人，因此，我們所說的政治作風的人情味，是要國人共同感覺到的人情味，而不是某個小圈子內的徇情，小圈子內的徇情，自然也是人情味，但這種徇情如果超越了應有的限度，侵入到政治範圍，則其政治就是腐化的政治。腐化政治是國人所厭惡所咒罵甚至作爲革命對象的，而不是我們所說的人情味的政治作風。

人情味的政治作風，說得平易一點，就是在以「已之心度人」的前提下所表現出的作風。任何一個人都不會把自己不當做人，因而也決不願別人把他不當做人。那末，以己之心度人，最起碼的，就得在任何場合下把別人當人。儘管你是高官，甚至是一國的元首，他是百姓，甚至是盜匪，以高官或元首的地位對百姓行使治權，或對盜匪課以刑罰，都得時刻記着：大家都是人。寫到這裡，想起兒時所親見的一個故事。這個故事中的人和事，在我的記憶中還是活生生的。故事很美，可也好笑；美的成份，由於其中蘊含着濃厚的人情味。

我鄉有一位姓朱的老前輩，淸末的秀才老爺，性情戇直得像一條牛，其天眞、天眞到個個小孩都喜歡和他做朋友。在他的一群小朋友中，當年的我也是一個。他身體肥碩，好吃酒，尤喜肥魚大肉；口吃，但酷愛唱戲。最奇怪的，他說起話來，眼球直翻，口沫亂飛，結巴得不可開交，可是唱起黑頭來，一點也不脫板。有一天，正是他充當我鄉保衛團團長的第三天，團丁捉到了三個作賊的，團長老爺開堂審問，把他們的屁股打得皮破血流，然後又把他們關進鐵檻的牢內去。晚飯時，朱老爺正想來幾杯的時候，心血來潮忽然想起了這三個賊，馬上叫團丁把他們帶來，他對着這三個賊，態度毫無勉强做作，結結巴巴地說道：「來…來…來，一…一…一同…吃…吃…吃酒！你…你…你們，人…人…人犯…犯…犯了法，肚…肚…肚…肚子…沒…沒…沒…犯法，吃…吃…吃！」這三個賊起先有點忸怩不安，後來邊吃邊談，越談越起勁，飯後他們當中的一個還和團長老爺合唱一段探陰山。酒醉飯飽，餘興也鬧够了，又把這三個賊關進牢內去。這個故事，在現代化的觀念下，未必可以爲訓；若以官僚的眼光看，更是「丢格」。可是當時朱老爺的轄區內再也沒有作賊的了，却是一個事實。「人犯了法，肚子沒犯法，吃，吃，吃！」這句話，這句蘊含着誠摯而溫暖的人情味的話，感人太深了。

時代據說是進化的。二三十年來。中國的政治當然也在進化之列。舊時代所傳爲美談的好官，在現代觀念下自然不值一提，如果你有一點懷古之思，你就是落伍。組織、紀律、控制、打擊，這才是「所謂現代政治」的高度技術，這一套政治技術的運用，是共產黨的拿手好戲，他們確算得是神乎其技矣！

共產黨運用組織、紀律、控制、打擊這一套的時候，是不是一味地蠻幹呢？也決不是。我們常常說。也常常聽到說，「共產黨是反人性的」，這句話看怎麼講，如果所謂「反人性」是指他們的政權本質或政治目的而言，這是絕對正確的，如果籠籠統統說他們的一切作爲都是反人性的，則不見得。假使眞是如此的話，共產黨也不會有今日。正確的說法，應該是：共產黨是利用人性達到反人性的目的，或者說，共產黨是以虛偽的人情味的政治作風，達到殘酷的反人性的政治統治。何以見得呢？我們可回想過去幾年共產黨在大陸上喊出的兩個口號：「反飢餓」和「反迫害」。當時飢餓的現象確已普遍地存在，尤其是一般善良的軍公教人員和一般靠定額收入爲生的國民，每天在工作上支付的血汗，大部份被財政當局搾取去作爲印刷鈔票的油墨；當時迫害的事件，在若干地方，由於軍警當局的顢頇糊塗，確亦不斷發生。飢餓與迫害，是任何人所不能甘心忍受的。忍飢餓，受迫害的，縱令是少數人，也是衆人所深表同情的。共產黨抓住這個機會，喊出「反飢餓」「反迫害」的口號來，這不是利用人性，合乎人情嗎？利用人性的結果，共產黨得到了人心。人心儘管是一時地傾向他們，可是他們在那個階段的政治企圖已經達到了。今天，大陸上的共黨政權，誠然是百分之百的反人性的政權，當年共黨用以攻擊政府的兩個口號，現在正以共黨本身爲目標，更沉痛地發動起來了；儘管如此，但是誰能否認共黨曾經利用過人性？誰能否認它曾以人情味爭取政權呢？

現在，大家都會說，大陸上的人民被共黨欺騙了。被欺騙的人民，到了今天，他們自己當然更能醒悟。可是在人民被欺騙的過程中，以反共爲職志的我們得到些甚麼深切的教訓沒有呢？人心的好惡，你和我大抵是相同的。體察人心的好惡，賣假藥的尚可收攬人心於一時，拿出眞方來，不更可維繫人心於久遠麼？反共，須從精神到技術都反其道而行之。如果精神方面下意識地殘留着或薰染着不合時代的權力觀念，而作風方面又不免露出馬脚來，就不免更糟天下之大糕！

前面所說，似乎稍稍扯遠了一點。拉回來。我們再回到「人情味」的話題上：

「人情味」的主體是「人」，政治作風的人情味，是就「衆人」說的。衆人不皆是聖人，也不皆是畜牲，衆人就是一般的普通人。儘管事實上有人立志做聖人，或者已進到聖人的境界，儘管另有些人甘心做畜牲。想和淮南王的雞犬一樣，托福昇仙，或者已經昇仙，但這究竟是兩個極端的少數例外，不在我們所說「衆人」之列。衆人的人情味是怎樣一個味道呢？你和我都可體會到。你和我大概都是衆人，我所體會的，也就是你所體會的。「相視而笑，莫逆於心」，這就是人情味互通的境界，用不着條分理析地來講。爲政者如果想使政治作風合乎人情味的話，絲毫沒有困難，只要內求諸心。這個道理，兩千年以前的孟老夫子懂得最透澈，也說得最透澈。當齊宣王把他當作國策顧問，和他談起國家大事的時候，宣王很坦白地自供，「我有個毛病，我貪財，怎樣會把國家弄好呢？」孟子說：「沒關係。您貪財，能够讓老百姓也能貪財就行了」。宣王又說：「我還有一個毛病，我好色」。孟子又說：「也不要緊。您好色，最好也讓百姓和您一樣能够好色」。如果齊宣王眞能依孟子所提示的原則做去，照孟子的說法，就是「王政」，照我們這裡的說法，就是人情味的政治作風。時代有古今之分，政體有君主民主之別。基本的人情味是不變的。

準此而論，問題應該很單簡了。人情味的政治作風，應該不是甚麼很難做到的。可是事實上却不盡然。共產黨的政治，是另有其一套理論基礎；懂得它的理論，即可懂得它的政權之所以有反人性的特質，而毫不爲怪。至於反共的政權，在理論上應該是尊重人性的，以尊重人性爲出發點，所表現出的政治作風，應該是處處合乎人情味的。然而事實上終不免有少數人幹出——甚至是很得意地幹出——一些反人情的把戲來。這些把戲，如果不加深刻思索，似乎也無關大體，只使人內心有點反感而已，但是我們如果進一步思考一下，就可想出兩個非同小可的要點來：第一、主演或導演這類把戲的人有所蔽，蔽於一種不合時代的權力觀念；第二、表面上無關大體的，不合人情的政治作風，到了大家司空見慣了，則在現實的政治教育中會留下深遠而惡劣的影響。因此，我們對於這些似乎是小的事情，想在下面舉一兩個例子說說。舉例是很難概括其全的，但我們從這裡可以多多會心。

前天讀報，看到一個令人興奮的消息，與本題有關，這裡我們應當特別引述一番。中央社訊：「關於地方官吏發動人民團體致送錦旗，曾迭經政府令飭糾正，蔣總統頃又諭示行政院：『以後人民團體均不必獻旗』，內政部已奉令轉知臺省社會處及各級人民團體遵照」。人民團體由於某種感動，眞誠

『自由中國』的宗旨

第一、我們要向全國國民宣傳自由與民主的眞實價值，並且要督促政府（各級的政府），切實改革政治經濟，努力建立自由民主的社會。

第二、我們要支持並督促政府用種種力量抵抗共產黨鐵幕之下剝奪一切自由的極權政治，不讓他擴張他的勢力範圍。

第三、我們要盡我們的努力，援助淪陷區域的同胞，幫助他們早日恢復自由。

第四、我們的最後目標是要使整個中華民國成爲自由的中國。

地，自動地，向國家元首或高級官吏表示敬意而獻旗，原可不必非議。如果獻旗是由地方官吏發動，而又迭經令飭糾正，還是糾正不了，這就是一個不好的政風。發動獻旗的地方官吏，大半爲的是諂上；諂上者必驕下。上諂而下驕的政治作風，該不是人情所喜歡的吧。同時我們更可想到，接受獻旗的，如果是有修養的人，倒可因人民獻旗而增加其責任感，如果是一個以權位沾沾自喜的人，經過一兩次「人民」獻旗，更是弄得他忘其所以，把自己幻覺得更大更高，以爲自己的一切都是合乎眞理。這種人多一個，就是民主進程中的欄路石多一個。現在，蔣總統諭示行政院矯正這個本身虛僞而影響惡劣的獻旗風氣，確是個賢明的措施。我們對此表示敬佩，正是對蔣總統獻出我們的心旌。心旌是無形的，但比鮮麗奪目的有形的錦旗要誠摯得多。

由於這件事，我又聯想到另一件事。這另一件事，我想，照蔣總統這次禁止獻旗的措施看來，如果有人報告他，他一定也大不謂然：

電影院放映劇片以前，每場要放映國父遺像和總統肖像，觀衆須肅立三分鐘致敬。這個節目抗戰前曾演過若干年，戰後政府還都南京，南京的電影院就沒有恢復過這個節目，其他的地方，我不知道。政府遷都臺灣後，臺灣的電影院又有了這個節目。我不曉得這是由於電影院自動安排的呢，還是由於某個機關的命令？如果是由於後者，這又是一個政治作風問題。電影院原爲大衆的娛樂場所，進電影院的，都是爲找娛樂輕鬆輕鬆。在這種場合，要大家緊張精神，肅然起立，縱然不說是反乎人情，至少是人情上的勉强。如果有的觀衆不感覺到勉强，那就證明：當他們起立的時候，其內心根本就沒有一點「如在其上」的虔誠，這不是失掉了放映國父遺像和總統肖像的作用了嗎？中華民國的國民對於創造中華民國的國父，自由中國的國民對於領導反共抗俄的國家元首，自然是要尊敬的。可是，如果尊敬不以其道，倒成了褻瀆，這不僅是人情味不人情味的問題而已。

關於這一類的事例多着哩！過慣了官式生活，拉慣了官式腔調的人。對於這些瑣瑣屑屑的，關涉到一般人的人情味的事情，那在他們的注意中！所以在公共集會中所聽到的或在報紙上所讀到的要人們的講演詞（通常是稱爲訓詞的），通篇充滿了堂哉皇哉的八股，嗅不到一點人情味的氣息；聽衆和讀者——如果眞有聽衆和讀者的話，只覺得這些話與我無關，官樣文章，反正是那麼一套，大家見慣了，無所謂反應。如有所反應，反應是厭煩，不是共鳴。像這樣的政治作風，我們大家想想其後果該會怎樣？

談到這裡，我又想起伊索寓言裡風和太陽的故事。風和太陽正在互相爭强無法解決的時候，太陽看到路上有個行人，於是它向風說道：「我有了辦法可以解決你我的爭論，我們看誰能叫這個行人脫去衣服，就算誰有本領。」風同意這個辦法。太陽躲進雲層裏去。風使勁地吹起來，想把行人的衣服吹掉。可是，風越吹越大；行人把衣服越扣越緊。風的企圖終於失敗了。太陽出來了，用它溫暖的光芒射到行人身上，行人由瑟縮而伸舒，體溫增高後，自動地把衣服脫去了。我們在這個話題中提及這個故事，希望爲政者多加思索：人情味是溫暖的太陽！（完）

集中寺院

捷克共產黨最近有一新發明，即「集中寺院」。法蘭克福的 Neue Zeitung 曾報導捷克有些僧侶不肯向蘇聯國旗行禮，這些頑固的僧侶現正在八個訓練營中受着「再教育」。訓練營的周圍戒備森嚴。他們所受的訓練十分嚴格，生活情況十分惡劣。但他們仍可做彌撒。其中有一位最顯要的囚犯即布拉格的約瑟夫，伯安主教。他現正被囚於距奧地利邊境二十里的荒寂的諾法賴斯寺院中。（苓）

（上接第18頁）歷史雖相當悠久，但經過科學方法整理之資料及圖表，亦不多見。至於地下水之資源，即測量之記錄亦無之。其他如農作物（如水稻甘蔗等）之需水量，土壤之滲透率等等問題，均尚無可資利用之資料，以資依據。故臺灣水利之設計工作，幾有盲人瞎馬之感。如欲合理的推進臺灣水利，則研究設備亟應加以建立。因臺灣水利問題最爲特殊，一般水利原理不一定可以適用，必須就地研究。除實驗設備外，關於水文觀測等工作，亟應統一管理，並加强整理研究之工作，使過去之記載，可以利用；未來之資料，比較統一，必可增加設計工作之便利。

5. 培植技術人才　水利建設政策之執行，研究之推進，計劃之擬定，工程之實施，均須有專門之技術人才，擔當其事。臺灣水利事業如此普遍，但現有專門人才仍極缺乏，除少數專家外，一般言之，不僅在質的方面不够理想；量的方面亦感不足。尤以各地水利委員會中專門人才人數太少，技術水準亦不甚高。但水利委員會之職責重大，工作繁重，除負責全部工程之養護外，且自行興辦小型之工程，如技術人才不加充實，不獨工作效率無法提高，即汲引新進人才亦發生障碍。近年有許多在大學畢業之臺藉學生，對於參加水利委員會工作多不感興趣，其理由之一，即因其技術水準不高，不能增益青年智識。茲值省府計劃改組各地水利委員會之際，甚望對於提高技術水準問題特加注意，此一現狀如獲改善，對於臺灣水利事業之前途，影響之大，不言可喻。

（五）附　言

本文（三）（四）兩節所談各點，純係根據作者個人之直覺及觀感寫出，並非故作高調。尤其（四）節所談各項問題，在目前國家艱難之際，一一付諸實施，當然不大可能。但臺灣爲我國領土之一部分，吾人之措施，自應較爲積極，以示有所異於日人之殖民政策。故最低限度，準備工作應即開始，以期早日完成治本計劃，並得以分期的逐步實施。

論革命

羅鴻詔

一

好多年來我總覺得，在一般新聞雜誌上，名詞之濫用實在太多了，第一不通的是「封建」，其次便要算到「革命」。照中國文的意義上，「封」就是分封，「建」就是建國，如此的封建在最寬的意義下趙宋以後便已絕跡了，何以今天還要我們費力氣去打倒它呢？但是要討論封建眞是說來話長。我們暫時不必管它，且來談談革命。

「革命」一詞出自周易，「湯武革命順乎天而應乎人」，故照中文原來的意義只是推翻政治當局，取而代之。西洋的 revolution 用在政治上，其意義也差不多。在中文革者改變之名，去故之義，即是把舊的東西改變掉，而換過一種新的來。故改革，革新等等名詞用得很廣，只要有所變動皆可謂之革。但是「革而當其悔乃亡」(易革卦彖傳)，若革而不當便有不好的現象(悔)發生了。至於革命之「命」則有其特別的意義，王者受天之命而爲天子，革命便是把其天命革掉，使他不得爲天子，所謂順乎天即是順天之命罷了。孔穎達的「正義」上說：「舜禹禪讓猶或因循，湯武干戈極其損益，故取相變甚者以明人革」。照此解釋，則革命只是以武力奪取政權，很難引伸其涵義，故未與西方接觸以前，中國文裡頭所用的革命都只此一義，並無其他。但是西方文化傳來以後，大家把 revolution 譯作革命，於是產業革命，文學革命等等名詞，便跟着翻譯而來。西方最近 revolution 的意義已經推廣了許多，但是照字典，辭典上的意義，還是指極其重大的改變而言，即是改變前和改變後必有極重大的差異，才可謂爲革命。革命是推翻一種權威而另行建立其權威，而此兩種權威是截然不同的。又有當作形容詞用如「革命的手段」之類的用法，乃是對法律而言，革命的手段即是不合法的手段，或不循尋常的秩序的手段。故狹義的革命是以武力奪取政權，廣義的革命是激烈的，不尋常的改變。

三十年來我們聽到的革命之聲眞是「洋洋乎盈耳」了，到今天報章雜誌上依然充滿着革命的字眼，老實講，我個人實不知他們所謂革命究竟是甚麼意義。我自己勉强作一個可以說得通的解釋，革命是「好」或「有價值」的代詞，所以不革命便是不好，沒有價值，至於反革命乃是反好，反價值，簡直是罪大惡極了。讀者諸君不知贊成我的解釋否，抑或還有更難當的解釋否。如果照我的解釋，則和革命的原義未免相差太遠吧。狹義的革命固然不一定是好的，尤其是現在執政的當局天天教人們革命，當然不是教人們以武力奪取其政權，即不是用狹義了。廣義的革命也不一定就是好的。最廣的意義也只能解作改變，(即只用一個革字的意義)改變一定會好嗎？「革而當其悔乃亡」，周易不是說得明明白白了嗎？誰能保證革之必當呢？故不革命只是不改變，並不一定不好，即使反革命也只是反改變，亦不能斷定其不好。論語上說：「仍舊貫如之何？何必改作？」頗有反改變的意思，至少都是不改變，但論語的著者却好像是贊成這句話的。應該革命而不革命，甚或反對革命，這纔是不好，纔是有罪。我們以爲好壞的問題在乎「應該」，而不在乎革命，而說者却把這個「應該」省略掉，遂使像我這種咬文嚼字的人，弄得頭昏目眩。然而如此使用名詞，怎能够說它不是濫用呢？其實革命一名雖不一定用作狹義，但也不能用其最廣義，即和改變一般無二，普通的用法還是解作以激烈的手段去改變，而且其改變的結果要和未改變前大不相同。如此的改變必然是好的，有價值的，怎能說得通呢？縱使應該改變的事體也不一定要用激烈的手段。如果能够獲得同樣的結果，恐怕溫和的手段較激烈的手段更有價值吧。英國的工黨和俄國的共產黨之爭即在這一點上，我們可以斷定布爾什維克較之費邊社更有價值嗎？

二

好了，咬文嚼字恐怕使讀者厭煩了。現在來談談實際的問題。共產黨徒無不高唱革命是有必要的。他們在野時所念念不忘的是以武力奪取政權，取得了一國的政權以後還要奪取其他各國的政權，所以要用世界革命的口號。他們執政以後的對內施政，如土地改革，淸算，鬪爭等等都是以慘絕人寰的手段，以期達成其天翻地覆的目的，即無一不是革命。執政三十幾年的俄國共產黨，依然不行仁政，集體農場還要擴大，要將好幾個合併爲一個，强迫勞工的人數還是有增而無減，豈不是革命嗎？他們對內對外都要革命，而且看不出何時可以停止，故他們的革命是名符其實的，他們以革命爲好，爲有價值，是極有作用的。在他們眼中看來，不革命即是不供其驅使，所以有罪，反革命便是反對他們，所以大逆不道。惟其革命合乎需要，所以他們整日高呼，而且使人們認爲客觀的眞理，以供其驅使，而後其征服世界的目的乃能順利達成。

可是我們主張民主自由的人民也能够無條件地贊成革命嗎？革命只是以最激烈的手段推翻權威，我們是否要將所有的權威一律推翻？換句話說，是否要天翻地覆？比方共產黨要打破家族制度，鼓勵子控父，妻控夫，現在大家都罵他毀滅倫常。我們雖不贊成父爲子綱，夫爲妻綱，但親愛和睦的家庭還是我們所切望的，故家族革命亦不能贊成。中山先生主張聯家族而爲宗族，聯宗族而爲國族，他對於家族革命恐怕是反對的。共黨鼓勵學生去反對老師，聽說現在大陸上教師的薪俸都要由學生作民主的評定。我們雖然反對「扑作教刑」，但依然主張「隆師重道」，並不要學生去打倒老師。但是因爲報章雜誌上天天以革命教青年，共黨利用此革命空氣，而鼓勵青年打倒父兄師長，以解除壓迫，推翻權威。多數青年亦以爲共黨的革命是澈底的，我們的主張是妥協的，温情主義的了。青年不負經濟的責任，對他們直接的權威便是父兄師長，其他都是間接的。教他們反抗權威，則最先以父兄師長爲對象，實在是很自然的趨勢，共黨所以能够吸引青年，此亦是一種理由。由此類推，女子的直接權威便是丈夫，在今日中國社會上，一般的說，女子還是弱者，對於男子的優越地位不無反感。教他們打倒丈夫，和男子絕對平等，都是很中聽的，故一經鼓吹，便有許多實際行動出現。其實男女是需要合作的，決不需要鬬爭；因爲誰也打倒不了誰，故鬬爭起來只有兩敗俱傷，唯有合作始能相輔而相成。共黨却要利用双方的對立而使之鬬爭，以達其控制群衆的目的，而在濃厚的革命空氣下，鬬爭的宣傳易入，而合作的教訓每受排拒，故共黨便成功了。

經濟方面，中山先生平均地權和節制資本的主張，並不是革命的，乃是温和的改良主義，最近臺灣的三七五減租也屬於這一類。耕者有其田的口號，如果用沒收租田以分配給佃農雇農的辦法，則可以說是革命的；然若用按價收買而逐年分攤的辦法，依然不出乎改良主義的範圍之外。共產黨也曾經用過減租減息，而最近的土改則沒收地主的土地，乃至孤立地主，掃地出門等等辦法，當然激烈得多，徹底得多，他們對於工商業現在雖仍說保護，但稅率的重荷，捐獻的頻繁，徵借的苛擾，已壓得商人透不過氣來。而且將來則私營工商業都要破壞淨盡，個個人都做國家的店員或工人，農業也要改爲集體農場，個個人都做國家的雇農。如果以革命爲價值評衡的尺度，則國民黨的主張自遠不及共產黨的主張之澈底。我們還是拋却中山先生的民生主義來跟着共黨走呢？還是堅持民生主義而不以革命爲價值尺度呢？二者必居一於此。

思想方面則猶有甚者。中國自孔子以來仁愛實爲一切行動的準繩，二千年來並未碰到有力的駁論，這是傳統的最大的權威。中山先生在民族主義中也推稱仁愛爲中國固有的好道德。中共要打破傳統的權威，乃以仁愛爲温情主義而極力掊擊之，毛澤東公然主張「決不施行仁政」，最近中共的廣播竟天天宣傳其集體屠殺的成績了。他們集合一班慘酷殘忍的兇徒手執大權，指揮大批瘋狂的幹部來作屠殺的競賽，苟非以革命爲理由，何以至是？革命是免不了要殺人的，他們以革命爲有價值，便類推到殺人爲有價值，於是乎殺人最多的便是最革命的了。我們親眼看到大陸同胞之慘遭屠殺，無人不痛心疾首，但是可曾想到他們之敢於殺人不眨眼，乃因其高呼革命使之然嗎？如果以革命爲價值尺度，則殘忍慘酷的共黨確實是推翻舊道德的，是革命的，而我們主張仁愛的人們乃是維護舊道德的，是不革命的，或許竟是反革命的了。

三

那麼我們根本不贊成革命嗎？不是的，我們還是贊成革命的。社會不能無革命，過去的歷史已有證明，將來亦難保其永絕。現在擺在我們當前的問題是竊據大陸的中共政權能不用武力打倒它嗎？有些人以爲中共在大陸已鬧得天怒人怨了，結果人民必然暴動，其政權到底要崩潰的。如此天眞的樂觀論調現在已沒有好多人相信了，打倒中共必需武力，即是中共便是我們革命的對象，今日正是實行革命的時期，那有反對革命的理由呢？

但是我們反對以革命爲評衡價值的尺度。革命本身是可好可壞的。綜合上面的分析，第一要看事體是否應該革命，第二要看有沒有比較温和的手段可以達到同一的目的，第三改革的結果會不會比從前更好。要將這三方面合看才可斷定革命之好壞。由此言之，某一革命雖是好的，而另一革命儘可以是壞的。我們要作分析的斷定，決不宜籠統地說革命就是有價值的。故對事而論，我們應該確定革命的對象。比方中國的產業是應該革命的，縱使遇到萬難，也要把它克服，以期達到目的，即用激烈的手段亦在所不辭。其他應該革命的事情也是一樣。

現在流行的說法，往往稱譽某人爲革命的，貶斥某人爲不革命的乃至反革命的，故革命又有對人的問題。照普通的解釋革命便是好的，有價值的，故說某甲是革命的，只是說他是好人，有價值的人，說某乙是不革命的只是說他不是好人，沒有價值的人罷了。但是照我們上面的分析，革命是可好可壞的，則這種解釋根本不能成立。如要另作解釋，則所謂革命的人只好解作適宜於從事革命的人罷了。那麼革命的人應該具備怎樣的條件呢？這是革命家的道德問題。如剛毅，果斷，勇敢等等都是革命家應具的品德，沒有這些品德，必不能使革命成功，但是革命家還有更重要的道德就是愛人。克魯泡特金晚年在不好的鄉村生活中著述「倫理學」，雖然沒有寫完，不能知其全貌，然其主意在警告列寧，革命須以愛人爲主旨，則在字裡行間可以看出來的。元來革命必含鬬爭，而鬬爭只期勝利，倘若爲勝利之目的而不擇手段，則殘忍慘酷的行動必將層出而不窮，其毒害社會必然是慘烈的。故革命家的道德首重愛人，而且必須於每一行動表現其愛人之念，不能拿很長遠的目的爲當前的殘殺作辯護。列寧不懂此理，統率大批職業革命家（即所謂幹部）日日從事鬬爭，其結果不但毒害了俄國，而且蔓延到全世界，史大林更以其成功而顧盼自豪，便造成今天陰毒險惡的世界。我們今天談革命，這才是眞正的革命對象！如果我們不能勝殘去殺，造成人與人間毫無隔閡的融和康樂的世界，則雖打倒了史大林毛澤東，於人類社會有什麼貢獻呢？

臺灣產業

臺灣之農業

陳世璨

本刊為增進世人對於臺灣之了解，自本期起增闢「臺灣產業」一欄，刊載介紹臺灣產業現狀及提供改革建議的文章。特此敬告讀者；並歡迎對臺灣產業有研究者之賜稿。

——編者

壹、農業概況

I 土地與農人

A. 土地面積

臺灣土地的總面積，共計三五、九六一平方公里，其中平地佔百分之五五・一八，山地佔百分之四四・八二。

在總面積一、三一八、九九七・九七公頃中，水田為五二四、四六九・九六公頃，旱田為三二七、七五二・三三公頃，森林為二九九、〇八八・八二公頃，原野為四四、六九七・三二公頃(包括原野，公園，堤防、及河川)，其他為一三一、九八九・五三公頃。

近年來耕地的面積，是逐漸在增加，民國前九年僅為五三四、一四五公頃，民國十二年增達七五二、〇五九公頃，二八年增達八五九、五五〇公頃，三七年增達八六三、一五七公頃，三八年增達八七六、八六四公頃。

B. 人口

據民國前七年的統計，本省的總人口計為三、〇三九、七五一人，民國廿九年增加為五、八七二、〇八四人，卌八年增至七、三九八、二〇〇人。

全省的農業人口，據民國卌八年的調查，計為三、八七九、五八一人，佔總人口百分之五二・四四。

C. 公私有耕地面積

據民國卌八年的調查，本省的八三八、一九一・四〇公頃耕地面積中，公有地為一六五、八三一・八七公頃，佔總耕地面積百分之一九・一八(此數字不包括澎湖縣臺東縣轄綠島鄉及全部山地鄉)，私有地為六七二、三五九・五三，佔總耕地面積八〇・八二%。

D. 自耕農及佃農私有耕地之面積

據民國卌八年的調查，本省私有耕地六七二、三五九、五三公頃面積中，自耕農耕地面積為三七二、九六四・三三公頃，佔私有耕地面積百分之五五・四七(此數字不包括澎湖縣轄綠島鄉及全部山地鄉)，佃農耕地面積為二九九、三九五・二〇公頃，佔私有耕地面積百分之四四・五三。

E. 私有耕地具有規模的農家戶數

據民國卌八年的調查，在私有耕地中，未滿〇・五公頃面積的農家戶數，計為一六三、五二一戶，佔百分之二八・八八；〇・五公頃以上計一五八、五一八戶，佔百分之二七・九九(此數字不包括澎湖縣臺東縣轄綠島鄉及全部山地鄉)；一公頃以上計一五七、四四六戶，佔二七・八一；二公頃以上計五四、一九七戶，佔百分之九・五七；三公頃以上，計二五、六四一戶，佔百分之四・五三；五公頃以上計四、六五七，佔百分之〇・八二；七公頃以上計一、六三六戶，佔百分之〇・二九；十公頃以上計五六一戶，佔百分之〇・〇九；二十公頃以上計九三戶，佔百分之〇・〇二。

II 農產與出口

卌九年度本省出口物資共值九千三百餘萬美元，非農產之五金、鹽、煤、及水泥佔百分之五弱，縱加算其他一項，亦不過百分之八。

主要出口的農產品，主要為米、茶、水菓、糖、樟腦、帽蓆、樟腦油、筍、竹等。

III 生產量與生產力

A. 重要農產

米

近年來米的產量年有增加，民國廿七年米的種植面積為六二五、三八五公頃，產量為一、三八七、九五〇公噸，每公頃平均產量為二、二一九公噸(日治時最高產量)；卌四年的種植 面積為五一〇、八一七公頃，產量為五八四、九七二公噸，每公頃平均產量為一・一四五公噸；卌八年的種植面積為七四七、六七五公頃，產量為一、二一四、五二三公噸，每公頃的平均產量為一・六二四公噸；卌九年的種植的面積為七七〇、二六二公頃，產量為一、四二一、四八六公噸，每公頃的平均產量為一・八四八公噸。

甘藷

甘藷的產量，亦年有增加，民國三〇年的種植面積為一四二，二四一公頃，產量為一、六九三、三七三公噸，每公頃的平均產量為一一、九〇五公噸(日治時代最高產量)；卌四年的種植面積為一三四、七一四公頃，產量為一、一六五、二六二公噸，每公頃的平均產量為八・六五〇公噸；卌八年的種植面積爲二三六、一六四公頃，產量爲二、一六六、〇四八公噸，每公頃的平均產量爲九・一七二公噸；卅九年的種植面積爲二五〇、〇〇〇公頃，產量爲二、三五〇、〇〇〇公噸，每公頃的平均產量爲九・四〇〇公噸(估計)。

落花生

民國廿六年落花生的種植面積爲三一、四六五公頃，產量爲三一、七〇四公噸，每公頃的平均產量爲一・〇〇八公噸(日治時代最高產量)；卅四年的種植面積爲二四、六二六公頃，產量爲一一、五六五公噸，每公頃的平均產量爲〇・四七公噸；卅八年的種植面積爲七七、〇五九公頃，產量爲五三、二八四公噸，每公頃的平均產量〇・六九一公噸；卅九年的種植面積爲七五、〇〇〇公頃，產量爲六五、〇〇〇公噸，每公頃的平均產量爲〇・八六六公噸(估計)。

小麥

民國廿八年的種植面積爲四、八〇二公頃，產量爲五、八二二公噸，每公頃的平均產量爲一・二一三公噸(日治時代最高產量)；卅四年的種植面積爲二、五四八公頃，產量爲六三八公噸，每公頃的平均產量爲〇、二五一公噸；卅八年的種植面積爲一三、九四〇公頃，產量一〇、〇五一公噸，每公頃的平均產量爲〇・七二一公噸；卅九年的種植面積爲一八、〇五七公頃，產量爲一九、七三四公噸，每公頃的平均產量爲一・〇九三公噸(估計)。

大豆(或稱青皮豆，多供綠肥用)

民國卅三年的種植面積爲七、八七三公頃，產量爲五、四八七公噸，每公頃的平均產量爲〇・六九七公噸，卅七年的種植面積爲二〇・三六二公頃，產量爲一二、四三九公噸，每公頃的平均產量爲〇・六一一公噸；卅八年的種植面積爲二〇、二八四公頃，產量爲一二、〇五二公噸。

香蕉

民國廿六年的種植株數爲二四、〇九〇、〇五六株，面積爲二一、二三二公頃，產量爲二一八、五八九公噸，外輸爲一五〇、〇〇〇公噸；卅四年的種植株數爲五、六〇四、四二一株，面積爲五、六八六公頃，產量爲三二、一五三公噸，外輸量爲七五三公噸；卅八年的種植株數爲一七、二〇一、一五〇株，面積爲一六、二三七公頃，產量爲九八、四二六公噸，外輸量爲一二、六二一公噸；卅九年的種植面積爲一七、〇六六公頃，產量爲二八、八六九公噸，外輸量爲二六、〇〇〇公噸（估計)。

鳳梨

民國廿七年的種植株數爲二五五、三七九、二四四株，面積爲一〇、三九一公頃，產量爲一四五、八一七公噸，製成罐頭計一、六〇〇、〇〇〇箱；卅四年的種植株數爲四〇、一九六、六一六株，面積爲三、四二九公頃，產量爲一七、五二一公噸，製成缺頭計二二、四九九箱；卅五年的種植株數爲四六、九九七、九六七株，面積爲三、一六三公頃，產量爲一七、一二六五公噸，製成罐頭計七八、八〇一箱；卅八年的種植株數爲八六、六二一〇、一七四株，面積爲四、九二八公頃，產量爲四三、二八八公噸，製成罐頭計一一七、二九三箱。

茶葉

民國九年茶叶的生產面積爲四六、四〇六公頃，粗製茶量爲一五、三五九噸；卅八年的種植面積爲四〇、八三〇公頃，粗製茶量爲一〇、一四八噸。

糖

民國廿八年甘蔗的種植面積爲一六二、三九四公頃，產糖量爲一、四一八、七三〇公噸，每公頃的產糖量爲九・五公噸；卅九年的種植面積爲八二、八二〇公頃，產糖量爲三五四、六四四公噸，每公頃的產糖量爲五五・四公噸。

B. 家畜

牛約計三十萬頭(十餘年來保持此數)；猪的最高數爲民國廿四年的一百八十七萬頭，民國卅四年的五十七萬頭爲最低數；民國卅九年有一百五十萬頭；家禽最高數爲民國廿七年的九百五十萬羽，最低爲民國卅四年的七百萬羽。民國卅九年達九百萬羽。

C. 漁業

民國卅九年的漁業收穫，共計一七六、六四三公噸，三四年爲一六、九三〇公噸，三八年爲八五、五七六公噸　三九年爲七六、五〇〇公噸。

遠洋漁船的最高數是民國廿九年的一四九艘，民國卅九年四月計爲七二艘。

D. 林業

全省的森林面積，合計一、七八八、一一六公頃，而蓄積量爲二〇六、七四二、四七二立方公尺，其中國有林面積計爲一、五八八、四八四公頃，蓄積量爲一九七、〇四四、九一九公頃；公有林面積爲一五、一一〇公頃，蓄積量爲九九六、八一四立方公尺；私有林面積爲一八四、五二二公頃，蓄積量爲八、七〇〇、七三九公頃。

IV 肥料供應

廿七年度的化學肥料消費量，計爲四六二、六三一公屯，卅五年爲三九、三五二公噸，卅六年爲一三一、四四五公噸；卅七年爲一三七、〇八五公噸，卅八年爲一五五、九〇七公噸，卅九年爲二四一、〇〇一公噸。

V 農田水利

光復前的灌溉面積，共計爲五六一、九九九公頃，光復後共增加的面積爲四〇、五七〇公頃。

VI 農會

臺灣各種農民組織(合作社及各種會)，約分爲三大系統：農林畜牧爲一系統，在民國三十三年與三十四年間，合併而爲農業會；第二系統爲漁民組織，初爲漁會及合作社，嗣後再合而爲漁會；第三系統爲水利組織，初爲水利合作社，後改稱爲水利協會。這些組織，實爲臺灣進步之主要原因，而非結果，茲僅舉農會爲例，列表如左：

A. 沿革

年代	名稱	省	縣（市）	鄉鎮	村里
自一九〇〇年至一九三七年	農會、組合、農事小團體		農會	組合	農事小團體
自一九三八年至一九四二年	農會、組合、農事小團體	農會、組合聯合會	農會	組合	農事小團體
自一九四四年至一九四六年	農業會、產業金庫	農業會、產業金庫	農業會、產業金庫支庫	農業會	農業實行組合
自一九四六年四月至七月	農會、合作金庫	農會、合作金庫	農會、合作金庫支庫	農會	農業實行組合
自一九四六年七月至一九四九年	農會、合作社、合作金庫	農會、合作社聯合社、合作金庫	農會、合作社聯合社、合作金庫支庫	農會、合作社	
自一九四九年至現在	農會、合作金庫	省農會、合作金庫	縣（市）農會、合作金庫支庫	鄉鎮區農會	農事小組

B. 內容（三十八年底）

項目		數額	備註
農會數	省農會	一	
	縣市局農會	一八	
	鄉鎮區市農會	三一五	全省鄉鎮區市三一〇所
	合計	三三四	
農會小組數		四,九〇三	全省有四九〇三所村里
會員數		七三三,三二八	全省戶數一,一七四,八四五
各級農會選任職員數		五,〇五八	理監事合計
各級農會會員代表數		一八,三三〇	
農事小組組長副組長數		九,八〇六	
各級農會聘任職員數		四,三〇〇	代表及選聘職員總計三二,四九一

貳、值得注意幾件事

一、行政觀念的進步

首先提到的，是進步的行政觀念，使消極思想，轉變到積極作法，這由長官公署時代擴大組織的農林處，和現在的農林廳的存在，可以得到證明，在中國行政觀念中，是一件大事，不可輕輕放過。

照傳統觀念，我們在大陸所實行的政治作法，政府最關心的，唯有管與取，各省的財政廳，是絕對的權力機關。民政廳主管縣政府事務，控制了縣地方行政的一切。農業行政，在省為建設廳之一科，縣為建設科之一股，科設置農業人員數人，已經認為是一種財政的重負，他們的人數，時常少於辦理會計事務部份，更少於辦理財務部份，試問在百分之八十五以上是農業人口，而百分之七十以上是農業所得的中國，這樣的作法，如何能行得通。比如開個工廠，或是開個百貨店，管帳人員，和辦理收支款項的人員，比較工人或售貨員多的時候，你的目的業務能夠與人家競爭嗎？政治是衆人之事，民生是歷史的中心，衣食足而後知禮義，充分的說明了農業和農民，在中國如何的重要。有人說中國患窮，所以如此。又有人說，工業第一，不得不讓農業落後。但是如果稍加深思，便會發現這種說法，不一定完全適合。目前國家的需要，無論你救窮或是發展工業，都不宜將農業和農民放在最後。這不待細說了。

臺灣自從光復以來，不獨將農業行政機關破例擴大編制，而且另設龐大的林務管理局，主管林政；水利局主辦農田水利；檢驗局主辦農產產地檢驗；一變大陸傳統，這種進步，才是眞正的進步，這些設施，產生於正確的行政觀念，亦即產生於正確的政治思想。在歷史中，自秦漢以來劃時代的大事，值得首先提出了。

二、經濟觀念的進步

我們在大陸，淸晨起來，看見農民在莊村周圍，家畜放牧或足跡所到的地方，不厭煩繁瑣的，採取畜糞，常以為他們閑暇無事，服務淸潔，這種大大的誤解，直到今日，方從省當局重視肥料供應，瞭解了農民的中心需要，而且確實的知道，我們往昔的觀念，對於農民的確是一種的誤解。

臺灣四季常春，作物易於生育，除了一年雙熟的水稻之外，在冬季還可以間作一季蔬菜，從臺北到高雄，可以看見每月都有揷秧和收穫，加之熱濕多雨，冲刷較大，維持土壤的生產力，就離不開肥料的補給。綠肥和堆肥，縱儘量生產，亦屬有限，所以不得不求之於化學肥料了。

臺灣有進步的農業技術。需要更多的化學肥料，日治時代，連同豆餅的進口，年達六十餘萬噸，大大的促進了農業發展。光復後，我們每年仍儘可能的努力，在量的方面，逐年增加，在分配方法方面，保持已往的優點，以共同計算，均一價格，並按耕種面積，予以公平之分配，使每一塊農田，每株作物，都能得到同等的營養。又為配合把握糧食的需要，採取以肥易谷辦法。換谷比例，完全依照數十年來農事試驗的成績，每一公斤硫酸錏可以增產稻谷二・五公斤的科學標準，佃農以一半繳租，以一公斤換谷，尚可得到〇・二五公斤的餘糧作計算的基礎，這的確是民生主義經濟觀念，的確是政治觀念的一大進步。

三、領導觀念的進步

在大陸，我們看見農民採取畜糞，尚有誤解，自然很難預料到政府對於農民的需要有何種措施及作為。我們最顯著的行動，是管與取，最標準的領導，是德感與威服，這是漢朝以後讀書人誤解了儒家思想，以爲修齊治平在明明德，格物致知是明明德的着手處，忽略了利用厚生之道。殊不知格物致知，是科學的基礎，科學是利用厚生的基礎，旣將格物致知的精神，完全運用在明明德方面，則是在政治上，除了德感以外，別無他途。消極政治的德感，產生了德政的口號。德政有窮，繼以威服，是必然的途逕，所以人管人的政治作法，和人領導人以治物，而走向利用原生的政治作法，大有差別。

百姓足君孰與不足，眞正的儒家思想，在臺灣的農業行政中，充分的表現了領導力量，在一切的政治領導中，惟有切實改善農民生活的行動，最有力量。這種改善生活的行動，我們旣不採取共匪作法的奴隸而貧困的均，亦不採取舊式自由經濟思想的個人有過當自由，而產生貧富懸殊的富，我們祇有採取直接協助農民增加生產，改善生活的方法，廉價而均分的肥料政策，是主要方法之一。此外對於個別農家，修理其破壞的猪舍，改善其水利設備，更換其種畜種子，供給其防病防害藥械，凡爲農民所切要，而自力有未足者，政府不惜支出大量的經費補助其完成，達到取之於民，用之於民的理想。至於爲鼓勵其觀摩向上之精神，舉辦各種品評競賽集會，更能够用最少的經費，得到最大的效果。這種國力與民力的配合行動，使人人有實現其願望的可能。從經濟的觀念中，滿足了政治的需要，從滿足的政治環境中，產生了萬衆一心，精誠團結的效果，比較空空如也的德感威服政治，不可同日而語了。

四、民主自治的進步

國父指示：「自治團體不止爲一政治組織，亦並爲一經濟組織」，是抗戰期間公佈縣各級合作社組織大綱的根據。訓政時期，考慮農業和農民的問題，兼顧到全民的經濟組織，中央謀國遠見，久爲識者所稱道，世界環境與潮流，不僅影響中國，而且衝動了日本。日本從民國廿年起，開始研究統一農民組織方案，經過十二年的時日，於民國卅二年，實行了一元化的方案，將農會合作社合併而成爲農業會，農業會是以農民爲主體農業爲中心全民性全面性的經濟團體，並於民國卅三年推行於臺灣，與我國鄉鎭保合作社組織精神，異名而同曲。可見我三民主義之正確性，不僅適合於中國，宜能弘揚於世界。即今日臺灣之農會，實乃農業會之延長，亦即鄉鎭保合作社之再現，在實行民權自治，得到民選縣市首長及議會議員之今日，是一種理想的配合，是民生自治的又一進步。

我們必須檢討現世對於臺灣農會的看法，可能因爲觀念的不同，懷疑這種進步的眞實性，反對與贊成，各有深刻的理由，成了目前爭論的課題。甚願愛國有志，經過繼續不斷的檢討，能够得到結論。但是本人以爲，凡是參加討論的人，應首先澄清觀念，虛心坦懷，先就農民和農業的需要，作檢討的基礎，再就歷史的變遷和傳統的政治思想，加以客觀的分析，在不拘泥舊法律舊觀念的條件下，着手考慮，才能够得到正確的結論。這是一種改革，改革與現實制度和觀念是不相調和的，也就是因爲現實的制度和觀念，與現實的需要不相調和，才有改革的必要，保守不能進步，進步不能保守，二者不可得兼。

農會對於全體國民，有全面性的經濟作用，對於農業和農民，爲推廣農業技術，增加生產之必要組織，對於改善農民生活，更能以共同的經濟行爲辦理購買販賣業務，所以臺灣農會，大異於農會法的農會，比較農會法的農會，擴大了非農民加入而爲會員之後，不得不更嚴格的限制非農民會員當選職員與代表的比例，臺灣農會與農民和農業的關係，是不可分的。

五、今後的努力

農業和農民分開看是兩件事，將這兩件事相互關聯處，與國家全體的利益溝通起來，便會產生行動，就許多行動中，分別輕重緩急而予以控制，以達到至善的目的，便是政策，農業是我國最重要的事業，農民是我國最多數的人民，所以農業政策，關係國運極爲重大，值得我們努力研究的了。

一個國家裡邊，有很多政策，例如農業政策，商業政策，工業政策等，如果順口說出，忘却了各種政策的關係，便會政出多門，互相矛盾。在這種情況之下，執行政策或是奉行政策的人，便會互相摩擦，演出爭權奪利的場面，茫茫然毫無所得。

肥料統一配售，是以農業和農民爲中心的肥料政策；布疋抛售市場，轉售農村，是以商人爲中心的商業政策；糖業公司不撤銷成本過高的工廠，是以農業和農民爲中心的工業政策；紡織公司廉價收購黃麻，盈餘歸工，是以工業爲中心的農業政策；香蕉外銷，獎勵生產者自行組織團體，如農會合作社辦理，是以農民和農業爲中心的商業政策；領導商人自由競爭，是以商人爲中心的商業政策；鄉鎭農會代理公庫，代收農村稅款，是以農業和農民爲中心的金融政策；獎勵商業銀行代理鄉鎭公庫，代收農村稅款，是以商業和商人爲中心的金融政策；強調農會是政治性的，合作社是經濟性的，使合作社與農會在同一農村各行其是，是以非農民和非農業爲中心的經濟政策，強調農會是經濟性的，使合作社與農會合流，是以農民和農業爲中心的經濟政策。這些不勝枚舉的事例，在目前成了問題的中心，誰是誰非，終須有個判定，假使我們的智慧，不能立下判定，我想信上帝會替我們判定的，等待上帝替我我們判定的時候，就是我們全體無能，而被淘汰的時候。

我們應該提高警覺，在這種生死存亡千鈞一髮的鬪爭中，不容許有更多的餘裕，甘冒危險，等候上帝的批判，我們應該以農業和農民爲中心，調整一切的觀念和政策。須知道農業進步，農民足，商人孰與不足，工業孰與不足，國家孰與不足？反過來說，以商人爲中心的金融措施，經濟措施，物資措施，商業措施，將使百姓不足，危險萬狀。

（下轉第39頁）

臺灣之水利

陳克誠

水利建設爲一多方面的事業，其工作範圍甚廣，門類亦多，但就其性質言，消極的爲除害，積極的爲興利。前者如防洪排水，後者如灌溉，航運，水電，給水等等。我國治水事業，雖有四千年悠久之歷史，可是工作範圍，偏重於消極的防洪堤工，積極的興利工作，殊不多見。因此一般的認識，莫不以爲修堤即盡了水利的能事。於是乎人人可以談水利，人人可以辦河工。水利學術在中國不能發揚的原因在此；水利事業在中國未能展開的原因亦在此。

臺灣受日本五十年之統治，日人對於一般農工業以及交通方面的建設，均有相當的規模，尤其對於水利事業之經營，不遺餘力。例如農田灌溉，都市給水，水力發電等，遍及窮鄉僻壤，使一般農民得有現代化之生活，其水準遠較內地各省爲高，而且普遍。吾人如果注意臺灣的天然條件及其發展過程。即可知道這種情形並非臺灣得天獨厚，實在是人爲的結果。所以先民及日人經營的苦心，和奮鬪的精神，是不可否認的。但是若從現代的科學的眼光着眼。日人的經營和設施，並沒有解決臺灣的問題。在水利方面，尚待吾人努力者很多。茲謹就臺灣水利發展情形，目前狀態以及未來展望等等，略述梗概。

(一) 臺灣之天然條件：

a. 地形　臺灣爲一孤懸海上之狹長島嶼，地形特殊，南北長約三八〇公里，東西寬約一四〇公里，中部以中央山脈將全島分爲東西兩部。東部狹而西部較寬。全島面積約三六、〇〇〇平方公里（連澎湖在內）。所有河道，均發源於中央山脈，東西分別流入太平洋及臺灣海峽。因山高河短，河床比降甚陡。即全省最長之河道濁水溪，甚長度不過一七〇公里。

b. 雨量　臺灣爲我國最多雨之省份，除澎湖雨量較少外，全島平均年雨量在二五〇〇公厘以上。惟各地分佈至不均勻，季節之變化亦大。就地區分佈：以東北部及南部山岳地帶雨量爲最多，例如基隆河上游之火燒寮平均年雨量竟達六五七〇公厘，比較國內最高雨量區峨嵋山之三、〇〇〇公厘，高出一倍有餘。澎湖雨量雖較少，仍達八二三公厘，高出淮北各地。其他濁水溪下游西海岸一帶，平均年雨量不及一、五〇〇公厘；西部平地及臺東平原，年雨量在一、五〇〇至二、〇〇〇公厘之間，西部邱陵地及東部地方在二、〇〇〇至二、五〇〇公厘之間。以季節分：冬季以東北區之雨量較多，月雨量達五〇〇至八〇〇公厘，每月降雨日數，竟達二十至二十二天。冬季少雨之西南部，月雨量在三十公厘以下，臺南高雄地區，則常常一月中滴雨不降。夏季爲雷雨及颱風雨季節，多雨區爲南部山岳地區，月雨量達七〇〇公厘以上，降雨日數亦達二十日以上。少雨區之澎湖地方，月雨量在二〇〇公厘以下，降雨日數在十天以下。此外復因颱風之影響，在颱風季節雨量增强，故南部夏季雨量較北部冬季雨量爲大。颱風暴雨量，使最大日雨量達三〇〇至一、〇〇〇公厘。因時間短，雨勢猛，故常引起巨大之災害。據最近四十九年間之統計，颱風災害，平均每年一次至二次。災害之頻仍，至足驚人。

c. 河流　臺灣河流，因地形及氣象關係，頗多特徵，約略言之，有下數點：

(1) 坡度甚陡　山峯甚高，平地甚狹，所有河道形成靴形狀態，源遠而流不長，河床比降甚陡，最大者竟達$\frac{1}{25}$以上，最平者如新虎尾溪，亦達$\frac{1}{850}$。不獨在中國大陸上爲少有，即在世界各河流中亦屬少見。

(2) 洪水量大　臺灣因雨水豐富，山林保養欠佳，水量無法停蓄，故洪水量特大，計世界上河流中，洪水量在六〇萬秒立方尺的河道約四十個，臺灣以彈丸之地，即佔二個，爲濁水溪與下淡水溪。其中濁水溪最大洪水量，竟達二三、〇〇〇秒立方公尺（約當七七萬七千秒立方尺）。

(3) 洪水量與枯水量差別甚大，因各季節雨量之不均勻，致洪水量與枯水量相差很大，例如濁水溪之洪水量爲枯水量之一千一百餘倍，故河槽防禦工事，甚難佈置。

(4) 土質太壞　臺灣的山，大多爲砂岩，頁岩和粘板岩，容易崩坍，加以山洪急暴，冲刷力大，故河流含砂量大，光復以後，森林被山地居民砍伐者甚多，土層侵蝕日甚一日，情形更爲嚴重。

根據上述數點，可知臺灣河道天然的頗難治理。故歷年水災非常嚴重，計自民元至三十一年，其間各主要河流發生水災的總損失：計淹斃二五三人；農業、交通、房屋所受損失約值臺幣七千餘萬元之巨。其中以民元損失最大，雖民元以後，因興築堤防以防洪，災害逐漸減少；但在此三十一年間之平均數，每年浸水面積尚達 4718 公頃。本年草嶺水庫崩坍，一次水災即淹斃一三四人，毀堤二、八七六公尺，浸水面積已爲三、一一六公頃。

(二) 過去水利建設概況：

臺灣地居亞熱帶，夏日溫度均在攝氏三〇度以上，冬季平地亦在〇度以上，加以雨量豐富，故農作物之生長，甚爲旺盛。除地力瘠薄，需要肥料之補給外，雨水分佈不均，故人工灌溉，仍有迫切之需要，因此臺灣灌溉事業，發展最早，推行最普遍。此外因河道流短坡峻，洪水爲害，故防洪工程亦有相當之歷史。在日本佔據末期，因戰事工業之需要，對於水力發電，亦有相當注意。惟航運方面，除環島通航外，因河道坡度過大，頗少舟楫之利，無可足述，玆將灌溉防洪及水力發展情形，略述於後：

1.灌溉　臺灣耕地以臺南墾殖開始最早，遠在荷蘭人侵佔時即已開始耕作。鄭成功時代，扎營駐兵從事開墾，成效甚大。時至清代，大陸移民相繼而來，大多以開墾土地爲目的，同時因環境關係，很自然的即注意到灌溉事業，乃有許多埤圳之經營。（攔水貯水之處稱埤頭，引水渠道稱圳路）。據文獻可考者，自一六九五年至一八四一年間，主要埤圳之設施，計有瑠公圳、曹公圳、道將圳等十五處，灌地面積達一百二十一萬餘市畝。其中除曹公圳外（灌地面積計一五五、五九〇市畝），均係人民自動經營，政府並未獎勵指導。

一八九六年日人佔領臺灣以後，決定以發展米糖兩大作物爲治臺方針，對於農田灌溉相當重視，先後頒佈公共埤圳，官設埤圳等規則，一面改設舊有埤圳，一面大量興辦新式灌溉，排水，土地改良等工程，並從事灌溉水量試驗等工作。新興工程中以嘉南大圳爲最著，計施工期間經過十一年，灌溉面積達十五萬公頃。但因本區內集水區域很小，耕地面積太大，雨量分佈又極不均勻。爲便利整個區域均霑水利計，於是規定三年輪作制（即分期輪植水稻、甘庶、雜糧），其效果大著。至一九四五年日本投降時全省已施灌溉，排水工程的面積爲五五六一、九九九公頃，佔全省耕地面積百分之六九。但因大戰期間，保養工作欠善，致受損壞面積達二六三、二三四公頃，因此當時產米量僅達六十餘萬噸，約當日人時代最高額百分之五十六。

光復以後，先後成立農田水利局、水利局，一面辦理復舊工程，一面籌劃新工程計劃。至三十九年止，灌溉面積，已增加至六〇二、五六九公頃，佔全省耕地面積百分之七十。

2.防洪　臺灣河川流短坡陡，水流湍急，以致年年爲害，處處有災，所以防洪工程爲本省最急要之工作，並早爲移民所注意，其中最早者：計有鳳山溪、大安溪、大甲溪、濁水溪，曾文溪等十四處河川之堤防，其規模以大甲溪上游兩岸石堤爲最大，計長二四〇〇丈，寬七丈有餘，全用卵石堆築而成，自一八八一年十一月開工，歷時四月，每日徵工一萬人，始告完成。

日本侵據以後，爲保護農田村落計，對於防洪工程，亦極注意，但其主要工作，以興築下游堤防爲主。其工程過程可分兩大階段；第一爲應急工程時期，自一九一三年起，各河川均實施應急性的堤防工程；第二爲治水計劃時期，自一九二九年頒佈河川法後，對於各大河流又進行大規模比較有組織的治水工程。在水急河川的護岸工程，多用鐵絲蛇籠法。計每年新設及補修堤防所需鐵絲達五千噸以上。在二次大戰延長以後，各種物資均感不足，堤防工事多改用水泥木材，但效果不大。更加以一九四一，四二、四三各年的大颱風，堤防敗壞，日益加多。總計日人佔據四十八年內，共修堤防達四一九、一五三公尺，平均每年修堤長爲八七三二公尺。戰時損壞長度，達三五、八一二公尺。

光復後防洪工程仍以堤防爲主，先後由公共工程局，水利局主管，規定主要河流之堤防工程由省水利局主辦；次要河流之堤防工程由有關縣市政府主辦，省庫酌予補助。計光復後修復堤防共七二、八五九公尺（內三七、〇四七公尺係光復後損壞者），新築堤防計一一、九九三公尺，平均每年修復及新興堤防一二、二一二公尺。

3.水力　臺灣雨量充沛，故水量豐富；復因河床坡度甚急，故落差甚大，此爲發展水力的兩個基本優點。同時因河流短促，發電地點接近市場，故輸電工程之設施，亦比較容易。唯因日本有農業臺灣，工業日本之政策，致水電事業發展較遲較緩。據專家之估計，臺灣可以開發之發電總量，爲三、五五二、五〇〇瓩。日據時代已完成之水電，計共二六廠，發電量爲二六七、〇〇〇瓩（此外火電廠八處，發電量五四、〇〇〇瓩）。其中日月潭發電系統，即佔一五八、七〇〇瓩，爲臺灣整個電力網之核心。在戰時因年久失修，復因轟炸，颱風洪水等損害，至光復時僅能發電四〇、〇〇〇瓩。光復後各發電所及變電設備逐漸修復，且多有改進，現全臺發電總量已超過日治全盛時代，以西部電力系統爲例，民國三十二年最高負荷爲十五萬二千瓩，現在已超過十八萬瓩，較日本全盛時期增加百分之二十。

（三）日本水利措施之評議：

臺灣水利設施，雖在明清時代已經發軔；但大規模的新式工程，則多爲日據時代所完成。以臺灣地質，如此瘦瘠；河川條件如此惡劣，水利建設能有今日之規模，自不能不歸功於日人之工作毅力。但如以爲臺灣建設已達飽和，日人措施已爲臺灣解決根本問題，則殊大有疑問，玆就已有設施略作檢討：

1.政策問題　日人建設臺灣以殖民地爲出發點，其治臺之政策，以農業臺灣爲目標，視臺灣爲糧庫，故爲米谷增產計，對於灌溉工程，致力最多。最高糧食產量曾達每年一四〇萬噸之鉅，全部耕地面積在日據時代，已施灌溉工程者，已達百分之六十以上，效果不可謂不大。但在治河方面，其工作僅限於治標之堤防工程，亦即以保護村落農田等消極目標爲主，對於治河根本大計，頗少顧及。因此臺灣河川根本之問題，尚未解決，即治本之計劃，亦付缺如。（據傳日人對河川曾作詳盡調查工作，因接收時多已遺失，此項資料，亦不多見。）至於水力方面，已開發之動力，不及臺灣蘊藏水力資源十分之一，致臺灣工業需用之動力，尤感不足，農民之衣食，雖已解決，但生活方式毫未改善。尤以農村勞力，尚停滯於原始之人力獸力時代。與未開發之區域，並無二致。其他在教育方面，水利課程亦以農業爲主，在大學以農業工程系爲研究水利之主要部門，在中等學校水利工程亦列入農業職校，在工業職校水利功課竟付缺如。凡此種種，均表示其重農政策。實際上，水利工程與農業固有密切之關係，但並不以農業範圍爲限，其與工業之發展，亦大有關係。

2.工程技術問題　除上文在政策方面，證明其重農輕工，至少先農後工外，即在其大規模之灌溉建設中，因對於米谷增產計劃，力求速效，故技術上亦大有問題，最顯著之例：如嘉南大圳，水庫淤積，渠道漏水，均為急待解決之嚴重問題。渠道漏水，本為一常有之現象，不足為異，但如渠道斷面及坡度計劃得宜，則在工程完成後，其漏水程度應隨年月而漸減，事實上嘉南大圳完工已達二十餘年，渠道漏水程度竟仍達百分之五十以上，致水源日益困難。即採用輪作制，水源問題，尚不能圓滿解決。漏水原因，大部分固由於土質粗鬆，但渠道設計如斷面如坡度如線道等均有問題，頗值得加以研究。至於水庫之淤積，情形更形嚴重，有的雖已有攔沙之計劃，但均未見諸實施，其他如水庫溢水道之位置，出水口之大小等等問題，在技術上之缺點甚多，均待加以改善。

3.缺乏整個計劃　日人建設臺灣，既以增產為目標，以搾取為手段。故對於多目標之水利建設，固談不到，即治水整個計劃，亦付缺如。例如以日治時代之組織系統言，灌溉事業屬於農商局之耕地課，防洪屬於礦工局之土木課，水力發電屬於礦工局電力課，彼此不相配合，其中尤以水文測驗與氣象等工作，各部門各自為政，不相連繫。因各部門工程目標不同，故測驗之項目各異。同時測驗時間又長短不一，則其資料之效用自亦有限，故臺灣水文雖有數十年之記錄，但經過整理，可供應用之曲線圖表，殊不多見。

4.缺乏研究設備　日本據臺五十年，水利設施相當普遍，雖未臻理想境地，但可謂粗具規模。唯對於水利研究之設備，獨付缺如。推究其原因，仍為殖民地心理作祟。因此凡臺灣治水工程中，有待研究試驗之問題，均在日本本土進行研究，然後將其結果，應用於臺灣。在臺灣本島，則施行愚民政策，使一般臺胞，知其然而不知其所以然，其訓練技術人員之方法，亦復相同，使每一工程師僅知局部之問題，而不能窺其全豹，以達到其長期統治之目的。

(四) 今後之展望

臺灣過去水利設施，既係在日人殖民地政策之下所完成，當然不能盡如人意。光復以後，臺灣水利工作有許多地方已超過日治時代之記錄，惟基本缺點，仍在治標方面用功夫。在主持水利之工程師，未始不知治本之重要，或因人力財力之限制，至少在治本方面尚少成績表現。其重要之關鍵，似落在決策之政治家身上。一般工程師希望政治家備具之條件，為有理想，有抱負。對於地方建設，應有一美麗之遠景，有一確定之政策。就臺灣水利方面之理想政策言，應為全盤的澈底的治本計劃。茲略述之：

1.在灌溉方面，現有灌溉面積，佔全部耕地百分之七十，可謂相當普遍。惟水源大成問題。有的地方仍須採用輪作制，有的地方雖付水費，尚不能享受灌溉之利，其原因在水庫容量日漸減少，渠道滲漏損耗太大，故灌溉方面之根本問題為防砂防漏，如能就現有設施，在水庫上游防砂，以減少淤積；在水庫本身刷沙以增加容量；在渠道防漏，以減少水量損失；同時並配合農作物需水量之研究，輪流用水制之改善，則現有灌溉設施，效能可以大增，水源應不成大問題，灌溉面積，且可望有所增加。如將舊有灌溉系統，加以切實調查並予以徹底整理以後，行有餘力，然後從事新灌溉區域之開闢，則臺灣耕地面積仍大有發展之餘地。此外臺灣之地下水源，雖有部分之利用，但水源調查毫無資料可資依據，亟應加以調查研究，俾得合理的經濟的利用。

2.在防洪方面，現時防洪工作，仍以堤防為主，即昔日之水來堤擋之老方法，不獨不能解決洪水之問題，且年年冲刷，年年修補，亦殊不經濟。治本之道應設法減少或調整河槽之流量，使流量有一定之規律，兩岸可以安全承受，不使泛濫成災。臺灣河道情形特殊，嚴格言之，一般河道只有上游與河口，幾乎無正式河身之可言。治本之道，應以治溪治河口之方法治之：換言之，即在上游攔洪、攔沙，並保持整一之河槽；在河口導流、防決、防淤，求一暢通之出口。攔砂問題，較之攔洪猶為嚴重，如在上游選擇相當地點，建築攔洪水庫，而不輔以攔砂設施，則攔洪庫之壽命極短，殊不經濟。除攔砂庫以外，森林之保護，水土之保持，河岸之保護等工作，對於防砂之效用，均極關重要，須同時推進，以作正本清源之計。

3.在水力方面，臺灣水力資源，相當豐富，其地勢亦適於水力之開發已如上述。惟其困難之點，仍在水流含砂過多，水庫易於淤積，應當設法予以解決。在積極方面，水力為最廉價之動力，為工業化之基本條件，故必須有整個計劃，逐步發展，俾全省可以電化。臺灣以面積言，與歐洲瑞士相當，以人口計，與瑞典相若。瑞士已開發水電總量為二百五十萬瓩，電廠六〇〇所，平均每人五五〇瓩。瑞典發電總量為二百一十萬瓩，電廠二千餘所。平均每人約三〇〇瓩。以上述兩水電發達國家為例，臺灣電力之發展，可以有所借鏡。

除上述灌溉防洪水力三方面，應作有系統的治本計劃以外，尤應注意各部門的相互配合，相互連繫的多目標的水利發展總計劃。臺灣河道情形，除航運希望極少外，其他各方面之發展希望仍大，待解決之問題仍多。故亟應通盤籌劃，切忌各自為政，彼此割裂的現象。時人談論臺灣水利，多喜引用美國TVA多目標之計劃，作者之觀感，臺灣情形與TVA情形不同，不能相提並論，但美國墾殖局開發西部之成規，以防洪灌溉發電為其主要目標，以水土保持為輔助工作，則庶乎近似。頗值得吾人加以考慮。

4.加强研究工作　水利建設必須與水工學術之研究工作相輔而行。建設工作愈展開，技術問題亦愈多，必須有可利用之研究與試驗設備，藉謀困難問題之解決。日人治臺政策既別有用心，故臺灣水利基本研究設備竟付缺如，不僅水工土工之設備毫無，即水文之資料亦多未加整理。致水文記載之

(下轉第九頁)

自由中國通訊

與刼後王孫話將來

——遊歐觀感之三

紐約通訊・六月十五日

本刊特約通訊記者 曾英奇

在旅途中，我們每次參加茶會後回到寓所，或者去拜訪我們的客人辭出後，富萊翰先生總是帶着一種奇怪的神態說幾句多少帶點諷刺的話：「我永遠也算不過這個帳來，你到底為甚麼對歐洲問題會有這樣高的興趣？……天啊！只可惜你不生為歐洲人。」真的，連我自己到現在也仍不明白為甚麼我會那樣有興趣。在每次茶會中，我總是議論滔滔。特別是談到「歐洲聯邦」的問題，甚至於在火車上遇到一位老太婆，我也往往說得有聲有色。假定富萊翰先生是一位典型的美國人（其實不是的）的話，那麼我這個祖國多難的黃臉皮竟比天下最好事的美國人還要「好事」了。

「哀王孫」這是人類天生的情感，無可厚非。不要說像美國那種慷慨好義，具有高度人道主義色彩的闊少爺，看了那種同根而生的刼後餘辜，會興起一種哀憐的感慨，即使我們東方與之無親無掛的老破落戶們看到了此情此景，也會心不由已地生出一種憐憫之情。而記者自己就是一例。但是我總相信「哀憐」不是辦法，太消極，其結果是哀不勝哀。要救出刼後王孫的活命，必須向積極的一方面着眼。記者在旅途中無數的次閒談和辯論中所提出的意見，都着重在這一點。

斯特拉斯堡的光輝

凡是稍讀過歐洲近代史的人，旅行在今日的西歐大陸上，無不隨時隨地要興起一種歷史興衰的感慨。當我們的座機飛越阿爾比斯山時，我彷彿看到拿翁衣衫襤褸的窮兵狠將正成群結隊地湧向意大利，當我們的座車馳騁過西歐平原：耶拿、色當、凡爾登、等這些戰史上有名的城鎮時，惠靈吞、拿破拿；毛奇、麥馬洪；魯登道夫，貝當……這一干名將的英姿似乎都翩然出現了。三個世紀以來，波滂、斯圖亞特、霍享索倫、哈布斯堡、薩服衣等王朝的霸權此起彼落，然而把新興的英雄希特勒、莫索里尼也算在裡邊，用蘇東坡的話來說：「固一世之雄也，而今安在哉？」而今那些戰史上的名城在西歐人的字典中已經不佔地位。原來自從第二次大戰結束後，它們的地位被一個不太知名的城市取代了。那個「不太知名」的城市就是德法交處屬於法國亞爾薩斯省的斯特拉斯堡。

記者在斯城曾盤桓了一天的工夫，並會驅車和富萊翰先生到德法的國境線處作了一度的巡禮。據當地一位法國人說：在上次歐洲會議開幕的前夕，有大約五百個來自法國斯特拉斯堡大學及德國巴登大學的教授和學生，從國境線的兩邊用木棒和拳頭把極具歷史意義的「國界門欄」打碎了。記者當時問那位法國人對這事情的感想如何。他毫不加思索地說：「這自然不是一件平常的新聞。它表示歐洲人已經覺悟了，它表示西歐文化將要繼續地在我們自己的土地上生存下去。」斯特拉斯堡現在是「歐洲諮詢會議」的所在地，此刻它正積極地向着哥倫比亞區在北美合衆國的地位上邁進。它的光輝照耀着整個的西歐大陸，人人事事皆以能夠和這邊界的城市沾親帶故為榮。比如法國戴高樂將軍的「法蘭西人民大聯合」選擇斯特拉斯堡為其發祥地，就是一個最好的例證。

「分久必合」

在「西歐的防線」一文中，記者曾報導說：「他們的打算只有一個：歐洲人要重新站立起來。」然而如何才能重新站立起來呢？這是一個非常實際的問題，絕非僅祇一種想像所能解決了的。記者在無數次的接談中，似乎得到這樣一個印象：在英國，即使最保守的保守黨人也都覺得帝國主義的殖民時代已經過去了；而在法國、比利時、荷蘭、乃至於在意大利，他們的腦筋到現在似乎都還沒有十分清醒過來。一方面在其本國無可奈何的不能不么為奴，而另一方面在國外却還想繼續地奴役別人。我恐怕今天西歐人最大的問題就在這種心裡的不調和上。在我們最後離開巴黎的前兩天，富萊翰先生在公司的辦事處內舉行了一個臨別茶會。當時應邀參加的除了自捷克逃出來的一位「難民」教授外，皆是清一色的西歐人。後來輪到我說話，我就老實不客氣地講了一大篇，其中有幾句是：『……任何一個文明的衰落都不是偶然的，歷史上寫得很清楚：沒有一個人類文明的沒落不是源於它自身的矛盾。假定近兩個世紀來你們西歐人在你們自己國內推行民主政治的精神，也同樣地推行到西歐文明所至的世界其他角落，那麼，今天界上固不會弄得這樣烏烟瘴氣，而西歐這一片土地上的人民更不會弄到惶惶不可終日。……』當時我說這幾句話是提着極大勇氣的，但出乎意料的是反應良好，在座諸人無不唯唯點首。這種現象使我對西歐文明的繼續在它本土上的存在和發展，陡增了不少信心。

大體上說來，現在的西歐人是慢慢地朝着清醒的路上走了。他們對整個的世界文明有過最大的貢獻，但也欠下了很多的債務。現在的情形是討債者當仁不讓，而徵現衰老的西歐文明也在呼喚這批罪孽深重的子孫：迷途該知返了。現在西歐較有遠見的人似乎都瞭解：西歐之所以弄到如此地步，並不是他們的智慧不如人，也不是地下資源不如人；根本的問題是西歐文明發生了毛病。我曾對很多接談的西歐知識份子（指較高層的）坦白地說過下面的話：「大西洋好比約坦河，西歐文明經過大西洋的洗禮而渡到新大陸上後，剩下來的盡是精華了。」今天的美國文明雖然源於西歐，但確是經過洗滌後的西歐文明而比西歐文明更進了一步。美國人之所以最崇拜林肯，那是因了林肯是美國文明最具體的化身之故。在林肯的旗幟之下，絕不容許一半自由人一半奴隸的存在；在林肯的旗幟之下，在歐洲不能協調的份子在美國能够協調起來了。西歐最感到缺乏的是足够的林肯精神，不過現在他們對所謂「林肯精神」到是準備接受了。羅貫中三國演義上的開場白說：「天下大事，分久必合，合久必分。」不問這幾句話眞實的程度如何，今日的歐洲，特別是西歐到是要「分久必合」了。

兩個啓示

歐洲的「合則强，分則弱；合則和，分則亂」的道理是三尺之童都能瞭解的。但在百年前，甚至在美國獨立戰爭以前，却很少有人相信一個四分五裂的歐洲能够和諧地統一起來。然而歷史上很多事物的發展都是慢慢來的。祇要哥白尼、伽里略一類的人物能不斷出現，就不怕人們固執地不信地動說。歐洲人對於歐洲的和諧統一所以漸漸認爲可能，實由於兩批「判徒」的啓示。這兩批叛徒就是今天的瑞士人和美國人。瑞士這個美麗的山國是由德法意三國人民組織而成的。她之所以立國，是這三個國家的「判徒」滿懷着自由的熱望而不願再繼續受他們祖國的壓迫，於是他們帶着不同語言協商而立國了。在有些人看來，像瑞士這種蕞爾小國自不足爲訓，但不旋踵無量數的歐洲「叛徒」又在新大陸上擇吉開張了。信不信由你：在今天全世界若選舉兩個最享福、最進步的國家，我深信凡無成見的人都會投美國和瑞士的票。

問題在那裡呢？

世界上的事情，天然不都是用邏輯所能解決的。熱心歐洲事務的人，恨不得一個堅强的歐洲聯邦能够於一晝夜之間建立起來，可是它偏偏要姗姗而來遲。其中原因有時候簡直令人覺得難以索解。在「哀王孫」的通訊中，記者曾說：『今天的歐洲人就我觀察所得，除了「愚昧」外，所有上述美國人批評亞洲人的特點他們無不具備。甚而至於從某一個角度來看，把「愚昧」也得算在裡面』，我所以感到「從某一個角度來看」，歐洲人也應該列入「愚昧」名單的原因，主要的是由於他們對歐洲聯邦的態度產生的。我問過各色各樣的人（其中包括從鐵幕中逃出來的東歐人），到底建立歐洲聯邦的障礙在那裡。所得到的答覆有很多是莫明其妙。

在法國我所遇到的聽到的無一人在原則上反對歐洲聯邦之議，甚而至於連最右的「世界報」及最左的「人道報」也不例外。可是一提到實際的做法，他們却個個搖頭，毫無信心。遇到這種情形，我總是進一步地發問：「障碍到底在那裡呢？」他們的回答幾乎是千篇一律：「共產黨會好好地讓你這樣做呀？不要天眞罷。」基於共產國際的利益，西歐各國共產黨之要起來破壞歐洲聯邦的建立，是毫無疑問的。但畢竟共產黨在西歐整個的領域中是極端少數派，若是所有非共產黨人能够眞心誠意積極地走歐洲聯邦的路子，記者深信共產黨人的破壞工作是不會成功的。

在瑞士我找到了另一個更重要的理由。一天晚上在日內瓦的旅邸中我們遇到一位蘇世黎日報的記者，談到這個問題，他說了一段很深刻的話：『我們瑞士的祖先是赤裸裸地跑到這個山區裡來的，也像你們美國（記者按：指富萊翰先生）初期的墾荒者一樣，前面有一幅美麗的遠境，充滿了無限的希望，而後面則絲毫無可留戀。該怎樣做就怎樣做，不受任何傳統心理的支配。而今天的西歐就不同了。你要成立聯邦，他則要把他的國格、歷史、文化等等都搬了來。搬不動，就發生問題。我不是說「歐洲聯邦」之夢不可能實現，而是說她不能像瑞士或美國那樣的輕而易舉。』這確是一針見血之言。到歐洲聯邦是一段艱辛而遙遠的路程，歐洲歷史已經注定了她的命運。不過除了上述的原因以外，我總覺得在建立歐洲聯邦的工作上英國人站在旁邊是一個不祥之兆。邱吉爾先生們既高倡聯邦之議，而百分之九十九的不列顛臣民則又有自己的如意打算。從會場攪到會外，又從會外攪到會場；離了她不行，有她則更不行。將來有朝一日歐洲聯邦果眞成立，英人如邱吉爾先生或者可能名列在聯邦建立者的紀念碑上，但大英帝國則不能不被認爲是聯邦的罪人。

（完）

西班牙怎樣反共

馬德里通訊・六月十四日

警雷

為了使西班牙加入北大西洋公約，可以說已費盡了美國當軸的心血，一方面，美國政府不願意放棄西班牙這個鬪牛民族，因爲她具有堅强的反共力量。另方面美國又不肯開罪了西班牙的兩個敵人法國和英國，艾森豪威爾在年初來歐視察的時候，謠傳他會要來馬德里一行，但是因爲英法人的反對，他沒有實現了這個懷着的志願

據說在葡萄牙時，葡國的軍事首長當場向艾帥表示，如果在西歐沒有西班牙這個力量，北大西洋公約是沒有意義的，是的，艾帥是美國有名的軍事家，對這點當然深明於心；然而爲了顧全大體，他是不好堅持西班牙參加西歐防務的，然而當他在着手西歐建軍工作中，遭遇到很多困難以後，他對這反共最具決心的西班牙更設法網羅致在他的防務的體系之下了。本來西班牙是沒有問題的，西班牙雖然是看不起英法兩國的軍事力量，但是她卻認爲在反共抗俄的大前題下，合作是必要的，然而在與蘇俄是同胞弟兄的社會主義者當政的英法兩國，則寧願亡於蘇俄—他們主義上的大哥，也不願西班牙這個反共反社會主義的國家進來。最近美國聯合參謀總長來巴黎倫敦，據內幕消息傳出 就是爲了說服兩國准許西班牙加入防務體系；然而據最近結果而言，布萊德雷總長是失敗了，社會主義執政的英法兩國還是抵死反對。今天的巴黎紐約論壇報上有一篇英國報導和一篇法國政治行情：不約而同的都在說如果美國要裝備並要西班牙參加大西洋公約，那就是等於放棄整個西歐！

但是我們不要錯了，英法政府反對西班牙政府參加北大西洋公約，這只是政府少數人的主張，絕不是人民的看法，更好說這是社會主義—共產主義的小弟弟的看法，絕不是其他政黨的主張，邱吉爾目下就是主張西班牙加入北大西洋公約最有力的一員，法國的皮杜爾以及在野軍事名家，也都作如此主張，第一二次歐戰法國名將魏剛就是堅決主張西班牙加入防務體系的一員，他說：不但就地勢，就人心士氣一面來說：西班牙有加入北大西洋防務體系的必要，就是憑他們十年治國，共產黨無法擡頭的成績，也不能少了他來加入西歐防線。

西班牙反共成功，到現在已經是十二個年頭了(就勝利以後講)，在這十二個年頭裡，西共無時無刻不想在搗亂，在英法兩國的廣播電臺上無日無夜不在痛罵西班牙現政府，在西法的邊界上，也時常偷偷 摸的在輸送遊擊隊，在北部重鎮的畢爾巴鄂以及西班牙海上的巴塞羅納，天天在鼓動獨立運動，然而十二年於茲，除去了兩三次罷工之外，什麼也沒有作到，佛郎哥政府用的究竟是什麼法寶，他們反共辦法究竟有那一套，記者就在西班牙居留期間所得到的材料，寫出來報告給大家作爲參考。

西班牙政府反共具有決心，這個倒沒有什麼希奇，如果他們不具有決心，共產主義的政府如果捲土重來，那末不特他們的財產勢力均將不保，就是他們的生命也要發生危險。然而西班牙的勞苦大衆爲什麼反共呢？說起西班牙的勞苦大衆的反共來眞令我們有些慚愧，當我們足踏西班牙國土的時候，有西班牙的普通人問我們中國怎樣，我們告訴他們共產黨很壞，他們的神色立刻嚴肅起來，沈痛的說：我們全知道，共產黨太壞了，非消滅它們世界沒有和平，如果是一倆個人，如果是老年人，他們如此說法，也沒有什麼希奇，就連沒有見過共產黨執政時的殘暴的青年人也一樣對共產黨痛心疾首，我們問老年人，現在的生活較之共產黨時代怎樣，他們很坦白的說：更苦了，然而如果你問他們原因，他會告訴您這並不是現政府的無能，這乃是共產政府盜去了國幣，使政府不得不束緊了腰帶所致，這乃是聯合國對西班牙封鎖所致，這乃是共產黨在戰爭時期破壞所致。共產政府盜走的國幣據西班牙政府方面的報告說是黃金六千噸，據英國方面的統計說是合戰前廿二億英磅，兩個數字不知那個更確切，反正數目相當大是眞的（從西班牙逃亡各國的共產人員合計有三十萬人之譜，十二年的生活，宣傳等費用，大多是付了這項國幣）。西班牙現政府，對外和我們政府不相上下，不肯宣傳，可是對內呢，從小學課本到任何一種有關政治及戰爭歷史的書籍，開場總要說：西班牙人民爲什麼今天這樣窮苦，這完全是共產政府的罪過，這大部分是實情，即使不是實情，如同希特勒所說的撒謊多了就成爲眞理，人民兒童腦筋裡多是白低，染於蒼則蒼，染於黃則黃，政府的反共宣傳，在人民與青年心目中眞收了無比的實效，所以這一向西班牙人提出共產黨，大部分都是切齒的。在上次德蘇戰爭時，西班牙的志願軍死去了足有三萬之多，而這三萬之多的人，根據我們所接觸的人說：都是家人勸督以及本人自動去的，並沒有政府的指示。有一位六十多歲的主婦，曾當着他廿二歲的唯一子向作者說在德蘇之戰時，我眞後悔我爲什麼不早生幾年我的獨子，以便他能參加戰爭，消滅共產黨。這樣的成果，大部分可說是政府對內宣傳之成功。

西班牙政府第二個反共成功的辦法，就是在勝利之初就利用反諜辦法，使在黨的共產黨員爲政府工作，另外更製了不少的假共產黨，混進潛伏下

的共產黨的組織中，調查名冊，另方面又組織了一個專門反共的警察團；這團體的總監是腓特南，公撒雷，他埋頭苦幹，任怨任勞，十二年來如一日，他的屬下在每次進行工作和調查共產黨前的時候，總不忘跪在聖彌格爾像前宣誓禱告（按聖彌格爾是一位大天使，反對魔首路濟弗爾最力，將魔鬼打入地獄，即彼之功，此事見舊約），誓許不誣妄好人，沒有眞憑實據從不測定一人是共產分子，內滲透，外調查，十二年的工夫，西班牙潛伏的共產黨可以說百分之九九．九都在他的黑名單上了，在李士珍先生來西之時，腓特南曾讓李士珍看過他所有黑名單一部分，一區之內共產黨可以分作三四等，如有事端先捉魁首，立刻事件就會平定下去，他並向李先生要求在國際反共組織調查上一同携手，西班牙政府在平定之時，不特對潛伏共產黨不予逮捕，就是對勝利前後所逮捕的共產人犯，也都全部釋放；但是全部給他們指定地點，分配在各個重要城市，工作任職一如常人，無甚珍域（當然不讓他們任政府官吏），只是暗加防範而已，爲了使他們不能逃逸，西班牙政府並制定辦法，任何西班牙人往任何地區都需要領取護照，並在購票時寫明姓名，旅行地點時間，中途且不得下車，以便隨時隨地可以予以逮捕。此外西班牙國內更有所謂司閽人，每人管若干里閭，每家鑰匙，均有兩枚一枚在司閽人之手，夜間訪客統由司閽人代爲開門，此雖爲便利旅客，但一方面也是爲了防備共產分子，總之，西班牙政府目前整個工作可以說都是在「監視」共產黨。

寫到這里，我想附帶聲明一句：西班牙的人民是有相當自由的，祇有共產思想在西班牙是受嚴厲限制的。西班牙人說的好，在眞理下人是不能自由的，我們不能不信眞理，同樣我們也不能不反對謬論，那末共產主義既然是百分之百的謬論，不容許它自由，這不是最應該的事嗎？

西班牙的反共詳細辦法千頭萬緒我們不想再多寫了，最後我們引魏德邁將軍的話說：反共已不是政治軍事的力量所能及了，我們必需從思想上着手。西班牙人民的反共就是思想上的反共，因爲他們是信仰天主教的，宗教是有神論，共產主義是無神論，是鑿枘不相容的，西班牙政府的反共辦法之所以能收得宏效，其基本借力也是來自天主教的。（六月十四日）

同志！讓我吻你的手！

在昔日的多瑙河畔，每逢萬籟俱寂的時候，情侶雙雙，笑語呢喃，並可常常見那輕脆的吻手聲。

時過境遷。共產黨現正極力廢除此中歐特有的習慣。布達佩斯共產黨的一家日報（Vilagossag）曾收到一封憤慨的信說：「有些同志被女同志毫無顧忌地迎接時，仍舊說道『讓我吻你的手』，並俯而吻之。這是資本主義者的餘毒和布爾喬亞的社交習慣，若不予以廢除，便將毀滅良好的匈牙利共產黨員。」（苓）

（上接第二四頁）

，因而斷定朱觀壽有「通匪」嫌疑，所以要捉他來訊問。游擊隊的親戚便有罪，這是中共殺人又一籍口！

貴池立委劉啓瑞的父親，素來不預聞地方事，「解放」後，與次子同住鄉間。去冬，次子被捕入獄，他老人家也時常被共幹們三翻五次的訪問。今年春，忽傳他老人家已作古鄉間，是「病歿」？是「迫死」？或有其他的原因？蕪湖同鄉們，到現在還莫名其妙，言人人殊！

上面這些被殺的人，都是「鎭壓反革命」口號下的犧牲者！但有一個共同點：他們都不是中共的同路人，也沒有向毛朝靠攏過。那麼同路人或靠攏人物當然可以免於一死了，事實上竟又不是這麼一回事！不信，請看下面的報導：

前首都晚報社長唐少瀾，在中共渡江前，便和所謂孫盟有勾搭：「解放」後更跑到上海，託人向「民革」接線，結果如願以償；回到南京後，更進一步進「華大」學習。在去秋將結業分發的時候，忽解回原績谿，提交公審；復轉解屯溪，再度公審，在屯溪公審那一天，把他槍斃了。唐少瀾這個人，原來是一個反共最烈的國民黨員，竟走上靠攏這條路？終而死於赤魔之手！這是那些靠攏人物的一個很好的借鏡。

更慘的屠殺還在後頭

過去各縣一般負責地方事務的人，在家裡的無不被殺。這裡所沒有提到的，大概一部份潛伏在大都市，一部份逗留在港澳，一部份到了臺灣，一部份，已經上山領導游擊隊，和中共拚命；目下宣城、廣德、郎溪、寧國，大刀會蜂起，黃山游擊隊活躍，河瀝溪倉庫被燒，蕪屯路軍運車常常被「刼」，便是最明顯的例證！

當前皖南各縣，管制戶口極其嚴密；人民行動異常困難，沒有「路條」的一律不能出縣，甚至不能越出鄉鎭村的範圍一步。而各地「公審」殺人的事情，幾乎沒有一天終止過；一些沒有被捕的人，因此都設法參加游擊隊：這是今天皖南人唯一求生存的出路了！

過去土共頭子現下位居皖南中共第一副書記的胡明說得最明白：「我們爲了適應當前革命形勢，爲了消除內在的反動力量，爲了鞏固抗美援朝的陣容，對於政治土匪、特務、不法地主、國民黨殘餘、封建殘餘、及其他一切反革命份子，絕不應姑息！不管他現在思想如何前進，行動如何合理，他要曉得都是偽裝的，到了有隙可乘的時候，他們就有辦法來從事反人民的活動了。……我們要做到整個國內人民一面倒，要造成人民對這些人的尖銳對立，而無絲毫妥協的餘地，才能爲我們用，跟我們走！毛主席指示我們要好好的掌握廣大地區，廣大人民，廣大兵源，便是這個道理！」這是他最近對皖南幹部所說的話。我們試一意味胡明這一番話，對於皖南未來的血景，該有一個更陰森可怕的輪廓了！

血染皖南

皖南通訊 六月十五日

君健

從去年十月秧歌王朝開始「土改」起一直到今天，差不多有九個月的時間。在這不算短的時間裏，皖南老百姓，無時不在低氣壓的氛圍中，偷度其恐怖凄涼的歲月，一連串的被迫害消息在地下流傳着，一批批的寃魂在屠刀下出現着。藉着「鎭壓反革命」條例，中共在公開地演出集體屠殺人民的暴行。

被屠殺或囚禁待殺的人，不容說：第一是過去在國民政府下擔任過公職的人，第二是一切不願靠攏不肯低頭的智識份子，第三是地主富農，第四是不願供奴役的工商界人士；就是靠攏的人物有時也還不能免於一死。大而至於國大代表，省縣參議員，教授教員，黨務人員，各級文武官員，新聞記者，律師，以及地方士紳，固然難逃出天羅地網，就是最普遍的鄉鎭保甲長，鄉鎭民代表，以及過去參預過地方事務的老板，夥計，農民也都無可倖免。第一步是由「地委」「縣委」們決定了分期分批的黑名單；第二步是以各種方式，迫使老百姓提出所謂控訴；第三步是拘捕囚禁，縣牢關不了，區鄉鎭一律普設臨時集中營，好在伙食由家屬送來，王朝並無絲毫損失。其他候補也都在所謂基本群衆監視之列；到最後，還要把生殺之權，故意加在老百姓的頭上，舉行所謂「公審」，然後才以「匪特」「反動」「文特」「封建殘餘」「惡霸」「善霸」……等罪名，予以處決。

在整個皖南二十三縣中（浙嶺以南的婺源縣，又劃歸江西；以北併入休寧；所以皖南在中共的地圖上，只有二十二縣了）。每縣被囚禁的人，多則四五千，少亦在一千以上；被屠殺的，以貴池、郎溪、婺源三縣來做例子，每縣已死的人，都在二千以上。由於報上所載的就很少，有的也是一些比較出名的人，而老百姓中又沒有敢公然傳播的機會，所以具體的數字，只有等待到國土收復以後，才能夠統計出來。但根據一般估計：皖南二百多萬人中，大概已屠殺了五萬左右，正好佔全人口百分之二；筆者根據片段的消息，把五萬新鬼中，就已知的眞確事實，摘錄如後：

黨團人員先遭殃

東流縣國民黨書記張恕，服務地方多年，始終沒有脫離黨務崗位，「解放」後首先被捕入獄；由於找不出一個籍口，始終沒有結案。到了毛朝發出了「鎭壓與寬大結合」的號召以後，他於去年秋冬之交，便首先被交付「公審」；在「公審」的時候，共幹們首先把他衣服脫掉，指使流氓地痞施以毒打，拳足交加，遍體鱗傷，全身流血，他受不住這種慘痛，迫使兩手向下亂抓，面前的泥土，爲之陷成了一個大坑，達一尺多深，慘不忍睹！等不到解上刑場，中途就氣絕身死了。

當塗縣書記長杜正助，在去年十月間被捕，手脚被綑成一團，關在一個房間裏。共幹們用利刀向杜週身亂砍，血流如注，號哭之聲，震達室外。這樣延續到第三天，地上的血，已結成一個寸把厚的血餅；他也就在這個時候，做了當塗第一個魔刀下的寃魂！

休寧縣戴瑞，從事黨務工作，逵十三年之久；勝利後，縣參議會成立，以地方人士的愛戴，當選議長；三十七年夏，復兼任屯溪徽日報社長：以這樣的一個人，中共自應目爲休寧第一名「反革命份子了！」在「解放」前，他已輾轉逃到杭州，不幸爲原籍派來的共特偵悉；在三十八年七月間，就被捕解屯溪，轉送蕪湖，此後即渺無消息；最近從靠攏人物的口中，才知道他早於去年春天，在蕪地秘密處決了。

前屯溪三民主義青年團主任倪椿，勝利後，曾任屯溪公路局主任，到「解放」後，才把路局移交清楚，返回青陽原籍。去冬，聞亦以「匪特」名義 把他從青陽解回屯溪；經過一度所謂「公審」之後，亦遭慘殺。

民意代表一律殺

省參議員陳毅，宣城縣人，曾隨軍撤退到福建，以不得入臺，生活難以維持，又溜回南京，不幸爲皖共所偵悉，便把他從南京緝解到宣城。這大概是去年秋天的事。嘗了幾個月的鐵窗風味，由於他是一個很負聲望而又肯爲地方做事的人，在中共看來，自然是一個重要的「反革命份子」，所以首先向他開刀，在「公審」的把戲下，他畢竟犧牲了。

婺源縣參議會議長李文斌，在「解放」前以「通匪」罪名，被七區專員李盛宗拘押數月！當屯溪將陷時，李盛宗才把他釋放出來。到了婺源全部「解放」後，李文斌以屯溪不能容身，又溜返婺源；那知到了婺源，馬上又以「匪特」名義補捕入獄。今年五月間，竟還是博得一個「匪」的罪名，而慘遭槍決！據南京來人談：李盛宗反而眞的向匪靠攏，而在軍大「學習」「改造」了！

太平縣參議會議長陳一烈，做過皖南糧政局長，又兩度擔任過省參議員；自然是中共一個眼中釘，三十八年秋天，把他首先拘禁起來。兩年來他老人家(年紀已六十以上了。)吃盡了苦頭，刑訊已不知若干次；尤其是他曾經在無湖一帶，倡導過同鄉捐資買槍，組織同鄉隊，因而迫着要他繳出所有經辦的槍彈（其實全部在縣府手裏）。使他受着非刑，暈厥，不知幾十次。當去年春夏之交，中共正準備以「匪時」「惡霸」等名義，把他置諸死地；而他視死如歸，不願慘遭毒手，竟自殺獄中，溘然長逝！

績谿縣參議會議長程節生，看到家鄉亂打亂殺的現象，曾經寫了幾封信給黃炎培，這還是在「土改」以前的事；共幹們無可如何，但已恨之刺骨。到了去年十月間，在「土改」聲中，便首先被「鬪爭」而以「惡霸」罪名，慘遭屠殺了！

其他如宣城縣書記長萬詩祥，縣參議會議長李樹畬，當塗縣議長谷正超，貴池縣參議會胡燮庭，貴池籍省參議員張少寅父子，都已證實被殺。

過去官吏難倖免

前第十一區行政督察專員石國柱，全椒人；卸任後，即卜居屯溪，已十餘年。抗戰期間，曾主持過地方公益事業，如屯溪育嬰堂等；徽州人敬之，視若鄉人。又前徽州日報社社長馬民導，江北人；寄居屯溪，也二十餘年。他是一個信奉回教而又對江北同鄉有號召力的人。在本年四月間，這兩個人，都同時被「屯溪市人民公安局」逮捕，沒有隔幾天，都做了屠刀下的冤鬼了。據說：當石國柱被審問的時候，他始終是說：「我過去剿過你們　今天以血還血，我沒有第二句可說的話」。問來問去，他除了這幾句話外，其他什麼話也不說。浩然之氣，充滿了山城！爲當地老百姓秘密傳誦不已。

前蕪湖區行政督察專員高鐵君，合肥人，現年七十餘歲，爲人公正廉明，爲宣蕪一帶地方人士所崇仰。離職後，寄居蕪市；抗戰期中，一度遷居屯溪；勝利後，又返蕪湖。在民選省參議員時，他獲得當選；由於他沒有積蓄，又不會經營，到了「解放」以後，幾乎三餐不飽，於本年一月間已被捕鬪！三月間曾經在蕪市舉行一次「公審」，結果很少人到會。第二次共幹們挨戶通知，市民被迫參加，但到會的人，沒有一個人肯說話，場面不夠緊張，弄得共幹們啼笑皆非，只好自拉自唱，竟以「通匪」名義，宣告死刑。據說：所謂「通匪」，是他同屋的人中，有一個人潛逃出鐵幕；又有幾個有「匪特」嫌疑的人物，曾經到他寓中拜訪了一次，而他老人家並不自知，就這樣的構成了「通匪」的罪名！

貴池縣一個曾經做過縣田糧處小職員的費而隱，不知如何，竟在去年九月間就被中共目爲一個反動人物，首先被捕入獄；在「勾結匪特」的罪名下，被判極刑。臨刑前，高呼「中華民國萬歲！」「蔣總統萬歲！」行刑的槍兵聽了，竟瞠目不知發槍，他很從容的回轉頭來，催他快點動手。這種視死如歸，從容就義的精神，博得貴池人的廣大同情！

從去年秋天一直到現在，宣城，寧國，廣德，郎溪一帶，大刀會紛起，游擊隊活躍。共幹們疑神疑鬼，竟對過去的鄉鎮保甲長，大肆拘捕，關的關，殺的殺。據說：在宣城的南漪湖，寧國的寧國墩，廣德的誓節渡，郭溪的飛鯉橋，這一帶地區，士紳智識份子鄉鎮長，固然早已做了冤魂；就連做過三五個月的保甲長，也在屠殺之列！到今天，這幾縣被殺的鄉鎮保甲長　連遠溯到抗戰前的聯保主任在內，爲數總各在一千名以上！

當民國二十三年赤匪方志敏竄擾皖南貴徽一帶的時候，只黃尖（屬歙縣地當歙縣休寧遂安之間）一縣由於當地徐氏兄弟家燕家熙兩個人，領導地方民衆，奮力防守未曾受到糜爛。他們兩個人原來都是小學教員，但從這個時候起，社會上便目之爲反共英雄了！抗戰時，黃尖一度劃爲皖南最後一個游擊根據地，徐氏兄弟策劃其間。勝利後，徐家燕一度任黃山聯防主任，徐家熙主持黃山警察所，直到被中共接收爲止。「解放」後，他們住在屯溪，已爲共幹們所監視，不准越雷池一步，而黃尖的民衆，由於傳統的反共情緒，對於「征糧」「參軍」始終表示消極的反抗；共幹們因而懷疑到徐氏兄弟的暗中鼓動。爲了對黃尖人示威更爲了報復過去的宿仇，「屯溪市人民公安局」便於逮捕石國柱馬民導的同一天，把徐氏兄弟也關了起來。經嚴刑拷打後，陪着石國柱同樣的做了共黨屠刀下的冤鬼了！

百姓無辜也有罪

蕪湖去秋發生了一件離奇新聞：胡適親姪思猷在蕪湖某中學教書，時常對人說些不滿現狀的話；事爲當道所悉，暗中派人監視；而胡思猷還絲毫沒有感覺。某一天，他在從學校到市區的途中，竟告失蹤！不久「市人民公安局」忽在報上發表一道「胡思猷自殺」消息，明明說他留有遺書；等到他的太太從原籍趕到，首先向公安局索取遺書，而公安局的負責人，竟又說「沒有了」。這是中共秘密殺人的又一方式！

黃山地區（歙縣太平多縣交界山區）茶商程廉夫，既不是過去官員，又不是知識份子，更算不上地主。由於他急公好義，在皖保四團駐防湯口的時候，他一度被地方推舉做過黃山自衛委員會的主持人；替黃山籌了一筆經費，便離開家鄉。就因爲這筆經費，使地方組成二三百武裝壯丁隊，黃山土共不能暢所欲爲。今天是土共們的天下了！追源「禍」始，自然要把這筆賬算到程廉夫的身上。因而程廉夫就被戴上了一個「黃山四王」的「天王」帽子，偵騎四出，直欲得到他本人而後快！去年十二月間，派人把他從上海拘解回籍；程廉夫早知此去必死無疑　所以在途中，故意幾度撞下車來，不飲不食；等到專車馳抵徽州，他已經氣絕了。

廣德北鄉流洞橋附近農民朱觀壽，是一個道地的自耕農，被當地農會列爲中農份子。在前年秋天「支前」的時候，共幹們迫他將所有存糧全部獻出，曾經給他一個「愛國農民」的「榮譽」稱謂，號召當地人民向他看齊。事隔一年多，忽於去年十二月間被「區政府」捕去，加以吊打，並用一大把香向腋下燒燻，弄得死來活去，遍身沒有一點白肉。這樣的施了一個多星期的逼打刑招，便活活的死在看守所裏。事後據共幹們透露：由於廣德大刀會領袖夏××，和他有親戚關係

（下轉第22頁）

文藝

五月的葵村

歐陽賓

一

這是葵村的五月天。

太陽已經慢慢地落下坡去，將最後的光輝留在幾朶西天的白雲上，發出淡淡的紅光。

往常，像這樣的天氣，阿槐總還在田裡工作，但這天他已背着鋤頭回家了，走在路上的時候，心裡不斷地想着晚上的農民大會。

這次的農民大會是共產黨到葵村以後的第九十七次了，雖然這中間祇有短短的十九個月。

天氣是異乎尋常的易變，大家明明看着太陽下坡的，但在入黑以後却下起雨來了。那些農民雖然絕頂厭煩這種集會，稱它做「猢猻大會」，然而誰也不敢違抗。

當阿槐把桐油燈點燃的時候，天早就黑得看不見東西了。點了燈，他走向門口望了一望，祇見一團漆黑，雨聲淅淅瀝瀝地響着。這使他想起了他的斗笠已破得雨水直漏，便縐了縐眉頭，咕嚕道：「肏他娘的，又是他媽的農民大會，事情既然由他們按排了，何必要我們老百姓再去呢！」

「哎喲！你是副會長呀，了得的！」阿槐嫂帶着譏諷的口吻從灶邊應了過來。

「副會長是我要當的麽？是他媽的硬派的。」

「是呀，你做煥生的替死鬼。」

「我比煥生少了三分田，他們才看中我的，你曉得不？」

「眞是，要過安穩日子，都不由你了。」

阿槐到祠堂裡的時候，人數已經到了一半了，他們都想知道今天爲什麽要開會，因而低聲地問道：「爲點什麽事呀？今天。」

「不曉得，反正不會是喜事的。」

講臺上的那盞豆油燈在微風中跳逗着，桌子前面，被暗弱的燈光照到的地方，可以看見幾張極度缺乏油脂的枯槁的臉。這中間一個是阿槐，還有是正會長張之隆和農民代表魯煥生，他們望着豆油燈，一語不發地坐着。

在燈光下一幌，指導員出現了，他的身子漸漸趨近講臺，以一種厭惡的神態望了望在臺下的黑壓壓的農民。

忽然，他想起這次的鬬爭會還須要這些人來裝飾時，便又生硬地露出兩牙黃牙來，抽搐了幾下嘴角，說道：「諸位——」

臺下的人等上了半天發覺有人說話了，都打算把身子坐正來，使鞋子在地面磨得索索地響。

「葵村要實施土改了。你們都將翻身了。」他突然忘記下面應該說些什麽，便不斷地𥅽了幾下口沫。

「是的，是的，翻身了，你們大家必須站穩階級立場，協助政府進行土改，不要讓剝削地主從中阻撓，要無情地打擊他們。」

臺下開始竊竊地私語起來了，指導員頓了一頓，說：「過去你們受了剝削，你們所種出來的東西，都被地主奪去了，你們自己反而餓着肚子，可是等到土改一過，你們都自己有田地了，你們不再受任何人的剝削，可以努力生產了。」

在說到這裡的時候，坐在後面的胡阿狗趨向旁邊的張老三的耳邊說：「他媽的這麽重的田賦，等於給他們種，我們還不是白辛苦一場。」

「是嘛，隨你怎麽分，我們葵村祇有這麽多田。」

「靜一點，我知道你們聽到這個消息都很高興，恨不得立刻就分。但是，不是的，你們決不能忘記土改是一場鬬爭，是一個階級與一個階級的鬬爭。所以，凡是地主富農過去的行爲和思想，大家應該起來鬬爭他們，而現在就要積極地準備起來了。」

坐在一邊的白雲庵的尼姑妙空一直就把頭垂在胸前，不敢向四周望一下。

過去，妙空因爲沒有被共幹注意，一方面也確定不了她的成份。他們搞不淸尼姑屬於什麽階級，祇知道不能看作普通人民，但也決不能算作地主，因爲她祇有一塊不到三分田的菜園地，平時的一點收入是那些前往拜佛的人送給她的。

共幹也曾經鄭重其事地去了解過一番，倒是因爲怕她與游擊隊有關連。可是那天被派去的共幹到了那裡以後，就給兒時所造成的佛像的神聖印象給懾服了。因此祇在四周看了一下，便去報案去了。

指導員事後想想讓一個人單獨留在一個地方總覺不妥，於是也讓她來出席各種大會了。

指導員用目光掃了一下那些站立在黑黝黝的角落裡的農民，接着說道：「要使農民翻身，必須從土改做起，而土改又要從澈底淸算地主階級開始，否則，就不會有保障，爲什麽呢？」他想了一下，覺得想不起好的理由來，便學着他作戰鬬員時他們連指導員常說的口頭語說：「那是必然的，那是必然的！」

豆油燈的燈芯因爲臺子的顚動而漸漸落了下去，在一旁巡走的土共把它撥亮了。指導員注視着剛被劃亮的燈光，火光跳逗着，他忽而想起電燈，想起幾個月以前在城裡的生活，他在電燈下面與林叢木因玩紙牌打架的一幕。

這樣靜了片刻，忽然拍的一下，一片碎瓦從屋頂上落到了牆脚邊。驚震了指導員，農民們也都向發出聲響的方向轉過身去。

「不要大驚小怪！」指導員叫了一聲，大家又恢復了常態。

「現在，凡是破壞土改的，不贊成土改的，都是反革命，知道嗎？反革命！」

下面鴉雀無聲，祇有一個在人群中睡着了的人傳出來一陣鼻鼾聲，然後聽得有人低低地呼道：

「梅生，你怎麼睡起覺來了。」

「現在，可以散會了，但農會負責人和甲戶代表請留下。」

農民們聽得可以散會的時候，便亂哄哄地找着自己的雨具，然後走進絲絲的雨裡，消失了。

祠堂裡一共留下了十多個人，呆呆地坐在一排長櫈上，指導員顯得很知己地說：「各位都是積極份子，現在土改就要開始，但我們的任務是先開一個鬬爭大會，清算那些剝削地主，然後才能進行土改。

那幾個人都沒有回答。

「當然，各位都是懂得階級利益，這是不成問題的，然而要維護階級利益就必須先清算地主，也是不成問題的。但諸位對鬬爭也許是沒有經驗的，我現在願意告訴你們。譬如：我們要鬬爭地主何謙益的時候，必須說出他的罪狀，說出我們清算他的理由，是不是？那麼，怎麼辦呢？哪，高利貸，販賣壯丁，强姦婦女，還有——等等。」

指導員看着沒有反應，便解釋道：「阿槐，魯煥生，何懷仁，你們都是何謙益的佃戶，都是受過他的剝削的，你們應該起來領導這個鬬爭大會。」

平常最爲怯生的何懷仁聽到這樣一說時，便在別人的背後躲了一下，但已給指導員注意到了。

「何懷仁，」指導員叫道：「你佃種何謙益的田嗎？」

「我…我…我三畝！」何懷仁吶吶地，他以爲別人還有比他多的，用不到他來出頭。

「祇要是種過他的田的，一分也要鬬爭。」

何懷仁的臉由紅而轉變爲鐵靑，兩眼盯住指導員，指導員說道：「所有他的佃戶都是直接受到他的剝削的，應該要盡量鬬爭他。」

何懷仁無可奈何地點點頭，指導員遂說道：「你回去查查他的不名譽的事情，譬如他幼年時的小名，隨地便溺，偷別人田裡的紅苕等等這些事情，因爲他們過去要面子，現在我們使他們沒有面子。」

指導員把目光轉向阿槐，說：「你控訴他高利貸！」

「什麼？高麗腿？」

「高利貸就是他借錢給你，要你很高的利息。」

「可是他沒有借過錢給我呀，祇是那年我生病，他給我五塊錢醫藥費，利息沒有，連本錢也不要的。」

「你仔細想想，一個佃戶決不可能與地主沒有借貸關係的。」

「的確沒有。」

「一團和氣嗎？你包庇地主！」指導員怒了。

「不過——」

「有什麼事算我的好了。」

阿槐縐了一下眉頭，但沒有說話。

「現在，魯煥生，該你的了，你控訴他販賣壯丁，那幾年中聽說你們村子裡有二三十名，這就可以控訴他了。」

「那是抗日時期呀！」魯煥生自以爲很有理地說道。

「那你不要提抗日時期就行了。」

「這個——」

「要你們翻身，分他的田，有什麼這個這個的。」

「唔！」

「你們這批人，一點覺悟也沒有，是不是以爲國民黨還要轉來，說！」指導員放着嗓子直嚷着，口水直濺到那幾個人的臉上。

「倒沒有這個意思。」張之隆解釋說。

指導員一見張之隆說話了，便釘住他說：「你是農會會長，應該表現得積極一點，要把控訴大會開好。」

他轉向那幾個甲戶代表說：「你們幾位的任務是宣傳，要使群衆事前懂得控訴的意義，造成仇恨地主的情緒。當臺上有人控訴的時候，你們就要領導群衆熱烈響應起來，起帶頭作用。」

那幾個農民手足無措，有的摸着自己的衣角，有的用手指抓着頭髮。

「各位應該認識淸楚，任何地方在土改之前，都必須經過鬬爭的，希望各位回去好好準備一下。現在可以回家去了。」

他們在跨出祠堂的時候，雨雖然狂瀉着，但他們依然不願在那裡稍留片刻。在分路的時候，阿槐對煥生感嘆地說道：「你從前還說我們鄉下人祇管種田好了，管他媽誰來收租。你看現在得了不！」

「是呀，誰也不會想到是這樣的！」

在他們離開祠堂以後，指導員不斷地搖着頭，他覺得農民委實是太落伍，太保守了，簡直使他不能想像階級的意義。至於階級立場，階級鬬爭，階級利益更不知從那裡說起。

「仇班長，你說怎麼辦，這批人對革命如此不熱中？」指導員問道。

「我們不是有一套辦法的麼？」

「我知道先利用遊手好閒的人，不過——」

「別的方法是沒有的！」

「那末，你覺得葵村那一個人可以利用？」

「那個他們村裡的人叫他張瘌痢的。」

「何以見得？」

「因爲他向別人無意中說過，說現在賭檔開不成了，唯一的念頭祇有等分田，不曉得有着落不。」

「是的，我也聽得這麼說，我想要使這個鬬爭大會開得好，除非要他來主持，其餘的祇好做做配角。」

「我也這樣想。」

「那麼，就準定這樣吧！」

二

鷄已經啼過三次，但天還沒有亮進來的時候，阿槐已經從夢裡驚醒過來。

他回憶着方纔的夢，夢裡看見謙叔被兩個共產黨追擊着，待到四處無路時，腳一絆，謙叔倒下了。

他忽然想到昨晚的會，便懊喪地嘆了一口氣。謙叔這幾個月以來是受盡了人間的磨難了，他睡的是陰濕的馬槽間，每天祇供給兩碗白稀飯。白天在共幹的看守下跳泥土，直要等到入黑才能休息。

因爲身體不能支持，謙叔曾經在馬槽的架子上上過吊，可是給共幹發覺了，把他救活過來，並且立刻給加上了一副手銬，告訴他說：「在我們這裡是沒有這種便宜的死法的！」

這句話與昨夜的情節對照起來可能就是他們要致他於死地了。他在想到自己竟會在殺害謙叔的場合中擔任一角的時候，不由得憎恨起自己來。

他想起，那年他在忙日中臥病三個月，要不是謙叔接濟他的話，他就不能生活下去。在想到這裡的時候，他實在不願意想下去了，就一骨落從床上起來。

開了門，那隻小花狗祇懶懶地抬起頭來望了一望，又打起盹來了。阿槐覺得牠不像從前那樣對他親匿了。過去祇要一開門，牠總是，嗚嗚地跳撲到他身上來。

想着，他生氣地踢了牠一脚，但小花狗連閃也沒有閃一下，這才使他想起牠已經幾個月沒有得到食物了。

他開了前面的大門，看見小鹿正形色匆匆地打從門外經過，便打個招呼說：「小鹿，怎麼這樣早呀？」

「呵，阿槐嗎？我對你說，我們都是三十開外的人了，大家都沒有聽過餓死人，但現在親眼看見了——定祥伯！」

「眞的？」

「可不是！」

「罪過，罪過！」

「沒有辦法呀，定祥奶還有一口氣，兒子在牢中，孫子不中用，我們隔壁鄰居祇好出來作孝子。」

「嘖，嘖，這種年頭，啊呀！」

阿槐回進廚房，看了看灶上，祇是冷冰冰的，他想找點東西充飢，但什麼也找不到，一碗僅有的野薺菜，放在櫃子的角裡，阿槐想伸手去抓，但又縮了回來。

他一屁股就坐在竹片已經掉得七零八落的竹椅上，等候起上午的一頓稀飯來。

他們實行一天兩頓稀飯的制度快要四個月了，但雖則如此，今年在收割之前，還有半個月連稀飯也沒吃的了。

阿槐嫂提着半籃子雜草從外面進來，嘴唇翹得高高的，一望而知是在生氣，阿槐看着問道：「又是怎麼的了？」

「現在上田頭的那塊草地變成私有的了，我們去拔豬草都不許。」

「算了嘛，總是他們人吃要緊，我們的豬子餵得下去就餵，餵不下去宰了。」

「話我也曉得是這麼講的，但你知道他們的小六子多兇呀你好容易找到一堆豬草，他就上來搶了去。」

「人家豬草吃了一個多月了，你就讓一點吧。」

阿槐嫂把籃子往灶邊的桌子上狠狠地一放，咕噜道：「二十多斤重的豬，還不及狗那麼大，你說怎麼拿來宰！」

「他們能叫你安安穩穩地宰還是客氣的，祇是還要豬捐，不管大小，五十斤穀一只。現在一斤肉換四斤穀，算來要十二斤半豬肉，自己還剩一半，可是，還有氣人的——他媽的豬肉不要，要穀子。」

「我們自己拿來殺殺算了。」

「這個豈是瞞得了的，狗㑚的前幾天不是挨門挨戶調查登記去了麼！」

說到這裡，阿槐覺得肚子裡骨𩜁𩜁地響了起來，便開口問道：「我們好煮稀飯了吧？」

「吃得這般早我看你怎麼熬得到下一頓。」

阿槐覺得沒趣，便站了起來，望着壁上的前年貼上去的快要褪色了的財神圖，心裡想道：「他媽的，不要說是財神，連飯也不來了。」

他伸出手去，嗤的一下把它撕了下來，僅讓漿糊黏得緊緊的一角殘留在牆上。

這個動作做了以後，他又坐下來納悶了好半天，然後才聽得從灶房間傳過來折柴枝的聲音，不由得他嚥了幾下口水。

抬起頭來，一眼望見了放在桌上的旱煙竿，便伸手去取了過來，但當他解起那個已經銹得變成黃黑色的煙罐的時候，這才使他想起沒有煙已經好些日子了，便無可奈何地又放回原處。

稀飯在鍋裡咕咕地響起來的時候，阿槐的食慾變得異常的旺盛。他走到灶邊看了一看，忽然又想起他已經幾天沒有給謙叔送玉米粑粑去了，便問道：「我們還有玉米粉嗎？」

「那裡還有，上次不是都光了。」

「去借一點吧。」

「好大的口氣。你以爲還是從前，現在借糧等於借命，大家自己不够吃，還肯借給人！」

「好吧，好吧，就煮點飯，我送個飯糰子去。」

這天，阿槐到謙叔挑土的那個地方時，太陽已經在頭頂了，他的手上提着一隻籃子，上面蓋了些草頭。

當他快要走近的時候，那個看守的土共揮了揮手，示意要他不要接近。阿槐住了步，假腥腥地蹲下來拔了幾束草，伺候着機會。

那個土共不久就移到樹蔭下面去了，阿槐就在一簇茶樹邊閃避了一下，輕輕地咳着示意。

謙叔知道阿槐送粑巴來了，心裡早就會意，便挑起一擔泥土，搖搖幌幌地向着西頭走來，在行經茶樹叢的時候，阿槐把兩個飯糰子放入他的畚箕裡。

「阿槐，」謙叔低低地：「以後不必送來了，我已經不會久長了。」

阿槐回到家裡的時候，那個綽號叫做「漏錢筒」

的張癩痢已經坐在他家裡了。阿槐在看到他時。一肚子的不高興，因爲他曾經爲了反對在祠堂旁設賭檔的事與他吵過嘴，以後就一直沒有來往過。

但張癩痢一見阿槐便招呼說：「阿槐哥，你可好。」

「誰也好不來，這個年頭。」阿槐淡淡地。

張癩痢覺得沒趣，便轉換一個話題說：「這個年頭麼——祇有煙土便宜，我看可以轉轉念頭。」

「你不用提了，現在聽了使我高興的祇有一樣——穀便宜！」

張癩痢在討了個沒趣後，便厚着面皮說道：「啊呀，不是你這麼說我倒忘記對你說正經事了。」他提了一下褲脚說：「昨天晚上，指導員派人到我那裡去，說我有革命——不知什麼的，要我主持鬪爭大會。我現在前來，一則請你扶持，二來通知今晚準時到會。」

「何必說這麼些，我還沒有戴上五角星的帽子，有什麼能力。祇要他們看中你，就什麼都解決了。」

「唔，不見得，要是沒有點口才的話，說錯了可不是玩的。」

「多說共產黨好，準不會說錯的。」

「那麼，就這樣吧，我有公務在身，要走了。」

張癩痢還沒有走遠，那個隣村的瘋子又在那裡嚷了：「共呀，米田都要共呀，老子共了，你們不共！」

一群小孩在好奇地圍觀着，幾個成人在指手畫脚地敘述他的故事。

這個瘋子搖幌着走遠時，站在門口的阿槐搖了搖頭，就轉身進屋去了。

三

夜幕徐徐下垂。阿槐欠了個身，又探首在窗口望了望，想着是時候了，便對阿槐嫂道：「我開會去了。」

一進門的時候，張癩痢就趨上前來，劈頭就說：「這裡來見過指導員。」

「我們又不是初次見面。」

「不是，我說是報個到。」

「我曉得。」

「阿槐哥，我很坦白的批評你，你還有舊習氣。」

不待阿槐回答，魯煥生就接上去打岔說：「張惠，那年你歡迎石井隊長不也是這間房嗎？」

「舊事不提了，舊事不提了。」

哈，哈！

指導員嘴裡啣着煙，慢慢地從裏間踱出來，見了他們便點點頭說：「吃過飯了嗎？」

「嗯，吃過了——稀飯？」阿槐回答說。

「碗裡掏半天也掏不到一粒飯的。」煥生添說。

「是的，以後分過田就有乾飯吃了。」

張之隆最後也到了，指導員點了點人數後，就轉到裡間去了。

甲戶代表何達仁湊攏來低低地說道：「你們知道嗎？白雲庵的尼姑妙空昨天晚上投在大方塘裡尋死了。」

「誰說的？」

「我親自去看了來還有假的。」

「爲點啥？」

「喏，昨天夜裡，他們——」

「噓！」

指導員和幾個士共走了出來，一堆聚着聽消息的人頭散開了。

指導員在人群中間用目光搜了一下，說：「張惠同志，你準備好了沒有？」

「準備是準備了，還請指導員指教。」

「是的，你是主控。」

指導員把他的帽子推向後腦，說道：「各位甲戶代表請站在這個地方，你們代替農民群衆。」

然後，轉向張癩痢說：「張惠同志，你站在控訴者席上，現在開始控訴。」

張癩痢移近臺前，在壇前以祭祖的體態，整了整衣袖，說道：「今天，我們開這個鬪爭大會，是要向人民控訴我們過去的苦處。但現在我們已經翻身了，我們應該大家站穩這個階級立場，來說出剝削地主何謙益的罪惡，讓他在人民面前得到應有的懲罰。」

指導員滿意地點點頭說：「現在正式控訴了。」

「封建地主何謙益，過去販賣壯丁，把我們這些窮人都送到前線去送死，在我們葵村的二十七個壯丁中，打死的有楊老全，蔡滕三，蔡百銘，何阿經。這是民國廿八九年抗戰時期的事。」

「不，不要加上這個尾巴。」指導員急忙阻撓說。

張癩痢提了提褲子，繼續說道：「地主何謙益殘忍地殺死我的弟弟。直到現在，我連作夢也想到我的寃死的弟弟呀！那年——」

「不，這裡要表現悲傷的情緒，要配合眼淚和哭聲。」指導員提示說。

「嗚嗚嗚——」張癩痢瞇着雙眼，算是在哭了。

「那年，我弟弟替地主何謙益作長工，每天要從早工作到晚，而且肚子吃不飽，晚上蓋不暖，他就在這種情形下面種了病根。我的弟弟因病向地主何謙益要求回家來養病，並且要借支一個月的工穀，都沒有得到允許。直到他不能起床的時候，地主何謙益才差人把他送回我家來，肚子上滿都是脚踢過的傷痕我弟弟臨死還不斷喊着要我給他復仇，然而那時我們窮人怎麼報仇呢！但是，現在共產黨來了，我們翻身了，我要爲我的弟弟復仇呀！」

指導員精神灌注地看着這個動作，向張癩痢聳了聳肩說：「這樣抽噎幾下。」

張癩痢隨即補足這個動作，接着高聲叫道：「天哪！過去我們窮人的命不值錢嗎？該死的何謙益還我弟弟的命來！」

阿槐和煥生在看到這個動作的時候，面面相覷地彼此望了望，想撲嗤地笑出來，但又忍了轉去。

心裡不斷私忖道：他的弟弟小二癩痢不是在前江漲大水的那一年撈漂浮的木頭失足落水淹死的嗎？

「他——他還放我的高利貸，那年他年初借給我十塊錢，到年底要我還他一百塊，可憐我沒有錢來還他，他就逼我把最後的一畝二分田抵給他。想想看。這種世界還有公理嗎？祇有像何謙益這樣的吃人肉的地主才會做出這種傷天害理的事來呀！呃呃呃！」

「好，記住明天就這樣，還有可不要忘記帶一條帕子，說到傷心處，可以擦一擦眼。」指導員說着又匆忙地轉回臺下扮群衆的甲戶代表說：「現在。你們趕快響應高叫清算地主何謙益打死封建地主何謙益！」

「清算地主何謙益，打——」下面迷糊祇叫了一半就停住了。

「不，要激昂。喏，這樣——清算地主何謙益，打死地主何謙益！現在叫！」

「清算地主何謙益，打死地主何謙益！」

「還是不够，但沒有關係，到那個場合自然能激昂的，不然臺上聽不到，而且那時你們十幾個人必須散開在場子的四周，在群衆中間作領導。」

這些農民過去沒有見過這些場面，因此對此都感到害臊和不安，心裡祇希望快點做完這個，可以早點回家去。

「好，指導員說：下面本來應該尼姑出來控訴了，但她今天不能來，我們已經把她說服了，要她控訴何謙益强姦她。」

「尼姑？是那個妙空嗎？」何達仁問道。

「是的，祇要共產黨領導，連出家人也能跟着進步的。」

「她，她早上已經投在大方塘裡了。」

「啊喲，這可怎麼辦！」指導員焦急地回頭去。叫道：「仇班長，你說這可怎麼辦？」

「這個——」

指導員趨近去，低聲問道：「除了高利貸，販賣壯丁，强姦民女以外，黨還有別的指示嗎？」

「好像祇有這些吧。」

「那麼缺少這個重要節目可不成呀！」

「找個人頂替吧。」

指導員覺得也對，便問道：「張之隆，你有妹妹嗎？」

「有的！」

「那麼你來擔任控訴强姦罪吧！」

「什麼？」張之隆跳了起來說：「我妹妹還祇有十二歲呢！」

「這樣嗎？那恐怕不妥，誰還有呢？」

「我們都沒有！」

「哼，你們這些人封建得很！」指導員生氣地說：「那麼，老婆總有吧！」

大家驚了一下，害怕這個差事會落到自己頭上來，便不敢抬起頭來看指導員的臉。

指導員看着站得最近的阿槐說：「你擔任吧！」

阿槐聽到這麼一指，便退縮了一下，做個苦臉說：「我不成！」

「我對你說，這是革命工作，規定了以後誰都得做，否則就是反革命，反革命的罪可不是好受的！」

「我——實——在——」阿槐幾乎想哭。

「不必多說！」指導員有些不耐煩了。

「指導員，我實在不知道怎麼說呀！」

「沒有關係，什麼都在於學習，你上來好了。」

阿槐綏綏地移近臺子，呆立着。

「主要的是控訴他如何利用舊社會的惡勢力來强姦你的老婆，說得愈是逼眞愈好。」指導員指示說。

等了半天，阿槐才拚力地迸出兩句說：「何謙益，他强姦我的老婆。」說完，他感到無限的羞辱和委屈，他的下顎很自然地發起抖來。

「太籠統，太籠統，你應該說出他如何利用權勢，如何用强迫的方法才達成他的獸慾。叙述要詳細，這樣才能暴露他的罪惡。」

「我一時可想不出來呀！」

指導員想了一下，說：「這倒也是可能的，那麼這樣吧，你們諸位能擔保嗎？」

大家看看阿槐實在支持不下去了，便說道：「我們擔保好了。」

阿槐離開臺子後，指導員又指着張之隆說：「現在該你了，上臺來吧。」

張之隆顯出很爲難的樣子，移近了臺子，呆立着說不出一句話來。指導員看着焦急，便提示說：「地主何謙益，他——」

「地主何謙益，他——那年無故牽走了我的牛，使我不能春耕，這使我在那年冬天遭受了飢餓，我的小兒子就是在那一年病死的，我向他去論理，他反用棍子打我。」這些都是張之隆臨時編造的。

「你身上有疤痕嗎？」指導員打斷他的話說。

「沒有。」

「你額頭上的？」

「這是我斫柴從山上滾下來撞在岩石上撞破的。」

「可以，你就說是他給你打破的。」

「——他把我的前額打得這個樣子，你們大家瞧吧！」

表情還欠痛苦，說話要高昂一點，並且加兩句：『你們都是勞動人民，都知道這種痛苦，應該起來清算這種橫行不法的地主何謙益！』

指導員說完，立即走向臺下，舉起双手說道：「殺！殺死何謙益！」

他們回了一句，但聲音低而模糊。

指導員坐下來，抹了抹汗，頹然說道：「情緒不够熱烈，還須多多練習。」忽然又回過頭來說：「張惠同志，你須得好好再準備準備，那天恐怕有新聞記者來參加，可能還要拍照呢！」

「拍照嗎？好呀，我這一輩子還沒有拍過照呢！」

「阿槐同志也須得特別留意，回去好好準備一下。甲戶代表也要盡量搞通群衆的思想。到時不要叫得七零八落的。」

那幾個農民正在思索着如何能夠使他們早走時，指導員看了看錶說：「現在十一點鐘了，你們回去吧！」

他們像囚犯聆聽釋放時一樣的心情魚貫地走出門去，但猶聽得指導員在後面叫道：「明天注意鑼聲。」

四

早晨八點鐘的時候，阿槐坐在椅子上納悶，阿槐嫂正在把一抓米放入鍋裡，嘴裡唸道：「天殺的，要你作王八也沒有話說了。看我們以後還做不做人。」

「要活命，要活命！」阿槐氣憤得直喊。

「是呀，有人要臉不要命，有人要命不要臉！」阿槐騫地跳起來，重重地拍了一下桌子，金星在眼前直冒，渾身顫抖着，一會又頹然地坐下來。鑼聲鏜鏜地從遠處響過來，又漸漸地從窗邊過去了，還隱隱地聽見張痢痢的叫聲：「開群衆大會了，趕快去！」

阿槐本來打算把十點鐘的稀飯提前到八點鐘吃的，但現在聽到鑼聲以後，他祇好空着肚子起身走了。

會場裡還很稀落，除了指導員和九個土共以外，多半是些看熱鬧的小孩站在那裡。阿槐看着這種情形，正想縮回來，但張之隆和魯煥生也到了，便一齊走到臺前去。

指導員看見他們走近的時候，便把一張閱讀着的紙放進衣袋裡，忙問道：「阿槐同志，你準備好了沒有？」

「準備好了。」

「你老婆怎麼反應的？」

「她沒有說什麼。」

「進步份子，是的，我們應該打破這種封建觀念。」

這時，那些婦女來了，運泰嫂連身上的厨房用的圍身布都忘記除掉，就給甲戶代表請了來。那些老太婆，扶着手杖，蹣跚地走來，驚愕得張開了嘴唇。年青人在場子外面躲閃地站立着，誰也不肯先進場子去。祇有幾個兒童，以一種看土戲時的心情在場子裡奔跑着。成人們看了生氣，便不斷叫斥着：「吵什麼，小鬼！」

指導員在臺上叫道：「到場子裡來，大家就位！」

那些人到這時祇好三三兩兩走了進去，但前面的幾排依然空着，沒有人就坐。

「前面坐，前面坐！」在一邊荷槍的土共叫道。人數已經到得差不多了，但指導員還在等待着最後挨戶搜索的兩個土共。

一會，他們拖着一個婦人跌跌撞撞地來了，她一邊啼哭，一邊兒駡着。甲戶代表何坤在向她低聲解釋着說：「阿槐嫂，碰上這個年頭又有什麼辦法。」

站在臺上的阿槐在看到這樣的情形時，忽然憤火中燒起來，想道：「你們無故蹧蹋我的老婆，還硬要她到場來給別人恥笑？」

這時，何謙益被提出來了，一個土共像要猴子戲的人一樣，緊緊地拉着套在何謙益頸上的繩子，每當繩子被拖一下的時候，何謙益就仆跌在地上，要掙扎着才能慢慢爬起來。

後面被押解着的還有七八個富農和中農，他們雖然沒有牽着繩子，但反縛着双手。

兩個新聞記者緊緊地跟在後面，是來採訪新聞和攝影的。

臺子上已經放好了幾條長櫈子，共幹要何謙益和其餘的人跪到長櫈上去。但何謙益已經不成了，他們把他扶上去後，就跌撞下來。最後他們就讓他跪在地上，可是依然給搬來一些碎石子放在地上。

何謙益像一個僵屍一樣跪在那裡，額上淌着鮮血，臉上的每一塊骨頭都在皮膚下面突出來。他的斑白的頭髮蓬亂得像一堆乾草，身上滿都是作苦工時留下的泥汚。

鬪爭大會開始了。

第一個出現在臺前的是張痢痢，他先是望了望臺下的人，發覺每一個人都以一種輕蔑和厭惡的表情望着他。這一下，使他忽然忘記了要說的話了，指導員暗暗驚了一下，便提示說：「今天我們開這個鬪爭大會——」

「今天我們開這個鬪爭大會，是要向人民控訴我們過去的痛苦。我們過去被地主剝削，被地主壓迫。我們在田裡作他們的牛馬，他們却坐在家裡享福。但現在共產黨來了，我們翻身了，我們今天應該站穩階級立場，來鬪爭不法地主何謙益，讓他在共產黨面前得到重重的處罰。」

指導員覺得很傷心，因為他把最後一句的在人民面前，說成了在共產黨面前，這在群衆也許聽不出錯誤來，但那位記者先生可是知道的。

張痢痢接下去說：「何謙益過去販賣壯丁，把我們這些窮人都送到前線去送死，我們村子裡面犧牲的就有楊老全，蔡勝三，蔡百銘，何阿經，當然何謙益很清楚，阿經是他的大兒子。」

指導員覺得他又在畫蛇添足了，便在後面低低說道：「就照昨天說的。」

「不法地主何謙益，他活活地害死了我的弟弟。那年，我弟弟給他作長工，成天都得不到休息，回到他家，肚子又吃不飽，晚上也睡不暖，他就這樣得了病。但是地主何謙益並不饒恕我們窮人，我的弟弟一面生病一面還得到田裡去工作，後來等到倒在床上，他才差兩個人把他擡回到我們家裡來。可憐我的弟弟那裡來錢看病，便問他去借一個月的工穀，也沒有答應，就這樣拖了不到十天，我的弟弟給何謙益殺害了。天哪，人間還有這樣的慘事嗎？我連作夢也想到我的嫡嫡親親的弟弟呀！」

說到這裡，他忽然想起忘記帶帕子了，顯得有點焦急的樣子，便拉着衣角往臉上抹了一下。然後繼續說道：「祇有我們窮人的命不值錢嗎？該死的何謙益還我弟弟的命來！嗚——」

喀擦一下，一個鏡頭攝去了。

下面共幹領導着甲戶代表，甲戶代表又領導着農民，零零落落地叫道：「清算地主何謙益，打死地主何謙益！」

攝影記者是個內行，走到臺前用手示意道：「大家把手舉起來，嘴張大點！」

足足扮了三分鐘，好容易才「咯擦」一下把這個表現農民情緒的鏡頭也攝了進去。

張瘌痢說完退了下來，指導員接了上去，問道：「現在，大家都聽到控訴了，你們主張怎麼辦？」

「打！打！」這是幾個共幹，甲戶代表和一些湊熱鬧的兒童的回答聲。

喊聲剛過，張瘌痢隨即走上前去，在何謙益身上打了兩拳。這時，攝影記者正趨上前去搶鏡頭，張瘌痢忽然別出心裁地俯身下去要咬，但忽然又想到這並不全是眞的，便又縮了回來。但攝影記者剛好攝了他擡起頭來的一剎，心裡覺得別扭，便說道：「再來一下！」

「好，大家都主張打，那麼就一個個上前來打！」指導員說。

那些男男女女，老老小小，由甲戶代表帶着上前去打何謙益，但大家都祇輕輕地碰了一下，便回頭走了，這使得指導員在旁邊叫道：「打重點！」

差不多化了半個鏡頭，這個動作總算做完了。指導員又上去問道：「地主何謙益應不應該向人民謝罪？」

「應該！」下面又像課堂裡的小學生一樣回道。

「怎麼謝罪法子？」

「磕響頭！」共幹代答道。

「好，這是群衆的意思，我們就要何謙益磕響頭！」

何謙益磕了一個頭。

「後面聽到沒有？」

「沒有！」共幹們叫道。

「再來，磕響點！」

何謙益又磕了下去，等擡起頭來的時候，血從額上一直流到下巴，又從下巴滴到衣襟上。

「聽到沒有？」

「沒有！」

「再來一次！」

何謙益這一次磕下去就不再擡起來了，幾個共幹忙着把他拖起來，但依然不成，他的頸子已支持不住他的腦袋。他們祇好取來一張長櫈，把它豎立起來以後，將何謙益細縛在椅子上。他的頭俯下了，下巴緊緊地靠住胸前，從臺下望去，祇能望見他的篷亂的頭髮。

接着阿槐慢慢地移近檯子去，開始控訴了。他想依原定的話講下去，但左思右想，怎麼也說不出口來。祇是把眼睛望着檯子上的水漬。忽然抬起頭來，他看見謙叔在抽搐着，在場子裡的那些人，都狠狠地望着臺上。住在他隔壁的張祥，怒沖沖地揑着他的拳頭。

「快點！」指導員在背後叫道。

「何謙益，他——」

「說！」

他心一陣憤怒，便叫道：「他有什麼罪？這個祇有我們葵村的人清楚，他做過搬運工人，在碼頭上做過買賣，他的田又不是搶人的！」

指導員急忙上去攪阻他的話，但他已經與起，堅持要說下去：「張瘌痢，他是開賭場的，憑什麼誣害好人！」

指導員立刻命幾個荷着槍的共幹把他拉下檯子來，但阿槐堅持下去，他們便糾纏起來。

「打，打死共產黨！」臺下咆哮起來。

場子裡的秩序立刻亂了，那些青年農民取起櫈子，向着糾纏的一夥人飛了過去。

喊打的聲音和小孩子的哭聲混在一起。

砰然一聲，一顆子彈出了槍膛，糾纏着的阿槐在臺上倒下了。

桌子和櫈子的腳被那些年青農民折斷了當作武器，和那幾個共幹厮打着。

張祥在人堆中揮舞着柴刀，狠狠地在一個共幹的前額上砍了一刀，那個共幹倒下了，他把槍攫取過來。三腳兩步地加入另一個戰團去了。

指導員的手槍早被魯煥生搶在手上，指導員急得連連作揖道：「我也是農民呀，要不是共產黨强迫，誰願意與自已人爲難。留我一條命吧！」

張瘌痢看看勢頭不對，也反了過來，拿了根棍子奔向兩個已經在與何達仁糾纏的新聞記者，叫道：「投降不投降！」

「老實說，我們是過去大公報的記者，坦白悔過剛剛做完，現在是派我們出來學習的！」

「天哪，該死的共產黨，他們爲啥一定不叫我們安安靜靜過活呀！」阿槐嫂伏在阿槐身上痛哭着。旁邊的人在拖着她勸說道：「我們活一個算一個，阿槐嫂，我看還是早點走，他們不會叫我們活的！」

阿槐嫂癲癲瘋瘋地跳着不肯走，掩面哭着，轉身看見指導員，便撲過去抓住他的手臂，狠狠地咬住了。

那幾個陪審的農民，都掙脫了繩子，加入戰團裡去了。

有幾個受過苦刑的人，已經覺得用手打着不够勁，便俯下身去緊緊地咬着共幹的頸子。使他們發出尖聲的叫喊！

何達仁匆匆地背來了一些鋤頭和鐵鏟，分發給那些徒手的人，他們狠狠地用鏟揷入共幹的肚子。

他們在打死了那些共幹以後，再回頭來對付指導員。當他看見那些染了血的農具的時候，便跪了下來，說：「共產黨把我們所不喜歡的生活給我們，等我們完了以後，又依照共產黨所說的給你們，但你們是對了，你們反抗了！」

「你心裡雖然不是這樣想，但你已經這樣做了，而且要不是我們動手，你還要做下去！」煥生叫道。

「我也是爹娘養的，我的爹娘也在受苦，我也厭惡殺人，可是沒有辦法，這是幹部的職業，求你們原諒我！」

「不行，因爲他已經殺過人了。」有人說道。

「大家主張怎麼辦？」何達仁叫道。

「打死！」不待說完。那些憤怒的農民的棍子和鋤頭已經落在他的身上了。指導員立刻就仆在地上，伸了幾下死了。

「走！他們是不會饒人的！」大夥叫道。

這時，阿槐和何謙益已經漸漸停止呼吸，把眼睛合上了。

場子上留下一堆折毀了的桌椅，零亂地散在地上，一隻記者剛才用過的照相機，被摔得粉碎地躺在地上。

太陽從雲端直照下來，照着整個葵村，也照着苦難的人們！

第五卷 第一期

百年罪惡

美國聯邦調查局長　愛伽・胡佛（J. Edgar Hoover）原著

仲岑　譯

一九四四年一月的一個下午，兩個人——一個美國人，另一個是英國人——初次在紐約市貧窮的東區一個路角上會面，同時世界的歷史也隨之起了轉變。

一個人拿了一雙手套和一本綠面裝釘的書，另一人在他的左手內拿着一個網球，利用手套，書和網球，他們彼此辨認身份作一密會，這都是大西洋對面他們的間諜主腦多月前所籌劃好的　直到三年後聯邦調查局才被授權調查僱用在原子計劃的所有可以接近機要文件的人員。

這兩個陌生人乘了一輛街車去到貧窮的第三街上一所餐館。在餐桌上那短胖的一個只說他的名字是「雷蒙」（Raymond）。在他們以後的密會中，他從不曾將他的眞名哈來，高特（Harry Gold）透露出來。那另一個——面色瘦黃，駝背，禿髮，淡棕色的眼睛上帶着厚的眼鏡——沒有很秘密的指令。他自稱他是克勞史，福希博士（Klaus Fuchs）

以一英國代表團團員的資格來到紐約——他的忠實是由英政府保安當局保證的——福希告訴高特他與曼漢頓工程區(Manhattan Engineer District)合作企圖利用分裂核子所產生之能力製造成軍事武器。

高特幾乎不能出聲，這是他初次得到曉示福希將來要供給他轉遞給他上司的情報的性質。由於福希與高特那日的接洽，蘇俄因之就要得到原子炸彈的秘密。

現在這兩個人固然已被判處長期徒刑，但是無法也無人可以補救他們所造成的禍害。他們所做的是百年的罪惡。

哈來，高特是怎樣開始成爲一個賣國叛徒？

我們首先要了解的是他自以爲他是一個理想家，這樣他覺得他是超乎法律之上，欲達目的盡可不擇手段，這種道德上的混惑不清高特在他高中時期已有顯示，一次，當幫助一位教師分整考卷的等級，他整夜不會入睡，暗自違法塗改，如此所有的學生皆不至落第，在他的理想社會中「任何人都該及格——這是他們的權利」。

一個移民家庭的三歲小孩，自一九一四年他被携到這裡來後這個國家對他甚是優厚，他的父母，俄國人，改換他們的姓名高魯尼斯克（Goldnitsky）成爲高特，同時這男孩，生於瑞士百倫城（Berne）自漢雷（Henrich）改爲哈來。他父親，木匠爲業，希望哈來能够飽學，公立學校畢業後，哈來改進賓州大學（University of Pennsylvania）和德勒塞學院（Drexel Institute），在該院專習化學，隨後他在賓州糖業公司謀得一個位置。

是在此後若干時高特受到一個人的影響改變了他的一生。被賓州糖業公司解僱後，他經一友人介紹給一在澤西城的角色名叫鐸爾，尼洛斯（Troy Niles）。他幫助高特在澤西一實驗所內找到職位並且對他甚爲愛護。

初次離開家鄉同時爲尼洛斯所迷惑，高特進入一新思想的世界。他知道了他和朋友參與討論會研究馬克斯和列寧，和他怎樣成爲一共產黨員。高特耗費長夜聆聽熱心者討論政治，經濟和蘇聯。在這炫耀的聚會中只要提起「俄國」它對高特就有着莫名的誘惑。當遲幾月他重被糖業公司僱用後，他繼續與尼洛斯交結。

高特並未很快的接受共產主義。他對政治並不感興趣。從法律觀點而論，高特根本不是一共產黨員；他是由於與赤化朋友交結，由於對「受欺壓者」一種錯誤心理觀念，以及他對父母故鄉潛在的同情心，而成爲一蘇俄密諜，其實他不知道就是利用這種有計劃和陰險的計謀，他是已被「蘇化」。

「俄國」，尼洛斯在一九三〇年中的一日告訴他，「是一被蹂躪的國家，那裡千百萬誠實的男女受到飢餓因爲沒有足够的糧食」。

這些話使高特傷感。它引起他人類應有同等機會的情感——「每個人都應該及格」。那麼一個人怎樣可以給予援助？

尼洛斯立刻有一現成提議。他在一俄商委託貿易公司內有一朋友。盡他能力所及，尼洛斯是在幫助他的朋友——和俄國——傳遞他所受僱的新澤西廠內技術上的情報，或者高特是不是也願意幫忙——傳遞賓州糖業公司的製造秘方？

高特是非常關懷，多月來的灌輸已見成效。俄國在他心目中已成爲偉大的「民主保衞者」，這對他的決定是很有影響。

或許從他僱主那裡偷取一些化學秘方，或可協助早時完成俄國的工業化，同時幫助飼養那些可憐飢餓的生靈。從剛一開始，高特毫無疑義知道他是爲了一個外國在做竊賊。「自一九三六年我開始爲蘇俄做工業間諜的工作時很明瞭我是在做些什麼」，他後來說道。

一九三五——三六年冬日的一個夜晚寒冷異常，尼洛斯和高特一同站在紐約賓西法尼亞車站外面，忽然來了一個年青顎方的男子，當他走過時抽動他的右肩，尼洛斯立刻和他一同走去，高特也隨着走。

「這位是保羅，史密斯（Paul Smith）」，一陣後尼洛斯說道，然後他轉入一條小巷消失在夜晚行人之中。哈來，高特遂單獨和他第一個蘇俄間諜上司在一起了！

用着清晰，發音略差的字句「史密斯」直達要點：「我們注重溶劑，我們知道你們總化學師是在研究一種方法有關提煉純乙烷酒精，你對這是否有所知曉」？

「一點——不多」。

「査看一下」，史密斯命令道——他的聲音表現出他是上司，「同時在我們下次會面時帶一份你寫好的自傳，要很詳細，此後不要再去看尼洛斯」。

然後，在約定下次會期後，史密斯也不告辭即消失在人群中。

從一九三六到五〇——甚至於從一九三八至四〇年當他在辛西那提(Cincinnati) 薩維亞大學 (Xavier University)讀書時期——高特繼續接受赤俄密諜的命令，他偷竊賓州糖業公司與其附屬機構法美化學廠的秘密工業製造方法和化學公式，他取得製造羊毛脂，克來頓秘方（一連續不斷製造肥皂的方法），回復二氧化碳以及用於油漆類的一種工業溶劑的資料。高特未能得到的一樣秘密乃是俄人急需的乙烷酒精製造法。

於一九三七年尾和一九三八年的初季在短促數月之間高特見到兩個新的間諜上司。經預先約定，在紐約哥倫比亞大學附近由史密斯將他介紹給一猶如巨人的大漢，「史笛夫，史瓦斯」(Steve Swartz)，他的長臂，大脚和寬肩和矮小的高特正成了很顯著的比照。俄人很快就發現他們犯了錯誤，這高大的史廸夫和五尺六寸小的高特在路上太易引起注目。

「佛雷」(Fred)（沒有道姓）是史廸夫的繼任者，佛雷教導高特接觸時要採取最嚴密之防範，他告訴如何測驗是否有人跟蹤：停下繫鞋帶或者走入一無人的旁街，高特是否有一張紙要拋掉？將紙撕成極小的碎片，把每片棄在另外一條街上。準備遞送的情報要夾在報紙中——預備和那接受情報的密諜交換他所攜的一份報紙。

「佛雷」確是一個「監工頭」。他陸續不斷的要高特多多供給情報，高特答稱賓州糖業公司已被吸乾——那裡再沒有什麼秘密可偷。那麼另外找一工作，佛雷指示道——同時特別指定費城海軍船塢。自一九三八年起高特已開始失去他支配自己生活的能力。除此而外，佛雷要高特提出他認爲將來可做間諜工作的人名單，共產黨要位居要職可以得到重要情報的人名，不論是否共產黨員，有的佛雷要高特作一簡明小傳。

高特遵命呈上姓名和簡略的小傳，但對調換工作一事他故意托延，事實上他告訴佛雷，他籌劃回到學校繼續攻讀化學。

這個意見使得佛雷爲之愕然，幾至無禮，但在一九三八年暑期將結束時他忽然改變語調，要進學校嗎？這意思很好！他建議高特去進麻省理工學院（M.I.T.）。俄國情願供給他的費用。

不要，高特道，他不能接受佛雷的提議，他無法可以向他家庭解釋他從何處來的款項去至麻省理工學院攻讀，不成，他最好還是維持他進辛西那提薩維亞大學的計劃。

高特得到勝利，一九三八年九月在那奧海沃州（Ohio）學校註冊，固然俄人希望他進一專科學校，但是從任何公認的學校得到一化學學位也是以使他具有良好的學識在科學方面做間諜工作，俄人很願意在經濟上給予帮助，在以後兩年中給了六百元美金供給高特讀書。

哈來攻讀化學畢業時得到獎狀，一班八十三人的第十名，成績甚是優異。當他回到費城和賓州糖業公司時蘇俄諜網爲他找到新的任務。現在他任較爲負責的位置：他被派與其他小的密諜接頭，收集他們的情報，和監督他們的活動。

現在他陷入更深，在費城廠內整日工作，他又乘下午車到紐約，再換地道車或街車趕到聚會的地方，有時他需費數小時等候「線人」到來，然後或又要作長時間的談話再乘最後一趟車趕回費城，常時待高特踮足走進他的臥室時天色已近黎明。

再有，他還須出差到其他城市去，這須排在公餘和特別休假期間，常時他只得到很短促的通知，必需很快要作決定和倉促的計劃，他地下工作的速度是與日俱增中。

及至一九四四年他已經證實他是一可靠和忠實的接頭人，他現在的上司「山姆」(Sam) 告訴他將命他從事一項最機要的任務。高特一定要放棄其他工作專心集中於他新的使命。

就是這時高特初次會見福希博士，他現在步入他爲間諜生涯的頂點。

此後六個月中高特和福希在紐約相見過六七次，從福希那裡高特得到關於研究原子的公程式和其他的專門情報，將它轉交他的蘇俄上司。有時這種會面是很長：某次他們耗費一個半小時在中央公園的路上閒散，在他的供詞中高特說他們從來不曾談過廢話，時間對他們都很寶貴，他們會面太危險，福希所說的每個字是借口高特專門向俄人講的。

如果福希預知他將有密件傳遞時，他在先一次會面時告訴高特預備迅速傳遞的方法，在傳遞時聚會的時間很短。譬如，有一次他們在一起連一分鐘都不到，在麥廸生街預約的地點會面，他們一同走了幾步隨即轉入向西的旁街，那裡福希將文件交給高特後立刻溜走，高特立即走向第五街，霎時內以同樣的方法將情報遞給他最近的蘇俄上司，「約翰」。（聯調局查明「約翰」是安那多里，亞柯武拉夫（Anatoli A. Yakovlev）當時是紐約俄領事館書記，後升爲副領事）。

高特去會福希時在中途所取的警戒是非常週密。他先乘地道車，然後在一較爲冷靜的車站落車，留在月臺上觀看報紙等候幾趟慢車經過那站，然後他又跳上跳下幾趟車，始終試在最後一人上落，時常他又用各種的交通工具——地道車，公共汽車，街車，都是朝他約會的地點相反的走去，直到覺得確是無人跟蹤時他才直接去到目的地。

一日晚間福希談到他私人問題，是不是可以讓他一個在麻州劍橋的姊妹和她的兩個小孩到紐約來和他同居一屋？在這裡是一位探究原子秘密的大科學家，但是他被那些叛逆關係如是的束縛着他須請求許可才能和他自己的姊妹住在一屋！

就是這樣，突然沒有通知，福希博士忽然不知去向。

這是一九四四年七月，預先曾經約定的兩個聚會福希均未踐約，困惑了的高特趕快將這訊報知約翰，他也恐慌起來。

在俄人所集的傳記中，約翰查出福希姊妹的姓名，高特被派去劍橋問她；克蕾斯蒂，海滿夫人（Kristel Heineman）只知她的兄弟被調到西南某地去了，不過她想他在聖誕節的時候會回來一次，高特交給她一內中置有一紐約電話號碼的信封請她留交她的兄弟。

其實，所發生的是福希突被派到落，阿莫斯（Los Alamos）地方去了，但當他聖誕節後回來看海滿夫婦時他和高特在劍橋又再接觸。

福希的態度現在是緊張，費了很大的功夫他才能走這一趟。此後，如要傳遞情報，高特——對於福希他仍是「雷豪」——需要到新墨西哥去，於是約定一九四三年六月的第一個星期六下午四時在聖大菲城（Santa Fe）卡斯地羅街橋（Castillo St. Bridge）會面。

在那冬日下午分手之前，福希遞給高特一個龐大的信封內中滿裝直迄最近落，阿莫斯實驗原子的經過他所能抄錄或偷竊來的情報。現在，福希在落，阿莫斯可以自由取閱大量的機密材料和一流同事研究的結果。不久，無價的情報已由高特傳給約翰，再由他送去克里姆林宮。

在六月約定的日期高特在四時約會前一個半小時業已乘車抵達聖大菲，猶如一偶然的遊客，他步入一所博物院拿了一份市區地圖。這樣他就無需要詢問去卡斯地羅街橋的方向——他企圖不要留下一點線索，他未曾料到竟有一日他會懊悔希望他並沒有拿起那本地圖。

四點剛過福希駕了一輛破舊的車咋咋的駛來。落，阿莫斯工作進行很是順利，福希報告道，但是重申一次他以前的預測——原子彈將不能及時製造完成用來打擊日本人。

就在他們分手之前，福希交給高特一包重要的情報，這是一般習慣將可作物證的包裹留至最後一分鐘換手，假使起先兩個人被逮捕時，將是福希而不是高特攜有這違禁物件在身——但福希是有權帶它的，不數日這偷竊的東西交到約翰的手中。

最後傳遞原子彈的情報——製造完成的報告——是在一九四五年九月十九日，只距兩顆原子彈抛在日本後一月多些，六點鐘高特在聖大菲郊外一座教堂外等候，這次福希駕着那舊車很晚方才出現，他是判若兩人，第一次帶着人性，甚至還有笑容，這經年來原子計劃的工作已如願告成。他們駛到附近的高崖上俯視正自薄暮曚朧中透過來城內閃鑠的燈火，他告訴高特當他看着原子彈在新墨西哥的阿拉莫哥杜（Alamogordo）試驗爆炸時他是如何的驚懼，他是非常驚訝原子武器竟及時完成可以用在對日戰爭中，他承認他對美國的工業潛能估計太低。

這時，高特又感覺到一種興奮，就在這分鐘內他已完成他間諜的事業，這是為共產黨多年忠實服務的頂峯。

夜色已降，福希發動機器駛向聖大菲，車將近市中心時，那科學家自袋內取出最後的一封情報，一陣間他停了車，高特下車走向公共汽車站去。福希的車很快就被夜色隱沒。

他們兩人彼此再也不會會面。

很久以後聯邦調查局才得悉分裂核子的基本秘密已經被竊，這令人沮喪的發現的來源是不能公佈；不過我可說本局已獲正確的情報製造原子彈的秘密是被一個異邦竊去，這是聯調局的責任去逮捕罪犯；為了此案我們立刻動員我們所有的能力。

起初，我們沒有理由懷疑福希。可是，國內外的偵查使我們確定那內線最可能是外國科學團體的一位被信任的團員。經我們繼續偵查後，所有的嫌疑更漸漸直接指向一羞怯著名的青年物理和數學家，克勞史，福希。

後來我們偵出，自希魔德國獨裁暴力下逃亡出來，這一個教士的孩子曾接受英國民主制度的款待和庇護，但竟禽獸不如偷竊自由世界最重要的秘密用以資助一較希特拉更大的魔王，蘇俄聯邦。

這時福希業已返英派駐哈威爾（Harwell），英國原子能研究所。聯調局對福希所集的材料立刻傳送英國當局，在柏賽，西里圖爵士（Sir Percy Sillitoe）極精幹的指導下，英國保安官員開始偵查。

及至一九五〇年一月福希已被證實無疑乃是主犯，經過長期訊問後他遂供認。但在他供認後本局方知眞正的偵查才剛剛開始。因為，福希，固然是揭發了他自己，並未牽連他人的姓名。

他招認當希魔在德執政前，他是一德共黨員並做過地下工作。在英國進入原子研究工作後，他自動與蘇俄間諜機構接洽供給情報。在他抵美前他在英曾和幾個密諜交往，回英後他仍繼續供給共諜秘密情報。

福希供出當在美時他僅和一個蘇俄密諜接洽，這人姓什麼？他從未得知那密諜的姓名，那人像是懂得化學和機械工程但不是一核子物理學家。

那人的面貌如何？是的，他是年約四十到四十五歲，約是五尺七寸高，略胖，圓臉，可能是第一代的美國人。這個描寫可能符合無數的男子！

他住在何處？福希根本不知，這差不多是盡他所知的了。

現在要憑這微少的資料去搜尋一個在美對蘇效忠偷漏法網的間諜的原形。

在聯調局整個的歷史中從沒有一樣較這更為重要的事件，從來也沒有一項案件我們感到更為迫切，這無名氏必需找到。因為須要保守決對的秘密故而增加辦理的困難，當時只有幾位美國主要的官員和我知道遍佈各地偵查的詳細情形。

開始我們著手的地方是在劍橋，因爲福希曾供認他和那密諜在那裡會面，同時因爲那是福希的姊妹，海滿夫人的家，我們已知那科學家曾去看過她，海滿夫人是不是知道福希所提到的密諜？

是的，海滿夫人記起一年約四十，短胖，棕黑頭髮的人，他曾到她家裡來過三次，初次來時他自稱是他兄弟的朋友，並稱他是一化學家，他說他曾與福希共事是極欲見他。（這是福希從紐約失蹤的時候），她不能憶起他的姓名，沒有，他說話不帶口音。

第二次來訪係在聖誕節後福希來看海滿之後。從他們在她客室內彼此招呼中她知道他們是相識的，但是她並未留意他們的談話。

數週或是月餘後，這位不速客又出現於海滿的家內，並留下進午餐，海滿夫人記得好像他曾提及他有一妻子和兩個小孩。

羅拔，海滿，克蕾斯蒂的丈夫，再供給幾點細節——從哈佛課畢回家午餐，他遇見那陌生客來訪。他憶及那客人提及費城，他想那客人是自波士頓乘火車來的。

後來海滿先生忽想起另一線索，他記起那陌生客的名字可能是「詹姆士」(James)，他的姓開始是「臺維……」(Dav)字樣，「詹姆士臺維……」——海滿先生最多只能記起這許多。

在紐約，聖大菲，費城，那陰影可能的居處，是否有「詹姆士，臺維……」這人？作爲調查這個線牽的開端，聯調局開始檢查他原有的檔案，這是一艱巨費時的工作，但是凡有可能性的手續都不能忽略。

不久，在檢查檔案中，一個姓名引起注意——這我們將稱他爲「詹姆士，臺維生」(Davidson)，一住在紐約的工程師。他的面貌和背景與一般條件都符合。

一批照片被空運去英放在苦艾林獄 Wormwood Scrubs Prison) 中福希博士的面前。這些都是許多不同的人的照片，每一個可能都是嫌疑犯。

福希將所有的都棄去除了一張——一張臺維生的照片他將那照片觀察很久，他敏捷的手擊着檯面，他的前額皺起很深的紋路，「這人看來很熟」，他喃喃道，然後將照片上的前額用手遮去模擬一頂帽子，又道，「我不能宣誓，不過我很確定這就是那人」。

以後看這照片的是海滿一家。海滿夫婦仔細的觀察那些照片，然後搖頭，不對，他們從未見過這些人，後來羅拔被給予機會觀察臺維生本人，現在他更堅決臺維生從未到過他的家裡。

誰是對的——福希呢還是海滿夫婦？

就因這個原故臺維生不能根據福希的認證加以逮捕，他現在也不能由於海滿的否決就可除名，這偵查的前途仍是困難重重。

因爲福希和海滿夫婦似乎都很確定即無名氏是一化學家，聯調總局和他五十二個分局於是立刻著手有系統的複查局內所有涉及化學家的檔案，不久即有很多的嫌疑人，每一人都經過仔細的考慮，很多的照片送給海滿夫婦觀看，然後飛渡大西洋給福希觀察，在這給他們所看的一千五百多張照片中，海滿夫婦認爲並未看到曾到他家來訪的客人的面孔。迄今，只有福希對臺維生初步的認證。

此刻聯調局的偵查已成多角形的：

工作人員被遣至紐約從前福希的居所向他的鄰人探詢，以前英國代表團團員和曼漢頓工程計劃的僱員都經過查問，聖大菲公共汽車站，空運和鐵路售票處也經過查詢。旅館登記簿都被加以分析，但是這些步驟都未發現有與任何嫌疑人牽連的消息。

紐約的化學實驗室是否可以供給任何的線索？只是表明這項計劃的範圍，紐約市僅在一九四五年內就發出七萬五千化學熱照給廠商。

這龐大的偵查最主要的結果是決對的除掉臺維生爲一嫌疑犯，無疑的，他過去與共黨活動是有些微關係，但是我們從關於他的許多證據上查明他不可能是福希的同謀犯。

但是，目前我們已接近我們的犯人，在一個個嫌疑犯都經除名後，範圍已自一千五百人的可能性淘汰至廿餘人，在這少數中一個人開始令人注目，他是四十左右，棕髮和矮胖，雖然不是第一代的美國人他是幼年時期來到美國可能很容易被誤爲土生，他是一化學家，住在費城，他曾到紐約去過多次。

他的姓名是哈來，高特。

可是，這還有許多不符之處，高特是單身；海滿夫婦認爲那陌生客是已婚和有孩子的。海滿先生相信那化學家的姓名是「詹姆士，臺維……」；這和哈來，高特的姓名根本不同。

但是，爲了一個重要的理由，我們開始向這人集中偵查，這理由是因在一九四七年當聯調局偵查另一共黨事件時發現需要訊問他。

高特是一九四七年由聯調局與一紐約化學師亞爾白漢，柏斯曼(Abraham Brothman) 談話後開始予以注意，柏斯曼的調查是由自供爲共黨信差的伊麗莎白，本特萊女士(Elizabeth Bentley) 供給的消息，它指出柏斯曼和一已知的紐約共產黨員在一九四〇爲蘇聯間諜主持人的傑柯柏，戈魯(Jacob Golos) 有關係。於柏斯曼的訊話中，他指稱高特曾接替本特萊女士傳遞化學藍圖給戈魯。

湊巧，那時高特是在柏斯曼長島實驗廠擔任化學師。所以他也被傳訊，他率直的承認他是一九四〇年十月在費城美國化學會舉行的一聚會中被介紹給戈魯的，會後他告訴高特他與柏斯曼是有連繫，戈魯提議高特自柏斯曼處去取秘密藍圖然後以化學家的眼光將之加以分析。

高特稱他曾同意照辦，柏斯曼供給他很多的藍圖和關於化學製造的情報。可是，這些戈魯根本沒有費神來取。高特聲稱他隨後將所有文件都已毀去。總之，他和柏斯曼堅持這些都是正當的往來，當在一九四七訊問高特時戈魯業已去世，所以並無可以反駁他的供詞。

隨後高特會被傳至紐約南區聯邦大陪審庭出席作證，它的目的在聆取被本特萊女士株連的許多人是否違犯聯邦的間諜法令，大陪審庭調查的結果是「不起訴」，這法庭確定他們傳遞藍圖和消息並不屬於間諜法令專門定義之內，高特未被提起公訴，但是聯調局業已發現許多關係他非常有用的情報。

當高特的照片飛渡大西洋到福希處去時我們懷着很大的希望。那犯人朝着那圓臉濃髮的美國睨視。然後他搖頭。不是，他道，高特不是他美國的同謀。

這大規模的偵查是否又要折回到起點呢？在調查工作中這類令人痛心的挫折並不足奇。以另一方式重新開始和在失敗的瓦礫中建築勝利幾乎乃是常事，但是我們還沒有完全確信高特是無嫌的。

同時，有一點我們不能疏忽，在最後廿人中不但高特面貌最爲吻合，而且，無論如何，他和戈魯，一已知俄諜，是曾有關係。

我們決定再深掘有關高特的資料，我們向高特和柏斯曼的同事查詢，最微小的線索可能開放無數偵查的大道，在這程序中發現了一樣令人興奮的細節，柏斯曼的一舊同事談到他憶及柏斯曼有一朋友名叫范克，凱布拉(Frank Keppler)。他已有多年不曾看見凱布拉，但是他認爲凱布拉和柏斯曼可能是同行——化學。

在一堆照片中他能否將凱布拉檢出？查看一大堆照片，他毫不遲疑的指着其中的一張道：「這就是范克，凱布拉。

不料他是指着一張哈來，高特的照片！

一九五〇年五月十五日聯調局兩個工作人員走入費城公立醫院去訪高特，他在那裡心病部擔任化學師，他們要訊問他。高特正在忙碌，可否請他們稍遲再來？可以，他們遲些時再去。

那日晚，高特表示他同意被加以訊問，談話起初集中在高特的一般背景，隨後給他觀看一張福希的照片，高特朝它皺眉一陣，然後突使人詫異的喊道：「這是一張很特別的照片，他是那英國的間諜」！

此刻緊張萬分，那些工作人員很謹愼的問話，高特是否和福希相識？決不認識，他從來有未見過福希？沒有；他能認出照片僅是因爲它在報紙上登載過

高特爽直的供出他的歷史和職業的細情，但是他在一九四四——四五年間曾到何處去渡假期？高特斷言他一生從未到過密士西比河以西，也從未去過新英格蘭。

這些都是要點，因爲福希的同謀者無疑是去過劍橋和新墨西哥，工作人員暫時途改換問題。知道柏斯曼嗎？知道的，他們曾是好朋友。

另一重要問題：爲什麼當他被介紹給柏斯曼的一同僚時高特用凱布拉的假名？高特有一現成答詞。當他受僱賓州糖業公司時他曾替柏斯曼指導實驗工作。他不欲費城僱主知道這不合道德的行爲，但是這個辨詞是勉強的。

隨後他們給他看海滿夫婦的照片，他認識他們嗎？決對不認識，也從未見過。

現在有一更困難的事情：高特是否許可拍攝他自己的活動電影？當然可以！於是工作人員拍了電影。但是，很早以前聯調局已秘密得到高特的影片，這些業已飛去囚在獄中的福希。

此後幾日中高特又被訊問數次，他始終是很客氣的合作。但是他不停的說，他沒有多的東西可以陳述，現在爲要證明他是毫無穢蔽，他許可聯調局搜查他的住屋。

搜查高特的住所，一所在費城親屬街六八二三號舒適的二層樓房，是於五月二日晨間高特在場由兩個工作人員檢查的，這化學家提議從臥室着手，因爲那裡放着大部份他私人的物件，紙張和書籍。

工作人員有序的進行搜查，每逢找到一樣值得注意的事物，高特總有一現成的解釋。他是非常的自信，他對每樣問題幾乎都有一個答詞！

突然間一個工作人員在一書架後抽出一本黃色的摺圖上印着「省會，聖大非，這本小冊子載有一張詳細的地圖繪明街道的分佈，這冊子沉靜的交給高特觀看。

他的眼睛突呈驚異的神色，他的嘴張着，他好像已經嚇呆，這是他在聖大菲所拿的地圖！看見那冊子的驚駭是強烈的；它擊破了這一善騙者習慣上堅強的姿態。

最後高特失神的問道，「這東西是從那裡來的？」一個工作人員說道：「你說你從未去過密士西比以西，你究竟是去過沒有？」

這問題猶如有不可抵擋的力量擊在高特驚恐的心上，他良久沒有說話，然後另一工作人員激動道：「關於這地圖，你願將所有的實情供出嗎？」

隨後高特突然供出道，「我……我就是福希交給情報的人」。

就從這幾個字，我們在覓找的那神秘陰影成爲一有形的罪犯——高特。同時在供認不到一小時後華府聯調總局接到一倫敦電報，內稱福希，在看密攝的影片後，已指認高特是他美國的同謀者。

爲推進赤化運動，高特簡直是病熊的自我犧牲。放棄了舒適，花費辛苦賺來的金錢，犧牲假期作長途的奔波，喪失睡眠的機會，忍受違法活動精神上的壓迫他供獻了他的一切，包括他的名譽。不過我應該說他所足以稱道的是最後他將整個事實全盤托出，這也是他贖罪的唯一方法。

雖然已經太晚，他最後已發現共產主義剝奪了他做一自由美國人的良心，整個麻痺了他道德觀念抵抗的能力。他內心已沒有明智的力量足以制止他那賣國的行爲。

除了恥辱和注定的長期監禁外這事還滯給他點什麼？確實的，蘇俄曾經「嘉奬」高特，他告訴我們怎樣，一個夜晚，他的間諜上司宣稱他們要去慶祝由於他對蘇聯的特殊功動高特已被賜予紅星動章，這俄人展示那份奬狀但是爲了很顯明的理由不能將那文件和奬章交給他，不過他曾告訴他這奬賞內的一項特權乃是可在莫斯科免費乘坐電車！

於一九五〇年十二月九日站在費城的聯邦法庭內，高特向法官供認他「可悔的錯誤」。

「任何言語都不能形容我是怎樣的深痛後悔」，他供道。他感謝法庭公正的審判，以及聯調局和司法部的其他機構與監獄當局良好的待遇。

「毫無疑問的」，他斷言道，「在蘇聯或任何其他她所控制的國家中這是決對不可能有的」。

然後法官宣告判刑：「監禁三十年」。

那圓臉的罪犯點點頭，庭吏就將他帶了出去。哈來，高特犧牲了他的一生和危及他國家的安全只換來「可在莫斯科免費乘坐電車」——這個特權命運將永不容許他去享受。

書刊評介

我看傻常順兒

鍾梅音

花了整整三個夜晚，我仔細拜讀了陳紀瀅先生新著「荻村傳」。

據陳先生說，當他第一次續魯迅的「阿Q正傳」時，便想到「荻村傳」上的主人翁——傻常順兒，那麼傻常順兒又是怎麼一個人呢？——上額極圓，下頦極尖的一副臉，兩條掃帚眉，既黑且粗，兩隻牛眼，圓而突出，塌陷的鼻樑，像一道溝渠。兩隻牛鼻孔，又大又圓，兩隻貓耳朶，不但小，而且捲成一團。胳膊，手掌，脚片，肌肉都是粗壯的。鼻孔裡永遠淌着鼻涕，嘴唇邊不住流着吐沫，眼角裡包藏着眼屎，說話時，結巴，擠眼，向上抽搐鼻子。走路時，兩隻脚一齊向外撇，一個怪模怪樣，極傻極骯髒的莊稼漢。

平心而論，這麼一副尊容，除了怪他父母不曾給他揑好模子之外，還得歸咎於不曾受過教育，然而自始至終，我對傻常順兒頗有幾分同情，他傻，只因爲他長得笨，可是他却有一副好心眼兒——至少不能說壞——他實在比阿Q有個性，有人性，有血肉，有感情，比阿Q生動，而且比阿Q接近現實，較之阿Q那種莫名其妙的性格，簡直不可以道里計。

跟阿Q一樣的是傻長順兒的身世，永遠是個謎，在將成年之前，被義和團拉去做團員，由於他的忠厚天性，使他不敢下手殺人，倒幾乎被人殺了，事後才被荻村的人們從屍首堆裡發現，解衣推食，並且給他治好創傷，讓他在關帝廟裡住了下來，他的故事便從這兒開始。

四五十年前的荻村是富足安樂的，人民也是豁達而風趣的，因爲傻長順兒傻得連自己父母是誰都不知道，他們給他的批評是：「草包！混球兒一個：屎旦加三級！」雖然謔之甚，倒也沒有什麼惡意，他每天給人做短工，起糞，挑水，「做活兒快，要錢少，不挑鼻子剔眼，好說話」。於是他成了荻村公共僱用的打短工人，大家都樂意差使他。

傻常順兒被孩子們引爲取笑的對象，笑完之後又揪住他的辮子使勁往門扇上一磕一磕，完了還要唱歌給他們聽，叫他們「爺爺」，等孩子們一鬨而散，他也知道傷心，想來想去，想不出爲甚麼受孩子愚弄，忽然靈機頓開，揪起自己的尺八辮子來看了又看，對着辮罵：「他媽的！都是怪你，你爲甚麼被他們揪住，害我腦袋碰了幾個大疱？……」傻常順兒在陳先生筆下輕輕寫來，眞是寫得傻態畢現！

正如水向低處流，人，誰不想穿好的，吃好的，住好的，乃至娶一房妻子？雖然艱苦却很安定的生活，給傻常順兒帶來這些願望，更因爲常受村中大人小孩的愚弄，使他產生一種自卑的心理，也產生了提高自己地位的決心，於是夢見關公託夢，又想給張舉人家做活，並且轉歪歪桃兒的念頭，花樣都來了，張舉人家的房子，張舉人家的排場，都是他羨慕的對象，但他慾望不大，只希望給張舉人做個「牽馬墜鐙的隨身奴婢」。

可是人家如何肯要這麼一塊料來做「牽馬墜鐙的隨身奴婢」？他的願望不但沒有實現，連歪歪桃兒也陪着張夫人跟隨張舉人到關外走馬上任去了，他仍只有每天給人起糞，排水，算是釦兒蘑菇特別垂青他，讓他搬進釦家牲口棚裡住下，平日兼給釦大爹趕趕蒲欏車，實在氣得想不開時，便到關帝廟裡指着周倉說：「我拔你這黑王八的鬍子！」可是回家剛一躺下，覺得有些頭痛，「不好，不好，得罪了周倉，周老爺，鬍子拔不得，拔不得！還得給他補一綹」。傻長順兒與所有的荻村人民，都是受統治於「舉頭三尺有神仙」的世界裡。

但並不懦弱，當他被煙村據去拷打時，就沒哼過一聲氣，當黑心鬼實在欺人太甚時，他也倒過黑心鬼給他的樹葉混合榖糠湯，當他最後被共產黨活埋時，理直氣壯地罵完了共產黨還不慌不忙地說：「可惜坑兒太淺了，我摔不死。不介，我摔死，也要做人！」較之骨頭沒有四兩重的阿Q，可眞有種多了。

荻村最初情勢的轉變關鍵在村正副陳三爺與郝秀才之退位讓與張五爺，自從張五爺上臺以後，又值內戰迭起，徵糧徵伕，再加上張五爺的奸險貪鄙，平靜的荻村從此多事了 傻常順兒一度徵去當兵，他也願意當兵，爲的有個出頭日子，這時他與釦兒蘑菇已經有了感情，臨走噗通跪在地上說：「釦大爺！釦大娘！我，我常順兒要，要走了，這些年來，我，我累了你，你們。常順兒是個苦，苦命孩子，從小沒爺，沒，沒娘，你們老，老父倆，就是我，我親身父母，再造，再造恩人」。說着說着，他哭了，釦大娘搭過碴來；「常順兒，你釦大爹待你不錯……去吧，也許你陞個一官半職的，你可別忘了我們老姆倆，我們沒兒子，還指望着你哩，你的身價錢，我們替你保存着，你放心吧」。釦兒蘑菇在一邊也抹眼淚。

寫到此地，傻常順兒的一切，我們已大致都瞭解了，只是以後他在軍隊裡充了一名伙伕，戰事平息又遣了回來，他想出頭的希望已經破碎，而且吃過完蛋蛋兒的虧，又吃過狗兒老咬的虧，當狗兒老咬和他爭釦兒蘑菇這份家產時，他回答的話可一點也不傻：「老咬！我不姓李，你他媽的姓李，對咧，釦大爹倒霉的時候，你不認是他的孫子，你不提姓李，釦大爹用人的時候，你他媽的一回也沒帮過他，你也沒說過你們是一個祖宗，今天釦大爹要死了，你看上他的產業，你又是姓李咧，一個祖宗咧，遠咧，近咧，好咧，我明兒格搬走，我到城裡給日本人做事去！你去伺候釦大爹，我常順兒傻還他媽的有志氣，不和狗爭這口食！」至於給日本人做保安隊是否榮耀，這是有關智識問題，我不願苛責傻常順兒，反正這種境遇叫誰受都差不多，假如以後他沒有學會憑着身上那張老虎皮去敲詐百姓與姦污良家婦女的事，那麼傻常順兒這一輩子也並沒有甚麼罪大惡極，然而一回到荻村，他還是很念舊的，還是敬愛釦大爹夫婦如生身父母，還是尊重張一刀，小淘氣兒，大脚蘭兒這般老朋友，這樣一個受盡凌辱却仍沒有完全迷失本性的人物，以後如何不被共產黨活埋？共產黨原以為傻常順兒一直被人愚弄，欺侮，很可以利用他的仇恨心理去清算，鬪爭，殺掉荻村所有的土豪劣紳與公正人士，但他們認識錯誤，傻常順兒畢竟也有一點正義感，當他發覺連女人也被清算鬪爭時，也感到惶惑，他雖一生希望的就是榮華富貴，然而當他發覺榮華富貴的代價是自由的剝削與荒謬的罪行時，他的良知更覺得不勝負荷，他反而留戀住在關帝廟時聽任孩子們打打鬧鬧那種無牽無礙的舊日子了，於是他情願放棄村長的權位，情願放棄張舉人那幢曾經是他夢寐求之的華堂大廈，只恨這時連死活都已不由自己做主，在共產黨的統治之下，傻常順兒的悲劇之上演是必然的，假如換了阿Q，雖也仍是同一結局，可是前者只因為他還有人性，後者才是真的糊塗。

「荻村傳」長達十餘萬言，故事發展的空間雖然一直繞着荻村，却有四十多年之久，開始充滿着拳匪劫後的恐怖氣氛，可是隨着傻常順兒的傷愈，漸漸又轉入太平盛世的景象，對北方鄉村的過年，廟會的景色，以及焰火賽會的燦爛神奇場面，與收穫棉花的和諧美麗場面，都曾加以刻意的描摹，着墨並不多，形象却極為凸出生動，尤其是焰火賽會，使讀的人覺得眼花撩亂，別處過年的情形雖與荻村不盡相同，但也大同小異，大概三十歲左右的人，都曾體驗過那種令人神往的情調，以後就越寫越苦了，四十多年滄桑，畢竟是樂少苦多，為之數度掩卷，不忍卒讀，末了作者說：「舊的荻村早已死了，另一個荻村正待新生」。張龍英與小淘氣兒正象徵潛伏着的荻村新生的希望，我相信他們正在華北的大平原上努力奮鬪中。

（上接第一五頁）我們需要以農業和農民為中心的統一政策，改革一切的作法，我們繁多的矛盾觀念，需要迅速調和；我們日常採取曖昧、以及明哲保身，圓滑處理事物的態度，需要揚棄。具體的說，我們今後應該運用下列的方法，努力奮鬪。（一）將農業和農民的需要，配合國家的需要，確定農業政策。（二）以農業政策的需要，確定經濟政策。（三）從這樣確定的經濟政策中，確定工商及金融政策。（四）為執行這樣互相配合的經濟政策，更需要執行政策的各級工作人員，受到民生主義思想的再訓練，切勿以現在的觀念惰力，判斷農業問題。

民生主義思想，一面承繼我們列祖列宗修齊治平的大道，一面吸收西洋格物致知利用厚生的科學。有體有用，簡而易行。尤為臺灣多數同胞日夜追求的理想，這是臺灣四十年來深入民心的合作社思想的反映。

就臺灣全局論臺灣農業，比較就農業論農業，要清楚些，而且臺灣的農業，不是技術問題，乃是政治經濟問題，以至於政治經濟的思想問題，所以本文又提到了民生主義思想的訓練問題。（完）

給讀者的報告

本期是第五卷的開始，為了紀念起見，發行卷首特大號，篇幅因此增加至四十頁。[illegible]

本刊自創刊以來，到今天已經是一年又[illegible]月了。[illegible]

[illegible]

善之象徵，於是用革命做帽子便可以壓倒人"；共產黨就是這麼說：「不革命就是反革命」，反革命當然就要予以「鎮壓」了。於是乎一切罪惡可以假此而行之。羅鴻韶教授在此文中說明革命不一定是必要的，革命的結果也不一定是進步的，願迷信革命論者一讀之。

我們感謝曾英奇君這期又寄來遊歐觀感的第三篇——『[illegible]後王孫[illegible]將來』。此文是曾君歐遊的總結；他指出西歐文明之所以沒落的原因，並提供挽救之道。[illegible]在此文中顯示了他有深[illegible]的史學素養與[illegible]。

此外，『[illegible]一文[illegible]胡[illegible]的原作，[illegible]過，[illegible]是一個[illegible]曲折的故事，[illegible]的。

[illegible]

自由中國 半月刊 第五卷第一期
"Free China" （總第四十號）
中華民國四十年七月一日
發行人 胡適
主編 「自由中國」編輯委員會
出版者 自由中國社
社址：臺北市金山街一巷二號
電話：六八八五號
航空版
香港 香港時報社（高士打道六四號）
經售者
臺灣 中國書報發行所（臺北市館前街八號）
美國 紐約民氣日報社 舊金山國民日報社
日本 東京古文堂 東京內山書局
馬尼剌 中菲文教出版社
印尼 椰嘉達星期日報社 椰嘉達天聲日報 棉蘭蘇華圖書公司
越南 西貢中原文化印刷公司 越南華僑文化事業公司
曼谷 曼谷攀多社十二號
新加坡 中興日報社 檳榔嶼、吉打邦均有出售
印刷者 臺灣新生報新生印刷廠
廠址：臺北市西寧南路一四五號
電話：總務股二七〇一九 廠長室二二六五

本刊經中華郵政登記認為第一類新聞紙類
臺灣郵政管理局新聞紙類登記執照第二〇四號

FREE CHINA

第五卷 第二期

要目

社論 開城談判的裏面觀
時事述評 歡迎杜威先生 教訓的第一課
傳統與革新……雷震
論澳洲的外交政策及其對中共的態度……本刊駐澳特約記者 孫宏偉
臺灣產業 臺灣的畜牧……戈福江
自由中國通訊 日本簡化漢字之經過（東京通訊）……余蒼白
人變鬼的故事（香港通訊）……羊叔子
大陸學人的兩面觀（香港通訊）……王國復
文藝 堆草龍……宛宛
蘇俄囚營十一年記（上）……章生道譯
書刊評介 一九八四年……海光

中華民國四十年七月十六日出版
社址：臺北市金山街一巷二號

半月大事記

六月廿四日（星期日）
美國務院發表聲明，答覆馬立克之停火建議；謂共黨如放棄侵略，美願促成和平。
聯軍統帥李奇威將軍發表韓戰周年聲明。
美協商對日和約副代表艾理生自菲飛抵東京，與日政府作最後一次之磋商。

六月廿五日（星期一）
聯合國秘書長賴伊呼籲以蘇俄提出沿卅八線停火建議爲基礎進行韓境和平談判。
美總統杜魯門發表演說稱：必須完全終止侵略，韓戰始能眞正解決。
美國務卿艾其遜於發表韓戰周年聲明時稱，共黨停言和平，實則計劃戰爭，美決不爲其所騙。
中共電臺廣播表示支持馬立克對韓境停火之建議。
美協商對日和約副代表艾理生對記者表示，對日和約可望於九月一日舉行。
美經合總署宣佈本年度援華款項增加四千餘萬元，總數共爲九千七百七十萬元。
韓總統李承晚於韓戰周年紀念會上發表演說，表示決心作戰到底，直至共軍被逐出韓境。

六月廿六日（星期二）
美總統杜魯門向國會報告對遠東友邦援助情形
美國務卿艾其遜促請國會通過八十五億元新援外計劃時稱，縱使韓境停戰談判成功，援外計劃仍屬必要。
美參院結束兩月來對麥帥解職事件之調查。
聯軍統帥李奇威飛往釜山與韓總統李承晚會談
英外相莫理遜在下院報告謂亞巴丹情勢嚴重，並準備以必要手段護僑。
美國防動員局長魏爾森發表演說稱；即令韓戰停火，美亦不能鬆懈其國防努力。

六月廿七日（星期三）
美駐俄大使寇克會晤蘇俄外次葛羅米柯，探詢蘇俄對韓戰停火建議之眞正意圖。
美空軍部長芬勒特宣佈中共空軍之飛機現已增加至一千架。
英外相莫理遜建議聯合國無限期擱置中共進入聯合國問題。
聯合國秘書長賴伊自挪京返抵紐約，表示將協助聯大主席恩第贍努力促成停戰。
英外務部宣稱，英政府考慮根據一九四三年條件假道伊拉克，派軍入伊保僑。
伊朗政府宣佈增兵阿巴丹產油中心，以應付由於英艦駛赴該港後所造成的嚴重局勢。

六月廿八日（星期四）
國防部政治部宣佈破獲齊臺匪諜案之破案經過
美國務院正式宣佈美蘇間就韓戰停火問題交換意見之內容，蘇俄表示停火由戰地指揮官協商，且不涉及政治問題。
美國務卿艾其遜在衆院表示解決韓戰的任何辦法，決不以臺灣及允許中共進入聯合國爲交換條件。
派兵在韓作戰的十六國外交官於華府發表聯合聲明，準備在能使韓國獲得眞正與長期和平的條件下，結束韓國戰爭。
伊朗總理摩沙德親函杜魯門總統，請協助伊朗在英伊石油爭執中實現其願望。
英內閣集會 決定對英伊油田之緊急措施，授權中東英軍總司令羅伯森上將統率三軍應變。
韓境中線戰況激烈，符立德稱此爲共軍新攻勢之先聲。

六月廿九日（星期五）
美總統杜魯門在記者招待會表示，即使韓境停戰成功美防務亦不鬆懈。
美總統杜魯門批准由李奇威在韓國舉行戰地停火談判的訓令。
聯軍統帥李奇威將軍正式向共軍提出談判停火之建議。
韓國會通過議案，反對沿卅八線停戰。
伊朗總理摩沙德邀美大使格拉第會商英伊石油糾紛。會談後伊總理決定要求國會延期表決反破壞法
美大使建議英技術人員繼續工作。
英伊石油公司宣佈，該公司在伊之一切活動即將完全停止。

六月卅日（星期日）
泰國發生政變總理鑾披汶爲海軍所规持。
英政府向伊提嚴重照會，要求確保英僑安全。
社會主義國際在法蘭克福舉行大會。

七月一日（星期日）
中共電臺廣播答覆談判停戰之建議，要求於十日至十五日在開城舉行。
泰國政變平息，總理鑾披汶獲釋復職。
杜威自紐約啓程開始其太平洋旅行。

七月二日（星期一）
伊抗議英施軍事壓力，擬向聯合國控訴。
釜山民衆示威反對停戰。

七月三日（星期二）
聯軍統帥李奇威已接受中共所提七月十日在開城舉行停戰會議之建議，並提議於七月五日舉行初步會商。
日內閣總辭職，準備組織聯合內閣，以便進行和約。

七月四日（星期三）
美國慶日杜魯門總統發表文告。
中共答覆李奇威，同意舉行初步會商，惟主延至八日舉行。
日本「和平內閣」組成，在野黨派均未參加。
杜威抵東京。

七月五日（星期四）
李奇威接受中共第二次反建議，允於八日舉行初步會議，並要求確保參加會議人員之安全。
海牙國際法院裁定英伊糾紛，建議維持公司業務，並設五人委員會監督。

七月六日（星期四）
伊朗政府拒絕國際法庭之裁決。
蘇俄駐聯合國首席代表馬立克乘輪返蘇。

七月七日（星期五）
行政院長陳誠發表七七紀念告軍民書。
美聯社華府電：對日和約定九月四日在舊金山簽字。

七月八日（星期六）
聯軍與共軍代表在開城舉行預備會議，同意於十日正式談判。
杜威飛韓訪問。

社論

開城談判的裏面觀

打了一年的韓戰，因馬立克的一個建議而有停火的談判，兩方代表齊集開城，竟以玉帛相見了。瞻望談判的前途是成功還是失敗？全世界的目光都集中到開城去，據此海隅一個小小的地方所開展的現象，來預測人類在最近將來的禍福。

聯合國方面雖有十幾個國家參戰，然而美國自爲首要，只要美國決定了態度，其他各國差不多都可以追隨的。根據最近三個月來的演變，美國當局的態度已經很明顯地看得出來。簡單一句話說，只要恢復去年六月二十五日的狀態，能夠保證南韓再不遭受侵略，而共黨方面又不以其他條件相要脅，則美國當局便覺得心滿意足了。馬歇爾在參院外交軍事兩委員會作證時稱，三月間本有談和的機會，因爲麥克亞瑟於三月二十四日發表一篇文告而告消失。據此可知，英印等熱心求和的國家，暗中奔走和平由來已久，而且杜魯門所以能免麥帥也就是一意求和，惟恐麥帥從中作梗。艾其遜最近更明白說出，據三十八度線而停戰是聯合國的勝利。所以我們可以斷定，美國當局只求能夠停火，這樣，杜魯門總統便可在國內挽回其失墜的聲望，而在明年的選舉中民主黨也有獲勝的可能，故馬立克的演詞雖痛罵美國，而最後幾句停戰的建議，竟能收到開始談判的效果。

可是共產集團的意向如何，並不如此簡單明白，所以各方極多猜測之詞。此次和談自克里姆林宮發動，是無可懷疑的。馬立克的廣播演詞雖屬空洞，而葛羅米柯之答覆寇克却很明白，即是性質限於軍事，代表由前線將領指派，事實上也就照樣實現。但是克里姆林宮的動機爲何，目的何在？因爲鐵幕低垂，吾人所知的消息甚少，只好分析其可能性，而以其一般的目的及平素的作風爲判斷的根據罷了。

樂觀派，即以停火談判爲可以成功者，其理由是，中共的軍隊傷亡百萬以上，精銳喪失殆盡，且其經濟已一再竭澤而漁，快到乾涸的境地了，再不能將戰事維持下去，當中共出兵之初，內部意見並不一致，只因莫斯科的命令不能不奉行，故決定參戰，今師老無功，曠日持久，則不一致的意見將日益擴大；而史大林又還沒有發動大戰的決心，所以趁此時機暫時停火，以待民主陣營之分化，實爲上策。他方，韓戰要與聯合國爲敵，在世界輿論中始終占着下風，宣傳很難收效，分化也不易成功；不如另闢戰場，如從臺灣、越南、緬甸或其他地方下手，則聯合國不易聯成一陣線，只與一國爲敵，比較合算得多。故這次開城談判必能成功，而且要保證南韓不再遭受侵略也儘可如願以償。

悲觀派，即以停火爲不會成功者，則另有一套理由。他們以爲共產黨根本是一戰鬥機構，時刻以戰鬥爲職志的。中共的將士傷亡雖大，但中國有的是人力，要再撥一二百萬兵士上戰場並非難事。經濟方面更無所謂枯竭，多死幾千萬人民不就解決了嗎？而減少中國的人口正是他們的目的。至於韓國以外另闢戰場也不見得有利。中共自己沒有軍火，要靠蘇俄補給，在韓國作戰是最短的補給線。蘇俄在遠東的最大目標是赤化日本，舍韓國而另闢戰場，豈不是拋棄此目標嗎？且看中國大陸的動態，十萬知識青年參加軍事幹部的運動正鬧得如火如荼；獻機獻砲的派款加緊勒抽，普遍到每一村落；照美國所得的情報，則國際志願軍五十萬衆正在東北訓練，一千架飛機已經集中，三百多輛坦克及其他軍用品已趕赴戰場了。諸如此類的動作豈是誠意停火的表現？徵之國共和談的經驗，這次談判只是共黨集團藉此以獲得喘息的機會，他們整理補充完成之際即是談判破裂之時，等着瞧吧。

這麼說來，兩方的主張都持之有故，言之成理，所以見仁見智，議論紛紛。我們的斷案是：這次談判既是克里姆林宮所發動，則不論其理由爲何，總有一種充足的理由在，所以我們以爲談判成功的可能性甚高。那麼共黨集團的目的究竟何在？我們以爲在爭取對日和約之發言權。美國的對日和約已布置就緒，勢在必行，最近則日期與地點都說業經內定了。蘇俄雖作强硬抗議，並不能發生甚麼阻撓的作用，必須別出奇謀始能制勝。如果韓戰繼續下去，則中共是美國的正面敵人，更無絲毫發言的餘地。這麼一來，共黨集團只好眼睜睜地看見各個交戰國家和日本一一簽訂和約，而自己却被擯斥於門外了。現在美英還開着一口大門，即中國方面應由國民政府或中共簽約，交由日本自行選擇。如果最後國民政府和日本一經簽約，則中共和共黨集團都是坐失良機。大家知道，奪取日本是共黨在東方最大的目標，去年金日成之發動南侵，其終極的目標，即在日本，中共所以傾其全力以參加韓戰亦復如此。經過一年的戰爭，知道要驅逐聯軍下海是艱難困苦的事體了，於是改力爭爲智取，乃有此次談判之發動。照我們的看法，前線的停火儘可先行約定，而技術問題則可藉口以作拖延，同時幕後的外交則以中共簽訂對日和約爲條件。所以前線雖已開始談判，而軍事的準備還是着着進行不遺餘力。其意若曰：你們允許我們參加對日和約吧，否則，海陸空全盤出動，和你們決計一拚。如此軟硬兼施，不達其目的不止。西方各國的外交家何以應付？我們默察幾個月來的國際動態，這種國際的大陰謀，東方的慕尼黑，大有演出的可能性。願我們朝野上下，特別提高警惕，審愼應付！

時事述評

歡迎杜威先生

美國紐約州州長杜威先生，於美國國會調查麥克阿瑟事件以後，命駕西來，訪問東亞各國；而在我們自由中國內作四天的逗留。杜威先生要更明確的知道太平洋西端反共各國家內實際情形。這非特對於美國政策的決定，即對於世界和平的實現亦是一件重要的事情。因爲這個緣故，我們謹以最誠懇的崇敬，歡迎杜威先生。

由於麥克阿瑟在美國參院作證時所發表的記錄，美國上下漸漸明瞭太平洋西端反共各國家的安全是和美國本土的安全，有絕大的關係的。美國政府對於自由中國，雖然還保守着幾分成見，但已稍稍以[illegible]視的態度，而開始正式軍援了。設使能朝着這個方向走上前去，則非特對自由中國是好事，即對於美國和世界亦是好事。但是「百聞不如一見」。一個政治家討論國家或世界政策，如果能親眼看見的事實和情形可做參考的資料，當然要比僅憑別人說的要好得多。這是杜威先生西來訪問主要的原因。

許多人以爲：杜威先生係共和黨，現在民主黨執政；恐杜威先生的考察，即能得到正確的見解，亦與美國的政策無關。這大不然。杜威先生上次競選總統時，頗主張[illegible]府[illegible]清共。杜威先生當時所以[illegible]個主張，並不是隨意[illegible]競選時講的題目，亦不是純粹因爲他個人對於中華民國有深厚的感情的緣故，乃是完全根據他正確的政治見解。在那個時候，美國無論由於道義上的責任，或且於國防上的關係，都應該積極的幫助國民政府，以肅清共產黨。共和黨的競選已不幸失敗，而民主黨的政府又誤於一二固執偏見的人士，不能虛心從善，致使杜威先生一種極正大極緊要的政策，沒有能夠實行。結果，我們中國固蒙受了空前的大災難，美國亦直接受了極大的禍害。——這次韓國戰事中美國所受到的損失，無疑的可以說是由於三年前美國的輕視中國事情所致的。現在杜威先生從事一番精密的考察，得明瞭亞洲方面的實在情形；對於蘇俄的陰謀和中共的虛偽，當更多驚心動魄的印象。將來回國，以此實際情形告訴美國朝野；美國所經過屢次的錯誤以後，感於杜威先生前此主張的忠誠堅定，幡然覺悟，一反前此的主張。卻使美國政府仍拘於偏見，而美國人民信從杜威先生的言論的權，定必比以前大大的增加。美國政府權力雖大，然在民主國家中，民意終會影響到政治上的。

我們以爲現在這個時候，是人類文化進退存亡的關頭，而有能力有機會保護人類文化的，只有強有力的民主國家；實在只有美國。美國的政策的得失，非特是美國自己存亡所關，亦是人類文化存亡所關。而美國一個重要的政治人物親來亞洲考察，對於美國的世界政策的決定，自然有極大的重要性。所以我們對於杜威先生這番的訪問，實在寄託着無限的希望。

我們自由中國的人民，在歡迎杜威先生以後，更希望能夠歡迎美國其他重要的政治人物，尤其是對於我們中華民國不十分了解的美國人士。因爲我們知道，一個正確的政策的決定，實際的考察是必要的。（汀）

教訓的第一課

——韓戰和談地點的選擇——

「和平」是一個最具道德力的觀念。任何人都不敢公開地說反對它。所以當馬立克受命在聯合國唱出「和平」的調子後，無論是韓共、中共和聯合國都不能不舉手表示贊成。而紛紛派代表參加談判。然而與共產黨談判和平卻不是容易的。在共產黨人的心目中，「眞正的和平」是在馬克斯的世界新秩序建立以後；而在此以前的所謂和平，祇不過是戰略的暫退而已。

「撤退」，並沒有這樣簡單。史達林在其著名的「列寧主義的問題」一書中說：共產黨人不但要學「攻擊的戰略」，而且要學「撤退的戰略」。「撤退」對共產黨人來說，決不能構成一種損失，而必須從撤退的過程中謀取利益。目前韓戰的所謂「停火談判」就是一個出色的例子。

談判的地點，最初李奇威將軍指定是元山港外丹麥所屬的救護船上，而中共的反建議則要求改在北緯三十八度以南約二英里的開城。於是誠實的李奇威將軍就慨然答應了。殊不知這一「誠實」的答應恰恰上了共產黨的圈套，而符合了史達林「撤退的戰略」的原則。開城這個三韓的古都在部位上是屬於南韓的，而今卻爲中韓共產黨佔據着。於是沒有武裝的聯軍代表一下飛機，就被大批武裝守衛的共軍嚴密的包圍起來，有若戰鬪中的俘虜。於是這幾位「俘虜」就被武裝「押解」進城了。聯軍最初前往談判的人員既未伴隨攝影師和新聞記者，而共產黨的攝影人員卻隨處埋伏，相機行事。於是赤手空拳的聯軍代表被武裝共軍「保護」進城的一幕，就被一一攝入紅色的鏡頭了。有了這一連串可貴的鏡頭，於是共產黨，特別是中共，在宣傳上就獲得了不可計量的利益。若干年來中共對它統治下的人民就天天宣傳說：「美帝不可怕」，原子彈不可怕。然而「抗美援朝」一戰，「美帝」並未使用「不可怕」的原子彈，僅用較多的普通武器，而中共一向自誇的「人海戰術」竟被輕微的火海燒乾了。這時正當中共想盡一切方法而無法掩蓋人民耳目，鐵幕政策行將崩潰的時候，於是李奇威將軍的恩惠來了：用直昇飛機載用非武裝的聯軍代表到武裝森嚴的共軍佔領區進行談和。這一天眞的舉動，實供給了共產黨不可計量的宣傳資料，而挽救了其鐵幕政策崩潰的危機。

消息傳來，謂中共已經使用連日在開城攝取的照片向其統治下的人民進行大規模的宣傳了。以下兩點是聯軍永遠無法補救的損失：（一）會指着聯軍的照片對中國老百姓說：「美帝」不堪一擊，已經派代表向「抗美援朝」軍來洽降了。（二）、假定和談不成，它又會指着照片說：「美帝」詐降，毫無誠意，人民應該打到底，直到「美帝」眞正屈膝爲止。由於前一點，它會給鐵幕後的中國人民造成一個印象：「美帝」脆弱，中共強大。由於後一點，它會造成另一個印象：西方國家不講信義。這是何等重大的損失呀！不過這才是教訓的第一課。李奇威將軍不要再天眞罷！還是就教於你的老上司，麥克阿瑟。（白）

傳統與革新

雷震

一

「傳統與革新」，我對於這個題目，過去縈廻於腦海者甚久，很早就想寫一篇文章出來，以就正於關心這個問題的人士；並想，如果因爲這一篇文章，能夠發生多少補偏救弊的功效，對時局或不無裨益，也可略盡個人的言責。然一直未敢率爾執筆者，原因固然很多，其主要的：第一是我個人對此問題的思考尚未成熟，深恐論述不夠透澈；第二是對此問題的論斷，很容易招致悞解，恐怕達不到原來的目的。但是，今日仍不能不言，欲不言而又不能已者，就是看到這幾年共匪在大陸上的作風：竟推崇殺人放火的黃巢，張獻忠，李自成之輩，爲農民革命的領袖，加以尊敬和奉祀；而承認淫蕩無比的潘金蓮之流，爲革命婦女的先驅者。其他傷風敗紀，毀滅人倫的行爲，更是花樣翻新，不一而足。這種倒行逆施的出發點，就是要淆亂是非的觀念，顛倒善惡的標準，用以毀壞眞理，滅絕人性，以期推翻我們祖先傳留下來的道德觀念，和傳統文化，而得以遂行他們那一套傷天害理，殘忍無比的野蠻行爲。共匪大翻身的辦法，就是要切斷我們的歷史，因爲中國的歷史傳統，是說道德，講仁義，沒有一點可以供他們利用的。可是在另一方面，又常常使我回憶到我們過去在大陸上的作風，每個一事應該大刀闊斧的改弦更張的時候，總是缺之勇氣，逡巡不前，遷就敷衍，躊躇遲疑，以致喪失了許多改革的好機會。因循苟且，蹉跎歲月，最後終於失敗下來，說起來令人感慨萬千。這種過與不及之處，都必須切實加以矯正，始能有助於中興的大業。因此，使我對於這個題目，又浮現於腦際者不知若干次。我現在很大膽的寫出這篇文章者，不過是想拋磚引玉，希望能引起社會人士的注意，以改正其過去的錯悞。

在未論及本文之前，我要說明一點的，就是這篇文章的用意，是要說明傳統與革新的界限，應該放在甚麼地方，才能適於社會進化的原則，才能合於適者生存的目的，而不至於有矯枉過正或因噎廢食之弊了。就是說：對於過去的文物和制度，在甚麼範圍內，應該予以保存，在甚麼範圍內，應該予以揚棄。並且要說明：社會是循進化的途徑以前進，非如唯物辯證法論者之詭辯，謂社會之改造，是要用突變革命的方式去進行。因此，對革命二字的使用，要循有嚴格的意義，應能避免悞解之發生。關於保存的這一部分，究應保存至甚麼程度？在能促成發展的方向上，又應如何發揚而光大之？關於揚棄的這一部分，究應如何鼎新以代替革故？在這個時候，我們不僅要有勇氣去革故，還要傾其全力以鼎新，這樣，方不致於有一時的或短暫的眞空之現象，而陷社會於混亂或迷惑的狀態。白紙容易沾染汚穢，而眞空狀態則易被惡魔滲入。我們的社會環境，自五四運動以後，很容易被共產黨的宣傳滲透進來者，就是這個緣故。維繫社會的舊傳統已被打倒，而希望代替的新制度——以自由與民主爲基礎的——未能建立。中共之要崇拜黃巢，張獻忠，李自成和潘金蓮爲革命的先驅，以及要認爲秧歌舞，打花鼓爲高尚的樂歌者，也是因爲他們精神上發生了眞空的狀態，一面要打倒過去的權威，認爲這些是與他們的行動不利，而自己認爲有利的權威，却又未建立起來。

二

傳統（tradition）的意義云何？他的具體內容是指些甚麼？這不是三言兩語可以道得明白，因爲傳統的內容非常複雜，故其定義很難簡單的加以敍述。

傳統也者，係由歷史上流傳下來，中間一脈相承，經大多數人們認定的，一切行爲的規範，都是據此而立的；一切價值的評衡，均係以此爲準的一些東西的總謂。換一句話說，人類的祖先們，在其各別居住的區域之內，由於諸種生活方式所累積的經驗體系，其中最有價值的嘉言懿行，再經過多年的演進，逐漸發展進而成爲各種文物制度，和這些文物制度所根據的思想體系，再以這些東西傳給他們的後代子孫，以爲他們諸種生活的，尤其是精神生活的指導原則的東西的總稱。故傳統云者，是以歷史的關係爲其主要因素，而與「慣習」（Convention）的意義微有不同。因爲慣習是指在某一期間內，集體生活中共同遵守的經驗體系。

自時間進展上觀察之，傳統乃是社會生活裡面各種慣習的累積而淨化以造成的。故可以說：慣習是造成傳統的素材，而傳統乃是由於慣習的昇華而具有系統化的東西。原始的人們，爲要保持他們生命的繼續，其動物性的本能行動，在反覆的操作之中，遭遇着多次失敗之後，遂發覺爲要達到他們生存的目的各種行動中間，可能有着比較害少利多，或苦少樂多的最好的行爲。這類最好的行爲，經過長時間無意識的反復操作的結果，在個人則養成各種習慣（Habit，Custom），在集團則造成各種慣習（Convention）。人們不能離群而索居，對於克服自然環境的鬪爭生活，大家必須協同動作以禦之；因爲大家都是爲了同一的目的——即保持生命的持續——而且都是羣居在同一的區域之內，所以大家必須群策群力的協同行動，才能克服這同一的自然環境。是故每一人們的習慣，均是爲要達到他們同樣的目的而成立的類似的現象。這些現象互相結合而發生影響，互相融洽而逐漸凝集，乃變成集團現象的生活樣式，即所謂慣習是也。故慣習在社會生活若干期間之內，乃是最方便，最優良的生活方式。在這個期間當中，人們的本能行動都是與此結合而行動的，而集團中年輕的成員們，由於惰性，模仿和因襲的關係，自然隨同集團全體的動作而行動的。如此相沿成習，生活有條不紊，這種最優良，最方便的生活方式，更以之傳給其子孫，而一代復一代的相傳下去。於是，整個的社會生活遂得以慢慢的向前進展，儘管有遲速之不同。

這樣日積月累反復行動的結果，慣習則逐漸增加其普遍性，劃一性和永恒性，久而久之乃變成原則性的東西，由此，更從而命令個人的社會活動，而發生制約人們本能行動的力量了。這種力量，逐漸擴大，普遍發展，終則成爲指導人們社會生活的規範和律則了。惟人們的知識，是不斷的向前發展，而人們的願望，又是此伏彼起，這種規範和律則在反復行動之中，經過隨時的修正，補充和更新，遂作成更有意義的生活方式，即所謂制度和典章。這種制度和典章，復經過多年的演進，逐漸成爲指導社會生活上集團成員們的原理原則，這就是這個社會的傳統或傳統精神和傳統觀念了。慣習到了傳統這個階段，本身具有至大的力量，享有無上的權威，社會中的成員們，只有一致的就範，服從其指示，照着指示之途徑而行動，任何人不敢輕易批評，或隨意違反和冒犯了。因爲他們感到惟有服從這個社會的規範，生活乃能安定，生存始能無阻，所謂安心而立命也。在這個時候，假使有人敢冒天下之大不韙，而有違反傳統觀念之行動者，無論是故意的或無意的，社會的成員們，必視其爲異端邪說而群起攻之，以冀糾正其行動。如係政治上的行動，必視他們爲反叛或犯罪的行爲，社會成員們必羣起而抗拒之。

二

人們賴以孳養生息的舞臺，自初民穴居野處的原始形態，以迄於經緯萬端的複雜形態，中間是經過了千變萬化的演進而至於今日這樣地步的。一般稱此爲社會的進化。人們羣居生活的社會，不論是循着那一種形態，都是晝夜不息的往前進展，可以說是沒有片刻在停滯階段。因爲人們本身是一種有創造性的動物。在初民社會裡面，人們彼此之間，差異的地方很少，既無階級之別，亦無分工之制，合宗教、道德、法律於一爐，僅營其簡單的本能生活而已。迨人口繁殖增多，生活面積擴大，生產方法進步，求生願望擴增，則社會組織和社會事象，均自然而然的逐漸分化和發達，而趨於複雜的形態。不僅宗教和道德，彼此分家，各據一方；即宗教的本家，亦隨着社會演進而產生了許多的宗派，各立門戶，分庭抗禮。當時僅有約法三章即足應付一切事變而有餘的法律這一部門，更是因爲要應付千頭萬緒的社會事象，特別發達而演至分門別類，各樹一幟。社會進化的原因，學者持論不一；華特(Warde)以其求之於人類的願望，馬克斯則歸之於人類生產力的發展，涂爾幹(Durkheim)則謂由於人口的增加，國父中山先生以其歸之於人類求生存的努力，不問其究屬於那一種原因，社會確是由單純而進入複雜，由同質而趨向異質，由未分化的狀態而演至各種已分化的狀態。這種進化的要求，乃是適應人們向上發展的需要而起的，社會組織和社會事象之變動，均是爲求適應此需要而必然的跟着變動的，社會上諸種制度變革之所由起，都是爲要滿足這些要求而發生出來的。

制度是由生活的反復而結成的。可是人們所過的日常生活，又要靠着這些制度來維持，才能覺得方便和安適，而不至於發生困擾。也就是說：團體的共同生活，成員間必須靠着諸般社會制度來範圍之，更進一步來指導之，大家才可安安穩穩的生活下去，進而繁榮下去，而不致發生紛擾和鬪爭。兩性關係的諸種制度，就是一個最好的例子。換一句話講：由生活而產生制度，復賴制度以維持生活。社會諸種制度之所以形成，原爲達成團體成員們能遂行其圓滿的生活，故當某一制度成立之初，不僅很能適合當時的情況，若從當時的觀點言之，幾可說是盡善而又盡美的生活方式，這個集團的成員們，都是自願服從，樂於遵守，誰也不欲出來反抗的。惟社會生活乃是天天進化不已，而社會制度則比較趨於安定而帶有保守性的，故沿襲已久之社會制度，又往往不能盡合於成員們諸種生活的要求，因而發生許多不方便的事情；有時甚至覺得某種制度之存在，匪特不能助長人們生活之進步，反有阻碍團體生活之發展，而改革之需要，革新之要求，乃因之而起矣。所謂因革損益，便是歷史上制度的變遷。蓋舊的制度和規範，隨着日月的消逝，逐漸趨於僵化，硬化，一天一天的陷於凝固停滯的狀態，而與人們的日常生活許多地方，發生了脫節支離的事情。故社會上爲求適應生活需要起見，常常發生「要求革新，提議改良，甚至呼號革命」的聲浪者，乃是進化過程中所必有的現象。

「革新」(Reformation·Progressive)也者，就是因爲舊的慣習、典章、制度乃至傳統等等，不能適應人們當前生活的需要，而必須加以或多或少的改革，方可適應環境之謂，已如上文所述。故世人常喻改革一事爲「革故鼎新」，就是要去掉舊的，陳腐的，不合時代的；另行改換新的，適合潮流的。惟當要求變革之際，則不能不尋求其必須變革的理由，以冀喚起同情者的共鳴。就是要說明舊制度之如何不妥善，如何阻碍進步，必須如何改良，始能迎合時代，必須如何革新，始能適合人生之目的。可是人們的經驗並不一致，彼此見解各有不同；而且人們的日常生活，很多的地方賴着惰性以維持，並非事事均訴之於理性的剖析；更有基於情感上的愛好，明知舊制度之不合理想，亦不欲驟去改革，免滋紛擾。由於這些關係，故在同一空間和時間之中，有要求改革現在制度者，亦有要求維持現狀而反對改革者，而這些贊成維持現狀者，亦必須尋其能够維護之理由，以為辯護之根據。於是對於同一制度之存廢，便有種種不相同的思想出現，不僅分開擁護者和反對者的兩造，尚有許多調和妥協的折衷派出現。經辯難爭論的結果，最後某一思想佔着優勢而壓倒其他，然後有大家所公認為最有價值的思想，而制度之損益，亦因此而確立，則新的社會制度，便從此而確立了。

四

另有一派熱心社會改革的人們，對於社會的改造，則主張以飛躍突變的方式，去求社會的革命，而反對循着進化論的途徑，用漸進改良的方法，去達到社會改革的目的。他們是應用：唯物辯證法的三大法則之一的「質量互變」的法則，來說明革命式的變化的道理。而以「過程中斷」的說法，來闡釋跳躍式的轉變的依據。申言之，就是要用革命突變的手段，對於現存之社會制度，不問是屬於倫理的，或是屬於經濟的，必須連根拔起，使其整個推翻，剷除歷史觀念，消滅傳統精神，一切從新評價，諸事從頭做起，予社會制度以根本的變革，使其合於他們所假設的範疇。他們常常這樣說：新社會的產生，必須有個革命為之先導；而這個革命，則在舊的經濟制度發展到一定的階段，同時也就是內部的矛盾發展到一定的階段的時候，必然的要發生的。換一句話講：舊的社會必然的要崩潰，而產生新社會。就是否定舊社會制度，而肯定新社會制度。惟他們所謂崩潰，所謂否定，均是指着以革命的形式去完成社會改造的目的。這個否定舊社會制度而達到肯定新社會制度的發展過程，他們稱之曰：「社會革命」。今日奉行共產主義的人們，都是持着這個見解的。

變更社會制度，又必須從變更經濟組織入手。他們的意思是：要從根本上改變現在經濟上，以自由競爭主義和私有財產制度作為社會組織的基幹的狀態，而實現公有財產制度的新社會。依照馬克斯主義所示：社會的基礎是建立在經濟關係上面，而經濟關係的核心，則在生產關係之中，故生產關係之變動，必然的會使交換，分配和消費等經濟關係發生變動，而此等變動的結果，又必然的招致政治、法律、道德和哲學等的變動。故他們主張社會革命，而反對社會改良。並且好像革了一次命之後，社會制度，尤其是經濟組織，就永遠會走進天堂，而不會再有革命的事情發生；他們所唱導的「質量互變」和「過程中斷」這些法則，好像僅為適用這一次的革命就算完成其任務了。如果說人類社會還是繼續不斷的向前進展的話，如果說生產關係發展到某種階段時，則生產力必與現存的生產條件發生衝突，即生產條件變為生產力的桎梏的話是對的，那麼，何以社會革命一次完成之後，社會再不會有進化的事情？而生產條件也不會再為生產力的桎梏呢？其自相矛盾之甚，實不待駁斥而自明矣。

「革命」（Revolution）二字的意義，自廣義的言之，是指萬物之動的或靜的的根本的變化，從物件的原來位置，移動而倒轉過來之謂。由此意義發展出來，對於一國的政治組織，經濟制度，和其他社會上各種狀態或事物的關係，方法，運動等等，凡予以根本的改變，而與原來的形態完全兩樣者，都稱之為革命。普通所謂革命，則是狹義的解釋，主要是指政治組織，從根本而生突變的改革的意思。例如法國大革命，我國辛亥革命，把舊的專制政治組織推翻，建立民主共和的政治組織即是。這不僅是更迭王朝，移轉主權之所在，而且是將政體形態予以根本的變革之，對於「革命」二字的通常解釋，是指政治上或社會上的「大變革」，或「根本變革」之意，中外的大字典大辭典或百科全書都是這種註釋的。

革命的目的，原為革除不合理的舊制度，而代以適合人們生活的新制度，惟要實行根本而急劇的大變革，故在革命進行的過程中，則須採用鬥爭的方式，如共產黨所唱導而且付諸實行的階級鬥爭（如勞資鬥爭，以及佃農和地主間的鬥爭等等）。在他們看起來，鬥爭不僅是革命的手段，而且是革命的本質，蓋非如此則不能達成革命之目的。革命如戰爭，鬥爭如武器，革命之必須鬥爭，猶之如戰爭之必須武器，這兩者是一事之二面，絕對不可須臾分離者也。因此之故，革命必須伴着激烈的行動，隨來悲慘的遭遇，而產生了許多流血和犧牲的事件。革命者因以鬥爭為本質，故主張革命與安協完全是

『自由中國』的宗旨

第一、我們要向全國國民宣傳自由與民主的真實價值，並且要督促政府（各級的政府），切實改革政治經濟，努力建立自由民主的社會。

第二、我們要支持並督促政府用種種力量抵抗共產黨鐵幕之下剝奪一切自由的極權政治，不讓他擴張他的勢力範圍。

第三、我們要盡我們的努力，援助淪陷區域的同胞，幫助他們早日恢復自由。

第四、我們的最後目標是要使整個中華民國成為自由的中國。

對立的在革命進行期間，革命者不能與被革命者妥協。因而主張革命須徹底，無論怎樣流血，或遭遇重大犧牲，均在所不惜。

爲目的而不擇手段，故其所獲致的結果，未必是與大家的生活有裨益的。試看革命已經三十餘年之蘇俄今日情形，少數人固是獲得革命的成果，握着絕對的權力，而大多數人民則陷於十八層地獄之中，政治上固然談不到自由，即經濟上亦沒有自由，一切僅恃執政者之恩惠和喜怒以爲定耳。對於社會改革，如果採取革命的路線，這是必然的結果。凡是尊重傳統，寶貴歷史，講道德，說仁義的國家，實在沒有理由，而且沒有辦法可以採行共產黨那一套欺詐，殘忍，橫暴，專制的鬪爭方式。如果只講革命而不講鬪爭，則革命工作的失敗，可以說是當然的事情。

三

由生活以產生制度，復賴制度以維持生活，和社會是循着進化的途徑逐漸革新，而非如革命論者之主張根本變革等等，我在上文已大略說過。現在我要說明的，是：傳統與革新的界限應該放在甚麼地方，才能適合於人類求生存和求進步之目的。我個人的意見：認爲某種制度或慣習之存廢，端視其能否適應當前人們生活之需要，並助長其發展以爲準。某種制度或慣習，在過去若干期間，曾經適合人們生活的需要，確曾助長人們向上的發展；那麼，這個制度或慣習，在當時的社會確是很有用處，對人類有很大的貢獻。可是，由於新事象的陸續發生，因而刺激社會而發生進步，這個制度或慣習，若發覺其不能適合人們生活的需要，在其相反的方面，甚至有阻碍進步和發展之處，此時，我們應該堅決的革掉其全部或一部份而毫不猶豫。革故始能鼎新，舊的如不去掉，新的必不會生；我們既不可拘泥於過去的傳統，亦不能有愛好和留戀的情感。而這種改革，必須遵循漸進的方式，採用改良的手段，以求達成我們的要求。因爲我們的目的，爲的是要改善人們的生活，爲的是要發展人們的願望。如用改良的方式，已可充分達到人們所懷抱的目的，又何必高懸遠大目標，必欲犧牲現在可能獲得的改善之生活，而希求渺茫難得的天堂呢！例如中國之家族制度，乃是過去文化之結晶，中國的傳統文化亦可說是建立在這個制度之上，可見家族制度在我們祖先時代的社會生活中，是有過很大的貢獻的。可是到了今天的社會生活，家族制度已發生了很大的毛病：其中最大的是養成人們的依賴心，易使家族成員們缺乏獨立進取的精神。在中國家族制度之下，人們是沒有獨立的地位的，因爲我們的家族制度，只講人與人的關係，而蔑視個人的地位的。有君臣父子之關係，有夫婦兄弟朋友之關係，而不重視個人之地位，可以說在過去社會組織中，個人連提也沒有提起的。

歐洲文藝復興的功績，就是發覺個人在社會上的地位。Renaissance的意義，係指「個人的解放」，「自然人的發見」。歐洲文化之能夠發展而至於今日這個地步，乃是由於這個「人性自由活動和自由開展的復活」之所賜。換一句話講，就是發現個人和鼓勵個人的結果。個人主義在今日看起來，似已發生若干的流弊，但在過去文化發展上確曾貢獻過很大的功績，這是我們不能否認的。就是在今日的時代，個人主義也有其特殊的優點，我們也不可一概抹殺的。歐洲在十七世紀以後直至十九世紀，是極力鼓吹個人主義，認爲個人就是目的，到了二十世紀之初，發現個人主義產生了許多流弊，乃提倡社會連帶主義（Solidarism）的學說，認爲「社會是相互依存的」。這是想修正個人主義的缺點，故社會連帶主義，可以說是個人主義與團體主義的折衷。這不過是想修正其缺點而已，並未排斥個人主義，或否定個人主義。我們家族制度的毛病，就是太忽視了個人的地位。我們今日要修正這個制度的，就是要扶持個人在社會的地位，使個人能夠獨立起來，決不能因個人主義在歐美已發生了若干的毛病，而我們今日連其優點也不敢主張了。同時，我們決不能像中共一樣，使父子乖離，六親不認，要整個廢棄家族制度，連其好處也一概棄置不顧。出入相友，守望相助，疾病相扶持，在今日群居生活之中，仍有其很大的益處，尤其在交通不便的中國社會裡面。尚書堯典所載：「克明俊德，以親九族。九族既睦，平章百姓。百姓昭明，協和萬邦，黎民於變時雍」。國父中山先生特別舉出這一段話，說明我們今日要恢復民族主義，應以家族宗族的組織爲基礎，由此團結而造成國族，以求抵禦外侮，因爲家族制度是今日社會生活的中心，而家族制度，乃是中國傳統文化之所在。共產黨現在在大陸上的作風，是要徹底破壞傳統的社會制度，是要徹底消滅傳統的觀念和傳統的精神，而動輒以「大翻身」的口號來號召革命者，就是要想把人們在社會生活上所有的橫的關係完全切斷，只留下一條對共黨政權絕對服從的縱的關係，以免人民因橫的諸多關係的交織和結合，而可以發生反抗共產黨政權的作用。

共產黨的目的，是要切斷歷史，消滅傳統，因爲中國歷史和傳統，是沒有一點合於他們的胃口，也沒有方法可能加以利用，故不惜使用一切鬪爭，俾可鬧得天翻地覆而從頭做起了（馬克斯在一八七〇年就用了這個口號）。

上面所舉這個例子，是說明了社會的改革應該循着進化的途徑，不可採行共產黨所號召的大翻身的辦法。因爲大翻身這一套的作法，對於改革的本身則是有損無益，而大陸上的人民就是在這個號召之下毀滅的。在另一方面，某一制度正需革新的時候，要有決心去求改革，既不可惑於情感而留戀舊制，亦不可因循苟且而逡巡不前，並須拿出全副精神，堅定而力行，以期計劃之實現。我在前面已經說過，某一制度之應否革新，端視其能否適應現在的社會生活以爲準。特舉中國文字爲例以說明之。中國的文字，是由象形的極複雜的形態，自甲骨文的形體而篆而隸，中間經過了好幾次的改革而使之簡化，乃形成今日通用的所謂眞書這個字體。可是到了這個形體之後，就一直停滯在這個階段而未有改進，儘管在通俗書寫上，大家用了比眞書更簡單的字體，以適應日常生活的需要；然在公文書式，法令佈告，和印刷書本上，仍是用的眞書字體。而且這個通俗方面的簡化，因公文書中未經採用，故亦未能使這些簡化的形體，更趨於標準化。中國的文字，在教育上是兒童們一個很大的負擔，且有阻礙文化進步之處，這是一般教育家所公認的。因此，我們認爲：爲促進中國文化的發展，對於中國的文字，實有迅加改革之必要。

過去談文字改革的人們，有兩種不同的主張：一是想廢除漢字改用羅馬字母拼音辦法；一是仍舊保存方塊字的形態，祇對於筆畫繁雜的字體，使其簡單化而合於標準，俾使用時則便於書寫；對於意義晦澀不常習見的文字，在日常生活上表示意見的場合，擬屏棄而不用。前者是屬於革命論者，後者則屬於進化論的。拼音文字在教學上，固然有他的長處，但中國的文字，實在沒有辦法可以用拼音方法以代替之，最少在目前是如此的。在其相反的方面，中國文字在認識上和記憶上也有若干的長處，這也是不能完全抹殺的。因此，我們只有從後者的主張上着想，即就今日所用的眞書形體，將複雜難書的若干單字，再度使其簡單化，並須有一定的標準可資遵循，以求適合日常生活的需要。如將「竈」字改寫「灶」字，「龜」字改寫「龟」字，「竊」字改寫「窃」字，「與」字改寫「与」字，「國」字改寫「国」字，「會」字改寫「云」字之類。並須選出普通行文上必須使用之若干單字，告訴大家在寫作的時候，除文學上特殊作品之外，不論公文或個人作品，一律應在這個範圍內選用，不得獨出心裁，任意使用冷字難字。就是說：政府要將社會日常生活上所習用的簡筆字體，加以精選刪改，使其合於一定的標準，然後由政府下令公布，舉凡政府的命令佈告，報章雜誌，教科用書，以及印刷傳單等等，今後須一律採用此種簡筆字，不得再用原來的字體。同時，將普通行文上表達意見時必須使用之文字數目，亦須精選後公布出來，使公私寫作的用字，都限於這個範圍內採用，不得隨各人之所好，而採用規定以外之難字。

在文學方面的特殊作品上，當然可設一個自由用字的例外，不過要大家儘其可能的，不要恣意享受這個例外。在民主政治的時代，知識應力求普及，文學必須平民化。無論何種作品，總要爲大衆着想，使大衆能够了解，能够欣賞，才算得是合於時代的佳作。

日本政府過去爲謀教育普及起見，曾力求減少使用繁難之漢字，特設國語調査會（後改爲國語審議會）進行研究，曾數度制定常用的漢字表，惟均未付諸實行。至第二次大戰敗降後，政府爲推行民主政治，認爲繁複難寫的漢字，實爲阻礙民主化之一主因，乃於一九四六年頒布常用漢字一八五〇字，作爲國民日常生活上限用之漢字。復於次年六月十九日，又自一八五〇字中選出八八一字，由教育部通令作爲實施義務上限用之漢字。並選定其中筆畫繁複難書之漢字一三一字使其簡化，作爲通俗之用。日本文因有假名可資補助，故需用漢字的數目，自比我國減少得多（請參閱本期東京通訊，更可明瞭日本簡化漢字之經過）。

中國的文字，像竈、龜、竊、壽、鹽、堅、齋等等很常用的單字，說句不客氣的話，就是今日大學裡文法經等科的學生，要他們寫得很齊全而一筆都不差的，恐怕也不會很多吧？其餘的學生則更不必說了。這一類的情形，如果是很普遍的話，那麼，政府爲甚麼不去研究一道標準的簡筆字體，特地把他公布出來，如灶、龟、窃、寿、盐、斋之類，讓大家都照這樣書寫而無懊筆缺畫呢？試問到處看見的，乃是白字連篇，塗鴉滿紙，又有甚麼好看呢？政府明知大家寫得不會不錯，而又不肯想法去改正這個習慣，或打算減少這個習慣，豈不是出於怠惰或疏忽，就是沒有決心和勇氣。因循怠惰之懊國，並不比荒唐行爲之懊國來得少一點，好人不一定是個好官，就是這個道理。

寫到這個地方，引起了我一段有關中國文字改革的回憶，我特地附書於此，以供讀者的參考，也可說明我們在大陸上是如何失敗的。並希望能喚起政府當局的注意，從速着手文字改革的工作。

記得在抗戰之前，王雪艇先生長教育部的時候，曾於民國二十四年春間，邀集對於文字特有研究的專家，如黎錦熙、楊振聲等十數人，就中國文字的簡化問題進行研究，窮數月的功夫，乃選出通行之簡筆字二千餘字，再就其中在日常生活上應用最廣而筆畫最繁的單字，復選出三百餘字使其簡化，擬以此種簡體字代替繁複的字體，作爲第一步試辦，以觀其效果如何。一面仍研究其他單字的簡化，以便陸續改正其餘文字的全部，俾對中國的文字，可作一整個的改革，以期減少文字教育上的障碍。此第一批的三百餘字選定之後，由教育部呈經行政院會議通過，再呈請當時的最高決策機構之中央政治會議議決，然後交由教育部公布實施。對於以後的公文書和法令佈告，不僅可用此種簡體字，並由各大書局製成銅模，對於今後的教科用書，則必須採用此種簡體字，以期從教育上得到改進的功效，而免去學生書寫錯字的毛病。不意公布數月之後，正當書局鑄製銅模業經完成之際，而戴秀陶先生忽堅決反對簡體字的設施，認爲簡體字有損中國文字的美觀。其他理由我記不起來，但說得極爲嚴重，認爲這種改革工作，對中國的文字是個大大的不敬。並致電中央，謂簡體字如不取銷，他將不出席今後中央的任何會議。爭論的結果，原由中政會議決通過而已付實施之簡體字推行辦法，仍由中政會（或係第五屆第一次中央全體會議）決議取銷。這一次推行簡體字的工作，至此壽終正寢，專家數月的努力，徒勞白費，而書局鑄字之損失，則更不必提了。

民國二十四年五全大會之後，中央設立了一個管理文化工作的機構，名曰中央文化委員會（大約是這樣一個名稱）。在民國二十五年春天，特地通過了一個決議案，大致的意思是說：用中國文字寫作時，要用「漢文正楷」的字體，除數學一類的書籍外，應從右邊寫起，由右到左（在同一的議決案內，尚包含有其他事項，我已記不淸楚了）。

當時正是中國文化本位運動倡導最盛的時候，對於這一類有進步思想的重大改革，自然會有重重的障碍，也是不足爲怪的。可是吳稚暉先生則極端贊成推行簡筆字的改革，他在討論取銷簡筆字的會議席上，極力反對取銷的動議。他這樣說過：「今日的楷書字體，若是孔夫子在世，也是不會認得的」。在這爭論應否改革當中，還有一段有趣味的事情：就是戴季陶先生在其反對推行簡體字的一封親筆的長信上，竟用了很多的簡體字；而中央文化委員會的決議案的油印記錄中，也用了很多的簡體字。這可算得是一個很大的諷刺。

上面只是擧出一個應該改革的例子。一個制度或典章，如果到了不能適應當時人們的社會生活的時候，則必須很堅決的加以迅速的改革，既不可留戀，亦不必愛惜。這是時代進化的結果，新陳代謝，適者生存，那是無法避免的，也不是任何人可以阻擋得住的。在這個時候，倘若一味遲疑猶豫，必然的會招致重大的失敗。傳統與革新的界限，就應該放在這個地方。以今日社會生活的複雜，大衆爲工作而忙碌，實在無法書寫那些筆畫繁多的正楷字體。

土耳其革命成功之後，凱末爾（Kemal Pasha）曾用羅馬字母拼音辦法，改革了土耳其原來的繁難文字，並將所有的古典書籍，統統根據此種拼音文字全部整理，從新翻印一遍，俾民衆易於閱讀。由此可見凱氏改革之決心與氣魄之宏偉，亦可見土耳其革命的成功，和我們大陸失敗之由來了。聞印尼獨立後，亦已着手改革文字矣。

附註：（一）這段回憶寫得太長，惟要說明事件的原委和經過，故不得不如此。惟全係憑着個人的記憶，對於年月日的記載，不免或有錯誤。

（二）寫文至此，見到報載臺省參議會參議員馬有岳的提案，請政府制頒常用簡單漢字，限制使用奧僻文字，以利人民辨識一案；認爲我國文字都數萬言，雖通儒碩彥，亦無法一一認識。國民教育時間有限，若以其精力傾注肄習文字，則其他學科無法顧及，阻碍科學發展至深且鉅。古奧僻字用以學者治學尙無不可，如用於公牘文告契約，則人民不能理解，易滋誤事。其理由是十分正確，至希政府從速採行，完成文字革新工作。

（三）日本頒佈的簡體字，有許多地方很不合理，如果我國能公布一套完整的簡體字，不獨於我國文化工作有很大的便利，且可影響採用漢字的國家。

我們的結論是：社會是進化的，新的制度是由舊的制度直接發展而產生出來。不論甚麼制度，其本身都含有更將發展的胚胎，和業已衰亡的形駭。舊形駭衰亡下去，新的胚胎發展出來，結果生出與舊制度不同的新制度。就社會制度而論，中國文化上所謂「禮」，便是今日所說的社會制度。朱夫子對禮字的注解曰：「禮者，天理之節文，人事之儀則也」。孔子說：「殷因於夏禮，所損益可知也，周因於殷禮，所損益可知也，其或繼周者，雖百世可知也」。因革損益，並不是革命，只不過是推陳出新耳。孔子說就雖百世可知，我們可以解釋爲：對於社會制度是沒有革命的。如上文所擧的例子：中國的文字，經過了幾多次的改進而至於今日這樣形體，也不過是因革損益的結果。就是今日一般所希望推行的簡體字的改革，亦只是因革損益罷了。

過去談社會改革的人們，很多人喜歡用革命這個名詞，來表示他們的行動和傾向。甚麼革命路線，甚麼革命方案，展開革命工作，完成革命任務，幾乎是隨時隨地都以革命爲號召。無論遇着甚麼事情，以爲加上革命這個頭銜，才覺得是理眞氣壯。他們以爲革命才是正當途徑，以爲革命才是正大光明；惟有革命的行動，才是有價值的行動，惟有革命的工作，才是有意義的工作。反對妥協，反對調和，反對一切改良的方法，把妥協視爲不正當的手段，把調和看做和投機取巧差不多。但是他們對於革命二字的確切含義，似未加以詳細的分析，也未對於社會革命這個概念，深究其來源如何，只不過是籠統的喊着革命，或誠心的欲實行革命耳。這是受了共產黨歪曲理論鼓吹的影響。其實革命就是鬪爭，故其口號則爲打倒或推翻，其方法則是暴動，恐怖，淸算，沒收。蓋惟有鬪爭才可以鬧得天翻地覆，才可以切斷人類歷史，才可以打倒傳統和權威。而妥協與調和，乃是在尊重歷史和傳統之前提下來求因革損益，來談革新社會，自共產黨的立場觀之，這是違反了他們的要求，故把妥協與調和看做是罪大惡極的行爲，自非絕對摒棄不可。這也是共產黨徒顚倒是非觀念之一例。其實，妥協與調和二語，都具有最好的意思。妥是安穩之意，一物須有重心，而後始能安穩妥當；協是和合之意，如協力同心，協同動作等是。調與和是一樣的意思，如調和五味，倡和相應而調和。故妥協（Compromise）與調和（harmony），都是行爲上最好的規範，合乎社會進化的原則，合於道德的最高準繩。尤其調和一事，無論在美學上或音樂上，都是一種最高的境界。論語有云：「禮（社會制度）之用，和爲貴，先生之道，斯爲美，小大由之。」中庸謂：「致中和，天地位焉，萬物育焉」，這都是說明調和乃是天下之達道。孔夫子所倡導的「中庸之道」，就是反對極端的作法，所謂「不偏之謂中，不易之謂庸；中者，天下之正道，庸者，天下之定理」，正是要以妥協與調和求社會之進步耳。

共產黨主張社會革命，其目的是要打倒過去傳統，切斷人類歷史，以遂其奴役人類的狂妄理想，這在上文已約略說過。共產黨在理論上則主張革命，在方法上則採行鬪爭，在實際行爲上則倡導對立，如勞資的對立，佃農和地主的對立，子與父對立，妻與夫對立，學生與先生對立。發明清算方法，鼓吹階級鬪爭，因對立才能鬪爭，而鬪爭則必賴清算。故共產黨人的理論和行動是完全符合，他們這一套的作法，可以說是首尾一致，上下貫通。可是另一方面則不然；一面事事都想稱爲這是革命，而同時又要尊重歷史傳統，尊重固有道德，說仁義，講信守，而欲以忠孝仁愛信義和平的傳統文化，來維繫社會關係，來鼓勵人類發展。故在行動方面，深感鬪爭的理論不能適用，鬪爭不僅不能和平解決社會問題，且常給社會以重大的災害，因此，不僅不欲應用鬪爭的方法，且連鬪爭二字亦不欲宣之於口。所以在實際問題處理上，則反對階級鬪爭，主張階級和諧；反對勞資對立，而代以勞資協調。其辦法是双方獲致協議，而不是一方清算對方；其目的是要做到勞資兩利，而不是鼓動工人打倒資本家。對佃農和地主間的紛爭，亦採用同樣的辦法，不問二五減租也好或三七五減租也好，這都是採取佃農與地主兩利的辦法。至對倫常問題，仍是主張父慈子孝，夫唱婦隨，兄友弟恭，和師尊道重。他們一方面高喊革命，而同時又反對鬪爭，故他們的理論和行動之間，自不免含有極大的矛盾，而常常無法自圓其說。青年的學子們，常爲這類的問題感到惶惑，甚有目他們爲口是心非，爲言行不一致者，就是由於這個矛盾所招致，因而想到共產黨人的言和行是一致，遂認爲共產黨是對的。所以，我們今天要想青年人相信大家的言行，必須想法去掉這個矛盾而始有效。

然則我們今日不需要革命麼？是又不然。今日對付全世界的共產黨，仍要實行鬪爭，今日打倒大陸上的共匪，就是要革他們的命。我們所主張的革命，是要限於這個範圍。至於對社會問題和經濟制度等等，應該用改良主義的理論，以妥協，調和的方式，去求逐步的實現。國父中山先生所提解決社會問題的辦法，如平均地權，如節制資本，那都屬於改良主義的類型，並不是共產黨大翻身的辦法。平均地權的兩個原則，只是對於私有土地，採取照價抽稅和照價收買的辦法；而節制資本，乃是節制私人的資本，發展國家的資本，以預防資本之爲害，此與共產黨所唱導的清算和鬪爭，眞是風馬牛不相及。民生主義第二講有云：「用革命手段解決政治問題，在俄國可算是完全成功。但是說到用革命手段來解決經濟問題，在俄國還不能說是成功，俄國近日改變一種新經濟政策，還是在試驗之中。由此可知純用革命手段不能完全解決經濟問題。因爲這個原因，歐美許多學者便不贊成俄國專用革命手段去解決經濟問題的方法，主張要用政治運動去解決這種問題。行政治運動去解決政治經濟問題，不是一日可以做得到的，所以這派人都主張緩進。這派主張緩進的人，就是妥協家同和平派」。又同講後段又云：「我們主張解決民生問題的辦法，不是先提出一種毫不合時用的劇烈辦法，再等到實業發達以求適用，是要用一種思患預防的辦法來阻止私人的大資本，防止將來社會貧富不均的大毛病」。

人類只要存在一天，社會必然進步一天。理想是人們追求而永遠不能完全達到的鵠的。改革工作是沒有一天可以完成的，故完成革命也是沒有這一天的。犧牲現在幸福，追求天堂樂土，乃是共產黨欺騙世人的麻醉劑！

中華民國四〇年六月三十日脫稿，以紀念五五。

論澳洲的外交政策及其對中共的態度

本刊駐澳特約記者　孫宏偉

在地理上澳洲是一個太平洋的國家，她是遠東的一部，她和紐西蘭也是南太平洋僅有的兩個白種人國家。因為她終處在臺灣，菲律賓，馬來亞和印尼之南，所以澳洲對於亞洲民族的關係可以說是息息相關，有輔車相依之慨。然而澳洲在人種上却是歐洲的一部，追溯他們的先世大半是英倫三島遷來的子孫，所以在傳統上，習慣上，信仰上，生活上，都與歐洲相同。一直到最近還有英國人在這裏高唱澳洲是東方的歐洲，究竟澳洲應當置身於亞洲國家之列，抑仍以「東方的歐洲」自命，又兩者之間孰輕孰重，這裡隱存了澳洲外交政策上的一個難題。

澳洲人並不像英國人一樣，把澳洲自視為歐洲的前衞。尤其是在太平洋戰爭以後，他們深覺與亞洲國家有不可分的切身利害關係。在上次大戰期間，日本侵略的軍隊，已兵臨澳洲的門外，日本的嬰人潛艇曾直開進了雪梨的港內，發砲轟擊雪梨（被擊沉的日本潛艇現在仍陳列於澳京的戰爭博物館內），要不是新幾內亞的屏障和麥帥麾下軍隊的苦撐，澳洲恐怕早已淪為日本大東亞共榮圈之一部。這一個猙獰的事實對澳洲今日的外交政策的影響太大了。第一，上次大戰顯示了澳洲本身防守的困難，四境既無高山，又鮮大川，備多力分，防不勝防，人口稀少（現約在八百萬以上）兵源有限，國防問題乃成為澳洲外交政策首要的考慮。第二，上次大戰期間，英國首相邱吉爾等所揭櫫的歐洲第一政策，使澳洲和中國一樣，接受了長期的戰爭痛苦，澳洲為支援英國遣送了許多遠征軍到國境以外去協助英國作戰，但是她自已臨到被侵略邊緣的時候，却不能從歐洲方面得到任何援助。反之亞洲日本等國近在咫尺，朝發夕至，與澳洲安全關係密切，對於這些國家今後澳洲應如何應付，應如何防止他們可能的侵略危險和他們人口上的優勢，如何聯絡和爭取或防備日本以外的亞洲國家等問題，這些都是使澳洲外交政策重點逐漸傾向於亞洲的原因。（最近澳政府大舉由歐陸移民至澳洲即是為鞏固國防，戰後所謂新澳洲人已不下二十萬人之多）。

由於國防上的考慮和亞洲居先主義，自然而然的使今後澳洲對英國的政策發生了本質上的變化。她不能不再顧慮到本國的安全，而盲目地去追隨英國的遠東政策：她不能對英國傳統的歐洲第一政策表示緘默，因為這政策假如仍像上次大戰時候得到美國的支持，那麼這次首先被犧牲的將不是已經為這政策所犧牲的中國，而是白種人的澳洲。前澳洲外交部部長斯賓德氏 (P. C. Spender) 無怪乎於上年十二月十日在 Lyceum Theatre 的演說中要明白指出防止侵略不應限於一地區而應為全球性。澳洲基於本身之安全，國防上的考慮，她必須爭取美國援助；因為爭取美國援助，她就必須在外交政策上配合美國。有了上次大戰的經驗，澳洲人知道太清楚，假如下次大戰發生，能夠幫她忙的國家只有美國，因此，親美和在遠東與美國採取一致步驟的政策，可以說是澳洲為了她自身生存無可更易的政策，當然這政策的大前題是在有沒有世界大戰。到目前為止澳洲現政府對於世界大戰的看法也像我們一樣的認為數年以內世界大戰很難避免（澳總理曾發表過世界大戰三年內必發生的預測）。

國防問題和亞洲重點主義以外，那就要說到彌漫澳洲的反共情緒了。澳洲人反共有它多方面的原因的。在澳洲共產主義幾乎就是罷工、停電、生產停頓、貨運阻絕的別名，共產主義在這裡所代表的實際是社會混亂和騷擾。澳洲人有富饒的物產，而且已經有了優良的生活水準，他們需要的是安定而不是騷擾，何況共產主義所代表的又是極權國家的生活方式，這和澳洲人的自由民主的傳統生活方式當然是格格不入。而最重要的還是今天的共產主義已經發展成為共產帝國主義，她所代表的是武力的征服和自由的剝奪，凡是獨立自由的國家，其反共抗共在今日幾已成為共同的趨向，澳洲的反共實在也不過是大潮流中的一個共有現象。

以上三個因素——國防、亞洲居先政策和反共——決定了澳洲的外交政策，同時也影響了她對中共問題的態度，自從韓戰發生後，共產國家對外侵略的野心，業已暴露無遺，而中共是否算是蘇聯傀儡國一疑問，則自中共不顧中國人民利益悍然參加韓戰後，也早已得到答案了。在這種情形之下澳洲基於她的國家利益，究將對中共採取什麼政策呢？在對上項問題作答覆前，我們必須先將英美對於中共的問題作一概要的比較。先就美國來說，美國自始即未承認中共，美國所以不承認中共，當時主要的是因為(一)所謂人民共和國的產生，並不能夠代表中國人民的意志。(二)中共本身尚無對民主國家建立邦交和履行國際義務的誠意表示。關於這兩點澳洲的見解可以說完全和美國一致，這在澳前外長斯賓德的迭次聲明和演講中都曾明白表示過。到了中共參加韓戰以後，美國對中共的態度漸由不承認中共而譴責中共，由譴責中共而制裁中共，現在更進而明白宣佈了她對於確保臺灣和不許中共參加聯合國的決心，時至今日、美國可以說早已停止考慮承認中共問題了。但是另一方面就英國來說，英國則一開始就承認中共，她對中共的承認，實際上是基於(一)她的遠東商業利益的考慮。(二)對於一個已成局面的接受。但她在作這一個自認爲「無可避免」的承認的時候，她忽視了中共對她建立外交關係的誠意和中共本身自主的能力，因而演出了英國承認中共而中共並不與英國建立邦交的怪劇，然而固執的英國人，並不因爲她做錯了事而認錯的，她仍然在闡揚她自認爲合理的理論根據——所謂狄托主義，但到了本年三月間聯合國和中共和談破裂以後，即是最熱心的狄托主義信徒也知道毛澤東變成狄托只是一個不可能的妄想。

中共侵略韓國和聯合國通過譴責中共爲侵略者等——一連串的事實，證明了美國的不承認而期待東方狄托政策(現在當然不再期待了)要比英國的承認而期待的政策更爲正確。承認了中共而中共並不變成狄托，實在不如不承認，等到中共變成了狄托，再加以承認之來得合理而明顯些。關於這一點可以說澳洲的態度與美國完全一致，澳洲與中共並沒有像英國那樣大量的在華投資，她用不着先承認中共然後再來期待中共脫離蘇聯的懷抱。相反的，澳洲對於亞洲共產侵略有她特別需要戒備的原因。一旦中共的共產侵略擴展到了臺灣菲律賓馬來亞印尼等地，那麼澳洲不僅陷於亞洲共產侵略的大包圍圈中，而且她還要面臨一個亞洲人對於歐洲人和黃種人對於白種人的一個空前相持的局面，這是任何稍有眼光的澳洲政治家所應當極力避免的，尤其是在現在澳洲與印尼的關係，爲了荷屬新幾內亞島的主權問題，並不甚友好的時候。澳洲的承認中共雖然不必要中共一定變成狄托，但至少在中共在韓國的侵略行爲和其他在東南亞侵略的野心還沒有收歛的時候，她的利益和國民政府的利益是完全一致的，沒有了在臺的國府，澳洲等於失去了一個防共最有力的屏障，因此在中共一天沒有放棄侵略之前，一天沒有能夠排脫蘇聯的枷鎖前，她是沒有承認中共的必要的。

以上說明了澳洲對於中共問題的態度，同時也說明了中共問題對於澳洲本身的利益關係，除此以外，澳洲在外交上對於中共問題還有一個必須追隨美國的原因；那就是兩國對於簽訂太平洋公約一事的成立協議。本月廿一新外長R.C. Casey演說已宣示短期內草約即可獲得雙方完全同意)雖然這公約到現在還沒有訂立、甚至它的內容至今也沒有具體決定，但是就是兩方已決定簽訂一點已夠使全澳人民振奮　並且證明了斯賓德路線的正確。太平洋公約原是美澳對於對日和約問題的一種妥協　澳洲在禁止日本重整武裝方面對美國讓步，而美國則在安全方面給予澳洲一個保障。不過這公約是不是就像她表面上所顯露的那樣單純呢？我們的看法，當然不是如此　同時從官方的各種不公開的透露中也都證實這公約表面上是爲共同防禦日本未來侵略，而實質上則爲防共。(本文脫稿時間係在一月前，最近六月廿一日從新外長演說可資印證)誰都知道日本在她政體不全的今天，相當時間內是不會構成對澳洲安全的威脅的。澳政府所以要如此標榜，一半是爲了一般國內人民始終認爲日本是澳洲的敵人的觀念還沒有改變，一半是爲了對付國內工黨的指摘(工黨始終利用一般人民對日本畏懼的心理攻擊政府不應容許日本重整武裝)，但是稍具政治眼光的人都會知道，澳洲對於這公約的眞意在於防共。關於這點假如我們稍一檢討斯賓德初期關於太平洋公約的演說，就會知道澳政府的本意是在構成一個防止東方共產侵略的體系。不過這一個擬議後來因爲牽連的問題太多了；如國民政府的參加問題，如印尼，馬來亞，印度，巴基斯坦的是否參加，以及英國加拿大方面不同的意見，這才使原定計劃縮小到現在這一個由美澳二簽訂的太平洋公約。而這公約究竟是防日還是防共當然還是看兩方的運用怎樣。但無論如何，有了這一個公約，澳洲的外交路線以至於她對於中共問題的態度，可以說是已經和美國融和一致，這點也是我自由中國人民應當引爲快慰的。

每一個國家都有她永恒的國家利益；澳洲也一樣的，她的本身利益和他人民的思想　生活，地理環境，以及文化傳統等決定了她的外交政策。同時她的外交政策也決定了她對中共僞政權問題的態度，從上面我們對澳洲外交政策檢討的結果，澳洲的反共政策，幾乎是一種必然的傾向　但這其中的關鍵當然還要看韓戰的發展和中共本身今後是否能擺脫蘇聯而具有獨立主權者的意志。可是，就中共參加韓戰而言、韓戰發展至現階段，她只有三種可能的途徑：一個是不論中共戰敗或戰勝而戰事仍持續下去；一個是中共戰敗而求和；一個是聯合國勝而求和。但無論韓戰走上上述的任何一個途徑，我們沒有理由相信中共本身會發生什麼本質上的變化，中共仍然是蘇聯枷鎖下的中共，而且這個枷鎖今後由於中共之日益陷入韓戰泥淖，只有更加重中共的負荷決難有減輕或擺脫的一天。看清楚了這一點，我們不僅對澳洲對中共僞政權的態度有一個明確的認識，同時中共本身未來的悲慘結局也可以由此而窺見了。

中華民國四十年五月於雪梨

(上接第三一頁)

社會主義的哲學就是喂猪的哲學。

聰明的讀者！這本書底含意太豐富了，我簡直評介不完。你們怕極權統制麼？你們愛自由麼？你們希望有美麗的將來麼？如果是的，那末你們不妨將買幾包花生米的錢買這一本小書。在這盛夏的傍晚，花一個多鐘頭　靜靜地細細品味這本好作品。然後，抽一枝煙，悠悠地再思一會兒。這個世界太忙亂了，太浮薄了！善良的知識分子，一年到頭忙於塡滿腸胃的工作都忙不完。大家正好趁這時光，吃一杯這最廉價的冰淇淋，吸收一點精神的淸新劑，來增加一點活力，增加一點渺遠的希冀吧！

臺灣產業

臺灣的畜牧

戈福江

一、畜牧在臺灣農業上的地位

臺灣的經濟，是建築在農業基礎上，此已是衆所週知的事。但談到臺灣農業，則多偏重於植物的生產，而對家畜生產却多忽視。每以臺灣既非牧區，自無畜牧可言，其生產價值自也微不足道，認爲在農業上沒有重要的地位。實則眞正的農業生產，不僅指耕耘土地栽培作物而已，而與人民生活息息相關的六畜繁殖，也包括在內；我們試就臺灣家畜的數量、利用以及生產價值略加檢討，便可明瞭這一事實的眞確性和畜牧在臺灣農業生產上所佔地位的重要性。

根據臺灣農林廳卅九年版臺灣農業年報上的統計資料，全省在卅八年的農業生產總值是一、六九九、一五五、一七九元，就中畜產品生產總值是三四二、四七九、二三一元，計佔農業生產總值的百分之二〇．一五五，雖較普通作物所佔的百分之四八．〇九六爲低，和特用作物(包括甘蔗茶葉等)所佔的百分之二一．七七四相埒，但却遠過於園藝作物所佔的百分之九．九七五。

從數量上來說，臺灣家畜的飼養頭數，雖不算多，但其所佔的相對比率極高，就每千人飼養的頭數，不論禽畜大都超過內地任何一省同樣種類所佔的相對比率。在家禽方面，鷄鴨俱固有很高的比率，而鵝的比率則又遠邁各省比例之上。至於火鷄，則在數量上和比率上，均非他省可比，因我國僅有本省飼養火鷄，所以更形成了本省畜牧業上的特色。在家畜方面，養猪業尤稱發達，民國卅八年臺灣平均每千人飼養猪隻二八〇頭，僅次於丹麥、巴西、美國、加拿大等國；每平方公里養猪的密度，則高達四六頭，僅次於丹麥而居世界第二；至就每平方公里耕地的養猪密度計算，則高達一九二頭，超過丹麥的一二三．一頭，而僅次於巴西的三〇六．一頭。

就利用上說，臺灣農家的耕作輓載，乃全靠牛隻爲之，一般農家也悉賴飼養猪、鷄、鴨、鵝增進副業收入，厩肥是農家的重要經濟肥料給源，畜禽肉卵則更是本省人民主要的動物性食品，皮革鬃羽非僅可供軍需民用作爲工業原料，更可換取實貴外滙繁榮本省經濟，故就整個禽畜和其產品來說，俱能充分利用幾無一物可以廢棄。

僅由上述事實，便可概見臺灣畜牧在農業生產上的重要性。

二、臺灣畜牧的今昔觀

臺灣地處亞熱帶，氣候和自然環境有其特異的性質，榖實類飼料生產的種類和數量不豐，例如家畜所常用的麩皮便因缺少小麥而需要由省外輸入，蛋白質飼料尤感缺乏，粗飼料的品質也較惡劣。加以氣溫較高，潮濕多雨，病蟲爲害頗烈，凡源自溫帶高產的家畜，每不能適合這種環境，所以凡適合於溫帶或寒帶的家畜品種和飼養方法未必盡合於臺灣，凡此種種限制因子，均有待於畜牧學者專家的研究試驗和致力克服，過去日人雖曾有若干成就，而仍然有待於我們本身的更大努力。

臺灣地屬農作區域，和我國東南各省頗相近似。所以家畜種類以役牛，猪和家禽爲主，各項畜禽的數量，前已述及，特再就各種畜禽在光復前後的情形略加介紹。

本省農民夙有養猪習慣，除嗜食猪肉外，厩肥尚是肥田的重要肥料，加以受本省甘蔗栽培增產和日人鼓勵的結果，本省的養猪業便早已極爲發達，民國前十四年，本省猪隻頭數僅有四十二萬餘頭，但在民國二十二年到二十七年的六年間，每年平均飼養一百八十餘萬頭，竟增加四倍以上，在品種方面，本省土種現有桃園種和小耳種，桃園種體形較大，年可增重九十公斤，小耳種體型小，年可增重六十公斤，日人利用盤克縣(Berkshire)猪和桃園種母猪雜交所生的第一代雜種，因爲生長迅速，品質優良，日人隨即奬勵民間推廣飼養；此項雜種推廣數量最高時，竟佔百分之九七。惟在二次大戰發生後，由東北輸入的大豆數量減少，蛋白飼料供應不足，加以爲供軍需，屠宰數量增加，是以猪隻數目便形銳減，在三十四年末時，飼養頭數尚不及六十萬頭。

光復後，由於當局疏導飼料來源，奬勵農民飼養，力圖增產的結果，在三十八年全省養猪頭數已達一百六十四萬餘頭。較之三十四年增加百分之一八四。成績可謂驚人。由此也可反映臺灣農民在政府的「三七五」減租政策下，糧源充沛，生活安定，業已注意到畜牧的生產。在品種方面，因日據時代對於盤克縣種一代雜種的推廣利用已有成效，當局則更本此項政策，繼續推行，年來，農復會並加資助由日美先後輸入盤克縣種猪六六五頭；配發農會各種畜場和各家畜改良場飼養繁殖，藉供推廣之用、將來本省農民對於盤克縣一代雜種猪利用，當較以往更能普遍。

在臺灣的牛隻裡，水牛佔百分之八十，黃牛佔百分之二十，水牛多用於稻田的耕作，黃牛除耕作外則主用於輓曳，至於牛肉的給源，因黃牛肉質纖維較細，更適人民喜好，所以也以黃牛爲主。

關於牛隻的育種工作，水牛是注重就地選種，從未引入其他品種加以改良，黃牛則先曾利用輸入歐洲牛雜交改良，以不能適合環境未收成效，反又引進印度肩峰牛(Kankrej和Sind種)，因頗能適應，乃告成功。利用Kankrej肩峰牛公牛和本地黃牛交配所產的一代雜種，體質强健，耐熱性强，頗能適合在炎熱氣候和乾燥地區下的使役，對於壁蝨熱完全免疫，管理可以粗放，步速大而力量强。日據時代曾在本省南部推廣，惟數量不多，光復以後農復會曾撥款選購農村中現有的此種公牛配發各地農村。據說該會並計劃向印度再行選購若干，俾備普遍繁殖推廣之用。

Sind種牛體質也極强健，堪耐粗食，富抗熱性，對壁蝨熱的抵抗力强，產乳量很高，一個泌乳期平均約三百日，約可產乳二千公斤，平均一日產量約六公斤。農家間有飼養，但數量不多。

以往本省利用荷蘭種公牛和Sind母牛雜交的結果，也很適合熱帶氣候的飼養。美國畜牧專家費立普斯(R.W.Pillips)、在戰時應聘前來我國考察畜牧事業時，曾建議我國稻作區域的黃牛，可以引進印度Sind牛育成乳肉兼用的小型黃牛；內地的耕牛改良是畜牧工作的中心，為備來日收復大陸後解決農民的耕牛問題起見，現在便應及早注意試驗研究，和選擇繁殖。

本省耕牛的數量，在民國前二年曾高達四十八萬頭，後因闢原野為農田，放牧地區日益縮小，頭數隨之減少。因黃牛可供肉用，頭數減少較多，水牛則無大變更；到戰事末期，由於軍事徵用屠宰增加，三十四年時則已減到二十九萬頭 光復後，當局力圖增產的結果，在三十九年又增殖到三十七萬五千餘頭。就每頭耕牛負擔的耕地面積來說，一般仍感不足，應行分區調查，明瞭耕牛分佈的實際情形，凡是適於繁殖的地區應當利用現有的環境，獎勵農民繁殖，以供其餘各地農民需要。

本省乳牛除有少數是由臺胞飼養經營外，多係日人私人經營，並分佈在各縣市，接收時尚有一千頭，就數量上說，不算太多，若和內地各省相較，則堪稱普遍；在設備方面，若以新型進步的現代乳業立場來看，自然相差太遠，而且還遠不及滬杭等地的新型牛奶場。一般飼養的乳牛品種多屬荷蘭牛的雜種。純種較少，三十五年聯總雖曾撥來各種品種包括短角，荷蘭，瑞士褐色牛，Jersey. Guernsey的乳牛共約七十五頭，但是品質並不優良，本省也未善加利用，所以對於本省乳牛的改良上，可謂毫無貢獻可言。

一般人士多誤解牛乳是貴族的消耗品，除光復之初，政府曾經注意接收牛隻的保育外，此後便未見到農政當局對本省乳牛事業的發展提出過任何計劃，以致牛隻和產乳量都在逐漸減少，實是本省畜牧業發展進步中的一大憾事。

本省並不產馬，日據時代臺灣曾有馬匹繁殖計劃的原因，不外是作為進侵東南亞一帶的準備，日人深恐日本本地的馬匹到達東南亞後對於炎熱的氣候不能抵抗，故在臺灣獎勵產馬，本省馬匹頭數最多時曾達兩千餘匹。我國素愛和平，並無南侵企圖，且我國西北東北蒙疆一帶向是盛產良馬的地區，自無在本省獎勵產馬的必要。現在本省所有的馬匹因未再受獎勵繁殖，除散在民間及愛馬團體擁有的少數馬匹外，多已逐漸淘汰，三十八年本省僅有四五七頭，逐年均有減少的趨向，在本省的畜牧中，今後殊無地位可言。

第一次歐戰發生時，日本政府力求羊毛的自給，遂輸入羊種獎勵研究繁殖，待戰爭終了，此項工作便未再積極推行，現在全島所存綿羊為數不過數頭，衡諸我國國情，也確無在本省繁殖綿羊的必要。

本省山羊隻數不多，日據時代也少注意，故關於本省山羊的參考資料非常缺乏，即在被視為農業寶典的「農家便覽」上，也未提到本省的山羊。自二十九年到三十八年的十年間山羊數量始有顯著增加，本省飼養山羊以臺南最多，臺中縣次之，由於頭數的增加，便反映農民已有養羊的需要，各種畜場和各家畜改良場可對各區養羊狀況加以調查，並從事品種，繁殖飼養和生產經濟方面的各項試驗研究和調查，以便決定發展本省農民養羊事業是否有利。

本省鷄種甚雜，但多富抱卵性。每年產卵不易超過百枚；省農試所及前各州種畜場均曾飼養各種純種鷄種，現以來航鷄，蘆花鷄，紅島鷄，名古屋四種比較普遍，政府為獎勵增產，曾行提倡「一家一鷄運動」，但未見到有何具體計劃提出。卅九年冬季，各地人士驟然興起養鷄狂熱，若干投機商人從中漁利，致使眞正的養鷄事業，成了他們的投機對象，固然純種鷄隻曾有輸入，而隨之造成的許多惡果，反而得不償失，同時民間的養鷄依然是採用粗放的方式飼養土鷄。農林廳受農復會補助由日本輸入種鷄種蛋，並由美國輸入優良蘆花來航種鷄，分配設備較好的各種畜場飼養，以便繁殖推廣，農林廳近更計劃設立養鷄示範村十處，利用兼用種公鷄和土種雜交生產一代雜種，增加產卵量，倘若有效推行，當能有具體的成績表現。

本省養鴨可稱發達，養鴨分農家鴨群和專業鴨群兩種，前者每群由數隻到數十隻，後者每群有的可以多到數萬隻。都是在河流溪水兩旁利用河中水草，魚，蟲作為飼料；鴨種有卵用的菜鴨，肉用的蕃鴨以及用前兩種雜交所產的土蕃鴨。土蕃鴨早熟而易肥，但公母鴨的睪丸卵巢均不正常，不能用來繁殖。

本省養鵝數目高於內地各省，鵝種有灰白兩種；火鷄飼養在本省也很普遍，除供省內消費外並曾向上海香港銷售。

在防疫方面，牛瘟已在民國九年撲滅，三十八年因隨進口毛猪而致在省內角度發生時，幸賴當局迅採對策，在短期內便行撲滅，至今並未發生，當可確信澈底撲滅，設若當時未能絕跡，以致蔓延全省，不僅農民個人遭受損失，而整個農業生產均將蒙受嚴重影響，對於本省經濟前途的打擊，則將不堪想像。所以牛瘟的撲滅工作，實在是光復後，我臺灣畜牧獸醫界一件偉大輝煌的成就。至於猪瘟尚在本省繼續蔓延，所幸淡水血清製造所，結晶紫猪瘟疫苗業已製造成功，效力頗大，現在農林廳也已擬定三年撲滅猪瘟計劃　正在分年實施中。結晶紫疫苗，不僅我國以往尚無一血清製造廠，能大規模製造，即在目前，日本也未能製造，所以，這也可說是臺灣畜牧、醫界繼牛瘟撲滅後的又一偉大貢獻。

除猪瘟以外，本省現在還有猪丹毒，猪肺疫，牛傳染性流產病，炭疽病，氣腫疽，壁蝨熱，蘇拉病，鷄霍亂，鷄痘，鷄新城病等傳染病，但除鷄瘟病的流行較爲普遍外，其餘各種傳染病的流行則都不嚴重。

三、發展臺灣畜牧的要圖

縱觀前述，自光復以來，本省畜牧發展所循的路線，相當正確，在畜牧建設方面的若干成就也都有輝煌的貢獻。百尺竿頭，更進一步，自更重要，故特就管見所及，再就技術方面的若干瑣細但較重要的問題，提供研討，拋磚引玉，或將有助於本省畜牧等的發展和改進。

甲、厲行海港檢疫工作

爲確保本省畜牧的發展　首應重視畜禽病疫的防制，近代交通方法便利迅捷　畜禽致病的各種因子，隨之增加，本省四面環海　得地理上之便，若能加强港口檢疫當可防止外來病疫的侵害。但於三十八年因由海南島輸入毛猪，致使已被撲滅三十年的牛瘟　又復發生；據報載，本省農業試驗所因孵化由日運臺的種卵，致使由種卵帶進的雛白痢病，突形蔓延，實則該所歷年來努力的結果，早將該病　除；最近尚在猖獗的新城病，也是若干養鷄家因在去冬由香港輸入曾注射新城病活菌疫苗的種鷄，以管理不善缺之獸醫常識而致的結果。諸如這些因輸入畜禽而發生的不幸事件，都足以促使我們認識厲行海港檢疫的必要。故今後應當賦予省檢驗局以全責，加强其職權，俾能切實執行檢疫工作，不論進口畜禽屬何機關，畜主有何地位身份。輸入用途輸入方法如何，都不能使其逃檢，一切手續依照規定辦理。毫不通融，現在基隆家畜檢疫隔離所業已建築完成　高雄隔離所正在興建中，該兩所家畜檢疫設備尚稱完善，而獨缺之家禽檢疫設備，現在種鷄進口頻仍，此項設備，似乃不可或少。本省對外空運航線，多已開闢，利用空運來臺的畜禽和畜禽產品，數量甚巨，而家畜輸入港口似宜按照事實需要相繼開放，而以政當局亟應指撥專款在各大機場附近建立畜禽檢疫隔離設備，便利空運畜禽進口，而使檢疫工作益臻週密，本省畜牧事業多得一層保障。

乙、建立鄉鎮防疫機構

本省防疫菌苗業已大量製造猪瘟防治已列爲中心工作，而基層之獸醫人員的設置則似感缺之，若遇各地發生畜禽病疫或需從事防疫工作，固然本省交通比較便利，依然易受時間財力的限制，倘若各地同時突發疫病，則更感人員分配的困難。以往內地各省防疫工作　便常有此種現象。故宜樹立永久的基層防疫組織，防止農民遭受畜禽死亡的損失，便應利用現有的農會基層組織和鄉鎮公所增設獸醫防疫人員，安定其生活　强化其職權，使其經常指導轄區農民從事防疫措施，灌輸農民普通衛生管飼知識，俾期提高農民自動防制病疫的能力，而省級或縣級的獸疫技術人員則居於督導和指導的地位，則鄉村的家畜防疫工作，必可收得大效，至鄉鎮公所或農會基礎組織　因增設獸醫人員而開支有所增加，則權衡兩者的輕重　當屬值得。

丙、選擇土種母猪提高生產效能

本省農政當局，對於盤克縣公猪和土種母猪交配所產一代雜種的推廣，已早有成效，年來農復會爲加强此項工作更先後由日美兩國輸入盤克縣種猪六六九頭，就中種公猪約一八〇餘頭，業經分發各鄉農會從事繁殖配種之用，今後種畜場繼續繁殖，公猪的供應當無問題　但本省土種母猪，種類繁多，所產雜種品質，自亦不齊，故爲增加雜種猪飼養的經濟和成效起見，對於各種土種母猪的選擇也應同樣重視。各種畜場應就本省的最適土種母猪種類加以規定，制立選擇標準，一面本身選擇優良母猪舉行後裔代試驗（Pro e y test），一面獎勵農戶合作推行此項計劃，優良的加以留飼備供繁殖，惡劣的予以淘汰。丹麥自一九〇七年繼續實行後裔試驗改良猪種以來，使蘭瑞斯（Land ace）土種猪的品質大爲改良，農家受益極大，便是一個很好的例子。

丁、選拔優秀農民管理公猪配種工作

我國習俗，凡有苦無靠的人方行飼養公猪，從事配種工作，因是藉此解決生活，自無改進畜種的眼光，因之，鄉俗也視爲賤業。本省民間也有這種習慣，對於本省品種改良上的影響，極爲重大。故各地公猪的推廣應當選拔知識較高或比較優秀[illegible]實的農民，劃定範圍　委托擔任管理公猪配種的工作，在技術上予以指導，在精神上予以鼓勵，在物質上予以幫助，使他感覺，擔任這是一種光榮工作而非是一種賤業，一般觀念如能糾正，改良種畜的工作，便可獲得農民重視。

戊、確保乳牛事業現狀

本省乳牛事業在日據時代稍有基礎，光復以後當局爲集中散在各地的零星牛隻，藉資保存和發展已能適應本省風土的乳牛品種起見，特着省營畜產公司，合併各地牛隻以企業方式加以合理經營以維持本省的乳業。而近年來　企業當局則常因計較微利的得失，不求另行覓彌補虧累之道，動輒指令淘汰變賣以保成本，此種營經方式，則和公營乳牛事業的初旨大相逕庭。由於時局經費關係，牛隻補充至感困難，既應能以補充，而新進牛隻，恐在本省亞熱帶氣候下猖獗的壁蝨熱侵襲下，難能順利適應，故將現有已能適應此種環境的殘餘乳牛逐漸淘汰，實是一種無比的損失。實際上，已有少數民營奶場，因在輸入的大量奶製品傾銷下，宣告停業，屠宰牛隻，如當局坐視此種現象繼續發生而不加扶助，一旦國際局勢發生變化，進口奶製品來源中斷，而本省又無鮮乳

供應，則病人嬰兒的營養，便大成問題。歐美學者曾說乳牛事業的發達和一國的文明程度成正比。但以西國情不同 習俗有別 自難一概而論，但歐美對於乳業的重視 却值得我們參考 就我們當前和未來的環境着想、僅爲供應病弱幼嬰的營養問題着想 也應扶助現已垂危的本省乳業 戰後日本乳業 在佔領初期 曾因進口奶粉的傾銷而一蹶不振，幸有政府補助，得以渡過難關 所以目下日本竟有餘力將奶粉輸到臺灣來換取外滙，也是值得當局據以考慮是否應當確保本省乳牛事業現狀的一個很好例證。

巳、確定各種畜改良場工作重心 本省各種畜場和各區農林總場畜牧改良場，在近年來都曾努力整頓，復有農復會補助購買優良的猪鷄品種，供作繁殖推廣，內容已大加充實，今後各場的工作重心，應當確實着重在種畜的改良上，就是對於現有的品種 不僅採取科學的管飼 衛生的保健，而更應努力從事學術的選種工作。爲達到此項目的，除技術人員宜有高度的服務精神外，在經費方面也必須和所作的業務相配合 若果經費拮据，種畜管飼失調，損及健康，本身生命尚且難保，自難期其發揮育種效能，同時據以作的一切記錄，則都不可靠，所以凡是該場所具條件適宜擴充業務範圍的，便應當撥給足量的經費；反之，凡是條件不足以大量飼養種畜的，也不與以力爭添加種畜頭數爲務，使其徒有種畜改良場之名，而無眞正改良種畜之實，致使珍貴的種畜在捉襟見肘的經濟情形下，瘦弱病斃。此種情形，在未改組以前的若干種畜場裡已是屢見不鮮，爲免再蹈以往覆轍起見 在當局方面極應視各種畜場的業務發展上的需要核實撥款，在各種畜場的技術人員方面應有確定的工作方針，切實履行，而使農民眞能獲得種畜改良的實惠。

庚、試用製糖副產品增加飼料給源 本省的蛋白質飼料給源深感缺之，近年來，花生的產量雖然年有增加，但仍難滿足需要；臺灣糖業公司所產的酵母中所含蛋白質頗高，固然蛋白質的品質，未能盡合理想，惟在必要時，則確可用以代替大豆餅。據說，目前該項酵母的產量不豐，倘能增加設備大量生產，便有減低成本源源供應的希望，並盼有關畜牧的研究機關，先行試驗，藉作示範。

辛、提高家畜品質配合量的增加 二次大戰末期，本省家畜，因受戰時飼料缺乏的影響，屠宰過多，補充不易 數量乃形激劇減少；光復以後，當局力圖恢復，由於年來盛倡家畜增產，復得農復會各種協助的結果，家畜在數量的增加方面已有驚人進步。但爲謀求家畜的經濟生產，對於品質的提高也應同樣注意。例如一頭每次產仔七頭，年產兩窩的母猪，便等於每次產仔五頭，年產三窩的一頭母猪；年產鷄蛋百枚的母鷄一隻，便等於年產鷄蛋五十枚的母鷄兩隻：兩者的產量不同，但所需要的管理飼養則並無二致，是以當然飼養品質優秀的家畜極爲經濟；今後配合着家畜頭數的增產、更應釐訂一項詳細家畜育種計劃，分別由各畜牧改良研究機構分別進行，期有所成，完成本省畜牧眞正增產和改良的目的。

臺灣因中國八年的浴血抗戰而光復，而今又爲自由中國反共抗俄的復興基地，回憶卅四年來臺之時，目擊農村飼料缺乏 牲畜減少，畜牧機構的房舍破損，工作停頓，工作人員精神頹喪，整個畜牧事業陷入癱瘓狀態，而到現在不過僅僅數年的時間，一切竟已均非昔比，設備已形充實，工作人員也已健全 畜種逐漸補充，畜牧事業已見欣欣向榮的氣象，類此皆是當局釐訂的畜牧方針正確，畜牧從業人員具有高度的服務精神，爲使本省的畜牧業發揮高度的效能，增加生產，繁榮農村，穩定農村經濟，安定軍民生活，尚盼各有關畜產的行政教育，企業試驗機關，密切聯繫，加強合作，共圖本省畜牧的發展，畜牧的從業人員，尤宜高度發揮服務精神，社會人士應瞭解畜牧是一件艱巨的工作，而予以精神上的支持，則就非僅是本省畜牧業之幸了。

鐵幕後的催眠曲

西柏林的社會主義電訊報曾有一個報導：在蘇俄佔領區中的育嬰所曾被命令用一支新催眠曲催嬰兒入眠。

垂下眼簾，

合着氣兒，

默念一會

史達林吧！

（上接第二七頁）

鬼哩！」

「丁媽，你躺一下罷，你太累了。」毛副主委站了起來，

「老姑呀，活受罪還不如死了的好啊！只是我這老骨頭，倒默禱上天 保佑中央軍快些打回來，好再見天日，讓我也看看那些天殺的沒有好死，消消我心頭的恨！老姑，你倒講一講，中央軍還會回來不回來？」

「會回來的，丁媽，你放心，中央軍馬上就要回來了。」毛副主委堅定的說。

「謝天謝地！那我死了也閉眼睛了。」

屋裡漸漸陰暗下來，毛副主委看看錶，發覺已經是下午四點多了。

「丁媽，你好好的躺着罷，我有事，馬上就要走了。」

「老姑呀！可憐你十好幾年沒回家，好容易回來了，連個落脚的地方也沒有，天可憐見！老姑，你好好走啊！」

毛副主委出了丁新春家的門，拖着沉重的脚步，低下了頭，穿過堆草龍的龍基，上了小土坡，重踏上去分路碑的路。

自由中國通訊

東京通訊・七月一日

日本簡化漢字之經過

余蒼白

日本簡化漢字問題，可追溯至大正十二年(一九二三年)。大正十二年五月，日本臨時國語調査會，曾制訂常用漢字表一種，限定常用漢字爲一九六二字。降至昭和六年（一九三一年）改訂爲一八五八字，惟均未付諸實行。昭和九年，國語調査會改名爲國語審議會，該會制有標準漢字表，新字音假名用法及字體整理案等，未付實行如前。其後該會復於昭和十七年，改訂常用漢字爲一一三四字，準常用漢字爲一三二零字，特別漢字爲七四字，合計共二五二八字。時戰事方酣，無暇顧及文字的改革，一切均束之高閣了。

日本敗降後，民主化之聲甚囂塵上。一般關心政治者，認爲困難繁複之漢字，實爲阻礙民主化之一主要原因。於是簡化漢字乃成爲當時引人注意之問題。而促其即刻實現者，則爲昭和廿一年(敗降之次年)春間來日之美國教育代表團。該團初到之時，甚至薄漢字簡化，力倡日語全般羅馬字化。當時日本許多人士，甚不值美代表團之建議。我對日代表團當時對此亦力持異議，曾羅列若干不應全般化之理論和根據，於五月出席對日委員會時提出。惟一般均認爲簡化漢字，不僅爲時勢所必需，並爲抵制日語全般羅馬字化之擋箭牌，於是多年懸案之簡化漢字問題，乃急速付諸實現了。

是年(昭和廿一年，一九四六年)十一月五日，文部省（教育部）國語審議會，第十二次全會即通過漢字之較簡易而又係日常所需者一八五〇字，作爲「國民日常生活上限定之漢字」，並經十二日閣議決議，由內閣於十六日通令遵照。次年（一九四七年）六月十九日，國語審議會第十三次全會，又自此一八五〇字中選定八八一字，制爲另表，由文部省通令作爲「義務教育用限定之漢字」，以迄於今。此爲日本簡化漢字之大概情形。

關於以上簡化漢字之問題，有須附述者數點：

（一）國民日常生活上限定漢字（即一八五〇字）應用之範圍爲法令、公文、新聞雜誌及一般社會之用。

（二）以上各項文刋中，如不得已而須酌用限定以外之漢字，亦只限於固有名詞一項，但亦應假名與漢字並用。例如日本報中關於中日兩國歷史上之地名及人名之較難寫者，往往在下面括弧中注有假名等。

（三）一般寫作上，文言固已廢除，即公文中之文言或「ソウロウ文」亦已廢除改爲口語。例如「相成度候」改爲「……シテ下サイ」之類，關於此類改用格式，官廳制有公文用語對照手冊。

（四）關於過去慣用之繁複漢字，而爲一八五〇字中所無者，規定用簡寫法代替之，例如「編輯」用「編集」代，「颱風」用「台風」代，「車輛」用「車休」代等等。

（五）爲求輿論界之合作推行，國語審議會曾請朝日、每日、讀賣、東京、時事、日本經濟及共同通訊社等七社各派代表出席。

（六）在一八五〇漢字中，並指定簡體字（日人稱爲略字）一三一字，作爲通俗之用，例如：

亂(乱)　假(仮)　讀(読)　學(学)
勞(労)　勵(励)　圖(図)　壓(圧)
擇(択)　瀧(滝)　爐(炉)　經(経)
擔(担)　據(拠)　豫(予)　戀(恋)
榮(栄)　擴(拡)　嶽(岳)　缺(欠)
賣(売)……

（七）自簡化實行後，小學生之負擔大爲輕鬆。目前四年級全用假名，即義務教育完畢時最多亦只認識八八一字。與過去六年小學即須識漢字一三五〇字相較，輕鬆不可以道里計也。

「榮幸」的 i

蘇聯駐東德的文化委員是詩人拜且爾。他歌頌史達林時曾說出如此可笑的話：「i這個字母應如何榮幸，因爲它被允許爲史達林（Stalin）名字中的一個字母。」

他還有一首荒謬的「蘇聯頌」：

在這狂瀾怒濤裏，
你是人類的城堡！
你是世上的至善！

人變鬼的故事

羊叔子

一年來的憂患餘生中，我曾經試圖將那痛苦的記憶拋棄；望着藍色的海水，我彷彿看到她滿含哀怨的眼睛，一串串血淋淋的事實，構成我長夜失眠的因素，叫我怎能忘記那犧牲在赤色祭壇上的女孩子？

當洶湧的赤色狂潮吞噬了武漢後的七個月，一天晚上，天藍得像海洋，無邊無際的碧空，掛着晶瑩的月亮，銀色的清輝，給大地披上了淺灰的外衣，夜靜靜地流着，江漢關的時針正指向八點鐘。

這時，在武漢「工人文化宮」，正上演着四野十八兵團文工團主演的話劇「白毛女」，這個以「暴露黑暗」爲題材的劇本，是「解放區人民藝術的傑作」，曾得到過中共中央的獎金。

飾演楊喜兒的女主角，是「文工團之花」劉慧敏小姐，她是妻在武漢大學外文系的同學，兩個人交情很好，這次她特地送兩張入場券給我們，自從「解放」之後，我難得有一份安閒的心情去逛娛樂場所，這次却例外了。

工人文化宮的門前，停着一長列轎車，吉普車，全副武裝的「警衛員」，趾高氣揚的在談天說地，無疑的，這是一次赤朝新貴的大集會，我的心情非常沉重。

觀衆中大部是新興的統治階級，粗野的談笑到處飛揚，露出他們過去睡窰洞的士氣。突然，鑼聲一響，布幕徐徐地展開了，出現在舞臺上的是女主角劉慧敏小姐，一陣熱烈的掌聲和肉麻的喝采，發出在前排的特別來賓席上，那里全是穿草綠嗶嘰軍裝的「高級幹部」們。

我輕輕地向妻說：「想不到劉慧敏竟有這麼多濶氣的捧場人物！」妻回答我一個微笑，揑了我一把，制止我繼續說話。

這劇本是「魯迅藝術師範學院」敎授賀敬之，丁毅的集體創作。雖然劇中情節完全是虛構的，但女主角劉慧敏在全劇中能恰到好處的把握住劇中的高潮，無論是表情和臺詞，都够得上水準，從純藝術的觀點來評論，她的演出是成功的。

劇終後，等那些帶了危從的「高級幹部」走完，我和妻才慢吞吞站起來，這時，劉慧敏已經下了裝，她說很累了，要到外面散散步，順便送我們一程路。

在廣濶的沿江大道，我們以最緩慢的速度前進，月亮的溶液沐浴着我們，她顯得更加美麗，烏黑的兩條辮子，披在紅潤的臉膛前面，明亮的眸子，就像深不可測的海洋，包藏着青春和神秘，草綠的列寧裝掩飾不了她的苗條和風韻，她確實是個可愛的女孩子。

快近江漢關大樓，她提議在江邊的欄杆旁休息一會。

欄杆外是汩汩的江流，夜，靜極了。她和妻細聲的談話，像一個說不完的故事。忽然，她激動地握緊妻的手，顫顫地說：「瑩！你們眞幸福，我非常羨慕你們，唉！假使我和孟平早點結了婚，也不致有今日這樣的事情」。沉重的嘆息結束了她的說話，我看到兩道晶瑩的光流，掛落在她的腮邊，她流淚了。

分手時，她給了我們一個微笑，笑得很勉强，像幽靈似地一個人踏向歸途，月亮掩長了她的陰影，也像那無限長的幽怨一樣。

回到家里，我要妻告訴我她們談話的內容，燈下，她說出這個行將到來的悲劇性的故事。

她出身於富有的家庭，父親在漢口英商××洋行當華人經理，大學以前的階段，都是由敎會學校培育出來的，考進武漢大學外文系不久，她的美麗就風迷了許多同學，被加上「校花」和「皇后」的稱呼，勝利後的第二年，曾經在漢口基督敎青年會，演出過一次英文話劇「茶花女」，得到了武漢文化界的好評。

兩年前，在無數追逐她的男同學中，她選中了政治系的同學陳孟平，他有魁梧的身材，端正的儀表，流利的談吐，讀書很用功，而家庭環境也很好，她們由相戀而愛悅，已經訂過婚了，準備在畢業後結婚。

共軍渡江了，白崇禧的部隊從武漢撤走了，但她的父親却不願意離開武漢。他說抗戰八年受够了苦，老年人了，現在應該不再離開故鄉，同時，中共「保護工商業」的宣傳說得天花亂墜，他也中了毒，夢想在米字旗庇護下繼續做他的進出口生意，於是，全家便留了下來。

赤色統治者的鐵蹄，踏上這華中心臟的城市，從此這兒便看不見光輝的太陽，她們所寄托的希望幻滅了，中共接收武大的第一步，是宣佈政治，法律，外文系無限期停課。她父親想在中共統治下做生意的美夢，也在「管制進出口」的打擊下破滅，她們陷入了苦悶的漩渦。

在思想苦悶前途迷惘的環境中，是需要有一點刺激的，無論這刺激的後果如何，人們都勇於去接受它，慧敏和孟平，也像千千萬萬苦悶的人一樣，需要找尋刺激。

武大在「解放」後的四個月，響應組織上「將文化打入軍中」的號召，發動了大規模的參軍運動，鑼鼓漫天價的響着，各院系都有職業學生在挑戰，參軍的同學胸前掛着紅花，在爆竹聲中，給許多同學抬起在大禮堂遊行，這是多麼誘惑人的玩意兒，於是她們憑一時的衝動參軍了，被保送到

「中原人民革命大學」學習。

三個月粗製濫造的訓練，她們畢業了。求得「組織上」的同意，她們被双双分配到四野十八兵團文工團工作。她的天才在文工團得到盡量發揮，秧歌隊需要她，腰鼓隊需要她，話劇隊更需要她，她的名字又到處傳播着，成為了兵團部熟知的人物。

不久，兵團副政委看中了她，要她「幫助學習文化」（等於私人秘書和家庭教師），副政委是個五十多歲的老八路，曾參加過「二萬五千里長征」，論他的出身原來是萍鄉一家煤礦公司的挖煤工人，說的是重濁的萍鄉土腔，相貌也非常醜陋，這時，她和孟平的關係給疏遠了，她雖然滿肚子不高興，也只好逆來順受。

副政委得寸進尺了，通過文工團長的示意，他要她做愛人（即妻子之謂），文工團長半命令式的談話，限她和副政委建立關係，因為副政委是「人民的功臣」，她作了副政委的愛人，更能使副政委的文化提高一步，這間接是「為了國家，為了人民」。但是她婉詞拒絕了。

她所感覺到的不幸的悲劇即將到來，她們急于要脫離這個陷阱，但她們是敲着鑼鼓參軍來的，要離開通不過「組織上」的批准，逃嗎？逃到什麼地方去？在赤色的魔爪下，到處都安排了特務的網絡，而且更貽給她家庭一個大累，她只好在有限度內使用她的擋箭牌，事態發展到這個地步，前途的吉凶正未可卜；今天在劇場中那種肉麻的捧場，正是副政委製造出來，想博得她的歡心的。

…………

一個月後的星期日，剛吃過早飯，慧敏匆匆地跑到我家里來，臉色顯得很憔悴，聲音也相當低沉，平時她最愛逗我們的孩子玩笑，這次卻是例外，她和妻很緊張的談話，最後，妻主張讓我也參加她們的商議，因為作為一個男人，經驗至少比她們多。

原來在一星期前，她的孟平被調派到駐在信陽的一四七師第三團輸送連當文化教員，這是副政委故意使的「調虎離山計」，想藉此來疏遠她們的關係，便利他更進一步的向她進攻。

她準備逃！和孟平一同逃到香港來，因為她父親有很多朋友能照顧她，雖然她的逃走可能招致家庭的麻煩，在那時，英國正承認中共不久，在米字旗的保護下，至少不致會有大禍。她的計劃，我原則上非常同意，不過，我覺得她們應計劃周密，外表上不露形迹，要在不為人注意的時候離開，行動應當儘量求到迅速，不幸的是孟平到信陽去了，時間上，信陽到漢口間這一段距離的行程中，可能給「保衛幹部」發現，這一點，我很為她們擔心，不過，悲劇在面臨攤牌階段，與其坐以等死，不如死里逃生，我只好在口頭鼓勵她，並為她祝福，希望仁慈的上帝能庇佑這一對可憐的男女。

我和妻送她到大門口，她再次的吻着我們的孩子，和我們珍重握別，妻的眼淚流下來了，我也感到黯然。

半個月後沒有得到她的訊息，我慫恿妻到她家打探，妻回來告訴我，她母親秘密地告訴了妻，她們已經逃走了，因此，十八兵團部要她家裡交出人來，她的父親已經在「長江日報」上登了一則廣告，勸她們早日歸來勿貽累家人，藉此緩和事態的嚴重。她們是不是安全地到達了香港？路上是不是遇到意外，我們非常惦念她們！

又過去一星期，我和妻看完三點場的電影回家，暮色蒼茫中，我們坐在過江輪渡的樓座(頭等)上。船發出了汽笛，馬達發動了，突然岸上跑來一個背槍的「解放軍」，高喊「慢點開船！」，船停止啓碇，船上人都以為發生了什麼重大事故，全船的視線不約而同的朝向岸邊。

十多個武裝的「解放軍」，戒備森嚴的押着兩個犯人走下碼頭（不！是在抬着走的），男「犯人」穿着青長衫，頭髮像一叢亂草，手上銬着手銬，血滲滲地從手上流出，他額蹙得無法走路，簡直不像個活人；女的穿着藍色旗袍，臉上帶着傷痕，身上也滿是污泥，活像從墳墓中掘出來的僵屍。

這群人慢慢地移近船邊，妻驚叫了一聲，便倒在我懷里，這時，我依稀地認出了這兩個男女「犯人」的面目，這就是兩個月前轟動武漢的「白毛女」的主角，另一個男子是陳孟平，一陣遽然的楚痛襲上心來，我的喉管塞住了，淚水汨汨地流着，好在樓座上乘客不多，他們沒有注意到我們的異態，好半天，妻還在我懷里抽噎。

慧敏她們是沒有看到我們的，她們坐在船的下層，妻準備下樓去看看她，但給我阻止了。這是「新民主社會的人民的武漢」呵！為什麼要給自己惹上更多的不幸？即使慧敏能看到我們，反而增加她的悲痛，我要妻在船近岸時，從樓座上再看看她們，盡一番同學的最後之情就夠了。

船靠近碼頭，我和妻伏在船邊的欄杆上，慧敏和孟平這時給「解放軍」扶掖着站在船舷，我們之間的距離更加近了，她的一切，我們看得非常清楚。

一雙死魚的眼睛結着血絲，瘦削的臉上有數不清的傷痕，紅一塊，紫一塊，頭髮散亂着，黏滿了污泥和紫色的血塊，旗袍有幾處給撕破了，露出白色的內衣，從泥濘中拖出來的右脚沒有鞋子。她有時無神地望望江水，有時望望那奄奄一息的未婚夫，一種無比悲痛的色彩寫在她的臉上，淒厲地帶着難言的恐怖，世界上再沒比這更可怕更悽慘的臉了，比「白毛女」中楊喜兒的化裝還悽慘千百倍，何況「白毛女」是赤色文人虛空的構造，而這卻是血淋淋的真實場面，假如不是妻的飲泣驚醒我，我真不相信自己的眼睛。

上岸後，她們給一輛預先停在碼頭上的敞篷軍車裝走了，一陣塵烟，她們消失在遠處的黑暗中，無疑義的，從此她們再不活在這「王道樂土」的世界了。

妻因此懨懨的病了幾天，我也像遭到末日一樣，徬徨不可終日，就在一個深秋的晚上，我搭上南下的火車，奔向自由的海港。

一年了，這痛苦的記憶時常嚙着我們的心靈，記得在武漢剛「解放」時，赤色宣傳家喊出「舊社會使人變鬼，新社會使鬼變人」的口號，過去的社會誰會迫害過好人？然而，我們卻眼睜睜的看到，這個「新社會」怎樣使一對活活潑潑的男女變成了鬼，這殘酷的事實，不但將為中國人知道，而且將為世界上的人們所知道，赤色魔爪下的人民，是怎樣連基本的生存權利也喪失了的。

香港通訊・七月八日

大陸學人的面面觀

王國復

一般人糊里糊塗，每每把留在大陸的學人或其他界的人，一律視爲『靠攏份子』，加以歧視，這是一個很大的謬誤，亟應糾正；因爲留在大陸的學人，他們的用心並不盡同，照筆者分析，可分別爲四類：第一、堅貞志士，第二、忠厚順民，第三、糊塗專家，第四、投機份子。玆分述之。

堅貞志士

他們留在大陸，原爲要和反動惡勢力鬪爭。有的投筆從戎，領導農民、工人打游擊；有的仍留在原崗位，以他的實學向落伍的、虛僞的、公式的馬列思想進攻；有的潛心研究共產黨的理論與實際，以備心理作戰之用；更有的毅然決然在做地下工作。兩年以來，此等志士雖然犧牲甚衆，但前者仆後者繼，決不因共產黨的殘暴而有所畏縮。他們是反暴救國的急先鋒，不僅愧煞溜走海外做寓公的豪門顯貴，而亦愧煞躱到臺灣醉生夢死的軍政大員。

忠厚順民

抗戰期間尚有西南大後方可資投奔。中共渡江後，政府三遷，海南島且不能保，假使不留在大陸，究竟逃亡何處？縱說臺北可當做重慶，但渡海入口層層限制，豈是像到重慶那樣容易？臺灣地狹人多，亦決非像西南大後方謀生那麼便利。況一般學人，室無隔宿之糧，焉能籌出偌大旅費？因此種種，人們心坎裏雖然反對共產黨，但勢逼處此，亦只好去做順民了。

歷次外族侵略中國，或改朝換代，都不及這次共產黨來得野蠻、黑暗、殘暴地澈底。過去改朝換代，一般文人學士或躬耕於畎畝，或隱居於山林，或閉門讀書，或筆耘舌耕，只要不做反對統治者的言行，肯做新朝順民，管保平安生活下去。但處在今日中共殘暴統治下的順民，却無此福氣。中共把每個老百姓都要改造成爲他們的工具、奴隸，不能改造則殺之。並且，他們手段的毒辣，出乎一般人想像之外，上窮碧落下黃泉，從屋簷去偵察住戶的私語，並會把死人挖出驗尸。死人尚逃不出他們的血掌，何況活人，更何況無法改造的有學問的活人？明乎此，則可知程時煃(伯廬)姜蘊剛之被害，凌憲揚、楊永清、盛振爲之被捕，歐元懷之被監視，乃意中事了。

程姜兩氏筆者所知較詳。程伯廬氏在南京撤守後，擔任敎育部駐滬負責人，亦可說是辦交代人。他原籍江西，雖知過去共產黨在江西殺人之可怕，但又相信共產黨佔領北平後之花言巧語。他說他年紀老了，是該退休了。他雖做廳長二十幾年，但一貧如洗，且兒女又多，多爲童稚。爲了這種種緣故，所以決定留在上海，準備做新朝順民。

中國有一個最古老的純粹民間學術團體——中華學藝社，他亦是該社社友之一。當上海被圍時，軍隊要住該社，經過他的協助，幸未出事。上海易手，這社理事長周昌壽逝世，總幹事李毓田乃商請他到社領導，他不肯，只允從旁幫忙，乃改請龔學遂任主委。然龔氏因事不能留滬，經留滬全體社友堅挽程氏代理，仍然只允盡代理義務，不負代理名義。他認爲他是過時代的人了，不願再出頭露面，在各大學敎書，完全是爲維持生活。他太太自和他結婚後，一直料理家務，從未到社會做事，今則亦跑出敎小學，但一家大小八口生活仍無法維持，還得靠典賣衣物，借債來補救。五月三十日香港自由人報載他的消息說：『大陸淪陷時，一般人都以爲他一定會跟着政府走。但事實上，他並沒有走，而且當中共進入上海後，大家突發現他已是「前進人物」，早向中共靠攏』。又說：『有多年歷史，以日本留學生爲主幹，建有洋房會址的「學藝社」，曾由他出面接收，自任主席』。所謂『靠攏』，所謂『接收』，所謂『自任主席』云云，不僅絕對不合事實，而且大有誣衊程氏之嫌。

姜蘊剛久任華西大學哲學系主任，他在『商務』出版一本『中國社會史』，爲海內社會科學名著之一，經常在蘇繼卿主編的『東方雜誌』撰文，提倡『新野蠻主義』、『友情主義』。他自日本回國，二十年來一直在成都敎書，作研究工作，從未離開學人崗位，決不可能和共產黨有任何血債，或做過任何對不起『人民』的勾當。不過，他站在眞理方面，是反對馬列思想的，站在國家民族立場，是不滿意中共暴政的，也許這便是他召致殺身的因素。

凌憲揚是前滬江大學校長，被捕已逾三月，至今尚囚獄中，凶多吉少。

楊永清爲蘇州東吳大學校長，盛振爲是上海東吳大學法學院院長，被捕後消息不明。

大夏大學校長歐元懷，前聞亦被捕，最近又傳因『罪證不全』在監視中，尚未入牢。這個人聰明一世，糊塗一時，他之所以留滬，主要原因是捨不得『大夏』。因爲他既未做中共的『官』，亦未參加『學習』，所以把他列入第二類，若照他的那副作風，該把他列入第三或第四類上去。

中共入上海後，『副市長』中有

『韋慤』這麼一個人。他過去曾任過上海市教育局長，『商務』編輯，『大夏』教授，後來參加新四軍。歐氏因曾在『大夏』教過書一點關係，好像找到了新朝靠山，高興非凡。於是他便裝出『前進』的姿態，每次開會，『國民黨反動派』、『蔣×幫』等等中共罵人一套慣語不離口，這未免過火，不僅一般人聽了不入耳，即中共新貴亦感覺這傢伙是在做戲。趙祖康身爲正式降官，從不聞他罵過一聲國民黨或蔣氏，歐元懷不過當一順民耳，何苦如此！中華學藝社理事長、大夏教授周昌壽逝世，友好撰文誌悼。殊不料，歐氏竟藉此機會，『坦白』他自己的態度。他說：『……周先生是純粹的科學教育工作者。但是，很早在解放前，他的思想已經開始轉變。他知道一切學問不可能也不應該脫離現實，超越政治。他漸漸放棄了純技術觀點，和爲教育而教育的立場，他把對學生，對學理研究的熱愛，擴大到全人民，他對反動統治，迫害青年，迫害人民的一切舉動，感到極端痛憤。他積極鼓勵他的子侄參加革命鬭爭，自己也從不放鬆一切可能機會。在那個時候，是很少有人知道這些的。解放戰爭獲得了基本勝利，使他更加倍興奮，以致忘記了自己的衰老。時代鼓舞他，帶給他以年青的活力。在建國進程中，也迫切需要這樣教育工作者來作更多的努力，更大的貢獻。……』他撰文時，腦子裏決不會在想念死者，一定在盤算捉摸中共的心理，如何纔能使他們看了開心滿意罷。

糊塗專家

大抵所學越專，頭腦越糊塗，故世人一向把這種人以『書蠹』或『書獃子』目之。然『三代以下惟恐不好名』，『學而優則仕』，自古如此，於今爲烈。中國書獃子十九好搞政治，喜做高官，幾千年來，相沿成爲一種風氣。其結果，這種人不僅貽害國家，而且亦曾踢了自己。翁文灝即其代表。

上海易手後不久，即聞中央研究院羅宗洛說：有某重要學人向中共當局要求回大陸，只做研究工作，不問政治。中共方面答覆，他回大陸是歡迎的，但須要改造思想，入革命大學學習。所謂某重要學人，大家不約而同的，便都猜到是指翁文灝。但久久不聞翁的消息，直到本年春，纔又聞翁由海外經港轉澳果眞返中共區了。周說他到北平，謙卑地去謁周恩來。周說：『翁先生你還是回來了，你要先好好學習學習，等你思想搞通，便可給你派工作。』因爲中共主子，急於開採新疆礦藏，所以，翁文灝很僥倖的來做長時間學習，便派他，不，發配他到新疆勘查礦藏去了。

筆者當學生時，因讀梁漱溟著『東西文化及其哲學』，非常欽仰這位學人。其後，聽說他亦參加『民盟』，對他評價開始降低，因爲民盟這個政黨自始便是一個投機集團。上海易手前夕，在大公報上、得知他早已脫離民盟，避居重慶主辦『勉仁學院』，並讀到他的大作，從而又對他欽仰起來，和他通過一次信。他回信大意說：東西文化及其哲學，已是過時的東西了，且不成熟，最近寫了一本『中國文化要義』，俟印出寄給我一本。可是，未等到他書寄來，上海已淪陷了。不久，四川亦被中共攫去。當時，我很惦念這位學人，不知他如何苦悶！殊不知，中共入川後動搖了他的信念，北上朝毛澤東，並還到河南視察『土改』，發表過文章，對中共大事頌揚。左舜生說：『以漱溟的個性，和他過去所學，所主張，他究竟如何可以和中共靠得攏？翁文灝不足道，假定像漱溟這樣一個人，也被迫上梁山，在我覺得是很可惜的。』（六月十三日『自由人』報），我亦如是想。

李四光回大陸投共和他觸中共霉頭經過，已見齊霞氏在本刊發的『李四光靠攏初觸霉頭』一文，不再重述。一日晤李之老友某氏夫婦，某氏夫婦說：李四光是一老實人，他是不懂政治的，他這次投共，顯然是受別人愚弄，有的是他吃苦頭的日子。

投機份子

上海易手後，文化界最出風頭的，倒不是中共文化工作者，而是投機份子吳有訓、茅以昇之流。據中國科學社總幹事盧于道公開講，他和吳、茅等一團投機份子，早在上海易手半年前，便開始秘密活動，聯合上海各文化界『進步人士』，迎接中共『解放』上海。

一次開會，盧于道向大家介紹吳有訓，曾提到吳當過中央大學校長。吳即席回答說：『我感覺平生未做過什麼錯事，只有一件事，即當過國民黨反動派的中央大學校長，我認爲是很大的羞恥。今主席特別提出來，我非常慚愧。』吳有訓在學物理的人，亦許不陌生，但學術界則知者很少，更不必說一般社會上的人了。他之成名，他之投共，即全靠當過『國民黨反動派的中央大學校長』，於今他却說這是他的『很大羞恥』，能不令人齒冷！

茅以昇是以『橋樑專家』牌子投共的，好像錢塘江大橋和茅以昇離不開。其實，錢塘江大橋的設計是另有其人，茅以昇不過貪他人之功以爲己力而已。附帶提到吳覺農，他把費鴻年費了三載時間所寫的一本農業專著，冒印上他的名字而成爲農業專家，做爲今日投共資本，其卑鄙汚濁，猶有甚焉。他們都是同路人，眞所謂物以類聚了。

每次開會差不多都以吳有訓、茅以昇當主席。吳有訓囚髮垢面，兩支大門牙突出，每講話口水四濺。茅以昇善於修飾，西裝畢挺，青筋暴露，陰氣襲人。兩人儀表雖各不同，但每次講話，慣於高聲喊叫：『國民黨反動派』、『蔣×帮』則儼然像一娘胎所生。現在中共每次大批殺人，吳有訓、茅以昇、盧于道、江庸之輩都是陪審員，中共是把自己的血債，轉嫁到這批投機份子身上。不久的將來，如中共不殺他們，亦不會逃出地下愛國志士之手。奉告吳、茅中共傳聲筒，當心你們的腦袋。

這裡已是分路碑的北閘口，穿過這小鎮，一出南閘，便是向鄰縣去的大道 回去還是不回去？昨夜已經猶豫了大半夜，今天一上午，自從出了南門城，和送別的人群分手以後，坐在轎子裡，一路上沒有心思欣賞路旁風景，腦子裡翻來覆去的想着的，還是昨夜猶豫不決，難作決定的回不回去的事。現在，一行人已經進了分路碑的北閘口，回去，就該轉灣出東閘，不回去，就任轎夫一直出東閘，可是，這樣 就不知道那年那月再有機會回去了。

轎夫滿頭流着汗，進了閘，走得格外快，轎桿一閃一顫的，發出格支格支的響聲。這顯然不是坐在轎裡的毛副主委所願意的。但她却沒勇氣命令轎夫走得慢一點，她變得非常膽怯，心跳得利害，一陣無名的恐懼襲擊着這位老幹部。這個小鎮是縱橫兩條大路的交叉點，過去來往的行人，多半停在這裡喝茶打尖，茶館飯店少說也有上十家，顯得很是熱鬧。自從「解放」以後，便一天不如一天，不要說沒有當年熱鬧 就連鎮上的人口和來往的行人，也逐漸的稀少。鎮上現在如此冷清，並沒引起毛副主委的注意，她所最注意的只是那個使她害怕的十字路口，因為一到十字路口，就臨到轉灣向東，還是一直向南，非要決定不可的最後關頭，不容許她再多考慮了。

鎮上稀稀落落有幾個老頭兒和小孩，正對這一乘解放後不常看到的小轎投以驚異的眼光時，轎夫忽的停了步，轎桿從肩膀上卸了下來，轎夫一面忙着揩汗，一面很恭謹的向毛副主委說：

「報告委員同志，在這裡打打尖吧，過了分路碑，五十里路都買不到吃的哩。」

毛副主委像得到赦釋的囚犯，從苦難中得到了解脫。她心上像一塊石頭拿掉那樣鬆快，她覺得那麼天真，就如同小時候跟小朋友們到鎮上來玩那樣高興，她點點頭，從轎裡走了出來。通訊員馬上從背袋裡拿出毛巾送了上去。她接過來揩了臉又揩了揩手，忘乎所以的問道：

「那一家飯店好？」

轎夫覺得毛副主委問得離奇，瞪着兩双大眼不知道怎樣回答的好。

「問你那一家飯店好？你們常走這條路，總該熟悉的。」

警衛員看兩個轎夫瞪着眼沒有答腔，幫着解釋。

「要講從前的話，分路碑倒有幾家很好的飯店，差不多的酒席也辦得出幾棹來；現在麼，你們同志是真不知道嗎？現在連賣「碗飯」的小飯店都沒有了。解放，自從解放，除非孫悟空，什麼人還有本領變飯來賣啊！」

轎夫的感慨，毛副主委沒注意 倒是警衛員聽了轎夫的話，心裡有些不高興，便揚起喉嚨道：

「那為什麼你要說在這裡打尖呢？逗我們玩的嗎？」

「這個，這個，小人不敢，小人不敢！」

轎夫一看警衛員生了氣，慌忙的賠罪。

「那你為什麼？」

警衛員的喉嚨更響了。

兩個轎夫嚇得直往後退，連開腔也不敢開腔了。毛副主委正注意着遠遠朝她注視的人民，希望認出她所熟識的人，却不防警衛員的大喉嚨，使她不能不回過頭來：

「什麼事？」

警衛員把經過的情形報告了她，她的公斷是：「好了，你先不要響，讓我來問問他們看。」接着又對轎夫說：「沒有飯店到那裏去買吃的呢？」

「買是自然買不着的，我心裡想，街後那個學校，要是你們委員同志去分，他們總要答應的。」

轎夫結結巴巴的說出了他的本意，觸動了毛副主委的靈機 連忙吩咐警衛員：

「既然前面什麼也買不到，還有五十里路，總不能餓着肚子走路，就照他們的意見，去向學校裡分點米菜來，找個人家煑一下，大家吃飽了再趕路，現在就讓轎夫帶路，你去走一趟好了。」

警衛員得了命令，就同轎夫一同往後街走。他們走開以後，毛副主委又吩咐通訊員：

「你在這裡留守，我到附近村子裡去訪問訪問，他們回來做好了飯，你們先吃，不要等我，我早晨吃得很飽，不想吃什麼 聽清楚了嗎？」

吩咐過了通訊員，她便向十字街口那邊走去，到了十字街口，為了恐怕通訊員在注意她往那個方向走，回轉頭來朝停轎子的地方望望 通訊員不但沒有注意她而且已經進了人家休息去了。她這才放心大膽的轉過街口，一直出了東閘，加快了腳步，向自己的老家——何家嘴的路上走去。

何家嘴距分路碑還不到五里路，本是個水碼頭，南鄉的米糧，大部份都要經過這個碼頭出口，毛副主委的家，就在這兩個小鎮的中間。從分路碑的東閘出來，翻過一個小山崗，就可以看到毛家黑壓壓的一片瓦屋，和週圍二十里數一數二的兩條特別高大的堆草龍。原來毛副主委的父親是本縣首屈一指的老紳士，他在民國初年留學日本，當過一任省參議員，只因在官場中不很得意，回到本鄉號召開發實業，在何家嘴的湖邊上修起圩來，一年多點功夫，五百畝田地的大圩，便很順利的築成了。一連好幾年豐收，何議員手裡憑空多了幾萬石谷子。從此以後，毛議員便一心經營他的毛公圩，豐收的年成，家裡可收七八千石谷子，家裡用的長年男工好幾十名，逢到栽秧割稻的時候，長工短工常是一兩百人吃飯，光是黃牛水牛也養了十好底條，道道地地稱得起是個大戶。

毛副主委翻過了小山崗，穿過一片松林，滿指望一眼便可看到自已家裡那一片瓦屋和兩條龐大的堆草龍。鄉下瓦房固然少有，而那兩條堆草龍，普通大戶，也沒有那樣高大。可是毛副主委現在所能看到的，雖然有一片瓦屋，却不是當年那樣黑壓壓的惹人注目，遠遠看去竟是一片灰黃，不似當年那樣富有生氣，而那兩條代表她父親偉大的堆草龍，却影子也看不見，她懷疑自已會不會走錯了路，會不會是眼睛泛花，她停住步再仔細的看了看，仍然還是沒有堆草龍的影子，她不免覺得有些悵惘了。

昨天夜裏她還想像着囘到家裡，見了一別十二年不通消息的父母，如何驚喜，如何高興，眼前象徵她的家庭的堆草龍，已然看不見踪影，使她意識到她的家庭也可能有些意外的變化，她計算她的父母都是六十以上的高齡了，她的長兄也該是四十出頭的年紀。在這樣一個新舊社會澈底變化的過程中，她的全家，能不能保留着她想像中那樣完整，倒實在使她難于自信了。

一種逃避現實的想法，使她不敢再向前走動一步，她幾乎想立刻打消回家的念頭，她自私的害怕看到一個可怕的現實，她企望就此掉頭而去，讓腦子裡仍舊保持一個完整家庭的景像，但，也正因爲堆草龍失去了踪影，使她決心要囘去看個究竟，也或許竟然沒有太出意外的變化，那末也不枉囘來一趟了。

洩過了的氣，再打起來總不如先前那樣飽滿，她拖着沉重的脚步往前走。心裡不住的想，那兩隻堆草龍爲什麼失去了踪影呢！是父親被清算了嗎？還是僱用的長工們都去參軍了，把圩田拋荒了呢？若說是土改，本縣還沒有開始，是燒掉了嗎？還是捐獻了呢？

終于她已經走近她家的屋後邊，從大路左旁的小路下去，要是她肯叫喚，屋裡都會有人出來接應的。然而她沒有叫喚，順着小路繞過小土坡，一眼瞥見了堆草龍的龍基，隆然躺在池旁，龍基上生長着疏疏落落的野草，一陣微風吹過，野草搖幌着，彷彿是堆草龍的魂靈，在向舊主人訴說它不幸的遭遇。毛副主委停了步，呆站在龍基的一旁，往事像雲海一般的在她腦子裡翻騰。

每逢秋收的時節，金黃的谷穗大捆大捆挑了囘來，抖開晒在臨時築成的谷場上，晒乾了之後，晚間在月光下，牛拖着大石磙子，把谷子碾了下來，大家用草叉把谷草翻到一旁，再把碾下的谷子攏在一堆，第二天一早，又攤開來晒，晒乾了谷子，整石整石的挑進糧倉，傍晚的時候，谷草也差不多晒乾了，大家又一齊動手把抖亂了的谷草，一叉一叉的堆上龍基，幾個技術高明的長工，站在草堆上面把亂草一層一層攤匀。這樣，連續的堆了上去，堆草龍便一天一天的高大起來，直到十天半月之後，秋收的工作，大體上完成，倉裡的谷也裝滿了，堆草龍也結頂了。可是堆草這件事，看起來似乎很簡單，實際上却非要富有經驗的老長工才能勝任，因爲剛晒乾的谷草，非常滑溜，要是功夫不到家，攤得不匀，失了重心，往往堆到一半就會倒坍下來，尤其像她家的堆草龍二三丈高，二十多丈長，三四丈寬，比平常矮小的堆草龍格外難堆。

堆草龍經過風吹雨打之後，漸漸結實起來。一天早中晚三次，放牛的孩子們，集攏在龍頭上，用鐵勾子把谷草拔了出來，送到厨房裡當作燃料。冬天田野裡野草枯黃了，牛也吃這拔下來的草。春天趁農閑的時候，大量的拔下來，理清了蓋屋。這樣，龍頭上的草，漸漸的拔空了，遠遠望去，好像龍張着嘴。當嚴冬的時候，龍頭上的空洞已經拔得很深，龍肚裡空出一條巷道，儘管外面風怎樣冷，一鑽進龍肚子，便暖和得不得了。小時候玩冰玩得手殭了，只要往龍肚子裡一躱，很快的臉上和手上就發熱。雨雪天，放牛的孩子們都沒有事，她便和他們躱在龍肚子裡，設想許多荒唐的故事，消磨整天的時間。最使她難忘的，那是大森第一次從城裏到她家來拜年，正是陰曆正月初幾，一連下了十幾天的雨雪，大森不能够回城，一兩天功夫，她和大森混熟了，便每天引大森到龍肚子裡去玩，大森是個說故事的能手，因此倆人躱在裏面嬉嬉哈哈，看書談天取暖，吃飯的時候，還要別人來叫喚。後來天晴了，天氣格外的冷，大森家裡派人來接他回去，倆個人正玩得起勁，忘記了世間的一切，忽然要分離了，倆人心裡却有說不出的難過。就在大森回去的頭天晚上，倆人偷偷的蹓到龍肚子裡話別，双方的家長原都把他們當小孩子看待，却不料他們已經初初嚐到了愛情的滋味。正當倆人情不自禁的擁抱接吻的一刹那，冷不防名叫大閂子的一個放牛的，躺在頂裏面的草堆下，一聲不響的衝了出來，嚇得倆人急忙分開，第二天看見了大閂子，從來不會紅過臉的她，也不免臉上一陣紅暈。

從此以後，她懂得了她應該和放牛的孩子離得遠一點，尤其是大閂子那個小鬼，連話也懶跟他說了。大森的影子，佔據了她整個的心，除非大森偶爾到鄉下來，她甚至連堆草龍也少有去。這年夏天，她小學畢了業，父親把她送到城裡去進初中，本來是可以住讀的，因爲大森的父親最崇拜她的父親，硬要她住在他家，和大森一同走讀，倆人朝夕相處，感情一天比一天濃厚，第二年大森初中畢業，到首都去進高中，她倆幾乎天天都有信件來往。抗日戰爭爆發那年，大森已經高中畢業，她在省城裡的女子師範讀書，由於戰火的逼近，學校沒有開學，大森那時正在武漢投考大學，忽然有一天，大森的信裡提到他雖然考取了武漢大學，但，他發現了還有比讀書更有意義的事，他要她趕快到武漢去，好一同去爲抗日戰爭去盡神聖的義務。這時，她閤家正預備逃亡，於是不久之後，她便和大森在黃鶴樓邊重聚了。大森告訴她，眞正抗日的是八路軍，前進有爲的青年，大部分都到延安去了。她爲了愛大森，雖然她根本不知道什麼是共產主義，但是，大森說的話，她是無條件的信任的，於是在她一家到達武昌的第三天晚上，她便決定離開父母，寫好一封向父母告別的信，說她和大森到抗戰的聖地去了。

如今，堆草龍固然是只剩下龍基上的野草，而大森卻也經不起三番五次的整風運動，而犧牲了。革命現在雖然是偉大的勝利了，眞正爲革命流過血汗的人，卻大部份都被整風的浪潮吞沒了。想起和大森在堆草龍中，初次的抱吻，眞不知道今天是什麼世界啊！

毛副主委在龍基旁呆站了半天，才從池塘的右邊繞到大門口。門口有個穿解放裝的武裝同志，拿桿槍坐在大門旁邊的石凳子上，一看到毛副主委馬上立起迎了上來：

「你這位同志是城裏下來的嗎？」

「是的，」她直覺的想，大概家裡住了部隊，堆草龍也或許就是給他們當燃料燒光了的。

「啊！你是……」武裝同志發覺了來的還是女同志。

「是的，我是問這裡是什麼地方？」

「有公事找村政府嗎？」武裝同志以爲她一定是來找村政府辦公事的。

「不，我是路過這裡的，這裡是村政府嗎？」她想這附近要數自己家裡的房子最寬大，村政府借這裡辦公也是很自然的事。

「是的。同志請進去坐坐罷。」武裝同志來一個槍上肩，準備引導她進去。

「好，村長在家裡？」

「在的，在的，」武裝同志很愉快很熱心的回答。

毛副主委跟在武裝同志的後面，走進了大門，裡邊是個很大的四合庭院，院中，當年本來有個圓的花臺，正中一簇天竺，四周用蜜冬草圍着一個圓圈子。院的四角，也有四只方的花臺，分種紅梅，綠梅，牡丹，芍藥等花木。於今，不但這些花木沒有踪影，就連花臺也都倒坍，只剩些殘迹了。

穿過庭院，正面是正廳，一排八扇嵌花格子門，都不見了，敞開着沒有遮欄。兩邊的四大扇玻璃窗，大半都沒有玻璃了，改用紙糊着，而且紙也破了。廳裡零零落落放着七八張長方的辦公桌，大部份都空着，只有兩個人坐在那裡，像是很忙碌的低頭在寫什麼，武裝同志引進了毛副主委，兩個人全沒有注意，武裝同志湊到一個獨眼龍的耳邊，手指着毛副主委，低聲說：

「這位同志要找村長同志。」

「啊！獨眼龍抬起頭來，用他那惟一的眼睛朝着毛副主委瞅了一眼，然後慢吞吞的站了起來，揮了揮手，裂開嘴說：

「你跟我來。」

武裝同志交代之後，便退了出去，獨眼龍引着毛副主委到正廳左邊的書房門口。門上有一張紅紙寫的「村長辦公室」的橫額，獨眼龍手一伸，毛副主委會意的走了進去。一個穿解放裝的漢子，正躺在靠椅上打鼾。

「村長同志，你忙得很哪！」

毛副主委看到這個情景，一頭惱火，便故意高聲的這樣叫着。

這傢伙睜開眼一看，面前站着個陌生的人，警覺的「唔」了一聲，急忙跳了起來，便冒冒失失的說：

「請坐，請坐。」

毛副主委看清了那傢伙的面目，好像有些面熟，可是一時想不起在那裡見過，那傢伙清醒了之後，注視了一下毛副主委的裝束，顯然不是土幹部的模樣，再一看帽子下面露出的頭髮，才發覺來客還是個女同志，格外有些摸不清頭腦。

「同志——很對不起——」

那傢伙結結巴巴的，顯然有些惶恐的樣子。毛副主委把帽子拿了下來，露出了全部的面孔，那傢伙細一看，不禁大聲的驚叫着：

「噢！毛老姑！」

那傢伙上前兩步，伸出右手，準備和她握手，一想自己在毛老姑面前，畢竟還很渺小，忙又縮了回去。

毛副主委看得不好意思，趕緊湊上了一步，伸出手來拉住那傢伙的手，又驚又喜的，顧不得對方的尊嚴，脫口而出的叫着對方的小名。

「你是大門子！」

「是啊！現在我叫毛民了。」

「啊！毛民同志，你是幾時參加革命的？」

「坐下來慢慢講吧。」

毛民同志一面請毛副主委坐到靠椅上，一面忙着倒茶。

「自家同志，不要招待了。小時候的老朋友，還講什麼客氣哩。」

小名叫大門子的毛民同志，說起來和毛副主委還是本家。十一歲上，父母双亡，連飯也沒有吃的，她父親毛議員便把他收留下來，幫着放放牛。可是大門子天生就一副窮骨頭，吃不了三天飽飯就不安份，他偷毛議員的谷草去賣錢；偷毛議員家的鷄蛋到田野裡去賣；沒人看見的時候，把毛議員心愛的花，一朵一朵的折下來，揉碎了丟得滿地；牛一放出去 連飯也老是忘了回來吃；每天不知要和別的孩子打多少次架；門前大樹上的喜鵲窠，他也要爬上去把它搗下來；長工們誰要管教他，他便人不知鬼不覺的在長工的床上撒一泡尿；弄得毛家上上下下，沒有一個人不討厭他。有時長工頭子，拿他着實的打一頓，當時他能磕頭叫饒認錯，一放了他 他會想出更惡毒的方法來報復，例如剛洗好晒在外面的白衣服，他就從陰溝裡挑些污泥洒得又臭又髒。或是捉一條水蛇放在便桶裡。總之，別人想不出來的壞事，他都做得出。他生成一副尖下巴，臉上怎樣也長不出肉，好像瘦得只是皮包骨頭，兩只三角眼，一看就知道是個怪物。走起路來，不是蹦就是跳，從來沒有好好站在什麼地方。有一次他偷偷的走到毛議員的書房裡，拿起毛議員的大筆，在康有爲的對聯上塗上一個大烏龜，毛議員一發覺，準就知道是大門子幹的好事，馬上叫人找，一連三天找不到人，毛議員一氣，便把他辭了，不許他再回來。他倒也爭氣，聽說毛議員把他辭了，便在外面討飯討了半年多，後來還是有人跟毛議員說情，才又准他回來。這次回來以後，總算安份了個把月，慢慢的又惡作劇起來。可是再要辭他，就辭不掉了。給毛議員親眼看到的時候，他就裝得一副可憐像，賴死賴活不肯走，好在毛議員家裡長工放牛的人多，只要躲着不見毛議員的面，別人也奈何他不得。人人儘管都討厭大門子，毛老姑却和他合得來。毛老姑雖然是毛議員惟一的一個小女兒，却整天的愛和男孩子們瘋在一起，毛議員老夫妻倆平時拿她驕生慣養，她愛怎樣就讓她怎樣，所以，倒是毛老姑和大門子玩在一起的時候多。後來毛老姑和大門子都漸漸大了，背地裡有人說大門子癩蛤蟆想吃天鵝肉，而且自從城裡來了個莊大森，做了毛老姑的新玩伴，毛老姑才和大門子疏遠起來。這自然給大門子一個很不小的打擊。

毛老姑和大森双双出奔延安的那年，大門子已經從放牛的升爲長工了。他當時對于這件事的批評，只是惡恨恨的稱之爲「私奔」。

「算起來十二年了。」毛民聽到毛副主委提到小時候的朋友，不免也勾起了一點感慨。「這些年，老姑？……」

「是的，這些年在革命的戰線上……」毛副主委說，可是十二年來的過程太複雜了，她不知道從何處說起。

「恭喜老姑，你一定是老幹部了。」毛民裂開着滿嘴的黃牙說。

「就算是吧，但是……」毛副主委面對着小時候的朋友，不免動了一點感情，但，馬上她警覺的把感情收斂起來。

「這樣子，以後老姑要多多領導啊！」

「你們的工作一定做得很好，我想有機會我們詳細的談，現在……」她想她應該趕快到後面屋裡去看父母，不能把寶貴的時間老耗在這裡。她把一双眼睛不住的朝後面窗戶去看，可是毛民却不瞭解她的意思。

「是的，現在，我看現在，我就把我們的工作，向你報告報告罷。」

「現在……」毛副主委顯然有些窘。

「自從解放的大軍解放了我們縣城，我們就：……」

「毛民同志…」毛副主委實在沒有心情耐心去聽，毛民的工作報告，她這樣揮了一句，也堵住了毛民的嘴。好在毛民是自己小時候的朋友，而且估量他參加革命也不會太久，對革命的理論也不會懂得太多，不如索性直截了當的說明了自己的目的：

「你知道我已經十二年沒有回來了，表面上我不得不看一看他們，你說是不是？」手指着後房，末尾一句話，顯然是希望得到毛民的同情。然而毛民全沒理會。

「啊！提到他們，他們雖然是你的父母哥哥嫂子，但在革命的立場上，老姑，他們是什麼成份，老姑你比我們一定清楚得多。可是，人民的眼睛是雪亮的，人民比我們更清楚。他們一向騎在人民的頭上，壓搾剝削農民的惡覇，頭號大地主，拿我來講，就是一個被壓迫被剝削的好例子。所以，老姑，值得向你特別報告的就是這件事，解放以後，他們都已經經不起人民的審判，向人民低頭，向人民認罪了……」

毛民睜大着三角眼，起勁的報告，却沒注意到聽的人週身都在戰慄，毛民的每一個字像一把針刺，刺得她週身疼痛；每一句話像一團烈火，燒得她週身血流鼎沸。她沒法再繼續聽下去，她需要立刻避開這個魔鬼，她咬緊牙關搶着說：

「毛民同志，你做得很對　你這樣做，對人民有功　我回到省裡一定要把你的功績反映上去。毛民同志，我這次走了四五個縣區，像你這樣革命情緒很高的同志，還很少見。現在我對你表示，我對你的工作十分滿意。同志，你的報告就到這裡爲止罷。下面是我要進行的是個別訪問。」毛副主委的語氣堅定得如同命令一般，不允許毛民再表示意見。她說完了話，立刻一面拿起帽子，一面伸出手來和毛民握手。

「不要我陪嗎？」毛民看毛老姑擺出一副老幹部的氣派，便不敢再多話了。

「不。」毛副主委斷然的回答。

她出了村長辦公室，毛民恭謹的送到房門口，敬了個禮，毛副主委揮一揮手，頭也不回的便往後面走，她熟習的出了廚房的後門，走進丁新春的家，她想丁新春是澈頭澈尾的僱農，他的家，總該不會有什麼變化。

她一進了丁家的門，首先衝到丁媽的房裡，房裡空空的，連個人影也沒有，她轉到廚房裡，也沒有人，她正在發呆，忽然鍋底下草堆裡有個黑影在蠕動，她走了近去，原來是個蓬頭垢面的老婦人躺在草堆裡，鍋底下光線暗，看不清老婦人的面孔，但她斷定那一定是丁媽。她輕輕的叫了兩聲，老婦人無力的支起上半截身子，伸長了頭頸，睜開兩隻沒有光的眼睛。

「丁媽，丁媽！」毛副主委又叫了兩聲。

「哪一個呀？」老婦人微弱的聲音。

「丁媽，我是毛老姑，你總還記得罷？」毛副主委彎下腰，屈着膝蹲在丁媽的面前。

「喔！毛老姑，你回來啦！」丁媽伸出乾枯的手，一把拉住毛副主委的手。

「是的，丁媽，是我回來了！」毛副主委不禁眼淚流了下來。

「唉！老姑，你回來太——太遲了」丁媽微弱的聲音中也有些顫抖了。

「是的，丁媽，我回來遲了——丁媽！」毛副主委禁不住哽咽起來。

「老姑，這麼多年，你在外面辛苦啊！來，讓我來摸摸你，可憐我兩隻眼睛都看不見了。老姑，天可憐見，老太太她盼你盼得多苦啊！」毛副主委馴服的把頭湊到丁媽的懷裡，丁媽乾枯的手從她的臉上來回的撫摸着，一摸到頭上，才發現她頭上還戴着帽子。

「老姑，怎麼啦，你也當了解放軍嗎？」丁媽急忙鬆開了手驚駭的叫着。

丁媽的話，像鋼刀一樣軋在她的心上，一時從內心深處發出來的悔恨，使她双淚如泉水一般湧了出來，她情不自禁的双手抱住丁媽放聲的哭泣了。

丁媽「唉！唉！」一疊連聲的嘆息着：「害死人的解放軍啊！可憐一個好好的大姑娘，硬要逼着她去做比濫娼還下流的事。唉！天可憐見，老姑！你必是受了委屈了！別傷心了，傷心有什麼用呢？」

「是的，丁媽，我不哭了，我聽你的話，哭原是沒有用的。」毛副主委突然堅强起來，停住了哭泣。「丁媽，你告訴我，老太太老太爺是怎樣死的？」

「好，別哭了，讓我慢慢的跟你講。自從那年你們一家逃難離家以後，老太太他們到底捨不得這個百事稱心的家，他們聽說日本人來了。一下就走了。第二年老太太和老太爺二少爺他們就從重慶又回來了。我們這才曉得老姑你沒等到重慶，就在半路上和莊家大少爺，到什麼安去打日本鬼子了。一直到今天，若不是你回來，我們都以為你跟你大哥大嫂他們一樣不在了——可憐大少爺大少奶奶留在重慶，老太太他們回來的第二年，忽然接到羅校長的信，說大少爺他們倆夫婦，不到半年功夫，都過世了。生的什麼病也沒聽見提起，頂可憐的是丟下兩個小的，沒人撫養，幸虧羅校長收養下來。國家勝利那年，小弟兄倆，一個九歲，一個十一歲，總算又見到了親人，羅校長把他們倆帶回來，老太太一看見，不覺又大哭了一場。你二哥自從跟老太太他們從重慶回來之後，也討了二嫂，生下一男一女，老太太身體一向不大好，每逢生災害病，躺在床上，一面念佛，一面喊老姑你的小名。可憐她老人家，盼你眞不曉得盼到什麼樣子啊！哪曉得太平的日子剛在眼面前現一現，八路就又造起反來。前年冬天，中央軍退了，到處只聽見人講些解放了，翻身了的鬼話。地方上那些平時不敢露面的，為非作歹的偷竊扒拿的，橫行霸道的，傷天害理的，東遊西蕩的，遊手好閑的……籬笆底下的糠皮稗子總一齊跳出來了，人五人六的，頭昂着八丈高，衣服拐子也要碰倒人似的，東串得來，西串得去，狗仗人勢的作威作福起來，正正經經的人，反倒一個個躲躲藏藏的，都不敢露面了。有一天，大門子那個强盜投胎的，忽然回來啦，那班痾膿撒血的才起勁哩，前呼後擁的，把那小雜種捧得比天還高。當下那小雜種大搖大擺的來到你家大廳上，說是有話要和老太爺講，老太爺無法，只好扶着拐杖出來。大門子看到老太爺出來，坐在八仙椅上，連屁股都不欠一下，就大模大樣的教訓老太爺一頓，開口要算賬；閉口要算賬，不曉得老太爺前一輩子到底欠了他什麼賬。只氣得老太爺混身發抖，當下就昏倒在地上。老太太聽說大廳上來的都是些不相干的人，嚇得也不敢出去，你二哥正害傷寒睡在床上，自然也不能出去。老太爺昏倒了，大門子那畜生養的，還高着喉嚨儘罵人，分明老太爺是氣昏了，偏還罵老太爺裝死。正好。我家新春從田裡回來吃中飯，一眼看見老太爺這個樣子，才急忙拿開水把老太爺灌醒，大門子那班雜種，見老太爺活轉來，這才氣冲冲的帶了一班蝦兵蟹將走開了。臨出門時，還惡聲惡氣的講明天再來。以後果然天天有人來，鬧着算這個算那個，老太爺弄得沒法，便聽他們去擺佈，倉裡的谷子，挑得光光的，半粒也不讓剩，兩條堆草龍也攪倒了，谷草散的散，燒的燒，長工放牛的一個個逼着散夥，十幾條牛，也牽走了。養的豬呀雞呀鴨呀，不拘大小，統統提走了。傢俱，衣裳，被服，帳子，吃的用的，今天來搬這樣，明天來搬那樣，一兩個月的光景，搬得空空的，連門啦窗子，後來也都下了去。你二哥病在床上，要醫沒錢醫，要藥沒錢買，一家老的小的，連一口稀飯，也有一頓沒一頓的。可憐他就這樣拖死了。這還不算數，有一天，忽聽外面亂糟糟的敲鑼的敲鑼，喊叫的喊叫，跑出一看去，才曉得是要莊上的人到何家嘴鎮上去開會，老太太老太爺正愁着沒氣力往鎮上走，五六個滿臉殺氣的解放軍，一直就往你家後堂上走進來，不問青紅皂白，拖拖拉拉就把老太太老太爺和你二嫂，往鎮上擁，可憐我嚇得腿都軟了，連跌帶爬的跟了上去，一到鎮上，就看見湖灘上擠滿了男男女女，老的小的盡是人，圍住一個大戲臺，可憐等我趕到，老太太他們已經綁在戲臺上搭着頭，臺下面先還是亂烘烘的，一等到有人拿出明亮亮的刀來，臺下就鴉雀無聲了。老姑，我的天！可憐老太太他們就讓大門子他們那些天殺的東割一刀，西割一刀的割死了啊！」

丁媽講到這裡，喉嚨也硬得講不下去了。毛副主委一直噙着眼淚，聽着丁媽敍述夢一般的故事，她麻木得面部沒有一點表情。這些夢一般的故事，在她十二年的經歷中，聽的看的太多了，她從來就沒夢想到，那些可怕的故事裡面，那些悲慘的人物，個個都是她的父母，個個都是她的兄嫂。丁媽歇了一口氣，接着又說：

「老姑呀！這是什麼世界喲！老太太他們死了以後，連收殮也不准收殮，後來才曉得是丟到湖裡去了。可憐老太爺老太太精明厚道一世，那裡想到會落到這樣慘的一個下場啊。你那四個姪子，從那天我回來就不見了踪影，一直到今天，再也沒找到，連提也都不許人提起，講不定也給那些天殺的暗底下害掉了！老姑呀！這一兩年好人都給逼死完了。連我那新春苦命的孩子，也給大門子他們害掉了。」

「怎嗎？新春也給害掉了？」毛副主委摔上來驚叫着，接着她低下頭去，自言自語的：「啊！貧農、僱農、淸算、鬬爭，丁新春！丁新春，這就是革命嗎？」

「可不是哩，我那苦命的新春，媳婦，孫子，都給他們害了。我這條命還會長久嗎？老姑呀，你行行孝，快給老太太她們燒點紙錢吧，可憐她老人家，從臨終到今天，連一個紙錢也沒收到哩。有朝我這老骨頭斷了氣，你老姑修修好，順便也給我丁媽燒幾張，可憐我丁媽十九歲守寡，守了個新春，總算開花結果了，那曉得臨老還是剩下我這個老孤

（下轉第十七頁）

蘇俄囚營十一年記(上)

Elinor Lipper 作
章生道 譯

本文作者伊麗諾•立伯，一九一二年生於德國，在荷蘭和瑞士度過童年時代，後來又到德國和意大利學醫。一九三七年她懷着崇高的理想到「社會主義」的蘇聯去。可是兩個月後，她竟以「反革命」的罪名被捕了。在西伯利亞的風雪中度過了十一年非人的集中營生活。一九四八年被釋放後回到瑞士，在那裏她寫了一本「蘇俄囚營十一年記」，揭破鐵幕中醜惡的一角，引起了自由國家一致的注意而傳誦一時，本文便是該書的節要。——譯者

一、被捕

我被驚醒了，這是在做夢呢？還是有人在敲門？現在又開始響了，一下，二下，三下，是一種粗暴，强烈而堅決的扣門聲。一個男人在喊：「開門呀！」

我必須趕快披上衣服，但我幾乎連衣服的袖子在那裡都找不到了。爲什麼我顫抖得如此厲害呢？我根本沒有犯罪呀！

威脅的聲音又來了：「快開門！」三個官員走了進來，制服上的條紋顯示出他們是NKVD的人員——蘇聯政治警察。

他們交給我一張紙，我看見紙上寫着幾個簡單的國際語：「命令……拘捕……」我暈倒了。

並沒有利用電梯，他們挾着我走下了六層樓梯，我乘了最後一次的汽車穿過莫斯科街道，接着被一輛囚車快速地帶向不可知的地方去了。我的肚子因恐懼而收縮起來，前額也被冰冷的汗珠沾濕了。他們將會殺掉我嗎？假如無緣無故被捕，我想我也會無緣無故地被槍殺的。

下了囚車後，我便進入了巴塔卡監獄巨大的地窖內，十一年監獄生活的第一天開始了。

每個被帶到巴塔卡監獄里來的囚犯，必須先被引入一個房間剝光所有的衣服。一個女管理員在囚犯的頭上用手指梳理頭髮，察看耳朵和鼻孔，並作全身的檢查，從口腔起，經過腋下，一直到肛門，然後叫她彎曲双膝躺在地上，作一種婦女科的檢查後，才結束這幕喜劇。所有她衣服上的和口袋中的鈕扣、鈎帶、眼鏡和橡皮等都被除去，甚至連衣服接縫的地方也被搜查。這樣犯人才許可穿上衣服。

我從充滿着一種恐怖的靜寂的走廊上和樓梯上走去，防止囚犯自殺的電線網到處皆是。一扇鐵門開啓了，等我走進去後，它又關了起來。

二、拘禁室

婦女的拘禁室好像一個龐大的墳基，在穹窿形的天花板的正中，懸着一盞不論晝夜永遠亮着的電燈。滿沾着黴菌和濕氣的灰色的石牆上，有着無數的臭蟲在蠕動，地板的一個角落積着數英寸的水。將近七十名的婦女坐在一塊粗木板架成的木臺上，木臺離石塊舖成的地板約有半碼高。除了在進口處留下一塊極小的空地外，全室都被木臺所佔滿了。沒有一條毛毯，也沒有一塊坐墊。當你走進去的時候，一種令人窒息的氣味，會奪去了你的呼吸。

我不知道在什麼地方安插我的身體，因爲每一吋的地方都給半裸着身體的婦女所佔滿了。囚犯中的一個(似乎是按照次序輪到她讓位了)向人堆裏擠出了一塊廣約十六吋的空間來給我。

這位讓位給我的囚犯，從被捕的那天起，囚犯們都對她存着一種懷疑的心情。她無論做什麼事情，或發生了對她有關係的事，她都緘默無言。由於這種永遠的躊躇和垂死般的絕望，在她心中產生了永遠不能除去的東西——恐怖。

我坐在各個不同的監獄裏達七個半月，既沒有一次簡單的傳詢，也沒有調查一下我的身世，所以我有足够的餘暇來仔細探求我所以被引到這裏來的原因。

三、走向奴隸之路

一九三一年我開始在柏林學醫，學生生活中充滿了緊張的政治空氣，自從我離開家鄉荷蘭後第一次遇見同學們熱情地告訴我說有一個國家內學生們上學是用不到繳學費的——那就是蘇聯。我又在市立醫院內看見人類偉大同情心的表現。對於這種同情心的一種感情上純潔的反應，使我嚮往於社會主義。納粹首領們的殘酷行爲和他們仇恨的心理是這樣可怕的接近着我。這對於一個有思想有見解的人不改變立場似乎是不可能的，於是我進入了「紅色學生團」。

我的社會主義理想的觀念，促使我在一九三七年進入了蘇聯，在那里我在一家專印外國文學書籍的印刷工廠里工作了兩個月。

於是我突然被捕了。

我所做的，所說的，和所計劃的一切沒有一樣足以構成我被捕的理由。我唯一的錯誤是非常天眞地想像着蘇聯是我理想的實現。

在我的室內，我忍受着數千婦女所忍受着的一切，巴塔卡有三千個囚犯，它是莫斯科五個監禁嫌疑犯的大監獄中，唯一不將犯人判定任何罪名的一個。我尋找俄羅斯人而諦聽他們述說故事，每個新的故事幫助我對一切事情了解得更淸楚，最後我知道所有這些人們都是同我一樣無辜的。在審判者的眼目中，被告總是有罪的。人們一旦被拘捕，再也不能逃脫了。

我們房間的對面，隔着一方狹窄的小院子的，是檢察官的辦公室。夜晚來臨了，我們可以聽到由微弱而漸

夾增强的呻吟和哀號，最後夾雜着管理員粗暴的咒罵聲。

於是一切都靜寂了——靜寂對我們是一種無聲的打擊——突然，一種淸晰帶着祈求的喊聲：「同志！同志！」喊聲變得更響，也更無望了「同志！同志啊！」

剛才叫喊的人開始了痛苦的呻吟，他們將他帶走了，留下的只是一片叫囂和咒罵的混合聲。

四、患難同志

在我們房間內的許多母親中間，有一個叫做斯美諾華的囚犯，是一個政府高級官吏的太太。當丈夫被捕後，她帶着三個小孩從莫斯科的家庭中被驅逐了出來，在莫斯科的郊區，她找到了一間破舊的小茅屋，聊以棲身。因爲沒有一個人願意雇用「人民的敵人」的太太，所以她費了很大的努力，才在一個郵局裏找到了工作，每天工作完後，她又須匆忙地趕回家中，給剛滿二個月的嬰孩喂奶。第二個孩子是一個六歲的女孩，母親去郵局的時候，她在家裏照顧她的弟弟。最大的男孩已十四歲了，每天上學讀書。

小女孩常常問起她的父親那裏去了，母親便編造起許多故事來哄孩子，說父親出外去作長途旅行了，但不久便會回來。大的男孩子從來不問問題，當父親被捕時，他是在場的，他永遠忘不了當父親接到拘捕的命令時那種懷疑而絕望的表情。他站在窗前眼睜睜地瞧着高速度的汽車帶着父親去了。

這事變似乎是結束他童年時代的里程碑，從那天起，整個世界的和諧和美麗都突然被破碎地消失了。從前的許多朋友都不睬他了，因他是「人民的敵人」的兒子。曾經和他有過數年友情的他最敬愛的老師，現在也變得非常拘謹，冷酷而不可接近了。教室裏面沒有一個人願意和他坐在一起。每個假日，更帶給他無限的痛苦，因爲雖然他將自已與人家離得遠遠的，但孩子們數十双無情的眼光，却會從各個不同的方向，直刺在他的身上。

僅僅是一個十四歲的孩子，便已成了到處被人歧視的小流氓。這時唯一仍舊愛護他的人，只有他的母親了。一天晚上，警察來捉他的母親，他面色蒼白，戰慄地他站在母親的前面想保護她，但這是沒有用的。熟睡着的小女孩被驚醒了，頻頻地呼喚她的母親，但這有什麼用呢？因過度的刺激而近於瘋狂的母親，走過去緊緊地抱起自己的孩子，但這又有什麼用呢？警察將兩個小孩推了開去，把尖聲哭喊着的嬰孩放回搖籃裏，拖着用力掙扎着的母親，進入門口等候着的車子中。

鐵門開了又閉了，她被關在巴塔卡監獄三英尺厚的石牆中。經過了一次檢查後，她向看守者要求着。

「人民的先生！我必得回家去喂我的小嬰孩，假如沒有我，她會餓死的啊，她必須吃我的奶，我應該回去呀！」

看守者的臉連一點表情也沒有，她得不到半句回答。

斯美諾華坐了好幾個小時，腦海裏起伏着千思萬緒。我的孩子，我的嬰兒……他們一定會去偷一點牛奶來喂啼哭不停的飢餓的嬰孩的……。

「告訴我們你丈夫反革命的行動！」檢察官命令着。

「我的丈夫並不是一個反革命份子。」

「什麼？你嫁給你丈夫十五年了，難道還不知道連他自已也承認了的反叛行爲嗎？好吧！這個房間將會改變你的想法。」

「這個房間？我必須回家去，我留着三個小孩子在家裏，假如沒有我去喂奶，我的嬰兒會餓死的。」

「在這上面簽字，承認你知道你丈夫的反叛行爲，你可見你的嬰兒了。」

「我不能簽字，他是無辜的。」

檢察官摩一下衣上的鈕扣，「將她帶下去！」

她站在拘禁室裏好像失去了知覺，她沒有聽懂另一些囚犯們對她發出的問題。人群中的任何人，都引不起她的注意。拋棄了孩子的這件可怕的事情，整個地煩擾着她的心，對周遭的一切不幸的景象，她彷彿都沒看見。

當她接過了湯匙和杯子後，正像所有新來的囚犯一樣，她很快地坐上了靠近窗欞的食桌，背部朝向別人。突然她把剛飲下去的牛奶全吐在錫杯中，一個女犯將這些穢物倒在靠近門邊的發臭的籃筐中。

第二天。檢察官又詢問她了。

「在上面簽字，表示你承認和你丈夫同謀，這樣我可以告訴你關於你的孩子的事情。」

「你要叫我做殺死我無辜的丈夫的兇手嗎？我不能簽這欺騙的文件，但是請你對我的可憐的孩子慈悲點吧！」

她苦苦哀求，她哭泣，她嘆息，她不知道NKVD的檢察官是沒有一點憐憫心的。他並沒有回答她一個字，只聳聳肩膀，將她帶出去了。

幾個月後，並沒有定出她有何罪名，她便以「奸細群中的一員」的名義判決徒刑八年。

她再也不知道孩子們的下落。

（未完）

自殺的行徑

英國一面對中共禁運作戰物資，但一面對蘇俄的貿易却門戶洞開。貿易局局長哈特雷・蕭克拉斯曾對衆議院宣稱：由一九五一年元月到四月英國已運給蘇俄價值一百零九十一萬美金的發電機，四百一十噸的採鑛機器，以以二萬三千五百九十六噸生橡皮。

蕭克拉斯爲政府的政策辯護說：英國有五分之一的木材和三分之一的粗穀是從蘇俄入口的，他說：「我們所得的利益……至少與共黨國家所得的利益一般大。」

保守黨拿巴羅說：「我們將工廠的設備輸送給蘇俄，而蘇俄就是利用那些工廠製造武器送給中共殘殺我們在韓國的同胞，這豈不就是自殺嗎？」(苓)

第五卷　第二期　一九八四年

書刊評介

一九八四年

海　光

華國出版社編印
王鶴儀譯

直到目前爲止，就我之所知而論，非以理論形式表出而係以小說形式表出的反極權統制的書籍，沒有那一本比英國小說家奧維爾（G. Orwell）所寫的『一九八四年』更能動人，更趣味橫生，和更刻畫入微。羅素說：『一九八四年一書，以很大的威力，描寫一個確立的極權政治所加於人類的恐怖。西方世界對此危險應深自警惕。』照我看來，對此危險應深自警惕的，豈只西方世界而已哉？

這本書從描寫一個人底現實生活而襯映出極權統制底本質與形態。當然，現在世界各地大小極權國家雖只以或多或少的程度實行極權統制，而沒有到達奧維爾所描畫的那種程度，但是，無疑，一切大小極權統制專家無不以他所描畫的境界爲目標而向之邁進的。現在，在向這一目標而邁進的途程中，爲一切大小極權統制專家所留下的問題有而且只有二個：第一，外界的或國際的情勢是否允許他們放手這樣『幹』下去；第二，技術能力是否辦得到或是否能從心所欲。如此而已。

奧維爾說：『自二十世紀的第三季發生大革命後，俄國吞併了整個歐洲，美國吞併了英帝國，世界由此分爲三大超級國家，即：歐洲國，東亞國，和大洋國。』本書主角溫士敦則是大洋國政府裡的一個職員。大洋國底政府分四個部門：第一，眞理部；第二，和平部；第三，博愛部；第四；財務部。眞理部所司的，是操縱新聞，娛樂，教育和美術。溫士敦先生所服務的，正是在這樣的眞理之部。

我覺得在一切大小極權統制地區，將操縱新聞，娛樂，教育和美術的機構叫作眞理部，眞是再恰當也沒有了。在眞正的民主國家，眞理普遍被保留於民間，亦若財富之被保留於民間。在極權地區，『眞理』則被集中於政府及其黨底手裡，亦若所有財富之被集中於政府倉庫然。既然如此，於是人民不能表示反對的言論以與政府爭眞理。果眞如此，就是相當於盜刦政府倉庫財富。盜刦政府倉庫財富者殺無赦。同時，製造眞理底專利權也操諸政府及其黨手中。自政府及其黨手中奪取眞理之專製權，而私造眞理，正如私造煙酒一樣，必遭大殃。食物皆由政府配給。你如需要『眞理』，請求政府及其黨計口配售可也。

可憐的溫士敦先生，站在眞理部金字塔形的大厦上，瞧見白牆上漆着黨中的三句標語，字跡寫得很挺秀。這三句標語是：戰爭即和平；自由即奴役；愚昧即力量。

頭兩句標語且不去管它，第三句標句殊堪玩味。照我看來，『愚昧即力量』之說，眞可算驚天動地的偉大發現，直可與牛頓之發現萬有引力和弗洛德之發現心理解析相比。遠在二千餘年前，中國古代一位『英明』蓋世的帝王秦世皇，焚書坑儒，大行愚民之術。然而，他只有這種行動，尙未發展成爲這種『意識』。沒有這種意識，他就不會有意地將愚民之術系統化，計畫化，並且理論化。所以，他之所作所爲，只能算是一種自然產物的雄才大略之流露，而非精神創造（借用黑格爾語）。

人類底一部科學史，至少從一方面看來，就是人類自已克服自身愚昧的奮鬪史。西方人民爲了追求眞知眞識，與宗教作過漫長而艱苦的抗爭。這一追求與奮鬪的過程，形成西歐的自由文明。這一自由文明，要求每一個人，擺脫宗教尤其是迷信所加於人類認知作用的妨害，而能獨立自主地下斷判，了解自然，了解社會，了解人生。所以，在十七世紀時，培根（F. Bacon）說：『知識即力量』。

然而，這一藉知識而獲得力量的解放，對于極權統制是大爲不利的。如果財富分別保存於民間而不能集中，則極權統制專家無由藉控制每一個人底腸胃而控制每一個人底一呼一吸。如是，極權統制也無由建立。同樣，如果每一個人皆有知識或聰明睿智而有獨立自主的力量，則極權統制無由建立。環觀世界，凡極權統制之建立，無不在文化落後或文化衰頹破敗之地區。而且極權統制之程度與民智之程度成反比：民智愈低，極權統制之程度愈高。民智最高的地區，極權統制即無由建立起來。從此可見知識對于極權統制之根本抵抗作用。

企圖建立極權統制的專家深明此理。爲了對抗『知識即力量』，彼等實行『愚昧即力量』。一切大小極權統制者無不厭惡眞正有思想有頭腦的人。如果你底知識太豐富，思想太靈活，見解太高超，他便嫌你『頭腦複雜』。古往今來，多少聰明才智之士，就因『頭腦複雜』而被『反淘汰』者，不知凡幾！極權統制專家，也未嘗不用『人才』。但是，這種所謂人才也者，絕對不是原則性的，而必須是是技術性的。這也就是說，在他們所既定的原則或目標之下，來物色技術人才，依據其既定原則或目標，作技術性的設計，以求實現此原則或目標。除此以外的人才，一概都是敵人。在極權統制之下，絕對不能有根本原則性或根本目標之改變。如其有之，不是發生政變，便是『革命』，如果政變或革命發生，一定隨之而有『清黨』，『整肅』，等等事件發生。這些事件發生之日，即是成千成萬生命被犧牲之時！

極權統制之下，人底尊嚴，人格底獨立，個人底自由，都是消滅之對象。在極權統制底設計專家眼底下，從來沒有看見一個一個獨立的人，而只看見一大堆一大堆的『民衆』或 Mass。民衆或 Mass，是有待他們塑造的一大塊一大塊的『材料（Stuff）』。阿里山上的千年古木，生長雲表，挺秀不凡，遊客為之贊賞不置。中國古代文學中吟咏松柏的作品不知凡幾。然而，這些不凡之木，一入鋸木廠，在工程師眼底，不過一堆一堆木料。他們高興將他們鋸成怎樣的形狀就鋸成怎樣的形狀，高興拿來製什麼東西就製什麼東西。同樣的，『民衆』做成的材料，極權統制專家高興作何用途就作何用途。

然而，人究竟與木料不同。可恨得很，也可惱得很，人有思想。上天生人，狀貌沒有二個完全相同。思想亦復如此。思想這樣大不一致，那裡要得？那末，怎麼辦呢？焚書坑儒那一套既然不好實行，於是要想一個新愚民術。這種新愚民術，就是使得大家只有一個信仰，而且只依據一個前題並且循着一種方式來想。於是乎，唯物史觀來了，唯物辯證法來了，馬列主義來了，這個『主義』那個『主義』來了。人，當着被催眠了的時候，他底一舉一動是受催眠者擺佈的。人，當着醉酒之時，往往亂說話亂打人。總而言之，在類此的情況之中，理性是失去作用了。所謂這個史觀，那個主義也者，不過高等催眠劑而已，不過高等烈酒而已。當着一大群人被催眠，被灌醉了以致不可理喻之時，便失去自主能力，而一任催眠家擺佈。依據這個觀點，所以共黨最嫌惡歲數較大的高等知識分子，而喜歡利用農民、工人，着意培養『紅色小鬼』。這群人如瘋如醉，任馳疾走，亂衝亂殺，儼如火牛出陣，如猛獸出柙，如洪水潰堤，那股橫決的盲力，誰擋得了？誰說：『愚昧』不是『力量』？一切極權統制者無不刻意製造並運用愚昧的力量。列寧、托洛斯基，希特勒，墨索里尼，及其模倣者，都是製造並運用這種力量的好手。這種人物一天能够騙人，驅人於死以滿足其權力欲，民主便一天不能實現，世界便一天不得和平安寧。

『溫士敦轉過身來，面上裝着非常快樂的表情。對着電視幕，非裝着這假面貌不可。』可是，『電視幕的力量尚未能控制寢室。因此他故意把書架放在這裏。溫士敦慎重地以背向着電視幕坐下，以躲避它的窺探。雖然他的聲音仍免不了被電視幕收聽，但至少所坐的位子可以隱蔽。』區區數行已道出在極權統制之下的『幹部』甚至人民之精神的痛苦。奧維爾所謂的『電視幕』是一象徵的說法。它可能就是極權統制者底面目或其密探。這就是說，凡具有足以偵查幹部或人民是否『忠誠』的作用之工具，都是屬于電視幕之類的東西。依此，在科學技術高度發達的極權國家可以裝設電視幕以偵查幹部或人民底一舉一動；而在科學技術尚未高度發達的極權國家則使用暗探來偵查。在這種恐怖氣氛的壓力之下，加之因實行所謂『社會主義』而把自己底腸胃為人所控制，於是稍有頭腦的人，為求生存，在極權統制者面前，自不能不裝得很忠誠可靠別無二心的樣子。可是，這種行徑，究非有良心有血性的人之所樂為。所以，他們回到家裡，對自己底太太，親戚所談的一套，與在大庭廣衆之間或公開發表的文字裡所表示的一套，簡直兩樣。這是人格底分裂。凡在極權統制之下的人民都有享受這種痛苦的福分。

分裂人格底結果，一定是作偽流行，人格掃地，精神頹喪，小人道長，君子道消，正義不張，是非不明，青年不懷抱理想，中年失去進取心，老年苟延殘喘，全體社會生機死滅，以至同歸於盡而後已。

『在街上，風把扯破的一角旹像吹得亂斗，「IngSoC」一字也隨風招展，時隱時現。啊！IngSoC的神聖主義！他感覺自己彷彿徘徊於海底的森林中，彷彿迷陷在一個奇異的世界中。他感覺孤寂。過去的一切不會再來，未來却渺茫不可知。為什麼他要生存在這世界上？有什麼方法可以知道現在黨的統治絕對不能持久。』這一段話，道盡了在一黨極權統制之下一個清醒靈魂底無限傷痛。可憐的溫士敦，他底處境，他底心情，如陷入昏天黑地之中，如在茫茫大霧裡面，如在盛夏暴雨前悶熱天氣中的窒息，如困在怪石嶙峋荒山亂倖上孤獨的旅行人。他看不出他自己和苦亂的人民，何日走完這段困人的旅程，何日擺脫因極權者為滿足其權力欲而加諸萬衆肩頭上的枷鎖。

『黨曾經信誓旦旦，要解救普羅階級，要使他們擺脫昔日資本主義的束縛。電視幕日夕在人們耳邊絮聒不休地列舉統計表，證明人民今日的糧食衣着均較前增加，居住條件與娛樂亦已改善！——比五十年前，人民的工作時間較短，健康情形增進，生活與教育亦遠勝於前。沒有人能證實或反證這統計。但同時，為了遵守兩重思想的原則，黨的教訓是：普羅是天生的賤民，須視之如牲畜，使他們馴服。』極權統制底情形正是如此。極權統制的黨，如共黨或其同路人，在未攫得政權之先，或在攫得政權之初，一定大肆宣傳，作許許多多美麗的諾言。既攫得政權之後，如果他們偶爾做了一點好事，便要自我宣傳十次百次。這種宣傳所予人的印象，好像做點有益的事是例外的事。宣傳底方式，照例是一大串統計圖表數字。但是，即使這一大串圖表數字底本身是不錯的，誰又能明瞭其製出之眞實的過程呢？官方儘管絮聒報告，老百姓聽了至多也不過如秋風過耳。對於既不能證實而又不介許否認的功績告報，一般人民是從不關心的。人民所最關心的，是壓力來時如何順應，苛煩來時怎樣小心對付，以挨過風暴中的風暴而已。

這種結果是『事有必至』的。因為，『黨的教訓』，既然視『普羅為天生的賤民，須視之如牲畜，使他們馴服。』『當然會將一切繩索綑在他們身上。『使他們馴服』乃極權統制底第一要義，餵飽肚子也可使人馴服的。這就是所謂『社會主義』之精義。美國猪底『居住條件』以及營養好，而且可能逐年改善。是否美國猪底生活值得誇耀？值得羨慕？意義何在？價值又何在？

（下轉第一二三頁）

第五卷　第二期　內政部雜誌登記證內警臺誌字第四六號　臺灣省雜誌協會會員　七二

給讀者的報告

韓戰停火的談判於本月十日在沿卅八線的開城正式揭幕，這個談判的成敗關係着今後世界局勢的演變，這幾天世界各地都矚目開城的發展；因此我們於本期社論中討論停火談判問題，爲讀者剖視其底蘊。共產黨是最能利用對方弱點的，他們於武力征服韓國的企圖遭遇挫折之後，竟出人意料地發動和平攻勢了；他們深知利用聯合國急求和平的心理，因此馬立克一經提出停火建議，便得到民主國家的響應，而且很快地舉行停火談判。這次發動和平是共方的主動，因此談判很可能成功，韓境的停火可能會暫時實現；但是也正因爲這個原因使我們對未來的局勢深懷憂慮，共產黨發動和平是蓄有陰謀的。杜威曾經警告世人要當心史達林微笑，現在史達林開始笑了，而且民主國家也報之以微笑，怎不使我們爲之心驚呢？

當杜威先生將來遠東訪問的消息傳來之後，我國朝野咸感興奮，上期本刊時事述評中便曾預致歡迎之忱。當本期刊物發行的時候，這位貴賓當已駕臨寶島，接受自由中國人民的歡呼；杜威先生一向倡兩洋外交政策，並力主援助中國政府抵抗共黨侵略，這次實地考察，相信必能得到更多的了解，益堅定其前此的主張。倘因此而促使美國遠東政策的更趨積極，則幸甚矣！

「傳統與革新」一文長達一萬四千字，是雷震先生最近的精心之作，要向讀者特別推薦，因爲這個問題的提出，實在太重要了。雷震先生首先從理論上說明傳統之所以形成，及其對社會行爲所具的規範作用。但社會是進化的，當傳統殭化以後便窒礙了社會的進步，於是須要革新。然而如何劃分傳統與革新之間的限界，如何使從傳統順利地進於革新，卻不是容易的問題，作者全篇的主旨便在解答這個問題，誠切中我國近百年來歷史的癥結。此外作者緊守着社會進化的觀點，駁斥激進的所謂「革命」手段，「革命」的結果常常是更多的混亂。人們受共產黨宣傳的影響，喜歡侈言革命。尤其一些人一方面固步自封，一方面高喊革命，天下沒有任何事情比這更令人大惑不解了。

孫宏偉君是本刊駐澳特約記者，本期寄來一文，討論澳洲外交政策，分析入微，是一篇很難得的時論，故作專論發表。

「人變鬼的故事」是一篇寫實小說，這一幅共黨迫害人民的眞實寫照，讀之令人悲憤交集，像這樣的悲劇，今天大陸上正普遍地上演着。

「蘇俄囚營十一年記」是作者親身經歷的敘述，原文發表後，世人爭相傳誦，本刊謹將譯文登出以饗讀者，因文長故分期連載。

本刊售價

一	臺幣	三元
二	越幣	八元
三	港幣	五角
四	菲幣	一元
五	暹幣	四銖
六	美金	二角
七	叻幣	四角
八	印尼幣	三盾

自由中國 半月刊 第五卷第二期

"Free China"（總第四十一號）

中華民國四十年七月十六日

發行人　胡　適

主編　『自由中國』編輯委員會

出版者　自由中國社　社址：臺北市金山街一巷二號　電話：六八八五號

航空版　香港　香港時報社（高士打道六四號）

經售者
- 臺灣　中國書報發行所（臺北市館前街八五號）
- 美國　紐約民氣日報社　舊金山國民日報社
- 日本　東京南友堂　東京內山書局
- 馬尼剌　中菲文教出版社
- 印尼　椰嘉達星期日報　椰嘉達天聲日報　棉蘭鑅華圖書公司
- 越南　西貢中原文化印刷公司　越南華僑文化事業公司
- 曼谷　曼谷攀多社十二號
- 新加坡　中興日報社　檳榔嶼、吉打邦均有出售

印刷者　臺灣新生報新生印刷廠　廠址：臺北市西園路一段九號　電話：廠長室二七一二五　業務課二〇九六

本刊經中華郵政登記認爲第一類新聞紙類

臺灣郵政管理局新聞紙類登記執照第二〇四號

FREE CHINA

第五卷 第三期

要目

社論

願美國勿再鑄大錯

時事述評

當兵與練兵

不絕如縷的和談

談教育機會均等問題……王雲五

論政治責任……夏道平

中共統治技術的剖視……邵德潤

臺灣產業

園藝事業在臺灣……陸之琳

自由中國通訊

艾森豪威爾與西歐（西歐通訊）……安道

西班牙留學生的憤怒（瑪德里通訊）……不文

游擊英雄馳閩江（建福通訊）……曼青

文藝

覺醒……苓

一位馳譽法國藝壇的中國畫家……本刊駐法特約記者 蘇雪林

憶高劍父先生……祝秀俠

蘇俄囚營十一年記（中）……章生道譯

中華民國四十年八月一日出版

社址：臺北市金山街一巷二號

半月大事記

七月九日（星期一）
李奇威將軍偕聯方和談首席代表卓伊中將自東京飛往漢城。
美總統杜魯門再函伊朗總理摩沙德，斡旋英伊石油糾紛。
伊朗政府正式通知聯合國，拒絕海牙國際法庭之裁決。

七月十日（星期二）
韓戰停火談判第一次會議在開城舉行。
法總理葛羲辭職，赫里歐當選新選國民議會議長。

七月十一日（星期三）
美國務院公佈對日和約草案全文，我未被列為簽字國。
開城和談續開第二次會議。聯軍代表拒絕共方所提聯合國自韓撤軍之建議。
伊朗政府接受美總統派遣其私人顧問哈里曼赴伊調停石油糾紛之建議。

七月十二日（星期四）
伊政府接收阿巴丹全部通訊設備。
外交部發表聲明，為對日和約草案向美表示抗議。
開城和談第三日，聯軍代表因共軍阻止記者入城採訪，拒絕出席會議。
菲總統季里諾發表聲明，表示不能同意美政府公佈之對日和約草案。

七月十三日（星期五）
聯軍統帥李奇威向共方提出通牒：（一）會議區域不得有武裝人員。（二）談判代表應有充分平等的自由。（三）雙方指揮官有選擇其代表團人員（包括新聞記者）之自由。
共軍代表南日答覆卓伊仍堅持不准記者入城。
美，紐，澳三國安全條約草案在華府初步簽字。

七月十四日（星期六）
美紐約州長杜威抵臺訪問。
國大聯誼會及省參會電請美當局主持正義，聲明中國有權參加對日和約。
平壤電臺廣播：共方表示原則上同意李奇威之建議。
美國務卿艾其遜表示支持李奇威之和談立場。
美總統私人顧問哈里曼自美飛法轉伊，調停石油糾紛。
白宮發言人宣佈美駐伊大使格拉第已要求辭職

七月十五日（星期日）
開城會議恢復，共方已接受卓伊所提中立區細則。
美政府公佈致蘇俄之照會，拒絕蘇俄所提對日和約之建議，並再邀蘇俄參加和約。
美海軍軍令部長薛爾曼飛歐訪問。

七月十六日（星期一）
哈里曼抵達伊京德黑蘭。
監察院致電美國參衆兩院，請支持我政府簽訂和約。
開城會議第四日聯軍代表表示已獲若干進展。
伊京德黑蘭共黨份子暴動，死傷數百人。
英外相莫里遜表示歡迎美國調停英伊糾紛。
美海軍軍令部長薛爾曼抵西班牙與佛朗哥會談英外務部發言人聲明英國反對西班牙參加大西洋公約，及與公約會國員訂立直接軍事條約。

七月十七日（星期二）
美衆院外交委員會通過對資共國停止軍經援助案。

七月十八日（星期三）
馬尼拉五萬群衆集會反對對日和約草案。
立法院舉行臨時會議討論對日和約問題。
美紐約州長杜威結束在臺訪問，乘機飛往馬尼拉。
開城會議第六日，議程問題仍未解決。
菲駐美大使館發表聲明，表示美國提出的對日和約草案，菲政府不能接受。

七月十九日（星期四）
立法院通過決議，督促政府爭取對日和約之平等簽訂，並聲明保留條文之修改權。
開城和談第七次會議無進展，共方堅持討論撤軍問題，已遭盟方拒絕。
美聯社馬德里電，美國及佛朗哥政府對使用伊比里亞半島基地一事已獲致協議，美特別代表團即將訪西。
美海軍軍令部長薛爾曼抵巴黎與艾森豪威爾將軍討論西班牙參加西歐防務問題。

七月廿日（星期五）
聯軍代表於赴開城途中為洪水所阻折返基地，會議因以停開。
伊朗政府表示同意與英國重行談判石油糾紛。
約但國王阿都拉被刺斃命。

七月廿一日（星期六）
我各民衆團體一致反對對日和約之歧視性措施，紛電美政府及國會作嚴正呼籲。
開城會議因共方要求休會四天再度停開；聯軍代表卓伊飛返東京。
美海軍軍令部長薛爾曼赴英解釋美西談判後，飛赴義大利。

七月廿二日（星期日）
薛爾曼因心臟病逝世於那不勒斯。
美衆院軍委會通過五十七億元軍事營造計劃。

七月廿三日（星期日）
美總統杜魯門向國會提出半年經濟報告，促請通過八十五億元援外方案。
我駐美大使顧維鈞發表演說，表示我國有權參加對日和約。

七月廿四日（星期二）
伊朗提出談判石油糾紛之新建議。
英司法大臣左威特奉命率代表團赴德黑蘭，恢復與伊談判。

社論

願美國勿再鑄大錯

七月十一日英美兩國在華府公佈的「對日和約修正稿」，就通體來看，實為近代史上最富建設性的一頁和約；然而其中却有一個嚴重的漏洞，此即未把中華民國列入締約國之內一點。這種情形恰似亞干美農（Agommenon）麾下的大將艾奇爾斯（Achilles），其全身雖一力混成，堅實無比；然而由於其脚後踵處有一弱點，此一弱點最後終致艾奇爾斯的死命。於今，我們對上述所謂「對日和約修正稿」亦作如是觀。

日本是近代史上最著名最兇狠的侵略國家之一，堪與西方的德國相提並論。然而考她的全部侵略史却是自中國始至中國終，世界上沒有任何一個國家在與侵略的日本搏鬪中付出了比中國更高的代價。遠的不談，即僅就第二次世界大戰的過程中而論，自一九三一年起中國就和日本進入了實質上的交戰狀態。當時因為世人多未能明瞭那次戰爭的本質，乃至有若干國家更不惜起而為侵略者張目，於是在那種暗黮的情形下，我們乃不得不忍辱負重地被迫和侵略者訂城下之盟。但侵略者總是貪得無饜的，迨一九三七年的夏天這一股侵略的汎濫洪流遂不可遏止了。可是這時西方國家仍多在昏睡狀態之中，我們乃趨義忘利，首先起來不計犧牲成敗，傾注全部國力，力挫侵略者兇鋒。這一戰我們足足打了八年的工夫；我們動員遍全國，犧牲過世界；軍民死傷兩千多萬，財產損失更不計其數；我們不但在本國戰場上作戰到底，並且一面派大軍援助英緬而解盟邦之危，一面付償極大的代價為美軍在太平洋作戰搜集可貴的軍事情報，直到侵略者乞和為止。然而沒有想到，在最後懲處侵略者、訂定和約、以伸張國際正義的時候，一個抗戰最久、犧牲最重、出力最大的中華民國，竟至名落孫山。天下寧有比這更不公平的事情？「不平則鳴」，我們堅決反對西方國家這種不公平的措施；我們要用和對日作戰同樣的決心來爭取對日和約中應享的權利。我們要正告西方國家，特別是英美當軸：為人類和平正義而殉難的中國千百萬軍民的白骨雖已長埋黃土，然而他們的忠魂義膽却時時縈繞在活着的中國人心弦之間，與人類正義長存不朽。在正義未伸，對日和約未合理合法地簽定以前，中國人是死者不能瞑目，生者不願偷生的。

其實，英美的這一悖謬舉動，初不僅對中國一國的不平而已已，其惡劣後果影響所及實大大地危及了世界和平，它吞噬了民主國家前此在外交上收穫下的全部慘痛教訓的苦果，而把西方文明拖向破產的邊沿。由於此刻我們正為民主分頭而戰之故，因此在這對日和約尙未定稿的前夕，我們除了為自身所受到的不平而提出嚴重的抗議外；尤願對上述英美對日和約的措施所將造成的惡劣後果及其進而危及世界和平之處，明白指出，庶盡民主國家輿論界的言責。

關於世界秩序及和平的維繫，現在世人已經有一個共同的結論，即必須有一個為世界多數國家以實際行動支持的國際法體系，而此國際法乃以公理正義為基礎者。換言之，即除了一個反映公道的國際法體系之外，還需要一個相當的國際力量出而維繫國際法律的尊嚴。否則，任何高妙的國際法必歸為無用。反觀英美兩國最近關於對日和約方面的措施，即顯然地破壞了國際法的尊嚴而危及了世界和平。其嚴重情節，有如下述：

(一)所謂對「日」和約，其意義並不僅指戰敗的日本，而同時也是侵略的日本。對侵略者若不能課其應得的處分而使其瞭然法律的尊嚴時，則侵略的種子將永不能絕跡。因此，為了維護國際法的尊嚴起見，就絕不能容一個侵略而戰敗的國家逍遙法外；然而在上述對日和約的修正稿中，相對於中國而言，日本即為一逍遙法外的侵略者。

(二)就傳統的國際法而論，此刻在臺灣的中國政府為對日宣戰、受降、實際領導對日作戰、簽定一九四二年一月一日的聯合國宣言、聯合國的會員國、至今尙保有相當領土而為世界絕大多數國家所承認者。若是這樣的一個政府都被摒除對日和約締約國之外，則傳統的國際法就成一張廢紙了。

(三)自一八六二年林肯下令解放黑奴後，較傳統國際法更能反映正義的新國際法即已播下了繁殖的種子；迨威爾遜提出他著名的十四條後，一個新國際法體系事實上已經萌芽了。然而在這林肯和威爾遜精神為靈魂的新國際法剛剛在萌芽的時候，而他們的子孫們竟要愚蠢地加以摧殘了。原來萌芽中的新國際法有一基本要點，即它規定權利義務的法人並不單單以國家為對象，它的對象除了國家外並且包含民族與個人。它認為民族或個人都有自決和自主的權利，因此它不承認任何非法的統治機構。今天中共雖以暴力佔領了中國大陸，但中國人民却沒有一個自願地支持它。對於此刻的中共政權，誠如對日和約起草人杜勒斯氏某次所說：『一個漠視其國中各個人福利的政府或國家，就世界法律而言，是不值得保存的。』像這樣一個不值得保存的政府，絕不能容許一個侵略而戰敗的國家選擇其為締約的對象。否則，舊日的侵略者與新的暴君結合，則世界的禍亂必無已時。

總之，對日和約的安排若不能以正義為前提而將中華民國列入締約國之內，則必將陷明日為一反理性、反公道、反正義的混亂世界，而聖經上所警告的「世界末日」或者不於踵即將到來。願西方國家的外交當局再三思之！

時事述評

當兵與練兵

最近國民政府下令徵兵一萬四千名，這是在臺灣的第一次正式徵兵令。臺灣雖受日本統治五十年，但日本政府的國民兵役制並不適用於臺灣，直至太平洋戰事發生以後始有徵兵之擧，戰敗投降旋即終止。在日本七百年的武家制度下，當兵是特權，爲貴族與士族所獨有，農工商是沒有當兵的權利的。故明治初年兵役制度頒布時，一般國民都是踴躍應徵的。但是臺灣則完全在中國傳統之下，「好男不當兵」的格言依然深中於人心，聞諸父老，以服兵役爲無可奈何的義務者，實占全民之大半云。他方臺灣也和大陸有別，戶籍有健全的基礎，徵兵的對象是確定的，且臺籍人士守法，觀念較强，故逃避兵役，冒名頂替等等舞弊幾乎是不可能的，最多也不過在合法範圍內弄些小巧而已。但是辦理兵役的人員仍須愼重選擇，個個均應秉公守法，不得徇私舞弊。大陸上徵兵的情形我們記憶猶新，如果還有一點留存，都要使人們寒心的。

做一個現代的國民，當兵是一個最重大的義務，「好男不當兵」的念頭。雖然是中國多年的傳統，但這種傳統是根本要不得的，必須徹底改變過來，父教其子，兄勉其弟，均應以當兵爲最光榮的任務。照理論講，沒有服過兵役的不應享受國民應有的一切權利。天天希望國家保護自己的生命財產以及其他，但自己不肯去當兵，誰來盡保護之責呢？但是事實上我們政府的機構尚未至充分健全的境地，以致有好多人可以不服兵役。今年已經開始徵兵，我們以爲應該設立一個經常的機構，以後年年徵集，使適齡壯丁無一不服兵役而後可。其緩征者（如在學的學生等等）亦應到達一定期限後（如學生畢業後）即令其補服兵役，使投機取巧者不能佔着便宜，然後兵役義務的觀念可以深植於人人心中，而賤視兵士的觀念可以從根拔掉。

其次就訓練方面說，亦應改變從前的觀念。社會上賤視士兵猶可諉爲積習過深，一時難改；但是部隊的官長也賤視士兵，那就毫無理由可說了；至於訓練新兵的官長尤其不可有賤視士兵的態度及心理。中國的法律上幾千年來沒有農奴，農民的地位在工商之上，僅次於士而已。新兵大部分是農家子弟，其地位本來很高，但一經入伍，外則受社會的鄙薄，內又遭官長的賤視，則其地位豈不是急速下降嗎？縱使報章雜誌上天天宣傳當兵爲光榮，其奈事實勝於雄辯何？所以我們繼宣傳之後，要拿出事實來，使入伍的新兵不會有地位降落的感覺，最先要官長重視士兵，然後能漸次轉移社會的風氣。（漸）

不絕如縷的和談

自從七月十日聯合國的代表與共軍的代表在開城展開了和平談判，到現在已經半個多月了。但是從開始以來這個談判就在不正常的狀態下進行。

很多觀察家在和談沒有開始的時候，就認爲這個談判是絕不樂觀的。因爲和一個刼奪世界的强盜談判，如果成功的話，必定是强盜得到了相當的滿足。否則，必然只有破裂。

但同時，也有很多較樂觀的觀察家以爲和談是有很大成功希望的。因爲美國不欲作戰的意圖非常明顯，而共黨方面呢？一年來，百萬以上的共軍已經在聯合國大軍無情的火海下傷亡，如果再打下去，只有繼續大量的犧牲。在雙方都無意打下去的時候，和談自然是很有希望成功的。

其實，共黨的眞正意圖却不是這兩種觀察家所判斷的。它現在是既無意使和談破裂，也無意使和談成功。它要使韓戰不和不戰的拖延下去，因爲就是在這樣不和不戰的狀態下，對它才最有利。

如果像前一項觀察家的判斷，和談果眞破裂了，其時必將掀起了聯合國多數會員國的憤怒，轟炸東北，封鎖大陸，勢將不免，而且把更新的武器用於韓國戰場，則共軍的傷亡必定比以前更要慘重。要想免去這種尷尬局面只有迫使蘇聯出面，挑起了第三次大戰的戰火；可是現時蘇聯和共產集團無力發動三次大戰，這是個公開的秘密。所以爲避免損失，共黨是決不願意使和談整個破裂的。

截至和談前夕！在軍事形勢上聯軍節節勝利，所以在這次和談中，聯合國不會對共黨作多大讓步是很明顯的，在如此的情形下如果和談成功了，莫斯科的威望何在？它讓北韓發動侵略，它讓中共參加韓戰，現在侵略沒有成功，而中共折兵百萬，它怎麽向附庸國交代呢？如果蘇聯的威信降低，則它對於附庸國的控制必將發生問題，所以蘇聯決不願和談成功。

爲要避免這兩種結果，共黨就必需要使這個和平談判既不能獲致和平，又不使它全然決裂。這樣不絕如縷的拖延下去，它至少可以得到下列的好處：

一、永遠使談判留有一絲希望，但又永不能獲致和平，這樣將把來自歐、美、澳、非、亞各國的幾十萬聯軍停滯在戰場上，既不能撤退，又不會進攻，而共軍却可抽調自如。

二、在適當的時機下，共軍可以乘隙向聯軍反撲。

三、在不絕如縷的談判時間中，蘇聯和共產集團可以另謀高策，打擊自由世界。或是在其他地區發動戰亂，使自由世界疲於奔命。

四、一旦蘇聯和共產集團備戰成熟，就可以先發制人的發動第三次大戰。

按照目前的狀態，和談必將長時期的往下拖延。自由世界政治家們，應該提高警覺。（藝）

談教育機會均等問題

王雲五

中華民國憲法第一五九條規定『國民受教育之機會一律平等』。這是一條極有意義的規定。但這一規定祇有寥寥數言，有須解釋以明其涵義之必要。要解釋這一條規定的涵義。自應參看憲法中基本國策章第五節關於教育文化其他各條之規定。

查緊接第一五九條後之第一六〇條，第一六一條，與第一六三條，皆與國民之教育機會攸關。第一六〇條規定六歲至十二歲之兒童一律受基本教育，免納學費，其貧苦者由政府供給書籍，第一六一條規定政府應廣設獎學金名額，以扶助學行俱優無力升學之學生；第一六三條規定國家應注重各地區教育之均衡發展。這三條規定顯然是解釋第一五九條的涵義。第一六〇條說明全國國民受基本教育之機會均等；第一六一條說明藉獎學金協助某些國民受中等及高等教育，以達成各級教育之機會均等；第一六三條說明各地區人民有受教育之均等機會。照這樣看起來，教育之機會均等應包括各級教育與各地區教育，而不以基本教育爲限。至於地區教育之均衡發展，是否遍及於基本教育：中等教育及高等教育之全範圍，憲法第一六三條沒有明白規定；但從憲法的前身，即民國二十五年五月五日公布之五五憲草一爲比較，便可知制憲國民大會的眞意所在。查該草案第一三六條規定『國立大學及國立專科學校之設立。應注重地區之需要，以維持各地區人民享受高等教育之機會均等，而促進全國文化之平衡發展。』此一條文的規定很具體；如果中華民國憲法括入了這條的原文，自然是各地區對於各級教育的設施都要均等；但是憲法並未把這條文括入，祇改爲第一六三條『國家應注重各地區教育之均衡發展』，而刪去五五憲草原來的規定。由此推想制憲者的意思，或者因爲國立大學的設置需費與教授人材都不是隨便辦得到，如果作了這樣硬性的規定，將來或不易實行，轉致違憲，故祇作概括的規定。

假使上開的解釋爲不誤，則所謂教育機會均等便會有三個問題。一是基本教育之機會均等，那是毫無疑義，毋待討論的，二是各地區的教育機會均等，則憲法第一六三條下半段『邊遠及貧瘠地區之教育文化經費由國庫補助之；其重要之教育文化事業得由中央辦理或補助之』便是中央政府應有的責任。至於國立大學及國立專科學校之設置，除專科學校設置較易，即無憲法之規定亦有注重地區需要而設置之必要外，國立大學爲最高學府，不宜作有名無實之濫設，且目前交通便利，邊遠省區學生縱然離開本地區，前往他地區之大學肄業，當不致有何窒礙，於是重點便集注於第三問題，即中等教育與高等教育，特別是大學校之就學機會均等問題。關於中等教育，今後如能以職業教育爲主，普通的與升學的教育爲副，則由於職業教育之修業時期伸縮甚大，且工商企業亦得附設職業學校，可以半工半讀，於是有志修業者當不致不得其門而入；師範教育復一律爲公費，願入學者亦不難達成其志願；他如提高普通教育之部分，在國家既負擔了基本教育的義務，似無負責使國民對此一階段的教育具有均等機會之必要。因此，在中等教育中，祇有關於升學準備之部分因與高等教育，特別是大學教育有聯帶關係，當留待與高等教育之均等機會共同討論。

大學教育之均等機會實在是最關重要的部分。當然此項均等機會不是使人人皆進大學校，而是使凡具有適當能力與意志者皆有受大學教育之均等機會。換言之，凡不具有適當能力與意志者不當使其濫竽大學教育，但是具有適當能力與意志者也不當被擯於大學之門。

十八世紀法國百科全書派對於教育理論最有力的一種貢獻，就是當一七七六年俄國女皇喀德隣請狄德羅氏 Diderot 爲俄國籌擬一個大學計畫，而狄德羅氏的前言，對於大學的性質，强調稱：

『一個大學是一個教育機關，對於全國任何階級的青年都是開放着的，這裡的教師是由國家給薪，要使學生知道各種學科的常識。這學校應當對於任何階級都是開放的；因爲茅舍和其他平民的居屋與大厦比較起來，約爲萬與一之比，而天才和有好德性的人則爲千與一之比，但這種人多半出於茅舍，而不出於大厦。』

這一段話，在西歐方面可算是高等教育機會均等最早而最明確的主張。爲什麼高等教育的機會均等這般重要呢？因爲國家與社會如果眞正用人惟才，則國家的社會的上層地位當然都由最有學識者擔任；又如果大學教育確能切實收效，則最有學識的人都出自大學之門，假使大學之門對於具有意志與能力的青年關閉了，那就對於個人是怎樣的不公平，與對於國家是怎樣重大的損失呢？

我們試檢討一下。現在保障高等教育機會均等的祇有憲法第一六一條政府應廣設獎學金名額，以扶助學行俱優無力升學之學生的規定，這是否能發生充分的效力呢？我以爲此一規定固然有一些效力，却還未達到充分的效力。因爲獎學金至多祇能解決學生本人在學校的學膳宿問題；至於小學畢業以後，大學入學以前，這一段的程途照章爲六年，在這段程途中，對於有志而無力升學者將如何協助？政府的獎學金固未必都能推及於一切中學，特別是中學大多數爲私立的或地方立的，對于私立的中學校政府因無法强其設立獎學金，即對于地方立的中學校，中央政府亦不易一一助其設立獎學金；即使有些中學確也設了一些獎學金，然對於家貧而必須提前就業之十餘歲兒童，仍無法使其享受獎學金的利益；況且許多畢業小學的兒童，或因家庭環境所迫，或因自己意志未定，經過一段長期就業，或半工半讀的時期，然後決定升學，研究專門學問者，無論我國與任何國家均大有人在。試舉美國現任總統杜魯門為例。杜氏生於一八八四年，中學尚未讀畢，即已出而就業。當過鐵路計時員，銀行書記，記帳員，後來回到他父親的農場，一住十年，種植玉蜀黍。第一次世界大戰在法國從軍，升至礮兵上尉。停戰回國後創設一家服裝雜貨店於堪薩斯，其營業的結果祇為他留下了十四年才償清的一萬圓以上債務。那時候，就在一九二三至一九二五年間他以夜間餘暇，入堪薩斯城一所法律學校攻讀，入學時已是三十九歲，畢業時四十一歲，幸而有這一門新的本領，遂於營業失敗之餘，在一九二六至一九三四之八年間擔任直克森郡法院的推事與首席推事，從此以後，一帆風順，被選為參議員，副總統和總統。假使美國大學校的入學資格像我國現在一般的嚴格，非經中學校畢業，或者至少要讀畢高中兩年，並在校外補習一年，才能援同等學力的規定投考大學專校，而且像杜魯門這般離開了中學校廿多年，做了廿多年的事，再行投考夜大學，那在我國現制度之下是萬萬不容許的。如此，則證以杜魯門最初廿餘年服務的經驗，豈不是要以一個營業失敗負債纍纍的商人，而別謀一項可以糊口和償債的職業而自足，那裡能夢想經由法官的階梯，而逐級上升至一國元首的地位呢？可是杜氏的例子在美國和英國都極常見。據美國林肯總統的傳記，他幼年在學校所受正式教育為期極短，在廿二歲至廿八歲之間，於工作之餘研究法律，從廿八歲至卅二歲便取得資格與人合夥從事於律師業務，奠下了他以後被選為參議員與總統之大任。

美國這樣的例子在英國尤為常見，特別是英國的教育制度最便於貧苦子弟之考升大學，甚至不入大學亦可獲得學位與從事於專家事業的機會。英國的中等教育雖然算不得不發達。但是沒有入過或畢業於中學校的青年都一樣可以投考大學。記得在兩個多月以前，香港工商日報登載倫敦大學在香港舉行的入學試驗，計及格的人數出自中學校者約占三分之二弱，而由於自修者竟占三分之一強。不僅倫敦大學如此；任何其他大學無不把大門敞開，讓沒有經過中學校的自修生，憑考試及格而獲得與中學校畢業生同等之待遇。甚至還有某些大學學科，准許經過入學試驗及格之校外自修生參加考試，考試及格者授予學位。此外英國對於學徒的制度異常盛行，儘管他們的大學校很發達，但仍准許若干種專門的自由職業者招收學徒，半工半讀，經過若干年後，由各該專業的公會考試及格，此項學徒則一躍而具有從事各該專門自由職業之資格，而無需經過大學畢業，例如律師的學徒習業滿十六年，經過公會或政府考試，即可充當律師。他如建築師，牙醫師，製藥師等並得以較短的習業年限，經考試而分別取得建築師，牙醫師與製藥師的資格。

戰前之德國和法國，入大學時必需有中學畢業證書；這是人所周知的事實。但因德國和法國之中學校程度，要較美國的中學校高一年或二年。美國大學校最初的二年還教授普通學科，德法二國大學校所教的完全是專門科目，而將美國大學最初兩年的功課大部分括入中學之內；因此他們把中學和大學分為截然的兩階段，教學方法也完全不同。中學課程很嚴格；大學修學則很自由。大學生不一定要上課堂的功課，祇要按期考試及格，論文獲得接受，便可畢業。至於中學校的功課固很嚴格，但也不是呆板限定修畢的時期；因此天才的青年儘可縮短修業的年限，而入了大學之後，祇要按期在學校註冊和應考，對於自己的時間很能自由處置，不難達到半工半讀的原則。因此，貧苦而聰穎力學者，在中學固可減少其在學時期，在大學更可半工半讀。

現請略述我國科舉時代的教育。明清兩朝學校與科舉並行，大體相等，姑置勿論外，其制度亦頗值我們今日的考慮。除此種教育的內容不適於今日，學校在中央為國子學，有如今日之京師大學或中央大學；在地方為府州縣學，頗似今日之中學，而小學一階段的教育則聽任私人自由辦理。彼時的小學生稱為童生。但凡未考入府州縣學的，無論其年齡已達四五十，仍稱為童生。童生的就學，或在家庭，或在私塾，其程度較高者或改入所謂經館。童生修業無年限，祇要先後經過州縣試，府試和學臺的考試，均認為合格，即升入府州縣的儒學，那好像是今日的中學校。初入府州縣學者稱為附生，經過一年一度的考試，成績列最優等者升為廩生，其次為增生。廩生由國家供給膳廩費，猶如現今的獎學生；增生是按照廩生的額增廣若干名。以上兩種都是正式生。而附生則頗似試讀生。這三種生員我國向來一律通稱為『秀才』。所有府州縣學生員不一定都要住在儒學內讀書；他們祇要按期應三種的考試，就是月考，歲考和科考。月考每月舉行一次，歲考每年一次，等於現在的中期和學年考試；成績好的，附生可升為廩生或增生，增生可升為廩生；成績太壞的可以降級或懲戒。至於科考便是今日的畢業考試，成績好的便可以應鄉試。這是走向科舉之一道。在科舉中鄉試及格的為舉人；舉人便有入京應會試的資格，會試及格的還要經過所謂殿試，彷彿是皇帝親自主持的。殿試的結果按照成績分為三等；一等的稱為一甲，自然是進士出身；二等的稱為二甲，賜進士出身，三等的稱為三甲，賜同進士出身。所有進士，賜進士及賜同進士出身的人皆授官。一甲一名的俗稱狀元，當然授翰林院修撰；其他按其等第高下，分別授翰林院編修庶吉士，各部主事或外省知縣等官。翰林院庶吉士還是研究生的性質，表面上要在翰林院繼續研究，等到研究期滿，就是所謂散館，再行授官，優等的授翰林院編修，較次的分別授京外官職。以上是由學校而轉入科舉之途徑。

至於由府州縣儒學而繼續升學的，便是經由貢生的資格，貢生至國子監讀書，這好像是今日由中學畢業升入大學一般。所謂貢生分爲五種，通稱五貢，那就是拔貢、優貢、副貢、歲貢、恩貢，而在明朝還有一種稱爲選貢的，拔貢在清朝是每十二年考選一次，凡各學生員於歲科考試中得有兩次優等而文行兼優者，方有膺選資格，優貢，是廩增生於歲科考試列最優等者。副貢是鄉試時取列副榜，就是擧人的備取者。歲貢大體每年選送一次，以府州縣等廩生資格最老者依次送補。恩貢的選取沒有一定時期；凡國家遇有慶典特發恩旨，即以本年的歲貢作爲恩貢。至於明朝的選貢，係於各府州縣的歲貢以外，另選年富力强屢試優等的生員，不拘其爲廩膳生或增廣生，每三年或五年間選取一人。以上五種或六種的貢生，表面上都是貢諸國子監，就是升入大學肄業，但除明初入監讀書頗認眞外，以後大都視同一種資格，祇須履行在監的最低期限，至於實際讀書與考試畢業，愈至晚近愈成具文，且國子監的學生亦不以五六種的貢生爲限，在明朝的監生凡四種：一爲擧監，二爲貢監，三爲蔭監，四爲例監。擧監是由擧人充當，凡在京會試不第的，由翰林院擇其優者送入國子監讀書，這一種監生，一面讀書，一面還領敎官的俸給，到了下次會試時仍可應試，彷彿是一種特別研究生，如英美現今的 Fellowship 一般，明代大學者陳白沙（獻章）先生便以擧人而游於大學，祭酒（即大學校長）邢讓試以和揚時此日不再得詩一篇，驚曰：龜山不如也。颺言於朝，以爲眞儒復出，由是名震京師。給事中賀欽聽其議論，至執弟子禮，足見彼時學者之重視太學，與太學學生之可以見重於朝野如此。但擧監畢竟是例外的高材生。貢監實爲監生之主體，至於蔭監是高等官或勳戚的子弟特准入監讀書者。例監是明朝末業以後的特例，因國家多事，人民捐資於政府者特准他們的子弟入監讀書。至於監生的待遇，在明代頗優，除了膳食衣服由國家供給外，每逢季節還有節錢賞給，已婚者養及其妻子；回籍省親也給川資。清朝待遇較明爲遜，僅供膳宿，又監生的出身，則明朝在肄業時期分爲三級，祇通四書未通五經的編入初級，在初級肄業一年半以上如文理條暢則升入中級，在中級肄業一年半以上，如經史兼通，文理優長者則升入高級。到了高級則有積分，積分係每次月考的成績，文理俱優者給予一分，理優文劣者給予半分；在一年之內積滿八分即爲及格，准予畢業可以派充相當的職官。大抵蔭監例監多從初級起，而貢監至少是從中級起，擧監當然從高級起。但如有天資特異學術超羣的監生，亦可不拘年限，由國子監奏請破格錄用。明初因政府注重學校，監生在監畢業後直接授職的很多，其地位往往有高於進士出身者。例如明靖難中的忠臣鐵鉉便於洪武中由國子生授禮科給事中，明初此例甚多，不勝枚擧。然數傳以後社會傾向於科擧，不僅監生多應鄉試，藉科擧爲出路，甚至眞正入監讀書者亦無多，清制國子監分坐監及在外修學兩時期；所謂坐監指必須住在國子監內的時期，視原來資格而異，例如恩貢坐監六個月，歲貢坐監八個月等。至連同在外自修的時期，大致以積滿三十六月爲畢業，但貢生積滿十四個月，其他監生積滿二十四個月，如願就儒學的敎職及州縣的佐貳者，准由監移送吏部，分班考選，而修滿三十六個月以後，經過一度試驗取中前列者，即可保薦錄用，其列次等者冊送吏部候補，如未修畢三十六個月，而又不願就敎職者，過鄉試之年可在順天府應鄉試。因此，清朝晚年捐納之風盛起，凡指監生者其主要目的祇在越級參加順天府的鄉試。

以上爲明清兩朝的學校和科擧並行制。總括一下，學校方面則小學自由，中學必須經過考試方可升入，大學則入與不入均無礙於出路。科擧方面，則鄉試必須經過一段的學校修業，就是所謂考入府州縣學，但明清兩朝的蔭監，與明清後期的例監捐監，都給予某些人以逕赴鄉試的捷徑，而鄉試中式後，便無須經過任何學校，可以逕赴會試和殿試，而達到登庸之目的，由於學校之日漸有名無實；於是羣趨於科擧之一途，然而人材之養成與拔擢，實際上也沒有多大依賴於學校，倒是一種近乎補習學校和自由研究所的書院，對於人材之養成貢獻不少，而嚴格的考試制度也是拔擢人材的門路。

從敎育機會均等而檢討，則明清兩朝的蔭監和例監或捐監，固然是貴官與富人的特殊權利，但府州縣學的入學與擧監貢監的選拔完全以學力爲根據，自不能不承認其爲平等；而且同時還有科擧制度，除人人必須經過府州縣學的一段學校肄業時期外，簡直全賴考試而逐級遞升，甚至在府州縣學的一段肄業時期也無需住在學裡，祇要按期應月考，歲考與科考，因此進了府州

『自由中國的宗旨』

第一、我們要向全國國民宣傳自由與民主的眞實價値，並且要督促政府（各級級政府），切實改革政治經濟，努力建立自由民主的社會。

第二、我們要支持並督促政府用種種力量抵抗共產黨鐵幕之下剝奪一切自由的極權政治，不讓他擴張他的勢力範圍。

第三、我們要盡我們的努力，援助淪陷區域的同胞，幫助他們早日恢復自由。

第四、我們的最後目標是要使整個中華民國成爲自由的中國。

縣學的人，儘管種田教書，自營生計，而無礙於學業。

有些西洋學者認爲中國舊日的考試制度，除所考科目的內容不論外，確是選拔平民使參與政治的最公平而有效的方法。縱然政府的最高層有一個專制的君主可以爲所欲爲，但除了特別强有力的君主與不恤人言者外，其他對於施政與治民無不經由選自民間的官吏，或聽取此項官吏的意見。因此，中國舊日的政體固然是專制的，而統治階級的人物大都是來自民間。在此一意義之下，中國舊日的政治也就具有一些平民政治的因素。

現在的教育制度和選拔人材的制度却是怎樣呢？小學六年，中學六年，大學四年或四年以上的修業，爲期很長。除小學校可以免費，而小學生的年齡亦不能就業謀生外，其他的十年或十年以上的教育皆非錢不行，而且從十二三以至廿二三的年齡，在貧苦人家的子女勢非就業謀生不可；於是這一階段的教育必爲有錢人家，至少是小康之家所壟斷；貧苦人家的子女祇好眼巴巴望着中學大學的門牆而不得入，縱然憲法第一六一條有政府應廣設奬學金額之規定，但是貧苦的人太多，困難適應需要，更不能解決許多中學及大學就學年齡者必須就業贍家的困難，於是大學校修業之權利不免爲富家子女，至少是小康之家子女所獨占。同時社會和國家的上層位置，在用人惟才之原則上，亦唯有就會受大學教育之人加以選拔；結果將不僅受高等教育的機會不能均等，甚至擔任國家與社會上層位置的機會也隨而不能均等。

爲政之道，切不可矯狂過直。明清兩代學校與科舉並行，而由於科舉爲登庸的捷徑，學校逐漸變爲有名無實，致羣趨於科舉之途。現在我國制度，登庸考試以必須具有學校畢業資格爲條件，遂又羣趨於學校，而使考試的效用不克盡量發揮，此一缺點也因趨於極端之故。中庸的辦法，當以學校爲養成人才之正軌，而以考試濟其窮。英國現行制度實有足資模仿者。英國的小學太學兩階段純以學校爲主；中學一階段則較自由。小康之家子女爲擴充其普通教育，可入中學校進修；富家子女，爲達成高等教育，亦可在中學校準備。但是還有數倍或十數倍的不幸運者，於完成其必須接受的基本教育後，不得不先行就業，半工半讀，或於就業若于年後，經濟能力有改進，乃加緊補習，以期考升大學。這一類的人，如果因爲沒有經過中學校的正規教育，致被擯於大學之門，不許參加考試；則不僅使其人一番熱情變成冰，而且這一類的人經過了社會相當時期的磨鍊，仍能有志於學，比諸藉家庭餘蔭冷按步就班，循例讀書，而不知讀書之可貴者，其動機與熱情既不同，則其努力的程度也就相異。窒息了這樣的良好動機與求學熱情，不僅在個人爲重大損失，在國家也是重大損失，而對於社會上的不平等，也莫此爲甚。

或者以爲自修者可以考升大學，則中學校入學者勢將大減，致開倖進之門，其實國家不是爲某種學校拉學生，而當爲青年謀出路。如果中學校辦得好則有力入中學校者斷無不入；否則硬把中學校作爲考升大學的獨占權利，使無量數貧家子女，與半工半讀而遲了若干年才決定受高等教育者失去均等的機會，那豈不是本末倒置嗎？至恐憑一時的考試，可使自修生倖進，則對於自修生欲考升大學者不妨先舉行一種預備試驗，由地方教育當局統一舉行，就中學校各種科目盡量考試，合格者始給予大學投考證，然後與中學畢業生共同參加大學的入學考試。換言之，則未經中學畢業者，必須多受一次的預備試驗，則凡有力入中學修畢其課程之人，斷不願多找麻煩；而無力入中學修畢其課程之人，也就不患無出路。

總之，祇要在原則上確定自修生可以考大學，則一切枝節上的防弊措施，皆可從詳考慮，而不難一一解決，英國所廣行之而不見其弊者，在我國也未嘗不可收其利而免其弊也。

末了，我還要複述一下：眞正的教育機會均等不在小學，也不在中學，而在大學；因爲大學是教育的終極目的，對於這一階段的機會不均等，則一切仍是不均等。

自由的意義

印度總理尼赫魯所提出壓制印度新聞的法律已獲通過。議會以二百二十八票對二十票修正一九四九年的憲法。一九四九年的憲法保證所有的公民都有言論與表達之自由。但根據此修正案，政府可因報紙犯譭謗罪和煽動罪而提出對此報紙處以罰金的法律。罰款當由法庭規定。

由前工業部長穆克基所領導之議會反對派，人數很少，但却非常堅定，他們急烈地攻擊此修正案。

穆克基對尼赫魯說：你在議會中獲到了二百四十個支持人，但印度有千百萬人反對你。

尼赫魯揮動他的拳頭說：你的話是誹謗人的……

穆克基說：你的不容忍是可恥的……

尼赫魯大聲疾呼道：任何人若說我的修正案是壓制新聞自由，他便是說謊……

尼赫魯解釋道：「我們不但應給新聞以自由，並應使其了解自由。」

但令人懷疑的是尼赫魯自己不知是否了解自由的意義。他請求通過此法律的藉口是：印度譭謗人的報紙充滿了下流粗俗的話。全印報業編輯會議稱：若是政府要利用其新權力而對付合法的報紙，沒有什麼能阻止政府這種行動。（苍）

論政治責任

夏道平

從陳院長葉外長的辭職說起

由於英美主稿的對日和約草案，將我國擯於簽字國以外，我政府和人民均憤慨異常，立法院且召開臨時院會討論這個問題，並作成決議四點。其第四點責備到「外交當局未能盡最大努力，轉變盟國之歧視，自不能辭其咎」。在這樣的氣氛中，行政院長陳誠，外交部長葉公超相繼引咎辭職，後又相繼經總統及行政院長分別懇切慰留。

關於對日和約問題，輿論界發表的言論已經够多了：有的以正義嚴詞責備美國未能堅持道義的立場，有的以分析的眼光申斥英國之自私短視，有的本反省自責的精神對我政府致殷切的期望。這些都是我們應有的反應，於情、於理、於法，我們都不能默然。至於對於陳院長和葉外長之引咎辭職一事，除報紙披露一則消息外，輿論界迄未置評。本來，就這件事本身說，實在沒有甚麼多大的意義。這次和約草案不把我國列入簽字國，很明顯地是由於錯綜複雜的國際現勢所促成，不是我們外交當局所可努力轉變的；因此，我們實不必對他們有何責備，換句話說，他們對這次盟國之歧視，說不上有何了不得的責任問題。據報載，立法院在成立上述決議案第四點以前，亦曾引起幾度的激辯，可見立法委員中，也有不少的人有此同一見解。至於說這次引咎辭職事件的對外意義，我們也可想像到不會有甚麼有效的作用發生。兩週來的事實擺在眼前：美國方面的反應，僅有前鋒論壇報及紐約時報給了一點篇幅分別報導陳院長和葉外交辭職的消息，但均未有何評論。所以這次「責任內閣」對於和約問題所表示的負責態度，無論就對內或對外言，都不見得是必要的。可是我們也並不同意有些人的說法，說這是「無謂的做作」。我們雖認爲這件事的本身不太必要，然而却還有另一個想法。我們覺得現階段的我國政治，從憲法上看來，是民主的；從當政者經常口說的聽來，也是民主的；再從一年來臺灣各縣市長的民選講來，民主也居然走到了政治基層。但是，實質上由一種政體轉變到另一種政體，縱令當政者有其意願，縱令民間有各方面的努力，也不是一下子就可轉變得好的。虛心學習，有其必要。學習民主政治，自然不只有一兩個必修課程，而「政治責任」這一課，應該是必修課中最重要的。今天，我們的政治，如果你認爲它是民主的，想你也得承認還是在學習階段；如果你認爲它是不民主的，想你也更要主張學習。在學習民主政治的現階段，「政治責任」這一課的學習，我們得特別重視。這次陳院長和葉外長之引咎辭職，其本身雖沒有甚麼多大的必要或直接的作用，可是我們不妨把這件事當作一個政治課題的演習看。在大學裡讀法律系的學生，到了四年級的時候，一定有一兩次假設法庭的演習。在假設法庭中，不僅從起訴到判決的過程要做得和眞法庭一樣，即推事、檢察官、和律師們也得穿上如法裁製的法衣。如果你參觀過這種假設法庭，或不免有「優孟衣冠」的滑稽感，但在場的法律系教授們，正在那裡評判他們學生的造詣和其將來的成就。

負責任是不憑良心

民主政治是責任政治，不是良心政治。這是談民主政治者一個應有的最基本的認識。但是，甚麼叫做責任呢？關於這一點，一般人多半是模糊地而不解其眞義。「負責」二字，我們在日常的交涉中常常聽到，倘你問他，「你如何負責？」他的答覆，每每是「我負責就行了」，或者加强語氣地說：「我絕對負責」。說這種話的人，大多是有誠意而不是騙人的，但誠意不誠意是個良心問題，因而他在誠意之下說出負責二字，他的意思是在向良心負責，也好像是在對天發誓一樣。至於他所負責的事情如果弄糟了，你再去問他，他並不覺得有甚麼要見諸行動的義務，不過他的內心也許和你一樣地難過。負責二字的意義，如此而已矣。用之於私人交涉者如此，用之於政治方面者也如此。古代帝王有時下罪己詔，現代當政者要罵人常常先罵罵自己，我們不能一味否認其有誠意，否認其本諸他的良心，可是，問題就發生在這個所謂「良心」上面。

一般人總覺得良心是人人一致的。如果大家各本良心，天下就太平了。這種想法，我敢大膽地說，誤盡天下蒼生！我並不否認人類是有其一致的良心的。但這個所謂「一致的」良心，只能解釋爲像孟子所說的「惻隱之心仁之端也」那一個「端」。從這個「端」再向前發展，則你所自信的你的良心，和他所自信的他的良心，可能一個是紅的，一個是黑的。這裡有例爲證：齊宣王有一天看見有人牽牛去殺，那牛的一副可憐相感動了他，他就叫人用一隻羊把牛換掉。這一換，齊宣王是本諸良心，因爲他「見牛未見羊也」。我們試想想，齊宣王處理這件事所本的良心，是不是和你我的良心一樣呢？要矯正權勢中人的錯誤觀念,有人主張從拍馬入手，孟子是慣於用這一手的，所以他對齊宣王以羊易牛這件事，也恭維一句：「仁術也」！「仁」而加上一個「術」字，其去「仁之端也」的那一「端」，可能相差一萬八千里！我們再以三段論法來舉一個極端的例子：「凡人皆有良心，毛澤東是人，所以毛澤東也有良心」。從形式邏輯講，這個結論沒有錯；從實質的意義講，想你也不致否認毛澤東也有孟子所說的那一「端」。可是從齊宣王的那一「端」發展到了「術」的時候，還不過是以牛易羊而已，從毛澤東的那一「端」發展到了「術」的時候，就是殺、殺、殺，要殺掉大陸同胞一萬萬人才可革命成功！齊宣王和毛澤東他們自己又何嘗不自信其本諸良心呢？因爲前者「見牛未見羊」，而後者則認爲：「對反革命者殘酷，即對革命者仁慈。革命是爲的人民！」良心政治有這樣的後果，主張良心政治者，可以休矣；自信是本諸良心的當政者，也該知所警惕吧！

民主政治，不是訴之於主觀良心的政治，而是課之以客觀責任的政治。「負責任」不是一句空話，不是向天發誓的誓詞，而是要以去就來表示的。政治家要有政見，其政見製成政策而被人民接受者，在其位；政策失敗，則要灑灑落落地下臺去。來得光明，去得磊落，才是政治家的風度，才是政治家負責任的表現。負責必有其對象，對象不是自己所自信的良心，而是客觀的法制和輿論。

責任政治下的法制和輿論

研究政治和憲法的人，通常是把現行的民主政制，分做兩個類型：以英國爲代表的責任內閣制和以美國爲代表的總統制（此外還有合議制。合議制雖說以瑞士爲代表，其實也只有瑞士在特殊的歷史環境下，把這個制度運用得合乎民主精神。合議制與我們這裡的話題沒有多大的關係，我們不妨撇開）。在這兩個不同的法制下，行政部門之負政治責任，其對象各不相同。在責任內閣制下，負實際政治責任的是內閣。內閣的首長國務總理，是由不負實際政治責任的行政元首任命議會中多數黨的首領充之。而其他閣員則由國務總理就議員中向元首推薦任用。因此，內閣是向議會負責的，議會如對內閣投不信任票或拒絕內閣所提的預算案或法律案時，後者除得一度解散議會外，全體閣員必須辭職，重新改組內閣。如有某閣員因其個人行爲（無關於內閣政策者）失掉議會的信任，該閣員亦須個人辭職，以明責任。在總統制下，行政權集中於行政元首。國務員的進退以元首的信任與否爲轉移，國務員等於元首的幕僚，只對元首負責，不對議會負責（議會只能對於他們的違法犯罪行爲經由彈劾手續使之去職），而元首因爲是由於民選，故只對國民負政治責任。總統制如僅就這方面看，誠然是一種行政獨裁制。然在總統制下，由於三權分立和其制衡作用的關係，仍爲一種民主政制。

以上是就法制方面講民主政治下之政治責任問題。法制總是比較硬性的，基於法制的政治選舉，也有其一定的時期。進步的民主政治，要時時刻刻與國民願望不脫節，則不能專靠硬性的法制，而要兼靠輿論。尤其在採行總統制的民主國家，輿論的作用更顯得重要，所以美國是個政治輿論頂熱鬧的國家。政府的政策有違民意，而在現成的法制下又不能依法糾正的時候，輿論的力量常可發生有效的影響。最近一年來美國遠東政策的轉變，就是一個顯著的例子。至於當政者因其個人行爲受輿論的指摘而去職的，更爲英美政治史中所常見的。「笑罵由他笑罵，好官我自爲之」，這種爲我們所習見的官場醜態，在重視輿論的國家，是絕無僅有的。

從法制方面看，我國是民主國家。其制度是介乎總統制與責任內閣制之間，而行政權之實際運用，則偏於總統制的精神。所以談到我國民主政治的各項問題時，我們更要矚望於健全有力的輿論。

健全而有力的輿論之形成，本來也不是容易的事體。尤其在人民的政治意識不太濃厚，而政府又常常以箝制輿論爲能事的情形下，更是如此。我們這樣說，並不是責望政府來培植輿論，而輿論界本身反無責任，相反的，我們認爲輿論之不健全有力，正是作爲輿論界份子者的絕大恥辱。在民主政治學習的階段，當政者對於公正嚴明的輿論多少是有點厭惡的，希望政府培植它所厭惡的東西，未免太幼稚，太幻想了。前面我們說過，實質的民主政治，不是一下子可以做到。在過程中，信仰民主政治的人士，要有當仁不讓的氣概，爲爭取言論自由而努力。有了言論自由，才可有健全而有力的輿論。有了健全而有力的輿論才可希望政府重視，才會影響政府的決策和其人事的進退。如果人民對於政府的政策和其人事的批評，只限於街頭巷尾的竊竊私語，而不見於公開的言論和文字，這就說明當時當地的政治是不民主的，同時也說明當時當地民主政治的信仰者不够努力。

看過去望將來

有了四十個年度的中華民國政治史，其中頒佈過幾次約法和憲法，也成立過幾次國會，即在國民黨訓政時期，也還有其約法，和依據五權分立而組成的政府機構。所以就法制方面講，並不是沒有「政治責任」這回事，儘管所對以負責的對象，各時期不同。但在實際方面，我們所看到的，一部中華民國政治史，充滿了權力者我行我素的記錄，法制上的政治責任，有時被他們譸張爲幻地逃避掉，有時他們直截了當地不管它。現行的中華民國憲法，是三十六年十二月二十五日開始實施的，到現在已經三年多了。由於三年來國情大變，而憲法條款，已有若干處無法嚴格遵守—例如立法委員之任期屆滿無法選舉，而解釋憲法的法定機關大法官會議，又無法召集等等，誠爲非常時期憲政上莫可如何的憾事。同時又由於戰時體制的各項法令措施，當政者行使權力，大可伸縮自如不至於違法。所以在這個時期，談「政治責任」問題，顯然不能專靠法制，而要兼靠當政者自己的政治責任「感」。責任「感」，不是本諸自己所自信的良心，而是要有對於輿論的感應：民之所好者好之，民之所惡者惡之。行政措施本乎此，人事進退本乎此。政治責任，於此亦思過半矣。這次陳院長和葉外長之辭職，我們很樂於作爲「政治責任」這一課題的演習看，繼此以往，我們希望當政者忠實地對於法制負起政治責任來，虛心地對輿論有個政治責任感。

中共統治技術的剖視

邵德潤

饑餓統治一切——悲慘世界

假如你問一個馬戲團的主人，或是一個警犬訓練學校的教師，爲什麼猛虎會服從他的指揮？爲什麼警犬能從事各種冒險工作？他們都會告你一個秘訣：餓。

先餓，把猛虎餓得銳氣全消，叫它懂得饑餓的可怕，這是第一着。

稍喂一下餓虎，施以小惠，使它瞭解它的生命全操在你的手裏，它就會服從你的命令，這是第二着。

永遠不給它吃飽，叫它明白「服從有飯吃，不服從就餓肚」的道理，它就會永遠服從你，這是第三着。

史達林是「蘇俄馬戲團」的老闆，中共也在他那裏學會這一套，以訓練動物的殘酷辦法來對付人，以饑餓來統治人民。

中共饑餓統治的第一着辣手，就是造成人爲政治性的大災荒。它以「清算」、「鬪爭」的方式，毀壞了農村中地主的積儲，更以高額的農業稅，搾乾了農村所有的食糧。全部的稻穀都落到中共的手中。

於是，中共的目的達到了：(一)農村無糧食，游擊隊給養便發生了困難，其他要起而反抗它的人，也因無糧難於成事；(二)農民終歲勤勞，永處饑餓狀態，共軍則飽食終日，無所用心，一般年青農民爲了吃口飽飯，遂視「參軍」爲唯一出路，中共的兵源因之就可源源不絕；(三)掌握大批糧食之後，以之控制都市人民，先統制物價，再實行「口糧配給」，不「服從」的人就買不到糧食，就沒有生存的權利。

饑餓是中共統治人民的法寳，只有迫使人民個個成爲無產階級，一切仰求於它之後，它才能徹底實施它的「專政」。古語說：「無恒產者無恒心」，失去生活手段(恒產)的人，就不可能有自由的意志(恒心)，沒有自由意志的人才會忍受它那種暴君統治，俯首帖耳的聽憑它宰劏，這就是中共要實行「無產階級」專政的眞諦，同時也是它以饑餓爲統治手段的理論根據。

馬戲團的野獸永遠處於半饑半飽的狀態，共產暴君統治下的人民也永遠處於半饑餓的狀態；不接受訓練的野獸被饑餓所屈服了，不接受統治的人民也被饑餓所消滅了。

恐怖控制一切——警察世界

饑饑統治是從經濟上統治人民，也就是說從根本上控制人民的生活，這是共產黨從馬克斯、恩格斯、列寧、史達林以來新創制的「歷史傑作」。恐怖統治則是人類歷史上原有的東西，像歷史上許多專制暴君，如中國的秦始皇，羅馬的凱撒，法國的拿破崙，俄國的沙皇尼古拉，以軍事武力鎮壓被征服的國家，以政治手段壓制國內的反對派，都是以「恐怖」二字來懾服人心。這一種恐怖統治的方式，到希特勒與史達林兩個人類的魔君出現，更臻登峯造極的地步。中共這一套工夫，也是師承史達林和希特勒而來，有相當的研究與心得。

作爲恐怖統治的核心工具有二，一爲軍隊，一爲警察(包括特務)。共軍的殘忍毒辣原爲衆所周知，可不必說，共匪警察的可怕則爲一般人所不瞭解。

共匪的警察有兩個系統，一是普通公安人員，一是秘密的特務人員——秘密警察、而整個的警察組織也就是特務組織。

共區中目前所實行戶口管理制度，是參照日本的警管制度辦理的。普通公安人員的任務，就是管理居民的一切日常生活。在城市中每一個里弄，相當過去保甲制度的一個「甲」的地區，設立一個居民小組，若干居民小組合組一個居民委員會。其地位相當於過去的一個保。每個居民委員會中有一位常駐的警員，負責這一區的戶口與治安，他是每一位居民家庭的日常「貴賓」，經常登門「訪問」。假如某戶發生問題，他不惜一日「三顧茅廬」，他的任務是瞭解區內各戶居民過去及目前的生活情形。他認識區內每一個居民，能指出任何一個小孩的姓名及其家庭概況，能約略瞭解區內每一居民的社會關係。他通過居民小組的「積極份子」或小組長，很清楚地知道：誰家今晚來了遠客？誰人今晚外出沒有回家？假如這人沒有事先向公安派出所報告，則第二天這人就會遭到無窮的麻煩，甚或發生意外的不幸。

每一居民區內的警員，就是這一居民區中的「小皇帝」。沒有一個人看見他不「肅然」起敬，更沒有一個人敢對他的命令表示不服從。他有很大的權力，可以影響每一居民的生命與財產，如果他認爲某甲有「國特」嫌疑，某甲就會悄然「失踪」到監獄中去，如果他認爲某乙家有「游資」，則派公債或損獻時，某乙立即有「破產」之虞。

每一個居住在共區的人民隨時都得接受警察的統治，言語要謹慎，行動要檢點，遷移要獲准，出門要領證(旅行證)，事事受束縛，處處遭威脅，隨時可以「失踪」，隨時可以「破產」，今天不知道明天的命運，白晝難保黑夜的安全，而且，在警察特務的世界，人與人之間就自然地會失去互信。兒子可能告發父母，妻子可能出賣丈夫，大家都相互懷疑，相互猜忌。

中共正追隨蘇俄，企圖以恐怖的手段，控制中國的人民，嚴密的警察管制，殘酷的屠殺流血，成千成萬的人被殺了，成千成萬的人被捕了，「順我者生，逆我者亡」。但是，恐怖的暴君能永久統治嗎？歷史早爲我們解答了這個問題。秦至二世而亡，希特勒及身而滅，人性是反恐怖的，恐怖的統治必然不能存在。

愚昧籠罩一切——說謊世界

愚民才易於接受暴君的統治，歷史上沒有一個暴君不是想以隻手掩盡天下耳目的。消極的要消滅一切不利於他的思想的傳播，像秦始皇的焚書坑儒，偶語棄市；積極的是製造出一套自吹自捧的理論與主義，來欺騙人民，麻醉人民。

中共在這方面更有特殊的成就。它從根本否定了過去一切政治，經濟，法律，社會，歷史，哲學……各種的理論，徹底摧毀了由孔孟學說與六法全書奠定下的中國固有的倫理觀念與社會制度。它的行動比焚書更徹底，全國各大書局過去所出版的各種社會科學書籍，都「自動的」成爲廢紙，各大圖書館的社會科學書籍，也在封存，抽查，銷燬的三種過程中毀滅。過去研究這許多學科的專家學者和普通教員，都得經過「思想改造」與「學習」的階段，推翻過去所學的一切，重新裝上馬列主義的一套。他們被迫告訴學生和人民，過去他們所講所學的一切都是「不存在的謬論」，整個的世界從盤古開天地以至如今，只有共產主義才是「眞理」。

另一方面，中共以各種無恥的宣傳方式，來鼓吹它那一套馬列謊言。報紙是共黨獨佔的工具，沒有私人經營的報紙，列寧曾坦白承認：「報紙是黨組織民衆，鼓動民衆，敎育民衆的一種工具」，這種工具當然不能落在他人的手中。報紙既是工具，所以共黨的報紙從不報導事實，它只把它要使人民知道的事情登在報上。爲了共產黨的利益，它不惜歪曲事實，不惜揑造歷史來欺騙人民。

共黨的報紙是世界上最大的說謊者，是蒙蔽人民愚弄人民的一種工具。共黨的電影，戲劇，文藝的作品亦都是如此。他們的敎條是文化服從政治，政治決定文化；一切文化都要具有「黨性」，一切文化都要爲共產黨服務；沒有眞理，沒有是非，只有(共產)黨！

不擇手段的愚民政策，是中共統治人民的技術之一。「民可使由之，不可使知之」這套傳統的愚民理論，中共竟忠實地奉行了。它所宣傳說敎的一套，民衆只有盲目的服從，誰要反問一聲或自由討論一番，這人就有當夜失踪的危險。「共產黨的理論是整個的，只有全盤接受，沒有更改，沒有討價還價的餘地」。不服從就是反叛，「不革命就是反革命」。共產黨人很懂得「一致的謊言成爲眞理」的道理，它最恨拆穿它謊言的人，更恨有知識而敢於懷疑的人。它希望「盲從能造成信仰」，因之不讓人民看到別的顏色，聽到別的聲音。「反動的」報章雜誌是禁品，收聽「美國之音」是死罪。

中共要它統治下的人民，永遠愚昧無知，永遠戴着紅色的眼鏡，永遠相信世界上的一切都是紅色的東西。讓人民永遠愚昧無知，讓整個的世界都成爲說謊世界。林肯曾經說過：「你可能長期間的欺騙一部份人，也可能短期間的欺騙所有的人，但你決不能長期間的欺騙所有的人」。建築在謊言上的統治，能够維持久遠嗎？

我們觀察分析毛記秧歌王朝，所獲得的印象是：一群紅色的魔鬼，在扮演着敎皇，主敎，貴族，武士的各種角色，由一大堆蟲豸化粧的流氓政客，文丐四周簇擁着，在狂歌酣舞，同時鞭策着無數的木偶，悲慘地在爲他們服各種的苦役。這一群木偶因不堪虐待倒斃了，另一群的木偶又盲目無知的補充上去。卡通的畫面上有高入雲霄的「工人文化宮」，有烟囱林立的大工廠，有電氣火車在行駛，有各種的拖拉機在廣漠的田野中工作；但是那是可望而不可及的幻境，工人們農民們擁塞在汚小的茅蓬中生活，以疲憊的體力做極原始的勞動，他們在卡通的畫面前一批批的因疲勞，疾病，饑餓而死亡。魔鬼們眼看着這許多善良的木偶死去，得意的狂笑，絲毫沒有同情的憐惜，依然用它那美麗的魔鬼的言詞，轉動着卡通上面虛僞的遠景，欺騙下一代無知的木偶爲它們服酷役。

這是狄思耐(美國米老鼠卡通畫家)的頭腦與畫筆，都無法想像無法模擬的卡通世界！可是這世界的一切，却一幕幕眞實地在紅色的中國與蘇俄出現。你能否認這一切的眞實性嗎？成千成萬善良的人們都已爲紅色的魔鬼索去了生命，一批批的倒下去；你能否認這些魔鬼所給予人類的嚴重威脅嗎？魔鬼的巨掌已伸到你的家門，它所嗾使的蟲豸，已紛紛潛伏在你的堂奧。現在，該是自由民主世界的人士從噩夢中猛醒的時候了。

園藝事業在臺灣

陸之琳

一定有很多人一看到這個題目，就會很快的聯想到臺灣的園藝名產蝴蝶蘭，洋蘭和大西瓜，這種想法固然並不錯誤，可是本文却並不是向讀者介紹臺灣的蘭花和大西瓜，所要叙述的却是介紹臺灣的主要園藝產業概況，因爲蘭花和大西瓜祇不過是臺灣園藝生產事業中的一小部份而已，所謂臺灣的主要園藝產業，概括的可分爲二大部份，就是蔬菜和果品的園藝生產事業，以下各節是一個扼要而簡單的報導。

（一）得天獨厚的寶島風土

臺灣園藝事業之有今日的發達，實有賴於得天獨厚的自然條件。氣候的因子是温度和雨量，直接的限制和規範了農作物的分佈和盛衰，園藝作物也不能例外。今日臺灣的香蕉，鳳梨，西瓜，和蔬菜產業的發達，實在是由於寶島得天獨厚的風土所賜，也是由於寶島的地理位置和自然環境所形成。臺灣的地理位置爲南北橫跨在北回歸線上，大部份的地方位於亞熱帶，氣候多濕高温，適於農業的生產，園藝的生產事業也因此能在寶島上普遍發展，在整個臺灣農業生產中也占了重要的一環。

依地勢和温度來說，本島最高的玉山，海拔三千九百五十公尺，自北而南，把本省縱分爲東西二部，他的支脈爲東西向，又把本島形成二個地理環境迴然不同的南北部，至於其他高達海拔三千五百尺的高峯有二十二處。高山地帶的温度兼有温帶和寒帶的氣候，就有温帶和寒帶園藝作物的分佈。在平地又因爲南北的不同，各地的氣候也不完全相同，像夏季平均温度最高的地方爲臺中縣大甲和麻豆，平均最高温度爲攝氏二十八度，夏季平均温度最低的地方爲臺北縣的池端，平均最低温度爲攝氏二十度左右。冬季平均温度最高的地方爲高雄縣的新威，平均温度高達攝氏二十度。最低的地方爲中部的員林鎭，平均最低温度爲攝氏七度。由此可見臺灣各地一年四季的温度有顯著的差別，最高温和最低温的相差達攝氏二十度左右，温度變化的劇烈，非常明顯，因爲温度差別的顯著和變化的劇烈，所以就能適合生長和栽培園藝作物的種類和範圍也就衆多而繁複，在一個有限度的面積上能有種類繁複的作物生長，完全爲地理環境和自然風土的双重因素所致，決不是人力所可使然的。

再依雨量來說，本省各地雨量分佈的差別也很大，像降雨量最多的地方爲基隆南端的火燒寮，年降雨量達六四八九公厘，比世界年雨量最多的印度的Jcherrapoundji相差無幾；年降雨量最少的澎湖西端的漁翁島年降雨量爲八二三公厘，和黃河流域乾燥地帶的降雨量相仿。

臺灣各地的温度和雨量既有這樣大的差別和劇烈變化，各種不同的園藝作物也就在各種氣候不同的地方分別生長，例如在高冷的山地就有温帶作物分佈的蹤跡，不但可以生長桃、李、杏和梅，並且在夏季可以栽種蔬菜，平時爲蔬菜採種的最好場地，臺灣夏季菜市上的蘿蔔就是阿里山上的產品。夏季臺北市菜場上的蔬菜是草山的山地產品。農林廳在阿里山的採種場就是本省自給菜種的一個採種場。在平地的作物又有南北不同的分佈，像南部有檳榔、芒果、龍眼、香蕉、木瓜、鳳梨等果品的生產，在北部則有柑桔類的許多果品。蔬菜的分佈比較普遍，全省各地各季都有各種不同的蔬菜栽培，所以臺灣園藝作物有如此繁複，並且生長都很旺盛，的確爲得天獨厚的寶島風土所賜。

（二）優異卓越的生產條件

得天獨厚的寶島風土固然是今日臺灣園藝事業發達的基本因素，可是優異卓越的生產設施又是建立今日園藝生產事業基礎的先決條件，所以有了良好的地理環境，再加上人工的建設工作，臺灣農業生產的發達是必然的結果。雖然臺灣的地形和山勢使所有的河流都非常湍急，很少有灌溉或航行的價值，但經過人定勝天的修堤築堰，開溝鑿道後，優良的水利設施就成爲促成和改進本省農業的唯一工具。嘉南大圳是遠東首屈一指的水利工程。本省的灌溉總面積爲五十餘萬公頃，占全省耕地面積百分之六十，而園藝作物大多爲集約栽培，尤其是蔬菜栽培需要灌溉更多，因此本省的水利設施對本省園藝事業的建立和發達實有重大的價值。

臺灣交通的發達已進入現代化的階段，交通設施的完備和發達是促進園藝生產事業的要素，園藝產品的外銷，增加國家外滙的收入，臺灣的香蕉可以北運日本朝鮮和我國北方，西運香港、澳門、鳳梨更可遠銷南洋群島，澳印歐非各洲，航運的發達由此可見，相反的，若是本省沒有良好的航運設施，那末縱然有很好的園藝產品，又如何可以遠銷外地呢？所以良好的航運設施才能配合園藝和其他的生產事業的發達。本省境內又有縱貫南北的鐵路幹道，幹道各站又有糖廠和其他鐵道支線，爲本省的交通動脈，鐵路以外又有密佈的公路網，啣接鐵路各小鎭鄉村和農產品集散地點。像本省以往產地的香蕉可以在二十四小時以內，經公路鐵路而運達港口，這種高速度的運輸效率確是促進本省園藝事業發達的一個因素，我們知道大部份的園藝產品是易於腐爛敗壞的，若是交通設施不完善，運輸效能不迅速確實，就不容易保持園藝產品的商品價值。總之臺灣交通的發達，不但對本省園藝產品的運銷和事業的發展有密切的關係和影響，並且對國際貿易和省內外的文化交流也有極大的貢獻。

除了交通的發達和完善的水利設施外，農業研究的普遍和推廣系統的良好也是本省園藝事業的優異卓越的生產條件。本省的農業試驗研究工作，在民國前十六年就開始，五十年來的成績和貢獻確是不可磨滅的，換句話說本省農業試驗研究的努力是改進臺灣農業成爲近代化的一個動力，不但對各種作物的習性栽培，分佈、引種、育種等等的工作有重大的研究成就，並且對土壤的調查和改良工作也有高速的進步，省內各試驗研究機構的園藝部門爲臺灣園藝事業的温床。此外各種事業機構的示範農場，例如鳳梨公司所屬的各地鳳梨園，農會或合作社所屬的香蕉或柑桔示範園或指導園都是促進本省園藝事業有力的動力。臺灣農業研究的普遍也可說是本省農業的特徵之一，而園藝事業也隨之而興。目前本省園藝試驗工作方面，可分爲三大類，就是在果樹方面有柑桔、香蕉、鳳梨、木瓜和咖啡等作物的栽培育種等試驗，嘉義分所有熱帶果樹標本園，保存熱帶果樹二百四十餘種，鳳山熱帶園藝試驗分所從事於鳳梨的栽培，品種改良和鳳梨的加工製罐改進試驗，在蔬菜方面各地試驗機關都分頭研究採種，引種，栽培試驗和適於各地生長的蔬菜作物的改進工作，在花卉方面以試驗一般草花的栽培，士林園藝試驗分所的洋蘭千餘種，名聞海內，也是本省園藝事業的一枝新軍。

臺灣省的農業條件既是如此的優越，要促使農業的更爲發展，就必須有農業的推廣組織，把改進的生產技術推廣到農村去，把優良的作物品種推廣到民間去，像原原種的供應，園藝產品的改良發展，和獎勵自給肥料等的推廣工作，都由本省唯一的農業推廣機關——農會和其他事業機關附屬的推廣機構去執行推廣工作，所以農業推廣成績的良好也是臺灣園藝事業發達的一個重要因素。

（三）園藝企業的建立，發展和重要性

臺灣的園藝生產企業的建立歷史和發展順序，可以說相當的簡短和迅速，到目前爲止，至少已經有三種的園藝的生產事業走上了企業化的道路；這三種成爲企業化的園藝生產事業就是臺灣的香蕉產業，鳳梨產業和正在趨向企業化的蔬菜加工生產事業。現在我們來看看這三種園藝企業的建立，成長發展和他們的價值與重要性。

臺灣栽培香蕉開始在什麼時候，雖然沒有確切的文獻可查，據可查的記載約在二百五十年前左右，在臺灣中部彰化地方的香蕉種植爲本省最早的香蕉栽培，當時香蕉種苗的主要來源爲我國南部地方，因爲香蕉的塊莖不容易枯死，所以移栽十分方便，而香蕉植物的繁殖力又非常旺盛，就很迅速的傳播到全島各地。本省早期的香蕉栽培爲一般庭園零星的栽培，在每家的庭園屋隅栽種三四株，作爲美化庭園的材料，所生產的果實也祇供給家庭食用。到民國前四年(明治四十一年)有極少數的產品向外輸到日本和中國大陸，很受各地人士的歡迎，於是香蕉的栽種立刻形成如火燎原的趨勢，而香蕉在市場上的需要也與日俱增，所以香蕉專業化經營的種植也就很快的普及，面積也有迅速的增加。香蕉的價值，從此就引起了人們的注意。又因爲香蕉從栽培到收穫所需的時間短，更促成了香蕉生產事業的迅速發達。到民國十二年(大正十二年)臺灣的香蕉就成爲僅次於米，糖，茶的重要農產品。二年後，香蕉竟和米，糖同爲臺灣的三大產業。香蕉產業地位的重要和對臺灣的農業經濟的影響由此可以想見。民國前三年（明治四十二年）的栽培面積爲五六〇甲，生產量爲一〇、五三六、〇六二公斤，輸出量爲四，四六三、二九八公斤，占總生產量百分之四十二强。到民國二十二年(昭和八年)的栽培面積爲一九、二二八甲，產量爲二九二、五五五、六六七公斤，外銷量爲二一一、〇八六、一〇〇公斤，爲香蕉產業的最盛期。從經濟的栽培到產業的建立先後祇經過二十五年，香蕉產業的建立和發展的迅速也由此可見。光復以來，香蕉仍爲本省農產物中大宗外銷特產之一，在農產物中的輸出價值仍爲僅次于米糖而佔第三位。民國三十八年的栽培面積爲一六、一三七甲，生產量爲九八、四一六、七二九公斤，外銷量爲一二、六二一、六四一公斤，臺灣的香蕉產業除了每年能換取大量的外滙外，我們再以每甲地有十個從業人員作估計的話，那末單是香蕉一項在目前就安定了十六萬的人口，也就安定了本省百分之二·五的人口，雖然香蕉產業的迅速建立和發展成爲企業化的生產一部份是由於寶島的風土和香蕉植物的易於種植，但此外像香蕉產業界的努力革新和改進也是促成企業化生產的一個很重要的動力，例如在民國十二年十二月，香蕉產業界自動規定了香蕉容器的式樣和它的製造規格，確立了香蕉包裝容器的統一式樣。在民國十四年八月，高雄地方的香蕉產業界創立了香蕉的產地檢驗制度；在民國十五年三月將各地的香蕉中間商人全部廢除，而由合作社性質的團體，由生產者自已辦理香蕉的運銷業務；在民國十九年四月辦理高雄基隆間的香蕉運輸專用火車；民國二十四年在臺中霧峯地方設立香蕉栽培試驗園等等的努力和改進，都是促進香蕉產業發達的因子，我們對這許多努力成果的價值和功跡，當然更爲明瞭。

臺灣的鳳梨是和香蕉，蝴蝶蘭和大西瓜同樣的負有盛名，並且還比這許多名產的生產更爲發達，更爲企業化；可是我們追尋鳳梨企業在臺灣的發跡知道自從提倡，輔導，獎勵到成爲今日臺灣重要特產企業的鳳梨生產事業，前後的經過祇有三十多年的歷史。原來臺灣的有鳳梨，是在距今二百五十餘年前清代康熙末年已從中國大陸的南方傳入，但當時傳入的鳳梨並不適合鳳梨罐頭的製造，所以雖然傳入了很久，始終沒有重大的發展，祇在臺灣野生了二百餘年。鳳梨在臺灣形成爲大產業還在日人竊據臺灣後十多年，由日人岡村庄太郎在鳳山設廠製造罐頭鳳梨，爲今日鳳梨企業的先聲。後來更由於農業家的注意和努力，和當時的臺灣總督府的贊助，就在民國十二年到二十四年間注意品種的改良工作；有一位岡村的農業家到南洋群島和夏威夷去考察，

就大量的引入改良鳳梨母株和購買整套製造鳳梨罐頭的機器。從民國十四年起特別設立鳳梨種苗的養成機關，大量繁殖優良種苗，推廣種苗，和栽培方法，獎勵農家栽培鳳梨，鳳梨的農業生產基礎從此確立。其後就是開始鳳梨罐頭的製造，並且規定了鳳梨罐頭成品的標準和規格，使產品有一定的標準和規格。民國二十八年爲臺灣鳳梨生產的最盛時代，當時的栽培面積達一〇、七一三公頃，產量爲一三九，九八五公斤，製造二打裝罐頭鳳梨達一百四十萬箱。到光復時鳳梨栽培的面積仍有六千餘甲，和在彰化，員林，南投，二水，嘉義和鳳山的六個公營的鳳梨工廠。民國三十八年鳳梨的栽培面積爲四，九二八甲，產量四三，二八八，四〇〇公斤，生果外銷五九，九一六公斤，罐頭外銷一五八，四三〇箱。目前除了鳳梨公司的六個鳳梨工廠外，還有民營的鳳梨罐頭廠約七十餘家。鳳梨的產業不但對本省每年能換取大量的外滙，並且在目前還安定了十萬以上的人口，對財政金融和農村經濟的關係密切和重要也很明顯。

蔬菜加工的趨向企業化是臺灣近代園藝生產事業的一個新興產業，這個產業的滋長和發展也有它特殊的成因，也許很多人對這一個問題會發生懷疑，因爲覺得臺灣的蔬菜種類並不很多，季節的分佈不太均勻，尤其是夏季缺乏蔬菜的嚴重情形，就不容易相信在這種情況下，蔬菜加工仍有企業化發展的可能；可是蔬菜加工事業卻就在蔬菜的季節分配不均勻的條件下才產生。我們知道臺灣每年可以栽種水稻二季，水稻田的面積有五十餘萬甲，占全省耕地面積達百分之六十，冬季的水稻田，除了極少數爲休閒田外，大部份就成爲栽培蔬菜的土地，面積的廣大也就可以知道。冬季大面積上的產品並不能在短時間內爲市場所吸收，蔬菜加工就是處理這些產品的最好途徑，也是必然的結果；又因爲蔬菜加工已爲人們所需要，所以企業化的加工事業正在方興未艾，如有適當的經營去配合蔬菜的農業生產，那末蔬菜加工企業的前途一定十分有望。

現在已經被採用爲蔬菜加工的蔬菜作物，主要的有蘿蔔，芥菜，豌豆，黃瓜幾種。蘿蔔的加工最爲普遍，全省各地都有，方法也比較簡單，加工的產品就是普通的蘿蔔乾和醃蘿蔔幾種；芥菜的加工比較有地域性，主要的地區就是在臺灣宜蘭周圍的蘭陽平原，加工的產品是鹽芥菜；豌豆的加工限於臺灣中部和南部地方，加工的產品是罐頭豌豆和豌豆粉；黃瓜的加工產品是醬黃瓜和醃黃瓜，也以中部和南部地方比較普遍。全省各地蔬菜加工的規模都不大，並且都屬於民營的工廠，可是所製產品的總價值和對本省的民食關係卻很大，最近還有省營的事業機構也在計劃蔬菜的加工，我們相信一旦公營的蔬菜加工事業實現後，蔬菜加工的企業就會很迅速的建立起來，所以本省的蔬菜加工也能迅速的繼香蕉鳳梨的產業之後趨向企業化的道路。

除了香蕉，鳳梨和蔬菜的生產進入了企業化的生產途徑外，還有柑桔的生產事業也有進入企業化經營的可能。本省的柑橘栽培也在二百五十餘年以前就從中國本土傳入，但柑桔的生產從沒有發展，直到日本人竊據以後才逐漸發展。在民國三十一年的栽培面積有五千五百甲，產量爲三千八百七十餘萬公斤，外銷的數量高達一千三百餘萬公斤，爲臺灣柑橘生產的最盛時期。

臺灣所產主要的柑桔類果實有椪柑，主產於新竹員林，桶柑主產於臺北，新竹，文旦柚類的主產地爲臺南地方。光復以來臺灣的柑桔生產事業因受生產成本和銷路的限制，還沒有恢復最盛期的景況。一旦外銷市場和生產成本問題獲得解決，柑橘產業的步入企業化階段也一定可以預期的。

(四)本省園藝事業應有的準備和今後的展望

概括的說來，臺灣園藝生產事業的發達是不容否認的一件事，可是要配合寶島今後的發展和使命，目前各項園藝事業的設施和措置所需要加以改進和準備的地方還很多。現在再把本省園藝事業今後應有的準備和將來的展望略爲敘述。

在前面說過臺灣主要的園藝作物爲香蕉，鳳梨，蔬菜和柑橘，其中除蔬菜爲平地栽培外，其餘三種作物都分佈在山地；山地經營園藝生產事業，不但在現在的農業立場看來應該提倡，就是以今後臺灣整個的農業觀點上說，也是必須加以維護和獎勵的。可是目前山地的園藝生產事業，不論香蕉或鳳梨或柑桔，都面臨着一個嚴重而又須迅速解決的二個問題，就是怎樣避免掠奪式栽培的繼續發生和如何達到有效的水土保持來維護寶島的命脈。所謂掠奪式的栽培就是把作物種植在新開墾的處女山地，放任栽培 不施用肥料，待土地的肥力被作物消耗完了之後就把這塊山地放棄，再另外開墾處女山地，這種掠奪式栽培所發生的後果很多，第一就是年久以後園地繼續向深山推進，距離交通線日遠，對產品的搬運就不方便，因爲運費的增加，生產的成本就高，很不利於園藝事業的發展。第二就是肥力消耗完了的土地被放棄以後就成爲荒山，荒山上既沒有森林的存在，又沒有農作物的生長，土壤的沖刷是必然的後果，也就不能有良好的水土保持，因此對寶島的安全也就受到威脅，這種掠奪式栽培的形成，並不是沒有原因的，山林管理的欠於周密，固然是一個因素，但最主要的還在經營山地園藝作物時不能獲得適量的肥料和對山地耕作的應有技術指導和宣傳還沒有普及提倡。所以如要使本省的園藝生產事業在短期間內有長足的進步，就得立刻準備如何使經營山地園藝生產者獲得適量的肥料和山地栽培的技術指導。獲得肥料可能的途徑有二，第一希望由政府方面用實物換肥或低利借貸肥料，第二就是由生產者的合作團體把肥料以低價配售給生產者。獲得山地栽培的技術指導可以由農林技術行政機構或生產事業機關，負責執行宣傳指導山地經營的技術，例如堆肥的應用，梯田或等高線的耕作方法，都是防止水土沖刷和避免掠奪栽培的有效途徑。

次一項的準備工作是作物的品種更新，和增產自給，我們知道臺灣的主要園藝作物在光復前五年一直到光復後的今天，前後十多年中因爲人力和財力的限制，加上放任的繁殖，品種的退化是必然的結果，其中以柑橘，鳳梨和蔬菜的品種混雜和品種退化最爲普遍。選種和引種是更新品種的途徑，這種品種更新的工作也應該預爲準備，才能使本省的園藝作物在短期內得到有效的迅速的品種更新。關於作物的增產自給是指一方面應該防止外國果蔬的乘虛而入，一方面設法使園藝產品得到合理的季節性的分配，外國的橘子，外國的馬鈴薯，洋葱和蔬菜種籽的所以能在本省市場上大量傾銷，也就證明本省園藝產品的種類和產量的不足和產品的季節分配不能均勻。種類和產量的增加有賴栽培技術的改進和試驗研究；產品的供應調節就得在品種和市場的處理上尋求對策　阻止夏季的美國橘子在臺灣市場上的活躍，應該在獎勵種植晚熟種的橘子上着手；對抗外國洋葱，馬鈴薯和菜蔬種子的進口，可能在高冷地的應用和栽培試驗上尋求答案。

我們要發揚光大臺灣的園藝生產事業，似乎有樹立良好的產銷合作制度的必要，良好的產銷合作制度確立以後，不但能獲得增加生產者的收益，並且更因此得到了生產的保障，從事生產的精神也能因之鼓舞，整個產業的進步可以預期；在銷售方面，良好的產銷合作制度對市場的管制和發展也能得到有效的控制，並且可以促進貿易和事業的發展。

再有一件準備工作就是培養本省的園藝教學基礎。臺灣被日本人竊據五十多年，影響所及，早爲大家所深切瞭解。我們爲了彌補將來，對園藝教學基礎的培養工作，應該立刻進行。臺灣的園藝作物，大部份爲熱帶和亞熱帶的植物。今日我們在訓練園藝的技術工作人員的時候，必須把日本人所用的術語方法或其他名詞和類似的工作設法糾正過來，這個糾正的工作並不很容易，也是一個基本的教學工作。所以我們應該設法很謹慎的去培養這個園藝的教學基礎。

本文已經把臺灣的園藝事業概況作了一個很簡單扼要的敘述，我們在回顧以往，面臨現在以後，再展望本省園藝事業的將來，作爲本文的結語。

本省的園藝事業，在先天條件的優越和後天人爲的各種努力的双重條件下，我們展望臺灣園藝事業的將來，覺得一定非常樂觀而大有可爲的，今後臺灣的園藝生產事業可能達到地盡其利的土地利用；園藝事業能在臺灣充分發達的一天，一定會使臺灣的農業立體化，就是將來臺灣的園藝生產事業是趨向山地發展，使臺灣的土地達到最高效能的土地利用。其次是臺灣園藝產品的外銷市場一定十分發達，因爲臺灣的省內和對外的交通工具十分完備，對園藝產品的輸送也就十分便利，北方溫帶地方是亞熱帶園藝產品最好的市場。今後祇要世界局勢平定，本省園藝品的外銷，可能會發生供不應求的現象。等到本省的工業能有高度發達的一日，也就是本省的園藝加工企業得到發展的時日，所以本省園藝事業的前途，是一定十分光明的。

徵稿簡則

一、本刊歡迎：

(1) 凡能給人以早日恢復自由中國的希望，和鼓勵人以反共勇氣的文章。

(2) 介紹鐵幕後各國和中國鐵幕區極權專制的殘酷事實的通訊和特寫。

(3) 介紹世界各國反共的言論、書籍與事實的文字。

(4) 研究打擊極權主義有效對策的文章。

(5) 提出擊敗共黨後，建立政治民主、經濟平等的理想社會輪廓的文章。

(6) 其他反極權的論文、談話、小說、木刻、照片等。

二、翻譯稿件務請附原文並註明其出處。

三、投稿字數，每篇請勿超過四千字。

四、賜稿務望用稿紙繕寫清楚，並加標點。

五、凡附足郵票的稿件，不刊載即退回。

六、稿件發表後，每千字致稿酬新臺幣十五元至卅元。

七、來稿本刊有刪改權，若不願受此限制，請先說明。

八、惠稿經登載，版權爲本刊所有，非經同意不得轉載。

九、來稿請寄臺北市金山街一巷二號本社編輯部。

自由中國通訊

西歐通訊・七月十日

艾森豪威爾與西歐

安　道

美國用了她的兩員五星上將一位在東方一位在西方，來阻止史達林赤化世界的洪流。東方的一位，不但西方國家予以掣肘，甚至連美國也與他爲難；西方的一位，美國却以全力來支持他，但是西方國家都以敷衍來對付他。他們對于擴軍工作太不積極，從艾森豪威爾到歐洲以來，將近半年有餘，而他所有的軍隊，仍然只是十二個師。用這十二個師，來抵抗蘇聯在東歐所有的一百七十個師，何異于以鄒敵楚耶？艾森豪威爾希望今年年底能有二十五個師，但他這種希望將因西方國家的敷衍，而終歸于泡影。所計劃的六十個師，這不知將到何年才能成立呢？艾森豪威爾已失掉了忍耐，他早已着急了。

北大西洋公約醞釀于一九四九年初期，開始時大家都不感多大興趣，誰也不積極進行，那時的北大西洋公約，不過只是一種空頭運動而已。一直拖到了一九五〇年六月，高麗戰事爆發了，西方國家才着了慌，這才促使艾森豪威爾的東來。他到西歐各國觀察了一遍，僕僕風塵，將近兩個星期。所遇到的歡迎，非常的熱烈，而他所期望遇到的反共抗俄的情緒，却是非常的低沉，這使他很敗興，但他回國後，在國會報告時，却鼓起了勇氣，現出很樂觀的樣子報告視察的結果，頗使國會滿意，這才燃起了美國對北大西洋公約的熱火。其實艾森豪威爾是啞子吃黃連，有苦說不出來，他已看透了現在的局勢，若沒有北大西洋公約，更有誰來對付蘇聯？豈不更使美國落到了孤掌難鳴的地步？又何況北大西洋公約，能够拉着許多小的國家，不使他們倒向蘇聯，他又想依賴他的聲望和他的苦口婆心，能使西方國家，回心轉意，團結一致，鼓起抗俄的情緒來。北大西洋公約國家名義上是團結了，實際上是同床異夢，各國都在尋找私利，誰也不願意犧牲。所以最近他們發起了犧牲均等的口號，大家都要借着北大西洋公約的名義，來騙取美國的軍事與經濟的援助而已。

法國據美國人說，它是歐洲的希望，離了它歐洲便無法抗俄。但是實際上，法國所走的却是中間路線，要借美國的援助來强大自己。雖在今年四月間，奧利阿總統親自到美國跑了一趟，發表談話說，法國絕不守中立，它要作美國的一個最忠實的盟友，這不過只是一種宣傳攻勢，藉以催促美國對法援助的積極。法國對北大西洋公約雖很消極，總是在敷衍了事，但它對于西德的擴軍，和西班牙加入大西洋公約問題，却是積極的加以阻止和破壞。布來文到美國一趟，破壞了對德和約，擱淺了西德擴軍問題。其實艾森豪威爾也認清了西歐的殘局，如果蘇聯發動攻勢，可以在短短的兩個星期內，席捲歐洲。而西班牙因爲有比利牛斯山的天險，是足以阻止蘇聯的赤流的，又何況西班牙是抗共最先勝利的國家，軍心士氣，十分旺盛，她所有的陸軍又是西歐最强大的陸軍。葡萄牙在北大西洋公約成立之初，艾森豪威爾到葡國視察的時候，就向艾森豪威爾建議，主張西班牙也應參加北大西洋公約。

法國阻止西班牙加入北大西洋公約的理由是，如果西班牙參加了北大西洋公約，美國也要軍事經濟援助他，那麼西班牙豈不分了他的一杯羹嗎？更兼西班牙有比利牛斯的天險，萬一西歐無法據守，美國一定要退守西班牙，這豈不等于在計劃放棄法國。英法所持的理由，與他們阻止美國防守東亞是一樣的，防守東亞減輕了防禦西歐的力量。這種近視眼和自私，只西方國家如此，反共抗俄已成了世界問題，如果東方赤化了，英法怎能幸免，艾森豪威爾早已看到了西班牙加入北大西洋公約的重要，不過他不願意得罪英法，他是一位好好先生，他沒有像麥帥那樣見義勇爲，有話就講的率眞坦白。

英國是美國不可或少的盟友，他有强大的海空軍，但自前二次大戰以後，他領導世界的權力，就被美國奪去了。但英國却處處表示不太甘心，遠東政見的紛歧，地中海統帥的爭奪，都足表示他不願受美國的指揮。英國對于擴軍，還算比較積極；但他對艾森豪威爾的呼籲，却不太予以注意，而且他又聲明，英國住地中海艦隊，不歸加爾尼指揮。貝萬將是英國的內變，他阻止擴軍，不願意對美親善。他曾說過，英國不要作美國的附庸，現在擴軍還有點爲時過早。

丹麥挪威二國，雖身居北大西洋公約國家之一，但他們却拒絕了美國要在其國境內建立空軍基地的請求，他說若答應了美國的請求，就等于去捋蘇聯的虎鬚，這迫使美國不得不在北非建立空軍基地。

西方國家，大概可以分作三個集

團，葡萄牙與西班牙是反共最堅强的國家。因爲他們都是天主教國家，所以他們與共產黨，是不能並容的。艾森豪威爾視察大西洋公約國家的時候，對葡萄牙最爲滿意。法國與荷比盧森堡是一個集團，這是走中立路線的集團，法國是其首領。英國，丹麥、挪威另屬一個集團，最近挪威王與丹麥王相繼訪英，已十足的證明了，他們是唯英國的馬首是瞻的。

英法不但阻止西班牙加入大西洋公約，他們也不願意土爾其與希臘參加。(註)希土兩國也是抗共最堅强而勝利了的國家，美國爲折衷英法，勢將成立地中海聯盟，包括希臘，土爾其，南斯拉夫與西班牙，但英法似乎還要設法阻止，不讓西班牙參加。昨天曾有九位美國的議員到巴黎去見艾森豪威爾，最近還要到馬德里，聽說這便是艾帥的提議，西班牙勢將參加一個聯盟，這是必然的趨勢，不過只是時間的問題而已。

西歐的社會主義與共產主義，是異母的同胞弟兄，他們所走的路線是很相近的，不過只是名詞的差異。

大西洋公約國家雖不大振作，一味敷衍艾森豪威爾。但其他的中立國家，如瑞士，瑞典等小國，却在積極的厲兵秣馬，加强自己，以備應付于萬一。西班牙更是不肯後人。我們不曉得美國對此將作如何感想，更不曉得艾森豪威爾心中是什麼滋味。艾帥也許要以期待來戰勝西方國家的消極，更進而完成了他阻止赤流的任務吧？我們請拭目以待！

(註)一、據美聯社七月十八日倫敦電：英國今天表示贊成希臘及土耳其加入北大西洋公約的組織。英外相莫理遜告訴下院說：英國經過長期討論，乃作此一決定。美國曾從事很久的努力以促成這兩個地中海國家參加西歐防禦中。

二、美國已派海軍軍令部長薛爾曼開始與西班牙商談西班牙參加歐洲防務，在此一問題對英法發生歧見。

標語的災厄

奧大利的共產黨曾爲宣傳共黨的「和平」運動張貼五萬份標語，標語上所印的字爲各種不同的顏色。但奇怪得很，後來被人發現標語上每一行的第二個字母拼成了一句話：「狄托萬歲」。這當然是犯了大諱。爲了要將這些犯諱的標語撕下，又忙煞了共產黨徒們。

西班牙留學生的憤怒

馬德里通訊・七月八日

不文

——我國政府爲什麼一再縱容一位漢奸公使充當冒牌的眞(?)公使？

天下事固有常出人意外者，但是我國的事其出人意外者則有些令人不堪相信，就拿馬德里冒牌公使王德炎這件事來說吧，這眞是前無古人後無來者，弄假成眞，一個僞公使竟而儼然爲眞公使，中國政府的面子在國際上眞個算丟盡了。

提起馬德里這位冒牌公使來，讀者們一定讀過新天一三八期的一篇文章，該文報導雖然語焉不詳，但大體總算已具眉目，盡皆事實，我們想中國當局，不會不有所知有所聞吧。留在馬德里的同學，以及住在全西班牙領西班牙公費的七十幾位同學在該文發表之後，都引領企盼好消息，企盼着中西通使問題早日解決。然而不知爲什麼時至今日通使問題仍是懸而莫解，好消息仍是姍姍來遲！

這裡我們先不說通使問題，我們要說的是該文發表之後，冒牌公使的反應，這篇文章本來未曾到過王逆的手中，經一位安徽籍的同學無意中向他洩露，於是他苦搜該文並各處探訪該文撰述人，他的河東獅吼的太太並大言，如果其人在西班牙一定要極端報復並予以驅出境。儼然眞公使，並召喚若干華僑詢問各該人等曾向何人縷述自家事體，結果心勞日拙沒有一點結果。然而其洶洶之氣態，叱叱之語言，張口閉口本公使如此如彼，目無臺灣，雄蓋一世，直令正義人士不禁氣衝斗牛也。

提起這位冒牌公使，他的所以有今日之氣勢洶洶，不可一世的原因：小半爲其本人的經營，而大半則爲政府大員的恩惠所致。勝利之初，據王冒牌公使自說，政府曾有意引渡，但因其與某大使有舊，乃上十萬言長信的聲辯書，結果由某大使代爲緩頰，政府遂置不再追問。王逆當時鑑於當時政府位列四强，西班牙政府又苦苦顧與我國通使，目前雖無引渡之危，然而終恐有一日之不保，於是頗自知謙抑，殊少活動。及至政府失敗，退出大陸，王某此時知政府自顧不暇，遂大張旗鼓大放厥詞，對政府對元首對國民黨頗致不滿，誹聲四溢，然尚不敢公開自稱公使也。

待到巴黎使館一部份人員投共，外部派員到巴黎調整，這位大員就是前外交部次長董霖先生。董霖先生來西之後，王僞公使立即請客招待，並約當時在馬德里之中國留學生作陪。從此以後，又與董次長盤桓數日，董次長在僞公使家用膳的次日，僞公使和他的活寶弟弟——曾任汪記政權的僞駐德代辦，將德大使館財產變買一空，所得美鈔當不下數十萬也，四出撞騙。

說是董外次已委任他本人作國民政府正式駐西班牙公使，向西班牙外交部則云：國府已委他作恢復邦交的接洽人。當時董氏尚在西京，對此事當有所聞，默不置辯。後記者探悉董次長實有要向國府建議任王某爲公使之話，行前並殷殷以將赴西遊學之犬子相託！

董次長離西之後，王僞公使日日設筵招待西班牙以及各國人士，大談其已爲公使之事，庭宇之內復懸中國公使館招牌若干日。此後即明目張膽，自稱公使，消息傳到西班牙東南商港瓦積西亞，一位曾任過中國總領事的西班牙人的太太，不辭遠道來西京，要求繼續委任，王當即發下正式委任命令，簽字蓋章，汪記政權的大印扣得方方正正。不過王僞還算有心，日期沒有寫民卅九，而寫的是一九四五年，那時他還在僞公使任內。這位西班牙人的太太，中國總領事的招牌大掛，出證書，作證明行使職權，儼然一位總領事，而一切完全享受外交官的待遇。同學中曾有人接到她的信件，封皮之上也是在印着中國總領事！

去歲于斌總主教曾琦以及陳立夫三人來西小遊，當時王某欲以公使身分往迎，賴同學欄阻不曾達成目的，待三人下塌西京以後，王在妻子慫慂之下去見陳立夫先生，並蒙陳慨然題字相酬，計前後訪陳兩次，陳欲請其便飯未果（此事乃王夫婦所道）。又拜會曾先生一次，招待甚殷，事前此間同學曾同曾陳二人縷述王事甚詳，並曾致意王某，曾陳爲政府要員，恐先生歡迎有所不便。至此，同學輩極感不快。但王某因政府兩大員的優容，膽量更大，王太太逢人便自炫耀，西班牙的無知華僑，個個都奉他爲眞公使！

此後（去年十月）王某曾爲瓦稜西亞一華僑，在國民政府所發護照上以汪記政權公使名義延期三年！這在抗戰勝利之初，這裡某先生就請王某爲他延期一次，後來這位先生到葡萄牙經商，護照期滿，請駐葡王公使爲延期，王公使將僞公使所簽章戳記，紅筆橫塌，完全塗抹，但一年之後僞公使却又大簽其字而蓋其章。

今年春又給一外國女子（其夫爲韓國人。）發一汪記政府護照。據云數月之前又曾發一護照。在西班牙的華僑，持有以王公使名義所發證件，更僕難數，您說這是不是荒天下之大唐！

一位在黨的同學曾將王某之事，向黨方某重要機關，詳細縷述並要求設法，結果，某機關所覆之信，眞令人失望之至。詞有：大事還管不了，這樣小事管他何用，改造後的國民黨，還這樣因循嗎？這眞使海外的華僑不禁心灰意懶，泣血錐心了！

綜計國府要員，凡來西班牙京都者，對王逆都是禮敬有加，只有李士珍夢周一人例外。當李先生來西之後，有同學將王某事向他縷述，李極感不快，第三天王即請某華僑致意，李當時說：我不是大官，只是一名小吏，見我何用？結果這算是王某絕無僅有的一次碰壁！

最近，在七月一日星期日，不知怎的王某要歸依天主教，有一西籍芳濟會司鐸爲之預備一切。目前在西班牙的同學全部是天主教徒，有人說他是想借信教的名義，來籠絡並控制全部同學。是否我們不曉得。但是如果他眞有此意，則他的行動將更使在西班牙的中國留學生憤怒了。

事實的經過是這樣：在他信教之前，一部份同學也很高興，希望他從此放下屠刀，立地成佛，於是有三四位同學登門拜訪，向王某面陳：如果眞心皈依天主教，則請以後不要再使用公使名義，取消公使館印鑑，並勸他不可聲張登報，他都一一答應了。

在領洗的當日，一部份同學參加了，然而發現了有新聞記者，有照相師，即知事情或將不妙。於是爲了防患於未然起見，由某同學向記者說明，不可發消息、但因那位同學的西班牙文不能達意，結果不曉得記者聽懂了他的意思否？領洗後由王某之弟招待記者（事後同學們纔曉得），說明王某是地地道道的中國正牌公使，次日星期一早報刊出中國駐西班牙公使王德炎皈依天主教，並有照片（按西班牙爲天主教國家，星期日之夜各報皆停刊，只出星期一日刊一份）。報紙出，同學等始知王某未曾守約，大譁，憤怒形於每人面色，立刻就有人以全西班牙留學生名義寫了一封抗議信給西班牙外交部。此外並有同學到各通訊社說穿，最後找到西班牙新聞檢查處，向總監說明，總監立刻向各報社及通信社下令將消息改正爲：王德炎曾爲汪記傀儡政府公使，並向來訪同學道歉，說這眞是一件可泣的事件，所惜者是我們事前不知道，沒有防患於未然，當天的晚報消息便完全改換面目，次日的早報也有同樣情形。王某見報大驚失色。速去拜見幾位中國同學要求救命！啊，這眞是弄巧成拙了。

但是，西班牙的消息算是改過了，可是外國的消息呢，我們知道法國十字晚報（六日），仍舊稱爲中國駐西公使，王呆木炎皈依公教，葡意各國當也不會例外。此外英美南美地方，恐怕消息也要傳出，不知我們駐各該國的公使大使們是否向各國的報紙要求更正呢！

現在駐在西班牙的留學生全體憤怒了，大家商議要採取步驟，不過因爲這裡沒有使節，目前除了通知西班牙各界並要求外交部聲明中西沒有邦交外，所能作的也只有與王某完全斷絕關係；然而他的發護照，延期，出證件，罵政府欺哄早先的愚昧華僑，享受外交官的配給待遇等等，同學們也還一時沒有良方呢！有之，除了在中西通使之後。

總之，中西通使目前已是刻不容緩的事了。西班牙方面沒有問題，而我們方面呢，從一九四九年底政府最高當局就有中西通使當予力促其成的言語，但是不曉得爲什麼，到現在只是樓梯響不見人下來。現在在西班牙的同學們最希望的是至少要派一位名譽總領事，就是在西的同學義務充任，都不成問題，或者效法菲律賓的辦法，也無不可。菲政府以駐西大使兼代意法葡西國使節職。我們如果不想開辦新館，又何防調意或葡方大公使到西經常駐蹕而令之兼代意葡使節呢？

中西一天不通使，王僞公使的冒牌正牌公使一天天的當下去，但願外交部，但願國民政府，不要再像某大員給大家的信了：不用管這樣的小事。小事嗎？知道內情的外國朋友都在竊笑我國政府呢。眞的，國家的體面讓這位王活寶丟盡了！（四〇年七月八日晚於瑪德里。）

蕭伯納趣事二三

（一）

已故蕭伯納是一個素食者。他中午的主要食物是由蔬菜所做成的一種漿狀的食品。晚餐是牛奶麵包或是餅乾，或是還吃一點水果。

食物是蕭伯納常愛談到的話題。有一次一位年青作家希安（Vincent Sheean）和他的太太去拜訪蕭伯納。蕭伯納的太太款以盛餐。席間蕭伯納滔滔不絕地評論那些點心是可以吃的，他認爲其中一部份應如「糞便」一般地被拋棄。但他完全沉溺在他自己的談話中，以致於他將所有禁止他們吃的那些「糞便」都吃光了。

（二）

蕭伯納的才華橫溢且自然，但表現他才華的文字却是一件藝術。正如所有的藝術一樣，蕭伯納的文字不是自然而生，也是經過一番製作的。曾扮演蕭伯納戲劇中角色的演員們說他的臺詞雖然往往很長，但很易於記憶。因爲每句之間有一種內在的連繫。並且他的句子是有音韻的，假若一個演員說掉了一個字，或是另換上了一個字，句子的音韻便被毀壞，正如同在沙士比亞劇本中的情形一樣。

有一次，「凱撒與喀麗歐巳特拉」（Caesar and Cleopatra）演出時，蕭伯納與一位女友伊麗歐特小姐同往觀劇。凱撒的奴隸布里坦勒斯（Britanus）的一句話「我只有當凱撒的奴隸才知道眞正的自由」令伊麗歐特小姐十分感動。她感情衝動地轉向蕭伯納說道：「哦，蕭先生，你眞應該寫詩的。」蕭伯納回答道：「親愛的伊麗歐特小姐，我從未寫過任何其他的東西。」

福建通訊 七月十日

游擊英雄馳閩江

曼青

龍雪山上

當閩江上游，在建陽、建甌、南平、以西的山岳地帶，沿着閩江北岸，從南平拖到江西廣昌邊境，有四個縣份，——順昌、將樂、泰寧、建寧是游擊隊活動的最好地區，一些準備和中共作長期對抗的領袖們，早於「解放」之前，便控制了這個地區；從「解放」後一直到三十九年五月，這四縣人民，得免於赤色暴政，過着日出而作日入而息的自由生活，青天白日的旗幟，隨風招展在這四縣的城樓上，城鄉政權始終屬於游擊鬭士。

是年六月，「福建軍區」以一個軍的力量，把這個地區包圍起來，大力圍「剿」，游擊隊為了避實就虛，不打硬仗，有計劃的把所有糧草軍實撤上龍雪山，一面和匪軍激戰了二十幾天；到了堅壁清野的工作完成，才且戰且退，掩護着所有不願做奴隸的人們跑上龍雪山，「解放軍」好幾回想上龍雪山，但為天險所阻，欲上不能。

可是在龍雪山上的英雄在半年的休養生息之後，終於又打回老家了！

閩江四縣「再解放」

三十九年十二月卅日，游擊隊以兩個縱隊的威力，一舉而把這四個縣「再解放」了！四十年元旦四縣人民熱烈慶祝「再解放」，歡忭欲狂，他們說：「共產黨究竟是紙老虎，我們才是鋼軍！」從此以後，震動了全閩六十七縣，鼓舞了閩江南北人民的反共情緒！這一次出動的游擊鬭士，一共一萬五千人，而這四縣的「解放軍」和紅色地方團隊，合約一萬二千人；游擊隊彈藥補給困難，交通工具缺乏，而共軍軍火充足，交通便利，在純軍事眼光來看，游擊隊是不可能一舉大勝的。事實却不這麼簡單，大批的無形的游擊隊早於三個月前下山！秘密的組成了「反共小組」，開展交通情報和行動的工作，共方的「政令」早已不能出衙門了；龍雪山對共方的軍事動態，瞭如指掌，而龍雪山的一切，共方竟毫無所悉。到了有利時機一來臨，宜乎能一舉而擊敗「解放軍」！使他們狼狽的逃往邵武和光澤去了！

中共在這四縣的損失，說起來頗足驚人！除了老百姓截獲的東西，無法統計外，單就游擊隊俘獲所得，有：⑴地方團隊，連人帶槍九千多人；⑵縣區鄉級「人民政府」共幹四千多人；⑶公糧一萬餘包；⑷「人民」檔案一千餘袋；⑸靠攏人物三百多人；⑹武器彈藥通訊器材和西藥一千六百多箱；⑺水陸交通工具兩百多件。此外，這四個縣的「區」「鄉」「鎮」「村」「街」「人民」政權全部摧毀了，共幹也全部俘虜了，潛伏的可疑人物，也在逐漸肅清中。「土改」原來打算遲半年開始，現在一切都成了泡影：「土改」的滋味，這四縣的人，始終沒有嘗到過，假如再遲幾個月「再解放」，那麼可就不同了：這是四縣人民所最慶幸的事。

現在且讓我慢慢地將這龍雪山的英雄，介紹給讀者，統帥這支隊伍的將領是嚴謝二氏。他倆是負責閩贛邊區指揮任務的劉雄李國屏麾下的部屬，而劉李又歸金彪將軍所統率，金彪又歸王調勳將軍所節制；他們的番號，是福建省人民反共突擊軍。從這役起，這些反共英雄，便開始為閩江人民所崇拜，突擊軍三個字已深印在閩西北部的人民腦海中了！

遍地俱是突擊軍

反共突擊軍的前身，是福建省人民反共忠義救國軍。時當三十八年六月三日，前主席朱紹良派歐陽烈做總指揮，劉雄做副總指揮；基幹是結集在順昌、將樂、泰寧、建寧、四縣的兩萬餘清洪弟兄，武器有長短槍近萬支；接着閩南師管區及交通警察武器共三千餘支，又移撥應用；由邵武撤退的第十六教養院員兵五千人和短槍幾百支，也參加進去；再加上閩贛邊區二十幾縣的地方武力，合流的結果；有官兵五萬人武器兩萬多支。這五萬人中，大概有半數是徒手，而徒手中又有半數是屬於紅槍會；有半數是各色各樣的人物，有工人、有農民、有技術人員；這些人都有組織的潛伏在交通線上，——從福州到浙贛邊區的水陸交通線的兩側，最成功的是他們已打進紅色的政權裏，有不少穿解放裝的文武官員，正是他們的伙伴了。

從福州外圍溯江而上，游擊官兵，自由鬭士，已佈滿了二十四個縣的範圍，靜如秋水，動若神兵。

三十九年六月，這一支武力才正式改稱反共突擊軍，歸海保司令王調勳節制，以金彪為陸地指揮官，劉雄為閩贛邊區指揮所主任，李國屏為副主任。

這裡所說的閩贛邊區是：從福州，沿閩江兩岸，北走建鉛建南兩公路，拖至江西鉛山、貴溪、弋陽上饒的一片廣大山區；在福建境內有福州、古田、明清、尤溪、延平、順昌、將樂、泰寧、建寧、邵武、閩潭、建甌、政和、松溪、崇安、……等二十四個縣份；而根據地則在龍雪山，周圍八百里，包括順昌、將樂、泰寧、建寧四個縣份。在這深山裏，不獨是高山峻嶺，而且是山路崎嶇，愈到內層，愈是一面懸岩絕壁，一面峭谷深潭，一夫當關，萬夫莫入：其形勢的險要可以想見！

說到福建的游擊武力，可以分爲海陸兩部：在海上的，有五個縱隊，員兵約兩萬人，附有艦艇百餘艘，歸林陰將軍統率，分駐海外據點，如海鵬島等；林將軍福建平潭人，有勇知方，閩人稱爲海上大王。陸上武力號稱十萬，歸金彪將軍統率，馳騁於閩浙贛一帶的邊區，所部包括五個縱隊八個獨立支隊。

看英雄面目

現在金林兩部水陸游擊武力，統歸王調動節制。王將軍福建林森縣人，身材魁梧，說話聲如洪鍾，一望而知是一個南人北相的大老粗。他出身軍校，北伐時任營團旅長；抗戰期中，奉黨命，從事閩省地下工作，從此奠定了他今日領導游擊鬬士的基礎！他雖是個老粗，但每當重要關頭，往往謀略精闢，時機切合，他現時的職務，是海上保安司令兼人民反共突擊軍總指揮。

突擊軍副總指揮是金彪；金將軍湖南人，年已古稀，而精神充沛，體格壯健，個子不高，而儀表非凡，態度攸容，和靄慈祥，令人可親。年十七時便加入同盟會；十九歲畢業湖北陸軍將弁學堂。辛亥首義，以軍功擢升標統；民三隨湯薌銘到湘任湘西勦匪指揮官，不數月，巨匪李子和以下數千名，皆被殲滅。後又贊襄勦共，賀龍一股幾被肅清；因是而與共匪結了不共戴天之仇！後乃解甲歸田。優遊林下，又與下層社會往來，捨己助人，投桃報李，義俠之士，聞風景從者，竟如雨後春筍；他今天能夠在閩西北掌握着幾萬個清洪弟兄，從事反共大業，便是由於在這個時候奠定了基礎！抗戰軍興，他感於匹夫有責之義，毅然主持浙江金嚴師管區；勝利後又辭職，遷居閩省。以待人誠實，處事和平，幫會人士擁爲首領；這一支武力的前身，所以稱之爲反共忠義救國軍，便是當時朱紹良要他拿來號召清洪弟兄的。

帶領清洪弟兄衝入閩江四縣縣城，幹出「再解放」的驚人傑作的，是：第六縱隊司令嚴某，現年四十三歲，出身黃埔四期，曾任制憲國大代表及團旅長等職，是一個勇往直前不畏強暴的傢伙。另一位是第八縱隊副司令兼代司令的謝某；現年四十一歲，日本士官二十三期畢業，曾任團旅長軍部參謀長有年，是一個足智多謀的人物。他倆雖然都是湖南產，但在福州多年，說起話來，正像兩個道地土著，而他們也樂於自認福建是他們第二故鄉了。

人民的力量

反共突擊軍能夠這樣的雄視在閩贛邊區的道理：當然是領導得人，指揮若定；而組織健全，情報準確也是兩個不可忽視的因素。此外，最重要的還是環繞在這邊區千萬人民的合作力量！地主獻糧，士紳獻槍，商人獻餉，智識份子秘密宣傳，老百姓供給情報。只要聽到「突擊軍」來了，家家燒茶煮飯來迎接，族長把祠堂門打開，準備晚上來宿營：這種流露出來的眞情，使勇士們個個興奮，人人勇往直前！

當這四縣淪入赤魔的半年中，共幹們下鄉搜繳民槍或偵察「國特」的時候，大家都不約而同的跑上龍雪山，等到共幹們走了，又自由自在的返回家園。久之，龍雪山便成了閩江上游的自由樂園了！很多看不慣秧歌作風的人們，索性拋棄家園，離妻別子，實地參加游擊的行列，其中有留學的大學教授，有中小學教員，有大中學生，有醫師，工程師，也有軍校出身的營連排長，更有遠從福州南平跑來的商人和企業家；他們來，不是出錢，便是出力，總求有所直接幫助於突擊軍，間接有所貢獻於祖國。

因此，這一支武力，不愁兵源補充的困難，只怕武器彈藥的不足；不愁糧食的匱乏，只怕保藏不得法，據說，單在龍雪山裏靠種山吃飯的自由人，就有十幾萬；儲備在山裏的糧食，就足夠五萬人一年的需用！

只待反攻的號角一響

共軍看到了這一支突擊軍的長成，是「人民」政權心腹之患，龍雪山是他們的眼中釘，閩江四縣的「再解放」，更是他們的「恥辱」！他們日夕計劃「圍勦」，從前年起，一直到今天，已不知動用了多少兵力，消耗了多少彈藥，而終於沒有收到絲毫效果。從今年起，又改用「政治瓦解」的鬼計，恐嚇無效，繼之以懷柔，什麼「脅從不問」「立功受獎」一套花言巧語，終究抵不住清洪弟兄們的至大至剛的團結力量！

從今年三月到現在，「解放軍」已五次包圍順昌、將樂、泰寧、建寧、四個「再解放」的縣份，但結果都碰壁而回！後來才知道，這些「解放軍」都是「民兵」偽裝起來的，自然抵不住身經百戰的游擊鬬士。只有五月間的一次，的確到了一個正規師，但游擊隊和他們接觸了半天，就避實就虛的跑上山了；而「解放軍」摸不着底細，不敢進城，反而撤返到邵武去。

最使中共傷腦筋的，是：福州的海運，已被國軍封鎖，當前所賴以和「華東」各地維持連繫的，全靠水路的閩江和陸路的通上饒和南城的公路；而這兩條交通大動脈，正好是控制在突擊軍手裏。因此，「人民政府」運一糧，輸一卒，都得要大兵團來保護；而突擊軍又學會了「以大吃小」的戰術，來困擾他們，來打擊他們；所以「閩西北」一區，被目爲「匪區」，不得不駐重兵。王金兩將軍又會利用幫會的關係，透過各階層，來建立交通線上的「反共小組」；有利時機一到來，又會擺出有形的武裝陣勢來牽制他們，使駐地匪軍側背受困，到處增援，疲於奔命。

有這樣的人力，有這樣的領袖，又有這樣成千成萬的外圍民衆，再加上有利的山地形勢，和海外的自由島嶼，而且自由祖國又歷歷在望，聲氣相通，倚角互賴！只要反攻的號角一響，首先響應和建立功勳的，恐怕不是別人，而是這班活躍在閩江南北的突擊健兒了！

文藝

覺醒

苓

五年前，是山城暮春的一個黃昏，天邊輕移着翩翩彩霞，垂楊臨風飄舞。杜鵑花紅，嘉陵水綠。在一條曲徑深處，蒼翠擁着一座平房。房中播出妙曼的歌聲和鋼琴聲，音樂的旋律劃破薄薄的紗霧隨着雲片在空中蕩漾。

「我是天空裏的一片雲，偶而投影在你的波心，你不必訝異，更無須歡欣，在轉瞬間消滅了踪影……」

這是曼青的歌聲，她是××大學中文系一年級的學生。渾圓的臉蛋流露着稚氣；嘴角常掛着一絲少女的驕矜；秀軟的長髮分批在兩肩；濃黑的睫毛下藏着一雙明亮的眸子，充滿了青春的活力；她樸素而淡雅，像一枝永遠沐在月光中的幽蘭。

亞林正爲曼青伴奏着鋼琴，修長的身材；頭髮自然地捲曲着；一張瘦削的臉上坎着一雙充滿智慧的眼睛，眼中充滿了夢幻，並常常帶着淡淡的哀愁；薄薄的嘴唇却顯露着年青人的倔强。

亞林是曼青姐夫的至友，在××音樂院教鋼琴。他現在正教曼青彈鋼琴，在曼青天眞坦蕩的心裏，他是一個令人崇敬的兄長，她喜歡聆聽他清雋的談吐，她喜歡看他靈活的手指在琴鍵上輕彈，她喜歡他所描述的南洋風光。以及那裏的熱情姑娘，她對他是一種眞純的兄妹感情，但是曼青的淺笑輕顰却永遠繫住了亞林的心。他的家僑居在南洋，父母死後便離別了兄嫂，一直過着流浪的日子，多年的憂患 已使他感到生的疲乏。而在曼青的微笑裏，眼波中，他看見了明媚的春天。但年青人的倔强阻住了他表示愛慕的勇氣。她彷彿是空谷中的一枚幽蘭，可望而不可及。

亞林輕彈着曼青最喜歡的一支曲子「偶然」，曼青以女中音輕聲和着，晚風徐來，白蘭花香陣陣飄進，歌聲停了，琴聲止了。山城夜色，蒼茫四起，幾聲稀落的鳥叫劃破了幽靜，直入雲宵。此時，不想說，不想笑，沉緬在這幽靜中便是幸福。夕陽西沉，天邊的山巔上反射出一片金光，亞林從琴邊站起，凝視着遙遠的雲山。

「卞先生，您想什麽?!」，曼青覺得太寂靜了。

亞林的眼睛仍凝視着遠方，喃喃說道：「我想那白雲深處可是一個快樂的地方?!那是一塊淸靜的土地，沒有塵世的汚足去沾染它，那裏的人們過着樸實恬靜的生活，他們之間沒有狡詐和險惡。老年人銀髮飄然，他們臉上的皺紋不是憂患的烙痕，而是老年一種特有的美，青年人都充滿了熱與力，他們不知道什麽是陰謀，什麽是欺騙。他們以整個的心愛那裏的每一個人，那裏的婦女並不是美麗的仙子，但她們都有美麗的靈魂，她們愛她們的丈夫和孩子，也同時受着他們的敬愛。她們不是丈夫的奴隸，而是他生命的另一半。那裏的孩子們是最幸福的，他們在自由博愛的空氣中成長，不知憂慮，不知痛苦，他們活潑新鮮， 充滿了生命的活力……」

「我想那裏還應該有一個年邁的國王和一個可愛的公主」。曼青想到了兒時所幻想的童話世界。

「還有一個聰明的王子愛慕着那可愛的公主」。亞林轉過頭對曼青笑笑，似乎是笑她的大眞瀾漫。

「那王子是你」。曼青頑皮地笑了。

「那公主呢?!」亞林故意逗曼青。

「是那遙遠的熱情姑娘」。

日子一天天溜走，曼青崇拜亞林彷彿無知的小妹妹崇拜着大哥哥，她跟不上他奇妙的幻想；她不能了解他深沉的感情；他的智慧使她迷惘，但是，亞林却偷偷地在愛着她。

抗戰勝利，普天同慶。曼青的姐姐準備帶着曼青和孩子還鄉，曼青的姐夫遠在美國。於是亞林自告奮勇護送她們回故鄉，然後他再回南洋看看他久別的兄嫂，這原是亞林對朋友的情誼，但鼓勵亞林如此豪爽的還是曼青那一双天眞無邪的眼睛。

主人殷殷挽留亞林在鄉間渡過了暑天再啓程，他只有留下了。鄉村的幽靜與恬淡使亞林疲憊的心得到了片刻的安寧。他常一人獨自在田岸蹓躂，承受那淨潔的陽光；或在月光下爲曼青講熱帶的故事，少女的笑靨好像那西天的彩霞；他也常憑窗遠眺，靜聽那細碎的鳥語；或帶着提琴在林中獨奏，讓心隨着音律像雲雀般飛揚。

一天黃昏，風在林梢，鳥在叫。亞林坐在樹下輕彈着提琴，琴聲與鳥語交織成一支諧美的交響曲。曼青躺在草地上讓遐思馳騁。

亞林一面彈着提琴，一面望着曼青爲自己編織着美麗的幻想。只要曼青在身旁，世界對於他就是眞善美。她好似一朶含苞未放的蓓蕾，而且，亞林不忍輕易惹動她那天眞純潔的心靈，愛何必一定需要報償?!無言的愛才是一種最雋永的情感。亞林這麽想着，曼青却已昏昏入睡。晚風徐來，亞林感到微涼，於是他輕放下提琴，將自己的上衣替曼青蓋上。風吹樹葉鳴，夢裏花兒落多少?!

日子就這麽飛逝。曼青生活在和晌的春風中，新鮮，愉快，但她沒察覺是誰使她如此。亞林遠在南洋的兄嫂連着來信催他早歸。八年了，也應該是看看家人的時候了。於是亞林又背起行裝辭別了。這個温馨的地方，重踏上了旅程。臨別的前夕，亞林又爲曼青奏着「偶然」的曲子。

「……你記得也好，最好能忘掉，在這相會時互換的光亮……你不必訝異，更無須歡欣，在轉瞬間消滅了蹤影。」

亞林走了，從此，他的心裏永遠坎上了曼青的身影。而這一段生活在曼青日後的生活中也是一個永不退色的美麗的記憶。

× × × × ×

暑假過去了，曼青回到了由重慶搬回南京的學校，她又重新恢復了勤勉的學校生活。亞林常有信來，告訴她一點一滴的生活情況，信中充滿了細膩雋永的情感，但這種含蓄沉默的愛未能挑動曼青的熱情，她所需要的是新鮮，刺激和豪邁，而這一切她在另一個人身上發現了。

當時，赤禍已蔓延到東北。學校成了共黨活動的大本營，共黨的職業學生，潛伏在學校內利用一般天眞純潔的青年做着煽動破壞的工作，一個名叫張定中的便是××大學共黨職業學生，他是曼青的系友，個子魁梧，廣濶的肩膀顯示着強烈的男性美，一双靈活的眼睛最逗人喜歡，鼻子端端正正的，黑黑的皮膚象徵着健康。他聰明而活躍。知道如何博得女孩子的歡心。他會說，會玩，會笑，是女孩子眼中豪邁的英雄，就在這張漂亮的人皮下他掩飾着他的卑劣和陰謀。他看準了爲同學們所愛慕的曼青是一個可利用的對象，而且和這樣一個女孩子在一塊，也可排遣目前的空虛與苦悶。

女孩子的感情往往是難以捉摸的。她對感情珍惜時彷彿一個吝嗇的守財奴，但當她放任感情時，那感情好像是氾濫的洪水，冲毁了她理智的堤防，甚於淹沒了她自己。

定中很快便贏得了曼青整個的心。他們也曾有過美麗的時光，在愛戀的日子裏。曼青跳躍的生命充滿了光彩與甜蜜，北極閣是他們常蹓躂的地方，他們常在山路上，迎着歡風，他把她當作小貓拋擲過去，奔回來時，是那麼爽朗的笑！月夜，玄武湖上螢光點點，他們駕着小舟盪漾在荷葉深處，輕歌一曲，笑語呢喃，這狂似的感情，使曼青感到的是澀，也是甜。

亞林與曼青分別一年了。亞林仍難以忘懷曼青嬌癡的笑靨和那一双滴溜溜的亮眼。熱情在他胸中澎湃，他禁不住那美麗幻想的挑逗，經過了幾個失眠的夜，他終於提起了筆對曼青傾吐了他的情懷。他豈知夢想破碎之後，繼之將失去一切?!

許多天眞的人常常爲投入更大的誘惑，便殘忍地拋棄那最純潔的情感，曼青也常常想起亞林，但是他的一切是那樣地令她迷惑難解。她跟不上他的幻想，它聽不懂他充滿了智慧的談吐，何況她整個的心整個的靈魂，都已獻給了定中，海可枯，石可爛，她對定中的愛是永也不能轉移的，於是她寫了一封信給亞林，信中有這樣的一段話：

「……我跟不上你漂泊的行蹤，我跟不上你虛渺的幻想，我怕有一天你眞會忘記了身邊的人，而縱身入海，爲的是要探尋海底美麗的世界……忘了我吧；如同忘記了那午夜的一粒流星……我永遠敬愛你像敬愛我兄長一樣。」

在愛戀中的人豈能聽見那被棄者哀怨的心音?!曼青與定中遊罷歸來又見着了亞林的信：

「……我不怨你，感情不是算盤上的珠子可以隨意加減。這本是一個極平常的愛情故事，但這對於一個感情篤誠的人畢竟太殘忍。可是，愛是不應要求報償的，我又何必如此自私?!……感謝你溜進了我的生活圈子，你曾使我奮進，使我愛戀生命。忘了這一切吧！牡丹雖好，需要綠葉陪襯，讓飄零的黃葉獨自枯萎吧！

這一切，在曼青心中雖也曾引起了一片漣漪，但她立刻又恢復了心靈的平靜。一切都逝去了。遺忘了，她投入了更大的誘惑。

是愛的推動，是「理想」的感召，也是女孩子虛榮心的驅駛，一向沉默的曼青居然也活躍起來了。學生自治會競選時，曼青被定中慫恿出來參加「競選團」，到處都貼有曼青的大幅畫像和讚美她的話。課堂裡，飯廳裏，寢室中都可聽見擴音器的叫囂：「請投陶曼青一票！」競選演說時，曼青在臺上流利地背誦着預先爲她所擬好的生動有力的演說辭，在共黨職業學生的搧動下，聽衆的掌聲響徹雲霄，她頷首微笑。競選成功了，她感到興奮和驕傲，因爲她是在爲一個「偉大」的「理想」而奮鬪。共產黨競選成功之後，在學生自治會的名義下組織各種課外活動以籠絡一般天眞純潔的同學，如郊遊，跳舞會　和各種研究會等。而曼青便是其中供獻最大的一個，當然，定中是她行動的主要動力，她慶幸自已的「進步」她輕視「落伍份子」，的確，曼青是够「進步」的，她帶領着同學們唱「團結即是力量」時是那樣的熱情激盪；她在會議中的掌聲是那樣的響亮。她已不再是「獨善其身」的個人主義者，而是起「帶頭作用」的「前進份子」。

平津「解放」了，京滬危急，曼青的姐姐來信說姐夫已由美國直去臺灣，要曼青立刻回家和她一道去臺灣，曼青回信安慰姐姐不必恐懼，黑暗將要過去，黎明已經在望，姐夫應該回大陸供獻出力量從事生產建設，至於她當然是決不會去臺灣的。

共產黨在和談的掩飾下積極準備渡江，南京已成一座寂寞的空城，學校成了共黨職業學生的世界，於是，學校內各種「生產」和「勞動」的組織出現了，爲了要建立「勞動觀點」，男女同學都應參加修路，疏通溝渠，開闢學校菜園等工作。教授是「腦力工人」，而工友是「體力工人」，所以工友與教授應該平等，曼青整大忙着「生產」，忙着「勞動」，在曼青的眼中這才是「前進」，一個「革命的青年」！

共軍進入南京市區前，各學校都籌備着歡迎大會，職業學生都已出頭露面，趾高氣揚，這時，曼青才知定中是負有殊特使命潛伏在校中的共黨份子。學校裏不論是校政方面或是學生會方面的各件事，他們這批職業學生有特權提意見，在歡迎共軍入城的行列中，曼青也熱烈地扭着秧歌舞，大呼「共產黨萬歲！」「毛主席萬歲！」，的口號。

共軍進入市區後，一般職業學生更是抖露威風。他們忙着張貼各種佈告，辦理「反動人員」登記，提出「戰犯」名單。而定中是其中最神氣的一個，三民主義青年團以及「反動份子」的名單便他一手包辦的，幾天之間，學校中有不少的人失蹤了。一天早上，校園的路旁發現一具遭共黨殘害的女屍，是曼青的系友，三民主義青年團的團員。這幕慘景觸發了曼青人類的同情心，她開始看到恐佈的陰影。當她對定中嘆息那女同學的慘死時，定中批評她的「思想還未搞通」，這是她對定中第一次感到的失望。

實際上，曼青對定中已開始失去了吸引力，因爲她已不再是可利用的工具。曼青感到她和定中漸漸地離遠了。

「定中，你似乎在疏遠我。」充滿了疑惑的眼睛直瞪住定中，她希望在他的臉上尋找出回答。

「唉！你還拋不開小資產階級的溫情主義，我們現在應該首爲完成『革命』而奮鬪，等到『革命』成功了，才是我們談到個人的時候。」定中無情地回答。

曼青深摯的感情第一次遭到了打擊，她漸漸感到愛和理想的幻滅，雋永的情感只有在夢幻裏存在；她一向所嚮往的「秧歌世界」也不如她所憧憬的那樣美麗。而最令她觸目驚心的是共黨特務的橫行。

一個午夜，宿舍內響起了一片雜亂的脚步聲，忽聽得一聲慘叫：「哎喲！我有什麼罪過?!你們要抓我?!」「將他嘴蒙上，帶着走！」這是定中的聲音，他正帶領着特務逮捕一個「反動份子」，被捕者的慘叫穿破了黑夜的寂靜，振動着每個人的心弦。大家都靜悄悄的伏在枕上，恐怖籠罩着每個人的心，雜亂的脚步聲漸漸遠了，消失了。四野是一片寂靜，曼青輾轉不能入睡，凶狠的聲音一直在她耳邊繚繞，從這聲中她認清了定中。她開始覺悟了。昔日的一切彷彿一個荒唐的夢，在夢中，她的青春被浪費了，情感被玩弄了，醒來時，所看見的只是一個魔鬼的醜惡世界，她懊喪，失望，憤恨。她彷彿置身在荒野，空虛且恐怖，她聽見了姐姐輕聲的呼喚：「可憐的孩子，來吧！」東方現出了一線曙光，照耀在曼青堅定的臉上。只有逃出這群魔鬼的世界才有新生。

× × × × ×

黑夜的海上，風平浪靜，曼青已在由香港駛往臺灣的船上，她立在船頭凝視着藍色的海浪沉思，低哼着「偶然」的曲子，藉以排遣那理不清的愁思，但她不自覺地又觸痛了那心底深處的創痕，蒼海桑田，往事不堪回首。海浪起處，翻出了一個熟悉的臉面，一双憂鬱的眼充滿了譏笑與諷刺。那失去的，到何處去追尋?!

突然一個低沉而親切的聲音由船的那邊傳來，挑動了她的心弦。「Darling 進去吧！外面太涼了！」她回頭看時，正碰上那輕紗飄帶的女郎對那關切者的嫣然一笑，無限的濃情蜜意！她彷彿觸電一般立刻感到麻木和昏眩，那修長的身影，那捲曲的黑髮，那双閃灼着智慧光芒的眼睛，那溫存的笑，這一切，對她該是多熟悉啊！她幾乎迸口喊了出來。那正是她久已遺忘的卞先生嗎?!決不是，上帝不會如此殘忍，竟會在她幻滅之餘還將她安排在這諷刺的劇裏，她希望那個人不是他，甚至於希望永也不再見他，但是，那双双儷影却如吸鐵石般地吸引住了她的双眼，她的心感到一陣劇痛。

夜已深沉。除了海嘯浪鳴外，萬籟俱寂，雲海茫茫！愛也茫茫！恨也茫茫！

次日一早，曼青正在艙中整理東西，據說船中午可抵基隆，忽然有人在艙口喚着「曼青」那是她昔日常聽見的呼喚。她怔住了。半晌她才擡起頭。

「啊！卞先生！」她的態度有點不自然。

「想不到在這裏遇見你。剛由大陸來嗎？」亞林在靠近艙口的椅上坐下。

「嗯。」曼青感到無話可講。

「兩年不見了。好嗎，你似乎有些變了，在你眼中，我看不見那昔日的光輝」。

「無情的人應該被浪花淹沒掉。」曼青悽然一笑。

「不要那麼講。我並不恨你。你也曾使我灰頹。使我感到生的疲乏，因此我盡量在聲色場中尋找刺激和麻醉。在燈紅酒綠中，我過見了兒時的友伴麗沙。不到一個星期，我便向她求婚了，她溫柔而熱情。但我和她的結合並不是爲了愛她，我只是需要她來彌補我情感的空虛，來滿足我報復的心理。雖然我終於熔化在她的愛裏，但她那純眞的感情所換到的只是一顆受了創傷的心。這也許是上帝有意的安排，讓我們邂逅在這黑夜的海上，我本不想來擾亂你，讓純美的感情永存吧；但是，你的眼睛告訴了我你的故事，我不忍看見昔日的曼青死去。曼青，讓我們各自忘掉個人的小情感吧！我們應該認清生命的價值和意義。認眞的活着！堅强的活着！現實是無情義的，假若你倒下去，人人都要踏你一脚。綺麗的春光雖已不再，我們還應該爭取一個豐收的秋天。」

曼青漸漸擡起了頭，朝霞倒映在海中，隨着海波盪漾，恰似揉亂了的落英碎錦。旭日的光輝照耀在曼青明媚的臉上，她微笑了，像安琪兒。

（上接第二十六頁）

森然開張，而後契合於自然的奧妙。

方君璧夫人的畫 （巴黎每日郵報）

這一次中國藝術家方君璧夫人在貢底畫廊舉行畫展，其油畫及水彩深獲一般注意。君璧夫人乃近代畫家中頗爲傑出的一位，她能在東方和西方的技巧裡表現自己的個性，她的作品充滿了中國特殊的神韻。

海納葛洛賽先生爲她畫展作序，曾指明她作品中那種很幽深的詩趣。假如我們覺得詩歌這項藝術傳達事物內蘊勝於散文的外型，則作者「詩趣」這個字眼是用得很適當的了，這位女畫家既屬於一個具有三千年文化的種族，歷史和文藝均培養滿了詩的情味，則她當然會超越西方藝術嬗變的過程，並且邁過西方現代自認爲最新的成績。

她所作人物風景靜物等畫，顯露一種單純樸素之美，正是藝術已臻爐火純青的徵識。一種道家寧謐和優美，滲透於她的大幅山水和斷片花鳥之中，令人廻想兩宋全盛的時代。

一位馳譽法國藝壇的中國畫家

本刊駐法特約記者　蘇雪林

方君璧女士的名字在國內藝術界總不算陌生的。她於民國初年即赴法留學。前後學畫約十餘年，爲名畫家殷伯先生之高足，又受知於巴黎國立高等美術學校校長伯那爾先生。她的作品常陳列於巴黎美術展覽會，報章雜誌，屢有佳評。返國後，復與齊白石，高奇峰及其他畫苑鉅子交遊，以中畫融入西法，獨創一格。君璧能詩，通內典，故其作品，韻致瀟灑，筆調流利，富於詩趣，又喜畫老僧道人，令人蕭然有世外之思。一九四九年，重遊歐洲，本年五月，巴黎大皇宮舉行藝術展覽會，陳列繪畫，雕刻，工藝美術約數千件，君璧送去睡道人，揚子江花卉等四幅，懸於顯著地位，見者莫不嘆賞。六月間又假貢底畫廊，舉行個人畫展，計列出油畫，水彩及國畫三十餘幅。巴黎學院院員及東方藝術院院長葛洛賽 (Rene Grousset) 爲之作序。名文學家彌亞孟德 (Francis de Miomandre) 撰文在巴黎藝術報爲之揄揚，巴黎每日郵報英文版亦有介紹，茲將其移譯於右，以餉國人。至各報零星評論則從略。

方君璧夫人畫展序　葛洛賽作

方君璧女士繪畫具有中國傳統的典型與西洋技巧，表面上看來似乎不甚協調，但由於她作畫的異稟，竟能斟酌兩者之間，自具權衡，一爐而冶，所以她的作品富有幽邃的詩趣，但這種傳趣，却又從眞實的泉源汲取而來。

再也不能比她所畫的兒童像更率直更生動了。這些畫像，感覺雖然敏銳，用筆却非常含蓄，毫無矯揉造作之態。她雖慣畫孩童，但同時像那些古廟喬松，平湖明漪，初春玉蕊，也常在她筆底出現，她運筆時，全神貫注，大有陶然自得之樂。

相反的，則爲一些姿態古拙的老樹，寥然獨立，令人感到畫面嚴冬肅殺的氣氛，不免叫我聯想到比利時象徵詩人梵爾哈倫 (Emile Verhaeren) 襯托在佛蘭孟 (Flamands) 最荒涼背景裡的那首「古橡」歌。

尤有進者，君璧夫人之描寫自然，純粹中國風味(同時具有佛家和道家意境)，一種宇宙的神秘，創化的融合，她的「睡道人」一類題材，可以看出畫家內心深奧的傾向……

論到她的技巧，則以一個具有數十年本國文化傳統的人，加以西洋藝術陶冶，其方法的繁多，原也不值得我們如何驚訝。她很敏捷地，行所無事地，把這兩者結合起來，作風之揮斥自如，在這方面可以證明她控制巧妙。

她作品的色調，本多層次，但有時却極其簡潔，宛如古宋畫家之作，將足以防礙全體純粹那些結構上附屬的，技節的，多餘的筆墨，一概屏除淨盡。她所作表情極爲强烈的人物畫像，着墨也復無多，如已故作家曾仲鳴遺像，即其一例。

一件作品既具精確的技巧，復涵深刻的觀察，已令人驚羨，同時那一種細膩溫厚的感覺，更可說是君璧夫人的特點。這上面顯示出藝術家和人文主義者可愛的人格。在文化內容上，中國自古相傳的審美觀點和希臘文藝觀點，遠東人文主義和拉丁國家的人文主義，並沒有什麼不同，這就是我所要宣告的證據。

畫家兼詩人的方君璧（巴黎藝術報，彌亞孟德作）

像方君璧夫人的這種融和藝術，想分析那一點屬於中國傳統的典型，那一點屬於西方技巧，我想是很不容易的吧。這裡有許多東西　正像實驗室裡的化學實驗一般，我們雖認識它本來原素是些什麼，可是它在什麼時候，並怎樣竟會結合在一起，便說不出所以了。我想或者或由這個秘密，而發生一種情緒，她那些風景，花卉，人物畫像，以及內心生活的一切，便由此而來。

有一件事物很顯明而確實的存在，這便是感覺。畫布上所表現的千變萬化的題材，不過是感覺的化身罷了。這個感覺既强烈逼人，而又蘊藉不露，屬於一種高貴的品質。

凡有幸認識這位畫家本人的人，便可以知道這種感覺表現於她日常行動，使她與人不同，任何微小的震動，都可搖撼她的心絃，又造成她性格的寬厚，而她生來的機警靈敏和慷慨大方將這個感覺更增加了無數倍。

倘使你不知道她是一位詩人，那麼你便不能算完全了解她。她是一位眞實的詩人，一位賦有動人而美麗想像，用一枝文學的筆而寫作者創造者。

在她的繪畫裡，我們也可以看出她是一位詩人。世間畫家之多，何止成千累萬，他們可以描寫他們所看見的東西，用一種機械的精熟，攝影器的忠實來描寫，其完美的程度原可震俗，不過他們之間很少足稱爲詩人。這所謂詩人者就是說在那明確的外表背後，叫人感到一種精神的眞實，這種精神的眞實，有似隱秘的光明，它賦外表以生氣，並將燭照明亮。

便是這種隱約的光明，將我們的靈魂和自然聯繫起來。像上文所述那些無價值的半吊子的藝術家，是缺乏這種光明的。君璧女士則與此相反，所畫的東西，沒有一件不受過這種光明的啓示。譬如那鶉衣百結，而神遊象外的哲學乞丐（按即造化度日的老道人——譯者），嫣然微笑有如花嬌的少女，婆娑弄影，姿態橫生的牡丹和丁香，或遙峯矗立於雲霄或陰暗天宇籠罩於渺茫的河水上的風景，都可以證明上述種種。我們立在她的油畫和中國畫之前，僅須作幾分鐘的欣賞，便可以感到她這些人物，花鳥，屋廬並不是畫來叫人眼睛裡看來歡喜，（但她還是畫得十分秀美可愛）而是要求與我們靈魂相談。並且進到我們性靈深處，與之周旋款洽，使我們性靈

（下轉第25頁）

憶高劍父先生

祝秀俠

高劍父先生身長不滿五尺，而雄心萬丈。這不但表現在他早年的革命工作上，是勇於冒險犯難，同時表現在他的藝術作品上，也是淋漓磅礴，豪氣縱橫。丘滄海有贈句云：「老劍胸懷嚇山鬼」，確是對他很恰當的描寫。

這位舊社會和舊藝術的叛徒，前月已經以七十四歲的高齡，在濠江撒手人寰，數十年匆遽的歲月，他遺留下一生的心血作品總在二千幅以上，在現代中國繪畫史上他已成就了顯赫的地位，可垂永久；此外足爲後人模楷者，還有他的富有革命性的精神，和朗爽耿介的襟懷。筆者在他晚近數年來，由穗城至濠江，過從頗密，敬佩尤深，來臺一別，時纔月半，竟成永訣，聽到那不幸的噩音，不禁心神悒愴，現在將他的生平、成就，和晚年的生活略加叙述，藉表私衷的悼念。

他本名「侖」，「劍父」是他的字。出生於廣東番禺。少時欲從事海軍救國，入了黃埔的水師學堂，後來不感興趣，便輟讀改習繪事，那時居古泉先生是南中國名振一時的畫師，他便拜門爲徒，專攻花鳥蟲魚。隨後到日本東京，學習西畫，以西洋畫之所長來融和到中國畫上，漸漸成功他自己創格的作風。

其時，清廷政治不振，西方列强邁步進侵，國勢凌夷，國父由美抵東京組織同盟會，他那救國革命的熱情，騰湧於靑年的心裏，即由 國父介紹參加。回粵後，負責廣東同盟會工作，組支那暗殺團，謀北上炸攝政王，先炸李準鳳山爲驗。黃克强組中國暗殺團，舉氏爲團長。辛亥廣東光復之役，他任決死隊，先克東江虎門，會師廣州。民國成立，他他敝屣富貴，不入仕途，胡漢民督粵，派爲赴意荷德法美日各國考察美術工業專使，適袁世凱稱帝，沒有成行。

他的藝術，以西洋繪畫的科學基礎，融和中國藝術固有的神韻作風，另闢一途徑。他的筆觸，能表現出勁與力，質與神。構圖用色，極富創造性。傑作如「南國詩人」「阿房一炬」，意境超卓。「松風水月」一幀，出展於德京柏林中德美展時，爲德政府重價購去，在柏林國家博物館闢專室陳列。「江關蕭瑟」一幀，參加比利時萬國博覽會時，獲世界最高藝術分數的紀錄。國際人士，對他作品的推崇可以想見。有一次，他到印度漫遊各地，探幽搜秘，深入亞眞達諸山洞，臨摹其二千年前的壁畫，印度詩哲太戈爾開盛大歡迎會招待，批評他的作品爲「進步的中國畫」。

他和他的弟弟高奇峰，還有陳樹人，被稱爲嶺南三大家。一般墨守繩法的，守舊畫人以爲他的畫折衷於中西，稱之爲折衷派，頗有野狐禪之諷。其實，他對於中國古法極爲湛深，少年時，由伍懿莊介紹於吳榮光潘仕成孔廣陶諸家，於海山仙館、嶽雪樓所藏唐宋明元名畫，曾臨摹多年，復於故宮博物院觀摩頗久，他的作風所以能自成一幟，是在他能在舊紙堆中翻了觔斗出來，推陳出新，這不是一種「折衷」，而是中國畫的一種革命的創作。

數十年來，對於藝術，他始終是抱着認眞而勤奮的態度。培養出不少的人才，廣州的春睡畫院，是他自設的畫院，桃李滿門，他的高足，都已經在近代畫壇上獲得盛譽。他對於生徒的引翼，無微不至，學生中的寒士無力者，不但束修之費勿問，還佐其膏火，在春睡畫院食宿者，恆達數十人，且有至十年以上者，他的誘掖後進，樂於助人如此。

經常是一副墨精的眼鏡，一根斷了杖頭的手杖，和一身並不潔淨的西裝。有一次，他的西裝兩個袖子破了，索性從齊肘處剪掉，仍舊穿上徜徉街市，他說這是我的「秋威夷」新裝。

他的右腿多年來不能彎曲。因爲壯年時，到印度策馬於喜馬拉雅山，勇氣百倍，要攀登高峯，摔下來把盤骨也跌壞了。他對於遊覽地方，興趣極濃。要攝拓心胸，增加藝術修養，嘗遍遊國內外名勝各地，直到他久病衰弱的晚年，還抱雄心要到北非一帶去描寫黑人生活。

他的晚年，實在身體已十分虧弱。經常要打針來維持他的生命，但仍然拖着不大方便行走的一拐一拐的腿，滿街亂跑；仍然健談；仍然孜孜矻矻的爲藝術而盡力。眼睛是五尺以外幾乎看不見東西，所以祇能寫大字，和畫粗枝大葉的畫。爲了生活，他不得不賣畫維持，然而他的畫展，多數的作品是非賣品，他說，我眼睛不好，不能再賣了，剩存的作品賣出去就像賣自己的兒女一樣啊！

日敵佔侵華南時，他避難澳門，敵酋就近利誘威迫，絕不爲動。生活困苦，賴重慶舊友接擠，吳鐵城孫哲生等皆關懷餽贈，蔣總裁亦特滙款資助。藉免凍餒。共匪入穗，他重回澳門。他的一兩個不肖弟子屢邀他回淪陷區，何香凝等逆也函電拉攏說給他什麼名位，他說，我在國民黨都沒有做官，這把年紀要你們這些妖精來拖我下苦海！風骨嶷然，以視劉海粟徐悲鴻無恥之輩，相去幾何！

五年前，抗戰勝利之後，他正在廣州恢復春睡畫院，我適主持全市教育，擬規復市立藝術專門學校，人選一時未定、我幾次想到他，但不好意思開口，以他的年高望重怎會屈就這種小規模的學校呢，後來終於向他啓齒了，他竟一口答應，並說「爲了培育藝術人才，拚拚我的老命」。他從沒有校址的一間美專，不到一年，已經規模舉具，成立了四系，有學生四五百人。他自己呢？連應得的薪俸都買了鋼琴和石膏模型捐給學校，雖則他很窮。

在他七十歲的生辰，大家在廣州爲他舉行了一次慶祝會，這該是他很安慰愉快的一天，因爲到賀和參加的人，由軍政首長以至學生，差不多上千人，筵開百席，極一時之盛。

廣州淪陷，他事前即到了澳門。徜徉於海澨江濱，粵海文商學院推他爲董事長，他爲該校籌購圖書開了一次畫展會。

他的身體已經到了油盡燈枯的情況，曾有一兩次暈厥昏迷。在開展覽會的時候，他說「這是我最後的一次畫展會了。」，不到三個月，果然一瞑逝。

一代藝術宗師，已歸道山，其人格與作品，自足供人追仰。但他死後，似乎還沒有見到紀念他的文章，「千秋萬世名，寂寞身後事。」爰草本文，以誌悼思。

七月十二日

蘇俄囚營十一年記(中)

一〇〇

Elinor Lipper原著
章生道譯

五、審判

在我未受判決以前的十四個月的監禁中，我被傳去問了三次話，第一次問關於個人的事，第二次擬就了關於我的案件的陳述書。在其他國家中對於蘇聯毫無損害的事件，在這裏也會被判成莫大的罪名。關於我的報告中包括許多他們認爲可疑的事情，例如我是出生在一個布爾喬亞的家庭，我幼年時生活在荷蘭和瑞士，以後又求學在德國和意大利。

第三次傳訊時，他們讀一份一個囚犯的口供給我聽，說她曾在一家旅館中與我談過關於我的反革命的行動。這種「反革命的行動」却不容許我作任何解釋。後來我從她鄰居的囚犯口中，知道她曾被強迫着面向牆壁，站立了十八個沒有睡眠的晝夜，結果她迷糊地簽下了他們要她簽的字。

在第十四個月中，我才知道我的罪名是幫助一個外國政府危害蘇聯，他們告訴我這個罪名必須處以用火燒死的刑罰。數星期後，門上的小孔開啓了，有十二個名字被傳喚着，我的也在其中。「準備好所有的一切東西！」衞兵狺狺地咆哮着，小孔關閉了。

我們被帶到一間新的房里去，似乎是一間接待室，除了幾條石櫈子緊挨着牆壁外，裏面什麼陳設也沒有。幾百個婦女，有的坐着，有的站着，圍成一圈。

我們等待着，一小時、二小時、三小時。衞兵叫我們在門口排成一列隊伍，又經過一陣不耐煩的等候，門輕輕地開了，第一個人進去，三分鐘後她回來了，第二個跟着進去。每隔三分鐘，一個出來一個進去。每個人回來時都帶來自己的判決「十年……八年……」。

我們希望看看究竟是誰自由了，但是沒有例外的，所有的人都處刑了。

一個兵士引我經過走廊到了一個房間。裏面有一個UKVD的官員坐在一張長桌前，他叫我在一張椅子上坐下，面向着他。(這把椅子是作防止囚犯們聽了判決後暈倒用的)。

他問我的姓名，用口水沾濕他右手的食指，翻閱一堆小小的文卷，當他發現我的一件時，他重叫我的名字，清一清他的咽喉，朗誦着：

「犯人伊麗諾。立伯，經莫斯科政治局特別法官判定有反革命的行爲屬實，徒刑五年，送解勞動集中營，簽字。」

當我簽字的時候，這位官員喊道：「下一個！」

我們就這樣被宣判了。

六、輸送

我們這群沉靜、悲苦的各式各樣的女人，走出了監獄，身上仍穿着我們最初被捕時的囚衣。向晚時分，我們在運輸站內被裝進一節運牲畜用的車廂裏——一百個人一節車，另外二十個車廂，裝滿了男囚犯。

第二天的夜晚，火車減緩了速度，我們旅行了幾天，沒有一個人知道我們將去什麼地方。我們吃着硬而凍結的麵包，每天一湯匙糖。飲水是由沼澤中取來的，盛在汚穢不堪的桶裏，但仍供不應求，成了可貴的奢侈品。有時我們渴得再也不能忍受了，便試着將圓鐵盤揷入土牆內，因爲牆上常常有因過度的寒冷而結着白色的霜花，這樣我們也可獲得少量的水。火車在二十四小時中只行駛幾個小時，有時在一個站上停留半天，我們常常喊着：「水呀！水呀！水呀！我們需要水呀！」但沒有一個人會注意我們。經過十天旅程後，我們每一個人都因飲用不潔的水和粗糙的麵包而患起痢疾來了。

每隔三天，我們可以得到一次生火用的煤和炭。於是我們趕緊用手將爐子裝滿煤炭(我們並沒有鏟)圍坐在爐子旁變得非常興奮和健談了。爐火只支持一小時就熄滅，大家只得靜靜地爬回舖板上。我們是一群絕望而被遺棄的人。沒有毯子，沒有衣服，也沒有濃厚的血液來和那咆哮在車窗外面的西伯利亞冬季的寒風搏鬬。

只有一個以前做過尼姑瘦小的老太婆，仍坐在火爐的前面，她在這個國家內經歷過無數的監獄和集中營，但沒有一度監禁她的地方足以改變她的宗教信仰。在她那憂鬱，容忍而衰弱的聲音中，她常常說：「現在我遭受着耶穌基督所受過的同樣的苦難，但不久我可因此贖回我的罪過而得救了。」

七、海參威

第三十五天上，火車停下了。車門打開後，衞兵即喊道「全體拿好你們的物件，下來！」一個多月黑暗的車廂生活，已使我們的眼睛不習慣於白晝的光線，我們霎着眼睛，在軌道上站了一會，衞兵們帶着警犬圍繞着我們：「喊道趕快蹲下！要是有人站着，我們就把他當作企圖逃走而立刻開槍了。」

男人和婦女都被驅逐到前面來，分成五列蹲下了。他們的頭部彎曲着低下去，而四肢却非常僵硬。很不容易維持身體的平衡。頸部繫有皮圈子的警犬滾動着烏溜溜的眼睛，兵士們一遍又一遍地點着人數，步槍上的刺刀作着必要的準備。在十一月凜冽的寒風裏，灰綠色的囚犯們的臉變成藍色了。

最後我們越過鐵軌，順着大路到達海參威的輸送營，在這裏我們整天在廣場上受着寒風的吹襲，沒有吃一點東西，一遍又一遍地被點數，登記。後來男人們分做幾個小組帶去洗澡了。

輪到婦女們去澡堂時，天色已很晚。洗澡間包括一個更衣室，一個澡堂和一個消毒室，我們必須脫光衣服，將它掛在一個鐵圈上交給消毒員，消毒員是一個男人，但並不是一個老頭兒。

我們等候着，全身凍得發紫，終於兩個男人來了，一個是理髮匠，一個是看護。看護檢查我們頭部有沒有虱子。每個婦女都會因沒有頭髮而感到非常羞恥，但我們却必須在理髮匠的前面排起隊來接受剃去頭髮和腋毛。當我們中有幾個提出抗議時，管理浴室的助手便對我們這種保持貞潔的行爲，作出種種淫蕩的譏諷，並以報告衛兵長爲威脅。於是我們只好在匪徒們貪婪的淫威的眼光中，接受理髮師的擺佈。但總共只有一把禿鈍的剃刀，這個理好理那個，中間並沒有將剃刀擦一下或消毒一下。

受着寒冷的威脅，我們在微温的水裏洗完了澡，穿上衣服，被引着經過一條裝着電燈和兩旁欄着鐵絲網的小徑，到婦女宿舍中去。衛兵開啓一扇木門，又打開宿舍的小門，然後他走了。

當我們一個個地擠進小門時，已經夜半了。我們沒有獲得較好的待遇，整個的地板都睡滿了人。沿着牆壁的兩端有二列木板床，木板因被壓着過多的女人的身體，變成向下彎曲的形狀。管理員在人堆中找着通行的道路，告訴我們已沒有地方足資容納了，不過一些和善的女人仍願互相靠緊接納後來的人。

最後一個進來了。我發現房間裏已擠得滿坑滿谷，不時的有些人輕輕地跳過別人的身體到院子中去上厠所。我的位置靠近門口，成了她們往來的交通要道。最後我也去院子中了，十六個月來，我第一次領受到能親自啓閉門戶時所感覺的那種心情。

夜色淒清，在守望塔、宿舍、衛兵和囚犯的上面的是一片光輝，靜穆，和平的藍天；月光分外皎潔，她那慈祥的光芒竟使朦朧的燈光變成暗淡不明。

我在院子內來回散步，從鐵絲網的這一邊走到那一邊，每次經過宿舍的時候，我想在牆上發現一個合適的釘子，但當我舉首向上探視時，只看到刺刀的寒光在守望塔內閃動，我竟找不到一個可以將自己吊死的地方。後來，寒冷驅使我回到房內，我在地板上找到一個空隙，我睡着了。

八、輸送營

由全國各地送到西伯利亞東北部可拉馬去的囚犯，都先用船裝到海參威送入該地的輸送營，等候輸送。但從十二月到五月，可拉馬的水運交通，因結冰而斷絕了，所以囚犯們常常會在輸送營中等上半年之久，我在海參威整整過了六個半月。

海參威的輸送營分做二部分，一部是普通的囚犯，一部是「反革命」份子。普通的囚犯可獲得較好的食物，住在有蒸汽的暖室裏，每個人有一個帆布床，一條草褥和毛毯。「反革命」份子住在沒有蒸汽和燈光設備的房子裏，兩三塊不平的木板架成床，沒有草褥，也沒有毯子，給囚犯們飲用的水永遠是珍貴得像水銀，結果我們身上都長滿了虱子。

虱子是斑點傷寒最好的播種者，於是傳染病便嚴重地發生了。幾千個囚犯都成了病患者，病房擁擠不堪，細心的診治成了不可能，每個夜晚我們靜靜地穿過鐵絲網，默送許多屍體出營門，裸着的屍體用繩子捆在貨車上，上面由布蓋住，貨車載着他們走向永恒的自由了。

蘇聯人很少去關心臭蟲，臭蟲的存在似乎是自然的公律，全國幾乎沒有一個地方沒有牠們的芳蹤。在海參威的集中營裏，牠們攪得人們不能安睡，牆壁上，板縫裏，牠們蠕蠕地爬動着，有時落到囚犯們瘦瘠的身上，他們受着被吮血的苦惱，盡力想捉住牠們，但是不論你捉住多少，不一會新的隊伍又來了。双方慘烈的搏鬬一直會延續到天明，這時疲乏已極的受難者才進入夢鄉。

春天，天氣漸漸暖和了，我們決定睡到室外的地上去。我們以一種無言的恐懼，靜靜地觀察着臭蟲們從空了的室內緊密地排成一列黑色的漫長的蠕動行列，穿過門口，追踪着苦難的我們。

八、可拉馬的旅程

海參威輸送營中的每一個人或遲或早都必須聽天由命地讓輪船裝到可拉馬去，但沒有一個人知道那邊究竟是怎樣的一個地方。『那是世界的末端』，有人說：『完全和世界上的一切事物隔絕的。』

有一天，我們發現了一本地理書，我們互相傳閱着，關於可拉馬區域豐富的漁業和皮毛動物的述說，我們輕輕地跳過去了，那邊的金礦和銀礦也未曾引起我們的注意。給我們印象最深刻的要算其中形容寒冷的三句話：『即使在盛夏，土壤也只能融解到八吋半的深度，那裏曾有世界最低氣温的紀錄，冬天温度下降到零下九十四度，甚至更低』。

一九三九年的五月初，有船在港口等候，我們的消息像水一樣流佈開來，那是一艘名叫『達爾斯脫洛』的汽船。在一個晴朗温暖的天氣裏，我們登上了這條船，總共是七千個囚犯，其中五百個婦女用另外一間特別室隔離開來。

在一個星期的旅程中，沒有一個衛兵或船上的水手跑進我們的艙裏來，他們對裝載這麼多的殺人犯和土匪感到恐懼。

當囚犯們被允許到甲板上或一組一組地上厠所的時候，他們便舉起槍隨時隨地準備着開火。沒有人敢預料甲板下面究竟會發生什麼事情。因此在整個的旅途中，囚犯們被恐怖所統治着。假如有人需要任何「反革命的」名義，他們會慷慨地以「反革命」的名義贈給囚犯們；假如囚犯中有什麼不滿和反抗的表示，他們會痛打他，老者和弱者往往被剝奪了麵包，所以在每艘運輸船上，囚犯們因這樣的待遇而死去的不計其數。

在每次航行的途中，許多所謂「反革命」份子都企圖以跳海自殺，他們常常很快就淹死了。有些人則乘輪船經過庫頁島附近的韃靼海峽時，企圖躍入海中，潛水到岸上脫逃，遇到這樣情形時，輪船便停下來，潛逃者假如不被捉回來，也準會被槍打死。

一九四四年數百名少女被解送到可拉馬去，她們就是所謂『烏卡玆尼基』，是由於在軍火工廠裏常常逃工或其他相似的原因被送到這里來的，她們那條船上大部份是男囚犯，有些男囚犯打壞了牆壁，衝入女囚犯的房內，將她們都姦汚了。有些男犯們因企圖保護她們致遭暗殺。

上了『達爾斯脫洛』號男犯們搶在柏油鋪成的地上，婦女們則睡在樓上的木牀上。夜晚，男犯們常常向把守樓梯口的衞兵們行賄，叫他們送幾個女人來給他們，酬謝品是他們從同伴那邊偷來的麵包。

九、愛爾琴集中營

我被轉送到愛爾琴的婦女集中營去，這並不是因爲我的罪還須遭受一些懲罰，只因爲我是一個外國人而已。

在營門的進口，有一座木製的拱門，上面寫着紅色的斗大的標語：『史太林萬歲；』它使我們感覺似乎回到了歐洲。我們常常襤褸不堪，饑餓，生滿虱子，挨凍，但是無論我們到什麼地方，史太林總是和我們在一起。

在愛爾琴，冬天我們的生活並沒有些許的改善，冬天我們每天必須化十二小時，在零下八十度的氣溫下到森林中去斬伐木材，雖然在那裏我們可以整日欣賞大自然的美景，呼吸新鮮的空氣，但兩條腿常常凍得像兩支笨重的冰柱，想移動半步也不可能，春天，土地解凍了，我們分組種栽捲心菜，因爲陽光微弱，兩個星期的播種後，還需化整個的夏天，監視它的成長。秋天捲心菜收穫了，但我們只能得到大而苦的黑綠色的菜葉，至於肥碩的雪白的菜心，却給帶到自由人民的廚房中去了。

我必須說明，所有我們的茶杯和飯碗。都是美國的錫罐做成的，錫罐裏面原先盛着的東西自然早被自由國家的人民享用了。當我們狼吞虎嚥地喝着鹹魚頭煮白菜湯的時候，我們不禁會連帶地想起：『牛排……肉絲炒……。』

善講故事的人是集中營中最受歡迎的，因爲我們每個人都想忘掉現實，善講故事的人能滿足我們的要求，當她講述故事時，宿舍不再黑暗不再寒冷了，森林中的寂寞也不再侵襲和壓迫我們。這是值得注意的，囚犯們承受着人們的欺騙和虐待，過着一年又一年令人愁悶的日子，那一個不想爲假想的愛情和假想的悲劇而同聲一哭呢？

我在集中營數年生活中所遇到的最善說故事的人要算是曾經在莫斯科教過書的瑪麗亞，尼可來耶夫那了。她是這樣的瘦弱，使人們很難想像當她卸下了所有的體重的衣服時究竟還有多少重？但在她那可悲的身體和被蓋着密而黑的頭髮的頭腦中，却包含着一個熱情的倔强的靈魂。

我永遠忘不了和瑪麗亞在雪掩着森林中所消磨的那個日子，在那裏我們正收集着一些凍枯了的柳枝，這是輕而易舉的，但也是令人可怕的工作，可拉馬雖然有許多柳樹，但適用於編製籃筐的却很少，所以我們必須慢慢慢地尋找有用的枝條，從這樹到那樹，一直要到找滿十六大捆，每捆都大可合抱爲止。森林中的氣溫在零下四十度，身上的血液在血管裏幾乎凍結了，手指已僵得不能彎曲，冷氣像一把鋒利的刀，直刺着沒有被好好保護的雙足。

我們兩人常常選擇同一的區域，五相距離數碼之遙各自尋覓着柳枝，不時交換幾句話。但是我的身體愈受寒冷的襲擊，便變得愈加沉默，最後我終於無言了。除了想到一堆火外，世界上再也沒有東西可以引起我的興趣了。有時我在雪堆上拚命地跳着，或者跑到森林中去直到瑪麗亞聽不見我因寒冷而變得像嬰兒哭泣的聲音爲止。但這種玩意只能够維持幾分鐘，因爲被指定的一份，這神聖的一份啊，必須完成，在黑夜未來臨前，我必須完成十捆的成績。

那時，我聽見瑪麗亞對我說：『你知道屠格涅夫的散文詩「多美麗多鮮艷的玫瑰花」嗎？』我說我不知道。不知那裏來的力量，竟使她熱情地背了出來。我沒有話說，但是我知道我已忘記了一切事情，甚至連雪花從樹枝上落下來沾溫了我的頸部都沒有注意，我只覺得雪花中充滿了玫瑰花的香味，屠格涅夫的詩句像一個誘人的神秘的花園，圍繞在我們的四周，那是世界上任何的苦難和不幸所不能破壞的。

她結束了背誦，我走上去擁抱着她，我們擁抱得這樣長久，美麗的靈感在腦海中起伏，熱情使零下四十度的植物也開了花，天下沒有一件事情可以毀滅我們的啊！（未完）

「自由列車」

一天，維也納的鐵路人員聽見一輛封閉的貨車中發出窒息的叫喊聲，當他們將車門打開時，爬出了兩個精疲力竭的匈牙利人。

這輛車是由匈牙利駛向意大利的，而這兩個人是匈牙利的政治犯。

據這兩個人解釋，匈牙利邊界上密佈着蘇俄和匈牙利的衞兵與惡犬，並且電網重重。他們在鐵幕中只有躲入此貨車裏才是他們奔向自由的唯一之途。

民航空運隊！

天王號機：座位舒適　迅速安全
取費低廉　客貨兩便
CAT!!!

航　線：

臺北飛出：香港——每週二，三，五日當天來回
東京——每週五
環島——每週一，二，三，四，五，六

本隊總代理：菲律濱航空公司各線班機

本隊營業處：臺北——重慶南路一段十一號
香港——大道中公爵行208室
九龍——半島酒店菲律濱航空公司內
東京——千代田區丸之內三丁目十番地三陵仲七號館

資源委員會
臺灣省政府 臺灣肥料有限公司

註冊商標

主要產品

熔製磷肥　過磷酸鈣　氰氮化鈣

其他產品

石灰　氧氣　氟矽酸鈉　沉澱炭酸鈣　電極　矽鐵　硫酸　電石

業務接洽處

臺北市衡陽路91號本公司業務處 Tel. 5641-44

華國出版社最近出版

現代國際問題詞典

王雲五校閱　陳中行編譯

全書七五四頁　約六十萬字　精裝一册　臺幣廿二元

本詞典所收資料分爲七十六類，約一千四百條，所有有關國際問題與主要國家的國內政治經濟軍備等政策與措施足以影響國際者，無不盡量收入，且略古詳今，特重最近五十年來的國際局勢之演進，所有一九五〇年底以前國際重大事件無不括入。本書係根據英美國際名著，及期刊十數種編譯而成，編譯者陳中行君爲國際問題專家，前著今日世界政治一書，已獲得各方面之好評，由於目前國際關係之尖銳化，本書實爲一般人所當讀。本書除詞典正文外，尚有附錄百餘頁，所有主要國際文件國際會議及五十年大事無不畢載。

社址：臺北市和平東路一段一八〇巷

電話：四四九三

給讀者的報告

上月十一日美政府公佈對日和約草案全文，中國竟未被列入簽字國，消息傳來，使人為之憤慨。美國外交一向是以理想主義為骨幹的，然而近年以來由於其執政者懦弱無能，遂擺不脫大西洋彼岸英國的羈累，而不自覺地亦跟隨約翰牛的幽靈而轉入現實的夾道。最近華府公佈的所謂「對日和約修正稿」即是顯著的一例。如此「修正稿」果付諸實行，則今後美國在外交上必永遠喪失其號召力量而陷民主世界於分崩離析。本刊有鑒於此，特為文舖陳利害。願美國當局三覆斯意。

王雲五先生本期為本刊撰文，「談教育機會均等問題」。教育機會均等是現代各國一致遵奉的原則，也是民主政治的重要特徵之一。我國憲法第一五九條更曾明白地揭示教育機會均等的原則，不過實現這項原則須要有一個健全而合理的教育制度。就這一點而言，我國現行教育制度有很多地方是很值得商榷的。王先生在本文中明白指出這些現行制度的缺點，竭力主張應使清貧優秀的青年能享有眞正均等的教育機會，並說明過分偏重學校而忽視考試的流弊。作者特別着重於大學教育，因為大學教育是教育機會等均問題的最重要部份。王先生以數十年苦學自修的經驗提出這樣的主張，使我們更覺其可貴。猶憶傅孟眞先生辭世前不久曾為文檢討大學教育制度，其主張與王先生頗有契合之處，讀者對此有興趣者可合而讀之。我們更希望政府當局能在這方面能有所改進。

民主政治是責任政治，政府應向代表人民的議會負責，政府中的官員應向政府首長負責，其進退去留俱以其政策成敗而定，不因人事關係與私人好惡為轉移，在民主國家這已是習以為常的道理；可是在學步民主的中國，這種風氣還大有待於培養。中國政治受傳統的人治主義的影響，只講關係，不談政策，一切以人為轉移，這不能不算是政府若干年來的一個最大的失敗。最近，因為對日和約草案公佈，中國未被邀參加，陳院長與葉外長為表示自咎起見，曾經提出辭職。雖然這僅是一種表示，而且這一事件實際上是綜錯的國際情勢所促成，非外交當局的努力所能轉移；可是這種表示卻值得讚揚，這對於責任政治風氣的培養是很具意義的。夏道平先生論『政治責任』一文即係申論此義。

本期西歐通訊，報導艾森豪威爾將軍從事西歐防務的實況，以及各國反共的一般情緒。對西班牙參加防務問題分析特別細詳。最近在義逝世的美海軍軍令部長薛爾曼曾在瑪德里與佛朗哥商討美西軍事合作，說明美國將不顧英法之反對而使西班牙參加西歐之協防。本文撰寫時薛氏尚未訪西，證之本文報導，更見其價值矣。

本刊售價

一、	臺　幣	三元
二、	越　幣	八元
三、	非　金	五元
四、	港　幣	一角
五、	暹　幣	四銖
六、	美　幣	二角
七、	叻　幣	四角
八、	印尼幣	三盾

自由中國 半月刊 第五卷第三期
"Free China"（總第四十二號）

中華民國四十年八月一日

發行人　胡　適

主編　『自由中國』編輯委員會

出版者　自由中國社
社址：臺北市金山街一巷二號
電話：六八八五號

航空版
香港　香港時報社（高士打道六四號）

經售者
臺灣　中國書報發行所（臺北市館前街八五號）
美國　紐約民氣日報社　舊金山國民日報社
日本　東京南友堂　東京內山書局
馬尼剌　中菲文教出版社
印尼　椰嘉達星期日報　椰嘉達天聲日報　棉蘭繁華圖書公司
越南　西貢中原文化印刷公司　越南華僑文化事業公司
曼谷　曼谷攀多社十二號
新加坡　中興日報社
檳榔嶼、吉打邦均有出售

印刷者　臺灣新生報新生印刷廠
廠址：臺北市西園路二段十號
電話：廠長室七一二五　業務課二〇九六

本刊經中華郵政登記認為第一類新聞紙類　臺灣郵政管理局新聞紙類登記執照第二〇四號

FREE CHINA

第五卷 第四期

要目

社論 有容乃大

時事述評 怎樣實行節約
慎防史達林的和平攻勢

對日和約中國參加問題……黃正銘

共黨語言可以襲用嗎？……殷海光

論美澳紐三國安全公約……本刊駐澳特約記者 孫宏偉

臺灣產業 臺灣之森林……朱惠方

自由中國通訊 解除整肅與右傾危機（東京通訊）……衣固

西班牙近事（馬德里通訊）……警雷

中共怎樣奴役工人階級（香港通訊）……丹心

陸小曼的房子與匪區貪污（香港通訊）……雪人

文藝 百科全書的故事……吳魯芹

蘇俄囚營十一年記（下）……章生道譯

中華民國四十年八月十六日出版

社址：臺北市金山街一巷二號

半月大事記

七月廿五日（星期三）

國防部頒發四十年度首次征兵令，指定征集十七、八、九三年次出生役男一萬四千名。

美軍事援華顧問團長蔡斯少將飛馬尼拉與美駐菲軍事代表團長霍浦斯舉行會商。

日本政府向聯合國報告，已嚴格執行對共黨戰略物資禁運。

七月廿六日（星期四）

開城談判進入具體階段，盟共双方同意一項五點和談議程。

美國務卿艾其遜促請國會通過八十五億援外計劃時稱，美擬大量軍事援助臺灣，用於防衛目的。

七月廿七日（星期五）

開城談判第十二次會議，討論設立緩衝區問題。

美國防部長馬歇爾於促請國會通過八十五億援外法案時稱，明後兩會計年度美援外款項至少需二百五十億。

日首相吉田茂宣佈將於九月間親率代表團出席和會。

美軍事援華顧問團長蔡斯少將在菲公畢返臺。

七月廿八日（星期六）

開城談判第十二次會議，共方要求沿卅八線分界，已爲盟方代表所拒絕。

美總統杜魯門發表演說，痛斥蘇俄蓄意侵略，警告美人準備應付任何危機。

美總統特使哈里曼自伊朗飛抵倫敦，促英接受伊政府重開談判之建議。

美聯社仰光電：國軍李彌部隊自緬邊攻入雲南六十五哩，並佔領耿馬機場。

七月廿九日（星期日）

漢城民衆遊行反對沿卅八線停戰。

日參院通過議案籲請聯合國，在對日和約內加入一條，保證將現留共區之日俘遣送歸國。

七月卅日（星期一）

開城談判無進展，緩衝區問題仍在僵持中。

哈里曼自倫敦飛返伊京德黑蘭。英政府將派代表團赴伊恢復談判。

聯合國經社理事會第十三屆會議在瑞士首都日內瓦舉行。

七月卅一日（星期二）

韓境聯軍地面部隊司令符立德將軍發表文告，勉聯合國軍提高警覺以防敵軍突擊。

美出席聯合國代表奧斯汀稱，南斯拉夫如被蘇俄攻擊，聯合國將予救援。

蔡斯飛赴東京會晤李奇威將軍，並將轉赴韓國前線參觀。

韓大使李範奭奉召返韓述職。

美援運用會副主委俞大維飛美履新。

美陸長佩斯在參院稱，蘇俄可能在東南歐發動全面戰爭。

八月一日（星期三）

臺灣省政府通令各縣市按期撥交所徵新兵。

美國務卿艾其遜於記者招待會中表示支持盟軍總部的和談立場，主按現有戰線停戰，拒絕共方所提緩衝界線。

八月二日（星期四）

美官方宣佈在韓作戰傷亡八萬零七十九人。

我政府正式通知聯合國表示擁護「合力維護和平」之決議，考慮參加集體軍事措施。

美衆院通過停止對資共國家援助法案。

美總統杜魯門任命現任大西洋艦隊總司令費區特勒繼任美海軍軍令部長。

美總統杜魯門下令自八月卅一日起停止對十三個俄共區域作關稅讓步。

我駐美大使顧維鈞訪杜勒斯重申我政府對未獲參加對日和約事所持之立場。

八月三日（星期五）

英掌璽大臣史篤克斯率領代表團飛抵伊京德黑蘭。

法前總理布立溫受命組閣。

華府消息，美澳紐三國公約將于九月一日在舊金山正式簽字。

八月四日（星期六）

開城談判第十九次會議，對共軍破壞開城中立事，卓伊提請列入記錄。

聯軍統帥李奇威召集高級人員舉行緊急會議。

八月五日（星期日）

盟軍統帥李奇威致電金日成彭德懷，指責共軍武裝部隊背信進入開城破壞中立協定，聲明停止和談，待共軍提出解釋及保證後再行重開。

伊國王邀宴英代表團長史篤克斯。

八月六日（星期一）

平壤電臺廣播金日成彭德懷致李奇威函電，保證不再違反協議事件，要求恢復開城和談。

李奇威召集聯軍和談代表至東京舉行緊急會議。

李奇威發表聲明，堅持沿聯軍現有防線建立軍事分界線。

蔡斯在東京公畢飛返臺北。

英伊談判恢復，伊政府任命財長瓦拉斯特爲代表團長。

日本政府宣佈第二批整肅名單，計一萬三千九百零四人，鳩山一郎亦在其列。

八月七日（星期二）

李奇威再度聲明，接受恢復和談要求，但警告共方不得破壞開城中立，如再背信即認爲共方蓄意停止談判。

聯軍和談代表離日返韓。

美經合總署中國分署宣佈七八兩月份援臺款項爲二千七百七十萬元。

八月八日（星期三）

行政院通過臺灣省都市土地改革法。

美政府要求國會通過三億零七百萬元之軍援臺灣計劃。

八月九日（星期四）

北平電臺廣播金日成彭德懷覆李奇威函件，表示履行開城中立協議，要求恢復和談。

法國會通過布立溫組閣。

社論

有容乃大

一個千斤的重擔，要把它挑在肩上，走着崎嶇而漫長的里程，不跌交，不壓死，而終能勝任愉快地達到目的地，這非巨人莫辦。反共抗俄，誰都知道是個艱巨的工作，政府擔着這個艱巨工作而又決意完成這個工作，這個政府就應該像個巨人。但政府之是否像個巨人，不是而且也無法從身長或體重方面去測度；可以測度的是其容量，有容乃大。

政府容量的大小，表現在政策的決定，也表現在人事的安排，最明顯的是表現在對於輿論的態度。我們爲輿論界的一份子，很自然地時時刻刻關心到政府對於輿論的態度，而終覺得還有話說。

在專制時代，政府是不容許批評的。不許批評，不僅是由於政府權力的壓制，同時也由於支配了中國數千年的儒家政治思想。在儒家政治思想中，其中心是「致君於堯舜」。要致君於堯舜，勢必自己在朝，如果「不在其位」，則「不謀其政」。公開地議論朝政，批評朝政，像東漢太學生那般的行徑，究非儒家正統所積極主張的。所以在專制時代，無所謂輿論這回事。有之，不是竊竊私語，就會鬧出大禍來。但是，專制時代並非因此而就全是黑漆一團。太平盛世，固不多有，而大部份時期，人民尚可安居樂業。這裡面則得力於儒家政治思想另一方面的作用。因爲儒家的政治思想，雖然消極方面是傾向於箝制民口，而積極方面則要求君主體察民心。堯舜是儒家理想中的君主，「爲天爲大，爲堯則之」，「則天」，「則」其甚麼呢？「天聽自我民聽，天視自我民視」。他們是要求做君主的人，以人民的視聽爲視聽，而不我行我素，自是其是地胡作妄爲！專制時代的君主，固然都利用儒家學說以箝制民口，但其中大多數確也眞誠地或勉強地服膺儒家的學說以行己律身。雖唐代那個荒淫無度的女皇武曌，也以「則天」二字自號，同時在朝廷上還眞能容下一個正直敢言的狄仁傑。這不能不說是儒家政治思想對於實際政治的好處。所以在專制時代，儘管沒有輿論這回事，但在君主那方面，還有一個自我約制的因素在那裡發生作用：他們常常下罪己詔，常常開言路，也常常有謇謇諤諤之士在朝。因此，專制時代尚未至於全是黑漆一團。

民主時代的今天，政治思想，已不是儒家的那一套，而比那一套要平易簡明得多。制度方面，本文不談，僅就關於人民視聽這方面說，民主政治思想已不是從當政者那方面出發，已不是要求當政者去「則」甚麼「天」，從「則天」再兜圈子去「體察民意」「勤求民隱」，而是直截了當地主張人民言論自由以發揚輿論。天下無道，庶人固要議；天下有道，庶人更可以議。庶人之議成爲輿論，政府就得尊重它，接納它，至少不去箝制它、干涉它，壓迫它，或摧殘它。這種主張體現在民主政治的法制中，就成爲憲法上相對的權利和義務：議政是人民的權利；保障這種權利，是政府的義務。人民不去利用這個權利，就是自棄；政府不履行這個義務，就是違憲。民主時代的違憲，等於專制時代的「逆天」。「逆天者亡」，違憲者亦不容於民主時代。

其次，再就對於當政者的要求這方面說，民主政治思想，也不同於儒家的思想。後者所要求於君主的，是自我約制，自我謙虛，這是偏於道德或倫理方面；而前者所要求於當政者的，是守法，負責，這是偏於法制方面。因爲有這個區別，所以我們對於今之當政者，就其政策或行政之自吹自擂或自我辯護，倒可不必非議。政治上負責任，少不了自信心。鼓吹其政策的正確或宣揚其行政的成績，正是自信心的表現。如果自信其政策失敗或行政失職，惟一的辦法就是去位或接受行政處分，用不着假惺惺向人民說些自我謙虛的空頭話。誠意的謙虛，固然是個人的美德；而民主政治所要求者，有比謙虛更重要的，那就是爽朗明快以去就來表現的責任感。

從以上的比較，我們得到一個結論：專制時代雖無所謂輿論，而當政者每每有自我約制、勤求民隱的精神，故專制時代不至於全是黑漆一團。民主時代，當政者因有其政治責任，故須以自信心執行政策。在其自信心之下，實無妨自吹自擂。但同時有一個相對的條件，即尊重輿論，接納輿論，至少不干涉輿論，箝制輿論，壓迫輿論或摧殘輿論。從這裡來看，專制和民主，都有個相對的制衡作用存於其間。

現在，我們再就實際政治方面看，上面所說的制衡作用，無論在專制時代也好，民主時代也好，並不都是經常有效的。古代有若干暴君昏君，既不許人民議其朝政，同時他自己的意念中也無所謂「天」，更無所謂「民」，貴爲一代之主，自可爲所欲爲而無忌憚。歷史上的動亂和朝代更易，大都因此而發生。在民主時代的今日，僅僅「民主」二字，也足以誘惑人。所以極權主義的蘇俄在第二次大戰期間，也自詡是民主國家，毛澤東更有所謂「新民主主義」出現。但在蘇俄那種「民主」的國家中，和毛澤東那種「新民主」的政權下，當政者自吹自擂的工夫運用到了極致，僅就這方面看，無寧說是民主政治下應有的現象，可是相對的一方面却不許有人民的聲音。人民不僅不許其批評政治，即歷史的事實，科學的眞理，也得由政府欽定。欽定的是非，如有敢於懷疑的，腦袋就是懷疑的代價！我們反共，我們抗俄，主要的意義，應該就是在這一點。從這一點涉想，我們所期望於反共抗俄的政府者是些甚麼，也就可以想到了。這裡，我們不必再就「自由民主」這方面說，這樣說也許有人聽得厭煩了，換一句話講，我們期望反共抗俄的政府，是個偉大的政府。偉大的政府，想也是我們政府所自許的，大，怎樣叫做大？「有容乃大」。有容，請自容許輿論始！

時事述評

怎樣實行節約

倡導節約的呼聲，自抗戰以來隨時隨地都聽得見，究竟實效在那裡 說起來實令人懷疑。比方臺灣的茶館到處都掛着「公共食堂」的招牌，但一到裏面却山珍海錯，應有盡有，這不是名不副實嗎？記得民國三十六年有一次在廣州，由社會處召集文化界人士開座談會，有一要員出來講話，高談起節約來，據說請客有四菜一湯或六菜一湯也就很够了，何必羅列八珍呢？這樣夾七夾八說了一大篇，超過半個鐘頭以上，使在座諸人暗暗好笑。我們這班窮措大，要吃四菜一湯或六菜一湯的「便飯」 還得碰着運氣 一年之間才有二三次，何曾見羅列八珍來？要說自己去請人，更絕對沒有資格了。那位要員竟拿這種話對我們這班人來說，可謂文不對題了。據我想 他大概想社會處提倡節約的風氣 叫我們做些宣傳工作吧。這樣一想 現在臺灣的當局諸公天天在報紙上提倡節約，也和他老先生五十步百步之差而已。

節約本來是一件合乎道德的行動，古今中外的教訓 有誰不教人節約，更有誰教人奢侈浪費？尤其是當國步艱難之日 持久戰與物資關係很大，如果因奢侈浪費而使經濟陷於困難，削弱了作戰的力量 那還了得？這是個個人都直覺到應該節約的理由，也就是許多人天天高唱節約的動機。但是道德上的應該並不是個個人都能實現的，政府當局的倡導應從實際着眼，和道德的教訓不能相同。難道當局諸公要將道德上的格言通通搬出來登在報紙上嗎？政治上提倡節約要拿出辦法來，說到做到 明知做不到的則緘口不說。比方此次禁奢止侈品是有辦法的，將項目列出 完全禁止進口，不准各商店擺賣，將現存的貨物集中幾個地點出售。這麼一來 除了走私以外再不會有這些奢侈品了。至若吃的東西不論是山珍還是海錯 凡屬外來的，如果認定爲奢侈品，也要一樣禁止進口；如果是本島出產的珍品可以換外滙的，便由政府收買以輸出，不許民間私行買賣這樣。在全盤經濟上才可收到節約的效果。否則換上「公共食堂」四個字的招牌，固然不會有人因此而節約，即使出動警察去干涉，也只是增加了一項擾民的政令而已。

總之政治上提倡節約要從全局着想，並不是教個個國民節省其使用的物資。且看許多青年子弟，只要有錢在手，雖有嚴厲的父兄天天叫他們節省，也還難發生多大的效力，何況政府當局在報紙上說的空話？他自己有錢在普通商店買東西又不犯法，他使用多少都是隨他高興的事情 誰能去一一干涉？干涉又怎能生效？我們希望當局諸公閒話少說，要拿出辦法來！

（漸）

慎防史達林的和平攻勢

那個繼加里寧成爲俄國元首—最高蘇維耶主席團主席的史達林的傀儡士維尼克(Shvernik)最近奉命簽署了一封信給杜魯門總統，信中表示願就日趨緊張的世界局勢與美國進行談判 而據傳杜氏已有覆函寄往蘇俄以示「禮尚往來」。士維尼克這一封信掀起的波浪已經流放到自由世界的每一個角落 於是再一幕的「和平」攻防戰又從此開始了。

「和平攻勢」這個名詞創之於第二次世界大戰前的希特勒執政以後，歷史上雖有所謂「精神戰」、「攻心戰」，但眞正近代化的「和平攻勢」則創自希特勒，戈貝爾和里賓特羅甫。和平這個概念的意思本來是安靜祥和的意思，世界上有攻勢的戰爭，也有守勢的戰爭，但絕無攻勢的和平或守勢的和平 有之 則這種和平不過戰爭的另一型態或正式戰爭前的煙幕而已。一般的說來，人類都是富於幻想而帶有隨性的 世界上又有幾個人敢於面對現實？當年希特勒們就利用人類的這一弱點及民主國家的妥協性，屢屢發動所謂和平攻勢，使民主國家大吃其虧，而今天史達林復欲以希特勒的經驗，把這一種和平戰的戰術發揮到登峯造極。因此，爲人類的前途計，民主國家乃不能不謹愼防之。

這一次的俄國和平攻勢，我們若略加分析，便可看出它至少具有下列的三重意思：第一它是用和平這個動人的名詞來攤瘓民主國家的備戰準備。以辯證唯物論作爲其思想基本型態的俄國人民是不會誤解史達林的心意的；但以理性作爲思想及行爲的西方國家的人民却頗可能上當。史達林明知一次兩次的和平攻勢不會產生顯著的效果，但國際共產黨人決不灰心，他們要用他們慣用的疲勞戰略反復不已的繼續進行，期能在民主國家萬有一失之時大享其利。第二，慕尼黑是英法兩國在四十年代外交上的驚人「傑作」，可是今天輪到自己頭上，西歐各國都生怕杜魯門單獨來一手超慕尼黑的外交把戲，所以這次史達林和平攻勢的第二重意思即在離間西方國家的團結。此外它還有第三重意思，那便是在韓戰停火談判若斷若應續，及舊金山會議即將舉行的當兒，來一次和平攻勢讓民主國家無所適從。然而司馬昭之心路人皆知之，史達林雖處心積慮，諒難逃過西方人士的慧眼。不過我們總以爲處處採取守勢不是辦法，戰略上若不能爭取主動，則必受制於人，受制於人的戰鬬是不容易獲取勝利的。但願民主國家外交當局在與蘇俄的角逐中要「百尺竿頭，再進一步」，若能先期戳穿她「和平攻勢」的陰謀，爭取外交上的主動，則自由民主幸甚。（白）

對日和約中國參加問題

黃正銘

對日和約兩大前提

對日和約沒有亞洲主要國家的參加，其基礎是十分薄弱的。在目前國際環境中，和約的設計，一方面固然要為未來的戰爭着想，但同時亦要注意到亞洲和平與團結的促進。日本的地理位置，使她和亞洲各國有不可分離的關係。殖民時代的帝國主義已成過去，西方國家，除非原與日本互有深切需求，單靠一紙和約，是不能建立或增加他們和日本間日常生活的聯繫的。因此，假使我們期望對日和約能有實際效用，美國就應儘量爭取亞洲國家的參加，尤其是主要作戰的盟國，使他們和日本儘速終止戰爭狀態，奠定和諧發展與合作的途徑。

締結對日和約第二個先天的條件，必然是反共產反侵略的。美國不願為日本的長期保護者，佔領責任是無限的，同時亦阻碍了日本趨向獨立自主的潛力的發揚。因此結束軍事佔領，逐漸扶植日本成為亞洲的安定力量，以及民主陣營中健全的一員，久已成為美國決策者優先的考慮。但在美俄對立的局勢之下，全面對日和約，業經證實沒有可能。假使美國不顧一切困難，必欲成立和約，則美國必須不惜犧牲，儘量爭取有關國家的合作。為使日本能夠接受一個次於全面的和約，和約內容，必須十分寬大。美國並且拒絕盟國所提，足以拘束日本主權，或增加日本負擔的任何要求。所以英國限制日本生產能力的提案，菲律賓八十億賠償的要求，澳洲管制日本的主張，均不能取得美國的同意。同時，為了購買其他國家的參加，美國不惜增加自身負擔，與澳洲紐西蘭訂立同盟防衞條約，甚至不惜犧牲盟國的權益，由於英國集團並不合理的堅持，而摒棄中國於對日和約簽字國之外。這樣，在對日和會中，美國儘可能的拉攏多數國家出席，以沖淡其並非全面和平的黯淡景象，使締和工作，勉告成功。

美國放棄了她所期求的目標

美國拒絕中國參加對日和約，不但違反第一原則，亦和第二原則背道而馳。美國的處境，我們是能了解的。對於若干現實的遷就，亦屬無可避免。但美國不能在原則上放棄了她在對日媾和的努力中所期求的目標。團結亞洲，抵抗共產國際的侵略，與扶植日本，增加民主陣營的生力，應是美國主張締和的基本政策。此項政策如無中國參加配合，對日和約，勢將成為徒勞，而無任何價值可言。

美國所邀請參加和會的五十國家，差不多有半數僅在戰時對日本斷絕外交關係。他們與日本，當然無須簽訂和約，因而並非和會的主體。其餘一半對日宣告戰爭的國家，曾經實際對日作戰的，亦不過十國。而這十個國家中，因領土遭受日軍侵略，被迫抵抗，但自衞力量不足，全賴美國或中國救助（如法屬越南、英屬緬甸）而獲得解放者，又佔七國。這是稍習二次大戰史者所周知的事實。亞洲國家中，如緬甸、錫蘭、印度、巴基斯坦，皆係在戰後脫離英國，取得獨立。他們是否可以對日本主張交戰國的權利，是不無疑問的。第一次大戰後，脫離奧匈諸國而獨立的捷克和南斯拉夫，就不承認和協約國家存有戰爭的狀態。英國在亞洲的勢力，僅限於殘存的馬來和香港。印尼與荷蘭的代表權則是重複的。法屬越南三國，因未獲印度的承認而未被邀請。大韓民國未能與會，亦未聞有日韓双邊條約的擬議。美國是否在等待北韓完成侵略以後，代表全韓，再和日本清算他們的關係呢？至於在亞洲潛力最大，作戰最力，對日關係最切，反共抗俄，堅持國策的中國，反被摒絕於和會大門之外，更足顯示美國政策的矛盾。所以這張名單的取捨標準，與其說是鼓勵亞洲的民主力量，毋寧說是取悅共產國際為更近於事實。對於美國目標，並無幫助。這彷彿是蘇俄所授意，而由美國所執筆的一張對日和會的名單。

任何盟國無權反對其他盟國締和

若干盟國，聯合對一共同敵人作戰，爭取勝利，在戰爭終了時，共同締結和約，乃是國際關係史上的通例。在對日作戰期間，中國且與美英兩國，共同簽發波茨坦宣言，規定日本投降的條件、以及和平解決的種種程序。假如美國未經盟國同意，遽然和日本單獨媾和，已是違反國際義務和神聖諾言。而美國現在所進行的，則為糾合若干盟國，對日議和，而將中國排除在外。美國是否具有此項獨裁的特權，是大可疑問的。美國是對日作戰的主要國家，但不是惟一國家。凡屬盟國，均由於本身對日作戰的事實，而取得對日媾和的權利。此種地位，並非美國所可賜與，亦非美國所能剝奪。再則美國應知，對日和約，僅僅決定日本與盟國間個別的關係，與盟國彼此間全無牽連。和約草案中，亦無此後盟國須對日本採取何種共同行動的規定。中國參加和約，與英印等國關係，實質上並無影響。美國締結對日和約，「藉以解決一切由於彼此間存在之戰爭狀態所引起之一切未決問題」。何以中國就不被許可來解決她和日本間的同樣問題呢？任何盟國，是沒有反對其他盟國參加和約的理由與權利的。若說若干盟國已和中國政府斷絕邦交，不願與中國共同簽字對日和約，以免重新引起承認問題，這個理由，也不能成立。共同簽字一個國際文件，固可認作包含彼此承認的行爲，但中國自可聲明，無意利用此項國際法則，改變各國的政治決策。何況事實上，中國和此等國家的代表，每天還在遠東委員會、盟國對日委員會討論對日政策和問題。中國且爲聯合國安全理事會的會員。在今日的國際組織中，共同參加國際會議，或簽訂國際條約，均已不能解釋爲一種緘默的承認。

有些盟國，或以爲今日中國政府僻處海隅，未能收復大陸，認爲不足代表中國，故於簽訂對日和約時，排除中國政府參加。這種看法，正是鼓勵國際共產主義的侵略行爲，其自身亦必蒙受嚴重的後果，民主國家，殊不應做做追隨，以自取屈辱。若就美國而論，她是正確的承認這個政府是中國惟一合法而自由的政府，更沒有加以歧視的理由。今日世界，僅有民主與共產的分野，沒有承認與不承認的分野。美國積極主張對日訂約，其動機究竟何在？所謂杜魯門主義，馬歇爾計劃，其目的又何在？各國軍備的擴張，和區域安全制度的建立，又豈不是用以防制蘇俄帝國主義？對於亞洲現實的低頭，必將註定其他地區適用的失敗。即就承認問題而言，被約參加和會的五十國家中，承認中國政府的實佔絕大多數。他們和中國的關係，亦不應因少數國家的偏見而加以改變，何況這些少數國家，在亞洲正已逐漸喪失其發言的地位，而不能支持美國的政策呢？

亞洲的危機

中國政府希望參加對日和約，並非由於和約條款可以給予中國若干權利。此次和約草案是十分寬大的，而主張對日寬大也是中國的一貫政策。中國所以力爭參加的理由，乃是爲了重視中日兩國的邦交，以及亞洲大局的前途。我們深信，對日和約旨在團結亞洲民主勢力。中國地位如被抹煞，此項力量，即將無從產生。中國不簽和約，即與日本仍然處於戰爭狀態，兩國交往合作，勢將發生困難。其所予亞洲民族的影響，亦將非鼓勵而爲沮喪。美國果以對日和約的白紙黑字爲滿足嗎？美澳紐同盟條約，是不是具有排斥亞洲有色人種的作用？何以美國的反共戰略，僅僅以遠處南太平洋的澳紐爲限而忽略了廣大的亞洲？美日安全協定，在國際關係上，會不會逐漸造成二十世紀初期英日同盟的同樣效果？美國應記取，她是曾冒幾於美英戰爭的危機，以獲致英日同盟的廢棄的。從締結對日和約以來的一連串行動中，美國政策所表現的迹象，是缺乏對於亞洲人民的了解，以及未予亞洲以應有的重視。爲了恢復亞洲和平和對共產主義入侵的防衛，美國的政略與戰略，均應重作通盤的考慮。

驚人的造謠！

蘇俄海軍的報紙赤色艦隊報稱，歷史的研究已告訴世人發明世界第一個飛船的是蘇俄人，而不是美國人。

該報稱首先想到飛船的人是亞歷山大、卓傑斯基（Alexander Jojaisky），他也是第一個發明飛機的人。後來蘇俄的工程師便製造了一個飛船，而美國的克楞、喀提斯（Glenn Curtiss）的飛船問世時尙在此一年之後。

該報並稱，牙可夫、海喀耳（Yakov Hakkel）曾發明一水陸兩用的單葉飛機。但是，當時掌政的沙皇政府拒絕製造他所發明的飛機，寧願輸入「低劣的美國飛機」。（苓）

不能撒謊的記錄

蘇俄常誇大其對於世界經濟和社會福利的供獻。但以下的記錄是事實最好的鐵證：

國際難民組織——美國已捐獻二億三千七百萬美元；俄國未捐分文。

國際兒童急救基金委員會——美國已捐獻七千四百萬美元；蘇俄未捐分文。

國際銀行（資助落後地區的經濟發展）——美國已捐獻六億三千五百萬美元，並保證再捐三十億；蘇俄從未捐分文。

巴勒斯坦難民組織——美國已捐獻三千萬美元，蘇俄未捐分文。

蘇聯至今尤未付出世界衞生組織的經費，它對於所佔領的國家不但不使其復員，並盡其掠奪之能事。美國對於世界衞生和福利的一切經費已完全付出，並曾以借貸和補助的方式將二百八十億給其他的國家作爲復興建設之用。

蘇俄對於其他的國家唯一的供獻就是以軍火供給其衞星國。（苓）

共黨語言可以襲用嗎？

殷海光

在當前反共制俄底進程之中，中國共產黨底名詞術語，頗有流行於反共制俄基地之一的趨勢。在許多場合之中，有些人動不動說『淸算』，『偏差』，『鬪爭』，『包袱』，『反映上去』，甚至於『坦白』，等等。這是一個很值得眞正從事反共制俄的人注意的現象。這個現象使我們發生共產黨底語言是否可以採用的問題。

我們稍加分析，便不難發現，在共產黨底語言是否可以採用的問題之背後，還有一個問題，即是否可以『只問目的，不擇手段』底問題。關於這個問題的解答，一般而論，可分兩派：一派認爲『目的可以使手段成爲正確』。依此，只要目的正當，採取什麼手段則不妨『便宜從事』。這就是只問目的不擇手段了。另一派認爲『既要注重目的又須選擇手段』。依前一種主張，反共是一個目的，只要這個大目的堅持不變，什麼手段都可採用，必要時可以採用共產黨底辦法。既然如此，採用些許共黨語言，算不了什麼的，是不妨事的。依後一種主張，反共是一個目的，這個目的必須堅持到底。可是，爲了貫徹這個目的，和顧到這個目的之原本性，不讓它變質，不讓它走樣，我們必須講求正當的手段。依此，共產黨底方法不可採用。既然如此，共產黨底語言尤在排斥之列了。所以，共產黨底語言是否可以採用的問題，在基本上歸到是否可以『只問目的，不擇手段』之問題。因此，我們在討論共產黨底語言是否可以採用的這一問題之先，必須將這一問題所依據的『是否可以只問目的不擇手段』這一問題予以廓淸。

手段與目的之不必一致，這個問題，是現代技術時代底特徵之一。在技術不發達的古代，根本沒有這個問題。普遍地說，愈是技術發達的社會，手段與目的之一致愈難實現；愈是技術簡單的社會，手段與目的之一致愈易實現。顯然得很，『技術過程』愈複雜，愈易使人如墮入迷宮之中，而離目的愈遠。『技術過程』愈簡單，愈易使人一望而知，而接近目標。由於『技術過程』複雜，手段常易違離目的。這種情形，在現代政治事物中，尤易發生。

目的，就其定義而言，總是擬懸的尙未實現的一個理想。這個理想之實現，也許在渺遠的未來。而實現這一理想的手段，就在目前。同一目的，實現之方法或所經由之過程不同，一般人所親身感受的現實也可能不同。譬如『刦富濟貧』與『開工廠以濟貧』，這兩種行動底目的可以都是爲了濟貧。但是，如果採取前種方法，勢必造成殺人越貨與擾亂社會秩序的狀態。採取後種方法則無此弊。依此推論，如果『只問目的，不擇手段』而所採取的手段又非常之惡劣，那末這一手段之本身就是違離目的之一重大因素。古往今來，『只問目的，不擇手段』，實乃禍亂之源。

既然手段和目的常易違離，於是主張『只問目的，不擇手段』的人，總是需要一套自我辯解之詞的。於是乎所謂『辯證法』應運而生。在『辯證法』底『辯證』之下，一切與原有目的相反的手段都變得是『合理的』。例如說，自由是好的，但爲了保障自由，你必須服從組織。服從組織，就不能講自由。經濟公平是好的。但要實現這一目的，必須以暴力沒收富人財產。富人底財產被沒收，變成窮人。大多數人也變成政權底掌握者支配之下的工奴農奴。而這些慘象之造成，乃是達到經濟公平之所『必須』。一切極權統治底特色無不是：好聽的理想，配合醜惡的現實。在一切極權統治之下，人民兩耳聽着美麗的聲音，兩眼看着遙遠的太陽；而兩手做的是牛馬工作，兩脚踏的是荊棘。目的與過程相去何遠！

支持以壞手段達到好目的之『理論基礎』，就是所謂『辯證法』。所以，在一切型式底極權國家，都對於『辯證法』底實用價值特別感到興味。列寧，史達林喜歡它。一切受他們感染的權力政治者喜歡它。

然而，民主國家底『哲學』不是如此。民主國家底政府欲達到任何目的時，所最顧慮的問題就是採取何種手段。我們必須明瞭，採取某種手段時是否有所顧慮（除叛亂以外），或顧慮到何種程度，乃一個政府是否民主之最好的試金石。一個政府，如果採取某項手段時愈是顧慮到人民底利益或好惡，那末它底民主成分愈高。這道理很顯然，民主政府是人民委託的公僕。僕人只有看主人底顏色行事。僕人決無以自己底意志決定主人之理。一反這些常理的，就是極權統治。極權統治底特色之一，就是不擇手段。一不擇手段，理想的目的尙未達到，人民現實地已付出忍受極權統治的昂貴代價。

兩個敵對體在鬪爭底過程中，双方互相學習的事情也是常有的。但是，這應只限於物質方面的手段，而不是精神，思想，或觀念。因爲，物質方面的手段是工具性的。工具性的東西是中立的。中立的東西，任何一方面都可以採用，採用了不會失去各自底本性。所以，在長期戰爭之中，彼此底武器製造都保守高度的秘密，惟恐對方知道。蘇俄底原子彈製造不高明，還要處心積慮偷美國的。然而，精神，思想，或觀念則不然。在兩個敵對體底長期對立之中，甲方不能學習或接受乙方底精神，思想，或觀念。如果甲方學習或接受了，久而久之，必被乙方同化。甲方如被乙方同化，那末它就是在精神上已被征服。在精神上已被對方征服者，那裡站立得起來？即使暫時可以强自站立起來，那裡又可以持久？所以，在敵對體長期『鬪爭』過程之中，彼此對於『鬪爭』之物質工具方面都儘量保守秘密，而對於精神，思想，或觀念則儘量向對方輸出，想盡種種方法要對方接受。所以，蘇俄在一方面嚴閉鐵幕之門，不讓外人一窺究竟；可是在另一方面却拚命宣傳『共產主義的福音』。美國在一方面保持原子能底秘密；可是在另一方面不斷播送『美國之音』。這不是顯然說明，在敵對體鬪爭底過程之中，如要學習對方，只能限於物質方面，而不能學習或接受其精神方面嗎？我們與共產黨『鬪爭』，特別要警覺這一點。因爲，共產黨底方法是一整套的。它這一整套底方法完全是其長期鬪爭經驗和因應其特殊政治目的而磨鍊以成的。如果你拆幾個零件來用嗎？這些零件與你底機器大不相合，那是不會有什麼效用的，有時恐怕還會產生負作用。如果你全部接受嗎？保險你不出三年會變成一個道道地地不折不扣的活共產黨。

依據以上的討論，我們可以知道，關於政治的事物，特別不能『只問目的，不擇手段』。『只問目的，不擇手段』底結果有二：一、手段與目的南轅而北轍。在這種情形之下，不是手段使目的迷失，就是走到與原有目的相反的道路。二、如果兩個敵對體之中，有一方接受對方底精神，那末久而久之，一方會變成與另一方同質的東西。如果兩個敵對體變成同質的東西，那末二者底衝突至少就不是思想本質的衝突了。根據這些理由，我們就可以知道，爲了目的，不能不擇手段。既然如此，反共者是否可以採用共產黨底語言，就很值得考慮了。

重視槍桿的人也許不太重視語言。知道語言重要並善於運用語言的人，在一長久過程之中却可以使槍桿歸於無用。語言是人類獨有的一種社會活動。語言可以表理達意，激起情緒，溝通意念，推動行爲。人從嬰兒時代就學習語言。最大多數的人會運用語言。但是，只有最少數的人知道語言底性質。自然語言，正同人爲語言一樣，可以分作三個因次(dimensions)。第一個因次是語法(Syntactics)所研究的；第二個因次是語意(Semantics)所研究的；第三個因次是語用(pragmatics)所研究的。頭兩者與我們現在的討論沒有關係。我們現在所要討論的是語言之語用的因次。所謂語用，就是語言記號，與發出這種記號和接受並了解這種記號者之間的關係。簡單地說，語用就是用某一種語言者使用這種語言的種種情形。語用涉及語言用法之心理，社會，和歷史等方面。這樣看來，語言用法眞不是一件簡單的事。不過，就我們現在的目的而言，我們只能探討其中的某些方面。

每個社團(廣義的)有其特定的發展歷史，心理因素，社會結構，因而每個社團所發展的語言有其獨具的特色。具有這一特色的語言，當着使用之時，因而也就能喚起這一社團所獨有的情感、或引起特殊的反應。如果說甲語言有不可翻譯成乙語言的成分，那末就是這類成分。例如，中國人一提起『狗』字，所引起的聯想是『卑汚下賤』，如『走狗』，『蠅營狗苟』之類。所以，如果你對一個中國人說：『你是一個狗』，他底反應認爲這是對他底侮辱，立刻面紅耳赤，要同你打架。可是，如果簡單地將『狗』字翻譯成Dog，英美人引不起與中國人相同的卑汚下賤之感。因而，你說他是一個Dog，引不起像中國人這種火氣。原來英美太太們終日抱狗，與狗是很親善的。中國人拿『梅』來形容清高堅貞。歷代詩詞中韻梅都是如此。如果有人說你是歲寒之梅，你一定很高興。即使，在這種年頭，許多人不着重這種風骨，可是他聽到你拿『梅』來恭維他，他頂多因愛官和錢而認爲這樣的恭維對他不相干，或不感興趣，但決不致於不高興。可是，如果你對一個美國大亨說：『你眞像一枝梅呀！』他聽了一定莫名其妙，哈哈大笑。因爲，在他們底歷史文化中根本沒有這種薰陶。所以，『梅』字引不起他底崇高反應。

每個社團底語言既然有這樣的特點，因而它引起特殊的效應。這種效應可以從幾方面來觀察。就對內而言，某一社團底語言除了傳達意念，作教育的工具等等功能以外，還有凝固觀念和鞏固團結之效。一個社團底語言使用久了，成語多了，經典多了，文學傑作多了，子子孫孫，世代相傳，各個分子底思想多多少少被這些文字工具所凝固。中國幾千年的民族傳衍和承續是最好的例證。復次，同用一種語言的人易於團結。蘇俄政府不許烏克蘭人讀其本國文字而必須習俄語，就是這個道理。就對外而言，甲社團底語言乙社團底分子不必能了解。因而甲社團底語言對於乙社團具有隔絕作用。例如，我們漢人不見得懂番語。因而，即使我們置身番社之中，我們也完全被隔絕於其社團之外。我們只聽見他們嘰哩咕嚕。他們當面罵我們，我們也不知道。他們在開會要暗算我們，我們還是茫然不知。

由上面的分析，可見語言文字用法底作用之重要。當着語言有特殊的作用時，我們必須去了解它。

也許有人說，你所說的，只限於不同語言的人群。中國共產黨與我們使用同一種文字，那裡有這樣的問題呢？我要告訴他，如果中國共產黨乾脆用俄羅斯文，那末它在中國底發展和對於中國人底感應力決不若是之大之快。因而共黨問題不致如此嚴重。正因中國共產黨與我們使用同一語言，所以問題更形嚴重。兩個不同的社團，可以使用同一的語言文字。但是，二者對於這同一語言的用法不必全同。就政治事物而言，二個敵對者是否使用同一自然語言，這個問題根本無關緊要；而最關緊要的是對於同一自然語言之不同的用法。用法一層，是我們必須特別注意的。

中國共產黨這玩意兒，的確令人討厭。討厭固然令人討厭，可是稍微冷靜一點的人都承認這玩意兒是不好對付的。許多人都承認共產黨底游擊戰不好對付，而很少人感覺到共產黨底語言戰更難對付。老實說，共黨之得以竊據大陸，靠槍桿子不過十之二三，靠筆桿子和嘴則十之六七。大陸在被共黨底武裝部隊佔領以前，早已被他們底語言部隊佔領了。這個道理，如果於大失敗之餘還不省悟過來，那末，眞是不好說得了。大家一定知道，在一切暴亂社團之中，共產黨是最善於製造新名詞新術語的。共黨長於煽動，長於駡人，長於捧人，長於加帽子，長於哭訴，也長於撒謊。這不都是語言上的功夫麼？

中國共產黨是從下層社會裡生長出來的一個社團。一個自己生長出來的社團總有它獨特的語言隨之而生。中國共產黨亦然。中國共黨底術語，如前所舉，有所謂『偏差』，『清算』，『鬪爭』，『整肅』，『包袱』等等。一個規規矩矩的民主政黨中是產生不了這些字眼的。這是因爲中國共產黨有那種獨特的成長史。以及那些行動，而一般民主政黨沒有。所以共黨所有的詞彙一般民主政黨沒有。既然如此，共黨底語言如何可以隨便引用？

也許有人說，中國共黨所用的也是中國字，爲什麼我們就不能用呢？我底答案非常簡單：如果你不想做共產黨，你就不能用共黨特有的那些字眼。共黨特有的那些字眼，對內有團結，同化，教育，懾服，黨員之作用；對外有隔絕，擾亂，顚倒，恐嚇，搖惑，招誘，等等作用。

幾十年來，中國共黨逐漸造出許許多多字眼。這些字眼已經成爲一套。共黨每造一個名詞，必有其產生的特殊背景，和特殊的作用；決不是隨便咬文嚼字的。所以，我們不能純就字面來了解。例如，共黨在大陸攻城掠地，這明明是『內亂』；而共產黨人輕輕調換一字，說是『內戰』。許多人懵然不察，也跟着滿口『內戰』，『內戰』的。如果你本來是反共的，你也跟着這樣嚷，你就是替共黨作義務宣傳員了。因爲，既然說是『內戰』，那末双方都是平等的交戰團體。既然双方都是平等的交戰團體，那末就沒有那一方面是合法的政府了。輕輕換一個『戰』字，就把否認政府之意蘊涵在其中。你說共產黨底名詞還能隨便採用嗎？在一種情勢(Situation)之中，共黨爲了達到某種政治目的，常常製造某些名詞或口號。在這些名詞或口號之中，常常潛含着他們所要贊成或反對的意念。你一個不小心，也採用他們底口號，那末你就像貪吃的耗子，踏着他們底機關了。『反對內戰』這一口號在當時共黨積極造亂的情勢之下，只有掩護共造亂的作用。當時許多名流學者也漫不經心，情緒激動地跟着嚷『反對內戰』，這不是替共黨作義務宣傳員嗎？『反飢餓』這一口號也有同樣的作用。如果我們不配合當時的情勢，單單研究『反飢餓』這一口號，何嘗不正大堂皇。假若你以此責備共產黨員，他一定理直氣壯反問你：反飢餓難道不應該嗎？你難道贊成飢餓嗎？可是，『反飢餓』這一口號，在當時那種情勢之下喊出，所反的似乎不是飢餓，而是共黨心目中的政敵。中國共黨之類似的花樣，眞是太多了。整個共黨宣傳皆是如此。

我們現在要說到我們在前面所提及的共黨底那一堆術語：『偏差』，『整肅』，『反映上去』，『鬧情緒』，『包袱』，『坦白』，等等。在這些名詞之中，有的是爲了糾正別人底『思想路線錯誤』而造的。例如，『偏差』是也。說別人『偏差』，當然假定我不『偏差』。『包袱』也是對思想而言的。它底意思是要你丟棄過去的『錯誤思想』之累積，來跟着我底思想路線走。這又是只有我對，你底是錯的。有的名詞是爲了給予人尊重『組織』的觀念，並藉此提高『組織』底權威。例如，『反映上去』，『整肅』，等等。有的名詞，是爲了打破個人尊嚴，讓他自己揭露自己底秘密。好讓『組織上』知道你底一切。人總怕別人批評他『不坦白』；要『坦白』就須說出自己底一切，省得密探費事了。有的名詞是爲了干涉個人自由而造的，『鬧情緒』便是。共黨一旦當衆宣佈你『鬧情緒』，就使得你尷尬。『鬧情緒』是要不得的，於是乎你只有放棄個人好惡，一舉一動跟着『組織』跑了。

總而言之，不管這些名詞底個別作用是什麼，它們共同的作用是鞏固並加强極權共黨之極權統治。一個規規矩矩的民主政黨，那裡會產生這些怪名詞？那裡會用這些剝奪個人自由的口語？這些口語用久了，潛藏在這些名詞之中的極權觀念，便慢慢藉着這些語言工具侵入你腦筋裡去了，久而久之，保險你滿腦筋的共產極權思想。這是語言底同化作用。一經同化，便無以自拔了。

所以，討論到這裡，問題就是：你願意步共黨之後塵走上極權之路嗎？如果願意，那末『予欲無言』，『悉聽尊便』可也。如果不願意，那末我奉勸你趕快不要用這些『八路名詞』，趕快隔絕這些『赤色術語』。如果你心裡本來不喜共產極權而誤用這些名詞，那末請你趕快從頭考慮一下，考究一下你底思想中因這些名詞所夾帶進來的赤色極權毒素究有多少。要檢查你自己底思想中的這些毒素究有多少，最具體而有效的辦法莫如考究你口裡說的，筆上寫的究竟有多少『八路名詞』和『赤色術語』。可是，請你千萬不要誤會我主張統制思想。如果我主張統制思想，我不過是共產黨底一名小徒弟而已。小徒弟怎配反對老師傅？我在這裡並非主張以强制方法檢查思想，或者以什麼『主義』代替馬列之主義。我手無寸鐵。我只是以語言促致你自己反省反省而已。

也許有人說：我們反共這樣積極，隨便用些共黨名詞，無非爲了方便之計，並不打緊的。你何必看得這樣嚴重呢？

我可以告訴他，槍桿子防共這樣努力，如果腦筋開放，聽任共黨思想藉八路名詞隨便出入，這算成功麼？這算徹底麼？防赤猶如防水，有一處讓水進來，便全功盡棄。你難道不知反共以反共產思想爲第一麼？自一九二四年以來，反共陣營裡中赤化梅毒太深了，難道還不應該乘此良機徹底根絕梅毒？

不獨如此，一個社團如係有機地新生成長，那末必定有一些新語言隨之而生。如果一個社團不能產生新語言，那末表示它已經失去創造能力。失去創造能力者，想不出東西，於是只得事事跟在人家後面跑。樣樣向人家學習。如果從(下轉第十九頁)

論美、澳、紐三國安全公約

本刊駐澳特約記者　孫宏偉

宣傳已久的太平洋公約終於本年七月十二日以三國安全公約草案的姿態在華盛頓簽字了。參加條約草案簽字的代表計有美總統特使——對日和約草案起草人——杜勒斯 (John Foster Dulles)，澳洲的駐美大使前外長——也就是主張太平洋公約最力的一個人——斯賓德 (P. C. Spender) 和紐西蘭駐美大使貝蘭蓀 (Sir Carl Berendsen)。草案簽字的那天正是英美對日和約草案公佈的日子，正式公約簽訂的時間地點雖然目前還沒有確定，但他們希望能够在九月初舊金山日本和約會議前後極短時間內就可以正式簽約。

公約草案的前言裏開宗明義的說明，這公約旨在「公開的和正式的宣示三國間的團結，使一個可能的侵略者不至幻想我們間的任一個在太平洋地區是孤立的」。草案共包括十一條；主要的內容可歸納爲左列三點：

(一)關於自助和互助的規定：草案第二條規定，締約國各自個別的和集體的，藉不斷的和有效的自助和互助，保持並發展其抵抗武裝侵略的能力。依照本條的規定當然三締約國都應當各有適宜的國防措施，雖然公約中並沒有規定軍備和軍力的詳細標準，但各締約國間彼此的國防措施，如何配合，如何聯繫　當是今後各締約國間一個重要的問題。

實際上細究起來，本條「集體的」三字的含義，等於說紐澳兩國今後應與美國在國防上作有效的配合　也就是說兩國今後要加入美國的太平洋防禦體系　爲互助起見美國也就在這個防禦體系內予紐澳以援助，誠如草案前言所云「鑒於美國在菲律賓，琉球，日本各地……已有駐軍，故訂斯約」等語，足見所謂三國安全公約，實不過美國太平洋防禦體系的一環而已。

美國由於對日和約的規定，　取得了在日本和琉球的駐兵權。在菲律賓美國原已有了駐兵權，現在更擬同菲律賓訂立一個雙邊互助的條約、以排除菲律賓對日本的恐懼，並共同防禦共產侵略。另外由於對日和約的規定，美國和日本要訂立一個双邊的協定，在這協定中，日本允許美國駐兵，美日共負日本安全的責任。有了這個美日條約，日本可以不必疑慮到她本身的安全，而美國也可以監視日本，且不必憂懼到共產國家侵略到日本。從這許多利害衝突，情形各殊的許多太平洋國家中，美國不久即可完成美澳紐、美日、美菲等安全公約，並且由這些安全條約構成了一個微妙複雜的美國太平洋外交體系。這使人聯想到當年俾士麥在歐洲所建立的外交體系；他一面維持了德澳同盟，一面訂立了三國同盟，另一面仍與俄國簽訂『再巡廻條約』。他一個人在同時間內維持了幾個彼此抵觸的條約，建立一個以德國爲中心的外交體系，他即利用這個體系來操縱其他國家，因而暫時保持了歐洲的和平。美國現在在太平洋的外交體系，雖然並沒有俾士麥當時那樣的詭譎，那樣的繁複，但她爲協調和融合利害各不相同的許多太平洋國家，組成了一個防共體系，其中微妙之處不無與「俾士麥體系」相似的地方。

(二)關於締約國彼此對於侵略威脅應事前互相諮詢的規定：草案第三條規定任何一締約國於任何時間內認爲締約國中之一國其領土完整、政治獨立或安全受到威脅時，各締約國應彼此諮詢。依照本條的規定，草案中雖然沒有軍事防禦的一個共同組織，但仍可隨時於締約國認爲可能有侵略危險時隨時磋商，成立軍事機構，並無需於侵略臨頭時方採取軍事措施。這說明了三國公約仍具有很大的伸縮性，隨時可以設立像北大西洋公約防禦委員會那樣的組織，以共同防禦遠東共產侵略。

(三)關於共同採取行動抵禦武裝侵略的規定：草案第四條規定；各締約國承認對任一締約國在太平洋地區的武裝攻擊，即係危及其本身的和平和安全，各締約國宣佈將依照其憲法程序採取行動對付共同危險。本條是公約草案最重要的一條　也就是奠立三國合作共禦侵略基礎的一條。可注意的是條文中並不明言三國政府於遭受侵略時即採取行動，却仍須依照憲法的程序辦理，此中原因主要是因爲依照美國憲法只有國會有宣戰權，關於和戰一類的事情，美政府並不能自作主張。但無論如何，有了這一個保留，美國總多了一個廻旋的餘地，很顯明的她並沒有接受立即向侵略者宣戰的義務，這在澳紐方面當然是一個美中不足的事情。

公約草案宣佈後第一天(七月十三日)，澳外長對於安全公約與對日和約發表了兩個單獨聲明，在他對安全公約的聲明全文中，可注意的：第一、他宣示了簽訂這一個共同防禦公約，是澳洲外交政策的一個主要目標，遠在太平洋戰爭澳洲安全受到日本威脅的時候，澳洲業已感覺到它的需要。第二、他爲避免親英人士及工黨的指責，特地申明這公約並沒有代替大英帝國國內的防禦措施　它只是表示澳洲和紐西蘭在太平洋具有它們的特殊利益和責任，好像聯合王國和加拿大在北大西洋條約裡具有特殊地位一樣。第三、他指出公約內所規定的行政組織 Council，今後不僅可以隨時會商如何應付侵略的威脅，且可在武裝侵略來臨或預料來臨的時候計劃共同　動。

澳外長的聲明，說明了澳洲自太平洋戰事發生，尤其是一九四九年三月十八日北大西洋公約簽訂之後，澳政府始終以簽訂太平洋公約爲她外交上最重要的目標。其次，外長聲明充分的證實了太平洋公約的擬議和北大西洋公約有密切的關係，他甚至坦白承認三國公約的條文也是模仿大西洋公約的。關於太平洋公約和大西洋公約的比較，我們稍緩再來討論。而這裡首先要指出的是三國公約一直到杜勒斯兩次訪澳之後才有了頭緒，就在這時對日和約乃開始與太平洋公約相提並論，而最後促成三個公約成功的也就是對日和約，我們現在試一檢討這次英美對日和約草案及澳外長對於日本和約的聲明，就可以知道此中兩者的關聯。

這次英美對日和約草案有幾個特點值得特別注意：第一、草案對於日本軍備可以說毫無限制，第二、對於賠款可以說連象徵式的規定都沒有。這一個條約草案眞可以說是近代史上絕無僅有的一個最寬大的和約，誠如杜勒斯本人所謂它是「一個眞正和好的條約」，不存任何歧視和一點屈辱的規定。杜氏的論點認爲縱使限制了日本軍備也無法執行，而且徒足引起戰敗國的仇恨，這理論當然是有鑒於上次凡爾賽條約的錯誤。但這種完全以未來盟友對待日本的態度，也未嘗沒有可以非議的地方。不過西方國家的看法，則認爲一個重整武裝後的强大日本，固然對於他以往飽受侵略的鄰邦是一個威脅，但一個毫無武裝及防衛能力的日本，如果沒有盟國永久駐兵日本的話，那只是給遠東共產國家製造發展的機會，而事實上永久佔領是一件不可能的事，因爲美國不願永久負擔這一筆鉅大的佔領費用，在無可如何之中，美國不得不爲日本本身安全着想，允許日本武裝。

可是，日本武裝了，它的安全有了保障，美國又怎樣可以確保日本不再走上侵略途徑或傾向共產集團呢?!日本鄰國的安全又怎樣保障呢?!對於這兩個問題，美國解決的辦法：一個是美日共同防衛條約，一個就是太平洋三國安全公約(當然後一辦法也可以一樣的擴展到其他的日本鄰國)。

就澳紐兩國本身安全來說，英美日本和約草案，的確也有許多失於過分寬大的地方，譬如以限制軍備來說，若果純粹就日本安全觀點，那麼如遠洋艦隊，海軍一類可能作爲侵略工具的軍備，儘可加以限制，但美國自有她的一套計劃，當然在美國只要可以增强她新太平洋體系內任一分子的力量，只要能夠加强她的反共武力的地方，美國是沒有不願意促成的，又豈有加以阻撓之理。在美國的新體系中，澳洲紐西蘭也是其中的一份子，對於日本重整軍備，她們迫於美國要求只有讓步，在不得已的情況下，她只有失之東隅而收之桑榆，把保障她本身和日本的安全責任，一併寄託在美國身上。這在美國外交來說，不能不說是一個很大的成功，她把紐澳從一向追隨大英帝國的途徑中，爭取到她自己的太平洋反共體系中。這就在澳洲的外交史上也可算是劃時代的轉變。無怪乎左傾的美爾鉢 The Argus 報要說太平洋三國公約把澳洲對大英帝國的「忠誠」移到美國的軍事利益身上，澳洲與聯合王國雖然共戴一個王室，儘管她和英國在血統上及傳統上業已融和一致，但澳洲的外交政策在現行所有條文中，並沒有受到聯合王國的拘束，可是現在三國公約卻把澳洲的外交政策徹底的和一個英聯以外的美國鑄在一起。這點不由我們不承認太平洋局勢已經起了新的變化。三國公約象徵了美國在太平洋新體系的建立，同時更證明了英帝國對紐澳及太平洋地區的控制權逐漸消縮。我們有理由相信，不久以後菲律賓以外的印尼和馬來亞以及自由中國等，也要像所有北大西洋國家一樣，很快的全部都納入美國的太平洋反共體系之內。

其次我們要討論到，三國公約草案和對日和約，對於今後三國和中共的關係，所可能產生的後果是怎樣。很顯明的，三國公約第四條所稱的「武裝攻擊」，主要假想的敵人並不是日本，而是以蘇聯中共爲首的遠東共產集團，因爲就美國來說，她已有日本和約所給予她在日本及其附近島嶼的駐兵權，是够她控制日本，如果她僅是爲防止日本再度從事侵略，她只須在日本軍備上加以限制，又何必和紐澳訂這一個共同防禦的公約呢?!由此可見她之所以仍同紐澳簽訂安全公約，當然不僅是爲消弭紐澳兩國對日本的恐懼，而主要的是爲共同防禦蘇聯和中共對太平洋地區的侵略。看淸楚了這點，我們不難斷定中共今後已經成爲美澳紐日菲等各太平洋國家的共同敵人，由於這公約的簽訂，太平洋民主國家和中共的壁壘很自然的更因此而加深了。相反的，中共今後由於這公約的簽訂所造成的太平洋新局勢，她也只有投向蘇聯懷抱的唯一途徑。這新局勢的造成，不能說不是由於民主國家對於中共已有更深切認識的結果。

最後，我們必須將太平洋三國公約和北大西洋公約作一個很扼要的比較，藉以明瞭三國公約的主旨所在。說到太平洋公約思想的由來，開其先河的還是我們的蔣總統。一九四九年七月蔣總統與菲總統季里諾在碧瑤會晤、曾討論到太平洋地區安全問題，其後蔣總統又和李承晚總統在韓國會晤，也曾談到這個問題　李氏對於太平洋集體安全極表擁護，只是因當時美國對於中菲韓三國的見解不表贊同，這事情才擱置起來。美國反對的理由，是因爲她認爲太平洋許多國家大半內部都不很穩定，美國很難保障她們的安全。華盛頓方面因此不願意承擔太平洋區的任何軍事責任，只允在經濟方面援助太平洋地區國家。的確，在地理、文化、經濟、政治各方面，太平洋國家都不如北大西洋國家那樣的和諧和整齊。這當然也是北大西洋公約無法照樣搬到太平洋地區的原因。至說到澳洲什麼時候才開始進行太平洋公約，那麼我們必須追溯到一九四九年的北大西洋公約，就是在前工黨政府時代，澳洲也已經談到太平洋公約問題，北大西洋公約把歐洲國家和美國加拿大的資源和武力聯合一致，共同抵禦共產國家的侵略，可是在太平洋的澳洲和紐西蘭卻沒有同樣的得到美國的保證和援助，這在澳洲看來當然不免有不平之感。遠在一九五〇年三月九日前澳外長斯賓德，便已於其在議會的外交政策演說中，高唱太平洋國家必須有一個軍事防禦協定的必要，不過當時他所擬議中的簽字國除了美國之外，他是希望以聯合王國及其他英聯國家爲該公約的骨幹，並且容許其他任何有軍事負擔能力的太平洋國家加入。這表明當時斯賓德氏所計劃的太平洋公約，其範圍遠較最近簽訂的爲大。不過公約計劃，正式的向美方提出還要等到斯賓德氏於一九五〇年九月訪美的時候。依照斯氏本人一九五〇年十一月二十八日在下院的演說，那麼他不僅會向杜魯門總統提出，而且他還向國務卿艾奇遜，總統特別助手哈里曼，副國務卿魯斯克（Bean Rusk）及杜勒斯等詳談過。斯賓德在他與杜魯門會晤中所說的話很足以表現澳洲政府當時對於太平洋公約的看法，他向杜魯門指出北大西洋公約設立了機構，可以讓每一簽字國討論，並影響各種有全球性的政策問題，可是在太平洋地區卻沒有這種機構，可使澳洲也能够討論與澳洲利害有關和具有全球性的問題。澳洲從沒有逃避她的國際上職責，但她對於涉及澳洲的事情和政策，卻不能稍加過問。看到北大西洋公約內某些國家都可享有會員國的各種便利，澳洲實在有理由列舉她以往對履行國際職責，和對維持世界安全的貢獻。由於上面的這些話，足見澳洲方面對於太平洋公約的動機主要是由於北大西洋公約促成的。斯賓德氏在美每次商談的結果，他所得的印象，似乎美國對於他的太平洋公約建議，很是同情，他於上年十一月廿八日在下院的演說中居然說：『現在所能奉告的是我們很有希望短期內這一個重要的問題（太平洋公約）可以獲得能够接受的解決辦法，並且使它在一個正式機構中具體化』。斯氏的樂觀論調，反映了當時美國對太平洋公約的態度，因此他抱一股熱誠，滿以爲回國後即可談判成功，殊不料美國國務院方面並不像他所想像的那樣簡單，不久，美總統和國務院相繼發表聲明，顯示兩方談判尚有若干距離，這才沖淡了斯賓德的一場好夢，而最後本年四月間他的辭職和被調往美國任大使，和他談判太平洋公約未獲成功，當然也不無關係。

很明顯的，三國公約只是一個具體而微的北大西洋公約，文字上精神上三國公約實在是北大西洋公約的第一、三、四、五各條可以說同三國公約的一二三四各條並無什麼不同的地方；北大西洋公約第五條關於共同防禦武裝攻擊的規定，其所遭遇的困難也同三國公約一樣，那就是怎樣避免用宣戰或戰爭等字眼。前面已經說過，美國憲法的規定，只有議會才有和戰的大權，所以大西洋公約第五條盡可能襲用聯合國憲章第五十一條如下的規定：每一簽字國對於被攻擊國家應單獨的或集體的予以援助，並採取必要行動包括使用武力以恢復並維持北大西洋區的安全。三國公約第四條所不同於北大西洋公約第五條的地方，只是前者更顯明的列入「依照各該國憲法程序採取行動對付共同危險」等字樣罷了。

三國公約第五條關於區域的規定，相當於北大西洋公約第六條關於北大西洋區域的劃定。但北大西洋公約第九條關於組織委員會（The Council）的規定則較三國公約第八條關於設立委員會的規定更爲縝密而具體。三國公約的委員會包括的份子是各國的外長和外次，它並沒有像北大西洋公約那樣，規定於委員會之下立即附設防禦委員會。所以在軍事措施方面來說，三國公約沒有北大西洋公約那樣來得積極和迫切。其次，北大西洋公約第十條有關於邀請其他歐洲國家的規定，而三國公約第八條則僅規定「在太平洋區更完備之地方安全體系尚待建立之前，委員會……得與太平洋地區國家……維持諸商關係以促進本條之目的……。」等語。由此可見三國安全公約對於三國以外的太平洋國家的態度要較北大西洋公約對於簽約國以外的大西洋國家更富排斥性。儘管杜勒斯在公佈三國公約草案的談話中，特別指出三國公約僅是「初步」，並且說『這一個「初步」簽約之後，希望能繼以其他步驟促成前言及第七條中所云的更完備太平洋區地方安全體系。』但很顯明的杜氏所謂「其他步驟」決不是他有很大的誠意邀請其他太平洋國家，加入這一個三國公約，而最可能的還是美國和其他太平洋國家間再訂立類似三國公約一般的安全條約。

但不論三國公約或北大西洋公約，它們都有一個共同的目的，那就是希望藉美國的富源和力量，使任何國家不至於貿然對簽約國從事侵略行爲。因而簽約國可以獲得經濟復興或繁榮所必需的一種安全和穩定的感覺。

民國四十年七月卅日脫稿於澳洲

『自由中國』的宗旨

第一、我們要向全國國民宣傳自由與民主的眞實價値，並且要督促政府（各級的政府），切實改革政治經濟，努力建立自由民主的社會。

第二、我們要支持並督促政府用種種力量抵抗共產黨鐵幕之下剝奪一切自由的極權政治，不讓他擴張他的勢力範圍。

第三、我們要盡我們的努力，援助淪陷區域的同胞，幫助他們早日恢復自由。

第四、我們的最後目標是要使整個中華民國成爲自由的中國。

臺灣產業

臺灣之森林

朱惠方

一、引言

臺島孤立於我國之東陲，地勢險峻，極少平原，其生活資源與水土保持，在在與森林攸關。矚觀世界文明國家，森林面積，莫不超過百分之二十，若德國爲二七%，美國爲二六%，芬蘭爲七三%，瑞典爲五六%，無不擁有相當面積之森林。返顧吾國，森林面積與整個國土之比，尚不及百分之五；其在百分之二十以上者，以區域論，除東北及海南島外，當推臺灣。而臺灣因地勢環境，治山治水，端賴森林之維護。

林木在自然界中，爲空中炭酸與地中養分所生之合成物，與礦產迥異，產額無限，可與地球共盡，爲一保續性之給源。若夫林木之爲用，昔僅充建築家具，今則隨工業發達，分離其纖維而爲木漿，變化纖維形態而代棉毛，更使之糖化而爲食料。近百年來，林木幾一變而爲衣食住三要素之資源。至若森林生產，雖非一朝一夕所造成，而今一則講求保存方法，使不失永久使用之價值。他則合小材而製層積木，化軟材而成強韌材，得以彌補大材與輕金屬之不足，且其用途開展，正方興未艾，是則今日經濟建設，無論工業原料，交通器材，誠不可一日無森林也。

二、森林之面積與蓄積

臺灣森林面積爲一、七八二、八八九公頃，原野面積爲四九六、〇六七公頃，合計林野面積爲二、二七八、九五六公頃，占總面積百分之六十四；其比率之高，實爲全國各地之冠。在全部林野之中，國有林幾占百分之八九，而公有林與私有林僅占百分之十一，此種大面積國有林施業計劃，對於本省森林合理經營，至關重要。

臺灣森林蓄積，濶葉樹居其大半，就一、七八二、八八九公頃中，其立木材積，針葉樹材爲七八、八二五、五二二立方公尺，占全蓄積百分之三十一。濶葉樹材爲一二八、三〇五、六二三立方公尺，占全蓄積百分之六十一，合計總蓄積爲二〇七、一三一、一四六立方公尺。各縣之中，森林面積與木材蓄積，最大者首推臺中，次爲高雄臺北臺東新竹，最小者爲臺南、臺南由於山區狹小，而開墾無度，致原有森林日漸荒廢也。

茲就上列統計爲推算基礎，研究合理的年伐量，則本省總蓄積二億零七百萬立方公尺，以其三三%爲經濟的利用蓄積，當爲六千八百四十萬立方公尺。假定其生長量爲百分之一，輪伐期爲六〇年，則立木每年伐採量，可達一百十四萬立方公尺。而此立木年伐量，其造材比例設爲三五%（針濶樹材平均），則每年出材量，當爲四十萬立方公尺。苟器材充實，交通整備，則每年利用材積可能提高至百分之二〇，即六十三萬立方公尺。根據蓄積生長而釐定年伐量，是即年伐量不得超過年長量，此爲國有林經營之最高原則，亦即使森林資源得以保續增長也。

三、森林之環境

臺灣爲我國極東之狹長島嶼，位於北緯二十一度至二十五度，隔臺灣海峽與福建相望，南隔巴士海峽與菲律賓相對，狀若樟樹之葉，全省面積有三、五九六、三二〇公頃，殆與海南島面積相埒。唯高山群立，坡腹陡峻，遠非海南島之平緩可比。海南島七〇〇公尺以下地帶占該島全面積九五%，而本島中央山脈、高聳重疊，支脈東西錯雜，海拔七〇〇公尺以下地帶僅占全面積五六%。依海拔高度，其土地面積比例如次表所示：

海拔高(m)	面積(ha)	占全面積比率(%)
七〇〇以下	二、〇一五、三五五	五六
七〇〇—一、二〇〇	六二四、八二〇	一七
一、二〇〇—一、八〇〇	四二八、五〇二	一二
一、八〇〇—二、四〇〇	三三一、五三三	九
二、四〇〇—三、〇〇〇	一七一、四〇九	五
三、〇〇〇以上	四四、七一二	一
合計	三、五九六、三二〇	一〇〇

臺灣中央山脈，縱貫南北，海拔高達三千公尺以上者（玉山高三千九百五十公尺）有四十八座，二千四百公尺以上者有六十七座，一般七〇〇公尺以下者爲熱帶濶葉樹林，七〇〇至一、八〇〇公尺爲暖帶濶葉樹林及針葉樹林，二、〇〇〇至三、〇〇〇公尺爲溫帶濶葉樹林及針葉樹林，至三、〇〇〇公尺以上始爲寒帶針葉樹林。其屬溫寒兩帶者占一五%，屬於熱暖兩帶者占八五%，在一狹小地區，具備熱暖溫寒四帶，而各帶轉變急劇，成一垂直森林帶型，且一地樹種，如是繁雜，實爲全國所僅有。

臺灣地勢東西懸殊；東部懸崖絕壁，西部傾斜雖緩，然仍到處嶮峻；就一般觀察，傾斜概在二十五度以上，其基岩富於風化性之黏板岩，地盤脆弱，且當太平洋颱風之要衝，一旦豪雨降臨，則山洪暴發，表土流失。是故臺灣林地，尤以二十五度以上之斜度，當劃爲絕對林業地帶，爲維護治水事業，與支持農業生產，使土地達到合理利用，實不容再事濫伐與開墾。查本省耕地具有八六〇、六四六公頃，占全面積二四%，比之海南島農地僅占一四%，幾達二倍。依地質地勢而論，臺灣農業已至農業限界地帶，欲再圖耕地擴張，勢所不能。是以臺灣土地面積百分之七六，將爲森林保續地帶，殆無疑義。

本省因中央脊梁山脈南北縱貫，一切河流皆爲東西分向，又因山脈險峻，密邇海岸；故源流短而坡降陡急。每遇洪水，挾石帶砂，橫溢奔瀉。枯水時期，則水量驟減。河床石骨，突兀暴露。故臺灣木材，無法利用水運，此亦影響材價之一最大因子也。

臺灣氣候具有海洋氣候之特徵，寒暑之差不著，但因地分南北與海拔高低，頗有差異。平地氣溫，以二月最低，殆不結霜，僅玉山之高峯，始見積雪。在六至九月之酷熱時，平均氣溫不及攝氏二一至二八度。降雨量平均二、五〇〇mm. 一般北部及山地雨量多，而南部及西部平野，雨量減少。又雨量因時季而有差別，南部夏季多雨，而北部乾燥。冬季北部因東北季風，霪雨連綿，而南部降雨反少。茲將全島氣候概況示之如次表：

地區（海拔高m）			森林帶	占全林面積之比（%）	年平均氣溫（°C）	年平均雨量（mm）
北部	中部	南部				
九〇〇以下	六〇〇以下	一、〇〇〇以下	熱帶	[illegible]	二一	二、〇〇〇
一、五〇〇以下	二、〇〇〇以下	二、三〇〇以下	暖帶	[illegible]	一五、五—二一	二、〇〇〇
二、九〇〇以下	三、〇〇〇以下	三、三〇〇以下	溫帶	一三	八、八—一五、五	二、五〇〇—四、〇〇〇
二、九〇〇以上	三、〇〇〇以上	三、三〇〇以上	寒帶	二	三、五—八、八	

四、森林之構成及分布

臺灣之森林，因海拔高低所生氣候差異，遂形成次之五帶：

1 紅樹林帶　分布於本島灣內河口，生育不旺，高雄至恒春沿岸，隨處可見，然均屬小面積散生，其習見樹種爲紅茄苳（Rhizophora macronata）海茄苳（Avicennia marina）五脚里（Bruguiera conjugata）水筆仔（Kandelia candel）等。

2.海岸森林帶　本島西部平野，悉被墾植。東部海岸，多爲斷崖，故原生林極少，現所存者，僅島之南部與北部之一小部分而已。其主要樹種，爲棋盤脚樹（Barringtonia asiatica）水茄苳（Barringtonia racemosa）山欖仔（Buchanania arborescens）紅厚殼（Calophyllum inophyllum）土沉香（Excoecaria agallocha）大白葉仔（Heritiera littoralis）杆仔（Palaquium formosanum）九重吹（Pongamia pinnata）石松（Sideroxylon ferrugineum）鴨腱藤（Entada phaseoloides）山林投（Freycinetia formosana）林投（Pandanus odoratissimus）等。

現本帶人工造林，多屬海岸防風林，其主要樹種，爲木賊葉木麻黃（Casuarina equisetifolia）虎氏木麻黃（Casuarina huegeliana）銀木麻黃（Casuarina glauca）方苞木麻黃（Casuarina quadrivalvis）細枝木麻黃（Casuarina stricta）相思樹（Acacia confusa）榕樹（Ficus retusa）銀合歡（Lencaena glauca）福木（Garcinia spicata）楝樹（Melia azedarach）等。

3.農耕地帶　本島開墾，初僅限於平野，以後逐漸擴及山岳地帶，而栽培茶香蕉等多年生植物，以及諸芋陸稻等旱田耕作。此一地帶，大都受掠奪農業之結果，而化爲草生或灌木叢林者不少。由此林薄，發生第二期林木，若楓樹（Liquidambar formosana）雞眉（Pithecellobium lucidum）白匏仔（Mellotus paniculatus）橙欄（Macaranga tanarius）糙葉樹（Aphananthe aspera）山石榴（Melastoma septemnervium）等植物，又南部草生地，常見有（Phoenix hanceana）散生，而中部高地栓皮櫟（Quercus variabilis）亦有形成純林者。

4.濶葉樹帶　此爲本島最發達之森林帶，面積既廣，樹種亦多，尤以樟科殼斗科爲最盛，次之爲樺科桑科。本帶多產有用樹木，其主要者爲樟（Cinnamomum camphora）牛樟（Cinnamomum micranthum）茄苳（Bischoffia javanica）鈎栗（Castanopsis taiwaniana）大葉校栗（Castanopsis kawakamii）青岡櫟（Quercus glauca）烏來櫧（Castanopsis uraiana）石櫧（Quercus gilva）赤柯（Quercus morii）黃杞（Engelhardtia formosana）胡桃（Juglans formosana）大葉楠（Machilus kusanoi）烏心石（Michelia formosana）白桐（Paulownia kawakamii）椎（Shiia stipitata）櫸（Zelkova formosana）九芎（Lagerstroemia subcostata）黃連木（Pistacia chinensis）相思樹（Acacia confusa）等。

本帶間有針葉樹混生，最習見者爲油杉（Keteleeria davidiana）紅豆杉（Taxus chinensis）肖楠（Libocedrus formosana 在北部）馬尾松（Pinus massoniana 在中部三〇〇—一、三〇〇 m）百日靑（Podocarpus nakii 散在於日月潭之周圍）以及人造杉木（Cunninghamia lanceolata）與柳杉（Cryptomeria japonica）林。

此外足爲本帶之特徵者厥爲竹類，若刺竹（Bambusa stenostachys）桂竹（Phyllostachys makinoi）淡竹（Phyllostachys pubescens）石竹（Phyllostachys lithophila）孟宗竹（Phyllostachys edulis）麻竹（Dendrocalamus latiflorus）等爲最普遍之種類，現有面積計達四七、五〇〇公頃。

5.針葉樹帶　本帶占據高山地帶，其海拔限界南北互異，平均在一、八〇〇m以上。下部主爲紅檜(Chamaecyparis formosensis)，與上部扁柏(Chamaecyparis taiwanensis)相接，此兩樹種，面積廣蓄積富，且材質優良，在本省木材利用上，占重要之地位。至於昔居優勢之亞杉(Taiwania cryptomerioides)，因受扁柏侵入，而漸消滅。同時扁柏亦被紅檜侵逼而減其優勢，至香杉(Cunninghamia konishii)分布亦稀，約在海拔二、二〇〇m左右。

本帶鬱閉破壞之處，常發生濶葉樹種，其重要者如水柯仔(Trochodendron aralioides)槭(Acer rubescens)杜鵑(Rhododendron morii)假沙梨(Stranvaesia davidiana)鴨脚樹(Schefflera taiwaniana)石楠(Photinia serrulata)赤楊(Alnus formosana)等。

自扁柏帶而上，則發現臺灣雲杉(Picea morrisonicola)帝杉(Pseudotsuga wilsoniana)。更上則爲鐵杉(Tsuga chinensis)至三、二〇〇m以上，則發現臺灣冷杉(Abies kawakamii)純林，其面積及蓄積不亞於扁柏與紅檜。祇因運搬不便，尙未能及時利用。自冷杉帶而上，則爲矮生山柏(Juniperus squamata)，然在風少谷間，則爲喬木狀圓柏(Juniperus formosana)。其最高處則爲高山杜鵑(Rhododendron pseudocrysanthum)，玉山蘗木(Berberis morrisonensis)三種濶葉灌木，此三者殆爲本島森林限界之樹種。

臺灣森林垂直分布之概況，詳於下圖：

(5)

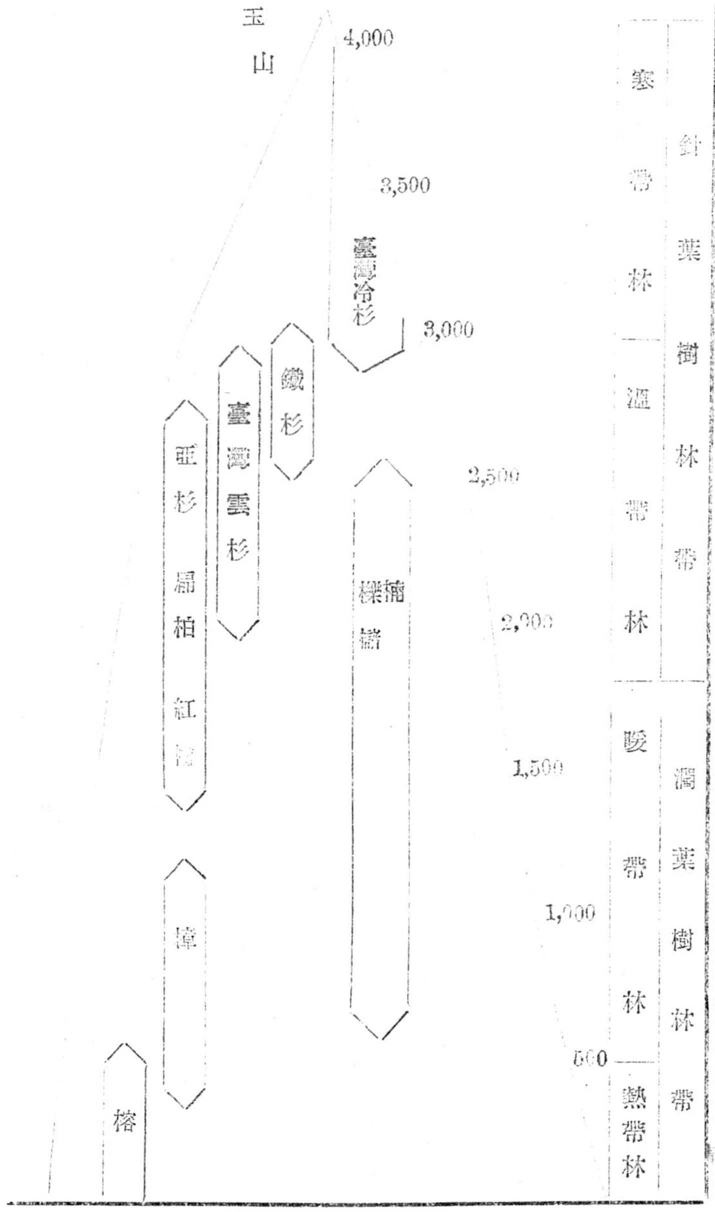

針葉樹林帶
寒帶林
溫帶林
濶葉樹林帶
暖帶林
熱帶林
玉山
4,000
3,500
3,000
2,500
2,000
1,500
1,000
500
臺灣冷杉
鐵杉
臺灣雲杉
亞杉　扁柏　紅檜
櫟楠樹
樟
榕

五、木材之需給

臺灣之森林幾全部隸屬國有林，而木材之生產，除私有林及承領國有林班民營以外，多屬官行採運事業。就中阿里山太平山八仙山巒大山竹東太魯閣等林場，均爲木材生產之中心。次之爲紙業公司林田山林場及花蓮縣木瓜山林場，以上各場擁有完備採運設施與製材裝置，伐採區域，皆在高山，所伐之材，若紅檜扁柏香杉鐵杉等，悉爲高價針葉樹材；反之民營採伐事業因限於設備，多採自暖帶區域，主爲濶葉樹與松杉等，故官行採伐以用材爲大宗，而民營者類多薪炭材與小用材，其量雖鉅，而其價值則遠不及之。玆就一九四一及一九四二採伐面積與數量，錄之於次：

年度	面積(ha)	數量(m^3)	用材 針葉樹 面積	用材 針葉樹 數量	用材 濶葉樹 面積	用材 濶葉樹 數量	薪炭材 面積	薪炭材 數量	竹材 面積	竹材 數量
一九四一	三三,三九〇	一,八〇一,〇一三	三,三九三	四九三,一〇一	七,六九八	五三四,四四八	二三,二〇六	八五四,四六三		四九,〇八九,〇二〇
一九四二	四〇,八九四	一,二四六,一〇八	一,四八三	二四三,二九〇	三一,七七五	三一九,九三七	七,六三六	一,一八三,八八二		三九,六六五,八〇三

本省森林之有計劃採伐，肇始於阿里山（一八九九年），繼之八仙山（一九一五）太平山（一九一五）等，而以太魯閣成立最晚。關於官行採伐與民營者之生產數量比較之如次：

年度	官行採伐		民營採伐		合計(m³)
	生產材積(m³)	比率(%)	生產材積(m³)	比率(%)	
一九四八	九三、五六〇	四五	一一四、三五二	五五	二〇七、九一二
一九四七	九一、九七四	四五	一一二、三六八	五五	二〇四、三四二

官行採伐事業以阿里山八仙山與太平山三處林場最大，茲分述之於左：

1.阿里山林場　位於臺灣中部，由嘉義登山，長七一公里，有森林鐵道直達山巔。林場之廣袤，南北長二十公里，東西寬約八公里，面積達九、一九六公頃。其森林垂直分布如次所示：

熱帶林　海拔八〇〇m以下

暖帶林　海拔八〇〇—一、八〇〇m（獨立山至平遮那）　榕楠烏心石

溫帶林下部　海拔一、八〇〇—二、八〇〇m（平遮那至阿里山）　紅檜

溫帶林上部　海拔二、八〇〇—三、三〇〇m（石水山至玉山前山）　紅檜扁柏

寒帶林　海拔三、三〇〇m以上（玉山前山至玉山）

本場全部木材蓄積量約爲六、〇八三、〇〇〇m³，針樹樹材，約占其九成，多屬千年以上之大樹，尤以紅檜著稱於世。該林場擁有森林鐵道，本支線合計一一〇、三二公里，隧道六二座，橋梁三八七座，最大坡角六。三%。其工程之艱巨，幾絕無僅有，本場運材，首藉架空索道集材，集積於鐵道車站，然後利用鐵道運出。阿里山所出之材，以嘉義爲集散地，故嘉義成爲本省最大木業市場也。

2.太平山林場　位於宜蘭濁水溪上游之兩側，東北至西南長約四七公里，寬約二十公里。事業區之面積達五五、〇三六公頃，其森林之垂直分布，海拔七〇〇—一、二〇〇m爲樟科與殼斗科植物，一、二〇〇—一、四〇〇m漸有扁柏混生，一、五〇〇—一、八〇〇m扁柏占優勢，生長極佳，至二、〇〇〇m以上，鐵杉乃成爲主要林木。全部木材蓄積量達一三、八四九、〇〇〇m³，木材搬運，初用人力運達濁水溪，流送至宜蘭，年僅運材四千m³而已。當一九二四年森林鐵道完成，運量漸增，一九四二年曾達七七、〇〇〇m³以上。山地運搬，主爲索道。計分鳩之澤白嶺及白系三段，各索道間，以輕便軌道啣接，平地線運搬，主爲森林鐵道，由土場沿濁水溪右岸，直達羅東，全長三六公里，至大元山分場，山地運搬，藉自動單軌索道，計分三段。平地運材利用汽車，運量有限，年僅三四千m³。該場所產之材，以羅東爲集散市場。

3.八仙山林場　位於臺中大甲溪上游，東西長約一六公里，南北濶約一二公里，事業區之面積達一六、四二二一公頃，木材蓄積量爲二、八五一、〇〇〇m³。山地運材則藉索道輕便軌道與伏地索道等；木材集積於佳保臺，自佳保臺至豐原築有長達五八．四公里之鐵道，以豐原爲本場所產木材之集散地。

上列各場木材產量，如次表所示：

年度	阿里山	八仙山	太平山	巒大山	竹東	太魯閣	合計
一九四四	四二、六九九	一七、九九二	二四、八六九	—	—	—	—
一九四八	二五、八五三	二三、三四八	四一、二九五	四、九八三	七、〇一八	四、三二二	九三、五五九
一九四九	二七、一四九	二三、六二四	四八、六三四	二、八七五	三、三三九	一、四七八	一一八、一九九

此外紙業公司林田山林場，創於一九三九年。初因設備欠缺，生產極微，嗣因逐年改善，產量增加；至一九四九年，生產數量達一四、二一一m³。至於民營採伐事業規模雖小，而因其散布全省各地，生產總量，恒超過官行者。但自一九四九年起，限制伐木，故產量亦有限度，就一九五〇年之核准伐採數量爲一二一、三〇八m³，可知民營採伐，占木材產量重要之部分。

臺灣所產之木材，以建築橋梁枕木電柱車輛及造紙原料等用途最廣，每年生產，均感不足。向以扁柏紅檜肖楠等高價木材輸出，換取低價普通用材，藉以彌補。據一九三三—一九四二年十年間之統計，平均每年木材之生產量，約爲三三一、〇〇〇m³，是可知生產不足消費者達三三五、〇〇〇m³之鉅。此中情形，固因戰事需要激增。而本省木材工業，向稱發達，一般建築，又多用木材；故木材消費，高於其他各省，平均每人消費爲〇．三一m³，其中用材占三〇%，薪炭占七〇%。目前臺灣人口劇增，工業原料需要迫切，則木材之需要量，當不止於此。況臺灣人口增加率爲一．五%，而木材需要量則因木材工業之發展，其增高率當不限於一．五%而已。查現在七〇〇—一、二〇〇m熱暖濶葉樹帶，昔爲原生林，今因濫伐，而變爲次生林相：雜木叢薄，所在皆是，且地力漸趨頹廢；其中雖有部分造林，仍屬極少數量。此種地帶正宜於熱帶有用樹種之繁殖，以及松杉等針葉樹之引入，故積極推廣造林，實爲解決未來木荒之要圖。

六、木材之貿易

本省生產主要木材中，若針葉樹之臺灣扁柏紅檜肖楠香杉，及濶葉樹之烏心石九芎櫸樹等，木理細緻，材質强靭，久爲人所珍視。尤以扁柏紅檜，殊博得木材市場之盛譽，成爲臺灣重要輸出材。據一九四〇年輸出七〇、〇〇〇m³，又據一九三三—

一九四二年間之十年統計，平均每年出口之木材，約達四一、〇〇〇m³。然此與輸入相較，則瞠乎其後。據一九四〇年輸入木材達五五一、〇〇〇m³，又據一九三三—一九四二年間之十年統計，平均每年入口之木材，約爲三六四、〇〇〇m³，幾當出口數量之十倍。然此入超數量，向用高價木材換取低價木材，以期調濟需給。但實際木材之時價，與出入之數量，相距甚遠，終難抵消。

臺灣進口之木材大半來自日本與福建，次則爲美國與南洋。由我國大陸輸入者，爲福州杉馬尾松泡桐梨木黃楊等；尤以福州杉爲主要輸入材。由菲律賓馬來澳洲等地輸入者，爲紅柳安桉樹鐵刀木花櫚木紫檀桃花心木柚木等。由日本輸入者有柳杉松類日本扁柏花柏雲杉竹柏羅漢柏以及櫸栗槲櫟等原木板材與枕木。由美國輸入者以洋松爲大宗。出口之木材以日本爲主要市場，次則爲大陸各地。至其他各地者則爲數寥寥。輸往日本者有扁柏紅檜亞杉鐵杉臺灣櫸樟楠肖心石泡桐等，輸往大陸各地者爲扁柏香杉柳杉櫟樟臺灣櫸等。當臺省光復以前，木材貿易受日本統制政策所控制，故臺灣木材貿易，僅與日本有最密切之關係。光復以後，生產銳減，本省木材短絀，曾一度禁止輸出，故木材貿易，一時陷於停頓狀態。迄至一九四七年以來海運頻繁，交易旺盛，木材貿易遂與之俱興。就木材貿易情況而論，本省已爲木材入超區域，若不積極增產講求節約利用之道，將何以挽回巨額漏卮？

七、臺灣之森林特產

臺灣森林不但產生優良木材，即其他林產物如樟腦竹筍薯榔金鷄納等，悉爲臺灣森林之重要產品。其中樟腦一項，年產達三千噸以上，曾爲主要出口商品之一，幾達世界輸出總量百分之五七。査製腦事業肇始於前清康熙年間，至一八五五年漸臻發達。日本於一八九五年侵占臺灣後，鑒於樟腦之輸出有利，慘淡經營，歷四十餘年之久，對於樟林管制、山地製腦、原料運輸，以及成品製造與副產提煉等，經營管理，悉臻集約。且於精製部分，擁有生產能力，年達五千噸及年可蒸製原油約四千噸之世界最大製腦工廠。爲保續此種事業，曾撥專款，維護原料樟林；並制定法規獎勵增殖。自一九〇一—一九三五年樟樹之公私造林，已達三萬四千餘公頃。惜光復以後，對於原料樟林既未積極增殖，復以公定收購價格，不足抵償生產成本，任意砍伐；若長此以往，不圖挽救，恐此馳名世界之製腦專業，將瀕絕跡。按樟樹分布於暖帶，在本省一、五〇〇m以下到處適應生長，每一立方公尺樟材可製腦二〇公斤，若年產五千噸，則需樟材二十五萬m³。即以每公頃產一三四m³，五十年輪伐，年伐量約二千公頃，則全林合計，須達十萬公頃，始可法正經營，無慮匱乏。

次之竹筍。竹筍爲竹林之副產，主要種類爲刺竹桂竹淡竹石竹孟宗竹麻竹等。均分布於溫暖地帶，造林面積，國有林爲一四、七〇〇公頃，民有林爲三二、八〇〇公頃，共計四七、五〇〇公頃。竹筍產量恒受地力雨量溫度等所左右，故每年產量，顯有出入。據一九二九—一九四二年十年間之統計，多則年產二千六百萬公斤，少亦達一千三百萬公斤，是項收穫，除供本省消費，猶運銷港厦等埠。

其他森林副產，若竹籜薯榔姜黃魚藤通草斑芝棉月桃糠榔愛玉子松脂漆桐果楮皮棕櫚皮等，不勝枚舉，雖其產量甚微，而普遍產生於農村副業，至關重要。若能推廣繁殖，於農村收益未始無補也。茲將一九四二年全省森林副產產量錄之於次：

副產物種別	產量 kg	副產物種別	產量 kg
竹籜	二〇四〇、九六九	魚藤	九〇、八六六
薯榔	一〇三三、四九六	金鷄納樹皮	二四、〇八一
姜黃	九三八、一四一	桂皮	一四七〇、七三九
相思樹皮	一、八三八、〇四九	棕櫚皮	二〇〇九、三三七
楠樹皮	八五、七七七	楮皮	七四九、一三〇
通草	一九、四四七	糠榔	五三九、〇〇〇
木棉	一〇、四〇七	雜纖維	二六一七、三〇三
藤	一、八七三、三八六	愛玉子	一四六、九八〇
檳榔實	一、八八九、八六一	香茅草	五三八、〇一〇
月桃	一、四三六、九〇〇	萱草	三、三一三、四〇四
松脂	一三〇、四〇〇	油桐果	九九、四八〇
漆	一五、〇〇八	菌蕈類	三三五、八七〇
總數			四〇、一九二、六〇三

八、臺灣森林之管理與經營

凡經營森林，必先有基礎計劃，既有此基礎計劃，必須有實行此基礎計劃之機構，始能達到經營之目的。臺灣自一九四五年光復後爲綜理本省林務，成立林務局，直轄於長官公署農林處，分設總務林政營林林產經理五課，並設會計統計技術三室，將原有各營林所改爲阿里山林場八仙山林場太平山林場，並先後設立竹東巒大山太魯閣等林場六處，直轄於林務局，專任官行採伐業務。同時成立臺北羅東新竹臺中埔里嘉義臺南高雄臺東花蓮等山林管理所十處，分掌各區造林施業並負監護之責。至昔日日本帝國大學演習林則改隸於林務局，爲第一第二第三第四四個模範林場，迨至一九四七年七月，林務局更名爲林產管理局，將山林管理所與模範林場，改轄於農林處林務科。近來山林管理所，合併爲[illegible]所，仍歸林產管理局指揮，而第一模範林場[illegible]臺灣大學實驗林，其他三個模範林場，則劃歸省立農學院林業試驗所與臺北山林管理所管理，此其森林管理之大概也。

本省森林經營，依據施業方案，全省劃爲四〇營林事業區。且於一定年度，輪廻檢訂，以期國有林區經營合理化。茲將各區林班面積材積等，表示於次：

事業區名	林班數	小班數	面積(ha)	材積(m³)
文山	一四二	二,六七九	三六,九四一	四,二二三,八七三
宜蘭	九七	六七三	一七,三〇一	一,三三六,一四四
羅東	一三九	六九七	三三,三五九	一,八二八,六六一
太平山	一〇六	一,〇五九	六五,八五九	一四,五五三,〇〇七
南澳	一〇三	四六一	四六,六九五	八,八二三,三五六
竹東	一四六	六七六	三三,六一七	三,四四六,八〇八
南庄	六六	八八三	一〇,三三六	一,五五〇,九三三
大湖	八四	七七八	一八,七三二	一,八六二,七三三
大溪	一三六	六〇一	四三,八九六	七,九九〇,一三一
八仙山	一〇八	一,〇三七	八四,九七一	一六,八九六,七五三
東勢	九七	七一三	一九,九〇三	七五一,六七〇
南投	七九	八〇三	七八,三五五	三九七,四四三
北港溪	九一	一,一九三	一八,六〇七	六六三,一四三
大甲溪	七七	三三三	四四,三二三	九,九〇〇,六〇四
埔里	八六	六八〇	二〇,〇三八	一,五六〇,四三八
集集	七七	四九九	一三,五四四	七〇一,九八五
濁水溪	四四	八二〇	三三,八六五	六,二九三,〇四一
巒大山	一五一	六六三	二八,六三三	二,七三三,四一〇
丹大山	七一	五三三	七三,三四三	七,五〇三,九五四
竹山	四四	三五五	九,九八三	一,三〇七,四六六
阿里山	一三三	一,三九九	三一,八六六	二,三三六,三八三
大埔	一六三	六八	三三,六三六	一,六二一,一二五
三井	九七	四四三	一八,七八三	一,九九六,三九
旗山	七七	一,五五六	二八,五五八	一,五七七,〇八二
屏東	三三	三三一	三三,三八六	四,四〇二,一三一
潮州	四四	六七三	二八,五五九	一,三四八,三二九
恆春	六四	一,〇三四	二〇,四四一	七八六,四四四
楠梓仙溪	一五六	四八七	四六,五〇三	五,六三五,三六九
木瓜山	一〇〇	四三一	四六,九四〇	一四,五五三,〇三七
太巴壠	八八	三七七	三三,六六〇	三,一〇一,九四九
林田山	一一四	五三六	四四,八九〇	七,五六一,九三三
玉里	七四	二四〇	三〇,〇八九	五,〇一五,九七三
秀姑巒	五五	五八三	七九,二一一	八,一八一,〇一〇
研海	五〇	五〇七	七九,〇八九	九,二七三,〇五〇
大濁水	二七	一一五	一四,八三五	二,五三四,五一五
新港	七一	四六七	三三,一三七	一,九七三,三六六
臺東	五〇	一四七	三〇,七一七	六,五六六,八七〇
大武	四九	四二三	二八,五三一	二,八七三,六六九
里壠	八四	四九〇	四七,五四三	三,七九四,三三七
關山	五三	五四九	九六,四五六	一,二一五,五六九
合計	三,四八〇	二七,六四四	一,四九五,九七四	一八五,二四三,三三八

本省林業經營之主權，究其面積，國有林九倍於私有林，公有林僅及私有林十四分之一强。自一九〇一—一九四二年間，所造森林面積，國有林方面：經濟林五六、三六五公頃，水源林三、八五〇公頃，海岸林一、四八六公頃，保安林三、五〇七公頃，海岸防砂林六、六五七公頃，防風林七〇一公頃，大學演習林三、七一六公頃，林業試驗林二一公頃。私有林方面：經濟林二三九、六三七公頃，保安林一四、二一六公頃。合計公私有造林面積三三〇、一五七公頃。是可見本省林業經營，以經濟林爲主，而以保安林爲副。但鑒諸山嶺陡峻，溪流湍激，致土沙沖瀉，堤防崩塌，故今後林業經營之方針，對於保安林與經濟林，若不嚴加勘察，兼籌並顧，則其影響所及，豈僅農業生產而已哉。就造林業績而論，其中國營者約占二七%，公營者約占一九%，私營者約占五四%，此足徵今後民間造林，應加强事業補助與獎勵，借民衆力量，從事推廣造林。

一國林業經營之最高原則，在乎每年採伐量不得超過每年生長量。臺灣森林，多屬熱暖帶，樹木繁夥，達三千餘種，具有利用之價值者不下五百餘種。欲求全林，每年之生長量，勢非從生態調查入手，分別地級與林型，無以察其底蘊。若就目前之[illegible]觀察，年需五十五萬立方公尺。則每年須造四[illegible]〇〇公頃之針葉樹材，始能維持供需平衡。然據一九三一—一九四一年十年間之統計，每年造林面積，平均僅達一二、一二〇公頃，是則今後經營方針，一方固宜積極整理濶葉樹林，提高其生長量，一方猶須擴大造林，每年至少在四萬公頃，始可達到森林保續與自給自足之目的。

九、臺灣森林之展望及其對策

臺灣之森林蓄積豐富，材質優良，在中國森林分布上，誠占重要之地位。然若仍舊貫，不施以集約經營，同時生產與消費，不能保持均衡，則材木之給源，終有用盡之一日。茲僅就解決當前林業問題之對策，管見所及，臚列於次：

1.土地合理利用　臺灣森林，一般認爲豐富者，蓋依土地面積與森林面積相比而論也。若就森林本身而論，臺灣森林集團，非中國最大給源。試觀東北森林面積，達二千一百六十五萬公頃，而臺灣僅有一百七十八萬餘公頃。兩者相較，則臺灣森林面積不及東北森林面積十分之一。次若川康森林面積，猶大於臺灣。故臺灣森林，祇能視爲本省之給源，而不可視爲全國之給源作無限度之採伐也。況臺灣爲一垂直森林帶型，傾斜概在二十五度以上，基岩多屬粘板岩，地盤脆弱，每遇颱風，輒山洪暴發，廬舍爲墟，東部尤甚，是可知臺灣森林之重要性。唯近來放火開墾，隨處皆是，縱屬嶮峻山腹，亦難避免。尤且溪流兩岸峭壁，破壞最甚，雖耕地一部擴張，而農田却受害更大。結果農業增產，仍屬徒然。是則臺灣土地百分之七六宜於林業經營，應盡量發揮其生產能力。以森林收益，換取農產，固無庸於一省之內，講求自給自足，隨時以有易無，調濟需給，庶幾土地可以達到合理利用之目的。

現在二十五度以上地帶，固須絕對禁止濫伐，即二十五度以下，亦應斟酌地質風向，施行混農林業，爲顧及農業增產，十度以上地帶，施行耕種，農田必須水平設置，並須保留一〇至一百公尺之帶狀森林，更於地盤脆弱地帶，設置防砂工事，作爲水土保持與防止風災之用。倘土地不能合理利用，使宜林地區，强爲農田，此種跡地，則先冲成淺溝再合淺溝之水，冲成深溝，且爲不規則進行，終至土地崩潰，逐漸推演，將變爲童山，故鑒於本省地勢環境，土地合理利用，實爲當前最迫切之問題。

2.木材節約利用　木材之節約利用，就實際情況，可分爲三項述之。

(a)抑制薪炭之消費　査臺灣木材之消費，大半用於薪炭，幾占總消費量百分之七〇，其薪炭之材種，多屬濶葉林木，若樫櫟櫧椎相思等，曩皆認爲低劣材料，而今經加工處理，悉堪充重要用材。

各國薪炭材，在前世紀確占重要位置，不僅用於炊爨，即鹽鹹窰業，亦賴柴炭爲燃料。試觀美國於一八八〇年需用薪炭達一億四千六百萬 Cord (1 cord 128m³)，嗣因石油天然加斯及電氣事業相繼發達，遂日見減少；更因田納西（Tanesse Valley Authority）電化計劃完成，電力普及農村，目前薪炭消費僅四千萬 Cord，約當木材總消費量百分之二七．六而已。又據德國 Endress 氏推論，德國所用石炭若代以木材，則按每一公頃 (ha) 四．五m³之生產，則必須針葉樹林一億四千八百萬公頃，即十倍於現有德國森林面積始克有濟。是可知燃料消費之鉅而應力求他種代用燃料，以免木材之浪費。

(b)濶葉樹林之開拓經營　濶葉樹林素爲人所忽視，目之爲雜木林，然究其廣袤，遠過針葉樹林，按其材質之構造與特性，有屬珍貴樹種，著稱於世。有爲特種用材，況在木材利用發達之今日，各種木材對於一定用途，各能盡其所長，非復昔日之觀念矣。

査臺灣暖温地帶森林之分布，除一部已經採伐或摧毁者外，概屬原始與次生林型。夫原始與次生林型因缺人力與自然力之協調，自生自滅，故林相之參差雖於同一森林羣落之中，猶互有懸殊，苟欲經營，在此種極不法正之林相內，必先從林況調査着手，而後始可抉擇經營之方式與利用之範圍。況濶葉樹木生長迅速，從立地關係，非特本省固有樹種，得以繁殖，且可引種外來有價値之樹種，若柚木桃花心木紫檀黑檀鐵刀木等類，適於大規模造林，既可改造熱暖帶之次生林相，又可提高濶葉林之經濟價値，更可使不良林相爲之一變也。抑猶有進者，臺灣森林利用狀態，濶葉樹方面雖大，而每公頃產材量，則不及針葉樹；是以欲圖材積生長與價格生長並駕齊驅，勢不可不保育上級優勢濶葉樹種也。

(c)木材之加工處理　臺灣木材不能自給，百分之六十用材須仰給海外，此固由於針葉樹材產量不足，以及濶葉樹材尚未開發利用。然木材未經加工處理，損耗過鉅，未始非一大原因也。

我國自古以來，使用木材僅側重於材種之選擇，而對於加工處理，向不注意，故木材使用之後，發生裂縫彎曲反翹種種不良現象，或受蟲菌危害，不但影響木材强度且減低其耐久性。茲就枕木一項而論，大陸內地枕木平均六七年，臺灣三、四年，但一經防腐處理，則可增加二三倍。其他電柱水工礦山船舶用材，皆應施行防腐處理，以彌補需要量之一部。是則木材加工處理，實爲節約利用之一端也。

3.積極擴大造林　造林可分天然與人工二法，依經濟原則，當選用天然更新法，然就現實林況觀察，一部林相固極優越，而他部已呈退化象徵。考其原因，略有數端：(1)林齡過高，鬱閉破壞，林內灌木雜草叢生，而妨稚之發育。(2)人爲破壞，因放火開墾，成爲散亂之孤立木。(3)土地崩塌，樹木直接被其冲毁者不少。(4)鬱閉失度，被壓樹木，瀕於衰萎，且多遭蟲菌之襲擊，故全林作業，非僅由天然更新所可藏事，抑且以人工造林，擴張生產區域爲尤要。至於人工造林，更應注意治山治水，獎勵民間造林，以期普及而收宏效。

綜上所述，今日臺灣森林，無論經營利用，確已具相當基礎，而爲將來需要及木材工業發展計，對於林木之增殖殆不可忽視。此爲充實資源之根本對策。故一方開發利用，地方尤應力求更新，保持原有森林生命，復興荒廢山岳，造成廣大森林集團，俾能自給自足。且爲適應需給保續之目的，尤當依生產與採伐均衡之原則；倘能循是設施，則木材利用之給源，將永無斷絕之虞也。

(上接第九頁)這方面着想，借用共黨語言，實在不能說不是一件嚴重的事情。

總而言之，『只問目的，不擇手段。』是非常危險的。我們既需確立正當的目的，尤需選擇正當的手段。馬基威尼式的革命者說：『目的可以使手段成爲正確』。我說：『不正當的手段可以歪曲正當的目的』。在敵對體長期敵對的過程之中，甲方如欲制勝乙方，在有必要時，充其量只能學習乙方物質方面的工具，絕對不能學習或接受乙方底精神。我們在反共進程之中，不能學習共黨語言。語言是觀念底代表。學習共黨底語言就吸收了共黨極權思想。如果一方面反共而在另一方面吸收共黨極權思想，那末這種手段所得到的結果至少不是自相一致的。如果一方面反擊共黨武裝而在另一方面藉採用共黨語言而接受共黨之極權思想，那末這種辦法至少沒有增加反共底正當理由。

所以，共產黨底語言是否可以採用，這個問題很值得將反共放在第一的人士加以考慮。

自由中國通訊

解除整肅與右傾危機

東京通訊・八月三日

袁固

最近日本政界的大事沒有比十幾萬的整肅者將被解除更惹人注目的了。這些被整肅者，雖然各人有各人的理由，但概略言之都是右傾的人物，且其中還有大力者，是很難否認的。所以有些觀察家以爲日本又要向右轉了，其右傾的程度即使不及投降以前，但比起麥克阿瑟時代來，民主自由的風氣總怕淡薄得多。麥克阿瑟時代是對戰時日本的反動，今後會不會發生對麥克阿瑟時代的反動呢？（我所謂反動並沒有壞的意思）換句話說日本的自由民主會不會隨麥帥而俱去呢？這不但是日本人極關心的問題，也怕是自由中國的人士所急欲知道的情勢。以下從各方面觀察一下，看看將來的演變會走到那一條路上去。

第一，政界的大人物之解除整肅者，自以鳩山一郎爲首要。因爲他在被整肅時是自由黨的總裁，本可做內閣總理的，今後整肅一經解除，依然可以領導自由黨或另組新黨和吉田對抗，不論如何他都有組閣的可能。故解除令未見頒布，已有多數人拜訪，門前車水馬龍絡繹不絕，最近因腦溢血才閉門謝客。這位鳩山一郎之被整肅，因爲昭和八年(民國二十二年)他爲文部省大臣時把瀧川教授免職，最近他的聲明依然認定瀧川爲共產主義者，據說和當時一樣的理由。又他在戰時的著書中有稱讚希特勒的詞句，也是他所以被整肅的理由，該書雖說出於山浦貫一的代作，但山浦氏和他關係很深，是不會誤揣其意旨的。鳩山在戰時反對東條，而退隱於輕井澤，至今還有許多人認他爲自由主義者，但其思想中恐怕含有很多全體主義的成分。以這樣的人物出來組閣，來指導政治，會不會開倒車呢？

其次石橋湛山，三木武吉，北聆吉，河野一郎(自由黨)，鶴見祐輔，宮澤胤勇已於昨年復出，松村謙三，大麻唯男也快要解除了(民政黨)；井野碩哉，岸信介，後藤文夫等等官僚也有解除的希望。這些政客和官僚都各有各的地盤，日本雖然戰敗，但資本主義的社會並沒有多大變更，他們捲土重來，對政界還可以起好大的作用。但不論自由黨，民主黨，乃至社會黨的內部將有怎麼樣的變化，大勢所趨都怕要走向右傾，尤其是那般官僚素來善觀風色，以自營其私爲目的，新舊官僚都是流於保守，實爲勢所必至。地方政治則今年四月選舉的結果，保守派已完全獲勝，今後又有數以萬計的有力人物獲得解除，愈能增加保守派的力量。惟地方選舉需待四年以後，比較沒有急速變更的可能，現在只有做好工作，穩定地盤，以待將來之選舉吧。「大政翼贊會」的人員多半年歲已多，或許雄心已減，但是翼贊壯年團中，曾任府縣市區町村的職員的那批人物，大半是素封家的名望家的公子少爺，在地方政界是強而有力的。

財界要人之解除整肅，則在對外關係上大有影響。戰後佔領軍的政策在使大財閥解體，大企業不再集中，故整肅之解除未必即是財閥之復活，但是人的作用還是很大的。三井的代表池田成彬。三菱的代表各務鎌吉，在國際金融界夙有高名，一經解除，當然可以活躍起來。他如已經解除的藤山愛一郎，已任日本商工會議所顧問及經濟同友會幹事，而且設立日本航空會社，自爲社長；東京海上保險之的鈴木祥枝，則另營外國損害保險之代理業務；加納久朗則爲函館船渠會長而出席於里斯本的國際商業會議所大會了。他如高碕達之助(滿業總裁)，新木榮吉(元日銀總裁)等人現在都着着活動起來了。這些人物在國外都有大名望，也很多美國的朋友相信他們，在對外貿易及輸入外資上都可以大顯其好身手的。重工業部門則有渡邊義介，淺田長平，小平浪平等等與八幡製鐵，神戶製鋼，日立製作所已經聯絡好了。鑄谷正輔可就川崎汽船會長，井上長太夫則爲尼崎製鐵的諮議，吉村萬治則復歸富士電氣，據說都已經內定。其他國內產業之有力人物列在今次解除名單內的正復不少。這些人回到財界以後會有若何影響呢？一言以蔽之曰：資本主義之復活而已。日本的資本主義與他國不同，重工業大半依賴軍需，依賴政府，而且後進國要和外國競爭必需集中力量，故又不能不依賴金融。麥帥的分散政策使大企業及大財團分散，便是針對此一特質而削弱其作戰潛力。不料韓戰發生，美國的軍需要就近取材，乃獎勵日本的重工業復活。即使韓戰能夠停火，但美國的擴張軍備依然繼續進行，必使日本盡其一部分民主國家兵工廠的責任，故今後日本的經濟的趨向，必然是金融資本的集中，過去的大財團及大企業集中之復活。如果經濟有影響社會的力量，則日本必趨於右傾無疑。

青年將校最近可以獲得解除者，聽說有八九萬人，憂時者流因此而擔心軍國主義的復活。我們親眼看見日本的少壯軍人(校官階級)曾一手掀起中日戰爭，卒之引起第二次大戰，今天聽到這批人又要出來翻江攪海，那有不驚心動魄的理由？約翰根室在「麥克阿瑟之謎」中最後用對話的形式寫着：「日本的軍國主義會從此永絕嗎？」「否，決然不會。」「日本人經此敗戰，學了他們應該學的東西嗎？」「恐怕是學了吧。他們做了壞事而受到嚴厲的申斥，現在是規規矩矩地靜坐着罷了。……」「那麼他們由敗戰所獲得的主要印像是甚麼？」「如果今後有戰爭，則二次再行打敗是不行的，如此而已。」我們對於根室的看法未敢苟同。日本有七百年的武家政治，其軍國主義實有深厚的歷史背景，自非一次的敗戰所能剷除淨盡。但說日本少壯軍人由此次敗戰沒有學到甚麼，也並不合乎眞相。照我們的觀察，則軍人的氣燄在社會上業經斂却許多，其內心的誇大狂亦已減少。日本自中日及日俄兩戰以後，少壯軍人不知戰敗爲何物，一切均從勝利着想，故外交必主張强硬，侵略乃理所當然，且編造了許多神話式的理論，自以爲天照大神的子孫是戰無不勝，攻無不克的。現在這種狂妄氣已經減少，兵凶戰危已有親自的體驗，不能不爲敗戰設想了。且社會上崇拜軍人的風氣已大不如前，共號召力也要大打折扣因此影響到下級軍人的內心也不能不改變了。至於軍國主義則與憲法有關，陸軍省和海軍省的大臣必須由現役軍人擔任，且握有不經內閣的「帷幄上奏」的特權，乃是日本民主主義的尅星。這兩項特權除了以後，高級軍人已經失了憑依，再不能像從前那樣跋扈，議會儘可把握着預算的武器和軍人對抗，而不致屈服了。

最後右派言論家也要大量地解除了，戰前及戰時這批人之橫暴，言論界記憶猶新，今後會不會重蹈故轍呢？民主政治以自由討論爲前提，只要是言論，不論它左傾或右傾，照理均應在允許之列。但是極權國家却以自由討論爲正面的敵人，運用一切手段使人們不敢說反對當局的話。共在言論界則造成一種空氣，使人不敢自由發言，最慣用的手段便是侮辱。比方資本主義的走狗呀，官僚軍閥的代言人呀，如此等等的大帽子加在他人頭上，便可以箝制他人的言論，我們在大陸時領受左派朋友的大教也算很有經驗了。共在日本，則右派人士也往往斥他人爲非國民，不愛國者，極盡其侮蔑之能事，來間接地緘人之口，也是司空見慣的常事。他們鼓吹極端的國家主義，乃至超國家主義，竭盡智能以證明侵略戰爭之合理，對於左傾者固然要趕盡殺絕，對於自由主義者仍然是極力壓迫。戰後雖遭整肅而爲退隱生活，現在大量解除，今後必日益增加共活動，會不會增加右傾的危機呢？其實僅僅一批言論家，只憑共言論，並不是有甚麼了不得的力量，共力量實另有共來源，這一點須豫先辨清，然後觀察不會誤入迷途。且看今日的香港，中共及共附屬的文人，挾着政治經濟的大力，並不能獲得言論界壓倒的優勢，便可知箇中消息了。日本的右派言論家在戰時似有很大的力量，也不過有軍部爲其後盾罷了，並不是他們自己有眞實的本領。今後他們能不能捲土重來，發揚其以前的氣燄，也要看日本的社會情形如何，尤其是世界兩大集團鬬爭之如何發展，始能決定。講到這裡，則與其他各界一樣，不僅是言論界單獨的情形了。

我們在上面將這次被解除整肅者，自政客，官僚，金融家，企業家，青年軍人，以至右派言論家都概略地巡覽一遍，看看有沒有右傾的危機，也逐項說了一些推測的話，現在再來綜合地推斷日本將來的趨勢吧。在盟總下整肅令的時候，以爲這些人或是戰爭的幫兇，或是民主的阻碍者，大概不出此二種理由。然而今次之解除的理由並不與前次針鋒相對，即不是因爲戰爭危機已成過去，抑或民主基礎業經確立，乃是因爲要反對共產黨，這些人都是有力的反共者，所以趕快解除，使他們出力反共。但是九一八以後不是天天高唱反共嗎？因反共而提倡極端的國家主義，而壓迫自由的言論，亦因反共而軍部橫行，獨攬政治，演成侵略的戰爭，而與蘇聯却締結了互不侵犯條約，這不是過去的事實嗎？第一次大戰以後瀋陽事變以前，日本的民主政治已經有點樣子了，因爲反共之故竟將民主蹂躪而無餘。現在又要來反共，會不會重蹈過去的覆轍呢？一般觀察家以及街談巷議的人們，對此次十幾萬人之解除整肅都直覺着右傾的危機，其故即在乎此。我們以爲歷史雖似重演，但不能演得一模一樣，故今後的日本雖然是向右轉，但決不會和二十年前相同。其關鍵所在，則今日主動的權力並不在日人手中，而在蘇俄或美國了。二十年前的東亞是日本獨覇的舞臺，蘇俄只有兢兢以自保，美國亦覺鞭長而莫及，日人儘可爲所欲爲，故軍閥挾着天皇，指揮內閣，竟能造成獨裁的政治。今日時移勢易，只有在兩大集團的鬬爭中，圖謀自固其國而已，還敢妄想征服他人嗎？世界大局上前後截然不同，乃是決定今後日本之最有力的因素，我們也可據此而斷定其右傾的程度吧。

(上接第二十四頁)
過好幾次的疲勞審訊，認爲都是「反動行爲」，影響「革命行列」，二十四個人竟被分批處決。

工人被捕，都是以通知開會的方式召去的，而眞開會的時候也特別多，每次開會，上級「指導員」總是對工人們諄諄告誡：「領導階級凡事都要起帶頭作用！」工人每遇奉召開會，沒有不觳悚惶恐，咸具戒心。因爲不論誰對於有沒有犯過錯根本毫無把握，很可能就這樣一去再不復返！

「最富於革命的徹底性」的人，並不一定只有工人階級，凡是不滿現實被環境逼迫得沒有路可走的，任何人都會滿懷着堅强徹底的革命意識的！現在被中共奴役的「領導階級」，或許會眞有發揮他們那「革命的徹底性」的一天！

西班牙近事

瑪德里通訊・七月卅一日

警雷

如果說西班牙近年多事，那末最多事的莫過今年了，如果說西班牙月月多事，那末最多事的月份莫過七月了。今年在西班牙被聯合國解除封鎖之後，各國的大使公使，紛紛到來，新聞記者、政治人物、軍事領袖，都紛紛來西班牙訪問，西班牙首都馬德里的確較往年更爲熱鬧了。

如果說西班牙月月多事，我們則可說多事多不過七月。七月裡，對內幾乎改組了整個政府，新創了三個部會，完成了自革命勝利後從沒有完成的大事；除了佛朗哥元首與四個部長沒有更換以外，其餘所有政府高級人員，一概換掉。

西班牙改組政府，當然有她的內幕，但是其內幕眞象則推測不同。有人說西班牙要參加北大西洋公約，然橫遭英法排斥反對，爲此才撤換舊人，起用新人，以緩和英法空氣。其實這種推測原是無稽之談，因爲佛朗哥早已聲明　不擬參加北大西洋公約而願直接與美國締交。

西班牙改組政府的眞正動機，一則是美國方面的壓力，二則是佛朗哥的積極準備戰爭。美國是自由民主的國家，而西班牙則對經濟統制，嚴厲無比。對進口貨物、統制更嚴，而美國方面則必要求貿易自由，方肯大量援助西班牙政府。佛朗哥爲了美援乃毅然撤換工商部長，將工商部改設爲工業商業兩部。所起用部長皆係留美時期相當長久主張經濟與貿易自由者。其他部門所用新人，多爲反共最堅決之自由分子。其間雖有三五法朗黑黨人員，但其分量究屬極少。且海陸軍部長更爲主張備戰最力之分子。我們說西班牙改組政府是美國經援的條件，這是眞而又眞，確而又確的事實。當西班牙宣佈政府改組之後　美國務院立刻發表聲明：「西班牙改組政府，純係內政，與美國無關」，這正是此地無銀三百兩！另一證明則是西班牙政府改組尚未完成，美國方面，即提出鐵路援款二億八千二百萬元，其他的經援也都在考慮中。經援而外，西班牙還有更大的期望，美國方面也有更重的膺寄，那便是軍援與軍事合作了。

我在「西班牙是否要參加第三次大戰」一文內曾向讀者說過西班牙的士氣人心，也說過政府的決心以及西班的天險，美國在西歐方面想建築一道反共的長城，處心積慮已非一日，他曾完成希土的軍援，協助法意的大選，更提倡北大西洋公約，去年年底，韓戰轉捩，更發表艾森豪威爾爲西歐統帥，創建西歐聯軍。然而西歐方面，人心士氣，多多不如理想，英國太自私了，法意方面共產分子太多了，加之法國又[illegible]樂成性，沒有什麼抗俄意志。而各個小國又多懾於蘇聯淫威，不敢有所表示，西歐聯軍，建軍已歷半載，最初基本軍隊十二師　預計六月之後　要底定二十五師，而其結果則只聞樓梯響不見人下來，時至今日，還仍然是十二個師。然而矚目蘇聯以及其衛星國家第一線兵力已逾三百五十師，突飛猛晉，日有增加，不禁爲之驚怪莫措，如欲另覓長城，則西德建軍固亦理想，然而法方死力反對，再加西德距離俄方甚近，又恐建軍未成而共軍已兵臨城下。可是西班牙方面，既有天險，又有士氣，一切條件俱全，只欠美援東風。美國自去年十二月以來即有意武裝西班牙，待至艾帥東來之後，更發現此項舉措之重要。然而美國政府，格於英法政府反對，未便直接處理，於是又有三、四月布萊德雷之東來，商討結果仍未能有所決議。爾後美國又有多人往訪西班牙，回國之後對西班牙的士氣人心，皆極讚賞。而此期間西班牙又數度表示願與美國直接合作。終於到了七月十二日，美海軍軍令部長薛爾曼飛來西班牙首都，分別與佛朗哥以及海陸空軍部長商討。所得結論，據西班牙政府人士傳出：爲商洽使用海陸軍基地事，西班牙方面，毫不猶豫地堅決表示，美國軍隊可以在任何西班牙的地方作基地。

薛將軍匆匆來西，又匆匆赴英法意。英法方面政府首要在薛將軍飛赴其該國之前，都紛紛外出，不與見面。同時在報紙方面，又大罵西班牙。英國說美國不該與西班牙合作。英外長莫理遜更破口大罵說：與西班牙合作，是背理之尤，背義之極。法國方面則表示，如果美國不顧英法公意則寧可與蘇聯妥協。

然而美國方面的意志是堅決的。先有艾其遜的談話，指出西班牙是西歐最重要的戰略地帶；後有杜魯門的聲明：表示美國不能不與西班牙合作。廿八日，杜艾又公開聲明軍事代表團於八月中即將到達西班牙研究如何全面武裝西國軍隊。佛朗哥眉開眼笑了，西班牙人也都有了新的憧憬，美國與西班牙之間，正在進行商約以及兩國無簽證入境呢。西班牙苦撐的時間過去了，光明就要來到。如果大戰爆發，那末西班牙人民將要全體作一次鬪牛戲了。（七月卅一日於瑪德里）

香港通訊・八月五日

中共怎樣奴役工人階級

丹心

中共經過二十多年在農村中潛滋暗長，純靠農民的鮮血做資本，奪得了政權，口口聲聲要恭請工人階級領導，這本是一樁很滑稽的事！照他們的說法，「只有工人階級有遠見！大公無私，最富於革命的徹底性！」這的確引逗了受寵若驚的工人階級，使他們憧憬着「解放」的美麗遠景。「解放」以後，工人階級正該負起「領導」的責任了，可是不然，工人階級領導的以「工農聯盟爲基礎的人民民主專政」，必須先透過共產黨，根據這一邏輯，工人階級什麼事都被他的「先鋒隊」擋在前面代勞，不僅「領導」虛有其名，而且被壓得喘不過氣來，連生存也成了絕大的問題。截至現在，大規模的變亂和暴動雖還沒有出現，但「領導階級」原有的激昂情緒則已降到了冰點！壓力越大反抗力也越大，將來會演成一個什麼現象是不難想得到的！

層出不窮的剝削

「在新民主主義的國家制度下……一方面保護工人利益，根據情況之不同，實行八小時到十小時的工作制……另一方面保證國家企業，私人企業，與合作社企業在合理經營下的正當盈利。」這是「新民主主義」裡面宣佈的政策，聽起來未嘗不冠冕堂皇！可是，事實却大有出入，表面規定，每人每天只做八小時的工，沒有人加以強迫，但是受不了的就是每天都要發動工作競賽，如果不努力的話，可能在那個圈子內沒有法子做人。他們用什麼「英雄」之類的名義來榨取工人們的勞力，縱使你力有未逮，也只好奮勇搶先，很難有方法擺脫這種魔力的羈縻！他們還說：這是鼓勵工作情緒，不算剝削！現在大陸上比較大點的工廠，已完全被「人民」接收了！都是採行的按時計薪制，可是每天必定要做四小時不支薪的工作，據說這是替「人民」服務！也不算剝削！

「解放」以後，大陸上的合作社眞是如雨後春筍，而尤以生產合作社爲多。他們的目的，無非是想從雙重吃人的稅債的夾縫中鑽了過去，以圖生存。生產合作社是工人的集團，照理應該是可以得到正當盈利的，誰知也大謬不然。長沙有一個女子縫紉生產合作社的經理逃來香港，她說：合作社的組織，社上面有分社，分社上面又有總社，像金字塔般的層層管制着，在長沙縫一件襯衫，工資「人民幣」三千元，發給女工縫製要給以手工一千五百元，女工在這一千五百元之中應繳婦女聯合會會務維持稅百分之二十，實得一千三百元，長沙的米八萬元一擔，一天能製多少件？能得多少米！社裡面更不如了！三千元總數之中，首先要繳總社百分之二十五，再繳分社百分之二十，本社又要存百分之二的公積金，算起來總共去了一千四百一十元，付去手工一千五百元，所餘的九十元買紐扣，絲線也不夠，於是只有關門大吉！

工人不加入工會是得不到工作的，加入了工會就要有高度的團結精神，也就是只有團體的利益，沒有個人的利益。團體上面有團體，再上面更有大團體，一直往上推，只有什麼人才能獲得利益，不難推知！現在的各業工會差不多都實施了工值統籌統撥制，把工人應得的工值全數在工會集中起來，規定一個撥付的成數，按日向工會支領，餘剩的要悉數存會，這就叫做公積金，公積金是準備應「抗美援朝的光榮需要」的，有些工會簡直把工人的薪給扣掉了一半，這樣逐級實行，也就是層層公積，總工會便成了權威的包工機構，其實也不過替人家當劊子手，然而會員的命運就休想逃出這無情的魔掌！

各地的工會都是經過了一番徹底的洗刷的，每個工人必須經過認眞的考察才准入會，入會要塡志願書，這志願書正等於封建時代的賣身契，會員一天不作工，統籌統撥制度下那天的工值落了空不算，還必須要事先請假。沒有領到護照，不能離開當地一步，如果是易地工作，要等辦妥了那邊入會的手續，吊銷護照，才准開始。這叫作「人民的紀律」。最奇怪的，現在「解放區」裡有拿乾薪的工會會員，因爲實施工值統籌統撥，一個工人每天作了工，是不知道自己究竟眞正能賺多少錢的！只能憑工會支配，叫你領多少就領多少，懷疑就是思想沒有搞通，在這種情形之下，各工會便出現了一批斷手殘足的榮譽會員，他們只拿錢不作工，甚至比實地出汗的人還拿得多。大凡一個城市都有一個總工會，控制着許多單位，主持總工會的人並不一定是當地的工人，即以汕頭市而言，總工會沒有成立之前，由上級派來一個范勁夫的充籌備主任，籌備就緒，依然是他當理事長，汕頭總工會共有二十三個理事，至少有過半數不是本地的工人，這樣組織完成，再也不怕誰喊民主，越民主越有辦法！汕頭總工會成立以後，第一件工作就是把原有的四十餘業工會整理成十幾個單位，控制上自然便利得多！各單位的負責人全是共幹，接收時的軍事代表都當了指導員，監督、管理、指揮，一切自如！就這樣扼緊了「領導階級」的喉嚨，掌握了「領導階級」的肚皮。

「生存競爭」

「解放軍」中普遍提倡軍隊自己生產，凡是駐有「解放軍」的地方，必定佔據大量公地，種植蔬菜，出產物比一般市價低廉，因為除了勞力而外，土地，資本都是憑空而得，菜農們還有什麼方法和他們競爭！軍隊生產並沒有範圍，很多理髮店，豆腐舖，都是五星帽花的赳赳的彪形大漢在裡面主持，操作，一般的說，技術工人還不致和他們衝突，這是因為他們沒有能力奪這個飯碗！最不利的就是苦力工人，不論輪船碼頭，公路或鐵路的車站，都有成群結隊，川流不息的「人民的軍隊」在那裡替自己生產，成了苦力們生活上最大的剋星！他們不惜向資本主義學習，採用托辣斯的經濟戰術，只要苦力們不怕肚皮抗議，他可以廉價得差不多等於免費來替客人搬運，直將所有的工作上的敵人完全打倒，方才罷休，他們的肚皮有「人民」撐持，那一個苦力能鬥得他過！中國各地的碼頭，本來有一種很惡劣的習慣，每個碼頭都是被一個或幾個羅伕頭兒控制着的，「解放」以後，首先打破了這種惡習，管理工人只有工會，工會以外沒有其他的組織，會章以外沒有其他的規矩，看來本是一件值得稱頌的事，那曉得這裡面也有文章！這樣一來固然碼頭上的工人不受幫口的限制，但是新人加入仍經不起老人的排擠，徒然是望洋興嘆！同時軍隊生產卻沒有人敢阻止了。可是為了生存，也有不怕死的人敢捋虎鬚！去年，長沙小西門碼頭便因此發生過很大的慘案。長沙小西門的碼頭原是江西幫的地盤，共有羅伕大約兩百名，幾十年來的規矩，不許外人溷跡其間，就是長沙本地人也不例外，據說，這碼頭是江西幫打出來的，每次遇到有人來侵犯，都是用這個方法取得了勝利，軍隊生產生產到了小西門碼頭，羅伕們原不敢輕舉妄動的，無如已退到了生路的尖端，忍無可忍，便又拿出了曾經收到效果的老辦法，扁擔居然敢和機關槍對抗，羅伕們也學會了人海戰術，兩百人一齊衝了過去，生產的軍隊固然有好幾個頭破血流，勇敢的羅伕們在雨點般的機關槍前面竟倒下了一百多個，丟命的有二十以上。沒聽說這件事有什麼結果，大概是不了了之，最多也不過是「人民的軍隊」發生了一些「偏差」罷了！

槍刺下的工作效率

中共最喜歡宣揚他的工作效率，事實的確如此，絲毫沒有誇張，只看見表面的人對這點深致欽佩，並且還感到驚訝，可惜只看見表面，如果看看後面，將會更感到驚訝！這裡不妨舉幾個實例。

衡陽有個建中磚瓦廠，「解放」之初，承燒紅磚一百四十萬塊，這批磚是用來在衡陽建倉庫的，倉庫的軍事代表定了十擔米一萬磚的價格，只及市價三分之一，建中公司不敢不替「人民」服務，忍氣吞聲承包下來，紅磚是煤燒的，至少要一個月才能熄火，通常是四十天拆窰，軍事代表為了要講求工作效率，只限定二十天，磚廠工頭認為辦不到，軍事代表說：「到時候自己來拆！」果然不出二十天來了大批「解放軍」，動手拆窰，拆窰是需要技術的，不然，覆巢之下，豈有完卵！壞了的又交不出去，工頭阻止不住，只好親率全廠工友八十多人，分別的把各窰拆開，裡面熊熊之火還可以烤焦身上的衣服，工人們剛跨進窰門，脚上便起了大泡，工作效率自然不如理想！拆了十天，餘燼還有些灼人，毫無成績可言，軍事代表急了，硬指工頭懈怠，把他告到了「軍管會」，飭令工頭負責三天完成，不然槍斃！可憐全廠八十多個工人，有過半數的人腿被燙傷，總算完成了任務，這是一例！

粵漢路衡陽附近的耒河鐵橋，作戰的時候破壞了，「解放」當局限三個月修復，這比通常的速度要快一倍，大批的「解放軍」帶着武器參加，每天分日夜兩班工作，一個人一天攤到十二小時，如有絲毫怠忽，當場就被參加工作的「解放軍」輕則賞以槍托，重則提了出去處罰，工人們才知道軍隊幫忙是另有任務的！成千的工人中沒有受到處罰的只有幾個人，效率是高，只是人命太賤了！其他的如築路修堤，都是這種方法，不知道底蘊的當然驚嘆他們的成績，事實上是每一工程的完成，滿是工人們的血汗和眼淚！

逃不出「鎮壓」的魔掌

「堅決鎮壓反革命」聲中，從工人階級裡掘發出來的「反動分子」為數也不在少。「領導階級」並不比其他任何階級缺乏反動性，也就是不比其他任何階級有保障，一樣的動輒得咎，一樣的拿去槍斃！據上海來人估計：上海市因為「鎮壓反動」總共大約有二十萬人被殺，其中純粹工人成分的要佔總數百分之八，差不多有一萬六千人，上海工人中被殺的以工頭為最多—即是所謂領班，這種人大概都對工人有點控制力量，手上都掌握有一部份工人，發動風潮，非借重他們不可的！現在除了「國家機器」，再不許任何潛勢力存在；因之，領班們便人人變成了惡霸。工人可能獲咎的範圍非常廣泛，項目也多，只要有頂帽子戴上了，輕則改造，重則處決。所以一般工人最怕的是替「公家」作工，稍不努力，便有「反動」嫌疑，理由是：如果沒有受「國特」的指使，為什麼這樣懈惰？問得「領導階級」啼笑皆非，汕頭市總工會理事兼運輸業工會理事長張文斗，及組長、工目等一百七十人，就是因為沒有參加某次遊行的行列，全體被捕，送去改造！又有人力車夫及三輪車夫一百多人，因為開會的時候出言粗魯，證明思想有錯誤，抓去以後，沒有踪影！今年「五一節」，汕頭舉行盛大的巡行，那天適有空襲警報，飛機臨空的時候，有運輸工人林永泉等十九人，因避飛機逃離了行列；同時又有單車工人鄭美意等五人，呼口號錯將「毛主席」喊成了冇主席，（冇係粵語俗字，音如冒，有之反也。）都被拘捕監禁，經

（下轉第二十一頁）

香港通訊

陸小曼的房子與匪區貪污

雪人

徐志摩逝世，至今已十九年咧。陸小曼在志摩去世後便搬出了四明村，而住到福熙坊，她的生活使一般文化界的人都非常懷念。她還出版過一本志摩的遺作「愛眉日記」，便是志摩對於小曼一切情史的供認，小曼靠着這一點版稅，確是過了好久的生活時間。可惜她早已染上了鴉片的不良嗜好；更因爲常有氣厥病而需要按摩治療，在志摩生前和一個姓翁的推拿醫生認識，志摩既在北平教書，那翁郎中便公然入室，進出無忌。志摩是書生，他溺愛小曼，不願把這種事聲張出來。志摩逝世那年是三十六歲，他從北平來，立意是要向小曼提出離異，但到了上海又說不出口，僅隔一夜便匆匆北返，不料飛機遇了霧，竟在濟南遭了墮機之難，使文壇上損失了一顆嶄新的巨星。

志摩和小曼雖曾正式結婚，但他的家庭並不承認此事，志摩逝世不到三月，便斷絕了她的贍養月費。她不得不從四明村搬到福熙村，一切的日用就由這位翁瑞午先生來擔任了。無奈翁君亦是烟霧中人，雖是世家出身，却並無積蓄，家有妻兒老小，家累之重無以復加。他對小曼確是盡忠竭力，可就是治不了她的貧病。以此小曼日在窮鄉，甚至饘粥不給，而鴉片的給養却不可缺少，以至往日風華，消瘦無餘；不過她的談吐還是那們蘊藉，那們耐人尋味。

她和瑞午過着苦生活，彼此倒無一點怨言，只是債臺高築，幾乎連小菜場的錢都欠徧了。尤其是那所住屋的欠租，除了住進去的時候，付過幾個月，一直是欠。而這位房東，却又是一個女流，僅僅靠此一屋收入爲生。那裏經得起他們這樣成年積歲的拖欠呢？在抗戰以前便請了律師打官司，請她(他)們搬場，誰知天不絕人，這位翁瑞午先生竟渾進了江南造船所當了會計主任，接着便是敵僞時代，他藉着一點勢力，便壓根兒不搬，也不付租，訟事無形中捱了八年。只苦了那房主人認爲晦氣罷了。

勝利是很快過去了，共匪像潮水一般湧到了上海，這位翁瑞午先生的江南造船所位置居然是安然不動，非但不動，而且很得了匪方的寵任。有人從匪區出來，而認識小曼或瑞午的，說他(她)們的兩支烟槍，還是在房間裏舖上擺着，人還是那麼瘦，但起居却濶綽得多了。最近他們的那位房主人在香港，還接到了翁瑞午的親筆信。說：杳福熙路的那所房子，知道以前是化一萬美金買的，現在他(她)們願意出一萬美金向原業主買去。那筆鉅款可以任業主的擇定在香港付，或竟開給美國存款……。

呵，小曼居然可以買房子了，而出錢的竟是這位翁瑞午，這不能不算是奇蹟！而且出的是美金，而且是匪區裏的自由美滙，這更是一個大大的奇蹟！翁瑞午僭竊了這個造船所的職位也近有十年了：他在敵僞時不發財，在勝利以後不發財，而到共匪統治下竟發了財。在翁的運命裏不能不說發得太遲，但匪區的貪污難道竟比什麼時代都容易嗎？匪區貪汚，我在這兒揑住了一個把柄！

唉！匪區貪污，甚於一切！

(八月十日)

本刊園地公開。

歡迎讀者投稿。

愛好清潔的「尼赫魯」

印度總理尼赫魯愛好清潔。有一次全印國大黨在新德里開會。會中有些人將香蕉皮扔在地上。於是性情急燥的尼赫魯離開了講臺。一面對會中的人講述清潔的重要，一面將地上的香蕉皮拾起扔進垃圾簍中。

在此數日以後，尼赫魯又發動了另一個掃除。他說印度的報紙有一部份是汚穢的，沈於「下流、無禮、撒謊」。因此，尼赫魯才提出印度憲法的修正案，對於新聞自由加以嚴格的限制。(苓)

「蘇俄小女孩」的幽怨

莫斯科的文學報稱，蘇俄的小女孩們怨聲載道，她們抱怨玩具店中所有的洋娃娃的臉面、髮式和衣服完全是一樣的。雖然一個洋娃娃的名字叫瑪辛珈，另一個叫阿兒珈，但這又有何區別?!她們根本就是一個。(苓)

百科全書的故事

吳魯芹

一九五一年二月份莫斯科文綜雜誌的書評欄內，刊了一段類似廣告，類似評介的東西，大意說：『蘇聯新編百科全書一二三卷，已經出版了，編輯這部全書的用意，在使讀者對社會主義的功績，以及蘇聯在政治、經濟、科學、文學、藝術各方面的成就，獲得一詳盡的了解，這一部百科全書，並且會告訴讀者，人民民主在蘇聯的光輝成就，以及美國帝國主義和布爾喬亞文化的腐爛情形。』

這樣的目標，編宜傳手册容易。用來編百科全書，不免要「動輒得咎」的。因爲在蘇聯，黨的政策高於一切，而黨的政策，又時時在變，編一部百科全書，既非一蹴可及之事，編的時候甚合時宜，印出來的時候，可能已不合時宜。「不合時宜」，在別的國度裏，至多不過受落伍之譏，並不致於琅璫入獄的。然而，在蘇聯，落伍是有罪的，不是落入囹圄，就是落入墳墓，在編印這部新編百科全書之先，蘇聯即有一部卅二卷的百科全書，那一部全書的編製，共化去將近廿五年的時間，而且最後一卷，兩年前才出版。但是，最近幾年黨的政策，改變得如此之多，等到全書出齊，蘇聯當局，立即禁止外銷，不僅此也，原來負責編輯的十四個編委，有十三人落入囹圄，在地獄邊緣上悠遊歲月去了。

蘇聯當局對改變歷史這件艱巨工作，是用心良苦的。在過去幾年中，爲了要配合朝令夕改的政策，經常有修訂或者補充的散頁，附在百科全書中，但是需要改裝和僞造的部份太多了，非另起爐灶不可，比較一下舊百科全書，和新編百科全書的第一卷，會發現蘇聯御用學者，如何削足就履配合克里姆林宮主人的胃口，編輯者開宗明義就說：『編輯方針在忠實記錄共產主義世界的進步情形，昭示世人蘇聯科學家、文學家、美術家的優異成就，這種成就，遠非落伍的布爾喬亞文化，所可望其項背的。』編輯者又說：『這部全書，可以證明蘇聯文化的優越，較諸資本主義國家的文化，實有天壤之別。』

這一部新編百科全書，有一最顯著的特點，那就是一般性的資料如政治經濟歷史地理的分量，大爲減削，一切的解釋都是歪曲的，因爲不歪曲就無以滿足黨的要求，舉例說，在舊的蘇聯百科全書中，有學術自由這一條，它的解釋是：『教學與研習的自由，以及高等學府所享有受政治干涉的自由，』但是在這些年以來，史達林所加諸學術自由的迫害，把這一條的尊嚴，打得稀爛，新編的百科全書，索興把學術自由這一條取消了，眼不見爲淨，編輯委員懂得的還不僅是畫餅充飢的諷刺意味。再如「專制政體」一詞的解釋也變了，原來的解釋是：『獨裁的政治，大權集於一身的政治，』也許這解釋與今日史達林的不可一世太相近了。於是新編的百科全書，趕快改變口氣；『專制政體，是一種政府制度，帝王統攬一切大權。』其實還是換湯不換藥，區別也僅僅在一個字上面，在蘇聯，現在當然不是帝王統攬一切大權，而是魔王統攬一切大權罷了。

新編的百科全書，並且費盡心力在改變歷史，在舊的百科全書中，明明記載着俄羅斯人對亞洲作系統的研究，始於十八世紀初葉彼得一世時代，這一層，克里姆林宮主人覺得太「落伍」了，於是在新編中，一位商人名 A. Nikitin 者，從天而降，說他在一四六六至一四七二年間，已到了印度，比起葡萄牙的探險家達珈瑪，還早卅年，達珈瑪的探險事蹟，無疑是西方史家「歪曲」歷史的結果了，這種改變歷史的傑作，還普及到科學與技術方面。在「機械自動運轉」項下，他們說：『過去相傳英國 H. Moseley 是發明機械自動運轉的鼻祖，是絕對錯誤的，因爲在他發明這理論之前七十年，一位蘇聯科學家 Andrei Nartou 已經試驗成功了。』更令人驚奇的是在無線電項下，盡人皆知的馬可尼，不知去向了，取而代之的，是一位蘇聯科學家普潑夫，嗚呼，這眞是一手掩盡天下人耳目的大手筆。在航空方面，蘇聯又變成飛機製造的發源地。不僅一切新型的飛機，最先是蘇聯製成，英美大量模倣，就連世界上第一架飛機也是一位蘇聯工程師名煤渣斯基造成的。

大凡病況沉重之人，忌諱愈多，凡是希望竊取別人機密的，連自家的大門朝東朝西，也成爲極端的機密，這一點病症，也影響到新編的百科全書。屬於資料性質的東西，刪去了不少，原有關於巴庫油田的記載，全部刪去了，地圖部份，多半改成了略圖，交通線全沒有了。在舊的百科全書中，曾載有黨的煽動與宣傳等機構的組織系統，以及工作綱要，新編的這一部，把它們全部取消了。再關於黨史部份，也少得不能再少，本來，在蘇聯寫黨史而不遭殺身之禍的，眞是能幾人哉！在編製這部新編百科全書之初，黨史部份是指定布補諾夫主稿的，他雖小心翼翼，仍然於事無補，他的初稿交進去不多時，就一命嗚呼了。

傳記部份，變動就更大，對一九一七年革命有極大功勳的一批人，在舊的百科全書中，是有詳盡的敘述的，但是新編的百科全書，把他們一概抹殺了，原因十分簡單，這筆賬沒有辦法交代淸楚，這批人物，在淸黨時期大半被殺掉，小半被逐到不知去向，沒有下文，把這批「沒有下文」的人留着，是對現實的一種嘲弄，多少是犯忌的。

一個病沉況重的人，忌諱是多的。但忌諱並救不了他的苟延殘喘，假如說掠人之美，來裝點自己門面，可以改變歷史，而並不是自卑情緒作祟，那這一部新編百科全書，也還是不能善其終的，我預言最新而也是最後的蘇聯百科全書，一定不是什麼卅二卷的大著，而是薄薄的一張紙，上面寫着：『史達林說：「我是人類的祖先兼救星。」』這樣就再也用不到改訂，增補，再也用不到再歪曲，編輯人也不致再遭殺身之禍了。

蘇俄囚營十一年記（下）

Elinor Lipper 原著
章生道 譯

一〇、美國來的參觀者

大戰時期的可拉馬，沒有另一個訪問者像亨利，華萊士那樣的令人興奮和激動。很早以前，就有一個可信的傳聞溫暖了冰凍着的囚犯們的靈魂，說是爲了在戰爭中獲取援助，蘇聯願將可拉馬割讓給美國，甚至於囚犯中最老誠最可靠的份子，也認爲這事是可能的。而且關於此間的囚犯是否也交給美國這個問題正在作愼密的商談，這是囚犯們的一個美麗的故事。當美國副總統突然蒞臨的消息來到時，給人們是够刺激的。

於是，蘇聯政治局以飛快的速度來掩飾一切的醜行，華萊士先生始終沒有看到爲千萬囚犯們咀咒着的冰凍般的地獄。爲了表示對華萊士的尊敬，木製的看守塔一整夜便拆去了，營裏的數千名囚犯集中到馬格登港作盛大的歡迎。在華氏訪問的第一天和最後幾天，囚犯們享受了三個整天的假期，在他的駐留期中，單獨一個人是不許離營外出的。

還不僅於此呢？雖然爲華萊士和隨從們走的道路早已小心地安排好了，但仍有可能因爲偶然的機會，使參觀者見到營地裏的囚犯——那並不是一件體面的事喇！所以上峯的命令，營裏爲囚犯們放映電影，從早晨到晚上整整放映三天，於是沒有一個人走到院子裏去了。

馬格登的囚犯們想作一個回訪，但華萊士却沒有知道這件事。他又怎麼能知道一天晚上他在馬格登高爾基戲院中所見到的一些演員們竟大部分是囚犯呢？他從沒有遇見過他們，因爲當幕落下後，他們都被裝上一輛大卡車駛回營中去了。假如演員中有一個會說英語的告訴華萊士他是數千名無辜囚犯中的一個，已經判決了十年徒刑，那場面該多尷尬呢？

華萊士先生大概不會知道他已導演了一個危險的鏡頭，在離馬格登二十三公里的模範農場上，他詢問一群美麗裝束的牧猪姑娘關於一些畜牧方面的問題。但這群女孩並不是眞正的牧猪姑娘，而是一群美貌的女公務員，她們被命令在華萊士訪問期間來一個短期的表演，任務是代替原來眞正牧猪的囚犯們，幸虧聰明的譯員設法掩飾，補救了這種危急的情形，而使訪問能順利地進行下去。

華萊士先生對馬格登商店橱窗中陳列着的種類繁多的俄國商品，感到非常的滿意和稱許，他曾經走到一家商店中察看俄國的製品。但是馬格登的市民對這些一夜間突然出現的本國商品，較之華萊士感到更加驚奇，因爲過去二年來，所有在嚴格配給制度下所能買得到的貨物，全都是美國出品。

蘇聯政治局爲了要使華萊士獲得好印象而不惜向遠方的店家和珍貴的私人貯藏室搜集物資的事也是够麻煩的。一個馬格登市民懷着從容的心情同在貴客蒞臨的時候，悄悄地走進一家店舖，買到了自從海峽的貿易斷絕後從來未曾出現過的精美的食物。另外一個人也想模仿着來一下，但華來士已經走了，他才知道那些東西全都是非賣品。

華萊士回國了，發表了對亞洲蘇聯讚美的報告。看守塔又豎立起來了，囚犯們又要開始工作，店家的橱窗裏除了一些灰塵和零落的火柴盒子外，早已空無一物了。

在『亞洲蘇聯的任務』一書中，華萊士再三讚美馬格登如雨後春筍的發展和繁榮，他未曾說也不知道這個城市是一群在非人道的管理下的囚犯們的傑作。他稱許從港口向北越過山嶺的長達三五〇英里的可拉馬的公路，他未曾寫也不知道爲了舖築這條公路不知喪失了多少囚犯的生命。

華萊士敘述蘇聯政治警察局的總司令伊凡，納克雪夫愉快地跳躍着，享受着一種令人驚異的快樂的空氣。但是他始終沒有知道他跳躍只是因爲吃醉了酒，也沒有看見他用下流粗野的言詞，像雨點般的撲向衰弱的飢餓的囚犯，並毫無理由地將他們禁閉在單獨的拘禁室裏。伊凡，納克雪夫是一個冷酷，殘忍的人物，以他的殘暴使他的採金計劃超額地增產。以他的殘暴，他獲得了勛章和巨額的金錢進益。他在一九〇二年五十高齡時和受過高深教育的前妻離婚，娶了一個二十九歲名叫格麗達絲蘇菲的女共產黨員。她是一個頑固的，殘忍的，貪婪的傢伙，我們對她非常熟悉，因爲她做過婦女集中營嚴厲的營主任。

華萊士以一個動人的故事來描述格麗達絲蘇菲，他說她工作講究效率，具有慈母般的關懷的心腸，給人以素雅的樸實的印象。他發現她具有這些德性是他們第一次見面的時候，那是在馬格登一次著名的俄國風景刺繡展覽會中，這些不同的風景刺繡是由各個當地的婦女們在冬季學習女紅時做成的。這種女紅的藝術在俄國的農村間早有很卓越的成績。

納克雪夫贈華萊士兩副風景刺繡，『誰做的呀？』華萊士問。納克雪夫答稱這個城內有四萬名縫級婦女，她無法指出是那一個。後來展覽會中的指導員告訴華萊氏，那二副風景刺繡的作者是一個藝術教師，伊凡的太太。

事實上格麗達絲蘇菲並不是一個藝術教員，也從來未曾使過針線，所謂「各個當地的婦女」，就是女囚犯，其中大多數從前是尼姑，她們被雇用着爲高貴的婦女，如納克雪夫夫人之流做女紅。這種虛假的掩飾，竟使華萊士在書本中對納克雪夫和他的夫人大爲稱頌和誇獎。事實上呢，這一對奴役人們的剝削者輕視被握在他們魔掌中的數千個囚犯的生命，正好像輕視他們奉獻給華萊士先生的鮮美的魚的生命一樣。

陪伴華萊士的是一個代表戰時新聞處的奧文，拉鐵摩爾博士。他所獲得的機會是獨一無二的，在從前沒有一個外國的學者能在這個被政治警察統治着的國家裏自由地旅行，但拉鐵摩爾博士却獲得了這種權利。他回國後在一九四四年十二月號的「地理雜誌」上發表了一篇名叫「亞洲新路」的文章，他寫着：

『沙皇統治下，政治的壓迫是非常殘酷的，最溫和的自由份子也會被驅逐到遙遠的邊地去。因此大學教授，醫生，科學家和一切的知識份子，都變成了開發西伯利亞的最早的先鋒隊。』

假如拉鐵摩爾眞正對政治的壓迫感到興趣，爲什麼不到可拉馬的數百個集中營去看看現代的西伯利亞的先鋒隊們正餓得快要死了呢？爲什麼不問問現在的一切知識份子要在可拉馬的金鑛中受着身體的和心靈的迫害呢？世界上沒有一個地方會同可拉馬一樣的，它所有人口的組成份子全部是政治壓迫下的受難者。

『沒有再比蘇聯指導下的開發遠北的計劃更井然有序的了。』這是絕對眞確的，還有那個國家會每年送成千成萬的人們到新地域去從事强迫勞動呢？

『從空中我們可以看到探勘的礦道正在這個國家內縱橫地分佈着。』令人注意的是拉鐵摩爾博士沒有看到在這些探勘礦道的附近却是集中營高大的圍牆。

『馬格登是一個偉大思想貫注着的領土的一部份，達爾斯特羅（遠北建設公司）正好像哈得遜灣公司和田納西河管理局的綜合組織。』但是哈得遜灣公司沒有被警察所統制，也不用强迫的勞力。而且哈得遜灣公司和田納西河管理局當工人拒絕工作的時候，也不會搶殺他們的。

『納克雪夫先生，達爾斯特羅的經理，由於他經營的成功，已榮譽地獲得「蘇聯英雄」的頭銜，他和他的夫人無論對藝術或對公民的職責，都有深博的涵養和狂熱的興趣。』拉鐵摩爾博士爲什麼會想到這麼一個人呢？這個人在訪問「達殊」和「奧雪維支」二個納粹集中營後，報告上只寫着集中營的官員們在藝術和音樂方面都有濃厚的興趣。

假如有一天可拉馬的集中營像「達殊」和「奧雪維支」般的公開給全世界的人們參觀了，誰願負擔如此描述的責任呢？假如有一天在雪堆下埋藏着凍屍的坟墓被挖掘出來證明蘇聯眞實情形的時候，這些話將值得重述一遍嗎？

二、過度的工作

世界上所有的囚犯對他們的出獄期最初是計算年數。以後是月數，週數，最後是算日數了。我取了一個火柴盒，每月放一根火柴在裏面，五年是六十個月，一九四二年的夏天我放入了火柴的第六十根。

沒有什麼事情發生過。

每天都一樣，早晨鐵軌的撞擊聲淒厲地招呼我們出去；每天都一樣，看守們吆喝着；每天都一樣，監督員抑揚頓挫地咆哮着：『努力！努力！快點！快點！』每天都一樣，我們負荷着木塊，布袋或磚石而流着汗；爲了一段足够四個人吮吸的香烟頭而爭吵互毆；在營門口悽慘地挨着凍直到我們准予獲得通過；眼睜睜地凝視着殘餘的湯碗盼望着奇蹟出現，它能再滿，直到下一批用餐的人用手提我們離開餐桌，我們便回到舖板上鑽進被筒裏去了。

六十根火柴裝完後又過了一年半，衛兵長在晚上點名時交給我一張紙條，叫我簽字，上面寫着：

『犯人伊麗諾，立伯，判決在集中勞動營監禁五年，現已期滿，但仍須拘留至戰爭結束；謹此通知。』

一天天，一週週，一月月，一年年地過去，希望也跟着消逝，生命也將盡了。快點過去吧！快點過去吧！快點過去吧！疲憊、飢餓、寒冷。但求睡一晚清潔的床，但求過一天和平的日子，但求有一天不再聽到鐵軌的擾鬧……蘋菓的香味又是怎樣的呢？火車仍在世界上奔馳嗎？

一九四五年的五月來了——這勝利的日子，到處是開會和演說，囚犯們擁抱一團，眼睛裏充溢着快樂和希望之淚。

但是沒有事情發生。

勝利的一九四五年過去了，一九四六年也過去了，那是我入獄的第九個年頭。老囚犯們一個個地死去，輪船載着一批又一批的新犯人來，一個無足輕重的女囚犯，有誰來注意呢？奴役和飢餓，疾病和寒冷，快工作，快！努力！努力！

三、踏上歸途

沿着船邊，瘦弱而黝黑的一群生物向上面緩緩地蠕動，人們在攀登陡峻的上船的梯級了，我膽怯而遲疑地後脚跟着前脚，一步步地跨着狹窄的梯級。

心裏想着現在是接到莫斯科的命令而開始旅行了，但到什麼地方去呢？一點消息也沒有；去那裏做什麼呢？一點消息也沒有；我已經踏上自由的歸途嗎？但衛兵仍對我們寸步不離，最後我們終於被關進了輪船中的拘禁室裏。

這是一個人們爲了一杯水也要互相打架的地獄，在室內我環顧四周臉孔灰白的男囚犯們，他們都暈船了，躺在舖板上嘔吐，將整個的地板都弄得很髒，在和他們關在同一室內的兩個婦女的面前，他們不顧一切羞恥。

他們一個挨着一個地躺在上下層的疊床上，手指都因凍裂而脫落了前節，只餘下後面半節。他們的腿蒙着劇烈的痛楚。有一個小孩在活潑的面孔上給凍掉了鼻頭，只餘下一個骨骼。他們貪婪地凝視着婦女，七年來，他們沒有見過一個女人啊！

晚上，他們輪流着爬到另一個婦女的床上，不顧羞恥地赤裸裸地圍着一條粗陋的毛毯，其餘的人在旁邊好淫地等待。倖免的我，踡縮做一團，過度的恐懼使我失眠，並用我的双足，我的臂膀和我對他們的那種憎厭的情緒來抵抗這群飢餓的野獸。

是奔向自由的航行嗎？我們只到達了海參威以北一天航程的波克達，那特荷特加。在那裏我們擠在更窄小的運輸等候室中，惡劣的命運並沒有離開我們，宿舍內到處都是臭蟲，人擠得像沙丁魚，食物令人作嘔，又整天地鬧着水荒。

我喝了一碗味道像陰溝水一樣的爛蕃薯煮成的「離別湯」，步行了短短的一段路程後，我們站在火車站上了。八年來我第一次見到一輛火車，一輛嶄新的火車，我希望我能坐在裏面，但是當我被命令登上一輛囚車時，我美麗的心願又告紛碎了。

這原先是一輛客車，外邊的窗子被拆去了，換裝上結實的鐵欄桿，衛兵在走廊上來回巡視，在整個的旅程上，那扇鐵門永遠是緊閉着。

每個房間都有上下垂直排列着的三層木板床，住二十五個人。來自波克達。那特荷特加輸送營的一位官員，向我們投以最後的一瞥，他這樣一看，倒鼓起我們的勇氣來了。

「我們到什麼地方去呢？人民的官員！」

『去堪察加。』他以低沉的聲音回答。

『我們要旅行多久呢？』

他猶豫一會『大約十二天吧！』他說，於是走向別處去了。

爲什麼一個具有誠實眼光的人，卻會說出這樣的謊話來呢？我們忍受着痛苦的囚車生活，化了整整二個月的時間才到達堪察加。

最使我們痛苦的，不是房間內的擁擠，不是飢餓而是口渴。當衛兵吃的食物和茶壺在走廊上送過去的時候，我們尖聲呼喊要求給一滴冷水。雖然每站都有水的供應，可輪不到我們

像通常的火車一樣，我們車廂的兩端各有一個厠所。走廊上衛兵無聊地打着呵欠。從我們的門口到厠所只有幾步路遠，犯人們祈禱着，要求着，呼喊着，尖叫着：

『給我們出去！給我們出去！』

有人病了，有人因食硬麵包，鹹魚和髒水而染上了痢疾，但我們每人在二十四小時中只允許出去二次，這是鐵般的規矩。

因此當犯人們像野獸般的從一個房間被驅到另一個房間去的時候，他們嗚咽着、哀號着、哭泣着、咀咒着。當她們再也不能忍受而在房間內大便的時候，脚踢和痛毆便會落到她的身上。

一群有色的囚犯和我們同車而行，其中有些是戴着奇異的高聳的皮帽，穿着長長的用皮邊修飾成的毛衣的日本人。其餘是一群十二歲到十六歲未成年的犯罪者，是一些面色蒼白的瘦弱的沒有發育的孩子，差不多全部都因偷竊而判決了三年徒刑。

如所有的人一樣，他們到厠所去也是一天兩次，只是他們是一組一組去的。在路上這些苦難的孩子拚命飛快奔跑，但回來時在走廊上卻盡量延緩他們的脚步，因爲當他們經過婦女的囚房時，總希望獲得一點麵包或一些香煙，五十對年青的眼睛向室內的我們凝神注視，眼光中充滿了好奇、渴望、鹵莽、懇求和飢餓。太長的，襤褸的褲子，把他們的鞋子都遮沒了。穿着大人們的衣服，衣袖長可沒膝，藏在袖子裏的兩隻骯髒的小手也幾乎不能被人看見。不久，他們隱沒在他們自己的鐵門後不見了。在門裏，他們爲着爭奪地盤而打架，不時傳出幼小的孩子因打不過强者而起的尖聲的嚎哭。

火車在加波羅夫斯克站停住了，孩子們一個跟着一個地從高高的車門口跳到被雪掩蓋着的月臺上，他們不需要背負行囊，因爲他們根本一無所有。小手深藏在長長的袖子內，好像伸在暖手筒中一樣。他們被命令低着頭，兩兩地向雪地匍匐行進。耳朵露在外面，全凍成深藍的顏色。

監獄附近只有很少幾間房子，牆上貼着蘇聯全國都可見到的動人的宣傳品，上面畫着史太林抱着一個小女孩，下面寫着一行字：『謝謝史太林！爲着我們的孩子。』

轉移了七個監獄後又過了一年半，有一天我坐着一輛牛車越過國界線，在奧得河畔的法蘭克福城下車了。以後我又在德國的蘇聯佔領區中，經過三個不同的『回國遣送站』。

一九四八年一個晴朗的六月天，一架美國運輸機結束了我十一年蘇聯集中營的監禁生活。

（全文完）

如此眞理報

在一份莫斯科的眞理報的首頁上史達林的名字曾被提到有九十一次之多，這是南斯拉夫的一家報紙統計過的。其統計如下：

約瑟夫、非沙里諾非奇、史達林——三十五次
史達林同志——三十三次
偉大的領袖——十次
親愛的史達林——七次
偉大的史達林——六次

此南斯拉夫的報紙並注意到對於史達林還有其他一些普通的稱呼：

全人類的偉大領袖
所有勞働者的偉大的首腦
我們勝利的首領
和平的忠實鬪士

（苓）

徵稿簡則

一、本刊歡迎：

(1)凡能給人以早日恢復自由中國的希望，和鼓勵人以反共勇氣的文章。
(2)介紹鐵幕後各國和中國鐵幕區極權專制的殘酷事實的通訊和特寫。
(3)介紹世界各國反共的言論、書籍與事實的文字。
(4)研究打擊極權主義有效對策的文章。
(5)提出擊敗共黨後，建立政治民主、經濟平等的理想社會輪廓的文章。
(6)其他反極權的論文、劇本、小說、木刻、照片等。

二、翻譯稿件務請附寄原文並註明其出處。

三、投稿字數，每篇請勿超過四千字。

四、賜稿務望用稿紙繕寫清楚，並加標點。

五、凡附足郵票的稿件，不刊載即退回。

六、稿件發表後，每千字致稿酬新臺幣十五元至卅元。

七、來稿本刊有刪改權，若不願受此限制，請先說明。

八、惠稿一經登載，版權便為本刊所有，非經同意不得轉載。

九、來稿請寄臺北市金山街一巷二號本社編輯部。

第五卷 第四期 內政部雜誌登記證內警臺誌字第一九號 臺灣省雜誌協會會員 一三六

給讀者的報告

民主政治的運用除有賴于具有制衡作用的政治制度以外，還須借助於輿論的敦促。輿論的權威建之於言論自由，而言論自由是民主政治的張本。所以一個民主的政府，必然會重視輿論；相反，一個極權的或專制的政府，一定是壓迫或摧殘輿論的。在反共抗俄的今天，我們尤其須要廣開言路，滙萬方之流，造成一個波濤壯闊的局面，庶幾乎可以完成一代歷史任務。我們深望我們的政府能有這種「有容乃大」的氣概，故爲社論勗勉之。

黃正銘教授是國內研究國際公法的權威學者，本期爲本刊撰文，討論「對日和約中國參加問題」。美國草擬的對日和約草案其寬大精神是史無前例的；然而其中卻有一個嚴重的漏洞，就是未將中國列爲簽字國，這一瑕疵使一頁頗富建設性的和約蒙上了陰暗的現實主義的汚點，其後果將鑄成國際間嚴重的錯誤。本刊上期社論中便曾就此鋪陳其利害，促請美國外交當局三復思之。本期黃正銘先生更從國際關係的觀點申論和約草案之失當，他說美國其所以在對日和約中採取寬大的態度，目的是在爭取盟國共同反共抗俄，現在將中國摒諸簽字國之外，實喪失了訂定和約的基本原則與立場，並且更削弱了反共抗俄的團結力量。

在反共抗俄的陣營裡，很多人不自覺地慣於襲用共黨語言，這個問題看來似乎無關緊要，可是其影響卻很深遠。「共黨語言可以襲用嗎？」一殷海光先生提醒世人不要漫不經心地襲用共黨的語言。共黨的理論與策略是整體的，他們最長於製造術語，但是他們使用的語言是有作用的。共黨語言常代表共黨思想的法式，襲用共黨語言最大的危險，就是容易使你的思想也受了他那種法式的感染，這樣在神精上你便被共黨首先征服了。此外，這個問題的根本牽連到目的與手段的爭辨。爲達目的不擇手段是共黨的手法。我們萬萬不能用共黨的方法來反共；同樣地，共黨的語言我們也不應襲用。

美澳紐三國安全公約于上月十三日在華府初步簽字，正式簽約將於九月初在舊金山舉行。這個公約表面上是爲了滿足澳紐兩國于對日和約簽訂後的安全感，實際上乃是爲了防禦共黨的侵略。太平洋公約的醞釀爲時很久，但終因各方阻碍橫生，迄未實現，現在具體而微的三國安全公約竟先簽訂了，就遠東反共前途言，不能不算是一個可喜的成就。本刊駐澳記者孫宏偉君爲此特爲文闡釋公約之意義及其所具之影響。

「臺灣之森林」一文作者朱惠方教授是臺大森林系主任，以森林學專家而論森林，可謂權威之論也。文中羅列資料甚多，且附以表解說明，均甚具價值。

本刊售價

一、臺	幣	三元
二、越	幣	八元
三、菲	幣	五角
四、港	幣	一元
五、暹	幣	四銖
六、美	金	二角
七、叻	幣	四角
八、印尼	幣	三盾

自由中國 半月刊 第五卷第四期

"Free China" 總第四十三號

中華民國四十年八月十六日

發行人 胡適

主編 「自由中國」編輯委員會

出版者 自由中國社
社址：臺北市金山街一巷二號
電話：六八八五號

航空版

香港 香港時報社（高士打道六四號）

經售者

臺灣 中國書報發行所（臺北市館前街八五號）

美國 紐約民氣日報社、舊金山國民日報社

日本 東京南友堂、東京內山書局

馬尼剌 中菲文教出版社

印尼 椰嘉達星期日報、椰嘉達天聲日報、棉蘭繁華圖書公司

越南 西貢中原文化印刷公司、越南華僑文化事業公司

曼谷 曼谷攀多社十二號

新加坡 中興日報社、檳榔嶼、吉打邦均有出售

印刷者 臺灣新生報新生印刷廠
廠址：臺北市西園路二段九號
電話：廠長室 七一九二五、業務課 二〇二六

本刊經中華郵政登記認爲第一類新聞紙類 臺灣郵政管理局新聞紙類登記執照第二〇四號

FREE CHINA

第五卷 第五期

要目

社論
寫在舊金山和會的前面

時事述評
願天下有情男女都是喜劇中人
開城談判會破裂嗎？

致本社的一封信 …… 胡 適
十年來中美關係急趨惡化的原委 …… 胡 適
美國應如何爭取主動遏止侵略 …… 黃雪邨
入學考試不及格怎麼辦？ …… 毛子水
「共黨語言可以襲用嗎？」書後 …… 雷 震

臺灣產業
臺灣應實施的林業政策 …… 王子定

自由中國通訊
印尼共產黨（印尼通訊） …… 津 崇
杜威訪澳紀聞（澳洲通訊） …… 胡 慧
「特等功臣」縱火犯（重慶通訊） …… 望 楚
遙念祖國（印尼通訊） …… 來 乙

文藝
臨別的光（獨幕劇）（上） …… 水 姬
馬克思與社會科學者 …… 劉世超譯
史達林與毛「主席」 …… 涂允綏譯

書刊評介
極權對民主自由的威脅 …… 海 光

中華民國四十年九月一日出版

社址：臺北市金山街一巷二號

半月大事記

八月十日（星期五）
開城軍事停戰會議恢復，惟共方代表拒絕討論沿卅八線停戰以外之問題。
美衆院通過五百六十億元軍費法案。

八月十一日（星期六）
聯軍首席代表卓伊拒絕共方所稱盟機襲擊共方代表團車輛之抗議。
法前總理布立溫組成新閣，結束爲時一月之內閣危機。
北韓共黨向聯合國及安理會提出抗議，誣控美軍在韓使用毒氣。

八月十二日（星期日）
英伊石油談判又生波折，英首席代表史篤克斯向伊提出石油共營的具體計劃。

八月十四日（星期二）
美國務院發言人麥克德謨宣布：蘇俄已照會美國，決定參加對日和會，將由蘇俄外次葛羅米柯率領四人代表團出席。
美衆院通過五十七億元之龐大軍事工程計劃。
美衆院外委會發表經合總署之九千萬元經濟援助臺灣方案。
日外務省發表聲明，分析蘇俄參加和會動機，在阻撓和約之簽訂。

八月十五日（星期三）
聯軍首席代表卓伊，對僵持不決之緩衝區問題，提出折衝辦法，倡議設二人小組研擬新建議。
盟軍最高統帥李奇威率直聲明，聯合國絕不接受以沿卅八線停戰爲談判基礎。並謂談判如告破裂，應由共方負責。
卓伊再度拒絕共方指控聯軍違反開城中立的兩次抗議。
美英兩國政府同時公佈對日和約最後修正案，修正前此有關賠償之規定，並要求蘇俄遣返卅萬日本戰俘。
美總統特使杜勒斯在記者招待會中，解釋和約最後草案，聲明在和會中將不應再有修改。
伊朗政府拒絕英國所提石油合營之新建議。
大韓民國三週年國慶，李承晚總統演說呼籲反共。

八月十六日（星期四）
美衆院通過七十五億援外法案，較杜魯門總統提出者削減十億元。
日首相吉田在衆院演說盛讚和約公正寬大。
美政府照會蘇俄，促請注意和會目的在締結與簽訂和約，非就和約條款重開談判。
美菲政府同時公佈美菲聯防公約，定于九月間在舊金山簽字。
波蘭政府繼蘇俄之後接受美國邀請，表示參加對日和會。
開城談判聯軍與共軍代表双方同意設二人小組會討論緩衝區問題。

八月十七日（星期五）
自由中國各界公祭大陸死難同胞。
開城談判二人小組會開始舉行，東京及平壤双方電臺廣播對修改停戰線問題均準備讓步。

八月十八日（星期六）
英政府向伊朗提最後通牒，要求接受英方建議，並以撤退專家爲威脅。
美共和黨八議員就國會調查麥帥被黜事件發表聯合聲明。

八月十九日（星期日）
共軍誣指聯軍伏擊開城中共巡邏隊，破壞中立協定。

八月二十日（星期一）
臺省各地第一期應征新兵報到入營。
開城停戰會議聯軍首席代表卓伊抵東京晉謁李奇威舉行密談。
共方首席代表南日藉口「星期日事件」，向卓伊提出抗議。

八月廿一日（星期二）
總統下令予現在美國之空軍副總司令毛邦初以停職處分，並限即日啓程回國聽候查辦。
印尼華僑觀光團抵臺訪問。
共方首席代表南日對卓伊就所謂違反中立事件所作之答覆，斷然加以拒絕，再度「要求」盟方保證尊重中立協議。
卓伊自東京飛返韓境前進基地。
美總統杜魯門將蘇俄最高蘇維埃通過的「和平決議」與共主席施維尼克的函件送交國會，並於咨文中表示，在蘇俄未提出和平保證前，美對蘇俄政策不變。
英伊談判復瀕破裂邊緣，英內閣緊急會議，商討次一行動。
杜威返美後談話，談未來遠東問題，以援華爲最重要。
美助理國務卿魯斯克向國會表示，美可能派遣大使駐華。

八月廿二日（星期三）
伊總理摩沙德所提解決石油糾紛的政策，於英通牒限期屆滿前一小時獲得參院之信任。
共方誣指盟機轟炸開城，宣佈停止談判。

八月廿三日（星期四）
聯軍統帥李奇威聲明聯軍並未轟炸開城，共方所指事件純係揑造。
華府美官員表示，開城停戰談判的停止，係共軍故意的決定，且爲蘇俄所指使。
英伊石油談判破裂，英代表團離伊返國，油田英籍員工亦開始撤退。
聯合國集體措施委員會通過政治制裁侵略案。

八月廿四日（星期五）
共方照會李奇威，抗議所謂盟機轟炸開城事。
美總統杜魯門發表聲明，譴責共軍揑造事實。
美助理國務卿魯斯克與參加韓戰之十六國代表舉行緊急會議，商討停止談判後的新形勢。
美第八軍團總司令符立德表示，和談如告破裂聯軍將銳意作戰。

社論

寫在舊金山和會的前面

自本文署稿到舊金山和會開幕之日還有不到一個禮拜的時間，一個侵略國家從戰爭到和平的一段路程即將走到盡頭。關於對日和約，本刊曾經一再為文論列，現在在此一關係世界和平的和約即將成為定案的前夕，我們仍願把我們最後要說的千言萬語摘要的寫在下面。

美國人的思想經過了大西洋的洗濯及北美原野沃壤、青山綠水的陶冶後，的確沒有了歐洲人千百年來積下的那些醋腐的陳疾舊病；但仍不免有些霸氣，有些較歐洲人尤過之而無不及的優越感，有些在國內頗為民主而在國際間自以為是地越俎代庖的獨斷作風。而這些霸氣，獨斷和優越感在對日和約的製作中，又作了一次精彩的表演。

在對日本的戰爭中，美國最後以原子彈轟垮了日本軍閥，因此在對日和約的製作中，她自可以當仁不讓；然而卻不應該獨包獨攬，自以為是。可是她竟絲毫不爽地這樣做了。

日本是一個亞洲國家，在其侵略的過程中遭受蹂躪最利害的地區，亦未出亞洲，而中國更首當其衝。在全部對日戰爭中，中國自始至終都是一個最主要的交戰國家，然而在對日和約的製作中，中國卻不能問津。此點尤不可恕。

在大戰以前，英法荷諸國在他們遠東的殖民地中，恒以搾取為能事；而戰爭到來後卻絲毫不盡保護的責任，一跑了事。然而其坐享其成的本事，卻使亞洲國家望洋興嘆；在對日和約的製作中，她們享受了僅次於美國的發言權；而在比較之中，英帝國在西歐國家中又高人一等。這充份地反應着西方國家，特別是英語國家的優越感。

在亞洲國家中，所謂越南三邦者，其自身的主權尚在被人刼持之中，即已應邀出席舊金山的和會，而正正堂堂的中華民國卻被嚴拒於和會的大門之外。如此情形，在美國外交當局或者以為是顧全亞洲的實際情況而不得不然；殊不知在民主世界中居於領導地位國家的今日外交，若處處向現實低頭，輕重倒置，則其結果必把鼓舞各自由人民、民族的力量喪失殆盡，而陷民主陣營於分崩離析。

總之，英美兩國在這次對日和約的製作中，充分地繼承了歐洲式的強權外交，而復益以北美新生的霸氣，獨斷和優越感，其結果實合外交的馬基維里及弗里德里克大王一鑪而冶之。眞令人不禁拍案嘆絕！這種作風若出現於歷史上的其他階段，其為害或者尚不甚烈；然而今日正值民主國家臨到存亡絕續的緊要關頭，需要鼓舞動員人類全部精神的和道德的力量，以抗拒極權侵略者的時候，卻出以這種惡劣的外交作風，實為自造矛盾而使極權主義者含笑稱快。惜乎美國當軸不察 只顧伸手去抓牛耳，而未注意竟給曹卡以可乘之機，無怪史達林要眉笑眼開地派遣葛羅米柯前往出席舊金山的和會了。

當旬前俄國宣佈將派遣代表團出席舊金山和會時，英美外交界人士曾一時大感驚訝和困擾，殊不知俄國之將參加和會實有其必然：

第一、辯證唯物論者的斯達林及其徒衆，若干年來恒一方面以下列三種途徑製造戰爭的威脅：(一)在鐵幕以內加速備戰。(二)嗾使其附庸國家進擾自由世界的邊沿。(三)在民主國家內發動階級鬭爭；而另一方面則利用一切可能在鐵幕以外發動和平攻勢，用以麻醉自由世界的抵抗。而今舊金山之會既以和平為名，她自然不肯喪失這個發動和平攻勢的絕好機會了。

第二、利用矛盾鬭爭是布爾希維克們把握權力的不二法門，而今環繞着對日和約的周圍，有美英間的矛盾，有英語國家與其他西方國家間的矛盾；有西方國家與亞洲國家間的矛盾，有亞洲反共國家與尼黑魯系國家間的矛盾，有亞洲國家與日本間的矛盾……。這一大堆矛盾恰如一盤十味俱全的大雜會，以史達林之貪饞，焉得不垂涎三尺？這是她所以要參加舊金山和會的第二個重要原因。

第三、爭取日本的同情以策未來。美國既要求單獨託管琉球群島及在日本駐兵，那麼，在和會中俄國必慷他人之慨為日本力爭，而要求美國放棄上述的權利。

有了上述的種種必要，則俄國的參加舊金山和會自不足為奇。不過問題還要作進一步的探討：上述發動和平攻勢，把握民主國家間的矛盾和爭取日本的同情諸端，祇要俄國代表能夠到達和會的會場，其願望即可獲得相當程度的滿足，然則俄國代表團將僅在和會中發動一連串的宣傳爭奪戰，以滿足上述的願望，而就不在和約上簽字了嗎？這是一個頗堪注意的問題。自俄國宣佈參加和會後，西方論者多以為她將不會在和約上簽字，原因是她之所以參加和會不過是藉機搗亂，用在阻撓和會的進行罷了。然而我們卻不同意這種看法。我們認為俄國之是否簽字，以其是否準備在短期內發動大戰以為斷：若史達林決定在今後數月內發動全面的軍事侵略，則她必將與日本保持今日的交戰狀態，以作為他日起釁的藉口；否則，即必將簽字，並予以批准。

據我們的瞭解，俄國絕不肯輕易置身於另一次大戰之中，(下轉第19頁)

時事述評

願天下有情男女都是喜劇中人

近年來臺灣的社會新聞，以桃色的自殺案件爲最多；而這類案件一經發生，報紙雜誌多不惜連續地給很多篇幅，繪影繪聲地報道一番，有的刊物甚至還要搶着出版專號。這種風氣，是好是壞，我們以爲值得大家想想。

自殺，雖是個人的行爲，但除却神經病患者的自殺以外，自不免包含着若干社會意義。從這一點想，言論界在不涉及司法範圍和無傷於社會風化的兩個條件下，對於自殺事件的報道乃至批評，原爲份內事。可是，份內事要做到恰如其份，總是不太容易的。尤其是文人的筆，一沾到男女間的情愛怨恨，更會筆花爛放，欲罷不能。桃色自殺新聞所以每每有聲有色充斥刊物篇幅，而一般讀者又每以爭得先睹以爲快，這正說明若干記者，編者，和一般讀者一樣，都是所謂「未免有情，誰能遣此」。有的人以爲這是辦報紙雜誌者的生意眼，似乎太輕視了文化工作者！

是「生意眼」，還是「情不自禁」，不去管它；我們所關心的，是這類自殺新聞的報道如果渲染得太鮮艷，太熱烈了，其影響會怎樣？

臺灣是個亞熱帶的地區。「綠」，終年是「肥」的；「紅」，長年不「瘦」。生活在這裏的男女們，其情調，很自然地是四季常「春」。春，是快樂的，但有時也「春色惱人」，更有時「春愁似海」。喜劇，一幕一幕地在演出，悲劇，也可能一步一步地在編排。我們希望活生生的男女們，個個都是喜劇中人，不再有一個成爲悲劇中的犧牲者，那末，我們寧可對自殺已死者百分之百地忍心——縱不貶抑，決不頌揚，而不能對活生生的人，已有了自殺危機的，給以萬分之一的精神刺激或鼓勵。

我們如此說，也許有的讀者會覺得奇怪：天下那有鼓勵他人自殺的呢？其實，一點也不奇，一點也不怪！「我不殺人，人由我死」的事情，天下有的是。如果讀者不怕麻煩的話，請查查去年陳素卿自殺以後三個月的報紙，看看那個時期桃色自殺的記錄吧。陳素卿自殺，鬧得當時臺灣紙貴；自殺成了風雅事，無怪乎以生命去附庸風雅的芳蹤不絕了！我們再看看，最近在日月潭自殺的朱振雲，在她那篇公開的遺書中，還提到陳案關係人的姓名。可見陳素卿的陰魂到現在還在糾纏那些情場失意的他和她！眞的有陰魂嗎？陰魂眞有如此魔力嗎？這其間，聰明的讀者，我們大家想想吧。

現在，朱案正由法院辦理，我們爲尊重司法精神的獨立，關於此案的報道和批許，尤應適可而止。言論界對於自己的份內事、應該是有把握可以做到恰如其份的！（萍）

開城談判會破裂嗎？

開城談判又因共方指摘聯軍飛機夜襲而停止會議了。談了又停，停了又談　已經有好幾次，這一次會不會和過去一樣？過去兩次之停會均由聯軍指摘共軍破壞中立，共黨方面並不否認其事實，故接受聯軍的要求而使會議重開，實爲輕而易擧的事體。今次所謂飛機夜襲，聯軍方面根本否認此事，第一、空海軍的飛機並未到開城上空，第二、炸裂的洞口不像飛機所投的炸彈。那麼聯軍之不會接受共方的要求已明如觀火，會議能否復開乃成全世界矚目的問題了。

如果這次一停而不復開，即是談判破裂，則共黨方面只有出動空軍海軍以作最後的一拚。這麼一來，聯軍之轟炸東北，封鎖中國海岸，以及國民政府反攻大陸都可能陸續施行，一言以蔽之曰：和談再無可能，戰事必然擴大了。細察中共最近的擧動，最後一拚雖在着着準備之中，但是今日則時機未到，大概還不致冒昧行之吧。照我們向來的看法，共黨在遠東之最大目標在乎攫取日本，即此次開城談判，也以中共簽訂對日和約爲目的（參看本刊五卷二期社論）。現在對日和約已經密鑼緊鼓，好戲即將上演，蘇俄已應邀參加，而中共尚被擯於門外，眼看原來的目的無法達到了，沒有翻新的花樣，無從獲得外交的勝利，故兩次指摘聯軍破壞開城中立，既不是簡簡單單的報復行爲，也不是馬上使談判破裂，乃是經過周密的設計，欲藉此以達其遠大目的的策略。

此次談判雖然斷斷續續地經過了四十幾天，然而前線始終並未停火。如果共軍決計一拚，儘可以陸海空三軍來一個突然的奇襲，使聯軍先吃一個大虧。之後，必然提出停止談判之議，則負和談破裂責任的便是聯軍了，何必藉口於破壞中立，而自負破裂之責呢？我們以爲，縱使聯軍不承認破壞中立的指責，不接受其要求，共黨方面依然可以不顧面子而提議重開。那麼他們爲甚麼要停止會議呢？——無非花樣翻新，以試探美國的態度而已。他們深知以英法爲首的西歐各國雅不願韓戰之僵持，即美國民主黨當局在對內政爭上也以韓戰從速了結爲有利。但是共黨方面怎能够毫無代價而了結呢？對日和約之簽訂已迫在眉睫，現在還不逼美國攤牌再待何時？葛羅米柯已經到美國去，儘可以大肆活動，其結果如何。尚在未定之天，故以停止會議再來一次要脅，以壯葛氏之聲勢。現在共黨集團關於對日和約尚未至絕望時期，故開城談判大概也不會斷然破裂，還要拖下去吧。（漸）

致本社的一封信

胡　適

儆寰吾兄：

我今天要正式提議請你們取消「發行人胡適」的一行字。這是有感而發的一個很誠懇的提議，請各位老朋友千萬原諒。

何所「感」呢？「自由中國」第四卷十一期有社論一篇，論「政府不可誘民入罪」。我看了此文，十分佩服，十分高興。這篇文字有事實，有膽氣，態度很嚴肅負責，用證據的方法也很細密，可以說是「自由中國」出版以來數一數二的好文字，夠得上「自由中國」的招牌！

我正在高興，正想寫信給本社道賀，忽然來了「四卷十二期」的「再論經濟管制的措施」，這必是你們受了外力壓迫之後被逼寫出的賠罪道歉的文字！

昨天又看見了香港工商日報（七月二十八日）「寄望今日之臺灣」的社論，其中提到「自由中國」為了「政府不可誘民入罪」的論評，「曾引起有關機關（軍事的）的不滿，因而使到言論自由也受到一次無形的損害」，……「為了批評時政得失而引起了意外的麻煩」。我看了這社評，才明白我的猜想果然不錯。

我因此細想，「自由中國」不能有言論自由，不能有用負責態度批評實際政治，這是臺灣政治的最大恥辱。

我正式辭去「發行人」的銜名，一來是表示我一百分贊成「不可誘民入罪」的社評，二來是表示我對于這種「軍事機關」干涉言論自由的抗議。

胡　適　四十年八月十一日

編者按：本刊四卷十一期社論（二）所引起的小麻煩，本社同人從沒有告訴胡適之先生，因為這不是國家體面的事，所以同人實在不願意叫遠在數萬里外的胡先生聽到傷心。

再，本刊文字，雖完全由本刊編輯部同人負責，但本刊立論的態度，則遵守胡先生所手訂的「自由中國的宗旨」（即本刊每期所刊載的）。以前這樣，以後將永是這樣。這次胡先生要辭去本刊發行人的名義，本社同人經全體決議仍請求胡先生繼續領導。

十年來中美關係急趨惡化的原委

胡　適

在美國哲學會去年十月會議期間的一個非正式集會中，賴蘭博士（Dr. Waldo Leland)曾有一建議，即今年四月的會議中，將邀請恆慕義博士（Dr. A. W.Hummel）講演如何瞭解中國，同時，邀我講演如何瞭解美國。恆慕義博士已交出他的文稿了，題目是「中國文化中的一些基本原則」。我想，沒有一個人比恆慕義博士更適宜於指出這些基本原則的。這些基本原則不但可以幫助我們美國友人賞識中國，並且也可幫助中國人瞭解美國的生活方式。

今晚我所要講的，不像那麼廣大，又不像那麼基本，但我相信比較要緊要些。我不想討論「如何瞭解美國與美國文化」這一廣泛的論題。我所要討論的，是這個廣泛問題裏一特殊的方面—這一個特殊的方面，必定會使你們和我一樣感到迷惑和痛苦。我這是指過去八、九年間，中美關係急趨惡化而言；這是一種奇異而不幸的現象。我將怎樣解釋這一種現象呢？我能解釋得使我自己滿意嗎？

一九四二年九月，我離開駐美大使的職務。那時，中國在美國人的心目中仍是最受歡迎的時候。無疑的，美國政府那時是誠懇而熱烈地要把中國變成一個在共同反侵略戰爭中的强大盟友，中國未曾有過比羅斯福總統，赫爾和史訂生更眞誠的友人。

然而，僅僅在幾年功夫，中美兩政府間的關係開始愈變愈不調協。史廸威將軍的事情，是中美關係惡化的頭一個緊要關頭，而有關遠東的雅爾達秘密協定，爲中美關係惡化的最高峰。從歷史的眼光看來，雅爾達秘密協定就是把中國擯棄而任憑史達林主義的俄國去擺佈。

在過去幾年中，中美關係一直惡化下去。當我在兩年以前回到美國的時候，我發現美國的空氣完全變了。我驚奇並且感傷。無論我到什麼地方，我都覺得中國已變爲一個最不受歡迎的國家！一九四九年八月，美國國務院認爲必須發表一冊一千頁厚的「白皮書」以告訴世界美國政府已盡其所能的幫助中國，但中國已無法挽救了。

所有這些，對我是一件神秘的事，是一個極費思索的問題。說是「國務院被共產黨及其同路人所控制」罷，我以一個哲學家和歷史學家的身份，不能接受這樣過於單純的解釋；這個說法，正和「毛澤東和他的紅軍剛剛從窰洞開出，中國政府軍便即行瓦解」的說法一樣的幼稚。

不，我不能滿意於這些和相類似的解釋。我要知道，到底是什麼東西—特別是，顯現於那些美國偉大領袖心頭的東西—促成中美間關係的脫離，而使中國被她的老朋友（有一百年歷史的朋友）所遺棄（至少是暫時的）。

我的一個教友派友人毛烈（Herrymon Maurer），在他的即將出版的新書「東方和西方的衝突」中，用下面的話綜述中美關係惡化的原因：

『數年來，美國一直任性的喜愛着中國……但是，差不多當中美政府結爲同盟的時候，美國便開始厭憎中國了。這個厭憎，乃出之於感情用事，正和以前讚揚中國一樣。』

什麼是這個感情轉變的原因呢？我要瞭解這個現象，同時也想幫助中國和美國友人瞭解這個現象。

我現在冒昧提出一個理論；這個理論，可以幫助解釋美國對中國由喜愛轉爲厭憎在心理上或情感上的變化。這是一個基於心理學和常識的小理論或假說。

我的理論是：引起這個轉變的，是將中國由朋友「提拔」到同盟國的這一歷史的事件。這個「提拔」（我毋寧說爲『貶降』！），爲中國在她的老友美國心目中落莫的原因。

差不多一世紀以來，中美僅僅是朋友。兩國間隔着一個最大的海洋，彼此都沒有侵略的企圖。美國對於出產「藍青瓷器和精緻絲軸」的中國，對於產生老子、孔子、李白、杜甫、白居易、吳道子和李龍眠的中國，懷有一種無利害關係的眞摯友誼，甚至可以說是喜愛。這是可能的。這種無利害關係的純正友誼，深爲中國所尊重和感激：中國每年派遣成百成千的優秀男女學生進美國大學或研究院深造，便是報答這個盛意的。他們篤誠地希望瞭解這個偉大的國家，—這個擁有强大力量而並不要利用强大力量以從事侵略的國家。

以一個這樣友誼受惠人的資格，我可以告訴你們，這個友誼是極可驚歎的。這個友誼，時常令我想起你們的詩人而兼哲學家愛麥生（Emerson）的那些美麗的語句：他說，『友誼的眞諦是純潔，完全的大度和信任……友誼將它的對象當作神，所以它可以使兩方面變爲神聖。』我曾往來於美國各城市而參觀過許多博物館；在那些博物館中，無數的美國人觀覽而欣賞那些靜默的但是動人的中國表象，如中國的青銅器，瓷器和繪畫等。當我看見這種情景時，我不禁想起愛麥生的話，並爲這個篤誠崇拜中國的國家祝福。

但是，在一九四二年正月中的一個可紀念的日子，中國被美國政府邀請與英，美，蘇三國共同簽訂聯合國宣言。中國的苦難便開始了。其他的國家於次日依照字母的次序被邀簽字。由於這個善意的禮儀行爲，中國成爲反抗德日侵略的三大强國的同盟國。中國成了四强之一！從那個時候起，中國與

盎格魯撒克遜同盟國的關係便愈來愈不順利。

中國既爲三强的一個「窮親戚」，她的那些傲然之氣是可以被寬恕的；那些傲然之氣，在平等國家之間並不是不普通的。於是，中國熱望作亞洲的領袖；她記得孫中山先生和國民黨的莊嚴的誓言，就是幫助每一亞洲民族從帝國主義的桎梏中獲得自由；那時的蔣委員長且曾就英國對於印度、緬甸的行爲作講演。他對於史廸威將軍或羅斯福總統所建議的計劃，有時且表示不接受。

中國最大的困難，就是沒有能夠實現她的美洲的盟友對她的期望。中國當時仍爲一控制二億人口的大同盟國。因此，美國不僅期望她在中國戰場上可以自持，並期望她加緊訓練人力，以便準備有效地參加即將實行的聯合大反攻。倘若中國能得到英美援助蘇聯物資的一小部份，中國也定必能夠完成美國對中國的這些合理的，最低限度的期望。但是，日本看淸了這件事情：若自由的中國由其盟友處得到了適當的援助和裝備，對於日本是一個威脅。因此，日本在亞洲大陸的戰略—迅速的征服安南、暹邏和緬甸，切斷滇緬路，逐漸加强的絕對封鎖自由中國的經濟—，顯然是意圖阻止中國由外界獲得適當的軍事的與物質的援助。這是日本戰略中同盟國家所**未**能破壞的一方面。

此外，美國對於中國還有一些期望；從中國盟友的觀點看來，這些期望也許是同樣自然和合理的。美國要國民政府與中共調整政治上的歧見，同意美國裝備中共軍隊的建議，並讓中共在中央政府中分掌更多的部門。蔣委員長拒絕接受史廸威將軍的裝備中共軍隊的計劃。羅斯福總統在討論這個問題時，對蔣委員長說道，『敵人現正迫使我們遭受一個可能的大難；在這個時候，拒絕任何可以殺死日本人的人的援助似乎是錯誤的。』那時，大不列顚和美國正儘可能軍援蘇俄，致使蘇俄成爲歐洲歷史上最大的軍事强國；在那個候時，蔣委員長堅持拒絕裝備和供應中共，這的確似乎是「錯誤」而不合理的。中共的軍隊，能夠比蘇維埃聯邦的强大紅軍更危險嗎？

總之，在美國人心目中，這個新同盟的中國，這個「大同盟」中最弱的一員，必須被改造和改革以使她更適合於在美國戰略中盡她的職務，並且以後在美國人當時所理想的以美蘇合作爲基礎的和平計劃中盡她的職務。而當中國有時不能順應這個「改造」中任何特殊的方針或計劃時，中國便愈來愈被她早日的愛友所厭憎了。

這就是我提出給你們的小理論，以解釋和瞭解中美兩國關係的可悲的和不幸的惡化的。數十年來，中美兩國是忠實的朋友。但中國的從朋友升爲盟友，是中美關係惡化的眞正原因。

我要以中國古代的民主哲學家孟子所提出關於人類關係的一個明智的原則來結束和加强我的小理論。孟子說，『父子之間不責善：責善則離；離則不祥莫大焉。』並且孟子由於同一的理由，在另外一個時候告訴我們：古時人並不親自教他的兒子，乃是「易子而教之」的。這是要避免不斷的訓誡，以致招致父子中間感情疎遠的危險。

孟子所不希望存在於父子中間的情形，竟存在於一個强國的政府和一個弱國的政府的中間；不錯，來原是出於善意的，但也是用着强烈的壓力的。結果便是不可避免的厭憎，互相責難，和激烈的禍難。

我希望這個二千三百年以前的明智的中國警語能幫助我們瞭解過去十年的歷史教訓，而準備在未來的國際關係中謹防這個歷史教訓的重演！

編者按：本文係本刊發行人胡適之先生應邀出席美國哲學會(American philosophical Society)年會時，所作之演講詞，由胡先生自美國寄來，經本社譯出發表。

『自由中國的宗旨』

第一、我們要向全國國民宣傳自由與民主的眞實價值，並且要督促政府（各級的政府），切實改革政治經濟，努力建立自由民主的社會。

第二、我們要支持並督促政府用種種力量抵抗共產黨鐵幕之下剝奪一切自由的極權政治，不讓他擴張他的勢力範圍。

第三、我們要盡我們的努力，援助淪陷區域的同胞，幫助他們早日恢復自由。

第四、我們的最後目標是要使整個中華民國成爲自由的中國。

美國應如何爭取主動遏止侵略

黃雪邨

自第二次世界大戰結束之日起，新的國際對立形勢即開始形成。一方面是以蘇俄爲領導者的共產主義集團，一方面是以美國爲主力的民主反共國家。這兩大勢力的對立，逐漸尖銳化，雖然時至今日，彼此都還在高唱和平，但結果終難免於一場廝殺，似已爲世人意料中事。在未來的那場廝殺中，以美國的財力物力，加以基於人類不願意接受極權統治與愛好民主自由的天性，民主國家是應該有制勝的把握。杜魯門也曾說過美國在歷史上沒有打過敗仗的豪語。但是事實上，直到今天爲止，在這次的民主反共鬪爭中，無論是唇槍舌劍，縱橫捭闔的冷戰，以及眞刀眞槍上場的韓戰，我們縱令不能說美國是打了敗仗，但至少沒有打勝敵人，或者說是佔了上風。過去幾年中那幾回合冷戰的往事在此姑不具論，即以韓戰來說，「坐地分贓」的蘇俄大老板就根本沒有出陣，只命令他的嘍囉們來交手，儘管中共韓共的軍隊在美國强熾的火力之下，犧牲了一二百萬人，蘇俄本身可說毫無損失；而美國青年的血却已洒遍韓國戰場，死傷近十萬之衆，今天仍不過出進於南北韓原有界線——北緯三十八度之間，而且還不能不接受馬力克的建議，扯着白旗去到共軍武裝保護下的開城談判和平。事勢演變到這樣一個地步，我們對美國今天以前的作法，實不能不深置惋惜。在此，我要套用杜魯門那句豪語：美國在歷史上雖然沒有打過敗仗，在歷史上，却也就沒有吃過這樣的虧。

誠然，我們並不能就此便斷定民主國家將會永遠處於劣勢，或將遭受更嚴重的失敗，但是在今天以前，無論是冷戰或熱戰，無論是談和或打仗，美國一向是立於被動的地位則是無可諱言的事實。而其所以演成這種事實的原因，我們從旁觀察，至少是由於下列兩個原因。

第一、美國國內的歧見無法統一；

第二、民主反共國家的矛盾衝突無法消除。

首先，我們從第一點來看，美國兩黨外交政策之不一致，已爲一顯然之事實。共和黨主張對敵人採取强硬的手段，在自由中國，加强中國的反共力量。在韓戰當中，他們也極力支持麥克阿瑟的作法。因此，美國政府過去對中國國民政府未能積極援助，致使大陸淪陷，以及在韓戰當中撤換麥帥的這兩件事至今成爲共和黨攻擊政府之口實。而美國當局最初之錯認中共爲土地改革者和幻想毛澤東可能變爲狄托第二，自然是當時不肯積極援助中國國民政府的主要原因。自中國大陸全部淪陷乃至中共參加韓戰以後，美當局雖然已經完全認識了蘇俄與中共的關係，認識了中共正在代替蘇俄在亞洲來執行其侵略政策，但是仍不敢對侵略者採取過分强硬的手段，因之今天在韓國還不能不委曲遷就的接受侵略者的建議來談判停戰。美國當局之所以如此作法，一方面是對戰爭的準備不够充分，尤其是歐洲防衛力量的薄弱，使他們不敢貿然從事於大規模的對蘇作戰。關於這一點，在政要們不斷的提出恐怕引起第三次世界大戰的那些言論上已充分的表露出來。另一方面，則是美國到今天爲止還不願意做戰爭的發動者。尤其是美國一般人民還沒有必需從事戰爭才能維護美國本身安全的感覺，政府當局當然不願意即時强調戰爭來失掉人民對執政黨支持的力量；但事實上又不能不積極從事戰爭的準備，這是一個一時尚無法解決的矛盾。蘇俄看到美國目前這種既不能强又不能弱的情形，他便一面命令嘍囉們拚命喊打，自己却站在一旁高唱和平，指責美國是戰爭販子，使美國在和戰之際永遠無法爭取主動，而黨的歧見也就無法統一起來。這是蘇俄分化敵人的詭計，也是美國到今天還不能不被動的來應付蘇俄所導演的一切把戲的主要原因。

其次，我們再從全世界民主反共的陣容來看，儘管如前段所說，作爲世界民主反共主力的美國本身還存在若干矛盾，但是她已經明白的指斥蘇俄爲侵略者，她也正在積極的從事戰爭的準備，在政策的運用上，縱令尙有若干値得訾議的地方，然其所把握之原則和決心則無疑的是正確的。反觀其餘置身於民主反共陣營的其他國家，時至今日，還始終在希望對敵人容忍妥協，他們並不是不知道蘇俄的擴張政策終將有一天會使他們自己遭受災害，可是又害怕戰爭一開始，他們便馬上直接受到戰爭所給予的痛苦。因此他們一方面希望將戰爭的時限儘量拖長，一方面他們甚至卑怯的企圖不惜將其他的國家去當作犧牲，暫時滿足侵略者的貪慾，他們還可以從中吸取一點餕餘。這種情形在今天的世界民主反共陣營中表現得可說是洋洋大觀，其中最明顯的便是英國。英國在第一次第二次大戰當中，都飽受了挨打的痛苦，加以今天歐洲防衛力量甚爲薄弱，他所最害怕的便是蘇俄如果一旦向西進攻，很可能一下便席捲全歐，攫取英倫三島，所以他不惜卑躬折節的去首先承認中共，他不顧慮全世界共同防禦侵略者的戰略，他只一味的要拖住美國，希望美國放棄亞洲，以全力到歐洲去替他看守大門。他以英美的傳統關係挾制美國，使美國不能不遷就他的意見，同時他爲着自私自利的打算，引起了埃及，土耳其，伊朗的反英運動，在對日和約問題中，又促使美國同意將自由中國摒除於簽約國之外。這些都是民主反共國家矛盾衝突的主要原因。這種情形恰是蘇俄所最歡迎的，他大可以從這當中挑撥離間。加深對方的矛盾衝突，同時更一再使用和平攻勢來鬆懈對方的鬪志。像這樣形勢繼續演進，我敢說今後如果民主反共國家不自己覺悟，敵人對我們也許可以達到「不戰而屈」的目的。

由上所述世界民主反共陣營中所存在之矛盾衝突，實已至爲顯明。反觀共產主義極權統治之下，其勢力所到之處，即鐵幕下垂，不特使外人不易瞭解其內部實情如何，且蘇俄透過國際共產主義者的組織，對其附庸國具有相當强韌之統治力，最近雖有芬蘭軍人叛變逃亡之消息，但從一般情形看來，其相互之間實已形成爲一整體，如中共雖已攫取中國大陸，自立政府，仍不能不臣服於蘇俄，嚴格的執行克里姆林宮的命令，即爲一顯明之例證。因此，我們今後爲要戰勝敵人，在我們的陣營中必須化破碎爲整體，化矛盾爲統一。否則，不特共同的力量無由長成且終必爲敵人的陰謀詭計所離間分化，甚至各個擊破。關於此點，應已爲明智的民主反共的政治家所警覺。杜威州長在臺灣時曾向新聞記者表示，謂「假使自由國家能加速武裝，堅强團結，我相信即可遏制侵略事件，而第三次大戰也就不會發生，自由力量永遠戰勝奴役，只要我們提高警覺。」這確是有識之見。而要澄清今天這個局面，則非由今天作爲民主反共的主力之美國堅定不移的下一膺懲侵略者的決心不可。更明顯一點說，就是不惜一戰的決心，有不怕引起第三次大戰的決心，然後才能融和美國內部的歧見，統一世界民主反共陣營裡的矛盾；也才可以使蘇俄聲東擊西的和平攻勢圖窮匕見，無所施爲；也才可以使蘇俄懾服，眞的達到避免世界第三次大戰的目的。我之作此說法，並不是基於一種唯恐天下不亂的好戰心理，而是由今日敵我的情勢看來，實只有以戰才能止戰。深能瞭解蘇俄的美國前駐蘇大使蒲立德（William C. Bullit）曾有此同樣的看法。他說：

『在一九三九年，史達林控制住一億七千萬人民，而現在他控制住八億人民。這是史達林走向最後控制全人類的空前大進展。事實很明顯，在蘇俄未達到這個最後目的之前，國際共產主義將永無停止，他們只有被阻止才行。

『現在我們所面對的不是安全的鬪爭，而是求生存的鬪爭。我們只有以更龐大的武力幌動在他的眼前，而且決心隨時隨地敢於使用這個武力來制止他直接或間接導演的侵略，必須如此，我們才能阻止史達林。』

蒲立德之所以作此論斷，正因其深切瞭解蘇俄之故。美國當局一向以恐怕引起第三次世界大戰爲理由，使和戰之主動均操之於敵人。過去之不敢授權麥克阿瑟轟炸東北，以及現在的接受開城停戰談判，都可說是由此一念而來。殊不知蘇俄之對第三次大戰無取勝的把握與恐怕第三次大戰的心理，實恐較美國爲尤甚。蘇俄一貫的如意算盤是要運用「政治滲透」和「和平攻勢」兩大武器來達到其「解放」全世界的目的，必要眞槍眞刀上場的時候，他也只叫嘍囉們出來交手，他自己決不會肯親手來挑動一場大廝殺。這應該是明眼人所能看得清的事實。

老實說今天世界民主反共陣營裡確實流行着一種「恐俄病」。儘管美國當局一再强調他所擁有的原子彈之威力，然而他們內心中仍不免始終懷疑自己的力量是否眞能戰勝蘇俄；尤其在今天歐洲的防衞力量沒有建立以前，「恐俄病」最重兼之極度自私的英國，更使美國當局在決策上受了嚴重的影響。這一類的想法，當然也可能有其若干戰略上的理由，但我總覺得民主反共國家是一般的對蘇俄的作法與力量作了錯誤和過高的估計。蘇俄的作法是希望使敵人不戰而屈，本文前面業已加以說明；至於蘇俄的力量，我很同意兩年前前任英國赴蘇軍事訪問團團長馬道爾中將（SirGifardMartel）的見解。馬氏於一九四九年「美國新聞及世界報導」週刊中發表「北歐之熊的暗影」一文，對於蘇俄軍力的論斷，他說蘇俄實際是色厲內荏，赤軍的裝備極不平衡，尤其缺乏機械化的運輸工具，鐵路交通系統表現之情況亦極惡劣；又說蘇俄空軍力量也不免誇張其詞，因爲支持空軍的工業潛勢力絕不能同西方國家戰時可能運用的龐大力量來相提並論。其次，最近在華盛頓星期星報所載康士坦丁布朗「蘇俄軍力不必估計過高」一文，對此問題更有詳盡的說明。他在那篇文章的開端就說：

『蘇俄的軍事力量是否如此龐大驚人，以致在西方世界中造成恐懼與尊敬，使後者除了向克里姆林宮投降外，幾乎願意作任何妥協。』

『軍事專家的答覆，似乎並不認爲這種恐懼是合理的，美國及其同盟國專家對於蘇俄軍力研究的結果，顯示蘇俄及其附庸國家所有的軍力爲弱，較之十二年前軸心國家所有的軍力，當時軸心國家正開始其統治世界的龐大戰爭。』

在該文的當中，他接着提出很多數字來作爲論據，同時他是將蘇俄今天所可能保有的力量和當時軸心國家的力量作一個對照的比較，這是比那些「恐俄病」者的想像和蘇俄的誇大宣傳要切合實際得多。另外再從我們所瞭解的事實與常理去推斷。也可以想像到蘇俄確是「色厲內荏」。試想在第二次大戰開始的時候，蘇俄的各項建設由於其三次五年計劃的執行已達到相當的水準，結果要不是美國的帮助，希特勒大可以打敗蘇俄。而在大戰進行的當中，蘇俄所受到的破壞至爲嚴重，以十餘年積蓄培養的力量不能戰勝希特勒，難道在大破壞之後的第六年便可以有充沛的力量與西方國家一戰？這是一件不可想像的事。儘管在這六年之中他曾經銳意於軍備的擴張，而且增加了附庸國幾億的人力，然而今天的戰爭決不是僅憑着人與武器便可以獲勝，還有若干支持戰爭的力量和物資，都必需要計算在內的，這些又豈是先天貧乏的蘇俄，在短短的六年之中所可能獲致的嗎？

根據上面的論斷，我以爲在今天美國如果能强力支持對侵略者的膺懲，無論是直接對蘇俄或其附庸國，必然可以收到懾服蘇俄，遏止侵略，進而防止第三次大戰發生的效果。最近美衆議員周以德氏在其檢討美國遠東政策一文中，也持有同一的見解。他在該文的結論中說：

『如果我們繼續像現在這樣游移不定下去，則在我們這一生之中，自菲利濱，阿拉斯加以迄夏威夷，或至我們的西海岸，將有蘇俄主持下的若干珍珠港事件發生。

接着他又說：

『有一些人說，歐洲對於我們比亞洲更爲重要，在一個戰爭之中，戰線上沒有一部份比其他任何一部份更爲重要，某一個地點的微弱無力會使一切地點都受到災禍。

『有些人又提出反駁說，如果我們在亞洲是堅定的，我們可能失去我們在歐洲的各盟國的支持。

『這一種結論是不合乎人性的，任何作此主張的人都是被共產黨的宣傳所蒙蔽了。在這個世界上，沒有任何事是像力量——道義力量及物質力量——這樣的爲人欽慕的。在具有共同利益的國家之中，就像我們與我們的盟國一樣，一個國家的力量將會鼓舞起其他國家的力量。

我們政治家的任務，便是去鼓舞力量。』

周氏對這個問題的見解是非常透闢的，不過我以爲要達到上述之目的，決不是僅憑一個姿態或一種宣傳，如美國强調原子彈的威力之類，所可奏效，而必須以實際的行動，並且要是主動的積極的。周氏在該文中曾提到：『過去在中國，只要有一種比較說來小規模的努力便可以穩定自由的國民政府，而後者便可阻止住蘇俄的陸上進攻，然而我們却以種種借口，不這樣做。』過去美國對中國之放棄援助，當然是值得惋惜；但是在今天看來，我覺得也還算爲時不遲，現在在韓國進行的戰爭，便是一個最好、最後的機會。如果美國眞能下一絕大的決心，不再理會蘇俄的和平攻勢，必須貫徹統一南北韓的目的，務必要在這一個戰爭當中給予中共韓共以最重大的打擊。這樣作法的結果，不僅可以防止侵略者不敢再在其他的地方下手，而且摧毀了金日成的政權，動搖了中共的政權，打擊了蘇俄對其附庸國的威望，從而使其內部發生分化離心的作用，這就是中國古代兵家所謂「一偏敗，羅乃携矣」的道理。相反的，在民主反共的陣營不特美國內部的歧見可以統一，「恐俄病」患者也可霍然而愈，由自信而趨於團結。同時，世界上一切反共的國家，也必然因美國此種確能爲正義奮鬪的行動而共同來支持，形成全世界反共反侵略的一個强固的戰鬪體，這也就是周以德氏所說的「道義的力量」。而這個力量之完成必須有賴於美國堅强的實際行動來鼓舞。

最後，我的結論是如果美國今天要肩負起反共反侵略與保障世界和平的任務，則惟有毅然決然採用「以戰止戰」(以小戰止大戰)的方法，才能爭取主動遏止侵略。不過，這一個政策的決定是要看杜魯門政府有沒有爲世界人類的民主自由這一高遠理想來奮鬪的意志。如果說到今天還想敷衍、遷就，等待，甚至於爲着個人的未來權位打算，不得不迎合圖一時安定的庸俗心理，而不敢當機立斷，則今天以一滴血所能獲得的成果，也許將來一百滴一千滴也難以補償。這實在是作爲世界民主反共的主力之美國當局所應該深切加以考慮的。我們應該知道，歷史上偉大的政治家，決不肯只顧慮到一時利害的打算，而忽略他高遠的理想。

(上接第十二頁) 反之，若我們軍隊中有很多的好分子，則非特軍隊的效能卓越，軍隊的風紀亦定必臻於十分良善。軍隊有良善的風紀，則將來出身行伍中人，才可不至於橫蠻不講理，而我們國家才能眞正的進於「文明」。我這不是說只有出身行伍的人才會橫蠻不講理，我是說，照事勢講，現在在軍隊中的人，將來把握我們國家權勢的機會最多。而國家權勢所寄的人的講理不講理，乃國家存亡所關，所以很値得我們青年人的注意。至於尋常百姓，或甚至大學教授固亦有蠻不講理的；但一個司法警察便可以使他們服帖了。

對於最後這段話，我還要加以補充：知識青年的加入軍隊，固然可以使我們的軍隊愈加優良，但還有一先決條件，就是這個青年須能「立定志向，做個好人」。如沒有立定這個志向，不肯培養上邊所說的做人的基本道德，則將來有權有勢的時候，恐怕還是蠻不講理的。「蠻不講理」，是民主政治的仇敵，是「文明」的反面。

自由與奴役的分野

東德與西德的分界線由波羅底海起向南，共長九百多里，其分界線有時爲一不到三尺寬的小溪；有時一條河可能分爲二段，或是以一條山脈爲界。

東西德的分界線常常橫斷一個農場，甚至於將農舍也分爲東西的領土。在這種情形之下，農夫坐在前門可與其鄰居暢談政治。但當他在後門時，他便必須噤若寒蟬，因爲他是站在共產黨所控制的土地上。

例如，離紐斯塔特（Neu·tadt）不遠有一農場，此農場一半屬於蘇聯佔領區，一半屬於美軍佔領區。在農舍與倉庫之間的一條路爲其分界線。

在摩德拉熱斯（Modlareuth）村的情形更其有趣。摩德拉熱斯村爲一恬靜的小村。小橋流水，雞鴨成群。在這裏的分界線爲一兩尺寬的小溪。此溪正流過村子的中間，以致於甚至當地的一個磨粉廠的大門是屬於西德的，而磨粉廠本身是屬於蘇聯佔領區的。有的父母們的孩子跨過小橋去蘇聯佔領區唸書。有的父母不願孩子們受共產黨的教育，便將他們的孩子送往在美軍佔領區中離得最近的學校中去讀書，但最近的學校也離有四里之遙。

蘇聯佔領區的人民警察多爲十八歲至三十歲之間的青年。他們都是受過嚴格訓練的，被禁止與西德警察發生任何接觸。他們嚴守着這條禁律。因此，雖然兩方的警察都是德國人，而且彼此相隔不過幾尺，但他們很少交談。

凡是在分界線兩邊有田地的農夫們都被發有特別許可證，以憑來往兩邊從事農作。但是，蘇聯佔領區只允許他們在特別規定的時間之內跨過分界線。按其規定，在早上有兩個鐘頭的時間給他們過界去工作，在下午有兩個鐘頭的時間給他們過界回家。(荅)

入學考試不及格怎麼辦？

毛子水

自由中國內的青年學生，有高中畢業資格而要投考大學或高等專門以上學校的，本年度約有六七千人；而臺大、師院、工專、農專、各種高職，以及陸海空各軍校所取，尤其量不過三千人；其餘三四千人，便將成爲沒有學校可以讀書的人。這是一個大問題。

三四千青年「失學」，是值得我們注意的事情。國家培養人才的方法雖多，但重要的節目之一就是在青年能力最盛的時期，不要使他們受着無謂的折磨。一個青年，往往因爲這種無謂的折磨而走入邪途：這是社會許多禍根所在；我們不得不特別加以注意的。

我以爲這個問題有三方面：一是家庭方面，二是社會方面，三是青年人自己。

先講家庭方面。做父母的，都希望他們高中畢業的子女能考進大學或專門學院。在現在普通的情形下，一個青年進了大學或專門學院，只要能循規蹈矩，便可以按期畢業。所以子女能考進大學或高專，父母對於他們教育的責任，「好像」就完成了。因此，父母往往爲子女考大學或高專而特別躭心；要是子女沒有考取，做父母的也就十分不痛快。依我的意見，這是極不應當的態度。子女的沒有考取，有許多原因，重要的有三：一是程度問題，二是名額問題，三是偶然運氣的問題。如果子女爲程度問題而不被錄取，而做父母的又有培植子女在大學或高專學校讀書的決心，那麼，最好的方法，就是使子女有專心溫習功課的機會。大概有中等天資的學生，而平日又肯用功的，考不取大學，多半不是學生自身的過失，乃是中學教育的過失。我嘗見朋友家子女，資質並非下劣，平日亦肯用功，但對於升學最要緊的功課，基礎全沒有弄好。以英文爲例來說，現在高中英文教員，平日喜歡叫學生誦讀名文（包括麥帥來臺時聲明在內），而對於英文簡單句子的構造法，全沒有清清楚楚的講給學生聽。這何怪學生愈讀愈糊塗呢！至於學生視算學爲畏途，多半亦是教書不得法所致。凡算學中基本的觀念，應詳詳細細向學生反覆申述的，教員每看作閒話，至多匆匆說過一遍就算了事。對算學有特別興趣的學生，當然可以跟得上；興趣差一點的學生，便落後了。而算學是要「循序漸進」的學問；脫了一節，便可能終身趕不上。因爲這種情形，家庭中對子女因爲程度關係而考不取，非特不應當怪責子女，並且應當多予以帮助，使得有好好溫習一年的機會。（對讀書毫沒有志趣的子女，做父母的最好叫他們趁早改業！）這樣的溫習一年，可能比三年高中還要得力。當然有少數學生的考不取，並不是因爲程度不夠，乃是因爲學校名額所限。這在理工農醫各學院，有實驗室設備的關係的，尤勢所難免。因爲國家經費所限，學校當局對這等情形亦覺心有餘而力不足。（但據我所知，臺灣大學在這方面，可以說已盡她最大的能力了。）除此以外，還有考試制度本身的難臻完善；這就是普通所謂「運氣」的。這個道理極易明瞭。就本年講，投考臺大學生，大概每七名錄取一名。除少數出類拔萃的考生以外，七名中的前二三名，在實際的程度上，可以說是不相上下的；而或取或不取，多因偶然的關係。譬如說，看卷的先生們所定的標準雖大致相同，然各人的寬嚴亦有極大的出入；就是一人所看的卷子，亦因早晚精力的不同而不能斠若畫一。所以在這二三名中，取的未必是優，不取的未必是劣。在主持考試的人，何嘗不想極盡公平之能事，但人事精密的限制，並不是無窮盡的。至於學生臨考的時候精神的旺盛或衰劣，自然亦是普通所謂「運氣」的一個原因。學生家長如果明瞭這些道理，則對於子女的不被錄取，非特不怪子女，亦不會輕易怪學校了。（投考時請託「人情」的弊病，在臺大可以說是絕跡了。）

次講社會方面的問題。上面講到投考生沒有被錄取，有因爲學校名額所限的，有因爲中學教育所誤的。這兩件事都牽涉到社會的責任。但這兩件事都可歸根到經濟問題。譬如說，教員待遇太薄，每一教員所擔任的鐘點太多，都是使教員不能盡職的原因。教員中固然有因興趣或責任心的關係而枵腹從公的，但這種人數目已不多，而有持久的毅力的更少。因此，中等教育遂隨國家的經濟狀況而變質了。我們在此，沒有別的話可說，只希望做教員的，人人保持「神聖職業」的責任心，盡一己的精力以爲人類服務；更希望政府當局，在經濟困難的情形下，盡最大的力量以維持國家教育的正常經費。（中等教育這樣，大學和專門的教育尤應該這樣！）

現在社會中許多人士，都主張大學，師院，和其他高專學院，增加新生名額。在這些學校力所能做的範圍內，我也極端贊同。但據我所知，臺大去年取錄新生的分數，最低的平均每門只有四十分多一點；臺中和臺南的農工學院，聽說還不到四十分。我以爲四十分的限度，必不可再降低了！因爲學生入學的程度太低，在國家固然是一種浪費；在學生方面講，每天上課，而對教員所講的多半不能領會，亦是一種大損失。這個道理，非特求學的青年應當明瞭，負子女教育責任的家長更應當明瞭。要是學生自己或做父母的，不問學生的程度够不够，只知道進大學或高專是一種光榮，那便是「科學」的流毒。這樣的壞風氣不革除，是國家和民族的恥辱！

此外還有許多人士，主張由政府教育機關設立先修班以收容一部分沒有被錄取的學生。這在國家人才（教員）和經費都充足時，當然是極可行的事。

但依我的看法，現在國家經費已極困難，而人才更爲困難。老實說，教高中學生的人，對學生的影響，往往比大學教授對學生的影響大得多。因爲高中時期的學生，正是「心習」形成的時候：這時得了一個好教員，益處自不可勝言；這時得了一個壞教員，害處亦不可勝言。在高中和大學一年級都感到好教員不易得的時候，而要想請好的教員來教先修班的學生，是難而又難的事。如果請不到好教員而辦先修班，這就是叫學生在學校裏多消磨一年的歲月，對學生將沒有什麼好處可言。

最後，我要講到青年人自己了。實在，一個青年的「失學」與否，純在乎自己對求學有沒有堅定的毅力，不在乎進大學或先修班沒有。我今天寫這篇文章的目的，是要今年投考大學或高專學院的學生，先立定做人和求學的志向。這個志向立定了，考取的固然可以按步就班的上進，沒有考取的也儘有方法可以使自己不至「失學」；若不立定做人和求學的志向，則雖然進了大學或先修班，在我看來，也是眞正的「失學」。

讀者可能以我這種話爲迂闊；我自信這是我對今年考生所能說的最老實的話。當着人們「失意」的時候，我當然可以說些婉轉的話去安慰他們，亦可以說些類似公正的話去平他們的「氣」。但我不願意這樣做。我只想照着最正當的方法替青年人解決問題。

假如我是一個本年考大學或高專等校而沒有被錄取的學生，那麼，憑我現在的「智慧」講，我當然最希望能够好好在家温習一年。這一年中，我立志把本國文字和英語學好。本國文不通，自己講不過去；英文不通，則非特將來有機會進大學後讀參考書不方便，就是看美製電影亦不痛快。學習國文，就是學「說」清楚而有條理的「話」；只要能够用心，沒有不成功的。英文則須仔仔細細讀完一本簡明的文法書，並且做練習；常用的英文字，至少須認識三四千個方可。（一天能記十個，一年便可有三千六百多個。）當然，沒有一個好教員在一起，文法自己還可攻讀，發音是成問題的。但現在新出的英文字典，差不多都有很準確的注音；用國際音標的尤爲便利。無論那種注音法，如果得有良師指點，兩三點鐘便可學會。萬一沒有良師，無線電英文課中亦可學得門徑。「天下無難事，只怕有心人。」若二十歲左右不趕緊把這種基礎打好，將來老大時就是要改正讀音也來不及了。通曉簡單的文法，能有三四千可用的英文字，英文的基礎便算好了。（英文字當然須從英文讀本中學得記得方好；但這種讀本，以愈淺近的愈好。實在，在前半年中，有很好的會話書，便可當讀本用。）至於算學，初等的知識，自是人人所必需的，固要用功以求通曉；高等代數及解析幾何等，不是學理工等科的人可不必講求。從現在到明年暑假，至少有三百天可以讀書。如果能够照着一個適當的自修課程表做去，精進不辨，不是資質極不堪的人，到明年入學考試時，定可有相當的把握。若到明年而仍考不取，則必因爲本性不與學術相近，儘可擇一種和性情相近的職業去做，便不必勉强讀書了。（但我知道也有考兩三次才考進大學的人，而後來書讀得很好的。）

我以爲讀書的前邊，還有「做人」的一件事。一個青年，能進大學或專門學院以求知識的深造，固然是好事；但一個人生在世間，最要的事情還是做一個好人。這個「好人」，可以在學校裏邊學會做，亦可以在學校外邊學會做。古今眞正對人類文化和進步有貢獻的人，並不需要大學畢業的資格，亦沒有士農工商身份的限制。一個人只要能够儘量培養基本的道德，如仁愛、正直、公平、信義、不自私自利、不嫉賢害能、不說謊話、不固執沒有證據的成見，等等，便可以做到第一等的好人。不然，便是讀得許多博士的頭銜，還是下流凡品。可靠的知識，當然是現代做好人所需要的；但這種知識，都可以由自修得來，可以於古今聖哲的著述中求得，並不是要在大學或高專中才可以學得。一個青年對於人生問題有什麼疑義，萬一不能於書籍中求得解釋，儘可請教當世的通人；立義高明的報章和雜誌，間亦可以回答你的問題。（我想「自由中國」社同人，便可盡這種義務。）

一個青年能够用這個見解來立定志向，我想本年入學考試的及格或不及格便不成爲什麼困難的問題了。

我當然知道，有許多青年男學生，所以急於要進一個大學或高專，除却求學的目的以外，還可以避免兵役。他們以爲如果考不上大學或專門學院，又沒有先修班可進，則可能即要服兵役。對於這種顧慮，我亦有幾點意見。第一、兵役是應當服的；無論爲國家，爲民族，爲人道，爲正義，今天的一個自由中國的青年，都不應當規避兵役。在別的國家或別的時代，服兵役或許是一件沒有意義，甚至可厭惡的事情；但在現在自由中國中在反共抗俄的旗幟下而服兵役，乃是見義勇爲的好機會。要圖避免這種兵役，便不配談「做人」的道理了。第二、國家將來兵役法變得怎樣，我們當然難以預測；但有兩種可能。一是兵役純粹以年齡爲準，無論在校師生或在職文官，都有被徵召入伍的可能；二是如果政府爲愛惜知識青年而不徵大學生入伍，則政府對於高中畢業生，即令徵召入伍，亦定必施以適宜的待遇和訓練，整個軍隊中的生活，或許藉以改進。在這兩種可能中，就是一個沒有勇氣的青年，也大可不必希圖避免兵役了。還有一層更爲重要的意思：我們中國軍隊的素質，現雖日漸提高，但如有多數知識分子參加，定可以更加優良。我們知識青年的從軍，非特是我們軍事領袖所期望，亦是我們軍隊中每個同胞所歡迎的。青年人每每歎息國家政俗的不好；但我可以講一句老實話給青年人聽：一個國家政俗的好不好，可用軍隊素質的好不好做判斷的標準。我們如果希望我們國家眞正走上了民主政治的軌道，我們如果希望我們國家可以當得起「文明」的形容詞，則我以爲我們須先有「文明」的軍隊。我們許多賢明的軍事長官雖然正在努力求軍隊的改進，但若軍隊的分子太不整齊，則必徒勞而無功。

（下轉第十頁）

『共黨語言可以襲用嗎？』書後

雷　震

殷海光先生在本刊第五卷第四期上面，發表了一篇針對時弊，糾正時弊的文章，題目是『共黨語言可以襲用嗎？』。他持論之正確，用心之邃密，眞算得是一篇切合當前需要的文章，也確是一篇精心結構之佳作。在以反共抗俄爲目標，以剷除極權統制，拯救人類爲職志的自由中國，和其他自由區域，不論自我改造也好，不論準備反擊也好，都應根據這篇文章的立意和啓示，對於現階段的反共抗俄諸項工作，作一番切實的檢討，以糾正過去錯悞，釐訂未來方針，俾大家不致陷於錯悞，而猶不自覺自知。尤其關於文化和宣傳方面，更有這個必要。我讀了這篇文章之後，覺得正是說出我數年來要說的話。玆特寫出一點我個人的意見和感想，作爲那篇文章的介紹也可，作爲那篇文章的補充也可。原文的要義，有以下二點：

第一、關於政治的事物，不能採取『只問目的，不擇手段』的作法，尤其在對共黨作全面鬪爭的場合，更不能作這樣的打算。對共黨的鬪爭，除以武力鬪爭外，尚有更重要的思想鬪爭，文化鬪爭，和宣傳鬪爭，我們不僅要針鋒相對，且需要有一套整體的作法。

第二、兩個敵對團體之鬪爭，双方互相學習的，應只限於物質方面的手段，而不是精神，思想，或觀念。

關於第一點，殷先生說：『只問目的，不擇手段底結果有二：一、手段與目的南轅而北轍。在這種情形之下，不是手段使目的迷失，就是走到與原有目的相反的道路。二、如果兩個敵對體之中，有一方接受對方的精神，那末久而久之，一方會變成與對方同質的東西。如果兩個敵對體變成同質的東西，那末二者底衝突．至少就不是思想本質的衝突了』。

我們今天反共抗俄，其目的最明顯不過：不是爲了奪取政權，不是爲了爭取領導；而是要打倒，否否，僅僅打倒還不够，而是要斬草除根的，剷除共黨那一套獨裁、專制、欺騙、狡詐、殘忍、橫暴、毁滅文化、戕害人性的獸性統治方法，拯救人類於禽獸地獄之中，使其恢復原來的人性生活。就是說：如讓共黨統治世界，人類將變爲畜生。今日大家駡共產黨徒爲『共匪』，然匪猶『人』也，盜亦有道也。盜匪尙有父子兄弟夫婦之親，朋友之義，人類之愛，而共產黨徒的一切作爲，簡直是禽獸之不若，豈能與盜匪相比擬哉！故今後稱共黨則不如逕稱之爲『共獸』。目的既已明瞭，手段自應跟着目的走。我們必須針對這個現勢，決定自己立場，採行必需之手段，然後齊頭並進，以與共獸作殊死的鬪爭，不僅不能跟着他們學習，或盲從就算了。譬如說，共黨實行獨裁，採用專制；我們則實行民主，尊重自由，以民主和自由才是擊毀獨裁和專制最有利的武器。共黨以欺騙、狡詐、殘忍、橫暴對付敵人、對付同志，對付統治下的老百姓；我們則出以眞誠、忠實、寬容、謙遜的態度對付敵人，對付同志，對付人民。共黨的一舉一動，均在秘密和黑暗之中行事；我們則大公無私，開誠布公，除軍事機密外，全盤公諸天下。世間的醜事壞行，多半在秘密和黑暗之中進行，光天化日之下，細菌毒素是不容易滋生繁殖的。共黨講權術，重謀略；我們則講道義，重信守。共黨實行清算鬪爭，滅絕人倫；我們則篤踐忠孝仁愛，尊重倫常。共黨慣用『其父攘羊，其子證之』的手法，達到清算鬪爭的目的；我們則以『父爲子隱，子爲父隱』的天理人情，達成「直在其中」的道理。我們和共黨鬪爭，心須一反其道而行之，出以正義公道之師，擊毁陰謀詐譎之輩。這不是書生之見，而是針鋒相對的作法。倘若不此之圖，妄冀想學共黨的辦法來打倒共黨，所謂以其人之道來制其人之身，我們不獨學不到家，結果必然失敗，絕對沒有疑問。因爲我們和共黨之間，有一根本差異，絕對不能相容之處。即共黨把人們當作工具，當作物料，一切計劃設施，不以人性爲出發點。所以，可以使子弑父，可以唆弟鬪兄，可以教妻子檢舉丈夫，可以令學生淸算先生，以達成他們統治的目的。他們一切作爲，就是『只問目的，不擇手段』。人們不願爲之，不能爲之，不敢爲之的事情，他們都能一一爲之，而無動於衷，而無愧於心，而無怍於情。我們是把人當作一個『人』。人有人性，我們的政治，是以發展人性爲出發點。人性的基本要素，是有同情心和正義感。所謂『惻隱之心，人皆有之；羞惡之心，人皆有之；恭敬之心，人皆有之；是非之心，人皆有之』。講道德，說仁義，惡欺詐，斥殘忍，都是爲了要發展人性的工作。可以說，我們的政治是『人性政治』，一切不離人性，一切是爲人性。共黨則蔑視人性，戕害人性，他們所行的政治『是物性政治』，是『獸性政治』。我們必須明白這一點：『人獸之分』。我們能了解這一點，我們在敵對鬪爭中所採行的手段，方不致於陷於矛盾、錯誤，而猶不自覺。

關於第二點，殷先生說：『兩個敵對體在鬪爭過程中，双方互相學習的，應只限於物質方面的手段；而不是精神、思想、或觀念。因爲，物質方面的手段是工具性的，工具性的東西是中立的。中立的東西，任何方面都可以採用，採用了不會失去各自底本性。所以，在長期戰爭之中，彼此的武器製造都保守高度的秘密，惟恐對方知道。蘇俄的原子彈製造不高明，還要處心積慮偷美國的。然而，精神、思想、或觀念則不然。在兩個敵對體的長期對立之中，甲方不能學習或接受乙方底精神、思想、或觀念。如果甲方學習或接受了，久而久之，必被乙方同化。甲方如被乙方同化，那末它就是在精神上已被征服。在精神上已被對方征服者，那裡站立得起來？即使暫時可以强自站立起來，那裡又可以持久？所以，在敵對體長期鬪爭過程之中，彼此對於鬪爭之物質工具方面都儘量保守秘密，而對於精神、思想、或觀念則儘量向對方輸出，想盡種種方法要對方接受。所以，蘇俄在一方面嚴閉鐵幕之門，不讓外人一窺究竟，可是在另一方面却拚命宣傳「共產主義的福音」。美國在一方面保持原子能的秘密；可是在另一方面不斷播送「美國之音」。這不是顯然說明，在敵對體鬪爭底過程之中，如要學習對方，只能限於物質方面，而不能學習或接受其精神方面嗎？我們與共產黨鬪爭，特別要警覺這一點』。

然則，表達人們精神方面的東西是甚麼？是語言(包括文字)。語言乃是表達人們精神、思想或觀念的唯一工具。所以殷先生又說：『重視槍桿的人也許不太重視語言，知道語言重要並善於運用的人，在一長久過程之中，都可以使槍桿歸於無用』。那末，語言在敵對體鬪爭中之重要，當可想而知。因爲『語言是獨有的一種社會活動。語言可以表理達意，激發情緒，溝通意念，推動行爲』。共產黨最懂得這一點，他特別製出一套語言來擊破對方，來瓦解對方，如過去所用之『反飢餓』、『反內戰』等等口號。他更能製造一套說法，爲自己工作說明，爲自己行動辯護，如動輒指責某人爲『不革命』，某人有『小資產階級意識』等等。其實，不革命就是壞事麼？小資產階級的意識難道是罪大惡極麼？很多人並說不出道理來，不過被人戴上這頂帽子，受之者則感到非常痛苦。所以殷先生說『在一切暴亂社團之中，共產黨是最善於製造新名詞新術語的。共黨長於煽動，長於驚人，長於捧人，長於加帽子，長於哭訴，也長於撒謊。這不都是語言上的功夫麼？』可是我們在這個鬪爭當中，最忽略這一點，不僅沒有創作新術語，以爲鬪爭之用，反而跟着共黨學習、抄襲，這眞是一件可悲的事情。在自由中國最近的文獻中，如『解放』、『偏差』、『坦白』、『包袱』、『組織上』、『運用組織』、『反映上去』這一連串的共黨術語，到處可以看到，令人有不寒而慄之感。我現在略舉最普遍的例子，說明在反共鬪爭中，我們是如何的失去了信念。

在這次大陸淪陷之前，共軍所到之處，說某地解放了，或解放了某地，報紙上的記載都是這樣的口氣，從未用過某城陷落，或佔領某地字句。在他的立場，這是很對的。不料反共人士也跟着共黨說，某地解放，或解放某地，而不曰某地淪陷，某城被佔。不過報紙和刊物上，有時將解放二字，加上一個引號，如『解放』之類。就是今日自由區域刊物上的記載，還是很普遍的用這樣寫法，而自大陸逃出人士的談話，更是滿口解放解放之語，令人聽得非常刺耳。在對日抗戰時期，絕對沒有這個樣子。當時報紙記載也好，私人談話也好，某地被日人佔領，即書某地淪陷，從未跟着日人學習，說某地加入了東亞共榮圈一類的話。可見抗日時期，全國上下意志之堅定，和認識之淸楚。

寫到這個地方，我夾寫一段小小的回憶：更可說明宣傳上用語之重要。對日抗戰勝利這個『勝利』的果實，是八年抗戰辛苦中得來，在當時自由區域的人民，如重慶、成都、西安等地，聽到勝利的喊出，該是如何歡欣鼓舞，可是在當時淪陷區的人民，如漢口、上海這些地方，則沒有這個認識或感覺。他們提到民國三十四年八月十四日這一天，總說這一天是『和平』了，而不說這一天是勝利了。我於三十五年七月初次回到上海，遇到淪陷上海的親友，都是這樣說法，起初感到詫異，最後才明白他們是受了日人及僞組織宣傳的結果。一直到這次上海淪陷前，許多人還是用這樣說法。蓋八月十四日這一天，在我們後方是勝利，在僞組織區域則是和平，可用說和平、抑說勝利這句話，來測驗當時誰在淪陷區，抑在後方自由區。

最近在自由中國區域的刊物上，看到用共黨語言來表理達意的地方，竟越寫越多了，長此下去，是一件很危險的事情，在用者本人也許是不知不覺的。譬如說：『反映上去』這個語言。近來從說話上和作文上都用得很普遍。這是共黨最慣用的術語，表示下級對上級報告的意思，與原意頗有出入。『反映』二字在英語爲 Reflective，Reflection，大概是日人的譯語，其意義是『反映射出原來影像』。普通的用法，如：議會是民衆努力之『反映』，輿論是民衆意見之『反映』。日人稱放電影爲映畫，意思也是一樣。共黨所用『反映上去』，等於我們用的『報告』二字。今日此間作者，尤其研究對敵鬪爭的作者，不用報告而用反映上去的寫法，隨時可以看到。不說別的，就是中央改造委員會出版的『改造』上面，如『組織上』、『運用組織』、『反映』、『反映上去』一類的共黨語言，多得不勝枚擧。而在私人談話上，隨時隨地都可以聽到。這當然是跟着共黨學習，或在抄襲共黨用語，儘管用者自己沒有這種認識，或想法。如果大家不承認我們這種看法——認爲用者是在跟共黨學習，請大家翻閱從前的文獻，和過去黨部出版的小册子，有沒有這類用語，便可見我們不是故意挑剔，危言聳耳聽了。心所謂危，難安緘默。我們說這些話安有其他用意哉！

語言和文字用法的作用之大，關係於民族盛衰和國家興亡者，至深且鉅，我們不可隨便馬虎，人云亦云。請看滿州人之亡國，甚至連其種族亦告滅亡，是不是因爲亡了語言所致？中國民族之能够統一，不管政治上有時如何分裂，是不是因爲『書同文』的緣故？各國的殖民政策，是不是以本國語言去求同化的作用？

宣傳是用語言(包括文字)來鼓吹自己主張，希望對方接受，一而再，再而三，使對方於不知不覺的受其感化而終於同化。所以宣 (下轉第17頁)

臺灣應實施的林業政策

王子定

森林是臺灣的命脈

在這七百五十萬人口居住的三百五十九萬六千三百二十公頃的面積上，森林面積佔百分之六四，林木的蓄積，計爲二〇七、一三一、一四六立方公尺，以七百五十萬人口計算，每人可分得二十八立方公尺弱的木材，依據上面所示，森林的面積不爲不廣，蓄積不爲不豐，因而形成重要富源之一；實際上牠的間接功用，尤較直接的效用爲大、而不是由數字所能統計，所以森林在無形中保障了人類的安定繁榮，而同時又供應萬古不竭的森林資源，森林是臺灣的命脈，誠非虛話。

臺灣的森林面積，共佔百分之六四，也可以說這百分之六四的森林面積，多是矗立島上的山岳地帶，倘被覆這些地帶的蒼鬱森林，一時頓遭砍伐，下面的惡果，當會繼之而生：

1.本省峻嶺重疊，到處懸岩絕壁，一般的傾斜度多在二十五度以上，因其基岩乃屬富於風化性的粘板岩，如此脆弱的地盤，倘值森林皆伐以後，自易導致其風化崩潰。

2.一般溪流短湍，加以本省又屬多雨之區，每年山地的平均雨量，約達六千餘公厘，甚至一日有達六百至一千公厘，倘沒有森林以供涵養水源，雨則直瀉橫溢，涸則河底暴露，尤其在豪雨的時候，洪水夾砂，直瀉千里，遂而氾濫成災。

3.臺灣在發生颱風的時候，雨急風暴，而冬季復有强烈的季節風，倘無森林減殺風勢，安定浮土，爲害當不堪設想。

依據上面所說，那將造成一種不堪想像的景象，關係於交通、水利、電力、以及與人民有關的生活條件，將遭受嚴重的威脅，則僅佔全島百分之三十八平原上所有的農工生產事業，不遭受直接的破壞，間接的也將陷入停頓的狀態。總括上面的論證，臺灣的森林，不僅供給我們日常生活上的必需品，同時要繼續着我們七百五十萬人的生命。只要森林存在，臺灣永不會變成荒漠，不會乾涸，不會山崩土坍，而居留在這島上的居民，將永是安適的。

可是，現在的臺灣，險象環生，年甚一年，已大非昔比了，這當然由於一般急功近利者，專事砍伐，任意濫墾，不求造林的結果，我們如身歷其境，土砂冲刷，山岳崩潰，深感林業的前途，固不堪設想，而整個臺灣的生命，也將被斷送了。

森林荒廢的現況

在太平洋戰爭發生以後，日人爲供應木材的需給，遂罔顧一切，不惜竭澤而漁，濫伐亂墾，伐多植少，據林產管理局的報導，因太平洋戰爭而橫遭砍伐的森林面積，合計五萬五千公頃，並有十五萬公頃的荒蕪林地，未行造林；尤其在光復前後，保林欠固，以致於海岸林、保安林、行道樹、及水源涵養林，都遭受了摧殘，人民爲求耕地，不惜伐木燒山，尤其近年來的盜竊行爲，相率效尤，雖在深山幽谷人踪罕至的林地，亦常發生盜伐及濫墾的情事。我們試看平原地帶，因亂伐濫墾的加劇，幾使一眼無際的森林，多蕩然無存了，因此遭摧殘的面積，計達二萬七千餘公頃，再加上批准由公私採伐，而未行造林的面積，約計二萬公頃以上；所以臺灣全省的荒廢面積，總計在二十五萬公頃以上。

臺灣應遵循的林業政策

1, 農林配合

本省農業因氣候、土壤、位置等因子的限制，遂產生了特質的農業，如不合理的配合着林業，即忽視水源涵養林，防風林，和海岸林等的建造和培育，則農地必陷入於冲洗、淹沒、及崩坍的處境，而造成農地不安的現象。可是一般都未於林業對於農業所產生的利益，很少從事於並頭兼進；實際上農業如合理的配合林業，自必獲得有利的結果。據民國二十七年新竹縣的統計，因造成海岸防風林，其水田的收穫，平均增加百分之四十五。澎湖島在設置防風林後，其耕地增產約爲百分之二十五。臺中縣的草湖與二林兩地，自造林防止飛砂以後，增加耕地達二十餘公頃。據臺南於民國卅一年的統計，主要農作物因造成防風林而增產的數量，米約爲三成，甘蔗約爲二成。根據全島統計的結果，在風速年平均六——一〇公尺以上的地區，在建造防風林後，水稻增收三二%，甘蔗增產二六%，在風速年平均三——六公尺以上及六——一〇公尺以下的地區，水稻增收二三%，甘蔗增產一七%。上面所舉各例，乃屬農業與林業合理配合後所收的效果，但我們還應注意到林業政策的施行，亦應配合着農業，俾收到實際的利益。

就實際的情形來說，臺灣的農業，非有林業以調劑配合，每利暫而禍無窮，林業配合農業而施行，有時不僅可獲較厚的利潤，且可適應當地的情況與需要，試舉例以證：近年來的濫伐亂墾，層出不窮，從水裡坑到日月潭一帶，香蕉已種植山頂，此種雖可獲得初期的利益，但一至表土流失，勢必易地墾種，如此生產，林盡產無，所以有很多的人士，都主張剷除香蕉，恢復造林，這種主張，當然也無可非議；不過我們轉又想到香蕉是臺灣的特產，而水裡坑到日月潭一帶，又是種植香蕉的理想地帶，假若盡除香蕉，改植林木，勢必影響農人的收入，而香蕉的供應和出口，也將成了問題，所以在此種情況下，我們不應反對種植香蕉，但是我們應禁止不合理的種植，這也就是我們主張的配合農業以施行合理底林業政策。

農林業如走向合理配合的道路，自可長期的保持和增進地力，而可達成經濟生產的目標，尤其對於地力較難維持和海拔較低的傾斜地帶，更爲顯著。雖一般傾斜較緩的地方，如任其全裸，自難長期開墾和栽種農作，這是一般耕作者可以經驗得到的。換而言之，無被覆山地的農業經營，最容易遭受表土流失的損害，譬如到處所見傾斜地上的荒廢茶園、香蕉園、木薯園、和香茅草園等，都是因表土流失所致，所以農林業的合理配合，不論在農林經營上或國土保安上，都負有莫大的使命。

農林業合理配合的政策上，不應忽略了次列的三大原則：

(1)凡傾斜度在三十度以上的地方，絕對禁止開墾，而應編爲保安林區。

(2)傾斜度在十五至三〇度時，如施行開墾，宜採用混農林經營；依據估計，本省約有一百一十萬公頃的面積，宜行混農林經營，尤需設置防止土砂流失的設施。

(3)單一式的經營方式，不免常遭逢失敗的厄運，所以很多人都主張採用多角式農業、立體農業、二層農業等經營方式，但應在這種種的經營原則下，而推行合理配合的政策。

在臺灣，農業和林業相關的密切，實非他處所能比擬，所以我們應推行配合農業的合理林業政策

2, 植伐平衡

林木生長達到採伐年齡以後，即應砍伐利用，否則將使貨棄於地，而失却其利用的價值；但是在林木採伐以後，應即就伐木的跡地，從速建造幼林，一方面謀伐採利用，同時在另一方面應建造新林，這是林業上所當遵循的双軌，不可稍存偏倚。一個近代化的國家，其對於林業經營的基本觀念，即在維持「植伐平衡」，既可達到保續的目的，同時又可獲得無窮的供應。所以我們對於林業經營的政策，自不應採取純企業的經營方式，而專圖利潤的收入。

臺灣自從太平洋戰爭發生以後，因木材需要的激增，森林乃遭大量的砍伐，而造林事業幾陷於全部停頓。造林和伐木二者業已失却其平衡，遂成爲本省林業厄運的開端；迨至光復以後，更是無限制的伐採，每年伐採量超過每年的生長量，不知幾千萬倍，並且將林業的收入，挪移於非林業或與培育無關的用途，若如此的持續下去，我想不出百年，臺灣將淪爲荒島。

臺灣的林業，實具有其特殊的重要性，所以應在植伐平衡的原則下，而訂立一貫不變的長期大計，凡已達到伐期的林木，當然爲有規律的開發伐採，同時對於未建立森林的荒廢跡地，次第實施造林更新，每年必以伐採木材的一部收入，供爲培育林木的費用，絕對禁止以全部的收入，挪移於非林業的用途，取之於林，仍用之於林，使達「以林養林」與「自給自足」的原則，如果政府遵守此一原，則自可達於保續無窮和生生不息的境地。

可是，現在政府的營林政策，實在令我們失望，伐木努力，造林無意，前途危機，寧堪想像！

3, 建造新林

臺灣造林樹種繁多，種植極易成活，但因未施建造，以致荒地日漸增多；造林爲林業的基礎，當林木在採伐以後，隨應就跡地造林，俾導入永久的經營。

造林的首要條件，即爲選擇適當的樹種，凡欲完成特種目的如風景林、保安林、和水土保持林等建造，固需選擇適當的樹種，而經濟林的培育，則樹種的木材、樹皮、或果實等，富有崇著的經濟價值始可；加以林業的經營，迥異於一般工業或農業，自不能完全藉人工控制而達到崇著的生產，故常遭環境等因子所影響，故不僅以優越的經濟價值，供爲選擇的標準，尚應考慮其今後生育上的安全，否則有使其造林淪於失敗的危險，自應依據造林原理的知識，俾達到適地適木的要求；其他尚應考慮將來的銷路和價值，使獲得最大的經濟利潤。本省廣大的荒廢林地，如想完成復舊造林，則我們對於樹種的選定，必須審愼從事，依據森林施業案的基本計劃，並參考過去的造林成績，於一貫不變的計劃之下，以完成適地適木的培育。

一般主管林業者，每以爲造林的事業，僅需完成苗木栽植即可，從未慮及初期的撫育問題，造林地如不施行除草和蔓切等工作，則苗木的死亡率極大，每因雜草蔭蔽及競爭作用而死，所以不應忽略了林木的初期撫育。

造林工作每爲時間所支配，如時期一逝，縱有經費，亦不能完成建造。當造林計劃一經核定以後，則經費應在造林實施前全部撥付，俾依照預定方案而逐步完成建造，但實際因政府會計制度的限制，造林費多是按月平均撥付，此種不合理的會計制度，以致延誤造林的時期。而林木撫育的實行，亦有其時間性和季節性，但因經費撥付的不合理，致使栽植成活的幼苗，遂陷入死亡或發育遲滯的狀態。

臺灣今後的造林，宜着重於(一)用材林、(二)樟腦原料林、(三)薪炭林、(四)特種用材林、(五)竹林、(六)藥用及其他特種樹種的建造，俾獲較著的利益。

上面所舉示的弊端，實爲發展臺灣造林事業的極大障碍，我們很希望政府從速剔除這些弊端，而使造林的事業走入於常軌。

4, 保存舊林

林木的保存，實較造林爲難，此已成爲鐵一般的事實。臺灣欲避免水旱災的侵襲，自須確保一定面積的森林，倘若謀木材的源源供給，尤需確保一定面積的森林，但依據實際的情況來說，森林建造必需經悠久的歲月，而此積勞辛勤的成績，往往因

保林不周，遂而毀於一旦，所以我們應重視林木的保存。

臺灣森林面積廣大，天災人害自難避免，爲圖減少森林的災害，增進林木的安全，保林乃屬必要之舉。在各種天然災害中，事先的防範較事後補救爲重要，所以一至天災發生，乃再設法搶救，以及措辦善後，那已不是治本的方法了。

森林的盜伐和濫墾，乃是臺灣今日最嚴重的問題，這將加速森林的摧毀，在無形中而使臺灣淪爲荒島。目前盜伐和濫墾的情形，已達到瘋狂的階段，歸納來說，乃係由於次列數個原因而形成：

A. 政府對於盜伐和濫墾的事件，雖曾三令五申，但因迄未能認眞的辦理，因而使盜伐濫墾蔚成一種風氣，加以若干盜伐，而是有組織有計劃的大規模行爲，更有用金錢和權勢做背景，以暢所欲爲。

B. 山地人民種植投術拙劣，每放火開墾，種植農作，此每摧毀大面積的森林。

C. 管理人員未能稱職，因而放縱盜伐，更有利用職務上的便利，串通勾結。

D. 當地人民因迫於生計，乃盜伐林木，偷售木材

上面列舉的四點，乃是形成盜伐和濫墾的主要原因，然在上列的四原因中，以有計劃和大規模的砍伐森林，不僅砍壞最甚，而且取締亦難。山地人民的縱火開墾，遂而引起森林火災，也是今日保林上一嚴重的問題。至於其他的兩個原因，祇要執法以繩，也就可以防止了。

在目前對於濫伐亂墾的制止方策，用預防和補救兼籌並顧來解決，可望得到有效的結果，這完全繫於政府的防範和制止的決心，在目前保林唯一失敗的原因，也就是政府失於決心所造成。

森林的保存，因依賴於政府的決心，但是灌輸人民的愛林思想，亦極綦要。在原則上增進人民愛林和保林的思想，而謀森林與居民關係的諧調，使人民對於林業的心理與觀感，掀起極大的變化，而糾正過去的惡習。

5, 合理利用

增進木材的生產，固是臺灣目前的重要問題，但木材的合理利用，亦是重要而應重視的問題。一般對於木材的利用，不僅過嫌粗放，抑且極不合理。譬如目前臺灣所用的枕木，據林產管理局的統計，去歲一年中，供應本省枕木的數量，共計三十一萬四千六百一十五根，其中僅二萬七千八百六十四根是用濶葉樹材製成的，其餘全屬檜木，也可以說由本省供應的枕木，百分之九十以上是以檜木製成的，利用此生長不易而價值崇著的檜木底人，眞是「暴殄天物」了。

臺灣對於木材的利用，常限於少數的優良樹種，不論用途得當與否，却隨意的砍伐供應，致促使優良的林木遭受過度的砍伐，而品質較次的林木，遂遭摒棄於木材市場以外，或加以無情的毁滅，而不能達到貨盡其用的價值。

近日臺灣木材利用上的通病，對於針葉樹材特別施以注意和重視，而忽略了濶葉樹材的利用。殊不知臺灣濶葉樹材的經濟價值，遠較針葉樹材爲大，因臺灣氣候的關係，濶葉樹種類繁多，所以用途亦廣，如何促進本省濶葉樹材的利用，實是目前最重要的問題。査本省濶葉樹材的蓄積，有一億三千立方公尺，樹種繁多，除樟，櫧，櫸，烏心石，及楠木等被利用外，其他未遭利用的尙多 濶葉樹材固有其缺點，但可利用人力去補救，且其優點爲針葉樹所不及，近年來對於濶葉樹材增强利用的呼聲日高，但對於牠們的材質和性能 應詳加去研究，俾發揮其最新的用途。

木材經防腐處理以後，可延長其使用的年限，最低也在一倍以上，多者可達七倍的時間，因此可增加一至七倍的利用價值。

木材的加工利用，原屬企業化的經營，此在國外已有顯著的成績，本省今後應加强發揮木材的加工利用。

結論

依照目前的情形而言，今後如仍不合理的確定臺灣底林業政策，不需經過一代，將演變至高處的林地，盡成濯濯童山，而低處的農田，盡成無限的沙漠，河水將隨時氾濫改道，飲水將缺乏泉源，鐵路公路的柔腸寸斷，亦將成爲普遍的事實，我們如欲爲自由中國的前途着想，爲下一代子孫造福，臺灣現行的林業政策，實在不能再持續下去了。

（上接第14頁）傳是注重『重複』(repeat)。希特勒說：假話說過十遍，可以變爲眞的。中國也有一句話，所謂衆口可以鑠金。我們在反共抗俄長期鬬爭之中，絕對不能跟着共黨學習，因爲久而久之，可能被其同化，而失去獨立自主的精神。『共黨那些字眼，對內有團結、同化、教育、懾服黨員之用；對外有隔絕、擾亂、顚倒、恐嚇、搖惑、招誘等等作用』。

共黨的統治是物性統治、獸性統治，前文已言之。禽言獸語，只有小孩子可以學貓叫、狗跳，我們是絕對不應學習的。

中華民國四〇年八月廿六日於臺北。

自由中國通訊

印尼通訊・八月十四日

印尼共產黨

津　棠

一　印共簡史

印尼共產黨，在遠東國際共產黨中資格最老。遠在第一次歐戰尚未暴發前，荷蘭人斯里佛利（Sneevliet）則潛來爪哇三寶壠組織印尼社會民主協會 Indonesische Sociaal Democratische Vereniging 爲掩護，從事宣傳馬克斯主義。土人那容（Najong），達梭諾（Darfsono），司馬温 Smaun 等附之。在第一次歐戰期間，歐洲局勢混亂，荷人無力東顧，印尼共產黨趁火打刼，在各地大肆活動，一九一八年曾先後在多里多里 Toi Toli）和芝馬利末 Tjimareme 鼓動農民暴動；但均爲荷軍鎭壓平定。昔日所謂尼印社會民主協會，已漸露出眞面目，一九二〇年五月二十五日該協會改名印尼共產黨，七月莫斯科召開第三國際大會　印尼共產黨派馬林（Maring）出席參加　馬林就是前面所說的斯里佛利的化名。

印尼共產黨改組後，黨由司馬温領導，一九二一年十二月該黨在三寶壠舉行第一次大會，決定採取激烈手段奪取政權，此項決定爲荷印政府探悉，乃將斯里佛利逮捕，解送荷蘭；司馬温和達梭諾則奔莫斯科，印共組織，乃轉入地下活動。

司馬温等出奔後，印尼共產黨乃由丹馬六甲（Tan malaka）主持，另組織一個「鐵路工人協會」爲掩護，從事秘密活動，但無何進展。一九二二年司馬温奉莫斯科密命潛回印尼，展開階級鬭爭宣傳，大事活動，首先組織印尼勞動大同盟（Persatuan Vakbonden Hindia），繼又組織人民同盟（Sari Katrayat）以此爲核心，向各勞工團體發展，聲勢頗爲浩大，接二連三發生暴動，荷印政府除派兵鎭平亂事外，又將司馬温逮捕，送往荷蘭。

經過這幾次失敗後，印尼人民對於共產黨的恐怖政策，極其反感。許多人尤其是勞動人民，紛紛背叛共產黨，並組織反共團靑色同盟（Sarakat Hidjau）。

一九二四年遠東共產黨承莫斯科之指示在廣州召開國際汎太平洋會議，決定積極赤化遠東政策，根據此項政策，印尼共產黨於是年十二月在爪哇古打葛地（Kutagede）舉行印尼共產黨大會，決定採取行動。首先是罷工，如一九二五年三寶壠印刷工人大罷工。中央病院看護罷工，泗水機器工廠工人罷工，爪哇糖廠罷工……彼仆此繼，荷印政府窮於應付，最後竟於一九二六年十一月十二日發生空前大暴動。荷印首府巴達維亞（Batavia）若干政府機關，均爲叛軍佔領，鐵路被破壞，電線被割斷，若干官員被殺害，許多街市被毀……接着萬丹（Bantam）又發生暴動，波及全境，荷印軍費了九牛二虎之力，才將亂事壓平。參加此次暴動之叛軍，爲數究竟若干，無法統計，僅知事後被拘留者一萬三千人，處罰者四千五百人，並闢新幾內亞 New Guinea）之波文狄古（Boven Digul）爲流放地，放逐一千三百餘人於此。此次暴動規模之大，由此不難想見。由於此次大暴動，荷印政府宣佈解散印尼共產黨，共產黨人乃紛紛離開祖國。印尼群島，短時期內又恢復平靜。

二　印共軍的長成到消滅

一九四五年太平洋戰爭結束，印尼共產黨人乘混亂之際紛紛從莫斯科和延安二地潛回祖國，他們當中，除丹馬六甲外，還有阿立明（Alimen），郁梭夫（Mohanmed Joesoef），和蘇約諾（Sardjono）等。他們又乘混亂之際，組織了一支紅軍，以併肩作戰的姿態滲入印尼共和國軍隊中，實際是修備武裝力量，以備將來用暴力來奪取印尼的革命果實。印共軍的領導人是郁梭夫，郁梭夫的陰謀，想一網把印尼共和國的領袖打盡，因操之過急，爲政府查覺，遂被捕下獄。印尼共產黨人爲求避免印共夭折厄運，見風轉舵，由六十個著名的共產黨員在井里汶（Cheribon）開會，清算郁梭夫路線，另舉蘇約諾與阿立明爲領導人，並宣佈與印尼共和政府切實合作，於是共產黨人又以公開身份在政府內活動。

丹馬六甲戰後返爪哇後，組織了一個所謂「人民陣線」，宣稱：「印尼必能獲得蘇聯的幫助。」丹馬六甲是克寧姆宮的一個忠實信徒，他的主張和郁梭夫的主張如出一轍。他對印尼共和政府中的温和份子，仇視攻擊不遺餘力。一九四六年六月二十六日他主持綁架印尼總理沙利爾（Sjahrir）事件，陰謀發生政變，動搖印尼的革命基礎，幸蘇加諾 Sukarno 總統即時採取强硬措施，逮捕丹馬六甲，解散「人民陣線」，才穩定下來。

戰後當印荷衝突達於最高潮的時候，印尼政府頗想借重蘇聯打開印荷僵局，蘇聯求之不得，乃放出牠豢養多年的印尼人慕梭（Muso）回到印尼來。史大林早已替慕梭擬具了計劃，就是以建立聯合政府為名，而以奪取政權為實，所以慕梭一回來就提出改組哈達（Mohammed Hatta）內閣的要求，但終被哈達拒絕，他又要求「各黨派」「各階層」舉行聯合會議，決定政治路線，亦被拒絕，慕梭見計不逞，乃拉攏以沙里孚丁（Sariffudin）為首的社會黨，利用原來的共產黨軍隊，於一九四八年九月十八日在末利芬（Madium）發動政變，自組政府並攻擊哈達內閣是「賣國政府」。

末利芬為爪哇重鎮，居東爪哇的鐵路中心，泗水(Surabaja)在其東，諫義里（Kidiri）在其南，梭羅（Solo）在其內，如共軍攻取梭羅則當時印尼首都日惹（Jocja）即受威脅，其禍滋蔓難圖了。蘇加諾總統為先發制人計，發動重兵圍攻末利芬，約經二月的戰爭，共軍不支，遂完全崩潰，慕梭和沙里孚丁被殺，印尼共產黨武力完蛋了。

三　中共的陰謀

印尼共產黨武力被消滅了。中國共產黨又在印尼猖獗起來。這是印尼當局當初夢想不到的。

戰後印尼的華僑，本來存在着分裂的現象，一派是擁護中國國民黨的，一派是擁護中國共產黨的，後者大多是些漢奸無恥之徒，本來無足輕重，自去年印尼和中共建交，中共派使駐剳印尼後，中共却利用這些漢奸之流加上一些投機份子做媒介，來實行赤化印尼的勾當，一年的光景，成績大有可觀了。中共赤化印尼，大概是走下列四條路線：(一)從僑生方面着手，因為僑生大多不懂中國國情，不會中國語文，不看中文報張，容易拉攏，容易受宣傳。例如去年從中國返回印尼的吳某和蔡某兩位僑生，曾在北平受隆重招待，返此後則拚命為中共宣傳，宣揚中共的「德政」，最近中共又說服了一大批僑生回國「觀光」，又將製造許多傳聲筒。這些僑生，因為語言的關係，和印尼人極其接近，他們替中共宣傳，必然在印尼人中發生很大的作用。(二)從華僑學生着手，因為學生年幼無知，容易麻醉，所以許多華僑學校實際變成中共幹部學校了。學生不上正課，專講馬列思想和「新民主主義」，在學校裡鬪爭老師，回家去鬪爭父母，扭秧歌，開小組會，……最近中共使館復大量收買青年回國「升學」，每人給五千盾，打算回國後予以思想訓練又派回印尼工作。(三)買通印尼檢查書報人員，大量運入紅色書刊，現在紅色讀物，充滿印尼街頭，在耶各達有最大的兩個華僑書局，據說是中共使館和左傾商人合資經營的。該書局專售新華和三聯出版的毒物。(四)聯絡和扶助當地共產黨，使與當地政府搗亂。本年八月三日泗水印尼文報載：

「當局最近在東爪哇之外南夢逮捕一批人犯，發現此批人之活動直接受某外國政權之領導，目的為推翻印尼政權，設立蘇維埃政權，在耶各達早已有一部外國人進行活動，以引起混亂，在某次秘密會議中，決定(1)推翻印尼政府，(2)設立蘇維埃政府，為達到上述目的起見，規定工作步驟如下：(甲)與印尼共產黨合作(乙)以金錢援助印尼出版界及勞工運動從而左右之，(丙)動員印尼華僑，赤化華僑學校。」

印尼方面已經把中共的陰謀揭穿了。所以最近各方面採取强硬手段與中共為敵，其表現於事實之最顯著者：為驅逐共黨報人王紀元出境，阻止中共增派之使領人員入境，令乘原船返國。照這情形看下去下一個步驟，恐怕就是請中共偽使領館關門大吉了。

正誤

在本刊第四卷第五期中，我曾寫了「日本的和約問題……」一文。這文的第五段中有云．「日本不宜向民主國家爭許多不相干的小問題如齒舞島，色丹島，小笠原島的保有等等」。這一節的初稿原作「至於齒舞島色丹島小笠原島等的保有問題，日本甚可不必爭執：因為現為蘇俄所佔領的，決不是空言所能爭回；而現為民主國家所佔領的決不至為害於日本。」後來變更文意，刪去蘇俄不講，本應將齒舞島等字刪去而僅留小笠原島等字的；乃因塗改錯誤致詞意相矛盾。（我想沒有讀者會把蘇俄當作一個民主國家的！）印出被發覺後，因打算於再論和約問題時附白聲明，所以迄未改正。現因局勢變更，我暫時不願再談和約．謹借這個空白以誌前愆。　毛子水

（上接第3頁社論）至少在目前她還沒有進行一次大戰的條件。史達林老謀深算，冷靜異常；他深知他有比射擊戰爭更便宜的方法以達其目的。因此我們斷定俄國這次參加舊金山和會，不問會議的結果如何，最後她必將簽字，而蘇維埃最高會議亦將奉命批准。

然而史達林在其自己所大大不能滿意的和約上簽字，並給予批准，這絕不是沒有可期的補償條件的；他所以要這樣做，自有其一番如意的打算。這裡我們且預先為他指出：

第一、在和約批准後，她對日本的外交關係即可恢復和民主國家同等的地位。在這種情形之下，她必將竭盡可能製造日本在實質上的中立性，而使計劃中的美日協定失其價值。

第二、現在俄國在日本的軍事代表團僅是象徵式的，人員寥寥無幾。迨一旦和約批准後，則大批政治性的外交人員，地方領事官，商務人員，情報人員，文工人員，必紛至沓來；扶桑三島，遍佈俄國的野心份子。到了那時，所謂俄國駐日大使館者就是日共「社會革命」的大本營了。

第三、屆時俄國必將設誘導日本和中共進行大規模的貿易，以減輕日本對民主國家的依賴性，使其轉而接近共產集團。

從以上幾點中，我們可以看出一個清晰的輪廓，那便是美國預定實施對日本的大規模援助，期使這個國家作為遠東主要反共力量的計劃，必將成為畫餅，而致貽誤了自由世界的前途；反之，若能以大規模的外援給於反共的中國，則至少可使毛澤東的秧歌王朝疲於奔命，而讓俄國在遠東一籌莫展。可是，現在中國連參加舊金山和會的權力都被剝奪，遑論其他！

雪黎通訊

杜威訪澳紀聞

胡慧

繼共和黨前美駐俄法大使蒲立德訪澳之後，美共和黨領袖紐約州長杜威最近又接着來澳訪問。杜威和蒲立德的訪問東南亞及南太平洋國家所不同的，只是杜威的行程比較廣泛，時間也比較長。蒲立德的訪澳，純粹是私人性質，而杜威的來澳，則是半官方的，他是澳總理的上賓。但無論杜威或蒲立德，他們都有一個共同的看法，就是他們都認爲目前東南亞的危機是在於越南，並認爲中共於韓戰停止後的第一目標就是越南。

杜威這一次訪澳，預定日程是八月一日到澳洲，後來因在香港和印尼多躭擱了幾天，以致延至八月五日才姍姍的到達澳洲的達爾文港。他的遊程係自八月六日至十二日，一共有七天工夫。

六號清晨，杜威到雪梨，首先訪問當地要人，當午即由雪梨飛抵澳京，——坎柏拉，答訪他在美時的佳賓澳總理孟齊斯。因爲澳洲人工的缺乏，傭工難得，所以招待杜威也成了澳京一個很不容易解決的難題，本來澳政府想請他住在總理府，可是總理府也缺乏招待人員和僕人，所以只好讓他住在美國駐澳大使畢加瀾（Pete Jarman）——共和黨籍——的官邸中。

杜威在澳京逗留的時間很短，中午澳總理和內閣閣員歡宴他，下午陪他觀光這花園城四週的風景。晚應美大使的晚宴，參加的有內閣閣員的一大部，外交團方面則只有我方被邀作陪，這是一件很難得的事情，由此也可見中美邦交的親切。據杜威自己說：他這次西來訪問目的，爲的是要寫一部書，是否如此，當然用不着我們在這裡去推敲它。

雖然杜威訪問東南亞的背景，我們無法獲悉。但他對太平洋局勢的看法，在他這幾天對記者的談話中，倒不難窺見一二。他談話中提到的，第一是對日和約問題；杜威對於英美兩國政府最近公佈的對日和約草案，幾乎是無條件地表示滿意，這是無足爲奇的，因爲草案的起草人，是共和黨的鉅子杜勒斯。其次他關心的是遠東共產國家對於東南亞及南太平洋國家的侵略，他特別重視越南，認爲越南是東南亞，印尼，新幾內亞、澳洲、紐西蘭的門戶。杜威以爲韓國停戰談判是共黨在韓國傷亡慘重的結果；共黨和平攻勢的目的，無非是爲準備全力攻擊越南，他說：雖然無人能够斷定共黨何時大擧攻擊越南，但一旦越南有失，東南亞即使在軍事上還沒有丟掉，精神上實際已經等於喪失了。在臺灣的幾天訪問中，他的印象是，自由中國一天天在强大之中，他並且認爲使用國軍可以增强民主國家在太平洋地區的均勢。當記者問到他，美國應否給予蔣總統以軍事援助的時候，杜威毫無遲疑的說：美國應援助所有爲自由而戰的任何國家。

在澳京我們所能够聽到杜威對臺灣的觀感是：大致滿意，當然不可隱瞞的，還有許多地方尚待我們努力和改進。我相信，我們不至於天眞到把人家在外間對我們的贊詞，認爲是我們十足的進步。在他的印象中，印尼似乎是東南亞國家中內部情形最糟糕的一個。

杜威訪澳的目標除了政治的一方面外，是關於農業牧畜的視察。杜威對牧畜業很感興趣。在紐約郊區他有一個牧場，畜有乳牛五十頭，所以這次他到澳洲一見過澳總理第二件事就是去視察養羊的牧場，他所到的是在德尼立欽（Deniliquin）地方的一個世界最大的牧羊場；共有十五萬畝的場地，牧場的主人，名叫 Otway Falkiner。當他參觀牧羊場的那一天，也正是全場動員去剪六萬隻綿羊要完成數達一千五百包和價值二十萬磅的羊毛的時候。

其他杜威訪問的地方，有雪黎（Sydney）布利士彬（Brisbane），紐喀索（Newcastle）和愛芬斯，嘿德（Evnas Head）等地方。在雪黎主要的是和新南威爾士洲的政府要人交換意見，並曾接見雪黎的華僑團體代表。在布利士彬，主要的還是參觀牧場。他參加了一個皇家農工業協會所擧辦的展覽會，參觀了布利士彬有名的飛鷹牧場，欣賞附近的風景區並憑吊了美國的戰爭紀念碑。十號那天，他又去里西姆（Lismore）的牧場，十一號他參觀紐喀索的鋼鐵廠，就這樣的結束了訪澳的遊程。十二號的那天他就離開澳洲到紐西蘭去了。

這裡附帶提到幾件關於杜威訪澳的逸事，某次對記者的談話中，杜威特別推崇澳總理，他追述上次澳總理去他家時，他的公子，對澳總理的觀感。他有兩個公子，一個十五歲，一個十八歲，他倆曾經見過了世界上不少有名的政治家，像英國的邱吉爾（Churchill）法國的舒曼（Schumann），意大利的德格斯柏里（De Gasperi）等，可是他倆只覺得澳總理是他們所見過，這許多政治領袖中最偉大的人物。

一次杜威在記者招待會中向記者提出問題，他說：你知道那裏可以買到澳洲的奶油嗎？（澳洲最近鬧奶油荒，市場供應缺乏。）接着他又說：新加坡，西貢，加爾加答很多，我來的時候，在這些地方看見到很多的澳洲奶油，弄得記者們驚愕不置。

杜威在訪澳期間，不斷的發表談話，一再呼籲澳洲人對於東南亞尤其是越南的重視。凡是反共力量和能够增强太平洋國家團結的地方，他都寄以最大的同情，並主張極力予以支援。至於杜威個人，筆者所得的印象是，他是一個精明能幹的行政首長，也是一個實際辦事的人才。可是在談吐和外交上，他似乎還較蒲立德略遜一籌。不過全世界愛好自由民主的人民，對於杜威先生的反共熱誠和他維護太平洋國家的努力，都應當向他致以最高的敬意和感謝。

一九五一年八月十三日於雪黎

「特等功臣」縱火犯

重慶通訊・五月十日

望楚

赤色宣傳的終極目的，完全是文過飾非，顛倒黑白的。過去他們所造成的瀰天罪惡，現在被歌頌成了「偉大的功蹟」，但是，甜蜜的謊言掩不了醜惡的事實，終有一天，他們逃不了歷史的審判……。

大陸反共戰爭的最後階段，戰時陪都的重慶　發生了一次空前人爲的最大悲劇，這便是三十八年九月二日的大火災了。大西南反共基地的迅速崩潰，固然還存在着其他的因素，但「九、二」火災所給予軍事、政治，尤其是經濟上的打擊，實在太深重了。

重慶在抗戰八年中，雖曾遭受過數百次的轟炸，但損失並不及這一次火災的慘重，明末張獻忠雖曾在川中殺戮過無數的平民，其手殺也不及這次火災縱火者的狠毒、殘忍，一切都是超歷史的，這就是共產黨的特務們所製造的「得意傑作」！

大火由陝西街吉祥巷裕興旅館七號房燒起，由九月二日下午四時，燃燒到三日上午十一時，足足燃燒了十九個鐘點，事後，據重慶市政府積半個月的調查統計，焚燬了大小建築一萬七千五百幢，葬身火海的人民九千三百五十六人，無家可歸的災民，達十三萬五千零六十四人的可驚數字。

大火發生之後，重慶衛戍總部，曾緊急動員了一萬二千名職業救火員，義勇救火員，及八千多名軍警，協助救火，這時，烈焰蔽天，直衝雲霄，十多個火頭，同時燃燒，波及地區數千碼；救火員顧此失彼，疲于奔命，他們在前面救火，後面又突然燃燒起來，火將他們包圍住，火將他們埋葬了，一百二十七個救火員英勇的殉職了，三百五十九人被灼成重傷或輕傷，如意坊警察所長和十七個警員，也在火海中光榮地完成了他們的職守。

延續了十九小時的大火，從陝西街至朝天門江邊，轉向嘉陵江沿岸而至千廝門，整個長江、嘉陵江交滙的三角地帶的斜坡，全部成了火海，到三日上午十一時、燒到中正路中國銀行　川鹽銀行　美豐銀行隔鄰，這幾幢大厦雖略有損失，但堅固的建築物却將火頭阻住了，市中心的繁盛區才算免了一場浩劫！

生活在斜坡三角地帶的十多萬人民，不分男女老幼，不分貧富貴賤，由于陸上的退路被火截斷，紛紛退集江邊，健壯而能游泳的，多泅水逃命，不識水性的老弱婦孺，望着滾滾的江流，號哭呼救，妻不能顧夫，子不能顧父，滅頂前的慘叫，灼死前的哀鳴，交織成一幅慘絕人世的血淚圖，一江之隔的江北，爲火屑所波及，也燒燬了兩百多幢房屋，火勢之烈，于此可見了。

金融企業被焚燬的　有亞西、國貨、光裕、開源等十八家民營銀行，及信通、明興，福華等七家錢莊，大部存戶　受到破產的影響，與這些金融企業有聯系的商號，也被迫倒閉了。

這時　政府軍政重心，由廣州遷來不久　公用物資，軍用物資　在碼頭附近堆積如山，西南各省待運出口的土特產，農復會新運到的美援物資、重慶各工廠需用的原料，銀行、商號存儲的貨品，也給這一把火燒得一乾二淨；據初步的估計，交通器材足可供西南各省公路五年之用，民生日用必需品的棉紗達四百萬件的龐大數字，人民的私有財產，更難以統計了，這是多麼嚴重的損失啊！

大西南的人心，經這一把火燒得渙散了，平定的物價開始直線上升，銀元券急遽的貶值，緊接着經濟崩潰的前奏，軍事也節節失利，不久，整個大西南反共基地，就塗上了可恥的赤色。

當九月二日下午十時，大火向市中心區狂捲時，棉花街的火勢愈救愈烈，救火員都慌了步驟，一股濃厚的汽油氣味，瀰漫在火場附近　當場發覺一個男子故意將一小桶汽油漏在救火帶上，軍警將他逮捕了，這個男子名叫張子吉，是山東荷澤人，根據他的口供線索，破獲了這次大縱火案的主犯楊繼曾，憲警在他寓所的地板內，搜出了十大綑澆滿汽油的蔑塊和其他引火物，原來他們的企圖，是不惜將整個重慶化成火海的。

楊繼曾是河北鹽山人。掩護他身份的職業，是朱學範領導的「中國勞動協會重慶勞工福利委員會診療所」的藥劑師，他和張子吉以及在逃的數十名赤色特務，是「中共中央政治局社會保衛局西南敵工組」的工作幹部，這場大火的十多個火頭都是他們縱放的。有的在自己租賃的住屋內放火，有的在旅店中關室放火　有的在救火帶上漏汽油，總之，他們是極有組織，有計劃的行動！

大火熄滅後第二天上午（九月四日），重慶衛戍總部，循廣大民衆的要求，將楊繼曾，張子吉槍斃在朝天門的火場上　觀看行刑的人，眞是人山人海，那些失去了丈夫的妻子，喪失了父母的兒女　哭哭啼啼對着楊，張二犯兜咀着各種惡毒的名詞，有的還是將他們的屍體用棒子揍，用石頭打，人民仇恨的心理　在這里是可以看出來的。

赤色特務們是只計目的，不擇手段的，雖然他們製造了這幕慘絕人寰的大悲劇，使十餘萬平民傾家蕩產無家可歸，使九千多老弱婦孺葬身火海或慘作波臣，使無數的財產化成了灰燼，但是他們是毫不惋惜的，他們在得意地歡笑了　因爲，照他們的評定，「九二」火災比一百萬「解放」軍的戰果還「偉大」，比一萬架重轟炸機的成績還「輝煌」。這火災給予大西南反共基地以沉重的捶擊 使國民政府在大陸的抵抗迅速終止 楊繼曾、張子吉不僅「老老實實爲人民服務」而「犧牲了生命」，論功行賞，要算個「永垂不朽的」「特等功臣」呢！

重慶「解放」，「西南軍政委員會」主席劉伯承，首先派人將楊繼曾，張子吉腐爛了的屍體，用頂好的白綾包裹，選用上等的楠木棺材，遷葬到歌樂山上 劉伯承自己還親自祭奠了一番。但中共中央認爲這樣還不足以「崇德報功」，「慰楊、張二烈士地下之靈」，應該有「更隆重的表現」，特命令「西南軍政委員會」選擇重慶市區，立一永久性之紀念碑，「以彰人民政府軫念先烈之至意」。

於是，經過「中共西南局設計委員會」愼密的設計 擇定朝天門碼頭旁一塊曠地，作爲「楊，張二烈士紀念碑」的地基，由藍圖階段到工程進行，共花了一年多的時間，今年五月十五日，工程正式完成。

這座高二丈五尺的紀念碑 用祁陽白石作碑面 襯以大理石的碑座，碑的正面鐫的是「楊張二烈士紀念碑」幾個金字，反面是「一九四九年九月四日殉職的英雄永垂不朽」，碑座上有很長一篇「楊，張二烈士的生平事蹟」，四周是五十公尺圓周的綠油油的草地，外面圍以有花紋的鐵欄杆，外貌頗爲壯麗！

五月十五日上午，朝天門一帶臨時戒嚴「西南軍政委員會」主席劉伯承親臨揭幕，接着是各機關、團體，學校的公祭，碑座上堆滿了花圈，五色繽紛，眞是漪歟盛哉！原來所謂「永垂不朽的英雄」，就是製造慘絕人寰的大悲劇的兇犯 照赤色宣傳的邏輯，他們的手上確確實實是「染滿了無數人民的鮮血」的。

「重慶市政府文敎局」，「爲了糾正過去人民受反動派宣傳的錯誤思想」，發動了二千多大、中學生，在二年前的火災區進行街頭宣傳 千篇一律不外乎「九、二火災是國民黨自己放火燒的！」，但是，重慶的人民却親眼看到赤色特務怎樣縱火，怎樣被捕 怎樣處決，同時，他們也理解得到，世界上任何一個政府，絕不會在他自己軍，政重心放一把火來自亂步驟的，共產黨這種歪曲事實的宣傳，更暴露了他們欲蓋彌彰的罪行。

紙是包不住火的 一手也難掩盡天下人的眼睛，巴山蜀水就是見證，楊子江浩瀚的江流里 就曾經飄流過無數中華兒女的屍體 死者都是被赤色特務縱火而焚斃的 而今天，踏在大西南胸膛上的統治者 是縱火犯的同路人和唆使者 他們，妄想汚衊事實，否認罪行，改寫歷史 但其奈人民悠悠之口何？

遙念祖國

印尼來鴻　　來乙

來乙先生是熱心愛護本刊的一位讀者，他僑居南洋三十餘年，現在印尼操理髮業務。本刊二卷十二期上曾經刊登過他的來書，他那樸質無華的文字，揚溢着嚮往自由中國的眞情。下面刊載的是來乙先生最近寄來的一封信，爲了存眞起見，本刊對文字內容絲毫未加删改，信內字句、標點均一仍其舊。來乙先生雖然不工寫作，但是他那堅決反共的意志，與熱愛祖國的摯忱，任何人均將爲之感動。——編者

自由中國執事先生鈞鑒：每期收到貴刊，因不會寫文，就不通候。貴刊言論公正，對於政府長處鼓勵，短處批評，弟閱完贈星加坡朋友 來函都說，這樣才能造成政府之改革自新、增加反共抗俄之力量也。貴刊三卷第十，十一、十二期 弟最愛閱，而借於各人亦同樣之愛閱。有一大學畢業生，來予弟理髮，十二點理完，棹上什種報紙閱完，一連四點鐘之久，貴刊第三卷第十二期弟說汝帶歸家閱，他就接說 等下我們（共產）勝利才殺你（來乙）的頭，弟說你們亦不是共產黨 因爲你們店中皆是共產書報，你們才相信共產。又有一名是正式共產，讀書上海高中，二十年前政府要拿他而逃走歸此，他見臺灣之什誌眼都不要看。而他見自由中國就拿來閱，冊中好題目，弟皆用紅墨水圈着，弟指那喬治教授作之他看，第十期更好，胡適羅鴻詔華先生並喬治教授三個題目，弟以紅筆圈之，以使人注意閱，而冊頭上以紅筆寫泗水青光日報有售，每冊四角，以顯人目。又四卷第八期理想與現實王雲五先生作亦以紅筆圈之，至今那三冊各人借去尤（猶）未執回。美國新聞處有寄贈各學校社團之什誌，個人去信美國使館求亦寄贈，弟處一次寄贈來廿餘本什誌，有一冊「鐵幕是眞的嗎」。弟放在棹上，有一公費生去美國學醫科，去年畢業歸上海，今年告假歸家本埠，來剪髮，剪完，亦閱棹上那本約一點鐘。

日本投降後，很多僑生歸福建，見海關與政府人員貪汚腐敗，歸來才眞實擁護共產，照弟看之，中國之省長，縣長，要來與荷蘭學習就國强民安，很多僑生亦同弟此樣說。印尼地方最忠誠共產黨者就是本島，每與期都有一群學生去北京進學（當炮灰），這期最多，約十多名。婦女節演劇二晚，皆是侮辱臺灣政府，由一群小朋友演之，五一節，又演劇二晚，扭秧舞，五腥旗是竪於臺灣的，都是共產黨領導，可惡可恨。貴刊四卷第八期菲律賓華僑與菲化案，弟觀，新興國家皆將排除華僑，印尼地方是慢一步亦到矣。初他政治未安定百事待擧，只看他接收荷蘭政權之時，內政部長演說，民族平等。但第一是要他人民有事業作，才到他國人民。弟見很多印尼人不事業作，弟居他們地方，弟自思都耻之，何用他們排除，你有汝們的國家，應當歸汝們的國家，這是正理。荷蘭人有飛機戰艦而生意漸日收盤矣（疑指衰落之意——編者），而中國人能久嗎？我們是國家淪陷的華僑，他們才這般對待之。寫得太壞，希爲指示。順頌

文祺

弟來乙謹上　民國四十年八月十日

文藝

臨別的光

獨幕劇（上）

水姬

民國卅九年十月裡的一個黃昏，一個座落在平漢線上的小城，這時，沒有月，也沒有星，祇有濃黑的雲瀰漫着上空，好像滿佈着魔烟妖氛，疏落的幾盞燈光，是這座半死的城的唯一點綴，微弱的光亮投射着無數的斷壁頹垣，是一片經過戰神底洗禮遺留下來的景象，不習慣的靜寂，會使人感到無比的空虛與恐懼、心頭的陰雲也就隨着天色的暗淡越來越濃厚了。

在城的東首有一所破舊的房屋　客堂相當寬敞，但陳設非常簡陋，一張方桌，幾把坐椅，以及若干無足輕重的什物，壁上掛懸有幾幅油畫，顯示着主人曾是個藝術的愛好者。這客堂前面左右各通一間臥室，後面右側有一門通廚房並通後門，但通常均從左側另一門出入，臺後另有一排窗，可以看見窗外幽黯的夜色，烏雲已壓得更重了。

夜色已濃，男主人齊志華尚未回，只有他的太太石靜淑女士正在燈下補綴着一件舊衣服，如果是在從前早已夠得上做鞋底的資格了。她似有無數心事不安地望望門，一聲低嘆，再回頭弄她的針黹，廚房門輕啓，躡手躡脚進來的是他們的妹妹慧英。

慧英：（拍石肩用男聲粗暴地）同志，家庭訪問！

淑：（一驚）回頭看是她，以手握指，微慍地、看妳這股毛勁！吓了我一跳，把手都軋破了。

英：（抱歉地），讓我給妳吹吹就好啦！（扳開了淑手，發現上了當，順手打了她一巴掌。）

英：妳騙我　這麼壞！

淑：（含笑地）好，吓了人，還要打人。你倒够資格作共產黨啦！

英：妳壞！我不理妳了。

淑：本來麼　妳有了維國還理我這個嫂子幹嗎？

英：（推淑發急地），我不准你。…………

淑：好，好，不說，不說…………（急燥動地），怎麼維國還不回來？

英：（以為她仍有新用意　故意淡淡地）　我也覺得很奇怪！

淑：你不是說他明兒就要動身了，難道他自己還不知道？（注視着英）

英：嗯！

淑：（懷疑地），為什麼還沒有告訴他呢？究竟你在弄甚麼玄虛，叫我「丈二和尚摸不着頭腦」？

英：（微笑），妳想，（天眞地）當他一籌莫展地回來，突然知道他就能够走啦，離開這個魑魅橫行暗無天日的地方，投向自由祖國的懷抱，他該會多麼喜歡，（夢幻地）臺灣，臺灣，（稍停，這時一個猙獰猥瑣的面影閃動在窗外。）大嫂，臺灣是那麼遠（黯然扶淑肩），他們什麼時候才能打回來解救我們，（略停），大嫂，妳看他會——

淑：（放下活計握英手親切地）慧英，妳該信任他，他不會忘記我們的。（有意地轉換話題）既然張老伯費了那麼大力弄好的路條，還給他買好了票，實在應該早點告訴他，好讓他準備準備，妳們也好多談談啊。

英：教我上哪兒去找他呢?!他說今天要去再託託人，想法兒弄張路條，並且順便去多看幾個朋友，反正已決心走了，不妨先作個象徵式的告別，免得臨時來不及，但是他到底要上那兒去，我實在也不太清楚，所以只好拜託了張老伯，如果能够碰到他，就叫他馬上回來。（回頭焦急地望着窗外。）

淑：（望望英，再望望窗外擔心地），他會不會回鄉下去呢？

英：除非他發了瘋，前天剛從家裡來，路又有好幾十里，總該不會吧?!

淑：（看了看窗外），哦，現在天已這麼晚，他果眞只是看朋友，我想，大約一會兒就會回來的。

英：（憂慮地）大嫂，妳看他會在外面出岔子嗎？（窗外的人影又是一恍，微有風聲，淑英同時一怔，呆望了窗外一會。）

淑：（以為沒有什麼），他為人謹愼，絕對不會的。

英：哼在秧歌王朝的統治下，靠謹愼又有什麼用？隨時不都可以加給你一個「莫須有」的罪名?!自從韓戰爆發以來，失踪的案子越來越多了。

淑：慧英！

英：（不願激動地），從前我們盲目地跟着別人喊反迫害，可是現在呢？解放給我們帶上了枷鎖，我們忍飢受寒，甚至連在路上走，家裏坐，訪友聊天都得提心吊膽地，這還成個什麼世界？大嫂，我們怎能再忍受下去?!

淑：（安慰地）慧英，魔鬼將被消滅，正義終有伸張的一天！英，不要太激動了，讓我們再忍幾天，維國很機警，我想不會出什麼事的，只望你大哥快回來，好去找他。（這時天空中響起一陣嘩喇喇的聲音，一瞬間就消失了。）

淑：（忙問），慧英，你聽，這可是飛機的聲音。

英：大約就是所謂俄國噴氣式飛機吧。

淑：（有意地）聲音就够令人可怕，難怪在朝鮮會所向無敵把美國飛機打下來那麼多。

英：（厭惡地），妳不要迷信共產黨的宣傳吧！恐怕**在朝鮮被打落下來，實際上倒是俄國的這種蠻**

腳貨啊！

淑：（有意地），最近報上不是明明說是解放軍在朝鮮打了勝仗，馬上就要解放越南、臺灣和日本？

英：（忠告）爲什麼你還要相信共產黨，他們的目的，不過是騙你放棄所有的指望，只好死心塌地的任他擺弄，他們的報紙，總是自吹法螺，哪兒有一點新聞價值，滿張滿紙，如果不是毫無根據的空談，那一定也是歪曲事實的報導。

淑：（微笑）不料過去崇拜共產黨的前進小姐竟變得這個樣子了。

英：大嫂，你還要取笑我；我承認我過去的幼稚，可是目前現實的報應還不够殘酷嗎？

淑：（爲了免得引起她的傷心祇有轉變話題）不過，最近的局面確像嚴重的多。

英：是的，今天張老伯也說，他在車站上呆了半天，只見一列一列滿裝解放軍的車子向北開去，而南下的車子一列也見不着，城裡祇有縣政府駐有很少的一點兵，從前駐紮的解放軍都調走了，從這個也可以看出一點「苗頭」了。說起這些解放軍眞可憐，還不是被毛澤東調到朝鮮去送死嗎？

淑：妳要知道他們又何嘗是自願，可是在特務和恐怖的統治下又有什麼法子呢?!前幾天所謂抗美援朝運動鬧得多熱鬧，可惜你和維國到鄉下去了，沒有看到這齣戲，共產黨就是擅於這一套用動聽的口號來欺騙一些樸質忠厚的人們。

英：又有什麼奇聞嗎？

淑：嗯！他們組織了一個委員會，發動人民認捐財力，可是到現在人們已認清了他們的眞面目，誰還肯再上他們的當？於是他們利用群衆心理以恐怖威脅來逼榨，李家小王的父親首先在國特的頭銜下被逼着捐出一百萬人民劵來證明他不是國特。

英：這眞是個新聞，那李家老頭兒多麼老實，會是國特？

淑：這還不足爲奇，更熱鬧的還在後頭呢！據說大前天志願參軍的運動正鬧得挺汹、不幸李家小三也混在文工團員裡面東張西望，當場就被半勸半强迫的方式糊里糊塗地招上台簽了名，聽說不久就要出發了，小三是個獨子，老頭兒怎能受得了?!

英：這兩天該把老頭兒急壞了?!

淑：誰說不是，弄得老頭兒哭哭啼啼，忙跑到委員會裡去哀求，想把小三的名子除掉，結果却被趕了出來，說這是出於小三的自願，做父親的管不着。

英：那麼李老頭怎麼辦呢？

淑：最後老頭兒竟想出一個更妙的主意，你猜猜瞧！

英：我猜不着，妳說吧！

淑：他異想天開，也要去參軍。

英：（遲疑地）這是爲什麼？

淑：他爲着想同兒子活在一起，死在一塊兒啊！

英：唉！（憐憫地）老頭兒眞可憐：這總該如願以償了吧？

淑：可不這麼簡單：委員會嫌他年紀大了；連步槍也拿不起，所以已回絕了他的要求，可是却用一篇官冕堂皇的話來勸慰他！把他拖上卡車沿街遊行。說是老頭兒志願參軍：眞是人民的好榜樣，希望青年人多多傚法，結果李老頭不過只替共產黨白白做了一次活動廣告，弄得他啼笑皆非。

英：這些魔鬼終會受報應的。

（突然窗外有一個人影閃動，不愼碰了窗子一下略有響動，談話便立刻停住，淑英相對一望，淑走向窗口朝外望，轉身作了一個手勢，表示沒有看到什麼，稍停）。

聲音：（較遠地），什麼人？（過了一會），慧英，慧英。

（英迎向門，隨即有一個面容消瘦目光炯炯的青年進來，這就是慧英所掛念的未婚夫——周維國）。

國：奇怪！

英：（驚喜地）維國，是你？（立帶責備口吻）怎麼你到這時才回來？

國：（解釋 因爲被朋友留住了，總是不讓走，（調皮地），要不是張老伯剛才找到我，恐怕還得遲一會兒呢？（轉對淑）有人來過麼？（淑搖頭）。

國：奇怪！我方才好像看到一個人從門口出去。

淑：（未在意地）也許你看錯了，（轉話題），嗯，維國，要不是張老伯把你給找回來，慧英準得給急壞啦！

國：（感激地望着英）。

英：（溫和地）剛才張老伯對你說過什麼沒有？

國：他只說你們有事等我馬上回來，剛說完這句話他就轉身走了，別的全沒提起。

淑：這位老人家守口如瓶，眞是難得。

英：那末告訴你吧，你上廣州的路條和車票，今天張老伯都替你買好啦！

國：（興奮地）啊?!好極了，（半響），是幾時的？

英：就是明天早上三點鐘。

國：（愕然）明天就走?!（繼而懷疑，眼向英搜索），你幹嗎騙我呀！

英：（正經地）誰來騙你，你看，（從皮包裡取出路條和車票）。

國：（彷彿受了一下刺激，急接，英焂又收回藏向背後，感傷地，國捉住她的手按了過去。）那麼也好，反正早晚會有這麼一天，但現在就是我們離別的前夕嗎？（長嘆）我竟回來這麼晚。

（國怔望着英，英低頭，默然。）

淑：（搖頭恍腦），黯然——銷魂，惟——「別」而已。

國：（勉强一笑，懇求地）大嫂，別開玩笑吧！

淑：（識相地）好啦，不打擾你們了，我後面還有事，你們談談吧。（打通厨房門入內）。

（英撲向國，國以双手扶英肩，稍佇）。（未完）

馬克斯與社會科學者

郝根原著
劉世超節譯

一

在美國，效忠國家的表示，大有遍及全國各大學及各學院之勢。這種情形，產生三種結果：第一，美國民衆對教授們失却信心。第二，教授們自已，特別是社會科學方面的教授，正處於在學術思想上難以立足的地位。第三，我們正面臨一個學術上的危機，這危機不僅涉及學術的自由，並牽涉到，在我們的學術機構中還能否對馬克斯學說或共產主義的社會理論繼續作充分確切分析的問題。

這一事態之所以產生，其原因是無需遠求的。造成這個事態的原因就是恐懼。民衆們恐懼教授，特別是涉及教授社會理論的教授們，民衆怕他們容易愚弄：即使這些教授們實際上並未離開西方的民主觀念，至少怕他們在政治上失於天眞。民衆怕青年學生們容易受欺騙，或者怕他們在判斷不够正確的教授們面前缺乏成年人獨立判斷的能力。民衆們最怕的是共產主義或者共產主義所依藉的理論基礎，怕它好像顯得太有吸引力了，太易使人信服了，因此不敢允許人們對之作客觀的分析。

在許多大學的園地裏面，教授們自己也變得害怕起來。雖然，他們在經濟學，政治學，人類學，以及社會學各範圍內是能幹的研究者，因而可以認識共產主義所依藉的方法論上的觀念是不健全的，是容易斥駁的——雖然他們從長期的經驗又知道在教室所作的批評是在校門口去阻止牆外共產黨宣傳流播進來的實際有效的工具——然而他們現在發現自己竟是被懷疑的人物。因爲，如果他們再在教堂內繼續從事那種分析工作，把馬克斯主義付以嚴密的檢查——如果偶然他們竟允許把共產主義的社會理論提出來予以辯論——他就有丟掉工作的危險，並可能危及家庭的安全並招致名譽的損失。雖然世界上一半的人口已接納了馬克斯主義，辯證的唯物主義，階級鬥爭的理論，以及其他共產主義學說的教義；可是，人們爲了美國的利益欲將之予以暴露和批評，尙極可能受到恐懼心的阻礙。在蘇聯的大學裏，恐懼一直使人們緘默無言，不敢談及那些太有吸引力，太有說服力的民主社會的基礎觀念，這並且已給蘇聯的學術界帶來惡劣的名聲。而同樣地，現在美國高等學術機構裏，恐懼也正使對蘇維埃所作的那些適當評論消聲斂跡。

此一情勢如任其發展下去，對於國家與大學都是太嚴重了。要想製定一個有效的外交政策，我們所依藉的是知識而不是無知。這有賴於有學識有訓練的人能川流不息地進入握有政權並負有政治責任的職位。在另一方面，要認識其他民族的情形，獲得能給他們以原則並推動他們外交政策的種種政治與經濟的觀念，這都不是一個碰巧取得公職的人天然生就的稟賦。如果他們具有這些知識，那通常是通過他們正式的高等教育，在社會科學的課程中得到的。於是教授社會科學的人就有了双重的責任。我們必需讓每一代的學生，進入每一條通路以獲取關於其他民族之文化的學識，並認識他們在玄學，經濟學及社會學中所預先承認的諸種假定。蓋因這些假定支配着他們的行爲。爲了重新獲得大衆的信心，教授們必需告訴大衆，他們在這些可以爭辯的題目上所作的指導，其內容究竟是些什麼。

那麼，社會科學的教授們對於所謂科學的馬克斯主義究竟取什麼觀點呢？那些還有學術自由的教授們，在關於共產主義社會理論是否確當的問題上，其對學生所說的又是些什麼？教授們在還可以自由說話的教室裏，對於某些黨員及其同路人由牆外帶來的粗糙的宣傳，又是如何答覆？

二

馬克斯的社會理論有許多方面。但是在作爲其餘各方面之邏輯的和方法論之基礎的，是馬克斯的歷史哲學——唯物史觀，歷史的經濟解釋，或者經濟決定論。

一般講，「歷史」這個字對於多數人並不含有多少困難，對於街上的人來說，它是在學校中教授的一門煩人的功課。對於我們這一代不喜歷史的人說，歷史所指就是對那些死去已久的人們的善行與惡行所作的紀載，參閱這些紀載實在是浪費時光。然而對已被引入堂奧的人——對於歷史學家科學家或哲學家——歷史却提供許多疑難與迷惑人的問題。因爲，「歷史」一詞的意義如被當作人類的過去（這頂多是一個狹義的定義）它可以指整個人類過去的證物，有的是由考古而來的，也有是出之於筆墨的。歷史一詞可以指關於自天地開創到現在；無數人的生活以及他們衆多活動的知識巨量證據；或者也可以指所有歷史學家由於能進入這比較無盡的證物學識的儲藏裏而寫出的巨量紀述文。偉大的歷史地理學者費伽特（Frederic J.Teggart）所說：「歷史不是一元的而是多元的。」雖然歷史這一詞「最廣的意義是指過去曾發生的一切。或者較爲特殊點，是指人類（作爲個人或者某些組織的成素）所曾發生的一切」，然而當歷史學家檢查人類過去的時候，他所接受的「不是一個歷史而是許多歷史。」

就是在這裏，歷史哲學家的角色出場了。歷史哲學家之進場是爲了克制多元主義的混亂，爲了組成一種綜合並達到整個人類歷史的含意。在每塊陸地每個地方已經發生過無窮個特殊的與複雜的事件。哲學家們企圖對于這有紀錄的無窮事件，用一個公式，在單一個編年的架構之內，或者從各個特殊個人特殊民族的特殊歷史中加以抽象，從而對人類經驗的全體加以了解。歷史哲學家想努力設法，循着思辨的道路去得到一個歷史程序的理論。

近三百年來，進步之觀念，在對人作研究與思考時，這理論充當了組織性的原則。建立於這一研究性原則之上的歷史哲學接踵而來。在康得（Immanuel Kant）看來，人類在文明與文化上似乎在不斷的前進，並且朝着人類生存的道德目的不斷進步。在康多色（Marquis Condorcet）來看自然對人類才能的完美並未給以任何限制。對於孔德，（Auguste Comte）歷史是知識之不斷進步的縮影。對於，馬克斯的先生黑格爾，它是自由之逐漸實現的縮影。可是，遲到一九四二年，赫胥里（Julian Huxley）才在他的演化論：近代之綜合，一書中提出一個問題，以作爲議論的結尾，這同題即是：「演化之進步是一個科學的事實嗎？」

在資本論：政治經濟之批評中，以及在其他馬克斯主義文獻中可闡釋的，共產主義對歷史的解釋也是一種歷史哲學。在馬克斯看來，人的歷史不是許多齊頭並進的歷史，而是一個單一的歷史。共產主義的解釋把下面三個傳統上的信念重述了一遍：第一個是傳統中的普遍化的說法：「整個歷史是人性的不斷修正；」第二個是那傳統上古老的宗教信仰「善惡必相衝突」，所謂好的社會階級與壞的社會階級之間的鬪爭即明示此點；第三個是傳統中古老的希伯來信仰：人的歷史經驗，將最後完成在一個上帝所啓示的，救世的，普遍完美的共產主義的情境中。湯恩貝（Toynbee）說：『自一九一七年以來我們看到馬克斯主義似乎正在我們的眼前轉變，它將在情緒上和智識上成爲基督正教的代替物，把馬克斯當作摩西，列寧當作救世主，並把他們合攏來的作品當做俄國軍事教會的聖經。』這種對於以往的哲學概念，由於時代古老與萬人信仰而神聖化了馬克斯所加於這一概念之上的僅有一個新的因素，而這一新的因素是由其對工業化之現象所存成見得來。這新因素即武斷地說：人類經濟活動的進步——用各種不同的話來說，就是生產的方式，或生產的物質力量或生產形式——先於人類在其他各範圍內之活動。於是有人說，所有其他社會制度的根源，包括宗教，國家，家庭，哲學，科學，道德及藝術，在此得到了解說。

馬克斯作爲這一野心勃勃的哲學與歷史巨廈的建築師，深感必需指出：歷史分許多時代或階段，皆由其前期「生產工具」或「生產方式」之改變而引起，以及這些階段的順序是怎樣。這一人類歷史之定律的實現，由其最初起始到最後所遭鐵面無情的命運，可以有三個或五個步驟。照馬克斯看，歷史的程序由史前的部落或無階級的社會形式開始。在這社會裏面，生產工具爲部落中所有份子所共有。此一史前的，也是第一個最早原始的共產階段，將普遍在所有人群中爲第二個或即有史的時期所接替，其特徵大體說是財產的私有。如衆週知，在這第二個時代中，社會似有意發生階級之對立。此後所經過的階段又可以次分爲三個。在這三個階段中，其經濟可依次被描寫爲古老的，封建的和資本主義的經濟。同時人類中的大部分則依次變爲奴隸，農奴和領工資的無產奴隸。最後，按照所啓示的救世的收場，連續諸附屬階段的有史時期將被一可預言的未來境界所替代，那時人類又恢復共產與無階級之社會組織的黃金時代。此一境界乃由無產階級專政之實行而獲致。史達林在他一本論「辯證與歷史的唯物論」的小冊子中曾說：馬克斯堅稱歷史發展的程序應了解爲一個向前向上的運動：：一個由簡單到複雜，由低級到高級的發展：。因此，社會生活，或即社會之歷史，將不復是一堆偶然的事件，而是變成了遵照定則的社會歷史，於是研究社會歷史的學問就變成了科學。』

照史達林的這段話所表示的，馬克斯以及一些其他歷史哲學家的特徵就是，他不僅指出這種階段的賡續爲新社會出現的自然和歷史的秩序，並指出他們所用的方法爲科學的，他們發現則構成歷史科學。馬克斯在他給「資本論」的序言中很讚許一位評論者的話，那評論者說，對於馬克斯有一件事是重要的，即找出他研究所涉及之諸現象的定律。因之，馬克斯唯一要煩心的事是用刻板的科學研究來表明社會情況之必然有連續而決定的順序，並盡可能公正的確立些作爲基本起點的事實。馬克斯在同一序言的其他部份又說，「資本論」的目的就是暴露出近代社會中經濟的運動律，或者以鐵定必然性走向不可避免之結果的諸種趨勢。

事實上，有人曾把馬克斯當作研究社會或經濟之變遷與人類之歷史的學人，把達爾文當作研究生物變遷與自然歷史的學人，而將二者加以比擬。眞的，馬克斯常提到社會的「自然歷史」，並認爲「人類起源」學說是歷史上階級鬪爭的自然科學基礎，雖然他又認爲這學說是用粗纏的英國風格發展出來的。無論如何我們應注意到，達爾文是在極其不利的情況之下從事研究的，雖然他的問題是一個歷史的問題——且在某種意義下是用早先生物形狀不斷進階之序列來表說的人類歷史——雖然他也認識它確是個歷史問題，而他很少，或幾乎沒有接近任何歷史的證物，除了幾片由地質博物院管理員搜集的古代動植物的化石以外。他以適當的科學坦白態度說：「我認爲自然地質的紀錄乃世界之不完整的歷史，且由不斷變化之方言寫出；關於這整套歷史，我們只述說到兩三個世紀的最後一卷，且保存着殘篇斷章，而一頁之中又偶爾只有幾行。」這位謹愼的科學家因此承認有『許許多多的困難』或在他理論的證物中有許多漏隙——漏隙之多使他自己供認在某種程度上他底理論快要站不住了。說到馬克斯，他與達爾文適成一對照。他所處環境極爲有利。他被豐富的供應了歷史證物。

三

那麼馬克斯以一個科學家的身分，並且用着『嚴緊的科學分析』，究如何將這證物的富源加以利用呢？他又把這些證物利用到什麼程度來證驗那些以鐵定的必然走向不可避免的結果之趨勢呢？他倒底在多少特殊民族的特殊歷史中找到了被他描寫為普遍的階段的順序呢？並且本着研究科學者應有的態度，報告了多少反證，或承認在他驗證其歷史哲學時所遭遇的困難？馬克斯所提供給其讀者的那個歷史的秩序既不為歷史證物所支持，亦不被其反駁。不管那唯物的解說被包藏在多麼細緻的哲學圈套中，而要檢驗其在科學與歷史上之精確程度，還須靠其所能符合歷史上所發生的事實。

馬克斯作為一個歷史學家來看，他是天眞的；作為一個科學家，他是虛幻的。由近代圖書館發行的英文版資本論，其頁數比八百還多，而所印的行數約有二萬七千。但參考到歷史資料的只有五十五頁左右；又因每頁都只佔數行，於是專用歷史證物的只在八百頁中佔個二十五或三十頁而已。把他與另外一個歷史哲學家湯恩貝的「歷史之研究」比較一下罷。後者提出了十三卷證具。再把它與湯恩貝的判斷比較一下罷，他判斷人類在這星球上的生活過程，曾有二十一個文明社會，及多於六百五十的無歷史的或原始的人群和部落。不管所有歷史學家是否都能接受湯恩貝在這一點上所下的判斷，而馬克斯只提到其中每一個的極小部份，而且是僅僅提到而已。雖然馬克斯曾確定的說：「離了眞實的歷史：抽象本身毫無價值可言，它只有用來便利歷史資料之安排而已，」但馬克斯並未如湯恩貝一樣，感到任何搜聚歷史資料的責任。他幾乎完全依賴他自已先在的判斷和自已對邏輯的看法。

從科學與歷史的觀點看，或者就馬克斯之甚少參考有日期記載的證據，以及他引用這些參考資料的方式來看，他所用的程序也都會遭到反對的批評。如衆週知，該著者在資本論內致力於對現存資本主義社會的分析。他的目的不僅要揭示其缺點，透露其瀕於瓦解的徵象，暗示一完美的共產主義經濟之必然出現；他並要藉敍說以前的一連串經濟之方式來追溯資本主義在歷史上的前身。為做這件事，他並沒有從歷史的比較中作歸納，他卻寧選取例證的辦法，而且其例證還是取之於一個遠離歐亞大陸的小島。在這島上，人口繁盛而經濟廻異。為了辯護他那顯然不能辯護的歷史「短路」的說法 他說英國是一個古典的地方——是資本主義第一次出現的的地方。儘管他假定這種經濟現象不僅在英國並在其他民族之歷史中皆是同樣的，他卻採納了一個無根據的假定。這假定說，英國既然在工業發展的程度上較高，它便是許多落後經濟之發展的榜樣。

同時，馬克斯對英國經濟史的考察還沒有將其有記錄的短暫時間完全包括。甚至在這一個民族的一個歷史裏面，其資本主義以前的諸階段都未被提出。雖然，以資本主義經濟為終點的英國歷史經驗，被當作了所有其他區域將普遍重演的一個胚型，而他最多只討論到四個世紀的英國紀錄，他從十六世紀始，以十九世紀終。所有在這古老島嶼上以前發生的事，雖經錄史者以及歷史家一代代的編入了它的年史，而馬克斯只把他們堆在一起，在這裏或那裏偶然指為古老的經濟或指為封建經濟或封建以前的經濟實情。

馬克斯攏括的說「在所有的社會形態裏，製造生計所費的勞動時間必然是為人類有興趣的目標，雖然在歷史發展的不同階段中其興趣並不相等。」這是一個典型的，牽涉所有社會形態的，大之牽涉人類在不同歷史發展階段中的，一個一總包的陳述。為了支持這一陳述，馬克斯引述莫爾(Maurer)之論古日耳曼民族，又引述他們的一個習俗——按一日能收獲穀物的多寡來度量土地。但只此而已。

馬克斯又說了一段話。這段話充分代表他對科學與歷史證物之必要性置之不顧的特色。他說：「以分工為基礎的合作換言之就是工廠製造，其開始乃為一自動的組成。一旦當它進行得很順利時，便立刻被認識為一種有方法有系統的資本主義的生產方式。歷史告訴我們，分工制如何根據經驗，首先取得其最能適應的形式……然後奮力握住這個形式，並在有些地方保持數世紀之久。」但歷史並沒有這樣告訴我們，至少馬克斯並未曾使我們見到歷史曾這樣說。關於這些直陳句所表示的幾點歷史元素，他全未援引任何證物。

在資本論裏，我們也遇到如下面一類的公然宣示：「遊牧民族是最先對錢的形式加以發展的民族。這是因為貨品可以移動，因此也是可以轉讓的，又因為他們的生活方式，由於不斷使他們與外界社會接觸，誘致他們作物的交換。」馬克斯並未感到有責任去尋找理由以支持遊牧民族最先發明錢的話。他也不覺有必要搜聚證據，以證明其對遊牧民族最先發明錢幣所作的歷史解釋是否妥當。

四

此外，凡是具有這種型式的猜測性的歷史，必從人類的過去某一點開始。無論一串階段包含多少個階段，它總得以一個最初或者起始的階段開始，或者是以一個社會起源的理論來開始。馬克斯描述人類早期的和原始的情況，說他們是生活在歷史起始期的無產與共產的狀態中。而馬克斯對這種情況，如何提出證據呢？是從英國歷史的紀錄中嗎？不是的。是從其他有史民族的紀錄中嗎？也不是的。

既然四千年長久的班班可考的歷史紀錄，與時間更久的考古的紀錄都沒有把這位研究者引回到初民處於早期情況的時代中去，那麼某種其他提出證據的方式總得加以應用了。對於進步論者同對於馬克斯一樣，這些證據就是人種學的資料。經由極複雜的議論後他們假定說，現在存在着的這些原始民族的經濟與文化正可顯示初民之社會與經濟關係所具有的形式。這是一個已被大多數人種學家所拋棄的論點。我們且不去理睬這論點中可怕的那些弱點，而只將馬克斯作為一人種學家來看時所獲得的成就加以檢討。他在表面上對多少無文字的民族具有知識？他又如何將這些知識與這個論點用來作為其唯物史觀的證據？

雖然無文字的民族多以千計，而馬克斯在資本論只提到六個。這六個是古代亞洲人，東印度人，美洲野印地安人，巴芬海灣西海岸的居民，東埃斯基莫人，與卡佛兒人。他的同伴恩格斯又在這表上多添了八個。如果這就是馬克斯在人種學方面的學識的範圍，那即在他從事寫作的十九世紀時亦嫌過狹。他的許多前輩與同時的人皆遠比他的學識豐富。雖然如此，馬克斯把這些部落社會刻畫出來，會使想到，今天的「野獸般的民族」們，其生活環境與初民們所經受的環境相同；並且他們的生活是隔離的，與勞工在「無限的時間」內把勞力送進市場的事態全無關聯。這些民族的經濟像許多有有史可考的民族的經濟一樣，可能已有許多改變。這個可能乃爲馬克斯所忽略。現在馬克斯頗須放棄他那認爲社會變遷必然走向進步的假說了。

五

我們這代受過戰禍耗損的年青人也會覺得，顯然的，馬克斯之歷史解釋中作爲基本原則的進步觀，這藉以預料世界必然共產化的原則，已不能再認眞的加以保持了。因爲第一，他只是三百年前所作的一個價值判斷。而傳統上對他的信賴已爲一連串災禍所動搖。第二，這個價值判斷是在輿論最樂觀的氣氛中造成的，即使到了十八世紀，它已不足作爲人類歷史經驗的縮寫了。第三，在哲學觀點上擁護它的人，並未分辨，進步只是在適合環境下的一種可能性與進步乃一必然性，二者不同；他們也未分辨，對進步之可能性的信仰，與改善社會的科學者定律，二者各不相同。

在大衆未使我們高等學術機構緘口不作共產主義的批評與討論之前，我們應好好看一下，馬克斯對於作爲馬克斯主義基礎的唯物解釋，究竟提供了那一類證據來加以支持。如果將馬克斯的觀念付以批評性的審查，像我們在大學教室內對於亞當斯密斯，奧古斯都孔德，享利湯姆巴庫，或湯恩貝所作的一樣，這是在引誘大學學生轉變爲共產黨嗎？或者，是否學生們的年齡已足夠保衞他的國家，而在智識上都還太不成熟，不能從事批評性的分析？

我們寧肯說，今天面對我們的問題是此一問題，而不是如何把反共宣誓運動無益的擴展到高等學術機關裏面去。我們應記住，年青人都是理想主義者。如果沒有批評，馬克斯主義中輕易的確定性可用以滲入他們希望改善社會的熱忱之中。我們也應記住，這些輕易的確定言詞正在大學與學院的墻外不斷的散佈着。他們正被不加分析地，用流行的方式教授着，眞的，對於墻外的宣傳家來說，每一個人並不是幼稚得連那些通俗化的說法都不能作答的。

除非大學或學院中的社會科學教授們爲了大學學生利益而承當起對馬克斯從事批評性的分析工作，除非他們被允許並且被催促着這樣做，批評是全不存在的，那麼墻外的宣傳家便可隨心所欲了。

（譯自Scientific Monthly）

史達林與毛「主席」

涂允綬譯

許多將領們或政治家們對於某一戰爭感到不知如何操勝算的時候，輒寄望於敵人因內部各階層間的弱點而自行崩潰，美國許多外交政略家即正以此種希望安慰他們自己，國務卿艾契遜會謂，狄托脫離莫斯科乃是西方國家與俄國間戰爭中最有希望的發展；意即指南斯拉夫的狄托——未來世界各地可能出現的狄托——可以作美國擊敗共黨的工作。美國國策制定者特別持此見解，認為毛澤東將會變為狄托，這一轉變至少可以部份解決目前最大的政治危機，這種危機（大部份因為美國政策的盲目和懦弱）正是西方國家在廿世紀中所最感苦惱者，亦即是置四億五千萬中國人於莫斯科統治之下。

上週，「毛即是狄托」的理論再度重現於新聞界，並引起極大的注意，假如赤色中國與赤色俄國果眞已經在分裂，甚或假定彼等之間眞有分裂的最大可能，則美國政策應因此盡其一切努力以擴大此種裂痕。然而，危險的是：美國只是讓這種空想軟化了本身的立場，並無具體的跡象足以證明史毛政策正日趨走向分裂，結果，徒使整個亞洲走向赤色中國的同一道路。

然則，毛史之間是否確有不和的任何具體跡象呢？

東京的希望

上週中據兩個權威方面消息稱確有此可能，東京李奇威將軍總部公告中指出莫斯科與北京間顯示一種分裂，該公告稱：「俄國誘惑中國人民赴韓國作戰，以便削減中國的力量……因為在俄國南面前線上有一個強大的中國終是克里姆林宮的威脅，——中國在韓作戰，流血，而俄國袖手旁觀，在毛澤東看來，這並不像是知己的同道人。……共產黨們一向忙于找尋民主國家間的裂縫，却沒有注意到自己棲息的場所正在動搖，而且日見崩潰，以至滅亡。」

李奇威公告並未報導詳情，僅只表示一種希望而已，公告中的語調及內容極力暗示這是心理戰政略家的一種力量以促使共分裂，但這種分裂並沒有存在。

中國與捷克斯拉夫

上週中關於毛史分裂的第二次報導更為澈底，並且的確不只是一種心理戰。此種報導係出自報紙評論家愛爾蘇卜．吉思卜與史都華，這兩位國務院外交政策擁護者的頗具影響的大作經常在紐約前鋒論壇報及其他約二百份美國報紙上發表。愛氏兄弟的所謂莫斯科與北京間極度不和的跡象即是：

中共演說，文告及官方宣傳中提及史達林同志的字樣常較「毛主席」為少。

其中，最近中共首腦們的文告中曾說：「毛主席」在中國已開始一種新的共產革命，這種新的革命亦即是馬列主義寶庫的新貢獻，在帝國主義國家中，最高典型的革命便是俄國的十月革命，在殖民地與半殖民地國家裡，那便是中國的革命」。

愛氏根據此點作結論說：「毛主席自以為與史達林地位平等，就理論意義上而言，而且超乎史達林」。並說：「中國將不會忍受被以衛星國家看待，毛實際上是向史達林說：『歐洲是你的，而亞洲是我的，各不相涉』」。

這兩位昆仲的確論是：「試看歐洲衛星國捷克共黨總統高德瓦．克利門突然宣佈高德瓦的革命理論係列寧死後對於馬克斯主義的最大貢獻」。（在愛氏論文中並未提到毛是否說過此話。）

亞洲副總統乎？

在共產世界圈外沒有人能確定共產世界內部曲折的權力可達到平衡，但是，赤色中國現有的種種事實，象徵及凶兆恰與愛氏的論據相矛盾。

從所有這些跡象看來，史達林並無意待毛澤東如高德瓦一樣，或誤把中國看作捷克，中國並不因其地大而有所不同，其不同之處在自有其軍隊與警察，這種正如狄托的南斯拉夫所表現的事實確可被鼓勵從莫斯科脫離出來，但是，同樣的事實會使史達林特別當心去防止第二個狄托的分裂，這種分裂將是世界共產主義致命傷。表面上，俄國人似曾鼓勵中共自信赤色中國享有一種特殊地位，並賦予北京一部份眞正的獨立。

毛氏確曾發展過他自己的一套赤色革命——一種專為亞洲的特殊形式，這一理由的要點是在這些落後的國家中，沒有足够的工業，共產主義便無法像俄國和西方國家一樣用工業的勞動階級來推行工作，只好用武裝和組織農民而獲得權力。自一九二七年至一九三〇年間，毛曾為這一理想而戰，以反對代表正宗馬克斯主義的政敵李立三，毛因獲得史達林特殊的許可而贏得勝利。

有一事很明顯，即是史達林很樂意給予毛以相當自由的限度去擔任這大的共產集團中主管亞洲部份的副總統——只要他能信任毛不會有專幹他自己的事務的企圖，史達林很了解在一段長時間內毛將無法如此去做。——即連毛本人也了解這一點，正如韓戰中所表示出來的一樣，中共不得不依賴蘇聯的經濟與軍事援助。

毛史分裂的可能性並非完全沒有，但是，如果美國一直沉溺於這種分裂的希望中，無異是一種可怕的危險賭博，寄望於毛反叛史達林，或是寄望於史達林迫毛作背叛行動，將係大錯特錯而近乎狂想，以前史毛兩方面都犯過嚴重的錯誤，但是，就他們長期成功的事業上所顯示的情形看來，他們好像並無意去犯此一巨錯。（譯自時代週刊）

書刊評介

極權對於民主自由的威脅

柏勒斯著　李省吾譯　華國出版社編印

海　光

這本小冊是柏勒斯(Barnes)教授所著『二十世紀的文化落後及制度危機』一書中一章之選譯。這一章除緒言以外，共有九個小節。

在緒論底開頭，柏勒斯說：『十九世紀政治發展的特徵，是民主的滋長和自由的擴展。至二十世紀，特別自第一次世界大戰以後，政治的演變，傾向於相反的方面，步入極權主義的途徑，侵犯民主原則，廢棄遵從多數的規律，剝奪許多種自由權，實行獨裁政制。』

二十世紀以來，危害民主的，有二大巨浪。一個巨浪是法西斯與納粹運動，第二個巨浪是共產主義運動。民主主義，法西斯主義，與共產主義，這三者自第一次世界大戰以來，本是鼎足而立的三大勢力。這三大勢力之發展，支配着人類底命運。由於這三者之不相容，它們不免在發展過程中由相激相盪而演成第二次世界大戰。在第二次世界大戰期間，民主勢力竟幫助共產勢力而夾擊法西斯勢力。這簡直是滔天大錯。這一滔天大錯，演成今日全球規模的大赤禍。

當魔王希特勒攻打另一魔王史達林時，民主國家應該利用兩毒相攻的千載一時之機，整軍經武，積極準備。史達林手下的那些軍隊，大都是半原始性的野蠻部隊。這些落後部隊，一碰着希特勒底高度機械化部隊，像豆腐偶着鋼刀，無不完帳的。俄軍大部瓦解，比雪古夫被攻下，史達林只有帶着手下殘敗的『忠實同志』，遠逃西伯利亞，在葉尼塞河荒原上乘凉風去也。希特勒呢？希特勒殺人雖是殺飽了，可是，力量也消耗完了，疲憊不堪了。這時，民主國家養精蓄銳，引滿待發，以新銳之衆而與疲憊之師相周旋。强弱之勢，勝負之數，不卜可知。

然而，民主國家不此之圖。當着希特勒打蛇還沒有打死的時後，民主國家底領袖追急得很，唯恐希特勒把蛇打死了，趕快拔刀救蛇。尤其是羅斯福那一個老天眞，生怕史達林垮臺，急急忙忙，從各方面來援助這個大獨裁者。這一帮忙倒不要緊，希特勒固然被打敗了，却把一條毒蛇救活了。果然，不到第二次世界大戰末期，史達林坐收漁人之利，更進而向全球擴張其共產帝國。現在，他要同民主國家算總帳。目前，民主國家眞是處於空前未有的危厄關頭。如果史達林老魔王再度勝算，毫無疑問，民主自由一詞，將從字典中抹去，人類至少要做千年工奴農奴！

這些極權勢力由何而生？柏勒斯說：『極權主義確是現在的洪流。由於吾人在這機器時代，未能充分解決種種社會問題，積恨積怨，無從發洩，結果蔚成洪水，氾濫無涯。』這話是千眞萬確的。凡共產黨猖獗的地方，一定是貧困，混亂，落後，並遭受內外双重壓力的地方。在這樣的地方，如果又政治黑暗，人活不了命，自然易被野心分子招誘，相率造反。

有些人以爲從左邊來的才是極權統治，從右邊來的則不是。這是一種錯誤的觀念。『極權主義和經濟理論無關。過激份子或反動勢力，都可以採取極權主義的方法和型態。蘇俄就是左傾的極權主義的重大例證；義大利的法西斯和德國的納粹，便是右傾的極權主義。不能和極權主義相調和，也不能見容於極權主義的祇有一種主張，那便是民主自由主義。兩者互相衝突，互相排擠。假若人類世界採取極權主義解決複雜的現代問題，那就等於自由歸於消滅。』

這一段話之所論，確係眞知灼見。一個政權是否爲極權主義的，完全以它所採取的方法或制度是否爲極權主義的爲斷，而與它底基礎毫不相干。同是極權統制，可以建立於工業國家，也可以建立於農業國家。當然，我們可以說，建立於這兩種基礎之上的極權統制在效率上不同：建立於工業之上的極權統制之效率高過建立於農業之上的極權統制之效率。復次，前者易趨『反動』，後者易趨腐潰。可是，無論其效率或高或低，無論其爲易趨「反動」或者易趨腐潰，其爲極權統制則一，其爲對人民之壓制則一，其爲仇視民主則一。

共產極權之外衣，口號，以及發生之基礎，與以封建，血緣，民族，及黨羽爲基礎之極權統制似不相同；但若二者採取同一統治技術，或者沾染同型的思想，或者互相觀摩對方底『優點』，則久而久之，二者必化合爲一。

地球本是圓的。如果一個人向極左走，一個人向極右走，不要好久，一定會碰頭，握手言歡的。

何以致此呢？因爲各種極權統治底形態即或有所不同，而其政治理念在根本上相同，在統治技術上尤易因相互感染而趨於根本相同。

既然極權統治之政治理念與統治技術根本相同，於是極權統治與極權統治乃同質體。極權統治與民主政治之政治理念與對待人民的態度根本不同，於是極權統治與民主政治乃異質體。所以，極權統治與極權統治之間的差異，遠不若極權統治與民主政治間之差異。極權統治與極權統治之間的鬪爭，乃權力與權力之間的鬪爭，或因權力與權力之轉移而引起之鬪爭。極權統制與民主政治之間的衝突，乃政治理念之間的衝突，乃政治思想之間的衝突，主活方式之間的衝突，甚至於是人生哲學與文化之間的衝突。所以，極權統治與極權統治之間的鬭爭，是皮相的，不是根本的；是一時衝動的，不是永久可能的；是外在的，不是內在的；是機械力的，不是生理力的；是情緒的，不是理性的。假定上帝擁有一切權能，對于極權統治的那些脚色之權力問題能予以適當的安排，我相信那些脚色一定會相安無事，人類一定可以免除許多言之不能成理的慘苦鬭爭。如果上帝有權能，把史達林和希特勒底土地和人民來個『分平秋色』，將希特勒調到俄國去做元首，將史達林調到德國去做元首，而且他們底作風還是那個老作風，那末二國人民如不樂於接受，則同等地不樂於接受；如樂於接受，則同等地樂於接受。因希史二個大老板，調調兒是一個樣子的也！

可是，如果上帝把史達林和杜魯門對調，結果必定大不同。史達林如果『蒞臨』美國，罷出那一幅了不起的神氣，包他挨揍，挨噓。杜魯門如果到俄國上任，我說，我只幹四年，四年以後諸君如不選我，我便退讓賢路。俄國人聽了，一定不信，一定以爲杜魯門在『打官腔』，在撒謊，在騙人，在以退爲進。在想戀棧一輩子，以至於萬世一系。俄國人又看見他遇事好與人商討的習慣，不是受寵若驚，便會在背後罵這個元首無能。

良以極權統制與民主政治之間的衝突，根本不是權力與權力之間的衝突。尤其是在民主國家內部，根本就沒有像極權國家內部那種權力鬭爭的問題。在極權國家內部，有而且只有兩種情形：鎮壓與反叛。民主政治與極權統制之間的衝突，是自由與奴役的衝突，是人格平等與人格汚辱的衝突，是個人發展與個人壓制的衝突，是理性與反理性的衝突，是人生觀念與夫文化類型之間的衝突。所以，這種衝突，是基本性質的，是生理的。明乎這個道理，我們也就不難了悟：極權與極權之間的衝突，其價值與民主和極權之間的衝突，簡直不可同日而語。

柏勒斯說：『然而極權主義却有牠的意義，既切實又正確，用以描述國家的活動範圍增大，侵奪人民自由的力量加重。無論這種情形來自左方或右方，牠們的意義是相同的。』他又說：『政治上的極權主義和經濟上的集權主義是併立的。』這也是一個重要的認識。『極權主義在政治上可以說是國家在經濟上加强管制工業的聯繫體制——經濟上傾向於集產主義。國家資本主義和國家社會主義，實足以代表極權國家的經濟政策。政府在經濟範圍內的活動有兩種相反的形態：國家資本主義旨在假借政府的管理，以保全資本主義，國家社會主義旨在屏除資本主義，利用政府機構樹立社會主義。然而在經濟方面，無論國家資本主義或國家社會主義，其極權政治的功用總是相同的。』無論國家資本主義或國家社會主義，都是極權統制之經濟的基礎。秦始皇收天下兵器，鑄爲十二金人，以期杜絕人民變亂。但是，秦始皇還不知道藉控制人民底腸胃來控制人民之動靜。馬克思輩提倡生產工具收歸公有，百餘年來沒有任何工人農人受到實惠，而這一主張，却提醒了藉社會主義之名而革命的野心家。他們受到這一主張底暗示，知道控制了人民底生活資源及一生產工具便控制了人民底一切。自古至今沒有那一種控制比這種控制還要根本而徹底。一個地方的政治在本質上是否爲極權統治，主要地以是否實行這種控制以爲斷，至於選舉一類之事，正如蘇俄一樣，不過用來自欺欺人而已。

極權統制之顯著的特徵，『先頭第一個象徵，便是少數人站在國家之上行使獨裁政權。這少數人具有權勢行使至高無上的權力，而這種權力並不是人民委託給他們的。』這也是衡量政治是否民主的最佳標準。我們必須知道，眞民主與假民主之分別，不一定在有無議會，不一定在有無立法機關，更不一定在有無選舉之事，而在是否有一個權力在民主之上。眞正的民主，沒有一個權力凌駕其上。凡有一個更高的權力凌駕其上的民主，一定是形式的民主。沒有任何權力凌駕其上的民主才是貨眞價實的民主。我們不能設想在美國民主政治之上還有什麼別的更高權力來支配它。凡屬有一更高權力凌駕於其上的民主政治，一定是假冒的民主政治，一定是御用的民主政治，一定是極權統治者爲了迎合潮流時尙而搬弄的統治工具。凡屬藉民主作統治工具的空間，一定是極權空間。眞民主之目的，乃爲自由；假民主之目的，乃爲民主之反面。眞假之間的差異，乃本質的差異，固不可滑混也。

『獨裁政府的主要性質，就是不容許少數分子表示不滿意的意見。獨裁政府認爲這種意見必須加以禁止，否則對於獨裁者以及其黨的思想和政策，將成爲一種威脅。思想與行動必須同樣的加以管制。人民的思想與行動受到全部的管制，適足以說明極權的確切意義。爲保障思想與行動的統一，極權政府樹立一種極度秘密的警察制度、用以刺探人民，根絕批評和不滿意見。』這眞是千眞萬確之言。極權統治者爲什麼對手無寸鐵的人民如此放心不下呢？許多人不明瞭極權統治者底心理狀態。在現代各種各色極權統治者心目中，沒有什麼事比鞏固政權更爲重要。在從前，有爲了美人而亡國的。這固然證明『美人關』之不易打破，同時也說明，在他們心目中，這個世界上也還有比權力更甜蜜的東西。這東西便是愛情。溫涉公爵也是『只愛美人不愛江山』的多情種子。天下的英雄豪傑，如果都是這等多情種子，世界豈不太平？老百姓豈不延年益壽？古代英雄美人的故事，儘多值得嚮往憶念的。今日的極權統治者則不然。今日的極權統治者無一不是天生的權力狂。在這些人心目之中，權力至上，權力即是他底上帝，上帝又即是他自己，所以他是權力底化身。爲了爭奪並鞏固其權力，他們不惜採取一切手段，不惜殘民以逞，甚至不惜以千萬人底生命與幸福爲代價。焚書坑儒，鉗民口舌，消滅異已，那算什麼呢？希特勒，莫索利尼，是現代權力狂底典型人物。毛澤東及其一夥弟兄們，則是這些傑作底創造天才。可惜得很，這些人物發展其天才與忍狠之日，正是億兆百姓流淚之時！

作者在敘述了蘇俄，德國，及意大利底極權統治情形以後，他說：『惟有成功的民主，可能驅除極權主義。』這眞是金石之言。無論如何，槍尖上不能出現民主，大家底飯碗由一個人管時也出現不了民主。暴力只能換來暴力。中國民主之實現，將是在一個漫長而艱苦的途程中完成的。由黑暗到光明的掙扎那有不艱難的哪！凡屬嚮往民主之實現的人，都應該具備這份信念，拿出進天國窄門的宏毅精神，一步一步地沉着向前。等到我們底子孫享受『無虞恐懼之自由』實現，我們今日精神和肉體的磨難就不是白受的了。

給讀者的報告

這一期我們同時發表兩篇適之先生的文字，其中一篇是「致本社的一封信」，關於這封信的內容，編者已在按語中有所說明，此處不再贅述。另一篇是適之先生在美國哲學會年會上的演講詞，分析「十年來中美關係急趨惡化的原委」。當世界面臨共產侵略嚴重威脅的今天，無論從任何一個角度來看，中美兩國實應恢復過去傳統的友好關係，在反極權鬪爭中攜手合作，以爭取自由之勝利。因此，如何增進中美邦交實是當前很關重要的工作，而追溯並澄清兩國間過去關係惡化的原因，更是這一工作中不可或缺的步驟。尤其胡先生的意見，其在國際間產生的影響是很重大的。

關於對日和約問題，本刊曾一再為文評論，現和會即將於九月四日在舊金山舉行，值玆和會召開的前夕，我們願再為社論以重申我們的意見。極力反對和約草案的蘇俄政府現已決定出席和會，英美各國與日本均為此感到惶惑不安，其實這原屬我們意料中事，而且我們更可斷言共必將簽字。不僅此也，蘇俄將乘此機會大展其和平攻勢，擴大、製造民主國家間的矛盾衝突，以瓦解其團結的力量。

永遠不會有結論的開城談判，最近由於共黨誣控盟機轟炸開城而宣告停開，明眼人一看就知這是共黨配合蘇俄參加對日和約而耍的花槍。其實開城談判的舉行，開始便是共黨為了這一目的而安排的。現在和會方將開始，好戲還在後面，開城談判對共黨還未失去工具性的作用，因此我們預料這屢次停頓的談判還未到最後決裂的時候，本期短評之一便在闡釋此意。

美國居於民主國家的領導地位，在抵抗極權侵略的鬪爭中，美國的決策對世界前途具有決定性的影響。雖然從韓戰爆發以後，美國對共黨侵略者已漸採積極的態度，但仍然處於被動地位，這是急待予以糾正的。那麼「美國應如何爭取主動遏止侵略」？黃雪邨先生在他首次為本刊撰述的論著中，提供了若干具體而有建設性的意見。

王子定教授所撰「臺灣應設施的林業政策」一文，是與上期「臺灣之森林」有連續性的論著。本文提供若干對森林政策改革的建議，均甚具價值。

本期翻譯兩篇值得向讀者特為介紹，「馬克思與社會科學者」一文用簡單扼要的文筆從哲學與邏輯的觀點澈底指出馬克思主義的理論錯誤，與一般通俗的陳腔爛調實不可以同日語。作者認為作為一個社會科學者，不應只是盲目地反對共產主義，而應在理論上加以客觀的研究與批評，從而發現其謬誤。今天我們在大學裡所採的教育政策，正應依據這樣的原則。另一篇「史達林與毛『主席』」譯自美國時代雜誌。最近美國輿論界又重新熱中於東方狄托的傳說，時代雜誌力斥這種願望的想法是可怕的危險賭博，警告美國政治家毋陶醉於寄望敵人因自身弱點而崩潰的幻想之中，本文若干論辯的觀點具有獨到見地。

本刊售價

一、	臺幣	三元
二、	越幣	八元
三、	菲幣	五角
四、	港幣	一元
五、	暹幣	四銖
六、	美金	二角
七、	叻幣	四角
八、	印尼盾	三盾

自由中國 半月刊 第五卷第五期

"Free China" 總第四十四號

中華民國四十年九月一日

發行人 胡適

主編 『自由中國』編輯委員會

出版者 自由中國社
社址：臺北市金山街一巷二號
電話：六八八五號

航空版 香港 香港時報社（高士打道六四號）

經售者
臺灣 中國書報發行所（臺北市館前街八五號）
美國 紐約民氣日報社
舊金山國民日報社
日本 東京南友堂
東京內山書局
馬尼剌 中菲文教出版社
印尼 椰嘉達星期日報
椰嘉達天聲日報
棉蘭繁華圖書公司
越南 西貢中原文化印刷公司
越南華僑文化事業公司
曼谷 曼谷鑾多社十二號
新加坡 中興日報社
檳榔嶼、吉打邦均有出售

印刷者 臺灣新生報新生印刷廠
廠址：臺北市西園路二段九號
電話：廠長室七一二五 業務課二〇九六

本刊經中華郵政登記認為第一類新聞紙類
臺灣郵政管理局新聞紙類登記執照第二〇四號

FREE CHINA

第五卷 第六期

要目

社論

「九一八」廿週年敬告日本人民

陳院長致胡適之先生函

中山思想之新綜析……錢穆

論和平……羅鴻詔

個人與國家……李中直

史達林陰謀攫取中國的鐵證……吳桐湘

自由中國通訊

法國整軍問題（巴黎通訊）……警雷

沙坪埧風光黯淡（重慶通訊）……丘宛如

一個「階級本質」的例證（香港通訊）……晉文

文藝

臨別的光（幕獨劇）（下）……水姬

辯證法和黑格爾的歷史神學……聶華苓譯

中華民國四十年九月十六日出

社址：臺北市金山街一巷二號

半月大事記

八月廿五日（星期六）

中央與臺灣省政府公佈實施十項節流措施。

李奇威覆函金日成彭德懷，拒絕共方先後兩次毫無事實根據的指控。

美總統特使哈里曼於英伊談判決裂後離伊飛南與狄托會談軍經援助問題。

八月廿六日（星期日）

日政府對印度與緬甸拒絕參加和會表示遺憾。

美政府公佈致印度政府的照會，對印政府所提拒絕參加和會的三點理由，予以駁斥。

美總統特使哈里曼在南與狄托會商完畢，飛往倫敦。

八月廿七日（星期一）

孔聖誕辰紀念，各界舉行釋奠。

中共北平電臺廣播，誣控美軍於廿五日兩次重新破壞開城中立。

李奇威飛韓視察，與高級將領會商停戰談判事宜，當晚飛返東京。

中央社東京合衆電：蘇俄高加索軍三千人已進入韓境，準備和談破裂後參加對聯軍的戰爭。

英首相艾德里邀請美總統特使哈里曼列席內閣特別會議，討論英伊石油問題。

非總統季里諾乘機自馬尼拉飛美，監督簽訂美非聯防公約。

日本政府頒佈第三批解除整肅令，包括前海陸空軍軍官二萬一千一百卅人。

八月廿八日（星期二）

共酋金日成彭德懷致函李奇威，對李覆文表示不滿，要求派員再往開城，調查廿二日之轟炸事件。

聯軍統帥部發表聲明，譴責共軍捏造事件，表示對所謂開城被炸事件不再調查。

蘇俄出席對日和會代表團在首席代表葛羅米柯率領下，乘輪抵美。表示將在和會中提出建議。

八月廿九日（星期三）

行政院院會通過軍法與司法機關管理案件劃分之原則。

李奇威覆函共酋金日成彭德懷，拒絕共方所提再赴開城調查之要求。

美聯社華盛頓電：美英法三國已同意對南斯拉夫供給五千萬元的經濟援助，以支持狄托「對自由國家安全的貢獻」。

日本政府宣佈：日本對上次大戰盟國財產損失，將付予賠償，惟以三百億圓為限。

美駐伊大使格拉第訪伊朗國王，促伊提出解決英伊石油糾紛之新建議。

八月卅日（星期四）

美菲聯防公約在華府簽字。

美紐約州長杜威於遠東旅行歸國返任後發表談話，謂美國應劃最後界線以保有自由亞洲。

中共北平電臺廣播，再度誣控美機於廿九日「向開城投照明彈」。

八月卅一日（星期五）

美參院通過七十二億元援外法案，較衆院尚少兩億，美兩院聯席會議將集會討論，以調協兩院對此案之歧見。

出席舊金山和會的日本代表團在首相吉田茂率領下啓程赴美。

美總統特使哈里曼自歐返美，謂英伊石油糾紛如不獲解決，共黨可能乘機攫取伊朗。

法新社新德里電：傳中共軍萬餘人深入西藏西部，並領佔所有重要戰略地點。

九月一日（星期六）

立法院第一屆第八會期開始報到集會。

美澳紐三國安全公約在舊金山簽字。

九月二日（星期日）

盟方停戰談判首席代表伊卓對共軍誣控聯軍於廿九，卅兩日破壞開城中立事，率然再予拒絕。

日本出席和會代表團抵達舊金山。

九月三日（星期一）

抗戰勝利六週年紀念，中樞及臺省各界公祭死難軍民。

我政府發表聲明，舊金山對日和會所簽條約，對我國無拘束效力。

李奇威召停戰代表團至東京舉行緊急會議，就共黨所提各件進行商討。

中共北平電臺廣播，誣控八月廿九日美機於東北投彈，美艦駛煙臺領海。美海軍遠東司令部斥為爛言。

美第八軍團司令符立德宣稱，包括「高加索與蒙古志願軍」在內的共軍八十五萬人準備在韓發動攻勢。

日首相吉田茂訪美國務卿艾其遜磋商有關和會問題。

九月四日（星期二）

舊金山對日和會開幕，美總統杜魯門發表演說

立法院一致同意支持政府立場，並決議通電美政府及國會力爭平等簽訂對日和約權。

旅美華僑代表團訪美總統杜魯門，抗議未邀我國參加對日和會。

九月五日（星期三）

舊金山和會第一次會議，葛羅米柯發言反對英美和約草案，並以十五對三票否決蘇俄所提邀請中共與會的建議。

和會以四十八對三票通過議事規則，並選舉艾其遜司班德為正副主席。

美總統杜魯門在民主黨集會中演說，透露美國擁有最新武器，一旦全面戰爭爆發，足以毀滅世界文明。

義總理加斯巴萊赴美，擬援例對日和約的寬大，商請修改對義日約。

伊朗政府要求英國於十五日內恢復石油談判。

外約但議會通過宣佈故國王長子塔拉繼承王位。

行政院院會通過王東原出使韓國。

九月六日（星期四）

葉外長發表聲明，和會如無中國參加實予侵略者鼓勵。

李奇威致函共方建議易地繼續舉行談判。

九月七日（星期五）

吉田茂在和會中演說宣佈接受和約，保證日本不再侵略。

九月八日（星期六）

對日和會舉行簽字式，除蘇俄，波蘭，捷克三國拒絕參加外，其他四十九國均簽字。

英伊關係緊張，英艦四艘增防波斯灣。

九月九日（星期日）

美日安全條約在舊金山簽字。

社論

「九一八」二十週年敬告日本人民

本刊第二卷第十二期，曾發表一篇「向日本人民進一言」的社論。在那篇文字當中，我們一開始就說到：「要在歷史上找一個奮發自强的民族，最好的例子，莫過於日本。」今天，我們仍基於這個信念，在「九一八」二十週年紀念日，同時也是盟國對日和約簽訂後的十天，再致意於日本人民。

「九一八」這個不祥的日子，從現在看來，是中日兩國共同的國恥。我們這樣說法，應該是今天的日本人民所可一致同意的。中國人民，自二十年前「九一八」以來，受盡了羞辱，受盡了折磨，受盡了人世間一切的苦痛和災難；可是日本人民在戰爭中尤其戰後幾年中也嘗到了這般滋味。「九一八」事件的後果，把中華民國的建國工作倒拖了三五十年，同時也把日本明治維新以來的建國成績毀滅殆盡。現在由於四十八國簽訂了對日和約，日本在國際社會上已開始恢復其獨立自主的地位，這正是日本人民痛定思痛的時候。「往者不可諫，來者猶可追。」朋友間進言貴善之必要，當莫過於今日，我們願爲日本人民略陳所見。

就目前中日兩國的關係講，這次盟國對日和約，我們中國因國際正義之屈於權謀未能參與和約簽字，以國際公法的觀點看，中日間的戰爭狀態尚未正式終結。但我們中日兩國人民，在第二次大戰結束之日，由於中國蔣委員長那篇「不念舊惡」的寬大聲明，彼此在精神上早已不是敵人而是朋友了。兩國人民既是精神上的朋友，同時我們兩國的政府，又都是趨向民主的，因此，自由中國與日本之恢復邦交，我們相信，應該就在最近的將來。同時我們更相信，這一次的邦交恢復，應該是中日關係的新紀元；以平等代替侵略，以互助代替所謂「提携」。對內我們要分頭努力重建自由民主的國家；對外我們要通力合作維護國際正義與和平。種族的偏見，是我們所不取的；但從國際義務之區域分工上講，聯合國的宗旨和精神要充分表現於東亞，我們中日兩國實責無旁貸。

在二十世紀六十年代的今天，要在國際社會成爲一個正正堂堂的現代化國家，必須把握住兩個最基本的認識：

一、不侵略別國，而且也不存有侵略別國的想頭，這是一個消極的本份。

二、擁護聯合國的宗旨和精神，並貢獻全力促其充分表現，這是一個積極的義務。

我們有種種理由相信，今後的日本再也不會成爲一個侵略國家。這不僅是個「願不願」的問題，同時也是個「能不能」的問題。在原子時代的今天，要說日本還可能成爲侵略國，那不過是杯弓蛇影的虛驚，或杞人憂天的過慮；至於蘇俄的指摘，很顯然地是別有用心。但是，我們所期望於日本的，不止於消極地安其不侵略的本份而已。聯合國的宗旨和精神，是理想的國際社會所依以實現的，日本今後既成爲國際社會之一員，無論其將於何時進入聯合國，但從對日和約簽訂之日起，聯合國的宗旨和精神，應該是日本所擁護的，這是日本的義務，也是日本的權利。

放眼一看今日東亞的大勢，要實現聯合國的宗旨和精神，其最大的障碍即在蘇俄及其指揮下的共產黨徒。他們要破壞聯合國的組織，使之萎弱無力，而不能舉制裁之實，然後他們才可以個個擊破，爲所欲爲。現在中國整個大陸已在他們掌握之內，其最近的目標當然是指向日本。去年韓共中共發動侵略戰爭，甘願作聯合國正面的敵人，無非爲奪取日本；此次舊金山會議蘇俄代表又不簽字，依然是一貫的策略；今後他們當然要用盡各種手段來擾亂東亞大局。我們希望日本人民提高警覺，站穩脚跟，先行擊敗國內的敵人，使共黨無可乘之隙，然後聯合東亞各國，同心協力以消滅這個共同的敵人。倘若蘇俄及共黨擾亂東亞的毒計終遭挫敗，則障碍已除，聯合國的宗旨及精神可以有實現於東亞的基礎了。

過去，日本在國際社會的活動，已一度誤於富有侵略思想的軍閥，在中日關係史上留下可恥的「九一八」。現在，日本已是民主國家了，能不能改弦易轍以建立新日本，權衡已不操於軍閥而在人民手中了。今日的國際關係已有聯合國這個機構，只要忠實於聯合國的憲章，便可維護和平與正義了。但是國內要使民主政治名符其實，則日本的人民仍須以十二分的決心和毅力行之而後可。現在的國力雖遠遜於戰前，然在東亞各國中，日本依然是一個强國。此次對日和約之寬大是史無前例的，日本人民有此千載難逢的機會，一誤不容再誤了。我們今天以中國人民的立場向日本人民如此致意，一以表示「九一八」事變責有攸歸，一以祝禱日本政治邁步走向民主而使萬民康樂！

陳院長致胡適之先生函

〔本社探悉陳院長最近有致胡適之先生一函，茲覓刊如下：〕

適之先生道鑒：違教久矣，海邦翹首，每念清芬，敬維道履安和，至爲遠頌。頃讀
先生八月十一日致自由中國雜誌社一函，關懷祖國之情，藹然如見，深爲佩慕。茲謹就 尊論所及，約略陳之：臺灣爲反共抗俄復興民族之唯一基地，穩定幣值，調劑金融，關係國防民生最切，與政治軍事之改革同其重要，爲防止奸匪潛踪擾害，及投機取巧者操縱其間，致使臺灣經濟蹈大陸之覆轍，故各項措施不得不力求配合與嚴密。自實施以還，於極端艱困之中，使金融物價獲致穩定，成效已可概見。至設穽誘民之舉，遑論計不出此，亦爲情理法之所不許，更非政府之所忍聞。惟經濟生活，牽涉紛繁，任何法令，在執行時要難免毫無疏失之處。

先生遠道諍言，心意何切，當本「有則改之無則加勉」之衷忱，欣然接受。至自由中國之言論自由，當可由
先生此函之在「自由中國」刊載而獲得明證，無待贅言。
先生維護自由民主，睠懷國家民族，尚乞
清誨時頒，曷勝感幸！耑此，即頌
時綏

弟　陳　誠　敬啓　九月十四日

中山思想之新綜析

錢穆

這是最近新著中國思想史裏最後的一篇。全書共分四十四個節目，而限於篇幅，要在不太超過十萬字數內，把中國三千年的思想史扼要叙述，因此對中山先生的一篇，雖在全書中已占到很重的分量，却對中山思想之廣大開通平實深微處，仍未能透切詳盡的發揮。大抵本篇之着重點，第一在指出中山思想確實在中國思想史之一貫統系裏有其承先啓後的很重要很高卓的地位，這一層須讀者從頭讀了這一本中國思想史之全書後，始能眞實瞭悟。本篇並非一單獨的論文，而僅是全書中之一節目，因此有許多涵義 都像是引而未發。第二在指出中山思想確實在近五十年的中國思想界，有其獨特的創闢與啓示。這一層其實與前一層相連帶。近五十年來中國思想界之大毛病，一面是專知剽竊與稗販西洋的，而配合不上中國之國情與傳統。一面是抱殘守缺，一鱗片爪地摺摭一些中國舊材料，舊智識，而配合不上世界新潮流與中國之新環境。因此此雙方面同樣够不上有領導中國走向新生之時代要求的一番大任務。中山思想實在能有貫通中西融會古今之大氣魄，大眼光。本篇只提綱挈領地求能摘舉出此一思想體系中之上述的兩個要點來。雖則本篇所摘舉的都是人人盡知的，然而實在則並未深知。讀者若果細心玩誦我此篇中所摘舉的中山先生的幾許話，來和這五十年內在中國思想界言論界所習常流行的一般見解作一對比，便知中山思想實在未能在近代中國發揮出更眞切而更偉大的影響。若讀者懷疑我此篇所舉未盡恰當於中山思想之眞意義，則請讀者們再回頭細讀中山原集，再自作思量，且看中山思想是否有其更綜合更扼要的立場和體系，確爲作者此篇所未經顧及。否則若認作者此篇所舉，確是中山思想之比較近眞的叙述，則請讀者們就此更作較深的研尋，究竟中山先生所對中國之崇揚，對西方之批評，是否靠得住，是否有其眞知灼見。縱使讀者認爲中山先生之所崇揚與其所批評有未到十分處，然我要試問讀者們，中國是否有值得崇揚處，西方是否沒有經得批評處？中國將來思想之新生，是否要瞭解自己，要瞭解別人，要在此兩種瞭解下調和折衷，自闢新路？若我們眞能瞭解自己，則自己方面必然有值得崇揚處。若我們眞能瞭解別人，則別人方面必然有可以批評處。我們且不論中山思想之具體內容，即就這一個態度上論，他已可作爲近五十年來中國唯一偉大的思想家。惜乎中山先生也僅止是中國近五十年來一偉大的思想家，而並未眞實成爲近五十年來中國思想界之一偉大領導者。近代中國，實在並未深切瞭解中山思想之眞精神與眞意義，因此也說不上信仰，而且也並未追隨中山思想之態度與路向，依然在盲目地崇揚西方，盲目地鄙棄自己。依然在人云亦云，不切痛癢地自作聰明。依然並未能眞切認識到知之難與行之易，換言之，是並未能眞切認識到中山先生所指先知先覺後知後覺不知不覺之三種人之如何深切地配合而求發生出一種大力量。中山先生實不愧是近代中國一先知先覺者，我深信在他的思想裏，終於要發生出一種大力量。拙著中國思想史全書尚未出版，特將本篇先行刊布，凡屬關心中國前途，凡屬信仰中山思想者，若能有所指教，作者無任虛心愉快地歡迎。（本書有自序一篇，刊於四十年八月四日香港時報兩週紀念號上，題名「論中國思想與人生眞理」，讀者可以參閱，當對本文有更進一步的了解。）

作者附誌

（一）

嚴格言之，近五十年來，中國亦並無所謂思想界。只有孫中山一人，他終身從事革命實際工作，固不該專以思想家目之。但中山先生實有他獨特一套的思想，他不僅堪當這一百年來近代中國唯一的一個思想家，而且無疑的他仍將是此後中國思想新生之首先第一個領導人。我們此下將只舉中山先生一人，來代表這一時期之中國思想。

首先該指出的，中山先生的思想，實在能融會舊傳統，開創新局面。第二是他不僅能接受西方思想，還能批評西方思想。他能在自己的思想系統裏來接受，來批評。第三是他的思想態度，實在能承續近代中國思想所必然趨嚮的客觀的路向。自晚明以下，思想界早有由宋明返先秦之蘄嚮。宋明思想比較太偏於個人內心的格致誠正，而輕忽了人類共業之修齊治平。又總不免多量夾雜進佛老之虛與靜的想像。晚明諸老，始竭力要挽回到動與實，挽回到修齊治平之大共業的實際措施。這一傾向，爲滿洲二百多年的高壓政權所摧殘，直到中山先生，纔始重行上路，而又滙進了世界新潮流，來形成他博大無比的思想系統。

中山先生說：

「予之革命也，其所持之主義，有因襲吾國固有之思想者，有規撫歐洲之學術事蹟者，有吾所獨見而創獲者。」

這是近代中國思想界所應有而且是唯一的出路。

（二）

本書限於篇幅，關於已往各時代各家派的政治思想，社會經濟思想等，都未遑及 但叙述中山思想，則不能不從此着眼。實際上就中國思想之舊傳統言，此是修齊治平的大理論，而同時又是此下中國思想新生之大路向、這便是中山先生三民主義之大體系。但中山先生在提倡三民主義之前，有一套開宗明義的哲學根據，這即是孫文學說所主張的知難行易論，我們該先加叙述。

中山先生說：

「中國事向來之不振，非坐於不能行，實坐於不能知。及其既知之而又不能行，則誤於以知為易，以行為難。」

「使能證明知非易而行非難，使中國人無所畏而樂於行，則中國事大可為矣。」

中山先生為要證明他知難行易的主張，共舉了十種淺顯的事例。飲食，用錢，作文，建屋，造船 築城，開河，電學，化學，進化。其實這類事例，舉不勝舉。即如行路說話，豈非盡人所能，然如何舉步移動，如何開口發音，即近代物理學生理學專家，亦未能細加說明。故中山先生說：不知亦能行，能知必能行，實是一擲撲不破的眞理。

他又說：

「宇宙間的道理，都是先有事實，然後才發生言論，並不是先有言論，然後才發生事實。」

這也同樣的眞確，這是中山先生思想之基本出發點我們應該首先注意。中山先生據此把人類進化過程，分成三個階段。一由草昧進文明，為不知而行的時期。二是文明漸進，為行而後知的時期。三是近代科學發達以後，為知而後行的時期。

中山先生又把人類分為三系。一先知先覺者，創造發明。二後知後覺者倣效推行。三不知不覺者，竭力樂成。他說：

「此三系人相互為用，協力進行，然後人類文明進步，纔能一日千里。」

又說：

「有此三系人相需為用，則大禹之九河可疏，秦皇之長城可築。」

以上是孫文學說中提出知難行易論的主要論點。即此可見中山思想實是十足代表中國思想中之傳統特徵，即所謂人文精神的。人文精神是專從人類歷史文化進展以及人類社會之日常人生與大群共業為出發，而依然即以此為歸宿的。因此中山思想，並不像西方一宗教家，哲學家或科學家，有其偏傾與專注，而博大宏括，同時又是平易淺近，十足代表一個中國思想家之本色。

中山先生之知難行易論，在中國傳統思想之兩大派別間，是可提示一調和的針嚮。先秦孟荀為兩派。孟子道性善，人皆可為堯舜，側重在行易一面。荀卿分人類為大儒小儒、庶民，重學重教，重禮重法，側重在知難一面。就孟子言，人類是平等的，就荀子言，人類是有等級的。在宋明，朱王為兩派。朱子近荀卿，陽明近孟子。良知良能側重行易，格物窮理側重知難。論此兩派思想之本質內含，也並非截然相反。故荀卿亦說塗之人皆可以為禹，陽明則有黃金的成色與分量不同之譬。若就近儒言，行易論很接近顏習齋。知難論很接近戴東原。其實中山先生並非一學究，並不在掉書袋，但因他發揮了中國思想的固有本質，他能不受西方宗教哲學科學種種分門別類的專家意見之牢籠與束縛，他能直從中國傳統人文精神中獨放慧眼。我們講中國思想史，自可把中國古先往哲來和他比擬。

中國傳統思想之更大分野是儒與道，老莊着重在不知亦能行，行而後知的人類文化演進之更早階段 所以他們常主回返自然，鄙薄文化。孔孟看重在知而後行的人類文化演進之較後階段，所以他們看重文化更甚於自然，但亦並沒有鄙薄自然之意、文化即從自然栽根。文化發展，依然脫離不了自然之大範圍。中山先生所謂的先知先覺，應該知覺了不知不覺們所要知覺的。這即是章實齋所謂學衆人斯為聖人的理論。必如此，此三種人（先知先覺後知後覺與不知不覺）始能相互為用，協力進行。然後先知先覺者之思想與理論，才不致如戴東原所謂殺人的意見。而文化亦不會與自然相脫節。

（三）

下面繼續講中山先生的三民主義，這是近三十年來，中國一部家絃戶誦的書。但書中精義，仍未為國人所共曉。我們再該重加叙述。

中山先生說：

「什麼是民族主義？按中國歷史上，社會習慣諸情形講，民族主義就是國族主義。」（按：中山先生能按中國歷史講，按中國社會習慣講，此即其人文精神，亦即其思想之眞實偉大處。）

「中國自秦漢而後，都是一個民族造成一個國家。外國有一個民族造成幾個國家的，有一個國家之內有幾個民族的。」（按：這亦是中山先生一絕大發現。拙著中國文化史導論對此有詳細的闡述，從這裡可以透露出中國文化之絕大價值，我們茲深切注意。）

「民族由天然力造成，國家用武力造成。」（按：近代西方人的國家定義，為土地民衆主權三要素，實在涵義未賅，而且把國家在人類整體文化中道義上的責任忽略了。從中山先生此一分別，可以發掘出中國傳統政治理想之最高精神。）

「由於王道自然力結合而成的是民族，由於霸道人爲力結合而成的是國家。」(按：此兩處所指的國家，實應專指西方國家而言。中國的民族是國族，中國的國家則是民族國家，亦可說是族國，此乃由民族文化形成，非由霸道武力形成。)

「中國民族主義已經失去，而且已經失去了幾百年。」(按：這是中山先生對近代中國史一種最透切的看法，近代中國大病正在此。拙著近三百年學術史詳敘此一經過，非深切了解此三百年來思想上之最大病根，即不易救中國。)

中山先生的民族主義，一面反對帝國主義，一面亦反對世界主義。正爲中國民族主義早已失去，所以晚淸末年，像譚嗣同仁學，康有爲大同書一類思想，都滑進世界主義去。中山先生說：

「這個主義照理講，不能說不好。從前中國智識階級，因爲有了世界主義的思想，所以滿淸入關，全國就亡。」(按：王船山對此一點闡論甚詳。)

「康熙就是講世界主義的人，他說，舜東夷之人也，文王，西夷之人也，都可來中國做皇帝。世界上的國家，拿帝國主義把人征服了，便提倡世界主義。」(按：今天的史太林，便想做康熙，但康熙只要借用中國文化中之世界主義來統治中國，史太林則要把馬克斯列寧的思想來毀滅中國。只中國人誤認爲亦算是一種世界主義而已。)

中山先生所講的民族主義，是更着重民族文化精神的，他說：

「歐洲所以駕乎中國之上，不是政治哲學，完全是物質文明。」(按：此一點近代中國如康有爲梁啓超諸人，都忽略了，經中山先生再三提出，但國人瞭此者仍尠。)

「歐洲科學發達，物質文明進步，不過是近來二百多年的事。」

「我們學歐洲，要學中國沒有的東西。中國沒有的東西是科學，不是政治哲學。至於講到政治哲學的眞諦，歐洲人還要求之於中國。」

『自由中國』的宗旨

第一、我們要向全國國民宣傳自由與民主的眞實價值，並且要督促政府（各級的政府），切實改革政治經濟，努力建立自由民主的社會。

第二、我們要支持並督促政府用種種力量抵抗共產黨鐵幕之下剝奪一切自由的極權政治，不讓他擴張他的勢力範圍。

第三、我們要盡我們的努力，援助淪陷區域的同胞，幫助他們早日恢復自由。

第四、我們的最後目標是要使整個中華民國成爲自由的中國。

但爲何近代中國，連政治也不如西方呢？中山先生說：

「因爲失了民族主義，所以固有的道德文明都不能表彰，到現在便退步。」

什麼是中國民族的固有道德呢？中山先生說：

「首先是忠孝，次是仁愛，其次是信義，其次是和平。但是現在受外來民族的壓迫，侵入了新文化，那些新文化的勢力，此刻橫行中國，一般醉心新文化的人，便排斥舊道德。以爲有了新文化，便可以不要舊道德。」(按：中山先生這些話，只對三十年前的新文化運動而言，他也沒料到共產黨今天在中國的情形。當時一輩醉心新文化的人，必然覺得中山先生的話太守舊了。一個思想的眞價値，往往要經歷幾十年纔顯，所以先覺先知，實難能而可貴。)

中山先生又說：

「我們舊有的道德，應該恢復以外，還有固有的智能，也該恢復。」

「中國古時有很好的政治哲學，像大學中所說格物致知誠意正心修身齊家治國平天下那一段話，把一個人從內發揚到外，由一個人的內部做起，推到平天下止，像這樣精微開展的理論，無論外國什麼政治哲學家都沒有見到，沒有說出。這種正心誠意修身齊家的道理，本屬於道德的範圍，今天要把他放在智識範圍內來講，纔是適當。我們祖宗對於這些道德上的工夫，從前雖是做過，但自失了民族精神之後，這些智識的精神，當然也失去了。」

中山先生這一番話，有其甚深涵義。他會說：

「主義先由思想再到信仰，次由信仰生出力量。」

反言之，無信仰即無力量。目前的中國人，因對自己民族主義失却信仰，因此也就失却了力量。不僅道德實踐的力量沒有了，即智識上開晤與瞭解的力量亦沒有；因此要主張推翻一切舊道德，舊倫理，舊傳統，舊文化，來全盤西化。我們要恢復固有道德，便該同時恢復固有的智能。即像大學裡的話，我們應該把近代人的目光，近代人的智識來重新研討，再加發揮，我們該懂得許多過去的道理，一樣還可以是今天的道理。如近代的西方，也何嘗把希臘羅馬以及中古時期一切思想理論智識教訓全推翻了。（按中山先生對此有詳細發揮，此處不具引。）只因中國失却了民族精神，所以西洋的無古無今都對，自己的無古無今都不對，那只是一種可恥的無知。

（四）

以下再說到中山先生的民權主義，中山先生對西方近代民權主義興起之歷史背景，以及現行民權政治之實際成績，及其利弊得失之分限，分析得極詳盡。更主要的是在切就國情，來為中國推行民權政治定下一具體輪廓。他說：

「外國人批評中國人，一面說沒有結合能力，又一面說中國人不懂自由。這樣的批評，是自相矛盾。」

「近代歐美革命風潮，傳播到中國，中國新學生及許多志士都起來提倡自由。他們以為歐洲革命，像從前法國都是爭自由，我們現在革命，也應該學歐洲人爭自由。這可說是人云亦云。我們革命黨向來主張三民主義去革命，不主張以革命去爭自由。」

「提出一個目標，要大家去奮鬪，一定要和人民有切膚之痛，人民才熱心來附和。」

「中國革命目的與外國不同。我們是各人的自由太多，沒有團體，沒有抵抗力，成一片散沙，所以要革命。」

「實行民族主義，是為國家爭自由。」（按：中山先生此段理論，實有甚深義據，非透闢看準中國文化政治傳統，非眞切瞭解中國社會現實病痛者，不能說，亦不敢說。然今天的中共，則又對中國另加上一重痼疾與死症，却不能把中山先生此番話來替他們開脫。這眞所謂盲人騎瞎馬，扶得醉人東來西又倒，總之沒有思想的眞切領導，徒知向外鈔襲共產黨去了，還可有其他的偏差。）

他又說：

「天生人類，本是不平等的，各人的聰明才力有天賦的不同，所以造就結果當然不同。如果一定要把有造就高的地位壓下去，成了平頭的平等，至於立脚點還是彎曲線，還是不能平等，這種平等是假平等，世界便沒有進步。說到社會上的地位平等，是始初起點的地位平等。」

「中國政治進化，早過歐洲。兩千多年以前，便打破了封建制度。歐洲就是到現在，還不能完全打破封建制度，在兩三百年前，才知道不平等的壞處。歐洲人革命，都集中到自由平等兩件事。中國人向來不懂甚麼是爭自由平等，就因中國的專制，和歐洲比較，實在沒甚利害。中國人民直接並沒有受過很大的專制痛苦。中國今日的毛病，不在不自由不平等。如果專拿自由平等去提倡民氣，便離事實太遠，和人民沒有切膚之痛。他們便沒有感覺，一定不來附和。」

「天之生人，雖有聰明才力之不平等，但人心則必欲使之平等，斯為道德上之最高目的。要達到這個最高目的，可把人類兩種思想來對比。一種是利己，一種是利人。利己思想發達，則聰明才力之人，專用彼之才力去奪取人家利益，漸積成專制階級，生出政治上之不平等。重利人者，每每犧牲自己亦樂為之。人人以服務為目的，而不以奪取為目的。聰明才力愈大者，當盡其才力，服千萬人之務，造千萬人之福，聰明才力略小者，當盡其能力以服十百人之務，造十百人之福。至於全無聰明才力者，亦當盡一己之能力，以服一人之務，造一人之福。這就是平等的精義。」

中山先生曾說：

「國者，人之積也；人者，心之器也；國事者，一人群心理之現象也。心也者，萬事之本源也。」

有人問他，先生革命思想的基礎是什麼，他說：

「中國有一個道統，自堯舜禹湯文武周公孔子相繼不絕，我的思想基礎，就是這個道統。我的革命，就是繼承這個正統思想，來發揚光大。」

我們此刻若要來追問這一個道統和中山先生革命思想基礎之間的具體關聯，莫如充分注意上引的一番話。（按：即服務與奪取之兩種心理，由此可以上參孔子論仁孟子論性善，直到陽明之拔本塞源論。）

由於上述，可見中山先生之革命理論，實在涵有甚深極厚之中國傳統文化精神，並不是盲目追隨西方。但中山先生同時及以後人，縱使信仰三民主義，亦實在不瞭解中山先生之眞意義。這裏中山先生有他極深刻極沉痛的指示。他說：

「自義和團以後，一般中國人的思想，時時刻刻，件件東西，總是要學外國。」

「外國在物質文明上的進步，眞是日新月異，一天比一天不同。至於在政治上，外國比較中國，又進步多少呢？我們要學外國，便要把這些情形，分別清楚。外國對於民權的根本辦法，沒有解決。我們提倡民權，便不可完全倣效歐美。」

他說：

「政是衆人的事，治是管理衆人的事。中國幾千年來，社會上民情風土習慣，和歐美大不相同，所以管理社會的政治，自然也和歐美不同。」

「歐美有歐美的社會，我們有我們的社會，管理物的方法，可以學歐美，管理人的方法，當然不能完全學歐美。」

「歐美對於機器，有很完全的發明，但是他們對於政治，還是沒有很完全的發明。我們現在要有很完全的改革，無法學起，便要自己想出一個新辦法。」

「但中國人經過了義和團之後，完全失掉了自信力。一般人的心理，總是信仰外國，不敢信仰自己。無論什麼事，以爲要自己去做成，單獨來發明，是不可能的，一定要步歐美後塵，要做效歐美的辦法。」

這眞是中國民族命運此後一死生絕續的最要關鍵。若中國人永遠不肯相信自己能想辦法，永遠要倣效他人，這眞是死路一條。此刻信仰中山先生的，還是比附上西洋思想來信仰。反對中山先生的，也是援據着西洋思想來反對。中國人自義和團以來之五十年，已經不敢自己用思想，不肯自己用思想，也不信還有別個中國人能有思想。(連中山先生都在內。)在這樣的心理狀態之下，因此起先是學德日，其次學美法，再其次又想學德意，又想學英美，最後則學蘇俄。民族主義喪失了，又尚未到寧願做殖民地亡國奴的心地，則必然要轉向世界主義。但中山先生早已說過：

「如果民族主義不能存在，到了世界主義發達之後，我們就不能存在，就要被人淘汰。」

而且中國若眞個自己不能產生先知先覺，中國的後知後覺們，若永遠只信仰先知先覺只在外國有，若我們永遠只肯接受外國先知先覺者的指導，則他們也將永遠得不到中國的不知不覺老百姓們的合作。革命再革命，做效再倣效。中國如何能存在？如何能不被淘汰。

中山先生的民權主義，是他三民主義中最用心最精采的一部分。他確實把握到近代西方民主政治之眞意義，再會通之於中國傳統文化之眞精神，要想切就國情來建設起一個近代中國民主的新政治。其思想境界，極廣大，極開通，極平實，又極深微。實在値得我們再細研尋。至於他在民權主義中所發明的權能分職的理論，以及四政權與五治權分配並立的許多具體意見，則此處不擬詳述。

（五）

以下講到中山先生的民生主義。

我們要瞭解中山先生的三民主義，應該時刻不忘他所指出先知先覺後知後覺與不知不覺的人類三分系。若無民族主義，將永遠不會產生中國自己的先知先覺　若無民生主義，將永遠得不到中國絕大多數不知不覺的老百姓們之附和與參加。民權主義之權能分職，則是爲要謀此三種人巧妙地通力合作而設計的一架新機器。

中山先生說：

「現在對中國人說要他去爭自由，他們便不明白，不情願來附和，但是對他說要請他去發財，便很歡迎。」

「我們的三民主義，便是很像發財主義。我們爲甚麼不直接講發財呢？因爲發財不能包括三民主義，三民主義纔可以包括發財。」

這是中山先生最深入而又最淺出的話。惜乎後來一輩講中山先生三民主義的人，從來沒有從其內心深處眞切的想爲中國大多數人謀求發財。三民主義裏包括不進發財主義，那三民主義自然該失敗了。

民生主義便是要替人發財，然此話有更深涵義。中山先生說：

「馬克思以物質爲歷史的重心是不對的。社會問題才是歷史的重心。而社會問題中，又以生存爲重心。民生問題就是生存問題。」

他又說：

「民生爲社會進化的重心，社會進化又爲歷史的重心，歸結到歷史的重心是民生，不是物質。」

我們也可套用中山先生的話說：民生主義裡可以包括了物質，物質包括不了民生。民生主義裏亦包括了發財，發財包括不了民生。中山先生又說：

「社會進化，由於社會上大多數的經濟利益相調和，不是由於社會上大多數的經濟利益有衝突。社會上大多數的經濟利益所以要調和，就是因爲要解決人類的生存問題。人類求生存，才是社會進化的原因，階級鬬爭，不是社會進化的原因，是社會當進化時所發生的一種病徵。這種病徵的原因，是人類不能生存。馬克思研究社會問題所有的心得，只見到社會進化的毛病，沒有見到社會進化的原理。馬克思只可說是一個社會病理家，不是一社會生理家。」

這又是中山先生一針見血之論。我們該知道，只有生理可以克治病理，病理卻永遠代替不了生理。若使中山先生的民生主義，早獲在中國實行，則馬克思的共產主義，絕對不會在中國蔓延和猖獗。

但我們有一點，該在此處指出。中國人的民族主義，雖在上層智識分子們(即後知後覺者)之腦筋裏是早已失去了，但在一般民衆(即不知不覺者)中間，是依然存在的。義和團即是一好例。直從義和團以來之五十年，中國智識分子，從未爲一般民衆打算到他們的實際福利問題上去，卻天天把自己從西方學到的許多對中國民衆並非切膚之痛的思想和理論來無條件地向他們炫耀誇揚。外國的件件對，中國的件件不對。他們天天以宣傳灌輸外國的先知先覺者的道理自負，他們並不覺到在中國一般民衆之猶存有民族主義者的心情上，是會發生很大反感的。馬克思的唯物史觀與共產主義，(下轉第17頁)

論和平

羅鴻詔

一

和平是人類所祈禱的，但是鬭爭也是人類的本能，要和平必須消滅鬭爭，而鼓吹鬭爭則必有碍於和平，這是人們在常識上所認爲相反而難於解決的問題。我現在並不想對此歷史上的大問題予以解決，只想探討「和平」的涵義。我們認爲同此「和平」一名，而各方所有的涵義逈不相同，這是眞正的和平所以無法達到的理由，也就是今日國際糾紛之癥結所在。現在先從蘇俄及各國共黨之和平觀念談起。

共黨所要的和平是「壓服的和平。」對內要淸一色，個個人的思想要整齊劃一，行動要服從命令，均不得軼出他們所劃定的軌道。如果有些少橫逸斜出的便要加以改造，或關進集中營去作奴役，甚至殺掉，使個個人都受其煽動，成爲機器的零件，然後「國家機器」始能由工程師—共黨—自由運轉，任意控制，絲毫沒有毛病發生。對外則要使各國均受其控制，最後必須使全世界變成一部整套的機器，個個人都變成機件，然後他們的和平才告成功。

從前我覺得很奇怪，不但共黨的宣傳集中於「鬭爭」，即其行爲也傾全力於鬭爭，何以他們又高擧和平的旗幟，自以爲眞正愛好和平，而斥民主國家的當局爲戰爭販子呢？他們對地主鬭爭，對反動派鬭爭，對各種特務鬭爭，甚至對各種各樣的思想也要鬭爭，則鬭爭不是神聖的行動嗎？至其宣傳更是開口鬭爭，閉口鬭爭。如果將共黨的宣傳文字中凡有「鬭爭」的字樣概行塗去，我想，好多讀者都會不懂該篇文字的意義。那麼鬭爭豈不是他們不可須臾離的口號嗎？若謂鬭爭只用於對內而不用於對外，亦說不通。資本主義與社會主義兩種制度必不能和平共處，在一方壓倒他方之前一連串的衝突鬭爭必然發生，這不是列甯的遺敎而爲史大林所服膺勿失的嗎？「鬭爭哲學」是他們的中心思想，是其行動的準繩，故對內對外無不需要鬭爭，則其與和平豈不是背道而馳嗎？

現在我已經明白了，共黨的和平只是壓服的和平而已。照他的唯物論說，「國家」是統治階級壓迫被治者的「機器」，只是「物」；一個個的「人」也只是有思想，有行動的「物」，只是「機件」。一部機器如果有些不連貫的機件，則必發生毛病以致運轉不靈。在他們看來反動派及反革命分子等等乃是別一部機器的機件，根本配不上他們的機器去 故應該擯斥，應該殺掉；有一部分的順民也是不合用的機件，故應改造，若改造不來則應棄之而不顧，即是讓他們活活餓死。這麼一來殺死二億人也有其理論的根據了。在共黨的心目中運轉不靈的機器便是反和平的，故需要鬭爭；而其所需要的和平則是和精確的機器一樣，每一機件均極精緻而配合又極適宜的，要使人變成機件並非易事，不但要控制其行動，而且要控制其思想。但是歷史悠久而文化發達的國家，形形色色的思想都有，一方既有書而他方又有讀書人(儒)，要個個人的思想成爲整齊劃一，則除馬列主義的書籍及其信徒以外都應消滅凈盡，故對內需要「焚書坑儒」，才可實現其使人成爲機件的目的。但是外國又還有書有儒，所以非設立鐵幕不可。鐵幕在乎斷絕內外的交通，但要做到嚴密的隔離也有很多困難之處，尤其是斷絕思想之交通更屬難能。故凡是鐵幕邊緣的地方都是走漏消息，傳播思想的所在。比方香港接近廣東，臺灣接近閩浙海岸，克什米爾接近新疆，都是很大的漏洞，而以柏林西區爲尤甚。他們以爲必須把這地方弄到手，然後可以塞掉漏洞而竟鐵幕之全功。但是這些地方縱使被佔領了，也還有其鄰近的地方，又非佔領不可。故鐵幕一經成立則必繼續擴張，最後非將全世界征服不可。他們天天宣傳被資本主義國家包圍，其內部的反抗分子多半是外國的特務，可見還有一個國家未被征服，則其對內的鬭爭是不停能止的。

至於最近他們的「和平簽名運動」及「世界和平大會」等等接二連三的和平運動，却別有意義。第一是和平攻勢。他們自已提出和平建議來，若對方不接受，則對方要負破壞和平之責，擔承好戰之名。對方的人民可因此而鬆懈其敵愾同仇之念，而自己的人民則相信戰爭是萬不得已的手段，乃能使之死而無怨。第二是國與國之間不許有戰爭，而一國內的鬭爭或戰爭則不但應該，而且他國不應去干涉。這樣他們便可鼓動各國共黨發生武裝暴動，而派員參加，援助物資，以顚覆其政府了。他們始終想在聯合國之外成立四强公約或五强公約，正因爲聯合國憲章可用武力制裁，而四强或五强公約一經成立，則干涉各國的內戰乃成爲不合法的行動了。這只是蘇俄無力發動全面大戰時的策略，根本談不到甚麼和平。

以蘇俄爲首的共黨式的和平觀念，大略如此。共實壓服的和平，以國家或世界爲機器而以個人爲機件，是完全不可能的。居今日列國鬭爭之世，共對內對外固刻刻在鬭爭中，縱使全世界都被他們征服，便能任意控制而毫無反抗嗎？列寧以爲縱使階級消滅了，社會內部的矛盾却依然存在着，信如所言，則有矛盾必有鬭爭，豈不是鬭爭無已時嗎？「發展就是對立面的鬭爭」(列寧)，故社會除非停止發展則必有鬭爭了。照共黨的「鬭爭哲學」而推斷只有永遠的鬭爭，和平只是空言而已。

二

英美法等民主國家所謂和平則是諸力均衡(Balence of Powers)。近代科學的宇宙觀以爲整個宇宙根本是動的，而靜止乃是諸力之相互抵消。以此類推，人與人間，團體與團體間，國與國間根本是鬭爭的，而當各方勢力保持均衡之際才有和平。力學的靜止是不能持久的，以諸力不能一無增減，有增減則必生偏差而失其均衡，故又復歸於運動。和平也是如此，各方的勢力若有偏差，則鬬爭又起來了。故民主國家的和平是「力學的和平」。其政治着重制衡，不使某一方權力特大，然後偏向不生，和平可保。對國內的人民則依據法律以統治，不必使用暴力，大家守法便可以和平了。故個人與個人間，團體與團體間，或個人與團體間若有爭執發生，全憑法律解決，只有合法的競爭，沒有暴力的鬬爭。國際關係更憑力之大小爲轉移，各國的力量能保持均勢才有和平，若有優劣，則必生戰爭。但是國家的力畢竟和物理的力不同，當國者估計他國力量的大小往往錯誤，而戰爭即因此而生，力學上的動靜決不會如此。

民主國家的內部確實是和平的。政權移轉只憑選舉票數之多少，不以武力相爭奪，故內戰在理論上已無必要，事實上也幾乎絕迹了。法律雖不能消滅不公平的事體，也儘可發揮其制衡作用，以遏止過甚的禍害。共黨天天咒駡資本家，但是資本家並不像共黨的政府專憑暴力以刼奪人們的財富，只在法律許可範圍內去追求利潤。共黨說那些法律只有利於資本家，但是法律縱使不良，還可以隨時改變，有双方共守的法律終勝於一方任意頒布的政令。故法律統治下的和平是可以持久的。但是國際關係則始終無法保持長期的和平。因爲和平的保持需要各方能够協調，而戰爭則可由一方決定；只要有一個强國決心戰爭，必然引起其他國家的對抗，而最後則非一戰不能了結。各國之間利害有衝突，力量有大小，其均衡之難得而易失也是勢所必至吧。

康德在其「永久和平論」中列舉永久和平的條件，第一便是世界各國都要是共和國，即是都要實行民主政治。他的理由是受戰爭災禍者實爲最大多數的平民，那些專制君主及少數貴族並沒有重大的損失。故民衆或其代表投票以發動戰爭自必困難，而由一個專制君主或幾個貴族來決定，則遠爲容易。（手中無書只略取其大意）在我們今天看來，康德的理由當然不大充分，但是他以民主政治爲永久和平之第一個條件，確屬獨具烱眼。一個民主國家要發動戰爭遠比獨裁國家爲難，確與事實相符。然而是否絕對不會發動戰爭却無從保證。事實上一八四〇年的英國儘可認爲民主國家，而竟發動了雅片戰爭，已給我們一個反證了。

近幾十年間設立「國際聯盟」及「聯合國」的理論都從民主國家而來。他們以爲國內有和平而國際則無之，乃因各國沒有共守的法律。如果各國有共守的法律，遇有爭執，大家遵循法律程序以求解決，則武力歸於無用，和平可以立致了。其實法律背後還有武力，犯罪分子若不服從法庭的裁判，則必强制執行，這裡實有國家的武力爲後盾。如果犯罪者也有相當强大的武力—如各國內武裝暴動的共產黨徒—而不服從法庭的裁判，則國家當局亦只有出於武力制裁之一途，若犯罪者竟是國家，則舍戰爭外還有甚麼方法？韓戰便是其著例。聯合國何嘗沒有法律，但韓共中共不服從其裁判，到底非戰爭不可。我們以爲武力不出於一元，則戰爭必不能永絕。只許聯合國有武力，而不許各國有各自的武力，然後和平可以永保，由今日國際關係觀之，乃是不可避免的結論。力學的和平沒有長久保持的理由，即使全世界各國皆行民主，依然是不能消滅戰爭的。但是民主國家內部的生活在平時和戰時截然兩樣，不像獨裁國家之無時無刻不在鬬爭中，故對外國也可將和與戰截然分開，在和平時期確是名副其實的。

三

中國的和平觀念乃是音樂的和諧。「君子和而不同，小人同而不和。」（論語，子路）同與和怎樣分別呢？如僅用一種樂器，雖有許多人合奏也不免單調，這便是同，不是和。共黨的宣傳千篇一律，異口同聲，便是同而不和之寫照。比方他要吹簫，便強迫人們都來吹簫，其他樂器概在禁止之列，甚至形式有些小不同的簫子也不許可。至和而不同者則不然。用多種樂器又雜以人聲，拉的拉，彈的彈，吹的吹，唱的唱，各自發揮其特色，而渾成一曲之悠揚，這是百物不失的和（樂記，和故百物不失），異文合愛的樂（樂記，樂者異文以合愛者也）。中國的宇宙觀是「萬物並育而不相害，道並行而不相悖」，是「致中和天地位焉，萬物育焉。」（中庸）「有子曰：禮之用和爲貴，先王之道斯爲美，小大由之。」（論語，學而）不論大事小事都要和，這是人生觀之根本情調（用西方的說法是觀點，其知識論的意味太濃，中國話應謂爲情調）。俗語所謂「心平氣和」，中國人多半能體會其意味。

由鬬爭思想言之，一人之向上進步必須征服他人而支配之，一國對他國亦復如此。所謂征服自不限於用武器，乃在其人生觀之基本情調。一社會內部尚且充滿着鬬爭及征服的行動，對他國還能够不戰爭嗎？由和諧思想言之，人人自奮，各盡所能，而同爲社會効力，則一人向上進步同時必引導他人向上進步，無須乎壓服他人，支配他人，故不强人以從我。國與國之間亦復如此。一國向上進步同時引導他國向上進步，而同爲世界社會効力，這麼一來，戰爭自歸於無用，永久和平就可以保持了。

今日的獨裁者日以鬬爭教人，仍須以愛好和平自命，可見和平之價值終古不磨，自非兇暴集團所能抹殺。和平如無價值則已，苟尙有價值之可言，則內心情調的和諧乃是最根本的。但是社會上有「力」的問題，而政治尤不能擺脫了力，故僅有和諧的情調是不够的。民主政治的制衡作用乃是控制住力而使之歸於「平」的制度。我們的結論是：教育上須以音樂的「和」使人們涵泳內心的情調；政治上須以均衡的「平」爲人們建立行動的指針。這樣既「和」且「平」，才是和平之極致。

個人與國家

李中直

美國紐約州州長湯姆生E杜威先生，在他這次太平洋之行的季里諾的宴會席上，曾說過一句頗饒意義的話：「個人比國家更重要」。（見七月二十一日臺北市各報）

我所謂杜威說「個人比國家更重要」一句話之所以頗饒意義，並不是說他這句話有何創見，有發人之所未發的地方；而祇是覺得他說的是時候，是地點；所以適時適切，才增加其效用；雖是舊話重提，仍極具深義。若是此刻杜威先生能够跑到共黨極權統治之下的中國大陸上，把這句話拿來登高一呼，自更增加其價值。不過，這是辦不到的。

我想此時在亞洲地區、特別在中國大陸上，有些人若是聽到「個人比國家更重要」的論調，一定會大感驚奇。他們一定會情不自禁地自我發問：個人怎麼能會比國家更重要呢？眞是離經叛道呀！

若說唱這種論調就是離經叛道的話，那麼今天全世界的叛道者至少要有數萬萬人之多；在所有西歐文化所支配的地區內，絕大多數的人都屬於這一類，此外自然還有很多。西歐文明的精髓實爲「個體主義」，我們若說全部西方民族的政治史就是一部爲爭取個體權利的奮鬪史，亦不爲過。因此我說上述杜威的話之有無價值，還要看是在甚麼時間，甚麼地點；在甚麼情形之下。假定今天在美國有人說上這樣的一句，保險無人一顧，而認爲他是廢話。

西文上 Individualism，通常被譯作「個人主義」。由於這個譯名的不太合適，遂使很多人下意識裡起了很多惡劣的反應。一提到「個人主義」，有些人立刻覺得它是自私自利、害群、不愛國、不尊重團體……因此個人主義者就是蟊賊，就是禽獸……應該加以消滅。於是，不分靑紅皂白一大堆罪狀統統都記在 Individualism 的賬上了。比如在西方社會中爲人們所深惡痛絕的「自我主義」（Egoism）和「唯我主義」Solipsism）等等，而在東方人們也往往覺得它們是「個人主義」的組成部份，或同道。其實，這眞是天大的寃枉。上述的自我和唯我主義，除了使得「個人主義」跟隨着蒙受了極大的損失以外，彼此實在沒有絲毫相干。我想，起初人們若把 Individualism 譯作「個體主義」，恐怕在中國社會上的反應要好一些。

所謂「個體主義」，它既不像「自我主義」那樣一切完全以我的自身爲中心，而把別人的權益置諸不問；也不像「唯我主義」祇問「我」的存在，而根本上否定別人。個體主義者雖十分重視諸個中的「我」，但同時也關照到其他諸個體中的「每一個別人」。因此，在個體主義者的心目中不但有己，而且有群。祇是「己」和「群」之間有一個嚴格的界限，彼此不能踰越罷了。

上帝造人乃是以一個個體爲單位；每一個體不但賦以獨立的形骸，而且賦以獨立的情思。個體主義的精義，即在保存每一個個體在思想、感覺和行爲上的獨立性，使其免於消失在群的汪洋之中，而使人的存在毫無意義。假定個體在思想、感覺和行爲上的獨立性消失，則任何社會必然發生下面的兩種結果：（一）個體的創造能力消失，而致整個的社會生命趨於萎謝或癱瘓。（二）個體將失去對一切事物作價值判斷的能力，而使一切社會活動歸於毫無意義。這樣的社會即使不根本解體，而人生亦無何價值。因此，個體主義者不但爲了我自身「有價值的」存在要堅持各個實體的獨立性，同時更爲了社會的活動機能而有此要求。這就是個體主義的可貴處，也就是在西方民族的歷史中億萬人所以不惜洒鮮血、擲頭顱而前仆後繼地追求之者。

處理社會人群的一切問題，若以個體主義爲出發點，則人類世界上雖不能無組織，但一切組織的存在及權限必須以相關的諸獨立個體的需要爲前提；換句話說，世界上的一切組織皆爲滿足相關諸獨立個體的手段，而非目的。就着「人」的觀點來說，人類世界上祇有一個（不多也不少）目的，那便是每一個個體的獨立存在，並能得到最大限度的滿足。因此，任何組織都不應該是絕對的，永久的；都沒有主動存在的價值和條件。但在人類歷史的過程中，「應然」與「實然」永遠是脫節的；歷史上曾經有若干組織先後以「反客爲主」的姿態出現，久而久之，手段遂變成了目的。這類組織最初發生的是國家，再後則爲歐洲中古時代的教會以及和它同質的教會組織，在近代最出色的則是創始於馬克斯的共產黨和類乎共產黨一類的極權組織。其實所有上述的各種組織，雖名目不同，形式各異，但在實質上則無甚差別；它們同是要透過一個抽象的觀念、一個具體的組織，把諸個體的權力抽到一點，使具有高度權力慾望的野心家得以爲所欲爲。

關於國家起源是個衆說紛紜的問題，和本文也無關緊要；好在上古和中古的國家觀念或有關國家的學說，到現在已經無何重要的影響，我們可以不去管它。現在我們要根究的是關於近代國家的問題，因爲她還仍然强烈地影響着我們。

近代國家的觀念，實創始於十六世紀的法人布丹（Jean Bodin）和比他稍後的荷蘭人格老秀斯 Hugo Grotius）；布丹首唱國家主權說，而格老秀斯則開國際法的先聲。

布丹說：「主權，它是一個國家的絕對和永久的權力。」由於其至高無上，所以國中人衆必須屈服於它的絕對權威之下。我們固不能否認布丹氏的國家主權說在當時實有澄淸歐洲各國混亂的政治局面之良好作用，但由於這種學說在各國取得了權威的地位，因而在另一方面它實大大地阻碍了近三百年來各國民權思想的進展。我們若依據前述「個體主義」的觀點來看，則惟有個體始有天賦而不可讓與的「主權」(Sovereignty)；國家之所以可以有主權，那不過是諸個體主權的集體反應，或代表而已。因此，所謂「國家的主權」，它就不應該是絕對的，永久的；它絕不能和個體的主權相左。否則，那便是剝奪了個體的天賦權利，而否定了自然法。因此，從事近代民主運動者，必須首先修改布丹的國家主權說，使其不再是絕對的、永久的，而致剝奪了個人的基本權利。

從民主的觀點來看，格老秀斯的學說實在較布丹爲進步；格氏主張國家主權對外獨立平等，實含有大同主義的成份。然而從他的這種觀念演繹下來的國際法，其剝奪個體和民族的主權一點，實與布丹的國家主權說有異曲同工之妙。當傳統的國際法規定法人範圍的時候，恒以不多不少，恰恰一個主權獨立的國家爲對象。假定某一個國家的主權爲另一個强有力的國家所刼持而淪爲屬地時，則這個國家就不再是國際法所承認的法人，從而這個國家以內的個人和民族的主權就都被剝奪了。因此，格老秀斯的用心雖善，然而三百年來，無數被壓迫的個人和民族之傷心淚，實隨着他學說的國際法化而洒遍了全球。因此，要使普遍個人的權利得以保持，則傳統的國際法也必須一併修改。

談到關於國家的問題，筆者所以特別提出布丹和格老秀斯兩人加以討論的原因，並不是認爲他們的學說在本質上與個體主義的衝突最大、最不能相容者；若單就這一點來說，他們的過錯尙遠不及菲希特和黑格爾。不過後兩者關於這方面的學說今天至少在民主世界裡已爲人所深惡痛絕，只要這一塊個體主義的堅實基地不爲極權的洪流所淹沒，則雖再有十個、一百個盧森堡、戈貝爾和希特勒們再生，諒他們對已爲民主世界所唾棄的謬論絕無借尸還魂之能。因此，今天我們大可不必和菲希特們翻過去的一筆舊賬；反之，在另一方面布丹和格老秀斯的主張雖已有少數的學者提出非議，然而迄今尙爲民主國家奉行之若素，而沒有一個政治權威已經訴諸行動起而公開地反對者。因此，我們乃有特別提出來略加評述的必要。其實今天巧立名目，誘陷個體的權利，其爲害遠較「至高無上的國家」爲大者，還有主張「無產階級專政」的共產黨和與它同質的其他極權組織。

馬克斯在一百零幾年以前，曾儼然以「人類救主」的姿態出現於歐洲的政治和思想舞臺。他曾猛烈地評擊國家組織，把國家看作資本家壓迫勞動階級的工具。看樣子，他當時恨不能把國家組織一脚踢翻，而把個人「解放」在自由的大地之上。但後日事實的發展却大大地使人失望；這位「救世主」不但沒解除了無產階級的痛苦，反而在那一條舊的「枷鎖」上，緊緊地又扣上了一環——共產黨。曾被自我渲染爲世界最民主的「斯達林憲法」，末後有一條說：因爲工農階級是無產階級的覺醒者，而蘇維埃共產主義的黨又是這個意識裡的有組織的表現，所以蘇維埃聯邦人民共和國由共產黨來領導。這就是不容分說，硬把全俄國老百姓(乃至全世界的人民)置於衆「先知」所創立的共產黨的領導—專政—獨裁—之下，結果這個以救世軍自命的共產黨變成了比國家更不能選擇的絕對組織。馬克斯和他的徒子徒孫們，一百多年來天天駡資本家壓迫工人，資本家剝奪工人的自由，但我們把一部世界史一字不漏的翻到最後一頁，却總也找不到曾經有任何組織比共產黨壓迫工人，剝奪工人自由更利害的。

野心家永遠具有洪水般的特性和魔力。他們不但見縫隙就實行滲透，並且不怕阻碍；此路不通，另找別門。反正要設法流灌過去，使得人們廬舍爲墟。天眞的工人們不要再迷信共產黨會解開你「項上的枷鎖」罷！他們也許會一時的那樣做(假定你項上眞帶着枷鎖的話)，可是不要忘了：他們左手把你的枷鎖解開，右手就把你關進更難掙扎的鐵牢內去了。

總之，人們必須覺悟：不問野心家說得如何天花亂墜，百般利誘，你永遠不能把口袋頭交給他；否則一失足即成千古恨，再想收回來，那就不是容易的了。

人們皆知唯物論者是反神、反上帝的能手，而不知所有近代極權主義者都有這種共同的傾向；希特勒雖則也頗相信星相占卜之事，但在另一方面，他却覺得他是上帝、是神明、是萬能的主宰。所以，希特勒也和斯達林同樣地不能承認造物者的安排。

極權主義者既根本否定了造物者的安排，所以在他們的心目中就根本沒有神命法、自然法這一回事。於是他們也就不能承認人之有與生俱來的天賦權利了。在這種情形之下，其結果是弱肉强食，勝者王侯敗者賊；在勝利的統治者看來，要法律豈不是自絆手脚嗎？於是他們把以自然法爲根源的正常法律一脚踢開了：我就是上帝，就是自然法；假定爲了統治的方便需要某種法律的話，可根據我的意念演繹下去，爾等好自守之；迨我的意念有所變更時，可隨着另換一套。於是依據斯達林神意起草的所謂「斯達林憲法」出現了，和這個神意欽定的憲法同出一源的若干蘇維埃法律也出現了。然而「好景」不常，迨一九四一年德蘇戰起，斯達林妙手一伸，於是「憲法」和其他若干不合心意的普通法律都又被納入他的寬袍袖口之內。生息在這種極權統治之下，除了唯一的「先知」之外，人人都是孤魂孽鬼，生命財產尙且可以憑空地遭受毁滅，那裡還能會有人格的獨立，人性的尊嚴，和其他自由的權利啊！

個體主義和極權主義最根本的衝突，即在對造物者或人權的看法上：前者認爲人人都有若干天賦而不可奪的基本權利，如生命、自由和幸福的追求等等；而後者則根本否認天賦人權的說法，他們認爲祗有少數跟我走者才能享受某種程度的「公民」權利，其他人們都應該彼「專政」，被「改造」，被「再教育」，或者甚至於應該根本被消滅；個體主義者既認爲「人人」都有若干「天賦」而「不可奪」的權利，所以他們要適當地運用自己的權利，而同時也知道尊重別人同樣的權利。因此，在每一個獨立的個體能夠得到充份發展的社會裡，其普遍現象是：重人格、重道德、崇人性、崇理性、尚自由、富創造；反之，極權主義者因不承認天賦人權，所以，予取予奪，可隨心所欲，而漫無標準。因此，極權主義社會的普遍現象是：反道德、反理性、破壞人格的獨立，摧殘人性的尊嚴，其結果是迫害自由，窒息創造。

這完全是無法調和的兩個極端；若不能把極權主義從地面上根本剷除，人類休想過安寧的日子。

信仰民主政治的個體主義者，因了他們認爲人人都有若干天賦而不可奪的權利，所以他們在政治上開宗明義第一條主張 是要有「屬民的」（Of the people）政府。孟子說：「民爲貴，社稷次之，君爲輕。」這種主張實爲中國古代政治思想中最接近民主者。不過，假使我們不太感情用事的話，還得把孟軻先生的靈位移放到民本政治思想家的廟堂之內，以免「朝山進香」者感到混淆。康德也曾用莊重的口吻勸爲政者「把人當作目的」，但我們却不相信在被治者能夠有效地控制政治的權力以前，康德先生的勸告能發生幾許效用。民主政治的擁護者永遠不相信任何人比他自己更可靠，更能知道自己的需要；所以在他們沒有能夠有效地自己治理自己以前，他們絕不相信眞正「爲民的」（For the people）的政治有實現的可能。

民主政治的擁護者永遠不相信人類中有「先知」，有「超人」，也不相信政治上有特權階級；他們相信人人都是生來平等的，所以在他們的心目中爲政者既不能「作之親」、「作之師」，政黨領袖也不是人民的導師，而警察更不是人民的保姆。

總之，人類世界上沒有任何組織是天然的，絕對的，永遠的，而所有一切人爲的組織又都是爲了個人的利益所設和存在的；所有附屬於上述組織之中的一切人員都是受雇於組織的所有者—諸個體—而爲了這些所有者的權益服務的。個體、組織（包括國家一類的組織在內）和受雇人員三者的關係很顯明的，個體是主人，組織是人構造的工具，而雇用人員則是主人的僕人；相形之下，個人自然要比國家更重要了。

我想在自由中國的地區裡，有人看了這篇文章或者要說：你的話在原則上固然很對，不過說得有點不是時候。因爲現在正值反共抗俄之戰的嚴重關頭，我們應該犧牲小我，成全大我，犧牲個人，拯救國家才是正理，而你又如何還能强調個人的重要呢？這話乍一聽來，似乎還勉勉强强地有點道理，但略加分析，就會立刻發現它仍是一套野心家或愚昧者所慣用的口頭禪，極其可笑。我們且舉美國獨立戰爭時的例子加以說明：一七七六年初，北美十三州各地漸漸燃起了反英的火炬，而這時在費城剛剛登岸十四個月的英人培因（Thomas Paine）氏，首先揭起了鮮明的獨立建國的大旗。他在一七七六年正月出版了一本轟動全美的小冊子提名「庸見」（Common Sense），可是在那本小冊子裡面他首先提到並且一再强調的到不是勉人犧牲小我，犧牲個人，而却是天賦人權和個體的重要；六個月以後，哲斐遜起草「獨立宣言」，仍然是和培因同一的腔調；迨一八八一年前後，獨立戰爭到達最危機的時候，這位被譽爲美國第二國父的培因氏雖然天天寫文章鼓勵人民爲了獨立而戰，但在另一方面，他却絕沒有停止强調他素所主張個人重要的理論，然而八年的工夫，美國的獨立戰爭終於勝利地結束了。這是甚麼道理呢？我想我不必多說了，假定一個人要是不能親切地體會到他究竟爲何而戰，爲誰而戰的時候，他永遠是鼓不起勇氣來的啊！

本文是從杜威的一句話開始的，最後我想引幾句杜威最好的朋友之一的杜勒斯先生的話，作爲結束：

『個人乃是國家或國際社會中的主要單位。國家似可假定是爲個人的利益而存在，而個人却不是爲國家的利益而存在。

『維辛斯基說：「人權不能在政府特權以外而考慮，而人權的認識實係一種政府的概念。」……除非我們拒絕了維辛斯基所提倡的警察國哲學，我們是不能與警察國作有效的對抗的。』（見杜勒斯著「戰爭或和平」一書中的第十六章）

奴隸詩人

蘇聯與其衛星國家的詩人寫了許多歌頌史達林的詩，都可與郭沫若那首肉麻的「親愛的鋼」相比「美」。如蘇聯的詩人諾佛德非喀（Novodevicki）歌頌史達林道：

你是天空的飛鷹，勇敢矯健！
你是宇宙的智慧，舉世的精靈！
即令是天上的星星，也唯你命是聽！

保加利亞的一個詩人喬治・非辛（Georgi Vicin）曾寫過，即令「帝國主義者」使戰爭的陰雲遮蔽太陽，也沒有關係。因爲：

……我們將重使天空開朗，
陰雲的後面將閃出另一個太陽，
史達林才是照耀世界的陽光！

史達林陰謀攫取中國的鐵證

吳　桐　湘

胡適之先生前著『史達林雄圖下的中國』一文，自從美國外交季刊登出，又經國內中央日報和「自由中國 半月刊 第三卷第一期）譯載，中外人士都因這一重要的歷史文字而更明瞭史達林幾十年來處心積慮侵吞中國陰謀的發展情形。

記著抗戰初期，適之先生在美發表『中國抗戰與北美獨立運動』一文以後，有許多大中學校將它採作英文教材。就現在說來，『史達林雄圖下的中國』一文的重要性，是更超過 中國抗戰與北美獨立運動』的。筆者現在這篇文字的目的，是在替胡先生『史達林雄圖下的中國』一文作一註脚，以便大中學生把胡先生那篇文字作歷史或英文教材誦讀時，能得有更深切的了解。

我在這裡援引最多的書刊，是『蘇聯陰謀文證彙編』。這是民國十六年四月六日，張作霖搜索北平蘇俄大使館武官室所得的重要檔案文件一千餘箱中的最重要最機密的資料。同年四月二十七日，駐平各國公使如英使藍浦森日使芳澤等都曾應張氏之邀請檢視這一批文件。十七年二月，這批文件以『蘇聯陰謀文證彙編』的名字刊行；許多重要文件且都附俄文原件照片。這個『彙編』的史料價值，是毫無疑問的。

在『彙編』第一冊政治類，第一件文件就是『第三國際共產黨大會第七次關於中國問題議決案』，其中有云：

『一、中國之革命乃一最重要最雄厚之主力，足以破壞資本主義之根基者也。

『三、現時中國之革命……試以下列種種重要問題觀之，中國革命前途定能發展：

甲、各帝國主義國家，因在中國境內彼此競爭，致使其自己地位衰弱。

戊、蘇聯與中國土地毗連接近，而各帝國主義之國家則距中國經濟軍事政治威權之中心相去甚遠。

『九、當此革命過渡時期，農民爲一切問題之中堅。凡能以激烈堅決態度，趨重於此根本問題者，必將爲革命之領袖。中國現在情形，無產階級應以農民爲宜於實行激烈政策之唯一階級，乃反帝國主義奮鬬及完成革命之前提也。

『十四、共產黨對於國民黨及廣東政府之關係，亦爲於農民中取得勢力之所必須者。因政府之機關爲接近農民之捷徑，共產黨應利用之。最近所佔據之各省，亦將按照廣東制度設立政府之機關，共產黨員應亟行滲入，以便實行農民計劃（沒收田地，減少租金，並賦與農民協會實力），根據政策實行改革之制度。

『十五、因上述情形及種種之主要原因，故主張共產黨應拋棄國民黨者，其意見實屬謬誤。蓋中國革命之作用與其前途，在在均使共產黨應存留於國民黨之中，於國民黨內增進自己之工作。共產黨應欲於國民黨中增進自己之作爲，以期繼續發展，應行加入廣東政府。』

看了這一包藏陰謀的決議案，就可以知道胡先生文中第五節所謂『對鄰近毗連的土地進行革命的暴力征服』，和『爲了避免彰明較著的暴力或革命的暴力之出現，必須會同民主的和反法西斯的政黨或一個國家內的其他團體組織聯合政府』諸話，確是具有超越的史識的了。——國際共產黨這一議案，是一九二七年國民革命軍北伐進展時制定的；而其後共產國際對我國革命暴動的方法，雖時有變化，但這一最高的戰略政略指導却始終是維持着。這個帶着「掩眼法」的策略，竟將世界上許多人士都欺騙住了。大家都相信共黨是『農民運動』『土地改革者』了。胡先生這文將史達林的秘密揭穿，對於從事世界政治的人士，眞是一大貢獻！

史達林的戰略指導原則是如此。因此，當『共產國際竭其全力以撐持國共的合作』，「派遣一爲數可觀的政治及軍事顧問團到中國」（胡文中語）時，其用意就是不善的。據『彙編』第一冊政治類第十七頁載「中國南部蘇聯軍事政治工作團體組織大綱」第一章宗旨有云：

『一、組織訓練中國南部國民軍，將中國國民從帝國主義壓迫下救出，並將中國組成統一獨立之民主共和國。

『三、使共產主義及蘇聯國家得一般中國人民之同情，並極力使彼等接近蘇聯，得蘇聯之援助，在軍隊中及民間組織工人團體，預備作將來之革命運動。

『四、偵查中國反革命之實力，及壓迫中國人反革命之實力。

『五、研究中國情形，從南部起手。』

由這四條立言用意看來，就可知蘇聯當時用心的深遠了！

但是在蘇聯顧問團到達廣東不久，她們包藏禍心企圖借體還魂的野心就爲今蔣總統洞燭機先了，這就是所謂『三月二十日事件』。『彙編』第三冊廣東事項類第三十五頁載「斯切潘諾夫出席廣東蘇聯委員團共產黨分部集會」對於『三廿』事件的檢討有云：

『至吾輩之錯誤，厥爲工作程序之不適當……。一、集中陸軍權力過速；二、監督國民軍將領各機關之過甚的監視（俄顧問時常自居於首要之地位，直接管理事務）；三、關於帝國主義問題農民問題共產主義問題在軍隊中之激烈宣傳不盡適當。

『中國共產黨於黨務之工作，及軍隊中之宣傳，亦鑄成許多錯誤。彼等不知盡力於組織國民黨，默爲轉移；只知以顯明的擴充共產黨爲工作之總方針，欲在各處完全把持一切指揮之權，致使國民黨因嫉忌而解體。

『惟中國共產黨之錯誤，實由於吾輩指揮力之不足，及欠缺聯絡，未能一致行動之故…。』

這裡所謂『集中權力過速』，『默爲轉移』的話語，何等陰狠毒辣！

但是最值得注意的，還是同書第四十頁所載斯切潘諾夫第二次報告「三、廿」問題與尼羅夫的問答批評。尼羅夫的答語有云：

『共產黨人於工作時，祗知利用國民黨，在其覆翼之下擴大已黨之力量，不知從事於國民黨之建設及注意國民黨之左翼，公然攫據國民黨之最高管理機關，及軍隊中之政治機關，包辦工農運動……在農民中工作人員並無國民黨員……

『前項情形在軍隊中爲尤甚。軍隊中政治工作人員佔據重要地位，遍佈黨羽，從事於該部份長官所不知之工作。

『現時由中央委員會得到通令。該通令之內容：即共產黨之主要任務爲組織國民黨左派，鞏固左派之地位。

『各項公共任務之中，又有私的任務，即，應與國民黨左派接近，援引彼輩指導黨務工作及農民運動，表面上當注意三民主義及孫文學說，勿爲忽視之態度是也。』

綜合上錄蘇聯顧問和共產黨徒言行，可知他們的一切作爲都不過是爲他們「預備作將來之革命運動」——這革命是共產暴動，而不是國民革命。因此，對於國民革命軍北伐，共產黨徒是力求阻撓的。民國十六年吳稚暉先生上中央黨部『請查辦共產黨文』（吳先生文粹第一冊第一頁）中，指出共產黨徒的用心說：『中國共產黨首領陳獨秀本有反對北伐之文，俄國共產黨鮑羅庭在廣州亦建綏取江浙之議，即因他們老實不客氣，實力未充不欲國民黨羽毛驟豐，使共產黨難下摧毀之手段。』這段話足以說明當時眞相。

但是北伐軍打倒軍閥的工作，很快地得到全國人民的支持擁護，共黨黨徒阻撓的陰謀未能得逞。因此，他們又不惜造作『寧案』，以牽動外交，『逼帝國主義來殘殺』，『愈把國民革命軍可以維持國民黨的勢力減縮下去』（吳稚暉氏書汪精衛銑電後語）。這樣便可輕易地整個攫取受蘇俄影響的國民革命軍，而將國民革命變爲「又一個光榮的十月革命」了（胡先生文中語）。

胡先生文中曾以相當多的篇幅描述民國十六年的『寧案』：「三月廿四日的南京事件，極可能是一種有計劃的策略行動，將許多列強捲入武裝干涉的漩渦。」這一結論是非常精確的。我們在「彙編」第一冊政治類第九頁「莫斯科根據國際共產黨執行委員會全體大會關於中國問題之議決案致駐華武官隨員訓令」中，正可找到這一結論的最好註脚。訓令原文有云：

『四、激動反抗歐洲暴行之風潮及英國計劃（以下被焚）。

『五、必須設定一切方法，激動國民群衆排斥外國人。爲達到此種目的起見，必須設法獲得各國對於國民群衆之適用武力戰鬥。爲引起各國之干涉，應貫澈到底，不惜任何方法，甚至搶掠及多數慘殺，亦可實行。遇有與歐洲軍隊衝突事件發生時，更應利用此種機會，實行激動。

『七、實行此種排斥歐人之運動時，保存各國間之不協調，非常重要。日本能於最短期間派多數軍隊來華，故令日本與各國離隔 尤爲特別重要。爲達到此種目的起見，於一切運動之中，必須嚴加監視，務使日本僑民無被害之人。但於激動排外風潮之時，將日本除外，殊足引起不愉快之觀感。故實行激動排外風潮時，必須假託反對不列顚運動之名義也。』

又「彙編」第一冊政治類第二十三頁載：『一九二七年三月十三日蘇聯鼓動工潮及挑撥中外兵衝突會議之筆錄』有云：

『吾等應繼續工作：在外國軍隊中宣傳最近胡間將散佈由俄國同志等交來之傳單；吾等極希望畢庶澄兵與外國軍隊衝突。此種時機已到成熟。因兩天以前有山東兵十餘名經過外國租界，被英兵扣留；彼時一般兵士聞此消息皆持槍欲赴租界營救；雖軍官哀懇兵士勿擊英人，勉強罷爭，而山東兵對於英國兵感情非常惡劣。』

由這一訓令，和會議筆錄足以證明『寧案』完全是有計劃的陰謀行動。祇因『寧案』發生後十日，俄國大使館武官室就被搜查了，以致共產黨徒有關寧案的詳細『現身說法』報告，尙未及到達北平俄使館，使我們今天無從知其詳情。

胡先生文中指出：『日本政府是反對干涉者之一』。就上錄莫斯科訓令來看，這正是蘇聯當局寤寐以求的。因爲克里姆林宮的主意是只想逼帝國主義來殘殺中國人，以便乘機實行武裝暴動，實行共產革命 將中國變成蘇俄附庸，擴大世界革命的基地。假如能於最短期間派多數軍隊來華的日本竟把中國重要地區搶先占領了，甚或掉轉槍頭來打蘇聯，這却不是克里姆林宮所希望的。因爲當時蘇聯對於戰備並沒有多少準備，內心頗有些懼怕列強的圍攻——這在「彙編」中有許多文件，可以說明這一觀點：

一、第一冊政治類第十四頁，蘇聯密探局指示一九二七號：『現時最關緊要而應迅速探明者爲左列各項問題：（六）日本及奉張對於滿洲及外蒙古籌備施行之急進計劃；遠東如發生戰事之時 蘇聯在滿洲有何項人民團體可資依賴：應迅速查明。現時最好將此項團體之約略人數及該團體之社會與職業成分加以確定。』

二、第二冊密探類第一頁蘇聯在華密探局組織法載：『工作之方面及範圍應注意以下兩點：（甲）須認定蘇聯與日本及中國有戰事之可能。（乙）須認定中國國民革命運動能以發展，因之歐洲帝國主義國家及新大陸不致予蘇聯以封鎖。對於甲項吾等應詳細研究中國北部及高麗各地之情形，以該各地為未來之戰場（以該處為進攻之起點及軍隊集合之中心，並在該地籌備後防），注意各該地出產及有組織之軍隊。

『為實行以上宗旨，須組織大規模之探訪機關。『外勤密探分團三十三處；內勤探員共計九十人；外勤探員戰時共計三百三十人，平時則僅一百十人（所謂戰時之三百三十人，無論何時當不至此數，因中國及高麗各地決不致同時均有戰事爆發也。）

『駐中國密探總機關部開辦較晚，駐東三省者一年前開辦，駐高麗者開辦約半年，但於中央及揚子江流域則不過三四個月耳。』

綜合這些文字，可見克里姆林宮是時時當心日本英美對她戰爭的可能的；同時，克里姆林宮基於戰略的想定，也曾擬定中國東北和高麗為未來戰場，進兵日本的中心——在克里姆林宮主人心目中既認定『中國國民革命運動能以發展』，中國將會變成她的衞星，因之『歐洲帝國主義國家及新大陸不致予蘇聯以封鎖』。 如果再進一步攻佔了日本 則亞洲大勢定矣！但是日本在中國東北及高麗經營已久，並且在『最短期間能派多數兵來華』，而蘇俄則在中韓的密探工作的佈置尚在萌芽 其他戰備更談不到，因此，克里姆林宮是不願意輕易觸怒日本的——史達林這一隱痛，一直在一九四二年的日蘇中立條約和史達林狂吻松岡洋右的表演上還可以看出來。但是雅爾達協定波茨坦宣言却很輕易地滿足了史達林的心願，『顯然只有史達林對他的歷史記憶得最清楚』（胡先生文中語）！這一含義深遠的話語，應使盟國最高決策人士羞愧！

由近五十年的遠東政治史看來，現在朝鮮的戰事，正是克里姆林宮一貫策略的實行。但是二十年前共產黨人預料：『帝國主義不致予蘇聯以封鎖』，『中國高麗不致同時有戰事爆發的』。『各國間一定不會協調的』。現在民主國家正在那裏敬謹奉行。因此不禁使我要問：這是史達林魔術手段高明呢？還是民主國家當政者的低能，致二十年來對於俄帝的認識始終沒有長進呢？（完）

托洛斯基的未亡人

「好好照顧她，她和我共過長時期的患難。」這是托洛斯基臨死將他的妻子娜塔妮亞．塞多法託咐給他的朋友們時所說的話。

娜塔妮亞．塞多法出生於烏克蘭一布爾喬亞家庭。她於一九〇二年和托洛斯基邂逅於巴黎。當時，她正在巴黎讀書，托洛斯基則將他的時間多消磨在煙霧迷濛的咖啡店中，下棋，或是夢想着世界革命。在隨後的三十八年中，她隨托洛斯基到過許多國家，如西班牙、瑞士、芬蘭、美國、挪威、德國、土耳其和蘇俄等。她也隨托洛斯基飽嘗過放逐和鐵窓滋味。

一九一七年，蘇俄國革命爆發。那時，他們正住在曼哈頓每月租金十八塊美元的一間房中。不到幾個月，這位革命家便成了蘇俄的外交委員，後又為紅軍組織人。十年以後，他們夫婦倆因反對史達林而被逐出蘇俄。後來，便逃往墨西哥。一九四〇年，托洛斯基於墨西哥被史達林的一個特務所害。

娜塔妮亞，塞多法現仍住在墨西哥一所高牆綠門的房子中。她曾譴責社會主義工人黨不應支持史達林的軍隊在韓國從事侵略。社會主義工人黨為托洛斯基派。她對社會主義工人黨在紐約的戰士報寫道：「我的丈夫定不贊成你們支持史達林主義的軍隊摧殘痛苦的韓國人民。在這方面，我決不能附和你們。」

（上接第9頁）本是近代西方文化一大反動，他又以世界主義相號召。中國人直待依仗了共產主義，纔敢正面對近代西方文化加以批評與反對。賴此而五十年來所鬱遏甚深之民族精神，却意外地獲得一發洩。所以今天在中國共產主義之蔓延與猖獗，是有另一種的心理背景的，那是一種新義和團精神。這也可說是民族主義之病理的發展。

可惜中山先生民生主義的講演稿是未完成的。他在講了衣食住行諸問題之後，本來預定要講育與樂兩題，而驟然停了。據今推想，育是發育成長之義，樂是快樂滿足之義。民生主義不是解決了衣食住行四項物質生活即告終了，一面該求大家人格上之發育成長，一面該求大家內心上之快樂滿足。這些都不是唯物的理論所能包括，所能解決的。中國傳統思想，一向專重人文精神，因此也一向注意到民生問題。教育與禮樂，是中國傳統思想，尤其是儒家思想，所特別看重的兩個大題目。想來中山先生若繼續講出此兩題，必然有更精湛的發揮。必然要發揮到這兩點，纔始發揮出歷史文化發展是以民生為中心的眞實涵義。中山先生之民生主義，必然不僅限於物質生活的，必然對中國的傳統人文精神有其甚深的淵源，甚大的創闢。這是有志發揮中山先生思想的人應該特別留心的。

六

現在我們可以總括說一句，中山先生的三民主義，應該是近代中國新生唯一的啓示。若我們把一個人的生命作譬，民族主義是其人之精神與靈魂，民權主義是骨骼，民生主義是血肉。三者不可缺一。此刻在中國蔓延與猖獗的共產主義，縱使能有一萬分的成功希望，最多將是一個有骨骼血肉的行尸，沒有民族主義即不能有靈魂，不能有眞生命。所以我們還是希望要有民族的先覺先知。若我們能眞切感覺到需要有民族的先覺先知，我們自有興趣來仔細研究中國的思想史。

台湾鉄路管理局
運務處餐旅服務所自辦
台北餐廳
高雄餐廳
台南飯店
房間寬敞
設備舒適
保證滿意
清潔衛生
高尚雅座
餐車服務週到

巴黎通訊・八月十五日

法國整軍問題

警雷

法國大選後前總理布立温組閣獲得國會通過，法國政治危機，總算渡過了。布立温組閣成功的因素雖然很多，然而倡導和平，則是主要原因之一。戰爭對法國人是太可怕了。他們厭惡戰爭，他們不願戰爭，他們願意享樂。你如果在法國的各大都市走走，遨馬上便可以發覺，破舊的法國，依然是花天酒地，紙醉金迷，沒有一點備戰氣象。你如果拉一個法國人來問，北極熊不是可怕嗎？如果那位被你拉過來問的人不是共產黨，他將會毫無表情的對你說：厲害可怕有什麼關係，反正今日有酒今日醉。法國是老了，沒有朝氣了。自從一九一四大戰以後，法國的英雄氣慨，已經煙消雲散。第二次大戰中的法國可以說是不戰而降。第三次大戰呢？每一個熟悉法國政情的人，都感覺到前途是凶多吉少。就連法國本國人民，他們也曉得這種情形。但是他們都沒有勇氣急起直追，如果不是因爲美國政府送來的秘密哀的美頓書，法國依然是不會走上整軍之路的。

法國政府雖然由於美國的壓力，決心整軍，然而時至今日，已經有半年有餘了。成績怎樣呢？雖然我們局外人，特別是一個旅行的過客，是不能知其底蘊的。但是從各方面的觀察，顯然距離到成功的階段還很遙遠。法國整軍的困難是很嚴重；人民的漠不關心，政治黨派的互相傾軋，共黨的操縱煽惑，當然都是原因之一。然而除此之外，還有三種原因；也就是說還有三種困難：一、兵源問題，二、軍官問題，三、軍用物資製造問題。

兵源問題

整軍問題首先要解決的當然是兵源。如果沒有充足的兵源，整軍問題，便無從談起，更無從解決。然而法國兵源從一九四〇到一九五一年，能供給組織大陸軍隊的數量是相當微小的。政治陰謀，經濟條件以及其他環境，摧殘了軍隊組訓的可能性。又何況大多數的兵源需要來自農村。自農村選出的代表們，他們在國會內呼籲，法國的農夫太少了，如果練兵不已，則農事只有荒蕪。法國政府面臨着這種現實，也只有退讓了。一九四〇年到一九四五的兵源受過足够訓練的，才不過百分之十五到二十，一九四五年到一九五一年中，受過組訓的青年，也不會超過百分之卅。受過相當軍事訓練的青年，最多不會超過百分之十。又何況所受訓練又多是陳舊的作戰方法，對於現代化的作戰又極感不足。試想這十一年來的青年，乃是從二十歲以至三十一歲的兵源，這無疑的是軍隊構成份子的基礎。全國動員，也需要這一批青年來作基石。然而這批基礎的青年所受訓練不過如此，那末建築在流沙之基上的房屋，那裡還能經得風吹雨打呢！

如果拋開這批作爲軍隊基礎的青年不談，而談那卅一歲到四十歲的中年兵源呢？我們雖不必過甚其辭的說是殆尤甚焉，然而起碼我們要說，五雀六燕，半斤八兩，這是正確的說法。一九三九年的大戰期間，這批中年當時正是青年，也正是軍隊的核心。然而他們一部分却拒絕動員，抗不入伍。即使部份應召入伍，然而他們却不肯作戰。熟悉內情的人士，深知上次作戰，法國的失敗並不全是失敗於武器裝備的低下，也不全是失敗於近代武器的缺乏，在德國進軍法國北部之後，曾發現了大量沒有使用過的飛機大砲，有許多武器在當時是極爲精良的。如果法國軍隊肯英勇作戰是不難遏阻德軍前進的。然而當時的軍隊缺乏士氣，他們拒絕作戰。如果這批當時青年現在中年的軍人，是老當益壯的話，那末縱使現代作戰知識不足，人定勝天，還有可以補拙的餘地。可是呢，他們是隨着年齡而心灰意冷了。哀莫大於心死。法國軍事最高當局面臨着這種現實，是不能不有隱憂的。積極動員，又會招致國會議員們的反對，不呢，未來大戰時期，則只有束手待斃了。

正面的徵召，法國軍事最高當局，看到是不易收效的。於是便走上了側面的方式，目前當局拚命在提倡法國愛國傳統，揭發共產黨陰謀，鼓勵士氣，警告人民。並從事保衛本土，反共產黨第五縱隊的組訓。這能挽回法國的厄運嗎？我們雖難作樂觀的看法，但是我們却希望他們能達成理想，而能使共產主義的狂焰，少作一次燎原的大火。

軍官問題

「獸無頭不走，鳥無頭不飛。」軍隊亦然，縱使兵强而無勇將，問題仍然是不能解決。法國整軍問題的基本問題之一就是軍官問題。無論是全面動員，或者是部份動員，都需要有良好的軍官，才能使軍隊組織健全指揮如意。而目前法國軍隊的軍官怎樣呢，這些現役軍官，在未來戰爭中都要晉陞一級或兩級，以便展開到全面或部分動員的軍隊中去。關於法國軍隊中的現役軍官，法國有一句流行的話頭，說他們是野生軍官。這些軍官在法國軍隊裡輸入了官僚政治，一反法國過去軍隊的傳統，喪失過去克苦與犧牲的精神。這樣的軍官，目下在法國軍隊中，至少要有一萬二千餘名。這些軍官的來源，一部分是戴高樂在英國時期參軍的青年，另一部分則是戴高樂收容的「內部法國武力」組織中的軍官以及共產黨義勇軍。其中許多軍官，多是一躍而爲營長、團長，沒有度過士兵生活。雖然他們經歷行伍已有六七年之久，然而作戰知識與經驗卻是非常缺乏。這般人大半思想動搖，忠貞可疑，但是他們仍將是中上級軍官，仍將要指揮新的軍隊。作戰最高委會對此曾質問過國防部門，國防部門則答以缺乏人才，實出於不得已而用之。至於專門技術，軍官學校人材更爲缺乏。以前每年總有百三四十名畢業，但自一九四六年以來每年所有畢業人員，才不過四人到五人。

法國軍官，尤其良好軍官如此缺乏，推原其故，這究竟是誰的罪過呢？根據公正評論家的意見，都一致認定戴高樂將軍爲了在一九四五到四六年間獲得政治上的勝利，因而犯了不可原宥的錯誤。他驅逐了一萬四千名的軍官，這些軍官都是法國的正統軍官，但他卻稱他們是貝當派與法西斯黨。如果這些軍官，目前仍在軍隊之中，他們已經早是將校了，他們過去受過嚴格的訓練，具有勇敢的作戰精神。作戰最高委會曾有意請他們出山，建議國防部設計完成此種計畫，作戰委會曾說沒有這批軍官，整軍問題是沒有辦法解決的。國防部早就想完成這項計畫，但因政府的阻撓，以及這批軍官的抗議，迄未能完成計畫。這批軍官雖然諸多凍餒，然而他們的骨鯁剛直，眞足令世人敬佩。他們答覆國防部說：要我們入伍則全體入伍，而且必須將那些野生軍隊從軍隊中驅逐。

軍官問題不能解決，法國的整軍問題絕難到達理想中二十師的建軍。如果照目前這種情形下去，一九五二年是沒有一點希望的。如果北極熊很快張開了牠的血掌，恐怕法國的結果，要比上次大戰來得更慘了！

軍用物資製造問題

一九四九年底，作戰部長承認百分之五十五以上的作戰物資實際上是置於無用之地。實際上從一九四五年以後就發生了這種現象了。自從去年年底，中共參加韓戰以來，世界局勢緊張，各國軍費提高，法國也提高到八億萬法郎。然而其中一部分的軍費，仍然是消耗於無用之地。比如巴黎的一百多所軍事大廳，德軍佔領會作爲工作人員們的集合所——幾千部的軍用車，軍官們可以隨便使用，消耗了無數的汽油。各省的軍事機構也空空耗費成億的軍費。法國人的想法是這樣，既然美國願意我們幫忙他，那末一切費用，都應當由他供給我們，我們自己是用不到製造經營與節省的。

美國的軍援曾一批批的到達法國，然而分配的如何呢？宇宙日報曾著文說：「負責執行軍援分配的官員百分之五十是沒有能力的。一九五〇年國防部曾保證要將物資合理分配，然而到頭來仍是一塌糊塗。」至於法國本國的製造軍用物資，更是不必提在話下。幾百萬的工人們都是共產黨，國立的兵工事業，是絕無製造價值可言。至於私人的製造廠，更是卑不足道了。如果沒有美援，法國的軍事物資製造，縱然只是爲了裝備劣勢的法國的兵隊，恐怕連一半也不够呢！

整軍問題，除了這三種困難而外，再一個問題就是法共問題。這次的大選，共產黨所得席位雖然銳減，可是投票的人數較之往昔，所差仍然寥寥。美國認爲投票法共的人數如果超過五百萬，就算慘敗，結果在大量美國的運動費買哄之下，法共選票竟仍然超過五百萬。不過因爲選舉法的把戲，席位卻減少了六十多個，這還算差强人意。可是巡走過法國，村村落落，所有標語，幾乎全部是共產人員們作的，其他各黨標語，偶有一二，也多被共產塗去，而共產黨的標語則飄然無恙。這象徵着法共的力量依然相當雄厚。如果其他各黨不澈底合作，不急起直追，不特法國的整軍問題悲觀，就是整個國家前途，也不易看見良好的天日呢！（八月十五日于巴黎旅次）

啓事

本期稿擠，「臺灣產業」一欄暫停，下期續載。

本刊編輯部啓

沙坪壩風光黯淡

重慶通訊・八月廿八日

丘宛如

號稱重慶文化區，西南大學區，嘉陵江畔風景區的沙坪壩，自抗戰初期，即已聞名全國了。勝利後雖然中央大學東歸，但六院並立的重慶大學，後起之秀的四川省立教育學院和國立中央工業專科學校，以及規模宏大的南開中學，歷史悠久的省立重慶高中，省立女子職校，市立第一中學……依舊是桃李滿門，絃歌不輟，重大校園的垂楊夾道，沙坪正街的書店林立，不都是在文化學術的培溉下欣欣向榮嗎？

三十八年十一月三十日的深夜，一場噩夢—重慶「解放」了！從此青年被稱爲「毛澤東旗幟下的青年」，教育被稱爲「新民主主義的教育」。數十年來培植青年弘揚教育的沙坪壩，也從此人事全非，風光黯淡。

同其他淪陷區的學生一樣，沙坪壩五千多大中學生，開始是以一片「赤子之心」期待於「勝利者」的，曾經結隊遊行，慶祝「大西南的解放」，曾經犧牲學業，熱烈「參軍」，學校陷於停頓，教師們兩個月拿不到分文薪水。可是這份熱情是沒有代價的，西南的文教統治者，口口聲聲指責重慶特務學校太多，學生封建意識和地主思想太濃厚，要澈底整頓學校，改造學生。

焚書坑儒的一幕

自去年春季開始，在僞文教部長楚圖南，副部長任白戈，僞市文教局長蕭華清，副局長黃覺民等主使之下，重慶各大中學，接連演出了解散、接管、合併、逮捕、屠殺的悲劇，與唐式遵有關的南泉學院，與黃埔同學有關的立行中學解散了。與晏陽初有關的鄉村建設學院，被稱爲特務把持的蜀華中學，開諜活動的明誠中學，宗教勢力的青年會中學，軍人操縱的青年中學接管了。國立女子師範學院和省立教育學院合併了。重大訓導長侯風，體育系教授李君英，中國公學教務長詹壽山，英才中學校長劉典青，重慶中學訓育主任劉信侯，望龍門國民學校校長薛智有等槍決了。重大教授鄭思虞，正陽學院教授李元傑，立行中學王校長，重慶中學校長馬吉元等被捕了。國立女師學院院長陳東原，省立教育學院院長柴斯可等，送入「西南革大」改造去了。最令重慶學生枕席不安的一件事，是重慶大學二百多名三民主義青年團團員在半年之內全部失踪！

坑儒之後，繼以焚書，陳列於各校圖書館的「反動書籍」，由「文教部」指令澈底清查，社會科學文學哲學的書籍，多半是罪在不赦的，有的屬於「反動」「封建」，有的屬於「意識不正確」或「觀點有問題」，負責清理的是各科的教職員，都以酷吏煉獄的精神，「寧可誤殺三千，不可走漏一個」，從「蔣總裁言論集」，古文觀止，胡適的哲學史大綱，以至投靠在案的馮友蘭的新理學……都是付之一炬。富甲西南的重慶大學圖書館，整整燒燬了三千冊書籍，書櫥上騰空的位地，靜待新華書店出版的「革命書籍」來接充，不料去年上季領不到分文的圖書費，到下季算是各校分潤得一點款項了，「文教局」規定只能購買新華三聯兩書店出版的書籍，否則不能報銷，於是在五天之內，新華書店的存貨掃光了。自然科學的藏書，是得天獨厚的，理工農各科的鉅著，依然佔據原有的地盤，在圖書館的清算鬬爭中，倖免於難！

學人的考驗

「書生本色」和「文人無行」，原是智識份子所表現的眞善與醜惡的兩種人格，在平時這些大學教授，誰個不是岸然道貌，品格清高，現在是嚴格考驗的時候了，濁者自濁，清者自清，一部份人所表現的是賣身投靠，一部份人所表現的是風骨崢嶸，重大教授們這一年多的言行，就是智識份子人格考驗的一部份紀錄。

商學院長陳豹隱，於共軍入城之夕，首先「紙上投降」，發表「新民主主義的經濟」長篇論文，對毛澤東歌頌備至，理工兩學院院長何魯金錫如，也以「民主人士」的姿態出現了，何魯混得一名「市政協」代表，開會時賦詩獻媚，並因此榮任重大校委會主任委員，金錫如到處演說，儼然是一名紅色政客。政治系主任趙天泉，這位留美的碩士，竟攢到「西南革命大學」去受訓，爲了表示「前進」，把自己鄙薄得不值半文，連某次接到蔣總統的請客帖興奮得一夜不能入睡的心理狀態也「坦白」出來，他是「革大」八個「典型學員」之一，重慶「市文工團」還把這八個無恥的傢伙，編成一個劇本，名叫「思想問題」到處上演，藉以表現中共「改造教育」的成功，後來他仍回重大教書，每日挑糞種菜，以示勞動，從此稍有骨氣的同事和學生們再也看不起他了，一位老教授幽默地說：「趙天泉用不着挑糞啦，他的臭名在外，不比大糞更臭嗎」？號稱左翼作家的艾蕪，原在北碚一個私立中學教課，解放後可抖起來了，頭銜是「市政協代表」，「人民作家」，他在「政協會」上，向劉伯承獻詩：因蒙青睞，一躍而爲重大中文系主任，另一個靠研究魯迅而小有名氣的林辰，也由中學教員變爲重大的紅教授。

一面是瓦釜雷鳴，一面是黃鐘毀棄，歷任川大法學院長，現任重大教授的鄭××先生，從今年春季起，停止授課了，給一個研究員的名義，拿三級講師的薪水，一家八口，喝稀飯渡命，他沮喪而憤慨地對我說：「我教了二十多年經濟學，他們今天說我全部教錯了。」中文系主任閻先生，去秋被艾蕪擠下來了，不給他教課，也不給他解聘，就這樣凍結下來，今年三月，兩個兒子無錢讀書，因此失學。隨同教育部赴渝後來身陷淪區的朱黃兩先生，憑着留美的資歷，在重大教書，朱先生擔任「現行教育法令政策」，黃先生擔任「國際政治」，(即比較政府)既無「欽定」的教本，又沒有指定的題材，上課時誠惶誠恐地背如芒刺，他們唏噓感歎的對着親友說：「我以爲教書可以逃避現實，那知道是不知不覺的做了中共的宣傳員，我們已淪爲教育界的貳臣了」！

大部份教授們的心情，是沉痛而絕望，他們開始並不存着學術自由的幻想，只希望在教授的金字招牌下，過一份安定的生活，少受些暴力的干涉，可以躲在學校的一角，自我陶醉於書本之中。一年多赤化教育的經過，證明了這些學人的想法太天眞了，社會科學文學哲學的教授們，一律要從頭學起，面對着馬列主義當一名小學生，自然科學的老師們，先得要過濾思想，改造頭腦，否則你那套科學的知識與技術，被指責爲「純技術觀點」，談不上「爲人民服務」。「解放」後的大學教授，再不是爲人師表，而是整個赤化教育下的蒙童，博士專家們一樣的捧着「社會發展簡史」，和廚師雜役一道，從猴子進化到人學起，一樣的鵠立在重大團結廣場和南開操場上聽重慶「第三區區長」周懷瑾，「區政委」張文澄的訓話，一樣的夾在學生羣中遊行，宣傳扭秧歌，打腰鼓。「保守」的教授，還可以關起書齋，向妻子好友們發牢騷，洩點怨氣，「民主」「前進」的份子更痛苦，甚至對着無米爲炊無錢上學的妻子面前，也要裝出一幅假面孔，不敢露出半點怨恨失望的詞色。永久村一帶的教授宿舍，再沒有明窗淨几書卷縱橫的風雅氣味了，先生們憤世懼禍，關門不相往來，太太們揹米扛煤，形同丐婦，陰森貧困的景象，令人感嘆學人的地位，已淪入「九儒十丐」的卑賤階層！

命案與冤獄

游開鑫的自殺，胡比得的被鬪爭，是去年下季中共鎮壓重大學生的兩大事件。土木系四年級學生游開鑫，因過去與三個三民主義青年團團員同一宿舍，私交甚篤，那三位團員，在去年上季就失踪了，游開鑫因此以「三青團」份子嫌疑，被中共疲勞偵訊，以致畏懼自縊，用一根細行李的麻繩，勒死於宿舍，中共無法交賬，竟不惜製造案件，說他受了女特務的利用，無以自拔，以死了事。因而又借刀殺人，把游開鑫的女友，生物系學生鄭琳加以逮捕。報紙上輕描淡寫的登載一次以後，即實行新聞封鎖再不讓這個悲劇公佈了。醫學院學生胡比得，身高體健，因爲不願報名參軍，又會經「嘲笑」過一位患肺結核的參軍同學，於是他以「開政治性的玩笑」和「破壞參軍」論罪了，去年十一月八日，松林坡大禮堂上開着鬪爭大會，胡比得跪在臺上坦白一番，事後被一個山西籍的公安人員以匪特罪名帶走，就從此杳無消息了。

這是殺一儆百的政策，這政策是毒辣而有效的。游開鑫事件發生以後，申請加入「新民主主義青年團」的數字激增了，同學們的結論是「不入團即反動」。胡比得事件發生後，重大的參軍紀錄，由低潮變爲高潮，三天之內，一千四百名同學爭往報名，同學們的結論是「不參軍，即匪特」。兩條命案，把重大的「革命高潮」掀起來了。從此正式停課，教授會發出通知，在停課期間，祇准討論有關參軍的資料，拒絕答覆課業上的問題。學生會也發出通知，教授一律編入訪問隊，到各校去扭秧歌，打腰鼓，觀摩參軍成績。於是松林坡上(重大所在地)，整天是紅旗招展，鑼鼓喧天，運動場上再沒有人習田徑玩球類，滿場是野草叢生，圖書館再沒有人孜孜研讀，怕的是受着「讀死書」的批評，上課的鐘聲停止了，實驗室是一片塵封了，滿街的「文化茶館」，再沒有老教授的足跡，因爲坐茶館是「自由散漫」的行爲，楊柳成陰的濱江大道，再沒有並坐同行的情侶和靜聽嘉陵江上船夫曲的詩人了。「集體活動」佔據了師生整個的時間，處處是腰鼓相聞，秧歌不輟。

「大米白麵反饑餓，小米黑麵扭秧歌」，眞是今日大學生的寫照。學生的家庭都被鬪爭光了，來自城市的，父兄被公債捐稅弄得傾家蕩產，來自鄉村的，父兄被減租退押逼得槍決坐牢，過去穿西裝上茶館的潤綽少年，現在連三斗米一個月的膳費也繳不起，一面晴烤紅苕渡命，一面揹起紅旗去遊行，抗戰初期設立的公費制度，被中共全部取消了，改稱「人民助學金」，名額僅佔百分之五，申請手續煩複不堪，條件不在於成績的優良與家境的貧困，而在於「階級成份」站得穩，如果是「地主官僚」的子女，那是絕對無法邀准的，饑餓的學生羣，最後只有被迫休學了，有的「參幹」，有的流浪，今春各軍事機關的衛生後勤幾個短期訓練班招考，在重慶考取了兩千多名青年，去年冬季的參軍運動。重慶各大學被錄取了四分之一的男女學生，這些「愛國青年」，大部份是餓慌了，才逼上梁山。中共天天在喊「發展教育，爲農工開門」，今天農工的子弟，還不曾踏進小學，而「資產階級」的子弟，已從大學裡餓跑了。

這是「土改」帶來的災害，這是執行公債捐稅政策造成的悲劇，而有菜色的學生，還得要配合這些政策，向父兄作「堅決的鬪爭」，以達成擴大災害與悲劇的目的，牆報上滿眼是淸算父母的文章，「我父親是個剝削階級」，「我是地主階級的叛徒」，這類標題不斷出現。非如此不足以言坦白，不足以洗刷「封建意識」的。重大會計系的周小姐，父親在樂山原籍因退押受鬪爭，今年四月初被槍決，她驚聞噩耗，不敢哭泣，悽然在手膀上帶着黑紗誌哀，第二天，竟被兩個「團員」檢舉，向她質問：「妳父親是地主，是被人民合法槍斃的，妳既同情地主，不就是存心與人民爲敵嗎」？

這就是「新民主主義的教育」，這就是「毛澤東旗幟下的青年」。人文薈萃風光如畫的沙坪壩，已不是學術的園地，而是可怖的魔窟！不是培植人才的學府，而是毀滅人性的屠場！

香港通訊

一個「階級本質」的例證

九月十日

晉文

關於大陸的新聞聽得不少了。地主，富農，「反動份子」，「國特」，「惡霸」被「人民」淸算，公審，槍斃的消息聽到熟習了。但是關於「無產階級」中「最覺醒的份子」——「工人階級」——的消息，詳細的我們聽到得不多。

很多人總多少帶着「唯物史觀」的觀點來假定，說工人是最「前進」的，由於工人們的「階級本質」使然，他們應當和「人民政府」的意旨一致。

我所以要報導這件事實的原意，就是要讓多少還有一點迷惑於「唯物史觀」的人們明白，共產黨不是甚麼無產階級的政黨，不是代表無產階級的甚麼意識甚麼利益的。共產黨如今已經成爲新的旣得利益階級的統治工具，「人民政府」已經成爲一隻集中了所有的權力的吃人惡魔。凡有人要求自由，要講道理，要講民主，要講公道，就違反了統治階級的旣得利益。不論這人是「工人階級」抑或「農人階級」，都要在被鎭壓被淸除之列，逃不出吃人惡魔的膏吻。

我所報導的，是件千眞萬確而毫不奇怪的事實。但請原諒我，我不得不用了虛擬的人名和地名，無論如何，我得考慮到後果問題，

我的朋友陳華，是×市一家國營工廠的技工，人很用功向學，聰明幹練，在工會裡是個活動份子。民國三十八年，我因事回到×市，常常和他見面。那時正是「解放前夕」，他的心情是緊張而興奮的，有一天他到我家裡來看我，說工會要提名選他做主席團的委員了。他多少有點猶豫，問我的意思怎樣。那時他已經讀過不少偷偷地印的「××社」「××社」的小冊子，滿口新名詞，我當然只好說沒有意見了。我只問及他這個主席團的工作如何，他毫不遲疑地告訴我說是加强工會組織，渡過混亂時期，迎接「解放」的。我試探地問他工會有沒有受到共產黨利用的可能，他笑道：「共產黨是工人的黨，我們的合作是出於自動自覺的。」我問他是不是共黨地下分子，我想他也不會告訴我的，但他却一再否認。「解放」在當時似乎是個好字眼，我沒有別的話好說，只提出一些關乎他個人安全的顧慮應當是先決條件的意思。他說了很多「階級本質」「時代使命」的話之後，臨走還勸我不必躭心，說我的憂慮正好反映出知識分子的軟弱，又說我的軟弱正好加强了他的信心。

從此他就做了工會主席團的委員，很忙，我們見面的次數減少了。有一天我在路上碰到他，談了幾句，他說：「……共產黨員需要特殊的材料來充任的，我還沒有資格沒有程度做特殊的材料呢。」我想這倒是實際的情形。

不久，「解放」了，我懷着希望和憂疑的心情，天眞地想着，從此幾千年來不公平不人道的封建傳統將要隨着新時代的誕生而消滅。「解放軍」一個個淳樸的農民臉孔好像給我提出保證。當時我的憂慮只是些農民臉孔象徵不出來的東西——工業化，資源問題，計劃經濟問題，國際關係問題——等，現在想起來眞是可笑。在這種心情下，我又碰見他了，他戴了一頂八角帽，穿着藍衣服，幾乎叫我認不出是他來了。他瘦了些，但神采飛揚地告訴我他們如何英勇地保存工廠，保護「人民財產」的經過；又說他很忙，入城式，巡行，民衆大會，工人大會，籌備會和很多其他的會議都要他參加……。我們分手時他却又一定要我到他家去吃飯，他說；「多少帶點慶祝『翻身』的意思，明天你一定來。」

是的，當我們在他家裏擧杯互祝之時，他妻子的笑臉，他母親的安祥使我迷惘地也被他的熱中所感染，我的眼前也不禁浮現了一幅希望的圖畫。是的，我想着的是這些可親的人們，從此不再被人輕視，不再被人剝削，從此是「當家的主人」，從此過的是眞正的人的生活了！我告辭之前，他客氣地要我常常指敎他，因爲他讀書不多，我只好謙虛地表示，我才是應該向他「學習」的人。他又再三向我保證，說只要看着「人民政府」辦事的精神魄力，熱誠和效率，就證明了我的憂慮是多餘的了。

可是我那幅希望的圖畫留存得並不長久，我第二次去探訪他的時候，他的家裡住了十多個「解放軍」，一屋子弄得骯髒凌亂，他的妻子不高興極了，埋怨着說這些解放軍常常故意走進她的房間，老太太簡直討厭死這些借東借西的「不取民間一針一線」的「解放同志」了。我也有點給那凌亂的場合搾得不知所措，他苦笑向我說：「女人家不懂事，我們總要幫助政府解決住所的困難嘛。」

他剛從軍管會代表家裏討論問題回來，我忍不住問他軍管會代表家裡有沒有解放軍借住了，他告訴我那裡的情形，我一口氣發出了下面的幾個問題：「工會的軍管會代表如工人代表，在組織等級上有甚麼分別？爲甚麼軍管會代表要住接收的大洋房，要『解放軍同志』給他守衞？爲甚麼工人代表的小房子却要配住十多個名額的『解放軍同志』？」他沒有回答，兩眼瞪直地望着前方，我想我的發問一定使他想起在其他的場合的不公平的事實了。

後來有一天，我從「人民銀行」輪購「公債」之後，正要回家，他也拿着一叠公債券從銀行裏面走出來，沒精打采地和我打個招呼，問我買了多少，我告訴他說「街長」吩咐說「上級」規定我們家分配的數額第一期是一百分，只好照數購買。原來他自己也買了七十分，把兩個月的薪水買掉了。我問他這兩個月怎麼辦，他無表情地說：「慢慢再想辦法吧。」我們默然無語地走了一段路，我悲哀地計算着，中國人受苦難磨折的能力究竟有一個怎樣使人吃驚的程度，他終於迸發出話來了，他的聲音好像老牛的呻吟：「是組織決定由我來起『帶頭作用』的！『支前運動』那一次我已

經獻薪一月，這一次又由我們來『帶頭』！我從來沒有想到獻金和公債的任務竟會落到被剝削者的工人身上。他們竟要我買一百分！」我沒有做聲，他又說：「我提出意見後，他們不是說我太短視，就是說工友們不體諒政府的困難。我提出工友們全體要求加薪的問題，黨代表和軍管會代表也把它否決了，還責備我思想搞不通，個人主義作怪！關於李明扣留的事，我極力證明他是無辜的，而且李明從來沒有做過一件對不起人民的事，他們也不管，還說我溫情主義。黨代表軍管會代表的意見就是命令，我們的意見是一定錯誤的！我這個工人代表的作用大概就是拿來做『帶頭作用』吧？我眞不明白我們的階級本質那裡有和政府決策抵觸的地方！先生，我眞有點想不幹了。」他總是很客氣地稱呼我做「先生」，我怎麼回答他呢？

他的聲調淒凉而拖長：「我自己兩個月的生活問題事小，工友大夥兒都拿一個月薪金買了公債了，是我起的帶頭作用啊！這一個月怎麼辦？國營工廠工友要求加薪不准，私營工廠廠家要求減薪不准，增產，增加工作時間，減價，這個政策明明是叫工人吃苦！」

不過他仍然對發行「公債」，制定政策叫軍管會代表黨代表行使職權的「人民政府」懷着希望，他把怨恨集中在軍管會代表和黨代表兩個人身上了。他說：「北京人民日報說要糾正地區幹部的偏差了，我們這地區的偏差再不糾正可眞不成話了！」他的希望似乎遮蓋了眼前許多現實，他甚至沒有覺察我的沉默。

我沒有再去找他，找他又如何？他心目中的所謂偏差當然全不是那麼回事。而且我自己的遭遇也使我意圖走出「解放區」了。由於我們的房子被市政府公逆產清查管理委員會「代管」以後，我只被允許帶很少的衣物搬到一個朋友的家裡住。我曾跑到「人民市政府」去，列舉八大約法，列舉人民政協的法規，據理力爭，結果給那位「負責同志」「好意地」「勸告」我，留心自己不要跑到「與人民爲敵」的意識中去之後，我只有「坦白承認」自己的過失，但同時我也拋棄了逗留在「解放區」的念頭了。

一天晚上，陳華突然到我的朋友家裏來找我，他只怱忙地說，他辭職沒有准，問我有沒有辦法借一點錢給他把妻子家人送回鄉下，因爲他實在沒有能力支持下去了。我送他出門口的時候，他握住我的手，告訴我說我待他的友誼比起一點錢給他的幫助眞是大得多了。眞的，他需要的恐怕還是人情的溫暖吧！我在門前，看見他的眼眶在月亮下有點亮晶晶的溼意，我們這一代中國人的苦難竟是這麼的深切啊！

我終於又爲了一點家事逗留下來，但隨着「抗美援朝」和「組織志願軍」來的，就是「清查戶口」，「反動分子自新登記」和「鎭壓反革命份子」了。我曾被檢查盤問了若干次，我的怕事朋友因此大爲大安，我終於決定離開「解放區」了，臨走前我想總應當找一找陳華，於是就到他的家裡去。

他不在家，一個「解放軍」粗暴地把我趕出門外，還說沒有這人，我失望地走出來，想着這一下不知何時何地再見了。忽然一個人一把拉住了我。原來是陳華。他頭髮很亂，臉色蒼白，連聲問道：「你還不走？」我告訴他我辭行的意思，他用一種幽靈似的聲音說道：「好，你們去吧，我……」他的喉嚨咽哽起來了。他斷斷續續地告訴我，他的父親如何因爲二十畝田被人清算，咯血而死，他的妻子怎樣在田裡做工做到小產，他自己給一些從前的地下份子指責曾在「解放前」勾結「反動工會份子」，要淸除他，李明的案子也提出來了，硬說他有牽連，說他包庇反動份子。現在「組織」要他表示擁護「人民政府」的眞誠，「自動參加」「抗美援朝志願軍」。他的聲音像在另一個世界傳來的呼號：「我明白了！我一直蒙在希望的鼓裏，小冊子，政策，人民日報都是和軍管會代表黨代表一路的，我多麼笨啊！今天才能明白！我現在沒有辦法逃走了，我們的寃仇要報的！」

一隊「抗美援朝」的工人宣傳隊，扭着秧歌經過，他絕望地說：「我從前何嘗不和他們一樣！唉，他們總有一天像我這樣，會明白的，但恐怕明白之時已經太遲了！」

我的心充滿了憐憫和淒凉，不止憐憫他，不止憐憫這些扭着秧歌的糊塗蟲們；使我憐憫，使我淒凉的是寄托在他們身上、我們身上所代表的四萬萬中國人的苦難啊！第二天我起程離開×市，從此也沒有了他的消息。

後來國內開始大規模地集體屠殺，工人們被殺死的也不在少數。陳華參軍究竟是幸抑不幸呢？我常常懷疑自問，被驅趕到韓國去送死的一百多萬同胞之中，陳華的遭遇會怎樣呢？這些人的賬怎樣算呢？

陳華是一個愛眞理，有熱血，有正義而善良的人，這就是他招致殺身之禍的原因麼？陳華沒有違背他的階級本質，陳華沒有向現實妥協，陳華沒有要求個人特殊的權益，沒有投靠新的權威擠身統治者間求個人榮譽，陳華所爭取的，正是他的階級羣衆的利益。但陳華也沒有違背一個人之所以成爲一個人的「本性」，陳華是一個人，是個和任何人一樣的人，他懂得正義和邪惡的分別，他分辨得開好和壞。這就不是階級本質問題，這是人性的問題。共產黨要消滅人性，因爲人性存在一天，就要威脅他們的政權一天。不管你是誰，不管你的地位如何，假定你的人性還存在，那就是你將招致殺身之禍的原因。共產黨何所愛於中國人民呢？

這不單是陳華個人的問題，這不單是「工人階級」的問題，這是全中國，全人類的問題。那一個人不應當有人性呢？

人性是不畏懼暴力的，我們在歷史上已經考驗，試練過多少次了。陳華也許沒有生望的了。一個人死了，無數人的人性因而醒覺起來。反抗的種子在萌芽了！我永遠記得陳華用他的生命給我們換來的教訓——這不是個「階級本質」的問題！我永遠不會忘記陳華眼眶裏的淚光，那是何等深切的痛楚。我永遠記得陳華的話：「我們的寃仇是要報的！」

這是全人類的仇恨。這是每一個眞正的人的責任，這就是力量。

文藝

臨別的光

獨幕劇（下）

水 媛

國：（深切地）英！

英：（抬頭，勉强抑制住感情，懇切地。）維國，我覺得你這次去臺灣，對於你，對於我們都有好處。你想，自從解放以來，我們那里有過一天的好日子；我失了學，你失了業。我們有着生活的信心與理想；我們肯吃苦；我們願作任何對人類有益的工作。可是現實殘酷地打破了我們的迷夢和希望。我們全被欺騙了。跟他們幹，那明明是條死路。我們是有志氣，有抱負，有良心，有血性的青年，誰能忍心看着國家被出賣？人民被奴役被迫害？爲着你的前途，爲了我們的國家，你應該奔向光明。

國：英——

英：（稍停）至於我們，你用不着擔心，大哥是很有魄力的。很多不甘被迫害的工人們都擁戴他，雖說他現在只有二佰多個同志，槍械不全，子彈缺乏，一時還不能明目張膽的幹起來。可是，他有決心，有勇氣，又有號召力，隨時都可以上山去發動游擊戰。遇到必要的時候，我和大嫂也可以拋開這個家一同搬進山裡住。

國：（熱情地）慧英——

英：（又稍停）不過只望你能够早點到達臺灣，參加反共抗俄的行列。將鐵幕裡中共的罪行公諸世界，讓世人都知道大陸上有的是熱血男女，他們愛祖國愛自由，他們不願作亡國奴，不願給大鼻子作征服世界的砲灰。而且你應該設法使政府同我們取得連繫，籲請自由世界給我們有效的援助。這樣，全國各地的游擊隊便能聯合起來形成一支龐大的反共力量。只待反攻的號角一響，不怕不把這些毛狗子斬盡殺絕。（興奮地）哦！到那個時候，（含着淚）我們才可以自由地生活在一起。

國：（感動地）英，我一定負起這個神聖的使命，我願意終生爲這這使命奮鬪到底，讓全中國乃至全世界的人都能享有眞正的人的生活。

英：（熱情地望着他）正因爲這個原故，我才要你早點脫離這個醜惡的極權統治的世界，歸向自由的祖國。

國：（稍停）不過——

英：（接着說）捨不下我們?!

國：（點點頭）。

英：這就是你擺脫不下感情生活的羈絆，現在不是「兒女情長」的時候，我們都應該理智一點。（回想往事夢幻地）我會常常想到：過去，在未「解放」以前的日子是多麼的美好，每當你來到這兒，晚飯後我們總是併肩漫步在碧綠的原野，踏過無數幽美的田莊，或坐在樹林裡，聽鳥歌，看溪流，讓晚風來掃去我們的疲勞，一切在那時都是多麼的綺麗。可是現在呢？（憤怒地）我們的精神感受威脅，我們的身體失去了自由，無數的人在飢餓死亡邊際掙扎。我們的心情像沙漠一樣的荒涼，美感，歡笑都成了傷心的往事。難道我們就這樣任憑他們奴役，任憑他們迫害嗎？

國：英，你不要太激動了，我看你也很累了，你該休息一會！

英：不要緊，（叮囑地）沿途你得小心，凡事要特別機警　在廣州別躭擱，馬上託你舅舅想法去九龍轉香港。

國：那當然，你在家里務必也要小心。

英：（安慰地）你請放心，大哥會照顧我的。

國：嗯、大哥怎麼也還沒有回來？如果今晚回來不了，那明天他就見不着我了！

英：他是不會在外面過夜的，他身爲工程人員，白天要呆在工廠裡，到晚間才有功夫去秘密進行連絡組織工作，難免是會遲一點的。

國：他太辛苦了

英：爲了爭取自由，辛苦又算得上什麼？哦！我想起了一首詩。

國：什麼詩？

英：我唸給你聽好嗎？

國：當然。

英：（朗誦）：「生命誠可貴，愛情價更高，但爲自由故，兩者都可拋。」

國：（一笑）慧英，這正是要我離開你的理由？

英：可惜爲了怕引起他們的注意而影響到你的走，不然我倒願意同你一起去。（含情脈脈地）

國：如果有你在一起，我將會增加多少的勇氣?!慧英——（相對黯然）

英：一旦到了香港，望你立刻來信，好讓我們放心，到香港就有了自由，去臺灣也便當了。

國：是的，由香港去臺灣的手續，我早已拜託那邊的朋友們在辦，或許現在已辦妥了在等着我呢！

英：果眞這樣，那就好極了。

（正聞話間，一個身軀魁偉，面帶沉毅的中年人悄悄地從後門走了進來，他就是齊志華。）

英國：（同時）大哥，你回來了

華：回來了，英妹，你和維國在談些什麼？

英：談他明兒一早要走的事！（向厨房）大嫂，大哥回來啦！

淑：（聲音）曉得了，

華：怎麼？維國明兒一早就走?!路條是誰弄到的？車票是誰買到的？

國：是慧英託張老伯辦的。

華：那末能早走一天也好，留在這裡沒有好處，可是維國你到了臺灣，千萬別忘了你的使命。

國：大哥，你請放心好了，我不會忘記的。

華：你要報告自由中國的同胞，說我們大陸上大多數的人民都是善良的，他們都痛惡共黨極權恐怖的統治　希望政府早日反攻，光復大陸。

國：是，我一定照着大哥的吩咐去做。

華：同時你要將我們與共匪搏鬪的決心報告政府，我們已經準備好了，只等時機成熟，我們就立刻動手。希望政府設法接濟我們，經常保持聯繫。

國：這更是我的責任，大哥。

(此時靜淑拿着餐具上)。

淑：想你們該餓了，馬上吃飯吧！

華：(止住)且慢，讓我先告訴你們一件好消息。

英：大哥，什麼消息？

華：(小聲)剛才我們秘密收到臺灣廣播，看情形，恐怕第三次世界大戰就要爆發，國軍就要發動反攻了。

英：(高興地)眞的？

華：我看非常可能，自從中共侵入朝鮮之後，局勢日趨嚴重複雜，所以美國現在已經考慮到轟炸東北，並決心援助越南和南斯拉夫，祇要老毛子一發動侵略南國和越南，你們說第三次大戰能不爆發麼？

國：實在說起來三次大戰早已在進行中。

英：可是蘇聯還沒有正式參戰呵！

國：那又有什麼分別，侵略者利用工具去替他們作戰，實在比他們自己出面還可怕，眞希望聯合國能指責蘇聯是侵略者，以正義譴責他們，用原子彈來對付他們。

華：這祇是一個時間問題，目前還有着一些國家做着迷夢，希望侵略者能放棄征服世界的夢想。但是多數國家已能認淸共產國際的眞面目，這是一個可喜的現象。我們的希望在於自身的醒悟，與自強自立的奮鬪。現在臺灣一切都有進步，美國人已逐漸改變了中立政策，積極援助臺灣，照這樣下去，將來不難利用國軍反攻大陸，開闢第二戰場，來解除侵略者對朝鮮的威脅，到那時游擊隊的配合便格外要緊了。由於這個緣故，所以我方才也覺得維國不妨早走的好。

英國：(同時點了點頭)

國：我也想起一個關於共匪的消息來了。

英：共產黨除了鬪爭、淸算、參軍、慰勞、捐獻支前，那一老套以外，難道現在又能使出什麼新花樣來了不成？

淑：別打岔，你讓他說吧！

國：說出來，共產黨實在無聊，他們準備發動反美帝反英帝運動，開群衆大會，沒收外僑的財產。藉以對抗聯合國指責共匪爲侵略者的決議。

淑：英國，印度不都已承認了中共，並且有使節在北平，一向被共匪稱爲友好國家麼？

英：那有什麼稀奇，共匪連父母祖宗都還不認，讓我們的同胞餓死，將糧食礦廠國寶送給毛子，還懂得什麼、什麼情誼？

淑：(隨着也罵)那些喪心病狂的東西。

華：你們全錯啦！(大家都覺得奇怪，)這是共產黨的看家本領，利用群衆心理，操縱群衆，使人民把注意力放到旁的事情上去，以避免對他們施政的思考與不滿。毛澤東用轉移目標的方法來欺騙人民，比起曹操想以一手掩盡天下人的耳目，要高明得多了。眞不愧爲石敬塘，曹阿瞞，黃巢，李自成的綜合衣缽傳人。

(三人同時哄然大笑，淑入內)

英：大哥實是高見。

華：好了！現在我們吃飯罷！等會二麻子他們還要來。

國：來開會？

華：是的，聽說車站到了一批軍火，我讓他們去調查，回頭來研究準備給他們燬掉。

英：今天的暗號約好了沒有？

華：約好了，十點鐘時，拿盞燈在窗口，慢慢地由左向右移，他們看到了燈火就來，如果此地有危險，就將燈上下移恍。

淑：（由內出，稍頭双手捧上一碗白菜和一碗炒肉絲端放在飯桌上。）別談啦，先來吃吧！

華：(看了看，驚異地)怎麼？今天還會有肉？

淑：可是沒有你的份兒，這是慧英買給維國吃的，爲了維國明天就走，所以下半天慧英特地拿了件舊東西才換了這麼點肉來。

華：(笑)哈哈！差不多有半年不知肉味了！好難得碰到一次機會，那能沒有我的份兒？

英：應該大家吃，大嫂眞會說笑話。

華：維國，可惜今天有着無酒，還談不上給你餞行啊！

淑：(彷彿想起什麼)哦！你不提，我竟忘了。(指地下。)那二瓶陳年五加皮可以挖出來吃了？

華：對了，對了，快拿來！

國：我看最好還是別吃酒，恐怕吃醉，把車子就誤了。

華：別耽心，有我呢！少吃一點好了。

淑：(靜淑進去取酒，不一會拿出兩瓶酒，和四個不同的茶杯，先打開一瓶，替每人斟上一杯，笑着說。)先對付着吃吧。

華：來，我們大家先乾一杯，祝福維國一路平安，早到臺灣。

(淑華同舉杯)

英：好，不過—(望着杯子縐眉。)

(國將英酒分過來一些，淑華對視一笑，齊乾。)

國：謝謝大哥，大嫂。

淑：你怎麽不謝謝慧英。

國：哦！慧英！也謝謝你。

英：（斜視國一眼）誰要你謝，現在我建議再乾一杯，祈望反共抗俄成功，民主自由勝利。

華：對，等到勝利了，那時我們更要痛飲一場呢。哈哈，（得意忘形地舉杯。）來，我們來喝酒。

（大家又舉起酒杯欲飲，正在此時，客廳里出現了一個陌生的漢子，鬼鬼祟祟地走進，從他所穿的制服上，知道他是一個中共文工團的團員，大家同時一怔。）

華：（連忙）請坐，請坐，（接着又說）貴姓？

員：（坐在較遠的一個椅子上）現在已經解放了，大家都是平等的。千萬別說貴姓，這是落伍的語言，我姓林，你姓齊嗎？

華：是的，林同志，請用點便飯好不好？

員：（搖頭）不，我不是來吃飯的。

華：林同志有什麽貴幹？

員：又來了（厲聲地），告訴你，不是什麽貴幹，我是來訪問的。

華：（忍耐地）啊，對不起，如果林同志有什麽見教，請儘管說，我們非常歡迎。

員：我問你，方才你們在談些什麽？

（國英淑三人幾乎同時吃了一驚）。

華：（鎮靜地）沒有什麽？我們只是隨便談談。

英：（插嘴）我們在談家事。

員：（兩隻眼貪婪地注視着慧英）家事？可見你們都是死硬派，老放不下舊社會的家庭觀念。

英：那末我們連家裡的事也不該談了！

員：不過你們不像在談家事，我看簡直就像在開會。

（淑表現出有點驚慌的樣子，幸而未被匪幹注意到）。

（國英二人同時望着華，好像期望着他來解釋。）

華：（不動聲色地）我們眞的在閒談，沒有開什麽會。

員：但是，如果你們不在商量什麽問題，怎會談得那麽起勁，那麽興奮?!

華：這一點恐怕是林同志誤會了。

員：（不響，站起來，走近桌邊，在英身旁站着，從他底背後能看見他的腰部揷有一支手槍，並且他很快地向桌上看了一看。）嗨！看你們眞愜意；吃得比我們「保健飯」還要高明，有肉，還有酒呢?!

淑：不，林同志，我們不過只是這一次。

員：那眞巧，恰好給我碰上?!你們既能吃酒，可見是有錢，既有錢，爲什麽不拿出來捐獻人民政府呢？你們知道人民政府是屬於人民的，現在爲了抗美援朝，人民政府是非常需要錢的，這是你們表示擁護革命與解放事業的最好機會，知道嗎？

華：這道理我們很明白，不過這酒並不是現在買來的。

員：怎麽來的？

華：這是四、五年前的兩瓶陳酒，放在家裡都給忘記了，今天才被我的太太想起。

員：（懷疑地），我才不信這種鬼話，誰是你的太太？

華：（指淑）她是。

員：（指英）這一個？

華：是我妹妹。

員：（點點頭）出嫁沒有？

華：還沒有呢！

員：（不露形色地）噢！（指國）他呢？

華：是我妹妹的未婚夫。

員：（臉色一沉）叫什麽名字？

國：我叫周維國。

員：你就，就是「周維國」？

國：是的。

員：好一個反動的名子，維就是維護，國就是國民黨，你是不是要維護國民黨？你有居民證？拿出給我看。

（弄得大家啼笑皆非，維國掏出居民證遞過去，員看罷，仍舊拿在手裡）。

員：（向國）你同這位姑娘是幾時訂婚的？

國：三年前。

員：（想了想）原來在國民黨的時候，那是不合法的，人民政府根本不能承認。

英：那末，像我哥哥是在國民黨的時候結婚的，是不是也不合法呢？

員：（輕薄地拍她）那就不同了，小姑娘，人民政府認爲他們已經結了婚，就算了。

（這時慧英臉上氣得發靑，想摑員，被維國擋開了，英轉身準備跑進左邊臥室，維國也想跟進去。）

員：（命令式的制止）站住，不許走開：

國：（抗議地）林同志，你這是什麽意思。

員：（諷刺地），想躲開去叙叙離情嗎？

（衆相對愕然）

員：（陰沉地）哼，你們這些反動份子竟敢在背地批評人民政府?!

華：林同志，這眞是寃枉！

國：（同時）林同志，過去我們都曾參加過學運工作，很多過去地下工作的同志都可以證明我們是最醉心於共產主義的。

員：（冷笑）那是過去的事了，你們這些小資產階級的智識份子，最容易不滿現實，方才我在窗外親耳聽到你們在談論（指英），妳不是說他明天就動身到臺灣去了嗎？（立刻情緒顯得嚴肅而緊張）

員：（轉身對國），你這個國特看到我離開此地，還敢大聲喝問我是誰？現在你該知道了吧?!（衆面面相覷。）

（國見員不時奸笑看着英，想乘其不備扼其喉，但被員發覺他的企圖，拋掉國的居民證，很快地抽出了手槍。）

員：快說，你所說的張老伯是誰？

英：（鼓起勇氣）林同志，他不過是爲了失業無法生活，有朋友來信，說那邊很容易找到工作，所以—

員：（調情式的）小姑娘，說話這麼好聽，可是你們口口聲聲自命愛國，爲什麼當現在美帝已侵略到了我們的大門口而他不去參軍?!

英：美國曾和我們並肩作戰，打敗軸心國家的侵略，他們一直在用各種方式援助我們，中美本是朋友，爲什麼我們要和他們作戰呢？

員：你們以爲美國給我們點破銅爛鐵，一點奶粉，就是好意嗎？那是經濟侵略，骨子里面有毒，你們這些至死不悟的頑固份子。

國：可是他們起碼沒有像蘇聯一樣搬走我們的工廠機器，搶走我們的糧食，讓我們的同胞流離失業，活活餓死。（淑急制止他。）

員：（怒）不要廢話，快說，張老伯是誰？

淑：（懇求地）我們的確都是好人，他想到香港去，不過是爲了找工作。

員：哼，沒有那麼簡單，我們早就有情報，爲了一些反動份子，反對人民政府將工廠機器折到蘇聯去改造，反對將糧食送到蘇聯去保管，準備組織游擊隊，（斜望着一直在沉靜中的華）我們已經知道他們的首領姓齊。（衆大驚。）

員：（陰沉地），爲什麼不響，我們人民政府的眼睛是雪亮的。

淑：林同志！

員：我們人民政府的刑法，你們是知道的，難道你們眞要等到受了刑才招嗎？你，（對華）是不是想組織游擊隊？（英慢慢地溜向一邊至員後）。

華：那我們怎麼敢？你們的特務是那麼多，刑法是那麼重，點天燈，拖屍活埋，誰還敢反抗？

員：哼，（想綑華，這時英突拿了一個鷄毛帚抵住了員背。）

英：不要動！（華以最敏捷的動作奪過了員的槍，指着員，員急擧起了双手，英順手以帚柄打了員一記，拾起國的居民證交國，員狼狽之極，國淑齊笑。）

員：（哀求地）你們放我走。

華：（指員）這小子的威風現在那裡去了？（得意地）憑空又送給我們一支槍。哈哈！

國：瞧他剛才那一副兒威風眞叫人够受。

員：放我走吧，我方才不過是胡說八道，我知道你們不是國特，不是游擊隊。

淑：哼，你以爲在你們共產黨的統治下，人民不但失去了反抗力量，而且也喪失了反抗意志，個個都是任你們宰割的嗎？

員：（大驚）那麼你們眞的是游擊隊？。

國：當然，可惜你到現在明白得太晚了。

員：那我眞不信，你們也不過才四個人啊！

英：告訴你，所有不甘被奴役，給史太林作走狗的人都是我們的同志。

員：那有什麼用呢，你們又沒有槍，想反抗豈不等於送死？

淑：（不屑地）你以爲在你們這些特務的控制下，在恐怖政策的威脅下，人們就會把從前國軍留下的槍全繳給你們嗎？

員：你們的家里也有槍？

英：你以爲我們那麼傻，會把槍放在家里等你們來搜查？

員：那麼誰是你們的領袖？

華：（不耐的）就是我，你是想在臨死之前，還要完成你的任務嗎？

員：（冷然放下手）不錯，你們很勇敢，（向英）妳尤其聰明。可惜（指華手上的槍），那是一個空槍。

（華驚，急檢視果然沒有子彈，想撲向員，員急由懷內脅下取出另一槍，指向衆。）

員：（得意地）現在我宣布你們完全被捕了。（轉向英輕薄地）小姑娘，你還有什麼法子？

英：（激奮地）你這個狡猾的混蛋！

員：（走向英）這樣漂亮的小姑娘，怎麼罵起人來竟這麼難聽。（稍頓）好，由你罵吧，反正你要屬於我了，你覺得配給我怎麼樣？

英：胡說！不要臉的東西！

員：小姑娘，別害臊，你說配給我，是不是高興？

英：（只得不理睬）。

員：（對英指國），你看我那一點不比他强！哈哈，我同你吃杯酒，叫做合歡酒好嗎？（取酒一杯端向英）

英：（氣急，欲以手擊員，但被員閃開，酒潑地）。

員：（輕浮地），「打—是情，罵—是愛」，我不怪你，在許多人面前，你們女孩子總是愛忸忸怩怩的。回頭讓我們兩口兒再暢飲。

（華見員與英糾纏，示意國從員背後奪其槍，但又被員看到，轉槍指國。）

員：不要動（轉對華），別以爲你們人多，你們早已被圍了（指窗外，二解放軍持槍現身。）

員：（得意地）現在你們還有法子嗎？（對解放軍）這所房子很孤立，後門是鎖着的，你們祇要守住房門和大門就行了，有人進來立刻捉住，（盛氣地指地）這裡是一個很好的老鼠籠子。

兵：是，是，（一人走開，另一人將衆監視。）

員：（得意忘形地）我看你們還是快說實話的好（對華）你們有多少人？有多少支槍？平時在那里集會？

（衆默然）

員：（厲聲）你們眞要等我用刑嗎？

（衆不語）。

員：（聲轉柔對英）小姑娘，你想一個好好的人，被打得全身是血，被燒紅的鐵烙得皮焦肉爛，慘號哀叫，而那人又是妳所最喜歡的，妳想妳能受得了嗎？

（英低首暗泣）。

員：（轉對國）一個男人如果他眞的愛一個女孩子，你想他能够看他的愛人受最殘酷的鞭苔嗎？或是被配給另一個人去了？（國轉身向牆）

（衆仍默然）。

員：祇有一個機會，那就是自首，將同黨的名單交出來，人民政府是奬勵將功贖罪的。（環視衆人）。

員：我給你們三分鐘的考慮。

（死樣的靜寂，遠遠傳來十下鐘聲，衆驚，相對愕視。華焦急地搓手）

員：（看錶）還有一分鐘。

…………

員：還有十秒鐘。

…………

員：還有三秒鐘。

英：大嫂：（抱住淑，埋首淑肩上）

淑：英妹堅强點！

員：時間——

華：好，我說。（衆愕然）

員：名單在那里？

華：我給你拿。（準備拿燈）

員：不許動！你以爲我不知道你的詭計嗎？（衆失色）

華：（不爲所動地）不然我看不見。

員：（從袋內取出一手電筒）我給你照，說在那裡？

華：（指窗上的鏡框）在那後面！

員：去拿，（忽覺不安）不要動，讓我自己來拿。（對兵）看住他們。（取椅以燈照鏡框）沒有！

華：還是讓我自己拿吧！

（員無可奈何地將電筒交給了華，華先開亮了燈，手平拏着照向窗外 上了椅子，假裝失足滑了下來，員急扳槍機，華再度上椅，復假作失手將電筒丢下，國恍悟代將電筒拾起平舉着欲交華，華先假裝未看見，國始拿下，再舉起交華，完成上下恍動。）

華：將鏡框翻了一個身，索性將鏡框取了下來，打開了後面的木板。）奇怪！怎麼沒有了？（以眼向淑示意）

淑：嗯—我怕放在那裡不妥當，給埋到後門外面的樹底下去了。

員：（含怒）爲什麼不早說？

華：讓我去拿。（走向門）

員：不許動，（冷笑）想逃走嗎？沒有那麼容易。（對兵）到後面去看看。

兵：是，（轉身走開，過了一會，回到窗前。）

員：有沒有？

兵：後門是鎖着的，出不去。

員：嗯——

淑：噢！我忘了給你們鑰匙。（自身邊取出遞過去，員接過交兵。）

員：快一點！

兵：是（走開）。

員：（得意地），我看你們還能玩什麼把戲？

（衆默然過了一會）

員：（走向窗口探望了一下，又急轉身以槍對衆。）哼，不要想妄動！（外邊傳來一聲口哨，員警覺地再向窗外探望，華面有喜色，低咳，員復急轉身以槍指華。）想作什麼？

華：（有意轉移其注意力）那怎麼敢。

員：我想你也不敢。怎麼……（話未完，窗外突出現二人，以槍抵員。）

二麻子：（持槍者之一）不要動！

華：（急奪員槍，由門外又進來了三個人，很快的將員連嘴紮住，縛在椅上。）怎麼樣了？

麻：我們在外邊看到了你的灯號，知道此地有危險，於是我們趕快回去拿了幾把靑子，仗着街上沒有人，偷偷鑽到前後門口……另一個接口，我們趁那幾個八路不防備，（揚一下手中的匕手。）一下子把他們全給解決啦！四個屍首都搬到院子里來了，前後門口，有我們自己的人把着。

華：好，我非常感激大家，現在已到了迫不及待的時候，我們也祇有提前跟他們正式幹了。

麻：齊先生，我們早已無法再忍了，淸算的時候到了。

衆：是的，時候到了，齊先生讓我們來幹。

華：李大有，車站的軍火車什麼時候開？

李：等三點鐘南下的客車開出後就往北開。

華：城裡的兵有變動沒有？

麻：沒有，都駐紮在縣政府。

華：好，現在趁他們還沒有發覺的時候，趕快去通知全體同志，照着我們上次擬定的計劃，由我和二麻子兩組分頭包圍縣政府，李大有連絡鐵路方面的同志破壞軍火列車，張老三負責那西門外的那座橋，老王那一組負責包圍公安局，得手後，立刻退到北山，去七星崖集合。

衆：好。

華：希望大家愼重，周先生（指維國），坐早上三點鐘南下的客車走，我想軍火列車最慢在三點半前一定會開，由李同志在站外半公里的地方埋好炸藥，等車一到就開火，軍火車的爆炸聲，就是我們同時動手進攻的暗號。（轉對國）這裡的事你儘管放心，不要忘記你的使命，雖然你沒有和我們一同流血，但你的責任却比我們的還重要，不要以爲不能和我們並肩作戰而感到難過。（對衆）好了，現在大家趕快去準備吧！

英：慢一點，讓我們來祝禱我們的勝利，大家乾一杯。（英淑分酒與衆。）

華：好，大家來乾杯吧！（衆同舉杯）讓我們來慶祝中國人民政府—（衆詫異地停杯未飲。）

華：（音稍高）讓我們來慶祝中國人民政府的毀滅！

衆：對，對，（同乾，歡呼）慶祝中國人民政府的毀滅……慶祝秧歌王朝的覆亡。……（幕下）

辯證法和黑格爾的歷史神學

Hans Kelsen 原作
聶華苓 譯

馬克斯的國家論之知識的基礎是黑格爾的歷史哲學。而黑格爾的歷史哲學的特徵，乃在其辯證法。這種歷史哲學的基本觀念是：理性統治世界，因而理性支配世界歷史。這種『理性』包含道德。道德的法則『是根本合理的』。世界歷史是『世界精神底理性的必然過程』。這句話表現了同樣的觀念。世界精神不過是理性的人格化。人格化是屬於本質的。因爲世界歷史也就是世界精神的意志之實現。組成歷史的個人和國家的行動是『世界精神爲達到它的目標所用的工具和方法』，而所有的歷史上的人在追尋他們自己特有的目標時，僅僅是履行了世界精神的意志，但它自己並不知道。世界精神的意志和上帝的意志幾乎不可能加以區別。黑格爾强調理念，即理性支配世界。理性支配世界是『宗教眞理』的一種應用。所以，世界並不委諸於機運，而是被『神意』所控制，即被『上帝的意志所支配。此神意就是賦有一無限權力的智慧，而由此無限權力實現其目的，其目的就是絕對合理性的世界計劃。』在研究歷史中世界精神之行程時，黑格爾的哲學所表現的，乃『知天(Knowing God)』之精心的結構。在他的著作中有一句有很大意義的箴言：『世界的歷史，離開世界政府，便是不可理解的。』黑格爾所謂的歷史哲學乃世界精神的神話；這不是哲學，乃是歷史的神學。這種學說，對於以之爲依據而建立起來的哲學體系和政治體制，是不能無所影響的。

假定上帝不僅超越世界，並且同時在世界上無所不在，而世界就是上帝意志的表現。這是對於世界現象作神學解釋時之一重要因素。既然上帝的意志是好的，是絕對的價值，那麼，現實的事物必被認爲是完美的。理性的科學之特徵，是將實在與價值視爲二元的，並將關於實在的陳述和價值判斷截然分開。可是，理性科學的這些特徵不能爲神學所承認。神學不能不承認，價值固着於實在之中，於是，將『是(is)』與『應(ought)』視爲同一。

這種看法是黑格爾哲學的核心。根據這種看法，世界歷史乃理性之實現。理性之實現表象着絕對的邏輯價值以及倫理價值。如果這個假定是眞的，那麼每一歷史事件必須被認爲是世界精神所造成的，並且同樣地合乎理性的和美好的。黑格爾在其著作的結尾曾肯定『曾經發生的事，和每天正在發生的事，不但離不開上帝，並且主要地是他所造成的。』在他最著名的論文中還有一句更簡潔確實的說明：實在的是合理性的，而合理性的是實在的。若上帝在世界上是無所不在的，若絕對價值是固着於現實中，那麼便不可能判斷歷史中一個實際的事件或歷史的一面比歷史中另一個實際事件或歷史的另一面較好或較壞；若每一樣東西在其本質上就必然是好的，那麼價值判斷便失掉任何意義。然而，區別善惡却是有倫理功用的神學之主要工作；而藉價值判斷去區別一個歷史事件或歷史的一面與另一個歷史事件或歷史的另一面之不同處，乃歷史哲學的特殊功用。無此區別，則歷史哲學是無意義的。神學給世界以倫理的解釋。在此倫理世界之中，神學將魔鬼看做上帝的叛逆，藉此以區別善與惡。但是，這樣一來，却損害神學的一貫性。黑格爾的歷史哲學臆斷，在世界歷史中所表現的實際情形雖不是完善的，但正走向完善之途。黑格爾藉此臆斷達到與神學相同的結論。世界歷史是理性之進步的實現。這個進步乃世界精神的進程，乃一個必然的進步；因爲理性是世界之『主宰』，它是賦有『無限權力』的。

既然黑格爾認爲上帝就是理性，而每一個人可以藉理性來了解他所認爲是好的和可想望的，所以他的歷史神學比正統的基督教神學較有伸縮性。黑格爾歷史神學具有完全樂觀的性質；它認定人類理想境界之進步的實現是歷史過程的必然結果。因此，這種論調，必爲具有如願想法的任何政治家所歡迎的。

一方面上帝在世界上是無所不在的，因此價值是現實中所固有的；而另一方面又必須在現實中區別善與惡；在這種論點之間的衝突成爲神學中護罪論(Theodicy)的問題。這個問題就是，絕對善良的萬能造物者上帝如何能聽任並容許在自然與社會中有罪惡發生。這是神學的中心問題。黑格爾的哲學自命提出了一個關於此問題的解答，而證明它自己爲一眞正的歷史神學。他說：『我們討論這個王體(世界歷史)的方式，在這一方面，是一 Theodicaea——上帝的行程之見證。』在其著作之結尾，黑格爾以上面引證過了的話來終結他的哲學。他說，世界的種種事象都是上帝的創作。黑格爾說他的主要論旨是，世界歷史乃世界精神之實現：『這是眞正的 Theodicaea，即歷史中對於上帝的見證。』這一點對於神學也同等重要。一個命題說上帝的意志乃絕對的好；另一個命題說上帝的意志是萬能的，一切事物都是依上帝的意志而產生。據此，假若世界上有罪惡，也必是上帝的意志所使然。這個不容矛盾的邏輯規律是理性科學的基本規律。只要我們認爲這一規律是有效的，那麼兩個命題中必有一個不是眞的。

黑格爾並不否認理性科學是正確的。但他在他的哲學系統中只將理性科學列於比神學次要的地位。爲了要使他的宗教形而上學與理性科學相調和，尤其是爲要使他的歷史神學與理性科學相調和，他必須發明一種新邏輯。這種邏輯是辯證法的綜合邏輯。辯證法的綜合邏輯是與舊時分析的邏輯相矛盾的。在這個新的辯證法的邏輯中，最具有特徵的一點，就是消除矛盾法則。根據矛盾法則，兩個矛盾命題是不能同時眞的。黑格爾試圖使我們相信，舊邏輯之要免除矛盾，乃犯了一個基本的錯誤。矛盾不僅不是思想的缺點，而且『形而上的思想僅係存於矛盾中，思想緊接着矛盾，並且又是在矛盾本身裏面。』『如果我們能指明一個事物中有着矛盾，那麼，就其自身而言，事物之中的矛盾，可謂並非一種損毀，缺點，或瑕疵。恰恰相反，每一決定，每一具體事物，每一概念，乃從這一矛盾瞬點到那矛盾瞬點之一聯合。……有限的事物……其自身是矛盾的。』黑格爾將兩種力量作用於不同方向的關係解釋爲『矛盾』的。在作這種解釋時，黑格爾揣擬思想的矛盾爲存在事物的矛盾。正如在自然界和社會中決定在對立方向運動的二種力量是同時存在的，並且產生朝在一個新方向中的第三個運動一樣，在思想中的二個互相矛盾的命題並不彼此排斥，而是作爲正與反，來產生在一較高層次上的合：矛盾消失於統一之中，這個意思就是說，矛盾既被克服了又被保存着。正是矛盾使得事物以及思想在運動之中。『運動是在其自身中存在的矛盾。』矛盾是自身運動的原理。矛盾是思想律，同時又是事件變動的規律。

黑格爾以爲思想律同時又是事物變動的規律，這個臆設，最後分析起來，是依據於另一預先假定之上。這另一預先假定說，倫理的價值亦若邏輯的價值，乃實在中所固有的，而且精神運行於歷史事件之中；實在乃合理者。這一形而上學的假設是建立在黑格爾辯證法的根本謬誤之底層：他將外在世界相反力量的關係，與思想中的矛盾命題的關係，視作是同一的東西。自然界和社會中二個相反力量由互相作用而產生一個確定的運動，這與邏輯矛盾毫不相干。我們所討論的這些現象能夠而且必須用彼此並不矛盾的敘述詞描寫出來。這些敘述詞與舊有邏輯原則完全切合。然而，馬克斯正好將黑格爾辯證法的這種謬誤引用於他的辯證法。的確，馬克斯宣稱：『我的辯證法不獨與黑格爾的辯證法不同，而且恰好與之相反。就黑格爾而言，人類大腦的生命過程，即是思想歷程。黑格爾將這思想歷程，在「觀念」的名義之下，甚至轉變爲一獨立的的主體。這一主體乃眞實世界的創造者；而且眞實世界只是「觀念」之外在的和現象的形式。對於黑格爾而言，觀念是這種性質的；對於我而言，並非如此。恰恰相反，照我看來，觀念並不是別的，無非是人類心靈所反映的物質世界，而且是表現爲思想形式的物質世界。對於黑格爾而言，辯證法立於世界的頂端。但是，照我看，如果你能發現在神秘外殼之內的理性核心，那末辯證法恰好應該翻過來。』黑格爾是個觀念論者，馬克斯是個唯物論者。然而，馬克斯，正如黑格爾一樣，藉辯證法來了解：進化乃本乎矛盾而行。馬克斯，正如黑格爾一樣，認爲矛盾乃社會之實際中所固有的。認爲進化中有一『矛盾的性質』，尤其是資本主義社會之進化中有『矛盾的性質』，這一臆設，乃馬克斯所創發的歷史唯物論或辯證唯物論之一重要的因素。馬克斯，正如黑格爾一樣，將生存鬭爭中之衝突，利害衝突的團體之間的對立，尤其是生產力和生產方式的不協調，解釋爲邏輯矛盾。馬克斯，正如黑格爾一樣，認爲價值乃實在中所固有的；但是，馬克斯不將思想與存在的事物視作是同一的東西。在這一點上，馬克斯與黑格爾不同，而且也沒有黑格爾那樣能自圓其說。依馬克斯，辯證法在作爲一種思想方法時，僅僅『反映』實在中的辯證過程。我們必須使用辯證法，俾能把握社會的辯證程序。馬克斯雖然反對黑格爾將思想與存在混爲一談，可是，他却未能證明(至少在某種程度以內是如此)另一謬誤，即是，將自然界和社會裡的反對力量之間的關係與邏輯矛盾混爲一談。

辯證法促使黑格爾頌揚國家爲神，而馬克斯則呪詛之一如魔鬼。這一事實十足表明辯證法之無用。同是應用辯證法，一個肯定藉着戰爭，理性作進步的實現，必然使德國統治世界；可是，另一個則預言，藉着革命，來建立世界共產主義的自由社會，乃歷史進化之無可避免的結果。這些互相矛盾的解釋之所以可能，是因爲這種哲學使然。這種哲學忽視實在與價值之間有不可踰越的鴻溝，即忽視『是』與『應』乃二元的而非一元的。於是，這種哲學所表現的只是一種政治的基本前題，而這種前題是建立於主觀的價值判斷之上的。這種哲學說，建立於這種主觀價值判斷之上的政治基本前題，乃進化之必然的結果；而這種進化，是被客觀規律所決定的，並且是必然從較低層文化發展到較高層文化的。這種哲學肯定價值確乎乃實在事物中所固有的。因之，如果實在的發展與認作出發點的價值不符合，那末這種價值之必至的實現日期，便移到將來。依照解釋者對於歷史情況的政治評價，任何歷史情況都可以解釋作爲正，或反，或合之表現。於是，辯證法可以適合任何政治教條了。(譯自 The Political Theory of Bolshevism)

第五卷　第六期　內政部雜誌登記證內警臺誌字第一九號　臺灣省雜誌協會會員　二〇〇

給讀者的報告

距離本期發行的日期再有兩天便是「九一八」廿週年記念了。「九一八」這個日子不但是中國的國恥，而且也應該是日本的國恥，因爲從這一天起日本軍閥給中日兩國人民帶來了慘重的災禍；中國在戰火破壞之餘更遭赤禍塗炭，日本則終不免自食戰敗投降之苦果。現在舊金山和會閉幕不及旬日，日本即將獲得獨立自主，重返於國際之林。這次中國未會被邀與會，尤爲國際外交上之一大汚點，但中日邦交之恢復亦已諒在不遠。我們於痛思廿年來中日間不幸的歷史關係，不免多所感慨，因更覺今後兩國邦交有從新敦睦之必要，故爲社論，有以寄望於日本人民。

這次舊金山和會美國外交當局斷然排除蘇俄的阻撓，使和會得以如預期的日程順利完成；除蘇俄及其附庸波蘭捷克外，共他與會四十九國均已正式在和約上簽字，完成了這項輝煌的歷史任務。美國政府在這一行動中所表現的堅決果斷，已博得各方喝采。這次蘇俄之拒絕簽約誠出一般觀察家的意料，但是使葛羅米柯更感驚異的是美國態度的堅定，也許這才是造成觀察家預測錯誤的原因吧。現在蘇俄破壞和會的企圖是失敗了，其次一行動殊爲可慮，我們希望美國政府能以在和會所表現的同樣堅決態度來對付共黨的挑戰，尤其在自由亞洲的防務上更須如此。

「中山思想之新綜析」一文是錢穆教授近著中國思想史的最後一篇，承交本刊發表。錢穆教授之爲中國傳統文化的權威學者，是讀者們所熟知的，其闡析中山先生思想，自屬至宜至當也。

本期羅鴻詔與李中直兩先生的大文俱是有眞知卓見的論著。羅先生「論和平」一文旨在駁斥共黨對和平一辭的曲解，指出其眞確的含意。李先生因杜威之言而有所感，强調個人人格尊嚴之重要。民主與極權的重大區別，在於前者以人爲目的，後者視民作芻狗。在視民爲芻狗的社會裡，是不可能產生民主政治的。

「史達林陰謀攫取中國的鐵證」是作者讀胡適之先生前著「史達林雄圖下的中國」一文所作之書後。本文引證「蘇俄陰謀文證彙篇」爲胡先生原文一一注脚。「蘇俄陰謀文證彙篇」是民國十六年張作霖搜索北平蘇俄大使館武官室所得檔案文件一千餘箱中最重要最機密的部份，這一很有價值的史料正是史達林陰謀攫取中國的鐵證。

因爲稿件太擠的緣故，本期「臺灣產業」一欄暫停，容於下期續載。

最後當本刊付印時，因須登載陳院長致胡適之先生函，臨時將時事述評一欄删去，謹向讀者致歉。

本刊售價

	地區	幣別	價格
一、	臺	幣	三元
二、	越	幣	八元
三、	菲	幣	五角
四、	港	幣	一元
五、	暹	幣	四銖
六、	美	金	二角
七、	叻	幣	四角
八、	印尾	幣	三盾

自由中國 半月刊 第五卷第六期

"Free China" 總第四十五號

中華民國四十年九月十六日

發行人　胡　適

主　編　『自由中國』編輯委員會

出版者　自由中國社

社址：臺北市金山街一巷二號
電話：六　八　八　五　號

航空版
香港　香港時報社
（高士打道六四號）

經售者
臺　灣　中國書報發行所（臺北市館前街八五號）
美　國　紐約民氣日報社　舊金山國民日報社
日　本　東京南友堂　東京內山書局
馬尼刺　中菲文藝出版社
印　尼　椰嘉達星期日報　椰嘉達天聲日報　棉蘭繁華圖書公司
越　南　西貢中原文化印刷公司　越南華僑文化事業公司
曼　谷　曼谷攀多社十二號
新加坡　中興日報社　檳榔嶼、吉打邦均有出售

印刷者　臺灣新生報新生印刷廠
廠址：臺北市西園路二段九號
電話：廠長室二七一二五　業務課二〇九六

本刊經中華郵政登記認爲第一類新聞紙類　臺灣郵政管理局新聞紙類登記執照第二〇四號

自由中國

FREE CHINA

第五卷 第七期

要目

社論（一）言論自由的認識及其基本條件

時事述評：只有自省才是辦法！

反共外交的新頁

輿論與民主政治（一）……雷震

馬克斯經濟學批評（上）……胡原道

日本文字的改革運動……梁容若

臺灣產業：臺灣土壤概況與農林利用……梁鉅榮

自由中國通訊：且看鹿死誰手 —倫敦通訊—……本刊特約通訊記者 石達生

南潯湖上的反共英雄 —宣城通訊—……江風

文藝：血的洗禮……歐陽賓

梁啓超徐志摩論俄帝……吳相湘

書刊評介：文明是怎樣創造的？……海光

中華民國四十年十月一日出版

社址：臺北市金山街一巷二號

半月大事記

九月十日（星期一）

美、英、法三國外長會議在華府揭幕，討論抵抗共黨侵略的全球防務。

李奇威於致聯合國第廿六號韓戰報告中稱，共軍將發動新攻勢。

九月十一日（星期二）

葉外長告合衆社記者稱，中國願與日本簽訂雙邊和約，其條件與舊金山和約同。

聯軍總部承認九月十日夜曾誤襲開城。卓伊致函共方表示道歉。

日內閣批准美日安全條約。

伊朗限英於兩週內恢復石油談判的最後通牒，經華府送致英政府。

九月十二日（星期三）

白宮宣佈美國防部長馬歇爾辭職，遺缺由羅維特繼任。

盟軍總部于備忘錄中以廣泛權限給予日本政府，准與廿三國代表團直接談判，惟蘇俄不在其內。

南斯拉夫通知聯合國抗議阿爾巴尼亞陸軍之侵略行爲。

九月十三日（星期四）

總統頒令：邵毓麟辭職照准，特任王東原爲駐韓大使。

美英法三國長外會議同意儘速組織歐洲聯軍。

紐約時報消息：葉外長警告日本勿與中共訂約，否則我將反對日本進入聯合國。

美參院通過六百億國防預算案。

美參議員五十六人聯名致函杜魯門，反對美日承認中共，不許日本與中共談判。

九月十四日（星期五）

日首相吉田茂返抵東京，發表聲明，籲請日人履行和約。

美英法三國外長會議發聲表明，同意於數週內與西德簽訂「和平契約」。

九月十五日（星期六）

西德總理艾德諾談話，歡迎三外長聲明。

北大西洋公約理事會在渥太華揭幕。

伊朗副總理宣布，蘇俄已允以重要物資供給伊朗，以消除英國經濟封鎖之威脅。

九月十六日（星期日）

北大西洋公約理事會同意討論邀請希土入盟問題。

九月十七日（星期一）

伊朗官方宣佈：杜魯門總統特使哈里曼已拒絕將伊朗就石油糾紛所提的最後通牒轉交英國。

九月十八日（星期二）

盟總新聞處發表聲明，除非共方改變態度，停戰談判勢難恢復。

九月十九日（星期三）

聯軍與共方聯絡官在開城舉行會議。

盟總發表公報，查明未配武裝之四南韓醫兵曾於十八日誤入板門店。

在華府訪問的越南法軍總司令兼高級專員塔西尼將軍表示，估計約有十五萬中共「志願軍」協助越共作戰。

美紐約州長杜威演說，呼籲建立太平洋聯盟，防止另一次韓國事件。

美英法三國與義大利代表在渥太華集會商討修改對義和約。

九月廿日（星期四）

金日成彭德懷覆函李奇威，建議由雙方聯絡官會商重開開城談判之時間。

南韓總統李承晚宣布四項停戰條件，謂共方如不同意，應即中止談判。

北大西洋公約理事會閉幕。一致通過邀請希土入盟，並設置內閣性組織。

英首相艾德禮宣布下月舉行大選。舊議會將於十月五日由英王下令解散，新議會於十月卅一日成立。

九月廿一日（星期五）

法外長徐滿演說，主張歐洲建立超國家的最高機構，合力運用資源保衛民主政治。

越南法軍總司令兼高級專員塔西尼將軍在華府發表談話，籲請美國加强軍援越南。

九月廿二日（星期六）

英外相致函埃及總理建議協防中東。

美聯社華府電：美政府已同意以大量軍備迅速運往越南。

英外務部發言人宣布，英政府已拒絕伊朗所提關於石油糾紛之最後通牒。

合衆社東京電：日政府決定在臺北、羅馬、馬德里、日內瓦設立外交機構。

九月廿三日（星期日）

李奇威覆函共方，同意双方聯絡官會商恢復停戰談判之條件，並聲明絕不接受侵犯中立之指責。

美英兩國正式邀請希土參加大西洋公約。

俄伊貿易談判在德黑蘭舉行。

美前駐伊大使格拉第呼籲經援伊朗，免其被迫入淪共黨之手。

九月廿四日（星期一）

聯軍與共方聯絡官首次集議，聯軍表示開城地點不宜，拒即恢復談判。

義總理加斯巴萊對美國會演說，呼籲修改對義和約。

西德總理艾德諾與美英法三國高級專員開始談判恢復西德主權問題。

狄托元帥發表演說呼籲鐵幕國家人民奮起反共抗俄。

九月廿五（日星期二）

行政院正式公佈臺省組臨時議會，同時公佈臨時省議員選舉罷免規程。

立法院院會決議對出版法修正草案重付審查。

伊朗政府下令英籍技工限於下月四日前離境。

社論

言論自由的認識及其基本條件

首先，我們應該表示的，言論自由是一種天賦的基本人權。言論自由之為一種天賦，亦若吃飯之為一種天賦的基本人權。沒有人應該剝奪任何人吃飯的權利。同樣，也沒有人應該剝奪任何人說話的權利。人生而有口，就應可自由說話，以發揮其功能。這本是不證自明之理。所以，要求言論自由是作人最起碼的要求，而並非額外的要求。

可是，在古代由于君主專制，在近代由于極權統治，將人生而具有的這種天賦基本權利剝奪了。習之既久，積非成是，於是君主專制者和極權統治者認為人民之不該有言論自由乃一當然之事，乃一故常之習。在這種故常之習底下，如果人民起而要求恢復與生俱來的言論自由，反而被他們認為大逆不道。因為他們抱持這種態度，人間許許多多悲慘的事情由之而發生。於是，爭取言論自由乃成為近代政治生活上的一件大事。

也許有人說，你們所主張的，在原則上是正確的，無人可加非議。但是，在情況非常的時候，言論自由就不能不受到限制。這多年來，造亂集團就會利用言論自由來灌輸毒素，來歪曲宣傳，來造謠惑眾，來顛覆，保衛國家和維持社會秩序的政府。鑑於這種危險，所以在情況非常的時候，大家不得不犧牲言論自由。

這種論調，流傳頗廣，似乎為許多忠愛國家的人樂於採納。乍聽起來，這種論調好像很有道理。然而，如果我們訴諸理性而不訴諸意氣，稍為冷靜思考一下，便會立刻發現這種論調是不能自圓其說的；而且，它所產生的可能後果是很危險的。

言論自由的本身不必有特定的內容和目的。言論自由是一種工具。它可用來造亂，也可用來平亂。造亂集團利用言論自由來造亂，這個目的是很不正當了。我們藉着言論自由來平亂，這個目的是很正當了。如果造亂集團尚且能夠利用言論自由以達到不正當的目的，而我們為什麼不能藉着言論自由以達到正當的目的呢？如果我們不能藉言論自由以達到正當的目的，而是害怕言論自由，那末癥結在那裡呢？這是十分值得反省的問題。

許多人一聽見『自由』二字就頭痛，因而也就惡聽『言論自由』。這是由于他們將『自由』與『放縱』二者混為一談。自由與放縱是不同的。自由與放縱之不同，亦若珍珠之與魚目之不同。只見過魚目而未見過珍珠的漁夫，以為魚目就是珍珠。同樣，只習於放縱而沒有享受過真正自由的人，以為自由就是放縱。其實，自由與放縱在表面某某一二點看來雖然相似，而內面的精神和出發點之相去，則不可以道里計。我們試拿政治上的首腦人物一比較就可知道。極權國家的首領大都是放縱的。希特勒是現代的典型實例。他高興怎樣做就怎樣做，沒有人能限制他。這樣的人，當然要剝奪人民的自由。他要將人民的自由化作他一個人放縱之火的柴薪，一直到德國燒焦了，他自己燒死了才罷手。民主國家的政治領導人物是自由的。他們受到輿論和法律的限制，良心和道德的指責，一舉一動都得合情合理，否則隨時有下臺之虞。所以，民主國家的政治領導人物很少壞大事的。威爾遜總統便是好例。這樣看來，許多人仇視『自由』實在是一種誤解。自由是不易講的。講自由有講自由的資格和條件。放縱的原動力是激情，衝動，和私欲；而自由的出發點是理性與責任。二者怎可混為一談呢？

自由與放縱在本質上之不同，完全投射到言論上。造亂集團所謂的『言論自由』完全是言論放縱。那簡直是放野火的勾當。而真正的言論自由，正如真正的自由一樣，它的出發點是理性與責任。既然言論自由的出發點是理性與責任，於是它便是本乎科學的精神和道義的態度。既然本乎科學的精神和道義的態度，於是不捕風捉影，不躲閃規避，不撒白溜謊，不無的放矢；而是一字一句，都以真憑實據為張本；並且，自己說了自己負責。唯有對民族，對國家，對當前的危局抱有嚴重的責任感者，才不辭冒險犯難，據理直言，據事直陳。這樣的言論自由，難道不可貴嗎？難道不是初學民主者所應加意培護的嗎？

凡誠意於實現政治民主者，必須尊重並且培護言論自由。但是，尊重並培護言論自由，必須遵守這二個最基本的條件：

第一、造成一個可以言論自由的環境。這也就是說，讓這個環境使大家覺得發表合理的言論時，沒有遭受威脅的恐怖。而造成一個可以言論自由的環境之最具體的辦法，莫如『以言論對言論』。這就是說，如果你認為別人說的不對，你可以心平氣和，根據事實或道理，與對方討論。如果不此之圖，而採取討論以外的方式，或施用威脅手段，那末所謂『言論自由』，不過一句好聽的空話而已。

第二、就事論事。就事論事是從正面就所談的題目加以討論。這話的意思是說，只問是非，不問是誰說的。對於一個問題，無論是否我的朋友說的或不是我的朋友說的，如果是合理的，我們就得贊成；如果不合理，我們就得反對。無論贊成或反對，應該完完全全以論題為範圍，而不旁生枝節。這是言論自由必須的態度和修養。本乎這樣的態度和修養以從事討究，才能討究出一個公是公非。有了討究出一個公是公非的可能，才能培養出正確的言論。

如果我們不本乎這樣的態度和修養以從事言論，那末說話就難免離題。說話離題最常見的現象，就是撇開正題不談，而專門從側面在說話者這個人的本身找些事情加以攻擊。這就是不折不扣的『人身攻擊(Personal Attack)』了。如果甲找些不相干的材料攻擊乙；而且乙也找些材料回敬，那末就變成互相攻擊了。互相攻擊，那還談什麼問題呢？從事人事攻擊，是不够光明磊落的，是不够大方的，更不是學習民主者之所應為的。

有言論自由才有健全的輿論。有健全的輿論才有健全的政治。有健全的政治才能平服當前的大亂。所以，我們在這學習民主的起點上，對于言論自由應須具有上述的認識並且滿足上述的基本條件。

時事述評

只有自省才是辦法！

目前我們愛國的人士，有三件焦心的事情；一是英國外交家，慣於「損人不利己」的政策；為要討好中國共產黨，三番兩次要犧牲我們中華民國。如上月舊金山對日和會，我國沒有被邀參加，便是英國人作祟；將來還不知道要對我們玩弄什麼鬼把戲。二是美國人民雖然都對我國表示同情，但美國政府中人，則似乎多少還受了共產黨的欺騙，對我們政府沒有十分諒解，所以不能儘量的援助我們。三是對日外交的問題。這三件事，都是國家安危所關，所以很容易使我們關心國事的人擔憂。

不過如果我們仔細一想，我們便知道一個國家的命運，是在己而不在人的。就先以英國對我們的態度講吧：國際間只顧私利不顧公理的事情，固然可恨；但設使沒有喪心病狂的中共，英國亦沒有什麼可以藉口，決不能憑空損壞我們在國際間的地位的。至於美國人民對我們眞摯的友誼，可以說已有五六十年的歷史；現在美國政府中一部分人士惑於共黨的宣傳，對我們國家元首和行政長官努力圖治的精神沒有深切的認識，固然是很可以惋惜的事情，但我們如果反身自問，我們自己亦不能不認點錯。因此，我們固然不怪美國，亦不必怪英國。

因為一個國家在國際上的地位和信譽，全在自己做得怎樣，不在人家看待我們怎樣，所以我們須急自振作。設使我們不能自振作，就算今天英美拉我們做幾强之一，明天就可以不理我們；設使我們能自振作，則我們現在亦儘有爭取國際地位的本錢在。振作的方法，在能虛心服善，在能「反身而誠」！誠實不欺，非特立身治國的要務，亦是外交上最高的策略。許多人都以為僅憑空泛的宣傳便可以叫外國人信服了：這實在是很大的錯誤。我們全國上下，須知道「由今之道，無變今之俗，」決不能僥倖苟存；我們應該痛自反省，推尋我們過去的病根所在，知過而改，力圖自强。詩云：「鼓鐘于宮，聲聞于外。」要變易人家對我們的觀點，我們只有急圖改進我們自己。

講到中日將來國交的問題，當不至有什麼困難。蔣總統於六年前即有「以德報怨」的聲明了。這個主張，非特不失為文明古國的風度，並且足為人類歷史增加光榮的紀錄。日本有識的人士，亦深知中日兩國非特文化上有過一段佳話，就是經濟上和防衛上亦需要誠懇的合作；他們對過去軍閥的罪惡，當然亦深切的忿恨。我們中國現在固已站在反共抗俄的最前線上；而日本如果要以一個自由獨立的國家存在於世界上，除了反共抗俄亦決沒有第二條路。因為這些原因，不久的將來，中日兩國能够訂定一個合理的双方和約，以及我國的要在和約訂定後協助日本加入聯合國，乃意中事。（汀）

反共外交的新頁

俄國的外交，自從沙皇時代起就一直以主動、機動、陰險、和强靱著稱於世。到了布爾希維克人執政以後，更注入馬加維里的新血液，以辯證唯物論為其綜合的指導原則，於是上述的諸特點更發揮到登峯造極，出神入化之境。假定我們撇開世道、人心、和平、博愛等等不談，而只從純技術上看俄人的外交把戲，那眞叫過癮。然而人世間有一個鐵的原則：「種瓜得瓜，種豆得豆」，到了五十一年的秋收以後，斯達林和他的徒衆却不能不食若輩親手種下的苦果了。請先翻閱九月份外交上的重大事件：

（一）四十九國在舊金山聯合國誕生的故址簽定寬大的對日和約。（二）三外長議決對西德簽訂一項「和平契約」，代替現行的佔領法。（三）北大西洋公約理事會一致通過邀請希土兩國參加歐洲的防衛組織。（四）西方三强決定修改對義和約。（五）美國分別與日菲紐澳四國簽定安全協定。而在美日協定中更有一破天荒的可喜條款，就是：一個國家內的赤色暴動，天下人可以共誅之。（六）美政府同意盡一切可能援助越南，以對抗國際共產黨的侵襲。

上述種種外交上的重大事件，雖然放射的角度不同，性質迥異，但却告訴世人一點：蘇俄的外交儘管依然還是那麼陰險、强靱，然而莫洛托夫和維辛斯基們慣常坐着的那一套主動、機動的寶座，從今以後却不能不讓位於民主國家。

有人說未來美蘇的勝負，將決定於東西兩種文化根本的優劣上，更具體一點說，也就是決定於民主與極權兩種政治品質的優劣上。若這種觀察大體不錯的話，那麼，上述民主國家最近在外交上的收獲，實提供了一束最有力的佐證。

原來任何極權政治都擺不脫八股教條的拘束，拘束的結果是思想窒息，智慧枯竭。即單就這種政治本身來說，時間一長，最後也必趨於癱瘓或解體，若其旁邊再有一個智慧永遠可以繼長增高的政治組織，則相形之下，早晚前者必現拙相。馬克斯誠不愧為一綜合能力極强的學者，不過就着整個人類知識的領域來說，他當日所綜合的知識究屬有限。然而馬克斯以後，他的信徒就把它奉為教條，從此共產黨人的知識就祇能在馬克斯所創造的領域內打轉。反之民主國家人民的思想智慧有如大鵬野鷹，可以任意在太空中飛翔，知識可永遠加速度地繼長增高。以無窮對有限，難怪斯大林的八股外交要被杜魯門擊敗了。

從一九五一年九月一日起，民主國家在反共的外交行動中算是翻到了嶄新的一頁，然而要澈底擊潰共產黨，獲取最後勝利，還得頁頁翻新，時時猛進。願民主國家外交家勉之。（白）

輿論與民主政治（一）

——民主政治就是輿論政治——

雷震

本文寫得太長、現擬分段分期發表。共分四期，每期所發表者，在整個體系之中，仍自成一段落。讀者可以分段獨立來看。

全文共分六章：一、輿論的意義及其形成。二、輿論之起源及其發展。三、民主政治就是民意政治。四、民主政治就是輿論政治。五、健全輿論之要素。六、民主與獨裁之分野。

一 輿論的意義及其形成

輿論是甚麼？他的作用在那裡？健全的輿論要怎樣形成？眞正的民主政治是甚麼？輿論與民主政治的關係如何？和他及於實際政治的效用如何？這些，都是本文將要進行討論的中心問題。

要想實行民主政治，並希望所實行之民主政治能够一天一天的發達，社會因以獲致進步，人民於以臻至康樂，政府必須重視輿論，尊重輿論，維護輿論，和進一步扶植輿論，可以說，這是倡導民主政治的人們一致的意見。爲要達成這個目的，凡策謀輿論之健全，並使其內容充實和積極發展，乃是推進民主政治的一種基本工作，和其必要步驟，不論是政府當局，抑民間志士，都是應該向這個方向去努力的。我們可以堅定的說：凡是沒有輿論的國家，壓根兒就不會有民主政治。民主政治而不依賴輿論的力量來督促、改進，不僅民主政治難望其有進步，那幾乎是不可想像的事情，也可以說這裡根本就不是眞正的民主政治。輿論在今日的社會裡，固是由於報紙、雜誌、廣播和電視等等方法而表達於大衆之前，但報紙、雜誌、廣播和電視中所表示的意見，並不一定就配稱爲輿論，或能說是代表輿論。蘇俄和其嘍囉國(註)等各極權國家，有的是報紙、雜誌和廣播等宣傳工具，終日自吹自擂，滿紙謊語胡說，那不過是政府的代言人，或其應聲蟲而已，根本就和輿論無關。因爲這些國家裡，一些言論和消息祇有一個調調兒。就是祇有一個鼻孔兒在出氣。

輿論(Publie opinion)正確含義如何？他是怎樣形成的？在進行討論本題之前，應該徹底研討明白。因爲今日尙有許多歪曲的意見，塗在輿論身上，到處散播，使大家對於輿論這一概念的認識，發生糢糊不淸的印象，對其正確的含義，反而弄不明白。這正如毛匪所倡導的新民主主義一樣，他硬說他是老牌王麻子——眞正的民主主義，貨眞而價實。儘管他是在掛羊頭而賣狗肉，可是在某一短暫的期間，他確曾迷住了不少人們的心竅，也有許多知名之士，確曾死心塌地的隨聲附和之，或願意爲其效勞的。

輿論也者，自最抽象的說，乃是一定社會裡面集合意識的表現。就是社會成員之間所成立的共同的意見或見解。若從字面釋之，輿者，衆也；輿論謂爲衆人的言論。因爲是衆人的，故輿論是帶有公共的意義，不是某一個人的私見，外國語稱之爲 Public opinion，更足表明這一點意思。所謂公共的，也決不是說輿論係含有國家的意義，僅不過是表示社會的意義。輿論在普通的場合，是指以政治問題（廣義的）爲對象的公論，即是關於一定政治問題的一般國民的共同意見，也可以說是國家機關、政黨、政團和圍繞一般政治家之民衆的勢力。此種公共意見，此種民衆的勢力，都是以通過報紙、雜誌、廣播或演說的言論而表現之。由這些言論所表現的思潮或意見，我們通觀達覽而綜合其大體，即可測定某一時期的社會的意向，和一般國民的公意所在。故眞正的輿論乃是政治社會的自然發生物，非由國家機關和法律所能製造出來的。這是民主國家的輿論的形成，我們要特別重視此點，以別於獨裁國家之製造輿論，販賣輿論，和强姦輿論。

根據上面的分析，對於輿論這個東西，我們當可下這樣一個定義：『在一個特定的社會裡面，其成員間大體上共同的意見或見解成立的時候，這就可以稱爲輿論，故輿論乃是公衆所支持的東西。輿論之形成，是通過報紙、雜誌、電信、廣播和電視等交通機構，使社會成員們能於間接的和精神的，彼此發生接觸作用。輿論成立之心理的基礎，則是由於模仿和同情。』

從上述的定義詳析之，我們可以了解爲：第一，輿論是由於意見的集合而形成，但僅僅意見並不就是輿論。第二，在形式上多數人的意見或見解，固然可以稱爲輿論，但是一個人被多數强盜圍襲取財的時候，又如荒島之上有幾個吃人的野人，在圍吃一個被難的水手的時候，此時多數人的意見，決不能稱爲輿論。因此，凡屬眞正輿論之形成，必須具有以下兩個前提而後可：

第一　必須在允許『自由討論』、富於『寬容精神』，而有秩序的社會裡面。自由討論與寬容精神同等重要，蓋無寬容精神，則無法引起自由討論的。

第二　在特定社會裡面，關於種族、宗教、階級等等問題，不能存有絕對分裂的狀態，這個社會的成員們，必須具有某種程度的『共通性』，可為思想自由之交流。如果成員相互之間，處於勢不兩立之對峙，則無法交換意見，而輿論自難成立了。

所以輿論成立的心理基礎，不單是模仿或同情這些本能的東西，而自由討論，容忍精神、和思想自由之交流，都是必要之條件。尤其自由討論和容忍精神這二點，更為一切之先決條件。無自由討論的社會，就不會有眞正的輿論，無容忍精神的社會，又不會引起自由的討論。

英國政治學者巴佐特（Bagehot, Walter 1826-77）將自然淘汰的思想，特適用於政治學的說明（Physics and politics, 1827），謂我們今日的社會，已由『直接行動』的時代，進步發展，而入於『坐而論道』的時代。凡事一經討論（discussion），即是為變革進步之根本。這個討論的時代心理，才是輿論成立的心理基礎。巴氏說：『一國有討論之政制，則思想為之增高，為之興奮，使人人皆知深思默想，未嘗有傷，而才智之士，均用心於此，而不欲浪費精力於他途』。又謂：『若一民族而能有此習慣，悉將政治之事，任人自由討論，而取決於大家之好尚，則他種文明之進步，定可預卜』。自由討論又必須以富有寬容精神為前提。巴氏繼謂：『容忍者，亦惟於辯論中始能得之。欲求討論之有用，必不能不有容忍。自己所不悅之事，則禁止其不發一辭，試問討論之舉，更有何用。集思廣益，則不必再存固執之心，上下其辭，更何須再為强分彼此』。

大衆可以發表歧見異說，經過討論辯難之後，意見縱有不同，可是到了以全體而集中的意見的時候，輿論於以成立了。研究至此，我們尚須注意二事；第一，歧見異說經過討論之後而成立的意見，既不是個個人的判斷之機械的集合，亦不是多數個人意見之單單的平均，而是經過溶爐的化合而凝結出來的意見。第二，輿論固是多數意見之代表，但並不以『一致』為其必要條件。一個社會之內，利害關係不同，意見必然歧異，『全體一致』（Unanimty）幾乎是不可能的事，故齊一就不能稱為輿論。今日只有共產主義國家的報紙和刊物上的論調，不問是言論或消息，是千篇一律的，是異口同聲的；而民主國家則是公說公有理，婆說婆有理。我們可以拿這個國家的輿論，是整齊劃一，還是諸說雜陳，以為區別極權與民主之標準，和兩者程度上之差異。

全體一致的立法，過去在波蘭則試驗過一次。當時國會的議員，對於任何議案，皆有『自由否決權』（Liberum veto）。此種立法制度，其結果養成議員專橫自私，使各種議案很不容易通過，而阻碍政治之進步。羅偉爾（A. L. Lowell）說，這種制度是與近世平民政治的基本原理相違背。他說：『所謂近世的平民政治的基本原理，就是公共事業的行為，合於一種公共意見，雖不是全體的，尚屬是普通的，並且還含有少數人在某種情形之下，應當服從多數的意思』（見羅偉爾所著 Public Opinion and popular Government）。

社會成員們的意見，只有少數和多數之分，決不會是全體一致的，除非由外面加諸壓力，而强制的使其一致。此乃外面壓力之所致，而非內心的自動的同意。

『全體一致』云者，是不合乎人性的。人性就是有『個性』，個性就是彼此有差異，甲與乙不同，乙與丙丁又不同。民主政治是尊重個性，而合乎人性的，極權政治是抹殺個性，而違反人性的。

個性乃是『人格』之內在的要素，人之所以為人者，就是他有健全的個性，以與同時存在的他人顯有區別，故稱此人是有人格。此不僅指他是法律上的權利義務能力者，而且說他是具有人之所以為人的特質。哲人波伊提烏斯（Boethius, Anicuis manlius Severinus 約 480-525）謂：『人格乃是合理的個體』（Person est ratioualis naturae individua substantia），即是此意。凡是不承認人們有個性者，即是不承認人們有人格；凡不承認個人主義或個體主義者（individualism），也就不會承認人格主義（Personalism）。民主政治是尊重個性，故學者又稱民主政治是『人格政治』。

（註）：衞星國的名稱，不如改稱為『嘍囉國』，更為切合實際。因為蘇俄的行為和作風，確是一個强盜頭子。

二　輿論之起源及發展

輿論是含有公共的或社會的意義。照這個意思講，不問在那個時代和何種社會，都有輿論這個東西出現和存在，儘管他是不能嚴格的和現在的意義一樣。無論在甚麼時候，人們對於圍繞其周圍所發生的大大小小的事情，因這關係於他個人乃至家族的生存和發展，他是不能不寄以特別的關心。故輿論的起源，可以說是很早很早的。我國古時晋書王沈傳載有：『自古聖賢，樂聞誹謗之言，聽輿人之論』。又梁書武帝紀有謂：『行能臧否，或素定懷抱，或得之輿論』。此可表示當時即有輿論存在。輿論亦稱輿誦，如左傳載有：『晋侯聽輿人之誦』；國語晋語曰：『惠公入而背外內之賂，輿人誦之』；梁簡文帝寶馬頌：『卟胥樂，輿誦興』。這些引證都可闡明當時所謂輿論的意義，就是人民對於執政者所表示的衆人的意見或見解，亦可見輿論在我國起源之早和發達之普遍矣。嚴格的說，當時所稱的輿論，決不能與今日的含義相同，也不能和今日的內容相比。但是，這些都可說明無論在甚麼時候，衆人對於政治是有意見的，尤其對於執政者之一擧一動。後漢書岑彭傳載有：『岑熙遷魏郡太守，無爲而化，視事二年，輿人歌之曰：我有枳棘，岑君伐之；我有蟊賊，岑君遏之；狗吠不驚，足下生氂』。尤足說明衆人對於爲政者的行爲，觀察是無微不至。過去對於輿論，又稱爲淸議，黃黎洲說：『淸議者，天下之坊也』。

Public opinion 一語，在歐洲據說是十八世紀的產物。惟遠溯上去，在羅馬帝國末期，即有『民聲』這句話，有名的『人民的聲音或即是上帝的聲音』(Vox populi may be vox Dei)。中世紀的評論家，常用 Consensus 一語來表達『共同意見』的意義。迄至近代社會，輿論這個名詞，始以正常的意義使用之。馬基雅維利 (machiavelli) 是個講求現實主義政治的，他於所著『君主論』(Il principe) 中，已注意到『民衆之聲』，而莎士比亞於其『亨利四世』(Henry IV) 一書中，說『輿論(Opinion) 授予以王冠』。在十七世紀英國社會的鬪爭場裡，輿論的性質始完全明白。滕普爾(Sir William Temple 1628—99) 於其所著『政府論』(Eassy upon the original and Nature of Government, 1672) 中：謂『政治的權威之根源，應在爲支配者所繼承的，關於智慧、仁慈、勇氣的支配的意見之中尋求之』。又洛克 (John Locke) 在『悟性論』(Eassy concerning Haman understanding 1690) 一書中，特別提出輿論之問題，認爲人們用以判定其行爲爲正爲邪所依據之法，有神的法，民的法，及命名爲輿論或評判的法的三者。降至第十八世紀，關於輿論這些見解，由英倫傳到法國，乃形成孟特斯鳩 (montesquieu) 的『一般精神』(esprit general) 和盧騷 (Rousseau) 的『一般意志』(Volonte general) 的概念。及至法國革命之前夕，輿論這個用語，特被芮克 (Necker, Jaeques 1732-1804) 周圍一群人們所使用，而漸次普及於西歐諸國。輿論係由當時新興的市民階級來擔任，對於一切『教條，獨斷』(dogma) 的東西，概予以無情的抨擊。

爲要使大家充分明瞭輿論在今日民主國家政治上所具的廣大勢力，和其享有的優越地位，及其所表現的卓越成績起見，對於輿論在西方國家之勃與和發達，所受到於過去學者們著論之激勵及鼓吹之影響，特在此地簡單的加以介紹和叙述，我想對於本文中心問題的認識和了解，當不會沒有用處的。除上述諸人外，玆特擧出幾位有名學者之見解和意見，以明輿論發達之由來。

「自由中國」的宗旨

第一、我們要向全國國民宣傳自由與民主的眞實價值，並且要督促政府 (各級的政府)，切實改革政治經濟，努力建立自由民主的社會。

第二、我們要支持並督促政府用種種力量抵抗共產黨鐵幕之下剝奪一切自由的極權政治，不讓他擴張他的勢力範圍。

第三、我們要盡我們的努力，援助淪陷區域的同胞，幫助他們早日恢復自由。

第四、我們的最後目標是要使整個中華民國成爲自由的中國。

根據戴雪 (Dicey, albert venn, (1835-1922) 的見解，不論那種社會制度，都是依存於該制度所施行的社會裡面一般的信念和感情而存在，而變化的。此等信念和感情，如稱之爲『意見』的話，不問那種制度，都是以意見爲其基礎的。不僅十九世紀的英國是如此，即在極端專制主義的社會裡，例如美國南部諸州之奴隸制度，其支配機構存在之眞正的根據，乃是在於被支配者的『意見』裡。這樣，法的妥當性，是以何種形態的『意見』爲其基礎的。在這個『意見』之外，戴雪復謂尙有『輿論』存在，並說明兩者作用之不同。據戴雪的意思：輿論者，乃是一定社會裡面，對於法的存續乃至改廢所必要的指導信念或確信之謂，此與『意見』相比較，輿論乃是含有發展的知性，而足以比較檢討法之利害得失。而且對於有害的法不會默而遵從，而是具有考慮改廢法之積極的意志活動。爲使輿論能夠指導法，必須具有進化的文化和發達的個性，且須具有常將國民之輿論，能夠使其反映於法的制度之機構。戴雪特以輿論和立法相關聯，分輿論爲新立法之根據的場合，和擁護既存法的效力的場合。要使輿論成爲立法的輿論，必使其成爲新立法之根據而後可。(見 Lectures on the Relation between Law and public opinion in England during the 19th Century 1905)。

黑格爾 (Hegal) 的意見：謂國家必須是眞實的普遍者，而國家之部份的內容，同時則有市民社會的特殊的契機。國家裡面既有普遍性和特殊性二者，而囿於特殊利害的市民之輿論，必須依據理性的法則而敎化之，使其具有普遍性爲止。惟輿論仍不免囿於特殊性的立場，而爲多數個人主觀的臆見。因爲輿論不能離開個性，故常常不能一致。而互相對立，雜然呈現，毋寧爲輿論之特徵。輿論在對立的時候，才能判明那一個是『眞正的輿論』，而可以決定法律。又暫時表現爲一致的輿論，其背後是否有欺騙隱瞞，不久就會暴露爲『假造之輿論』。關於此點，黑格爾以爲輿論是含有眞理，故必須區別其『本質』和『假象』。輿論之本質，在於表現國家之普遍意志這一點。

繼承黑格爾的見解，而以同樣態度認識輿論者，尚有社會學大師鄧尼斯(Tonnies, Ferdinand 1855-1936)。他說：輿論有二種，一爲集積相互矛盾的多種多樣的見解，願望和意圖之輿論 Die offentliche meinung，一爲表現單一之動力和共同意志之輿論 Offentliche meinung，他認爲區別這二者，乃是很重要的。即前者僅爲公然之意見或公論，而後者才是眞實的輿論。眞實之輿論，乃是形成法的社會意志的一個表現形態。在這個場合，輿論的基礎，仍不外是一個形而上學。但是我們必須回到現實之世界，在這個世界裡面，猶之如一個容器之中而排列着內容雜多的東西，故輿論是含有矛盾的。鄧氏特分輿論爲固體的，液體的，氣體的三種。固體的輿論是固定的、共同社會的東西，具有基本心性和民族精神。液體的輿論是流動的，利益社會的東西，具有基礎意識和階級意識。氣體的輿論是浮動的，群集的東西，具有反射意識和時事的意見(見 Kritik der offentliche meinung, 1922)。海格爾和鄧尼斯的說法，頗有代表德國人的作風。

塔特(Tarde, Gabriel 1843-1904)是自由主義的社會學學者兼刑法學學者，他認爲擔負輿論的人，應規定爲「公衆」(Le public)，而非「群衆」(La foule)。故極力區別兩者性質之種種不同，並以講演，新聞等爲輿論發生之契機。照塔特的意見，在群衆裡面，人們若沒有空間的接觸，不能成立精神之交流，而公衆則是由於同一之信念和感情所連貫的意識，而成立的精神之結合。自其基本特徵言之，群衆是物質的動物的，而公衆則是精神的人間的；群衆是古代的乃至中世的，而公衆則是以新聞和雜誌爲媒介的近代的乃至未來的；群衆是少數的，而公衆則是近乎無數的多數的；群衆之精神的交流．是由於口頭的雄辯　而公衆之精神的交流，則以文書爲主；群衆很容易受到如氣候這一類自然之影響，而公衆則不然；群衆不能跟着時代而變化，而公衆則隨時代而進步；群衆是感情的破壞的　而公衆則是理智的生產傳統，且比前者能守節度。塔特以上述的公衆爲肩負輿論的人，故謂輿論是以傳統和理性爲媒介的東西，而翹望於輿論世紀和公衆世紀之到來。塔特所稱的公衆，約略等於國民或市民之概念。他所預想的二十世紀，未必即爲輿論之世紀，但他所提出來的輿論的問題，爾來已爲社會心理學所研究的好對象了(Lopiuion et la foule, 1901；4 ed. 1922)。

巴佐特認爲今日的時代，已是討論之時代，輿論之時代，而非直接行動之時代，上文已言之。他說：『人有討論，則獲益必深。當其各逞機鋒，往復縱辯之際，則竭智窮能，以求取勝。而造論最工　入理最深者，又未必即能獲勝，因其中有條件爲之限制也。凡政治上之辯論，須能移人，並須按照時事以立言，而先爲之窮究其利害。能如此，而後優劣高下，乃能釐然有別於其間，而政府之漫無抉別，不能擇善而從者，必將爲其民之所難受。故自由國家之崇尚議論，尊重輿論，非專制國家所能望其項背也。』

(上接第三一頁)
會體制裏，結果當然是失敗。在他們的意識中，所有的人民只是一群動物。這就是因爲他們對於某種技術過度擅長，對於適應某種特別環境別具絕技，以致在面臨新挑戰時，不能輕易棄其原有專長，從事一個新的反應。他們能拿出來的還是那老一套，自然是要被淘汰了。』

走上破落道路者，如果不是陶醉於勝利，就是從事黷武主義的自殺，二者常居其一。

文明一走上破落的道路，便往往趨於解體。『文明解體的結果，可能是新社會的出現。黎明前的黑暗，終久要被晨曦驅散。在一個世紀的末日中，打算拯救大衆超脫苦海的並不乏人，能够成功的可就寥寥無幾了。這些發大慈悲心的「救世者」能否成功，並不單靠他的動機善良，有決心有毅力，更要緊的是看他能否走向新生的軌範。創造少數成功的基本條件在於「自決」，在於能棄絕舊的外在宇宙，退入內在宇宙，通過個人自明作用，再投入外在宇宙，發動整個社會的「自明」。』

通觀全書，提元勒要，改寫者確下了一番功夫，費了番苦心，這種作品，在以口號當眞理的目前，尚不多見，我們讀了它，不僅可以獲得一個廣濶的歷史概念，而且可以淸醒自己底靈魂，擴大自己底襟度，我們有了這一點點歷史的涵養，便會在這赤流滾滾，瘴氣彌漫的當前，有勇氣爲未來而作長遠的努力。

書中有好幾處改寫者以中國儒家的說法作解釋。這種辦法，在改寫者也許是當做吃藥時所用的引子：用大家熟悉的觀念引人進入托因貝底堂奧。儒家底那些話頭是否要得，評介者在此不論。可是，無論如何，那些話頭與托因貝底道理是不大調和的。改寫者底這種辦法，多少妨害了托因貝底思想之純粹性。依評者看來，這一點是本書美中之不足。

馬克思經濟學批評(上)

胡原道

馬克思的經濟學，是從下列三個基本觀點出發的。這三個觀點是；(一)生產勞動論，(二)勞動價值論，(三)剩餘價值論。底下我們分別加以說明和批評。

一、生產勞動論的錯誤

所謂生產勞動論，包含下列幾點意義；1)馬克思所說的勞動，只是生產勞動。唯有生產勞動是社會生存所必需的，一切非生產的勞動，都不是社會生存所必需的。因此他把一切非生產勞動者，都看做生產勞動者的剝削階級。(2)他所指的生產勞動，只限於體力的生產勞動。腦力的生產勞動者，例如指導生產的工程師，管理生產的工廠職員，在他看來，也不算是生產勞動者。他們這些「有教養的階級」，同樣是體力生產勞動者的剝削階級。他們與資產階級的區別，只是前者爲「間接的剝削階級」，後者爲「直接的剝削階級」而已。

關於以上的說明，我們分成三點加以批判。

1.社會勞動與生產勞動。

馬克思在歷史觀上，他認爲人類生存的基本要求，只是穿衣吃飯，遂下結論：「物質生活方法」是歷史的重心。因此在勞動觀點上，就認爲唯有生產勞動是社會生存所必需的。我們認爲社會生存的基本要求有三；一是生命的安全與自由底保障，二是物質生活的滿足，三是精神生活的滿足。應此而有的社會結構有三個形態；一政治形態、二經濟形態，三文化形態。(詳見拙著唯物史觀批判一文)因此社會生存所需的勞動亦有三種：一是政治勞動，二是經濟勞動，三是文化勞動。底下分別說明。

a.政治勞動所以爲社會生存所必需，因爲它產生着兩個重要條件；一、分工的社會，必須有統一的管理。馬克思也承認：「一切直接社會的或共同的大規模勞動，都須有個指導，來使個人活動得以調和。……提琴獨奏者可以獨展其所長，但一個樂隊，不能不有樂隊長」。(見資本論一卷第十一章)同樣的社會全部的組織和活動，也需要統一的指導，使各個部分之間及各個人之間，得以調和。政治勞動就是產生這種統一調和條件的。二、個人的安全與自由必需獲得保障，社會安寧秩序必須維持，爲達到這兩個目的，政治勞動，如警察，司法人員，消防隊員等等的勞動，就成社會生存所必需了。

b.文化勞動所以成爲社會生存所必需，因爲它產生着下列兩個重要條件；一、文化是社會進步的導力，近代所有的社會制度，科學文明都起始於思想家科學家的發明和創造。所以文化勞動是社會進步必需的條件。二、文化生活是人類生存要求之一，人不但是穿衣吃飯的動物，而且是追求信仰知識，美感的動物。因此宗教家，學者、教師、藝術家的勞動就成社會生存所必需了。

c.經濟勞動是社會勞動的一部分，生產勞動又是經濟勞動的一部分。馬克思單單肯定生產勞動的必要性，不但抹殺了政治勞動和文化勞動的必要性，而且抹殺了經濟勞動中其他勞動的必要性。例如生活資料分配過程中的管理、儲藏、運輸、配送等供應勞動。從事這些勞動的人，一般是倉庫管理人員，搬運工人、交通工人等等。

馬克思只見到生產勞動的必要性，沒有見到社會勞動的必要性，他的視野是太狹隘了。把非生產勞動者，都看成剝削階級，實是根本錯誤。

2.互爲條件的社會勞動

社會的構成有如一個大工廠。各部分機構是互相連結互相依存的。每一部分機能都是其他部分必需依存的機能，社會中每一種勞動成果。都是其他千千萬萬各種勞動共同的結晶。我們可以舉例來說明這種情形；有如一個製造罐頭的工廠，假設廠內的工作分爲切肉、煮肉、裝罐、封罐、貼商標五個部分。就全部工作過程來看，罐頭的製成，絕不能說全是切肉工人的勞動成果。也不能說全是煮肉工人的勞動成果。更深一層來看，也不能說全是罐頭工人的勞動成果。如果沒有牧人的牧畜勞動，沒有交通工人的運輸勞動，沒有製鐵工人的勞動，沒有工程師的調配和設計；沒有管理人員的組織和管理，會計人員的稽核等等，罐頭亦是無法製成的。再進一步來看，假如沒有醫生、藥劑師、護士等衞生勞動，人類就無法抵抗細菌的侵襲，社會大多數人將陷於疾病和死亡。沒有科學家的發明和創造，生產技術，交通技術，就不能改進，就無法適應日益繁增的人口，……如果沒有公務員的政治勞動，社會便要失去安寧秩序而陷於混亂，社會的各部機能便要失去調節，陷於癱瘓，互相抵消和脫節。如是沒有，教育，郵政電信，新聞等各項勞動者，人類的意識將無法溝通，知識無法傳遞和普及，社會的活動與進步即將窒息。由此可以證明；這些勞動都是社會生存所需的勞動，它們是互相連結互爲條件的。馬克思武斷的將社會一切勞動成果，都歸於生產勞動者，顯然是不公平的。

3.非生產勞動的發生和發展

在原始社會人類只迫切需要兩種勞動；一種是抵抗禽獸和異族的侵害，這是自衞的勞動。後來社會進化，實行集體保衞漸漸演變爲政治勞動。一種是覓食勞動，即經濟勞動，也可以說是生產勞動。其餘的社會勞動，都是社會進化，社會分工的產物。現在可以拿一個實際故事，來說明這種情形。筆者有一位堂祖父本是一個農人。他自幼年起對於牲口特別有興趣，因此他學會了獸醫的技能常常給人治牲口。到了中年以後，他就放棄了農業做了專業的獸醫，因為筆者家鄉附近，缺乏獸醫，所以他的技能，被那附近村莊的人所需要，因此他才能脫離生產勞動，專門從事給人醫牲口的勞動。這就是非生產勞動者脫離生產勞動的具體事實。由此可知一切非生產勞動與生產勞動都是社會生存所需的勞動。

就非生產勞動的發生來看，我們知道生產勞動與非生產勞動同樣是社會生存所需的勞動。就非生產勞動的發展來看；社會生存對非生產勞動的需求，是日益增加的。就是說，非生產勞動者是日益增多的。這因為生產技術的進步，與社會生活的需要日趨複雜的緣故。例如今天的電影，新聞紙，電視、交響樂、科學知識、等等都是前人所未曾享有的。而編述新聞，排演電傳，奏演音樂，著述家，科學家，等人的勞動，都不是生產勞動，而實際上這類勞動，正日趨擴展，迅速增加。唯有這樣，人類才能夠，做最單純最少的工作，可以獲得極豐富的生活。這是社會進化，人類幸福必趨的途徑。而馬克思則與我們相反，他想使歷史開倒車，要把每個非生產勞動者拉回生產勞動崗位上去。例如恩格斯有一段話就這樣說：「所以舊的生產方式，應該徹底的被改變，特別是舊的分工應該消滅。代之而起的應該是這樣的生產組織，使得在一方面，誰都不能把自己在生產勞動中應參加的部分，推到別人身上。」他們這種觀點，是要把每個人都變成生產勞動者，這可以說是反社會分工的，反社會進化的觀點。

二、勞動價值論的錯誤

馬克思勞動價值論的錯誤概言之有三點，底下分別說明之。

1. 在使用價值上他只肯定生產勞動的使用價值，抹殺了一切非生產勞動的使用價值。他認為「像一物，如不是有用物，必不能有價值。如果它是無用的，則其中所含的勞動也是無用的。這種勞動不算作勞動，故不能形成價值。」而所謂「有用物」是專指在經濟上「由於使用或消費而實現的。」這顯然是說一切非生產勞動，都不能形成價值，因為他們都不能形成在經濟上可使用或可消費的物質。

我們認為，凡是社會生存所需的勞動，都是具有使用價值的。這種使用價值可以叫做社會勞動的使用價值。就它的表現而言有三種形態；

a. 一種勞力的使用價值形態如馬克思所說的是形成為在經濟上可使用可消費的物質。在經濟上可使用可消費的物質，可以分成兩部分來說明。一部分是指個人生活所使用所消費的物質，例如桌椅、房屋、冰箱、及各種食物、飲料、衣服等等。一部分是在個人生活以外經濟上所使用所消費的物質。例如耕地的拖拉機，工廠的機器，及所需的各種原料，如材料等等。

b. 一種勞力使用價值形態，它雖然也形成一種物質，但這種物質，不是在經濟上可消費可使用的物質。而只是在文化上可，欣賞可使用的。例如彫刻，繪畫，及其他藝術作品，它們雖然也表現為一種物質，但是它在經濟上既不能使用也不能消費，它只能在精神上供人欣賞。例如鋼琴，擴聲機，畫家用的紙、筆、顏料等等，生產這些東西的勞動雖然也形成為一種物質，但是它們也不能供經濟上消費和使用，僅能供文化上的使用和消費。

C. 另一種使用價值的形態，是根本不形成為一種物質，而是由勞動本身直接產生的一種能力。例如碼頭工人的搬運勞動，清道夫的清潔勞動，醫師的診療勞動，公務員的公務勞動，以至音樂家，舞蹈家，戲劇家的表演勞動等等，這些勞動只表現為一種能力或藝術，並不形成為一種物質。但是就社會生存而言，它也是一種使用價值。

根據上述的說明得知，社會生存所需的勞動價值，是多麼複雜多麼廣泛。而馬克思以其偏狹的觀點，認為只有生產勞動才有使用價值，把其他一切社會勞動的使用價值都抹殺了。

2. 在交換價值上，馬克思只說明了商品的交換形態，沒有認識非商品的交換形態。換言之他只看到了商品的交換價值，沒有看到社會勞動的交換價值。而在他看來，只有生產勞動才有使用價值，因之才能形成商品取得交換價值，我們則認為凡是社會生存所需的勞動，都具有使用價值，因之它們都可以取得交換價值。取得交換價值的形態有二；一種是商品形態，一種是非商品形態，以下分別說明之。

a. 所謂商品形態，是說這種使用價值在市場上當做商品任人購買，它一旦被需要者所購買，則它本身便轉化成了交換價值，例如農人把糧食送到市場上來，當有人購買他的糧食時，他就換取到一定數量的貨幣，就農人本身來說，糧食就是它本身勞動所產生的一種使用價值，所換取到的貨幣，就是它本身勞動的交換價值。所謂商品，不限於物品，只要具備交易的性質，勞力技能也都可以說是商品。例如醫生、律師、三輪車夫、碼頭夫、都是以自己的勞力或技能，直接轉化為交換價值的。這也是商品形態的交換價值。以上就是使用價值轉化為交換價值，表現為商品形態的一般情形。

所謂非商品形態；就是說這種勞動的使用價值，轉化為交換價值，不以商品的形態出現在市場上，因他人之購買而取得交換價值的，而是以特定的形態來取得交換價值的。例如國家的公務員，他們被政府雇用，他們給政府盡一定的勞動能力，然後他們從政府獲得報酬。這也是一種勞動價值交換形態，他們公務員的勞動為其他社會勞動者所需要，其他社會勞動者的勞動也為公務員所需要。他們之間的交換是透過政府徵稅形式進行的。

還有一種情形，例如教會，及其他非營利的社會團體所雇用的職工們。他們本身的勞動，雖然不為社會大衆普遍需要，但是為其教會之信徒會衆所需要，他們就是說為社會一部分人所需要。應乎這種需要，他們的勞動就具有了使用價值，因之也能取得報酬，即取得交換價值。其與公務員不同之處，是政府支付給公務員的薪金來自人民的納稅，而教會支付給職工的薪金，是來自教友的捐獻而已。以上這兩種交換形態，都是非商品的交換形態。

馬克思以為，一切非生產勞動都是無用的，不能形成使用價值也不能取得交換價值。認為商品既是交換過程必具的形態。他這些論點，顯然是與事實不符，所以是站不住的。

（未完）

日本文字的改革運動

梁容若

一、日本文字的由來與評價

日本最初沒有文字，從跟大陸交通以後，就借用漢字來寫日本語。所謂「萬葉假名」，就是把整個兒的漢字做標音符號用。「平假名」、「片假名」都是受了梵文影響以後的產物。隋唐時代以後，大量地輸入中國語彙，模仿中國文法，用漢字跟假名夾寫，形成一種非常特殊的文字。漢字在中國是新陳代謝，生生不已，日本也陸續接受，幾乎可以說是全盤承用。諸橋轍次博士作「大漢和辭典」，共收四萬九千字，跟康熙字典不相上下。至於日本模仿漢字所造的日本字，根據新村出所作的「辭苑」附錄的「日本國字表」，一共只有一百三十四個字，也就是日本所造的字，不過是承用漢字的百分之〇·二。漢字在中國，因爲空間時間的變化，發生多音多義的困難，日本人用起來，除了承襲這種困種以外，還要加上音讀，訓讀的區別，漢、唐、吳、今音的分辨，更增加了繁難的程度。對於遠東語文有湛深研究的瑞典人高本漢（B. kalgzen），曾經說：「日本文字極其繁複，不易應用，爲世界上所少見，其拙劣較之中國文字爲尤甚。」事實上，如果把高深的學術文章，傳統的歷史文學，複雜的方言文學，通盤地研究起來，日本文字也許是世界上最繁難的文字。從古到現在，外國人研究日本文學、文化的，沒有人能用日本文寫出像樣的書或是傑作。就是日本的專門學者，也常常喜歡用外國文著書，以前是用漢文，最近是用英、德文。賴山陽的名著「日本外史」，安積覺等的傑作「大日本史」，都是用漢文寫的。近年的專門科學者，也喜歡用英、德文發表論文或專書。這是反映日本文在學術上是一種拙笨不很適用的工具。他們只要能充分運用一種外國文，就不屑於用日本文著書了。日本的學者早就認識了這個問題，從明治初年以來，就從事於研究文字改革的途徑。假名書寫形式的美化，語法文法的研究，五十音圖的音理說明，外來語翻譯方式的改進，字書詞書檢查方法的改善，口語文學的成立：都使日本文字的運用，學習上增加許多便利。明治以前的日本文，在使用的價值上，顯然低於中國文；現代口語化的日本文，在學習的難易上，書寫的速率上，輸入外來語的便利上，字書詞書檢查的簡易上，已經不是中國文字所能趕上。以下我們把日本文字改革運動的經過，作一個簡單的回顧。

二、明治維新和語文改革

從明治初期，日本人全盤接受西洋文化，把歐美文字和日本文字一比較，有一部份人立刻感到不滿。在明治十八年到二十一年，做過文部大臣的森有禮，是久留美國的學生，他曾經率直地主張用英文作國語，這當然是一種事實上不可能的變更，受到國粹派的嚴厲攻訐。但是外國語文對日本語文的影響，是一天一天的深刻。明治維新本來是一個以復古爲解放的運動，歐化思想與復古思想平流並進。在明治三十年（一八九七，光緒二十三年）以前，古文的勢力還是很大，宮庭貴族階級所用的文章，全是古文。重要的文獻，像一八六七年的「王政復古令」，一八八九年的「帝國憲法」，一八九〇年的「教育勅語」，都是承襲德川時代的文言體。不過隨了產業改革，憲政的推行，交通的進步，江戶語應用的範圍擴大，形成了日本全國的標準語。加上歐美近代文學的大量翻譯，模仿歐美口語文學的創作，風起雲湧，言文一致的問題，逐漸興起。到了二十世紀的最初十年，語體文更有長足進步，報紙雜誌的文章，都陸續口語化了。文體既變，表現口語所用的文字，跟着也有許多革新的主張。

三、假名文字派與羅馬字派

日本文字的改革論者有兩種重要主張：一是假名文字論，主張廢除漢字，純用假名，形成日本獨有的拼音文字。他們組織有「假名文字會」，主持人是星野行則，久保豬之言等。這是日本國學者的新派，他們盲目地迷信假名，不但要排除漢字，甚至於在僞滿時代曾使用假名來拼中國話，在臺灣用假名來拼山地語，在北海道用假名來拼「愛伊奴語」，後來日本勢力達到了南洋，也用假名來拼安南語，印尼語。二是羅馬字派，主張用羅馬字拼日本話，把漢字跟假名一起廢掉。中心團體是「日本羅馬字會」，主持人是田中舘愛菊，田丸卓郎。羅馬字派網羅不少的科學者，在明治末年已經成了一個很有力量的思想。大正初年，逐漸由理論而趨於實行。大正元年八月，「東亞研究」雜誌出了一個「羅馬字反對論專號」，搜羅外交家金子堅太郎，漢學者宇野哲人，法學者美濃部達吉等二十七個人的文章意見，聲嘶力竭地反抗，同時也反映了羅馬字論的優勢。田丸卓郎的「羅馬字國字論」出版於大正三年，羅馬字派的理論方法，到這時候已經近乎完成。用羅馬字寫專門科學的書，銷到幾萬本，並且由著者聲明不許翻成普通日文的事也有過。昭和初年以後，日本右翼國粹思想，隨了侵略政策的成功，重新抬頭，反對歐化，主張「國體明徵」，强調日本精神，羅馬字運動碰到了一個大的障礙。

假名文字論者，跟羅馬字國字論者，主張雖然不同，可是他們對於漢字的攻擊排斥是一樣的。根據一九四六年美國人的調查，日本國內以改革文字爲目的的社團，一共有三十來個。

日本從民國三十四年八月降服，在聯合國軍管訓下生活。三十五年一月，美國派了二十七個教育專家，到日本考察研究了一個月，提出「美國派赴日本教育團報告書」，其第二章專論日本文字改革的必要，結論說：

「本國建議引用某種羅馬字拼音爲平常之用，應即成立一語文委員會，內有日本學者，教育界領袖人物及政治家。此委員會須在合理期間內宣佈一種廣大的計劃，除決定選擇某種羅馬字拼音制以外，此會具有以下各種職能：一、在過渡期間，對於文字改革一事負聯絡之責。二、擬定計劃輸入羅馬字拼音制度於學校，並從新聞紙雜誌書籍及其他使用文字處，以深入於社會及全國人民之生活。……」

美國方面如此指導，日本的羅馬字拼音論者，自然大爲得勢。聽說一部份學校已經試驗教學羅馬字。最近看見新出版的「科學之事典」（岩波書店編集部秋間哲夫等一百多人編，一九五〇年三月東京刊十六開本，一五三一頁。）封皮題字，目錄，本文各項的標題，都是用羅馬字拼寫，假名拼的標題用極小的字附在下面。在全書的大小標題裡，漢字幾乎等於全廢，只有本文裡才使用當用漢字表所限制的少量漢字，這是中小學教師普通使用的參考書，實際上已等於半羅馬字化。照這種形勢下去，日本科學書刊的全部羅馬字化，時期是不會很遠的。

四、反對文字改革的勢力

日本的皇室在西元二八五年（晉武帝太康六年），首先從王仁學習千字文跟論語，從此宮庭成爲漢文跟漢學的保護者。日本的口語文學，成立了快有半世紀，但是天皇的詔書，勅命，文告，直到投降以前，還是用的古文。甚至在形式上，口吻上，拙劣地模仿了中國古代的典謨訓誥。官僚貴族階級，都受了這種影響。此外日本的司法界，漢學者，落伍的國學者，神社的神官，寺院的僧侶，也大都是反對文字改革的。日本的法曹本來以保守著名，戰犯平沼騏一郎一流人，更把司法界人士的思想僵化。國漢學者，神官，僧侶們，以玩弄古典，讀解奇字異訓爲天大的本領，廢了漢字，他們生怕沒有戲唱，所以向來一致團結反對文字改革。過去像國本社，斯文會，漢學會，史學會，大東文化社，文學報國會一流的組織，都是以全力反對日本文字改革的。他們很少從文字應用的效力，學習的難易上立論，他們主要的論點，一是說漢字跟儒教有關，跟忠君愛國有關，廢了漢字可以動搖日本的國體。再是說天皇的名字，祖宗的名字，都是用漢字寫的，廢了漢字就是數典忘祖。最近流行的說法是，一部份國民的名字，用的是「非常用字」，限制漢字，等於妨害國民的自由。

日本的文部省，在兩種思想，兩種力量激盪爭持之下，一向持一種折衷騎牆的態度，就是改革而不激進，用限制，簡化漢字來代替廢止；用整理音訓，做爲進入純拼音文字的準備。

五、限制字數簡化字形與整理音訓

1. 限制常用漢字的數目　明治三十六年（一九〇三光緒二十八年）四月，日本文部省成立了一個國語調查委員會，打算從限製漢字入手，以減少文字的繁難。工作許久，沒有成效。到了大正二年六月，因爲整理行政，把這個會裁撤了。大正五年四月，重新在文部省設立國語調查機構。大正十年，改爲「臨時國語調查委員會」。到了十二年（一九二三）發表常用漢字表，把漢字限制到一九六二字。那時候的國定尋常小學國語教科書，只收一千三百六十多個字。到了昭和六年（一九三一年，民國二十年）五月，經過再度整理，提出修正案，將常用字減爲一八五八字，比較舊表減去一百四十七字，增加了四十五字。昭和九年十二月臨時國語調查會改組爲國語審議會，研究調查工作，仍在進行。昭和十七年（一九四二民國三十一年）六月，國語審議會議定標準漢字表，把漢字分成三類：常用漢字一一三四字，準常用漢字一三二〇個。特別漢字七十四字。共總二五二八字。這個漢字表發表的時候，正是世界大戰中日本人狂熱的時代。反動的團體，如文學報國會之類，紛紛出來反對。審議會的議員，岡部長景藤村作博士等，因爲未能達成任務，引咎辭職。文部省採納反對意見，重新加以修正，名爲義務教育標準學習漢字，共二六六九字，比原來審議會提出來的表，多出一四一字，並取消了常用，「準常用」「特別」三種分別。說明限制屬於義務教育的學習範圍，就是在小學六年級裡，教二千六百六十九個漢字。至於一般人的漢字的使用並不加以限制。這個表在昭和十七年十一月四日，由閣議通過公佈。在日本漢字限制史上，算是小小地開了倒車。　敗仗投降以後，反對限制漢字的勢力大爲減低。一九四五年十一月，國語審議會舊事重提，就以前規定的標準漢字二五二八字，再作整理，大加消減，只留下一二九五字。一九四六年三月，接受了美國教育考察團的指示，在麥帥總部授意之下，於十二月公佈，「當用漢字表」，共收一八五〇字，規定所有教科書，報紙，及官廳文書，不得用當用字表以外的字。一九四七年九月二十九日，又指定了義務教育使用的「當用漢字別表」，只有八百八十一字。這個表在十月通過閣議公佈，由文部省通知各學校。自一九四八年四月開始，所有小學教科書，一律徹底採用，報紙用字也受限制。從此日本人受六年義務教育的國民，只學習八百八十一個字就夠了。

限制漢字的原則有幾項：一、同意義的字，廢掉不常用的字，譬如：用「盡力」不用「盡瘁」，用「同人」不用「儕輩」，用「惡政」不用「秕政」。二、筆劃多書寫困難的字，儘量的淘汰，例如：遞信的「遞」字，音響的「響」，履歷的「履」，收獲的「獲」，官廳的「廳」，搾取的「搾」，都被廢止。三、科學技術用語和農工商業的用字，不用漢字仍可以充分明瞭的就廢掉漢字。例如：堆肥的「肥」，發酵的「酵」，都決定用假名寫音。四、可以用假名直接表示的詞，儘量避免用漢字。例如：用作代名詞的「私」「其」「此」「彼」等，用作副詞的「甚」「頗」「先」「愈」等，用作接續詞的「併」「而」「但」等，用作助動詞的「非」，用作助詞的「從」「迄」「比」，作接頭語的「御」，用作接尾語的「等」「刃」「斤」等，以至於動植礦物的名稱，醫藥的名稱，都儘量以假名表示爲原則，不再採用漢字。五、新輸入的外國的地名人名，新術語，原則上全部用假名譯音，不用漢字。

2. 簡化漢字寫法，除了限制漢字數以外，爲容易寫，容易記，又想法儘量簡化漢字的筆劃，辦法有以下幾項：一、採用社會上通行的簡筆字。在國語調査會時代，已經公佈過一百五十個簡字，准許通用，現在擴大範圍，充分採用，例如以「万」代「萬」，以「円」代「圓」，以「処」代「處」，以「虫」代「蟲」，以「号」代「號」，以「仮」代「假」。二、充分利用同音假借，例如：以「余」代「餘」，代「裕」，以「弁」代「辨」代「辯」，以「予」代「預」，以「斗」代「鬭」，以「坐」代「座」以「台」代「臺」。三、以含義類似的字來代用，例如：以「連」代「聯」，（如蘇聯寫作蘇連，聯合國寫作運合國），聯字被廢放，「編輯」寫作「編集」，「輯」字被廢放，「謄字版」寫作「復寫版」，「謄」字被放逐。以上這種簡化，有的早已約定俗成，有的變得很有線索，還不算驚人。

他們懸了一個標準，要把所有的漢字簡化到二十劃以下。有通行的簡字借字別體可用的就儘量用，沒有通行的簡字借字別體就放手地實行專輒造字改字。減少點劃，變化字形，移易偏旁，省略頭尾，大刀濶斧地進行。結果在一九四八年（民國三十七年）四月，通過國語審議會制定的一個「新略字表」。這個新略字表是就「當用漢字表」所規定的一八五零個漢字中，規定了七百七十四個簡字，使筆劃全部減少到二十劃以下。整理的結果，一八五零個漢字裡，十九劃者十八字，十八劃者二十二字，十七劃者三十三字，十六劃者五十五字。除了一百二十八個字筆劃在十六劃以上以外，其他都是十六劃以下的字。

在新略字表裡，我們可以看見「控」寫作「扣」，「擔」寫作「担」，「缺」寫作「欠」，「藝」寫作「芸」，「帳」寫作「帖」，「龍」寫作「竜」，「辦」寫作「弁」，「櫻」寫作「桜」，「佛」寫作「仏」，「廣」寫作「広」，「賣」寫作「売」。漢字在日本，不但沒有因爲祖國勝利而揚眉吐氣，反而大量遭到禁閉放逐的運命。少數殘存的也改頭換面失掉了本來的形神了。

3. 整理漢字讀音　漢字在日本的讀音有「音讀」「訓讀」兩種。音讀是輸入原字的時候讀原來的音，因爲輸入的來源不同，又分爲「漢音」「吳音」「唐音」「慣用音」。這些音還各自有其古今的演變。「訓讀」是應用漢字的形與義，讀音是照日本固有的語言。日本固有語言中有幾個類似的意思的不同語彙，常用一個漢字代表，因而訓讀也有幾種念法。演進下來，譬如同一漢字「平」，說「平行」的時候要讀漢音（Hei），說「平仄」的時候要讀吳音（Bio），說「平鍋」的時候要讀訓讀（Hira），單用動詞「平治」或形容詞「平坦」的意思的時候要讀訓讀（Taira），一個漢字讀法多的有的到七八種，看所用地方而定。這實在是最繁難的迷魂陣。讀音整理在一九四六年十二月開始，由國語審議會成立了一個「音訓整理主査委員會」，經過二十九次的審議，才完成定案。原則是要作到一個漢字一音一訓。考慮現實語言的習慣，特允許二音三音三訓四訓的異例存在。整理的結果，在一八五〇個漢字裏，規定一音者八四三字，一訓者三十字，一音一訓者七八七字，一音多訓或多音異訓者一九〇字。總共在音讀方面二〇六七個音，在訓讀方面一一一〇個音。音讀整理的原則是採用最普遍最適用於現代語的讀音，儘量求其簡化。訓讀整理的原則是儘量廢棄漢字，幾可以用假名書寫，不怕混淆的就不用漢字表示。對於同義異形而訓讀相同的漢字大率選用一個最簡單最常用的。例如：「觀」「看」「視」「見」四個漢字，訓讀是一個音，就規定用一個「見」字，「觀」「看」「視」都被逐放了。「聽」「聞」是一個訓讀，「聽」因爲難寫，就被「聞」吞併了。一個字有許多訓讀法的，除了特別必要的區別以外，玄學的歷史的無意義的區別也被一個最常用的訓讀統一了。

許多最常用的名詞，例如：「今日」「明日」也是寫假名而不用漢字。助詞副詞之類，凡是純日本話的，大率不再用漢字表示，承襲萬葉假名下來的「當字」（所用漢字僅取其音，與原義無關。）像「泥棒」（意思是土匪）。「滅茶苦茶」（意思是亂七八糟）之類，更是不用了。

六、對於日本文字改革的觀感

日本文字在歷史上已經有過幾次重大的改革。萬葉假名代表一個時代，片假名平假名與漢字雜用又代表一個時代。明治以後，新口語文學跟翻譯文體的成立，可以算是第三個時代。大量限制漢字以後，已進入第四個階段。從整個日本文化史來看，這幾次重大的變化，都是進步，就是把表現語言的工具，一步一步的使它簡易化，也正像我國古代的文字，從甲骨文變成大篆，從大篆變成小篆，從小篆變成隸書，從隸書變成楷書行草一樣，都是循了進化的路線向前走。倒流復古的主張隨時有，但是絕不能阻碍進化的大勢。只可惜日本從德川時代到現代，還是一步一步的向前進，我國的文字可以說是到東晉已經定型化了。從王羲之以後一直到現在，沒有重大的變化。從王羲之上溯到孔子，文字的結構體式有種種的變化。王羲之以後一直到現在，沒有重大的變化。這不是光榮的事，更不是倉頡孔子所希望有的事。倉頡造字的精神，是從無到有，是創造發明的精神，周公孔子的精神，是從拙笨到靈巧，從不便到便利，也就是求進步求改善。牢牢的守着「字學舉隅」。把唐宋以前的字形奉爲金科玉律，絕不是必要的事。

注音符號的製定，雖然受了日本假名和西洋拼音文字的影響，同時也是繼承中國古聖先賢，在文字上求簡易求便利的大原則。注音符號在析音的精密上，在排列的合理上，自然遠過於假名。因爲取了「篆籀逕省」的形式，結體和漢字是同一根源。擺在一起，毫沒有不倫不類的感覺。注音符號的作用，不僅在注音，統一國語，尤其重要的是可以和漢字夾用。統一外來語的翻譯，便利情態詞和方言的寫定。就是有了注音符號，凡是外來語可以一律用注音符號拼，不必詰屈聱牙的用漢字寫，難懂難記統一的新詞，表聲表態沒有一定寫法的方言，應當用注音符號拼。不要再造些希奇古怪的新字。字典辭書爲便利檢查，也應當按照注音符號音理的次序排列，打破部首筆劃繁難的老套。只要我們承認注音符號和假名有同樣作用，中國文字簡易化，適用化，就邁進了一大步。

關於限制漢字使用的數量，在普通教育上淘汰死字半死字的主張，從清末以來就有過。基本字表常用字彙一類的書過去編出的也很多。有的從統計方法產生，有的從主觀選擇決定。平民千字課一類的書限制字數，跟日本限字觀點完全一樣。可是日本的限字能夠做得通，我們的限字碰到許多障碍，主要的原因有兩個。是日本人有假名補救漢字的不足，中國限字運動者多半忽略注音符號的使用。單談限字不承認注音符號夾用，一定要碰到寫不出、寫不眞、不够用的問題。犧牲語言的眞實表現，來遷就漢字的數量，流弊是很大的。所以要想實行限字，必須承認注音符號和漢字夾用才行得通。其次限字需要全國廣泛地一致實行，限制小學教育，補習教育所教得的字數，而一般報紙雜誌，公私文書不受約束，這樣小學教育補習教育所造成的文字應用能力，不能跟實際社會相適應，當然也是不可通的。

最後談到簡化字形的問題。簡字、略字、別體字、手頭字不能不採用，也是緣於實際的需要。所以雖然痛哭流涕，擁護正楷的戴季陶先生在發表他的主張的信裡，也不能不寫簡體字。調查整理選擇最通行的簡字，而予以承認，也是一般學者共同的主張。劉復李家瑞所編的「宋元以來俗字譜」，容庚所編的「簡體字典」，都是做這類的工作。國語統一會在民國十一年就組織過「漢字簡體委員會」從事研究。二十一年公佈的國音常用字彙中，也收容了一部分習用的簡體字。民國廿四年八月，教育部曾頒布過簡體字三百多個。國語會研究簡體字，堅持「約定俗成，因而不作」的原則。態度最爲愼重合理。比較日本人「專輒造字」濫用同音假借，相去不可以道里計。日本的辦法是會發生流弊的，教育部國語會所進行的簡字路線，是沒有反對的理由的。最近臺灣省教育會同省參議會都有人主張採用簡字，有幾分是受了日本人的刺激。簡字的推行也是有全國性、普遍性的，必須審愼選定，由政府公佈，而且作到一般印刷物，公私文書普遍使用，才能收到省簡的效果。要是繁簡並存，人自爲政，或如共匪的以「國」爲「囯」寫「歷」爲「厂」，或是隨便採用日本的簡字，不問在中國是否流行，那就弄成了治絲益紛，非徒無益，而又害之了。日本的整理漢字讀音，也很可以給我們啓示，國音常用字彙所定「語音」「讀、音」的區別，有許多是不需要的。

有些人憂慮日本文字的改革，將使中日兩大民族在文化上越走越遠，日本減少漢字的使用，會使他們理解中國事情更加困難，這實在是一種過慮。過去日本的「漢學者」、「支那通」，在中日民族互相理解上，並沒有更多的貢獻。錯誤的「同文」觀念，造成「三月小成，一年大成」的幻想。這種幻想，使中國人讀不通日本文。廻環顚倒的訓讀，也使日本人不能眞讀通漢文。中日語文儘管採用許多共同的語彙，其本質上是兩種語文。各自發展它的特質，向科學化現代化的路上走，是當然的事。英法德的學校減少拉丁文的使用，在意大利人是不必有什麼歷史感傷的。問題倒在於我們自己如何能「篤古」而又「通今」，如何能把「研究古代文字」，跟「講求現代適用工具」，劃分爲二，不自我陶醉於歷史的光榮而誤了前程。國民政府的國語政策與全套國語法令，是國父孫中山先生與蔡元培吳稚暉先生等所手定，是多數語文學者研究的結晶，當得起極高明而道中庸。我國久經制定公佈的注音符號譯音符號簡字表常用字彙要能推行盡利，我們的語文工具也決沒有不適用於現代的譏評。如果固執成見與私便，日徒徒震驚於人家的日新月異，感慨於對方的薄情與勢利眼，以抱殘守闕，敝帚自珍的心情來自處，那眞是薄志弱行，最無用的表現。我們不如日本人的地方是日本人有不完美的設計，能上下的徹底，我們有良好的辦法，許多人陽奉陰違，把國家的既定的國語法令看成具文。徘徊瞻望已經空過了四十年，現在眞到了行的時候了。

「無所不在」的史達林

保加利亞有一個一百五十人的爬山隊。他們對史達林山「十分嚮往」，因爲此山以史達林命名，爲「巴爾幹山脈中的最高峰」。他們急欲攀登此山。

雖有寒冷的冰雪與迷濛的大霧，但他們爲「史達林的精神所感召」，終於到達了那驕傲的山峰，因爲它是「最偉大的和平戰士、人類的領袖與師表」的名字。在那裏，他們擬了一個電報給史達林。

莫斯科的一個作家苛爾芬斯基總括道：

『我只寫史達林這個名字，我無需再寫什麼。因爲這個名字是如此偉大，它已包含了一切。』

（苓）

臺灣土壤概況與農林利用

梁鉅榮

臺灣土壤概況

臺灣島形狹長，呈一梭狀，島內山多而高，突起於中央，峯頂林立，縱走南北，山脈均經强烈摺曲及撓曲作用，故山勢高峻奇拔，而兩側多斷層；因而東部有臺東縱谷及東海岸之絕壁，西部形成自北而南之盆地臺地群與西部平原，山間則多成縱谷；中央山脈將全島分爲東西二部，東部狹而山勢陡，河溪流短而水急；西部較寬而山勢綿長，河溪上游湍急，中游多峽谷，下游多成冲積扇。綜計全島山地約占三分之二，平原僅三分之一，若按拔海高度以計算面積，結果有如下表：

表(一)臺灣各種高度地面之面積及其所佔之比率

土地等級	拔海高度(公尺)	面積(方公里)	%
一	一〇〇以下	一一、二四四	三一·三
二	一〇〇—五〇〇	八、四六七	二三·五
三	五〇〇—一、〇〇〇	四、九二五	一三·七
四	一、〇〇〇—二、〇〇〇	七、〇九五	一九·七
五	二、〇〇〇—三、〇〇〇	三、七七八	一〇·五
六	三、〇〇〇以上	四五三	一·三
	總計	三五、九六二	一〇〇·〇〇

由表可知平原面積之狹小，而農業發展亦受此天然之限制，山地面積既廣，高度懸殊又大，氣候有高山平地之差異，東西南北之不同，自然植物復隨高度氣候作垂直之分佈，土壤之生成受氣候、植物、原始物質、地形及時間之複合影響，故臺灣之土壤除平原較單純外，山地較複雜，亦隨高度、氣候、植物而有垂直之分佈。

(1) 土壤分類系統

根據作者年來從事臺灣土壤調查之實地觀察與研究結果，按照史梭(Smith & Throp)二氏之最新分類系統，臺灣土壤之主要土屬可概述如下：

甲 定域土 Zonal Soils

I 林區淡色灰化土 Light-Colared podzolized Soils of the Timbered regiyns.

1 棕色灰化土 Brown podzolic Soils

2 灰棕色灰化土 Gray-Brewn podzolic Soils

3 紅黃色灰化土 Red-yellow podzolic Soils

II 磚紅化土 Lateritic Soils

4 紅棕色磚紅化土 Reddish-Brown Laterilic Soils

5 黃棕色磚紅化土 Yellowish-Brown Lateritic Soils

乙 不定域土 Intrazonal Soils

III 鈣成土 Calcimorphic Soils

6 棕色森林土 Brown Forest Soils

7 退化黑色石灰土 Degraded Rendzina Soils

IV 水成土 Hydromorphic Soils

8 磐層土 Planosols

V 鹽成土 Halomorphic Soils

9 鹽土 Saline Soils

丙 無域土 Azonal Soils

10 冲積土 Alluvial Soils

11 砂性土 Regosals

12 石質土 Lithosols

(2) 各屬土壤概述

1 棕色灰化土——分佈於二五〇〇公尺—三六〇〇公尺以上之高山，年雨量在三〇〇〇公厘以上，年氣温平均 10C，氣候冷濕，林木多雲杉、冷杉、鐵杉等，由於母質由粘板岩風化而成，質堅密細緻，難育成良好之灰土；具落葉枯枝與酸性腐有機質 A_0 層，淺薄深灰色 A_1 層，薄而灰棕或黃棕之 A_2 層，與較 A 密實之棕色 B 層，酸性頗强，不適農耕。

2 灰棕色灰化土—丨分佈於一五〇〇—二五〇〇公尺之高山，氣候屬温帶濕潤，年雨量三〇〇〇—四〇〇〇公厘；森林頗密，植物爲針葉與闊葉混合林，以落葉樹爲多，多紅檜、臺灣扁柏、臺灣杉、楠櫟、櫧等，具較淺薄之有機殘枝 A_0 層，暗色之 A_1 層與灰棕色之 A_2 層，蓋上棕色粘重之 B 層，酸性較棕色灰化土爲略酸，母質由粘板岩與砂岩頁岩風化而成，多天然林木，利用尚鮮，平整之冲積扇或臺地，可農耕及旱作。

3 紅黃色灰化土——分佈於五〇〇—一五〇〇公尺之山地，氣候仍温暖濕潤，雨量較少，年二〇〇〇—三〇〇〇公厘，植物多落葉，濶葉樹類，具淺薄之有機質 A_0 層，與有機礦質 A_1 層，黃灰或黃棕之淺色 A_2 層，蓋上紅、黃紅、或黃色帶粘質密實之B層；微酸性至中酸性反應，母質多由第三紀岩系之砂岩及頁岩風化而成。利用多爲竹林，間有旱作。

4 黃棕色磚紅化土——分佈於五〇〇公尺以下之山地，母質多由第三紀岩系之砂岩頁岩風化而成。色黃或黃棕，土層厚薄不一，由於南部第三紀岩系生成者，因岩質多脆弱，易受沖刷，土層淺薄，崩陷現象時見，尤以已利用爲旱作者爲然，反應自酸性以至中性，有機質缺乏。

5 紅棕色磚紅化土——多分佈於百餘公尺之臺地，或較高之岡陵地區，母質有洪積之臺地礫層，火成岩糞之安山岩、玄武岩，及南部第三紀之砂岩頁岩層等，色深紅，以至棕紅，性粘重，有機質缺乏，呈酸性反應，植物養分一般缺乏氮磷及 Ca。利用多栽培茶樹、菓園、鳳梨及其他旱作，桃園一帶水利較便處，亦栽水稻。

6 棕色森林土——散佈於堅木落葉樹林區，或發育於富含鹽基之原始母質森林區內，在一五〇〇公尺以下之温帶濕潤氣候環境下生成，剖面呈微酸性以至中性反應，土壤膠體富含鈣質，滲漏及澱積層不顯著，爲其特徵，利用尙鮮，面積不廣。

7 退化黑色石灰土——分佈於軟質石灰岩發育之處，如恒春、關子嶺、大岡山、小岡山等地，面積不大，利用亦少。

8 磐層土——散佈於臺南、高雄一帶平原，由於地形平鏊或皿狀盆地，在强盛之淋洗與不完全之排水作用下化育而成，普通在耕犂層下有一顯然截分之硬磐爲其特點，俗稱之看天田屬之，反應底層均呈中性至微鹼性，利用在臺南屬三年輪作制，其他地區多栽甘蔗及其他旱作，間有栽水稻，在省內農田面積中占第三位。

9 鹽土——分佈於西部沿海岸一帶，成土物質爲各溪流上游風化後冲積物質與海岸風砂堆積合成。富含可溶鹽類，如氯化鈉、硫酸鈉等，現利用爲水稻或甘蔗、大麥、甘藷等之栽培，在本省農田土壤中面積占第二位。

10 冲積土——爲近代之溪流冲積，其原始物質因各溪上游之地質岩石而異，就全省而言，大部屬頁岩、砂岩、其次爲粘板岩、片麻岩及結晶石灰岩等，土層多深厚，質地自輕以至粘重，並不一致，反應範圍亦廣，自酸性以至鹼性均有，地力不一，爲本省農業上之最主要土壤。

11 砂性土——爲風成之土壤，分佈於臺南市及砂崙一帶，新竹亦間有之，土壤發育至輕微，滲漏頗甚，呈酸性反應，現利用栽培甘蔗甘藷，面積不廣。

12 石質土——散佈於峻峭斜坡地，或冲刷劇烈，岩石露頭之處，無農林利用可言，面積亦少。

(3) 土壤肥力之一般

土壤之肥力，通常由其本身之養分含量，與各項肥料試驗以判斷之，上列本省各屬土壤之養分含量，或肥料試驗結果，此處以限於篇幅，未及論述；惟肥力之一般，由土壤生成環境，及作物歷年產量之趨勢，亦可證之。關於本省土壤之生成環境，如氣候最明顯之特徵，爲高温、豪雨、多風。高温促進養分之分解，豪雨易招土養之養分滲漏或奔逸流失，多風吹刷表土，三者均易致地力之衰退；至於本省歷年作物產量之趨勢，由表(二)可知本省三大主要作物——稻米、甘蔗、甘藷之單位面積產量均有降低趨勢之事實，從而足證明本省一般耕地地力之減退。

表(二) 近十年臺灣主要農作物每公頃平均收穫量遞減趨勢表(單位：公噸)

年度 \ 作物	糙米 平均	糙米 第一期	糙米 第二期	甘蔗	甘藷
民國二七	二·三三	二·四五	二·〇三	六九·六	一三·八
二八	二·〇七	二·一四	二·〇二	七九·〇	一〇·二
二九	一·七五	二·一五	一·四四	五九·〇	一二·四
三〇	一·八三	二·〇三	一·六八	五三·四	一一·九
三一	一·八八	二·〇三	一·七七	六五·五	一〇·三
三二	一·八三	一·九九	一·七〇	六四·五	八·七
三三	一·七七	二·〇五	一·五四	五六·七	九·三
三四	一·二五	一·四三	〇·九一	三八·六	八·七
三五	一·五九	一·八七	一·四三	二七·八	七·六
三六	一·四七	一·六四	一·三五	三六·六	八·四
三七	一·四九	一·六五	一·三七	三六·六	八·九

農林土地的利用

臺灣以山地多，平原少，故土地利用亦受天然條件之限制，據一九四八年臺灣農業年報所載，全省山林面積獨占全部土地面積六四%，已利用土地僅占三六%，在全部已利用地中，耕地約占六六%，林地占二〇%，此農林土地利用之大概。

甲 耕地之利用

I 耕地之面積及分佈

據一九四八年臺灣農業年報，耕地總面積爲八六三、一五六公頃，其中水田五二六、三九一公頃，佔耕地六一%，旱田三三六、七六五公頃，佔三九%，全省土地面積三五、九六一方公里，伸三、五九六、一〇〇公頃，計算墾殖指數爲二四%，至於耕地之分佈，則受地理環境之影響，偏集於西部沿海平原，墾殖指數以臺南平原爲最高，達八〇%以上。

II 主要作物種類

臺灣以得氣候之宜，終年暖熱，雨水豐沛，生長季節頗長，故栽培作物之種類頗多，選擇亦較自由，目前栽培作物種類凡七十餘種，就中生產價值較大者計有：稻米、甘蔗、甘藷、香蕉、茶葉、烟草、落花生、鳳梨、蘿蔔、柑桔、黃麻、與大芥菜等十二種。就中以稻米、甘蔗、甘藷爲最重要，合計約佔農產總值七〇%，稱爲本省之三大農作物，至於全省各縣耕地主要作物栽培狀況，由表(三)可知其梗概。

表(三)臺灣各縣各種作物栽培面積在全省各該作物栽培總面積中所佔之比率(一九三七—三九三年平均)

作物種類	臺北	新竹	臺中	臺南	高雄	臺東	花蓮	澎湖	全省合計
稻米	一五·二五	三三·二四	二四·五四	一九·八二	一三·七一	一·八〇	二·六四	—	一〇〇·〇〇
甘蔗	二·三三	五·五九	三·六八	四七·三〇	一七·〇八	二·五三	三·五〇	—	一〇〇·〇〇
甘藷	九·四五	一四·八〇	一四·六四	四〇·九六	一五·五五	一·三四	一·一九	一·八八	一〇〇·〇〇
茶	四三·〇八	五五·四九	一·四〇	〇·〇二	〇·〇〇	—	〇·〇一	—	一〇〇·〇〇
花生	四·一四	一〇·六〇	二·四八	四三·四三	九·三〇	二·九八	五·八二	二·三六	一〇〇·〇〇
香蕉	〇·八六	二·一七	六四·七〇	一〇·八四	二〇·二〇	〇·八一	〇·四二	〇·〇〇	一〇〇·〇〇
鳳梨	一·〇九	一·〇〇	五一·七四	一四·五三	三一·二七	〇·一五	〇·三三	—	一〇〇·〇〇
柑桔	二九·〇五	三六·八〇	一六·四一	一〇·三八	二·九三	〇·八八	一·五五	—	一〇〇·〇〇
蔬菜	一八·四九	三·六八	二一·三六	二三·六〇	一〇·九〇	二·一九	三·三三	〇·五六	一〇〇·〇〇
綠肥	三·四五	三·一五	一九·七一	三〇·二五	二〇·五五	一·三〇	三·六一	—	一〇〇·〇〇

資料來源：陳正祥　臺灣土地利用

III 水利之設施

臺灣農田水利工程之普遍設施與進步，助益耕地利用與農作物增產至多；前述臺灣耕地大部在西部沿海平原，平原地區之氣候，冬期乾燥非常，有長期之乾旱，常三四月滴雨不降；平原之土壤，大部屬鹽土與磐層土，故人工灌溉，至屬必要，復以臺灣西南部夏期豪雨，山地地勢多峻峭，山洪至易發生，每泛濫成災，在北部終年多雨，亦常有水患，故排水防洪與灌溉，其重要相同。臺灣水利建設與農民對水利之信心，均有相當基礎，由埤圳之排水灌溉面積，可知其概況。表(四)

表(四)各種埤圳之土地別灌溉排水面積(一九三一—四〇年平均，單位公頃)

	總面積	灌溉面積					排水面積		
		共計	兩期作水田	單期作水田	旱田	輪作田	共計	水田	旱田
水利協會埤圳	二八〇、六三五	二五九、五四六	二二三、四〇二	三一、〇五三	三、九五〇	二、二四一	一、〇八九	一四九	九四〇
公共埤圳	一三四、九二四	一三九、九五三	一、九四三	七、九七〇	四	一三〇、〇三五	四、九七三	五三七	四、四三五
私設埤圳	九一、四八二	七八、〇三九	五二、九三六	一〇、四九七	一一、四九四	三、一一五	一三、四四三	一、六九三	一一、七五〇

資料來源：陳正祥　臺灣土地利用

現有灌溉工程中，以嘉南大圳最爲著名，由於該圳之完成，耕地獲得灌溉者達一四〇〇〇〇公頃，農民實受惠益，近年水利建設，在政府積極推動與農復會補助下，水利工程之興修，與新建設逐有增加。

IV 肥料之應用

在臺灣應用之肥料，可分自給肥料與販賣肥料二大類，前者指綠肥、堆肥、人糞肥、牛豬肥、草木灰、稻草、燒土、穀殼等；後者指大豆餅、花生餅、其他植物油餅、硫酸銨、氰氮化鈣、過燐酸鈣、硫酸鉀、調合肥料等，一般農民栽培作物，仍以自給肥料爲主，販賣肥料爲副，此可由圖(一)歷年消費肥料之要素總含量之統計曲線以證實之。

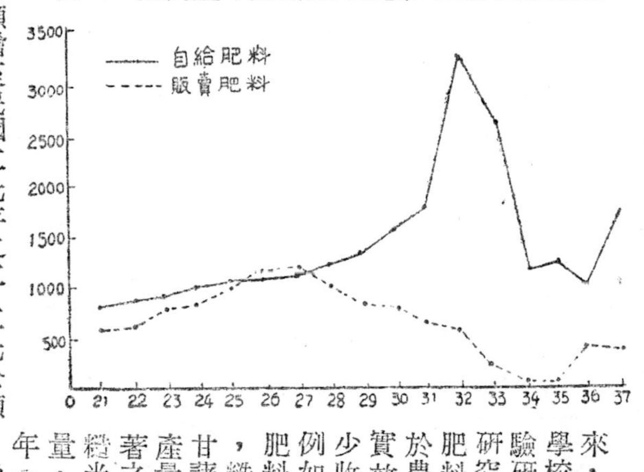

圖 1 臺灣歷年消費肥料三要素總含量統計圖

三十餘年來，農學者在學校或農業試驗研究機關，研究本省耕地肥料問題，對於農田施肥之實效，積果不少收穫，舉其例如(一)由於肥料用量增加，糙米、甘蔗、甘藷之每公頃產量，均有顯著之增加，如糙米之平均產量，由民國元年之一·二一公噸增至民國二七年之二·二七公噸，增加幾達一倍；甘蔗產量，由民國二年之一三·八公噸增至民國二八年之七九公噸，增加達四倍餘；甘藷產量，由民國元年之六·一公噸增至民國二七年之一一·八公噸，增加亦達一倍餘。(二)全省經過試驗調查一一八個水稻區中，因施用化學肥料而增產之區數佔總區數之百分率，第一期作爲八五·六%；第二期作爲九八·二%。(三)稻田如連年不施用肥料，經過三〇年後，減收結果爲第一期作穀產量僅及三〇年前之三〇%；第二期作穀產量僅及三〇年前之二五%(四)十五年來，甘蔗增產值合肥料消費增加值

(下轉第28頁)

且看鹿死誰手

九月二十日・倫敦航信

本刊特約通訊記者 石達生

昨天夜晚（九月十九日・星期三），大英廣播公司發出一陣蒼老而略帶顫抖的聲音說：他想要求選民再給他的政府一次充份的信任，以便解決業已到來的各種與帝國命運攸關的重大問題。他說他將請求英王陛下下令解散現行的會議，並定於十月廿五日舉行新會議的選舉云云。原來這是帝國的首相克萊門特・阿特里先生宣佈他內閣的決議案，這位唐寧街十號的主人，腔調雖不怎樣動人，可是那慢吞吞的語句傳播於夜半三更裡，却到處引起了英倫三島臣民的强烈反應。邱吉爾先生在他有名的「大戰回憶錄」中敍述到他受命組織聯合內閣時，說他那天夜裡睡得非常甜密——「不做夢也能睡得着，因爲現實已經比夢强的多了。」也或者邱吉爾先生昨天夜裡又睡了一次甜密的覺，關於這點，今天各報並無記載；不過我却相信，由於阿特里先生的聲明，昨天夜裡未睡着覺的，在三島中必大有人在。

今天才是阿特里聲明後的第二天，截至記者署稿時爲止，倫敦市區還沒有出現甚麼動人的場面。兩個半小時以前，我特別買了一份喜歡標奇立異的「明星晚報」，然而翻來覆去，也沒有找到幾許「奇異」的資料。在今晨起床的時候，記者原預定下午往「哈德公園」一行，看看那般「義務膏藥」先生們對於這次的大選，竟究有些甚麼別開生面的說法；後來臨時被一位報界的朋友拉去吃茶，以致未能如願以償。不過「失之東隅，得之桑榆。」結果是傾聽了茶會的男女主人大發了一陣宏論；而這篇通訊文字的某些看法，即是直接從那「一陣宏論」中得來。

風雨飄搖中的苦撐

假定說老邁年高的溫斯東・邱吉爾先生是英帝國在危難艱險時期最好的領航的話，那麼，說阿特里是工黨中最好的舵手，實不爲過。

一個人的外貌，往往表徵着一個人的氣質；此不特五官爲然，頭髮鬍鬚亦莫不如此。眞奇怪，在現存的工黨幾個要人中，頭髮上都有些特點，而這些頭髮上的特點都反映着他們永遠「難移」的性格：自貝文去世後獨佔右派鰲頭的外相莫里遜先生，捲髮三疊，這象徵着莫氏的性格奸詐多變，能適應突如其來的任何環境；左派首領貝凡的頭髮，無論是遠看或近看都像一堆亂草，這象徵着貝凡的野生野長，萬難馴服；而六十八歲的阿特里先生，據說已經「敗頂」三十多年，禿禿的腦袋瓜，雖倫敦多雨的天氣，亦常放「異彩」。「禿腦瓜」實代表阿特里整個的性格：四平八穩，正直不阿；雖在烈日飛沙，或狂風暴雨之中，他仍能昂首緩步，奔向他預定的目標。歷史上麥克唐納，韓德森等都曾名噪一時，但這些才具頗高的人物終不能制止黨的公開分裂，而阿特里苦心孤詣，却始終能避了這些可悲的現象。工黨內部，在理論、政策和幕後人物中，二十年來始終有拉斯基（Harold Joseph Laski）和柯爾（G.D.H. Cole）之爭，後來拉斯基雖然餓死了（保守黨人譏諷之詞），然而他的信徒們却仍嚴陣以待，準備隨時與柯爾之徒短兵相接；而在實際行動的人物中間，兩位姓貝（中文譯音）的，雖然都是工人出身，但挖炭工人和汽車夫始終不願走一條路。在貝文死後，貝凡這傢伙也終於帶着威爾遜這些小夥子們退出內閣了。還有胡・達爾頓（Hugh Dalton）自從五年前戲劇性的辭去財政大臣後，就一直坐在議會的後排，很少發表議論。後來雖又重返內閣，然而阿特里政府的這一根擎天柱終是殘缺不全了。克里浦斯爵士原來是工黨一位最能幹的超然人物，結果也給過於繁重的工作累垮了。整個地看起來，工黨內閣的情景是凄慘的；然而阿特里的禿頭却依然是放光發亮；他寧可住醫院或者請他的太太駕汽車外出旅行，也不肯低頭回家。在去年二月大選剛剛過後，因爲工黨在會議中僅得五六票的可憐多數，蓄勢已久的邱吉爾在下院喧囂雷動，口口聲聲要阿特里讓出唐寧街十號的官邸，由他搬進去做帝國的主座。但阿特里微微搖了搖光頭加以拒絕了。從那以後，邱吉爾就愈鬧愈兇，駡阿特里戀棧、無聊，把「邱吉爾大辭典」中一切損人的詞彙都搬出來了。但阿特里却有自己的主意；他雖十分瞭解這屆會議無法維持至法定的五年關頭，但就是不隨着保守黨的心意實行選舉。

其實提早改選，早就在阿特里的內閣中有賬了；然而時機不到，却絕不出此。至少在一年以前，倫敦的觀察家們就有一個大體一致的看法。他們大多指出：無論如何，阿特里將不會在早於一九五一秋天實行改選。原因是他必須讓選民們喘過一口氣來，辨別辨別方向；否則在保守黨鼓噪叫囂之下的投票，必大大地對工黨不利。阿特里果然不愧爲一位苦撐舵臺的能手，十八個月風雨飄搖的航行，終於讓他撐下來了。此刻在倫敦郊區，夜晚已頗有凉意；下月二十五日正是秋高氣爽，屆時喜歡思索的英國選民更不會有認錯意中人的可能了。

曇花一現後時過景又遷

在英國，人們常譏笑那兩個可憐的共產黨議員（上屆已落選），而不知在十九世紀的末尾，今日煊赫一時的勞工黨，當時在下院中也祇有兩個大人。不過他們却比共產黨有出息，經過四十幾年的艱辛苦鬬，他們竟一躍而在議會中擁有壓倒的多數了。在一九四五年七月的大選中，下院六百二十五席中勞工黨居然獨獲三百三十三席之多，這眞是一個別開生面的景象。當時大選既然獲得壓倒的勝利，於是很多工人出身的小夥子們就紛紛從各地聚集到倫敦，摩肩接踵地穿過威斯敏士特大廈的深長走廊，而擁到會議廳，眼巴巴地坐在那裡要實行社會主義。自從上屆議會在一九四五年八月十五日正式開幕後，工黨要人如達爾頓、克里浦斯、貝凡和葛里非斯(James Griffiths)，等每天去下院開會，皮包裡都夾着大批的提案。反正坐在自己一邊的有的是「壓倒的多數」，於是一舉手英格蘭銀行的國有法案通過了，一舉手自來是英國最大富源的煤礦實行國營了，運輸業實行國營了，一舉手任所法案通過了，一舉手衛生改革法案通過了……………然而好景不常，到了討論鋼鐵國營時，阿特里已經多少有點氣餒了，但在貝凡等人的威逼下，終於還是硬着頭皮通過了。惜乎老天不能盡合人意，假定上帝能給於百年，五十年，甚或三十年的和平時，我們深信艱苦奮鬬了半個多世紀的英國勞工黨，一定會不負世人的期望而有所成就；然而和平的空氣終於在冷戰的震蕩下有點感到不能諧合了。

保守黨人譏諷貝凡，說他雖然是個窮光蛋的煤礦工人出身，但却是個用錢的能手。在進步的社會保險法的名目下，一切保健事業無不需要大量的金錢。不僅此也，在大批的企業收爲國有後，這些國有後的企業「保健」工作，無不在在的要錢補貼。原來「社會主義」也者，是個有錢人的玩意，窮光且想渾水摸魚却絕對辦不到。請看大戰以後，阿特里政府究竟用了多少錢：美加借款共合美金約三十三億；馬歇爾計劃下的經援款項，總共合計約六十億；英磅貶值項下得到的利益據說至少也在二十億美金以上，此外在帝國破船的軀殼中，舉凡木梢釘頭，無不搜括殆盡，然而不到七年的工天，一批接近天文數字的巨款，竟被這些社會主義之徒用光了。可是在這批巨資投下以後，倫敦和其他各地的主婦們，仍然要起五更睡半夜，爲了要購買少許的生活必需品，還得到處排列長蛇陣，在烈日當頭或北風怒吼中一站幾個小時。請問，像這樣的社會主義實行法子，讓人家怎麼還敢領教啊！

不過阿特里最大的問題，還是來自戰爭的威脅上；卅幾億磅的整軍計劃逼走了貝凡和威爾遜，釀成了工黨內部最大的糾紛。假定沒有可能的戰爭威脅着帝國的命運。貝文和他的繼任者摩里遜之流也可以和埃及和好相處，而不至於在紅海兩端掀起任何的波濤；假定不是爲整軍耗去大批的款項，和伊朗的爭執也不至於如此的尖銳化。然而戰爭的陰影却是愈來愈趨暗淡，戰爭威脅着帝國的命運，這情勢貝凡可以不顧，而阿特里却不能不顧，然而顧此失彼，最後仍然祇有交給選民來解決了。

拉票的能手先後謝世

英國兩千多萬選民究竟如何處理他們的國家大計呢？我想讀者在上文中已經多少可以看出點端倪來了。不過，選民的向背除了各黨競選的政綱以外，還得要看各別候選人的人頭如何；而在這一點上，工黨目前的情勢也頗悲觀。原來在工黨人物中，有三個最出色的拉票能手，他們是拉斯基和兩位姓貝的。

拉斯基教授雖向不做候選人，但在每次大選時，他拉票的功夫，却實在驚人。一九四五年大選時，他以工黨全國委員會主席的身份推動全部工黨的競選工作，得空就到各地演說，宣傳社會主義的福音，結果引得各地選民像潮水般地投向工黨。「獨立工黨」的斯蒂芬（Camhell Stephen）有一次在搶白邱吉爾時曾經說：很多政府黨(工黨)的議員都是靠了發「拉斯基炎」而當選的。這話實在一點不錯。不過天不假拉斯基教授以年，這位終身爲了社會主義的理想而奮鬬的人物，竟於去年三月二十四日一命歸天了。

繼拉斯基教授去世的是貝文外相。貝文是英國最大工會——運輸業工會的創始人，在勞工界的聲望首屈一指的。然而也在不久以前停止爲工黨服務了。現在剩下來的祇有貝凡一個。然而由於他的一再標奇立異，近來也頗不爲一般較爲穩健的工人所喜歡。我想在拉斯基和貝文兩人相繼去世以後，阿特里首相，必曾深夜徘徊在唐寗街十號的官邸裡，有「斯人不作，吾誰與歸」的痛惜感歎。

且看鹿死誰手

此刻離開大選的投票還有一個多月，自昨天夜裡起，各黨上下都已展開了夜以繼日的競選活動；至於將來鹿死誰手，這裡記者不願妄下肯定的結論。不過記者觀察所得的一般趨勢，已概略地有如上述，雖說不願下結論，其實結論已隱現其中。一九四五年八月十六日在阿特里發表與邱吉爾分手的講演時，其中有一段贊美之詞說『在我們歷史上最暗淡最危殆的時光，我們的國家找到了邱吉爾其人，他表現出超人的勇敢和堅決，絕不服輸。這種精神鼓動了全國人民，無分男女。他從政府機構裡放出一條熱力的巨流，衝盪這個國家的生命。』就記者觀察所得，今天英帝國的生命似乎又需要邱吉爾其人放出一條熱力的巨流，來加以衝盪了。

若要在我們中國人看起來也或者認爲是無聊，然而七十七歲高齡的邱吉爾却早已鄭重其事地組織起來了一個幽靈式的「影子內閣」，準備隨時接收政府了。影子內閣的靈魂是較比青年的費愛夫，(Sir David Maxwell Fyfe)將來果眞競選勝利，他可能是掌璽大臣或勞工大臣。艾登當然是影子內閣的重要人物。此外，據說影子內閣的人物包括有里特爾頓(Lyttelton)，伊克爾斯 (David Eccles)，麥克米蘭(Harold Macmillan)，哈遜 Rob Hudson，史坦萊(Oliver Stanley)，巴特爾(R.A.Butler)，伍爾頓 (Lord Wolton) 安特遜 (Anderson) 等人，這般人都是帝國沆船中幹練的舵夫和水手。祇要永遠不服老，不服輸的邱吉爾能夠依然血氣不衰地掌穩了後舵，他們是有勁拉的，然而他們費盡了氣力，究竟能把這隻帝國的破船拖到甚麼地方，那恐祇怕有天知道了。(完)

南漪湖上的反共英雄

宣城通訊

江　風

旗開得勝

遠在三十八年陰曆十一月十八日，黃昏時分，蕪屯公路上一個重鎮—河瀝溪，到了一股遊擊隊；一個中共倉庫，竟被刼一空。這消息震驚了蕪屯兩地的紅色新貴。

原來這支游擊隊伍的領袖是宣城楊某　他以十八支短槍起家，不一月，就集中了一百九十條長槍、二百多把大刀。於是一支起自民間的反共武力，便在南漪湖上集結了。

這支三百多人的游擊隊，事先便集中在宣、郎、廣、寧、邊境的徐村，郭子廟一帶山地；當天黃昏時分，以急行軍的姿態　浩浩蕩蕩開到河瀝溪。首先把「區政府」的電話拆除；同時包圍了駐在當地的一排「解放軍」，「解放軍」一看衆寡懸殊，只好且戰且退；倉庫所在地的何氏宗祠，便爲鬬士們會同當地老百姓佔領了。內中一百多袋公糧，除了一部份爲弟兄們帶走外，餘下來的爲當地老百姓，搬得一乾二淨了。還有很多紙張、柴炭，及其他物資被一把火，全部燒掉。

這一次的戰果是很堪滿意的；「區政府」警備隊的十六條步槍全被繳械，人也全部俘獲了。和「解放軍」接觸，也不過半個鐘頭便奪獲了五根長槍一根短槍，「解放軍」傷亡了十八個人，而游擊隊除傷亡了十一個人外，槍械俱無損失。任務完成後，戰士們按照原定計劃，又轉進到了安全地帶！

這是南湖上英雄們第一次出擊！

烏溪鎮之役

不久，邊區又出現了一個反共英雄！夏某，廣德人，現年三十九歲；他是出身行伍，在清幫中很有地位；他是一個剛直而帶俠義氣慨的人，在下層社會裡頗具號召力量。解放後，廣德「人民公安局」要他去登記坦白，以他這樣一個剛强的人，那肯向八路低頭？經過僅僅十天的商量和準備，三十九根長短槍，便跟着他走向油搾頭去了。

人民反共的情緒，隨着時間上升，一群一群不堪共匪迫害的人都投奔他來，爲了解除槍械缺乏的威脅，於是他們召了十幾個鐵匠，潛伏山區，日夜趕製大刀、小尖刀，紅纓槍一類武器，一面把反共徒手農民分組集合訓練，不到兩個月，大刀會出現了！

卅九年陰曆五月中旬，這一批人馬於深夜越過南漪湖，到達了高淳、當塗、宣城、交界丹陽湖畔烏溪鎮，把「解放軍」的偵察連包圍起來，衝進連部。得到了三支湯姆生，兩支加拿大衝鋒槍，十四支木壳槍；游擊隊得到了新俘獲的武器，實力更見增强，斯殺了三個鐘頭，又奪來了輕機槍一挺，步槍八根，彈藥無算，匪軍死傷枕籍，游擊隊也傷亡了三十多人。雖然損失了一部份人力，但最大的收獲，是得到了如許夢想不到的武器！

從這以後，夏某所率領的隊伍一次再次的出擊，使敵人感到困擾。

「圍剿」與伏擊

這兩股游擊巨流，原來各不相屬。但由於在幕後策劃的，都是劉大成；他便擔當起彼此合作的橋樑，經過了好幾度的會商，終於在南漪湖合流。這還是去年中秋前的事，那時，已是擁有人數近千的一支强大游擊武力。

當去年陰曆十二月二十七日，駐在宣南交界馬頭溝的匪軍，調集了宣、郎、廣、蕪、當、保安師，每縣一個多中隊，一共一千五百多人，向南漪湖圍「剿」。由於游擊隊穿的是便衣，大部份都是本地人，集中起來，固然便當，分散開來，也很容易；他們一看來勢洶洶，寡不敵衆，一面向保安師接火，一面化整爲零。激戰了一天一夜，這一股近千人的游擊巨流，已經慢慢的散去，而終於看不見了。

「保安師」在南漪湖一帶搜索了一個整天，找不到對手，只有各自返防。就在廣德中隊回防的途中，被伏擊處山邊的游擊隊出而腰擊！結果，奪獲了步槍四十六根，子彈三千餘發。

反共救國軍的成立

一連串的游擊隊勝利消息，鼓舞了邊區人民的反共情緒，於是游擊武力如雨後春筍，去年年底，由一位鍾某領導下的游擊隊，便在蕪屯路西，清弋江東一帶山地裏組織起來。

鍾某南陵縣人，現年四十二歲，皖幹團十九期保安組畢業，與楊某爲同期同學。他憤慨中共的屠殺政策，接交宣、南、涇、蕪、各地反共人民的支持，以四支短槍的本錢起家，幹了不久，已是擁有六十多根長槍，一百八十多把大刀的新興游擊領袖。

這三股游擊武力，在人事上都與劉大成結了不解之緣，由於劉大成從中聯絡，督促他們統一組織，統一指揮，於是「蘇皖邊區人民反共救國軍」，便於今年陰曆正月十五日，在沈村正式宣告成立了。

會商的結果：公推劉大成爲總指揮，楊某爲副總指揮，總指揮下，設三個支隊：以夏某爲第一支隊司令，楊某爲第二支隊司令，鍾某爲第三支隊司令。

元宵節那一天下午，五百多個官兵代表，便陸陸續續的到達了南漪湖畔沈村附近的山地。吃了一場鷄血喜酒之後，才興高采烈的在一盞火油燈十幾盞豆油燈的草棚裏，舉行一個簡單而嚴肅的儀式。

人民的力量在茁壯

自從「反共救國軍」的旗幟招展在邊區以後，半年來灣沚河瀝溪間，蕪湖溧水間的公路上，便經常發現游擊隊的蹤跡，一到夜裏，附近山頭上，便成游擊隊的世界。五月間，有一次，在河瀝溪宣城間，有一段爛泥路，六輛軍用卡車陷在泥裏，時至黃昏，一百多個游擊隊，便從左右兩邊山裏，擁上公路，把軍車包圍起來。車子終被破壞，車上十來個「解放同志」和武裝士兵，都一齊被活捉了！又一次，大概是三月間的事吧，高淳東壩「鄉政府」關了十幾個等候「公審」的「不法地主」和「反革命份子」，這消息給游擊隊知道了，馬上去了一百多個武裝弟兄把這十幾個人救了出來，還活捉了六個耀武揚威的匪幹和三個農會裏的重要份子，帶進山裏。十幾個待宰的人士，從此做了游擊隊中最堅強的幹部；而九個紅色人物，反而變成了游擊戰士們「公審」的對象。

還有一次，鍾某受命前往距赤沙灘二十里的一個鄉村，他帶去的人，除了少數跟着他，其餘的一律佈置在附近。果然，赤沙灘「鄉政府」派了三十幾個人來了；遞步哨馬上把消息傳到山裏，一百多個埋伏的弟兄，一齊出動，分路包圍；這三十幾個鄉隊，終於做了俘虜，一個鄉隊附，被擊斃了，兩支步槍，三十幾把土槍，一支左輪，終於成了游擊隊的勝利品。

這三個支隊的實力不斷地在茁壯之中。現在第一支隊已有六百餘人，長短槍四百多條，大刀二百多把；第二支隊約五百多人，長短槍二百多條，大小刀二百多把；第三支隊約四百多人，長短槍近百條，大刀三百多把。

三個支隊的實力，雖各有參差；但同樣地具備最堅強的反共意識，這些鬪士都是身受赤禍，自動參加的當地土著！其中大部份還是農民，一部份過去縣府區鄉的警保隊，地主士紳和商人；而最難得的，是數百多個活潑可愛的中學生，他們大部份是「抗美援朝」以後，不願在中共強迫下「參軍」，而自動在青天白日旗幟下打起游擊來了！此外是工人，包括鐵匠，銅匠，木匠，這一班人走到那裏，一個活動的修械所和大刀製造所便搬移到那裡。

從去年「土改」到現在，這邊區十幾個縣的鄉村，尤其在山區與湖濱，已經恢復到勝利前日軍佔領區的一般情況，人民對游擊隊，等於「解放」前之對土共的態度了。

天時地利與人和

南漪湖的形勢相當好：北通高、宣間的固城湖，和宣、當、高、溧間的石臼湖，從石臼湖到長江邊的東西梁山，有一條河貫通其間；湖中有水路通溧陽，出太湖，直達無錫；湖西水道交錯，可以直抵宣城寧國。

湖的範圍相當大，周圍有一百多里，界於宣城郎溪之間。附近多小山，山上多松樹，正是一種天然的掩蔽。湖中長蘆葦，很多小洲，洲與洲間，洲與陸地間，往往蘆叢中只有一條曲折的水路可通，不是熟識的人，一進去，便如墮入五里霧中，進退維谷。所以，游擊隊住在湖裏，攻守自如，最難得的，是航行湖中的幾百條漁船，幾乎沒有一個不同情游擊隊；因而使他們得以日長夜大，成功了一支有力的兩棲武力！

南漪湖地理環境既有這麼的好，反共民情又這麼高，游擊組織這麼靈活，弟兄們又這麼團結；反觀環繞在中共政權周圍的，是正在發展中的民心背離和士氣衰落，宜乎反共救國軍之得以發榮滋長，日益茁壯！

尤其可貴的是：這支武力既非由正規國軍改組而成，更非由流散部隊雜湊建立；純粹是從反共的溫牀中，一點一滴的由人民自動結集起來；起自民間，長在民間；能夠做到兵民不分的地步。在今日鐵幕裏，只有這一類型的游擊隊，才能生根，立於不敗之地。

這些南漪上湖的英雄是蘇皖人民的擎天柱，更是中共政權前途的致命傷！到了國軍反攻大陸的時候，整個邊區，可能全面控制在他們手裏，那才是健兒們揚眉吐氣的時候呢！(完)

文藝

血的洗禮

歐陽賓

作爲一個小說作家，他被賦予一種杜構故事的權利，但他必須遵守一個原則；就是相信在某種情形之下，這個故事是能出現的。然而，縱然如此，我下面所述說的故事，却是一個發生在人間的眞實的故事，我祇是給它加上一層小說的外衣罷了。

一

在長春近郊的一個野戰病院的統房裡，睡着將近八十多個傷兵，使這間寬敞的房子也爲之擁塞不堪。床位與床位之間的距離幾乎僅能容納過路者的兩條腿子。然而人數每天都在激增着。

這間房子看上去原先大概是一間廠房，四周雖經重新油漆和粉刷，但仍掩飾不了拆去的自來水管的舊服，地上發黑的機油漬。房子的頂上還有鉛皮做的旋轉通氣孔。

雖然如此，在房子裡面，藥物混雜着肌肉腐臭的氣味仍使人感到噁心。

管理醫院的共幹和一個中年醫生從大門進來，直向一張靠窗的床位走去。

這個舖位上躺着的人名叫魏桂濤。他臉色蒼白，兩眼下陷，顴角和牙床上從皮層下面突出來。他的露在白被單外面的手指活像一塊乾癟了的生薑。

醫生俯下身去看了一看，便在寬大的白色衣袋中取出聽筒來聽了聽他的胸口，然後回過頭來對一個管理醫院的共幹咕嚕了幾句。

「出院，」那個共幹說：「他必須出院，受傷的人多着。」

醫生縐了縐眉頭，他們出去了。

這個病人在床上掙扎着，想翻一個身，這一下使得他一隻被綳帶纏得死死的斷腿從白色的被單下面露了出來。

他望着窗口，午後的陽光照在細葉的棗樹上，使人感到了早春的暖意。

「春天了！」他想。「這是我先前給我自己的寬限，趕回家去種田的」。

他在想到他已經成了一個殘廢者的時候，不禁爲之憤憤不平，一幕幕的往事，在他眼前演出來。

二

那是一個冬天的早晨，北風把四周的樹木刮得索索作響。他剛挑了兩擔水回家以後，甲戶代表張小祥已經站在門前了，說：「開會去吧，不早了。」

他們走在路上的時候，小祥低低地說道：「媽的，保衛國家保衛到外國去了。」

「不是說到朝鮮去的嘛？」

「是呀，朝鮮不是外國是什麼。」

「我想我們村裡不會有人去參軍的。」

「哼，雖說自動參軍，我看難保不出別的花樣。」

「總之你我站在那裡不要說話就是了。」

他們到會場的時候，人數已經到得差不多了。那個主持會場的共幹在那裡踱來踱去走着，村子裡的青年農民都怯生生地坐在位置上，惟恐自己會打破這個會場的靜寂。

什麼儀式都沒有，共幹走到臺上去，先把帽子推向腦後，然後說道：「諸位！關於志願參軍的問題，我想你們已經有了準備，今天我們開這個會，是希望能够早一點把名額決定下來。你們知道，上村參軍的人非常踴躍，他們幾乎有一半年靑人參了軍，像這樣的愛國熱忱，才能算是翻身農民，才能算是眞正的主人。」

說到這裡，共幹用目光向臺下掃了一掃，可是當他發覺沒有預期的反響的時候，倒顯得有點慌張的樣子。但隨即安定下來。因爲他一眼望見了坐在第三排中間的姚可新，便頷首示意。

「對！」立刻得到姚可新的回應。

這一聲把房子裡的空氣鼓動了。農民們的眼光都向他集中着。

「是的，」共幹接下去說：「沒有問題，現在什麼都是你們的；農具是你們的，土地是你們的，政府是你們的，國家是你們的，朝——朝——朝——」

共幹忽然止住了。他本來想說朝鮮是你們的，但他不清楚是不是可以這樣說。因爲雖然近來他很想了解了解朝鮮，但過後終於問不出口，因爲他過去雖然祇是一個士兵，但現在是村幹了，他不能使人聽了笑話。於是改口道：「總而言之參軍，參軍可以報效國家，參軍可以保證你們的翻身。」

「對，我們要參軍，我志願參軍！」李瘤子驀地從人叢中舉起手來。

立刻，一塊紅布被挂到李瘤子的頸子上去了。一陣掌聲從角裡響了起來，魏桂濤也隨聲鼓了幾下掌。

「好，現在第二組有人志願參軍了，向其他五組挑戰！」共幹伸長了頸子，漲紅了臉叫道。

其中一個人應聲站了起來，大家看見是方才叫過「對」的姚可新。他用手指着魏桂濤說：「第一組的魏桂濤，他是個土改後的翻身農民，他的老婆要他去志願參軍，他自已也願意志願參軍，但他不知道怎樣辦理手續，在家裡急得團團轉。現在人民政府普遍照應要報國的農民，魏桂濤報國有機會了。」

姚可新還不及坐下，掌聲又起來了。魏桂濤還在目怔口呆的時候，紅布已經套在他的頭上了。

魏桂濤立刻想到這是怎麼一回事情。原來他與姚可新曾經爲了借風車的事情有過一次口角，此後他就懷恨在心，現在乘機報復罷了。想着，他立了起來，申辯道：「我——沒——沒——」

「鼓掌！」共幹叫道。

掌聲繼續着，直到魏桂濤坐下的時候才停止。

現在，烈隙和矛盾製造出來了。第四組的張成忠看見這是一個很好的報復機會的時候，便想起陸豐曾經在土改時搗他的蛋，使他形將到手的一畝門口田不能到手，便站起來說道：「第一組的陸豐在土改的時候，曾經說過人民政府的恩情眞够多，以後我們不要再逃避當兵報國了。現在他有了機會，我想一定是要從軍的。」

角落裡掌聲響了，紅布套了上去。

「第一組已經有兩位了，有那一組敢應戰的。」共幹抖擻着精神叫道。

「王華生！」有人叫道。

「好！」

「李從林！傅德章！蔡漢水……」

「現在第四組最多了，那一組趕上去？」共幹叫道。

「要死大家都死，不去的不是娘養的！」王華生憤灩地叫道。

「周更生！」

………

半個小時以後，共幹看看人數已經不少了，便揮手叫道：「今天的成績表現得太好了，我要做成參軍的典型例子給你們到報上表揚去。今天，你們一百二十五個年青人當中，報名的已經有了五十一個。這個數目大大地超過我們的要求了。因爲政府規定，祇能應許十個人參加，其餘的四十一個人，不必因聽到沒有報國的機會而傷心，你們也同樣是報國，你們給出征軍人代理耕種、代理公役等等，使他們的家庭不發生困難。」

經這一說，每一張緊張而又愁苦的臉上又出現了一線希望，每一個人的心裡想着是否會把自己落在不去的名單裡。

「現在，各位可以回去了」共幹說道：「我們決定以後再來通知。」

在離開會場的時候，那些有名字的人都肏娘肏媽地詈罵着。魏桂濤想起姚可新的這種暗箭傷人的舉動，便憤然走上前去，一把抓住姚可新的領子，說道：「老子搡你這個狗娘養的東西」。

隨即拳頭落到他的臉上，兩人糾纏起來。旁邊的人勸着，有幾個指着姚可新說道：「老實說，今天你們這些人都是不對的，何必作弄自已人！」

三

第三天的早晨，魏桂濤剛想着這件事的下文的時候，曬穀場對面的路上鑼聲和鼓聲響了。一群保民學校的小學生被人帶領着來了，一邊扭着秧歌舞，一邊唱着：

「你在前方打仗勝，我在後方作生產！」

魏桂濤在門限上站着觀了一回，見他們漸漸朝着自已的房子走來，心頭便是一陣焦急，知道事情已經不妙。

小學生到了他的家門口，唱起了參軍英雄眞光榮時，魏桂濤和老婆知道兩天來的最後希望已經幻滅。魏桂濤坐在長櫈上，他的老婆掩着臉嗚嗚地哭了起來。

小學生們走了，把光榮軍屬的標幟掛在門上。

「天殺的吶，天殺的姚可新吶，你折壞我們的風車，我們又不要你賠嘛，難道我們一句話都說不得！」桂濤嫂搶天搶地地哭了起來。

「算了，算了，君要臣死，不得不死，翻身總算翻過了，田多了五分。命倒要一條！」桂濤叫着。

這天晚上，王華生來找他低低地說：「桂濤，他們叫我們去死我們就去死嗎？我看還是到石龍山參加游擊隊去。」

「阿哥，你的話我也同意，可是你們家裡四口子，我家裡三口子，總也要活着。」

「這個，祇好不管，他們遲早都是活不了的！」

「嗯——」桂濤猶豫着。

「決定明天走！」

「問問阿德，阿德有路子，他有親戚在當隊長的！」

「就這麼着，我現在就去！」華生匆匆地走了。

第二天早上，桂濤剛起身，地方團隊的人來了，說要他們即刻去報名，下午就要送縣去的。

華生和桂濤不及見一面，便被解到這裡去集中了。他們在此後講過一句話，就被編隊編散了。

四

魏桂濤被調到北方訓練的時候，不斷在寒冷的天氣中出操，飲食惡劣，氣氛恐怖，沒有醫藥。這中間，不少南方的農民因不習慣於北方的氣候，致染病死去，多數人在念家和搞通思想的不調和的情形下苦挨着日子。

這些純樸的農民的思想看來都無甚大的距離，他們祇要在一起生活一個較短暫的時間，就能彼此道出內心的話。共產黨清楚這一點，因此不斷地編隊，使他們沒有法子在思想上起共鳴，永遠使他們祇能看到較爲生疏的面孔。

有一個日子，魏桂濤對於這樣的生活實在挨不下去，他決定請求回去。但當他把這意思告訴指導員的時候，下午立刻就開了一個大會。會場上有人批評他是小資產階級的意識，說他依然是過去的落伍的農民思想。然而魏桂濤已經決定，不管回家要受到何種痛苦，都在所不惜，因爲他過不慣這種生活；飢餓，寒冷，疲乏和束縛。

「你們曾經說過志願從軍是不能免强的，要百分之一百出於自動，現在我要回去！」他坦率地說。

「你可以回去，但我保證你是要回來的，沒有一樣工作比志願參軍更光榮，更有意義！」指導員說。

魏桂濤最後得到了允諾，離隊回到家裡。但是一切都變了，變得非常古怪。他恍若隔了一個世界；所有的村人都沒有因他的回去而表示關切和問候，他們都漠然置之。他的老婆，母親和孩子在他回到家裡的時候，都驚愕地望着他不發一言。一個陌生的人站在他的門口，注視着一切行動。他覺得非常奇怪，他以爲他的回來能使得他的家人歡忭若狂，不料竟是如此凄凉。

他到隔壁二叔那裡的時候，還不待開口，二叔已經先向他搖手了，示意不要向他說話。他祇好回到家裡，一屁股坐在椅子上。他對這齣啞劇再也不能忍受了，便悲憤地叫道：「我上圈套了！」

魏桂濤不能得到飯吃，沒有住處，也不能再有權耕種自己的土地。代他耕作的蔡漢水和李從林拒絕他下田去，說他們是代他耕作的，沒有命令不能停止。在家裡，說他已經沒有口糧，那祇是留給軍屬的。

走在路上的時候，那些小孩被慫恿着去譏笑他，向他吐涎沫。

魏桂濤已經失去了他能藉以活着的一切，留在面前的祇有兩條路；死或者回去！

他回想起先前指導員所說的話，說他一定要回去的，原來是早給他佈置好這個天羅地網。

下午，政府的訪員來了，說：「村裡的人都因你的回家而感到恥辱，他們如此地照顧了你的家庭，替你代耕，帮助你的家屬，但你辜負了他們了。」

魏桂濤哭起來了，到不是爲了這席話，而是感懷他苦痛的遭逢。

「你的意志有改變沒有？」訪員追問了一句。

僅僅爲了肚子，魏桂濤也就必得回去了。他已兩天不能得到食物。於是他悲哀地說道：「我願意回去！」

他立刻被應許得到食物。

第三天，喧闐的鑼鼓聲和爆竹聲響在他的門口，隣人又隔道相送。祇有魏桂濤的母親和老婆，躲在人縫中偷偷地用袖口拭去滾滾而下的眼淚。

五

魏桂濤在回到隊部以後，一個大會又召開了，他又一次被利用了。

「大家知道，」指導員說：「在共產黨領導下，能够使得一個回去的戰士自動歸來。這中間，全然是因爲受了共產黨的感召。同時這是勞動人民的深切的覺悟，是無產階級的優秀的特點。深深地知道除了打倒美帝以外，就不能保障人民勝利的果實。」

魏桂濤即刻被歡迎上臺去訴說他這次搞通思想，決心歸隊的經過。

他上臺去背誦着前一天晚上指導員口授的話說：「各位同志，我的想回家是一種不負責任的表現，是一種落伍思想，以爲現在我們可以安樂地過日子了，而忘了世界上還有帝國主義存在。一方面，恐怕家庭當中發生什麼問題，因此天天想家。表現在學習上的是不緊張，鬧情緒。可是我回到家裡一看，人民政府把我們的家庭照顧得比我們自己在的時候還要好。我的老婆一見我轉去，以爲我打勝仗回去了，馬上來歡迎我，但等我說來出以後，我的老婆立刻就不理我。說人民政府如此優待我們，天天來訪問軍屬，現在你回來了，我們還有什麼面子。說着就要上吊。我後來仔細一想，實在我祇是因爲想家才回去的，現在家裡既然比我自己在的時候還要生活得好，我就決定歸隊。我現在要感謝共產黨的恩情，感謝毛主席！」

掌聲充滿了整個會場。隨即有人領導着叫道：「打倒美帝！援助朝鮮！共產黨萬歲！毛主席萬歲！」

魏桂濤又過起那種晚上開小組討論會，白天出外爬山衝鋒的生活來了。

經過兩個多月的訓練，魏桂濤學得了一些東西：諸如在號聲和鼓聲響時就直往前衝，萬一炮彈落在近旁的話，就稍稍躺一下。此外，他能對答一些認爲是常識的問題；原子彈祇有乒乓球一樣大，在試驗時連一隻豬也炸不死；或者，見坦克，投手榴彈；美國人，最怕死。等等。

一天，他們出發了，每個人都沉重地爲自身的安全而默默地祝禱着。

魏桂濤在坐上火車的時候，心裡想道：我的母親吃素，我也從不刻薄人，該能使我保着性命回來吧！阿彌陀佛！

渡過鴨綠江以後，每個人的心裡有了異樣的變化，土地已經使他們不再有親切之感，人民也同樣的貧困，看上去憂鬱無助，沒有言笑。

聯合國的飛機成天盤旋在頭上，他們的行軍差不多都在夜間了。但他們依然聽見機聲和看見照明彈。

在到達目的地的時候，炮彈不管什麼時候，都像雨一樣地落下來。飛機在頭頂軋軋地響着，忽然落下來一堆堆白色的東西。每個人突然地驚覺到這會是原子彈。

「原子彈！」有人叫了出來。

「完了！」魏桂濤叫道，直向壕裡鑽進去。

一會，沒有動靜。他擡起頭來看時，排長已經拿着一張紙在讀着，他發現滿地都這是些紙，便檢了一張。

「安全通行證！」有一個士兵叫道。

魏桂濤趕緊把它摺疊起來，塞進了袜統裡。

不久，師部的人趕來了，叫道：「不要拿，不要拿，上面有傳染病菌的！」

一連兩天，他們幾乎連頭都很少伸出壕溝去，即使伸出去，也看不到一個美國兵。

直到第三天，對方的攻擊開始了，排炮，坦克炮，機槍，空中的汽油漿彈像狂風暴雨一般地傾下來。

「娘唉！」魏桂濤躲在壕裡叫道。

退却的命令下來時，魏桂濤和同一班的幾個人頭也不回地向後急奔，坦克車上面發出來的機槍子彈從他身子的四周飛過，像鄉間鬧蝗災的年頭，從草堆裡驚起的蝗蟲一般。

他們在一個村莊裡的樹叢中初次敢把身子和頸子伸直起來的時候，每一個英雄都面面相覷了好久。

「好媽的，傢伙，這麼厲害，還說是紙老虎！」有一個同志自言自語地說。

「原子彈還沒有來呢！」另一個湊上去說。

「同志！你是第幾連的？」有人問魏桂濤說。

「二連的！」

「還有些人不知退到那裡去了。」

「管他媽的，同志，我們大家在這裡躲躲再說。」

「一二三四五六七……二十三個人。」

「隊部不來找，我們就休息。」有人說。

這一下，眞情就畢露了，每一個人把所有的掩飾都取除了。

「同志，」那個瘦俏的安徽人拍了魏桂濤一下說：「你有通過證嗎？」

「沒有！」魏桂濤想扯謊。

「我有一大疊，我分給你一張！」

「給我一張！」旁邊有一個需索着。

「好，索性一個人一張！」

二十三個人一人一張，把通過證收藏起來，作着最後的準備。

「你看到打死的人沒有？」那個安徽人問道。

「我跑在前面，頭也沒敢再回一下！」魏濤桂回答着。

「呀！我看見的，我們一班除我以外不知道還有活着的沒有，一倒就是四五個，那眞容易！」

「肚子餓了怎麼辦？」有人叫道。

「殺北朝鮮人吃，整得老子們好慘！」

「唔——不，不。北朝鮮的老百姓沒有罪，有罪的祇是共產黨，尤其那個叫金日成的！」

「對，他說的對，沒有毛澤東我們也不會被逼來打仗的。」

不久以後，隊部的車子找到了他們，重新進行編隊。

驚魂甫定，師部揚言要反攻了。但每個人都已經過一次嘗試了，大家頹喪不已。

唯物的戰術已經證明無效，唯心的戰術立刻被應用了。這一次，每一個士兵都需要具寫「決心書」了。魏桂濤雖然並不識得幾個字，但總算歪歪斜斜的也寫了一張。

「我不衝到敵人陣地，殺死敵人，佔領陣地，決不回來。指模印。」

每個人把他的決心書貼在他自己的武器上。然後等待着命令。

人海戰開始了。先是號聲和鼓聲齊鳴。魏桂濤覺得心裡頻頻跳着，握着刺刀的双手很自然地發着抖。

忽然，震天的喊殺聲起來了，數不淸的人向前衝了上去，魏桂濤的腿子發軟，怎麼也跑不快。前面的人像螞蟻一樣地先先後後倒下去。

突然眼前到處發亮，然後一團團的黑煙向上直冒，成百的人不見了。隊伍立刻退下來，回到原來的陣地裡去，但一半以上的人都沒有回來。

魏桂濤的一班裡祇剩下三個人了，有一個已經負傷了，在壕裡呻吟着。另一個人憤怒地叫道：「要我們見一見美國人，死了以後閻王面前也有個交代！」

「不必說了，從娘兒子當兵，不肉痛。」魏桂濤說：「這眞的叫翻身，翻了就爬不起！」

一連好幾天，對面陣地裡的砲彈發射着。大家幾乎忘記了他們是來打仗的。

一天夜裡雪又下起來，壕裡冷得像個冷藏窖，風把空中的雪花吹得亂捲。

食物常常接不上來，使他們隔外感到寒冷。身上缺乏防雨的東西，使落在身上的雪就被透到衣服外面來的那點暖氣化成了水，滲進棉衣的花絮中去了。

第二天早上，魏桂濤感到衣服的外層已經被凍得發硬了，看看天，依然灰濛濛地下着雪，他覺得特別冷。便叫旁邊的伙伴道：「老温，老温，你冷不冷！老温！」

他伸過手去摸了摸他的臉，已經冰冷了。他驚異地叫道：「凍死了，老温凍死了！」

死的悲哀侵襲着每個人的心，勝利在他們的腦海裡被現實驅走，並且遙遠了。

再度編隊的時候，他們的一師已經祇剩下不到兩營人了。魏桂濤的新任務是狙擊組，他是以顫抖來接受這個任務的。

有着好幾天，他很想能帶傷歸去。

最後，聯軍發動攻擊了，魏桂濤得到的命令是殿後作戰，在熾烈的砲火下，他們祇是用一些小武器抵抗着砲火。

一陣震耳的爆炸聲，魏桂濤暈了過去。

等到他重新醒來的時候，已經到醫院裡了。他覺得乏力，他知道他受了傷了。但他慶幸他獲得了可以在這個人民的國家裡活下去的權利。

他迷糊地睡了一些日子，也記不淸他受傷有多少日子了。祇是在有一天，他忽然覺得的健康進步了一些，想看一看四周的景色。這時，一個穿軍服的人和一個醫生走到他的床前來。穿軍服的人以申斥的口吻對醫生說道：「你把血漿輸在他身上嗎？不行的，他不是黨員，也不是官長！」

「可是，否則他就活不了。」醫生說。

「黨的規定是如此的。多救一個士兵就少救一個黨員。」那個穿軍服的人解釋說。

「但現在已經無法補救了。」醫生歎然地。

躺在病床上的人們心裡想：階級消除了嗎？這是人民的國家嗎？

一些日子過去以後，在關外也已經可以看到春天了。魏桂濤覺得他的病也有了一些起色。

「醫生，我常常感到我的脚趾發麻。」這是他一個多月來第一次說話。

「這是心裡作用，沒有關係。」這是醫生的回答。

但他自以爲他確實感到如此，於是每當有看護或醫生路過他的床前的時候，總是懇求着說：「醫生，我的脚趾發麻呢！」

可是最後，一個看護很不耐煩地告訴他說：「同志，你的一隻腿子並沒有帶過鴨綠江來啊！」

他在得到這個消息的時候，簡直辨不淸應該悲哀或是慶幸。以曾經親身經歷的韓戰場來說，他是一個幸存者。而以自己將要歸去的田園來說，他將是一個不能再從事耕作的人了！

望着窗外漸漸濃起來的春意，他默默地唸着：「必須活着，才能期待到更幸福的日子！」

梁啓超徐志摩論俄帝

——記二十五年前故都學界一大論爭

吳相湘

在故紙堆中發現一些資料，內容是記述民國十四年十月北京（當時還沒有改名北平）學術界關於「蘇俄究竟是不是我們的朋反」一問題的論爭——這一論爭曾連續兩三個月，北京晨報，京報，國民新報幾家重要報紙都變成双方論爭的戰場，當時著名的學者梁任公丁文江徐志摩諸氏也都曾「參戰」。——我感覺這一論爭，不僅是一有意義的掌故，而是一個值得學術界深切省悟的問題，因此我草成這一篇扎記。

這一論爭導流於民國十四年十月六日，晨報社會周刋第一號上刋出陳啓修的一篇「帝國主義有白色和赤色之別嗎？」的文章。陳啓修是人所共知的共黨同路人，因此在這一文章中，他很巧妙地施用遮眼法的手段說：『現代所謂帝國主義都是用於經濟的意義，不消說，哲學的意義，是沒有人用的了，就是政治的義意，除了有些漢漠歷史家著書以「羅馬的帝國主義」爲書名外，也就罕見了』。接着在這一界說下，他分析蘇俄的財政經濟情形，然後作結論說：「我們既知道蘇聯資本非常缺乏，是要待外國資本輸入，蘇聯工業比起西歐還很幼稚，只能輸出原料，決無力量用資本或商品侵略他國的可能；那末指赤色的蘇聯爲赤色的帝國主義，簡直可以說牛頭不對馬嘴了」。

陳啓修的文章，很顯然地是爲他的「祖國蘇俄」辯護，企圖矇蔽中國人的耳目。因此，故都學術界有正義感的人都惱怒了，群起鳴鼓而攻之。十月八日晨報副刋上就首先刋出張奚若(清華政治學教授)的一篇駁斥陳文的稿子。張奚若文中說：「陳先生這些貌似冠冕堂皇的漂亮話，只是要求我們無論叫蘇聯甚麼壞名字，却千萬不要叫他爲赤色帝國主義者，這好像說：你儘可叫他爲流氓，却不可喚他做强盜」。在結論中張氏更有力地說：

「一個人或一個國家的敵對絕對不止一種，這是稍通人情諳歷史的人，都承認的話，用不着特別解釋。帝國主義者，用不着問，固然是我們的敵人，但同時共產主義者也是我們的敵人……其爲害於我們中國的地方更甚於帝國主義式的敵人，我們防備他比防備帝國主義式的敵人更應該嚴密一點。……帝國主義的國家，僅僅吸取我們的資財，桎梏我們的手足，蘇俄竟然收買我們的良心，腐蝕我們的靈魂；帝國主義只想愚弄我們的官僚和軍人，蘇俄竟然愚弄我們的青年和學者。歐戰後，帝國主義的國家還唱尊重我們土地主權的口頭禪，蘇俄竟毫無緣故的占據了我們的外蒙古(他們的中國朋友還要替他們解釋說應該占據)。…以自私自利的本心，用强暴惡劣的手段，在這個毫無自衞力的國家裏橫行無忌，如入無人之境，還要說他不是我們的敵人，我倒要問問不是敵人是甚麼」？

陳張兩人在這第一回合中，既短兵相接了，這一論爭就跟着擴大起來。共產黨徒和他的同路人更變本加厲地使用大肆叫囂漫罵的慣技，企圖先聲奪人；晨報社會周刋和京報副刋中都連續刋出双方爭辯的文字。各報副刋的編者更通函學者名流，請他們對這一問題——「蘇聯究竟是不是我們的朋友」——發表意見，因此論爭的場面更加熱烈火熾，是非也因此辯論而更顯然。「事實勝於雄辯」，蘇俄和共產黨人在中國的陰謀詭行那能掩覆具有正義感辨別力的學者？共產黨徒一些强詞奪理的言詞，終就敵不過有事實根據的文字。

經過陳張及其各人的擁護者幾個回合，以及李璜江紹原諸人發表意見以後，晨報副刋編輯主任徐志摩氏也發言了——一般人的印象，似乎以爲志摩只是一位浪漫派的文學家。其實，他在關係中國國家民族的大問題(友俄仇俄)上，却表現出非常嚴肅和極正確深刻的認識。十月二十三日，晨報副刋上有志摩手撰「記者的聲明」文中說：

「這回的問題，說狹一點，是中俄邦交問題；說大一點，是中國將來國運問題，包括國民生活全部可能的變態的。這題目不能算小……我現在特闢一欄，專爲登載關於中俄關係乃至聯起的中國將來國運問題，盼望國內有思想的特權與責任的朋友們共同來討論這件大事」。「我以個人資格，得在這裡聲明幾句話」。

「我不但不是籠統反對聯俄的人，在理論上和對于人類的同情上，我竟許是個贊成共產主義的人；不過這是指理論上的共產主義和俄國試行共產主義而言；要把共產主義生吞活剝的拿到今日的中國社會上去實行，那我便是無條件的反對。

「說到聯俄，我自然是極力贊成，不過我與多數贊成聯俄者不同的地方，在我的贊成爲有條件的贊成而已　甚麼條件呢？並不大，並不難，只要蘇俄不在中國內政上搗亂就行了！

「可是這事談何容易呢？因爲中國在未經勞動革命以前，蘇俄支配中國內政的原則是利亂不利治，是永遠利亂不利治！既是永遠利亂不利治，那就除過永遠拚命搗亂外，還有別的甚麼方法可使中國長亂而不治呢？……這完全是一個以俄國爲發端，以俄國爲歸宿的私利政策，沒有甚麼了不起的仁義道德在內！

「赤化各弱小民族的根本政策既定，其次就只剩下實行赤化的方法，或策略問題。策略固然因時因地而異，但是無論何時何地他們都有一共同之點。就是：除完全聽蘇俄共產黨直接指揮的政府外，無論何種政府，他都要無條件的攻擊或推翻；除受蘇俄共產黨本身維持的秩序外，無論何種秩序，他都要無條件的擾亂或搗毀。因爲如此，所以不但現在的中國政府和現在中國社會上的秩序他要攻擊要擾亂，就是比現在的好上一千倍一萬倍一萬萬倍，只要不是蘇俄共產黨所要的政府或秩序，那他一定也是要推翻或搗毀的。

一利亂，因爲亂極則人心思治，他的共產主義才有風行的機會。不利治，因爲治了則這種機會隨着減少，雖屬中國之福，終非蘇俄之利。

「有人說：蘇俄自動的放棄了他在中國的許多權利總要算是我們的朋友，不錯，但是我們也不應該因他先有這點好處，於是把他後來的壞處就一概不問了，尤其是壞處過於好處時，更不能不問。況且他這種放棄也只是一種宣傳手段，根本上還是爲他自已的較大利益設想。怎見得是赤心利他的行爲呢」？

由這幾段引錄文字看來，足見志摩先生識解的深刻透闢。祇可惜他不幸在濟南飛機失事早死，不然，在今日全世界反共抗俄達最高潮的時候，他一定還有更精采的醒世警言刊佈哩！

在志摩文章發表的同一天，住在清華園講學的梁任公（啓超）先生也「心癢難熬，想加入拌嘴團體來了」。因此，他提筆寫信給晨報社會周刊編者劉勉已君申述他的意見，這封信在同月廿七日刊在晨報上，其中有道：

『問蘇俄是不是帝國主義者？我毫不沉吟的答道：他是帝國主義的結晶！他是帝國主義的大魔王，他是帝國主義的……俗語說得好「江山易改，本性難移」。一國的國民性，可是換一面招牌就改得轉來嗎？俄國人玩的政治，對內只是專制，對外只是侵略，他們非如此不能過癮！不管蘇不蘇，赤不赤，玩來玩去總是這一套。馬克思便是化身的希臘正教上帝，列寧便是轉輪再生的大彼得！全俄人民從前是「沙」的脚下草，現在便照例承襲充當執行委員的脚底泥；中國從前是「沙」的夢想湯沐邑，現在便是紅旗底下得意的拋球場。蘇俄啊！你要辨明你不是帝國主義嗎？你那一天把在中國的活動停息，我們那一天立刻就相信你！但是，能嗎？

『蘇俄一定說：「我並不是侵略你們，不過我覺得我的共產主義好，可憐你們不懂，受罪：我來替你們宣傳，革命，救你們」！莊子說：「庖人雖不治庖，尸祝不越樽俎而代之」。國內偉人們「代人民革命」，我們老百姓受賜已經受够了。那裏還當得起外國人來「代」？以一個外國來代我們做什麼做什麼——不管做的好事壞事，總之已經把我們當做被保護者，兒孫，奴才，這樣不算帝國主義，怎樣才算帝國主義?!

『共產主義好不好，和我們中國相宜不相宜，且不管；算是好，算是相宜，蘇俄應否以外國人來替我們幹，也都且不管；讓一百步，他果是爲共產而運動共產，我們對他總可以幾分原諒容赦。但是，眞的嗎？蘇俄本身是共產國家嗎？若是共產的國家，怎樣會「大人虎變。君子豹變」，翻一個觔斗會變成新經濟政策來？罷！可憐！天眞爛漫的青年們！聽啊！你信仰共產主義，教你信仰的人却並沒有信仰！馬克思早已丟在毛厠裏了。因爲侵略中國起見，隨意淘出來洗刮一番，充當出廟會的時候抬着騙人的偶像！罷！青年們！傻子！聽啊！我老老實實告訴你：蘇俄現狀，只是共產黨人的大成功，却是共產主義的大失敗！你跟他們走，自已以爲忠於主義，其實只是替黨人張牙舞爪當鷹犬，和你腦子裏理想的主義相去不知幾萬里！傻子！可愛的青年們！醒過來罷』！

梁任公「常帶感情之筆」底下寫成的文字，是中國青年甚至一部份成年人所極爲欣賞傳誦的，「飮冰室」在中國政學界更是有其影響的，而這一篇文字雖然只是一封短扎，但一字一句都有他的分量，更有他的根據。因此，形成了這一論爭中正方的優勢最高峯，共黨和他的同路人沒有方法可以反駁梁氏文中的論點，祇好節外生枝半諷半罵地說「梁氏是沒有政治理想的人，決不配談政治教育」。「梁氏只談漸進不談急進，只談現實不談理想」。「人生的態度，正當地講起來，只有朝聞道夕死可也的一個，決不能再有甚麼第二個——「漸進」。梁氏齡踰知命之年了，人生行路的艱難還沒有體驗足麼，十四年來自已的政治生涯，風淸月白時，不加反省麼」？——以這些與梁文風馬牛不相及的話語來質問任公，而不能對梁文直接反駁，足見這一短文的價值了。

在梁任公發表文字以後的一周，丁在君（文江）先生也把他「常常想到的幾點」，寫在晨報社會周刊發表。丁先生首先說：「我最恨目前知識階級的朋友，不肯研究事實，只知道高談主義。俄國人共產的成功和失敗，我不管——我對於俄國共產以來的實情實在不很了了，因爲所有的事實都被宣傳的謠話掩沒了。……蘇俄已經耕種的地不下二千兆畝，可以開墾的至少還有二千兆畝；一個人平均有二十畝以上的田，那麼，共起產來，只要耕種得宜，至少還應該人人有飯吃。我們中國全國已耕種的田地不過九百多兆畝！共起產來，一個人只能分二畝有零。全國新資本家財產，共將起來，中華民國一個人攤不到二塊大洋，我們平心靜氣想想，爲了二畝多地，兩塊多錢，值得提倡社會革命，階級戰爭嗎？……有點知識的人，不想法子努力生產，研究生產的方法，掃除生產的障礙，反要提倡共產，我不敢說他們受了俄國人的金錢，甘做人家的走狗，我至少要說他們沒有常識，盲從無意義的主義」。提到「蘇俄是不是帝國主義」，丁先生說：

「主張聯俄的人說蘇俄和其他帝國不同，對於我們是完全沒有私意的，我不知道蘇俄的眞相，不敢武斷。但是蘇俄在北海外豪的舉動，我是知道得淸楚的，我最近得到蘇俄運到庫倫的軍火的秘密單子，可以發表出來。……

「試問蘇俄這四個月裏面爲甚麼要運大宗的軍火到外豪來？這種舉動，同帝國主義的國家，有甚麼分別？

「蘇俄總把共產主義之下所受的痛苦，歸咎於非共產國家所用的封鎖政策，若是眞的，我們要與蘇俄聯了起來，我們是否要吃同樣的苦頭？列强可以封鎖蘇俄，更可以封鎖我們；蘇俄且怕封鎖，何況我們？在蘇俄不願獨善其身，自然要拉我們同下地獄，但是聯了蘇俄果眞有甚麼好處，使我們值得犧牲？辦外交同尋常做人處世本來沒有多大的分別，無論什麼人不肯因聯絡一個人來得罪全世界人。蘇俄可以說他是爲主義而犧牲：我們又何必去聯蘇俄做人家的走狗」？

丁先生這一有數字根據的文字，不僅在當時足以使純潔的國民對於俄帝眞面目有所認識，而其後段所說，更是值得現在被壓迫在「一面倒」，「抗美援朝」荒謬行動下的大陸同胞深深體味的。

丁先生的文字是刊在十一月三日晨報社會周刊上，在同一期中還有陶孟和「對於聯俄的疑問」一文，他說「我並不是一個極端的反俄論者」，但「我不知道聯俄的人所希望得到的帮助是那一種？我根本不相信國際之間有不自私的帮助，我根本不相信人，除了極少數的理想家以外，從國家的立足點會希望別一個國家强盛，更不必說一個政府了」——，在同期中錢端升也有「對俄問題」一文，他首先指出陳啓修「那篇文章實在玲瓏，把帝國主義這個字嵌了財政資本進去」。然後替「帝國主義」一詞作界說，結論是帝國主義不限定是經濟的，共產主義與政治的帝國主義不是不相容的，與經濟的帝國主義却是不相容的，蘇聯既然不是共產國家，兩種帝國主義都有發生可能」。最後說到聯俄，錢端升說：「一般人所恐怕的蘇聯的搗亂，種種不利的宣傳，一大半是僅僅在不自然的，多疑的，中帝國主義毒的心理上存在，實際上是沒有這會事，除非有人能把蘇聯的搗亂着着實實地指出來以前——並且這種搗亂一定要比帝國主義的害更大——我還是說蘇聯是應當親的」。—— 現在錢氏身在大陸目擊俄寇言行，不知他又將如何說法？

除開上面提到的人名言論之外，常燕生張慰慈胡石青陳翰笙劉侃元等都曾參加這一論爭，陳啓修張奚若兩主角更三番四次的互相駁辯，現在因篇幅關係不再具引。這一論爭場面既是如此的熱烈，而所討論的問題又是這樣的重大，明顯的結論當然是不容易獲致的。但是大體說來：指斥和揭穿蘇俄帝國主義行徑與中國不宜於共產主義的論點是獲得很大的同情，打擊了共黨徒的虛偽宣傳。

二十五年前，算起來正是共產國際及其中國走狗在中國初露鋒芒的時候，而許多具有正義感和對國家民族前途有深刻認識的學者即挺身而出「首攖其鋒」，前輩風範是值得我們景仰的。但是，二十五年來，赤禍竟瀰漫大陸了，「孰令致之，誰使爲之」呢？傅斯年先生在其最後遺著「論中國教育制度」長文中曾反躬自責地將一部份原因歸咎於學術界的懶惰，胡秋原氏在「中國的悲劇」一文中也以爲「中國士大夫不克樹立」，「中國的知識份子，沒有爲國家的前途經過一番沈潛高明的思想工作」，現在我們回憶二十五年前的掌故，於此實在更應有所警惕了。（完）

（上接第一七頁）

之平均倍數爲五•三倍。此外，對肥料管理與肥料配消，政府均設有專賣之機構，司理其事，目前肥料配銷之方式有三：（甲）無價配發，（乙）現款價購，（丙）實物交換。光復後，配銷數量，歷年均有增加；配銷肥料之來源，除本省產外，尙有經合總署之美援肥料。

乙 林地之利用

臺灣地勢多山，氣候暖濕，自然條件至適於森林之生長，其林野面積，據一九三三—一九四二年之統計，共達二、三七五、〇〇〇公頃，約占全省土地總面積六六%，其中森林爲一、八四二、〇〇〇公頃，約占全部林野面積七八%，原野爲五三三、〇〇〇公頃，約占全部林野面積二二%，在全部林野中，國有者約佔八九%，私有與公有者合計僅佔一一%，至於森林樹種，則以濶葉樹居多，濶葉針葉混合林次之，針葉樹林又次之，竹林爲最少；至於森林分佈，幾全部山地皆爲所掩蓋，地勢陡峻，人跡罕到之高山，多呈原始森林狀態，因高度之不同，復有熱帶、亞熱帶、溫帶與寒帶森林帶之垂直分佈，目前已採伐之主要林區，計有阿里山、八仙山與太平山三林區。

由土壤之立場而言，臺灣森林之存在價值最大，以其收水土保持之益，可以保障人民生命財產之安全，前述臺灣山地地勢陡斜，河川湍急，氣候復多豪雨暴風，最易引召洪水氾濫與土壤沖刷崩陷之災害，故臺灣森林之間接效用，遠較其生產木材之直接效用爲大。

結語

土壤利用，以地盡其利爲最高原則，惟地盡其利，非徒耗竭地力之謂，在科學之現代，利用土壤之利，當謀最合理之利用爲根據；臺灣之土壤，就耕地之利用言，已近飽和程度，惟就單位面積之增產耳，山嶺區域受天然環境，地形峻峭，地質岩石多脆弱與氣候之多暴風豪雨，土壤易感受沖刷之限制，開拓爲農田耕地，實不宜謬然從事，須强詳細之土壤調查，明瞭土壤性質與周圍環境，在合乎水土保持，不致易引土壤沖刷之原則下，仍可地盡其利以爲之，此外，臺灣土壤之地力衰退，已有事實證明，爲維持土壤之生產力補充肥料，以培養地力，實爲必要，補充之道，目前省內土壤肥料專家學者，正分從各方面從事研究試驗，問題之解決，當可拭目以待之矣。

書刊評介

文明是怎樣創造的？

湯比 原著
于平凡 改寫

海光

這本書是掇取英國現代大史家托英貝（Toynbee——原書譯作湯比）底名著歷史研究底節本並參照原著而寫成的。但是，這個節本之節本，有點名實不符。這從目錄就可看出。全書計分五部：第一部怎樣去研究歷史；第二部文明是怎樣發生的；第三部文明是怎樣成長的；第四部文明是怎樣破落的；第五部文明是怎樣解體的。既然如此，如果作者將書名叫做『文明之興衰』，那末似乎比較能含蓄這書底全部。

在論怎樣去研究歷史的時候，該書說：『近代史學家多好以民族或國家做單位來研究歷史，這實在是一個難以接近眞理的作法。因為一個國家的歷史是很難孤立起來研究的。它往往與鄰近的國家或很遠的殖民地同屬於一個文明單位。這一個單位便是我們所說的「可了解的歷史研究範圍（intelligible field historical study）」。這一單位並不是一個抽象的概念，而是很具體的存在。不過，這一存在不是普通人所能看到的，它必須從歷史的分析與比較中去察覺。在各個不同的小社群（community）中求其小異與大同。凡是在經濟，政治，文化三面皆同的，我們就可把它看做大同，歸範成一個「可了解的歷史研究範圍」。』這種研究歷史的態度或方法，可謂使人『茅塞頓開』，識域廣大。張貴永先生說：『沒有一個民族的歷史能在這個世界上單獨發展，不受其他民族的影響。』（大陸雜誌第三卷第二期）的確如此。這種研究歷史的態度或方法使人視野開濶，可以打破偏狹的民族觀念，而可能給人以比較完備的歷史了解。吾人由這種比較完備的了解，可以知道一個國家或民族在此四度因次（four dimension）的歷史中的地位，從而決定他底生存與發展之適當的道路。

論及文明是怎樣發生的，該書說：『文明與野蠻的眞正分野是在摹倣的方向。摹倣前代和看不見而能感覺到的祖先，以增長人們的威望與信心，這是原始社會。這樣的社會只知摹倣過去，遵循舊規模。這是一個靜的社會，沒有進步的社會。而在另一方面呢？即在文明社會中，摹倣的方向是朝着創造個體（creative minority）的。他們皆是文明的拓殖者。於是，「習慣之餅（the cake of custom）」（評者按：custom 一字最好譯作「習俗」，習俗乃一個社群所共有的沿襲行為。「習慣」則作 habit 底翻譯。在個體為習慣；在社群則為習俗。）被擊碎，社會乃循變動與成長的道路不斷前進。』

托因貝底見解，眞是富於啓發作用。一個民族或社群能否打開僵局或起死回生或發展其生命能量，主要的自力原因之一，看它究竟是戀念於過去或貪吃「習俗之餅」，還是將摹倣的方向朝着創造的個體或創造的少數人。如果是前者，那末這個民族或社群底前途一定很是渺茫；如果是後者，那末這個民族或社群底前途可能有新的開展。

向前與向後，涇渭分明，極易從實際而又具體的行為表現出來。凡屬向後的民族或社群，總好祭祀祖先，念念於昔日之光榮。一個人，如果一味地回憶他底過去，這個行動底本身就足以說明他沒有前途。賽金花獨處嗟歎過去榮華的時候，一定是她已經紅顏衰老，門前冷落車馬稀之時。一個人或一個女子是如此，一個民族或一個社群又何獨不然？一個民族或一個社群愛祭祀祖先或「效法先烈」，就表示他終于走不出新路徑來。當然，如果祭祀祖先或效法先烈失去了內容，只成為外表形式之時，則又更等而下之了。

走不出新路徑來的民族或社群，一定貪吃『習俗之餅』。『柰是家鄉風味好』。家鄉風味，自小吃順了嘴，當然覺得好吃，而且不用再花腦經發明，又覺得不會吃壞了腸胃。可是，這一『習俗之餅』却拘束了你底靈魂，却使你失去了創造能力。沒有創造能力的民族或社群，是拿不出眞實的辦法來應付大規模的新奇變局的，自然也就不足以肆應新的世界動盪。

在這種時分，社會要發生內在的不穩定；終於社會表面的穩定也無法維持。這也正是文明交替之時。

『推動文明社會不斷演進的動力，乃是「內在無權階層（internal proletariat）」反抗舊社會「當權少數（dominant minority）的分離運動。這些統治少數本是前一社會出生時的創造少數。如今他們已失去了早年的創造力，只知用强力壓迫大多數無權階層。他們已變成了統治階層，以致社會重行陷於靜態。針對這一靜態而來的，便是無權階層分離運動的反動。就在這一反動的「動態」過程中，新的文明隨之產生了，亦如文明社會在原始社會的動態中產生者然。』

托因貝在此處的見解，說明了文明成長之動力。我們如果將這種見解加以引申，實在也可說明治亂現象。文明之興衰是治亂之必須條件。在歷史上，文明之興衰與政治上的治亂有着因果關聯的。

照托因貝說來，『文明是「挑戰與反應」衝突的產物』。自然環境對於文明有刺激作用，人文環境亦然。

『衝擊的激勵（Stimulus of Blows）常在軍事上顯現。公元前第五世紀「四八〇——七九）的波斯希臘戰爭，使希臘文明遭受了一個莫大衝擊。經過這次空前的大規模破壞與殺戮，阿提加平原已被波斯人夷爲平地，但雅典人並未就此沉淪，反因此激勵而奮勉有加，卒能在其廢墟上重振聲威，稱霸海上，開創一光芒四射的伯里克里斯時代（461—429 B.C.）。迦太基人因第一次布尼克戰爭（264 B.C.）大敗的激勵，而征服了西班牙。第二次布尼克戰爭（218 B.C.）失敗之餘，猶能迅速恢復國力；最後一戰時，全國上下依然戰奮而死。在近代史上普魯士奮發圖强的基點，在於耶那之役的敗績。（一八〇六年與拿破崙戰。）希特勒的崛起，顯然是由於第一次世界大戰屈辱的激勵。』

這些史例告訴我們，外在有形的機械力的失敗，並非決定性的失敗。眞正的失敗是內在精神的崩解。如果一個民族或社群底內在精神趨於崩解，於國際風雲際會之時，即使能贏得對外戰爭，然而這表面的勝利帶來的正是裡面的失敗。癆病鬼肺部底擴張往往便利於肺癆菌的活動而加速病人底死亡。但是，如果一個民族或社群眞正涵有內在的不朽精神和生命的意志，那末即使它遭受挫敗，還是能够轉弱爲强的。戰後日本之迅速恢復，現在又成爲東亞舉足輕重的勢力。短短幾年之間，我們眼睜睜地看着她倒下去又爬起來了，這證明日本是有內在生命力的民族。而這內在生命力之培養是不容易的。高尚的政治品德和大公無我的爲國精神，是培養這種民族生命力之必要條件。

『一個文明發生後，並不一定能發育成長，蔚爲大觀。就人類過去六千年已發生的文明論，大致可分三類：（一）成長的文明（Developed Civilization），（二）夭折的文明（abortive civilization），（三）癱瘓的文明（arrested civilization）。』『所謂夭折的文明，是指某些文明在萌芽期中，即遭摧殘。』『癱瘓文明正像一個患了癱瘓症的幼童，雖有生命而不能成長亦無生命力。在反應一次挑戰後（發生的奮鬪），它已精疲力盡；當第二個挑戰到來時，它已無能爲力了。它始終很緊張的在覆滅的邊緣上掙扎。』

『癱瘓的文明社會有兩個共同特徵：一是階級制，一是分工制。分工制與階級制相輔而行 生活在這樣社會裏的「各個動物」（individual living creatures）常分成兩個或三個範疇，正像蜜蜂和螞蟻的社會體制。』

『平凡註：共產主義者理想的社會，以及實際上已形成的社會，正是這具有分工性，階級性兩大特質的社會。在一個社會裏，人人勞動，各有專司。實際上，在分工的過程中已建立了森嚴的階級：統治者（共產黨中央），輔治者（共產黨黨團員），被統治者（全體人民），劃分得淸淸楚楚。在不知不覺中全體人民都成了「無人格，有知覺，能服從的生產工具」（production-robot）。史實證明，這是一個建築在獸性本能上的社會。大家只知吃飽肚皮，埋頭工作。這是一個動物的社會（蜜蜂的螞蟻的），而不是人的社會，更不是人類之所嚮往的一個社會。人的社會固然免不了矛盾，但解決矛盾的方法，不是讓大家回返原始，重行過着獸類的生活。基於我們人類先天的靈性，後天的創造成果，我們是有良好的道路，解決今日社會矛盾的。只要我們能珍惜六千年來文明的成就，返而求諸內在的靈性，人類的前途是無可限量的。飲鴆止渴的結果，是求生得死，是人間最愚蠢最淒凉的慘劇！』

這一段話眞是金石之言。無論古今，一切大小極權統治者，爲了滿足其權力慾並且鞏固其統治，無不有意或無意以各種程度來將其統治之下的社會變成一個螞蟻式的動物社會。這種社會，秩序井然整齊壯觀，每個被治分子，在一個命令之下，各司其事，無頭無腦本能地生活下去。個體創導（individual initiative）沒有了。人生理想沒有了。生之樂趣沒有了。在這樣的社會，千萬人不得不犧牲各個底自由以成全極少數人底絕對自由；千萬人不得不犧牲各個底意見和思想以屈從極少數人底意見和思想；千萬人不得不奉獻各自人底尊嚴以襯托極少數人底尊嚴。這樣的社會還能說是人群底社會麼？這簡直是獸群底社會。不，獸底社會並非完全如此。鹿在深林中啃嚼嫩葉，沒有誰來干涉牠多麼悠遊自在。海鳥在天空自由飛翔，多麼令人羡慕！極權統制之下的人民，長年掛着一幅抑鬱的臉，話說多了會被認爲是造謠，住居行動不能隨意選擇，言論底範圍限於唱讚美詩。共產極權主義者及其同路人所致力的，就是把人間造成這樣的活地獄。共產極權勢力一天存在，這種致命的威脅便一天不能消除。我們不能設想，愛好自由的常人，與共產極權主義者能共戴一天，共立一地。

而眞正消除人類這一致命大患的，在一長久的行程之中，有而且唯有自由民主的願望與力量。

許多人以爲技術改良就是文明底進化。其實不然。該書說：『另一個可怕的錯誤，是拿技術的改良認作文明的進化。不少史學家竟以生產工具改進的里程來劃分文明的歷程。……坡來尼西亞人的航海術，愛斯基摩人的漁獵術，斯巴達人的作戰術，歐亞草原遊牧人的馴畜術，鄂斯曼人的「馴人」術，皆是絕技。他們的技術儘管進步，而文明依然靜止不動。……從舊石器時代前期到舊石器時代後期，歐洲人祖先使用的工具與技能已有了進步，後期的人並曾用較進步的工具擊敗了前期的人。可是，前期已有的審美意識和藝術造境，在後期並無進展。』

托英貝底這種看法，確乎比以生產工具底改進來劃分文明的歷程之史家高出一籌。至少從一方面觀察，技術改進並非蘊涵文明底進步，有時技術底改進反而可以加速文明底崩潰。許多人不明瞭這個道理，以爲技術改進，或形式的整飾，就是『進步』，而欣然自得，沾沾自喜。這種現象，正是精神動力窮竭底結果。美國底强人籍科學技術從事盜刼。這是否『進步』？毛澤東學習了布黨底宣傳，組織技術，並且拿起洋槍洋炮造反。這是否算得中國之『進步』？太太小姐坐着一九五一年流線型汽車打牌看戲，在思想上是否算得『進步』？

美國底强人藉科學技術從事盜刼，比中國江湖奇俠傳中的强人更能有效地擾害社會。就倫理的意義言之，何進步之有？毛澤東所採用的造反技術不爲不新，但滿腦袋裝的還是『打天下』的帝王思想。凡拜讀過他底沁園春的人都知道的。何『新』之有？揭竿造反固然『徒苦吾民』，用布爾希維克方法造反更弄得天翻地覆，老百姓無洞可鑽。技術誠然進步了；但精神却退步了。一九五一年流線型的汽車固然『新』，但坐在裡面去打牌看戲的人兒依然是舊的。新的工具一旦被舊人利用，新的技術一旦被舊的靈魂來操縱，結果不是加速腐潰，便是加速惡化。

所以，即使技術略有改進，也了不足誇耀。因爲，技術底改進，並非眞正的進步。什麼才是眞正的進步呢？精神，思想，或觀念底進步才是眞正的進步。精神，思想，或觀念進步的人，掌握着改進了的技術，才是眞正的進步。

『從一個低的存在或行動境界，進入一個較高的境界』，才是進步。『因此，我們可以說，文明成長的軌範是不能在對外征服——不管是對自然環境或人文環境——表現中發覺的，它是埋藏在行動場合的不斷升進之中。在升進場合中，凡足以引起淳化作用的挑戰並非來自外界，而是出諸自身；同時，此種反應亦非出諸外界的征服——技術改良或領土擴張，而是出於內在的自決或自明。毫無疑問的，一串成功的挑戰與反應的積累，便可以視之爲文明的成長了。並且，這些挑戰與反應的場合，一定是逐步由外在宇宙轉入內在宇宙，由低級境界升入高級境界。這也就是說：一個在成長中的文明社會，其外在宇宙的挑戰與反應一定愈來愈少；內在的挑戰與反應一定愈來愈多。（平凡按：就整個的社會說，應注重社會內在矛盾的解除，不斷調整人與人間的關係，使全體社會成員都能有逐步走向超人的機緣；就個人說，應不斷提高個人生活境界即多致力於精神生活的充實與擴張。）』

在這一段話裡涵蘊着進步底眞實含義。眞實的進步是精神的新生成長；決不是形式的整齊壯觀。

月有盈虛。文明成長以後，是可能破落的。文明是怎樣破落的呢？

『文明破落的特質有三：（一）創造少數創造力的喪失；（二）多數群衆的離心離德；（三）走向社會的解體。』『文明破落既非由於上帝的安排，也不是生物法則所能決定；更不是人們控制環境力的喪失；而是由於「自決」的挫敗。

『就理想上說，一個新力量最好能通過一個新的制度以完成其任務。事實上，這是不可能的。新力量必須或多或少的通過前一社會存在的舊制度，達成其創造目標的。這一「新」（力量）「舊」（制度）關係的結合，可能發生下列三個結果：

『（一）舊制度自動的逐步調整——模倣順利進行——以配合新力量的要求。這是事實上最理想最順利的結合。在這樣的結合下，文明得順利成長。社會進步不須付出太大的代價，人民不致遭受若何重大的災難。工業革命和社會政策在英國的成就，便是典型的例證。一切不流血的和平的社會革進運動，都屬於這一類的結合。

『（二）舊制度適應延遲被新力量衝擊突然解體——模倣的延遲與激烈，（評者按：這幾個字底意義不甚可解）。這種新舊結合的關係，我們通常稱它爲革命。這種結合亦能促成社會進步，但人民必須付出重大的代價，社會常常激起長期的動亂。這種結合有時反而引起社會本身的倒退。……

『（三）舊制度延遲並拒絕適應新力量——模倣的延遲與拒絕——因而招來一種果報，造成社會混亂與文明衰落。歷史上有許多不成功的革命，實無異一種罪惡的暴行。暴行的結果，自然戕害了文明的成長。』

就文明的破落說是如此；就依存於文明之上的社會存在之革進說亦然。

文明走下坡路底原因，照托因貝說，是由於人們喪失自決的能力。喪失自決能力的結果之一就是將過去的成就偶像化。這種倚恃過去創造的結局，常常產生三種『創造的果報』。

『（一）自我的偶像化：某一民族或某一些人在應對第一次挑戰時是成功的，而對於下一次來的新挑戰，却往往是無能爲力的。不特此也，有時他們還可能與新的創造者站在對立的地位，阻撓新力量的發展。這一現象並不是偶然的：猶太人陶醉於自己在宗教上的成就便自許爲「上帝選民」，而過於尊重自己的成就，過於相信自己的創造。日久竟將「上帝選民」一詞在意識中雕塑成了偶像，以致不知不覺中忽視應有的繼續進取。……「希臘教育」概念偶像化的結果，注定了雅典人在公元前四世紀以後的失敗。……

『（二）制度的偶像化：一個社會有一個社會的特殊制度。這種制度的產生，多係反應前一挑戰的結果。它的存在價值是要受時空限制的，並非可以永恒存在的。不幸，這一制度的暫時成功，多易被這一社會的成員過分重視，過分信賴，而達到偶像化的程度。因此，這一制度就不易改變，以適應新挑戰的要求。雅典人迷信他們的城邦政治，是希臘文明破落的基本因素之一。

『（三）技術的偶像化：歐亞草原遊牧人和愛斯基摩人文明的癱瘓，主要的是因爲他們過分集中精力在畜牧狩獵事業。此種「單軌生涯」，幾乎把他們回到動物時代。奧士曼人和斯巴達人曾把畜牧狩獵的精神，應用到他們的社

（下轉第八頁）

第五卷　第七期　內政部雜誌登記證內警臺誌字第一九號　臺灣省雜誌協會會員

給讀者的報告

言論自由似乎是老生常談的話題。在現代國家裡，言論自由與人身自由一樣地是人民的基本權利之一，神聖不可侵犯；只有野心家與極權專制的暴君才視之爲死敵。人類爲爭取言論自由，曾經在歷史上寫下很多悲壯的事蹟；可是到現在，在很多文化落後的地區，尤其是共產政權統治之下，言論自由仍然遭受着迫害摧殘，言論自由的眞義常爲人所曲解。因此鼓吹並爭取言論自由，在今天應該仍是一件很具意義的工作。談言論自由必不可忽視其基本條件，一方面應該造成一個言論自由的環境，一方面要具有就事論事的態度。一個政府之是否民主，可以從有無言論自由爲最好的明證，從此我們不但可以了解言論自由之重要，而且更應致力於實現這些基本條件，以確保言論自由之不受損害。本期社論即在申論此義。

「輿論與民主政治」一文是雷儆寰先生新近的力作。極權政治只有教條口號，民主國家才有民意與論；因爲民主國家有言論自由，有言論自由的社會才能產生輿論。輿論是民意的表現，民主國家的行政當局不但要隨時受立法機關的監督，而且更須尊重輿論的向背。今天當這國難方殷的時候，我們闡揚這些道理，要在促使政治的進步，以實現民主自由。因爲只有民主自由才是反共最有力的武器，才是解救國難的平正大道。雷先生此文甚長，計分六章，惟每章均能獨立成篇，將予分四期陸續發表。

胡原道先生對批評馬克思學說的工作素有研究，本文批評馬克思的經濟學，分別解析生產勞動論勞動價值論與剩餘價值論的理論錯誤。因篇幅關係將分兩期刊完。

我國文字的改革問題從來爭辨紛紜，但是漢字簡化的必要似乎已爲一般人所承認，梁先生寫作「日本文字的改革運動」一文，其用意即在提供日本文字改革的經驗，以作他山之助。

「且看鹿死誰手」是一篇很應景的通訊。英國大選將於下月舉行，在這次大選期間，保守黨與工黨將有驚人的角逐場面。究竟鹿死誰手？全世界的人都在注意它的結果。本刊記者石達生君的文字諧趣橫生，對於人物的描繪極盡細緻，其對大選之預測，意見自更獨到。

「梁啓超徐志摩論俄帝」廿是五年前學界的一大論爭，吳相湘先生這篇扎記所陳述的許多名學者的宏論，使人驚服，尤其當赤禍危急的今天，讀之倍增感歎，使廿五年來國人能記取這些教訓，當不致有今日共黨之猖獗！又上期「史達林陰謀攫取中國的鐵證」一文，亦吳相湘先生所作誤刊，爲吳桐湘，特此更正，並向作者致歉。

廣告刊例

一、封底裡面全幅每期新臺幣一千五百元，半幅八百元，1/4幅五百元

二、普通全幅每期新臺幣一千二百元，半幅七百元，1/4幅四百元。

三、式樣及鋅版自備，如欲本社代辦，則照價計算。

本刊售價

	地區	幣別	售價
一、	臺	幣	三元
二、	越	幣	八元
三、	菲	幣	五角
四、	港	幣	一元
五、	暹	幣	四銖
六、	美	金	二角
七、	叻	幣	四角
八、	印尾	幣	三盾

自由中國　半月刊　第五卷第七期

"Free China"　總第四十六號

中華民國四十年十月一日　日

發行人　胡　適

主編　『自由中國』編輯委員會

出版者　自由中國社

社址：臺北市金山街一巷二號
電話：六　八　八　五　號

航空版
香港　香港時報社
（高士打道六四號）

經售者
臺灣　中國書報發行所
（臺北市館前街八五號）
美國　紐約民氣日報社
舊金山國民日報社
日本　東京南友堂
東京內山書局
馬尼剌　中菲文教出版社
印尼　椰嘉達星期日報
椰嘉達天聲日報
棉蘭繁華圖書公司
越南　西貢中原文化印刷公司
越南華僑文化事業公司
曼谷　曼谷攀多社十二號
新加坡　中興日報社
檳榔嶼、吉打邦均有出售

印刷者　臺灣新生報新生印刷廠
廠址：臺北市西園路二段九號
電話：廠長室七一二五　業務課二〇九六

本刊經中華郵政登記認爲第一類新聞紙類　臺灣郵政管理局新聞紙類登記執照第二〇四號

FREE CHINA

第五卷 第八期

要目

社論　剖視人和魔鬼的談判

時事述評　大家都是中華好兒女
英國外交的多事之秋

中共將亡於「宣傳」……成舍我

從一個國家來看心、物、與非心非物……徐復觀

馬克思經濟學批評(下)……胡原道

臺灣產業　臺灣特產香茅油……洪北江

自由中國通訊　從世界大勢看臺灣前途——華府通訊——……伴耘

義和團幽靈復活——香港通訊——……梅川克

文藝　蕭軍之死……陳紀瀅

自由的謳歌……惜夢

從中東問題說到非洲的戰略地位……幼麟譯

書刊評介　在東南亞的中國人……孫宏偉

中華民國四十年十月十六日出版

社址：臺北市金山街一巷二號

半月大事記

九月廿六日（星期三）
英、美、法三國聯合發表修改對義和約宣言，取消整軍限制，使義國得以在北大西洋組織中獲得充分而平等的地位。
經合總署中國分署署長穆懿爾辭職。
英政府下令英伊石油公司之英籍技工繼續留駐阿巴丹，並向伊朗政府提出嚴重抗議。
英內閣舉行緊急會議，考慮對伊用兵。
英伊兩國政府分別籲請美國斡旋石油糾紛。

九月廿七日（星期四）
李奇威向共方建議改以松嶺里為停戰談判的會議地點。
日外務省宣佈指派木村四郎爲駐臺機構負責人。
美政府通知英伊兩國，願協助解決石油糾紛，並籲請伊政府取消驅逐英籍員工令。
日首相吉田茂演說，否認美日公約附有秘密條款，斥中共北平電臺廣播爲故意造謠。
法政府照會蘇俄，拒絕其對武裝西德之抗議。
美參衆兩院聯席委員會通過七十四億八千萬軍經援外案，並同意設立相互安全機構接替經合總署之工作。

九月廿八日（星期五）
美參謀首長會議主席布萊德雷偕蘇俄問題專家國務院參事包倫飛抵東京，與李奇威商討韓局。
路透社德黑蘭訊：伊朗軍隊已完全控制阿巴丹煉油廠。
盟總通知日政府，解除前此對日政府海外機構的一切限制。
國際貨幣基金會取銷黃金每盎斯三十五元的限價。

九月廿九日（星期六）
中泰兩國互換照會，臨時空運協定即日生效。
英政府向聯合國安理會控訴，要求干涉伊朗行動。
經合總署發表施幹克繼任中國分署署長，施氏現任盟總天然資源局長。

九月三十日（星期日）
美參謀首長會議主席布萊德雷元帥在東京發表談話，重申聯軍決不再在開城與共軍談判之決心。

十月一日（星期一）
合衆社倫敦電：英政府已訓令阿巴丹英籍技工自油廠撤退。
布萊德雷元帥飛韓視察，李奇威及包倫偕行。
外交部宣佈我政府同意日政府在臺北設立海外事務所。

十月二日（星期二）
布萊德雷元帥在韓視察後飛返東京時表示，停戰談判如告破裂，聯軍力能勝利結束韓戰。
聯合國安全理事會以九票對二票通過討論英伊問題，伊朗代表阿達蘭要求辯論延期十日舉行。
美前州長史塔生在參院作證稱：國務卿艾其遜與無任所大使傑塞普曾一度主張停止對國民政府之軍援。

十月三日（星期三）
蔣總統接見合衆社副總經理巴索洛時發表談話，警告自由世界勿輕信共黨和平論調。
美參謀首長會議主席布萊德雷元帥離日返美，與高級軍事將領舉行秘密會議。
共方拒絕李奇威在松嶺里舉行談判之建議。
盟總宣佈韓境消息部份封鎖。
盟總兵工處長倪布斐情報處長恩尼斯抵臺訪問。
英籍技工撤離阿巴丹。
法軍總部宣佈撤出平遼。
美參院批准七十四億相互安全計劃。

十月四日（星期四）
李奇威再函共方建議在兩軍間無人地帶另擇地點舉行談判。
新任經合總署中國分署長施幹克來臺作就任前之私人訪問。
韓總統李承晚任命金弘一少將爲駐華大使。
布萊德雷元帥返抵華府拒談停戰及軍事問題。
美總統杜魯門宣佈蘇俄境內最近曾有第二次原子爆炸。

十月五日（星期五）
立法院院會對反共抗俄戰士授田條例完成三讀立法程序。
臺灣省臨時議會兩規程經立法院會通過存查。
新任經合中國分署長施幹克招待記者，盛贊中美合作之成就，並預定十二月中正式履新。
美衆院通過五百六十九億元軍費法案。
美國務卿艾其遜函參議員史密斯保證無論韓戰如何發展，美政府對華政策不變。
越南法軍總司令兼高級專員塔西尼應英參謀總長史陵之邀，抵英倫作兩日之訪問。

十月六日（星期六）
伊朗總理摩沙德離伊飛美，出席安理會辨論。
史達林接見眞理報記者，宣佈蘇俄在最近一次試驗中曾有原子彈爆炸。
美政府公佈原子能委員會主席丁恩兩週前列席參院之證辭，宣示戰術性原子彈可立即用於戰場。
英駐馬來亞專員格奈爵士遭共黨狙擊殞命。
美總統特使哈里曼飛抵巴黎與北大西洋十一國代表會商。

十月七日（星期日）
共方答覆李奇威，建議改在板門店談判，並主擴大中立區至汶山。

十月八日（星期一）
李奇威同意共方所提改在板門店談判之建議，但拒絕擴大中立區。
布萊德雷元帥飛抵巴黎，將就地中海防務及土希在北大西洋公約組織中地位問題與盟國參謀首長舉行會商。
英政府下令禁止塔斯社在英作無線電轉播業務。
美空軍部長芬勒特在國會宣稱：美空軍日夜在備戰狀態中。
英王儲夫婦抵加訪問。

十月九日（星期二）
埃及宣佈廢除英埃條約，英政府聲明拒絕。
埃及駐美大使向美保證仍與西方合作。
美英法三國參謀總長與艾帥在巴黎舉行會議。

十月十日
全省各界熱烈慶祝雙十節。
聯軍停戰談判首席代表卓伊自日返韓。

社論

剖視人和魔鬼的談判

人不必懼怕魔鬼，但卻不能和魔鬼爲伍　更不能妄想用談判的方式從和魔鬼的搏鬪中獲得和平或休戰。

自從本年六月廿三日馬立克在安全理事會放出「和平」的空氣後，全世界的新聞紙大天花費巨量的篇幅刊載韓戰和談的消息，或推論其可能的發展；而各地電臺的男女播音員更是晝夜播送談判的浪，他們往往弄到唇敝舌焦，還要力竭聲嘶地預告下次有關談判的節目。然而，從開城談到板門店，邊談邊打，時間已經過了一百多天，除了双方相互指摘破壞中立地區外，竟是毫無結果。所謂「停戰談判」也者，如墜入五里霧中，丈二和尚讓人摸不着頭腦。於是人們感到迷惘了：「和談有希望嗎？」「韓戰可以停止嗎？」諸如這一類疑問的聲音，從東南亞到美利堅，從紐約到倫敦，從東京到羅馬……，到處可以聽得到。假定這些迷惘的人們不是極端經驗論者的話，這也或者是一個適當的時機：這時機使我們對正在進行着的板門店談判作一番剖視的工作有其價值。

這裡我們要首先鄭重地提醒世人面對一件事實：進行了三個多月的開城—板門店談判，並不是人與人的談判，而是人與魔鬼的談判。這是我們進行瞭解開城—板門店談判必不可超越的起步　否則人們殆將繼續長時間地陷於迷惘之中而不能自解。

除開共產黨的活動以外，像「開城談判」這一類的滑稽劇在整個的人類歷史上是無法找到的。原因是這類事件已經不屬於人類正常發展的範圍，祇有魔鬼插足於人類社會的活動後　這類事件才能產生，而共產黨就是一個魔鬼。

我們說共產黨是魔鬼乃是就事論事，絕沒有絲毫故意詆毀的意思。人們都知道自從俄國的十月革命以後，凡是共產黨所統治下的地區裡都盛行着一種贖罪式的「坦白」之風，而不注意早在百年以前，馬克斯「先知」就曾現身說法，表演過一次坦白的好戲。在馬克斯起草的「共產黨宣言」中，他劈頭第一句話就毫無隱瞞地承認共產黨是一個魔鬼；他說：「一個魔鬼正在歐洲作祟—共產主義的魔鬼。」不過那時的魔鬼還祇是一個剛剛混世的幽靈，雖然它已經開始在歐洲作祟，但作祟的技術還不十分高明，可是時光經驗却供給了魔鬼以鍛鍊身手的別宮。迨這個魔鬼吞食了列寧，托洛斯基和斯達林等人的毛血後，到了五十年代，它已經是一個頗具法術的精靈了。

共產黨既然是一個魔鬼，因此它的一切行爲我們都可以從魔鬼的本性上加以推斷。這裡首先讓我們分析一下它發動開城談判的動機：

(一)用談判來和緩自身的危機。盡人皆知，在開城談判開始以前，由於聯合國空軍猛烈轟炸的結果，北韓的交通系統已陷於紊亂不堪的狀態，難能再負荷繁重的補給使命；若當時聯軍大舉進攻，則中韓共軍實難逃全部覆亡的命運，於是世界共產主義乃搬出了一套和談的工具，而暫時的危機乃告解除。

(二)世界共產主義發動開城談判的第二個動機，是加强它一貫推行的和平攻勢。共產黨這次的和平攻勢有兩個企圖：第一是和它所有的和平攻勢一樣，麻醉反極權國家，並爭取非共份子的同情；第二是針對各國人民的心理狀態，加以離間。

(三)魔鬼之所以爲魔鬼在其沒有人性，不講信義；因此魔鬼簽下的契約，永遠不值分文。到達某種時機，開城—板門店的談判也可能達成某種協議。但這種協議只能約束「人」的一方，魔鬼却可以任意製造藉口，隨時加以破壞，因此共產黨發動開城談判的第三個動機，乃在以僞裝協定，造成對自己有利的形勢，使民主國家墜入它預置的圈套。

(四)世界共產主義在韓戰和開城—板門店談判中還有一更陰險毒辣的心計，那便是製造一種如托洛斯基所說的「非戰非和」的局面，讓民主國家窮於應付。它這種策略的實施，是一方面表示出隨時發動攻擊的姿態或造成戰爭的威脅，讓民主國家花下巨量的金錢和注意力準備戰爭；而另一方面則發動和平或停戰的攻勢，把熱戰止於一定的限度，讓民主國家英雄無用武之地。比如開城—板門店的談判，一拖就是三四個月，既不能達成協議，又不徹底破裂；能拖則拖。若民主國家不翻然醒悟，最後必被拖到哭笑不得。

世界共產主義發動開城談判的動機既如上述，那麼，聯合國還要繼續鄭重其事地和它談判，那實在是愚不可及了。

信仰唯物論的魔鬼只承認力量(物質的和精神的)，此外宇宙間的一切對它都沒有約束的作用。因此和共產黨談判，正是白天見鬼，不祥之至。麥克阿瑟元帥深深了解這個道理，所以他主張及時給魔鬼以懲罰，然而他竟被罷黜了。那麼，美國政府既罷黜了麥克阿瑟，難道它就眞地不了解共產黨嗎？這又不然。罷黜麥帥是一回事，了不了解共產黨又是一回事。杜魯門和他的周圍又何嘗不知道共產黨是一個魔鬼呢？但杜魯門之外，美國還有一億五千萬老百姓，還有西歐和東南亞等國家。這些國家人民中的大多數不了解共產黨的性質一點，固然可怕，而人類惰性的凡潑力却更可怕。杜魯門正處在兩難之間，於是他選擇了先罷黜麥帥，而再徐圖解決剩下來的矛盾的路子。

經驗告訴我們對付魔鬼的基本原則，就是以魔鬼視之　以耶穌的寬厚聖明，其對於撒旦尚且嚴加拒斥，而在國際政治場合中，若以對人的態度對付魔鬼，則神話中浮士德的悲哀，恐將難免眞會出現於我們所居留的五十年代了。

時事述評

大家都是中華好兒女

臺灣肅清匪諜的工作，近兩年來做得很嚴密，其成績也彰彰在人耳目。我們在討論政府施政的得失時，從未忘掉這方面的若干功績。為着臺灣目前的安全，為着反共抗俄前途的順利，這種工作，是不能稍有鬆懈的。目前政府又再度地頒佈了匪諜自首和檢舉匪諜的辦法，正是在加強這種工作，並使其更健全。

政府一方面獎勵檢舉匪諜，一方面號召匪諜自首，這正是佈下天羅地網，同時又「網開一面」。政府在恩威並用，匪諜已臨到生死抉擇的關頭。迷途知返，從新做人，凡是已加入匪幫或其外圍組織的人，應該不失掉這個時機！

竊據中國大陸的所謂「中國」共產黨，雖冠以「中國」二字，事實上百分之百的是蘇俄極權統治的傀儡、走狗、或爪牙。中國大陸的政權，是蘇俄的政權；中國大陸的人民，是蘇俄國策的犧牲品。蘇俄的國策，不僅在滅人國家，征服世界，而且要進一步地毀滅人性，把整個人類變成獸群，讓克里姆林宮的主人，手執揮鞭，任情驅弄。所以，凡是有點民族思想，國家意識的人，莫不是反共抗俄的；凡是不否認自已還是「人」的人，也莫不是反共抗俄的。

人總是人。為甚麼會加入毀滅人性的共產黨呢？理由很簡單：共產黨有其動人聽聞的宣傳技倆來誘人，也有其組織內的淫威來脅人，同時還有些人對於現實不滿（家庭的或社會的），自發的或被逼的走上了自我毀滅的歧途。起初，他們並不知道共產黨是個叛國的組織，更不知共產黨是個毀滅人性的集團，到了後來雖然覺悟了。但由於對內對外的恐懼感，莫可如何，也只好硬幹下去。我們想，共產黨中，這類的人應該是大多數；而臺灣的匪諜中，想也有大多數是這一類的人。政府在肅清匪諜的措施中，一再頒佈自首辦法，正是為這一類人開一自新之路。

這次政府頒佈匪諜自首辦法，同時在報紙上揭舉了若干標語。其中有一條：「大家都是中華好兒女，改過自新並不難」（見本月七日中央日報）。我們對於這一條標語，特別覺得蘊涵着濃厚的人情味。這種人情味的感召，不僅對於那些有了悔悟之心的匪諜有其莫大的效力，即對於若干陷於謬妄自信的匪諜，也可動其心弦。「大家都是中華好兒女」，聽到這句話的人，對於說這句話的人，該是感覺到多麼親切啊！由此，我們可以想得到，政府有關當局在破獲匪諜組織，判處匪諜罪刑的當兒，是懷着一副「哀矜勿喜」的心情，而不是沾沾自喜的。

大家都是中華好兒女，誤入迷途的同胞們，回過頭來，我們大家在反共抗俄的使命下努力吧！

（萍）

英國外交的多事之秋

英伊石油公司和伊朗政府間的糾紛，已經拖了幾個月，而且談判越來越壞，哈里曼的調停宣告失敗，英國已將此案提到安理會去，快要走到攤牌的階段了。他方埃及方面的交涉，也一樣走到盡頭，據開羅八日路透社電，埃及首相納哈斯巴沙今夕正式宣佈，英埃之談判現已破裂，埃政府認為目前應即將一九三六年之英埃協定及一八九九年對蘇丹共同管理之協定，予以廢止云云。英國外交的處境真可謂多事之秋了。同時，現在又當大選期間，內閣要員一方要傾全力以應付選舉，同時又要應付棘手的外交，豈不忙煞？而且此次改選雖由於工黨在下院只有僅少的多數，以及貝凡一派之分離運動，但中東兩國外交之棘手，也怕是改選原因之一吧。邱吉爾曾以外交軟弱攻擊工黨內閣，且謂如伊朗與埃及之弱小竟敢欺侮英國，乃是政府在外交上無能之表現，則此兩國之外交問題，又與國內黨爭有關了。

英國素以擅長外交著稱，而對此兩個弱小國家竟不能發揮其外交手腕使之就範，豈工黨出身的閣員學養不足，沒有前輩的才能嗎？我們的答案是否定的。那麼其癥結在那裡？當大英帝國全盛時期，以某地為殖民地，或劃某地為勢力範圍，都由它任意安排，並未遇到强有力的抵抗。第一次世界大戰以後，國力削弱了，落後地區的民族主義擡頭了，又有國際的野心家加以煽動，英國乃改變策略，政治的束縛比較放鬆一點，以經濟的及軍事的共同利害為基礎，而締結條約以為法律的束縛，也維持了一時的安寧。現在時勢又已不同了。站在法律的立場上說，伊朗和埃及兩國的廢約行動都是不合法的，但是民族主義的熱情，使伊埃兩國的人民對條約的束縛不能忍耐，而現實主義的英國外交，依然想維持既得的權益，遂致為國際野心家所利用，糾紛日趨複雜，裂痕越發擴大，現在已到緊急關頭了。

工黨內閣對伊埃兩國不致用兵，數月來的事實已明白擺在世人目前了。難道保守黨上臺就會用兵嗎？邱吉爾的競選演說，仍以極力避免大戰為目標，可見英國人民真意之所在了。事關中東，地接蘇俄，在最近期間自沒有用兵的可能。但是利之所在，唯利是圖的英國人，不到最後關頭決不肯輕易讓步罷了。我們希望英國的政治家，對當前險惡的局面，要拿出最高的智慧來，提出一個明快的方案，使埃伊兩國得到相當的滿足，然後全世界民主國家的團結，乃能緊密，而不予敵人以可乘之隙，切勿拘泥現實，拖泥帶水，玩弄纖巧的手段，而為全局之累。這才是當前的急務。

（漸）

中共將亡於「宣傳」

——「以詐騙得中國，安能以詐騙治之？」——

成舍我

毛記政權最大的愚蠢

搞政治，無論個人或集團，爲要博取群衆擁護，摧毀敵方反抗，在策略運用上，很少能不挾帶若干成分的詐騙。所謂富於權謀的政治家，正就是政治棍騙的別名。不過，任何詐騙，只能收效於一時，「久假不歸」，從無不敗之理。儘管劉邦，李世民之流，他們之得天下，也用過不少詐術，然在天下旣得以後，爲長治久安計，也就無法不實踐過去諾言，解除苛政，與民休息。假使他們在打倒秦隋以後，還是那樣貪暴屠殺，則漢唐的運命，可能比秦隋更短，那能維持到幾百年？因此，正確的原則，也正和「以馬上得天下，不能以馬上治之」一樣，以「詐騙得天下，不能以詐騙治之」，今天的中國共產黨，却偏反其道而行，毛澤東劉少奇等巨魁，不特要以詐騙治中國，而且正悉心並力，加强詐騙的運用，想將毛記赤朝基礎，永遠建築在詐騙之上。這眞是毛澤東等最大的愚蠢。也就注定了毛記赤朝，最近期間必然崩潰的命運。

向蘇聯學習說謊

本來，詐騙在共產黨政治寶典上，是佔有極端崇高的地位。詐騙最普遍亦最有效的表現是說謊，而共產黨敎主列寧史太林等，正是大膽說謊的老祖宗。他們以報紙爲說謊最有力工具，列寧在創辦火花報時曾說：「我們需要一種報紙，把階級鬪爭和民衆風潮底火花，吹成大火」，史太林則更將共產黨整個生命寄託在報紙的說謊上。他說：「我們黨的整個歷史，都和報紙有非常密切的聯繫，沒有報紙，就無法宣傳鼓動，進行領導」。又說：「鼓動，隨時隨地，都是黨的重要工具之一」，列寧「把火花吹成大火」，這一敎條，廣泛適用於蘇聯的一切宣傳。直到最近，更變本加厲，那就是根本沒有火花的地方，都想經由蘇聯的惡口毒舌，吹成大火。美國共和黨領袖塔虎脫，曾指出：「蘇聯宣傳最主要技術之一，是儘量將牠所需要傳播的謊話，反覆陳說，百遍，千遍以至於無數遍，以麻痺許多人的神經，使他們忘記了這是謊話」。但去年十二月，讀者文摘載史丹萊赫 Stanley High 所作「馬立克先生，我們將記住你的謊話」一文，揭穿馬立克在聯合國一貫謊話，他却認爲正因馬立克說得太多，不特不能使人們忘記他在說謊，反而加强了自由國家反蘇决心。他說：「人們對馬立克謊話反應，是無限的憤怒」。他並引證紐約時報社評：「假使國會休息室，裝上一套電視播送機，則馬立克每在電視上多說謊一小時，就會讓美國重整軍備經費，被國會多追加十億元」。巴的摩爾太陽報更幽默的說：「馬立克在現代語言中，添造了一個新字，那就是「馬立克」變成了普通名詞，這個名詞的意義是說謊」。由此可見蘇聯說謊政策，已完全走上失敗途徑。葛羅米柯在對日和約大會上長篇演說之絲毫不能發生破壞阻撓的作用，也就因爲大家已充分認識了蘇聯詐騙，不再上當。毛澤東等眼看史太林這種以詐騙治蘇聯的辦法，對內對外，即將召致本身的覆滅，乃竟毫無警覺，反一味貫徹其孝子順孫作風，向蘇聯學習，且妄想青出於藍，在這三年來僭竊大陸期間，儘量發揮其以詐騙治中國的最高「國策」。蘇聯國力較厚，史太林詐騙三十餘年，今已敗象顯著，毛記赤朝，力量不及蘇聯十分之一，則蘇聯行之三十多年而將敗的詐騙，在中共行之三年以後，其醜態畢露，險象環生，自屬理有固然，勢所必至。如果中共於最近時日澈底崩潰，這是中共自食其詐騙政策之果，絲毫不會引起人們的驚異！

由說謊獲得勝利

中共以說謊取得政權，在極短期間，擊敗擁有絕對優勢由國民黨領導的中華民國政府。牠不特欺騙了中國人，美國人，而且也欺騙了整個世界。當牠和國民黨作戰時，幾乎全世界都受了牠宣傳迷惑，認爲牠不完全聽命蘇聯，牠只是土地改革者，牠已放棄了暴力政策，牠將盡力謀中國人民的福利。另一方面，則儘量製造誇大對方的貪汚腐化。一向受中共欺騙，同情中共的美國駐華大使司徒雷登，雖遲至一九四七年終，已若醉若醒逐漸認識了部份中共面目，在是年十一月二十四日致國務院報告中，指出：「在共產黨控制下，絕無思想自由與行動自由可言，共區內之所謂熱誠，大部份來自虛僞的訓練。『共產黨之奸細』，已佈滿於報館，學校，甚至政府機關，以從事於破壞之煽惑宣傳」，但他仍不放棄中共終可脫離蘇聯，及中共到底不失爲一種進步力量的幻想。南京淪陷，徘徊留戀，直到受中共暴力壓迫，始悽然束裝歸國。現今美國大多數人士，固然絕不會再受中共欺騙，然誰能保證上述幻想已確在一二顯要心坎中，斬草除根，徹底絕滅？這可見中共過去的說謊工作，是如何獲得重大成功——因爲中共不僅在國內動員了一切說謊力量，牠更特別注意於國際間的說謊。最近美國太平洋學會數名主要袒共人物的受審，充分暴露了中共以往一切宣傳陰謀。而郭沫若所作「弔戰士史末德萊的生平」一文，尤不啻自畫供狀。他這樣頌揚史末德萊：「她聽到有利於中共的中國材料立刻就寫，寫了就到處送，稍有一個空子就要鑽進去，實在沒有辦法了，就將這些材料的抄本送給許多人，要他們在文章中透露出去，或者在辯論會上用進去」。像如此無孔不入有縫即鑽的美好共謀，遍布各民主國家，對於中共欺騙世界的說謊政策，當然會要發揮驚人的功效！

儘量擴大說謊的力量

中共震於說謊政策，有如此意想不到的奇蹟，遂妄認逆取可以逆守，詐騙永無失敗，在侵據大陸以後，就變本加厲，更强調「擴大宣傳」的重要。除國際部份，追隨蘇聯，如響應和平簽名，及參加世界青年大會外，在國內則已將宣傳一項，列作中共最急切的中心工作。各種報紙，固早成為中共獨佔事業，絕無絲毫新聞自由可言。今年元旦，中共更頒行「全國建立宣傳網計劃」。抱甲白表示，要「廣大的，澈底的，直接的控制一切對人民大衆的宣傳」。計劃指出「共產黨員的天職，是要隨時隨地向人民群衆進行宣傳，以革命精神，不疲倦地去教育人民群衆。為達到此目的，就必須有系統的建立對人民群衆經常性的宣傳網」。全部計劃，是在黨的每一支部（按即共黨基層組織等於國民黨之區分部）設立宣傳員。黨的領導機關設立報告員。宣傳員工作，「應滲透到一切階層，政府機關，學校，工廠，農村及公司行號」。工作方法，「包括讀報，收聽和傳佈人民廣播，書寫和繪製宣傳性文字圖畫，演講，傳遞消息，編輯牆報等」。報告員則是「由黨的各級負責人，為使人民群衆充分了解黨在一定時期的政治主張，推定專任，經常向人民群衆作有系統報告。報告員是高級宣傳員，並且應當是宣傳員的領導者」。該計劃又規定，當重大問題發生時，「黨應聯合各民主黨派　人民團體協同動作，在特定目標下形成最廣大的宣傳隊伍」。此外，中共又頒行一種「建立廣播收音網辦法」，規定「全國各縣市，各武裝部隊，均應設置收音員，將所收內容以油印報，大字報，黑版報，及屋頂廣告等方式，分別發佈。全國各機關，團體，工廠，學校也應酌設收音員，記錄並張貼內容要點」。宣傳網與廣播網所發表的資料，當然一字一句，都必須經過中共主管宣傳人員的精心審核，這對於「肅清反動毒素」，不僅要「一網打盡」，實可算「双管齊下」。

據中共發表，宣傳網和播音網，迄今為止，都有迅速普遍的發展。東北淪陷最早，中共宣傳工作，亦號稱成績最佳，在宣傳網計劃公佈前，去年年底，即有宣傳工作員十一萬七千二百八十三人，公布以後，宣傳員人數更大量增加。華東方面，今年三月，宣傳員除福建外，業有十一萬六千餘人，依此類推，華北、華東、東北、中南、西北各大行政區，每區以二十萬人計，到今年年底，整個大陸的中共宣傳員，將在一百萬人以上。中共又巧立名目，有所謂「讀報組」，「文化站」，「通信站」，都負有宣傳任務，參加此三種組織之人數，估計也不會少過一百萬。報告員都已由各地各級黨部推定。「集合民主黨派，作特種宣傳」的辦法，也經不斷舉行。至廣播網的成就，則今年四月二十三日，北平人民日報載稱：「全國已設有二千一百五十五個收音站，擁有一萬一千一百九十四名收音員，各大城市另有收聽小組一萬二千八百五十九個，每遇公審反革命案犯時，聽衆常佔全市人口三分之一至二分之一」。中共自行誇揚；許多人民，因讀了中共報紙，聽了宣傳員報告員講話，或中共廣播，關於抗美援朝的，「就紛紛志願參軍，請纓殺敵，尤其增强了仇美，鄙美，蔑美的情緒」，關於鎮壓反革命的，就「大受感動，兒子去控訴反革命父親，老婆去告發反革命丈夫」；關於增加生產的，就「不眠不休，以前認為煤是一鍬一鍬挖出來，不是宣傳出來的，經過宣傳以後，產量突增，却不能不驚喜大喊，眞把煤宣傳出來了」。像這樣神話化的胡吹瞎捧，簡直非一般心理正常者所能想像。中共以說謊為宣傳，宣傳愈努力謊話愈離奇。牠所標榜的宣傳奇蹟，也就荒謬怪誕不可思議。我們一方面佩服中共有此決心，不惜工本，發動大規模人力物力從事說謊，一方面更驚歎牠們竟那樣無恥，漫天撒謊，面不改色。但按之實際，中共「以詐騙治中國」，他們從上述這偉大的說謊工作中，究竟已否與「以詐騙得中國」獲有同等功效？我們檢討結果，這答案竟完全是否定的。

說謊遭到致命的失敗

中共「以詐騙得中國」，這算是成功了，截至此時為止，他們「以詐騙治中國」却已遭到致命的失敗。

報紙强派勸銷，依然數字下跌。

第一；從中共報紙發行數字低落，及推銷困難，可以看出中共的謊語宣傳，已完全被鐵幕內人民戳穿。去年六月十七日，郭沫若在「人民政協」報告全國日報有一百六十五種共日銷二百六十餘萬份。今年二月廿八日，中共召開報刊發行工作會議，郵電部報告，自中共將報刊發行工作，交由郵局主辦，現郵局代理發行之日報共一百四十種，日銷二百廿萬份。中共或許感到這數字比去年減低四十餘萬，於宣傳不利，乃由會議決定，今年底一定要達到發行總數三百四十萬。其實，上述兩次報告，其可靠程度，本就很成問題，因數字可能更少，年底能否增加，尤屬毫無把握。即如中共所定，年底確達到三百四十萬，但大陸人口四億五千萬，中共既以報紙為教育工具，人人必讀，尤其像最高黨報如北平人民日報，上海解放日報之類，特別代中共發言，對於人民應如布帛菽水　同樣重要，不可片刻離棄。又中共本身有武裝部隊五百萬，黨員及青年團員若干萬，工作上必須讀報之宣傳員，報告員，及參加讀報組，文化站通信站等又若干萬，無論如何這三百四十萬的發行總數字，只有怪其太低，乃中共竟懸作今年最高標準，實不啻證明謊言失敗，人人甚至中共本身黨員團員，也不信任中共報紙，儘量設法逃避强派勒銷，以致造成銷數下跌的現象。

中共對於報紙的發行，一向採取抗戰時期，日本人及漢奸在淪陷區辦法，强派勒銷，人民閱報，等於捐納。但人民總是和拚命逃稅一樣，逃避閱報。今年七月，漢口中南郵政電信管理局發表「開展發行工作」一文，綜述該局一年中努力推銷中共報章的各種經歷。首稱，「郵局方面把發行報紙當作一項重要的政治任務。更提出『多發行一份報紙，就是多消滅一個敵人』的口號」。這口號何等嚴重！由此推敲，則凡拒絕閱看一份中共報紙的，豈不將等於承認自己爲一個中共敵人？此後該局即列舉忍飢耐寒，舌敝唇焦種種推銷方法。據稱：「湖南祁陽郵局郵務員黃陽明，每天冒着風雪，挾着傘，穿着草鞋，走遍了祁陽每一個農村，向農民推銷報紙」。但該局黯然承認：「此類辦法收效仍然不大，因農民不願閱報，結果，只好找一般區鄉級共產黨幹部，和政府機關首要，設法派銷。自得到他們大力帮助，發行工作才有重大進展」。「湖北黃陂張店區區長，即在幹部會議上發動，指定每一農會，如何派銷」。「各地更組織發行委員會，發行站，發行工作隊，及讀報組。武漢市即在發行委員會領導下，成立了五百個發行站」。「又動員各地學校選派熱心爲群衆服務的學生擔任發行員。河南滎陽縣史利用各小學學生回家吃飯時間，將報紙向各村派送」。「郵局更將推銷標語，製成郵戳，印在每一封經過郵局信件的信封上，藉喚起群衆注意」。（按上海郵局，對推銷共黨報刊，也特別賣力。據九月十七日上海新聞日報載；郵局方面，曾提出「多發展一份報紙多抽美帝一根筋」的口號，由郵工分別組成小隊挨戶訪問 發展定戶。）如上所述，中南郵局這樣吃苦耐勞，努力推銷，應該得到中共有關方面極度嘉許。不料漢口長江日報一面刊登郵局報告，一面却發表批評，大肆譴責，謂：「郵局承辦發行，目前主要缺點和問題，是若干郵局職工思想仍欠明確，各地組織之發行委員會，大部流於形式，成績很壞」。該報尤其認爲痛心的，是「中南區三個重要報紙，長江日報，新青年報，工人日報，現有發行數字，都比中共預定標準，少到百分之三十以上」。而北平人民日報社論，對全國郵務工作人員，指斥尤嚴。人民日報說：「甚至一部份郵政工作人員，錯誤地看待發行報刊工作，認爲是揀了一根瘦骨頭，認爲是賠錢的業務，因而對報刊發行工作採取敷衍了事的態度，對於發行部門漠不關心，實際困難不予解決，發行效果也不加以檢查。」中共這兩大黨報對郵局如此痛擊，正不啻自行招供，人民不歡迎他們的說謊，因之，無論郵局如何努力，共幹如何强迫，他們的銷路仍是低落得可憐。除非中共能進一步引申「多發行一份報紙就是多銷滅一個敵人」的口號，更佈告全國，凡不閱中共報紙的，即實行以反革命敵人論罪，則長江日報，人民日報之類的發行數，恐怕即將是永遠無法突飛猛進了。

內容只是說謊，編排完全倒退。

第二；中共報紙之不受人民歡迎，另一原因，即所有報紙，雖名目儘有不同，內容均千篇一律。自首至尾，百分之百，都是說教式長篇大文，或公報式法令規章。蘇聯及附庸國報紙，通篇總塡滿了恭頌共魁的字句，毛記赤朝，自也不能例外。今年一月十五日，紐約新聞週刊曾統計某日眞理報第一版，共提過史太林名字，一百零一次。九月一日香港出版之今日美國，也統計過人民日報，從七月二十日到八月二日，兩星期中，一共提過毛澤東名字四百三十六次，人民日報之恭頌「領袖」，雖遠不及眞理報努力，但共黨報紙，一定要將「領袖」大名，硬塡入人民腦中，像念「救主耶蘇」，和「南無阿彌陀佛」一樣，則屬殊途同歸，原則無二。因此，任何一份中共報紙，都卑汚諂佞，無法卒讀。嚴格說來，中共統治下的報紙，已完全失去客觀報道，公正批評的一般原則，牠們只是一張一張的傳單，廣告，絕不能稱作報紙。中國的報紙經過長期演進，好容易由替皇帝宣達政令的邸抄朝報，進步到人民的輿論 而現在中共，却又整個倒退，將人民輿論，回復爲邸抄朝報，這眞是中國報紙發達史上的一最黑暗時期！且不僅從精神上批評，有如此荒漠落後之感，即就通常的編輯技術來說，今天中共若干主要報紙，許多形式，至少已退向四十年前古老的申報新聞報看齊。現代報紙，爲避免紙張浪費，節省閱報時間，引起讀者美感，

『自由中國的宗旨』

第一、我們要向全國國民宣傳自由與民主的真實價值，並且要督促政府（各級的政府），切實改革政治經濟，努力建立自由民主的社會。

第二、我們要支持並督促政府用種種力量抵抗共產黨鐵幕之下剝奪一切自由的極權政治，不讓他擴張他的勢力範圍。

第三、我們要盡我們的努力，援助淪陷區域的同胞，幫助他們早日恢復自由。

第四、我們的最後目標是要使整個中華民國成為自由的中國。

一般趨勢，總字型縮小，選材求精，文字生動，排版活躍，中共報紙却幾乎都與此趨勢相反。以中共最高黨報北平人民日報爲例。就字型論，文字同爲直行的日本報紙，早已採用七號，或八號字，大陸在中共侵入前，我國多數報紙，由新五號進步到新六號，人民日報，則從新六號又改回新五號。至報紙內容，因限於全面宣傳性，除「政府」法規，共酋演說外，幾無其他可讀之件，而此種法規演說，又往往長達數萬言，編者旣不另作提要，也不分段標題。一片烏黑，塡滿爲止。因一切資料根本是奉命刋登，不容許選擇，自然更談不到精要。又文法不通，別字連篇，或一句長至數百字，在人民日報，已視爲毫不足奇。「整版」方式，尤呆笨不堪入目。人民日報四大版，每版七長欄，全部長行，絕少長短交錯的拼排。題目冗長，常多至百餘字，如何美觀動人，從不講求。人民日報是中共典型報紙，擧一反三，則中共報紙之不受人民歡迎，除不甘心情願聽從中共欺騙外，報紙內容的陳腔濫調，千篇一律，及文字蕪雜，排版拙劣，也是最大的因素。

中共報紙編輯技術之落後，致影響到宣傳效能，中共宣傳主管機關，似乎也已逐漸覺察。僞新聞署長胡喬木於今年三月，曾一再强調寫短文的重要。六月間，中共發出指示，斥責重慶西南工人報，瀋陽勞動日報，中南工人日報，「滿紙長篇大論，文字生硬冗長，聽不淸，看不懂，尤其四月十七日中南工人日報『迎接五一』一文第一句竟長達一百三十餘字，同日上海勞動報一個標題長三十七字，爲什麼不可以縮得簡明一點？」但由於中共之惰性已深，積重難返，特別以說教式長文起家的如劉少奇，艾思奇之徒，他們弄慣了王大娘的裹脚布又臭又長那一套，要縮短也縮不來。報紙編輯，先天的旣沒有技術修養，樂得消閑自在，不求精進，每版以塡滿了事。所以儘管少數中共宣傳官看到此點，而中共報紙之枯燥呆板，則依然沒有絲毫的改變。

宣傳全無知識，讀報出自强迫。

第三；中共雖然擁有數量極巨的宣傳員，以及與宣傳有關的讀報組，文化站，宣傳站之類，參加者數約百萬，但這些宣傳員，最大多數都水準太差，知識不足。由這些人去負擔宣傳任務，比他們知識高的，固然付之一笑，不會被騙，知識低的則因他們不了解群衆心理，宣傳技術，結果只狂喊亂叫，背誦了一大套中共教條，對於被宣傳者，也不易發生任何效用。中共極引以自豪的，是東北宣傳網和宣傳員成績最好，但若干主持東北宣傳的共幹，他們常在誇張克服困難的報告中，無意流露出極多宣傳員不能達成任務的實情。如今年五月，共幹崔英所發表「東北怎樣建立宣傳傳授站」一文，曾說：「許多宣傳員，坦白表示，我是願意當宣傳員的，但肚子太空，沒有什麼可以宣傳」。因此，中共在東北一共建立了九百三十五處宣傳傳授站。不過崔英又說：「黑龍江泰來縣第七區宣傳傳授站，向宣傳員傳授了八項要點，宣傳員却一點也沒有記住，他們承認，上邊講，下邊睡，揉揉眼睛，還是什麼都不懂」。這兩段話，眞活畫出中共宣傳員愚昧，兒戲，及向重視宣傳的上級，表現一種近乎開玩笑的神情。又中共黑龍江省委宣傳部報告：「訥河縣七個縣委討論通過該縣宣傳網工作計劃時，竟有四個縣委未看過這一計劃，結果行不通」。「一部份宣傳員，成分不够純潔，有的還是空掛虛名。」所謂成績最好的東北尙且如此。再看其他地區。華東區宣傳局負責人舒同三月廿五日在華東「建立宣傳網典型工作會議」宣稱：「我們宣傳隊伍，沒有經常的組織和領導，以致反動份子的荒謬宣傳，反能暫時的佔領市場」。又蘇北各地，據中共負責人報告：「宣傳員人選極爲困難，南通城區一女宣傳員，後來發現，竟是一個反動軍人的小老婆。又大生紗廠選擧宣傳員時，積極份子不願出頭，怕躭誤生產，於是被選出來的，多是一些生活散漫，東跑西逛的落後份子。東臺十二名宣傳員，都年在四五十歲以上，思想腐化，對新事務的認識力很差，有名無實不起作用。海安選定十二個宣傳員，因事先本人未同意，事後都表示消極」。中共鑒於蘇北宣傳員之如此難於得人，乃竟倡議「宣傳員的選拔，以後不必以敎育程度爲標準，只要思想正確，口齒流利，即一字不識，也無不可」。從上面這許多例證，實充分暴露中共所誇耀的宣傳隊伍，素質乃何等低劣！尤其每一被選派爲宣傳員的人，多數不視作一種光榮，如不能准其辭職，即儘量敷衍了事。以這種本身情緒顯然低落的宣傳員，如何又可把老百姓情緒激發高漲？中共說謊政策之終必失敗，這當然是毫無疑問了！

至於中共自誇神奇，遍佈全國的讀報組，揭穿內幕，尤其可笑。該項讀報組，城鎭鄉村，工廠學校，隨地組織。中共常洋洋得意，謂讀報組參加人數之多而踴躍，實爲群衆忠誠擁護中共極好證據。但我們從最近共幹自相醜詆的「反對讀報組强迫命令的作風」一文，則所稱「群衆擁護」云云，無寧「滑天下之大稽」，不僅欺人，亦以自欺。原文載九月十五日長江日報，揭發河南固始縣共幹所辦讀報組有云：「固始縣城關區，建立讀報組四十二個，有讀報員一百七十六人，(作者按讀報員亦即宣傳員之一種)每天參加讀報的在三千人以上，但這些人都是强迫拉來。幹部規定，每戶要出一個人參加讀報組，一次不到罰挑泥、兩次不到罰捐燈油，三次不到送勞動隊改造。聽報的人不固定，由每戶自由選派，結果，大人都躲避不來，由小孩出面充數。讀報前，例有女同志唱歌唱戲，於是小孩只要求多唱，往往時間拖長，就忘記了讀報」。又揭發武昌西山坡讀報組實況有云：「西山坡讀報組人數，一天比一天減少，從四十多人只勝下十幾人，幹部不硏究情形，只硬性規定，凡業已選定參加讀報組的，每次必須點名，結果，大家一點完名就溜走了。最近，幹部只好每次攔在門口，不許群衆早退。但群衆從此，更感覺讀報是一個苦痛的大負擔」。由共幹自行暴露的這兩項事實看來，「群衆擁護中共的證據」可靠與否，實無庸我們再贅一詞了！

任你天花亂墜，大家總是不信。

第四；最後，讓我們來看中共的詐騙宣傳，在老百姓方面，實際究起了何等反應？自中共參加韓戰，這一年以上期間，中共所集中全力以從事宣傳的一方面要「建立仇視，鄙視，蔑視美國帝國主義及積極抗美援朝的思想」一方面則「動員人民，大張旗鼓，擁護政府鎮壓反革命」。關於前者，共幹富振聲在所寫「東北區建立宣傳網的經驗」一文，最可推見一切。他列舉中共在東北發佈的宣傳指示，目的在使人民養成下列若干概念：如「美國鬼子比日本鬼子更壞」，「美國鬼子想走日本鬼子的老路，拿朝鮮當跳板侵略中國」，「美國鬼子來了，咱們的好日子，就過不成」，「帮助朝鮮是應該的，就像帮助鄰居救火一樣」，「打仗要靠人，不靠武器，咱們人多，美國飛機多不能佔地盤，軍艦多不能上岸　還有蘇聯老大哥帮助，保險咱們打勝仗」等。不過富振聲却承認東北老百姓，對這種宣傳多普遍表示懷疑。「鞍山礦產工人，因朝鮮形勢緊張，有的竟怕飛機來炸，弄得沒心思做工。黑龍江璧東九區太平山村宣傳組長許成林，宣傳抗美援朝，老百姓說，人家在朝鮮打仗，和我們有甚麼關係！許講美帝國主義是紙老虎，我們一定能打垮他的侵略，可是老百姓聽完，就一聲不響散會了。吉林蛟河南崗村，有些人於聽完宣傳，表示同意抗美，不同意援朝。遼西新民營防村女宣傳員崔雅君，大喊美國紙老虎，有一位老頭問，紙老虎會不會變眞老虎？朝鮮軍隊（北韓）爲什麼老往後退」，富又提到：「每當朝鮮戰爭緊張時，群衆發生恐慌，抱着存貨不存錢的態度搶買貨物，更有人大吃大喝，願將錢化光爲止。遼西新民劉家村貧農劉成才，看見學生扭秧歌，就不耐煩的說，你們還扭秧歌，也不看看現在到什麼時候啦」！綜觀以上這一連串的實例，只是說明了一點，「人民的眼睛確是雪亮的」，任何詐騙宣傳，都無法將整個事實完全掩沒。雖然富振聲結論，謂「每一思想沒有搞通的疑慮，終於被宣傳員最後說服」。大家當然都可以想到，如果富振聲沒有這樣結論，則東北宣傳網的一切負責人員，就可能全部受到中共嚴重處罰，而富振聲這篇報告，也可能被指爲反革命宣傳。不過所謂說服，或即對那些思想沒搞通的人們，判處死刑，罰充奴工的別名也未可知。這是就抗美援朝宣傳在老百姓方面的反應而說。至於後者「動員人民擁護政府鎮壓反革命」，中共認係配合抗美援朝一件最重大工作。據中共指示，「鎮壓反革命宣傳，是要向群衆揭露反革命匪徒的滔天罪行，提高群衆警惕性，要群衆協助政府將匪徒一網打盡，俾抗美援朝，不致爲反革命匪徒所破壞」。各地中共報紙，接受這一指示，除新聞部份，儘量鼓動人民檢擧「匪特」，及誇大公審熱烈情形外，評論部份，屬於此一類的，一月份佔各報全部評論數量百分之七十三，二月份佔百分之九十五以上。連篇累幅，都是鼓吹殺人，再加上繼續不斷的殺人名單，眞使每一持讀中共報紙的人，都感到滿紙血腥，撲鼻欲嘔。這對於人民群衆，是否已發生中共所期望的成效呢？從各方情形觀察，都證明適得其反。第一，由於中共誅殺範圍過於廣泛，即向和所謂「反革命」毫無牽連的，也人人自危，報紙再逐日擴大這種殺人的恐怖，於是一方面造成城市人心不安，一方面使許多本來不敢挺而走險的，也不得不痛下反共決心，奔向附近山區，參加遊擊，增加了遊擊力量，這情形在湖南，貴州，廣西各省最爲顯著。第二，因有許多廉潔方正，向爲群衆敬仰的人被殺，報紙爲强調這些人該殺，不能不造出無數憑空誣衊的罪狀，遂使若干眞正該殺的人，其罪狀反爲群衆所懷疑。中共宣傳，在群衆心目中，乃認爲全屬詐騙，毫不可靠。第三，中共這樣公開鼓吹殺人，確實數目，雖從未公開宣布，但要爲歷史上一次最大的屠戮。人民因報紙天天强調鎮壓反革命，而反革命份子愈多，這引起群衆一種推測，終於形成了信念：中共是要垮臺了，否則爲什麼有這許多人不怕死，比黃花崗烈士，前仆後繼還多到幾千百倍呢？中共鎮壓反革命宣傳收穫如此，和抗美援朝一樣，都只是證明了中共詐騙宣傳的破產！

中共鄙棄激爲憤怒

我在本文開始時，即鄭重指出，任何詐騙，只能收效於一時「久假不歸」，從無不敗之理。中共以詐騙得中國，竟仍欲以詐騙治之，三年之間，儘量擴大其詐騙的運用，今所有謊言，無一不澈底戳穿，如上所述，實已與蘇聯之詐騙政策，同趨崩潰。蘇聯國力較厚，故能歷三十餘年而始敗象顯露，中共則根基淺薄，僅僅三年，即已飄搖杌隉，不可終日。中共對外任何烟幕，縱尙能搖惑一二短視政治家之視聽，大勢所趨，決無復施展伎倆，操縱播弄的可能。對國內人民，雖屠刀在握，指鹿爲馬，人民亦不得不仍以馬應之，但四億五千萬人民，腐心切齒，每人均透澈了解，「毛澤東，共產黨，你們這些名字，都和美國人罵馬立克一樣，只是說謊的代稱」，換一句話說，正即騙子的別名。「時日曷喪，予及汝偕亡」，一個政權的主持者，到了擧國發現他們是一群騙子，由鄙棄激爲憤怒，無論如何，這政權的毁滅一定是計日可待的。

中共的欺騙數不完

中共在進行與國民黨政權作戰時，拚命以優厚條件，美滿諾言，號召無恥大員，失意政客，及生活困難，只求保持飯碗之小公務員「起義靠攏」，曾幾何時，對此種起義靠攏份子，重則誅殺，輕亦放逐。即地位隆崇，名義上任「副主席」如李濟琛之類，亦等於待決之囚，餔啜以外，毫無所事。又中共僞裝民主，爲爭取國內外新聞界同情，曾一貫以言論自由的金招牌高壓國民黨，對國民黨檢查新聞大駡，扣禁一二祖共報紙大駡，修訂出版法大駡，拘捕一二親共記者，則更斥爲大逆不道。且再三宣稱，中共一旦執政 對全國報紙，必一反國民黨所爲，給予毫無限制之言論自由。及中共僭據大陸，不特國民黨報紙全被籍沒，民營報紙亦幾於無一倖免。李宗仁派議和代表赴平，中共明白宣布，不許新聞記者隨行採訪，降低記者身份，視記者如寇仇。其後英美駐華記者，全被驅逐，新聞從業人員，紛遭屠戮。全世界新聞界，至此始憬然於中共過去之所謂爭取言論自由，不過爲打擊國民黨一種手段，中共本身，其字典上 固根本無 言論自由」一字。中共執政之初，以禁絕貪污，不騎在人民頭上，昭告全國，乃轉瞬之間，魚肉人民，貪污遍地。中共在各地勸誘黨團員及舊公務員登記，信誓旦旦，凡如限登記的，決保障其安居無事，乃登記甫畢，上海北平各大城市，即按照登記名册，逐一捕殺。執政第一年，以鐵幕封鎖未嚴，調查工作未了，恐地主挾資遠逸，故意宣示，對地主富農決不苛待，土改辦法 必十分溫和合理，及佈置完備，即全國大擧鬪爭淸算，五畝以上之自耕農，亦均以地主待遇，虐殺之慘，史未前有。又科征捐派，名目百出，獻機獻砲，搜括無窮，此批甫了，另批又起。凡此種種，都是中共執政以來，一部份欺騙事件的眞憑實據。而這些事件，又只是中共「以詐騙治中國」政績中千百萬件中之極少數，如果逐一列擧，即眞要改中共歌頌自己那句話，「共產黨的恩情說不完」，爲「共產黨的欺騙數不完」了。

宣傳是共黨「三寶」之一

中共每一謊言的發布，都自認爲宜於擴大宣傳的最好資料。宣傳 Propaganda 一字，導源於羅馬教皇格雷哥利十三世，原意只在將羅馬教義，灌輸於虔誠的教徒。但格雷哥利十三世，以消滅法國新教徒，造成一五七二年八月廿四日巴沙洛莫 Bartholomew 大屠殺紀念著稱，所以我們今天提到「宣傳」起原，不由便連帶引起一種對迫害異教思想的憤怒。「宣傳」這字，多少在先天方面，挾有不祥成分。不過無論如何，並沒有代表說謊。到了列寧，史太林，希特勒，墨沙里尼這一般魔王下凡，「宣傳」才突被他們大量運用，與「特務」「集中營」鼎足並立，成爲集權國家的三寶，於是由「灌輸教義」引申爲「不惜以種種方法，轉變對方意志，俾合於宣傳者目的」。因此誇大與說謊，遂亦摻雜於宣傳方法之中。中共以說謊爲宣傳，實得自乃祖乃宗，並非中共的創造，惟此種罪孽，本來的宣傳意義，不負其責。照集權國家作風，宣傳成了他們的鴉片，牠確能獲得一時興奮，然在上癮以後永久吸用，則必弄到形銷骨立，精盡身亡爲止。中共以宣傳與，終必以宣傳亡，正就是這個道理。

以眞理打倒「詐騙」

民主國家對宣傳的含義，只以提出事實，闡揚眞理聽對方選擇爲止，反對「誇大」，更反對 欺騙」。爲了抵抗蘇聯及其歐岀附庸政權的說謊，美國已迭撥巨款，推行「眞理運動」及「心理作戰」。羅素曾說：「我們應在宣傳和思想方面，去作大大的努力，一方說明西方立場，一方指出莫斯科勝利對於人類的危機，在這方面花的錢，比實際戰爭中花的錢，效能要大百倍以上」。羅素這看法，是十分正確的。但我們必須特別指出，民主國家的重視宣傳，應與集權國家的重視宣傳，截然兩途，不容淆混。唯有發揚眞理，才可擊敗謊言。我們尤願意於此建議，民主國家爲澄淸眞理與謊言的界限，最好今後盡其可能，以眞理運動，來代替「宣傳」一詞的使用。愛好民主自由，堅決反共抗俄的中國人士 爲迅速擊潰即將崩毁之中共政權起見，中國之「眞理運動」，我們每一中國人，尤應及時奮起，盡其最大最善的努力！（中華民國四十年九月二十七日香港）

徵稿簡則

一、本刊歡迎：

(1) 凡能給人以早日恢復自由中國的希望，和鼓勵人以反共勇氣的文章。
(2) 介紹鐵幕後各國和中國鐵幕區極權專制的殘酷事實的通訊和特寫。
(3) 介紹世界各國反共的言論、書籍與事實的文字。
(4) 研究打擊極權主義有效對策的文章。
(5) 提出擊敗共黨後，建立政治民主、經濟平等的理想社會輪廓的文章。
(6) 其他反極權的論文、劇本、小說、木刻、照片等。

二、翻譯稿件務請附寄原文並註明其出處。
三、投稿字數，每篇請勿超過四千字。
四、賜稿務望用稿紙繕寫清楚，並加標點。
五、凡附足郵票的稿件，不刊載即退回。
六、稿件發表後，每千字致稿酬新臺幣十五元至卅元。
七、來稿本刊有刪改權，若不願受此限制，請先說明。
八、惠稿一經登載，版權便爲本刊所有，非經同意不得轉載。
九、來稿請寄臺北市金山街一巷二號本社編輯部。

從一個國家來看「心，物，與非心非物」

徐復觀

有人說不是唯心便是唯物。有人說心物不二。也有人說心物以外，還有非心非物的東西。這些哲學上的爭論，我不敢輕易置喙。但若假借這些概念來概括一個國家的活動方向，尤其是一個國家的社會上層份子的生活態度，則我到願意接受心物不二，乃至心物以外，另有非心非物的說法。今試舉例以明之。

許多人都說美國是物質文明發達，而精神文明比較淺薄的國家。換言之，美國最大的成就，是物而不是心。或者可以說美國是物的國家而不是心的國家。我沒有到過美國，對美國更沒有研究。但日本的占領，是以美國爲主體的。美國在遠東日益增强的軍事力量，固然是物的結晶；在日本的P. X.和O. S. S.裡陳列的新奇用品，這更是物的直接炫耀。日本人在敗戰後的六年間，技術前進了十年，但據日本人自己說，他比美國還要落後三十年。所以麥帥說日本只算十二歲的孩子。技術當然是美國的物的基礎。而生產的驚人數字，更是美國的物的標誌。不過我在日本所看到的美國人，沒有戰勝國的驕矜，沒有富侈者的傲慢，對人總是天眞親切，很少有暴戾兇狠的情形。日本新聞上印出，沒有房子住的一家流浪人的照片，日本有錢的人無動于中，但却有幾個不約而同的美軍軍士，搶着去慰問救濟，願分自己的房子去爲那一家流浪人安頓。我向盟總管新聞記者的機關辦出境手續，要塡一張表，並要到外交組去轉一個彎。主辦的美國朋友，一面用打字機代我塡表，一面說「外交組我代你去辦，下午兩點半你可以來拿。」下午按時前往，主辦人笑嬉嬉的拿着簽證好了的文件交給我，拍拍背膀，祝我一路順風。一切事情的進行，都是迅速輕鬆，愷切，富有和平樂易的人情味。我不高談什麼美國的清教精神，乃至德國觀念論對美國思想的影響，只從美國人一幅良好的生活態度看，你能說這不是心的流露，或者是人性的流露嗎？就從外交的觀點來說，共產黨徒不斷罵她從金元的帝國主義，發展到軍事的帝國主義．也就是說她是物的帝國主義。眞的美國當前是具有這種資格。但平心而論，尤其是站在中國的立場去看，則美國的外交，儘管有曲折，儘管有錯誤，但我們不能不承認他外交政策中的理想性，原則性。這不難和他的前輩的英國作一對比。威爾遜的民族自決，羅斯福的四大自由，杜魯門的第四點計劃，難道說這不是作爲一個國家對于人類的心的顯露嗎？爲什麼正須要精神鼓勵的現實世界，不先從這些地方去肯定人家，助成人家；而一定要和共產黨一樣　把自己以外的，都說成漆黑一團，使民主反共的世界爲之喪氣呢？我記得在重慶的時候，有一位英國話講得很好，自命爲美國通的一位先生，在某次重要會議上發表高論說：「美國口口聲聲的說要我們民主，那是一種藉口，不足置信的。美國只認得力量。只要我們有力量，還談什麼民主不民主？」我聽了此番高論之後，才感到我們走入國際社會所遭遇的困難，也或許一部份是來自我們的唯物主義。而實則今日的美國，可以說是物後有心，心物不二。其心理上唯物的程度，恐怕遠不及我們。而其獨特的唯用論Pragmatism，或許就是心物的結合點。

其次，我們不妨看看英國。大英帝國，經過第一次大戰，已經風雨飄搖，經過第二次大戰，打掉了海外的大量投資，打掉了印度和緬甸，打動了整個的中東近東；連英倫三島，也是殘破和貧困，不靠美國的大量救濟，便幾乎生存不下去；可以說大英帝國的物的基礎已經失墜了。但戰後的英國，第一所表現的是在自由下的團結精神。工黨國有政策的逐步實現，這是一個大的社會變改；但對于這一點，只有議會的爭論，而並無社會的糾紛。在對外的觀點上，遇着她所自認爲生死關頭的時候，從左到右，從哲學家到商人，他們的觀點，都不期然而然的歸于一致，不期然而然的爲同一觀點奔走呼號。這並看不出後面有什麼黨團活動。第二所表現的是刻苦而正義的生活精神。仗打完了，全國上下，依然是過着戰時的配給生活，其意義是包含物的不足與對物分配的公平。增加輸出，是英國戰後經濟上惟一的出路，爲完成此一任務，在英倫三島，買不出英國自製的上等商品，看不出英國最講究的陳設與舖排。他們都不約而同的過着質樸的次等的生活，把新式的，華麗的，品質最優的生活用品，都輸出去爭美元去了。這一切的表現，是說明英國人爭生存的基本武器，是英國人的心，是英國人的精神在世界中的掙扎。于是首先宣佈不需要美援的是英國，歐洲擴軍比較有成績的也是英國。由此可見英國是心後有物，英國也是心物不二。而英國的經驗主義，在物的方面成就了科學，在心的方面成就了英國人的倫理。英帝國是會沒落的，可是英民族我想總不會沒落。

再看看我們近鄰的日本吧。過去指導日本軍閥實行「東亞聖戰」的理念，是日本的神道教，其口號是「八紘一宇」。最後才用懸賞的方法找出了「東亞共榮圈」的標語。站在日本軍閥的立場，也可以說支持他們的是日本傳統的特殊精神，是他的特殊的心。但這是爲軍閥以外所不能理解的心，這種心的成就只是狂暴和殘殺。于是日本不能不無條件的投降了。現在日本的動向，是以工作的配合與效率爭取美援，以如饑如渴的心情追求美國的技術 日本人知道經濟是他的命脈，技術是經濟的根源，這兩點他們正在向美國看齊靠攏。他們並不感到這種看齊靠攏，有傷他民族的尊嚴，當然此中也可以看出他們的警惕。可是日本人在生活態度上，他既動搖了過去對德國的憧憬，同時也不敢與美國人輕易高攀。從日本人的文字與口頭上所得的印象，日本人正在努力的理解英國，欣賞英國，追求英國人生活的態度。那末，我可以從好的方面，從正常的方面，來看日本，則他正是想以英國的心，追求美國的物，由英美的心物合一來開闢日本的新生命。

反觀我們自己，有人說我們的傳統文化是精神文化，也即是心的文化，大家正在守住「心傳」的文化大統。但宋儒對心的解釋是「虛靈不昧」。虛，所以能容，靈所以能感，不昧所以能不爲私欲所蔽，不致利令智昏。拿這三個標準來衡量今日的世局，則不難看出我們今日許多人的所謂心，最低限度，不是古人所謂虛靈不昧之心。似乎在正常的心的概念中，找不出他們的位置。這種特殊的心，只能成就少數人權利欲的物，而決不能成就古人所期待的「開物成務」的物；或近代科學的物。于是又有人說，唯心論是反動，共產黨以唯物辯證法取勝，所以我們也要學唯物辯證法。辯證法的正反合是變動不居，流轉不定的，這在知識上可以掩蔽概念的糢糊，在行爲上可以掩護言行和表裏的矛盾；所以有許多人是天生的辯證法家，學與不學，都無大關係。至于唯物的物，假定指的是每一個人的金錢權利，則飲食男女，人之大欲存焉，恐怕大家也都是天生的徹底的唯物論者，似乎也用不上費力的去「唯」。若物的解釋還別有所在，則我們終日的紛紛擾擾，似乎並不能說是代表什麼物，自然也很難成就什麼物。心與物不能解釋我們活動的方向與生活的態度，則只有在心物以外去建立一個非心非物的概念；而非心非物之存在，最低限度 在哲學上未獲得論理的證明以前，首先，可以在我們中國獲得了行爲上現實的實證。說到此，我便要提出我的創獲了。非心非物，從我們現實中去看，到確切是有的，可是非你把他稱爲什麼呢？心物之外，海濶天空，戲法人人會變，編立名號不難，難的是在于能針對現象而加以解釋。我看到近來立法院討論出版法草案而忽有所感悟，彷彿和佛陀在菩提樹底下而忽然大澈大悟一般，知道我們一切的活動，皆可用一『巧』字概括之，或者竟可說我們根據的是心物以外，非心非物的『巧的哲學』的基礎。出版法草案完全是巧的結構，其中有一條的意思是說，只有立了案的出版公司，才可以印行著作，粗一看，這好像沒有什麼？但其巧處或正在于此。若把他應用到共產黨的統治下面去，則共產黨不必要劍拔努張的作血的思想肅清，而只把思想特務配置到新華書店裡去，還有一部不合共產黨脾胃的著作能和世人見面嗎？過些時候我們反攻大陸，共產黨的出版機構大概總會被統一的接收計劃接收過來；則不合接收者脾胃的著作，還能僥倖與世人見面嗎？除了上面的假定不說。即在自由中國的世界裡，誰個孤懷絕學的學者，能以自力來開一家出版公司或者能費精力去接托一家出版公司呢？假定他的學說，和以政治爲後臺的大老闆不合(事實上是十九不合的)，則他的孤與絕，還有什麼方法可以和追求眞理之光的人相接觸。于是決無秦始皇焚書之名，而可以很輕巧的收秦始皇焚書之實，你看動手起草這篇草案的先生們用心之巧，下筆之巧，能不說他是夐絕千古嗎？出版法已經重付審查，這一條文也未必會被通過；可是由此種條文之提出所代表的『巧的時代精神』，已富有歷史的意義，而可以永垂不朽。這不是一件偶然的突出的事，而只是全副構圖中的一個側面的小小線條。譬如說，開起會來討論什麼貪汚嫌疑的乃至其他的案件，這似乎很有點嚴肅的法治精神，但立刻會有人告訴你：「這是對于某一件事的報復」，或者是「對于某一句話的報復」。而某事某話。除了現在流行的辯證法以外，決發現不了與正在堂皇討論的有任何關連。但這樣的「言近而指遠」的巧的作法或者是巧的說法，一面使說者除所說的問題以外，還另有苗頭。而另一面使受者雖醜問昭彰，而仍可問心無愧；結果，大概總是在問題之外，別有會心的微笑。你說這一套除了一個巧字以外，還能算他是心，或者算他是物？假使允許我能够從容舉例的話，我不難舉出百千個例來，使大家了然于近年來政治社會的現象，一套一套的，大抵是鬪巧乞巧的活動，是鬪巧乞巧的結晶，巧是我們國家的時代動力。巧的手法常空靈而似心，但牠却成就不了人的品格，成就不了人生的價值。巧所睥睨的目的物，多半是很現實的而似物，但他成就不了事業，解決不了問題，增加不了社會財富。巧既不是心，也不是物。所以也不成就心，也不成就物。而只成就一個混混沌沌的非心非物的世界。世界上有無花之果，也會有無果之花。「堪笑牡丹如斗大，不成一事又空枝。」玩巧鬪巧的人，一時好像五花八門，緐的是熱鬧，而到頭只是空枝，空枝的積累，便是時代的大悲劇。

我的朋友胡秋原先生，勸我不要輕談中國文化，因爲他看到現在口談中國文化的多半是壞東西。我對于他的苦心，使我一時非常感動。但我在這裡仍不能不爲中國文化廻護一句，即是現今的『巧的哲學』，他斷不是來自中國文化。至于『動物的機智』，則只能說是自然現象，而不能說是文化現象。中國傳統文化中除了「巧笑倩兮」的巧，大約沒有人反對以外，其餘的如「巧言令色」，「巧取豪奪」，「機巧變詐」「奇技淫巧」，都不是中國人性的、農業的文化所能承認的。巧的反面是「老實」，老實的進一步涵義是「誠」。老實的發用形態是「拙」。這才是中國文化的人生態度。我想，今日巧的人生哲學，已發展到了盡頭。回頭是岸，一切困難的解決，其關鍵是要求大家把巧的哲學暫時放下，一齊老實起來，心口如一，言行如一。向社會是怎樣說的，便老老實實的怎樣去做。此其間再用不上其他謬巧。巧是少數人的勾當，少數人的勾當，很難寫在社會大衆的身上去的。易經說「易則易知，簡則易行，易簡而天下之理得矣」。不巧則能簡能易。此之謂以拙勝巧。于是我們也或許可以不談心談物，主張非心非物，而畢竟有成就心，成就物的可能。我們的生活，不能長久停留在非心非物的狀態之中，假定我們能以「老實」二字而能成就其爲心與爲物，這對于我們非心非物的哲學主張又有什麼壞處呢？

馬克思經濟學批評（下）

胡原道

（三）剩餘價值論的錯誤

馬克思剩餘價值論的錯誤主要有下列三點：

（一）馬克思認爲資本所賺取的利潤，完全是生產勞動者的勞動價值。所謂利潤，就是工人被剝削的勞動價值。根據社會勞動價值的觀點，我們認爲任何一種勞動成果，都是社會勞動的產物。每一種企業，都不能獨立的進行生產，它必須依賴和他直接的間接的各種有關的社會條件（包括文化政治的條件），才能進行它的生產。因此某一種企業的利潤，都含有社會勞動的價值在內的。從另一方面來看，任何一種企業，他必須依賴社會消費的需要。它所生產的使用價值（或是一種物質或是一種能力），必須經過社會大衆的購買，才能取得交換價值，同時才能取得利潤。因此資本家的利潤主要是藉助社會條件獲得的，勞動者只在生產過程中盡了一部分力量，假設勞動者能够獲得到足够維持生活的工資（按照社會生活的一般水準），和他的勞動時間合乎公平標準（例如，社會一般的工作時間是八小時），在這種情形之下，資本家對工人就沒有任何剝削。因爲馬克思肯定資本家獲取剩餘價值的手段，是必須榨取工人的勞力，就是說必須延長勞動時間和減低工資。現在事實證明，這種推論是錯誤的。以今天典型的資本主義制度的美國而論，工人的勞動時間，普遍是每週四十小時，每天平均還不到七小時。五十年前是每週七十小時，每日平均十二小時。同時最低工資每小時是七角五分，幾乎是今天世界上最高的工資國家，工人的生活水準，已達到社會的一般水平。但是美國資本家依然可以大發其財。由此證明資本家的利潤，不是從工人勞動價值中吸取來的，而是從社會勞動價值中吸取來的。資本家利用了科學和社會的種種進步，社會大衆日益增漲的消費需求而獲取了更多的利潤。因此資本家的利潤的大部分，應該還給社會，歸社會大衆來享用，不應該完全還給工人。但是資本家的利潤，也不完全是取自社會的。其中有一部分，是他合理應得的。假定這種資本，既不是以政治手段剝奪來的（如封建領主的土地，征服者的財富，官僚貪污來的財富等等，這種情形在民主社會中是可以清除的），也不是承繼遺產而來的（在累進的遺產制下，可以剷除這種依靠遺產不勞而獲的現象）；而是來自個人勞動價值的積纍。這種資本，代表着個人勞動的血汗，證明這個人對社會有了較多的貢獻。把自己的勞動價值，投資到生產事業上來，增加了社會的生產力，對社會也是有貢獻的。因此對這種資本，社會應該給予合理的報酬。但是這種報酬必須在下列兩個基礎上獲得之；（一）在公平的原則上，支付勞動者的工資。就是說要根絕剝削工人的情形。（二）把取自社會利益的部分，還給社會（普通是由政府徵收的累進的利得稅，和所得稅）。換言之，把工人應得的給工人，把社會的利益還給社會。這樣剩下來的部分，就是資本家應得的合理利潤。

馬克思不承認合理利潤的存在，也不承認社會勞動價值與社會條件的存在，把所有的價值都歸於工人，顯然是一種狹隘的偏見。

（二）馬克思他只看到了剩餘價值的消極意義。他只認爲剩餘價值，是資本家剝奪工人的贓物。他沒有看到剩餘價值的積極意義。就社會生存的發展來看，我們認爲社會勞動的剩餘價值是必要的。底下進一步說明它的理由。

在近代社會中生活的人們，必須爲兩個目標而勞動；一個是爲創造維持生存的價值而勞動，一個是爲創造發展生存的價值而勞動。換言之，社會總勞動價值必須分做兩個基本部分來支配；一部份用做維持社會大衆的生存，一部分則必須用做發展社會大衆的生存。就是說一部分爲維持他們的生活與既有社會事業而要消費掉的。另一部分則節餘下來或盈餘下來，用做種種社會建設，來發展他們的生存。這盈餘下來或節餘下來用做發展社會生存的勞動價值，可以稱它爲社會的勞動剩餘價值。依此而言，剩餘價值就是社會總勞動價值減去社會總消費價值的剩餘部分。

我們所以假定在近代社會中，來說明這個問題，是因爲唯有在近代社會才有自覺的計劃的大規模推行社會建設的事實。也就是才有節餘或盈餘社會勞動價值，來發展社會生存的事實。這種事實表現於生產企業不斷的擴展上，學校普遍的建立上，交通不斷改善和建設上，社會文化事業不斷的改進和普及上，娛樂享受的提高與普及上。這些事實就是發展社會生存的事實。爲了達成這些目的，社會勞動價值就不能全部用在維持社會生存上，就必需節餘或盈餘一部分來用做發展社會生存的事業上。

所謂維持社會生存的勞動價值，就是社會全部消費所需的價值。社會全部消費。不單是社會大衆生活的消費，而且包括維持既有社會事業的消費在內的。維持生活的消費是指維持衣、食、住、行、醫藥、娛樂等等所需而說的，維持既有社會事業的消費，是指維持既有工業生產，交通事業，教育文化事業，政治機構，等等的消費而說的。

所謂發展社會生存的勞動價值，是根據兩種需要而發生的。一是爲了適應社會不斷增殖的人口，那麼就必需有更多的工業產品，更多的學校，更多的交通設備等等。另一種情形，是爲了改進和提高社會大衆的生活，因此就必需有更豐富的社會設施，更精良的工業產品等等。爲了達成這兩項目的，就必須有社會勞動的剩餘價值。換言之，就不能把全部社會勞動價值消費掉，要盈餘或節餘出來一部分，用做發展社會生存事業上面。

所謂盈餘，是概指資本的盈餘即利潤而言的。所謂節餘是概指政府的稅收而言的。因爲政府的稅收是節餘國民所得中的結果。

馬克思所說的剩餘價值，是生產勞動的剩餘價值，是階級剝削的產物，認爲是資本主義社會罪惡的象徵。我們所說的剩餘價值，是社會勞動的剩餘價值，又是發展社會生存的必要條件。我們也承認在特殊情形之下，剩餘價值的剝削性質，但它是可以用社會立法來消除的，不是社會根本的病害。馬克思則認爲，必須把私有資本制度，徹底推翻。以上就是我們與馬克思，對於剩餘價值觀點根本的不同。

(三)馬克思把經濟看成社會的基礎，認爲政治，文化等等不過都是經濟基礎的上層建築，都是受經濟決定的。因此他考慮經濟問題的時候，就把社會其他部分格置一旁，完全孤立的，單就經濟來看經濟問題。所以他認爲經濟的剝削，只能由經濟因素產生。具體來說只有資產階級，也就是操有生產工具的人，才能成爲剝削階級。反過來唯有從事生產勞動的無產階級，才能成爲被剝削階級。我們認爲剝削的特徵是不勞而獲。凡是不勞而獲者，一定是吸取剩餘價值者，也就一定是剝削階級。另一面所有的社會勞動者，都是剩餘價值的創造者，因之也就是被剝削階級。剝削階級所憑持的剝削他人的條件，不一定如馬克思所說的，只有生產工具，也不一定是私有財產。換言之不限於經濟因素。我們認爲造成剝削，搾取社會勞動剩餘價值，有四種因素。

a. 經濟因素。由經濟因素造成剝削的情形，尤其是持有生產工具的資本家對工人的剝削情形，馬克思已有極詳細的說明。其他如高利貸者，投機者，地主這些人，雖然不持有生產工具，但是他們持有一定的財富，依靠財富來獲取地租、利息，可以不勞而獲。總之以上這些人，都是憑藉經濟因素，來吸取剩餘價值剝削他人的。但是要重複一句，他們所吸取的剩餘價值，不是馬克思所說的生產勞動的剩餘價值　而是社會勞動的剩餘價值。

b. 政治因素。古代的奴隸制度，中古的農奴制度，都是政治因素造成剝削的典型例子。奴隸主和封建領主這些特權階級，都是以政治暴力來强制奴隸和農奴勞動，而坐享其成的。他們之成爲剝削階級，不是憑藉經濟因素，而是憑藉政治因素——武力統治——。以近代事例來說，最鮮明的例子就是暴力專制的統治階級，無論是專制的君主貴族，以及今天極權的統治者，他們都是這種情形。今天在蘇聯，獨裁者和他的黨羽，在政治上是絕對的統治階級，在經濟上是赤裸的剝削階級。名義上的社會共有制，在暴力統治之下，就變質爲統治階級的共有制。被統治的每個人，都被强迫勞動，而勞動成果則完全由統治階級支配。這種關係一如奴隸主對奴隸，封建領主對農奴的關係。還有民國初年，割據的軍閥對人民的關係，也與此相同。他們本身都是暴力專制者，憑藉了政治特權攫取了經濟特權。

c. 文化因素。由文化因素造成剝削的情形，最明顯的事例是中古時期的僧侶階級。這無論是印度的婆羅門僧，歐洲的教士，以及中國的僧道，他們都是以信仰的權威，成爲文化上的特權階級，因爲他們有解釋經典，統制思想的特權，他們之成爲剝削階級所憑藉的不是生產工具，也不是財產，而是信仰的權威與政治勢力結合的一種特權，他們憑這種特權攫取了經濟上的特權。例如歐洲中古時代，教會在教區內設有徵稅制度，並擁有鉅量房產土地。中國僧侶多半是擁有大量土地的地主。

d. 社會因素。所謂社會因素，具體來說，就是社會中的墮落群衆所形成的地下勢力。例如中國不正派的帮會組織，近代都市裡的流氓組織等等都是這一類東西。這些人通常用敲詐，聚賭等等手段來取得收入，有時候在它所活動的區域內，征收一種「黑捐」或「保護費」。這些人無疑的是不勞而獲的剝削階級。但是他們所憑藉的條件既不是經濟的，也不是文化的。也不是政治的，可以說是社會的，是一種潛在的恐怖暴力。

以上所述四種剝削階級，他們都是社會勞動價值的剝削者。

馬克思認爲造成階級剝削的因素，只有經濟因素。他沒有看出政治、文化、社會各種因素也可以造成階級剝削。因此他主張，只要把私有財產消滅實現了共產制度，就可以根本剷除剝削。實際上問題絕不如此簡單。如他所說的完全圓滿達成，只不過消除了構成剝削的一個條件，況且生產工具公有的這個原則，還有很多問題呢。

生產勞動論，勞動價值論，剩餘價值論，三個觀點是馬克思全部經濟思想的核心和出發點。我們能看破他這三個觀點的基本錯誤，那麼我們就不難看出其餘理論的錯誤了。

世界上最老最小的共和國

很少人知道世界上最古老而又最小的共和國是聖馬力諾 San marino。聖馬力諾位於靠近里米尼 Rimini 的亞平甯（Apennines）。該國建立於紀元三百五十年，國土僅有三十八方里。

臺灣產業

臺灣特產香茅油

洪北江

衆香之母香茅油，不但為製造各種香精的主要原料，而且由於戰後提煉薄荷腦的試驗成功，用途是更廣了。

臺灣產香茅油，在光復初年，一向少有人注意，即就開始外銷而言，也祇有短短的四年歷史，由於國際時局的轉變，和需求的殷切，纔促成牠被引為新興外銷事業，並在國際消費市場上居於極有利的地位。現在香茅油換回外滙的數字，僅祇次於臺灣主要的輸出品砂糖和茶葉，佔出口的第三位，這一事業的勃興，一方面既由於二次大戰後輸出香茅油的國家如爪哇、錫蘭等地普遍減產所致；一方面也由於消費量反比例地較諸戰前加增。在供求上造成了相去懸殊的光景下，美國油料商人首先矚目到臺灣產品 足與爪哇相爭，因而紛紛地直接向臺灣訂購，需求量既然大增 油價自亦步步上漲，這使油農們普遍地獲得優厚的利益，因而更進一步地相率推廣播植，產量亦與年月成正比例的急速加增，造成牠今日在國際市場上的地位。

香茅油在臺灣的產量，民國三十六年全島生產僅僅只五十餘噸，三十七年也祇不過一百餘噸，三十八年纔一躍進至四百噸，超出戰前最高生產額，去年的產量則更達七百五十噸左右，然而依然有供不應求之勢。本年度的產量據估計則在一千噸以上，照目前的國外售價計算，總值約在美金四百萬元左右。

香茅油的產地，並不僅僅祇限於臺灣，為什麼戰後獨特地祇有在臺灣有這特殊的好現象，這完全是國際市場的變化所促成。筆者在這裡更願進一步地介紹香茅油在戰前和戰後的產銷情形，以供讀者之參考。

香茅油世界總產量，在二次大戰前，是以爪哇居首，他的年產量佔世界總產量百分之六十強，達一千八百噸，其次則為錫蘭 他的產量是八百噸，其三纔算臺灣 臺灣的產量是三百噸 (當年祇供於日本的需用)在同時期的消費量，也恰當生產量的總和——二千九百噸，那時間消費情形是 美國一千噸，法國六百噸，英日各三百噸，德國二百噸，荷蘭一百五十噸，其他各國合約三百噸，當年的供求情形，恰好正告平衡。第二次世界大戰結束以後，國際間產銷情形起了劇烈的變化，生產最高的爪哇，因為內亂連年，在生產力上不免銳減，在三十六年僅僅只一百五十噸，三十七年雖然略見起色，但也祇有三百五十噸，即就連年積極努力的結果，也總不及戰前最高產量的十分之五，同時錫蘭也減產至五百噸，然而在消費方面，除了歐洲國家因為經濟力未盡復原，稍見減少外，在美國反之較諸戰前的需要量更有增加，自然而然地形成了供求上的不平衡。目前國際間的產銷情形是，中美所產的大部份銷於美國，間亦有行銷於歐洲，錫蘭所產因為品質較差，不為美商所歡迎，所以祇就近供應英屬聯邦及歐洲各國，臺灣產的品質，足與爪哇比並，因此幾全部銷與美國。在爪哇減產一時難望恢復其戰前生產力的現狀下，臺灣這一特產是有其美麗遠景的，牠不但可儘量銷售美國，而且還可行銷於歐洲與日本，照目前的情形看來，臺灣的香茅油的確有取代爪哇戰前地位而代之的可能。何況臺灣的地質與氣候，最適宜於香茅草的栽培滋生，諸如陽光充足，溫暖濕潤，土質肥沃，排水優良等條件。每年都有三次的收割。

臺灣栽種香茅草的區域，在以往似祇限於自頭岔南下至十六岔一帶。利之所在，人人趨之，本年度則中南部一帶，彰化，嘉義各縣間亦頗多播植。就四十年度而言，種植香茅草的面積，據估計當在一萬甲左右，其中大湖區約佔三千甲，三叉、銅鑼區約三千甲，苗栗區及其左近約佔二千甲，此外中南部各縣間當共有二千甲。至於每甲的收油量，則視土地的肥瘠的情形而定，通常約在一五〇——二五〇臺斤之間。祇可惜的是，目前臺灣對粗油的製造，依然還用土法蒸溜，土法蒸製粗油損耗大而費時多，未免為美中不足。臺灣產香茅油既在國際市場上確立有地位，為了增加外滙收入，政府當局自更該在使可能增產的目的下，予以扶助和獎勵，同時改良其蒸製方法，用以提高生產效率。和進一步的作精製香料的研究。

邱吉爾的生意經

瑞士一家週刊的編輯貝雷先生急欲為此週刊的新年版找一張生動的圖畫作封面。他在一張卡片上發現了「卡提衛爾之冬」的圖畫，覺得正合需要。卡提衛爾是邱吉爾先生鄉下的住宅，而這張圖畫是他的名作。雜誌出刊後，封面上的圖畫十分受讀者歡迎。編輯先生大悅。但他突然想起採用這圖畫還未得到邱吉爾先生的同意，這是失禮的。於是他寫了一封道歉信給他，並滙上兩金幣作為報酬。通常，每一圖畫一經採用後，都是酬以兩金幣。

邱吉爾先生的律師認為此乃侵害行為，回信要求一百英磅。這位編輯先生起了一個很妙的念頭，他提起筆來十分客氣地寫道：「假若邱吉爾先生答應利用這筆錢送給那些無力來瑞士遊覽的優秀的英國孩子來此遊覽一日，我們十分願意付你一百英磅。」

邱吉爾先生滿心贊成。一個編輯善意的一念竟給一些父母與孩子帶來意外的快樂。(荅)

自由中國通訊

從世界大勢，看臺灣前途

華府通訊・九月廿一日

伴耘

自三十六年秋離國赴歐，至三十九年春又由歐轉美，整整五年，我未執筆爲國內的報章雜誌寫文章了。原因很簡單，五年來國內的巨變與國際的混亂，很難使一個研究國際政治的人能理出一條線索對未來的世界趨勢加以判斷，進而提供一些應付此一趨勢的意見供世人參考。與其糊塗亂寫，不如默察深思。最近閱畢長達二百萬言的麥克阿瑟等出席參院軍事外交聯席會議的證詞，復參證自國會結束調查麥案後三個月來美當局的積極措施—如對韓戰態度之强硬，對臺援助之加强，對西班牙，南斯拉夫之拉攏，對日和約之簽訂，對希土加入北大西洋同盟之支持，對太平洋方面與紐，澳，菲，日等双邊互助條約之訂立，及對西德和約及武裝問題之力促解決等，更足以說明美國是怎樣在應付國際共產主義的威脅，據此不難默察未來世局的趨向。

是和？是戰？

在這篇文章裡，我擬首先討論的問題是世局前途究竟是「戰」抑是「和」？這個問題的答案是，如果蘇俄能在未挑動韓戰以前知道止步的話，世界很可能有一長期的武裝和平，許多人在一九四八年柏林封鎖時就叫囂着大戰即將爆發，未免把戰爭看得太輕而易舉了。那時局勢表面上似很緊張，實際上蘇俄是一種聲東擊西的手法，她知道美國行政當局是注視着西歐，她在柏林造成緊張而不破裂的局面，足以使美國的注意力集中在歐洲方面，這樣便掩護了她在遠東的眞正企圖，不僅此也，當時整個東南亞亦在其擴張範圍以內。一九四八年馬來亞，緬甸，印尼等三地的共產黨對現政府的叛亂，大有席捲整個東南亞之勢。所幸是當地政府强力鎭壓未使此一企圖實現，可是整個中國大陸即在民主國家，尤其是美國，無法分心之下，加速引入鐵幕了。蘇俄在當時既以避免與美直接衝突，而以滲透方式達成擴張曰的爲其政略指導方針，美國尚在爲未來政策找尋實際參考資料之中，戰爭自然掀不起來。可是局勢演變到今天，美蘇兩大集團的衝突，除了戰爭或者蘇俄由於畏懼美國的强大而自動將其勢力縮回到本國國境內以外，我想不出其他可以解決的辦法。

美國的決心

美國是個非迫不得已而不會動的國家，同時也是不動則已一動即不可收拾的國家。一年來緊急狀態的存在，已使國內重工業的百分之九十轉而爲戰時工業，兵源方面到明年年底，杜魯門總統認爲已決定徵召入伍的三百五十萬尚嫌不足，試問以美國這樣的經濟制度，以美國這樣的龐大軍火生產力，當數百萬大軍訓練裝備以後，難道是用以防禦本土嗎？杜魯門總統會表示今後美蘇關係之解決所依賴的是武力而不是外交，這無異於告訴蘇俄，無論西歐負擔兵力多少，美國是要與她的死敵一決雌雄的。也許蘇俄鑒於美國的强大而停止其擴張，使美國繼續保持這種緊張局面，平時作戰時的消耗，加速其經濟的崩潰，以便達到她不戰而勝的目的。但是美國當局非傻子，這一陰謀早在其洞鑒之中。蘇俄今天的止步，其價值迥異於韓戰以前的止步。韓戰以前止步，是可能換得較長時期武裝和平的，沒有這個刺激，美國人會仍在言而不行的打發日子。在美國加緊武裝的今天，蘇俄於併吞三分之一以上的世界之餘，一種包藏禍心的止步，能使人力，物力，國威，慘受犧牲的美國滿足嗎？相反的蘇俄又會將其已獲的果實吐出來嗎？因之，我的推斷是大戰如在明年發生，那是蘇俄爭取主動與其坐而待亡不如鋌而走險。如在一九五二年以後發生，那就是美國迫蘇俄攤牌。這種準戰時狀態，美國是不能長期支持下去的。一年以前，美國的敵人只有一個，那便是共產主義。如今共產主義之外又加上通貨膨脹了，應付一個敵人已感心力交瘁，何況又添上一個敵人？而這兩個敵人目下又發生了因果關係—通貨膨脹是應付共產主義的結果，美國爲了這一問題的根本解決，除於準備成熟時迫蘇俄攤牌外又有什麼辦法？

留心國際局勢的人，對今天及半年以前美國態度作一比較，即可證明我的推測並非虛構。半年前麥克阿瑟主張在遠東應當積極而構成其免職原因之一，所有麥氏建議均爲杜馬戈行政當局以「引起大戰」作藉口而否決。今天如何？停戰線不以三八線爲劃分標準而要以現有陣地爲劃分標準了；麥克阿瑟不能炸的蘇韓邊境羅津湖地區李奇威可以炸了，蘇俄沒有簽字的對日和約已照美國藍本簽訂了，尤其舊金山和會期間艾共遜氣燄之盛使葛羅米柯在會場中搗蛋的機會都沒有。西德和約及武裝也是短時間的事了。就對蘇俄而言，武裝西德及日本不明明是一種挑戰行爲嗎？何以美國如此强硬又不怕引起大戰呢？簡而言之，這一連串的積極行爲，不僅表示了美國以武力與蘇俄一拚的決心，並表明美國現在已可以對蘇較量了。誠然，現在許多觀察家認爲短期內沒有戰爭的跡象，因爲蘇俄不敢再動了。這是很可能的，由於美國的强大及決心，蘇俄方面不敢再有所動作，可是美蘇兩大集團的衝突，豈因目下蘇俄不敢有所動作而根本解決了嗎？我的意思以爲蘇俄今後不敢再動是一回事，但是否因此而避免大戰又是一回事。在美蘇國策的基本衝突無法解決的時候，双方勢均力敵也好，一强一弱也好，只有武力才能解決這一衝突！

假定戰爭不能避免—事實上美國目下一切措施都是根據這個假定而來的—就美國的利益而言，自以由其他反蘇國家出人力美國則出軍火爲上策，爲了達到這一目的，土希固加入了大西洋同盟，獨裁的佛朗哥，共產的狄托，也做了盟友，昔日遠東的大敵日本，也忘了珍珠港之仇而予以借重。萬一這一着不能收效，她也有親自出馬的最後打算—擴大徵兵額及原子武器的加緊製造，不再是被動的所謂限制政策(The policy of Containment)了。東方不久會由日本負擔其防禦的責任，韓戰的解決與否，在美國的整個對蘇政略上也不佔重要比重了。停戰嗎？要依美國的條件。打下去嗎？只要共方敢。現在之所以在韓不積極向前推進的原因，是日本尚未準備就緒，美國自己又不願多用主力。誠如聯合參謀長布萊德雷 Bradley 所言，美國如將主力放在朝鮮戰場乃至遠東戰場，那是「打錯了敵人，打錯了地方，打錯了戰爭。」同時美國另一用心，仍是盼中共早日改弦更張。不願使大陸中國人民與之爲敵。這就是美國目下仍在西歐加强實力，遠東方面軟硬兼施的原因。

且待蘇俄抉擇

再反觀蘇俄吧，它的最高策略是希望不費一兵一卒而完成其所謂世界革命。對其最後的敵人美國，則以剝奪其市場及原料的方式加速其經濟的崩潰。五年以來，這種政策收效頗大。自己本身也未忘情於準備，以爲這種和平擴張政策的後盾。加之善於利用民主國家間以及各民主國家內的矛盾，直到今春在外交上都一直立於主動地位，假定其不挑動韓戰，假定其能以滲透方式分裂西歐或取得西歐—尤其是法義及西德—則根據一般美國人堅信「蘇俄生產力加西歐生產力等於美國生產力」的公式，即會與美國攤牌，蘇俄也有恃無恐。因爲在那種情況下，美國僅以原子武器見長，蘇俄則除原子武器稍遜一籌外，擁有廣大空間及人力，美國的最後勝利即能獲得也代價慘重。反之，與美國談判平分世界霸權吧，蘇俄也可大喊價錢。不料朝鮮事件，蘇俄估計錯誤，這一着棋不僅驚醒了美國內部的妥協份子，更加强了西歐與美國的團結，以致双方騎虎難下，一年以來美國除加緊擴軍外，更主動地展開了外交攻勢。目下擺在蘇俄前面的是兩條路：一條是趁日德尚未完全武裝之際鋌而走險，一條是坐待日德武裝以後挨打。在美國決心武裝日本及西歐西德的政策下，除戰爭外蘇俄是沒有任何方法阻止這種政策的推進的。在一九五二年以內打，蘇俄尚可有一主動的可能獲得初期勝利。一九五二以後呢？蘇俄可以總是完全處在隨時挨打的地位了。美國自韓戰以後準備到今天的結果，蘇俄想一方面要保持現有成果同時又避免與美國用兵，那機會是太小了。如果蘇俄武力本來就是買空賣空的話，那更非遭到慘敗不可。玩弄强權政治是等於玩火，蘇俄本身果無實力又以共產主義爲號召來對抗美國，自然是自討苦吃。反之果有實力作後盾來推行世界革命，現在也到了蘇俄一拚的時機。我替蘇俄想不出既要保持現有成果而又不用兵的更好而能實現的辦法。如果我這是合乎人情的常識推斷，未來的世界大局只有打之一途，儘管双方作和平的宣傳，一切準備只是自衞，骨子裡大家明白，只有打才能解決問題，目下所準備的只是如何以最小的犧牲而獲得最後的勝利而已。

臺灣如何自處?

假定世界趨勢是朝着戰的方向走，那末臺灣的前途是否與民主國家的前途一致了呢？這個問題的答案是相對的肯定。原因是縱然美國在反共大前提下在西歐在太平洋都有顯明的政策，而獨對中國—臺灣及大陸—仍然是且看且等。中共對美如仇恨愈深，則美對臺之援助愈加積極。反之，果然中共與美國化敵爲友，則臺灣會變成禮物也未可知。國與國之間是只講利害而無所謂道義的。就美國的利益言能抓住大陸自比臺灣强。美國寄望於莫斯科北京的分裂是不到黃河心不死的。如最近大法官道格拉斯主張承認北京政府以加强中蘇分裂即是這種用心的反應！所以臺灣的前途與民主國家的前途是否一致，第一要看眞正打起來時大陸方面的態度。易言之即莫斯科能影響北京到什麼程度；第二是臺灣的改革是否已到了人們認爲滿意並且認爲眞是能同大陸後代表人民利益唯一的政府。就第一點看來，臺灣本身是無力左右。不過我們可以想像得到即令美國在今天尚寄望於中國的狄托，對於國民政府之參加對日和約不予積極支持留下一扇與北京商談的後門，美國的幻想遲早會破滅的—蘇俄豈輕易讓她辛苦培植起的嘍囉變成她的敵人？就第二點看來，那便是操之在我的問題了。年來臺灣若干的進步的確贏得了美國友人的好評，半年前報章雜誌不時有好的報導、反對援助國府者也暫時消沉下來。可是自蔡斯去臺及杜威訪臺後，數月來對臺灣又少有消息了。有的就是壞消息，如毛邦初的貪汚瀆職案，同時由於主張積極援助國府的杜威回來對臺灣很少提及，美輿論界對臺灣之是否上下無私澈底改革又似乎有了懷疑的論調，詳情如何我們遠在國外不得而知，但這種趨勢對於國府是極端不利的。是否當政諸公又忘了大陸失敗的教訓？是否因第七艦隊之守住臺灣海峽而鬆懈了勵精圖治死裡求生的精神，美國武裝日本而不要中國參加，其最後用心難道政府當局看不出來嗎？目下外人看臺灣是否值得援助，與其說是在於今日的軍事地位，不如說是在於臺灣作風將來能否代表中國人民的利益，因爲世局淸算之日，總得要有一個由中國人組成的政府重返大陸的。這就是美國主張援助國府者希望臺灣能做到實行民主，大公無私的主要原因。美國之堅主臺灣不落於不友好國家中之手，其動機實是爲了自己的利益，而且是精神上的利益，因爲她口口聲聲說中美兩國人民有百年來的傳統友誼，那麼她就不得不有一個與其友好的中國政府與之往來，目下既與北京處於敵對地位，自然不得不支持國府；如果支持臺灣總是爲了戰略地位的話，那未免太說大了一點，試想整個大陸她都作了政策上孤注一擲的試驗　何況臺灣彈丸之地？假定時局長此拖延，一旦日本武裝完成，臺灣的比重會更減少，可是在北京莫斯科關係不變的前提下，美國仍會竭力支援臺灣，原因是這是美國認爲能代表中國人民的政府！我希望政府能認淸自己的處境，多多接受輿論界的意見，發奮圖治，只要一切出於至公無私，自然可以獲得民心。一個獲有人民支持的政府，也一定會獲得友邦的同情與援助！此外我得提醒當局的是美國輿論及在美華僑及學生，對於毛邦初的案子都希望早日有個水落石出，果然毛氏有罪，應吊銷其護照引渡回國査辦，不論案情如何複雜，政府的命令應貫徹到底，以維威信！否則不僅外國人看笑話 素來擁護國府的僑胞學生，也會對這種虎頭蛇尾的辦法加以譏評，進而對政府失望。其次是從速與日本訂一双邊和約，美國這一手法是令人痛心的，可是弱國有什麼外交？美國於戰後本有意助我取日本戰前在遠東的地位而代之，自己不爭氣落得今日的下場，與其責人不如責己，但今天能與日本簽一和約其政治意義是很大的！主持外交者當能了解這一着的妙用，愈早愈好，寧可自己主動；我可斷言日本是不會找上門的，同時美國也不會催促日本的。

今後的臺灣，不僅關係本身自救問題，也關係今後遠東的禍福，希望當政諸公放開眼界，不要以現有成就及現有情況爲滿足　未來局勢要以睿智大勇來應付，能做到使美國自動的將「使臺灣不陷於不友好政府之手，與竭力援助國民政府」合併成爲一件事，那就是成功的初步了。

一九五一年九月廿一日
於華盛頓大學

民命草芥

知非

中共近年在大陸上大肆屠殺人民的情形，報紙上日有披露，或以爲目未親睹，有不無言過其實之感。實際上中共屠殺人數之衆遠甚過報章所報導的千百倍，其手段之慘毒更非照片與文字等工具所能形容於萬一。

原來中共殺人是不須有什麼實際罪行的，中共的幹部們透過黨的領導操着生殺予奪的最高權威，自從「人民政府」當局宣佈鎭壓反革命條例以後，於是中共權貴之隨意殺人更有了「法律」的保障，在這一紙毛澤東欽定的命令之下，運用辯證法的推理，則所有人民，不分男女、老幼、地域與階級、隨時都有被鎭壓以至喪失生命的危險，反觀民主國家對人身自由保障之無微不至，令人有不知今日何世之感。

這裡謹就我在逃出共區前所親見的一事報告於讀者，這故事是一位眞正「無產階級」的農民被中共無辜槍殺的經過。他沒有任何罪過，只因爲他要求保釋一位中共要加以殺害的好人而已。

江西蓮花梧塘鄉有劉實秋者，今年三月間爲縣「人民政府」逮捕，梧塘地方上的民衆因爲他一向是一個老好人、非常憤慨不約而同的集合有七百多民衆齊赴蓮花縣「人民政府」請願。梧塘距蓮花縣城，約有二十餘華里大家帶着乾糧，辛苦的走了半天、爲縣長據報，立刻派遣軍隊，如臨大敵，散在城外扼要防守，不許他們進城。可是這些民衆，並不眞怕，仍然要進城去見偽縣長。偽縣長派出代表向他們說：『你們爲了保釋劉實秋，何必這樣勞師動衆，「縣政府」會客的地方有限、無法容納這許多人，你們可推出幾個代表來見縣長好了。』民衆們應命，當場推出代表李若愚等七人，去見偽縣長，其餘的人，就回梧塘去了。李若愚等七個人見到偽縣長說：『劉實秋雖然曾經在江西省政府任過科長但他沒有做過違反人民利益的事，他爲人忠厚正直勇於爲鄉民服務，我們地方上公認他是一個是公正的好人，願以身家性命保他』。偽縣長說：『好吧，那麼你們七個人推擧一人領銜好了』。李若愚於是毫不猶豫地自願出名領銜。他們以爲劉實秋就可以保釋出來，不料具結之後，偽縣長面孔忽然變色的說：『劉實秋是個善霸，是反革命份子，「縣政府」奉有命令要拿辦他的，你們聚衆要脅違抗人民政府的命令，應與劉實秋同罪。』說罷，就喚槍兵把領銜的李若愚和劉實秋，一同綁赴刑場，立刻施行槍決。其餘六個人在經過一個拘押時期以後，具保釋放。於是此後「人民政府」拿人，大家都噤若寒蟬，聽憑他們宰割，再也無人敢出面具保，更不敢再有集體請願的行動了。

上面的叙述，我完全依據客觀的事實，我僅須於最後加以補充的，是這位無辜被殺害的李若愚的身世：他是年近五十的莊稼人，一個赤貧的佃農，勤勉，純樸，一付良善的面孔。李若愚所居住的村莊和我家相去不過幾塊田遠我常看到他在田裡耕作的背影。如今我逃出了殺人的魔窟、這影子却一直在我腦際縈繞着，變成千千萬萬的影子，因爲被中共殺害掉的良善的李若愚正不知有千千萬萬，我報導這個並不算新聞的事實，目的是爲千萬個無辜的寃魂向世人控訴。

香港通訊・九月廿八日

義和團幽靈復活

中共反美運動的透視

梅川允

由「反美」到「抗美」

美國居於全世界民主陣營的領導地位。因此，「美帝」便成爲中共與克里姆林宮集中攻擊的目標。在中共佔領大陸最初的一年多時期，「反美」還只限於零星和片面的宣傳，貼標語，製漫畫，做做姿態而已。到了韓戰潰敗，中共在莫斯科指使授意之下，普遍掀起了進一步「抗美」的狂潮，由零星的指摘漫罵變爲有計劃有系統的整體攻勢，由片面「反美」的宣傳變爲「仇美」的實際行動，在「保國衛家」的口號下，大力强調「參軍」「參幹」，投入「抗美援朝」的「火海」。華東軍政委員會副主席兼浙大校長（後調北大校長）馬寅初向一群開赴前線的「參軍」學生青年 竟吹出這樣一段謊語的大砲，他說：「美國是一個紙老虎，一戳就穿。韓戰是我們掀動起來的，目的是縮短三次大戰的時限。根據最精確的估計，美國及其附庸國，最大動員的力量，不會超出兩千萬兵員；中蘇兩國即可動員至四千萬，武器與空軍，蘇聯都優勝於美國，原子武器，蘇聯亦後來居上。在三次大戰中，蘇聯可以解放全歐洲，中國可以解放全亞洲，爲爭取我們在亞洲的領導權我們必須抗美」。中共高級人員的講話，照例是通過黨方組織上的許可，馬寅初又以學者權威自居，這段話可以充分反映中共歇斯蒂里的「野心」和「自大狂」。

偽造歷史

自從血腥的「抗美援朝」運動在大陸普遍展開以後，中共動員了所有老牌或新近改造出來的「治史專家」，同時更發動全大陸御用的報紙刊物，全力有計劃有系統的從事虛構製造「美帝」侵華一百年來的歷史，極盡宣染「美帝」在華所謂「暴行」的罪惡。把「美帝」描繪成沒有再猙獰兇惡的形像！從「侵華」的年代講，遠溯自一八三二年（道光十二年）美遠東外交代表羅伯子乘「孔雀號」兵艦侵入中國領海爲始，以迄最近第七艦隊防衛臺灣海峽爲止。王芸生在大公報上裝作痛哭流涕憤慨的控訴說：「美帝殘酷的侵略我們一百一十八年了！這還不是我們民族的大敵嗎」？從「侵華」的政策講，中共指出「美帝」自一八四四年（道光四十四年）以至一九四八年（民國卅七年）間，强迫中國先後訂立十四種之多的不平等條約，其中包括了一八九九年（光緒廿五年）美國提出「門戶開放政策」打破列强瓜分中國的仗義聲明，一九三一年（民國廿年）救濟中國空前水災的「美棉借款合同」，一九三六年（民國廿五年）及一九三七年援助中國穩定幣制的「中美白銀協定」及「中美金銀互惠協定」，以及一九四二年（民國卅一年）資助中美並肩對日作戰的「五億財政貸款」及同年訂立「中美互助協定」；從「侵華」的「罪行」講，則指自一八六三年（同治二年）美將華爾將軍組「常勝軍」鎮壓太平天國革命運動，以迄馬歇爾來華調處國共糾紛實即助張中國內戰，爲美帝百年來一貫的罪行。但其最顯明顛倒黑白的史實，則莫過於下列各點：（一）誣指一八三九年 道光十九年）美人販運鴉片入粵及一八四〇年美英狼狽爲奸幫助「英帝 發動 鴉片戰爭」；（二）一八九四年 光緒廿年）「甲午戰爭」，强指爲「美帝」所策動幫助；（三）指一九〇一年（光緒廿七年）美國退還辛丑條約的賠款係作爲對華文化侵略的基金；（四）一九一二年總理孫中山先生自動辭去臨時大總統職，誣係受「美帝」壓迫而始讓位袁世凱；（五）一九二五年上海「五卅慘案」，誣指「美帝」爲主要帮凶，屠殺中國人民；（六）一九二六年蔣總統率領革命軍北伐，誣係受「美帝」所收買的反革命行動；（七）一九三一年「九一八」東北事變，誣指日美事先訂有密約，日本並事前獲得「美帝」的諒解；（八）一九三七年日本「七七」大規模的「侵華戰爭」，誣係受「美帝」供給大批經濟軍火所煽動；（九）自一九三七至四一年間，「美帝」派遣了大批「專家」控制了中國政府政治、經濟、軍事、航空、鐵路、交通、財政、貨幣、滙兌各部門機構；（十）指一九四六年十一月四日訂立「中美友好通商航海條約」，是攫取了中國經濟關稅主權及內航權，是簽訂新「廿一條」侵略條約的再版；（十一）一九四八年南京舉行 行憲國大會議」，誣係「美帝」企圖製造將李糾紛的授意。這一連串與事實完全相反的謊言，原不值識者一駁，中共徒然心勞日拙！共欺騙技術之低劣，亦可笑矣！

「毀碑運動」

中共的「抗美」行動，以去年十月上旬由中共華東區黨團兩方策動發起的「毀碑仇美」運動導演的序幕爲其開端。毀什麼「碑」呢？說起來沒有比這更愚昧可笑的了！百年前即一八六〇年洪楊戰亂波及松滬邊緣，上海地方紳商楊坊等爲保護治安及商業免受戰禍的糜爛，發起組織「護商團」，商聘美人華爾將軍出面組練「洋槍隊」，後又名「常勝軍」，「護商團」持有新式的武器，先後攻佔松江，靑浦，解除滬郊的威脅，予太平軍打擊甚重。後華爾於一八六二年八月在浙境慈谿戰死，淸廷及滬商爲紀念其事蹟，乃在松江縣城塑建一華爾上將鐵像紀念碑。這是「碑」的一段簡史。

在中共的眼光中，華爾上將正早被列爲「美帝」侵華第一號的「大戰犯」「美帝」屠殺中國人民的「劊子手」。「血債」「血還」，何能容他死後還耀武揚威？於是中共選擇了這位第一號歷史「戰犯」華爾上將紀念碑，作爲第一個清算示威的對象。

在華東區軍政委員會主席饒漱石率領下的滬市文教機關團體及學生代表一行百餘人的「毀碑代表團」，由滬專車出發至松江，會同當地「人民政府」發動的千餘群衆，「毀碑隊」都帶好鐮刀斧頭和鋤頭農具 在雙十節的上午十一時舉行一次鄭重其事的儀式，饒漱石領導高呼「槍斃美帝戰犯華爾」的口號，在震耳歡聲的狂號聲中，鋤頭鐮斧都對準華爾上將紀念碑鐵像上，狂風亂雨般一陣亂砍，大發了一頓「反帝」的氣憤，再由石工鐵工折毀了這尊百年的紀念碑，華爾上將的鐵像從此倒下不起，「毀碑代表團」驗明正身後，才算結束了這一幕鬪爭「美帝」歷史「戰犯」的怪劇。同一天松滬兩地，還大扭其「秧歌舞」，表示慶祝他們「毀碑抗美」的勝利。

控訴的活劇

繼「毀碑」運動以後，第二幕的「抗美」行動，是全國到處展開控訴和鬪爭美籍留華的牧師教授，這是一種無賴式的野蠻行爲。爲了便於叙述起見，我只就記憶所及的分別列舉被鬪爭的人名和事蹟：

(一)最先發動的是去年十月初旬南京私立金陵文理女子學院學生，控訴社會系教授費睿思，費教授被指控的罪名，是稱將學生英文作文中一句「美帝侵略朝鮮戰爭」，錯改爲「聯合國在朝鮮作戰」，及指摘費教授不採用「中共人民政府」核定的課本，轉用自編的教材，認爲是宣傳「美帝文化的毒素」。在一日之間，個別的級際的學生代表、分成廿幾起川流不息的強闖入費教授私人的臥室，提出無理的質問，氣得費教授跑出室外，學生又是一陣鼓噪，大喊「美帝走狗滾出去」，接着南京各大中學又來一次普遍響應的示威運動，逼得費教授連夜離出校門，離開南京。這是一幕最熾烈帶有示範性的控訴。

(二)一週後，金陵文理女子學院繼續鬪爭了兩位美籍教授，一個是哲學系教授芮陶菴，被指控的罪名是爲了講過「如果不是北朝鮮進攻南朝鮮，李承晚是不會作戰的」，是「爲敵作倀」的反宣傳；另一個是農藝系的教授林査禮，被控對學生講出「朝鮮戰事的爆發是由於共產勢力的擴張」，有「美帝特務」的嫌疑。這兩位美籍教授在控訴大會中，都被共幹學生架出臺上答復，認錯，道歉，低頭以至解職爲止。

(三)上海方面，滬江大學聖約翰大學繼起響應南京控訴運動，把在滬的美籍教授一個個鬪爭得不安於位被迫離校。被侮辱最凶的是滬大附中牧師兼英語教授雷克遜，雷牧師沒有被加上任何的藉口和罪名，只在一次上課前，職業學生在教室黑板和牆壁上寫滿了「我們不要聽美帝反動教授的課程」的標語口號，拒絕雷牧師上課，雷牧師折轉離校，學生群衆前後左右圍擁，呼喊叫唱，鼓掌狂噪，高呼「美帝走狗赶快滾出去」，「美帝的教授都是毒瓦斯」，雷牧師倉皇回到蘇州路基督教總會時，氣得一腔熱淚直流，他告訴教友們好像遭遇了一場亂民抒刼的噩夢。

(四)在南中國方面，以嶺南大學鬧得最爲激烈，被控訴鬪爭的教授人數也最多。

歷史系主任包令留(Browness)教授，罪名是說「天津條約不是帝國主義強迫訂立的」，指控包教授歪曲歷史，出名攻擊包教授的是社會系助教陳華，是中共地下黨員。嶺大前校長香雅各博士(Dr. Hebry)被評控強姦工友曾桂華的嫂嫂，出名指控的是工友陳家功和學生李寶華。生物系教授嘉理斯(J. L. Gress)，被控曾奴役中國職員和郵政送信員，並將昆蟲盜運香港轉美，出名指控的是一位共產黨員的郵政局長。外文系主任路孜賀教授(H. G. Rhocds)，被控三項罪名：一、誇耀原子彈的威力；二、好講色情課程；三、曾痛毆並虐待華籍妻子。生物系教授賀輔(W. E. Hoffman)，被控在昆蟲園強姦女友不遂。物理系教授鼎雅德(A. R. Knipp)，被控錯講了一句「北方人征服南方人」，認係侮辱中國人民「解放革命」。化學系教授福倫(H. S. Frank)，指控他說過「中國沒有好教授，非請美籍教授不可」。韓德耀神父(Father J. A. Hann)，被控在校內「私設天主教神父室」，並設置各種色情事物誘惑學生。

中國人民反美嗎?

中共利用黨團細胞策動職業學生

，如此盡情肆意的「反美」「仇美」，猶以爲未足，更強姦和製造民意，硬將奉行莫斯科的意旨委諸人民自願自發的行動。去年十一月一日，以曾昭掄蔣明謙爲首領銜發表三百六十七名北大教授擁護「抗美援朝」的宣言，繼之有同年十一月十日以吳貽芳李方訓李宗恩陳垣陸志韋等聯銜發表所謂五大學校長「抗美」的控訴書；其他被御用的「民革」「民盟」等一面倒的民主黨派，更無恥的做了隨聲附和的「廻音蟲」；同年十二月底復強迫大主基督兩教中國籍牧師神父也來過「宗教起義」，發表脫離「美帝」教會的組織及接濟；此外廣泛繼同年六月響應世界和平簽名運動，重演一次「抗美援朝保家衞國」的宣誓，城鄉瘋狂的厲行簽立「愛國公約」，就家訂立了一張「賣身契」，人民此後就完全成了克里姆林宮的奴隸，戰場上的「人海炮灰」。城市鄉村到處充斥着「輕視」「鄙視」「蔑視」「仇視」「敵視」「美帝」的標語口號，把中國字彙中應有盡有的刻毒毀罵的詞藻都用盡了。赤色黨徒儘量製造各種宣傳攻勢，說「反美」「抗美」是「人民」的意志，這種惡毒鬼祟的用心，中外古今，誠所罕見?!

然而中國人民是眞的反美嗎？幾千年文化傳統一貫以恕道精神自處的中國人民，是不會爲中共的罪行沾污的。我們不用強調中美過去百年來傳統友誼的歷史，就近十年來，中國人民忘不掉盟邦美人兩件大事：第一，中美並肩作戰終於擊敗了共同的敵人，獲得了最後的勝利。第二，在外患和內亂所造成普遍的災荒中，美國給

(下轉第三十頁)

文藝

蕭軍之死

陳紀瀅

由一群共匪編的一本「新名詞大詞典」，上海春明書店出版，郭逆沫若題簽，一九五〇年五月一日初版，一九五一年五月十五日十二版，內有文藝作家一欄，最後一名列有蕭軍的小傳，照抄如下：「蕭軍，一名田軍，東北人，小說家。抗戰前以「八月的鄉村」一小說為魯迅所賞識，遂知名。戰時在延安，受中共教育，尚無大過；東北解放後，在哈爾濱辦文化報；因為政治思想不正確，而個人主義的色彩很濃，剛愎自用，所以常犯錯誤，繼續發表了反人民的言論，迫使文藝界同人不得不對他作思想上的檢討和批判，但是他又不能虛心接受群衆的意見，中共當局遂停止其出版工作的物質支援，聞現正在工廠工作，努力改造自己。

蕭軍死了，於今年八月間死在合江省鶴岡煤礦裏的礦坑裏。這個消息，大概很確實。

蕭軍以一本「八月的鄉村」出名，共產黨多少年來拼命拉攏他，捧他為後起作家中的一顆燦星。從延安、張家口、石家莊、瀋陽，長春，一直捧他回到他的發跡地——哈爾濱。為什麼一下子就把他貶為煤礦裏的挖煤和扛煤的工人？而且他還死了？這實在是一件並非不可思議，反而極露共匪黨徒猙獰面目的一件事。我們不可忽視這一個紅色作家之死，僅是一個渣滓的沉沒，一個小水泡的幻滅，其中若干資料，未始不可做為我們對於共產主義的新認識。蕭軍的一生代表着四十年代文人的悲哀，不但是警告匪共未死作家，叫他們服服貼貼，別生妄想，同時也值得我們自由民主文藝陣營裏的鬪士們加以警惕。

據前年的報載：蕭軍到哈爾濱後，曾主編哈爾濱文化報，有一天他發表了一篇文章，指出蘇聯當日本投降時在東北所做種種勾當的不當。他指摘蘇聯不應該刼奪東北的物資，不應該搬走工廠裏的機器。還有蘇聯軍人在東北種種野蠻行為，都不是一個帮助「中國人民解放軍」「解放」中國的應有行徑。因此，他根據「史大林主義」和「列寧主義」，說明『中國的民族的不可侮，縱然蘇聯是帮助「人民解放軍」解放全中國的，但蘇聯應當理解中國共產黨還是有民族思想的。』原文是否這樣？或大意是否如此？因無所憑據，不能遽斷，但我們看了共匪給他作的小傳，則這些話百分之百是眞的。還有一點可資證明的，乃是蕭軍的個性和他一貫思想，除共匪所指摘的他有强烈的個人主義外，他還有想丟掉却無法丟掉，共產黨徒所謂的一種包袱——國家觀念、民族思想、則絕對也是事實。他曾感情地喜愛過共產主義是事實，但同時他也感情地討厭蘇聯人也絕對是事實。因為中國人在歷史上都反對俄國。東北人尤其厭惡老毛子！其原因是歷史的，地理的！

無論如何，自從他發表了那一篇文章之後，共產黨便把他打入窰坑。（他們美其名曰在工廠工作）雖然經過高崇民，韓幽桐等匪官替他說情也無效。終於把他送到鶴岡煤礦（也稱鶴立岡煤礦，是松花江下流的最大煤礦）去了，聽說為他還開了許多次檢討會，檢討蕭軍的錯誤思想 說他歪曲了「中蘇」的「合作」，並錯讀了列寧史大林主義等等。這件事情，大概發生在三十八年的冬天，蕭軍便從此寂寞無聞。在將近兩年的時光，他究竟如何實踐一個「革命作家」對於勞働者的深刻「體驗」，我們無法知道，他是否還在窰坑裏產生了作品「如何努力改造自己」，我們均無法探悉。但他的死訊從鐵幕透露，則是他兩年來最後和最新的報道。也是一個赤色作家的最終下場。按蕭軍的粗健身體膂力，扛煤挖洞都勝任愉快，絕不致把他累死。不過為什麼不早死，不晚死，偏偏這時候死？正常的判斷——他可能是抑鬱而死，或操勞過度而死；另一種判斷，則是共產黨徒鑒於韓戰失敗，人民反蘇情緒高漲，把他殺死，使蕭軍思想不再蔓延，制止人民反蘇，警告所有動搖的作家，和所有東北浮動的人民。

「九一八」以前的東北文化水準，和以哈爾濱為中心文藝作品水準，都是相當高，多少還有點令內地人不置信的情況。自從以孫桂雲為首的五虎將在上海全國運動會大顯身手後，「哈爾濱」的名字與日俱彰。其實在那以前，哈爾濱的文藝早已成界，並且已有了燦爛的作品。為什麼以一個邊遠的商業城市能沾染上深厚的文藝彩色？也值得一追溯的：一、是由於交通方便影響了哈爾濱。除蘇彝士運河外，哈爾濱是陸路的歐亞孔道。由中國乘西伯利亞去歐洲，僅需十二天，若經蘇彝士運河，則需四星期，所以在九一八以前，哈爾濱因交通便利，得風氣之先，一切歐洲文物，從陸路來的，哈爾濱是接受的一站，當時許多外文藝書籍，電影，樂器，都曾經先到過哈爾濱。二、是舊俄的作品影響了哈爾濱。蘇聯革命後，帝俄的臣民相率逃到東北避難，其中以住在哈爾濱的人數為最多，這群人當中，有不少是文學家、音樂家、美術家、戲劇家，因而影響了哈爾濱的文藝發展。三、是經濟富足影響了哈爾濱。哈爾濱因是東北北部交通中心，不但爲中東鐵路（當時的名稱）的總樞紐，又是松花江的心臟，既爲整個舊黑龍江全省的咽喉，又爲吉東的鎖鑰。由於水陸交通便利，經濟價值大增，人民富裕，商業繁盛，因之文藝環境，十分優越。四、因爲哈爾濱是東省特別區的首府，又是中東鐵路局所在地，這兩個機關待遇特優，有若干達官貴人在內地爲官作宦多年以後，又跑到哈爾濱在以上兩個機關掛名拿乾薪，渡寓公生活。他們從舊書篋裏也影響了哈爾濱的文化。除此之外，地方風景、建築、飲食、衣著以及娛樂場所等等都與文藝有關。學校、報館更是提倡文藝的大本營。

有一件事實我們必須承認：今天四十歲左右的作家，假如他是二十歲時或更以前從事新文藝創作的人，其中大多數的思想必與「左傾」有關。因爲在「九一八」以前數年，新文藝幾乎完全是左派作家作品，大量的普羅文學作品由各書局出版。全世界都震於蘇聯的革命的表面成功，而美國又在鬧經濟恐慌，因而普羅文學在任何角落都泛濫起來了。我們記得美國左翼作家阿普敦，辛克萊的「石炭王」、「屠場」、「山城」，劉易士的「大街」，日本的小林喜多二的「蟹工船」都是這個時期暢銷的作品，蘇聯的作品更多得數不勝數，較大部頭的有「靜靜的頓河」、「鋼鐵是怎樣鍊成的」、「我是勞働人民的兒子」以及高爾基晚年的全部作品，都充斥在全世界的文學市場上。其他類型的作品可以說太微乎其微了。因此，我們的文學青年正遇上這麼一個浪潮耳濡目染，都是左傾作品。在這種環境下，求其不左傾，那怎能夠？何況，在中國境內，共產黨徒早已認定文藝的巨大力量，對於作家、出版、文藝、機構以及任何一點與他有利的影響方面，無不爭取。在國民黨方面，無論在技術上，認識上，都敵不過他，則也是事實。這樣便註定了近二十幾年來中國文藝作家的命運。

我記得那時候上海的出版業，無一書局不出左派的文藝書籍，包括商務，中華在內。現代書局、神州國光社、青光書局、北新書局更是左派出版物的大本營。「狂飇」、「現代小說」、「拓荒者」、「萌芽」等幾種左派文藝雜誌，風靡一時，每個文藝青年若不訂閱，就羞於見人。那時候，一般青年的讀書狂，眞是令人感動，譬如一本著作出版後，若不在出版的幾天內買到，不在很短的時間內讀完，就如同自己對於文藝有了虧欠，不但見了人後無話可談，頓然覺得自己的不如人。於是趕緊偷偷從書局買一本，或從朋友處借一本來，漏夜緊讀，第二天在朋友羣內，才覺得揚眉吐氣，大家在知識上才再恢復平等地位。

這種狂熱爲甚麼？是自然現象，抑是人爲的？暫不道論，但由於這種情勢的推演，全國愛好文藝的青年風起雲湧，滙成一股狂流，然而源頭却操在共產黨徒手內。

哈爾濱經過這陣狂風暴雨之後，中經十八年的中俄之戰，又緊跟着日本帝國主義者掀起了「九一八」事變。在東北的青年人的腦海中，從軍閥、封建、愚曚所籠罩的富饒土地，感到民族、獨立、外患的可貴與可畏，因而鑄成他們反帝，及封建，除貪剷汚的强烈意識。這種正當要求恰好脗合了共產主義散佈宣傳的必需口號與手腕。全國和哈爾濱一樣，也冲激着這種浪潮，而哈爾濱因爲日本帝國主義者侵佔之故，青年人體驗了國亡無日之痛，更加深了一層反帝抗暴的强烈意識。

在九一八後一年，即二十一年，一羣濃厚的民族意識的青年，在當時日僞統治初期的報紙刊物上，呈現了他們的名字：三郎（田軍或蕭軍）、哨吟（蕭紅）、劉莉（白朗）、羅烽、舒羣、楊朔等，他們懷着一腔「亡國奴」的悲憤，藉用文字，很巧妙地發洩他們愛國的心思。其中最受人注意的是三郎與哨吟的作品。

哨吟（蕭紅）學名叫張廼瑩，當時是哈市女一中的初中學生，她在當時的國際協報副刊上發表些散文，文字還算流暢。後來三郎也寫些小品，天長日久，同文相識是極容易的事，於是他倆因同文而相識，又因相識而相愛，這也是常情。但校長孔煥書（女）因張廼瑩行爲不檢，一紙傍文便把她革除了。不料這件事激起了社會青年的不滿，羣起鼓噪，一致攻擊孔煥書太封建，太守舊，不應該禁止學生寫文章談戀愛。同時哨吟和三郎在報上更赤裸裸地發表他倆的情書，文字優美情意纏綿，又把他倆的生活描寫得如何困苦，極博讀者同情。有不少青年跑到他們同居住所去慰問，贈送衣物。這種文字和風尚在殖民地的社會塡補一個時期的空虛，不但不被禁止，反被日僞鼓勵了。

三郎從此出了風頭。大約在廿三年秋，他倆和其他幾位作家先後逃出東北，到了上海，拜見了魯迅。正當全國上下因東北失陷，日寇侵佔長城一帶，無人不以東北問題爲重的時候，他倆在魯迅的內心上受到重視，是可想見的。跟着一人一部作品，田軍的「八月的鄉村」和蕭紅的「生死場」被魯迅推薦出版了。全國文藝作家，看了他倆粗獷而又細膩的文字，也無不目爲異軍突起。

一直到抗戰初起，田軍、蕭紅的文名，在全國眞是紅極了。

我那時在漢口，除白郎和楊朔我早已認識外，他倆、舒羣、羅烽、還有端木良等，我們在哈爾濱寫文章時，他們還在學讀書，或從業。我都不認識他們。楊朔常常把這幾個人的情形寫信告訴我，我也特別欣幸這批作家和我有地域上的緣份。那時候還有宇飛、孫陵、李輝英等都被列爲東北作家之林。

「八一三」以後，他們先後都到漢口。從此，他們把田軍的筆名改爲蕭軍，與蕭紅，同被朋友隱喻他倆是「紅軍」作家。第一次，他們集體來看我，我們談得特別親熱。以後時常往還，我家裏的秩序，因他們無定時的膳宿，頓然失去常態。吃飯時因突然添幾個客人，往往臨時再淘米煮飯。晚上，地板上橫躺豎臥，擠滿了我的空餘房間。我那時在大公報編「戰線」，他們是我的稿件最大的來源，他們隨時做我的上賓。我在公私情份上，都應該招待他們，因之我把報館給我的津貼花完了，還得搭賠上我在郵局服務的薪水。後來又加上碧野、田濤、黑丁、曾克、克家、雪垠等，眞是熱鬧極了。我的生活也亂極了。因我和他們比較熟稔之故，所以他們的思想和生活，我很少不了解。用兩句話可以概括，他們都是：「思想左傾，生活徬徨。」所謂「生活徬徨」，就是他們的生活雖然窮困，但仍不能跟着左傾的思想一致，他們都不能過窮日子，他們對政治幻想多於實際。矛盾苦悶的心情在文字與談話中時常顯現。尤其蕭軍，他沒有一點含蓄，動不動與朋友們吵架、動武，我也常在文人中拉武架。其他人都是窮極無聊後發牢騷，罵大街，更是常事。

文人這種情緒，在我們政府方面是不大理會的，然而却給共產黨徒發覺，他們利用新華日報，利用他們文藝幹部，明拉暗牢，時常給以精神上的鼓勵，並給以物質上的幫助。武漢失守前，臨汾（因爲那裏有個民族革命大學）、陝北，成了青年人和文藝作家們嚮往的天堂。他倆曾計劃離開武漢，去山西革大教書，因爲李公樸曾拉他們，我阻攔不住，他們偷偷溜了。以後，我曾把文藝作家一般情況報告給季鸞先生，希望透過他的關係邀得國民黨內宣傳當局的重視，季鸞先生很興奮地拿着由我開的一張名單去了。之後，我問他怎麼樣？他起初笑着，後來又把臉一沉，說：「你注意：祇要他們寫的是抗日文章，不宣傳共產主義，咱們多登他們一點文章，拿稿費幫助幫助他們。政府鬧窮，鬧窮！」他很不滿意的樣子。然後，他又問我：「戰線稿費怎麼發？」我答：「每千字三元。」他立刻說：「太少了，太少了！你從現在起改按千字五元。（註：這是民國二十六年底的話）」我當時高興萬分，替作家們謝了他。不料，蕭軍、蕭紅去臨汾革命兩個月後，又回到武漢，見我時，大罵：「李公樸騙人，扛着革命招牌，實際不幹革命事！」這一次他倆把僅有的幾套衣服和簡單行李都丟光了。[illegible]北方人粗野，蕭軍是粗野中的粗人，脾氣暴躁，性格孤傲。從臨汾回武漢後，滿腹牢騷，又加窮困，於是常拿蕭紅來洩憤，夫妻間常因細故口角，甚至辱打，蕭紅個性雖强，畢竟是女性，最後喫虧忍氣了事。這時便給端木蕻良可乘之機。武漢失守前，蕭紅、端木双双遛去香港把蕭軍拋在一邊，使一個剛烈如火，最有「革命性」的作家，也如丟盔卸甲的勇士，茫茫然，仰天長嘆而已。

蕭軍在武漢失陷前夕，一者爲婚變、（本來他要去香港的），一爲敵人已進入武漢內線，遂不得不西走四川，大概到重慶勾留不久，就去成都，擔任了成都新民晚報的副刊編輯。在二十八、九年，我還常接到他的信，他在這時期，完成「側面」第一部，記載臨汾「革大」的事，極盡揶揄。他在這時候，聽說和一個什麼人戀愛又失敗，新民報一個月也給不了他多少錢，生活依然潦倒不堪。他的成名之作「八月的鄉村」被當局禁售。於是，信內充滿牢騷與失望。

羅烽、白朗帶領他們的老太太到重慶後，住南岸銅元局，一間木板房，陰濕黑暗，一下雨屋內就成河。舒群在朋友處打游擊，黑丁、曾克於五三、五四由山西到重慶後，在朋友處食宿多日，後來才搬到賴家橋去。還有數不淸的作家都是這樣窮苦、愁悶，不用說過一個普通人的生活，就連最起碼的一日三餐，一席安身之地都無法獲得。

我看出這種危機，曾屢次向各方面呼籲，希望重視這一情勢。我並建議多出幾個刊物，能多容納他們的文章，以稿費幫助解決他們的生活，既可使他們的文章有地方發表，又使他們不覺得是被「救濟」，維持文人的顏面。結果我是失敗了。失敗的原因很簡單，他們被鐵定認爲「是共產黨，是不會養活大的。乾脆不理他們，反倒好！」

我滿懷悵惘，然而我不能做進一步的要求，因爲我怎敢保證他們不是共產黨呢？

大約在三十年，因爲他們實在無法生活下去了，共產黨方面，暗暗吹出口風，誰要去延安，管吃管住，並且還有種種優遇來誘惑。他們相率離去，怕我還要挽留他們，都不敢向我去辭行，並且託言到成都，到西安去另謀工作。

我盡了朋友之情，也盡了國民一分子的義務。明知他們走入了歧途，於國家於他們自己都無益處，然而這種結果，不能避免，則是我是永難去懷的一件憾事。

蕭軍大約是於三十一年去了延安。蕭紅在香港陷落後，因端木蕻良虐待他，發了肺病，不久也就死了。

好像在三十三四年之間，有一次我曾問在重慶的周恩來：「我聽說你們請去的作家，都不讓他們入黨，是眞的嗎？」「是的，」我問：「爲什麼呢？」他又說：「我們只要給他們解決實際問題（指的是生活問題），又給他們寫作的機會，我們總是以客人待他們，他們什麼都滿足了，他們既不要求，我們又何必非讓他們入黨呢？」

我問他這句話的原因，是聽說這批人到了延安兩三年之後，還取不到他們的黨籍。同時在重慶，有幾個我們目爲共產黨的高級文化領導人物，其實也沒得到他們的黨籍。所以我才有這一問。

但他答的對不對？是否眞情如此？我不是研究專家，不敢遽信爲眞。至少在表面上，他們是這樣做。而一群盲目醉心共產主義的傢伙們以爲既被邀前來，一定可以納爲腹心，其實他們是優禮有加，時時叫你替他們賣靈魂，賣腦汁，別的請別妄想。這是共產黨的欺騙詐術，也是共產黨的「巧妙」。

三十四年十二月廿六日，我回到已別十四年的哈爾濱。有些老朋友，談起自哈爾濱走出的一些文人們的情況，有人問起蕭軍和舒群等，我很驕傲地說：「哈爾濱只有我們能回來，他們是回不來了！」不料三個月後，我便不得不再度和它告別，無名的悲哀，不住地諷刺我的驕傲，當我離開那裡的一刹那。

三十五年的秋天，共產黨打入了張家口，忘記爲了什麼原故，大概由於軍調部的主張吧，全國記者群接受共產的邀請飛臨張垣。回北平的記者們告訴我，在那裏曾遇見蕭軍和舒群，蕭軍仍是那麼硬綁綁的，舒群還是像個莊稼人（有一位距離文藝很遠的政界人，當我在漢口把他倆介紹他時，我說他們是作家幾乎使他詫異得不能自持。事後他告訴我，我以爲他倆是你新從鄉下招來的工人呢。可見他倆外表的粗獷。）以後張家口再度被國軍收復，他們逃往何處，就不知道。但在四平街一役之後，他們便在哈爾濱出現。他做了文化報的發行人，舒群做了魯迅藝術學院的院長，羅烽、白朗都做了文化官兒。其他人都在北平窃據要津。却不料在此時蕭軍忽然發開了天眞，說出良心話來，惹出一場大禍來。

我敢說：在三十八年和三十九年上半年，他們一定是過得興奮的日子，躊躇滿志，喜氣洋洋，韓戰一起，他們必感前途茫然了。等韓戰匪共一再失敗，他們必容虛得一無所有了。將來他那塊地方究竟誰能佔住，我們有把握，他們已失却信心了。因之，我相信共匪對付作家的方法，雖沒有多大改變，但像蕭軍這樣的人一定比以前更多。蕭軍於遭受日本帝國主義侵略後逃出東北，又目擊另一個更殘酷的帝國主義，打着漂亮的招牌，幹比日帝更貪婪的事情，他忍不住，發了天眞。這是匪共最怕的一種內傷，所以他們把他處死，杜絕蕭軍思想的蔓延，是極合理之舉。

由於蕭軍的死，我們可以看出共產主義對於民族思想的眞諦。它對於民族思想或主義，只是用爲侵略別的民族的一種工具，是單方面的，是主觀的；絕不容許在它侵略了那個國家，或征服了那個民族之內，有人對它講民族主義以及思想。它用這種謊騙吞併了波羅的海三小國。把東歐幾個國家納入它的鐵幕。侵佔了我新疆蒙古。同時却又利用烏克蘭，白俄羅斯在聯合國騙得了席位。

由於蕭軍的死，我們更可以看出共匪對付作家的方法，巧妙而毒辣。他用物質，名譽把作家騙到手以後，供之如佛祖，驅之如牛馬。牠的本來面目，在牠越失敗的時候，越顯得淸楚。稍一不服帖，便置之死地。作家們吃了牠們的十年的毒藥糖衣，現在剛舐到苦的藥心了。我相信：現在是他們最痛苦的時期，他們都有被處死的可能。連在北平的那群傢伙也不例外。

由於蕭軍的死，我們知道作家的悲哀。作家是人，作者同別人一樣，需要以飯充饑，以布蔽體；他們時時給人精神食糧，絞腦汁挖心血，但他們也需要社會國家給予同情，給予精神上的鼓勵。給予發表的機會，給予善意的督促與領導。過份的干涉與絕對的不理睬，都會鑄成大錯。鑒往知來，把消極變積極；把防範變爭取，是培養作家的上策。

由於蕭軍的死，證明文人無遠見，只憑偏激的血氣，絕對不可。在魔鬼面前求憐憫，給老虎脖子上掛素珠，都是徒勞的。蕭軍在那種境遇下，不知自量，其死是應該的！所以，他的天眞血性之發作，是可哀的！然而他的死，並不可哀！

由於蕭軍的死，證明蕭軍的思想是共產匪徒的大忌，所以他用死來威嚇作家和人民，但是我們知道今天朱毛幹的勾當，在中國人民眼裡是雪亮的，掩飾不了的。東北人民反蘇在歷史上，地理上也是不能以死恫嚇倒的。我們相信蕭軍思想，不但不會消滅，必然隨着劊子手的血刄越來越狂熱，終於殺死朱毛，把老毛子消滅在東北爲止！（完）

自由的謳歌

惜夢

我崇拜自由！
我贊美自由！
有你才有眞正的快樂，
有你才能任意的優游。

個人要有自由！
國家要有自由！
無論在什麼地方，
無論在什麼時候。

人類需要衛護，
你便是堅實的甲胄；
人類懼怕飢餓，
你便是珍美的糧餱。

誰威脅了你，
我們要向他詛咒；
誰侵害了你，
我們將他視爲仇讎。

失掉了你，
好比是處在暗陬！
失掉了你，
好比是一個罪囚。

除了生命，
什麼可以和你比重？
除了生命，
什麼可以和你相儔？

多少人拋去頭顱，
爲了爭取自由；
多少人正在奮鬪，
爲了維護自由。

任什麼暴力，
最後都必須對你撒手；
任什麼强權，
最後都必須向你低頭。

你像是皓月在秋夜，
你像是旭日在長空；
你像是喜馬拉雅山的高峯，
你像是密西西比河的長流。

這是天賦的意願，
這是本能的要求；
我崇拜自由！
我贊美自由！

從中東問題說到非洲的戰略地位

B.Fellers原作　幼麟譯

一

英國與伊朗的石油紛爭，情勢已相當嚴重。由於共產黨的煽動，整個中東已瀰漫着民族主義的怒潮；而在國務院領導下的美國，則與英國採取同一步調，容許英國在這一區域中保持其重大的利益，並追隨着她的政策而前進。此次哈里曼特使團之往返伊朗，也許是美國首次的「偏差」行爲。

亞拉伯與美國之間的石油協議，歷次皆甚圓滿，如果缺少技術及不諳煉油的伊朗人，能就美國的石油工作人員中物色其所急需的專家，則其結果當甚合理。但英國却已預防到這一着，而美國的國務院亦站在違反美國人利益的立場，通知美國油商謂他們沒有擴張至伊朗的希望。同時伊朗亦曾要求借重西德的石油技術人員，大概英國對於此點，可能又將堅持着盟邦不願英國退出伊朗的理由，來加以阻止的。

石油的紛爭將會爲一種事實所擴大，即英國如果實行武裝干涉，必將掀起蘇聯武力的侵入中東，一旦蘇軍進至伊境，必定要繼續佔領下去，因爲那邊是蘊存着全世界已知的石油蘊存量總數中百分之五十(?)而其每年的石油產額，則達六千萬噸之鉅。

本來歐洲的經濟是有賴於來自中東的石油，一旦中東石油拒絕輸往歐洲，則這種匱乏勢須由美國予以供應。美國去年的石油消耗量，數達三萬萬噸，約佔全世界石油產量的三分之二。西半球各地能够供給美國平時所需的石油，可是美國如被迫去供應歐洲所需要的石油之時，則需實行配給制度；倘在戰爭的時期，則單靠西半球各地的來源，實不足以應美國及其盟邦的全部需要。

至於蘇俄的石油狀況，較之美國尤爲不穩。就已確知的情形而言，蘇俄及其衞星國羅馬尼亞的每年石油產量，合計約爲三千六百萬噸，她得限制民間的消費後，始能足供其戰時的需要。

當東西兩壁壘未取得中東的石油而開始作戰時，則彼此都要極度注意到誰將爲這個豐富的戰利品所否認。「石油乃爲現代戰爭的血液」。如果我們認爲蘇俄無須以維護和平爲藉口，或首先發動侵犯的行爲以奪取中東的油田，那是太天眞的想法。美國的國務院不會讓英伊的紛爭演變到足以引起蘇俄來參與的一種地步。因此，在和平或戰爭的重要關頭，我們的問題是在於阻止俄國奪取中東巨大的油源，及其尋求自由的民衆與其重要的交通線。我們必須與這個戰略的地區，獲得更密切的聯係，而目前的美國當局，則似乎要將這一工作寄其希望於盟邦身上，甚至付之悠悠的命運而已。

二

或謂土耳其的東部邊境，是凸出於高加索的南部疆界之上，一個充分武裝的土耳其是足以威脅蘇俄南下通往油田心臟的供應線。這個看法乃是錯誤的，因爲事實上如果蘇俄實行攻擊，則土耳其的武力便可能爲赤色空軍所擊毀，或被擊成癱瘓的狀態。

有些人以爲我們地中海或紅海的艦隊，再配合上轟炸機群，便能够摧毀蘇俄的鐵道運輸及其通往油田的油管。這是假定我們的海軍，能够登陸並掌握石油設備以供我用的一種看法。但當第二次大戰之時，基於敵人空軍的行動，英國竟無法利用地中海，作爲沙漠戰役的供應線。迨至一九四一年五月二十二日，德軍突擊英國在地中海東部的艦隊，結果全部被摧毀。根據這一次的經驗，則知在蘇俄空軍未被擊敗以前，我們是不能够相信盟國艦隊能在地中海或紅海從事有效的作戰的。

蘇俄如果突擊歐洲，則配合强大陸軍的紅軍，必將以壓倒的數量實行攻擊，而歐陸的空軍基地，是否能够爲盟國所掌握，以待有利時期的到臨，實在大有疑問。聯合國在歐洲所建的空軍，當戰事開始之時，大部分必將從事於戰術的行動，以支持我方的地面部隊，如是則他們即無法兼顧中東的領空了。

另有一些人則以爲從英國基地起飛的戰略空軍，可能摧毀中東的石油設備，以阻止該處石油之運往蘇俄，但是那時的英國本身，也許要遭受赤色空軍的V-1及V-II的射擊，甚至將直接受到空襲。英國爲避免其人口中心區之遭受原子彈的攻擊，也可能諒解地被迫而採中立的地位。所以要作穩健的軍事計劃，便不能够完全信賴英國及歐洲的軍事基地。根據軍事計劃中伸縮性的重要原則，我們自必須擴大利用非洲的基地。

俄國之於中東，是享有軍事上及地理上的決定性的便利。由於蘇俄首先相信龐大的陸軍之故，她的戰術是要利用空軍協同紅軍的坦克車隊，來擴大她的邊區。蘇俄在高加索的紅軍，能够很迅速地進至附近的中東油田，那是沒有任何盟邦的地面部隊足以抵擋他們的。而唯一有效對抗蘇俄進佔中東的辦法，便是使用空軍，蓋紅軍愈深入於這個戰略上無甚價值的地區，則她的供應線愈可能遭受空中攻擊的阻斷。何況空軍尙能以推毀煉油廠，抽油站和貯油庫，炸斷油管線路及鐵道暨可能利用之公路交通等方法，以阻止石油之輸往俄國呢。

在規模完備的洲際空戰尙未發展成爲事實以前，海外的空軍基地仍佔很重要的位置。要在歐洲大陸掌握空軍的基地，縱非不可能，而其代價則必十分驚人。同盟國的地面部隊，在努力抵擋紅軍的最大壓力時，必將大受損失，而且事實上必將顯示這種犧牲乃是無結果的。

三

我們要掌握住具有天然屏障如河海、山岳、或沙漠之類的基地，乃是比較容易的事情。祗要有少量的地面部隊，便能夠固守着這些具有天然障碍的基地；而能夠突入這類基地的紅軍，至多祗有一部分。以河海爲屏藩的基地，將會迫使紅軍實行空運，否則就要渡海作戰；而以沙漠或山岳，爲屏藩的基地，對於敵人的供應，必將發生困難，而且此類地區又會限制了敵人可能從海上或空中運輸軍隊的範圍。

一個具有高度訓練的少量機動地面部隊，配合着充分的空中防衛與支援，便能夠守護非洲的空軍基地。地中海，紅海加上蘇彝士運河，在防禦對非洲的陸地侵犯上，乃爲一不可輕視的障碍物。蘇俄對於兩棲作戰，是既乏經驗而又裝備拙劣的。如果我們能夠取得空中優勢，就決不會有大量的遠征軍，能從地中海或紅海彼岸完整地抵達非洲的海岸。

一個登陸部隊可能橫渡蘇彝士運河，但由於蘇彝士海峽的狹窄之故，必易暴露其目標於空軍的攻擊之下。同時，從俄國達到這支部隊的供應線，必須橫越數百里的沙漠，則空軍亦能毫無困難的發現並摧毀這支祼露的運輸隊。

我們如果佔有空中優勢，並有少量防衛非洲基地的地面部隊，便能夠擊破敵人的空運隊伍的進襲。我們的戰鬪機可能擊落大部分的空運機，即有闖入的若干運輸機，亦將在基地附近大受高射砲火的攻擊。

蘇俄即使佔領歐洲，未必就會威脅到非洲的基地。主張以陸軍防衛西歐的人，往往說我們必須能掌握歐洲，才能保全非洲。這種理由是有錯誤的。要知俄國的武裝是準備擴展到歐亞兩大陸，他們接近非洲的最佳路線，乃是從俄境通過中東，而不是經由歐洲而至非洲的。即使整個歐洲陷於紅軍之手，那些保護非洲的天然屏障仍然存在。俄國取得了歐洲，固將增進其以空襲非洲的機會，可是這種攻擊，決不能够抵抗一支强大的空軍。

如果我們能控制住非洲的天空，則蘇俄當不敢企圖佔領這個大陸。我們目前正計劃從摩洛哥起，沿北非海岸直至蘇彝士運河及巴格達，建立若干的基地，並派遣機械化部隊準備將此等基地供作空軍之用。祗是法國依然不願讓美國的地面防軍，駐在此等基地之上。假如戰事爆發而法國被迫採取中立，則我們在北非的最佳基地，亦可能變成中立化。當紅軍進入歐洲時，地中海的南岸可能遭受轟炸機的摧毀，可是此等基地在戰事爆發之初，不特在戰略上及戰術上均甚有用，即在爭取空中優勢上，也是極其有用的。而那時直接保護這些基地的，就全靠我們自己單薄的地面部隊了。

在對蘇戰爭中，我們必須把非洲當做一個補給基地的南北大走廊，而從這些基地之上，我們的空軍是能够擊毀俄國的作戰實力，並阻止蘇軍在歐洲的集結。目下自黃金海岸(Gold Coast)的塔卡拉的(Takaradi)直至尼羅河上游的卡塔恩(Khartoum)已有一個有限用處的航空路線，此線距蘇俄可能在歐洲取得的最接近的基地，約有二千公里，故乃相對的可以免受俄國戰鬪機及輕轟炸機的攻擊；祗有俄國最佳的戰略轟炸機，才能襲擊這一線的基地。至於這些基地的空中供應，甚爲容易，且亦可能從黃金海岸至卡塔恩建一鐵路，而這條路線是具有很大的商業價值的。

從美國至黃金海岸的海洋交通，較之從美國至歐洲各基地的航線，更能減少遭遇潛水艇的攻擊，蓋蘇聯發動潛艇戰的基地，係在波羅的海，距黃金海岸須繞行一萬二千公里之遙。

爲了北非的空軍基地的防線，是向北伸展而達尼羅河，故也可能迫使赤色空軍前來襲擊。如果我們建立了空中優勢——我們如要保持和平或爭取勝利都得如是——則空軍的戰爭，可能在非洲上空取得勝利。北非基地的空戰既獲勝利，則防衛的王牌即能伸展至中東及歐洲，而共產黨軍隊佔領此等區域的企圖，就會被粉碎的。

我們的轟炸機，從北非各基地起飛，可能直達波羅的海。而從波羅的海彼岸的俄國至歐洲大陸，則有四條主要的鐵路線。如果紅軍企圖侵犯歐洲，則必須倚賴這些的運輸線，但他們可能爲北非基地的空軍所切斷。美國在非洲果能樹立空中的優勢，則蘇俄是否尚敢企圖侵犯歐洲，實爲一大疑問。如果她敢於嘗試，則其全部紅軍將可能被切斷，而與其本國基地隔離起來的。

因此，我們若能夠建立制空權，則從歐洲基地起而對抗蘇俄的戰爭，將會贏得最後的勝利。

四

各種情況的壓力，可能迫使美國轉向非洲來建立最有效的海外空軍基地。惟是歐洲方面，雖無明白反對三次大戰的表示，但却不願意準備戰爭。許多歐洲人都願意跳出三次大戰的漩渦，我們亦無法予以煽動。朝鮮的教訓還很鮮明，而集體安全亦未能保全南韓的民衆。儘管我們已加注意且已死傷了十五萬的美國人民，朝鮮還是被摧毀的。在陸戰上，將來聯合國之對抗蘇俄紅軍，能比對抗中共軍更有把握嗎？如果盟國的空軍優勢，力足加以制止，則歐洲的城市及人民又何必要讓蘇俄龐大的陸軍去毀滅呢？

法國曾經躊躇於造成有利美國的空軍基地，而且反對美軍駐在法國的邊區之內，以保護她的疆界。爲了政治的原因，美國直至最近才能在西班牙覓取基地，然仍未嘗從事取得西班牙的精神的及地理的利益。而希臘及土耳其所提供的空軍基地，距離其本國皆甚遙遠，即使可以停放飛機，亦必遭受蘇俄空軍的攻擊。

美國在北非雖有廣大而可資防禦的空軍基地可惜尚未能造成使人歡迎美軍的情勢。反之，她却很淺見地在幫助着歐洲的帝國主義者，而他們的地方民衆，則反在反對着美國。美國之所以有這種的苦況，實係基於通過了法國及英國之後，才與北非及中東人民發生關係，而不採取直接接觸的緣故。

美國與摩洛哥發生友好的關係，已有百年之久。在一九一二年的保護條約下，法國及美國皆已承認蘇丹的主權獨立及摩洛哥的領土完整，但是當美國商討在摩洛哥建立美國空軍基地時，顯然爲了要增加法國在地方上的威望之故，竟又放棄蘇丹，而與法國人辦理交涉。然在亞拉伯國家的眼光看來，除卻蘇丹簽訂協定讓美國使用此等基地外，美國即有侵略的罪嫌。

關於埃及的情形，亦有相似的地方。如蘇彝士運河流域之爲英軍所佔領，及埃及蘇丹之爲外軍所駐紮，均已造成埃及人的極大不滿。而美國且曾不徵求埃及政府的同意，與英國協商使用蘇彝士的空軍基地。作爲一個主權國家且與美國相友好的埃及，對此自然深感憤怒。

至於巴格達方面的情形，亦復如是。蓋在有關伊拉克國家安全及民衆福利的若干事件上，美國均係先與英國辦交涉，而置伊拉克於「右第二章」的地位。

又如造成百萬亞拉伯難民的以色列國之建立，亦已增加了騷亂的情勢。美國生怕對亞拉伯國家作經濟的考慮時，會迫使以色列以武力擴張其邊界，可是這種顧慮反而加劇了這個問題的複雜性，因此亞拉伯各國乃主張對美國加以譴責。

巴力斯坦的情勢，大部分是由共產黨的宣傳口號所造成，例如：「美國的侵略是通過以色列的」，「石油戰爭即將爆發」「美國給予以色列的金元愈多，則亞拉伯國家的困難亦愈甚」。美國在中東的代表，對於這些並未予以解答，但美政府對此問題決不至一無所聞，蓋中東的美國官員及商務代表，對這些亞拉伯回教徒的情緒，業有詳晰的報道。惟至今尚未見有任何充分補救的行爲。

至於沙特亞拉伯，則係一可喜的例外。蓋美國政府已直接與該地政府發生關係，美國的石油公司亦與當地成立互惠的營業協定。美國在那裡已有重要的達哈蘭空軍基地，而共產黨的滲透作用則已失敗。如果我們早已照樣建立良好的關係，則中東其他地區的情勢可能也是這樣的安定。

上述問題的解決，乃是很簡單的。一言以蔽之，我們必須確認非洲及中東各亞拉伯國家之政治的獨立及平等的地位，則此等國家將會與我們合作以反抗共產主義，否則中東及非洲均將脫離自由世界，而投向蘇聯的懷抱。

總之，在友好的非洲基地上所建立的最佳的空軍，乃爲世界和平的關鍵；而此等空軍的基地對於蘇聯任何的侵略行動，將是一道恒久而可靠的警戒線。

（譯自"Free Man", Vol.I,No,23）

本刊園地公開
歡迎讀者投稿

書刊評介

在東南亞的中國人

The Chinese in South East Asia

本刊特約駐澳記者　孫宏偉

作　者：Victor Purcell C. M. G., Ph. D., Lecturer in Far Eastern History in the University of Cambridge

贊助出版者：皇家國際問題研究所及太平洋關係研究所

出版者：牛津大學出版社。

本書爲一九五一年最新出版一部關於東南亞華僑狀況的鉅著。全書共八篇五十四章另加導言及結論，正文凡六百七十二頁，連同附錄書目共七四三頁，洵爲洋洋大觀。每篇均以一地區爲題，大致先述華僑現狀，人數，事業，當地政府及人民對華僑的態度及政策，然後再述及史事，例如華僑在該地如何奠定基礎，當時歐洲人士對於華僑的記載怎樣。其所列爲討論範圍的地區計有緬甸、泰國、越南、馬來亞、英屬婆羅洲、印尼、菲律賓等地。本書長處在頗能綜合中西古今關於我僑在南洋甚或在某一地區的各種記載，互相印證，互相比較，以見當時華僑的生活狀況和他們的處境，在作者的書目中，他所列舉的專書．論文　期刊等不下二三十頁之多，足見取材之豐。菲律賓一篇，作者採取了很多不易看到的西班牙方面的記載；美國部分的材料，他也充分的利用到，故關於菲律賓在西班牙統治時代的華僑情形，本書有很多獨到的地方。越南方面，他則採取了很多法國方面的材料，至於其他英屬緬甸、馬來亞、婆羅洲及印尼各地，當然他取材的地方也多偏重於殖民地宗主國家方面的材料。作者對中國方面的材料，像有關於華僑的短篇論文，雜誌文章及英文書籍，雖然頗能充分利用，但在史事方面，他似乎對於中國史書還沒有做到全部利用的地步。但以南洋各地華僑牽涉範圍之廣，及有關歐洲國家數目之多，作者所涉獵的資料已可說是難能可貴了。

本書既然名叫在東南亞的中國人，最着重的當然是東南亞中國人的現狀。這裡我們可以從本書中得到一些比較最近和可靠的數字；以華僑現時人口的眞實數目來說，到現在還是一個謎，不過作者在這裡指出了數目的多寡和所謂「中國人」的定義很有關係；如專以人種學上的中國人來計算，當然數字要多出許多，這當然和南洋各當地政府的國籍法有密切的關係。作者根據東南亞各國最近的人口調查統計數字和各方面材料所得折衷的結論，華僑在左列各地現時人口大致如下：

在東南亞的中國人（以人種爲界限）1

人口調查統計的數字用正體，估計的數字註＊號

	中國人				各民族人口總數	
	1921 或附近	1931 或附近	1937 或附近	1947		1947[2]
緬甸	149,000	194,000	…	＊300,000	(1941) 16,824,000	＊ 17,000,000
泰國	(1919) 260,000[3]	(1929) 445,000[3]	[illegible]21,000[3]	＊ 2,500,000	(1937) 14,464,000	＊ 17,359,000
越南	293,000[3]	418,000[3]	(1940) ＊467,000 326,000[3]	＊850,000	(1937) 23,030,000	＊ 27,000,000
馬來亞	1,172,000	1,704,000	＊(1941) 2,379,000	2,615,000	(1947) 5,849,000	5,849,000
英屬婆羅洲	…	…	…	＊220,000	…	＊ 878,000
印尼	(1920) 8[illegible]9,000	(1930) 1,233,000	…	＊ 1,900,000	(1930) 60,727,000	＊ 69,000,000
菲律賓	(1918) 44,000	(1933) ＊ 72,000	(1939) 117,487	＊ 120,000[5]	＊ (1946) 18,846,800	＊ 19,5[illegible]1,000
依人種爲界限的中國人總數				[illegible],505,000	各族總數	156,597,000
姑定				8,500,000	姑定	160,000,000

1, 有3字者除外

2, 本行各國總數爲聯合國統計局的數字見 Economic Survey of Asia and The Far East 1948, P. 13. (Lake Success United Nalions, 1949)

3, 指「合法中國人」(亦即依照當地法律爲中國人之中國人) 如中國公民或由中國移來之移民。

4, 本數字包括北婆羅洲，沙羅越及 Labuan,

5, 移民局數字 1948 爲 1[illegible]1,000，此處作爲 120,000，以便包括非法入境者。

這一個表中所列在南洋各地華僑的數字，主要以人種爲界限，不受人爲國籍的限制，有最近當地地方政府人口調查的就根據當地政府的調查，沒有的就綜合各方面的估計來求得一個近似的數字。比起最近紐約出版的一九五〇年中國年鑑所登載我們僑務委員會的數字，本表似乎要較新近而更可靠些。左列是最近中國年鑑的華僑數字。

地　　名	華僑數字	年　度
越　　南	538,531	1940
緬　　甸	193,594	1937
泰　　國	3,000,000	1948
英屬馬來亞	2,608,975	1947
英屬婆羅洲	68,031	1938
沙　羅　越	36,000	1936
荷屬印度（印尼）	1,344,809	1937
菲　律　賓	117,463	1941

材料來源：僑務委員會
摘錄自1950英文中國年鑑。
筆者附註：英屬婆羅洲如包括沙羅越當在154,034 以上此數字仍較Purcell 書所列舉英屬婆羅洲數字爲少。

在導言裏作者開宗明義的說，目前南洋華僑雖然處在進退維谷的地位，但本書目的却在說明華僑所以構成一個問題主要的還是因爲他在機智、才能、勤勞各方面都比較其他當地民族優越，而不是由於他們本身有什麼不好的地方。

他認爲華僑之能够大量的移入南洋，乃由於歐洲人殖民南洋後所造成對華僑的有利局勢。由於歐洲人在他們所侵服的大塊地區內，帶來了貿易上所需要的安全和安定的生活，華僑乃能在此擔當歐人與土人間的中間人的任務。因爲十九世紀和廿世紀歐洲經濟帝國主義的發展，需要他們殖民地的原料供應，這才需要到中國人的勞力，例如在錫鑛樹膠園需要中國人工，城市手工需要中國工匠等；因此之故，華僑人口在這期間有急遽的增加，有的國家華僑的人口，居然增加數倍以上，但作者對於華僑在菲律賓及印尼各地之迭次被西班牙人和荷蘭人的迫害，他似乎並未能作一個有力的解釋，歐洲人的統治是否完全像作者所說的那樣有利於華僑的發展，當然也不無疑問的地方。

另一方面，作者在本書第三章指出了明季易代，清初禁海之令和清廷在浙江、福建、廣東建立一個八英里至卅英里的濱海無人地帶，迫令人民內遷，都與華僑的大舉外徙有很大的關係。

華僑到底什麼時候開始才構成一個問題呢?!作者的答案分爲三階段：（一）國民革命成功後，中國民族主義在南洋的抬頭；（二）國民黨清黨後共產主義在南洋的逐漸發展；（三）二次世界大戰後共產主義武力的猖獗。中國民族主義在南洋的興起，使中國人和土人以及統治政府間發生了對立的形勢，而二次世界大戰後共產黨武力在南洋的出現，更構成了極嚴重的威脅。

緬甸一篇裡作者指出，緬甸華僑和當地人民相處最爲融洽，並且也最能够適應當地環境，不過這一事實也反映了華僑在緬甸的勢力，並不像他們在暹羅、印尼、馬來亞那樣的雄厚，和那樣的招到當地人民的妒忌。在緬甸華僑的經濟勢力，尚遠不如印度人的勢力，這點似乎平常我們很少注意到。

暹羅一篇裡，作者指出暹羅和越南對於中國人的定義，並不像馬來亞、印尼、緬甸英屬婆羅洲和菲律賓等地以人種來分劃，故對於暹羅和越南華僑的確數也最難確定，在暹羅和在馬來亞一樣，因爲華僑人數多的原故，秘密結社和會黨鬬爭，乃成爲華僑及當地社會一個嚴重的問題。其次作者將華僑和暹人一九二〇年後的糾紛，歸咎於兩國民族主義的興起；由於民族主義的興起，兩民族間的關係，乃發生了新的變化。關於這一問題作者於第十四章裏曾有極詳細的討論；今後如何改善中暹兩民族的感情，實在是我政府極重要的任務。也像暹羅一樣作者在越南一篇，對於中越兩民族在越南的關係，有專章論述，不過由於越南政局在戰後與我國政治有密切的關係，所以作者對於這點，特別於本書內詳細提出。

在馬來亞一篇裏，作者的討論和分析雖然也同上述幾個國家一樣，不過因爲馬來亞受到中國內部政治的影響特別厲害，所以作者在本篇中有很多的篇幅用在討論馬來亞中國人的政治團體，同時本篇也是本書惟一對於戰後馬來亞共黨活動有比較詳細論列的一篇。北婆羅洲因爲地位不如其他東南亞地位重要，同時受二次大戰的影響也較微，所以本篇除通常的敘述外，並沒有其他特別的地方。印尼華僑具有與暹羅馬來亞華僑同等重要的地位，所以作者對於印尼問題也有長篇詳細的論述，他特立了「華僑與荷蘭人的關係」一章，當然印尼華僑戰後最重要的問題也像暹羅一樣，是如何應付當地人民排華的態度。菲律賓是一個受二次大戰影響最大的國家，所以旅菲華僑所受到戰爭影響也最大。戰後帶給華僑許多中國內爭的問題；在這許多問題中最頭痛不過的應算是共產黨的活動。

本書論述中，有幾件有趣事情值得我們重視：第一、他說到日本投降時，印尼曾有傳聞，說蔣總統廣播將派兵印尼，曾一度激起了華僑對祖國的熱情；有一個時期，不論華僑或什麼人，只要掛起中國旗，便無人敢侵犯，足見當時中國的聲威。其次作者說到一九四〇—一年，中國由於滇緬路的開闢而大量移民到緬甸的時候，他有下列幾句話：「雖然政府當局對於中國人非法經營鴉片賭博等表示不滿，但緬甸老百姓並沒有因此而感到憤懣，只是在國民政府某副部長和官員們到緬甸以後，他們的行爲顯示着，好像緬甸就是屬於他們的（behaved as if they owned the place），這才引起了輿論的憤怒（包括旅緬的中國人）。

另有一段說到我入緬國軍，時常發出佈告，間接或公開的宣示緬甸現已由中國管轄；在臘戍的中國駐軍甚至未經緬甸當局的許可，便自建立一個大無朋的勝利紀念碑，但他仍承認戰爭期間中國軍隊紀律嚴明，直到日本失敗後，軍紀才稍廢弛。凡此固足表示作者思想還不免夾雜了他本國的利害觀念在內，但以往政府視察僑胞，往往不能達成預期的任務，反而傷害到僑民與當地人民和政府的關係，這也是事實。其癥結所在，都由於我官方或軍方人員沒有注意到他們的一舉一動所可能給旅居當地華僑的影響。遠而言之，譬如菲律賓一六〇三年華僑被西班牙人大屠殺，固然由於西班牙人的野蠻，但當時糊塗的明廷，無端的派了官員到菲律賓去尋求財寶，招惹了西班牙人對中國人的猜疑（以爲中國人想把他們趕走），當然也是一個主要的原因。

說到當時明廷派使者到菲律賓的情形，作者在本書第五九一頁曾經這樣寫：

「他們一行於五月廿三日登岸，佩帶各種徽章以及中國衙門所習見的一套東西，他們帶了許多隨從，劊子手和携有繩棍的武弁……和印信等……。這三位官員的擧止行動，一如他們在中國本土一樣，任何他們遇到的中國人，假如他們認爲罪有應得的話，就施以鞭撻……。這一個莫名其妙的聘問，燃起西班牙人滿腹的懷疑，他們以爲中國欽差大臣的到臨，預示中國人想把他們趕出菲律賓……。」

就是這樣的觸發了西班牙人對華僑空前的大屠殺，僑胞在這次的慘案中被害的不下二三、〇〇〇人。上面作者所說我政府人員在緬甸所犯的錯誤，似乎與數百年前在菲律賓所犯的錯誤如出一轍，錯誤的地方，都在於沒有注意到華僑和當地政府間的微關係。

關於上述西班牙人在菲律賓前後數次屠殺華僑的詳細情形，本書曾有相當明確可靠的記載，值得我們研究。這血腥的教訓，使我們深切感覺到海外華僑，必須能够和當地的統治者建立友善的關係，然後才談得上保持他們在海外的地位和繁榮。不論是當地人民建立的政府，抑是統治殖民地的政府，爲華僑自身的利益計，他們都必須盡力量取得當地政府的信任，並且盡可能範圍內和當地政府合作。

此外本書還詳盡的記載着一七六三年菲律賓西班牙人大屠殺華僑六千人的事件，和一九四六年印尼人大屠殺華僑的事件。前者是由於西班牙人忙怒華僑於歐洲七年戰爭時支助英人和當地菲人對抗西班牙。關於後者的情形，本書有很多地方引用了印尼中華總商會的備忘錄，所以對於這事件的敍述頗爲公允。由於本書所記載關於現外交部長前次長葉公超的歷次談話和聲明，以及駐雅加答總領事蔣家棟在混亂期間對於僑民的安撫和維護，頗足看到當時政府所採取明智的政策，這實是一件極堪欣幸的事情。

本書各篇對於南洋各地華僑的討論，可歸納爲下列幾個範疇：（一）華僑現狀，（二）當地華僑的歷史，（三）當地政府對華僑的政策，（四）華僑在當地所擔負經濟和社會的使命，（五）太平洋戰爭對華僑及當地局勢的影響，（六）華僑和當地政府及本地民族的關係，（七）華僑在他們旅居國家的功過。關於最後一點作者似乎頗能保持公正立場，對於華僑功過盡量列擧，但並不下一個結論，同時作者在本書中，更間接的說明了華僑之能够在南洋各地建立事業基礎，並不是一件偶然的事情，他們是擔負了當地歷史、政治、社會、經濟各方面所賦予他們的任務。

說到戰後東南亞各國所共同遭遇的共黨內亂問題，作者一再直接間接的宣示了它是我們南洋各地華僑的死敵。在越南胡志明黨羽，透過了民族主義的外衣，表面上是反抗法國帝國主義，而事實上是爲另一帝國主義做了他辱國侵權的工作。受害最大的並不是當地的人民，而是我們的華僑。由於越南共黨及中共的活動，華僑無辜遭殃，並且使他們成爲維南及法國兩重迫害的對象，越南如此，緬甸亦如此；菲律賓如此，馬來亞亦如此；其他東南各國亦莫不如此。在印尼最近由於共產黨的活動，使印尼政府對於華僑增加了疑慮的態度；最近印尼政府的大擧搜捕共產黨，當然免不了波及我們華僑，將來共黨份子貽害華僑，自是意料中事。在菲律賓中共之滲入菲律賓的虎克叛黨（The Hukbalahaps），當然也只有增加當地政府對華僑的疑慮，行見幾百年前華僑在西班牙人時代所患的錯誤，將因中共的活動而重蹈前轍，在馬來亞由於中共和馬來亞共黨活動的結果，造成了華僑互相殘殺的局面，不僅損害到華僑本身現時的繁榮，而且勢將影響到華僑未來的地位。戰後的緬甸也和其他東南亞國家一樣，它出現了白旗共軍和紅旗共軍，他們現在正受着中共的鼓勵和支援，遲早一天共黨會把旅緬的華僑拖進緬甸內戰的漩渦。

對於東南亞共黨問題—一個和東南亞命運直接關聯的問題，作者雖曾片斷的提到，但可惜他並沒有作有系統的討論和專題的加以研究。不過這一問題—包括今後東南亞局勢對於華僑的可能影響，和今後共黨在東南亞侵略所可能對華僑本身利益的摧殘等—之值得我們重視和研究，却是一件毫無疑問的事情。

（上接第二十頁）予了中國以大量援助與救濟，這些記憶猶新的道義友誼，深嵌在每一個中國人民的心靈，絕不是强迫威脅所能抹煞；中國人最辨別是非，不管宣傳「美帝」如何凶惡？但美國人拿錢拿物資來援助中國是眞的；不管煊染蘇俄如何友善提携，但搬走中國東北的機器和勒索中國人的食糧也不會假。大陸上水深火熱在死亡線上掙扎的人民，今天仍然期待寄望於並肩作戰的盟邦美國的友人，因爲在自由與極權的決鬪中只有美國人才有挽狂瀾於既倒的力量。四億七千萬的中國人民（除了中共宣稱的五百萬黨員），永遠是站在自由的一面的，他們認淸楚究竟誰是友人誰是敵人。

第五卷　第八期　內政部雜誌登記證內警臺誌字第一九號　臺灣省雜誌協會會員　二六四

給讀者的報告

本期幾篇專論值得向讀者特為介紹。成舍我先生是國內新聞界先進，徐復觀先生是權威政論家，均係首次為本刊撰稿。成先生用實證的方法，廣徵中共種種欺詐人民的事實，推論共黨政權之終必崩潰。其文筆實別有一格，使人讀之不覺冗長。徐先生此文從其不平凡的標題看來，便可知其非尋常之作，他用深入淺出的手法揭發中國文化一個嚴重的病徵，他所說的警語值得世人惕勉。

人們都知道中共是靠宣傳起家的，就宣傳的技術言，共產黨算是到了登峯造極的地步。所謂「好話說盡，壞事做光」。中共宣傳的「哲理」可以一「詐」字蔽之。成先生說：「以詐得天下，安能以詐治之」，可謂千古至言；中共既以詐得天下，更欲以詐治之，其覆亡殆不遠矣。至徐先生文主要在說明一個「巧」字，在我們看來，「巧」與「詐」均非中國文化的正宗，而係得自馬加維尼與布爾雪維克的眞傳，允為民主自由之大敵。巧與詐的反面是拙是誠，誠拙二字是民主政治必要的社會與道德的基礎，眞正實踐民主的人，在處事做人之間都應具有這種精神。其實誠拙的精神原是中國固有的，但由於若干年來八路思想入人太深，開口宣傳，閉口組織，於是口是心非，「巧」「詐」公行，以至於世風日頹，人心不振。如果有人是眞心談重整道德與固有文化的話，請先從「誠」「拙」二字始。

華府通訊作者伴耘先生遊學歐美多年，因為不斷閱讀本刊，感於文字報國之義，爰作此文賜寄本刊，伴耘先生是研究國際政治的，我們與之素昧生平，但從這文中，不但表現了他對國際問題的精闢識見，而且更流露出他熱愛自由祖國的赤忱。

陳紀瀅先生有不少時候不曾為本刊撰稿了，這期他因聞蕭軍死訊而有所感，因作是文。蕭軍的死不僅是一個個人的悲劇，而是這一時代左傾文人的悲哀。以陳先生的文筆，以及他過去對蕭軍的認識，來寫作這篇文字，自然更能感人了。

本刊駐澳特約記者孫宏偉君評介「在東南亞的中國人」一書，此書是英人Victor Purcell之作，經英國皇家國際問題研究所贊助出版，取材廣博，討論詳盡，研究華僑問題的書籍殆以此書為最，我們中國人對僑胞問題從未聞有人下如此功夫，潛心研究者，今以一英國學者而能有此研究精神，直令人驚異且自慚也。願主持僑胞業務的當局能注意及之。

本刊售價

一、臺	幣	三元
二、越	幣	八元
三、菲	幣	五角
四、港	幣	一元
五、暹	幣	四銖
六、美	金	二角
七、叻	幣	四元
八、印尼	幣	三盾

自由中國 半月刊 第五卷第八期

"Free China" 總第四十七號

中華民國四十年十月十六日

發行人　胡　適

主　編　『自由中國』編輯委員會

出版者　自由中國社

社址：臺北市金山街一巷二號

電話：六八八五號

航空版

香　港　香港時報社（高士打道六四號）

經售者

臺　灣　中國書報發行所（臺北市館前街八五號）

美　國　紐約民氣日報社　舊金山國民日報社

日　本　東京南友堂　東京內山書局

馬尼剌　大中華日報社

印　尼　椰嘉達星期日報　椰嘉達天聲日報　棉蘭繁華圖書公司

越　南　西貢中原文化印刷公司　越南華僑文化事業公司

曼　谷　曼谷攀多社十二號

新加坡　中興日報社

檳榔嶼、吉打邦均有出售

印刷者　臺灣新生報新生印刷廠

廠址：臺北市西園路二段九號

電話：廠長室七一二五　業務課二〇九六

本刊經中華郵政登記認為第一類新聞紙類

臺灣郵政管理局新聞紙類登記執照第二〇四號

FREE CHINA

第五卷 第九期

要目

社論 軍法與普通司法的劃分

時事述評 立法院院長的選擧

羅素的不主張承認中共政權

論「化佃農爲自耕農」……張丕介

橫臥在東西羅馬之間的三億回敎徒往那裡去？……李中直

公敎人員待遇辦法的檢討與改善芻議……林炳康

自由中國通訊

共產黨如何左右了美國輿論（華府通訊）……本刊特約通訊記者 許思澄

幼稚的左派為患日本（東京通訊）……苗劍秋

日本社會黨左派的剖析（東京通訊）……高臨渡

文藝 與潘重規先生論紅樓夢（上）……李辰冬

福萊斯特爾陰魂的控訴……朱可立譯

書刊評介 科學與社會……海光

中華民國四十一年一月一日出版

社址：臺北市金山街一巷二號

半月大事記

十月十日（星期三）

美總統杜魯門正式簽署軍經援外方案。

白宮新聞處宣佈杜魯門總統擬任命哈里曼為共同安全計劃的執行人。

十月十一日（星期四）

我駐韓大使王東原赴韓履新。

美政府公佈秘密文件證明未曾主張承認中共，以反駁史塔生在參院之證辭。

十月十二日（星期五）

新任經合總署中國分署署長施幹克離臺返日。

英美法三國參謀首長自希京飛抵土耳其首都安哥拉。

蘇俄照會英美法，對修改對義和約問題提出異議。

英外部宣佈伊拉克向英要求修改英伊條約。

十月十三日（星期六）

英美法三國正式邀請埃及參加中東防禦組織。

英外相莫理遜宣佈英軍將繼續留駐運河區，如埃及運用武力驅逐英軍，英國不惜與之作戰。

美國務院發表強硬聲明，抨擊蘇俄就修改對義和約問題對西方國家的覆文照會。

美參院通過五百六十九億三千七百餘萬元之軍事預算案。

十月十四日（星期日）

美國務院表示對未來中東防衛組織，美願供給大量武器，並可能直接參加運河區防務。

經英政府提名由埃及國王任命的蘇丹總督霍氏，表示反對任何改變蘇丹行政現狀的企圖。

李奇威照會共方，率直承認盟機曾於十月十二日兩次掃射開城，表示對肇事人員將予以適當懲處。

十月十五日（星期一）

埃及上下兩院通過廢除有關蘇彝士運河及英埃蘇丹的英埃條約。

埃及內政部長宣佈埃及政府決定拒絕參加中東防務。

土耳其政府發表公報表示支持設立中東指揮部之建議。

十月十六日（星期二）

卓伊飛抵東京與李奇威會談。

巴基斯坦總理阿里漢遇刺殞命。

蘇彝士運河區英軍武力鎮壓埃及群眾之反英暴動，傷亡數十人。

英外部宣佈英將派遣軍隊增援蘇彝士運河區。

伊朗總理摩沙德籲請安理會勿干涉英伊糾紛。

日首相吉田茂向國會演說，表示與俄暫難締約

美共和黨參議員塔虎脫宣佈參加共和黨總統候選人提名。

大西洋公約組織發表議定書。（按該議定書經十四國批准後，希土兩國即可正式入盟。）

十月十七日（星期三）

塞島英傘兵空運赴埃及增援，埃及進入緊急狀態。

美國務卿艾其遜發表聲明，籲請埃及重行考慮對英所採之行動，並指片面廢約，為不合法。

聯合國克什米爾糾紛調解人葛若姆報告安理會，表示無法說服印巴双方撤退克邦駐軍。

巴基斯坦總督納齊懋丁繼任總理。

美參院否決五十七億元增稅法案。

行政院院會通過劃分軍法司法案。

聯大七人委員會通過拒絕中共進入聯合國，將草擬報告向大會提出。

十月十八日（星期四）

伊朗總理摩沙德在安理會表示，伊朗油田不容讓與外人。

美國防部長羅維特對參院表示，伊朗局勢如不澄清，將不能自美國獲得軍援。

麥帥對美退伍軍人演說，呼籲援助中國人民重獲自由。

蘇彝士運河區英埃軍發生衝突。

美國務院透露，蘇俄已拒絕美國所提由莫斯科採取行動以實現韓境停戰的建議。

聯軍統帥部對談判中立區問題提折衷辦法。

十月十九日（星期五）

立法院會通過接受院長劉健群之辭職。

盟共双方聯絡官對劃汶山開城半經三英里為安全區獲致協議。

安理會拒絕對英伊糾紛採取行動。

法外長徐滿聲明支持英國在埃及的立場。

美參院通過七十二億共同安全撥款案。

十月廿日（星期六）

英軍封鎖蘇彝士運河區。

黎巴嫩衆議院通過支持埃及反英立場。

美參院通過出席聯合國九代表，惟拒絕對傑塞普之任命採取行動。

總統明令發表，特派蔣廷黻為中國出席六屆聯大首席全權代表，劉師舜，劉鍇，時昭瀛，于浚吉為全權代表。

十月廿一日（星期日）

埃及國務會議通過總動員法，並設最高作戰會議。

十月廿二日（星期一）

印度人民黨成立，穆克齊任黨魁。

臺灣全省地震，花蓮罹災最重。

盟共双方聯絡官簽定協議書，同意重開談判。

十月廿三日（星期二）

白宮宣佈，俄境又有原子爆炸。

十月廿四日（星期三）

聯合國六週年紀念日，蔣總統發表文告。

十月廿五日（星期四）

臺省各地慶祝光復節。

停戰談判正式恢復。

英國大選。

社論

軍法與普通司法的劃分

十月十七日行政院第二〇八次會議，通過「臺灣省戒嚴時期軍法及司法機關受理案件劃分暫行辦法」。全文共八條。其中第一至第四條原文如下：

第一條　軍法機關依戒嚴法第八條受理案件，應以與軍事或地方治安有重大關係者爲限。

第二條　左列案件應由軍法機關審判；但與軍事或地方治安無重大關係者，應交由司法機關審判。

一、內亂罪；

二、外患罪；

三、妨害秩序罪；

四、公共危險罪；

五、搶奪强盜及海盜罪；

六、恐嚇及擄人勒贖罪。

第三條　左列案件應由司法機關審判；但與軍事或地方治安有重大關係者，仍應由軍法機關審判。

一、僞造貨幣有價證劵及文書印信各罪；

二、殺人罪；

三、妨害自由罪；

四、毁棄損壞罪。

第四條　關於觸犯特別刑法之案件，應由軍法機關受理者，以與軍事或地方治安有重大關係者爲限。其餘由司法機關受理。

上述第二條所列舉的六個罪行及第三條所列舉的四個罪行，即是戒嚴法第八條第一項所列舉的十個罪行。第四條也即是戒嚴法第八條第二項的改寫。戒嚴法第八條與上列四條不同之處，就是依前者的規定，上列各罪「軍事機關『得』自行審判或交法院審判之」，而後者則以「與軍事或地方治安」有無「重大關係」作爲軍法與普通司法劃分的標準，兩者間不同之點，如是而已耳。

「重大關係」四字，爲上述劃分辦法第一條至第四條所共有的要點，同時也是唯一的要點。該辦法第五條及第六條對於這一要點名之爲「劃分原則」！這個「原則」，只是屬於程度性的，看不出一點明確的界限來。怎樣才算有「重大關係」，怎樣才算無「重大」關係，全憑一個主觀判定。主觀判定，甲和乙可能相差很遠。所以「重大關係」四字，和戒嚴法第八條所用的那個「得」字，只是字面上的差異，我們實在看不出有何實質上的區別來。自然，我們也可以想到，這個劃分辦法到了公佈施行之日，軍事機關很可能移送若干案件交由法院審判，表示有了這個辦法就和沒有這個辦法的時候，情形不同了。可是，我們應該知道，這不是該辦法本身有何拘束力在發生效果，而是爲了有這個辦法的公佈，所以不得不爾。

如上所云，那末行政院爲甚麼要制定這樣一個有若無的劃分辦法呢？我們想，也有其理由。

我們的政府，是個行憲的政府，現行憲法是頗有民主精神的。政府遷都臺灣以來，一切政治文告和政府首長公開的言論，都是以民主憲政爲號召；同時在實際政治方面，臺灣省不僅有各級的民選的參議會，最近也普遍地辦過民選縣市長的選舉。從這方面看，所謂民主憲政的宏規或氣派，可說是具備了。但另一方面，臺灣是今日中華民國唯一的一個反共抗俄的基地，在這個基地上，爲加强反共抗俄的力量，肅淸匪諜自然也是最重要的工作之一，因此政府先後公佈了若干特種刑法——三十九年四月公佈的「懲治叛亂條例」，六月公佈的「戡亂時期檢肅匪諜條例」，九月公佈的「檢肅匪諜連保連坐辦法」。這些特種刑法不能說不是必要的。但三十七年五月公佈的戒嚴法，在戒嚴區的今日臺灣仍然是有效的，並未因後來在臺灣所制定的上述那些特種刑法的公佈而有所變更。因此，軍法的範圍就「得」以任意擴大而不違法！搶奪罪可歸於軍法，恐嚇罪可歸於軍法，妨害自由罪可歸於軍法，毁棄損壞罪也可歸之於軍法。在這一個「得」字的規定下，軍法審判的範圍伸縮性是太大了！這樣一來，就與政府在另一方面推行民主憲政的精神配合不上。這次軍法與普通司法劃分辦法的制定，我們想，政府的動機，當是想改善這種情形，而對於戒嚴法第八條加以補充的規定。

爲着確保臺灣的治安，並加强反共抗俄力量，對於怙惡不悛的匪諜處以嚴刑峻法，確爲無可奈何的必需。我們不應「煦煦以爲仁，孑孑以爲義」，對志願的匪諜有何寬假。在上述幾種特種刑法的規定下，匪諜案的處理已屬於軍法範圍（見檢肅條例第八條）；懲治叛亂，即是懲治刑法第一〇〇條、第一〇一條、第一〇三條、第一〇四條所舉的內亂外患罪，犯這些罪行的，在戒嚴區內，不論其身分，概由軍法審判，也已明定於該條例第十條的後半段。這，都是必要的，同時也够充份了。至於與匪諜無關的一般刑事案件，而其人犯又不是現役軍人，那就應該確切地嚴格地劃出軍法範圍以外，由普通法院受理。政府旣鑒於戒嚴法第八條的規定，在今日的臺灣有其修正之必要，那就應該按罪行的性質及犯人身份乾乾脆脆修正一番，把上列劃分辦法第二條三至六款的罪行及第三條的四個罪行，仍然劃歸普通司法，依照刑法處理。至於其中的妨害秩序罪，公共危險罪，如涉及匪諜陰謀而又出之於集體暴動形式者，依據刑法第一〇一條之規定，本屬於內亂罪範圍，在戒嚴法下，軍法機關自可處理；其他各罪如由普通司法機關偵察結果，證明其屬於匪諜陰謀，涉及內亂外患罪，則由普通司法機關移送軍法機關審判。這樣，既可適應確保治安，加强反共力量的要求，同時也可配合上政府所號召所推行的民主憲政的設施。這是我們今天所鄭重提出的一個建議，願政府在公佈這個劃分辦法以前，對於這個辦法再來一次覆議。

我們所以這樣主張縮小軍法範圍，決不是純從理論方面唱高調，而是有事實的根據，有病的呻吟：

我們知道，由於目前軍法範圍的擴大，軍法案件，一天一天積壓起來，越來越多，軍法官人數有限，他們雖每天忙得不可開交，也不能把那麼多的案件及時審愼地審判。在百忙當中，一個不太簡單的案件有時也只能經一度審問即行判決，自難免有草率之嫌。同時我們也聽說，軍法官還有一個苦處，就是他們審判權的獨立，也不及普通法院之被尊重。這，都是目前軍法的實際問題，我們不能忽視。本來，軍法審判的範圍擴充到非軍人的犯罪案件，是個非常時期不得已的措施，軍法所適用的實體法和普通法院所適用的，大多是同一的，只是程序法不同而已，其目的是求其處理迅速。現在，因爲軍法範圍過於擴大，積壓的案件一天多似一天，求迅速的目的不僅未達到，反而更加遲緩了。一個辦法，其後果與其目的恰恰相反，難道不應該切切實實改弦更張嗎？

其次，再就受軍法處理的人犯來看，經軍法判決的，不許上訴；受審時不得自請律師爲之辯護（公設辯證人的辦法是最近才開始的）；犯人的親屬不易接見，甚至其親屬無法知道其所犯何罪，也無法探知其拘禁在甚麼場所。這都是軍法與普通司法不同的地方。就人權保障的觀點看，軍法是遠不及普通司法的。

此外還有一點，我們必須特別指出的，即：軍法機關逮捕人民，嗣經訊明其無罪，但不遲予釋放，必須交保。這種事例，普通司法機關是不是有時也如此，我們尚不詳知，但軍法機關則每每如此。我們試想想，一個人無辜被逮捕，被拘禁，物質上的損失且不管，精神上的損失該有多大！所以在一個高度的法治國家，都有一個寃獄賠償法的制度，寃獄賠償的作用，不僅是對被誤捕的人犯賠償其精神和物質的損失，同時也是表示政府對於誤捕負責任。我國雖然沒有寃獄法，對政府課以誤捕賠償的責任，但民國三十三年國民政府曾頒佈過「保障人民身體自由辦法」，該辦法第二條前半段規定如下：

「各機關依法逮捕人民，經訊明後如認爲誤行逮捕或嫌疑不足時，應立即釋放，不再經取保手續」。該辦法係於三十三年八月一日施行，迄今並未依法廢止，應該是有效的。然而事實上是如上所述，捉錯了人，可不負賠償的責任，這是由於我們沒有寃獄法的制度，且不管它；釋放時也不負責，而必須責對方交保，這顯然是違法—違反「保障人民身體自由辦法」的。這種違法事例，不知增加人民多少痛苦，但現已司空見慣，而司法行政當局亦置若罔聞！

就人權保障來說，軍法遠不及普通司法。因此，一般人談到軍法，總不免有點談虎色變之感。如果軍法範圍仍任其照舊擴大，而不明確地加以限制，其後果就是人民的安全感減少，而恐懼心增加。從人民安全感和恐懼心的消長之機，可以看出一個國家治亂興亡之運。所以現代化的民主憲政國家，要保障人民有「不虞恐懼之自由」！

最後，我們還想就司法獨立，司法尊嚴這方面講幾句話：我們現行憲法，是依據中山先生的遺教，體現了五權分立的精神。司法是五權之一，其獨立，其尊嚴，固有憲法爲之保障，同時也須要司法行政當局本其職責來維護。這次軍法與普通司法劃分辦法，就是一個司法權的問題。今日臺灣，誠然是處在非常時期，我們不能主張取消一切現行的特種刑法，我們也不能主張把軍法範圍和平時一樣僅限於現役軍人的案件。可是我們在上面所提出的具體的建議—把戒嚴法第八條的十個罪行，按其性質及人犯身份，明確地劃分軍法與普通司法的範圍，應該可供司法行政當局參考。同時上面所引的「保障人民身體自由辦法」，我們更希望司法行政當局本其職責來維護其法律效力。國家設官分職，不是爲的設官而設官，而是爲的分職而設官。一個民主憲政國家，其政府組織是建立在制衡原則之上的。制衡原則，由分職而發生作用，如因分職而設的官，不能盡其職責，則制衡作用不會發生，而所謂民主憲政者也就要大打折扣或甚至徒託空言。我們深知，今日政府各部門的首長，多有遠大政治識見者，我們希望他們的識見能有效地體實於實際政治，而不深藏內心，緘口不言，或者僅僅寫在私人日記本上。因此，我們在結束本文時，不由得不越出論題以外，提供一句格言，願若干有遠大識見的政府中人，把它作爲座右銘。這句話，就是：

「歷史家對我的批評，不是問我知道的是些什麼，或想的是些什麼，而是看我所作的是些什麼」。

時事述評

立法院院長的選舉

立法院是國家最高的立法機關。我們想到「立法」二字所含的尊嚴的意義，我們便不能不承認立法院長的地位對於國家的重要。因為這個地位的重要，我們當然希望我們的立法院中有一個理想的人物來坐這把交椅。

最近立法院會已通過接受前院長劉健羣的辭職而議決定期改選新院長了。「過去種種，譬如昨日死。」我們決不願意舊事重提，以增加讀者不愉快的心情；我們只希望立法委員諸公，於將來選舉新院長時，鄭重其事，不要忘記自己尊嚴的身份，更不可忘記立法院長一職是國家一種最高的地位，乃中外觀瞻所繫的。我們希望立法委員諸公，各憑純潔的良心，本着最高智慧，不為黨派的見解所惑，不為私人的利害所蔽，好好選出一個理想的人物，或較近理想的人物。

怎樣的人才是一個理想的人物呢？就立法院院長的地位而言，第一，須政治上的人格為國民素所欽仰的；第二，學識和品行須為中外人士所同佩的。立法院濟濟諸公中，合着這兩種資格的，並不是沒有；就算用最嚴格的方式來評量，則較近這樣標準的立法委員亦儘多。萬一不然，具備兩種資格中的一種的，亦可以坐上院長的交椅而不叫人家看不起這個國家最高的立法機關了。

現在立法委員中，希冀院長的位子的，據所傳聞的而言，有的是很近上面所講的標準的；但有的則品行和學識，非特素不為國民所重視，且亦曾為外人所鄙笑的。前者當選，固然尚勉强可以去得；後者當選，則非特是立法院的大不幸，亦是我們國家的大不幸。

國家局面到了現在的地步，要圖挽救，非全國上下同心協力不可。而要上下同心協力，則凡高級機關的首長，都應有人格完美品學兼優的人來做方好；立法院院長，不過是一個最重要的例子罷了。「人苦於不自知。」我們對於少數「無其德而欲居其位」的人，沒有什麼可以說的；但我們對於立法委員全體，則很希望他們將來在選舉新院長時，能顧慮到立法院的體面和國家的前途，慎重而又慎重。（汀）

羅素的不主張承認中共政權

臺北中央日報紐約二十二日電：「英國的著名哲學家羅素，現在不主張承認北平匪政權」。一年多以前，他是主張承認匪政權的。」（見十月二十四日臺北中央日報。）

羅素的意見所以值得重視，是因為他是一個真正能够不參絲毫的意氣和偏私以評論事理的人。一年以前，他所以有美國應當承認中共政權的意見，大概是因為去夏他在澳洲講學的前後，所聽見的都是中國人民「愛戴」中共的話。他似乎以為：一個國家政權的正統，要以人民的意思而定；中共既為中國人民所「愛戴」，自應是中國的主宰。設使那些時他所聽見的都是真話，我們自然不能說他的主張不對；可惜他所聽見的都是不可靠的報告，所以他遂免不了錯誤的結論。根據他去年的語氣，我們可以約略推知他現在所以不主張承認共黨的政權，必是因為近來他已得到較真實的消息，告訴他大陸中國的人民是痛恨共黨的。因為人民的擁護而主張承認，因為人民的忿恨而主張不承認：這個原則，實在是無可非議的。當然，他一年以前因聽信不可靠的謠傳而遽作承認的主張，固不能說不是他的錯誤；至於現在他因為得到真實的報告而毅然改正他的意見，實在是他的學養到家的證明。「君子之過也，如日月之食：過也，人皆見之；更也，人皆仰之。」子貢這話，我們很可以用於羅素的這段事情上。

從去年八月二十六日路透社記者從新加坡傳播羅素主張英國承認中共的消息以後，許多人對於羅素的這種言論都莫名其妙（因為羅素的反對共產主義，是大家所知道的事實），即一向佩服他的學問的人，亦疑心他或許受了英國政府政策的影響。但審知羅素為人的人，則以為羅素的錯誤，必是因為信了謠言所致，決不是因為受英國政府政策的影響。羅素並不是不愛英國的人；但因為愛國而顛倒是非，乃羅素所不為的。（非特羅素是這樣，凡受過真正好教育的誠實君子都是這樣！）他現在的改正他去年的意見，亦必因為他得到較準確的報告的緣故，決不是因為英國政府的要取消中共政權的承認而才這樣。就使將來英國政府真的取消中共的承認，那不過是偶然的暗合。總之，羅素的主張，是根據他所得到的消息，純粹以中國人民的意思為前提的；英國政府的主張，是純粹以英國自身的利益為前提的。如果一年以前，在澳洲或新加坡地方，有羅素所相信的人，能够把中國人民真正的意思告訴羅素，則羅素或許在一年以前便已主張英國取消中共政權的承認了。（汀）

論「化佃農爲自耕農」

張丕介

(一)「土地政策三原則」與「化佃農爲自耕農」

今年元月「文化講座」(新亞書院主辦)第九次學術講演時，我在「土地政策三原則」一題中提出如下的結論：

一、土地政策應以解決農民土地問題，改善農民社會地位，及提高農民經濟生活爲目的，而不應假土地政策之名，無辜的犧牲農民 以爲達到任何政治野心的手段，所以不拘「以人殉地」或「以地殉人」，都是根本要不得的。這一原則，我稱爲「政策的目的性」。

二、土地問題是全部社會政治文化經濟問題中的一環，要謀土地問題妥當的解決，必須統盤考慮全國建設政策，然後各方面互相配合，有計劃有步驟有秩序的圓滑進行，在最少的犧牲之下，和平的實現政策之目的。所以斷不能魯莽滅裂，任使暴力，只求局部問題的消滅，罔顧全局建設的計劃。這一原則，我稱爲「政策的關聯性」。

三、土地問題的內容極端複雜，應針對問題的實際情形，分別處理，不應用一個單一的原則(如土地公有之類)，硬性的對付性質本不相同的問題，我以爲分別問題性質，而應用不同的原則，更爲切實而有效，亦符合對政治社會應有的責任心。我稱這一原則爲「政策的多軌性」。我所提的原則分爲三項：

(甲)農地——以達到「農地農有」爲原則，亦即「耕者有其田」之原則。

(乙)市地——以達到「市地公有」爲原則；市地公有，亦稱爲「市地市有」。

(丙)富源地——以達到「富源地國有」爲原則。

這三原則的理論和具體辦法，說來話長，現在提出討論的是「耕者有其田」政策之下，有關租佃制度的一方面。我們要考察一下，什麼樣的具體辦法可以根本解決租佃問題，而又能符合上面三原則的要求。

農地私有制度下最嚴重的問題有二，一是土地分配的有無多寡之不均，二是租佃制度的存在。農地政策既以「耕者有其田」爲原則，那麼租佃制度自應消滅。但如何消滅這個實行數千年而根深蒂固的制度呢？

顯然這是很不容易的。幾千年間，中國曾對此問題作過多次的努力，近代中國對此問題，更比以往爲重視 然而此問題至今並未解決 或表面似乎解決了 而實際上還是依然存在，或者使用不適當的手段，作出根本違背國家利益違背農民利益的流血悲劇(從農民暴動到中共土改，都屬此類)，而問題還是存在，還會復生。

我研究這問題所得的結論，可說是一獨創的主張，我的主張，用一句話說，「化佃農爲自耕農」。要了解這一主張，必須詳細說明各種主張的不同和困難，然後指出這一主張的正確性。

(二) 四種不適用的方式

農地政策以「耕者有其田」爲原則，此乃舉世公認的。這一原則反面的事實即爲「耕者無其田」，亦即爲舉世指摘詬病的租佃制度。我國租佃情形可從農民戶口分類上得一消息。據民國廿四年全國土地委員會調查所得，自耕農戶占四七•六一%，佃農與半佃農占三八•五九%。個別省分之中有遠較此比例更惡劣者，長江各省大都在五〇%對五〇%之間，而若干地方之佃農則有高達七〇%至九〇%者，所以實行「耕者有其田」，便等於要供給差不多占人口半數之無土地的佃農以土地，使其成爲自耕農。估計全國農民占全人口百分七十五(即四分之三)，約三億餘人口爲農民，如其中四〇%爲佃農，即約一億二千至一億五千萬人。這一龐大人口數目在耕者有其田政策之下所要求的，第一即爲如何取得土地；從政府立場說，即爲如何供給此大量佃農取得自耕土地的機會。

我們可比較中國外國古代近代各種解決租佃問題的政策，看看有沒有最適合於我國今天採用的。我把他們分別歸納爲以下四種方式：

(一)利用公有地直接創設自耕農，此爲最簡易之方式 稱爲「直接創設自耕農」方式。凡政府掌握大量足夠可耕地者，皆宜實行。美國南北戰爭後，所行之Home Stead Act(家產法)，即爲最佳之近代先例。白種人征服有色人之殖民地國家，採行此策者尤多(當然限於白色移民)。孫中山先生亦嘗主張：「農民之缺乏田地淪於佃戶者，國家當給以土地，資其耕作。」如問土地來源何在？則觀實業建設一書中關於邊疆荒地開墾之計劃，不難索解。但此方式之第一前題即爲：政府是否有如此大量足夠分配於全部佃農之可耕地？中國邊疆荒地面積甚大，但其可耕比例 則極微，即施以大規模土地改良(主要是排水灌溉肥料)，其可能亦屬有限，絕對不足全盤解決租佃制度之用。何況大規模土地改良更非短時間內所能完成？所以至少此一方式非解決租佃問題之主要政策。(我國邊疆省區內荒地，無可靠統計數字，但面積甚大，則爲事實，或估計中國可耕而未耕地約與已耕地面積相埒，不過技術上經濟上的開發條件非一時所能具備。)

(二)利用財政金融力量，收購地主超額土地，然後分配於無土地之佃農，亦爲創設自耕農方式之一，稱爲「買去地主」。資本主義國家在有特殊需要時，往往作較小規模試行這一方式。如德國在東部即嘗作此種大規模的收購分配。我國戰時亦嘗試行於四川之北碚實驗區與福建之龍岩縣，而且曾著成效。惟此方式有一前題，即政府有非常雄厚的財力。我國戰時的試行，亦係得中國農民銀行與中美農村復興委員會經濟方面之支持。若以此方式推行於全國，事實上決難辦到。（據土地委員會報告，江蘇等十五省一六一縣調查結果，自耕面積與出租面積之比爲69.27：30.73，全國耕地總面積估計爲十五至二十億畝，則其中之出租面積約爲五至七萬萬畝之間，如果用「買去地主」方式，眞不知要如何籌措這非常巨額的地價。）

（三）利用賦稅政策，對地主土地加重課稅，逼其自動放棄土地，然後由佃農承購自耕（或由政府代購或協助購買），爲另一解決租佃問題之方式。自約翰穆勒提倡地價稅以後，亨利喬治提倡單一稅，到孫中山先生的平均地權，這一系土地改革思想的重心，即在於此，此一方式稱爲「稅去地主」。此方式原爲和平漸進的切實途徑，循之前進，必可達喬治所謂「取其精華，棄其糟粕」（地租歸公），亦必可實現耕者有其田（地主視土地爲負累，即將自動出售，農民可以較廉代價取得土地自耕）。惟此方式在我國客觀情形限制下，雖經政府制成法令（土地法），但終鮮效驗，其故有三：即第一，稅去地主，需較長久之時間，十年二十年未必能達目的，而中國土地問題則早已迫在眉睫，不容延緩。第二賦稅制度亦有限制，不容完全遷就土地問題之需要（亨利喬治的主張在西方各國不被完全接受之原因，一部份亦源於此）。第三，中國社會上的有力份子大都與地主階級有若干利害一致關係，對特別不利地主之立法，能生出重重阻碍力量。所以自國民政府定都南京，十九年土地法公佈後，此一政策，迄未貫徹，即租佃問題仍然存在，耕者有其田目標始終不能實現。（目前臺灣推行的「三七五減租」也是一種和緩漸進的土地改革　就臺灣說，這一政策已有相當效果，不過距離耕者有其田還大大的差了一步。）

（四）利用革命手段，無償沒收地主土地，實行土地公有，然後按計劃分配於農民使用，此爲一切社會主義者，尤其共產主義者，所樂道的方式，稱爲「踢去地主」。他們認私有財產爲罪惡，主張沒收私產；認爲土地公有爲實現社會主義理想的基礎，所以又主張「公有公營」，亦即不主張「耕者有其田。」不過在過渡時間　却又主張採取有限期的農有制度，例如中共今日所爲。中共僞土地法大綱公開承認，要「取消封建剝削的土地制度」，而改行「農民所有制。」他們亦講「耕者有其田」，不過在政策上，這只是達到社會主義的手段。（新民主主義是共產主義的預備階段。）毛澤東的「六六報告」，即肯定此點。他們的方法是革命的暴力，對一切土地所有人一律施行「流血鬥爭」，對土地則實行「拉平」式的「分田」政策。自古以來，農民暴動，皆採此方式。但此方式造成的問題較上述三方式更爲嚴重：第一暴力主義不但根本違反人道，且不能合理的解決經濟問題；第二破壞社會秩序與經濟秩序，土地的生產力亦必因之大爲減退，（蘇俄一九一七年戰時共產主義與中共今日的土改是一樣的失敗）；第三以土地公有爲目標而以耕者有其田爲過渡手段，則今日流血鬥爭造成的自耕農，不久又將遭更大的流血，以取消其此時所主張的農民所有制，所謂耕者有其田，特爲一種最殘忍的欺騙。中共醉翁之意不在酒，土改目的在於鞏固極權統制，便於對農民及食糧的控制，而根本不在求土地問題之合理解決，更不在爲農民謀利益。此爲人所共知之事實。

綜觀上述四種方式：（一）「直接創設自耕農」—因國有可耕地有限，不足爲解決全國租佃問題之用；（二）「買去地主」—因政府財力有限，只能作小規模的實驗；（三）「稅去地主」—因緩不濟急，無法適應已十分嚴重的土地問題；（四）「踢去地主」—因違反人道，違反經濟原則　只是階級專政的手段，而非以解決農民土地問題爲目的，故其後果之惡劣有甚於緣木求魚者。

（三）　解決租佃制度的思想條件與「化佃農爲自耕農」政策提出的動機

解決租佃問題實現農地農有的耕者有其田之目標，其理想的途徑，應具備左列幾個條件：

1. 不用暴力主義的沒收方式，即不用「踢去地主」方式。
2. 不增加國家財政上的負擔，即不用「買去地主」方式。

『自由中國』的宗旨

第一、我們要向全國國民宣傳自由與民主的真實價值，並且要督促政府（各級的政府），切實改革政治經濟，努力建立自由民主的社會。

第二、我們要支持並督促政府用種種力量抵抗共產黨鐵幕之下剝奪一切自由的極權政治，不讓他擴張他的勢力範圍。

第三、我們要盡我們的努力，援助淪陷區域的同胞，幫助他們早日恢復自由。

第四、我們的最後目標是要使整個中華民國成爲自由的中國。

3. 不用緩不濟急的課稅方式，即不用「稅去地主」方式。

4, 不製造社會仇恨鬪爭，不破壞現有生產秩序。

5. 給失去土地之地主以相當補償，保障其生活。

6. 給佃農以取得土地自耕的機會，而不增加其負擔。

7. 在最迅速的短時期內，能推行於全國。

8, 在推行技術上要十分簡單，使人人一聽即懂，即可實行，並且一勞永逸，永防租佃制度之復活。

爲這一理想途徑，我比較分析中國外國古代近代所有土地政策，結果沒有一個合乎以上八條件者。而以我國國情論，採用任何上述的現有方式，皆難得有滿意的結果。

因此，我獨創了一個主張：「化佃農爲自耕農。」

先簡單敘述我提出這一主張的經過，再介紹這一主張的內容。

抗戰末期，中共的眞正企圖，已頗暴露，最明顯的事實是：他們戰時初期對土地問題的口號，這時發生了重大的變化。他們在抗戰開始時曾用「土地改革」代替恐怖性的「土地革命」，用「減租退押」代替「沒收土地」。這樣便混淆了國內與國際的觀感，就造成一種于他們有利的錯誤印象 以爲中共是「農業改革派」，或「土地改革派」或「農村改革派」。他們既也高談「二五減租」，也講「耕者有其田」，豈不很像土地改革？中國土地問題一般的嚴重性經中共過分渲染之後，更使許多天眞的人誤信中共是眞正的土地改革者，但一到抗戰接近勝利之時，他們的口號變了，態度變了，他們差不多恢復了江西紅軍暴動時期的路線，他們的「土改」有了全新的內容：沒收「反動地主」「封建地主」「漢奸地」主官 僚地主」的土地；而且公然主張用流血鬪爭方式去實行其沒收政策。等到他們的「土地法大綱」公布出來，事態已經非常明白嚴重。我研究土地問題，經常注意中共這方面的言動。我早已看出中共是拿中國土地問題作爲廉價的政治資本。我更看出中共暴力實行土改的結果。不但對農民造成無比的犧牲，尤其要給整個國家整個社會造成曠古絕今的大悲劇。

有甚麼好辦法來使中國人民和中華民族避免這場大刼呢？我首先檢討當時國民政府的土改政策，我發現她在平均地權原則之下，已經有緩不濟急的弱點，何況那時政府連徹底執行平均地權原則的決心都嫌不够呢？我再檢討中國外國古代近代的各種土地政策，結果沒有一個現成的途徑可供採行（詳見上文）。於是我的思想爲這問題弄到十分沉重。但我相信，凡是問題，無論如何困難 只要你眞能把它指出來，則問題之中必然就含有解決的答案。

我花了二年多的時間，到抗戰勝利的那一年，我想出了一個輪廓，直到中國土地改革協會在南京開會時，我完成了我這一主張的具體內容。我把她提出「協會」，又經許多專家朋友討論修改後，成爲「協會」的「土地改革方案」（三十七年二月公佈）。後來經數十位立法委員連署，於民卅七年代爲提出立法院，希望通過，成爲正式法案，施行全國。結果方案並未得通過，而中共則以「土改」之力，發展爲最兇猛的政治軍事勢力。隨中共在中國大陸的征服成功，我這一理想已似乎明日黃花，只好留作土地政策理論上一個參考而已了。

然而實際上並非如此，我這一主張在將來中國建設上仍還有値得考慮的價值。當然在中共統治之下，大部分土地已被他們用暴力重新分配，租佃制度差不多近於消滅，自然用不着我的主張。但中共政權究竟能維持多久呢？如果大局發生劇烈變化，中共所做的一切，即將隨風而逝，舊日土地狀態，雖不可能一一復原，可是土地私有制度一定繼續存在。土地私有，而又買賣自由，繼承自由，將仍不免造成分配不均與租佃制度兩重結果，那時還要講耕者有其田，還要實行「化佃農爲自耕農」。我希望政府在收復大陸後有一套完善的政策，可以預防租佃制度的復活；萬一不然，我還是主張用「化佃農爲自耕農」的辦法，作最後的補救。

（四）「化佃農爲自耕農」政策的要義

「化佃農爲自耕農」的辦法，說來十分簡單明瞭。這便是它第一個特色。當然要實行這一政策必定有一個爲人民所信仰的政府，而政府又必有誠意與決心去實現一個偉大的和平的社會革命。這自然不在話下。現在我們進一步看「化佃農爲自耕農」政策的具體內容。土地改革協會的「土地改革方案」七章條文，可歸納爲下面六點：

1. 由政府宣佈：全國佃耕地，自即日起，一律歸現耕佃農所有。（地主能自耕而願自耕者，得保留等於當地一般自耕農所占的面積。）

2. 現耕佃農取得所耕土地後，成爲新自耕農；其取得土地之代價爲向原土地所有人繳納七倍現租額之地價補償。此項地價得分十四年繳納之。

3. 原土地所有人於收到新自耕農第一次地價補償時，即終止其土地所有權，亦終止其納稅義務。（十四年內，政府負責擔保地價的補償。）

4. 新自耕農於繳納第一次地價補償後，即取得有限度的土地所有權（土地移轉或負債，皆須經政府事先核准），至第十四年地價繳納後，即取得完全的所有權。在其取得有限度所有權時，即負起納稅義務，但每年地稅不得超過土地生產額百分之十。

5. 農地農有後，政府應製定「自耕農維護法」，使新舊自耕農之土地不再陷於土地兼並，並永使租佃制度無法復活。

6· 自耕農之土地經營以農業合作社爲主要形態

，重劃土地，調整面積與農場單位，使其適於進步農業技術的應用。（農業合作社的促成與發展，爲政府在此方案中最重之責任。）

讓我們就上面六點和前面所提理想途徑的六條件對照觀察一下，看我這一主張是否合乎上面的條件。

第一、這方案只用政府的一項立法手續，根本不使用任何暴力，所以這是一種和平的社會革命。

第二、這方案允許給地主失去土地的地價補償，所以用不着鬬爭，因之，不違反人道思想。這與中共的沒收屠殺不同。

第三、新自耕農即是原來的佃農，他取得的土地即是他原來耕種的土地，所以土地雖經重新分配，而生產秩序却絲毫不受影響。生產秩序可以維持，則農業生產力只會提高，不會降低，社會秩序只會改善，不會惡化。

第四、新自耕農取得土地的代價係其年年必納之地租，現在改爲七年之租分十四年繳納 其意義在於：

1. 無形減輕佃農每年負擔之一半，且十四年後即可以取得土地所有權。

2. 地主雖失去土地所有權，但在生活上仍有十四年的半額地租之收入（且免去納稅義務），十四年之期內，生活有保障，十四年後當有更多轉業機會。（其實地主階級之中有一部分可改爲自耕農 另一部分多半有職業，地租收入減少或停止後，可更促其轉業決心，至於根本無法轉業者則應由政府社會政策解決之。）

3, 地價補償既出於地租，則政府財政無負擔而地稅有新自耕農交納，即不患收入之減低。

何故擬定地價補償相當於七年的現租額？因依多數調查，素地地價的高度大致相當於七年的租額（三七五減租後的租額）。例如佃農租地十畝，栽稻，每畝平均年產稻六石，共六十石，交租（三七。五%）二十二石五斗，七年共計一百五十七石五斗，此即素地之地價。經濟上稱此年限爲「購買年」。大致各地稍有出入，短者五年（生產力特高之土地），多者九年（生產力特低之土地），普通爲七年。在此辦法下，地主方面所損失者爲其不勞所得（地租）之機會，但其素地價值仍得相當補償，以免陷入赤貧，而轉成社會不安的新原因。

第五、佃農化爲自耕農的過程，對佃農的要求限於現租額之七倍，分十四年繳清，而對政府納稅限於生產額百分之十，如此等於減輕其經濟負擔。例如佃農租地十畝（如上例）每年交租二十二石五斗，今減半額，爲十一石二斗五升，再加生產額百分之十爲土地稅，即六石，合計爲十七石二斗五升，較平時減少五石一斗五升，亦即佃農化爲自耕農後，每年增加所得五石一斗五升，（十四年後地價繳清，每年負擔只限地稅一項，負擔更輕。）

第六、實行任何土地改革政策，通常在立法上，技術上，行政上等方面，皆須有一大套繁複手續，並因之發生無數困難與流弊。農民知識不足，易受欺騙，官吏舞文弄法，更多假借。惟「化佃農爲自耕農」一方式，則簡單明瞭，並不用多所準備，立即可以施行全國。時短，效顯，而普及，且可省却公私之擾攘糾紛。

第七、租佃制度下土地生產力不易徹底發揮的原因，除租佃制度自身外，即爲細碎的土地分割，細碎的農業經營，勞力及其他生產要素的浪費等。故在實行耕者有其田的同時，即推行農業合作制度，重劃土地面積，調整農場單位，以適應較進步之技術要求。

第八、租佃制度不易撲滅的原因在土地私有而得自由買賣，自由繼承，自由分割，自由合併，自由負債等，故在實行「化佃農爲自耕農」後，全國農地農有，即應力防租佃制度的復活，其辦法即爲制定一種保護自耕農的立法，限制以任何方式將土地落入不自耕者之手。

（五） 兩種反對意見的解答

當「化佃農爲自耕農」的「土地改革方案」提出立法院後，會引起院內院外激烈爭辯。綜觀當時所有反對意見，除大部份屬於純粹立法的技術枝節外，並無一人能提出理論上或事實上的堅強的反對理由。反之，這方案獲得各方同情擁護，却異常熱烈。

反對者比較動聽的論點有二：第一、何故對地主這一剝削階級還主張給以地價補償，而不直接沒收其土地爲公有，再重行分配於佃農？第二、何故不使佃農立即的無條件的取得耕地所有權，却還要他們向剝削者清償地價並要等十四年之久而後給以完全所有權？

這兩點理由，純係出於對地主階級的反感與對佃農們的同情。他們以爲「無償沒收」是乾脆痛快的革命精神，讓佃農們立即的無條件的變成獨立自耕農是更合乎社會正義與政治上對抗共產黨的好辦法。但他們實在犯了共黨同樣的錯誤。土地改革所要革掉的是不合理的租佃制度，而不在仇視曾作或現作地主的人們之本身；所反對的只限於他們不勞而獲的經濟機會，而不是這一群人。如果像共產黨一樣沒收土地，即立使千萬地主人口失去生活依據，則結果等於置之於死地，這是不人道的；如地主們爲自衛而反抗，那豈不一樣要用共黨大屠殺來行流血鬬爭嗎？其次，土地改革過程中，最要緊的是保持生產秩序與社會秩序，沒收土地的共黨辦法則意圖用鬬爭掀起變動，破壞秩序。至於佃農們不能立即的無代價的取得土地完全所有權一點，更算不得有力的反對理由。佃農要求土地是一事，但他們決不相信任何强力的佔據，可以合法，可以心安理得，可以長久維持。只看今天大陸上被迫分田的農民們是何等的日夜惴惴不安，便可反證反對者的謬見了。有五千年農業文化傳統道德傳統的中國農民們，他們對地主們儘管厭憎，乃至反抗，但他們有更健全的德性和經驗，他們本能的會分得清楚，什麼是搶刼的贓物，什麼是自己受之無愧的財產，什麼是靠不住的儻來之物，悖入悖出，什麼是自己份所應得的東西，可以子子孫孫世代保持而不墮。

（下轉第三〇頁）

橫臥在東西羅馬之間的三億回教徒往那裡去？

李中直

從開羅到德黑蘭，我們飛行在古阿拉伯駝隊商道的上空，越過很多城市，這些城市具有我們文明中一切古老的成份。並且把數千年來的形形色色而不調和的陳跡一直保存下來。尼羅河畔的那些蒙上了眼罩，圍繞着灌溉農田的轆轤而永遠走不到盡頭的水牛，和我在埃及所看到的那些巨大的美國修理站，似乎並沒有甚麼關聯。在耶路撒冷古城骯髒的街頭上玩耍的那些營養不足，骨瘦如柴的孩子，在貝魯特空軍基地受着飛行訓練的法國入伍生，齊集在巴格達地毯工廠裡工作着的那些十歲左右的阿拉伯男女童工們……——這就是我所見到的那個我們稱之爲中東的第一幅圖畫，它是一幅色彩極不調和，混雜無章的愁人圖。——威爾基的天馬行空錄（見「天下一家」）。

幾個月來，就是那些最不關心天下大勢的人，也變得不時要把目光投射到中東去 那是因爲問題太嚴重了。

這裡我首先要請讀者對本文的標題不要看得太嚴格；否則，那就有很多問題。

嚴格地說起來，橫臥在東西羅馬之間的回教徒早已不是穆斯萊世界的全體了。兩千萬的土耳其人民（指土耳其的國民，而非指其民族）以及散佈在中俄兩國境內的五千萬回教徒已經自動或被動地決定了他們的方向：前者毫不猶豫地走向西羅馬；而後者則無可奈何地不得不俯首在「君士坦丁大帝」的魔仗下任其驅策 不過，在整個的回教世界中他們畢竟是少數，而絕大多數的伊斯蘭教徒們仍然橫臥在東西羅馬之間，等待着命運的裁判。

法律和秩序本來是一個不可分的二面體，而目前在除了土耳其以外的整個回教的地區裡，正盛行着一種「槍殺政治」，自一九四五年以來，從喀喇蚩經德黑蘭到開羅，被槍殺的重要回教政治首領計有：一個國王、一個內閣總理、四個首相、兩個閣員、一個警察總監、一個大法官、一個陸軍總司令、一個國會議員。一個挨着一個，殞命在凶手的槍彈之下，總共有十二人之多，眞夠駭人聽聞。廣大回教地區本來就不成其爲秩序的秩序正在迅速崩潰中。

除了土耳其和鐵幕後面的總共約七千萬人以外，其他還有差不多將近兩億四千萬的回教徒分別居住在下列十一個獨立國家和幾片西方的殖民地內：

印尼和馬來亞：總共約七千萬。

沙地阿拉伯：三百萬。

巴基斯坦和印度：七千五百萬。

也門：三百五十萬。

阿富汗：八百萬。

外約坦：四十萬、

伊朗：一千六百萬。

埃及：一千九百萬。

伊拉克：四百六十萬。

阿曼和亞丁：約一百萬。

叙利亞：三百萬。

英埃蘇丹北部：約三百萬。

黎巴嫩：一百萬。

法屬北非：九百六十萬。

從雅加達經馬來亞、越過阿邁密到巴基斯坦，再經阿富汗、伊朗、伊拉克、叙利亞、外約坦、埃及一直到卡撒布蘭卡、形成了一個彎弓形的世界文化走廊，橫亘在共黨集團和民主國家之間，而世界共產主義的堡壘正位於這個弓背的切線上。因此，其在東西衝突中的戰略價值，就是門外漢也不會忽視它，而況在這個地區內更蘊藏着世界最豐富的石油，和戰爭工業所必需的錫礦及樹膠呢！

一、弓形文化走廊的巡禮

最近幾個月來，關於回教世界的問題，人們的注意力差不多都被吸引到英伊的石油糾紛和英埃的運河及蘇丹糾紛上去，而不知潛伏的，暗流的和還未具體化的問題更極其繁複而嚴重。現在我們且打開世界地圖，自東向西，在回教徒居住的弓形走廊內作一次眼動腿不動的快速巡禮。

馬來亞的剿共問題構成了英澳兩國大戰以後在遠東地區最大的負擔。而擁有將近七千萬回教徒的印度尼西亞，據美國杜威州長說，那是他這次太平洋之行所看到的最混亂的地區，要是這兩個地區那天被世界共產主義完全控制了，則澳洲、紐西蘭、乃至菲列賓都一一要變成老虎口上的羔羊，絕難逃脫被吞食的命運。

阿里漢總理的被刺，說明巴基斯坦的極端派還在執迷不悟中，非把新建立而根基未固的國家斷送而後已。另一方面久懸未決的克什米爾問題可能因了阿里漢的被刺而益趨尖銳化。就着地理的形勢來說，克什米爾山隘乃爲印巴兩國堵擊共軍南侵的重要關口。爲了兩國久遠的前途打算，他們相互忍讓，簽約締盟，共同守禦，才是正理；然而他們不此之圖，反而盡驅兩國的精銳，窮年累月對峙於共軍南侵所必經的路上。現在阿里漢死了，而尼黑魯眼光只有芝麻大，還坐井觀天，。若萬一不幸因克什米爾問題釀成了印巴間的武裝衝突，那必是世界共產主義吞食整個印度半島的前奏。

我們離開克什米爾經過喀喇蚩再向西走不遠，就又遇到一個回教徒自身的嚴重問題，那便是在克里姆林宮策動下的，阿富汗的極端國家主義份子向巴斯坦所投的炸彈。阿巴兩國本來都是回教、印歐亞利安種、和反共的國家，阿富汗人的國家觀念尤其强烈；而世界共產主義却讓你自相火併，以待坐收漁人之利。

伊朗高原是歐亞大陸的心臟地帶，在近帶立體戰爭中她所處的戰略地位尤其重要。若世界共產主義一旦據有了這塊高原地帶，它可以經阿拉伯海衝出印度洋而打破民主國家的「五洋包圍」計劃，此外它又可左附巴基斯坦、印度之背，對印度半島造成沿大陸包圍之勢；而右經阿拉伯半島向非洲實行大規模的滲透。五年前的亞塞爾拜然問題和近時的英伊石油糾紛乃盡人皆知之事，現在伊朗的政治情勢是因中間政黨失去了平衡的作用，而致政治力量變得向兩極端流竄的狀態。好在運用之妙，全憑唯物辯證法的矛盾統一之指導原則：極右的伊朗國民黨和伊朗共產黨在爲克里姆林宮出力的效用上，絕無軒輊。現在英國人雖然撤出了阿巴丹煉油廠，但伊朗的右翼極端份子所投射在民主國家的陰影却並沒有減退的象徵。

水是沒有固定型體的東西，一遇風波常常是後浪趕前浪而不能自已。今天整個中東的情勢就是如此。從伊朗提到伊拉克，伊拉克已經正式要求英國取消在其境內的兩處重要空軍基地了。伊朗高原的巨風不旋踵經伊拉克越過外約坦吹到了埃及，在那裡果然掀起了大浪。在外約坦，老王阿布杜拉死後，他的長子塔拉回國繼承了王位。塔拉是著名的反英份子，再加其年幼剛愎，及心理的變態，我恐怕紅海和波斯灣的中間，不久也要吹起些許浪花。何況巴勒斯坦問題還正方興未艾呢！

現在美國空軍已經安然地在北非摩洛哥興建基地，而不知幾個月前，在埃及策動下摩洛哥回教徒所表示的反對態度，其背景正不簡單。

總之，除人土耳其以外，整個的回教世界無處不在動盪中。任何一處潰決，都可以引得「紅」水橫流而泗濫及整個的回教世界。這種現象正是克里姆林宮所寤寐以求之的。

就現在的條件來說，若說回教世界（土耳其除外）的智慧，技術和人力對民主國家有甚麼重要性，那還不如說這個地區的戰略地理和戰爭資源更重要；在筆者看來，前者，就現時的條件來說，對於民主國家無寧是個負數，而後者則萬萬不能缺少。因此在東西兩大集團的鬬爭中，回教世界實處於「關鍵地位」，誰能贏得這個集團的全力相向，誰就可以說是獲得了決勝的鎖鑰，這話一點也不誇大。

過去美國國務院的政策設計局局長喬治•季南氏，在擬訂冷戰戰略時，設計過一個「圍堵」（Containment）的政策，曾一時大遭非議。然而若是人們能把成見去掉，冷靜地加以驗證，或可發現「圍堵」的策略，在原則上也不無部份可取之處，而就筆者的瞭解，在對世界共產主義未來的熱戰中，「圍堵」戰略却絕對必要。人人知道，現在世界共產主義所盤據的地區已經够大，若再讓它贏得了回教世界，它就可以由游擊戰帶到全亞洲、全澳洲、全歐洲和全菲洲，到了那時，縱然俄羅斯的精華地帶全被原子彈摧毀，而抗共的美國仍不能制止世界共產主義的幽靈橫行於世界百分之八九十的大陸之上。若戰爭演變到那種狀態，恐怕一億五千萬的山姆大叔就會感到孤掌難鳴了。

一、回教世界的竆

要爭取回教世界，必須先瞭解它的竆之所在，否則瞎貓捕鼠，碰巧的機會不多。

回教世界的「竆」自然很多，我們在此地只能說它與東西衝突有關的部份。伊斯蘭是最嚴格的一神教，這與唯物論的反神主義者絕不能相容；可蘭經上准許私人保有財產，而共產主義者甚至於要求到共妻的程度；回教世界裡傳統上有嚴格的倫理道德律，而辯證唯物論者則只講物性，然後講如何利用物性。回教世界的這些竆都是與世界共產主義的性質極端矛盾的，由於這些矛盾性質的存在，過去若干非共產主義的論者遂就以爲共產主義不易揷足於回教世界。然而這不過祇是一面的看法，若是我們肯「攻乎異端」，仔細推敲一件事物的兩面時，就會發現問題並不如此簡單了。

在本文的開始，我曾引用了威爾基的一段「天馬行空錄」，其實回教世界的窮困、腐敗、和愚昧比威爾基先生走馬觀花所獲得的印象還要惡劣的多。目下埃及的反英自覺運動正鬧得如火如荼，我們且以好奇的心情對這個尼羅河下游文明古國的社會狀況作一粗略的觀賞。

埃及的版圖大體上成一正方形狀，尼羅河自南而北直從它的東側穿過。整個的埃及就祇有沿着尼羅河邊一條狹長的綠帶，面積還不到全埃的百分之五，而此外百分之九十五以上的地區，是一片白沙，茅草全無。而埃及一千九百人衣食住行的一切費用，除了在蘇彝士運河區有一些收入外，就全靠那一條狹長的綠帶。但讀者且不要太相信埃及的統治階級會使那條狹長的綠帶「地盡其利，物盡其用」，在比例上還不到全埃人口千分之五的大地主，竟佔有了那一條綠洲的三分之一以上，其土地不均的情形已可想而知。土地情形如此，其他一切更無例外。在埃及至少有百分之九十五以上的人過着非人的生活，而其國王如法魯克者，則整日狂嫖濫賭，無所事事。

我們可以把埃及當作回教世界裡的一個典型來看，而整個的回教世界也不過是一個埃及的放大，其中絕少例外。在所謂弓形走廊內，從非洲西北角的卡撒布蘭卡直到中國西北角上的哈密，到處是「浩浩乎，平沙無垠，夐不見人」。在這「夐不見人」浩瀚無垠的平沙中，祇有點點的綠洲和條條的靑帶，而數以億計的回教徒就分別地麕集那些綠洲和靑帶之上，祇有馬來亞、爪哇、和土耳其算是例外，而伊朗、阿富汗和巴基斯坦等地，不過在平沙無垠和綠洲青帶之外，又多了些窮山惡水而已。自然環境如此，社會狀況也都和埃及不相上下，充其量也不過五十步和百步的區別而已。

僅就上述的一點而論，就已足供世界共產主義發動它所謂「世界革命」沃土的條件，何況有利於克里姆林宮的條件還不止此呢！

假定還用我上面所謂的「竅」來表示的話，那麼在回教世界裡就着其有利於蘇俄一邊來說，則至少還有三個重要的竅，可以和上文中所述的窮困、愚昧、不合理、等量齊觀。玆簡單地分述如次：

第一、就政治的意義來說，整個的回教世界史就是一部暴虐專橫史。若要找一個比較相像的例子，那祇有俄羅斯的歷史差可比擬。這話也或者有人不喜歡聽，但事實確是如此。「可蘭經或寶劍」，當穆罕默德在世的時代，其宣傳恐嚇的意義或者較殺人更重要，但自這位偉大的教主死後，凡是回教徒武力所及的地方，其統治莫不專橫而殘酷。俄羅斯的專制歷史因為極適合於布爾希維克極權統治之故，所以俄國人做了共產主義試驗的第一個犧牲者，而回教世界恰巧也具有這種特質。

第二、回教聖地和基督教聖地因為相距極近的緣故，所以自回教創始以來，這兩種教徒就有很多關聯，而這種關聯完全是不愉快的。迨回教教權（說政權更恰當些）在阿拉伯地區脚跟站穩後，它便漸漸地經過北非，發展到歐洲的基督教世界。恰恰在穆罕默德一百年祭的時候（732），回教徒的軍隊更越過伊比利牛斯山踏進了法蘭克的腹地，最後逼得當時的法蘭克王查理（Charles Martel）率兵在巴黎西南約一百卅五英哩的都爾（Tours）地方打了一次硬仗，這一仗史家多認為它影響於世界文化者比歷史上的任何戰爭都來得大。吉朋（Gibbon）在他有名的「羅馬衰亡史（Decline and Fall of the Roman Empire）」一書中更具體地說：要不是查理在都爾一役大挫回軍，牛津的各學院就難免要傳授可蘭經，而歐洲人民也要俯首聽從穆罕默德的啓示了。回教和基督教衝突最利害的地區是在小亞細亞和巴爾幹半島，這是任何稍讀歐洲史的人都知道的。塞爾柱和阿多曼帝國雖曾先後長期飲馬多腦河，後者更曾陳兵維也納城下，但一次再次的十字軍東征也未始沒給回教徒帶來宗教和民族的集體仇恨，這種仇恨一直到現在在若干回教徒的心目中還沒有完全消解。

第三、自阿多曼帝國開始衰落後，英法兩國就開始逐漸侵入了回教世界，迨一九一九年土耳其帝國隨着德奧同盟崩潰後，英法意三國就聯合繼承了她的全部遺產。幾十年來他們在回教地區一直要着可恥的魔術師式的戲法，玩弄着帝國主義的制衡和愚民政策。老實說，今天中東地區所以弄到如此不堪的境地，伊斯蘭教本身固然要負主要責任，而西歐國家、特別是大英帝國尤不能辭其咎。現在惡因已經結成了果實，正好為世界共產主義所享用了。

回教世界以往對美國本來是有好感的，但由於猶太人的復國願望適逢着杜魯門的佈置競選，於是乎中東回教國家對美國也覺得不能信任了。

三、竅的來由

也或者對西方國家的恐懼和不信任一點是例外，但其他所有上述一切的竅，都可以從伊斯蘭教的本身找出來，而伊斯蘭教之所以為伊斯蘭教，可蘭經之所以為可蘭經，更和它的創始者穆罕默德的性格及經歷有其不可分的密切關係。因此，這裡我們乃不得不把穆罕默德創立回教的歷史經過作一簡略的介紹。

穆罕默德生在麥加，這個城市影響了穆罕默德，影響了伊斯蘭教；而穆罕默德和伊斯蘭教又回過頭去改造了這個城市。這是一段非常有趣的歷史故事。

在穆罕默德生活的第五世紀末和第六世紀初年，麥加是一個阿拉伯南北交通的要道，也是一個繁盛的商業集散地，而後來永負盛名的回教主當時就是這個商業城市裡的一個跑遠路買賣的駱駝商人。當時從各地集體遷往麥加的部落，各有各的宗教，沒有一個統一的中心信仰，但也頗能相安無事。而另一方面，穆罕默德常常提着長列的駱駝隊，在萬里黃沙的駝道上度其漫漫的長夜；因面對無盡宇宙的孤寂，而遽生恐懼之感。因此，他漸漸地感到衆神併列，宗教混亂的麥加城需要改造了。最後他終於公開宣佈：衆神之中只有「阿拉」是眞實的上帝，其他一切的神都不能作為信仰的對象。但他的這種想法却引不起麥加人的共鳴，甚至於僅遭到嚴加峻拒的反應。阿拉伯沙漠中的漫漫長夜孕育了穆罕麥德一神教的思想，而麥加城衆神併列的狀態却拒絕了他新教觀念的傳播。麥加政治當局在當時對於宗教的態度是頗為現實的，若是他們選擇了穆罕默德所提倡的一神教，則麥加的商業生命就有壽終正寢的可能，所以在這種現實法碼的衡量下，穆罕默德的理想終於暫時幻滅了。在此後的二十年間，他雖然仍不斷地做說服的工作，但毫無成就。這種二十年毫無成就的結果，影響了回教徒政治一千多年，至今未已。

穆罕默德一神教觀念的傳播開始於六〇〇年左右，此後二十年間他在經商及說教的餘暇中即致力於撰寫可蘭經和招收使徒的工作，直到六二二年，他的創教工作才獲得了一個初步成功的機會。原來那時在一個叫作麥地那的城市裡，起了爭奪統治權的紛爭，在双方相持不下時，穆罕默德乃被請居中統治那個城市，他自是當仁不讓。於是穆罕默德一方面在麥地那建邦施教，一方面佈置奪取麥加的工作，八年之後，麥加遂入於他的掌握。「可蘭經或寶劍」，此在穆罕默德或視作恐嚇之詞，但既在他政治勢力的絕對控制之下，還有誰敢不以阿拉為眞主呢？

穆罕默德是一個幹練的商人，自從六二二年進據麥地那後，他的經商行業雖然不幹了，但是他在商業方面的智慧和商人所共有的性格却在其政治和宗教的事業方面得到了充份發揮的機會。我們且檢重要的舉出幾件：

⑴最後裁判。這一點在回教的教義上非常重要。可蘭經上說，任何人在死了後都要到上帝面前接受最後的裁判，而教主穆罕默德則爲上帝在其神宮實行最後裁判時的唯一陪審。這樣一來，芸芸衆生還有誰敢再背棄他的教義呢？

⑵多妻制。穆罕默德准許他的信徒同時有四個太太，此外並可以有很多姘頭。而妻妾之離棄，可如敝屣，不負任何法律的責任。「食色性也」，孟夫子雖然瞭解這個道理，但他却不敢以多妻相許，而擴充信徒，但穆罕默德兼孟子和子貢之長，他遂能知能用了。

⑶寬容態度。說伊斯蘭教有寬容態度，恐怕很少人能够相信，但穆罕默德確曾以身作則，表演過幾手寬容的功夫。不過他的所以會得如此，不過是因了現實的需要罷了。

穆罕默德傳道的武器實在不是手中的寶劍，而是一個八面俱全的有機體。這個有機體的構造成份是：簡單的教義、最後裁判的昇沉、多妻、軍事傳統和現實的寬容態度。由於這個有機體的奧妙無窮，於是穆罕默德的一神教乃不脛而走。

敘述到這裡爲止，我們可以把上述所有的竅一一從其所自來之處抽繹出來了：穆罕默德嚴格的一神教來自於他長時期在沙漠中的經商旅行，而教徒嚴格的道德律來自於他嚴格的一神教；私有財產觀念來自於他是商人出身。近代回教徒之所以窮困，有兩個重要原因：其一是祇有居住在上述弓形走廊的各民族才容易接受穆罕默德特殊的教義，而這個地區先天就注定了窮困的命運，另一個原因來自於回教徒的政教不易分離。而以上兩點都是穆罕默德的生活經驗決定的。歷史的回教世界所以充滿着暴虐專橫的氣息，也有兩個重要的原因：其一是因爲要先佔領，後施教，所以形成了軍事的傳統；另一點是由於嚴格的一神教，這兩點和近代回教徒之所以窮困，同出於一源——穆罕默德的生活經驗。回教徒對西方基督教世界所以至今隱恨尤深的原因，是由於歷久不絕的宗教和變相的宗教政治戰爭，而這些戰爭最初乃來自於穆罕默德和羅馬教皇的同床異夢。

總之，除了近代西歐帝國主義在弓形走廊的侵略及美國因助猶太民族的復國而引起中東人民的不信任外，其他回教世界的一切有利於世界共產主義或民主國家的竅，都可以直接在穆罕默德的身上找到淵源。

四、願西方國家及識大體的回教國家的領袖們好自爲之

假定西羅馬是上承希臘文化中個體主義的精神，而下開近代西方民主世界的功臣的話，那麼我們用東羅馬一詞來代表今天的共產主義世界應該頗爲恰當。依當代大史學家湯恩貝的解釋，現在世界上尚存留着五個文化社會：(一)西方基督教社會。(二)東南歐和俄國的東正教社會。(三)中國和日韓的遠東社會。(四)印度社會。(五)北非、中東和由此橫貫亞洲的伊斯蘭社會。從某種意義上說，今天世界的重大衝突是西方基督教社會和東正教社會的衝突，但假定西方人士僅從這一意義上努力時，那前途實在不勝悲觀之至。現在遠東社會大體上算是被東正教會吞沒了，但史達林却寧願作世界共產主義新教會的主教，而無論如何死不會承認他是東正教會的教皇。在史達林看來，任何文化社會都適合於共產主義的統治，因此，印度 和伊斯蘭社會自然亦不例外，現在這兩個文化社會正陷於恒河及世界弓形走廊中的流沙之上，欲走難前。此刻西方世界再不能不澈底覺悟了。

近代的西方民主政治固然是養育於西方基督教文化之中，但它也同樣的可以容納其他各種不同的文化。而今後要想從和世界共主義的鬪爭中爭取勝利，更有賴於一個在民主原則之下的世界文化社會的聯合陣線。基於這個原則和前提 西歐帝國主義必須自伊斯蘭社會及世界一切地方迅速撤退——小心、謹愼並且勇敢的撤退，有計劃的撤退。但撤退之後，伊斯蘭社會不能停留在原始或眞空狀態，繼撤退而來的——和撤退豫防的，是在民主原則之下的，精神的和物質的大量供應。若是沒有這樣的供應，那麼所餘兩億幾千萬的回教徒就只好手捧可蘭經而獻給史達林了。

本來第一次世界大戰後，土耳其的復國運動是堪爲每一個回教國家借鏡的，但惜乎她們沒有凱末爾那樣偉大的領袖人才，和土耳其那樣堅毅隱忍，富於創造性的民族，於是乎就只好拿着開倒車的所謂「汎伊斯蘭復活運動」("Pan-Islamic Revival Movement")來作阿Q式的自我解嘲了。伊斯蘭文化的再造，實有賴於中道的國家主義和民族主義的正常發展。凱撒的事必須完全交給凱撒去管，上帝永遠再不能直接干涉。「汎」伊斯蘭運動復活不了伊斯蘭文化；要復活伊斯蘭文化倒先得「汎伊斯蘭」的根本死亡。到伊斯蘭文化復興的路，實在是曲折，遙遠，而矛盾；它有如奧德賽吾斯 Odysseus) 的戰能回籍，沒有過人的智慧，堅强的生命力和高度的理智，是到達不了目的地的。像凱末爾那樣的人是當前回教世界所需要的最理想的政治人物。但等而下之，也要有伊美魯、阿里漢、瑪哈爾、諾克拉西、阿布杜拉(以上四人都已被刺死去)蘇卡諾、沙里爾等人的天性和才幹。至若摩沙德及那哈斯(下接第廿六頁)

公敎人員待遇辦法的檢討與改善芻議

林炳康

去年六月二十一日行政院會議通過「全國公敎人員待遇暫行辦法」，七月五日公布，自八月一日起實施。政府頒定這個辦法，具有四種目的：1安定全國文武公敎人員的生活，2為獎勵生產促進建設，提高技術人員之待遇，3為使生活免受物價波動之影響，特將生活必需品實行定量配給實物，4為激勵全國文武公敎人員同甘共苦之精神，務須做到待遇一致，並使均能維持生活。

這個辦法頒布於今已滿一年，我們根據政府頒布本辦法的原意，把實施一年的結果加以檢討，好的方面應予保留，不好方面應當改進，使全國文武公敎人員的待遇達到盡善盡美的境地。

一、現辦法的優點

（1）實物配給。　這種制度在物價穩定的時候，倒無甚大關係，但於戰時尤其政府退至孤島臺灣的時候，却有很多利益。因為生產範圍的緊縮，物資缺乏，而政府開支浩大，財政困難，政府雖然想盡方法避免增加發行，但事非得已的時候，增加發行仍為救窮的一個辦法。一年以來，臺灣銀行額外發行幣券一億五千萬元，增加額外發行一次。政府為預防因發行使物價波動，影響公敎人員生活，特規定發給現金外，並加發無償的定量的實物配給。而實物中特別指定米，油，煤，鹽四種，皆為生活必需品。公敎人員有了這四種生活必需品為保障，故這一年來，一般物價雖有增漲，生活上尚不感到十分恐慌，這是現辦法的第一優點。

（2）薪俸差別減少。　國民政府自民國二十二年起，就規定了公務員俸給表，按官階之高低給予待遇。除選任的總統副總統和五院院長不算外，自特任至委任十六級，共分三十七層官階，待遇由委任官第十六級月薪五十五元起，至特任官八百元止，距離甚大，實欠公平。新辦法承認官階制度，却糾正了過大的薪俸差別。每級只差新臺幣三元，委任第十六級改由六十三元起碼，每級遞加三元，委任第一級只支月薪一〇八元，薦任第一級只支月薪一三八元，簡任第一級只支月薪一六二元，特任只支月薪一六五元，按此規定，一個委任第十六級的書記與一個特任的部長比較，每月薪俸收入相差也不過一〇二元而已。拿過去的薪俸級表比較，這兩者相差七四五元，不啻天壞之別。

（3）取消特別辦公費，增加職務加給與技術津貼。　過去政府機關的職員，凡當主管的，每月除薪俸外，尚有特別辦公費。特別辦公費的標準與薪俸相同。比如中央部會中的一個科長，照薦任第一級每月支薪二百元，其特別辦公費也月支二百元。現辦法取消特別辦公費，改為職務加給。職務加給沒有完全根據官階支領，內中都含着職能分級制的意義，換言之，擔負繁重職務的人應該支領較多的待遇。職務加給不以主管人員為限，而其各級的差別相當大，例如薦任科員月支職務加給十五元；薦任科長則支六十元，高至特任部長月支職務加給一八〇元。這樣差別是因職務與責任不同而發生的，自與按官階而差別有異。公敎人員的待遇，按官階很少差別，按職務則很有懸殊，確是一個優點。至於技術人員和學校的敎師，不領職務加給，而有技術津貼，技術人員的技術津貼，比照統一薪俸增加百分之三十至八十，敎師的津貼比照統一薪俸增加百分之五至二十。這對於與生產和敎育有關係的人員，特別予以獎勵，用意至善。

（4）按實際需要，發給實物待遇。　實物配給不按官階高低與職務輕重，係按每人的實際需要。現辦法規定，公敎人員的父母配偶子女隨在任所所在地省境內者，（父母以在六十歲以上，子女以在十八歲以下者為限　其六十歲以下，十八歲以上確屬殘廢者或不能自謀生活者例外。）皆得實物配給。而每種實物的配給又按大口（十一歲以上），中口（六歲以上），小口（五歲以下）分別之。實物配給完全以口計算，而不因官階職位有所差別，這種平等公平的精神是值得倡導的。

（5）增加各種補助費。　此類補助在過去均付缺如，有之則算是一個機關的特殊待遇，或是主管長官對其部屬的隨意津貼，不成為一種劃一的規定。政府當局十分明瞭此中情形，故在新訂辦法中，增加婚喪醫藥生育災害及子女敎育各項補助費。每項補助額不超過一個月至三個月之薪津，為數雖微，但對當事者仍不失為一種幫助。

二、現辦法的缺點

「全國公敎人員待遇暫行辦法」自去年八月一日實施以後，經過很多次的修正補充，苦心周慮，才有上面所述的種種優點，然其缺點還是很多，茲舉於次：

（1）配給食物的種類未達完全。　現辦法最大的特點就是實物配給，而實物的種類未達完全。因所配給的只限於米油煤鹽四種，而生活必需品除此四種外，尚要其他種類。米油煤鹽四種係無償定量配給，當然不受物價增漲的影響，其他所需物品仍受物價波動的影響。欲謀公敎人員生活之安定，顯未完全達到。一年之間，臺灣的一般物價高漲兩三倍，公敎人員的生活已感威脅，政府不得不定自今年五月起調整待遇，增加眷屬每人補助費每月二十元，以五人為限。職務加給亦自五月起增加百分之八十，但只支至八月，九月起又把增加額取消。公敎人員之實惠僅是多領一些現金，補不上物價高漲的損失，更說不到生活上安定。實物配給倘能擴大到全部日用品，當不至有此情形。

(2)配給的實物沒有伸縮性，不符實用。僅就受配給的米油煤鹽四種而論，就感到不符實用。比如南方人食米　北方人則喜歡食麵，北方人不得不賣出米去換麵。又如配給的米是糙米，所謂糙米除特殊者外，多半未達到糧食局之標準，不能下嚥，不得不以糙米去換白米，其折率由六成至八成不定，被米商剝削折實後的白米不足維持，又須另購補充，等於多付一部份支出。配給的煤爲熟煤，生火困難，必須加以木炭，或因維持火力不易，主婦寧可賣出熟煤，換用煤球。冬天用煤多，夏天用煤省，剩餘的煤有時無法賣出。油則大口每月配給二十市兩，小口減半，多食者不敷，少食者僅僅够用；鹽則每月四斤，往往太多。單身漢的公務員，在公共食堂包伙，對於配給的四種實物更無多大用途。這都是歸於配給實物缺乏伸縮性的弊病。

(3)現金俸給不够實際開支。現金俸給原來只有兩項：統一薪俸與職務加給（技術人員與教師的技術津貼亦是現金）。本年五月起加發眷屬每人生活補助費每月二十元，還有服裝費與交通補助費都是發現金。一個公務員除實物配給外，究竟還能支領多少現金呢？茲以下中上三級人員爲例，姑且假定每人皆有眷屬五人可領生活補助費一百元，列表計算如下：

級別	職別	統一薪俸	職務加給	眷屬補助五人	服裝費	交通補助	合計臺幣元
委任第十六級	股長	六三	一五	一〇〇	三	三〇	二一一
荐任第五級	科長	一六二	三〇	一〇〇	四	二〇	三一六
特任	部長	一六五	一八〇	一五〇	五	因汽車取消	五〇〇

根據上表：一個股長月入現金俸給僅二百幾十元。中央各部會的一個科長，每月所得現金俸給不過三百餘元。縱使貴爲部長，每月亦只得現金俸給五百元，如何能够實際開支？不過事實上有獨當一面的部長廳長，乃至公營事業機關的董事長總經理，自己和眷屬坐小包車不要花錢，住的是堂皇官邸，用的有男女差役，宴客送禮可由公家開銷，乃至家裡用的水電香烟手紙皆由機關供應，因此他自己的開支比其下級職員還要減少。生活清苦的是普通中下級職員，不是部長廳長董事長總經理之流。現金俸給不够用，是對前者而言，後者猶未之覺也。

(4)各項補助費的名義與實際不合。現辦法規定交通補助費每月三十元，若果上下午來去都坐公共汽車，一天就有四次，每次五角計二元，三十元不够半月之用。服裝費只照每月統一薪俸三分之一發給，一年累積，少者二三百元，多者也不過七八百元，不用說製一套呢絨嗶嘰的中山裝不够，連普通卡嘰布也不足。現在中央信託局所廉售的細布一碼即要五元五角，可否用以製造自己的制服？兒女的學生裝？妻室的旗袍？醫藥補助每年只限兩個月的薪津，眞患病者大半不够用，無患病者千方百計取得證明書單據，混請報銷，他們常將醫藥補助費，自號「健康補助費」。子女教育補助費，須有二人以上就學者方得申請，又定小學每學期一百元，初中每學期一百二十元，高中每學期一百五十元，大學每學期二百元。且總數還不得超出一個月的薪津額。其他如生育婚喪災害都是罕有的，應領的補助，皆不敷實際的需用。

(5)待遇尚未完全一致。過去有收入的機關對其員工待遇較優，無收入的機關則相形見绌。新辦法爲鼓勵同甘共苦之精神，破除「不平」的現象，實現「同地同工同酬」之原則，第十三條規定：「本辦法實行後，所有全國公務及國營事業機關不得再有任何其他補助或津貼。」但事實上各機關未必如此，陽奉陰違者仍屬不鮮。第一、縣市政府與鄉鎮公所人員，未必與省級或中央機關相同；例如新增的眷屬生活補助費，要視各縣市鄉鎮的財政情形，斟酌辦理，如是發生待遇不同。第二、行政院第一四四次會議決定：只有①實際參加生產建設工作之農工礦業技術人員，②實際從事路電郵航等交通業務之技術人員，③實際從事醫藥衛生業務之技術人員，才能支領技術津貼；但是現在銀行業務人員也有技術津貼，不知有否違反規定？第三、普通機關無領配給實物，但是有些公營事業機關（如銀行公司等），則由該機關自行發給實物的代金，代金不按官價計算，而按市價計算，顯有差別。有些機關用加班或出差名義，貼補待遇，則尤爲荒謬。

(6)項目繁多，不切實效。依現辦法規定，公務員支領現金，除統一薪俸與職務加給外，尚有技術津貼，交通，服裝，宿舍津貼（臺灣省政府有此津貼），眷屬生活等補助費。還有特殊補助，如醫藥，子女教育，婚喪，生育，災害等，都是支領現金。當茲物價普通增漲，幣值減低，名曰補助，實際已失效用。至於各機關，因待遇項目多，造送表冊多，浪費人力物力，還在其次。

三、改善的芻議

明上所述，現行公教人員待遇辦法有其長處，亦有其缺點。筆者不揣謭陋，提出幾點改善的芻議。

(一)保持現金俸給與實物配給的双軌制。現金俸給包括統一薪俸與職務加給兩種，至於技術津貼，交通，服裝，宿舍，教育，婚喪，生育災害等補助，皆以實物配給計算替代之。

(二)實物配給改發配給券，公教人員憑券領取實物，配給券以「份」(unit)爲單位，「份」之下爲「點」(Point)，十「點」爲一「份」。以現在受配之四種實物化爲新臺幣價格，大概每一元爲一「份」，每一角爲一「點」。例如一個公務員本人或其親屬爲大口者，每月領米三十市斤，每斤以六角計價，每人計得十八份；每月領煤五十市斤，每斤以一角計價，每人計得五份；每月領油二十市兩，每斤以三元二角計價　每人計得四份；每月領鹽一市斤，每斤四角，計得四點。這四項合起來，每人共得二十七份零四點，加上今年五月起增發之眷屬生活補助費，每人每月二十元，即二十份，合計四十七份又四點。在此爲計算便利計，姑且增改爲五十份。中口七折計算，得三十五份，小口折半得二十五份。公務員除本人外，若家裡有一大口，兩中口，兩小口，每月可得二百二十五份。若使用這二百二十五份的配給劵去換米一石半，計九十份；換煤三百市斤，計三十份；換油八市斤，計二十五份六點；換鹽一市斤，計四點；合計用去一百四十六份。尚餘七十九份，任其換其他日用必需品，這樣公教人員可將配給劵向實物供應機關領取實物，就其應得份數之內，任其選擇，不受物價漲落影響，但不得轉讓他人，以示配給劵與幣劵有別。

(三)交通補助費改按實際用途發給車票。公務員乘火車、公共汽車上班者照往返次數發給車票。如係自備自行車，倘有損壞，可請機關代其修繕，各機關的三輪車完全取消，小包車也儘量減少，只備機關首長緊急之用。在市內公共汽車沒有完全改善之前，各機關可維持自己的交通車，坐交通車者不發車票。

(四)服裝費改發衣着配給劵，每年分兩次發給。原訂的服裝費每月照統一薪俸額三分之一發給現金，不甚合理。因爲簡任第一級之公務員全年合起計領五七三元，而委任第十六級之公務員每年只領二二六元，顯然大官穿的服裝應比小官貴重兩倍，或者大官比小官多穿一套衣服，這是很不平的現象。今擬服裝費亦按人口計算，發給衣着配給劵。約計每人每年發粗布衣服兩套(每套五十份，兩套一百份)，內衫褲兩套(每套二十份，兩套四十份)，皮鞋半双(每双一百份，半双五十份)，膠鞋或布鞋一双(每双二十份)，襪子四双(每双五份，四双二十份)，合計大口每年得二百五十份，中口七折約一百三十五份，小口對折得一百二十五份。每半年發給衣着配給劵一次，公教人員可憑劵向物品供應機關支領衣料鞋襪。這類配給劵亦有伸縮性：不要膠鞋，可以併換皮鞋；無需制服布料，可以多要花布爲妻室兒女添製衣服；無需添製衣服，可以改製蚊帳棉被或羊毛衫。夏季不領，可以留待冬季一併領取，不受物價影響，每項物品只要按品質優劣計算配給劵的份數。

(五)醫藥教育補助費取消，技術津貼與生育婚喪災害改發特別配給劵。公教人員或其親屬患病，往公立或特約之私立醫院診所治療，絕對免費。子女求學，不論人數多寡，不論大中小學，學雜書等費一切豁免。此類費用，由醫院診所與學校向發證明書之機關直接算帳。遇有婚喪生育災害，則請服務之機關核發特別配給劵。暫定婚喪生育一次，發給五百份，災害則視輕重核發之。凡有婚喪生育，公教人員可預先申請配給劵，並可憑劵向供應機關定製或取領食品、衣着、或其他特殊貨物。技術人員學校教師應予獎勵，即讓他們有好的享受，故亦發給特別配給劵，憑劵領取實物。

(六)公教人員願特別節約者，所得之配給劵份數除已領實物外，剩餘份數可於每半年申請配給機關核准配給特殊物品，或向臺灣銀行儲存或換取新臺幣，或申請普通外滙，接濟陷在大陸裡的親屬。但是，無論如何，配給劵均不得轉讓他人，以杜流弊。

四、附語

以上所陳的改善芻議，只是要點，仍嫌不够詳盡。如照所擬議的實施改善待遇，政府有無負擔的財力物力，應由中央公教人員生活必需品配給委員核算之。同時政府尚須添設一個物品供應機關，負購發物品之責。倘不添設，則由中央信託局或物資調節委員會辦理，各縣市鄉鎮區街則託合作社農會與特約店號承辦，以期普遍與快捷。

如改善公務員待遇，政府多負擔一部份支出，所支出者皆是物資，非銀行幣劵，每月減少若干通貨在市面流通，對穩定物價與維持幣制皆有裨益。公教人員得到足用的現金與生活必需品，則能安心工作，振奮精神。政府方於六月宣布調整公教人員的待遇，八月中又宣布自九月份起暫停自五月起增加的職務加給，以期中央和地方每月節省支出一千二百萬元。政府因爲行政困難，故有這種不得已的措施，凡爲公教人員都應同情，焉有要求增加待遇之理？不過公教人員的待遇，應在不增加政府負擔的原則之下，求其合理公平，對於政府機關中所發現了大貪汚與小揩油，應該徹底禁絕，一面養成良好的政治風氣，一面即可節省政府支出。一舉兩得，豈不妥善？若不從此計劃，徒向公教人員待遇方面設法減削，殊非高明。反共抗俄爲革命歷史上大事業，應具最大決心與最大魄力，行大改革，求大進步，才能圓滿完成。故敢掬誠，抒陳芻議，供獻政府當局採擇施行。

自由中國通訊

共產黨如何左右了美國的輿論

華府通訊．十月六日

本刊特約通訊記者 許思澄

「自由中國」五卷五期上有一篇胡適之先生出席美國哲學會講詞的譯文，名為十年來中美關係急趨惡化的原委。以哲學家的修養，加以歷史家敏銳的眼光，說出中美關係惡化的基本癥結所在，語重心長，實在值得中美双方政治，文化，社會各方面領導者的反省。尤其自由中國的領袖們，在今日這風雨如晦的存亡絕續之交，對於這過去十年的失敗，（這十年中的成就，如對日勝利等等既已隨風而去，臺灣的偏安之局只為自救之起點，不必自滿自驕。）至少也應當有「萬方有罪，罪在朕躬」的態度，更何況是號稱自由中國的民主國家？如果不肯聽自己人民善意的督責，則命運自會導出一個外來勢力惡意的攻擊。待到那時而建議「父子之間不責善」，不但禍害已成，也就太可憐可嘆了，所以更要緊的是在自我努力，自我鞭策，以止於至善，從根本上消除外來勢力「責善」之必要。

過去十年的歷史要我們記得這教訓。

適之先生說：『一九四二年九月，我離開駐美大使的職務。那時，中國在美國人的心目中仍是最受歡迎的時候。……當我在兩年以前回到美國的時候，我發現美國的空氣完全變了。我驚奇並且感傷。無論我到什麼地方，我都覺得中國已變為一個最不受歡迎的國家！……所有這些，對我是一件神秘的事，是一個極費思索的問題。』於是他追尋到問題的源頭是求全責備，期望過高之故。這些記者都同意。不過適之先生說：

『說是「國務院被共產黨及其同路人所控制」罷，我以一個哲學家和歷史學家的身份，不能接受這樣過於單純的解釋；這個說法，正和「毛澤東和他的紅軍剛剛從窰洞開出，中國政府軍便即行瓦解」的說法一樣的幼稚。』適之先生太忠厚了！

過去 我也是和適之先生一樣，每逢四面受敵，孤軍奮鬥的時候，一方面驚奇於共產黨之無孔不入，勢力之深而廣；一方面也只是感傷自己政府的不爭氣，我明白這基本的原因在自己國家的弱點太多，但總覺得除此之外，還有別的緣故。這種疑心，直到最近才得着了一個答案。

日本的泥足作者阿特利（Freda Utley）女士最近出版了一本中國的故事（The China Story），將十年來共產黨及其同路人左右美國對華政策的黑幕作了一個總揭露。有證據，有見解，真是一九五○年第一部好書。（我希望殷海光先生趕快作一書評介紹，最好自由中國更能將此書分章譯出，使國人得知真象。）記者讀了不覺拍案稱快。關於其中講影響美國政府的部份這裡不打算提，只將其第七章所述影響美國輿論的部份提出一部份來向大家報告。

美國人對於遠東的智識是極少的。絕大多數的人其遠東智識是從書報雜誌演講中得來。而這一些來源却牢牢的抓在一小群的親共作家 記者教授，講演人手中。從一九四○到一九五○的十年間，美國駐華記者、非得有超人的勇氣不敢說和這一小群相反的話 即使有些記者所代表的出版物肯冒市場的危險登反共的稿子，這些記者自己也會不見容於重慶的親共社交場。舉個例說，他就永遠不會被那動人的孫宋慶齡女士邀去參加她的茶會。雖然這些茶會是財閥宋子文的錢所支持的。

即使有些誠實的記者，但被那花言巧語的中共代表們一哄，再加上國民政府代言人們一些不高明的措施；於是選擇就不知不覺的傾向共產黨了。總而言之，也許由於最早注意中日戰爭的就是這群親共份子，於是他們取得了那一手掩盡天下人耳目的地位。

第一位是斯諾（Edgar Snow），那位以發現中國共產區而成名的紅記者。在他第一版的中國的紅星（Red Star over China)書中，他雖然很恭維中共，但他也很寫了些不客氣的話，指責中共是莫斯科的狗腿子。但是到了第二版的時候，這些得罪莫斯科的話竟都刪去了！當斯諾作了星期六晚郵（Saturday Evening Post，美國最流行雜誌之一）的編輯時，於是親共作者群得到了一個新園地，這大雜誌成了他們的廣播臺。不但此也，一九四四年斯諾的親俄詆蔣小冊子：在我們這邊的人民們（People on Our Side）竟是由美國陸軍出版的！

另一位貝爾登（Jack Belden），前聯合社及生活，時代雜誌的駐華記者，也是使美國人信任共產黨的有力者，他那一九四九年出版的中國震撼世界（China Shakes the World）一書歌頌「英勇」的紅軍，幾幾乎使人覺得他對於屠殺無辜中國人民甚感興趣似的。

在外圍中值得注意的是前聯合社駐漢口首席記者，費希（Francis McCracken Fisher）。他絕不是共產黨。但他對窮人的同情心，不自覺的使他親共。後來他成了國務院（美國外交部）遠東司的政策情報官。所有上司看的消息和分析都經過他選擇，於是他成了最有力的間接影響美國決策者，一直到一九四九年國務院遠東司局部清除時才將他調走。

更有名些的是史沫德萊（Agnes

Smedley）前曼徹斯特衛報（Manchester Guardian）的駐漢口記者，一九四三年在美國出版了一本中國的戰歌（Battle hymn of China）給中共作了一個極光輝的歌頌，她於一九五〇年死在英國，遺囑將全部遺產贈給朱德，並且請求將她的骨灰葬在北平。

不過一九三八年駐漢口的外國記者群中也有幾位從未親共的。紐約時報的杜丁（Tillman Durdin）是一位政治情報最正確的記者。一九四六年當重慶其他的外國記者都爲周恩來弄得顚顚倒倒的時候，獨有杜丁說：『周的風度和辯才簡直使你傾倒，不過當你年年月月的聽下去，你就不能相信他說的話了。他常常自相矛盾。』同時也是他，一針見血的指出外國記者親共的原因，他說：『你得明白多麽容易相信共產黨。「自由中國」是如此的使人失望。貪汚，困苦，厭戰，連我都覺得共區絕不會比這更壞了。你沒有趕上漢口陷落以後那一段絕望的歲月。你得親身經歷之後你才能明白爲什麽那麽多的美國人受中共的騙了。』

本來，不是身歷的有幾個人能想像共產黨的統制會更壞呢？

原任支加哥日報（Chicago Daily News）代表，後轉任紐約先驅論壇報（New York Herald Tribune）通訊記者的斯蒂兒（Arch Steele）無疑是駐遠東美記者群中消息最靈通最客觀，最敏銳的。他受到各方面的敬愛，所以在各種政治陣營中他都有朋友。只有他在那些波浪中始終保持平衡，能夠將事實從表面的鋪張中淘洗出來。但不幸，當其他的記者們都回了美國著書立說，自詡爲遠東問題專家的時候，杜丁和斯底兒卻沒有寫過一本書！

不但此也，過去十年中，中共的朋友們更獨霸了美國的書評界。那幾份一言九鼎的權威書評欄，如紐約時報（N. Y. Times）和紐約先驅論壇報的星期日書評專刊，和星期六文學評論（Saturday Review of Literature）全都是他們的世界。如果回顧一下，你就可以看到幾幾乎沒有一本有關中國或遠東的書不是落在拉鐵摩爾（Owen Lattimore）費正清（John K. Fairbank）斯諾（Edgar Snow）裴斐（Nathaniel Peffer），輝特（Theodore White），吉可陪（Annallee Jacoby），勞特拔（Richard Lauterbach）以及其他同一群國民政府死對頭的手裡。

所有有關中國而反共的書一出版，就被這群人當頭一拳，打入地獄，美國人事忙，很少有機會去博覽群書，所以總是先看一看書評。如果書評誇得天花亂墜，然後才去買，如果書評說不好，根本就很少人肯去白冤枉錢。所以即使是極著名的人物所寫的書，如果被這些書評所攻，也就凶多吉少。其中極顯著的例子是陳納德將軍一九四九年出的戰士的道途（Way of a Fighter）活生生的就被他們埋了。

更豈有此理的例子是鮑威爾（John B Powell）的我在中國的二十五年（My Twenty-Five Years in China），鮑氏是世界知名的密勒氏評論報（China Weekly Review）（按此雜誌在鮑氏的不肖兒子手中已降共了）編者，忠貞而剛直。在上海陷於日本期間因反日而被捕。因此而失去雙足，終於一九四七年死亡。這書被紐約時報書評欄編者交在吉可陪手中，於是這位吉小姐首先給鮑威爾戴上一頂「反動派」的帽子，然後輕蔑的將鮑氏所提中國赤化的危機奚落了一頓。

克里爾（George Creel）所著俄國爭取亞洲的競走（Russia's Race for Asia）也被同樣的發落了。克氏曾是威爾遜總統手下第一次大戰時新聞委員會主席，一位很著名的美國人。可是星期六文學評論將這書交給了斯諾。他作了一次很成功的汚蔑原書的表演。紐約時報書評欄對這書的評論是由國民政府死敵裴斐執筆的。因此克氏也沒有遇到什麽更好的運氣。

相映之下，這批人對於捧中共的書籍之大吹大擂就更刺目了。隨便舉幾個例子說：

紐約時報書評欄將拉鐵摩爾的亞洲的答案（Solution in Asia）交給了斯諾。這類似乎將毛澤東的新民主主義交給劉少奇評論一樣。同年（一九四五年三月十一日）斯諾在同一報上用了一整張去歌頌福門（Harrison Forman）的中國赤區的報告（Report from Red China）。不用說這是本頌揚中共的書。斯諾特別稱道牠，因爲牠說中國的內亂是：『所有反日，反法西斯的人民團體在中國共產黨領導下反抗國民黨一黨專政蔣介石政權的內部鬪爭。』

另一著例是斯泰因（Gunther Stein）的中共的挑戰（The Challenge of Red China）（一九四五年出。）裴斐教授在紐約時報書評欄中支持其對中共的獎譽說：『不論是情感用事的激烈者，客觀的知識份子，中立的記者，外交官，軍事人員，到了延安都成了中共的熱誠擁護者。』這位斯泰因先生就是一九四九年被麥帥東京總部將其與史沫德萊並列爲蘇俄間諜的。

一九四六年由於每月新書社（Book-of-the month Club）美國最大的讀書會將輝特與吉可陪合著的中國的雷聲（Thunder out of China）列爲推薦書登時洛陽紙貴。哈佛大學的費正清教授在紐約時報上獎評牠的『正確』，因爲牠說中共不是一個『不合時代需要的破壞陰謀勢力。』

由於他自己和其門徒們這種種成功，難怪拉鐵摩爾當他一九四七年六月在紐約時報評論愛普斯丹（Israel Epstein）中國未完成的革命（Unfinished Revolution in China）一書時得意忘形的寫道：

『從斯諾的中國紅星到輝特和吉可陪的中國的雷聲，這一連串的名字是非常響亮的。愛普斯丹無疑的已在這一群出類拔萃的人物中建立了他自己的地位。最值得注意的是最近和目前的趨勢，凡是註有來源，文筆流利，有關中國的好書，幾乎都是左傾的。』

有趣的是拉氏筆下的『好』字。其他有關中國的書，根本就不『好』，因此非打入地獄不可。

關於親共人員如何把持各雜誌及專欄評論的情形這裡不打算細述了。這一大串的人名和書名，對於臺北的人也許有點漠不關心。殊不知這十年來的痛史，這一批人，這一批書，曾起了莫大的作用。當自由中國在如大旱之望雲霓的盼美援時，這一批人左右了美國的輿論，從根源上斷了自由中國的接濟。痛定思痛，中國知識界即使是「啞子吃黃連」，但至少也得肚裡有數才好。十年來在美作國民外交的人們創巨痛深，當都有此同感！

東京通訊・十月十八日

幼稚的左派為患日本

苗劍秋

最近日本政論界發生反對和約與美日安全協定的浪潮，幾乎所有的大雜誌比如「中央公論」「改造」「世界」等都有此論調。尤以「世界」的十月號簡直是「反美」，「反自由世界」的專號，不過是藉口反對和約反對協定為題而已，其出版次數竟達五次之多，打破了戰後雜誌發行的紀錄，足證對此感覺與趣的知識份子為數之多。

這種言論主張，全部受社會黨左派三原則的影響：企圖嚴守中立，反對美國在日本保有軍事基地，反對日本的再武裝。這些左翼的論客們，學識豐富，文筆銳利，比社會黨左派的硬性的三原則來得有力量有條理，這種言論雖然不可能推翻舊金山會議所簽訂的對日和約和美日安全協定，但是，其潛在的影響是不可以忽視的。

這樣演變下去，從政治面可以打擊我國政府，從經濟面可以資援中共，在遠東構成破壞自由國家陣容的要素。這次美國拒絕我國政府參加舊金山會議，證明自由世界到今天為止，仍只是勉強為了自衛而作準備，仍無解放共黨政權控制下廣大人民的決心，這種被動的世界政略戰略，是民主集體的先天弱點。日本人對這一點認識得非常清楚，於是左派的誘惑與宣傳，很易為一般人所接受，因此，新日本今後的作風，是很令人憂慮的。

日本左派最近的幼稚言論之所以發生，不是沒有原因的，推究他們的動機或則由於錯覺，或則出於自私，下面我們將分別加以剖析。

一、今天民主國家之加强團結，積極備戰，明明是為了抵抗蘇俄集團的侵略，不但是被動的而且是不得已的，不是挑起戰爭而是迎擊侵略的戰爭。但是日本左派人士却在指鹿為馬，利用日本國民的反戰心理散佈反對武裝的言論，這種吹擂的作法，直是欺騙日本人民，終至引狼入室而後已。

二、另一個原因是出自心理的錯覺，今天日本左派份子跟大戰時期美國政要與學者一樣地對蘇俄集團存着一種願望的想法，認為民主國家可以和「蘇共」和平相處，他們對共產黨的認識顯然是很幼稚的。

三、日本人民不是沒有道義觀念。但是他們的處境是地小人多，客觀的條件迫使他們不能不現實，這種民族性嚴重的影響了日本左派的觀念，因此在外交作風上，他們頗傾向於印度和英國的做法，他們忘記了我國的寬大，而且攻擊解放並救濟他們的美國。

四、日本左派份子大部份都是書呆子型的學者，他們知識的來源靠書籍與印刷物，常與事實隔閡。他們只知中共的長處，而不知中共的短處，更不知中共塗毒人民的罪行。他們只知道相信共產黨徒們「天國福音」的宣傳，却不去看看在史大林統制下的奴隸勞工過着怎樣的生活。

日本左派為患的原因大概有如上述，所值得注意的，是這種左派思想，很投合日本人民的口味，流傳甚廣。一旦日本自主以後，這種思想很可能會更見抬頭，進而影響日本的外交。這對民主國家來說顯然是很不利的，尤其對近鄰的中國，其關係更為重大，那麼在這種情勢之下，我們將何以為自處之道？

我認為我們應該首先從自己做起，所謂自立自强，惟有自立自强者才能得道多助，我們應先從內省上下功夫，對於過去失敗的教訓要牢牢記取，進而做到眞正民主。只要我們自己站得穩了，就不怕別人的冷諷熱嘲，而且當中國政府力能舉足輕重於東亞局勢的時候，自然能贏得了別人的靑睞。

我們除了增加自己的實力而外，還應該提高我們是自由世界精神堡壘的自覺，不僅求自私性的中國的自由，應該進而求整個人類的自由，要使自由中國的反共戰爭與世界反共戰爭合為一體，這才是中國的自由有效而可靠的保障。

我要請讀者原諒，這篇通訊寫得太拉雜了，但猶覺意有未盡，為加國人對日本左派內幕的認識起見，我特請高臨渡先生另作一文，以為介紹，高先生對於日本有獨到的研究，拙稿與高先生大文恰成前磚後玉，讀者從此庶可概見其全貌矣。

(上接第二十頁)

③與共黨接近，主張「人民戰線」——昭和十二年

④與共黨接近，在社會黨內形成「左派」——鈴木在選舉演說中說：「不投我的票就投共黨的票」

昭和二十一年到二十三年

⑤社黨左派發表與共黨「絕緣聲明」——昭和二十三年

⑥發表三原則主張中立——這種主張，無形中又與共黨接近

昭和二十五年迄今

簡單的解釋一下：

反對現狀，偏左。太偏左有危險，太偏右又於心不甘，於是「合法」和「中立」。這就是日本小資產階級。

日本社會黨左派之剖析

東京通訊・十月廿日

高臨渡

日本各黨派中，今天對於國際政治獨持異見的，只有社會黨左派。

共產黨是澈底的反美親蘇，自由黨、民主黨、社會黨右派是澈底的親美反蘇（社會黨右派如果政治上有發言權，其表現程度，也許比自由黨還肉麻），只有社會黨左派主張所謂「中立」。

鈴木茂三郎等領導下的社會黨左派是和右派串通了，在做戲嗎（共產黨就是這種看法）？不是。那麼是在投機嗎？也不是。——今天的國際政治達到最後淸算的階段，非左即右，絕不允許模稜兩可的中立。鈴木、和田、荒畑、松本等左派以及作爲左派知識上的指導者的「勞農派」（山川、向坂等）和「教授派」（大內、高橋、今中、美濃部、等），都有豐富的政治鬪爭經驗，難道連這點淺薄的道理都看不出來？他們看得出來，他們不能澈底的做。

這是三十年來，時代洪流激蕩中（所謂「階級鬪爭」和「國際對立」），日本資產階級，尤其知識分子的苦惱。他們不能也不敢站在任何一個極端，而只是劃一個小圈子，把自己圈在裡面，表現一種微温的，等待的，「中立」的態度。他們不能改造歷史，只能解釋歷史。他們不能領導歷史的潮流，只有受歷史潮流的領導。歷史潮流達到對他們有利的階段，他們可以隨之而發展擴大，歷史潮流洶湧前進，對他們不利的時候，則將毫不容情的，如同沖刷渣滓一樣，把他們一浪打盡。卅年來社會黨左派諸先生以及勞農派、教授派的政治歷史，就是最好的說明。

日本無產政黨的歷史只有二十年。政黨只有兩個，一是共產黨，其他一個是社會黨。

社會黨的肇始是大正十五年，那時候共分三派：(一)社會民衆黨，簡稱社民黨（安部磯雄，赤松克麿，片山哲，平野力三，西尾末廣，水谷長三郎）；(二)日本勞農黨簡稱日勞黨，（三輪壽壯、麻生久、龜井貫一、河上丈太郎、杉山元治郎、三宅壯一、河野密），(三)勞働農民黨，簡稱勞農黨，（大山郁夫、黑田壽男、鈴木茂三郎、加藤勘十、高野實、山花秀市）。第二次大戰結束，社民黨的片山、西尾、水谷、平野、松岡；日勞黨的三輪、河上、松山、三宅、河野、勞農黨的黑田、鈴木、加藤等，合併在一起，組織了今天的日本社會黨。

而社民系和日勞系的人形成了社會黨的右派，勞農系的人形成了社會黨的左派。

社民系，日勞系的今日成爲和自由黨，民主黨相近的社會黨右派，是毫不足奇的。因爲在廿年的歷史中，他們雖然掛着口號激烈的招牌，實際的主張和行動，一向和軍部是一致的。他們以前如此，今天仍如此，精神上倒是一貫的。他們以黨的名義提出「將滿蒙權益交給日本勞工階級」的怪口號，而他們個人的行動則更爲露骨，龜井貫一郎，在近衛的輕井澤別莊打掃院子，西尾末廣坐着笹川良一的飛機到中國去慰問「皇軍」一類的事，已經成爲大時代的小人物的典型的例子。

至於社會黨左派的勞農系的過去歷史，是值得注意的。看了他們過去的歷史，就可以明白他們今天的「中立」姿態之所以形成。

勞働農民黨—勞農黨在成立之初，是合共產黨合作的，是受共產黨領導的，迄昭和三年，發生了三、一五事件，即彈壓共產黨事件，勞農黨也受到大打擊而宣告解散。鈴木茂三郎和黑田壽男等另組無產大衆黨，他們的主張是「合法」的無產黨。所謂「合法」，就是脫離共產黨，但同時也不能完全和當局妥協、所以稱爲合法無產運動，這種主張和今天「中立」如出一轍，不過前者對國內言，後者對國際言。

昭和六年日本侵略東三省，日本的一群無產黨也隨着軍部喊口號，鈴木，黑田領導的無產大衆黨裡也有一部分人隨聲附和，於是無產大衆黨分裂。鈴木、黑田、松本治一郎，加藤勘十、高野實、花山秀市等和「農勞派」山川均，荒畑寒村，高津慶道，中西伊之助等另組勞農無產團體協議會。這個協議會對侵略戰爭雖未作積極的反對運動，但在主張上是不同意的，這和昭和六年的「合法」態度，昭和廿六年的「中立」態度是極爲相近的。昭和十二年（民國二十六年）共黨國際決定共產黨與左翼社會黨協力，成立人民統一戰線，西班牙，法蘭西諸國隨之而風起雲湧。這時鈴木，加藤等組織了日本無產黨，提出了「反法西的人民戰線」的口號，但是這個日本無產黨，就在那年年底被當局解散，鈴木，加藤等也和教授派的大內、有澤、高橋、美濃部等同時被捕。後來雖被釋放，可是戰爭中，一向保持沉默，一直到戰後，社會黨成立，他們纔在社會黨內形成左派，他們今天的主張，對內是和共產黨劃一線爲界，（參看昭和廿三年五月十六日加藤，鈴木對共絕緣聲明），對外是保持「中立」（即所謂「三原則」。

綜觀社會黨左派的政治上的主張及其政治的歷史是：

①與共黨合作—大正十五年到昭和三年

②與共產黨分離，主張「合法」運動—昭和三年—昭和六年

（下轉第十九頁）

文藝

與潘重規先生談紅樓夢（上）

李辰冬

潘重規先生以潘夏筆名在「反攻」三十七八兩期發表了「民族血淚鑄成的紅樓夢」一文拜讀之後，深爲感動，因他用意的正大，引證的淵博，想像的豐富，再加上一枝生花的妙筆，使我覺得它確是近數年來討論紅樓夢的文字中一篇值得注意的文章。潘先生在篇末說：「以上管窺蠡測我不敢認爲必然有當作者之心；但是，我讀過此書後，我耳中彷彿聽見當時民族志士的呼號，我眼中彷彿看見當時民族志士的血淚。」很顯然，潘先生是以印象主義者的方法將他讀紅樓夢後所得的印象寫出來，他並沒有強迫別人相信他的印象，別人也不必一定將他的印象作爲自己的印象。這是印象主義文藝鑑賞家的寬容，也是這種批評方法可貴的地方。我不敢批判潘先生意見的是非，也不是想與潘先生有所較量，祇是寫我的印象。如果與潘先生的意見完全相左，那也僅只是不同而已，毫無我是你非的指摘意味。

潘先生開始引一段紅樓夢，作爲他論證的根據，這一段就是從「此開卷第一回也」起到「詩云：滿紙荒唐言，一把辛酸淚。都云作者癡，誰解其中味」爲止。

這段文字是瞭解紅樓夢的鎖鑰，所以也作爲我們論證的根據。潘先生讀過這段文字後他的印象是：「反覆玩味，十遍，百遍，千遍之後，自然感觸到作者悽婉沈鬱的心懷，和民族興亡的血淚，流露在字裡行間，那裡是談情說愛，風花雪月的濫調！」於是他聯想到謝臯羽的寫季漢月表，鄭所南的寫鐵函心史，而又想以謝鄭的寫作意志來說明紅樓夢的作者也是這種意志。可是我們的印象與他不同，我們認爲作者是在寫實。因爲作者明明說：「歷來野史的朝代，無非假借漢唐的名色，莫如我這石頭所記，不借此套，只按自己的事體情理，反倒新鮮別致。」又說：「竟不如我這半世親見親聞的幾個女子，雖不敢說強似前代書中所有之人，但觀其事跡原委，亦可消愁破悶，至於幾首歪詩，亦可以噴飯供酒，其間離合悲歡，興衰際遇，俱是按跡循宗，不敢稍加穿鑿，至失其眞。」寫實，正是紅樓夢作者所守的原則，這種原則，不祇是他寫作時默默遵守着，而且也藉賈寶玉，薛寶釵，林黛玉與香菱的口裡說出來。第十七回，大觀園試才題對額時，寶玉所題「曲徑通幽」，「沁芳」，「有鳳來儀」，「杏帘在望」，等等都是根據這個寫實的原則．尤其題茆堂時，直接地表明了作者的意見：

賈政……說着，引衆人步入茆堂。裡面紙窗木榻，富貴氣象，一洗皆盡。賈政心中自是歡喜，却瞅寶玉道：「此地如何？」衆人見問，都忙悄悄的推寶玉教他說好。寶玉不聽人言，便應聲道：「不及「有鳳來儀」多了。」賈政聽了道：「咳！無知的蠢物！你只知朱樓畫棟，惡賴富麗爲佳，那裡知道這清幽氣象呢！——終是不讀書之過！」寶玉忙答道：「老爺教訓的固是；但古人云「天然」二字，不知何意？」衆人見寶玉牛心，都怕他討了沒趣；今見問「天然」二字，衆人忙道：「哥兒別的都明白，如何「天然」反要問呢？天然者，天之自成，不是人力之所爲的。」寶玉道：「却又來！此處置一田莊，分明是人力造作成的。遠無鄰村，近不負郭；背山山無脈，臨水水無源，高無隱寺之塔，下無通市之橋；峭然孤出，似非大觀。那及前數處有自然之理，得自然之趣呢？雖種竹引泉，亦不傷穿鑿。古人云：「天然圖畫」四字，正恐「非其地而強爲其地，非其山而強爲其山；即百般精巧，終不相宜。」

請細細品品這段文字的意味。作者爲什麼要寫這一段？寶玉見賈政向來是如鼠見貓，這一次爲什麼發了牛心反要頂闖賈政？爲什麼將「自然」作這樣詳細的解釋？原來作者在這裡發表他對文學的意見。在三十七回作者又藉寶釵發表他對詩的意見說：「詩題也別過於新巧了。你看古人中那裡有那些刁鑽古怪的題目和那極險的韻呢？若題目過於新巧，韻過於險，再不得好詩；倒小家子氣。詩固然怕說熟話，然也不可過於求生，頭一件只要主意清新，措詞「就不俗了。」又藉黛玉的口說：『詞句究竟還是末事，第一是立意要緊，若意趣眞了，連詞句不要修飾，自是好的：這叫做「不以辭害意。」』（四十八回）又藉香菱的口說：『我看他塞上一首，內一聯云：「大漠孤煙直，長河落日圓。」想來煙如何直？日自然是圓的。這「直」的似無理，「圓」字似太俗。合上書一想，倒像是見了這景的。要想再找兩個字換這兩個，竟再找不出兩個字來，再還有「日落江湖白，潮來天地青。」這「白」「青」兩個字，也似無理；想來必得這兩個字纔形容的盡。念在嘴裡，倒像有幾千斤重的一個橄欖似的？還有「渡頭餘落日，墟裡上孤煙。」這「餘」字合「上」字，難爲他怎麼想來！我們那年上京來，那日下晚便挽住船，岸上又沒有人，只有幾棵樹，遠遠的幾家人家作晚飯，那煙竟是青碧連雲。誰知我昨晚兒上看了這兩句，倒像我又到了那個地方去了。』（同上回）還有五十四回，賈母批評鳳求鸞故事的一段話，也是根據這寫實的原則。如果將紅樓夢裡各處分散着作者對於文學的意見作一歸納；不祇發現了作者所遵守的寫作原則是「寫實」；而且也由這原則使他完成了這部不朽的名著。

大前提既然與潘先生的不同，那末，其他一切的立論，也就完全不同了。玆一一陳述於下。

第一、他說：『作者借通靈說此石頭記一書的意思，是要用「傳國璽」來代表政權，「石頭」，「寶玉」都是影射「傳國璽」。傳國璽的得失，即是政權的得失』。因寶玉上刻有「莫失莫忘，仙壽恒昌」。「一除邪祟，二療疾疢，三知禍福」等字，於是他聯想到三國志，孫堅傳注引吳書所載漢傳國璽的一段話，因而他又得結論說：『我們試一比較，「方圓四寸，上紐交五龍」不是「大如雀卵，燦若明霞，瑩潤如酥，五色花紋纏護」的簡寫麼？「莫失莫忘，仙壽恒昌」更是「受命于天，既壽永昌」的轉譯了。試想一塊美玉，鐫了這些文字，便有無限神通，不是傳國璽是甚麼？一除邪祟，二療疾疢，三知禍福等字，不過是魔術家眩亂看官的眼目。所以他借寶釵口反覆念說「莫失莫忘，仙壽恒昌」這兩句話。』寶玉的大小，祇如雀卵，方圓不過一寸，如以印作比，也不過是現代人所用便章，說不到是正式的印鑑，以便章而來象徵「方圓四寸」的傳國璽，未免太小視傳國璽了。如果以寶玉上刻上「莫失莫忘，仙壽恒昌」而就類比為傳國璽，那末，寶釵的金鎖上也刻有「不離不棄」，「芳齡永繼」一類字樣，金鎖又是象徵什麼呢？難道也是傳國璽一類東西麼？即令我們承認「寶玉」就是「傳國璽」，而「傳國璽」是野心家所爭的對象，如潘先生所提的漢璽就是孫堅，董卓，劉表等爭奪的對象；然寶玉為什麼三番五次不是摔玉就是砸玉呢？那有玉璽可以隨便摔掉砸掉不要呢？即令再如潘先生所說，林黛玉代表明朝，薛寶釵代表清朝，她們二人所爭的就是玉，那末「寶玉」就應該屬於林黛玉（因為紅樓夢的作者，據潘先生所說，是有民族意識的），為什麼賈寶玉反因黛玉無東西可配而當黛玉的面要摔玉呢？黛玉寶釵為玉而爭，也就是為傳國璽而爭，後來賈寶玉得到金麒麟，與史湘雲的正是一對，故有「因麒麟伏白首双星」之說，史湘雲也加了爭玉的集團，那末，史湘雲又代表那一朝代呢？即令現行本的紅樓夢沒有繼寫湘雲與寶玉的後果，然林黛玉的妒麒麟是明白寫的。林黛玉為什麼又妒金麒麟呢？如果將寶玉作傳國璽的影射，那末，就有種種問題得不到一個合理的解答。如果想求合理的解答，我們認為，最好是向紅樓夢本身中來求。上引紅樓夢一段的開頭就說：「作者自云：曾歷過一番夢幻之後，故將眞事隱去而借通靈說此石頭記一書也。故曰眞士隱云云。」換言之，就是作者曾經歷過一段生活，而認為這段生活像幻夢一般；故借一塊石頭的一傳奇故事，將這段幻夢般的生活表現出來，如枕中記之以盧生，南柯太守傳之以淳于棼，故說眞事隱。沒有一位小說家不是將眞事隱去而以第三身將自己親見親聞的事跡重現於作品；如果直寫自己的生活那是笨伯，那是不知道小說寫作的技巧。紅樓作者之所以讓賈寶玉含玉而生，這「玉」正是此書結構上的大關節。賈寶玉有玉，薛寶釵有金鎖，史湘雲有金麒麟，林黛玉什麼也沒有，而賈寶玉偏偏愛她，於是故事的結構，心理的衝突，一幕一幕地展開了。在這個骨架上附麗着中國整個的文化，整個的民族精神，各色各樣的典型人物；用不着再附會別的意義，紅樓夢已經够偉大了。如果附會不當，是要減輕它的價值的，要當心！

第二、潘先生既認定「寶玉」就是傳國璽，那末，傳國璽是要用印泥的，於是賈玉就有愛紅之癖。他說：『印璽必須用硃，所以作者的靈心，憑空捏造出今古無双的愛紅之癖來。』印璽必須用硃的，以此而推，「寶玉」是必須吃胭脂的，然為什麼襲人還規勸他：「再不許弄花兒弄粉兒，偷着吃人嘴上擦的胭脂和那個愛紅的毛病兒」呢？為什麼湘雲也駡他：「不長進的毛病兒，多早晚修改呢？」難道印璽用硃是不應該的？再者，潘先生又講：「既知寶玉即是傳國璽，所以啣璽而生的這個人自然是天子的身份。」賈寶玉既是大子的身份，不是「寶玉」，而犯愛紅的毛病的是賈寶玉，並不是「寶玉」，那末，象徵傳國璽的到底是賈寶玉呢？還是「寶玉」呢？這裡是不是有點兒矛盾？如果「寶玉」眞是傳國璽，難道傳國璽還是可以仿製麼？北靜王仿造了一塊「寶玉」，送給賈寶玉，賈寶玉恭而敬之的收藏起來（八十五回），傳國璽能這樣麼？

第三、潘先生認定賈寶玉是天子，他引卌四回薛蟠說的：「難道寶玉是天王」，和四十六回鴛鴦說的：「別說寶玉，便是寶金，寶銀，寶大王，寶皇帝，橫豎不嫁人就完了」作證。如果這兩個人說的就可作證，那末，我們也可引王夫人，賈母，林黛玉說的而得出另一樣的結論。如第三回王夫人對林黛玉說：

只有一句話囑咐你：你三個姐妹倒都極好：以後一處念書，認字，學鍼線，或偶一頑笑，都有個儘讓的：我就只一件不放心。我有一個孽根禍胎，是家裡的「混世魔王」，今日因往廟裡還愿去，尚未回來，晚上你看見就知道了。你以後總不用理會他。你這些姐姐妹妹都不敢沾惹他的。

又如第十九回林黛玉對賈寶玉講的：

眞眞你就是我命中的「魔星。」

再如第五十四回襲人的母親死了。賈母想給她幾兩銀子，賈母提到寶玉說：

我想着他從小兒伏侍我一場，又伏侍了雲兒，末後給了這個魔王，給他磨了這好幾年！

這裡以「混世魔王」，「魔星」，「魔王」，難道也是暗示着賈寶玉是天子的身份麼？如果可能，那末，薛蟠也是天子的身份了，因為人們稱他的「獃覇王」。鳳姐也可說是天子的身份，因為賈母曾說她是「覇王是的一個人。」（四十五回）「霸王」，「魔王」不是一樣的通俗用語麼？

第四，潘先生把「襲人」二字拆開來成為「龍衣人」，而且說：『這又是作者寓的深意。』但「龍衣人」三字在這裡作何解，其深意何在，潘先生並沒有作進一步的解釋。又說：『寶玉又曾嬖愛一戲子，名叫蔣玉函，小名叫琪官。寶玉出家後，王夫人把襲人打發回花家，他哥哥花自芳許配與城南蔣家的，有房有地，又有舖面，人物兒長的百裡挑一，成婚之後，方知這姓蔣的原來就是蔣玉函。經作者巧配姻緣，玉璽就配上玉函了！不僅有了玉函，而且玉函還是紫檀木做的呢！何以見得？我們記起第三十三回忠順親王的長府官因聞寶玉隱藏琪官，特向賈政索取，逼得寶玉說出實情來：「大人既知他底細，如何連他置房舍這樣大事倒不曉得了。聽得說，如今在東郊離城二十里，有個什麼紫檀堡，他在那裡置了幾畝田地，幾間房舍，想是在那裡亦未可知。」還不是明明說玉函是紫檀木製成的嗎？』這裡我要提醒潘先生一句，蔣玉函原住紫檀堡，可是與襲人結婚時住的是「城南」，與「東郊離城二十里」的紫檀堡不是一個地方。況且寶玉被父親苦打後，「昏昏沉沉，只見蔣玉函走進來了，訴說忠順府拿他之事」（三十四回）以後再沒有下文，忽然到本書的結尾又提出蔣玉函住的是「城南」，前後似有不啣。且作者也沒有作一交代。我們雖不必因此就斷定紅樓夢的後四十回是另一位作者，然他住的已不是紫檀堡則可斷定。紫檀堡既不是蔣玉函的終身住所，也就不必一定引伸說「玉函還是紫檀木做的」了。再者，傳國璽的印盒必須是紫檀木做的麼？

第五，潘先生說：『寶玉既是國璽，是帝王。那末，林薛相爭，就是代表明清互鬪了。林薛別名，一稱瀟湘妃子，一稱蘅蕪君，都顯現帝王身份，和其他姊妹們的外號迥然不同。黛玉的前身是絳珠仙草，（見第一回）絳紅都是影射明朝國姓（鄭所南改名思肖，思肖就是思趙。）它是代表明朝，因此，瀟湘舘中有它寫的「綠窗明月在，青史古人空」的一副聯語：「黛玉的身份是天子，他所喫的丸藥是天王補心丹。薛之名曰釵，釵於文為又金。（這和大宋為本穴一樣）清之先本女眞，宋徽宗政和五年，酋長完顏阿骨打稱帝，改國號曰金。金之色白，故完顏部色尚白。「又金」猶云「後金。」金之白色，故寶釵姓薛。薛就是雪，第四回門子抄的護官符有云：豐年好大雪，珍珠如土金如鐵，就是指的薛家。）寶釵之兄名蟠。蟠者，番也。從蟲者，猶狄從犬，羌從羊。言其是番人也。兩個政府爭取政權，一個滅亡，一個就取而代之；所以薛寶釵和寶玉舉行婚禮，即林黛玉氣絕之際。單就前面列舉的現象，我們實在不敢武斷說作者不是有意的安排，而是無意的偶合。我們如果承認作者所處的時代，是剛剛受制於異族的時代。一種無比的民族仇恨，無比的民族沉痛，沒法在士大夫間流露，沒法在貴族文學上表現；轉而向在那個時代不受人重視的平話小說發展。這種民族主義文藝家的地下工作，恰和天地會，洪門會（洪門就是漢門，因為喪失了中原的土地，所以在「漢」字裡除去「中土」，就成為洪字。宋朝亡後，鄭思肖畫蘭，從不畫土。有人問他，他說：土早被番人奪去了，你還不知道嗎？」這是同一心理的不同表現）。一類的民間秘密組織，走的同樣的路線。研究歷史的人，知人論世，如不漠視這一事實，則紅樓夢作者這番苦心，我們不應該忍心的將他抹殺，紅樓夢這種表現方法，我們也不應該感覺到生疏和驚訝。』這段話是潘先生的主要用意，也是他主要立論點之一。潘先生的學問淵博，我們非常欽佩；除欽佩外，還發生了一個問題。紅樓夢的作者既是以「無比的民族仇恨，無比的民族沉痛」來寫作，那末，他處理他的人物就有一定的分寸。林黛玉代表明，薛寶釵代表清，作者是身在清而心在明，那末，作者的同情，應該是屬於林黛玉或屬於薛寶釵就很明白了。可是我們看作者怎麼講：

如今忽然來了一個薛寶釵，年紀雖大不多，然品格端方，容貌美麗，人人都說黛玉不及，那寶釵却又行為豁達，隨分從時，不比黛玉孤高自許，目無下塵，故深得下人之心；就是小丫頭們，亦多和寶釵親近　因此，黛玉心中便有些不忿；寶釵却是渾然不覺。（五回）

誰想賈母見寶釵來了，喜他穩重和平，正值他經過第一個生辰，便自己捐資二十兩，喚了鳳姐來交與他備酒戲。（二十四回）

小紅與墜兒在滴翠亭私語，被寶釵聽見了，小紅批評道：「要是寶姑娘聽見，還罷了。那林姑娘嘴裡愛尅薄人，心裡又細，他一聽見了，倘或走露了？怎麼樣呢？」（二十七回）

賈母道：『提起姐妹，不是我當着姨太太的面奉承，千眞萬眞，從我們家裡四個女孩兒算起，都不如寶丫頭。』薛姨媽聽了，忙笑道：『這話是老太太說偏了。』王夫人忙又笑道：『老太太時常背地裡和我說寶丫頭好，這倒不是假話』（三十五回）

寶釵為史湘雲安排在藕香榭還席，賈母稱贊寶釵道：『我說那孩子細緻，凡事想的妥當。』（三十八回）

黛玉對寶釵道：「你素日待人，固然是極好的；然我最是個多心的人，只當你有心藏奸，從前你說看雜書不好，又勸我那些好話，竟大感激你。往日竟是我錯了。實在誤到如今。細細算來，我母親去世的時候，又無姐妹兄弟，我長了今年十五歲，竟沒一個人像你前日的話教導我，怪不得雲丫頭說你好。我往日見他讚你我還不受用。昨兒我親自經過，才知道了。比如你說了那個，我再不輕放過你的，你竟不介意，反勸我那些話，可知我竟自誤了。若不是前日看出來，今日這話，再不對你說。」（四十五回）

鳳姐病了，榮府沒人理事，王夫人求薛寶釵說：「好孩子，你還是個妥當人。你兄弟妹妹們

又小！我又沒工夫，你替我辛苦兩天，照應照應。凡有想不到的事，你來告訴我，別等老太太問出來，我沒話回。』(五十五回)

趙姨娘因見寶釵送了賈環些東西，心中甚是喜歡，想道：「怨不得別人都說那寶丫頭好，會做人，很大方！如今看來，果然不錯！他哥哥能帶了多少東西來？他挨門兒送到，並不遺漏一處，也不露出誰薄誰厚；連我們這樣沒時運的他都想到了。要是林丫頭，他把我們娘兒們正眼也不瞧，那裡還肯送我這東西！」(六十七回)

賈母道：『林丫頭那孩子倒罷了，只是心重些，所以身子總就不大很結實了。要賭靈性兒，也和寶丫頭不差什麼，要賭寬厚待人裡頭，却不濟寶姐姐有躭待，有儘讓了。』(八十四回)

你們看，上自賈母下至丫環用人，沒有一個不稱讚寶釵的，速代表明朝而與清朝爭天下的林黛玉也稱讚起薛寶釵。薛寶釵既是代表清朝，人心的歸向都趨向到她，那末「寶玉」自然要歸清朝。再看一般人對林黛玉批評：

史湘雲對寶玉道：「大正月裡，少信着嘴胡說：這些沒要緊的歪話，你要說，你說給那些小性兒，行動愛惱人會轄治你的人聽去！別叫我啐你。(二十二回)

賈母批評林黛玉道：『孩子們從小兒在一處兒頑，好些是有的，如今大了，懂的人事，就該要分別些才是做女孩兒的本分，我纔心裡疼他。若是他心裡有別的想頭，成了什麼人了呢？我可是白疼了他了！……偺們這種人家，別的事自然沒有的，這心病也是斷斷有不得的！林丫頭若不是這個病呢！我憑着花多了錢都使得，就是這個病，不但治不好，我也沒心腸了！』(九十七回)

「孤高自許，目無下塵」，「嘴裡又愛剋薄人，心裡又細」，「正眼也不瞧人」，「心重」，「小性兒」，「行動愛惱人」，「會轄治人」，這些是林黛玉得的評語，而且她自己也承認她是「最是個多心的人」。潘先生講林黛玉是天子的身份，她是代表明朝來爭天下的，一位這樣不得人心這樣使人「沒心腸」來理會的天子配爭天下麼？配爭天下的是「品格端方，容貌美麗」，「行爲豁達，隨分從時」，「穩重和平」，「妥當」，「會做人」，「很大方」，「不露出誰薄誰厚」「寬厚待人」，「有躭待」，「有儘讓」的人。中國的政治哲學一向是，「得道者多助，失道者寡助」，薛寶釵有這麼多的美德，她是代表清朝的，而清朝的應該得天下成了天經地義了。一位存着「無比的民族仇恨，無比的民族沉痛」的作者寫出這樣反作用的文章，眞該打屁股了。

或許有人說：寶玉是喜歡黛玉的，然因寶釵的權謀詭詐而將地位奪去了，所以有人替黛玉抱不平。我們所談的不關她二人的結果，而是她二人的行爲給予社會的反影，換言之，也就是一般社會對他二人的批評，再者也不見得沒有替寶釵抱不平的。且引一段掌事：

許伯謙茂才紹源，論紅樓夢奮薛而抑林，謂黛玉尖酸，寶釵端重。直被作者瞞過！夫黛玉尖酸固也；而天眞爛漫，相見以天，寶玉豈有第二人知己哉？況黛玉以寶釵之奸，鬱未得志，口頭吐露，事或有之。蓄人當歷境未亨，往往形之歌詠，詩三百篇，大抵聖賢發憤之所爲作也。聖賢且如此，何有於兒女？寶釵以爭一寶玉，致矯揉其性；林以剛，我以柔，林以顯，我以暗；所謂大奸不奸，大盜不盜也。書中譏寶釵處，如丸日冷香，言非熱心人也；水亭撲蝶，欲下之結怨於林也；借衣金釧，欲上之疑忌於林也；此皆其大作用處。楊國忠三字，明明從自己口中說出；作者故弄狡獪，不可爲其所欺！況寶釵在人前，必故意裝喬，若幽寂無人；如觀金釵一段，則眞情畢露矣！己卯春，余與伯謙論此書，一言不合，遂相齟齬，幾揮老拳；而敏仙排解之。於是兩人誓不共談紅樓。秋試同舟，伯謙謂余曰：「君何爲泥而不化耶？」余曰：『子亦何爲窒而不通耶？』一笑而罷。(鄒弢三借廬筆談)

因爭釵黛的得失而起爭論，這是常事；然我們所以引證這段掌故的，意在證明作者寫實手法的成功。他祇是「按迹循踪，不敢稍加穿鑿，至失其眞」地來寫他「半世親見親聞的幾個女子」，至如這些女子的好壞，他是不參加自己意見的；見仁見智由讀者去作判斷好了。

至如潘先生所分解的林薛二人的別號，照樣也引起許多無法解決的問題。如說黛玉的前身是絳珠仙草，絳紅都是影射明朝的國姓。我們也可以說賈寶玉原住處叫絳芸軒「舊號是絳洞花主」，後住的又是怡紅院，別號更叫「怡紅公子」，(三十七回)如以絳紅是影射明朝，那賈寶玉不是更有資格麼？爲什麼捨寶玉而取黛玉？潘先生又以黛玉曾寫「綠窗明月在，青史古人空」一聯作證，如果這裏寫過「明月」就可作證，那末，七十五回賈珍帶領妻妾在會芳園叢綠堂賞月時寫的：「風清月朗，銀河微隱」有何寓意？七十六回賈母等在大觀園賞月時也寫：「明月清風，天空地靜，眞令人煩心頓釋，萬慮齊除」又作何寓意？黛玉既可解爲明朝，如何不可解爲「代理親王」呢！如孫靜庵棲霞閣野乘說：「林薛二人之爭寶玉，當是康熙末，允禩諸人奪嫡事。寶玉非人，寓言玉璽耳，著者故明言爲一塊頑石矣。黛玉之名，取黛字之黑字，與玉字相合，而去其四點，明明「代理」兩字。代理者，代理親王之名也。(廢太子後封理親王)理親王本皇次字，故以双木之林字影之。猶慮觀者不解，故又於迎春之名曰二木頭，迎春亦行二也。」這樣的拆字法，比絳紅影朱更爲有理，然潘先生作何解釋呢？

(未完)

福萊斯特爾陰魂的控訴

——看一束發人深省的歷史文件——

朱可立譯

在第二次世界大戰的末期，和以後的幾年中，美國政府裡有好幾位大公無私的人，爲了將他們的國家從迷夢中拯救出來，曾經作過一個長期而艱苦的鬪爭。在這些人當中，最重要的一位便是福萊斯特爾；前海軍部長，也就是一九四七年的國防部長。遠在福氏於前年五月，從白寨斯達海軍醫院的十六層樓跳樓隕命之前，世界各國便早就發現，這場鬪爭是多麼艱苦的暗示了。

上星期，有關福萊斯特爾的口述的備忘錄，記事表和信件都已輯成專集而刊出，題爲「福萊斯特爾日記集」。這個標題實際上名實不符，因爲福萊斯特爾的記錄，大部份都是他有關某些個人物事件的一種個人摘記，很少報告其本身的行爲。

這本「日記」雖然很零碎，但是我們對於這位堅定而具有理想的公僕的性格，不啻多了一項新的認識；這位公僕，就像一位中量級的打破了鼻子的拳擊家，兩眼永遠平視前方，嘴唇堅決得閉成一條直線，並且從不輕易言語，福萊斯特爾之爲人，是決不把他對於美國軍事安全所負的責任置之度外的。他的內在衝突，乃介於其對於上司的强烈的忠誠與國家安全的同樣强烈的關切之間。一旦政治或方便主義支配了政策，而這種政策恰與福氏爲軍事需要所作的估計相違背時，他總是把他的憂慮按捺在內部，而服從命令，並且以一種有節制的信念等待下一次機會。他的全部影響力慢慢地使得美國推向了軍事的實在主義，然而他個人却並沒有什麼值得標錄的勝利。他絕不會使他自己破壞安全，也不會對他的攻擊者誇口或高聲議論。但是，攻擊對他的打擊太大了。有一次，他曾經說過：「擔任公職，對於一個內向的人是不適宜的」。

在一九四五年，福氏有一篇愉快的紀錄，談到杜魯門抓住了蘇俄輕視讓步的弱點。貝爾納斯國務卿辭職之後曾告福氏，史大林個人頗不喜歡杜魯門。根據福氏的觀察：「杜魯門是對史大林的任何要求第一個說『不』的人。史大林有很多理由喜歡羅斯福，因爲他從他那兒得到了雅爾達協定，和在大戰中的任何要求，以及最後將共黨的宣傳推展到了美國並擴及於全世界的機會」。

但是在冷戰的幾個緊張的年頭裡，福萊斯特爾却發現；杜魯門可能在緊急關頭嘴硬一點，但是對於制定一個堅定的計劃以從事冷戰，却不並發生興趣。當蘇俄企圖在一九四八年以封鎖的手段，將聯軍逐出柏林之時，杜魯門特別在星期日下午召集了一次會議，並且宣佈：「一句話，我們是要呆下去的」。但是當時對於這種危機並沒有預定的計劃，令人興奮的空運辦法也絕非在第一次會議中提出的。這個辦法之所以演變而成爲一項政策，也是由駐柏林的軍事人員的見地而發動的。

類似的「急救章」的辦法也帶到亞洲去過，其結果却遠非令人欣喜者。據福氏記載，在一九四五年，美海軍正忙於輸送中國國軍前往東北，使其可以及時迎擊共軍部隊時，國務院却加以阻止，並且電告駐華的魏德邁將軍，說美國「不願意支持國民政府與共產黨碰面，除非在盡其需要，使日軍解除武裝並遣出中國」。

一九四八年春，巴勒斯坦事件使得福萊斯特爾顯得有如一個山巔的孤立的哨兵。福氏深信，美國之全力支持建立一猶太國，「會帶來美國將來安全的極大危險」。但是他對美國軍略所寄的關懷，竟墜入了一種政治的傳奇中：親猶太復國主義，對于它在猶太公民的選舉中的分量是值得的。當時的民主黨主席麥格拉（現爲美國總檢查官）很嚴重地警告過福氏說，民主黨人如果不會注意到猶太復國派的願望，也許會失掉紐約州，賓夕凡尼亞州和加利福尼亞州的選票的。

福萊斯特爾曾艱苦地想使共和民主兩黨的政治家們，避免將巴力斯坦作爲政治支票的根據。但是他失敗了，而且這次失敗，成了對他的職務的最嚴厲的攻擊的目標。一九四八年五月，以色列國甫經建立，美國大選也適時開始，於是杜魯門決定了美國對以色列的承認。正如福萊斯特爾所預見的，美國的全力支持以色列，在阿拉伯集團中，已經留下了其對美國忿恨和不信任的裂痕。

作爲國防部長，他對於美國軍事安全的關切，很快的使他陷入了與忠誠的更深的衝突。一九四八年，杜魯門讓他的預算局，對三軍的預算鐵定爲一百四十四億美金，不得超出；福萊斯特爾心平氣和地辯論說，這些個削減恐怕會迫使海軍撤退其在地中海的特種混合艦隊（該艦隊除一般所知會安定希臘，土爾其及意大利的處境之外，成績尚不止此）。這樣一來美國除了仰賴自英國轟炸以外，就無法反攻歐洲了。福萊斯特爾的令人傷心的發現之一，便是當時的國務卿馬歇爾，也許他是可能改變總統的決斷的，但是在福氏爲軍方的聲辯中，他却絲毫未加協助。

總統的許多決定，一直變得冷酷地與福氏相衝突，同時，就像一個「差不多太好了」的軍人，福氏後來就完全服從命令了。他曾經迫使聯合參謀本部，耗費許多時間，以制定一個一百四十四億的預算（雖然福氏本人知道，一百八十億左右才應該是最低數）。

一九四五年，福萊斯特爾在一次內閣會議之後，寫下了一段日記；說華萊士曾「完全地，堅決地並且全心地贊成將原子彈交與蘇俄」。

福萊斯特爾的紀錄在上星期的報紙上發表時，華萊士發表了一段駁斥的否認文字。他說：「這是句謊話，我曾在一九五〇年衆院非美行動委員會作證的誓言裡說過　內閣中有個多嘴的說謊的人，同時總統也同意：：：我並不希望與死了的人或是他的遺孀或遺孤們吵嘴。他們的先君在他故世的幾個月前曾急於要見我：：：無疑地，在那個時候，他正想把他的心靈環境作一有秩序的安排。願上帝使這位特別痛苦的人的靈魂得到安息，他在戰時爲他的祖國和軍方曾優異的服務過。」

福萊斯特爾日記中的紀載，迄於一九四九年一月左右。上星期，他的幾位摯友又用有關他最後幾個月的回憶湊成了一個完整的福萊斯特爾傳記。

福氏的副官開始注意到他疲憊的現象是在二月裡，有一次他在早晨兩點鐘撕掉一份演講稿，而到了八點鐘又把起草人叫回來重寫。他在禮拜天下午召集三軍的將領們到他的辦公室提供意見，但仍舊不能對手邊的問題決定處置辦法。有一位同僚注意到，由於福氏沉溺在一種總抓頭皮的緊張習慣裡，就好像「腦袋裡有個窟窿」似的。三月一日，杜魯門把福氏叫了去，要他立刻辭職。他的朋友們說，那是一種「令人心碎的經驗」，對於他心力已經枯竭的最後證明，他是一個失敗者。他禮貌地提出了辭呈，並且向各方作適當的辭行。然後他步行到國防部的馬爾道去等他的汽車。一位副官提醒他說：「哦，你不再有汽車了」。福萊斯特爾顯得很難堪的樣子，還是副官叫了另一部車子送他回家，然後又打電話給福氏的一位老朋友易伯斯德，並且警告他，福氏「行動特殊」。

易伯斯德急忙趕到喬治城福氏的家裡，發現福萊斯特爾正在喃喃自語：「我是朋友們的敗類。我已經失敗了：法院在星期二就要對我起訴了」。易伯斯德用一架空軍星座機把他送到富羅里達州羅維特在那兒照管的霍布桑基地去。福萊斯特爾仍舊反覆地說着：「他們在監視我」。幾天後，福氏常常自己游泳，晒太陽，彷彿很有起色。後來，一天晚上，他用一塊刀片割自己的手腕。精神病專家們命他前往白塞斯達醫院，於是，就在那個地方，七個星期之後，他在清晨二時結束了自己的生命。

福氏的日記，對於他的自殺並沒有提出任何理由。但是那些隱秘的紀錄，那些反應，那種憂慮和責任，總括起來，足以構成一個有力的實例；在一種爲了挽救美國人民免於自滿的堅苦鬪爭中，福萊斯特爾成了一個傷亡者。（譯自十月十五日時代週刊）

（上接第十三頁）之流，一味魯莽滅裂，希圖僥倖，其結果必是害人害己，僅使史達林稱快而已。西歐帝國主義之餘孽固然可惡，但若解決問題，不採取適當步驟，全憑意氣，一味蠻幹，其有害於人類文化者，正不下於孽數未盡的帝國主義。

往者已矣。大英帝國船破還有三千釘，一個僅值十億美金的煉油廠，值不得引起全面的國際衝突。祇要阿巴丹的油管不流向蘇俄就行了。尼羅河及整個中東的防務問題，可依照聯合國區域防衛的原則，慢慢設法和埃及達成某種協議，在其他方面必須盡量讓步，不要再製造中東人民的反西方情緒。

總之西方國家，特別是大英帝國，在今後的國際活動中，必須洗面革心，痛切覺悟；絕不能再繼續掮着可恥的帝國主義的招牌，而空叫「落後國家」保衛民主。特別是在倫敦邱吉爾先生東山再起以後，唐寧街十號必須採取明快，果敢而進步的措施，袪除亞洲人民的疑慮。因爲亞洲人民對你老先生在外交方面所抱持的（除了抗俄一點外）保守觀念，印象太深刻了。

當前中東和整個回教世界問題的能否適當解決，實爲人類智慧及西方基督教文化的重大考驗，也是伊斯蘭文化能否再與的嚴重考驗。但願西方國家及識大體的回教國家的領袖們好自爲之。彼此既非是鷸蚌，何不大大方方，互尊互讓地共商解決之道，而偏要作無謂的相爭，讓史達林坐收漁人之利呢？（完）

書刊評介

科學與社會

羅素講演　哥倫比亞大學出版

Bertrand Russell: The Impact of Science on Society

海光

羅素今年已是七十九歲的老人了。這本書是他得諾貝爾獎金以後在哥倫比亞大學印行的講演。他底講演是在哥倫比亞大學 Franklin J. Matchette 基金主辦的哲學講演中講出的。此老眞是老而彌勤。有些人活着對于人類有害。史達林，毛澤東，及其同一類型的人物是也。有些人則活着對於人類有益。羅素是也。但願此老活到杜威那麼大的歲數，將他底人生閱歷和見解多告訴一點給世人，指引出人生正當的路途。在這本書裡所說的，可以說就是這一方面底東西。

本書計分三個論題：第一，科學與傳統；第二，科學技術底影響；第三，科學與價值。羅素早年致力數理與邏輯，與懷德海合著 Principia Mathematica，其對于現代邏輯影響之大，弄現代邏輯者類能道之。以他底思想訓練尤其是解析的思想訓練之精，由他來論析這些題目，見解自可高人一籌。

科學底影響有許多種類。在知識方面，科學廓淸許多傳統的信仰，並且採取用科學方法所獲得的知識。科學對於工業技術和戰爭技術的影響，是顯而易見的。除此以外，新的科學技術使得現代社會組織發生深刻的變化。社會組織之深刻的變化，逐漸引起相應的政治變化。最後，由於科學知識使人類得以控制或改變其環境，結果，產生了一種新哲學。這種新哲學包含着一種新觀念，使人知道人類在宇宙間的地位有了改變。

依此，羅素在這個演講中闡述科學對於社會的影響：第一，他詳釋科學在純知識上的結果。這些結果將無根據的傳統信仰予以淸理。第二，分析科學技術，尤其是自工業革進（評介者按：歷來許多人將 Industrial Revolution 一詞譯作「工業革命」，「工業」乃技術方面的東西，毫無人爲的「意圖」攙入其間，何「命」之有？所謂「工業革命」底本意應是「改進工業技術」，例如由手紡機進步成蒸氣紡織機。所以，評介者改譯成今名。而且，「革命」一詞，自布黨十月革命以至中國共黨之「頒佈懲治反革命條例」以來，所謂「革命」，與陰謀，暴力，恐怖，極權統治，幾結不解之緣。我人一聽到「革命」一詞，便聯想到這些血腥字眼，所以，並引不起樂觀與振奮之情。我人今日所需要者，唯理性，進步，自由，與利他諸要素。）以來的科學技術。第三，考察科學技術對于政府，社會階層，對于個體自由，對於人種改變，的影響。最後，討論由科學之勝利得到啓示所形成的哲學。羅素認爲，這種哲學，如聽其發展，會使人類蒙受災難。

科學與傳統

從十七世紀開始，科學使傳統的信仰逐漸衰落。羅素說，十七世紀和十八世紀底科學觀中，有三件事最關重要：第一，對于事實的陳述必須以觀察爲根據，而不以無根據的權威爲根據。第二，無機的世界是一個自動的系統。在這個系統之中，一切變化都依照自然律。第三，地球並非宇宙之中心，而且人也許不是宇宙之目的(如果宇宙有目的的話)；復次，『目的』這個概念在科學上毫無用處。

這幾項觀念所形成的看法就是所謂的『機械觀』。這種看法，曾爲教會所非難。但是，也就由於這種看法，逐漸終止了教會的迫害，並養成了合于人情的態度。可是，到了今天，有許多人不像從前那樣地接受這種看法，於是迫害又已開始。這是現代値得注意的根本問題。在上述三點中，第一點對于今日的世局尤關重要，所以我們必須特予注意。

就現代人而言，我們對於事物下判斷時，這一判斷是否正確須藉觀察來確定，而不是靠古代的權威來確定。但在十七世紀以前並非如此。亞里士多德雖然結婚兩次，可是他說女人底牙齒少於男人。他沒有觀察他太太底牙齒來證實此說。亞氏類此的說法頗多，許多學究居然信之不疑。

這種無條件地信賴權威而不憑自己獨立的觀察來下判斷的情形，在學術思想上已經够有阻害了。如果在政治上是如此，那末爲禍之烈，眞是不可勝言。納粹式和布爾希維克式的『訓練』，最崇高的目標之一，就是消滅人之所以爲人的獨立理性的判斷和觀察事物的能力。他們要讓被訓者像羊群一樣，以牧人底是非爲是非，以牧人底判斷爲判斷；然後便盲目地跟着牧人亂跑。

要做到憑自己底理性獨立下判斷是很不容易的，必須受過科學洗禮的人才辦得到這一點。爲了判斷免於權威之影響或限制，科學與宗教作過長期的抗爭。布魯諾 (Bruno) 和迦利略 (Galileo) 等人，是這一抗爭過程中的犧牲者。直到現在爲止，世界上得享這種『判斷自由』的人只有一小部分。在世界大部分地區裡的人，他們底判斷，唯或必須唯僧侶，酋長，國王，首領，或類似的東西是賴。因而，在這樣的一些地區裡，思想自由不過空中樓閣而已。

科學重大地影響着人對于人在宇宙間的地位之了解。這種影響有兩種：科學的認識，在一方面貶抑了人底地位；同時在另一方面又提高了人底地位。從理解宇宙方面着想，科學使得人自認爲並非宇宙底中心；可是，從行動能力方面着想，科學却增加了人類底地位。

在科學時代以前，權力即是上帝。在那個時代，照人看來，即使環境最爲有利，人所能作能爲的非常有限；而且，如果人獲罪於天，有利的環境也會變成不利的環境。依據人間專制君主之類似情形來判斷，我們可以確知，神明所最不喜的，乃人類缺乏謙卑之感。你在神明面前，必須是很謙卑的。如果你想無災無害地過活，那末你得表現的很是柔順：你必須意識到，你是處於沒有保護的情況之下，而且須常常準備認罪。

這話眞是千眞萬確的。這種神權在現代極權統治之下得到更充分的現形。在極權統治之下，權力者即是上帝。我們不能設想，我們在蘇俄及其同一統治型態的地區，獲罪於『天』時，還能好好安逸地過着日子。在這樣的地區，人民日夜暴露於警察密探底偵伺之下，沒有任何人來保護你。在民主國家，每個人是自己底上帝。在這樣的極權空間，所有的人只共一個上帝。你在這個上帝底武器威力圈以內，必須表現得非常謙卑和虔敬。謙卑和虔敬是你已被懾服底表現，並且是你屈從其權力底表現。聽話的羊，將得到水草。同樣，只要你表現得屈從其權力，那末你將得到好處。所以，在蘇俄及其同型空間，幾乎目不識丁的脚色，可以對大學教授『訓話』（參看今日美國第四十四期「我的故事」一文）。有了權力就有了一切。依此，你依靠了權力，無知變成有知，無理變成了有理，錯誤便是正確。這與金錢社會裡，有了金錢便有了一切，同樣地不足爲奇。

科學技術底影響

自從亞剌伯時代以來，科學具有二種作用：第一，促使吾人知道事物；第二，促使吾人做些什麼。在中世紀，有二種發明對於其後的世界具有深遠的影響：即是羅盤針與火藥。火藥底主要作用，是促使中央政權平服諸侯底叛變。自十五世紀以來，國家底權力，乃火藥發明底結果。從那時開始，國家底權力日益增長。

羅盤針底發明同樣重要。如果沒有羅盤針，那末地理之發現似乎不可能。羅盤針發明以後，新大陸就成爲白人底殖民地；我們可以繞過好望角到達東方，征服印度，並且使歐洲與中國發生接觸。海權也得到激劇的發展。西方國家藉着海權而控制了世界。

至於蒸氣機之發明，對於工業革進以及世界的影響是如何重大，更不待言了。不過，在這一方面，羅素底看法與一般『科學萬能』論者頗不相同。他說：『工業革進使得英國和美國發生不可言狀的苦難。』崇奉科學若神明者，對于這位科學的哲學家之言，應當再三思量。科學是一把利刀。善人用來格魔鬼；惡人則用來毀滅世界。現代極權組織利用科學技術爲統治方式，人民只有永世作牛作馬，一輩子不能翻身。

誠然，科學技術可以增進生產能量。可是，生產能量增進底結果，使得經濟利益成爲爭奪之誘惑物。羅素說：『內戰（Civil War，評介者按係指一八六一年美國底南北戰爭）終於爆發。如果紡織工業仍然停留在手工業階段，內戰幾乎可以不致發生。』這話是很有見地的。近代有許多衝突，是起於大規模生產所形成的經濟利益之誘惑。不獨如此，這種大規模生產的技術，使現代戰爭遠較古代戰爭激緊（intensifying）和普遍。因而人民所受之禍亂，也遠較古代戰爭爲烈。復次，由於提倡所謂『社會主義』將『生產工具收歸國有』，於是經濟權力成爲政權爭奪戰中之一有力的誘惑品。（古代有爲奪一美人而戰的，有爲『奪江山』而戰的。現代戰爭之勝利的一方，常可獲得對方底銀行，機器，鑛山，以及一切資源。至於江山美人，猶其餘事也。）

電氣在用作動力以前，已經用作通訊工具。這有兩種結果：第一，通訊比人行快得多；第二，在一個大的組織之中，中央機構能控制瑣細的事項。這在從前是辦不到的。通訊比人行較快，對於警察最爲有用。在電訊發明以前，一個强人乘着快馬逃去，治安人員不易擒獲。現在這種强人就難逃警方之手。羅素以幽默的口吻說：『不幸得很，警察所要捉的人常是對於人類有益的。如果有電訊，Polycrates 一定會捉拿了 Pythagoras，雅典政府一定會捕獲 Anaxagoras，教皇一定會捉到 William of Occam，Pitt 一定會捉到 Tom Paine。』這自然是指在暴政之下的人而言的。所以，羅素接着說：『在我們底時代，大多數最好的德國人和俄國人在希特勒和史達林底統治之下受難；如果不是通訊太快，那末逃出的一定更多。所以，警力之增加，就整個看來，並非一件好事。』我覺得如果有一組經過特殊訓練的傘兵隊把那個毛澤東捉來，對于國家倒是一件有益的事情。

除了物理科學以外，生理學和心理學對于近代社會的影響也很大。『我想，在政治上，最重要的一門，是群衆心理學。從科學觀點說來，群衆心理學並不是一門很進步的科學；而且直到現在，群衆心理學底教授不在大學之中：他們是廣告師，政客，尤其是獨裁者。群衆心理學的研究對於講實際的人是很有用的。無論他們是希望致富或者是希望獲得政權，都需要精通群衆心理。……現代宣傳方法之產生重大地增加了群衆心理學底重要性。』又說：『從前的錯誤是以爲，書上告訴我們，人是一種理性動物，並且依據這個假設之上找證明來說服人。我們現在知道弧光燈和銅樂隊，比任何漂亮的三段式更能誘服人。……』『在科學的獨裁者之下的科學家可以把這種工作做到很好的地步。Anxagoras 曾說雪是黑的。當時沒有人相信。但是，未來的社會心理學家將可對一群學生以各種方法使他們堅信雪是黑的這句話。』『雖然群衆心理這門科學被人勤謹地研究着，可是這種研究只嚴格地限制於統治階層。他們不讓一般民衆知道他們自己底意見是被別人怎樣製造出來的。當着技術完備時，每個政府，只要控制人民底教育到一代，那末便能很安全地控制着它底人民，而無需軍隊與警察了。直到現在爲止，只有一個國家成功地造成這樣政客底樂園。』

羅素此言，將現代『革命專家』們底愚民之術，可謂揭露無遺。現代的一些『革命專家』們，或高明的獨裁首領，其中列寧和希特勒可作代表人物，多屬實際的群衆心理學家。他們天才而直觀地（後來則進步到科學而分析地）知道活躍於群衆腦海裡的是什麼東西，他們確知群衆所急需的是什麼東西，他們洞悉群衆底好惡何在。以這些爲基礎，他們設詞誘惑群衆，對群衆施行集體催眠術，讓群衆像觸電一般，激怒鼓舞，如水牛出陣，如大群醉漢，在一個組織指揮之下，『打資產階級』，打猶太人，在寒風冷凍之中拿身體抵擋水龍，拿血肉之軀抗拒機槍，仇恨異黨，……。這就是現代的『革命藝術』。

趙高『指鹿爲馬』，千古傳爲奇談。其實這在現代已是司空見慣的事了！趙高底宣傳技術如果能科學化，如果他善於藉制約反射法（conditional reflex）來製造『直理』 那末何止『指鹿爲馬』！他何嘗不可指貓爲狗！共產黨在韓國明明打得大敗虧輸，他們却把聯軍談判停戰代表底照片在電影上映，說是聯軍『乞降』。在竹幕中的人，有幾個能看得破這種把戲？一般人底知識之來源，無非是目之所視，耳之所聽。極權組織用各種可能的方法將大家底知識原料事先加工製造。大家居在知識的鐵幕之中，又何從知道外在世界？不知外在世界，又何從懷疑自已耳之所聞目之所見？於是，『政客底樂園』實現了！『天國』也就降臨人間！

『科學技術使組織底程度增高。組織底程度增高之無可避免的結果，就是官吏權力之加大。這種結果底毛病，就是官吏不負責任的情事增多，而幕後的權力，像從前皇帝身邊的宦官和國王底王后一樣，操縱着一切。我們要用什麼方法來控制官吏底權力，這是今日最重要的政治問題。自由主義者曾經向國王和貴族底權力抗議，並且得到成功；社會主義者抗議資本家底權力。但是，除非官吏底權力加以限制，則所謂社會主義與以另一主人代替原有主人幾無以異：以前資本家底一切權力都必爲後來的新官吏所承襲。』這是很眞切的。官僚制度得到科學技術之助，便如虎添翼。不獨標尚社會主義是如此，即使我們標尚民主政治，如果這種官僚制度不改變，則民主政治被官僚制度摧毀之有餘。因爲，在這種制度之下，出了許許多多壞事，而還不知道責任誰屬。好像大家只感到有鬼爲厲；但鬼究竟在什麼地方，誰也看不見，誰也捉不到。在這種制度之下談民主不過像黑夜看見稀微的星光；而人民所親身感受的是冷酷、無情、陰森、煩雜，困難重重，束縛無邊，動輒得咎的現實。

這種制度所產生的害處，不只這些有形的；而且，在一長遠的過程之中，還能使得社會僵化。至於一個本來被壓得缺乏生機的會社，若有這樣的制度置於其上，充其量只有造成外强中乾的結果而已。

由於組織底程度增加，個體自由底問題與十九世紀時穆勒（Mill）底想法完全不同，而必須從新估計。一個人底行動是無關重要的。但是一群人底行動則比從前重要。以罷工爲例。如果一個人偷懶不願工作，這是他自已底事。他所損失的，不過工資而已。可是，如果在一個重大的工業組織之中有罷工情事發生，那末整個社會便受到不利的影響。我們並不是說，罷工之自由應予禁止，而只是說，如果集團罷工發生，必須因着特殊的理由，而不是基於個體自由這種一般的理由。集團罷工如果發生，則應藉協議或仲裁方式來解決。

羅素所言，無疑係以民主社會爲背景。在不民主的地方，最極端的例子如蘇俄，無論個體自由和集體自由，一起都得奉送給極權統治者，作爲他個人放縱肆恣底原料。所以，在這樣的地區，個體自由認作是搗亂，不守紀律；集體自由，被更嚴重地認爲是叛亂。這二者都是必須絕對禁止的。所以，羅素之所言，在極權地區是沒有問題的。

科學與價值

許多人認爲科學底價值就是使吾人了解世界。時至今日，由于技術之勝利，許多人認爲科學底價值之所在，在於告訴吾人如何改變世界。這種新的看法，首先爲馬克斯所倡導。在費爾巴哈論中，馬克斯說：『客觀眞理是否屬於人類底思維，這個問題不是一個學理問題，而是一個實際問題。眞理是思想底實在和權力。這一問題必須在實踐中去證明。關于思想是否實在之問題純然是一學院裡的問題。……哲學家只以各種方式來解釋世界，但是眞正的任務是改變世界。』

這種說法與實用主義頗有相通之處。這種哲學，羅素名之曰『工程師底哲學』。工程哲學深合愛好權力者底口胃。因爲，藉着這種哲學，他們可以從心所欲，當然也可以假戲眞做。所以，在事實上，無論有無這些名詞，現代一切愛好權力者無不採取這種哲學。

假若你認爲權力之獲得乃首要之事，那末你就會採取馬克斯底觀點，即是，認爲重要的事不是了解世界，而是改變世界。如果權力是你希望從科學那裡得到的一切東西，那末實用主義正好給予你所需要的。科學甚至會給予你以意想不到的事。因爲，『如果你控制了警察，那末它會給予你以上帝一般的權力，使你能任意製造眞理。你不能使太陽變冷。但是，如果有人否認「太陽是冷的」這句話，那末便要遭到清算。你能保證做到這一點，你便可以提供一個實用主義的眞理，說「太陽是冷的」。』

這種哲學，正是蘇俄及其同型地區底統治集團所採取的哲學。他們由『沒有人反對馬列主義』而『做到』所以『馬列主義是眞理』。他們由『沒有人在史達林底部隊威力所及之處反對史達林』，而得到『所以史達林就是太陽』的結論。這種哲學，影響所及，不是亡國滅種，便是全人類毀滅。

可惜得很，人類頭上還有太陽照耀。史達林輩如何能摘下太陽呢？世界是這樣廣大，他們人爲的一點黑影子能遮蓋多大的一塊地方呢？又能遮蓋多久呢？

『這種工程哲學不獨與最大多數的哲學思想相違背，而且也與一般人底常識不合。因爲，這種哲學之所謂『眞理』，即是『力量』，而不是『事實』。普通所謂的『眞理』總是要『合於事實』的。『例如，假若你說，「南極是寒冷的」，你說的這句話之所以爲「眞」，乃因是有這一「事實」，即是，南極是寒冷的。南極寒冷之所以是一事實，並非因爲一般人相信那兒是寒冷那兒才寒冷，也不是因爲有人收買，叫人說南極寒冷，南極更寒冷起來。南極寒冷，是一事實。事實，當其無關於人類或其行爲時，便表示着人力底限制。我們發現自已在某種宇宙之中，我們之發現這種宇宙乃藉觀察，而不是藉着自我肯定的。的確，我們在地球表面或近處改變些什麼，但在別處則不能。……但是，即使在地球表面，我們底力量還是有限的。如果我們忘記我們是被事實所環繞，而且不承認這些事實之最大部分是獨立於我們底欲望，那末這便是一種妄自尊大症。……』在事實上，許許多多極權統治者都患有嚴重的妄自尊大症。史達林要與遺傳律『抗爭』，下令賴申科製造所謂『社會主義的遺傳學』。其如史達林底命令雖然下達，而後得性照樣不能遺傳何！

除了上述的影響以外，科學有着其他作用的。科學能夠減少壞事而增加好事。科學能夠免除貧並且減少工作時間。農業文化產生了奴隸制度，絕對君主專制，和大規模的戰爭。除了爲統治的少數人提高生活水準以外，農業並不提高大多數人底生活水準，而只使人口增加。工業也未嘗不可以走上同一的道路。可是，幸運得很，西方工業之興起是與民主政治俱來的。在西方，提高生活水準的主要因素有三：一，民主政治；二，商業聯盟；三，節制生育。而這些都離不了科學一步。

『不過，西方近一百五十年來的進步，如果不普及到世界其他的地方，那末這種進步是不會穩固的。在世界大部分底地區，如果不實行民主並且節制生育，那末人口便將激劇增加，而且由現代技術所產生的經濟利益，只有落到少數統治者手裡。這就是今日東西形勢緊張之源。這就是戰爭的情勢。除非東方征服世界，或者東方實行民主政治並且節制生育，否則這一戰爭情勢不能和緩。如果不此之圖，即使用戰爭的方法將東方擊敗了，世界也不會有永久的安寧。』這種看法，極其深遠。

科學底價值之一，在於消滅狂執的信仰。而一種狂執的信仰正像瘟疫一般地在東方流行。羅素說：『一切狂執的信仰都是有害的。當着這一種狂執的信仰不得不與另一種狂執的信仰相競爭時，害處便顯然易見。因爲，在二者競爭的情形之下，便產生仇恨和爭鬬。在一個範圍以內，即使只有一種狂執的信仰存在，也是如此，因爲，在一個範圍以內，即使只有一種狂執的信仰存在，也不許有研究之自由。因爲如許自由研究，一窮究竟，狂執的信仰便會爲之動搖。所以，在這種情形之下，必須對不喜狂執主義者施以迫害。狂執主義必須阻害知識的進步。』

共產主義就是現代狂執主義之一。共產主義底罪惡有六：第一，它堅持一種嚴峻的和不變的原則。這種原則，有一部分是可疑的；有一部分顯然是假的。第二，它以迫害的手段來推行其所謂正統的說法。第三，它認爲只有相信它底道理人類才能得救；而且必要時應使用武力。第四，只有黨底最高機構才能解釋其『主義』。第五，黨員是貴族，他們靠剝削人民而生活。第六，這種固執態度乃戰爭之穩伏的因素。

毫無問題地以權威爲根據來接受一種信仰，這種態度整個與科學精神相違。這種態度，如果大爲擴張，便很難與科學之進步相容。科學底勝利是由於以觀察與推理代替權威。我們必須明瞭，在知識領域以內，企圖恢復權威的每一行動都是一個倒退的行動。

結　論

羅素認爲，現代人所充滿的絕望之情是不合理性的。人類目前是正在爬危險的懸岩。可是，在懸岩爬過以後，我們就可以到達一個豐美的平原了。

羅素此言，當係鼓舞樂觀情緒。但是這種樂觀情緒之可以產生，並非茫無理由。今後人類之禍福，端賴是否善用科學。此一『善』字，實在大有講究。這似乎是科學——至少自然科學——以外的事。

顯然得很，目前人類所正在爬的危險懸岩，就是蘇俄及其集團或其同型者底極權統治。人類如不能爬過這一懸岩，那末便墜入深淵，淪爲工奴和農奴。如果人類能爬過這一懸岩，就可到達豐美的平原。在這平原之上，有自由與幸福的生活。

人類能否爬過這一危厄呢？他們正處於嚴重的試鍊關頭。

優美的西歐文明，在美國自由的天地得到新的營養，得到新的活力。這股巨大的力量，是全人類抗拒極權統治之所寄。如果吾人所居住的世界之歷史的發展是由僞，惡，醜向着眞，善，美而邁進，那末我們就相信這股新力量在這場巨大的抗鬬之中終於會戰勝極權暴力而使全人類走向自由之途程的。

（上接第九頁）

×　×　×　×　×

當然，「化佃農爲自耕農」，只是解決現行租佃制度的對策，爲實行耕者有其田的初步。在耕者有其田政策推行之中與以後，還有衆多的法律，技術，社會，經濟，文化問題，不能一起包括於這一政策之下。即在這一政策中也還有待補充的許多地方。我在這裏無法一一詳細討論了。

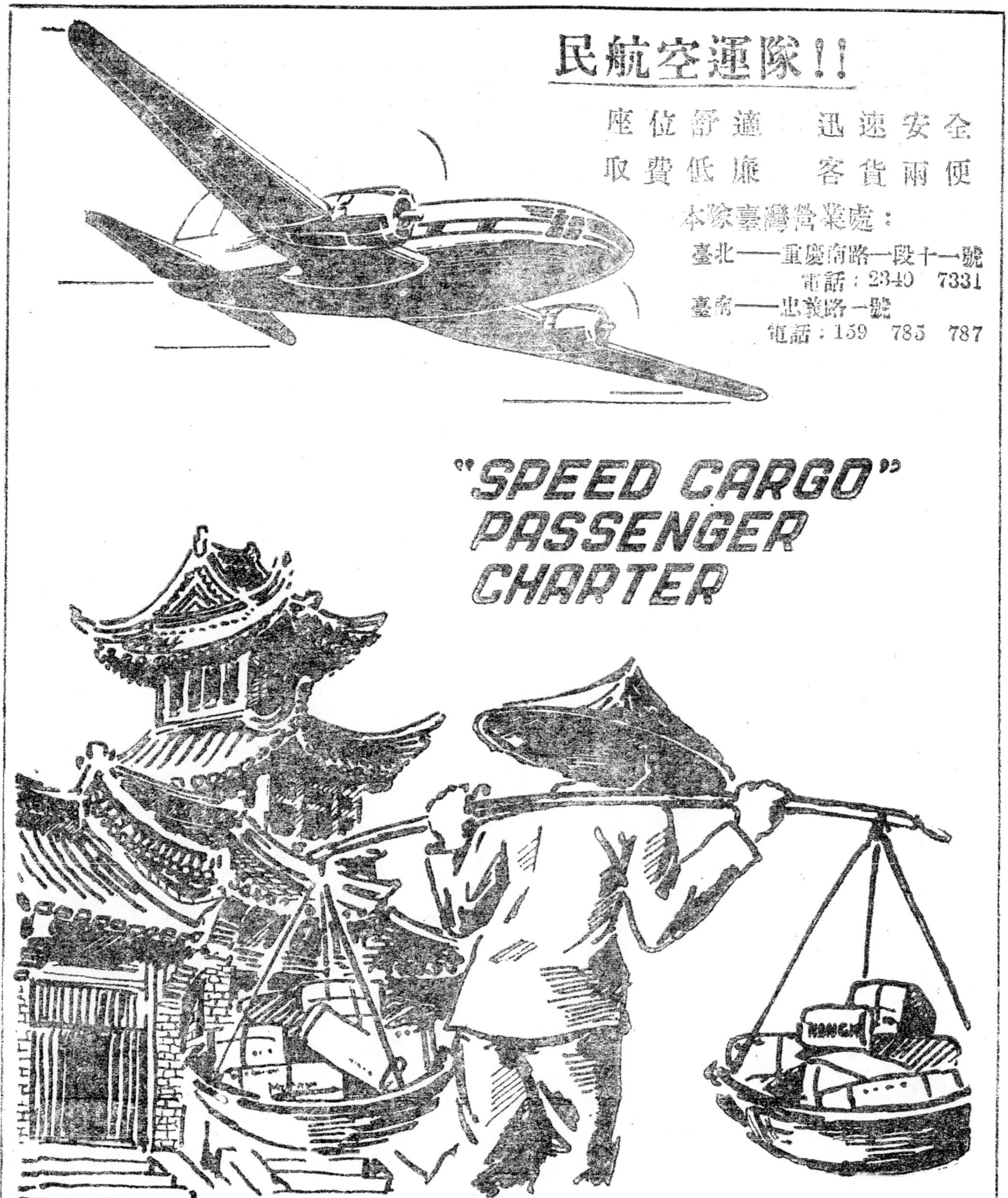

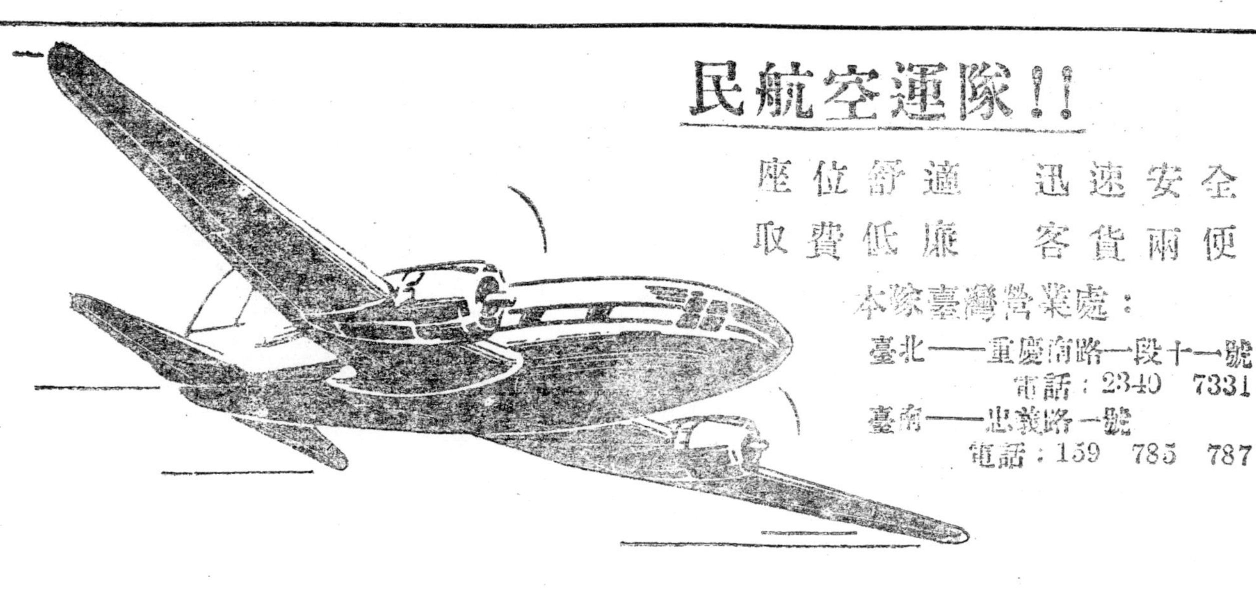
民航空運隊！！
座位舒適　迅速安全
取費低廉　客貨兩便
本隊臺灣營業處：
臺北——重慶南路一段十一號
電話：2340　7331
臺南——忠義路一號
電話：159　785　787

CAT
民航空運隊

第五卷　第九期　內政部雜誌登記證內警臺誌字第一九號　臺灣省雜誌業事協會會員　二九六

給讀者的報告

本期社論討論「軍法與普通司法的劃分」。政府在國家危急之際，爲了維持社會秩序，軍法審判，固屬必要，但必有其限度，否則不特侵及普通司法，而且更影響了民主政治的精神。民主政治的基礎在於人權的保障，軍法範圍如漫無限制的擴張，相等於人權與自由的削弱，所以無論從法律的與政治的立場言，軍法與司法的界限實有明確劃分的必要。上月十七日行政院通過了軍法與司法劃分暫行辦法，但是這個辦法的內容很多值得商榷，於此提出我們的意見，用供當局之參考。

「化佃農爲自耕農」是張丕介先生對解決今後中國土地問題的方案。「耕者有其田」原是中山先生的主張，可惜國民黨廿餘年的執政期間，並未能付諸實踐，因使共產黨得乘機用「土地改革」的口號以爭取農民，共產黨並非真欲使耕者有其田，其目的要在藉以奪取並鞏固其政權而已，將來中共政權推毀以後，解決土地問題應是善後中的急務，如果不愼爲處理，其後果將難想像。故這類問題的提出是很重要的。

中東這個多事的地區，現在正是風雲日急，英伊石油糾紛尚未解決，而英埃間的衝突竟又繼之而生。李中直先生從歷史的觀點，綜析中東回教徒在西方與共產世界大搏鬪中所居之地位，一方面皆同情於中東弱國的民族主義，一方面勉其以人類文化與世界前途爲重，誠爲讜言也。

本期華府通訊，介紹最近美國出版的 The China Story 一書。此書對最近數年來共產黨如何左右美國輿論的事實，引述至爲詳盡，現值美參院檢討美政府過去對華政策錯誤的時候，像這類事實真象的揭露，是很有助於問題的澄清的。

東京通訊兩篇，均係報導日本左派的活動。和約簽定以後，日本即將恢復主權，今後她的態度將舉足東亞局勢，我們以愛護與期望的心情，對日本政界與輿論界潛在的左傾危機，實感惋惜與憂慮，聰明的日本人應知在自由與奴役之間自爲抉擇，幼稚短見的「中立」，徒足製造另一次禍患而已。

「科學與社會」是當代哲人羅素的演講，本期海光先生爲文予以評介，羅素在原書中闡述科學之於社會的影響，並啓示世人應當爲謀取科學的知識與技術，以免蒙於災難。羅素是舉世聞名的哲學泰斗，其見解之精邃，自無待言，加以評介者的素養與文筆，這篇文字是值得讀者細讀的。海光先生強調自由精神之重要，警惕省人，其意見自成系統，雖未諳羅素原文者，亦能領解無間。

下期是本刊兩週年，將出特大號，以資紀念。

本刊售價

一、	臺幣	三元
二、	越幣	八元
三、	菲幣	五角
四、	港幣	一元
五、	暹幣	四銖
六、	美金	二角
七、	叻幣	四角
八、	印尼幣	三盾

自由中國 半月刊 第五卷第九期

"Free China" 總第四十八號

中華民國四十年十一月一日

發行人　胡　適

主　編　『自由中國』編輯委員會

出版者　自由中國社
社址：臺北市金山街一巷二號
電話：六八八五號

航空版
香港　香港時報社（高士打道六四號）

經售者
臺灣　中國書報發行所（臺北市館前街八五號）
美國　紐約民氣日報社
　　　舊金山國民日報社
日本　東京南友堂
　　　東京內山書局
馬尼剌　大中華日報社
印尼　椰嘉達星期日報
　　　椰嘉達天聲日報
　　　棉蘭繁華圖書公司
越南　西貢中原文化印刷公司
　　　越南華僑文化事業公司
曼谷　曼谷攀多社十二號
新加坡　中興日報社
　　　檳榔嶼、吉打邦均有出售
　　　澳洲雪梨爾[illegible]王德利公司

印刷者　臺灣新生報新生印刷廠
廠址：臺北市西園路二段九號
電話：廠長室七一二五　業務課二〇九六

本刊經中華郵政登記認為第一類新聞紙類　臺灣郵政管理局新聞紙類登記執照第二〇四號

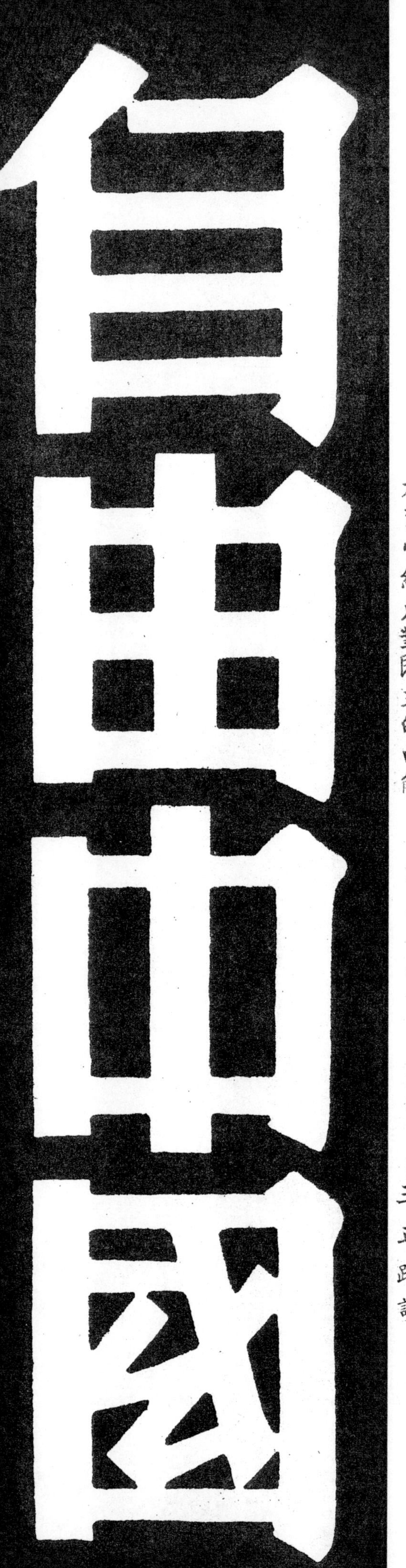

FREE CHINA

第五卷 第十期

要目

二週年紀念特大號

本刊第三年的開始

社論
英國大選的教訓
電氣與人生

時事述評
從艾契遜無條件支持英國的武力政策說起

兩年來本刊內容的分析和檢討……夏道平
民主政治就是民意政治……雷震
民本主義與民主主義……羅鴻詔
民主政治的起脚點……申思聰
中東的缺口……范叔寒
戰後法國新經濟政策……郭垣

自由中國通訊
從東京看中日和約前途（東京通訊）……余蒼白
從胡適之陳獨秀談起（華府通訊）……常思琰，王約翰
客從長春來（香港通訊）……本刊特約通訊記者 祁自珍

文藝
與潘重規先生論紅樓夢（下）……李辰冬
布爾雪維克對民主的曲解……王正路譯

中華民國四十年十一月十六日出版

社址：臺北市金山街一巷二號

半月大事記

十月廿六日(星期五)

英保守黨領袖邱吉爾受命組閣。

美總統杜魯門簽署停止援助資共國家案。

日衆議院通過和約及美日安全公約。

盟方停戰談判首席代表卓伊中將飛抵東京。

停戰談判聯合小組中，共方代表提出新建議，主在共軍陣線南十五哩處劃停戰線。

美陸軍參謀長柯林士自馬尼拉飛抵臺北。

美海軍軍令部長費巨特勤飛歐，將與艾帥會談。

十月廿七日(星期六)

英首相邱吉爾提出新閣名單，邱氏自兼國防部長，艾登任副首相及外長。

聯軍發言人宣佈，共方已表示接受聯軍所提停戰線的建議原則。

美陸軍參謀長柯林士於參觀我軍事訓練後離臺飛日。

十月廿八日(星期日)

我出席第六屆聯大代表團啓程赴法。

埃及政府向英新內閣提出照會，要求英國撤離運河與蘇丹。

停戰談判聯合小組共方代表表示拒絕沿現戰線停火。

十月廿九日(星期一)

停戰談判聯軍首席代表卓伊離日飛韓。

美陸軍參謀長柯林士在日表示，即使停戰實現，美軍仍繼續留韓。

法國駐東浦塞高級委員雷蒙被刺殞命。

埃及國務會議批准總動員法。

十月三十日(星期二)

英首相邱吉爾首次至唐寧街官邸會見其閣僚，並宣佈增援中東。

英外相艾登電召駐伊大使返國，就重開石油談判問題有所商談。

美內華達州試驗場第三次原子爆炸。

十月卅一日(星期三)

蔣總統六秩晉五華誕。

經合總署亞洲區七國首長在碧瑤開會。

開羅消息：傳叙、黎、伊(拉克)將參加中東聯防。

十一月一日(星期四)

我出席聯大首席代表蔣廷黻等一行抵達巴黎。

美總統簽署七十三億軍經援外法案；哈里曼宣誓就任共同安全總署署長。

日首相吉田茂向衆院表示，日本政府並未考慮在滬設海外機構。

日藏相池田勇人向國會表示，日本無財力再武裝。

伊朗警察總監要求伊王授權防止共黨叛變。

黎巴嫩國會通過要求政府與英美各石油公司修訂協定。

十一月二日(星期五)

英工會聲明支持保守黨新政府。

美內華達州試驗場再度試驗原子爆炸。

立法院會通過廢止四項條例：(一)民國廿七年金公債條例；(二)民國廿九年建設金公債條例；(三)民國卅一年同盟勝利美金公債條例；(四)民國卅六年短期庫券條例。

英官方表示歡迎巴基斯坦外長薩福萊出面調停英埃糾紛之建議。

十一月三日(星期六)

韓境停戰談判聯合小組會議，聯軍建議劃開城爲非武裝區。

十一月四日(星期日)

停戰談判聯合小組，共方代表再度拒絕聯軍所提劃開城爲非武裝區之建議。

埃及政府擴大對英消極抵抗，禁止埃人爲英軍工作。

英軍搜察運河區村莊，預防埃人游擊戰。

美聯社伊斯丹堡電：蘇俄會以嚴厲照會，指責土耳其參加北大西洋公約「爲對蘇之敵意行爲」。

十一月五日(星期一)

艾森豪威爾抵華府。與杜魯門總統磋商西歐防務。

聯合國第五屆大會末次會，以二十對十一票(十一票棄權)通過拒絕蘇俄所提將中國代表權問題交六屆大會討論案。

聯軍統帥部向停戰談判聯合小組再提四項新建議，主設常設委員會商討結束戰鬪辦法。

美內華達州試驗場第五次原子爆炸。

十一月六日(星期二)

第六屆聯合國大會在巴黎揭幕。墨代表尼爾伏當選主席。

法總統歐禮在聯大開幕式中演說，建議在法舉行四巨頭會議，以和緩國際局勢。

白宮表示，杜魯門總統反對舉行四巨頭會議。

埃及外長薩拉丁在巴黎表示，英軍如不退出運河及蘇丹，埃將繼續拒絕參加中東聯防的計劃。

英政府照會埃及，譴責其片面廢約之行動。

英政府擬定計劃，防止英鎊再貶值。

十一月七日(星期三)

美英法三國政府對世界裁軍問題發表聲明，表示將向聯大提出軍備管制建議。

美總統杜魯門發表演說，提出限制軍備原則。

第六屆聯合國大會我代表蔣廷黻當選副主席。

前經合總署中國分署署長穆懿爾離臺。

英財相白特勒在下院報告，英黃金外滙準備即將告竭，對歐輸入決採限額制。

艾森豪威爾元帥自美返抵巴黎。

十一月八日(星期四)

蘇俄代表維辛斯基在聯合國大會中演說，拒絕美國裁軍建議，而主於明年六月召開世界會議討論之。

英保守黨政府宣佈經濟措施，削減向外購貨十億美元。

十一月九日(星期五)

聯大指導委員會以九票對三票通過將我國控蘇侵略案列入議程。

南斯拉夫代表要求聯大將其控蘇案列入議程。

美空軍參謀長范登堡抵東京。

聯軍統帥李奇威飛韓督戰，並與聯軍停戰代表舉行會議。

美經合總署遠東區代表葛利芬離菲飛港，開始巡視東南地區。

埃及內閣決定暫緩施行總動員法。

本刊第三年的開始

本期的出版，是本刊第三年的開始。在過去二年中間，本刊同人，竭盡棉薄的力量，希望能夠對國家和社會有些微的貢獻。而社會賢達，常不吝賜教，多所匡助：舉國上下，對本刊亦特加愛護。這些都是本刊同人所十分感激的。

本刊的主張，讀者都可於每期必載的『「自由中國」的宗旨』框中見到。這雖然只有寥寥四章，但簡明眞實，人人都可了解而不致發生誤會。兩年以來，本刊同人，都在這個框中所揭櫫的四章上努力。凡合於宗旨的，唯力是視，不敢稍存偷安的心思；不合於宗旨的，則不敢稍有放肆，以蹈名實不符的毛病。間有這個「宗旨」所沒有說到的意義，首卷的發刊詞，三卷的卷首語，都有所補充，可以說相當詳盡的了。但爲便利新的讀者起見，我們謹簡單的再把我們所持的理據申明一下。

自由和民主，固然是現代文明國家所共趨的政治的方向；這似乎用不着我們向讀者解釋的。但我們須附加說明的是：我們所要宣傳的自由和民主，(一)是人類進步所最需要的；(二)是對別人沒有害處的；(三)是無碍於國家的強盛和發達的；並且(四)是無害於別的民族和國家的，只要那個國家的行爲是同樣的無害於我們的國家的。

我們所以「要支持並督促政府用種種力量以抵抗共產黨……」，當然是因爲(一)現在世界上的共產主義，與自由和民主是不能並存的；(二)支持現在的中華民國的政府，是我們要得到自由和民主的最經濟最合理的舉動；(三)有支持而沒有督促，則恐政府中文恬武嬉，不是處危急時代的正當的方法。至於「抗俄」，自然包括在「反共」裏面；但本刊對於蘇俄的侵略的歷史，陰謀的野心，揭發得十分詳盡，目的是要使全世界愛自由愛民主的人士，不致受蘇俄的欺騙。

我們還應當向讀者聲明：我們雖然擁護政府，我們並不忘記規箴政府；我們雖然反對共產黨，我們時時刻刻都沒有忘記促共產黨徒的覺悟。我們的規箴，和我們的擁護一樣，完全是出於義務心的促迫。無論中外古今，若一個國家裏面，國民不知道對政府盡規箴的責任，或政府不能接受國民的規箴，這個國家必很難免於危亡。我們知道，有許多時候，規箴的話，是人們所最不喜歡聽的。但我們決不敢怕人家的不喜歡而忘却了自己的責任，忘却了國家的危亡。至於共產黨徒裏窮凶極惡的罪魁，久已不齒於人類，我們固然不能希望他們有幡然覺悟的一天；但共產黨大部分的幹部，係受環境所逼迫使然，所以儘有良心發現的可能。且俄人狼子野心，日益明顯，中國共產黨中人，除極少數利令智昏怙惡不悛的以外，定有一天會大家共圖反正而誅戮俄寇的。

此外，我們覺得一個刊物的最重要的任務，是養成健全的輿論。一個國家沒有健全的輿論，比完全沒有輿論還要危險；那非特是人民的恥羞，亦是這個國家危亡的徵兆。普通人以報章雜誌爲代表輿論的東西，大致固然是對的。但我們以爲報章雜誌的功用，不止於代表輿論，又應當培養成健全的輿論。二年來的經驗，使我們知道健全的輿論的重要和不容易有，所以我們現在不能不就這一點詳細講一講。

我們要怎樣培養成健全的輿論呢？第一，我們須以身作則：凡有使輿論價值減低的言論或舉動，我們須一概摒絕。舉個實例來說能。半年以來，我們已兩次見到「報人」利用報紙替強住房子的人作辯護了。事實的是非，他們不管；法院的判決，他們不管；假借輿論的「權威」，揑造動人的新聞（如自殺等等），以激成不正當的輿論。這種假公濟私惑亂社會的舉動，出自不高明的報紙，還不足怪；乃習俗移人，即平素標準很高，爲國內數一數二的報紙，亦不免這種毛病。我們眞不能不爲我們輿論界的前途擔憂！我們以爲辦報紙雜誌而不以正社會的視聽謀國家的幸福爲目的，把報紙來作爭權爭利洩忿快意的工具，那是極可鄙笑的事情。使輿論失却價值的是這種「報人」，使世人輕視輿論的亦是這種「報人」。我們非特自已立志在公私是非的關頭十分謹愼，並竭誠希望我們的輿論界，從今以後，共同努力，以磨去這個汙點！

第二，我們恪守「有一分證據說一分話」的格言。這個意思，我們二年前在本刊的發刊詞中已鄭重的提及了。是非的不明，多半由於人們的憑空說謊。本刊同人，深惡痛絕這種不正當的行爲，而希望養成說實話的風氣。這種風氣不養成，我們終不能成爲第一流的民族，還有什麼健全的輿論可言！

第三，我們以爲正確的知識是一切好生活的基礎。我們要向社會傳播較有價值的文化，最要緊的事情是先傳播較正確的知識。人們有了較正確的知識以後，才能夠進入愼思明辨的境界，才能夠有比較健全的輿論。本刊同人，對於傳播這種知識，心有餘而力不足；很希望當世通人，多賜篇章，以匡不逮！

我們固然希望我們這個刊物能夠補助國家教育的不足。但在這一點上面，我們頗有許多地方和普通從事教育的人異趣。例如，普通人宣傳一種主張時，多偏重感情，而少憑理性；我們雖然不輕視感情在人類生活中的成分，但我們如果想講明一種道理，我們純以理性爲最底層的基礎。我們以爲只有理性是永遠堅固的。用實例來說：我們要提倡愛國心，爲激發一時的感情，固然須揭擧民族主義以資號召。但我們最大的理由是：在現在的世界上，國家的存在，乃達到自由的一條最便當的道路。所以爲着愛自由，我們不能不愛國。這樣的愛國心，是顚撲不破的。

再擧一例：普通人每不惜歪曲事實以便宣傳，這是我們所大不贊成的。我們總以爲「誠實是最好的策略」。處事接物應當用這個策略，宣傳亦應當用這個策略。譬如，我們要引起我們人民對我們政府的好感，與其把政府說得十全十美，作過分的頌揚，還不如老老實實的把做得不十分好的地方亦說一兩樣。過分的頌揚，往往叫聽的人把可以相信的事情也不相信了。老實說，二年以來，我們政府艱苦奮鬪的精神，是值得我們欽佩的，是值得我們擁護的。但我們如果只知道盲目的頌揚政府，既不是道理，又沒有效果。許多替政府宣傳的刊物，忽略了這個原則，有時反鬧笑話。這是我們所竭力避免的。

這些都是本刊的態度：以前這樣，以後還要更認眞，以期稍有裨益於我們的國家和社會。但我們亦有幾件事希望於政府和社會的，現在亦須在這裏略提一提。

希望於政府的：(一)法治　關於這個問題，近日行政院陳院長對一記者的談話說得很詳盡（見中華民國四十年十月三十一日香港的「自由人」），我們可不必多說了。總而言之，法治基礎一天不建立，政治便不能上規道，國家亦一定弄不好。反之，政府如果能夠厲行法治，非特施政較容易，政權亦定必更穩固。(二)綜核名實　綜核名實，是我們所深望於政府的。政治頭緒紛繁，我們難以枚擧；今且以用人爲例。現在無論那一部門的長官，試一靜心自問：所用的人員，有幾個是經過大公無私的銓衡而授以官職的？所用的全盤親戚故舊，是不是都可以合着「內擧不避親」的嘉話的？經過這樣的自省而不內愧於心的，十成中恐怕沒有三成。在國家太平的時候，這種事並沒有多大的關係；在現在的時候，我們一想到政治，一想到文武各途的人才，自不免覺到「心所謂危」。當然，「知人則哲，能官人」，是自古以爲大難事的。我們固然不能希望一個長官百擧而沒有一失。但現在用人的弊習若不速行革除，政治恐怕沒有淸明的希望。我們希望政府在勵精圖治的今天，做幾件好榜樣給人看！

希望於社會的：我們希望於社會的，當然比希望於政府的範圍更大。我們以爲，沒有好社會，決不能有好政府的。因此，我們希望於社會的亦比希望於政府的更切。必不得已而擧出一個最先頭最重要的，則我們可以說：我們最大的希望，乃寄在知識青年的身上。這個希望，可以「務實」兩個字來綜括。現在的青年做學問能「務實」，則將來各能有眞才實學，而一二十年以後，我們的國家不至有「無才」的現象。做人能「務實」，則內不至自暴自棄，而外不至怨天尤人。現在我們知識青年中最普通的毛病，是責己薄而責人厚；只知道「不滿現狀」而不能刻苦自勵。如有人問：「青年人怎樣才能務實呢？」我們可以答道：「勤求實在的學問，修養弘大的器識，以備國家和社會的需用。且先不要輕易責備他人！」

本刊已有兩年的歷史，但許多讀者恐怕都不很明瞭本刊文字付印的情況。現在不妨利用餘幅約略說一說。本刊的編輯部，是由八九位編輯人組成的。每篇文字，不是得大多數編輯人的同意，便不能登出。這八九位編輯人，各有各的見解；差不多沒有兩個人的意見是完全相同的；在編輯會議中，亦沒有一個人是能夠左右別人的意見的。因此，本刊登出的文字，由於作者見解的不同，多有互相矛盾的地方。這是本刊的短處；也許是本刊的長處。

胡適之先生，是本刊最初發起人的一個。本刊每期必載的「『自由中國』的宗旨」，是胡先生草就的。他的發行人的名義，係本刊登記時所用的。但本刊的編輯，胡先生從始便沒有參預過。這是本刊所應聲明的。

（上接第12頁）的傳統的政治觀念在作祟。傳統的觀念，是要政府有至高無上的威權。所以皇帝出來的時候，要淸除街道，舖墊黃沙；大官出來的時候，也要鳴鑼開道，呼喝助威，一切的一切，極盡耀武揚威之能事。可是在民主政制的政府，其工作人員必須澈底改變這類過去的錯誤觀念，而以『人民公僕』爲自已的身分，事事要以這個身份爲出發點，處處站在人民的立場，爲人民生活問題來苦心焦慮，尤其親民之官，更是應該如此。中山先生的『萬能政府』，是爲人民服務而設置的，決不是教他們來作威作福而看不起人民的。

總之，過去的政治觀念是把官吏當作父母，而中國傳統對父母的觀念，又以『天下無不是的父母心』，故政府之一擧一動都是對的，人民不得反抗或批評；今日則是以『公僕』的觀念爲出發點，公僕是要以人民之意志爲意志的，而且主人可以隨時更換公僕的。

社論

英國大選的教訓

英國大選已經過去；可是，這個大選所表徵的民主精神，則永遠常青。英國的對外政策雖嫌現實色彩太濃和太顧到一已的實利，然而，她對內的政治則是民主的典型。這一典型，值得步入民主途程的東方人所效法。

六年以前，邱吉爾憑着拯救大英帝國於危難的功績從事競選。孰知英國人民並不崇拜『百戰英雄』，沒有選擇他，而選擇了工黨，讓工黨從事于温和社會主義的試驗。邱吉爾則悄然下臺，繼續以在野的身分爲其政治主張而奮鬪。

工黨執政六年，實行所謂社會主義，以致英國國力日弱，生產效率銳減，外而不善應付共產國際赤流之猖獗，內而無以舒民生之困憊。在這種內外情境交逼之下，於大選之際，英國選民又明智地選擇了保守黨。

眞正民主國家的政黨政治都是責任政治。在此種政治之下，在朝政黨幹得好與不好，都是責有攸歸的。如果幹得不好，選民不選擇你，你只有下臺，讓別人來幹。在這樣的情境之下，決不會將那關係乎大家之禍福和苦樂的大事，視作下棋一般，走錯一着再來一着。民主政治誠然並非絕無毛病，正猶之乎人間的一切都有毛病一樣，但至少可以減少這種『試行錯誤（trial and error）』的專利權。

許多國家，至少在其歷史的過去，每當政治權力一度轉移之際，去的不肯漂漂亮亮的去，來的也不是文文雅雅的來，於是乎往往演出一場惡鬪的全武行，必至兵連禍結，殺人盈野，血流千里而後已。這種犧牲與浪費之所得，不過是一姓一氏的權力與利益。我們囘憶起這樣的歷史，再比較英國當前的情況，實在不無感慨。但願這樣的歷史從此結束。英國政權轉移之際，一切是那麼輕鬆，舉動又是那麼平凡。這是什麼原因呢？原因很簡單，就是：一切決之於選民。選民是國家底眞正主人，政府官吏是人民的公僕。主人要你這個公僕就用你，否則，到時候就換掉，像我們家裡換掉一個下女那樣容易。因此，在這種背景之下，來的是光光明明的來，去的也是乾乾脆脆的去。

這種情形，在紙上寫來似乎是民主第一課，平淡無奇，但是要付諸實踐，有時眞難於上靑天。要能實踐這一點，在根本觀念上，就是要大家內心眞正承認政府官吏不過是公僕而人民才是主人的道理。這個道理是決定民主存亡之一大條件。

照一般的情形而論，在競選中的勝利者，少不了大肆慶賀一番，更少不了作一番大言壯語來唬唬人。可是，邱吉爾並非如此。在慶祝保守黨工作人員勝利時，邱吉爾在保守黨總部的一個集會上却滿眼含淚地說：『在我們的面前，是一艱苦的時代，困難的時代。我可毫不猶豫地說，我已看出未來的更壞的局面，同時，我們準備面臨未來的更壞的局面。我決不懷疑我們必可渡過難關，因爲我們並非僅僅利用黨的力量，我們將利用這個國家的全部偉大力量，以恢復英國的幸福。我們將利用大家對於重光英國地位之需要，存有的日益廣大之認識——此種需要，燃燒在遠超過英倫海岸以外的人們之心中。』這段話雖然流露邱翁的自信力，但同時他也不諱言客觀存在的困難。極權政治是靠撒謊來維持；民主政治則靠說實話來進行的。

當着工黨承認選舉失敗的時候，邱吉爾向保守黨人發表談話說：『在本黨的鬪爭中，現在也許是一段平靜時刻。這一番平靜，將使我們能夠更懂得我們敵手方面的長處，而不要專門去尋找他們的所有缺點。』誰都可以明白，說自己好而說別人壞大概不是太難的事。採取敵手的缺點較之採取敵手的長處更爲容易。英勇的責人者常是怯於責已者。『攻山中之賊易，攻心中之賊難』。而在勝利之餘承認對方的長處則需要至高的政治修養。只有在眞正民主的環境才能培養出來。

邱吉爾組閣之初，即恢復大學代表制。這就是請對於黨派政治沒有興趣的學者出來參與衆人之事。這種學者對於政治往往沒有偏見，對於任何一黨沒有特殊的利害關係。因而，這種人物所發表的意見，常常是不偏不倚而公正無私的。這樣的意見既可以中和黨派的偏見，當然可能對於國家有益。邱翁之吸收這類人才，可見其渴望收『集思廣益』之效。集思廣益，就是民主政治的優點之一，其前題是尊重發言者的人格和意見，而不是擺出來做做樣子的。

吾人須知，一個國家存立於天地之間，必定有其立國之道。英國這個國家，固然在對外關係上常常不免有帝國主義的色彩，尤其像邱吉爾這樣覇才橫溢的人，更不免使用馬基威尼式的『覇術』；可是，在對內關係上，邱翁之所作所爲，以及工黨和自由黨在這一次選舉中的作風，則將英國的政治民主之傳統表現得恰到好處。英國的這種政治民主傳統就是洛克的政治哲學之體現。洛克的政治哲學是英國立國的基本精神。這種政治哲學，於反共反極權的當前，更有其新鮮的意義。在極權和民主的激流裡長期掙扎的人民，眼看着英國大選所表徵的民主榜樣，應該有所認識和知所抉擇。

時事述評

電氣與人生

節約用電，解除電荒

『二十世紀乃是電氣的世紀』，這絕非誇大其辭，事實確是如此。今日一切事象之發展，都要靠着電氣來推動。電力已成為一切動力之源泉，原子彈之設計，亦係靠着電力的分解而達成。一個地方如果缺乏電力，許多工作都無法推進，即文化工作亦不能例外。試以我們日常生活而言，如果沒有電氣來服務，那簡直是黯然無光，興趣缺乏，行動不便，效率減少，以一盞油燈和電燈相比，就可以瞭然於電氣之重要了。

臺灣電氣設施，水力發電普及窮鄉僻壤，輸電路線，遍佈全省，工業農業，賴以發展進步，而入晚電燈明亮，普照全島，燦爛美麗輝映太平洋上，宛如自由燈塔。居住斯土者，該是如何快樂而幸福，凡初到臺灣的人，無不交相稱羨這塊樂土。

可是好景不常，電力公司以用電不斷增加，每日電力負荷過重，為避免機器損壞，規定每晚輪流停電十五分鐘，且已開始實行矣。此十五分鐘之普遍輪流停電，設計可謂週到公允，但給與住民之不便和痛苦，仍是很大很大。凡是在重慶和南京住過的人，都受到停電的痛苦和損失，尤以在重慶菜油燈光之下讀土報紙，印刷的書刊，其苦痛和有損目力，眞是一言難盡。

臺灣今日何以又要發生電力不足的現象呢？由於大陸的淪陷，來臺人口日衆，工商業逐漸增加，生產事業增產，耗用電流隨之不斷增加。電力公司雖經二年之修整與擴充－如興辦烏來、天冷、立霧等工程，水力發電容量雖已增加不少，還是不能趕上與日俱增之電流消耗，電力公司迫不獲已，乃又用輪流停電之辦法，冀圖補救於萬一。據電力公司人員談稱，目前臺灣最要緊的是：節用一切賴以推動之電力，使其供應永久不斷；如果大家對家中不需用之電燈，立即關閉，不用電爐煮物，冬季不以電爐取暖，不僅可以保護電力之設備，此十五分鐘停電之辦法，也許可以不必再實行了。

節約用電之意義有二：一可抑低尖峯負荷，確保電力設備之安全，二可減少有限量的水量消耗，保持電源供應之不斷，蓋臺灣河流，豐水時期，多在夏季，每臨冬季，河水乾枯，發電量常受限制，保持水源，尤有必要。臺灣電氣經修整之後，目前僅能發電十七萬瓩，而目前最高負荷，已超出可靠發電量四萬瓩以上，此一『電力赤字』，決非電力公司獨力所能平衡，端賴我們用戶，群策群力，共同節約用電，始能渡過難關了。（敬）

從艾契遜無條件支持英國的武力政策說起

年來美國為了佈置她的，也可以說是民主世界的，全球戰略，眞是煞費苦心，滲淡經營，收獲下了豐富的果實，值得民主國家的同聲讚佩。但也許是工作太吃力的緣故，近來似乎是有點顯得累昏了；否則，她絕不會不自覺地變成了西歐帝國主義餘孽的俘虜。

在英國前外相摩里遜宣佈要使用武力維護不列顛在蘇彝士及蘇丹利益的政策後，舉世列強中第一個公開表示支持摩里遜政策的，竟不是英帝國的各份子、而是和「不列顛國協」各自獨立的北美合衆國。這不能不說是對美國歷史傳統及美國立國原則一個大大的諷刺。

以今天的世界情勢及蘇彝士運河區的戰略地位而論，居於民主世界領導地位的美國，在某種情形之下對英國在該地區加以支持，原無可厚非。但艾契遜的宣佈支持英國政策，竟出之輕描淡寫，滿口應承，而不附任何條件。這不能不說是美中不足，而令人感到遺憾的。

由於最近美國對英埃糾紛的態度，更令人憶及另一件和這極其相像的事情，那便是越南問題。在起初美國對法國在越南作風的表示是「礙難苛同」，美國國務院曾一再照會法國政府，促其重視越南民族的獨立願望，最後法國總算是多少讓步了。由於美國執行反共抗俄及扶持弱小民族獨立平行政策的結果，終於激發起了越南民族對民主世界的熱忱，而表示願意有條件地參加反共陣營。但後來美國國務院乃至杜魯門總統却忽略了越南民族的保留條件，甚至於更等而下之，連對方已承諾的條件，也不能促其履行了。降至最近，由於法國單方面過甚其詞地淆染東南亞紅色危機的結果，美國外交當局竟至丟開了其他一切的因素，而變到祇知無條件地援助法國加強其在越南的地位。由於美國如此的外交作風，眞是不禁令人懷疑：她究竟為何而戰？

美國僅僅是為了保衛北美四十八州的地方及一億五千萬人的生命財產而戰嗎？假定如此的話，那是美國人自己的事情，與別人無涉；除了上述的理由以外，更重要的還是為了保衛不能分割的自由而戰嗎？那麼，埃及人需要自由，越南人需要自由；不僅此也，南斯拉夫人需要自由，西班牙人也需要自由，一切人都需要自由。那麼，在為了爭取全人類的自由而從事的反共抗俄的戰爭中，美國的外交政策（特別是作風）就大大地值得檢討了。

在反共抗俄的大前提下，堅強的中東區域防衛應該建立，但却不能無條件地支持英國的武力政策。在同一的前提下：反共的法越軍隊應該加以支持，但却不能不逐漸完成越人獨立自由的民族願望；原則上狄托政府也可以加以支持，但却不能不同時要求狄托付出一個交換條件：給南斯拉夫人以自由；原則上佛朗哥的軍隊也可以給予裝備，但需讓長槍會的首領們先給西班牙人以自由。總之，在反共抗俄的大前提下，一切的政權原則上都可以援助，但必須有一個附帶的交換條件：給人民以自由。否則，絕難在廣大的地區裡鼓舞起人們反共抗俄的高昂情緒，大量的美國納稅人的錢也就等於白花了。

美國四十八州的人民百分之九十九是歐洲的囚犯，冒險家和一切愛好自由的人民聚合而成的。他們折斷了歐洲的柵鎖，逃過了大西洋，尋到了北美的自由樂土。林肯說：美國乃孕育在自由之中的話，並沒有說錯。但錯的是林肯的子孫們太天眞了，有時太愚蠢了。竟愚蠢到連手裡拿着的巴斯底的鑰匙，都不知如何使用！（白）

兩年來本刊內容的分析和檢討

——文章千古事，得失「大家」知。

夏道平

本刊「自由中國」的出版，到今天已屆滿兩週年了。在這兩年當中，我們寫文章、選來稿，不間斷，也從未誤期，把本刊足足出版了四十八期。現在把這四十八期的主要內容——社論、專論和通訊，分析統計如下，並藉此作一檢討：

一、社論：五二篇
(1)關於本刊者四篇　七‧七%
(2)關於內政的批評和建議者二二篇　四二‧三%
(3)關於促進民主國際之合作者二二篇　四二‧三%
(4)關於揭發蘇俄及中共的虐政和陰謀者四篇　七‧七%

二、專論：二〇七篇
(1)關於國際及外交問題者五三篇　二五‧六%
(2)關於民主自由理論之闡發者四〇篇　一九‧三%
(3)關於駁斥共黨理論者三〇篇　一四‧五%
(4)關於內政及社會問題的批評和建議者三〇篇　一四‧五%
(5)關於臺灣進步情形之介紹者一六篇　七‧七%
(6)關於共黨統治技術之分析和批判者一四篇　六‧八%
(7)關於經濟問題者一〇篇　四‧六%
(8)關於蘇俄之國際陰謀者七篇　三‧四%
(9)關於人物及其他者七篇　三‧四%

三、通訊：一一四篇
(1)報導大陸情形者五〇篇　四三‧八%
(2)報導國際動態者三三篇　二八‧九%
(3)報導蘇俄國際陰謀者一〇篇　八‧八%
(4)關於華僑者八篇　七‧〇%
(5)關於人物者六篇　五‧二%
(6)關於其他者七篇　六‧一%

以上的分類，很難嚴格地以各篇文章的內容為標準。有些文章其內容涉及兩類或兩類以上的，我們只好照它的題目或其內容的較大部份來分類，分類後的數字和百分比如上。但僅從這裡還看不出多大的意義來，以後還要進一步檢討。但在這裡，可以首先指出一點，就是本刊的內容與本刊每期登載的「自由中國的宗旨」是相符合的。

大家都知道，本刊是個反共的刊物；我們反共，最基本的立場為人類的歷史文化。所以本刊宗旨的第一條前半段，是要宣傳自由與民主的眞實價值。在這個宗旨下，本刊專論欄，關於民主自由的理論文章四十篇，佔該欄百分之一九‧三，關於駁斥共黨理論的文章有三十篇，佔該欄百分之一四‧五，兩者合佔專論欄百分之三三‧八。理論文章，佔了專論欄三分之一以上的分量，這是本刊的一個特點，也正符合我們把「宣傳自由與民主的眞實價值」擺在本刊宗旨第一條前半段的意義。這裡還須附帶指出的，本刊的書評欄也特別着意於自由民主理論的介紹和闡發。

我們為反共來辦刊物，寫文章，決不能只做反共八股，更不能學共黨的那一套，說謊話，造謠言，一味地把字典上一切醜惡的字眼搬出來斥罵對方，而將所有神聖美好的詞彙，用來粉飾自己。如果這樣做，我們的意識形態——或者說作風，已經是屬於共黨型了。這樣，還談甚麼反共呢？所以本刊第一條宗旨的後半段，是要督促我們各級政府切實改革政治經濟，努力建立自由民主的社會。在這個宗旨之下，本刊社論欄中有二十二篇對於內政批評和建議的文章，佔該欄百分之四二‧三；專論欄中有三十篇這類的文章，佔該欄百分之一四‧五。同時我們對於臺灣進步的一方面，專論欄中也有十六篇文章論述到。是就是是，非就是非。辦個政論性的刊物，對於政治上的公是公非，不應該有所隱飾。該贊許的贊許，該督責的督責。我們贊許，要贊許得適如其分；「偉大的太陽，不朽的鋼」，只有郭沫若那類無恥的文人才會寫出，也只有在極權統治下才會有郭沫若那類無恥的文人！我們督責，要督責得不流於苛，唱高調以徒快人心，為我們所不為；只有指責而無建議的文章，我們也少有。這是就質的方面說，文章俱在，讀者可以覆案；至於就量的方面說，我們倒有點慚愧，因為贊許的我們寫得未嘗不足，而督責的，我們却寫得不够，關於這一點本文後面還要加以檢討。

共產黨鐵幕之下剝奪人民一切自由的極權政治，是我們要支持並督促政府用種種力量來摧毁的。因此，我們必須盡可能地不斷地暴露鐵幕內的現狀並加以批判，在這個宗旨下（本刊宗旨第二條），本刊通訊欄有五〇篇這類的報導，佔該欄百分之四三‧八；而專論欄有十四篇這類的論文，佔該欄百分之六‧八。這類的通訊，其數量可說是够多了。其中有的是由淪陷區偷漏出來的，有的是逃出淪陷區的人投稿的。這些報導，我們認為，都有其高度的眞實性。為求對於讀者忠實，我們在選擇這類稿件的時候，特別當心。誇張其詞的，下流謾罵的，我們都一概不取。我們深信，宣傳的效果，靠的是背後的事實。說謊、誇大，只能發生反的作用。專論欄中這一類的文章，我們用了更嚴格的標準來取捨，務取其態度嚴肅而分析謹嚴的，在這個「甯少勿濫」的原則下，這類文章在專論欄中也有了十四篇。

國際問題的文章，在本刊上佔有一個相當大的分量：社論欄百分之四二•三，專論欄百分之二五•六，通訊欄百分之二八•九加上百分之八•八，合計百分之三七•七。多寫國際問題的文章，多刊國際問題的文章，好像是我國寫文章的人和辦刊物的人多年來的一個風尚，本刊也似乎未能獨立特行而不受其影響。是得是失，各人的看法或不盡同，筆者個人的觀感，留在本文後面再說。但在通訊欄內國際動態的報導文字，我們是不嫌其多的，目前保有的百分之三七•七的分量，我們還想把它提高。因為這些國外通訊，可能提供許多很好的原始資料，不僅讀起來新鮮有味，而且只要我們肯用心的話，常可從一個人物、一件事體，體會到國際動態的微妙因素，而增加我們對於國際問題的了解。因此，我們很希望在國外的朋友和本刊讀者在這方面多多給本刊惠稿。

數字上的分析和說明，就此為止。以下將依據上面的分析，就筆者個人的觀感來檢討。

首先，我得概括地說一句：兩年來的「自由中國」，大體上可以說辦得不錯，但不滿人意的地方也多的是。這個觀感，想為本刊同人所共有，不過各人觀感之點或有不同而已。本文係就量的方面分析本刊的內容，因此我也只就量的方面來說出個人的觀感：

一、專論欄中理論文章佔到三分之一以上，這是本刊的一個特點，因為本刊究竟是一個政論性的刊物，在政論性的刊物當中，純粹理論佔這樣多的分量，不能不說是一個特點。這個特點，上面曾經說過，是為符合本刊第一條的宗旨——宣傳自由與民主的眞實價值——而來的。因此，我們有保持這個特點之必要。不過，就程度方面講，我個人覺得，似乎可減到四分之一的分量而仍不致失去此一特點。關於這個問題，朋友中有個相反意見，他以為我們應該還要特別加強這個特點，純粹理論的文章愈多愈好，實際的政治問題，頂好不去沾惹它。為什麼呢？用一句簡單的話答覆，「就是將自由民主寄希望於後一代人」！持這種主張的朋友，我們在情感上確對他深表同情，可是在主張上，我個人決不同意。誠然，他這種主張是來自消極的想頭，同時也有其深遠的積極的意義。但就積極的意義說，我很贊成另辦學術性的刊物，作為一個政論性的刊物就不應該完全逃避當前的現實，把希望寄托於後一代。如果單就消極的想頭來想，政論性的刊物根本就不要辦它，更落得個無憂無慮。但這又違背了我們創辦「自由中國」的初衷。此外還有一點應該在這裡說出的，實際政治，其本身是有很大的教育作用的。有人說，我國當前的國難，完全是過去學校教育的失敗，這句話中所用的「完全」二字，大大地有問題。我們可試想想，我國學校教育誠然有許多可批評之處，但我們從未聽說那個學校——中學也好，大學也好，曾經開過「貪污技術」的課程來訓練學生，可是抗戰以來，學校出來的畢業生，進入政府機關，總不免有些是「很有辦法的」(「有辦法」這是多年來官場中一個術語，意思就是會撈錢)。這難道不是實際政治的教育效果嗎？由這個小例子看來，我們縱把希望寄託於後一代人，也不能完全不問現階段的實際政治。

二、本刊對於內政的批評和建議的文章，佔社論欄百分之四二•三，佔專論欄百分之一四•五。從數量上看，似乎已不算少。可是當筆者統計這些文章的時候，有個進一步的發現，就是這類文章屬於原則性的太多，針對某一個實際問題來講話的太少。這一點，我覺得也是值得我們檢討檢討的。我的意思，並不是說原則性的批評和建議是不必要的，相反地，我很認為「應該」是必要的。不過，若干年來的經驗，使我覺得，原則性的批評和建議，對於實際政治很難發生影響。因為我們所堅持的若干原則，差不多沒有一個不是政府首長們所宣稱過的。有的見之於文告，有的見之於講演詞，似乎已經用不着我們再說了，至少是用不着我們多說了，但說了也絕不妨事，儘管內涵彼此不同，而字面是一致的。你說：應該如此如此，他說：我也主張如此如此。完了，原則性的批評和建議，如果有其影響的話，其影響也就是如此如此而已。至於針對某一個實際問題來講話，其影響就不一樣了。講話的要負責任，不得不以確切的事實做根據；受批評的因為眞相之被公開，而且被人明白地指責到自己的鼻尖上，也就不能置若罔聞了。如果輿論界大家有這種負責的勇氣，以盡我們的言責，我想，縱然在某一事件上引起相反的反應，但從長期趨勢看，實際政治應該可以在無形之中顧慮到輿論而逐漸改善。這比僅從原則上批評和建議要有益得多。我個人基於這樣一個觀感，所以覺得「自由中國」今後在談及內政問題時，應該多多注意到隨時發生的各個實際問題，少寫些不生多大影響，甚至毫無影響的原則性的議論。至於環境容許不容許，我們應該抱樂觀的看法。

三、前面曾經指出，國際問題的文章，在本刊中佔有相當大的分量，我們除掉對於通訊欄的百分之三七•七不嫌其多以外，社論欄的百分之四二•三，和專論欄的百分之二五•六，就我個人來看，實在覺得有點過量。我的理由是這樣：⑴國內問題重於國際問題。我們知道，今日世界，任何一國，都擺脫不掉國際關係和國際影響，我們辦刊物的人不得不對國際問題求了解，同時也不得不讓讀者從本刊中對國際問題求得相當的認識。可是我們更應該知道，一個國家要想對於國際問題多少爭取點主動的地位，必須先從內政方面下工夫。國際聲譽的樹立和增高，是從內政方面來的。所以我們辦刊物、寫文章、即令想促進國際關係的更利於我，也得多多在內政方面盡督責改進的責任。⑵一個刊物，要想它的言論或多或少影響到國際問題，必須先在國內保有輿論的權威，也就是說必須對於本國的實際政治有其影響力量。說到這裡，我們十分慚愧，有了兩年歷史的「自由中國」，對於我們的實際政治究有點影響沒有呢？這一問，（下轉第十五頁）

民主政治就是民意政治

——「輿論與民主政治」二續——

雷　震

民主政治（或民權政治）的正確含義是甚麼？要怎樣作法，才配稱爲『眞正的民主政治（或民權政治）』？尤其在研究『輿論與民主政治』這個問題的時候，我們對民主政治的內含，應有正確的認識，和充分的理解，庶不致被那些冒牌的贋品——新民主主義，或無產階級的民主——而魚目混珠，以僞亂眞。

民主政治或民權政治云者，係指政權由人民自己，或依據人民的意思而行使的政治制度之謂。換一句話講，民主政治乃是國家日常生活之運營有關的政治權力之行使，通過國家全體成員所參與的政治機構之謂。就是說，人民全體乃是政治的原動力的『政治機構』的意思。國父中山先生以『人民管理政事的政治制度，便叫做民權政治』。他並說：『用我們民權主義把中國改造成爲一個全民政治的民國』。他對於民權政治的定義是：第一、民權政治是以『人民管理』政事的政治；第二、民權政治是『全民政治』而不是階級政治。這確切合乎民主政治的眞正意義。鮑加德斯（E. S. Bogardus）謂『民主主義是一個社會組織，是爲了參加這個組織的全部人們之利益而想出及造成的』（見鮑著 A History of Social Thought）。這是與中山先生的全民政治的見解是一致的。依此見解，凡是以『階級利益』爲中心的政治，根本就不是民主政治。西語稱此種政治爲 democracy，係指希腊語之『人民』（demos）和『統治』（krates）二語而合成的，即有『人民全體政治』的意思。林肯總統對於民主政治的定義，曰：

"democracy means government of the people, by the people, for the people"。

這就是說，民主政治的內容，必須是：

第一、是人民的政治，國家主權屬於人民全體；

第二、是由人民自己，或由其代表根據其意思行使政權的政治；

第三、是爲人民謀福利，或爲人民服務的政治。

民主政治的正確含義，自應包括上述三個要點。惟在三個要點之中，由人民自己行使政權，或由其代表根據其意思行使政權這一點，乃是民主政治的精神之所繫；眞民主與假民主之分，就在於這一點，關係非常重要。我們如果忽視了這一『根本的性質』，民主政治可能變成有名無實的東西，或係假民主之名而行獨裁之實耳。過去之法西斯國家和今日之共產主義國家，都是最好不過的例子。因此，我們對於民主政治之要義，如果僅僅重視其第一點之主權在民，或第三點爲人民謀福利之義，而忽視其第二點『由人民行使政權』這一精髓之處；或對上述定義之第一點和第二點兩者並重，而獨忽略第二點之重要性和根本性，都是不能達成眞正民主政治的目的。中山先生以人民管理政事的政治制度，便叫做民權政治，『管理政事』就是由人民自己行使政權，這種說法確是合乎民主政治的正確含義。以下特申論之。

國家主權屬於人民全體這一句話，在表面上是堂哉皇哉，說得冠冕好聽，然在實際政治的運行上，往往可能使其成爲具文，不使其發生實際的作用和影響。國家主權誰屬？這不過是表示國家之形態，與政治運用的實際，可能發生很大的距離和差異。如獨裁政治的法西斯國家，如集權政治的共產主義國家，無一不以主權在民爲其政治之標榜，無一不以人民主權爲其行動之號召，而究其實際施行之政治，與夫所作所爲，無一具有民主政治之實際，無一合於民主政治之要求。民主政治最要緊的，是將民主政治用爲政府機構之概念，不要僅僅用爲國家形態之概念。這是倡導民主政治的人們，最不可疏忽的一點。

其次，爲人民謀福利，爲人民服務這一套極其美麗中聽的說法，在過去的專制政治時代，有很多的君主都是這樣高唱入雲的，也有很多的皇帝確係念玆在玆的，是爲人民的利益在打算的。今日施行集權政治的獨裁者們，更是朝於斯夕於斯的，捧人民爲主子。『向人民看齊』、『跟人民學習』，乃是他們不絕於口的口頭禪。他們頂着人民這塊招牌，以爲一切暴行虐政的工具。儘管他們也做了若干爲民興利除弊，和生產建設的事情，尤其關於大衆經濟生活這一方面。中國古代的聖君賢相，都以『仁民愛物』，『視民如傷』，『愛民如子』，『民胞物與』爲其施政的中心，省刑罰，薄稅斂，體恤民間困苦，爲其治國的大方針，堯舜禹湯文武之爲後世景仰而崇拜者，就是因爲他們都是負過政治責任而為人民服務的。以開明專制聞名於世的腓特烈大王（Frederick the Great 1712—1786），於其所著 Antimachiavel 第一章就說：『主權者決不是他的人民的絕對首長，却是他的第一僕從』（le souverain, bien loin d'être le maitre absolu des peuples qui sout sous sa domination N'en est lui-meme que le premier domestique）。又於 Oeuvres 第一篇，更說：『君主是國家的第一個公僕，和其第一個役人』（Un prince est le premier Serviteur et le premier magistrat de l'État）。他的確是勵精圖治，致力建設，振興工業，獎勵文藝；尤其當七年戰役之後，銳意整理財政，以期休養民力。這些都可以說是為人民造福利的政治。但是，人民的福利是些甚麼？他們又將何由而推測之？又何從而獲悉之？他們這些自信為民福利的政治，又是不是合於人民的胃口？在專制政治或獨裁政治的場合，這些，都不是由人民的意思來決定，而是由君主或獨裁者的意思決定之。就是由君主或獨裁者代其決定，也可以說是由君主或獨裁者自己定之。他們以自己所是者為是，而推及人民的意思，以為一定以此為是，即是以統治者之意思强為人民之意思耳。專制政治或獨裁政治的特點在此，不問其是否為人民服務，抑是否跟着人民學習。所以說：這決不是人民的政治，亦不是依據人民的意思的政治，而只是由君主或獨裁者推已及人的『越俎代庖』的政治罷了。

然則，人民究竟喜歡甚麼？人民的福利又怎樣才可以測驗出來？這個問題必須澈底檢討明白，因為這是民主政治的關鍵所在，我們切不可含糊混過。不然的話，民主政治不是越俎代庖的政治，便是强姦民意的政治了。關於這個問題，中國過去最高明的一套說法是：『天視自我民視』，『天聽自我民聽』。那麼，民視和民聽又何由而得以表達於世呢？為政者又何由而得以獲悉呢？至此地步，則並無具體的辦法，最多亦只能說是由於天災地變等驚人的現象而間接的表現出來。這雖非越俎代庖的以君主之意思强為人民之意思，但也決不能說這就是人民的意思。至於强姦民意，指鹿為馬，更是世界上所有共產黨徒的拿手好戲。請看共匪在大陸上的作風，朝夕念念有詞：『一切為人民，人民是主子；時刻為人民，人民即國家』。甚麼上面都掛上『人民』二字，如人民政府，人民軍隊，人民報紙，人民幣券等等，恨不得把毛厠上也塗上『人民厠所』的招牌，以為其倒行逆施之擋箭牌。但是，人民的意思在那裡？人民需要些甚麼？他們從不顧及，也從未過問。他們自以為是人民的主宰，他們自己就是人民的靈魂，他們的意見就是人民的意見，一切的一切，均是以他們自己之所行所為，去强迫人民無言接受罷了，甚麼看齊學習等等好聽名詞，那不過是裹着强迫手段的外面的糖衣耳。所以說：强姦民意這個玩意兒，在共黨統治下面，演做逼眞，可算是登峯造極，無與比倫了。

人民需要甚麼？人民的福利是甚麼？這只有人民自己才會知道，也只有人民自己知之更為親切，隔靴抓癢是不會抓着眞正癢處的。因此，關於人民的意志，應由人民自己表示出來；人民的意向和願望，應由人民自己決定之，這才是正當而合於理性的途徑。如果不問人民自己的意向，而竟越俎代庖來認定，姑不問其所得結果如何，這怎樣可以說得上是眞正的為人民的政治呢？又怎樣可以配稱為以民為主的政治呢？人民自己是『不自由，毋寧死』，而克里姆林宮的頭子及其走狗們，硬要說這是『小資產階級的意識』，這豈止是强姦民意而已，簡直是顛倒黑白了。我們可以舉出一個最簡單的例子，以證明這一套不是民主政治之說為不謬。就是說：人民的意思如果反對君主或獨裁者的時候，試問君主或獨裁者能不能允許他們反對呢？人民的意見如果和君主或獨裁者的意見相左，或利害有衝突的時候，君主和獨裁者能不能允許他們表示呢？更進一步說，人民如果厭棄君主或獨裁者而欲推翻他們的時候，君主和獨裁者能不能允許人民這樣做呢？不要說得，這些都是不可能的事情。那末，人民的意見在那裡？則只有天知地知了。不過，在君主專制之時代，人民尚可進諫忠言，批評時政，而表示與君主意旨相反的意見，可是在今日集權主義的共產國家，連這一點都不可能了。所以，為人民謀福利，替人民服務云云，只不過是一種慈善的行為，或為施恩見好的幌子，決不能說這是以民為主的政治。學者嘗形容此種政治曰：『萬事為人民，而無一事由人民行之』（Alles für das Volk, Nichts durch das Volk）。

因此，民主政治必須是『以人民的意思』，或『根據人民的意思』為行使政權之基本要件，不僅是以民為主，或以民為本為已足；更不能以良政主義，或慈善主義來混淆。不過，在幅員遼濶，人口衆多之國家，所有的人民，實無法全體直接參與實際政治，必須由人民之代表，根據人民之意思，參與實際運行之政治。故民主政治，一般又稱之為『民意政治』。

民意政治的思想的基礎是甚麼？為使讀者明瞭起見，確有略加說明之必要。其要旨有左列三點：

第一、人們本是獨立自由的。一個人生下來即須服從他人的意志，這個道理在甚麼地方也不會找得出來的。國家本是具有相等的獨立自由的多數個人，為要獲得相互的幸福和共同的利益，而集合起來形成的團體。法國革命所標榜的：『自由、平等、博愛』的理由、即在於此。所以，國家是因爲此等『各個人』、且其『全體個人』的緣故而存在，不是各個人爲着另一個人，或某一群人爲着另一群人，或某些階級爲着另些階級的緣故而存在的。換一句話講；國家是人民自已的國家，是人民全體的國家（國父中山先生的全民政治），是爲人民謀幸福和利益的國家，故一切政治之發動，自應以『人民的意思』爲主。

第二、國家本是具有相等的獨立自由的人民自身，爲確謀相互的幸福和共同的利益，而集合攏來所構成的團體。故國家之權力，應出之於人民之自身，其最高的權力，也必須藏之於人民之自身。人民爲使國家這個機構的作用，能够發動而獲有結果，特設官置吏來執行工作，惟所有官吏應該是人民的受托者，或其公僕，他們對於人民是負有責任的。政府的行動如果違反了設置的目的，人民不論在甚麼時候，都可以更換政府的。人民應有能免官吏之權，就是這個意思。因此，官吏必須照着『人民的意思』行事，才不負人民所托，才是盡了官吏的責任。

第三、一切的人們，都是具有相等的獨立自由的。某人生下來必須服從他人的理由是沒有的。我們的自由，就是我們的自由，若不依照我們的意思，誰也不能加以限制的。所以，除掉依據我們的共同意思的法律之外，誰也不能限制我們的自由。故這個法律的制定，自應加入我們的意思，而行政官吏只有在這些法律之下，執行法律之所定，或在法律範圍以內，處理某些事件。換一句話說：我們之所以服從國家的命令，並非服從某一個人的意思，而是服從國家這個團體的意思，即我們自已的意思。職是之故，我們當然有權參與這些意思之構成，也只有根據我們參與意思的法律，國家才可以限制我們的自由。

民主政治就是民意政治，上文已詳爲說明。但是，『民意』要怎樣才能表現出來，而且所表現的民意，確是眞正的民意，容於下節論之。現在須補充說明者，尚有數點：

其一、『民本』與民主的意義不同。『民爲邦本』是以人民爲國家之大本，此與以人民爲主權的意義截然不同。人民是國家之本，與一個國家必須有『人民、土地、和主權』三者，才能構成一個獨立國家，其意義完全相同。但是，這個國家並不一定就是人民主權。中國因有『民爲邦本，本固邦寧』這兩句話，學者和社會人士常將『德謨克拉西』(democracy)一語，譯成爲民本主義』，這是極其謬悞的觀念。因此，一般人容易把民主政治的着重點，悞置在『爲人民』或『民享』這一點，而將『民意』才是民主政治的精髓則忽略了。所以，民主政治往往變成良政主義，或恩惠政治了。提倡民主政治的人們，不可再犯這個錯悞。

其二、民主政治是『凡人政治』，『常人政治』、排斥『英雄主義』。就是要把政權由少數人的貴族，或一人的君主、皇帝，而移到『外行』的多數民衆自己來行使。換一句話講，民主政治之特徵，就在將政治由專制政治移到議會政治；由貴族的少數者的政治，移到民主的多數者的政治。以選擧制度而論，大學教授一票之價值，和三輪車夫一票之價值，正屬完全相等，不多也不少。有人或者要說，民主政治依然是少數者支配多數者，少數者握有實際的權力，而多數人不過是唯唯否否，一惟少數者之命是聽。這個說法，驟聽之似亦言之成理，若進一步觀察之，則大謬不然。今日民主國家操縱政治，乃是政黨之首領，外表看起來，仍是少數者支配多數者；但是，這些少數者，並不是眞正的少數者，而是以多數民衆爲後盾的少數者，亦惟有以多數民衆作後盾的少數者，才是有力量的政治家，才能實行有效的政治。意人瑪志尼 (Mazzini, Guiseppe 1805-1872) 謂：『民主政治是 Progress of all, through all, under the leading of the best and the wisest.)』就是說：民主政治是以賢者智者爲領袖，通過衆人的意見由衆人作後盾，而領導前進的政治。

『自由中國』的宗旨

第一、我們要向全國國民宣傳自由與民主的真實價值，並且要督促政府（各級的政府），切實改革政治經濟，努力建立自由民主的社會。

第二、我們要支持並督促政府用種種力量抵抗共產黨鐵幕之下剝奪一切自由的極權政治，不讓他擴張他的勢力範圍。

第三、我們要盡我們的努力，援助淪陷區域的同胞，幫助他們早日恢復自由。

第四、我們的最後目標是要使整個中華民國成爲自由的中國。

在過去專制政治時代，其支配國家的中心勢力，是靠着國王的權勢，和他所豢養的軍隊的力量；今日民主政治時代，其支配國家的中心勢力，則是自覺，和自制的國民的『理性』。過去維持法律的東西，主要是依賴組織的『强制力』，使人民畏懼這種强制力；現在維持法律的力量，是由於自覺的多數國民，而訴之於理性的承認。當然，維持法律效力的時候，有時仍不免使用强制力，但我們之服從法律，不是像過去一樣，只爲恐懼此種强制力，而是因爲這種法律係訴之於理性而由我們承認的。過去發動一切的，是靠着『力』，今日則是靠着理性。因此，同爲少數者支配多數者，過去則無視民意，今日則依賴民意。

其三、民主政治是『繁瑣政治』，是『常識政治』。政治問題就是『生活問題』。生活問題就是吃飯、穿衣、睡覺、拉屎、走路、看戲、性交、育兒這些事情。離開了國民的生活，即無所謂政治這一章，中山先生謂『政』是衆人的事，衆人的事就是衆人的生活。所以，我們如果離開了開門七件事，談政治就等於說廢話，而生活問題可以說是一個人或一家的零零碎碎的事情，也可以說是一個巨大的複雜的社會問題，乃至國家問題。譬如說，我們住宅門口的陰溝阻塞，下水無法流出，臭氣四溢，出入必須掩鼻，從小處說，這是關係我一家的快樂和健康，大焉者，也就是整個都市的淸潔問題，下水道問題，和衞生問題。復次，一個人的生活，可以受到頗爲廣汎的人生問題和複雜的社會問題所支配。所以，我們個人的事情，就是人類全體的事情的一部分，我們生存在這個社會之中，我們個人的生活，常與無數他人的生活，發生錯綜的交流和複雜的關係，有時好像與他人無關，實際上往往對他人有意想不到的影響。他人的生活，對我們亦復如此。人們對於社會之關係，猶之如手足四肢對於身體的關係一樣，人們之不能離開社會，猶之如我們的手足不能離開我們的身體一樣；我們的手足如果離開了我們的身體，即不能發生手足的作用，人們對於社會也是一樣，人們如果離開社會而獨居，也不能經營他們的正常生活。

根據上文所說，政治就是處理衆人的生活問題，衆人的生活，不必說得，都是一些七零八碎的瑣事。而一個人的生活，又必與社會全體人們的生活相關連，彼此錯綜交接，不能也無法分開。所以，政府各部門的整個工作，不問軍事也好，外交也好，如果尋根究底，都可歸根於管理這些瑣碎事情的工作，即是管理各個人生活的工作，此外則別無工作可言。因此，爲政者，不問其官職之大小，不論其官位之高低，最重要的條件，就是不要懼怕麻煩，不可討厭瑣碎，然後才能設身處地的爲老百姓的事情着想，隨時隨地的爲老百姓的生活考慮；然後才能眞正解除老百姓的困難和痛苦，而不至於官話連篇，不着邊際，或者隔靴抓癢，所應非所求。尤其是親民之官：如稅務人員，如司法官吏，如警察、憲兵，和其他維持治安之工作人員，更須和顏悅色，低聲下氣的周旋於老百姓之間，更須體貼入微，視民如傷的，處理老百姓的錯綜複雜的諸種生活問題。試想，世界上生活部門的事情，那一件不是麻煩透頂呢！中國人素以「不孝有三，無後爲大」爲戒，一般人都喜歡子女成群，兒孫滿堂。玆以養兒育女爲例來說明生活事情之煩瑣。當一個人白天工作疲勞，晚間正在熟睡之際，忽被小兒啼哭吵醒，該是如何苦惱；冬天睡在熱被窩中，被小孩洒水一泡，淋得滿身滿床濡濕，必須起來換被或用尿布隔好，該是如何麻煩；遇着小孩子生病的時候，晝夜吵鬧不休，還須加意調治，其煩惱痛苦更是不待言了。中國人好把官吏比作父母，近來嘗見將警察比作人民的褓母之標語，須知中國人有一句俗話：『娘睡濕的兒睡乾』。就是說小兒在半夜三更洒尿在床的時候，在未能另換尿布之前，娘常把乾的地方讓兒子睡，而自己睡在濕的所在。如果政府都能以父母養育子女的心情，不怕麻煩的精神來處理政治上諸種事情，則天下的事沒有一件不能處理妥善，而民主政治自然蒸蒸日上，也用不着人民來爭自由，爭民主了。因此，爲政者處理政治工作，不怕麻煩，不厭瑣碎，則民主政治必有前途。如果怕麻煩，厭瑣碎，最好還是去做和尙，當隱士，可以逍遙自在，無牽無掛，那又何必來做官了。

說到這裡，我要說一說『政治觀念問題』。以前專制時代把官吏當作父母，今日則視之爲公僕。

依照民主政治的辦法，政府是由人民選舉而組成的。人民所以選舉他們出來者，爲的是要他們爲人民辦事，替人民解決生活，幫助人民解除痛苦，達成人民所蘄求的目的。一般稱政府人員之爲『公僕』者，就是表明這個意思。官吏既稱公僕，論理，政府不僅應該和人民站在一條線上，消極的要爲人民掃除障碍，積極的爲人民謀劃利益，還要時時諮詢人民意見，仰承人民意旨，猶之如股份有限公司之董事，經理對於他們的股東的態度一樣，方可算得是名符其實。可是歷史上的事實，往往大謬不然。政府工作人員當其未被委任之前，固然也是人民中之一份子，與其他人民毫無二致，可是一旦變成了統治階層，就認爲自己的一切都是對的。而人民則愚昧無知，能力薄弱，應該奴顏婢膝，而淪爲被統治階級。這是甚麼緣故？乃是由於歷史

(下轉第四頁)

民本主義與民主主義

羅鴻詔

一

西洋的 democracy 的觀念傳來以後，日本人有譯為「民本主義」者，蓋取尚書所謂「民惟邦本」之義。因為當時的日本，不論理論上與事實上都以天皇為主，故不譯作民主主義。中國也有人跟着去用的，便遭到非議了。如果僅為名詞之爭，自然無關宏旨，但若涉及內容，則名詞之誤用即產生思想之混淆。例如幾個月前香港某雜誌載伍憲子先生的談論，還是說中國儒家的學說較西方更加民主（手中無原文只取其大意）。其實民本主義確實是道地的中國土產，而民主主義乃是西洋的舶來品，這是根本不同的兩種貨色，非辨別清楚不可。

西方的民主主義，大家總算有些輪廓，故必先認清中國的民本主義然後可作比較，今分思想與制度兩方面，來認識民本主義之眞相。

儒家的經書之最古者，大家都推稱「尚書」，其中有許多政治思想被記錄着。如「天佑下民，作之君，作之師」（泰誓），「天視自我民視，天聽自我民聽」（同上），「天聰明自我民聰明，天明畏自我民明威」（臯陶謨）。這裡表現得很清楚，政治權力的源泉出於天，皇帝的權力是天給與的，不過高高在上的天不會說話，故為政者應該由民心以測天心，由民意以驗天意。和西方比較起來，這只是神權說，與主權在民之說截然兩樣。皇帝是受天之命而為天子，決不是受民之命而為公僕。

但是天也有「天道」，照儒家的解釋，天不但是生民的，而且是愛民的，故君主亦當奉天以愛民。「天矜於民，民之所欲，天必從之」（泰誓），「惟天惠民，惟辟奉天」（同上），都是表示這種思想。「文王視民如傷」（孟子），「古之為政，愛民為大」（禮記，哀公問），古書中愛民的語句幾於俯拾即是，都是由天道之觀念而來，君主應該仰體天心，不得有違天意，故非愛民不可。

皇帝的權力已是天所給與的，故應對天負責。「愛與敬，其政之本與」（禮記，哀公問），愛是愛民，敬即是對天負責。有人說，對天負責便是不負責。這只是以今人不信天的心理去尚論古人罷了。我想，百年前的中國人，不信天者實居絕少數。儒家者流，對於專制君主，已無法裁制其權力，只得要他對天負責以防其濫用，而且闡明天道，剖析入微，在當時確是有效力的。「敬」在理論上是對天負責，而在實際上則以「臨民」。「民可近，不可下。民惟邦本，本固邦寧。予視天下愚夫愚婦，一能勝予。一人三失，怨豈在明？不見是圖。予臨兆民，懍乎若朽索之馭六馬，為人上者，奈何不敬！」（五子之歌）。「一夫不獲，則曰時予之辜」（說命）。「人無於水監當於民監！」（酒誥）。「自殷王中宗，及高宗，及祖甲，及我周文王，茲四人迪哲！厥或告之曰『小人怨汝詈汝』，則皇自敬德。厥愆曰朕之愆。允若時不啻，不敢含怨」（無逸）。對每一個人民的要求和怨望，都要顧慮周詳，有一個人不能安居樂業都是自己的罪過，被小人(此與人民同義)罵了，只有反求諸己，只有「修己以安百姓」，他的過失都是我的過失，不敢稍含怨怒。持如此的「敬」以臨民，還不是事事為人民嗎？還不要勤求民隱，愛育群黎嗎？「皇天無親，惟德是輔；民心無常，惟惠之懷」（蔡仲之命）。天命是無常的，看你有德與否以為斷，而所謂有德，即是將這愛敬二字做到的程度如何罷了。

我們抄了許多「尚書」的語句，其意思都是一樣，愛敬二字足以盡之。因為天是愛民的，故君主亦應當愛民，因為由民心可測天心，故對天負責必須安民。這是三代(夏商周)相傳的精義，也就是儒家的最古的典據(照儒家的慣例，古的就是有價值的)。孟子以為「樂民之樂者，民亦樂其樂，憂民之憂者，民亦憂其憂。樂以天下，憂以天下，然而不王者，未之有也」(梁惠王)。這種說法雖較為完備，依然在愛敬之範圍，尚未超出於「尚書」的「天道」之外。但是孟子所謂「民為貴，社稷次之，君為輕」(盡心)，則雖由天道推論而來，已較「尚書」中的思想突進一步了。可惜這方面未見孟子充分闡發出來，秦漢以後，專制制度日趨鞏固，更無後繼者擴而充之了。至黃宗羲乃另有新義，他說：「古者以天下為主，君為客，凡君之所畢世而經營者，為天下也。今也以君為主，天下為客，凡天下之無地而得安寧者，為君也」(明夷待訪錄，原君)。此所謂「天下」是天下之人，即今日所謂「人民」便是。他所謂「古者」，雖未必合乎事實，但我們可解作他的政治理想，不必拘泥於考證。若依此義解釋其全篇大意，則人民應該是主人，皇帝是客人，做皇帝應該是義務，不是權利。許由務光所以不願做，是以此職務為太苦；堯舜有賢可讓，故及時擺脫了；夏禹也不過無賢可讓，無法擺脫而已。後世的專制皇帝則以「天下」(此指「政權」而言)為自己的產業，「打天下」就是為子孫置產業。這裡標明人民為主，君為客，比孟子更推進了一步，其論由光與舜禹，則庶幾乎今日民主國家的觀念了。

可是中國歷史上，政權之移轉只有征誅與禪讓兩途，若以選舉決定政權之誰屬，中國史上絕無此種事實，故主權在民之觀念，不能產生。孟子解釋舜禹傳賢傳子之不同，依然是「天與賢則與賢，天與子則與子」，「天子能薦人於天，不能使天與之天下」。由此可見皇帝的權力只有天纔能給與的。故雖謂「朝覲訟獄者不之益而之啓，謳歌者不謳歌益而謳歌啓」，實際是驗之於民，然亦不過以民心測天心，並不是說，皇帝的權力是人民給與的。黃宗羲雖未明言天道，然觀其相信胡翰所謂十二運之說（明夷待訪錄卷首識語），則亦篤信天道者，故雖比孟子進了一步，畢竟還沒有想出主權是在民的。

二

現在再從制度方面來看中國歷史之演變。中國向來對君臣關係和君民關係看法不同。譬如宋亡後去做元朝的官吏的，論者很鄙薄他，而對隱居不仕者則表示尊崇。其實隱居不仕者，依然是元朝之民，仍須奉元朝的皇帝為君，即與元朝有君民關係，何以便受尊崇呢？這不是說君臣和君民有別嗎？故我們檢討制度也須分別看待。

所謂君臣關係即是政府機構中君臣權力之對比如何。「尚書」的「益稷」篇說，「臣哉鄰哉，鄰哉臣哉！」孔注：「言君臣道近，相須而成。」孟子說得更為詳明：「天子一位，公一位，侯一位，伯一位，子男同一位，凡五等；君一位，卿一位，大夫一位，上士一位，中士一位，下士一位，凡六等」。據此則天子與公間的距離，也和公與侯間的距離一樣，君（指各國的諸侯）與卿間的距離也和卿與大夫間的距離一樣，是很接近的。秦漢以後封建已廢，公侯卿大夫等等都沒有了，但宰相一職還是僅次於天子的，「丞相進，天子御座為起，在輿為下」（明夷待訪錄，置相），可見也和今日的大總統對行政院長差不多。唐朝比較差一點，但議事時天子南面坐，宰相和各部大臣則東西面坐；宋朝更差了，明朝則廢丞相而不置，清朝則自軍機處成立後，內閣乃退處於無權。由中國歷史看起來，天子的地位越來越發高不可攀，和臣僚的距離越來越大，其權力也是一天大過一天，聖旨一下，臣僚都要懍遵毋違了。換言之，推行專制制度的結果，其專制的程度與日俱增，毫無民主制度下的制衡作用了。

孟子生在戰國時代，當時他還敢說，「君之視臣如手足，則臣視君如腹心；君之視臣如犬馬，則臣視君如路人；君之視臣如土芥，則臣視君如寇讎」（離婁）。看當日諸侯敬士的風氣，君臣之間是沒有多大距離的。齊王問貴戚之卿，孟子曰，「君有大過則諫，反覆之而不聽，則易位」（萬章）。此言雖使齊王很不高興，孟子還說這是理應如此的，王已問及，不能不據理以對。我們讀了春秋三傳，觀其廢立之頻繁，正可為孟子此言作事實的註脚。拿先秦的君臣關係和清朝的兩相比較，眞可謂判若天淵。政府內部的組織，越到後來越發大權獨攬於一人，從這方面看，主張復古者反而接近於民主吧。

但是從君民的關係看，結論並不一樣。皇帝的權力，則後代遠比前代為大，而人民所受的拘束，則後代遠比前代為少。春秋戰國時代，人民之服兵役是當然的事，直至唐代的徵兵制還是很徹底的。趙宋以後改為募兵，則兵役已由於自願，並無強制的成分。至力役之徵（即今日所謂徵工）歷朝也視為當然之事，直至末代的戶役，其苛擾人民還是很甚的。但自晚明一條鞭法施行以後，併為地方錢糧，則戶役（即力役之徵）也沒有了。即就田賦而論，孟子極力主張十一取稅，可見當時的稅率大都是超過土地產量十分之一的，雜物（即米麥以外的東西）之貢尚不在內。但看清代的稅收，則將戶役合計在內，尚遠不及土地產量十之一，其他貢品又只限於名貴特產。故明代以來，君權雖遠比前代為重，而輕徭薄賦確為前代之所無。而且政尚無為，以擾民為大戒，故人民確實比前代自由多了。中山先生說，中國人最自由，政府要求於人民的只是納糧，此外一概不問。朱柏廬先生治家格言說，「國課早完，即囊橐無餘，可稱至樂」，正足表達此一制度下的自由狀況。以如此自由的人民，不論皇帝的權力大到若何的程度，都是可以忍受的，只要不問政治（不想做官，不想造反），皇帝的權力便及不到他，隱士之所以多亦正為此。如果民主是指人民生活之自己作主，自出主意而言，則在中國的政治史上，民主的程度與時代而俱增。

三

中國的民本主義，經過上面的分析，大概可以清楚了，現在再來和西方的民主主義比較一下。林肯以民有 (of the people)，民治 (by the people)，民享 (for the people) 為德謨克拉西的解釋，我們現在再加上法治，分條論列於下。

第一，「民有」是政權屬於人民，即是說，政府的權力是人民給與的。照我們上面的檢討，在中國古代並沒有如此的觀念，黃宗羲的民為主，君為客的主張亦不過較為接近而已。我們以為因為沒有選舉制度，故這種觀念沒有產生出來。前幾年在鄉間看見各種選舉，雖然民智不齊，笑話百出，而且威迫利誘的手段也盡量公開使用，離開先進國的程度甚遠。但有一點却是值得注意的。從前鄉間那批小紳士，在大紳士面前則必恭必敬，甘受呵叱，而在老百姓面前則氣燄高張，作威作福，現在選舉一來，却顛倒過來，大紳士反而要拍小紳士的馬屁，小紳士反而要恭維老百姓了。今以縣長為例，從前的縣長是由省府委派或國府任命的，其職位由上面的信任而來，要固位也只有往上面着想；現在則由民間選出，其職位由下面的擁護而得，那末要固位也只有向下面着想了。如果只有少數的擁護者則不能上臺，則縣長豈不是人民所給與的嗎？等而下之，鄉鎮長更為明顯，推而上之，省長及大總統亦莫不如此。如果民選施行一百年，則主權在民的觀念，大家還不以為天經地義嗎？中國從來沒有選舉制度，故主權在民的觀念也沒有產生，西方則古代希臘的城邦，其高級長官皆由全體公民選舉，羅馬帝國初年的行政首長也由於選舉，故政權屬於人民的觀念，老早已經出現。近代則英國行之數百年，美國也有百餘年，故此觀念越發成為堅固的信念，而且傳遍全世界，壓倒神權及君權二說，取而代之。故民權觀念雖為中國向來之所無，並不足為施行民主之障碍，只要繼續施行民選制度，則向下看的行動必將日益增強民權之信念，歷時愈久則愈臻鞏固。

第二，「民享」即是政治是為人民而設立的，詳言之，政治是為人民謀福利的，或進一步說，政治在供給適當的條件，幫助人民提高其人格。這是中國的古義，自「尙書」以來都有很明顯的主張，儒家所謂王政或仁政，都要使到無一人不得其所，使到個個人都成爲仁者。中共提出「一切爲人民」的口號，所以有強大的號召力，能使全國人民心嚮往之，固由於此；許多篤信儒學的老先生以爲儒家是主張民主的，其根據也在乎此。

但是查考既往的史蹟，則「爲人民」之義也大半成爲空言，除極少數的聖君賢相外，都是爲統治者自己，在當局的心目中何曾有人民來？因爲政治已是天之所命，而又世襲下去，過了幾代以後，還不像紂王一樣自比於日嗎？（今日的史大林已受着比於太陽的諛辭了）倘若政權由選舉而得，則政績不佳即不能獲得多數的擁護，至任期滿了再行選舉時必然下臺。故其施政不能不爲人民，不能不本於「愛敬」，絕對不敢自比於太陽。太陽是不會倒臺的，自比於太陽則有所恃而無恐，一切窮兇極惡的事體都敢作敢爲了，那末「一切爲人民」還不是僅僅的口號嗎？故沒有選舉的制度，則人民手中沒有制衡的工具，政治權力可以任意傾斜，不倒不止。從前的皇帝，對聖經賢傳之訓戒，雖不敢明白反對，仍不能禁止其暴虐的行爲。今日的共黨，已將聖經賢傳棄如敝屣，還不敢以人民的名義來實行大量屠殺嗎？可是話又說回來了，此愛民以仁，臨民以敬的主張與夫給人民生活以充分自由的施政，實在是中國施行民主的基礎，我們雖不贊同儒家曾持民治之說，然亦不能抹殺此固有的良好基礎。好多西方的政論家以爲中國不能施行民治，實未曾深察及此之故。我們以爲中國要施行民主，並不是完全無往可繼的，只要將此基礎擴而充之，實際上事事做到，便可步上民主之途了。

第三，「民治」即是由人民自己管理自己的事。事有只關於一人的，有關於公衆的，前者叫做私事，後者叫做公事。私事當然由各個人自己去管理，公事也由人民自己去管理，即是民治之意義。照我們上面的說明，在中國歷史上，對於私事，確實交由人民自己去管，政府很少過問，但對於公事，則皇帝受天之命，臣僚受皇帝之命來管理，人民實無權過問，兩方絕然相反。西方人民爭自由，竟謂「不自由，毋寧死！」其熱烈的心情多半由於私事不自由而來。但是公事私事實際上也往往不能分開，穆勒（J. S. Mill）的自由論中分爲關於自己的行爲和關於他人的行爲，現在也很少人贊同了。原則上政府干涉之多少却是極易辨別的，自由主義者以爲政府干涉人民的行動越少越好，而極權主義者則無所不施其干涉，在此兩極端之間還有許多中間的主張，我們現在無暇詳論了。

關於公衆的事也要由人民自己管理，這就是民權。中山先生提出四種民權，是最進步的理論，今姑置後三者於不論，只論選舉吧。民國創立四十年，至今還不能使選舉切切實實上軌道，說起來眞眞慚愧得很。北伐成功以後，我們以爲可以照「建國方略」的程序一步一步做去了，而二十餘年間遷延荏苒，到今天還要來討論，誠令人感慨萬千！須知民選制度是中國向來所無的，故事倍而功半自在意料之中。但是外國有現成的制度可以摹仿，只要竭盡心力去摹仿，也不是很難的事。深研治政的學者們，對於英美等國的選舉，也怕有所不滿，但我們却以爲現在只希望學得像，不敢奢望較西方各國更進步了。

最後法治觀念中國向來都很缺乏。「有治人，無治法」，出於極力提倡人爲的荀子之口。「禮不下庶人，刑不上大夫」，明明說出法律不平等之眞相。我們以爲民主必依法治，法治不立，民主必然失敗。主之對方爲客，爲僕，個個人都是主人，則誰爲客？誰爲僕？黃宗羲以君爲客，但世襲的皇帝何來作客？今日則自大總統以下，照例說是公僕，然其命令竟可強制人民以必從，天下豈有僕人能強制主人之理？故以民爲主，則無客亦無僕，大家均遵守法律，法律之前人人平等，實爲民治所必循的塗徑。這一層中國的舊觀念實爲最大的障碍。竊以爲中國有三種人是不守法的。第一是政府的高級官吏。「法之不行，自上犯之」，由來已有二千餘年了。這些人是以不受法律拘束爲光榮的。第二是社會上的老紳士。他們都是以情爲第一，理次之，法最後。在民主政治下應該是法爲先，理次之，情居最後，而他們則剛剛相反。他們以爲論法必在感情破裂之後，故對簿公庭，向來都以爲是不大體面的。第三是革命的新青年。「革命」雖可作廣泛的解釋，但是事事遵守法律總不能說是革命吧。我們以爲革命即是不依法律程序的改變，故在革命青年的心目中，法律便是枷鎖，而其革命的目的即在掙脫枷鎖，故他們是以衝破法網爲光榮的。中國社會的有力份子，除了這三種人外究竟還有多少呢？

從別一方面講，法官之不受社會的信任，亦以中國爲尤甚。「俗說衙門八字開，有理無錢莫進來」，至今都還有很多人相信，打官司是以金錢多少定輸贏的。實際上今日的法官的操守如何，我們沒有切實調查，不敢武斷說話，但其未能改變人們的觀念，未曾博得人們的尊崇，則是顯而易見的事實。法官不受人民信任，則法治之效果難期，法治不能收效，則民主政治沒有堅實的基礎。我們以爲有力分子之不守法與法官不受信任，實爲中國施行民主的大障碍，必須革去故習而後可以成功眞正的民主。

（上接第八頁）我們很難給個答覆。因此，我們更不敢說我們對於國際問題所發表的言論，會受到重視而發生若何效果。基於上述兩個理由，所以我覺得今後本刊的社論和專論中，國內問題和國際問題的文章，在分量的比例上應該前者多於後者。

兩年來的「自由中國」，可以檢討的地方，當不止此，以上只是筆者個人認爲較重要的幾點，這並不代表本刊同人集體檢討的結論。本文的發表，爲的是就敎於讀者大衆，希望藉此從讀者方面得到更好的批評和指示。古人說：「文章千古事，得失寸心知」。在現世紀辦刊物、寫文章，我們應該時時刻刻記住：文章千古事，得失「大家」知。

民主政治的起脚點

申思聰

（一）

「一個人倘有服從他人意志的必要，他便眞是那人的奴隸。他有個惡劣的主人，他固然是奴隸；他的主人縱屬善良，他亦終不失其爲奴隸。」這是美國革命時代霍普金斯（Stephen Hopkins）氏的話。這句話的重要性在於它警醒地，簡要地辨明了兩種絕不相容的觀念：自由和奴役。每個人必有其意志，他的意志是自己獨立行使的，他是自由人；自己的意志沒有地位，而必須服從他人的氣指頤使，甚至生殺予奪之權，也悉被操縱，便淪爲他人的奴隸。覺悟了的奴隸要挺身反抗，惡劣的主人固然應該反抗；就是善良的主人，也不能甘心匍匐於他的脚下。從這個具體而明晰的觀念出發，美國那時期的和緩地反抗殖民地納稅運動轉變爲激烈的獨立運動了。他們不再希圖在效忠英王的原則之下去抵制國會的不法議決案，他們已拋棄英國的憲法與慣例的約束，從新的立脚點上建設起自己的哲理與思想。英王雖屬善良，殖民地的美國人民畢竟也有自治的權利，他們屬於他們自己，不再屬於英王。

自由與奴役這個概念，單純而極富引誘力，成爲美國革命運動的原始動力，却不是美國先哲們的發明。從十七世紀到十八世紀，所有的革命學說都從這個概念闡發出極複雜而動人的道理；所有政治上社會上的改革和革命運動都由這些道理來推動。英國的政治改革是緩和而鎮定的，美國的獨立和法國的革命却是波瀾壯濶了。然而十七八世紀的先哲們在接觸到這個概念的邊緣時，是先下了猛省的工夫的，在發掘這個問題的本質時，尤需要睿智與勇敢。因爲古老的君權帶着神的護符還在有效的施行着，鮑雪哀（Boseuet）說：君主是上帝在塵世的化身。「在天上，一切完善與德性都歸于上帝；在人間，一切權力都歸于君主。」路易十四說：「朕受命於上帝，制定法律的權利，爲朕所獨有，一切臣民皆須受朕所制法律的指導與制裁。」這可說是君權的極致。在其下的一切臣民除了伏伏貼貼的爲奴隸外，別無他途可尋。反抗是不許的。因爲君主只對上帝負責，人民無權反抗。如果遇到惡劣的君主，也祇有祈禱上帝希其洗心改面而已。

歷史曾使各種不可侵犯的威權葬身泥土。在君權盛行之前曾有教會的統治，教會對于人們的迫害和壓制並不亞於專制的君主。而且比起君主來，教會更有代表上帝的資格，它不但管着世俗生活，而且管着精神生活；不但管着現在，並且管着來世。因之教會比君主更有權威。自從宗教改革以後，教會的威權衰落了。新教的信仰者不信任羅馬教皇，不依賴教會的力量，他們走出教堂，拋却了繁瑣的儀節，以個人的靈去與上帝接近，上帝並不厭棄這個辦法。然則在政治上一個假託上帝名義而奴役人民的君主還有甚麼存在的理由呢？當時的思想家們猛省到這個問題，便以他們的睿智和勇毅對于政治的原理原則作深入的探討。洛克(John Locke)的「兩卷政府論」（一六八九年），孟德斯鳩（Montesquieu）（一七四八）的「法義」，盧梭（Rousseau）的「社會契約論」（一七六二），托馬斯培恩（Thomas Paine）的「常識」（一七七六），傑弗遜（Thomas Jefferson）的講演錄和書札，都是那個時代的傑出的思想家與著作，他們引導奴隸脫開羈絆，恢復了自由人的身份。

自由的恢復是民主政治的初步，而民主政治就是保障自由的方法。從開始希冀自由，到自由的得以恢復，以至於民主制度的建立，必須經過艱苦而長期的奮鬪。英國所經的歷程是緩進的，穩定的；美國具有英國的憲章和法治傳統精神，但終免除不了八年的流血戰爭。法國最爲慘痛，兩次復辟，三次共和，才算穩定下來，所歷時間近一世紀之久。世界上先進的民主國家是這樣的各以其不同的歷史背景在民主的進程上顯示出諸大的差異，可見自由的獲得和保持之不易了。在長久的君權統治之下，人民易於養成一種習慣的「奴性」，認爲服從他人的意志爲必要，而自己意志的犧牲爲不足惜。若以中國的歷史相印證，更容易明白這個道理。自由的發現原是在統治者與被治者的衝突狀態中才成爲可能。英國的貴族剝奪了君主的特權實現了貴族的自由，中產階級剝奪了貴族的特權又實現了中產者的自由，最後才過渡到國民全體。法國的貴族早被君主削弱，美國的貴族還沒有長成，所以人民的自由是用革命的方法取得的。中國沒有貴族，但有士這個階級，士是存在於治者與被治者之間的。永遠具有治者和被治者兩重人格。皇帝不是士這一類人會幹的，那是屬於流寇頭目，奸雄、權臣，外戚等用揭竿而起，陰謀，篡奪等方法得來的。士只希望輔弼人君，居「一人之下，萬萬人之上」。治世推行仁政，亂世或作貳臣，或「一死報君王」。他們縱然發表一些政治上的議論，道一些民間的疾苦，也儘是「應帝王」的佳構，站在統治者的立場說話。社會中的最精粹部分既然陷入這樣不可開交的境地，論自由無寧是與自己爲敵，當然連意識到這麼回事都成爲不可能了。

十七八世紀的思想家們深入政治問題的核心裏去，提煉出自由與奴隸兩個概念，既具有這兩個不可混淆的觀念，在傳統的，神學的淫威之下，兩條分岐的道路展開在眼前了：完全的作奴隸，或完全的爲自由人。他們不承認有甚麼折衷的辦法。事實上，也沒有折衷的餘地。盧梭說：「一個人要是放棄他的自由，就等於放棄他所以爲人的本質。」這怎麼能够妥協呢？於是他們的理論從此就走向建設的方面。不僅理論如此，那個革命時代的實際行動也是如此，事實和理論是緊緊扣着的。

（二）

大致說來，從洛克到傑弗遜都相信人類社會曾有過一種「自然狀態」。在自然狀態中，各人都是自己的主人，是完全自由的。盧梭描寫人類在自然狀態中的生活時說：「人們各自致力於其一已能爲之事，就自然稟賦的可能範圍內，各過其自由，健全，優美，快樂的生活，且繼續享受其各自獨立而互相交接的愉快。」這種生活是最理想的，最值得永久保持的。美國獨立宣言用確切的筆調說：一切人類「秉天賦而具有若干不可讓與的權利；其中有生命，自由，和樂利的追求。」這裏所謂的「權利」，就是人們從自然狀態中保留下來的「自由」，所以又稱爲「自然權利」。這些權利若經放棄便失掉了爲人的價值，所以是「不可讓與」的。各民主國家爲了保障人民的不可讓與的權利，曾設計了各種不同的方法，作最精密的規劃，並寫在憲法裏面，像「自然律」寫在人們的心上一樣，向意欲侵犯者提出嚴正的警告。美國的人權法案便這樣寫下每個人民所具有的權利：一、宗教信仰，言論，出版，和平集會，請願的權利：二、備帶武器的權利；三、軍隊若非經過屋主同意，不得駐入私宅；四、搜查或拘捕必須合於法律；五、生命，自由，及財產非依法定程序不得侵犯；六、審判必須公開，並有陪審等；七、凡牽涉財務二十元以上即須陪審團共同審理；八、嚴禁犯人交保時押金過高，嚴禁施用苛酷刑罰；九、人民保有其他未列入憲法的權利；十、不屬於聯邦政府之權力，屬於各州及人民。

生活於自然狀態下的人們，享受他們的自由時是各自獨立的，不相統屬的。他們共受自然律的約束，生而有自治的自由權，却無人應損害他人的生命，健康，自由或財產。所以美國獨立宣言的第二節開頭的一句話就說：「一切人都是生而平等。」這所謂平等，自然不是指的體力或智力上的平等，而是指的權力或利益上的平等。沒有人是生下來就有治人的權利的，皇帝假託「上帝」或「天」，貴族憑藉世襲，富人憑藉財富，史達林假冒「無產階級」，希特勒揑造「國家的意志」，「士」人仗着他的「勞心」，毛澤東戴上「人民」的帽子等等。都是漂亮的藉口，但都不是合理的依據。

至於自然狀態是不是確曾存在的問題，人人都會這樣發生懷疑。近代的科學發達，考古學家，人類學家，社會學家，歷史學家，都能够搬出來許多證據，證明人類歷史不曾出現過這樣子的自然狀態，不獨自然狀態不會出現過，就是中國先秦時代哲人們所欽羨不已的古之時如何如何（如老子的小國寡民，無爲而治；儒家的無知無識，順帝之則，以及堯舜的禪讓等等。）的境界也都是荒誕不經的臆測。原始時代的野蠻是極其殘忍的，絕不會產生文明人用複雜的想像和推理所虛構的樂園。盧梭自己的確知道他說的不是史實，十七八世紀的哲人們確信那不是史實。它雖不是史實，却是入情入理。它絕不是歷史的產品，而是理性的產品，人是理性的動物，也是政治的動物，人生而爲人，便自然具有自由獨立的高尚情操。既使不認爲自由獨立爲人生而具有的情操，也當有其他人之所以爲人的優良品性，更證明並發展這些品性，以成就爲人的價值，自由，獨立，平等亦將是不可或缺的條件，其不可讓與性，是顯而易見的。所以，自然狀態在歷史上我們不能信相其眞有，但在理性上我們必定得相信實有。洛克，盧梭，傑弗遜諸先哲，在歷史學上毫無成就，但他們是開創歷史的人。眞的，自從他們以後，歷史開始了新的紀元。

（三）

人們加入了政治社會之後，撒旦跟着來了，自然狀態隨之即去，自然權利橫遭蹂躪、君主、貴族、獨裁者以及一切一切的權力追逐者，皆假自然律之名，降人民於奴隸悲慘境地。所以當人們於極度困苦中重新發現自由與奴役的差別後，他們說：自由必須恢復，君主等等都是篡竊者，他們必須在新的基礎上建立合理的制度，給政府的威權以合法的解釋。他們說：人們是以契約的關係結合而成國家的，國家的存在本於人民自願的方便，國家本身絕沒有甚麼玄妙的意義，更沒有甚麼超乎人民意志的獨來獨往的意志。政府的存在是人們讓它存在的，人民之所以讓他存在，是爲了保障人民自己的權力和利益。政府本身也沒有威權，它的威權來自人民，是人民所委託的，其基本在乎受治者的各個人的同意。「沒有代表不納稅」，是美國革命初期的口號，因爲納稅必須本乎法律，法律不經人民同意，便是暴虐政治。亞丹約翰（John Adams）聲稱：「自由人的意義，就在於不受個中人所不經同意的法律的約束。」並且同意還有一個限度，人民所同意的僅在不傷害其自然權利的原則之下的任何事物，而不同意其自然權利的被剝奪。於是人民制訂憲法作爲他們組織國家的契約，載明他們應保留的自然權利及其有關事項，然後代表去制定或同意促進公共幸福和樂利的法律，指揮並監督政府作有效的實施。

自然權利和被治者的同意，是任何民主政治必須遵守的規則，是一切合法政府存在的依據。在此，讓我們再引一段美國獨立宣言——這是所有愛好自由人們的經典，也是民主思想最具體，最良好的說明。——的話：「政府徵得它管轄下的人民的同意，獲得它應當具有的權力；任何形式的政府，祇要它一旦破壞了上述的人類的目標（即自然權利）時，人民自有權利去改革它或廢除它，而且重新建立一個新政府，新政府所根據的原則，及其權力組成的形式，務必使人民認爲滿意，認爲最可能幫助他們獲得安全與幸福。：……這是他們的權利，也是他們的責任。」這段話在說明一個事實，就是人民是國家的主權者，是國家的最後威權。若非人民同意和授予威權，任何主權也不能發生，或發生亦不能繼續存在，最後的威權可以克服足以損害其自身賴以存在的價值的任何事物。

然而人民要實施這個最後的權利時，勢必經歷種種可怕的磨難和劇烈的痛苦。常常，人民總是忍耐着，傑弗遜說：「經驗告訴我們：人類遇到苦難時，祇要苦難可以容忍下去，他們的天性是寧願忍耐下去，不願廢除已經習慣的制度。」但是同時歷史也告訴我們：「政府無時不走向壓制的一條途徑，故此它便成了個人自由的最大勁敵。」因爲政府雖僅是人民委託權力的組織，代理主人料理事務，但執行者仍是人，人免不了私慾，私慾和權力合一，難免胡作爲非，喧賓奪主，超過人民所可能容忍的限度，祇有逼到「改革它」或「廢除它」的路上去。如若是這樣，人民主權也必在刀劍之下消亡。近代的大獨裁者無不是先假民意而掌握政權，繼而把人民踏在脚下，以逞其私慾的。而且由於統治技術的進步，縱使人民在極端的專制壓迫之下受剝削凌虐，也難以形成反抗的力量。

在民主政治之下，政府是人民的公僕，但是一個不可爲靠，不可信賴的公僕。政府是一個「惡魔」，然又是一個「必需的惡魔」。因此，在學理及事實上都必須給以多方面的限制，使其儘可能在人民的主權掌握之下，使其惡性減至最低而不至爲害的程度。限制政府的方法不出兩種：一是儘量不給與過大的威權，二是使政府各種職權彼此平衡並互相牽制。當然最原始的方法是使當權者回到平民的身份。孟德斯鳩當年寓居英國時，考察英國的政治體制，認爲英國政治的穩定和人民權利的得以確保是由于國王，貴族院和平民院三種職權(立法，司法和行政)的分立和均衡，這便是有名的三權分立說。事實上孟德斯鳩相當誤會英國制度的作用，不過他演繹出來的權力分立的理論多多少少爲後來的所有民主國家所採行。美國是採行這個原則最普遍並且澈底的國家，亞丹約翰發現在聯邦政府裏至少有八種分立並制衡的制度。這八種是：一、各州與聯邦政府相對待；二、衆議院和參議院相對待；三、行政權和立法權相對待；四、司法權對衆議院，參議院，行政權，和各州政府；五、參議院對總統；六、人民對他們的代表；七、各州立法部對參議院；八、選民對人民。爲了防止政府的趨於專制以保障人民的自然權利，十八世紀的民主先哲們竟發明了如此複雜的辦法。我們研究這種種牽制和均衡的職權，仍然察覺出立法權的優越。立法權是人民選擧出來的代表直接控制的，是他們實施同意權的機構，他們不怕代表們專橫無理，因爲縱然在變動不居的政治情勢中，代表們也不敢脫離人民的實際支持。把握着立法權，人民才能穩定着主權者的力量。

(四)

總觀民主政治的全部行程，它是邏輯的，也是事實的。進展層次大致是這樣的：區分自由和奴役的境界；確認人類的自然權利；國家不過是人民爲了本身的方便而自願結合的團體，以全體的意志爲國家主權的化身；國家本身不具目的，而以人爲目的；政府經人民的同意而統治，但人民爲保持其自然權利必須以種種方法限制其行動之非法，並制止其威權的膨脹。民主政治的要點是：恢復自然權利，並繼續保持它。政府爲一必需之惡魔，它的天然傾向是侵害人民的自然權利，所以必須的運用種種限制的方法去駕御它，以確保自然權利之無虞。

民主政治是人類理性的表現形式，它提供一套可以使人民安全的享受自由生活的方式，使人們保持人格的獨立和完整，在精神的創進方面得以運用一切有利的條件。前面說過，自由的恢復只是民主政治的初步，必須澈底排除任何奴役的實際存在以及消滅任何私人及團體的奴役意向之後，民主政治才算完全的實現。無論那一個國家，其實施民主政治的成效如何，完全以其人民對于自由的享有和權利的保障的成熟程度而定。如果人民對于自由少有領悟，又缺乏追求的勇氣和奮鬪的決心，必定永遠沉淪於奴隸的境域而不可自拔。眞正的自由人所組成的國家，才眞有實行民主政治的希望，一群奴隸只能在暴君，獨裁者，寡頭政府之下苟延殘喘。君主專制的時代過去了，人民經過長期的奮鬪才從君主手裏索還了他們的自由，有的國家建立了民主制度，保持了自由；有了國家得而復失，失而復得，久久才穩定下來；有的則不旋踵又落到新式的專制者手裏。新式的專制如法西斯主義，共產主義等等，總其名曰極權主義。極權主義所以能够繼君主專制而興起，原因即在於人們對于自由未能確認，對于民主不够了解。極權主義不能和自由民主相調和，一如君主專制之不能和自由民主相調和；自由民主不能見容於極權主義，也如不能見容于君主專制一樣，就程度講，尤甚於君主專制。然而人們曾以對于自由的熱望驅除了君主專制，建立了民主制度；今日必須以更大的自由熱望和更健全的民主政治才能驅除極權主義。

西洋各國已經有近兩世紀的民主政治經驗，所以在抵抗極權主義的洪流過程中，比較居於有利的地位，我們中國却不免遭受最劇烈的苦痛。我們是落後國家，自然不可能和人家並駕齊驅，情勢如此，無可奈何。可是仔細想想，我國從倡議自由民主以來，少說已經有幾十年的光景了。孫中山先生提倡民權主義，五四運動唱出了民主的口號，憲法上寫明了民主共和的國體，但是，民主的成績在那裡？共產黨席捲大陸的數年間，曾無時不利用自由民主的口號，到處却掛上自由民主的幌子，直如其眞在宣揚自由，實施民主一樣。其實摧毀士氣，瓦解民心，莫此爲甚！不獨中國這樣，凡在世界各落後地區活動之共產黨徒，莫不是拿自由民主作爲最有力的工具。「自由，(下轉第廿四頁)

中東的缺口

范叔寒

一

渥大華會議之後，美國在對蘇的戰略佈署上，是要把北大西洋聯軍的力量由地中海引伸到中東，然後再越過印度洋，遙遙的和正在進行武裝的日本拉上一條弧形的外圍包圍線，然而，正當此時，中東的糾紛，却在這條線上攔腰一斬，形成了一個相當嚴重的缺口。

中東在地理上包括埃及，蘇地阿拉伯，外約但，伊拉克，敘利亞，伊朗，阿曼，亞丁，和新成立的猶太國家巴力斯坦（以色列），地位處在裏海，波斯灣，印度洋，紅海，以及地中海之間，正好站在歐亞非三大洲的中間，在新大陸未被發現以前，此地是東西交通的孔道，有世界的十字路口之稱，可見其形勢的重要。十七世紀以前，此一地區差不多成爲爭霸世界的中心，自亞歷山大帝國以來，每一個大帝國的建立，都以征服此一地區，以決定其帝國的發展的命運。近世以來，又由於海權的發展，西方國家爲了開拓其向東方的進取政策，更把中東地區視爲樞軸重地，積極的加以經營。二十世紀開始，油田的開發，中東的地位，又因爲富藏的戰略資源，增高了其重要的意義。所以，兩次的世界大戰，可說都是以最後掌握了中東的歸屬，纔決定了最後勝利。

以目前形勢而言，中東的位置，尤其關係着美蘇兩大集團戰略上的利害。固不論戰略資源的石油問題，祇僅就地略形勢來說，中東是最接近蘇俄心臟地帶的地區，由波斯灣起飛的中型轟炸機，在續航航程上可以綽有餘裕的威脅着中亞細亞、烏拉爾，以及伏爾加河流域的工業地帶，其中被蘇俄視爲現代戰爭命脈的高加索油田區，猶在指顧之間。另一方面，假若中東歸於蘇俄掌握，則首先他要遮斷東西孔道的蘇彝士運河，使現在的北大西洋聯軍無由和太平洋上的美軍取得配合，同時，依據此一地區的樞軸作用，在軍事上自然可以進而威脅地中海和印度洋的安全，另在政治上尤其可以予殖民地民族以强烈影響。所以，無論在政略或戰略上着想，中東乃兩大集團勢在必爭。特別是當美國在西方完成了聯軍的佈置，在東方完成了日本武裝的準備之後，取有中線銜接作用的中東的戰略佈署，是絕對不肯中止的。這從埃及拒絕參加中東聯防之後，美國態度的堅强，並積極與其他中東國家進行的活動上，可見一斑。

然而，儘管兩大集團對於中東如此重視，客觀上中東是如此的地處險要，而中東本身，即內在的中東地區的各個國家，却和上述兩大集團的意圖，有着一種完全衝突的打算。中東國家對於以其地理的與資源的條件，給予兩大集團戰略上的作用，並不感到沾沾自喜，相反的，他們却對於深陷於兩大矛盾之中，感着無限憂慮。他們處心積慮的想要擺脫這個矛盾。他們唯因本身有了這個矛盾的條件，纔想利用此一條件，取得他們的自主和他們的獨立。他們所要求的是民族主義，是淸算殖民地政策，推翻統治與剝削他們的帝國主義，至於至少尚含有帝國主義國家某一部分利益的所謂「戰略」問題，當然不在他們考慮之內。而中東的糾紛，即對蘇包圍線上的缺口之所由發生，其癥結便落在這種民族主義和殖民帝國主義的嚴重衝突上了。

一提及殖民地上的民族主義問題，我們往往便會錯覺到這會對蘇俄有利。其實不然。特別是在中東地區，因爲回教徒狂烈的排他精神，幾乎絕對與共產主義絕緣，蘇俄很難在此地區討得便宜。誠然，列寧會說過：「到共產主義去的道路，是向受人統治的人民，宣傳民族主義。」而中東的共產黨徒也正在加强宣傳此一主義，但是由於下一因素，却使這種宣傳竟收到完全相反的効果。原因是中東地區直接與蘇俄的中亞細亞少數民族國家毗隣，而這些少數民族又以回教民族爲多，假若中東國家受到民族主義的鼓勵，首先影響所及，就是蘇境少數民族的離叛與反抗，這是蘇俄最感恐懼的事。

所以，中東的民族主義，固然形成民主集團外線聯繫上一個缺口，但另就民族主義本身而言，中東也未始不是蘇俄的缺口，從這裡說不定就能引起蘇俄崩潰的開始，最近哈薩克邦回教農民的叛亂，正好說明這個事實。

二

假若易地而言，我們站在中東國家的立場，勿庸諱言，目前正是中東翻身的千載良機。許多西方殖民政策國家，以其自私的感覺，認爲落後民族的抬頭，是一種否定文明容受野蠻的行爲，於是，便站在舊的國際法統上，危言聳聽的指民族主義爲洪水猛獸，而把他們那些貪婪自私的意欲，技巧的掩蓋在「國際正義」的背後。其實，現代國家與殖民地之間，祇是工業建設的先後區別而已，不能視爲文化最基本的準據。

從歷史文化上看，中東的回教文明，自有其一套光榮的體系的。從穆罕默德一直到十七世紀的土耳其帝國，回教民族不特在武功上有着優異的表現，既在科學上，如阿拉伯人的數學，物理學，天文學，以及醫學等都有其卓越的成就。至於文藝復興後西方的文明，說起來祇是剽竊阿拉伯回教文明的牙穗而已。

全世界的回教徒有二億五千萬以上，其人口繁殖很速，幾佔全世界人口總數的八分之一，其中集中的多數居住在中東，而回教國家除去土耳其而外，大部在政治形態上仍居於殖民地或半殖民地的狀態。這是我們對於中東民族主義運動應予特別重視的客觀事實。

回教民族的力量，不僅表現在中東局勢有其重要價值，他們猶且具有相當潛力分佈在極權集團與民主集團的內外。例如，上述蘇俄哈薩克邦的人民即大部爲回教民族，中國竹幕之內也有回民三千餘萬，歐洲方面，與中東地區遙相呼應的巴爾幹，幾乎有一半屬於回教的世界：阿爾巴尼亞百萬人口中他們佔有七十五萬，保加利亞六百萬人口中回教民族有八十萬，他們保持自主，不與保加利亞人同化，南斯拉夫也有一百六十萬回教徒，佔全國總人口百分之十，在政治生活上儼然保持着獨立的狀態。因此，當此兩大集團尖銳對立的現階段下，中東的重要性，尚不能簡單的以其地理的與資源的戰略價值，便可概括了事，這其中含蘊着二十世紀五十年代國際關係間的新政治因素，也就是說：中東的動向，很清楚的可以考驗出新國際社會是否準備建設在民族間的政治民主和民族間的經濟平等的基礎上面？

目前，中東的混亂局勢，正是說明着這個政治因素在起着根本的作用；伊朗和埃及都出發自民族自決的要求，不過在要求的具體表現形式上，前者要的是經濟的平等，後者則屬於政治的民主。

過去，所有極權主義者都很注意到回教民族的廣大勢力，也特別考慮及這種民族的要求。二十世紀之初，大戰的禍首德皇威廉二世即曾以「回族的保護者」自居，通過民族的號召，以打擊他的敵人英法。二次大戰前，意揆莫索里尼對於回教民族的拉攏，猶爲努力。當他佔領了阿比西尼亞之後，他用公費補助回教徒往麥加朝聖爲手段，以圖收買回教民族的擁護，他並鼓勵伊朗軍備，代替伊朗訓練海軍，爲伊朗製造第一艘戰艦。日本也曾通過宗教的手法，企圖以同爲有色人種的親切感覺，前來拉攏回教民族，以便允許他們在中東地區自由活動。

至於蘇俄對於中東的伸手，已非自今日始了。遠在一九一七年十月革命之後的數星期，莫斯科當局便注目於中東的回教民族，當即宣言「回教民族應驅逐歐洲帝國主義者而與自由的蘇俄合作。」不久，列寧即着手組織「東方回教民族解放運動協會」，以爲發動中東革命的機關。一九一九年又由共產國際設立回教大學，訓練回教的共黨青年細胞。此後，中東政治上的動亂，可說多少都與共黨有關。二次大戰期間，蘇俄因受德軍進迫，對於中東雖稍爲放手，但在戰後，馬上又恢復其地下的政治攻勢。一九四七年在伊朗北部製造的亞塞爾拜然省的叛變，到現在尚有其潛伏的作用，伊朗主張石油國有最堅決的民族陣線派中即有共黨份子僞裝混跡其中。據美國海軍情報部的情報，早在兩年以前，蘇俄以其附庸國捷克的軍火公司，秘密以廉價補充以色列軍隊的機槍步槍或其他軍火，同時，又以相同方式協助敘利亞建設空軍。以色列爲猶太人國家，夙爲其他回教國家所反對，蘇俄的軍援行動，顯然的要用鼓動民族仇恨的方式，挑起中東政治上的混亂；以做他將來有事於中東的準備。最近，蘇俄與伊朗的換物貿易談判，蘇俄軍火援助埃及的傳言，都足意味出蘇俄在此矛盾中將起的作用。

不過，中東的國家，對於所有這些民族主義的引誘，雖然不能無動於衷，但由於回教本身的排他性以及亘數世紀輾轉於殖民地政治生活的教訓，使他們對於域外的任何政治建議，都不能視爲無條件的。他們在未取得本身眞正的自主之前，對於任何國際聯合行動，都感着這只是追隨權力的重大行爲，和他們自己的理想，距離太遠。

所以，一九四五年三月，阿拉伯七個國家：埃及、伊拉克、外約但、黎巴嫩、叙利亞，蘇地阿拉伯，也門等組成了阿拉伯聯盟，他們想在集體安全與國際合作經濟的前提下，重建他們自主的政治體系。這在戰後的國際政治趨勢中，看不出它怎樣和國際聯合的大目標有何抵觸，甚而地域的集體安全制度，祇要它不含有對外侵略的作用，正是走向廣義國際合作的一個適應的步驟，但是，實際上却不爲英法等在中東獲有既得利益的殖民政策國家所諒解。並且，後者更利用某些阿拉伯聯盟本身矛盾的弱點，儘量製造其間的分裂。而聯合國對此也錯過了扶植和鼓勵的機會。結果，等到中東局勢的發展，使他們看到這個矛盾的高潮決不應放過的時候，他們當然要孤注一擲了。雖然衛道者高喊：「國際的法治應被尊重」，或指責：這是乘人之危的敲詐行爲，但當你回想到這些回教民族亘數世紀的被侮辱、被損害、被非法侵略、不被尊重的長遠歷史時，你又怎能說他們幹的不對呢？

三

本來，所謂人事之間，基本的出發點都不會離開個人的自私，國際間又何嘗不然。中東國家的民族主義要求，在軍略家的眼中，也許認爲這是對於民主陣線的一種嚴重的破壞，而利害攸關的英國，也故弄玄虛大聲急呼這可能危及世界和平。因此，也就有人主張，中東所提的要求，原則上沒有錯誤，但在目前危險的局勢之下，似不適宜，何以不可等到打跨蘇俄以後再提出解決呢？而且目前最嚴重的是蘇俄侵略的勢力如何予以遏止，內部的政治問題應該擺在其次。這種說法，看來雖似很近道理，但實則很欠實際。蓋中東國家所急於要求的是要解放他自己，而後再圖共同解放世界。這雖是自私，但也是最人情的想法。假如中東國家本身尚居於殖民地的地位，在政治上得不到民族間的民主，在經濟上得不到民族間的平等，而要站在他們統治者的背後，跟着搖旗吶喊：「我們爲自由而戰！」平心而論，這實在太有些滑稽！

至於此一民族主義運動，可能危及世界和平，這祇是既得利益的殖民政策國家倒果爲因的片面之詞。中東國家目前最具體最簡單的要求，是要推翻英國的殖民主義，祇要英國放棄了其傳統上那些血腥的「光榮」，問題自可迎刄而解。關於能否危及世界和平一節，正如伊朗總理摩沙德所說，「這事在看英國，而不是我們。」

軍略家指出這破壞了民主陣線，也祇是單純的軍事見地。到目前爲止，從伊朗到埃及所表現的態度，尚未看出他們除去爲了爭取獨立的自主而外有什麼反民主集團的企圖。摩沙德僕僕訪美，便是一個好例；他苦苦哀求者祇是要滿足他們民族一點經濟上自主的心願，別無任何危險的奢望。至於埃及的射擊英人行動，看來有些過激，但迄未超越自衞的範圍，他們喊的是領土的保全，並不是對誰的侵略。而且就地理位置來看，埃及是遠較伊朗危險成份少的多。

談到此一問題待戰爭結束後再提出解決，這已是中東國家聽膩了的諾言，他們對於此種說法的可靠性，不特失去了信心，甚而都不耐於考慮了。第一次大戰英國是使用這種諾言騙得叙利亞叛離了土耳其，結果，叙利亞獨立之志未酬，且被英法分治之後再加以瓜分。第二次大戰時，邱吉爾又何嘗未曾許了若干宏願，表示：仗要大家打，好處也要大家分，但，大英帝國危機一經過去，邱老對於他的諾言，便就有些言不由衷了。戰後換來的，只是改變了形式的各種新約，骨子裡仍要你束縛在任他宰割的政策之下。所以，當伊朗局勢最爲緊張之際，伊拉克乘機提出修約的要求，既不能認爲乘人之危，而埃及提出運河撤兵與合併蘇丹的要求，並旁涉到利比亞與摩洛哥的獨立問題，也不能算爲多事。蓋歷史的教訓過於慘重，記憶使他們的命運勢必繫在一起。

情勢的發展既已到達如此地步，最後的關鍵則在美國的態度。美國對於中東大致的表示，雖然尚不算壞，但過份戰略上的打算，自不免在政治上招致錯誤。美國輿論界批評美國在中東爲了討好盟邦，結果反成了盟邦殖民政策的俘虜，最後，終竟喪失了中東。這確是一個最具積極意義的意見。

按照美國的根本方針和他的外交政策，原可收到積極的效果的。即以伊朗的事變而言，美國本來準備貸款二千五百萬元以解決伊朗財政的危機，但是伊朗財政的困難，相對的有利於英國對英伊石油公司的把持，這樣一來，美國的貨款，不啻給予伊朗以反英的支持，結果，美國的貸款，祇好遲滯行動。伊朗石油國有化最困難的問題，是英國技術人員撤退後的技術人員問題，但，能够接替英國人工的唯有美國具備這個條件，而美國碍於英國的抗議坐視伊朗原油擺在那裡，不能伸手提煉。

另一方面，在石油的供應要求上，美國又迫切的希望此一問題能够迅予解決。原因是按照援歐計劃關於石油的供應分配上，到一九五一年以前，中東要供給歐洲國家的石油需要百分之八十，其餘的僅百分二十可由美洲國家供應。而伊朗油產量幾佔中東全油區產量的三分之一，事實擺在這裡，怎能使美國不爲焦急？

不幸，英國不特不努力解決此一問題本身，反而利用美國處境的矛盾，從中進行挑撥離間的陰謀，當阿巴丹劍拔弩張之際，英國外交部即曾宣稱：英國即將以武力干涉，此種干涉已獲美國諒解與支持云云。事後，美國務院大爲喫驚，經提出嚴重抗議後，英國氣焰始爲收歛。

埃及拒絕參加中東聯防後，艾契遜強硬的聲稱支持英國行動，這雖被埃及外長薩拉解釋爲「僅從軍事準備以便將來進行一戰爭的單方面來看」的結果，但美國過份追求戰略的價值，而陷於英國殖民國家的要挾之中，確是十分危險的事。

老實講：對蘇戰爭祇是一個形式，其目的是在達成聯合國家合作的理想，而民族主義正是此一理想中首應解決的問題，假若此一問題得不到合理的解決，中東的缺口，勢必愈裂愈大，彼時，縱然對蘇戰爭獲得勝利，而一個新的戰爭危機，又預爲培植下來。

四

綜合以上所述，我們認爲中東的缺口，癥結在於民族主義和殖民主義的衝突，而英國的冥頑不化和美國的猶豫不前，都促成這個事態更加惡化。爲今之計，首先美國應該積極的通過聯合國在現實上給予中東民族一個信心，使他們獲得了他們渴望的獨立和自主。在他們尚未從獨立的自尊心中產生出另一想要有貢獻於聯合國家的積極態度之前，我們不必斥責他們的中立觀念是一種幻想。事實上眞正的中立，並不影響正常的國際合作。如：伊朗的石油，埃及的運河，迄未表示他們在中立時要停止供給聯合國家使用。我們也不必厭惡他們的懷疑，因爲歷史的教訓，造成了他們的性格。假若我們欲使他們放棄了中立和懷疑，使他們和我們積極合作，那末，祇有努力培養他們的自尊，而這種自尊必須獲自他們獨立自主的民族主義之中。

戰後法國新經濟政策

郭　垣

戰後法蘭西新經濟政策的特徵，是國家對於國民經濟活動干涉的加强。第一，企業國有化在戰後數年間，範圍有顯著的擴張；第二，對於在戰爭期間，工商業所受的損害，政府每年撥付巨額款項，以充經濟重建；第三，實施曼芮特計劃（The Monnet Plan），也就是工業的現代化和裝備計劃（Plan of Modernization and Equipment），由政府籌劃資金，大部用於公營事業的投資，另外一部份也投資在私人企業方面。現撮要分述如下：

國有事業擴張政策　法國公營事業，歷史甚爲悠久。郵政、電報、電話，早歸國營，煙草事業也歸公營。第二次世界大戰前，法國盛行一種官商合營的混合企業制度，譬如倫河國民公司（the Compagnie Nationale du Rhone）負責倫河工程有二十多年之久，肩負着發電、灌溉和航運的三種使命，參加經營的除了一部人民外，就是河流沿岸的地方政府。一九三六年的航空工業，一九三七年的法國鐵路聯合，都是採取官商合營制度。不過二次大戰以前公營事業的範圍是很有限的。

二次大戰後，因爲政治、經濟各種理由，法國經濟的國營範圍，大爲擴張。最初收爲國有的是李奧爾特系統的汽車工廠（the Renault automobile works），時間在一九四五年一月，其次爲煤礦工業，但國有法案的完成是在一九四六年五月，新的集中組織稱爲法蘭西煤業。同年四月，電力工業和瓦斯工業、也各分別設立公司，收歸國營。一九四五年十二月頒佈法令，將法蘭西銀行和其他四大商業銀行同時宣佈國營，此外又建立一個所謂國家信用會議，負責指導全國信用政策。法蘭西銀行的國營，在實質上祗是將私人股本撤出，行內行政和法蘭西銀行對政府的關係，並無改變。因爲自從拿破崙一世以來，法蘭西銀行的總裁，和副總裁，都是由政府派任。四大銀行國有後，經理和人事也沒有變動，但與財政部的聯繫較前密切。政府對其他重要商業銀行，雖然沒有收歸國有，但派有委員，駐行辦公。戰後法國除了將部份銀行收歸國有後，又從三百多家保險公司中，將其中較大的三十四家保險公司收歸國營。

所有以上企業，收歸國營的理由，甚爲複雜。李奧爾特汽車工廠是因爲在戰時與德國人合作，所以戰後第一個就被收歸國有。煤電業等之收歸國營，一方面是爲了管理的經濟利便，另一方面則因煤電爲工業之母，是經濟發展的關鍵，政府鑑於它的重要性太大，故收歸國營。金融業的銀行和保險公司也是因爲經濟重要性的關係。

法國國營事業中流行一種觀念，就是國營事業應當改善勞工生活情況。企業收歸國營後，社會福利支出如年金、家庭津貼等，都有顯著增加，並都超過民營企業。其次，自從一九四八年以來，主要國營企業物價雖不斷調整，但其物價上漲率總是低於民營企業。因此，在國營事業中，財務收支平衡，常常發生問題。就個別事業講，國營煤業較好，工作時間由戰前的每週五天改爲六天，每一工人每日生產能力也達到戰前水準。營業收益足敷添購新的設備與維持生產之用。電業在舊有電廠方面，營業收支情形不佳，但新設電廠成本較廉於舊廠，將有好的遠景。瓦斯工業因煤價太高，營業收支無法保持平衡，實際且有虧損，而變爲對家庭使用者和工業使用者一種補助。鐵路營業虧損甚大，都賴政府補貼。過去四年來法政府對公營事業曾投下巨額資本，這對法國將來經濟的發展，有很密切的關係。

經濟重建政策　在一九四六年十月法議會通過一項法律，對戰爭受損失者給與補償。此項工作由經濟重建部（Ministry of Reconstruction）負責執行（但鐵路和商船方面另有主管）。經濟重建立法的原意在補償戰爭期間法國人民所受的正當損失（good war losses），並在經濟重建計劃中給予優先權。

因爲原則上的限制，補償的支付並不太高。完全補償的總額，最高以二百萬法郎爲限；一九四八年九月，將此限額提高到五百萬法郎。對於此項特別貸款，法律又有種種規定。在一九四八年三月，法國設立經濟重建銀行，負責執行有關經濟重建資金調撥週轉事項。對於資產損失的補償，祇以原有情況爲限；如較原有情況增添任何部份，所需款項，應由私人所有者負擔。同時，在計算經濟重建補償中，要減除若干數額的折舊，最多以百分之二十爲限。

人民資產戰爭損失的補償，除了支付現金外，還採以工代款方式，由政府負責建築工程，完工後交給所有主，方案實施初期，許多補償都是採取這個方式。其後，法國政府要求受戰爭損失人民組成團體，集體從事重建工程，以便經濟用款而收時效。從一九四六年到一九四九年，四年來，法國對戰爭損失補償的支付，有如下表：

法國對戰爭損失補償的支付　（單位：十億法郎）

年度	對戰爭損失犧牲者的支付	政府對經濟重建的支出	對海外領地經濟重建支出	合計
一九四六年	三二	五四	—	八六
一九四七年	六六	六〇	二	一二八
一九四八年	一二四	五四	五	一八三

一九四九年	二五	四九	六	二〇
一九四六至一九四九年總計	四〇七	三一七	一三	六〇七

註：見 Howard S. Ellis: The Economics of Freedom, P. 267, (1950)

在這裏我們應當注意補償的計算根據和估稅的根據，兩者並無關聯。法律規定，禁止行政當局將對工廠給與的免稅折舊津貼計算在內，同時也禁止為經濟重建所消耗的流動資金和課稅標的的利潤，在徵稅時發生聯繫。因此，財政負擔顯得特別龐大，另一方面，眞能得到實際補償的，也感到人數不足。最嚴重的，這種財政負擔應當出自有財產的人們身上，但結果却由全體人民負擔，其方式由於租稅、或僅由於通貨膨脹。中間祇有在一九四五年對於資本和資本增值（Capital increment）徵課均衡稅（Solidarity tax），在一九四七年徵收特別捐（exceptional levy），這兩種都是向有錢人徵收的。此外，財政負擔都落在全體人民身上。所以，對戰爭損失予以補償，立法原意本來是好的，但法律條文却不甚完備，因此不能完全達到目的。因此構成了法國財政預算上一個難關，而阻礙了眞實工資的提高。

工業現代化和裝備計劃 工業現代化和裝備計劃，也叫做曼芮特計劃，其內容完全是個產業投資計劃，在一九四六年十一月擬就，一九四七年一月，法國內閣通過實施。計劃實施期間是一九四七年到一九五〇年，每六個月發表公開報告一次，報告計劃執行情況。在計劃執行過程中，遇到許多阻碍，也得到不少經驗，因之根據這種阻碍和經驗，計劃也經過數次修正。一九四八年歐洲為接受馬歇爾計劃援助，成立歐洲經濟合作組織（簡稱E.E.C），受援國家都有一個長期經濟計劃，法國的曼芮特計劃為了適應這個客觀情勢需要，又經過一次修正。修正後的計劃曾製成報告，於一九五〇年向法國國會要求撥款時，送備國會參考。這個報告包括執行中的工作詳目、工作進度，已支款數目、待撥款數目和將來預期的結果。報告共分二部，一部叙述法國本土，一部叙及法國海外屬領。

曼芮特投資計劃基本概念是：法國某數種基本資源，必須供給以所需資本，否則，生產即不能擴張，而生活水準也就不能提高。計劃集中的要點是：動力、鋼、交通、農業和為發展農業必需的工業產品（如肥料、機械和拖引車等）以及建築原料，特別是水泥。嗣後將此項範圍又擴充到化學產品和某種工業產品，其性質特別偏重在那些足以節省輸入、增加輸出的工業產品。因為法國的國際收支有巨額虧短，特別是感到美元缺乏，要想平衡國際收支，而無需外援，所以，曼芮特計劃的目的在增加生產，使其足以替代那些輸入物品並使其增加輸出。同時，此計劃的目的又在提高租稅和國民儲蓄收入，使其達到足以自給，無需再靠外援的地步。

曼芮特計劃的主要項目，在國內注意農業，另一方面則注意海外屬領。一九四六年的農業增產計劃，目的僅在使農業生產，祇敷國內市場需要，而不必再有入口。但是新的國際貿易情勢，改變了法國原有目標。西歐國家需要減少美元入口支出，而來自東歐農業產品的供給又要加以限制，所以法國農業，展開了一個新的前途。它不僅供應國內需要，還要向國外輸出。進一步說，法國不僅像戰前那樣，祇輸出奢侈性的工業產品，它也要輸出食物產品。法國農業生產在國內市場已達飽和，由農業變為出口工業和向國外市場發展，也實有其必要。事實上，法國農業機械化，和大量肥料的使用，已經有了顯著的進步。

關於法國海外屬領，曼芮特計劃不僅發展原料生產，而且也供給那些區域裏一般發展的工具。因為法國海外屬領和其他落後地區一樣，最需要的是港口，公路和鐵路的建設，但這些是不產生直接利潤的。法國政府對於這些建設是採補助方式。為了資金的融通和其他目的，特別設立海外區域社會經濟發展與投資基金，依據事業的性質，決定予以資金補助或予以有利息的貸款。根據事業的性質，自一九四七年到一九四九年投資的情形是這樣：

資本支出（單位：十億法郎）

	一九四七	一九四八	一九四九	一九四七至一九四九年總計	經濟重建支出	一九五〇年估計資本支出（重建在外）
甲、法國本土						
1. 國有事業或半國有事業						
a. 煤	三六	四八	六八	一五二	三	六八
b. 電力	二三	六七	一〇三	一九三	四	一一〇
c. 瓦斯	一	三	六	一〇	—	八
d. 鐵路	一〇	二七	二九	六六	二三	二一
合計	七〇	一四五	二〇六	四二一	三〇	二〇七
2. 民營或混合企業						
a. 倫河公司	四	一一	一六	三一	—	一九
b. 鋼鐵業	七	二〇	四〇	六七	六	五〇
c. 煤炭	六	一四	二七	四七	一四	三一
d. 其他工業	一二	三五	五七	一〇四	一七	五五
e. 農業	二九	六五	一〇九	二〇三	七〇	一二〇
f. 商船	—	—	—	—	一二五	—
合計	五八	一四五	二四九	四五二	二三二	二七五
國有事業半國有事業民營及混合企業投資總計	一二八	二九〇	四五五	八七三	二五二	四八二

乙、法國海外屬領	一〇	二六	七九	一二七	一三	九一
總計	一三八	三二八	五三四	一,〇〇〇	三二五	五三三

注：本表見 H. Ellis:The Enconomics of Feedom 1950, P. 272

計劃中主要工業的投資也就是在國營事業部份，但民營工業部份，政府也給與許多幫忙。從表上，我們看出無論公私企業投資數額，皆在逐年增加。至於資金的來源則有如下表所示：

公私投資來源表（單位：十億法郎）

性質＼年度	一九四七	一九四八	一九四九	一九四七至一九四九合計
甲、國有或半國有工業：				
公共基金	—	一四三	一八六	三二九
自籌資金	六	—	八	一四
銀行貸款	四七	—	—	四七
發行證券	一七	二	一二	三一
合計	七〇	一四五	二〇六	四二一
乙、私人和混合企業				
公共基金	八	四五	一五五	二〇八
自籌資金	二四	八〇	九六	二〇〇
銀行貸款	一九	三三	四五	九七
發行證券	一七	二五	三二	七四
合計	六八	一八三	三二八	五七九
甲、乙兩項總計	一三八	三二八	五三四	一,〇〇〇
經合總署對等基金部份	—	一〇四	一三五	二三九

註：①本表見 H. Ellis: The Economics of Freedom, p. 274

②國有工業、半國有工業及私人企業公共基金，卽曼芮特現代化與裝備基金。

③私人與混合企業部份包含海外屬領。

法國一九四八年預算法對於曼芮特現代化與裝備計劃的公共資金會規定一個獨立會計制度，資金最多的部份是用在國有或半國有工業方面，對於民營或混合工業也予融通，但數量不像公營之多。公共基金的來源，大部份是歐洲經濟合作總署美援款的對等基金。法國以此爲投資工具，可以一直到一九五二年，這樣，在國際收支上可不致遭遇困難，也不致降低法國人民生活水準。如果我們將投資、經濟重建以及戰損補償作一整個觀察，則公共資金已佔半數以上，這種趨勢，可以看出目前法國經濟結構情形，政府主管當局會保證：公共資金將繼續擴張，其籌措的方法，決不依靠發行，而是根據租稅，國民儲蓄和美援款的對等基金。

（上接第十八頁）自由，世間幾許罪惡，皆假汝名以行！」——這是空浩歎！事實是沒有自由的地方，罪惡才得假自由之名以行；沒有眞民主的地方，假民主才有窃據的機會。處于奴隸狀態中的人民，一聞自由民主之名，立刻奮起而追隨之，他們既從未享受過自由民主的生活，是眞是假，何來判斷的能力？等到發覺上當的時候，早被關進鐵幕了。

以共產黨徒的極權氣質竟能順利的操持自由民主爲武器，足證中國人民對于自由毫無領悟，足證中國的民主政治尚未邁出第一步哩！今日在臺灣的首要任務是反共，而且要聯合世界上一切愛好自由的人士，與實行民主政治的國家來共同反共，這是毫無疑問，衆所周知的。反共的最基礎工作當是建設自由民主的臺灣，以事實證明共產黨的極權暴虐，這也是衆所週知的道理。

然而在如此迫切的情況下，我們的努力够嗎？顯然是不够的。不僅不够，甚且缺乏誠意，民主政治若非發乎內心，出諸誠意，在任何國家都不會有成效的。尤有甚者，許多人對于自由主義，更懷着顯然的敵視心理，報章雜誌公開攻擊自由主義的論著也屢見不鮮，至於少數國故先生們站在衞道的立場指控民主爲舶來品的，尤算是次焉者。凡此可見自由民主經過極權主義一度混淆之後遺毒未消，是以不獨民主政治尚未邁出第一步，就在其起脚點上還需要下一番清理的工夫。

自由中國通訊

從東京看中日和約前途

東京通訊・十一月六日　余蒼白

一

舊金山對日和會在中日未來關係上撒下了一大爛汚，那就是決定了讓日本政府有權選擇那一個中國政府簽訂和約。這爛汚害得簽約問題非常微妙而複雜。於是注意這問題的人們，乃無不敏感的等待着日本政府的表示，縱使一鱗半爪也是好的，只要有它相當的確實性甚至暗示性。

這表示，在最近日本國會衆議院條約委員會上芦田均和吉田茂首相的論戰中（十月十八日），可以看出了一些。原文太多，茲僅就其要者介紹於下：

「芦田：……關於恢復和中國的國交，是以中共政府爲交涉對手呢？還是以國民政府爲交涉對手呢？

吉田：……中共是美政府沒有承認的國家，而國民政府乃是英國所不承認的國家。這兩者之中究竟該認那一個纔是正統政府的問題，在目前，就連聯合國之間議論還沒有一致。……因爲聯合國之間議論沒有一致，所以選擇權纔讓諸日本。可是選擇權縱在日本，而行使這權限，就日本的立場說，是不能不充分考慮到各國的關係之後而作決定。因之暫時預備等此後的變化再作決定。

芦田：……政府的眞意如何，大概是可以推察的了。原來今年四月間杜勒斯和莫里遜的倫敦會商，關於中國參加和約的問題並沒有得到一致，因此讓日本政府選擇中共或國府便成爲那時的妥協案，這是當時的公告上也曾經發表過了的。從這樣看，現在應該輪到日本下決心的時候了；也就是日本不妨基於自己的想法去決定，原無絲毫請教英美之後纔下決心的必要了。……

吉田：……美國的空氣如何我不十分明白，總之美國政府並沒有提出要我們承認國民政府的交涉過。」

(註一)譯自十一月四日號朝日週刊關於論戰的「速記全文」。

(註二)據朝日新聞十月十九日第一版的報道，吉田關於美國政府意見的一段話，和速記所載者頗有出入。那天朝日是這樣記載的：「美國的空氣如何我不十分明白。總之，我對杜勒斯並沒有保證過將來會承認國民政府。」兩相參照，益有餘味，用並錄之。

二

對於這些表示，我想國府和擁護或同情國府的人聽了一定會感到驚奇和憤慨。

爲什麼呢？

日本在戰時中對於中國犯了那樣滔天的大罪，而戰爭一結束，蔣總統便表示不念舊惡，以德報怨。對於這一歷史性的廣播，日本千千萬萬的國民，無不感激涕零，認爲大德難報。記者於戰後遍歷了日本津津浦浦，接觸了無數男男女女，一直到了現在，那感激涕零的樣子，還是深刻在腦中。乃曾幾何時，日本便會忘得那樣一乾二淨，不知去向！又焉能使聽者不驚奇呢？

這且不去說它。在這次和談發軔之初，許多被害較少出力較小的國家，提出了種種爲難的條件，同時要求日本應該大量賠償，討價之大令人咋舌。和談老人杜勒斯舌敝唇焦，席不暇暖，到了現在，賠償問題還是毫無頭緒。當那日本政府正在愁眉不展焦急萬狀的時候，國府當局便首先表示了放棄賠償，促和會早日擧行，以爲天下先。這一寬大而急人之急的態度，又該怎樣感動人呢？日本學人們的最大雜誌世界，於其十月號的媾和問題特輯中（日本大雜誌往往提早一個月發行，這特輯號發行之時，舊金山和會還未擧行。）載有「單獨媾和與日本經濟」一篇座談記錄，其中談到賠償的問題，東京大學（即前東京帝國大學）經濟學部教授有澤廣已說得好。他說：

「對於要求力强的國家拿出賠償是不對的，對於認爲受害最大的國家拿出賠償纔對。日本國民能不能認清這個原理，對於此後重進世界的舞臺，關係是非常大的。我們認爲不幸的是：中國雖然受害最大，然而他沒有要求賠償的能力；如果對於中國而決定了一毛不拔，日本便成爲不義的國家。說得透澈一點，如果對於英美或菲列賓而有拿出一文錢的能力的話，日本應該把它先拿給中國。」

世界是日本最大雜誌之一，執筆人一向是較有學養良心的日本一流學人，而有澤廣已乃是吉田屢次想拉他做大官而竟高蹈不就的人。這特輯號重版到了五次（我所知道的最低限度），開雜誌界重版的記錄，發行部數無慮幾十萬，可見共鳴者之多。有澤的見解決不是有澤個人的見解，而是代表了千千萬萬日本人的見解！乃日本政府置道義於不問，順水推舟惠而不費的人情都不做，又怎能使人聽了不驚奇呢？

三

可是話又得說回來：國際間本來

是沒有無條件的恩義的，這就是大英帝國以利害別敵友作爲外交上金科玉律的道理。說到「恩」嗎？這一字的崇高性如何，在旁的國家作如何觀我不知道，至於中日兩國傳統的看法，記者不敏，願就所見以求正於兩國有道。

在中國而言「恩」，只有「浩蕩」，「如海」，「無窮」，「天高地厚」一類文字可以形容它。所以在專制時代有所謂「皇恩浩蕩」，在親子關係，有所謂「恩如海洋」，在朋友關係，除非對於「生我者父母知我者鮑子」那樣管鮑之交，是不該輕易加上「恩」的字眼的，其他可不論。這就可以明白了「恩」的崇高性是不容隨便被褻瀆的。那末日本對於「恩」的了解是怎樣呢？一文之賜就說「恩」；一飯之叻也算「恩」。「恩師」，「恩友」，「恩人」之稱固然到處可見可聞，就連顧客之於店東也算是恩人。你如果不信，可以去看看中元或歲暮「謝恩大賣出」之類紅紅綠綠的彩牌和彩燈。對於顧客可以說恩人，那恩又焉足貴乎？天下事漫則濫，濫斯賤耳。此種可適用於事事物物，又何獨於恩爲非然？我對於日本所謂「恩」作如斯觀，然而不忍妄測日本對於中國之恩也作如斯觀也。

說到這里，使我油然回憶到六年前的一段事實。當日本敗降之初，日本朝野熱烈主張派近衞文麿到中國謝罪，原因就是激於不念舊惡以德報怨的恩情。可是這一響澈全土的呼聲，其後隨登陸美軍的温情而迅速消逝了。第二年吉田茂首次組閣，一部分有良心的議員要求另派專使負荊謝罪（這時近衞已引咎自殺），當局置之不聞。不得已，改請首相在國會上作一莊重演說，以代特派專使之勞。吉田無可奈何，只在那次國會的預算委員會上敷衍了幾句，藉以了案。那幾句，據我記憶所及，在當時的大報上還沒有登出。這樣看來，自由黨對於國府的態度是由來已久，原不自今日始。

曾憶戴季陶有云：「中國弱，則日本人爲中國之仇，中國强，則日本人爲中國之奴；衣中國人之衣，言中國人之言，行中國人之行。」信乎，否乎？吾望此言終將成爲時代的古董！吾自望日本人民終將成爲中國之友而非仇敵也！

四

上面一大堆話，激憤者視之實獲我心，而客觀者視之，殆將認爲片面責人，有背忠恕之道。其實，我得沉重地提一句：我所以那樣說，無非欲勉國人知徒恩之不足以交友，而責人恕已之不足以語於問題之解決也。

說到國府和日本簽約，這問題，本身原來就包藏着極多的困難性。這裏面，包藏着國府年來在國際地位上比重的傾斜，包藏着何時方適於和日本談約的問題，也包藏着怎樣的人方適於肩負這一責任的問題等。本文的題目是「從東京看中日和約的前途」，請以此略述筆者最後的結論。

據個人的看法，國府從舊金山會議以後有沒有直接或間接交涉過簽約的問題，我無從確知，可是我要說：如果有過了嘗試的話，那簡直只好說是一件極愚蠢的舉動！爲什麼呢？英美所以決定日本有權可以選擇簽約對手，主因之一是英國不願意國府參加（當然還有其他國家），而由於英國的堅持，也就無形中增加其他異議國家意見的比重，同時也就輕鬆了美國因這問題而說不出的重荷。此中立機，明眼人應知識破。那末現在和會已經過了，英國和其他一部分異議國家也早簽字了，從許多人看來，國府就不妨進行簽約的交涉了；又何況英國保守黨的登臺將更有利於國府呢？其實大謬不然。因爲第一，照和約第二十三條的規定，和約縱使簽了字，而生效須待美、英、蘇、法、澳、加、緬、印、錫、荷、紐、菲、印尼、巴基斯坦等其中已簽字國過半數的批准（這些國家裏面有蘇、印、緬等未簽字），而這些已簽字國過半數的批准，殊有可能延到日本政府批准後三年以上（參考第二十三條B項），於是問題很明白：如果不待英國的批准而國府就進行簽約，這不僅很可能會引起英國的不批准，而且很可能會牽動到其他異議國家的變局。這不僅是日本政府所萬萬不幹的，而且也是美國政府所大不願意的。第二、談到英國保守黨登臺云云，這是否是國府之福問題很大。英國保守黨登臺以後最先和最要的國際政策是努力於三個團結——英聯邦本身的團結，英聯邦和美國的團結，英聯邦和西歐其他國家的團結。這努力如獲成功，吾將引現代大史學家湯比氏（Arnold Tonybee）的眞言，斷定由「冷戰」而進於「熱戰」之舉在努力獲致成功之期間爲不可能，甚至「冷戰」本身也將止於「冷」而鮮「戰」（這里所謂熱戰，乃指二大集團的全面戰爭）。湯比氏之言曰「說得透一點，共產主義的挑戰並非出於共產主義者，而是出於我們本身之中。這證據就是：共產主義者不是並沒有用暴力抑制我們的長所，而只是指摘我們的缺點嗎？」（"Civilization on Trial" 文明在考驗中一九四八年版廿三面）。申言之，團結如獲成功，民主國家間的矛盾將大爲減少。這減少，就整個民主國家言，就是力量大增，就共產主義者言，就是無懈可擊，於是兩大陣營眞正的和平纔會到來，而就英國本身言，也就是得於和平安定中從事繁榮的機會。「和平就是繁榮，戰爭就是殁落」，這一堅定的信仰，據個人看每一個人都是每飯不忘的。英國爲本身計，於其團結成功和平到手之時，保守黨之犠牲國府，可能較工黨尤過之！而此時的美國亦將有什麼充分的理由訴諸世界毁滅性的戰爭呢？

話是越說越長的，總括地一句，在以英國爲主的法定數國家沒有批准以前，關於和日本簽約的問題，爲國府計，最好暫時掩旗息鼓，力圖自强，忍以待變。不然，輕擧妄動，淺嘗薄試，只有使問題越搞越糟，至於不可收拾。

這樣說來，吉田在國會上的答辯，對國府是未必有惡意，而芦田的質問，如果說不是出於愚蠢，也許在政治上別具了心機吧。

其次談到「人」的問題，我願意客觀而率直地說：照道理，時勢變，政策也變，用人也變，這是政治上的常識（下轉第四十一頁）

美國通訊

從胡適之陳獨秀談起

常思琰
王約翰

這篇通訊是原作者交往的信件，常王二先生現均遊學美國。從他們兩位交換的信件中可以看得出現在旅居國外的知識份子，對於共產黨與共產主義已經有了普遍而徹底的認識。

——編者

一、思琰致約翰的信

約翰我兄：小書兩冊，（胡適：我們必須選擇我們的方向及陳獨秀：陳獨秀的最後意見。）承遠道寄來，敬謹笑納，海外讀臺灣書報，大有空谷足音之感，多謝！陳著雖有謬論，但亦有較胡著深入之處，二書均甚啓發思索，似應早若干時日看到，則弟可少傷許多腦筋矣。弟中學時代甚受胡先生影響，（時正值獨立評論時代），大學時又受馮友蘭，錢穆兩位影響不少，去歲又讀馮友蘭一年來學習的檢討一文，登新華月刊（或雜誌），見其以黑格爾之「具體的共相」一辭，將其新理學系統全面擊破，當時所感觸者又遠較失望深沉多多。陳著中有云，『自由主義國家內應僅有人民之自由，而無政黨之自由，』此語非放下屠刀之托派鉅子不足以道出。胡著中最後一文（即跋陳垣教授之公開信）釋我懷疑不少，陳書發表時，弟正在美國南部，援庵先生固素所欽佩者，又連想起魯迅之「不道人權道王權」詩句，故益感胡先生畢竟過門甚多。毛澤東精通京戲，其過門多自皮簧中偷來，支配其人生者，水滸傳遠較資本論為強。陳著云，『由資本主義之民主至「共產主義之民主」乃一量的發展，而絕非一破裂撕滅之質的突變』，此又非一放下屠刀之托派鉅子不足以道出，資本論寫至無產階級獨裁即倏然結束，而不見下面分解者，即因針對此難題。「美國給你一張票，蘇聯給你一片麵包」，仍是代表一九三、六、七、八時之輿論，所謂美國有政治民主，蘇聯有經濟民主，二者相融結，方產生眞正民主。此種說法影響美國人民思想甚鉅，當時美駐蘇大使戴維斯之出使莫斯科一書是一代表，（其實當時之蕭伯納威爾士諸大師均有此視差，羅素除外）。可是現在事實證實了在蘇聯「經濟的民主」也並不存在。其實上面那種說法毛病甚大，今日應解釋為：在一個自由主義的國度裡，人民有「投上」一票的自由（或權利），也有「掙取」一片麵包的自由（或權利），若是說由於主子賞賜麵包一片，就取消了投上一票的權利，則中古以來的歷史算作白費，大家又回到食毛踐土的西周去了。羅斯福究竟比較美國流俗高明一頭，在一九四四年元月向國會報告時，即敘述兩個人權法案。第一個是政治性的，也就是陳獨秀所分析的那一套，言論自由，禁止非法逮捕……第二個是經濟性的，即人民有權利工作，吃飯、教育、娛樂、社會保險……美國之誕生及成長即託福於第一個人權法案，第二個人權法案是要讓第一個更豐富更充實。羅氏未提出實際辦法，例如『工業國有』一類之問題，其實，方法可隨地而異，原則非先立出不可，人類歷史是一部追求自由與幸福的歷史，在追求的途中問題甚多，BILL 要一個一個的來爭取，那是一個邏輯的發展，而不是後一個取消前一個，將來還要有第三個第四個。究竟未來的人權法案將解決些什麼問題？現在還看不清楚，不過若干年前羅素在美國講學時，即發現西方的婚姻問題頗是問題，它不但擾亂了個人的心靈，阻止了個人的發育，更進而影響到社會的和平和發展，羅氏有志於改革，因受輿論之攻擊而作罷。如此問題繼續儼重，則第三個 BILL 可能就是屬於性的。身體的保障，飲食、男女、三者都很重要，但後者無法代替前者或取消前者，若說有了第三個 BILL，第二個 BILL 就自動取消了，斯大林也將為之垂淚，（其實大可不必，因經濟民主在蘇聯並不存在也）。寫到這裡，就又回到我們的古訓「物有本末，事有終始」了。挪威童話中有一好好先生名叫山脚歌德布蘭（Gud Brand-on-the-Hillside）者，此公奉妻命進城賣牛，因一時未得售，即易之一馬，馬仍不得售，又易之一猪，而猪仍然，於是又易之一羊、一鵝、一鴨、一麻雀，最後肚皮餓了，換得麵包一片充飢，空手而歸，然其妻大悅，因能得到丈夫安全歸來也。民主的實現，似較賣牛為難，如因困難而胡亂創造口號轉移目標，此非「誤差」，而是「無的放矢」，人民是否貞淑賢慧一如此好好先生之賢內助，則非弟所可知了。明乎此，則斯大林之豪語可不攻自破（所謂 A man with a job but without freedom is much better than a man with freedom but without a job.）。人民失業了，並不是因為有了自由「才」失業，也不是因為有了自由「而」失業，而是因為所有的自由不够，或是因為所有的自由不够充實而失業。美國若干汗包不用腦筋，現在正把「資本主義」和「自由」混作一團，弄得烏烟瘴氣，一笑。即頌，教安。

弟常思琰再拜十月四日

二、約翰覆思琰的信

思琰我兄：十月四日手敎奉悉。讀之甚快，然感想亦多，今晨不寐，起而作此。

對於兄之「人權法案」看法弟絕對同意。人類乃求進步者。而進步之來，絕非一步登天，乃係累積演進。從經驗中得知識，更從累積之知識中追求新理論，再將此理論付之實施，追求新經驗。用其可用，而棄其不可用，循環推演，乃造成日新月異之文化。若必以無窮演化中之某一部份代替其他一切，則人類無希望矣。

是故經濟人權法案（兄所謂之第二個法案）固不可代替政治人權法案，（兄所謂第一個法案）更不可取消之。而政治人權法案之成爲第一個法案並非偶然，蓋此爲人權之始也。無政治人權則經濟人權之存在不可能；而有政治人權後却可以逐漸爭取經濟人權。請申論之。

幼時讀魯仲連義不帝秦之故事印象至深。秦圍趙急，魏使新垣衍說趙帝秦。魯仲連聞而急往爭之，面折新垣衍。秦軍聞而撤軍數十里。其對話被譯成語體文，至今記憶猶新：

魯：「如果你要秦王作皇帝，我就使秦王在三個月內把你的魏王剁成肉醬！」

新：「先生這話太過份了！」

魯：「一點也不過份。你知道皇帝的權利嗎？他要他手下的臣民活就活，死就死，剁成肉醬就剁成肉醬。你既然要他作皇帝，當然你們的魏王就可以被剁成肉醬。」

實則，豈止皇帝爲然？任何無政治人權保障之政治制度均如此也。中共成立「人民政府」之初，若干留美同學認爲換個政府亦無不可。弟獨期期不以爲然。蓋恐被剁爲肉醬也。

今日在中共治下，由於生命無保障，故無人敢爭產權。已有之具體財產且不保，追論爭取未到手的經濟人權？主子將一切取去（包括一己之勞動力）之後而賞賜一片麵包，乃目之爲大恩大德。殊不知並此一片麵包亦並無保障，因主子隨時可取去也。「萬惡」之資本主義社會中，至少一己之勞動力多少尚可以自由買賣，在共產社會中並此而無之。

是故兄認爲共產黨以第二個法案（經濟人權之保障，亦即所謂「免於貧乏之自由」）代替或取消第一個法案（政治人權之保障，即所謂「免於恐懼之自由」），實已過份高估共產集團矣！

反之，當人民政治人權有保障之後，其身體不得隨意加以侵犯，然後方有人敢出而爭經濟自由。是故美國勞工可以有工會，可以爭工資，減工時。以至今日，一般勞工生活程度竟較我國中級官員爲高，此明證也。（在國內時總以爲美國財富分配不均之情形當必一如上海及香港。乃在舊金山登陸之次日發現一般。工人所過生活竟與工廠所有人（股東）之衣食住行相差無幾，不禁大爲訝異。）

史大林之豪語：「一有職業而無自由之人遠較一有自由而無職業之人爲優越」，亦嘗一度蠱惑弟心。直至弟來美後細讀美國及俄國史，方知一九二九至一九三五年間美國最倒霉之失業者，其倚賴社會救濟金所渡之物質生活，尚較同一時期蘇聯有職業而勞苦終朝之普通工人爲佳。於是乃恍然大悟。然而國內青年有幾人能得機會見此？

至於第三個人權法案是否爲性的保障弟不敢預言。弟尚未讀羅素原文，不知其內容究竟，以意度之，想來我兄年逾三十，尚未娶妻不免有感於中，而興「已飢已溺」之念。其實中國古訓，孟夫子所望於齊宣王之「內無怨女，外無曠夫」；禮運大同篇所稱道之「男有室，女有歸」已開此所謂第三法案之先河。然而此事並非僅僅如一般流俗所謂解決性慾問題。若果如此，則傳統社會之宿娼以及中共之亂點鴛鴦譜均可解決之矣。其所以仍成問題者，即在肉體之外，更有精神因素，社會因素。天之所以予人類以性的慾望，主要乃在使人類能延續其族類。更恐其混亂雜交，逐漸退化，故一方面使其於擇偶之前有多方挑剔之心；既定之後，復有排他忌妒之性；恐嬰兒無人教育也，立家庭以扶助之；恐縱慾而遺害也，生疾病以懲治之。亦即因此種種，故老兄至今尚未成家。老兄之問題，一曰無力贍養也，二曰無適當對象也。此二者實均與兄所謂第一法案，第二法案有關。亦惟有在第一法案，第二法案爭到後方能有普遍圓滿解決之望。（當然希望老兄本人不必如此「俟河之淸」也。）只有經濟生活有保障時，方能使人人仰足以事父母，俯足以畜妻子。如在中共治下之情況，有家累者活該餓死，則只有打光棍終身。中共幹部廢「夫妻」之名而代以「愛人」；廢家庭之樂而代以「七天一見面，見面就睡覺」之制，直是將人類倒退到原始時代，又豈止如老兄所謂「食毛踐土的西周」而已哉！且也，依其所行，非幹部自然活該受罪。即其幹部，除「黨齡」深者子女得由託兒所代養外，其餘黨並不負責。但新幹部亦爲人類，不免有生兒育女之事，迫於現實，竟不能不忍痛棄之。（其託人代養者則誠所謂「撒了爛汚，要別人揩」仍不成制度也。）此在共產黨說來，爲反溫情主義之正常辦法；但在正常社會說來却不能不說是反人性之低級動物行爲。弟之不言「禽獸行爲」者，乃因賤如貓狗，多少尚對自己所生負責，惟極低級之動物乃能澈底作到反溫情，排下卵即算了事也。

不但經濟方面爲然，政治人權之保障，亦爲所謂「第三人權法案」之先決條件。否則一切聽命於黨，個人婚姻當然亦絕對無自由。今日黨命令甲與乙結合成「工作夫妻」，明日自亦可因工作之便利使甲離乙與丙結合爲夫妻。如此則第三人權法案（性的人權保障）根本無從成立。正如過去帝王之不喜有政治人權保障，今日之風流人物「自更不願見第三人權法案之成立。否則同生死，共患難之賀子珍將糾纏不已，又豈能一脚踢去莫斯科而使輕顰淺笑之藍蘋女士入抱乎？

因適才道及「黨齡」又有所觸。中共善創新名詞，對已之所惡者，創一惡名以汚之。對已之所喜者，加一美名以飾之。是故同爲戰爭也，對方爲之則爲「侵略」，而其本身爲之則爲「保衛和平」。所謂「黨齡」者實「年資」「資格」之別名耳。黨齡深者可以得優待，此特權階級之胚胎也。一新貴族階級將始於此，可注意及之。

以上云云，不過爲兄函作注解，不知尚合尊意否？

肅此奉覆，即頌

日祺！

弟約翰敬覆，民四十年双十節

客從長春來

香港通訊・十一月八日

本刊特約通訊記者　祁自珍

昨天我跟一個朋友會見了一位長長來客，他到香港還不到三週。這位客人姓李，一個木材商，我跟着那個朋友稱他做李掌櫃。當我說明身份後，他所表示的態度是出乎我意外的熱烈。因爲在我的記憶中，商人是最怕談政治問題的，李掌櫃例外的表示，使我驚訝；也給了我新的啓示——在中共的統治下，誰還能置身於政治以外呢？極權主義不得不予以反抗的道理，正在這兒。下面是我和李掌櫃談話的實錄。

問：李掌櫃：東北的情況好嗎？我會在那兒住過一年，東北人民的樸實尤其令人懷念。

答：唉！一言難盡。您現在再去東北看看就完全不是那個樣兒了，大家小戶，無人不鬧窮。

問：究竟窮到什麼樣呢？您們做買賣的也不行了嗎？李掌櫃，您不用生氣，商人們的辦法可大得很啊！

答：這回可全完了，工人、農人、商人、富人、窮人……管你什麼人，也逃不出共產黨的手掌心。共產黨要你怎樣，您就得怎樣？我是一個商人，我先說我自己的遭遇吧！現在商人只有一條路可走，就是做官營工廠或大公司的代理店。否則的話，只有賠光吃盡。從稅收，運輸，分配各方面安好了柵欄，只留下代理店這條路給你走，走不走由你。先生，你說我們走不走？

問：做代理店不是也有「合理利潤」可賺嗎？

答：果眞共產黨能讓我們好好的做代理店，倒也罷了。什麼「合理利潤」，不過說說好聽罷了。誰知道共產黨什麼時候要你來「大力捐獻」，掃地出門呢？我的木材號子是被接收了，我什麼代價也沒取得，東北日報上還大登特登，說我們是「自動捐獻」呢？眞令人哭笑不得。共產黨好像特別恨我們商人，那些幹部見着商人總是白眼相待。

問：共產黨待商人不好，似乎還有話說；那麼，對於工人階級怎樣呢？共產黨一向是自稱工人階級的政黨，是代表工人階級的。他們的報紙上總好鼓吹東北工人生活水準大大提高了。李掌櫃，那是眞的嗎？

答：工人生活改善了！那才是活見鬼。現在，東北的產業工人，每月掙幾個屁錢；工時，每日總在十四小時。有時還有競賽、突擊、挑戰，幾乎日夜不停。誰當了英雄，如果不轉業，十之八九幹死完蛋，我有一個表侄，在阜新煤鑛工作，少年氣盛，要當「勞動英雄」；既當上「勞動英雄」，就偷不得懶，終於咯血喪生。

問：工人們的反應怎樣呢？

答：誰都不滿，可是誰都不敢說。稍有不是就全送過黑龍江。您想想，做工的人，誰願意增加工時，減少工資呢？共產黨如果眞的代表工人階級利益，怎會使工人不願意，而且是反對他們呢？

問：啊！東北的情形也是和關內各省一樣，這不用多問了。我倒想問問你長春的近況呢？長春我雖然只住過兩禮拜，我眞喜歡它的莊嚴，清淨哩！

答：祁先生，提起長春，那眞令人喪心。說來會嚇你一跳，滿街都是傷兵。長春大街小巷，凡是好一點的房子都住滿了傷兵。目前，長春市大概有四十萬居民，其中有十五萬傷兵。

問：還有那些呢？

答：一部是學生，幹部人員的家屬，還有工廠的職工。一個清淨的長春市，早已弄得亂七八糟了。這些人都是去年九月陸續從南海各地遷來的。那時，中共已準備參加韓戰了。搬家時手忙脚亂，顯然是事先無計劃，臨事奉了蘇俄「老大哥」的命令，不得不打。

問：長春有些什麼工廠呢？

答：這個我到不大清楚。不過，我只知道一些不太重要的，小規模的輕工業；如火柴廠，鋸木廠，比較大型的輕重工業都遷到北安附近去了。不過，在我動身離開長春的前夕（九月十三日），他們又忙着疏散了，工廠、學校、幹部家屬……統統又往北遷，好像是愈靠近西伯利亞就愈安全樣的。看樣子，恐怕他們非跑到莫斯科去不可呢！

問：共產黨眞決心和美國人幹到底嗎？

答：沒有問題，他們一定是要和美國人拚個你死我活的。儘管中國老百姓不願意，莫斯科的命令敢不聽嗎？現在，從長春到山海關，沒有一處聽不見俄國飛機的引擎聲；沒有一地看不見俄國的坦克車。一大清晨它們就把人吵醒了。這還不算，新編第五野戰軍正在加緊訓練。我曾親眼看見，那些東北小伙子眞棒。據說新五野是清一色的東北人，官兒都是四野挑出的。他們的教練、裝備一律是俄國化的。

問：東北有俄國兵嗎？

答：這還用問，陸、海、空、裝甲兵，樣樣都有。旅順，大連自不用說，那些都是中國人的禁區。中國人是不能隨便出入的。誰要去旅大，得請東北人民政府，或軍區司令部發護照，中國人不能在中國境內自由旅行，您說奇怪不奇怪，可恨不可恨。

問：俄國僑民多嗎？情形如何呢？

答：在馬路上招搖過市，吃醉酒打人是常有的事，不用我多說。最氣人的還是他們享有種種特權，中國人買不到的東西他們能買到；中國人做不得的生意他們能做。比如，東北的廢鐵，是禁止往關內販運的。可是，不少中共高級幹部，便和幾個大鼻子的公司合作，哈爾濱的國際公司，各地的秋林洋行，經常的幹這些買賣。

問：中共幹部對俄國人享有特權作何感想呢？

答：下級幹部很不滿，不過，上級的命令如此。他們也只有忍氣吞聲。東北籍的幹部，很少有人能在這一點上搞得通的。

問：一般老百姓的反應呢？

答：那還用說嗎？自然是咬牙切齒。公開反抗是不敢，暗殺的案子却常常發生。各地常發現各式各樣的暗殺團標語，有個女子暗殺團，大鼻子最害怕，那個暗殺團，據說是一些女學生組織的，來殺姦淫中國婦女的大鼻子。

問：老百性恨「美帝」嗎？

答：那才見鬼呢！都是共產黨在自欺欺人。「抗美援朝」的宣傳，完全暴露了中共的眞面目，欺騙造謠的尾巴全都漏出來了。遊行，開會，簽名，發宣言，都是幹部們安排好的事，老百姓去不過是「行事如儀」罷了。舉個例罷，中共不是常駡美機飛來東北轟炸嗎？其實根本沒那回事。今年春天，報上登出寬甸縣挨炸的消息，我特地寫信去問一個在寬甸住的親戚，他來信說，美機影子也沒看見，那有轟炸呢？共產黨不又常借題發揮，說東北人民怎樣憤恨「美帝」轟炸的暴行嗎？其實，東北人眞的天天在盼望美機早點來把那些王八羔子炸光。東北人所恨的，倒是美國人何必那樣君子，不過鴨綠江炸八路的基地和補給線。今夏有次我去撫順，突然拉警報了。幹部們立刻都躲進防空洞去了。老百姓表面上也很恐慌。實際上，內心非常痛快，像六月天吃冰淇淋似的。因此，我想到民國三十四年「八一五」前的東北人心，只要一拉警報，大家就高興，一點兒也不怕。好像炸彈有眼睛似的，只會炸老百姓恨的人，而不炸老百姓自己。

問：照你說來萬一聯合國對東北有軍事行動，東北人民是會協助聯合國的了。

答：當然，當然。那是沒有問題的。只要國際大局的變化影響到東北，人民反共的怒火，一定會燒死那些王八羔子的。東北人不會向大鼻子屈服，更不能向大鼻子的走狗低頭。只要時機一到，您瞧着看吧！

問：民間還有武裝嗎？

答：多的是。那些民兵隊，不就是民間武裝嗎？就是那些四野，新五野的「國防軍」，也未必靠得住。別說，兵兒要變，幹部們也免不了。我會見過不少幹部，他們都有苦說不出呢！他們的家，他們的父母妻子，多數是和我們有同樣的遭遇，只有少數高級幹部，是得着共產黨好處的。啊！現在大家都盼着那一天早日到來。

「美機怎麼還不來轟炸呢」？這是普遍存在於東北人心目中的問題。在歸途中，我爲這個問題困惑了。東北人爲什麼要這樣想呢？是不是大陸上所有的同胞，也都在這樣想呢？

文藝

與潘重規先生論紅樓夢（下）

李辰冬

第六、潘先生引了紅樓夢結尾的一段，得出一個結論說：『我們注意，看他把此書付託給悼紅軒的曹雪芹的時候，可也眞巧，那曹雪芹先生正在翻閱歷來的古史。這不明明指點讀者，他此書繼歷來古史之後，不就是今史麼？他在第一回中說：東魯孔梅溪題曰風月寶鑑。風月就是明淸的代語，淸風明月這個詞頭還有人不熟悉的麼？（反淸的呂晚村有詩云：淸風雖細難吹我，明月何嘗不照人，亦是同樣寓意。）明淸寶鑑，資治通鑑，千秋金鑑命名的意義亦復相同。繼古史之後，記述明淸之際的史實，不是今史而何？』首先我要再提醒潘先生一句的就是紅樓夢最末的一段文字與開始的緣故有矛盾。如：

這一日，空空道人又從靑硬峯前經過，見那補天未用之石，仍在那裡，上面字跡依然如舊。又從頭的細細看了一遍。見後面偈文後，又歷敍了多少收緣結果的話頭，便點頭歎道：我從前見石兄這段奇文，原說可以問世傳奇，所以曾經抄錄；但未見返本還原，不知何時復有此段佳話。方知石兄下凡一次，磨出光明，脩成正覺，也可謂無復遺憾了。

這段話來的非常突兀，而且矛盾百出。所謂「見後面偈文後，又歷敍了多少收緣結果的話頭」，偈文是指那書中段而言？緣起裡不是明明說：「空空道人聽如此說，思忖半晌，將這石頭再檢閱一遍；因見上面大旨不過談情，亦只實錄其事，並無傷時誨謠之病，方從頭至尾抄寫回來聞世傳奇」麼？怎麼「又歷敍了多少收緣結果的話頭？」並且已經曹雪芹「於悼紅軒中披閱十載增刪五次，纂成目錄，分出章回又題曰金陵十二釵」怎麼空空道人又說：「我從前見石兄這段奇文，原說可以問世傳奇，所以曾經抄錄；但未見返本還原，不知何時復有此段佳話」。呢？緣起裡不是明明講：「原來是無才補天幻形入世被那茫茫大王渺渺眞人携入紅塵，引登彼岸的一塊頑石：上面敍着墮落之鄉，投胎之處，以及家庭瑣事閨閣閑情，詩詞謎語，倒還全備」麼？怎麼又講「未見返本還原」？怎麼又講：「方知石兄下凡一次，磨出光明，脩成正覺，也可謂無復遺憾了」呢？再看下邊的一段：

只怕年深日久，字跡糢糊反有舛錯，不如我再抄錄一番，尋個世上淸閒無事的人，託他傳遍，知道奇而不奇，俗而不俗，眞而不眞，假而不假。或者塵夢勞人，聊倩鳥呼歸去，山靈好客，更從石化飛來，亦未可知。想畢便又抄了。仍袖至那繁華昌盛地方，遍尋了一番，不是建功立業之人，即係餬口謀衣之輩，那有閒情去和石頭饒舌。直尋到急流津覺迷渡口草庵中，睡着一個人。因想他必是閒人，便要將這抄錄的石頭記給他看看。那知那人再叫不醒，空空道人復又使勁拉他，纔慢慢的開眼坐起，便接來草草一看，仍舊擲下道：『這事我已親見盡知，你這抄錄的尙無舛錯。我祇指與你一個人，託他傳去，便可歸結這段新鮮公案了。』空空道人忙問何人。那人道：『你須待某年某月，某日，某時，到一個悼紅軒中，有個曹雪芹先生，只說賈雨村言，託他如此如此……』說畢，仍舊睡下了。那空空道人牢牢記着此言，又不知過了幾世幾刼，果然有個悼紅軒，見那曹雪芹先生正在那裡翻閱歷來的古史。空空道人便將賈雨村言了，方把這石頭記示看，雪芹先生笑道：『果然是賈雨村言了。』空空道人便問：『先生何以認得此人，便肯替他傳述？』那雪芹先生笑道：『說你空空，原來肚裡果然空空。旣是假語村言，但無魯魚亥豕，以及背謬矛盾之處，樂得與二三同志，酒餘飯飽，雨夕燈窗，同消寂寞。又不必大人先生品登傳世。似你這樣尋根究底，便是刻舟求劍，膠柱鼓瑟了。』那空空道人聽了仰天大笑，擲下鈔本，飄然而去，一面走着，口中說道：『原來是敷衍荒唐，不但作者不知，抄者不知，並閱者亦不知，不過遊戲筆墨，陶情適性而已。』後人見了這本傳奇亦曾提過四句偈語，爲作者緣起之言更進一竿云：說到辛酸處，荒唐愈可悲。由來同一夢，休笑世人癡。

緣起裡已經講曹雪芹於悼紅軒中披閱十載等語，怎麼這裡又說：「又不知過了幾世幾刼，果然有個悼紅軒，曹雪芹先生正在那裡翻閱歷來的古史」？難道緣起裡的悼紅軒未曾有過，故這裡說「果然有個悼紅軒」？如果緣起裡的悼紅軒曾經有過，那末「又不知過了幾世幾刼……曹雪芹先生正在那裡翻閱歷來的古史」，難道曹雪芹是不死的神仙等着幾世幾刼後再來續寫石頭記麼？又說：「空空道人便將賈雨村言了，方把這石頭記示着」，難道曹雪芹在緣起裡未曾見過石頭記，直到這時纔看到麼？以上種種話語，好像把緣起一筆抹殺，而偏又說「爲作者緣起之言更進一竿。」這明明是讀紅樓夢的作者讀了人家作品後，不甘心抹殺自己的功勞，然又無法結束，於是寫這一段似可解而實不可解的話，故有矛盾費解的現象。

潘先生沒有注意到這一點，反據此而得一假定，認爲此書是繼歷來古史之後而寫明淸之際的今史。如果作者眞以「無比的民族仇恨，無比的民族沉痛」來寫今史，那此書中怎麼對「今」上再三的歌頌呢？對祖宗的功勛又再三讚揚呢？難道文章又是寫反了麼？我們看：

近因今上崇尚詩禮，徵採才能，降不世之隆恩，除聘選妃嬪外，在世宦名家之女，皆得親名達部，以備選擇爲公主郡主入學陪侍，充爲才人贊善之職。(第四回)

賈璉道：『如今當今體貼萬人之心，世上至大莫如「孝」字，想來父母兒女之性，皆是一理，不在貴賤上分的。當今自爲日夜侍奉太上皇皇太后尚不能略盡孝意，因見宮裡妃嬪才人等皆是入宮多年，拋離父母，豈有不思念之理？……竟大開方便之恩，特降諭諸椒房貴戚，除二六日入宮之恩外，凡有重宇別院之家，可以駐蹕關防者，不妨啓請內廷鑾輿入其私第，庶可盡骨肉私情，共享天倫之樂事。此旨下了，誰不踴躍感戴？』(十六回)

今上體天地生生之大德，垂古今未有之曠恩，雖肝腦塗地，豈能報效萬一，惟朝乾夕惕，忠於厥職。伏願萬歲千秋，乃天下蒼生之福也。(十八回)

賈府春祭的時候賈珍對尤氏提到皇上賞的祭春恩賞道：『偺們家雖不等這幾兩銀子使，多少是皇上天恩。早關了來給那邊老太太送過去置辦祖宗的供，上領皇上的恩，下則託祖宗的福。偺們那怕用一萬銀子供祖宗，到底不如這個有體面，又是「沾恩錫福」。除偺們這樣一二之外，那些世襲窮官兒家，要不仗着這銀子，拿什麼上供過年？眞正皇恩浩蕩，想得週到，』(五十三回)

賈敬死後『禮部見當今隆敦孝弟，不敢自專，具本請旨。原來天子極是仁孝過人的，且更隆有重功臣之裔：……天子聽了，忙下額外恩旨：……此旨一下，不但賈府裡人謝恩，連朝中所有大臣，皆高呼稱頌不絕。』(十三回)

夠了，像這類的話很多，不必再舉。這樣出之至誠的擁戴當今，存有「無比的民族仇恨，無比的民族沉痛」的作者寫得出口麼？

第七、潘先生認爲紅樓夢的第一目標是反淸。他說：『作者反抗侵略我們的異族，仇視壓迫我們的異族：因此對於異族攻擊呵責，無所不至。它大聲斥責僞朝穢德，極其不堪。……全書指責賈府養小叔一事，尤其是「一篇之中三致意焉」。這正因淸初有文太后下嫁睿親王多爾袞之事，淸廷雖極力隱諱；而漢人傳說，業已喧騰衆口。如當時明遺臣張煌言的建夷宮詞，和臺灣延平嗣王鄭元之的讀滿洲宮詞，都盡情譏詈淸室的醜事』。潘先生以紅樓夢所寫的養小叔最明顯的例子則爲秦可卿與賈寶玉的關係，而養小叔係影射太后下嫁睿親王多爾袞之事，按可卿與寶玉的關係實有檢討的必要。我們先把有問題的一段引在下面，然後再作分析。寶玉在寧府花園賞花，一時倦怠，想睡中覺，由可卿先引至上房內間，寶玉不喜，纔引至她自己的臥房。

剛至房中，便有一股細細的甜香。寶玉此時便覺眼餳骨軟，連說：『好香』！入房，向壁上看時，有唐伯虎畫的『海棠春睡圖』；兩邊有宋學士秦太虛寫的一副對聯云：『嫩寒鎖夢因春冷，芳氣襲人是酒香』。案上設着武則天當日鏡室中設的寶鏡；一邊擺着趙飛燕立着舞的金盤；盤內盛着安祿山擲過傷了太眞乳的木瓜；上面設着壽昌公主於倉章殿下臥的寶榻；懸的是同昌公主製的連珠帳。寶玉含笑道：『這裡好！好！』秦氏笑道：『我這屋子大約神仙也可以住得了。』說着，親自展開了西施浣過的紗衾，移了紅娘抱過的鴛枕。於是衆奶姆伏侍寶玉臥好了，款款散去，只留下襲人，晴虔，麝月，秋紋四個丫環爲伴。秦氏便叫小丫環們好生在簷下看着貓兒打架。那寶玉纔合上眼，便恍恍惚惚的睡上，猶似秦氏在前；悠悠蕩蕩，跟着秦氏到了一處。……那寶玉恍恍惚惚，依着警幻所囑，未免作起兒女的事來，也難以盡述。至次日便柔情綣繾，軟語溫存，與可卿難解難分。……話猶未了，只聽迷津內響如雷聲，有許多夜叉海鬼將寶玉拖將下去。嚇得寶玉汗下如雨，一面失聲喊叫：『可卿救我！』嚇得襲人輩衆丫環忙上來樓住，叫：「寶玉，不怕，我們在裡呢。』(五四)

這是一段古今疑案，有人根據這段疑案就斷定寶玉與可卿有染。其實，以下意識的夢境來講，很容易解答這個疑案。寶玉一入秦氏臥房，就聞到一股細細的甜香，便覺眼餳骨軟，看到的不是海棠春睡圖，就是武則天，趙飛燕，楊太眞，壽昌公主，或同昌公主所用的飾物寶榻，而且蓋的又是西施浣過的紗衾，紅娘抱過的鴛枕，沒有一樣不是激刺幻夢的環境，自然而然在夢中引起兒女之情。且丫環奶媽一大堆在外間圍護着，此時決不可能與可卿發生非理之事。況且書裡也明明講與寶玉初試雲雨情的是襲人。再者，寶玉果眞與可卿有染，焦大罵「爬灰的爬灰，養小叔子的養小叔子」時，寶玉絕不會還問鳳姐「爬灰的爬灰」是什麼意思。因爲既已懂得偷情，對人就不敢說出那樣雅氣的話。寶玉聽到可卿之死，急的吐血，也祇是對女孩子的普偏愛所使然，說不到什麼私情。由此講來，潘先生以養小叔一事爲影寫太后下嫁，未免小題大作。如果以可卿與寶玉的關係爲太后下嫁多爾袞，那末，更顯明，更重要的，如賈瑞打鳳姐的主意，賈蓉糾纏尤氏姊妹，甚至說賈珍喜歡秦可卿，都是影射什麼呢？隱約含胡的倒有影射，明顯直寫的反沒有影射麼？俗語說：『醜事出大家』，何況一個朝廷。誠如賈蓉所說：『髒唐臭漢』，那一個朝代沒有幾件風流故事，即令紅樓夢所寫眞是太后下嫁多爾袞，所攻擊的也不是清朝的致命劣政。如果以「爲我國向來是衣冠禮義之邦，似此穢德彰聞，斷乎不能君臨天下」，那末楊玉環原係壽王妃，而壽王是唐玄宗第十八子，唐玄宗娶兒媳作貴妃，比養小叔子還要穢德吧，怎被後來文人歌誦傳說呢？

第八，潘先生又說紅樓夢的『第二目標是復明：作者在書中，反復指點眞假。既有賈（假）寶玉，又有個甄（眞）寶玉。眞假兩寶玉，面目雖是一般；不過，政權在本族手裡就是眞，政權在異族手裡便成爲僞。所以清朝是僞，明朝就是眞。作者從寶玉口中曾發出一番議論說，除明明德外無書。（偏不說除「大學」外無書，可疑之至）。又說：『只除了什麼「明德」外就沒書了。都是前人混編出來的。這些話，你怎麼怨老爺不氣，不時時刻刻的要打你呢？寶玉笑道：『再不說了！』（第十九回）這分明是作者嚴肅的表白態度，明朝纔是正統，除此以外便是國賊了。能明瞭明朝之德，便不可出仕僞朝，所以他極力抨擊，讀書求進的是國賊祿蠹。：這種反抗的精神，不合作的辦法，乃是恢復明朝的根本要義。這種作風，與清初諸遺民如一鼻孔出氣』。果如潘先生所說，「明明德」解作「能明瞭明朝之德，便不可出仕僞朝，所以他極力抨擊讀書求進的是國賊祿蠹」，那末賈寶玉怎樣又反悔呢？他對襲人道：『再不說了；那是我小時候兒不知天多高地多厚，信口胡說的，如今再不敢說了』呢？潘先生剛在上邊講：『全書指責賈府養小叔一事，尤其是「一篇之中三致意焉」，而養小叔一事所罵的，就是寶玉；怎麼寶玉現在突然換了身份而代表明朝與僞朝作不合作的運動呢？小說人物之所以完整就在他的性格前後一致，今賈寶玉的品格忽此忽彼，能算是成功的作品麼？以這樣的人物來象徵「反抗的精神，不合作的辦法」可以麼？潘先生所讚揚的朱舜水顧亭林等就是這樣麼？

潘先生又說：『清初政府四處搜訪遺民，諸遺老誓死拒絕徵召。他們並以不求仕進爲訓子弟的教條。朱舜水給兒子毓仁的信說：「汝輩既貧窮，能閉戶讀書爲上。農圃漁樵，孝養二親，亦上也；百工技藝，自食其力者，次之；萬不得已，傭工度日，又次之；惟有虜官不可爲耳！」顧亭林給他朋友的信說：「郎君博探文籍，而不赴科場，此又今日教子者所當取法也。」博探文籍而不赴科場，正是讀書而不做國賊祿蠹。（孫總理胞姊妹西謂其家先人在清朝從無應舉做官者，這亦是絕好的例證。）陷於異族控制下的遺民，教訓下一代的後輩，必須不受異族利祿的引誘，方可保持固有的民族精神，然後纔談得到恢復。這是作者諄諄垂教的苦心，所以在開卷第一回說：「只願世人當那醉餘醒睡之時，或避世消愁之際，把此一玩，不但是洗舊翻新，卻亦省了些壽命筋力，不更去謀虛逐妄了！」不貪富貴，不替異族做奴才，就是不謀虛逐妄。這種除清復明的精神，從清初諸老流注於清末諸革命先烈，一脈相承，其功眞不在禹下了！這確是作者對於民族的崇高貢獻。」我們對潘先生的苦心非常尊崇，對潘先生的發現非常傾倒，然將「不去謀虛逐妄」解作「不替異族做奴才，就是不謀虛逐妄」，不無疑問。作者明明在第一回說：

我雖不學無文，又何妨用假語村言敷衍出來，亦可使閨閣昭傳，復可破一時之悶，醒同人之目，不亦宜乎？故曰賈雨村云云。更於篇中間用「夢」「幻」等字，卻是此書本旨，兼寓提醒閱者之意。

「醒同人之目」，與「更於篇中間用「夢」「幻」等字，卻是此書本旨，」不是作者明明告訴我們他寫作的用意麼？如果作進一步追究，再看看好了歌與甄士隱的解釋，就知道「夢」，「幻」「虛」「妄」應作何解。好了歌是：

世人都曉神仙好，惟有功名忘不了。古今將相在何方？荒塚一堆草沒了？世人都曉神仙好，只有金銀忘不了。終朝只恨聚無多，及到多時眼閉了？世人都曉神仙好，只有嬌妻忘不了。君生日日說恩情，君死又隨人去了！世人都曉神仙好，只有兒孫忘不了。癡心父母古來多，孝順子孫誰見了！

甄士隱的解釋是：

陋室空堂，當年笏滿床；衰草枯楊，曾爲歌舞場。蛛絲兒結滿雕梁，綠紗今又在蓬窗上。說甚麼脂正濃，粉正香，如何兩鬢又成霜？昨日黃土隴頭埋白骨，今宵紅綃帳底臥鴛鴦。金滿箱，銀滿箱，轉眼乞丐人皆謗。正嘆他人命不長，那知自己歸來喪？訓有方，保不定日後作強梁；擇膏粱，誰承望流落在煙花巷！因嫌紗帽小，致使鎖枷扛；昨憐破襖寒，今嫌紫蟒長。亂烘烘，你方唱罷我登場，反認他鄉是故鄉。甚荒唐，到頭來，都是爲他人作嫁衣裳！

這兩段話是紅樓夢作者的人生觀，也是他寫紅樓夢的基本用意，以在紅樓夢十二支曲裡將十二金釵，不管她們的出身如何，性格如何，遭遇如何，行爲如何，到頭來都是一場空。正如飛鳥各投林說的：

爲官的，家業凋零；富貴的，金銀散盡；有恩的，死裡逃生；無情的，分明報應；欠命的，命已還；欠淚的，淚已盡；寃寃相報自非輕，分離聚合皆前定，欲知命短問前生，老來富貴也眞僥倖。看破的，遁入空門；癡迷的，枉送了性命：好一似，食盡鳥投林，落了片白茫茫大地眞乾淨！

紅樓夢裡的人物都是這樣結束的。所以「作者自云：曾歷過一番夢幻之後，故將眞事隱去，而借「通靈」說此石頭記一書也」。如果作者沒有經過這段夢幻，是不會寫出這部石頭如的。然而有幾個人瞭解這段夢幻的意味呢？故作者不禁歎說：「滿紙荒唐言，一把辛酸淚。都云作者癡，誰解其中味！」追求富貴，就是謀虛逐妄，似乎用不着再加一個「不替異族做奴才」的註脚。中國有了道教，就有神仙的思想，有了佛教，就有人生若夢的覺悟，這兩種思潮滙鑄成了紅樓夢作者對人生的看法，然這種看法還得有作者的實際生活作資材方能寫出有血有肉的紅樓夢。如果沒有作者這樣的人生觀，作者這樣的生活經驗，祇憑一點民族仇恨的熱情，萬萬寫不出這部書的。

第九、潘先生說：『我以為曹雪芹的才力，不夠成此奇書。……誠如所說，以享年四五十歲的一個旗人，它的學力和人生經驗，斷斷不能及此。求之當時，如顧亭林，黃藜洲，全祖望輩，或可具此大才；豈是一個無藉藉名的曹雪芹所能具辦。而且，曹雪芹死後，友朋挽他的詩，亦不曾提及他做紅樓夢這椿大事。這是可疑的第一點。』這是必然的結果，潘先生既以反清復明的觀點來看紅樓，而曹雪芹是旗人 當然對曹雪芹的著作權發生疑議。不過，他的疑議又引起了我們許多不能解答的疑問。他說：『以享年四五十歲的一個旗人，它的學力和人生經驗，斷斷不能及此。』不必多所舉例，祇以「人間喜劇」的作者巴爾扎克來說，他祇活了五十一歲而「人間喜劇」包括七十九部著作，範圍涉及私人，巴黎，外省，政治，軍隊 農村各種生活及哲理研究，較之紅樓夢廣度深度有過之而無不及；然他創作力最強的時期在四十三歲左右，他將數十部小說定一總名曰「人間喜劇」就在四十三歲這一年。以此例彼，四十五歲死掉的曹雪芹不見得不能寫紅樓夢了。顧亭林，黃藜洲，全祖望輩，固然才具偉大，但他們都是經學家，經學家與創作家的思考方式完全是兩條路，創作家一走研究路上，則創作力馬上停止，學問愈大則愈不能創作。顧黃全等輩學問固淵博，然不見得能寫小說。潘先生說無藉藉名的曹雪芹寫不出紅樓夢，難道一部名著一定得有藉藉名後才能寫書麼？吉阿德先生未寫以前，誰知道有塞萬提斯？哈母來特，羅米阿與朱麗葉未寫以前，誰知道有莎士比亞？浮士德未寫以前，誰知道有哥德？人以書傳，曹雪芹也由是「無藉藉名」因紅樓夢而變為藉藉有名了。敦誠寄懷曹雪芹一詩說：「愛君詩筆有奇氣，直進昌谷披籬樊。殘盃冷炙有德色，不如著書黃葉村，」朋友的贈詩中，雖沒有明提紅樓夢，然不是提他在著書麼？

第十、潘先生又說：「曹雪芹的身世家庭與賈寶玉賈府並不相像。賈寶玉十幾歲出家，而曹雪芹四十餘歲方死，生平第一椿大事就不符合。這句話的意思，是不是四十餘歲的作者不能寫十幾歲出家的人物？是不是人物的年齡一定得與作者的年齡相等？如果作者寫一位死了的人物，是不是一定得作者先死才能寫？哥德的少年維特的煩惱的主人翁是自殺的，是不是哥德也得自殺了才能寫？或許潘先生是在反駁紅樓夢是作者自傳的一種說法，然所謂自傳是廣義的，而不是狹義的，廣義的說來，所有的小說沒有不是作者的自傳，因為作者祇能寫他「親見親聞以及他所理解的事實；但寫時已將眞事隱去，另換一種方式將事實表現出來。福羅貝爾說波華荔夫人是他；而波華荔夫人是幼時純樸天眞，後因虛榮與物質的誘惑而漸漸墮落，一直墮落到半妓女的地步，終而自殺，怎麼福羅貝爾說是他呢？他這句話的意思是說由他所瞭解的虛榮心擴大起來而成了波華荔夫人這樣的人物。所謂一切小說都是作者自傳的意思應作如是觀。那末，紅樓夢的作者怎麼不可以將他的人生觀藉賈寶玉表現出來呢？胡適之先生考證出紅樓夢的作者是曹雪芹，這是莫大的供獻，然他的結論有時說得太確鑿了，反往往引起人的責難，也是事實；然潘先生如無確切有力的證據，要想推翻這種說法恐也不容易。

潘先生說：『以言家世，曹雪芹不過是個江寧織造之子，江寧織兼兩淮巡鹽御史之孫。織造不過是內務府的一個差使，算不了什麼官。民族通譜祇稱他父親曹頫為員外郎。賈府先世是寧國榮國二公子孫享有世襲高爵。地位懸殊，眞有天淵之隔。其實，曹雪芹何嘗不是功臣後代？敦誠的寄懷曹雪芹詩就說：

少陵昔贈曹將軍，曾曰魏武之子孫。嘆君或亦將軍後，於今環堵蓬蒿屯。揚州舊夢久已絕，且著臨邛犢鼻褌。

又敦敏的贈曹雪芹說：

燕市狂歌悲遇合，秦淮殘夢憶繁華。

都是講曹雪芹的家世曾赫赫一時。再者，織造固然不算官，然邸第排場不見得就不能偉大。祇打一個現代的比喻就可瞭解。織造可比中紡公司的總經理，而中紡公司的總經理不算官，祇不過是經濟部的一個差使，然如遇紅白事時，那個邸第排場較之紅樓夢所寫的，一點也不差。再作一個比方，數年前×城民政局的×局長，在其未被政府通緝槍斃前，曾為他的母親開弔，他所住的大街被吊喪者擠得水泄不通者三日。也不過是一個局長，而竟有如此的場面。何況曹家曾接過幾次皇駕？場面之大小由金錢與權勢來決定，倒不在官之大小。以此例彼，「織造府的少爺」一點也沒有「誇大狂」，不過是直寫其事實而已。

潘先生又說：『如果我們了解作者的苦心，便知道他是要暗示讀者，他所寫的是帝王家世，不過不敢明言罷了。全書中寫賈府人物服飾處處都顯出帝王氣派來，便是為的這個目的。』一部作品所表現的材料是由作者的生活來決定，不是由作者的意念，因為他祇能寫他所見過或知道的。就拿紅樓夢來說，後四十回的氣象與前八十回迥然不同。寶玉結婚是多末大的一件事，然過禮時的物件也不過是：

這是金項圈。這是金珠首飾，共八十件。這是妝蟒四十疋。這是各色綢緞一百二十疋。這是四季的衣服，共一百二十件。外面也沒有預備羊酒，這是折羊酒的銀子。（九十七回）

這難道是帝王家的婚禮麼？賈府被抄家，抄出來的東西還特別聲明：「在內查去御用衣裙，並多少禁用之物，」而報出來的名稱也不過是：

枷楠壽佛一尊。枷楠觀音像一尊。佛座一件。枷楠念珠二串。鍍金鏡光九件。玉佛三尊。玉壽星八仙一堂。枷楠金玉如意各二柄，古磁缾罏十七件。古玩軟片共十四箱。（一百五回）

夠了，不必再往下抄了，不過是些金銀綢緞而已。賈母的東西被偷，失單是擬不出的，祇有說：

上頭元妃賜的東西，已經註明；還有那人家不大有的東西不便開上。（百十二回）

沒有辦法，見識決定一個人的寫作範圍。再看後四十回的賈府飲食。第八十七回描寫黛玉吃的是：

一碗火肉白菜湯，加了一點兒蝦米，配了點青筍紫菜，……還熬了一點江米粥。……還有南方來的五香大頭菜，拌些麻油醋。

黛玉喝的是

一盞桂元湯和的梨汁。（九十八回）

這難道是帝王家的吃喝麼？後四十回的作者把粥與南小菜當成了貴重的食品。你們看：

卻說鳳姐在屋裡吩咐預備晚飯，因又問道：『你們熬了粥了沒有？』丫環們連忙去問，回來回道：『預備了』。鳳姐道：『你們把那南邊來的糟東西弄一兩碟來罷』。秋桐答應了，叫丫頭們伺候。平兒走來笑道：『我倒忘了，今兒晌午，奶奶在上頭老太太那邊的時候，水月庵的師父打發人來，要向奶奶討兩瓶南小菜』。（八十八回）

粥，粥，幾次提到粥，還有南邊來的糟東西與南小菜也是帝王家的氣象麼？

作者決定作品，那末，既認為紅樓夢是表現帝王的氣象，那他的作者也一定是帝王的後裔，可是潘先生又說：『此書作者必是明代的遺民。它用大手筆醮著民族血淚寫成這部奇書。我們知道，明亡之後，多少奇才異能之士，抱着亡國隱痛，轉入僧道商賈，屯墾牧畝，江湖賣藝　社會各階層中，眞是諸色人等，無所不有。如藥地大師，黃蘗禪師，顧亭林，王船山，黃藜洲，朱舜水，徐闇公，柳敬亭之流，或隱居深山窮谷，或周游絕漠荒陬，或浮海遠寄異域。眞是東西南北無遠不到。我想作者必是此種份子，甚至是多少同志綿延年歲的集體創作。所以內容的豐富，技巧的精工，幾乎是前無古人，後無來者。』一個作家祗能寫他所知道的，顧亭林，王船山　黃藜洲等生活經驗或許很豐富，然不會有帝王的生活，所以他絕不會寫出帝王氣派的作品。再者，「多少同志綿延年歲的集體創作」一句話更有問題。所謂「集體創作」是一位同志執筆，其他同志祗參加修正的工作呢？或每人各寫幾回而湊成一部書呢？根據一般集體創作的經驗，如果由一人執筆，其他人參加修改工作，那末，所能修改者祗係枝末小節，如某段描寫的不合理，或某字應用的不當，或某一點應當加強描寫等等，至於作者的生活經驗以及所表現的材科，那是無法假借別人的。他沒有經過某項生活而強他寫某項生活是絕對不可能的。除非參加某項意見的人自己來執筆補充一段；但成熟的作家沒有不是有自己的風格的，一部作品突然插進一段另一人的著作，風格就不會一致的。然紅樓夢裡除後四十回外（關於後四十回的作者問題，另有專文討論），前八十回的風格是一致的。枝節的修改，毫無問題；然說是集體創作，則萬不可能，從古到今，像紅樓夢這樣偉大的作品，還沒有聽說是集體創作的。至於說許多作者分開來寫　每人擔任幾回那樣的集體方式　更是不可能，由內容與風格上可作證明。不說別的，後四十回就是一個很顯明的例證。一個人的天資　環境，教育，思想　生活限制了他寫作的範圍與風格，因這些限制而使作家的面目各異，高鶚之不能續曹雪芹的作品猶曹雪芹之不能續高鶚的作品一樣，續的東西，好壞是另一問題，一定顯出許多不一致的地方。根據集體創作活動的事實，潘先生假設紅樓夢是集體創作頗不可能。

第十一、潘先生說：『曹雪芹本身是旗人，而代漢人大罵異族；自擬寶玉，而肆口毒詈賈府，這是越發不合理的。』關於這一點，不但潘先生懷疑，還有許多人也懷疑。其實，我們瞭解了作者創作時的心理狀態，也就不足驚奇。且引紅樓夢裡一段：

藕丫頭雖會畫，不過是幾筆寫意。如今畫這園子，非離了肚子裡頭有些邱壑的，如何成畫？這園子卻是像畫兒一般　山石樹木，樓閣房屋，遠近疎密，也不多，也不少　恰恰的是這樣。你若照樣兒往紙上一畫，是必不能討好的。這要看紙的地步遠近，該多該少，分主分賓，該添的要添，該藏該減的要藏要減，該露的要露。這一起了稿子，再端詳斟酌，方成一幅圖樣。第二件：這些樓臺房舍，是必要界劃的。一點兒不留神，欄杆也不正了，柱子也塌了，門窗也倒豎過來，階砌也離了縫。——至甚桌子擠到牆裡頭去，花盆放在簾子上來，豈不倒成了一張笑話兒了？第三：要安插人物，也要有疎密，有高低；衣褶裙帶，指手足步，最是要緊；一筆不細，不是腫了手，就是瘸了腳；染臉撕髮，倒是小事，依我看來，竟難的很。

這段文字是論畫，其實，一切的文學作品都是這樣創造的。人生就是大觀園。你表現人生觀時「非離了肚子裡頭有些邱壑的，如何成書？」換言之，就是你表現的生活儘管是自己經驗過的，然已是站在第三者立場來表現；作者的心理活動祗注重在創造，忘記了那些是眞實那些是虛構；表現賈政時，作者很可能以自己的父親作模特兒，然關係已不相同，他是以賈寶玉的父親立場，並不是以自己父親的立場，他心目中所想的是賈政與寶玉的關係，並不是自身與父親的關係　關係既不相同，那表現就十分自由了。同樣，表現賈府，雖以自己的家庭作骨幹，然創造時，已忘了賈府就是自己的家，而是站在賈府的立場來表現賈府。在創作的時候，如果說滿洲人，不能罵滿洲人，漢人就怎麼可以罵自己是「髒唐臭漢」呢？要知道，在創作時的作者，他的情緒已移植到他所創造的人物上，他罵滿人，並不曾想到自己就是滿人，他罵賈府，並不曾想到賈府就是自己的家，瞭解了作家在寫作時的心理情形，那末他罵滿人，罵賈府也就不足驚奇了。

至如潘先生引的僅祗八十回本裡有的第六十三回一段：

（寶玉）又說芳官之名不好，若改了男名，纔別致，因又改作雄奴，芳官十分稱心，便說：「既如此，你出門也帶我出去，有人問，只說合茗烟一樣的小廝就是了。」寶玉笑道：「到底人看的出來。」芳官笑道：「我說你是無才的。偺們家現有幾家土番，你就說我是小土番兒。況且人人說我打聯垂好看，你想這說的可不妙麼？」寶玉聽了，喜出意外，忙笑道：「這很好，我也常見官員人家等，多有跟從外國獻俘之種，圖其不畏風霜，鞭便馬捷。既這等，再起個番名叫耶律雄奴，二音又與匈奴相通，都是犬戎名姓。況且這兩種人，自堯舜時便爲中華之患，晋唐諸朝，深受其害。幸得偺們有福，生在當今之世，大舜之正裔，聖虞之功德仁孝，赫赫格天　同天地日月億兆不朽。所以凡歷朝中跳梁猖獗之小醜，到了如今，不用一干一戈，皆天使其供俛，緣遠來降，我們正該作踐他們，爲君父生色。芳官笑道：「既這樣著，你該去操習弓馬，學些武藝，挺身出去，拏幾個反叛來，豈不盡忠效力了。何必借我們　你鼓唇舌，自己開心作戲　却自己稱功頌德。」寶玉笑道：「所以你不明白，如今四海賓服　八方寧靜　千秋萬載，不用武備。偺們雖一戲一笑，也該稱頌，方不負坐享昇平了。……」一時到了怡紅院，忽聽寶玉叫耶律雄奴。把佩鳳偕鴛杏菱三人笑在一處，問是什麼話？大家也學着叫這名子，又叫錯了音韻，或忘了字眼，甚至於叫出野驢子來，引得合園中凡聽見者無不笑倒。

潘先生在這段文字後，得一個結論說：『這段文章，站在漢人立場，大罵異族，這在一個旗人的腦子裡面，如何搜括得出來！如果曹雪芹那個人，生在曹雪芹那個時代，能說出這番話來，若非一個民族思想極强烈而且富有反抗精神的漢人，那眞是一個不可思議的奇蹟。』又說：『以上八九百字，百二十回本全被删去。大約因當時文網日密，雖「宋人言遼金元」，「明人言元」，涉及異族之誤，都在禁毀之列。這段文字自然非删去不可了。』這段罵異族的話固然離奇，然百二十回本裡之所以沒有，係有意的删去，或係根據的板本不同，都有關係，不一定就如潘先生所說。孔另境的「中國小說史料」引「小說話」說：

余於京都肆上，得抄本石頭記三册，與通行本多有不同處。晴雯之表嫂即多姑娘，柳五兒之死在晴雯之先，芳官戴皮冠，反著狐裘，寶玉呼之爲耶律匈奴，後音轉如野驢子。此類尚多，不復省記。初欲付印行世，以册本過少未決。辛亥秋，匆匆旋里，置之會舘中，今遂失矣，惜哉！(當代解弢)

這裡所提的芳官叫耶律匈奴當與現行八十回本的紅樓夢相同；(依日本國民文庫刊行會團譯漢文大成紅樓夢本)然晴雯的表嫂是燈姑娘，並不是多姑娘且明言「與上回所述的多渾蟲多姑娘一般。」足證解弢所得的三回紅樓夢本與八十回本的又不同。紅樓夢開始流行的時候是傳抄，你增我減，板本極不一致，所以芳官叫耶律匈奴一段的脫漏，是有意被删或所依板本的關係，值得考慮，不能就斷定必是有意的删去。

第十二、潘先生又說：『等到此書流傳刊布，深入人心之後，這部書總算根深蒂固了！流布之後，滿洲人中也漸漸發現個中秘密的，如玉研農那繹堂之流，便大肆攻擊，』並引文如下：

滿洲玉研農先生(麟)，家大人座主也。嘗語家大人曰：紅樓夢一書，我滿洲無識者流，每以爲奇寶，往往向人誇耀以爲助我鋪張。甚至串成戲齣，演作彈詞，觀者爲之感歎欷噓，聲淚俱下。謂此曾經我在場目擊者。其實毫無影響，自欺欺人，不值我在傍齒冷也。其稍有識者，無不以此爲誣蔑我滿人，可恥可恨。若果尤而效之，豈但書所云驕奢淫佚，將由惡終者哉！我做安徽學政時，曾經出示嚴禁，而力量不能遠及，徒喚奈何！有一庠士頗擅手筆，私撰紅樓夢節要一書，已付書坊剞劂，經我訪出，曾褫其衿，焚其版，一時觀聽頗爲肅然，惜他處無有仿而行之者。那繹堂先生亦極言紅樓夢一書爲邪說而行之尤，無非蹧蹋旗人，實堪痛恨；我擬奏請通行禁絕，又恐立言不能得體，是以隱忍未行，則與我有同心者矣。

引文的後面潘先生又下按語說：『這班滿人儘管對它恨得咬牙切齒，但是流布既廣，牽涉又多，對它也無可奈何了。他們雖欲奏請禁絕，但是像文後下嫁這一類事，簡直是無從啓齒，所以亦只好隱忍不言了。』這段引文，相當有力，連滿人都在講紅樓夢是「誣蔑滿人」，「蹧蹋旗人」，更可加强了潘先生的立論。可惜潘先生是斷章取義，引的不是全文；如將全文一看就知立論點頗不相同了。據中國小說史料引梁拱辰勸戒四錄說：

紅樓夢一書，誨淫之甚者也。乾隆五十年以後，其書始傳。爲演說故相明珠家事：以寶玉隱明珠之名，以甄(眞)寶玉賈(假)寶玉亂其緒，以開卷之秦氏爲入情之始，以卷終之小青爲點睛之筆。摹寫柔情，婉孌萬狀，啓人淫竇，導人邪機。自是而有續紅樓夢，後紅樓夢，紅樓重夢，紅樓復夢，紅樓再夢，紅樓幻夢，紅樓圓夢諸刻，曼衍支離，不可究結，評者尙嫌其手筆遠遜原書，而不知原書實爲厲階，諸刻特衍誨淫之謬種，其弊一也。

此段以下才接着潘先生的引文。很顯然，玉研農那繹堂之所以反對紅樓夢，因認此書在寫「明珠家事」，明珠爲滿人，故他們說「誣蔑滿人」，「蹧蹋旗人」，並不是以潘先生「反清復明」的立場來立論。雖引證而不足爲證。

× × × ×

以上各點是讀過潘先生大作後所引起的疑問。再說一遍，我們絲毫沒有與潘先生較量是非的意思，祇是陳述我們的疑問。如果措詞有不當之處，尙乞原諒！此時此地，潘先生能以「無比的民族仇恨，無比的民族沉痛」來發掘紅樓夢的深意，用意至爲正大，對他的立論，本不必有所懷疑；然眞理是愈研愈明，這些膚淺的發問，如能引出潘先生更深奧的眞理，那末，我們也就不白嘵舌了。(完)

布爾雪維克對民主的曲解

三三四

Hans Kelsen 原作

王 正 路摘譯

馬克斯與恩格斯對民主政治的態度

馬克斯與恩格斯的著作對於在無產階級國家中應該建立怎樣的政府形式這一問題，給予一個比較明白的解答。共產黨宣言說：『勞働階級革命的第一步驟是將無產階級提升到統治階級的地位並建立民主政治。』恩格斯在他所著的一八九一年社會民主綱領批評（Kritik des sozial-demokratischen Programmentwurfes 1891）一書中說：『如果有任何確切無疑的事體的話，那就是我們的黨和無產階級只有在民主共和國的形式之下才能掌握政權。的確，這種形式是無產階級獨裁的特殊形式。法國大革命已經將這種形式顯示出來。……』

馬克斯與恩格斯提示將無產階級國家組成一民主政體。我們沒有理由臆斷這一提示的意思就是說，在無產階級國家所建立的民主的概念與在資本主義國家所建立的民主的概念有所不同。馬克斯與恩格斯所採用的民主概念是傳統的民主概念。根據這一傳統的概念，假若一個國家在積極的意義上以及在消極的意義上都滿足了政治自由的某些必要條件，那麼 這樣的一個國家才是一個民主國家。在馬克斯與恩格斯的著作中沒有什麼是支持這個臆設的，就是說，他們期望由無產階級專政所建立的民主政治將與一黨專政相容。一黨專政是排斥所有其他政黨，尤其是排斥為勞働階級的解放而奮鬪的社會主義政黨。馬克斯與恩格斯在其無產階級專政的主張中，臆斷在革命時期無產階級將形成人民的壓倒多數，並將藉强烈的階級意識團結起來。這種强烈的階級意識使得一個社會主義黨可能無可爭議地處於領導地位。照馬克斯和恩格斯看來，資本主義國家的民主與無產階級國家的民主唯一不同之點，是無產階級國家的結構較資本主義國家的結構尤為民主。在馬克斯和恩格斯的眼中看來，一八七一年的巴黎公社（Paris Commune of 1871）便是無產階級革命的一種實驗。在此實驗中，他們所贊成的是：這個公社是由全體投票所組成的，其中的官吏是選任的，負責任的，並可罷免的。這些是典型民主政治的要素，而也是在資本主義國家中所實現的。

民主與革命

以和平方法建立社會主義

承認民主政治為無產階級國家的政府形式是與一個理論不十分一致的。這個理論說，建立無產階級國家唯一的途徑是使用革命武力，而使用武力確非民主的方法；且無產階級國家的特徵是『獨裁』，此特徵是與民主政治相反的。倘若，在一個資本主義經濟的民主共和國中，其實際的政治情況能使無產階級革命來建立無產國家為民主政體——無產階級佔人民的大多數，並準備以社會主義代替資本主義——，那麼，便沒有理由使用武力了。生產工具的國有化以及廢除剝削、階級差異和階級對立所必需的其他政策，都可以在一種和平的與合乎憲法的方式下，藉立法和行政法令來完成。這正是現在工黨政府之下的英國所實施的情形。甚至於馬克斯也偶而承認有這種可能性。一八七一年，正當巴黎公社時期，馬克斯在給庫格爾曼（Kugelmann）的信中寫道：『法國革命的次一目標不是如過去一樣將官僚的和軍事的機構由一人之手轉入另一人之手，而是粉碎此機構；這是在歐洲大陸上任何眞正的人民革命之先決條件。』在此，馬克斯認為革命在歐洲大陸才為必要。他認為社會主義之和平的勝利在英國與美國並非不可能的。一八七二年，他在共產國際海牙會議閉幕後的一次公共集會中演說稱：『工人為了建立新勞工組織必須有一天攫取政權。假若他不像輕視和忽略這些事物的舊基督徒一樣，與此世界的事物隔絕，那麼，他必須廢棄舊制度所維護的舊政策。但是我們並不斷言達到此目的的方法在任何地方都是一樣的。我們知道必須考慮不同國家之中的制度和風俗習慣，我們並不否認有些國家的工人可藉和平的手段而達到其目的，如英國、美國便是，若我更能了解你們的情形，我甚至於還可加上荷蘭——在荷蘭，工人可藉和平方法達到他們的目的。但並非所有的國家全是如此。

在此，馬克斯承認即使在歐洲大陸上也可不藉革命而建立社會主義。馬克斯的主張是說，無產階級的國家將要具有民主政治的性質。凡屬忠實地接受這種主張的人，在他對於這種主張作任何忠實的解釋時，對於馬克斯的這些言論必須予以嚴肅的考慮。

以革命方法建立社會主義

列寧一向信仰馬克斯像信仰絕對無謬誤的權威一樣，但他却極力試圖證明，當他的師傅承認由資本主義的民主政治可能和平地發展為無產階級的民主政治時，他的師傅是錯誤的。他在國家與革命一書中說：『今天，在一九一七年，在此帝國主義第一次大戰的時期，馬克斯所說的例外（在給庫格爾曼的信中），已不復是正確的。英國和美國從沒有軍國主義和官僚政治這方面的意義說，是盎格魯撒克遜「自由」之最大的和最後的代表；可是，他們今日已陷入全歐的軍事的官僚制度之汚血的沼澤中，這些軍事的官僚制度駕御一切，並踐踏了一切。今日在英美，「任何眞正的人民革命之先決條件」是粉碎和摧毁「既成的國家樣構」。(在一九一四年和一九一七年之間，英美完成了『歐洲的』帝國主義形態。)』即使是在一九一四年和一九一七年第一次世界大戰期間，列寧所謂英美的『軍事的官僚制度』盛行並『統御一切和蹂躪一切』之說，也是言過其實。如果這些話是用來描寫英美二國在平時的情形，那簡直是毫無根據。在戰時，無論那一個民主國家的制度都是給人民行動以限制的。然而在平時，縱有帝國主義、軍國主義和官僚主義，也可實行民主的制度。此民主的制度能使社會主義的多數者藉和平的手段掌握政權建立一個社會主義的政府。

民主政治與資本主義

在一個擁有完全民主制度的資本主義國家中，可能無產階級並非構成人民的大多數，或者無產階級是人民的大多數，但並不是社會主義的大多數，或者有兩個或更多的互相反對的社會主義政黨。無疑，在民主國家常常是這種情形的，或許這種現象足以解釋眞正的民主政治可能存在於一個資本主義國家之中。在這樣的政治環境裡，若說少數的布爾喬亞壓制多數的無產階級，那顯然是妄誕之言。在這樣的政治環境裡，實現社會主義的革命運動，只能導向眞正的獨裁，即少數對多數的獨裁，尤其是要導向社會主義的一黨獨裁。在許多國家中，甚至於在那些擁有一個民主制度的國家中，政治情況可能正是如上所述。唯有在那種情形之下，爲實現社會主義革命才是必需的；而且社會主義才是與民主政治不相容的。這些似乎就是社會主義在蘇俄建立時的情況。

社會主義在俄國的建立

一九一七年九月一日，俄國宣稱爲一共和國後，它曾將變爲一民主政體。被布爾雪維克革命所推翻的臨時政府在政治方面的確沒有壓制無產階級的企圖；而無產階級也確非俄國人民的大多數。這個事實 即使是屬於布爾雪維克黨的作家、也是承認的。例如，拉戴克（Radek）在布爾雪維克黨掌握政權以後立即宣稱：『在俄國，無產階級的確只構成人民的少數。』這個事實可以解釋，列寧爲何特別强調一項主張，即建立無產階級獨裁的唯一途徑是『暴力革命』。史達林在這一點上是追隨列寧的。他回答沒有『暴力革命』是否可能建立社會主義之問題時說：『顯然是不可能的。布爾喬亞的民主是布爾喬亞用來統治其他階級的。如果認爲這樣的一個革命能在布爾喬亞的民主體制中和平地實現，那不是由於瘋狂和喪失正常的人類理解力，便是等於公開而粗鄙地排斥無產階級革命。』爲要證明這一點，他引用列寧的話：

私有財產仍然保留的時候，也就是資本的力量和壓制仍然存在的時候，讓大多數的人民宣佈擁護無產階級的政黨。只有在那個時候，無產階級才能而也才應該取得政權。這便是自稱爲『社會主義者』的小布爾喬亞民主主義者所說的話，但實際上他們却是布爾喬亞階級的走狗……但我們說：首先讓革命的無產階級，推翻布爾喬亞階級，打破資本的桎梏，並粉碎布爾喬亞的國家機構；然後勝利的無產階級才能藉犧牲剝削者來滿足大多數非無產階級的勞苦大衆之需要，以迅速地博得他們的同情與支持……爲了要贏得大多數的人民，無產階級第一步必須推翻布爾喬亞階級，並攫取國家政權。第二步建立一個蘇維埃政府，並粉碎舊有的國家機構。因此便立即推翻布爾喬亞的統治、權威和影響；並且立即推翻小布爾喬亞妥協分子對於非無產階級的勞苦大衆所施的統治、權威和影響。第三步，必須藉着革命方法犧牲剝削者以滿足大多數非無產階級的勞苦大衆之經濟需要，來完全破壞布爾喬亞階級和小布爾喬亞妥協分子對於他們的影響。

拋棄民主的公理

在俄國，無產階級獨裁能被少數人所建立；而民主政治，就其通常的意義而言，幾乎不可能成爲這種獨裁的政治形式。這個事實可以解釋，列寧說民主政治是無產階級國家的政府形式時，他的言詞爲何如此含糊而矛盾。其他布爾雪維克主義理論家在這方面則比較誠實，他們公開承認一九一七年的革命沒有而也不能建立民主政治。譬如，布哈林（Bukharin）便未試圖表示布爾雪維克革命所建立的政府是民主的。他將蘇維埃組織與『議會布爾喬亞共和國（有時被稱爲「民主的」共和國』之陳舊形式相對比。可是，在他不贊成『議會布爾喬亞共和國』時，他反對民主政治的一般觀念。他說：『議會共和國與蘇維埃共和國之間的基本差別何在？其基本差別是，蘇維埃共和國中，非勞働份子的參政權被剝奪；而且不參與管理事務……布爾喬亞階級，以前的地主、銀行家、投機買賣者、商人、店主、高利貸者、高尼羅夫（Korniloff）知識份子，牧師和主教等，總而言之，所有的敗類都無權投票，都沒有基本的政治權利。』這正是俄國社會黨的左翼布爾雪維克與右翼孟什維克之間的差別。孟什維克是贊成民主的，而布爾雪維克則否。托洛斯基在他的著名小册子從十月到布勒斯托．里多夫斯克（From October to Brest-Litowsk）中寫道：『敵人已不止一次喚起我們對一個事實注意，就是以普選爲基礎而選舉出來的新帝俄議會（dumas）與舊帝俄州會（zemstvos）是不可比擬地較蘇維埃更民主並且更適於代表民衆。然而，這種形式上的民主準則在革命時期中缺乏重要的內容。』『形式上的』民主與民主是同一的，因爲民主的本質就是一個政府形式。托洛斯基說：『我們馬克斯主義者從來不是形式民主的偶像崇拜者。』但在下列的敘述中，他卻公然宣稱民主——不僅『形式上』的民主——不是馬克斯社會主義之基本要素。

在有階級的社會中，民主制度不僅未消除階級鬥爭，並且使階級利益表現得完全不公道……在革命環境中，民主制度更是階級鬥爭之不完備的表達方式。民主制度的笨重機構更足以阻滯『革命的』進化。因爲，國土愈大，則其技術的工具愈不完備。

他反對考茨基說：

他試圖證明保持民主制度的基本要素畢竟是爲了勞働階級乃一權宜之計。當然，作爲一個通則看，這是眞的。但考茨基卻將這一歷史眞理變成教授的瑣語。倘若，終究分析起來，經由民主制度的途徑而實行無產階級鬥爭，甚至於實行無產階級獨裁，對於無產階級是有利的，但在歷史中並不因此常常有獲得此愉快成就的機會。在馬克斯的理論中沒有什麼東西可以保證我們推演，說歷史常常產生最『有利』於無產階級的條件。

托洛斯基說『右派社會主義革命者』之所以在『制憲國民議會中得到大多數』，是『由於笨拙的民主選舉機構』所致。他在應用辯證法來解釋這種情況時，他將這種情況解釋爲『矛盾』。『結果便是一個矛盾。這一矛盾在形式的民主之限制內是絕對不能消除的。一般政治學究們不計及階級關係之革命邏輯。只有那般政治學究們才能面臨着十月革命後的情勢而對無產階級發表一些無謂的言論，說民主有利於階級鬥爭。』『革命邏輯』的意思就是，少數反對多數的革命，爲辯證邏輯所需要。就非辯證邏輯而言，少數不能以民主的方法而取得政權。這就是托洛斯基所承認的：『階級革命的眞正核心與其民主的外殼之衝突，是不可調和的。』拉戴克甚至於更直截了當地宣稱：『蘇維埃政府不是民主政府，它是工人的政府形式。』『民主政治即資本的統治……是資本統治的側景（kulisse）。』

民主概念的新解釋

資本主義社會中有民主嗎？

列寧和這些作家對比起來，他不僅熱望成爲一政治領袖，並熱望成爲一個正統派的馬克斯主義者。他主張他師傅的理論，即無產階級轉變到統治階級，是與民主之建立相合的。然而，這種獨斷的說法既顯然與事實相矛盾，他便不得不將民主的概念重新加以解釋。他對於馬克斯理論關于民主的解釋有一點的確是正確的：『民主國家也是一個國家，因此，當國家消滅時，民主國家也將消滅。』民主政治可能是無產階級國家的形式，而不是共產主義最後時期中無國家的社會之形式。但對於由無產階級革命所建立的國家，列寧顯然是堅守馬克斯主義者的假定，即民主爲一顯而易見的必要條件。他說：『我們全知道在那時（革命以後）「國家」的政治形式是完全的民主政治。』然而，還有別的一些話，表示他雖宣稱信仰民主政治乃無產階級國家的政府形式，但並不是完全無條件的。因此，列寧說：『一個民主的共和國是資本主義可能有的最好的政治外殼，因此一旦資本控制了此最好的外殼，它便要如此牢固而堅實地建立其權力，以致於在此布爾喬亞共和國中，無論是改換人、改換機構、或是改換政黨，都不能使其動搖。』恩格斯說，只有在這種『民主共和國』政府形式之下，勞働階級才能取得政權，同時只有『民主共和國』才是無產階級獨裁的特殊形式。這就是恩格斯所說的『民主共和國』嗎？關於『民主共和國』，列寧在另一場合中說：『民主共和國對於勞働階級在爲自由而反抗資本主義者的奮鬥中是非常重要的。』如拉戴克，布哈林和托洛斯基更坦率地承認的，這種『民主共和國』縱然是資本主義的特殊的政治形式，而不是無產階級專政的特殊的政治形式。倘若正如這些預言家所說的，無產階級獨裁必須被解釋爲民主政治，那麼，資本主義國家——民主共和國爲其最好可能的政治外殼——便不是民主國家了。爲了要證明此點，列寧又再承認即使在資本主義的社會裏，『完善的民主政治』是可能實現的。『資本主義社會中，在最有利於民主政治發展的情況下，民主共和國中多少有完善的民主政治。』實際上，此『多少完善的民主政治』根本就不是民主政治。『但是，這種民主政治常被資本主義的剝削機構所束縛；因此實際上，結果常常仍爲少數的民主，仍然僅爲有產階級和富人的民主。在資本主義的社會中，自由常常仍然與古代希臘共和國的自由一樣：即是，蓄奴者之自由。現代的工資奴隸，由於資本主義的剝削環境所限制，被匱乏和貧困所壓搾，以致「民主對於他們是無意義的」，「政治對於他們是無意義的」；以致於在世事承平時，大多數人民被拒絕參與社會和政治生活。』這段話顯然不是正確的。但是，這段話的正確與否在此並無關緊要。唯一有趣的事是，列寧在此竟否認民主政治存在於資本主義國家之中的，因爲大多數人民被拒絕參與政治生活。這種拒絕大多數人民的行徑，自然是與民主相矛盾的。

將社會主義認作民主政治

列寧以兩種不同的論辯來證明他所說的是正確的。第一個論證是已經說過的『資本主義剝削』的事實。這個事實是必須承認的。這個事實有關國家組織的經濟內容，而不是有關其政治形式。正如我們已經指明的、第一，民主政治是一國家的特殊形式，而不是國家組織一特殊內容。資本主義的經濟制度可以與最高可能程度的民主政治並存，這是不容否認的事實；雖然對於這一事實的解釋並不能十分使得馬克斯主義者高興。假若民主政治並不必然導向社會主義，那麼可以說民主政治是無用的。但是，若一個國家的結構適合民主政治之一切必要條件，但以其經濟制度——縱然其政府形式是民主的——是資本主義而不是社會主義，便因此否認這個國家是民主國家，這是概念上不可容許的混淆。

除此以外，倘若民主的基本原則是自由，所謂自由不僅是積極的自由，如公民積極參加政府，並且是消極的自由，如對國家所加於個人的權力作某些限制：信教自由，言論自由，新聞自由，結社自由。這就是說，如果政治的自由主義被認爲是民主政治的一個根本要素，那麼，資本主義的經濟制度與民主的政治制度之關聯，較之社會主義的經濟制度與民主的政治制度的關聯，更爲密切。因爲，資本主義的基本原則是經濟生活的自由，是經濟的自由主義，而社會主義是一個嚴格計劃的經濟制度，其所據之而運行的原則與經濟的自由主義恰好相反。就在這兩種制度背後的觀念而論，臆斷只有資本主義的國家才能成爲眞正的民主國家，比說只有社會主義的國家而非資本主義的國家才能成爲眞正的民主國家，更較合理。然而，兩種說法都不對。民主的政治形式與其內容是資本主義的經濟制度和社會主義的經濟制度，同樣是相容的。獨裁政治的政治形式也是如此。假若一個獨裁者爲了某種原因而建立或是維護社會主義的經濟制度，那麼，他的政府仍然是一個獨裁政府，並沒有具備民主政治的性質。但這正是列寧底論證中的暗流之一：將無產階級獨裁認作民主政治，並不是因爲無產階級獨裁滿足那種政治制度的必要條件(那種政治制度是一種政府形式)，而是因爲無產階級獨裁建立社會主義。將社會主義與民主視爲一體，便是企圖以無產階級獨裁替代民主政治。

(上接第27頁)

。反乎此，必有後殃！據說國府要人們這幾年來口口聲聲在唸着對日問題日擲重要，然而從東京的角度來看，殊未見有如何跡象的表現。這不是個人的信口胡言，而是日本人的評價。翻開近代外交史，所謂爭取一個國家，就是pro 那一個國家，而對這一政策起碼的表現，就是選擇一批適當的人作各方面活動。從這一觀點來看這幾年來國府對日的情形如何呢？從外交部到駐日機構，大家應該想一想其中眞正懂得劇變過程中的日本實情的究竟有幾人？擁有各方面日本友人以無話不談的又究竟有幾人？以耳代目是不够的，以過去的知識推測現在是危險的。日本究竟大變了，識別情報也需要眞知！筆者接觸過日本朝野不知凡幾，而每一深刻談到中日此後的關係，蓋無不長歎於促膝之乏人。這些寂寞的心情，不是可以促人猛省嗎？

關於中日和約的前途，樂觀乎？悲觀乎？這些是從東京角度來看的情勢。

第五卷　第十期　內政部雜誌登記證內警臺誌字第一九號　臺灣省雜誌事業協會會員　三四〇

給讀者的報告

這是本刊二週年紀念特大號（篇幅增至四十四頁）。我們從事這項艱辛的工作，不覺已經兩易寒暑了。本刊創刊於卅八年十一月廿日，就時間言，距離本期發行的日子還有四天，才能滿足兩個年頭；可是在發行的記錄上，實際已經出足了四十八期（中間一度調整發行日期而提前四天出刊），算來本期已是第四十九期，正好是「本刊第三年的開始」。回憶過去兩年之間，我們始終嚴守最初的理想與目標，本着良心與良知，艱苦奮鬪。就以刊物的從不間歇與從未脫期的一點成績而言，已是不知經過多少辛苦與血汗才能達到的；至於其他各方面的困難，更是一言難盡，但我們都一一堅忍努力地予以克服了！我們於慶幸歡欣之餘，更得感謝讀者們對於我們的愛護與支持。

反共抗俄是這一時代的歷史任務，自由民主更是挽救國家民族危亡的唯一途徑。這揭示於「自由中國」宗旨裡的原則是我們創辦這個刊物的理想與信念。兩年來我們的努力於國家社會雖亦不無貢獻，但相對於這艱鉅的時代而言，則又實在太微弱了。在今天，反共抗俄的原則已經是一般人所共同承認並在努力求其實現的，可是對於自由民主的眞實價值與眞正的內容，以及其本質上與反共抗俄的不可分性，似乎還有很多人不能充分了解。在我們周遭最常見的一個現象是，一方面在高唱反共，一方面在方法與意識上又盡量學步共黨。這不能不使我們深致隱憂，並愧感闡揚自由民主思想努力的不够。於此我們又覺有無限之惶懼。今後我們仍願以輿論界一分子的立場，竭盡努力，以報國人。

「兩年來本刊內容的分析與檢討」，係編輯委員會同人推定夏道平先生執筆者，期以從過去的經驗中尋出今後改進的方向，這篇文字與「本刊第三年的開始」同樣是代表本刊意見的。

本期社論「英國大選的教訓」。這次英國大選，保守黨贏得了邱吉爾所謂的「光榮勝利」，在世人為邱吉爾的勝利歡呼之餘，我們却同樣地要為工黨的失敗而致敬，這失敗是「光榮的失敗」，工黨政府在任期未滿之際而以進退訴諸民意，表現出的風範是如何磊落光明，這兩黨間的去來正是一課最好的民主課程，值得學習，值得贊揚。我們並不忽視大選結果在國際政治上的可能影響，但我們更重視這政治進退之間的教訓。

本期內容的特色在集中闡揚民主政治的理論。雷震先生「民主政治就是民意政治」一文是前文「輿論與民主政治」的二續，强調輿論對政治之重要。羅鴻詔教授的大文分析民主與民本的分野，過去很多衞道的先生們常喜將中國傳統的民本思想解釋為民主，實有魚目混珠之嫌。中思聰先生一文則在說明民主政治的最基本的概念，有助於觀念的澄清。本期的譯文也是闡釋民主思想的，對共產主義者一貫對民主意義的曲解予以澈底糾正，本文是 Hans Kelsen「布爾雪維克的政治理論」中的一章，是值得推薦的。

此外「中東的缺口」作者的見解亦很精闢，他提醒西方國家應尊重中東弱小國家的民族主義的要求。「戰後法國新經濟政策」一文則有不少實際的數字，可供對研究經濟問題者之參考。

本刊售價

一、臺幣三元
二、越幣八元
三、菲幣五角
四、港幣一元
五、暹幣四銖
六、美金二角
七、叻幣四角
八、印尼幣三盾

自由中國　半月刊　第五卷第十期

"Free China"　總第四十九號

中華民國四十年十一月十六日

發行人　胡　適

主編　『自由中國』編輯委員會

出版者　自由中國社
社址：臺北市金山街一巷二號
電話：六八八五

航空版
香港　香港時報社（高士打道六四號）

經售者
臺灣　中國書報發行所（臺北市館前街八五號）
美國　紐約民氣日報社、舊金山國民日報社
日本　東京南友堂、東京內山書局
馬尼刺　大中華日報社
印尼　椰嘉達星期日報、椰嘉達天聲日報、棉蘭繁華圖書公司
越南　西貢中原文化印刷公司、越南華僑文化事業公司
曼谷　曼谷攀多社十二號
新加坡　中興日報社
澳洲　檳榔嶼、吉打邦均有出售　墨爾缽王德利公司

印刷者　臺灣新生報新生印刷廠
廠址：臺北市西園路二段九號
電話：廠長室七一二五　業務課二〇九六

本刊經中華郵政登記認為第一類新聞紙類　臺灣郵政管理局新聞紙類登記執照第二〇四號

自由中國

FREE CHINA

第五卷 第十一期

要目

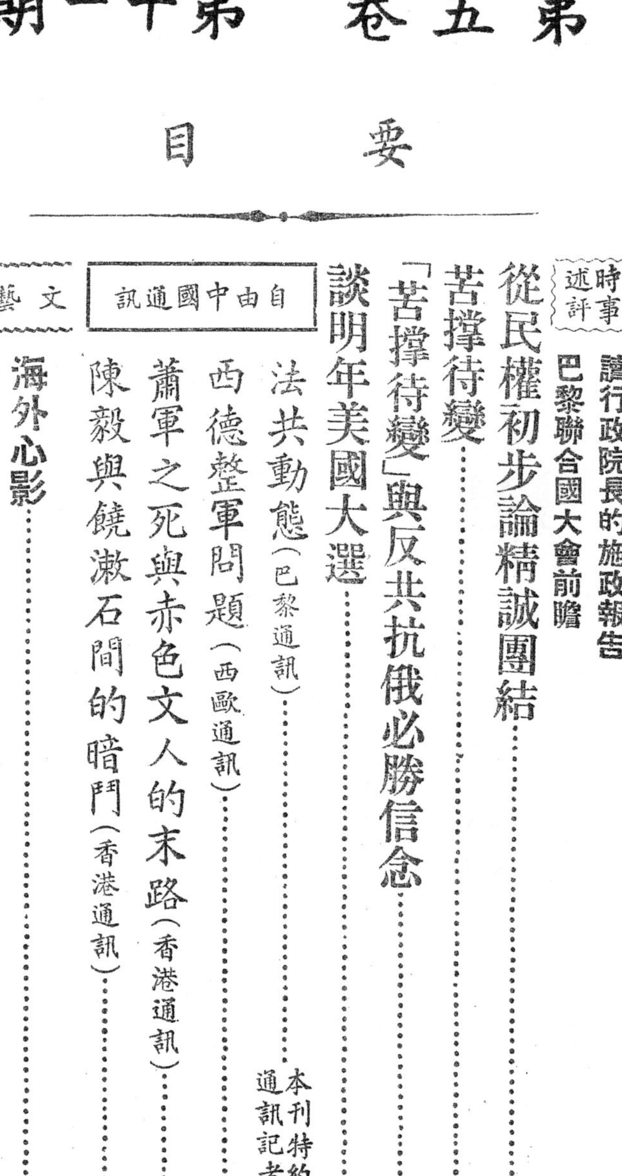

社論　再向日本人民進一言

時事述評　讀行政院長的施政報告　巴黎聯合國大會前瞻

從民權初步論精誠團結……張佛泉

苦撐待變……杭立武

「苦撐待變」與反共抗俄必勝信念……吳相湘

談明年美國大選……陳香梅

自由中國通訊

法共動態（巴黎通訊）……本刊特約通訊記者　警雷

西德整軍問題（西歐通訊）……安道

蕭軍之死與赤色文人的末路（香港通訊）……羊叔子

陳毅與饒漱石間的暗鬥（香港通訊）……柳甦生

文藝　海外心影……陶藍

糾正世人對共產主義的錯覺……召中譯

書刊評介　自由人（美國出版）……海光

中華民國四十年十二月一日出版

社址：臺北市金山街一巷二號

半月大事記

十一月十日（星期六）

聯大指導委員會否決蘇俄所提將中國代表權問題列入大會議程。同時通過泰國建議，在本屆大會中對中共入會案，不予討論。

聯大指導委員會通過將美英法三國裁軍建議列入大會議程。

韓國新任駐華大使金弘一抵臺。

聯軍統帥李奇威自韓返日，表示聯軍願在停戰會議中放棄對開城之要求，以待共方作和戰之最後抉擇。

美英法土四國宣佈建立中東聯防指揮部，並以軍援給予任何參加國家。

經合總署宣佈擴大改組其遠東分署，並派遠東計劃主持人葛里芬為特別代表。

十一月十二日（星期一）

國父誕辰，各機關團體放假記念。

蔣廷黻在聯大演說，揭露中共大陸「屠殺統治」之詳情，要求聯合國協助消滅此威脅世界和平的新野蠻主義。

美參議員諾蘭要求國務院就中共對美籍華僑勒索事實訴諸聯大。

新任美經合總署中國分署署長施幹克抵臺履新。

白宮秘書蕭特於記者招待會中宣佈，英首相邱吉爾將於明年一月在華府與杜魯門總統會晤。

英保守黨政府在下院獲首次信任票，通過取消鋼鐵工業國營計劃。

土耳其政府答覆本月四日蘇俄照會，表示有權參加北大西洋公約。

阿根廷總統裴倫於大選中獲勝，再度連任。

十一月十三日（星期二）

聯大分別以卅對八票，四十七對六票，四十四對五票通過，將（一）我控蘇案，（二）西方對德計劃案，（三）南斯拉夫控蘇案列入議程。並以卅七對十一票否決將中共參加聯合國案列入議程。

立法院三讀通過法規制定標準法。

美經合總署遠東區特別代表葛里芬抵臺，考察經援情形及分署業務。

美軍事援泰團長柯爾乘美軍用機自馬尼拉抵臺訪問。

美總統杜魯門宣佈加速經援阿拉伯國家，並以大使銜給予執行此項工作的國務院代表洛克。

美國務院宣佈調停英伊糾紛之努力再度宣告失敗。摩沙德解釋拒絕美國調停之原因。

日首相吉田茂再度在國會聲明日政府立場，反對在短期內重整軍備。

十一月十四日（星期三）

行政院院會通過四十一年度施政計劃綱要及政府總預算案。

韓境停戰會議中，共方代表要求先行劃定停火線。

美國與斯南拉夫簽訂互助協定。

開羅百萬民衆遊行，要求英軍撤退。

十一月十五日（星期四）

美軍事援泰團長柯爾離臺，繞道馬尼拉返泰。

埃及總理在國會宣佈對英決不讓步。

伊朗總理摩沙德在美演說，要求財政援助，以應付經濟危機。

共軍停戰代表收回先行停火建議，但仍堅持分界線要求。

十一月十六日（星期五）

美共和黨衆議員馬丁，霍爾聯袂蒞臺訪問。

維辛斯基在聯大演說，再度拒絕西方裁軍建議。

李奇威下令全面調查共黨屠殺聯軍戰俘事件。（按第八軍團軍法官韓萊於十四日發表中共屠殺美俘五千人之報告，引起全美激憤。）

十一月十七日（星期六）

臺灣全省各縣市議會投票選舉臨時省議員。

聯大政治安全委員會通過七項議程。

聯軍於停戰談判中建議於卅日內停戰，並接受共方要求沿現行戰線劃界。

李奇威發表聲明證實中共殘殺戰俘，惟稱此與停戰無關，並對過早發表表示遺憾。

埃及外長在聯大建議由聯合國暫管蘇丹。

十一月十八日（星期日）

美共和黨衆議員馬丁，霍爾離臺飛港。

美經合總署遠東區特別代表葛里芬離臺飛港。

日參議院通過和約及美日安全公約。

伊朗總理摩沙德離美，將經開羅返國。

十一月十九日（星期一）

蔣廷黻訪艾其遜交換控俄意見。

美財政部發言人發表調查結果，證實中共勒索華僑鉅款事。

美助理國務卿魯斯克離美赴日，研究美軍駐日有關問題。

十一月廿日（星期二）

美參議員諾蘭要求參院調查中共勒索華僑事。

盟軍總部宣稱「有相當證據」證明美軍戰俘六千人已遭共黨屠殺。

西德總理艾德諾抵巴黎，將與美英法三外長會談。

十一月廿一日（星期三）

停戰談判共方提出反建議。

蘇俄外次葛羅米柯邀見中東各國使節，遞交有關中東聯防之照會。

埃及政府抗議英軍在伊城行動。

十一月廿二日（星期四）

聯軍修正共方停戰建議，共方大部份已表接受。

美副總統巴克萊飛韓，李奇威自日陪往。

伊總理摩沙德與埃總理那哈斯簽署聯合宣言，申明兩國友好關係。

十一月廿三日（星期五）

停戰談判双方代表獲致協議，同意以接觸線為停火線。

美英法三外長與西德總理對恢復德國主權問題已獲致協議，佔領法可望於明春廢止。

美助理國務卿魯斯克抵日。

社論

再向日本人民進一言

去年六月十六日，本刊曾有「向日本人民進一言」的社論，稱讚日本內閣書記官長岡崎勝男前九天在記者招待會上所發表的「日本在冷戰中，已完全投效民主國家以對付共產黨」的主張，並且希望日本人民與自由中國的人民協力同心，以保全人類的文明。

我們所以寫那篇文章，一方面是因為我們覺得日本人民，是世界上一族有希望的人民；現在已脫離軍閥的專制，應為世界的和平和人類的文明而努力：一方面是因為現在世界兩個壁壘的分立，乃是不可否認的事實；日本人民若不從中華民國的經驗中學得些教訓，運用智慧以掃除魔障，則日本或有陷於混亂或頻於危亡的可能。一年半以來，日本雖然因為本年九月舊金山和約的簽訂而取得自由國家的地位，但內在的危機還沒有完全消滅，所以我們現在敬以至誠重申這個意思以向日本人民進一言。

一個聰明正直的民族，一個文明的國家，應為人類的文明和世界的和平而努力：那已是天經地義，用不着說的了。在目前的東亞，日本人民如果要在這些事情上眞正的做點有價值的貢獻，則當前的急務，莫過於和自由中國的人民通力合作：這個事理，亦是極明顯的。我們現在所要講的話，不在知識的方面，而在智慧的方面：論到知識，我們所知道的，日本人民應當沒有不知道的。

從舊金山和約簽字以後，這兩三個月以來，我們曾經得着許多報告，大概都說日本政府和人民，在簽約以前和在簽約以後對外的態度的不一致。我們並不以為奇怪；這是一個國家在這種環境和這種時候所最容易有的這個現象。我們知道，日本經千餘年文化的薰甸，現在的朝野上下中，決不乏高瞻遠矚的傑士和正心誠意的君子，能夠知道日本人民當前所應取的態度的。但無論那一個國家，總是有智慧的人少而浮沈於庸俗見解的多。譬如當日本軍閥橫行的時候，日本朝野上下中洞識世界大勢的，為數當很多，但能不畏強禦，不循庸俗，大聲疾呼以仗義執言的則除卻死於二二六事件的高橋藏相以外，好像沒有第二個人。（當然，有我們所沒有聽到的！）現在軍閥的專橫雖已過去，而一般國民的虛矯心則並沒有澄清。縱有明智的人士，恐亦必畏忌一部分國民的嘩囂而不敢發表他們的正大的見解。在這種時候，日本國內的政治家要爭取政權，沒有不假借「國家權利」「民族復興」等等的名義以熒惑民衆的視聽的。若有眞正以世界和平為職志的，則多數人都以為迂闊而不切於事情。時勢所趨，同一吉田內閣，從前雖以「不考慮中立政策」為標榜，現在則態度模稜了。這種模稜的態度，如果眞有利於日本的前途，我們很可以原諒；但明明目前世界局勢的人，都知道日本在現狀下，決不能以模稜的政策做成有利於自身的事情。結果，徒然使（一）民主陣線的隙漏愈多，而蘇俄的野心更加熾旺；（二）人民反共的意志薄弱，而國家亦恐陷於不幸的混亂中。

因日本採取模稜的政策而使民主陣線有隙漏：事理易明，不待詳言。因日本採取模稜的政策而使日本民衆反共的意志薄弱而國家陷於混亂：在這點上，我們不得不略盡忠告。

我們知道日本的警察是很優良的。但這個「優良」，很容易因社會和經濟的狀況而變質的。若政府不毅然決然對於共產主義的國家深閉固拒，則人民的心理亦將受政府的影響而游移不定，雖有優良的警察，日本內部治安的問題亦必一天緊張一天。在地理上，從庫頁島至北海道，交通甚為方便；而齒舞群島的距離北海道的花咲半島尤近。近年日本共產黨以庫頁島和千島群島齒舞群島等為逋逃藪，乃是不可掩的事實。幸而日本的國民教育一向很好，所以這等的莠民還不多；但內已有經濟的壓迫，外又有蘇俄的欺誘，而政府模稜的態度又足以獎勵他們，無疑的日本的共產黨定必一天多似一天。長此下去，混亂的局勢一成，日本的國運亦就不堪設想了！（近年所傳蘇俄在庫頁島訓練日共軍隊的事情，雖然還沒有確證，但據中央社東京十一月廿四日合衆電，謂「莫斯科今夜廣播宣佈在日本境內進行共黨革命的計劃」，則蘇俄的訓練日共，乃意中事。）

我們並不是要「危言聳聽」；縱觀東亞局面，我們實不能不有這等「杞憂」。我們很希望明智的日本人民，認清當前的世界形勢，勇敢的表示正大的態度，使政府不至玩弄模稜的政策，免陷國家和世界於不安。

我們不是要日本人民放棄一切國家的觀念而專務致力於世界和平。相反的，我們竭誠希望日本成為一個強大的自由和民主的國家。但這樣的一個國家，只有在一個永久和平的世界中才能存在。要以游移的姿勢而圖在蘇俄或蘇俄的衛星國傍邊以苟安旦夕，那是等於「與虎謀皮」，決沒有僥倖成功的道理。英國的承認中共而擯棄中華民國，致有現在狼狽不堪的情狀，實可為「前車之鑑」。至於印度的尼赫魯，則更不足道了。

一般關心國際事情的人士都注意中日雙邊和約問題，我們以為這應該是不成問題的。重要的在乎今後日本的動向。我們的政府和人民，在戰後應付共產黨有許多失策，致整個中國大陸被共黨竊據了。現在鬧得天翻地覆，人頭滾滾。這慘痛的經驗可為日本朝野的前車之鑑！現在日共雖已轉入地下活動，而左傾的理論還能夠吸引一批群衆，大雜誌上替毛澤東作宣傳者亦復不少，我們不免為日本前途擔憂。如果日本的朝野應付失策，則整個日本被共黨席卷而去，並不是不可能的事體。日本亡則亞洲局面將更加混亂而不可收拾，事關今後遠東的命運，願日本朝野正視現實，穩操舵尾，走向正確的方向！

時事述評

讀行政院長的施政報告

上月二十三日行政院長陳誠向立法院提出過去一年的施政報告。這是陳院長就職後向立法院的第二次報告。第一次是在去年十月三日，也就是陳氏就職(三十九年三月十五日)後的半年。

我們把這兩次的施政報告展讀一遍，可看出一年半以來政府施政的輪廓。儘管全部事實不能都見之於文字，而文字之於事實又不能像攝影片之於其所攝的對象，但大體上我們是相當滿意的。

就軍事方面我們所知道的來說，一年來的兵工建設，是頗有成績的。水利、交通、港務、墾荒等工程，經兵士們血汗完成的，大大值得我們稱道。

此外軍事方面更有值得稱道而為陳院長報告中所未提及的，就是多年來軍官剋扣軍餉的惡習，據說已經清除了。這確是一個很大的功績，我們希望今後的部隊再不會有過去那種醜惡的事體發生。

外交方面，陳院長特別說明對日和約問題交涉之無成效。關於這一點，我們倒覺得不是陳氏個人所可全部負責的，即撇開國際因素不談，我們也應當追溯到三年五年乃至十年以來的內政和外交。我們這種說法的另一個涵義，就是今後要求國際關係之有利於我，還得從內政原則和外交精神方面正確地把握住。僅恃外交技術，其成就總是有限的。

財政經濟方面，我們覺得，陳院長在這次報告所隱藏的事實，似乎比去年第一次報告所隱藏的少得多，這也是個較好的作風。

一般行政方面，土地改革由「三七五」減租，進到公地放領，也是一件可稱道的進步措施。臺灣的農民也和大陸一樣，是人口中的絕大多數。政治是為人民謀利益的，至少也要為大多數人民謀利益。臺灣光復後，我們政府特別著力於土地改革，可說是把握了行政的一個要點。

以上是就當前的事實，比照着這個報告來看，我們大體上認為相當滿意的地方。至於詳細分析起來，各方面都不免有些可供討論或批評的地方，但在「時事述評」這一欄的篇幅中，我們做不到。這裡，我們只能簡單扼要地向陳院長致意如下：

當去年三月，陳院長在蔣總統復職之後受命組閣，本刊(二卷六期)曾發表過一篇「存亡絕續在此一舉」的社論，在那裡我們就人事和財政兩方面提出了若干原則性的建議，最後我們說到：「在用人決策之初，吾人特別期望於陳先生者：除上述各點外，更應時時虛懷若谷、容物納言，再繼之以執行方面的不私不苟」。一年半以來，政府有許多成績，我們都有目共睹，但上面這幾句話，我們還覺得有向陳院長再度提出之必要。(葆)

巴黎聯合國大會前瞻

一年一度的聯合國大會，已經在巴黎開了二十幾天了，目的在維護和平，手段便是裁軍，這是理論上不能不一致的。因為維護和平是聯合國本身的目的，此目的不能實現，聯合國便要倒臺，而要謀和平之確保，則除裁減軍備外沒有他途。但是怎樣去裁軍，則你有你的方案，他有他的計劃，各有主張辯論不休了。聽見維辛斯基的演說，計劃，及其對美英法裁軍計劃的修正，大家都覺得失望，即是說，這次也和從前一樣，只當作双方的宣傳戰，絕沒有實行裁軍的可能。

其實和平與戰爭根本在乎双方的意志，如果志在戰爭，則會議上固然談判不出和平的辦法，即幕後交易也很少有成功的希望。

去年的大會，重心在東方，韓共與中共公然與聯合國為敵，故越過卅八度及譴責中共為侵略者等等議題，占了很多的時間。現在韓國境內正在談判停戰，對日和約業經簽訂，日本也快要獨立，東方的外交戰可以暫停，大家從新部署，準備將來的實地戰吧。今年大會的地點在巴黎，外交戰的重心也顯然在乎歐洲，故德國統一和大西洋公約兩個問題，便是焦點之所在，尤其是後者實為史大林時刻關心的問題。

美蘇兩大壁壘都欲爭取德國為己助，而德國民族之要求統一，則觀於十九世紀初年以來之歷史，實與時間而俱强。但是戰後則東西德分成兩橛，至今無從聯合。由蘇俄觀之，西德之所以倔强，也只因有大西洋公約國之支持，不但東德不敢學步北韓來發動內戰，即蘇俄自己動手也怕引起世界大戰而有所躊躇。此次維辛斯基的演說，謂大西洋公約為侵略性集團，竟想要求廢止，這實是史大林內心苦悶的表現。大西洋公約各國，如果照過去的樣子，一天一天加强其團結，則史大林吞併歐洲的願望不會歸於幻滅嗎？世界革命的成功不會遙遙無期嗎？故蘇俄以廢除大西洋公約為裁軍的先決條件，站在他們的立場，是有其充足理由的。但是這兩天該公約各國正在羅馬集會，所有外長，財長，及軍事首長均出席參加，不但要加强團結，而且要積極建軍，如此無言的答覆，比甚麼慷慨激昂的演說，都要强加百倍。這一次美國所謂「實力外交」的姿態完全擺出來，維辛斯基在議場裡的叫囂，再不能起恫嚇的作用了，不知老奸巨猾的史大林，還有甚麼花樣玩出來，大家所以擔心幕後交易者亦正在此。我們以為双方鬭志之根本消除是不可能的，即暫時的妥協也很難成功。報章傳聞，邱吉爾已打消了會晤史大林的擬議，如果屬實，也只是證明暫時妥協之無望能了。(漸)

從民權初步論精誠團結

張佛泉

我們多少年來喊「精誠團結」，究竟曾否得到那個方法呢？證之以在大陸上的崩潰，我們只好說並未得到團結的方法。陶希聖先生在三十八年尾，由大陸回到臺灣。寫了一篇非常沉痛的文章，他在第一段中即曾指出國民黨「……沒有討論政策的習慣，……沒有確立政策的能力」(見「將革命事業從頭做起」)。他在那篇文章收尾時，更肯定地說：『我們的黨久已失去討論政策的習慣和確立政策的能力』。陶先生所說國民黨沒有討論政策的習慣與樹立政策的能力，就正可以說是國民黨沒有得到精誠團結的方法。大家如能得到像陶先生這樣的認識，便是非常重要的。因爲我們在大陸上那樣的失敗，訓政的國民黨自己有理由承認應負大部責任。一般而言，人民對應盡的義務並沒有逃避，政府徵兵就去當兵，政府收稅就去交錢交糧，政府改幣制就將銀元(後來一次更將金銀外幣)全交出來。普通戰士無論情形如何艱苦，從來未曾放下槍不聽令打仗。所以國民黨內負有決定政策責任的階層，特別要檢討自己何以不能運用力量，何以不能樹立政策，何以不能團結到底。

據我的分析，過去負有決策責任的各階層所以未能團結各方面的力量，是在完全忽略了孫中山先生的「民權初步」。因爲中山先生曾明白告訴我們，民權初步是最好團結人心的方法，不但各級議會要採用它，即政務會議和軍事會議也全要採用它。不採用民主的開會方法，會發生甚麼情形呢？在各種會議上最常見的情形有以下幾種：

(一)，所謂會議多半祇是談話會。在會上雖有話題，但無正式動議，於是大家隨意談話，並無正式討論；雖類似有所決議，但很少有正式表決；

(二)，在會上沒有原則性的爭辯，甚至心裡有話都不肯明說，會外却常有種種批評和閒言；

(三)，開很多不必要的會；

(四)，會議時間拖得特別長；

(五)，要員到會上每以報告作宣傳，發言當訓話；甚至還有的主席，即以主席身份講起話來，滔滔不絕，佔取了其他任何人發言的機會。

由於這些情形漸漸發生了甚麼弊病呢？無數的毛病全由此而起：

(一)，會議既祇是談話，與會的人乃均心存客氣，主席成了主人，其他都似客人，大家全拿出中國的老套，不問不說，說時亦不肯暢所欲言，恐怕有所觸犯。這樣首先便已做不到「極言無隱」「備盡肝膈」的地步。這實等於失去了最好的情報。與會的人先將本人的心緒、思路、隱藏起來，每個人都成了未知數，彼此先已莫測高深。這是猜疑的開始，還談甚麼團結？

自己心裡的話都不肯說，自然更不敢盡情批評旁人。對於平輩的怕被指爲閙人事，已是憂讒畏譏，不敢多嘴多舌，對於上峯或長輩尤不敢犯顏直陳。就是有所批評，亦必「舍大規小，留餘地以自全，聊以避緘默之咎」。這樣對於若干大事的眞象，主爭的人便永失去弄清的機會。

(二)，在這樣「有隱無犯」的情形下，便很難引起激烈的辯論，和原則性的爭執。「論難往來，務求至當」(唐太宗語)的理想，根本就無從達到。

(三)，在這樣會上通過的所謂決議，不過是一種表面上的附和，是一種雷同。出席的人很少能將這決議當爲自己的意志。這就是「貌恭而心未服」。

(四)，又因所謂決議，並未經過正式表決，所以在法理上實亦不發生束縛作用。事後失敗，參與會議的，甚至當時主張最力的，都要藉故拒絕承擔責任。(註一)

(五)，在會上有話不說盡，乃「退有後言」。後言就是怨讟。

(六)，執行與決議脫節。正因參加決策會議的人從會場裡出來，已經不以決議爲然。首先弁髦法令的，多半正是參加制訂法令的人。下級的陽奉陰違，大概都是這樣有所師承。

(七)，沒有經過鄭重表決的決議提到上級或上峯，亦不受重視，因之或被束之高閣，或被輕易踢翻。

(八)，凡是自己主管的事，不肯負責決定，就提到「會」上去決定。這纔眞將會議弄成一種「免咎陋術」(王船山論會議制語)。

(九)，反之，肯負責的人，明明對某事已早有決定，却也要拿到「會」上通過一下。這可謂民主其名，乾斷其實。

(十)，一般良善的人乃對會議發生厭惡，甚且視爲畏途。會議至此地步，遂完全否定了團結人心的作用。

(十一)，雖然從未認眞學習民主會議方法，反而對之發生懷疑，並進而寄望於旁門左道，例如民主集中制。

(十二)，系派的產生，正可溯源於此。一切既不以原則、主張、政策爲準繩，於是祇有跟人搭班子。以「人」爲中心，鬼鬼祟祟，正是系派的本色。

以上隨便即擧了一打的毛病。實際經驗多的人，也許很容易將此數再加一「番」。

因此我們要問，會議果能團結人心嗎？不然，有大不然者。開會不得其法，不但不能團結人心，適足以解散人心。

上面所擧的毛病，因篇幅所限，不能逐條詳加分析。不過「面從背言」一端，顯而易見的是其他諸弊的總泉源。所以，祇就「面從背言」一點來講，已經可以構成國民政府的致命傷。因爲面從背言，可說是近年來官場中很普遍的現象。無論對事或對人都有很多後言。甚至對某件大事負主要責任，老百姓也都認爲他應負完全責任的，而此人却正滿腹牢騷 比任何人的怨言還要多上幾倍！可見這都是由於在該說話的場合，沒有說得暢快淋漓。

尤其可怪的現象，就是在官場中，嘗見有主要僚屬遇到難說話的上峯，自已有話不肯去說，却託出客卿或容人，甚至洋人，出頭去講。其情更屬可憫。

這種種情形，在民主國家裡是不會有的。凡是政務官不論大小，都要對自己的政策負責，要對自己的政策公開辯護，而不能有所保留。就是任何國民有話說，也有機會在會場上或報紙上講出來。祇要所說稍有道理，就不會完全沒人注意。如有人懷疑民主政治有任何長處，總應看到民主國內稍有問題，人民已先大聲喊叫起來，就正是它的特別優點。

共產黨大力提倡自我批判，厲行整風運動，主要目的亦在防治「面從背言」的惡疾。他們並且對此永在提高警覺而不放鬆。因之他們在某種範圍內，很得力於此種方法。祇是他們所謂批評是極有限度的，大目的（譬如「抗美援朝」）不能批判，大人物（譬如史大林毛澤東）不能批判，因之他們無法與民主國家的自由相比。但他們爲了配合專政的目的，却相當巧妙地利用了公開批判的方法，防止了某些部分的腐化，達到了表面上的團結。

中國很早就發現這個「面從背言」問題的嚴重性。虞書上載着舜對禹說道：『予違汝弼，汝無面從，退有後言』。（禹自已也有「拜昌言」的美談）。後來唐太宗評隋政，以爲隋亡的原因即在「面從背言」。他說：『隋日內外庶官政，以依違而致禍亂，人多不能深思此理，當時皆謂禍不及身，面從背言，不以爲患，後至大亂一起，家國俱喪』（貞觀政要政體篇）。中國歷史上論「廷諍」「直言」之重要的疏奏文章，更是汗牛充棟。所以我們如說中國歷代的重大政治問題之一，就在「下情上達」，實不爲過。

但是問題究竟嚴重在那裡呢？不廣開言路，有何大不得了呢？它的流弊可以歸納如下：甲，帝王深居九重，與人間隔絕，諛臣進而諤諤之士退；朝中是非顚倒，甚至「黑白可以轉色，而東西可以易位」（註二）；養癰成患，危機四伏於冥冥之中；一旦難發，親貴近幸或作鳥獸散或頓額賊庭，愈危急反愈無人扶持。有人說：「諾諾而亡，諤諤而昌」（註三）就是這個道理。

「退有後言」，最帶危險。後言就是怨讟。『怨讟旣作，叛離亦與』。故夏書有曰：『怨豈在明，不見是圖』。若人人都轉入「地下」工作，豈不最爲可怕！

由此可見。「面從背言」，實乃古今中外，民主極權所共忌諱。我們何可小視這個癌症？

然則今日挽救之道何由？曰：惟有乞靈於中山先生之「社會建設」。先生稱「民權初步」爲社會建設，實有極深之意義在。他表面似祇在教國人以民主會議方法，實際更在藉此提倡民主精神，挽救社會頹風。因祇有實行「民權初步」，方能造成一種環境與空氣，使人不得不說話，不得不加入討論，不得不極言無隱（如同戲臺上鑼鼓打得很起勁，唱作各脚色不由得不賣力氣）。

所以任何政黨如想達到由討論樹立政策，由政策團結人心的目的，就必須立刻學習眞正民主會議的方法。現在我把應該特別提倡的事項，列擧如下。

（一），凡屬會議，尤其是決策會議，都必須採用民權初步；
（二），在會議場上，不分長幼尊卑，人人平等；
（三），個人有話須在會場上說盡（註四），在會外不要說兩樣的話；
（四），嚴格保障會議場上說話人的職業與地位；
（五），不說無原則的話，不說提案以外的話；
（六），個人私事不談，但他負責的事，許大家依規則公開批評（註五）；
（七），說的不好，大家不許笑；
（八），說的不對，如非立意誹謗，大家不計較。
（九），凡以全會名義通過的議案，必須經過表決手續（註六）；
（十），服從多數，嚴格遵守或執行決議，如對決議仍堅持反對，應該立即退出組織。

以上所擧不過爲示例，當然還需要修正與補充。

總之，我們在行政上最需要些甚麼呢？

第一，我們需要經常知道各件大事的演變眞象。而這個却不是利用告識告訐的方法，所能達到的。因爲告讒告訐的或許正是讒賊之人。祇有公開的、負責的、無保留的、無忌憚的互相批評、答辯與檢討，纔能將幾件大事的一般動態，讓國人尤其是主政的人經常弄得相當清楚，而不致必待紙包不住火的時候，方晃然大悟個中的病毒。這同時就是最好的預防辦法。有此方不致使「機伏於至微」，使「勢成於不可返」。

第二，我們需要不同的思路，需要不同的派別，而不需要暗中作祟，祇以分肥爲目標的派系。爲滿足這個需要，最好就是使人們站出來說話，尤其是負有決策責任的人們，對於一件一件的要事，一定要每人都說出意見。果屬有學識有見解的，必能前後言之成理。如祇以私利爲立場的，便難免矛盾百出。如此則不但可辨忠奸，且可見能與不能。君子小人進退之機，可謂恰在此。

第三，我們需要愈危急時愈團結，而不怕平時有爭吵。民主國家最懂此道理，所以在平時利用爭吵，以求得危急時的團結。專制政府不懂此道理，力求平時的平靜，結果到眞正危急時，預計最可靠的力量，或竟倒戈相向（我們祇須舉齊亞諾之對墨索里尼，戈林之對希特勒爲例）。個中的道理並無神秘，一個人的話如得多說一分，他的怨讟便可減少一分。如他的話全閉在肚中，怨恨愈積愈深，他在第一個可能機會中必要叛離。

所以我們可以見得，爲滿足前面所舉的三點需要，以及避免更前面所舉的十二弊端，祇有提倡極言無隱的精神，方能達到目的。祇有「論難往來」「討論是非」，纔能求得「至當」。纔能樹立政策，纔能求得調協與團結，纔能做到「內竭心膂，外竭股肱，和若鹽梅，固若金石」的地步。唐太宗懂得這個道理，所以他纔說得出這樣的話：『朕開直言之路，以和國也』。

民國以來的問題本極單純，無聖顏可犯，無龍鱗可批，挨不着廷杖，更不必怕夷九族。爲何偏要將說話一事，看得如此嚴重！正如蘇東坡所說『苟平居尚不能一言，則臨難何以責其死節』，今日有話尚不敢說，「革命」精神夫復安在！禮曰「事君有犯無隱，事父有隱無犯」。如竟以事父之道，假設一個暴君或許多小君而事之，那纔是個人的糊塗封建腦袋在作怪呢！

所以我以爲近年嚴重問題的所在，主要是個風氣或社會態度問題。這種態度不改，不要說民主無從談起，就是保一個任何小局面怕還是戛乎其難！

補偏救弊之道，就在首先提倡正確社會態度。學鄉愿學黃老的習尚，一定先要剷除。模稜兩可永不能當作紀律與服從的保證。實事求是，方爲治學修身處世的共同法則。處社會，有隱無犯，固不可，有犯無隱，亦無必要。陽明先生所倡事師之道，「無犯無隱」，「直不至於犯，而婉不至於隱」，實最爲妥當（教條示龍場諸生）。我們對人如永能拿出這種態度來，已算是再恭敬無比了。

就是這個無犯無隱的態度，也正是民主社會中所最需要的。在會議場上，更祇有這個態度能糾正「面從背言」的痼疾。糾正了這個病，纔能進行熱烈討論。有了熱烈討論，纔能樹立政策。樹立了好的政策，纔能求得眞正團結。

說到此處，讀者應該明白我所說祇有行民權初步方能求得團結的話，不是胡扯。民權初步不但教給了我們民主會議方法，它還藉此提倡了眞正民主精神，開創了一種新的社會風氣。

總而言之，我們如廣泛地說，團結祇有在自由討論中方能求得；如要具體地說，民權初步方是最好團結人心的方法。所謂具體：一，是指民權初步須從個人近圈做起，不是遠處隱約有所討論，我還可以聽而不聞，視而無睹；二，是指凡有會開的都要採用它，亦即人人都要實踐，沒有例外，不分尊卑長幼。

在此我要附帶聲明一句，就是我寫此短文的目的，還在另外證明一點，就是講民主問題（像上面我所指出的，由民權初步可以得到精誠團結），必均在解決當前很實際很迫切的問題，而絕不是像現在一種流行的想法，認爲講眞正民主乃是「道學」，或竟是元祐黨人學術。

註一，參閱「民權初步」第三十一節。孫先生說得非常確鑿：『欲在議場發生合法之提案，必當行正式之動議；倘隨意談話，或隨意擬議，而得一般之同意者，不得收約束之效力也。如命行一事，必有正式動議，正式表決，始足責成受命者之遵行。』

註二，語見孫嘉淦「三習一弊疏」，載曾滌生「鳴原堂論文」內。這是一篇非常有趣的文字，可以當作近代心理分析讀。曾滌生的跋語節錄於此：『……余在京時，聞諸士友多稱此疏爲本朝奏議第一。余以其文氣不甚高古，稍忽易之。近年細加紬繹，其所云三習一弊，凡中智以上，大抵皆蹈此弊而不自覺。而所云自是之根不拔，黑白可以轉色，東西可以易位，亦非絕大智慧，猛加警惕者不能道。余與沅弟忝竊高位，多聞[illegible]言。所謂三習者，余自反實所難免……』

註三，貞觀政要政體篇呂氏註『武王諤諤而昌，商紂唯唯而亡。……秦人唯唯而亡，漢家諤諤而昌；隋人唯唯而亡，唐家諤諤而昌。未有唯唯而不亡，亦未有諤諤而不昌者也。』

註四，國民黨既力圖重整紀律，從政黨員中，如明知僚屬乃至上峯有貪汚舞弊情形，而不向有關機構或會議報告的，案發之後，黨內似可追究「道德」責任，甚至應以「欺蒙」論處。

註五，據說軍隊中「四大公開」已收了很大效果。那麼現在便需要大家向戰士們看齊。

註六，如話已說盡，則表決方式反屬次要，因在討論中，個人主張應已大白於會上。所以極言無隱，實較記名投票還更公開。

苦撐待變

——為「自由中國」二週年作——

杭立武

「苦撐待變」是胡適之先生在兩年多以前，針對匪禍在大陸上的洪流再度提出的警語。「自由中國」也就本着這精神，站在反共的文化鬪爭前線上，在兩年前出現。

我們的了解，「苦撐」是代表一種決心。「待變」是代表一種希望和信念。「苦撐待變」是積極的，不是消極的，它並包含一種主動的意義。實際上，凡是反共的人士，都應該有下列的共同的認識，那便是：一、蘇俄帝國主義有赤化世界的企圖，二、赤化中國，是赤化亞洲的關鍵，也就是赤化世界的要着，三、中共是蘇俄的附庸，朱毛是史太林的傀儡，四、國際反共力量的團結和長成，是與俄帝赤化世界的企圖不兩立，五、自由中國是反共陣線中的要員，必須自力更生，終可建立一個自由獨立完整的中國。以上五點，便是決心、希望和信念的根基。

「苦撐」須要自身奮鬪努力。我們這兩年如何呢？無疑的，我們已在臺灣建立一支亞洲反共的最大力量，這力量包括軍事政治經濟和心理。

我們在軍事上的進步最顯著。過去在大陸上的許多毛病，總算逐漸掃除了。陸海軍的訓練加强很多，士兵的待遇營養也在改善。尤其令人興奮的，是士氣增高。我們在大陸上看見的士兵很多令人可憐，現在在臺灣看見的士兵是可愛。你如和他們談話，他們就會告訴你，他們急迫的想要打回大陸。問是否因爲想要早日還鄉？他們的答覆是要趕走朱毛，一雪大陸上打敗仗的恥辱！這是何等可敬可愛。

政治經濟方面，也有進步。政治上不說別的，領導人們的勤勞負責的精神，是可以比得上任何國家的同等人物。一般公務員的忠於職守，也比任何國家的公務員無愧色。經濟上在艱苦中自助的成果，更是邀得了友邦的援助。例如我們所推行的三七五減租，使農民得着不少的實惠，增加生產的努力，使食米的產量，打破臺灣以往紀錄。交通和電氣等事業，也是如此。經濟上的績效，再加上政治上地方自治的實施，使臺灣同胞，發生對政府的好感，並加深本省外省人間同舟共濟的精神。這些都是進步方面的。當然我們在若干方面的努力，也許還不够，至少進步的不能使自己感到滿意，我們只有加倍努力，加緊奮鬪。

軍事政治以外的一個基本進步要算心理方面了。在大陸淪陷的前後，無可諱言的，有些失敗主義，更有存着幻想，或至少對國際共產的眞面目，弄不明白，也不認識朱毛和史太林的主奴關係。兩年來大陸上的事實，勝過了一切宣傳和雄辯，使一般的人多少瞭然於共產集權的手段和內容，知道在赤色統治下，不僅是精神上無自由，而且物質上也要感貧乏，因此增加了反共的決心和信心。這在爭取中國的自由獨立的大業，確是一個堅强的基礎。

「苦撐待變」，變要從三方面來。我們自己要變成一個新的力量，大陸上要變成一個反共的溫床，國際上共產和民主兩集團的分野和不兩立的形勢，也要變得明朗化。

前面已經說過，我們在苦撐中，經過血汗的磨練，已在建立一支在亞洲的反共最大力量。新生的臺灣，形成自由中國的象徵，不僅是島上八百多萬軍民所寄託，也是海外千百萬的華僑所心嚮，更是大陸上億萬苦難的同胞所企望。這是自己一方面的變。

大陸上呢？所謂新民主主義的煙幕，掩蓋不住清算鬪爭壓迫搾取的血腥。韓戰以來的殺人恐怖政策，更是顯現了中共猙獰眞面目。兒子告父親，妻子告丈夫。父親和丈夫受刑罰，家人還得要歌功頌德，說「是人民的公意，政府的公正。」這是事實，是悲慘的血債。大陸上成千成萬的人、就如此的被寃殺，還有成千成萬的人被餓死，即使是逆來順受，也會積累而成無聲的反抗，終致激成暴發的行動。大陸上這樣的在變，我們在等待它變，也是要積極的：一、以新的號召吸引大陸人心，二、打破鐵幕的封鎖，將正確消息傳播進去，三、協助組織指導地下的活動和游擊，這也便是「待變」的眞正含義。

我們自己在變，大陸在變，也當然要注意國際上的變。這理由是很簡單的。在今日的大時代裏，沒有一個國家能閉關自守，尤其面臨國際的紅禍，中國的問題，便無可避免的成爲世界問題的一部份，所以必須牽連到國際上面。我們再看一看兩年來的國際上變得如何？

一般的說，國際上反共的認識和力量，兩年來進步的多了。在俄帝方面，我們得承認，確有一套整個的長遠的計劃，以世界爲對象，不擇手段，不顧信義，冷酷的，機警的在按步推行。至於西方國家呢？總算在這兩年左右，由於美國的領導，才逐漸形成一個以西方爲主因而尚不能認爲完全的反共計劃。而在推行這套計劃的動作方面，還受兩個因素的限制和阻礙。

第一、若干西方國家，因爲太過重視自己一時局部的利益，就不能積極支持全體整個的立場。這在世界反共鬪爭中是一個很大的缺點，因爲不僅暴露民主集團的弱點，替俄帝造機會，也是常常就誤了反共計劃的進展。第二，在若干反共的國家裏，缺乏堅强有力的領導。這在若干國家的人民，也頗有此感覺。因爲領導不够堅强有力，所以在行動上，尤其外交方面，不免猶豫妥協。擧一個例來說，英國工黨政府在過去六年的執政期間，對內不能說沒有若干成效，英國人也相當承認艾德禮是個好好先生，但一般總認爲他不是一個堅强有力的領導者，這於此次工黨的失敗，不是沒有關係的。

以上兩種限制和阻礙，本來是很嚴重的。但所幸有其他兩種發展，也就是這兩年間的事情，使民主集團的力量，仍能克服艱難而有長足的進步。

第一便是一般民主國家對於蘇俄侵略世界的野心看明白了，因此以前幻想走第三路線或做美蘇的橋樑的，不再做這類迷夢，而警覺的團結於美國的領導下，走向自助互助之路，以防禦俄帝的侵略。這雖不全然是近兩年的發展，但是在近兩年才具體化。至於純然是兩年間的發展，而於我們有重大切身的關係的，那自然是關於中共的認識了。當中共傀儡政權成立的前後，不少的西方人士，誤認他們是所謂農村改革者。以後更有人幻想毛澤東變爲東方的狄托。這種誤解和幻想，我不敢說現在已經廓清了，但中共這一年多尤其是參加韓戰以來的表現，應該使一般民主國家充份明瞭中共是蘇俄的附庸。還有現在已經公開的許多以前秘密文件，更十足的證明二十多年前史太林就展開他赤化中國的企圖，他對於中國每一件重大的事情，幾乎都有訓令指示他的幹部，再經由他的幹部，指揮中共。同時毛澤東在十多年前，也就自認爲史太林最忠實的學生。況且在事實上，蘇俄現有種種方法，控制中共，這還希望毛澤東做狄托嗎？無論如何，一般民主國家對中共的認識是較前清楚了，這是一個大轉變。

第二是西方的國家動作了。民主國家本來是行動迂緩的，但是韓戰出乎蘇俄意料之外，有激動民主國家，尤其美國的作用。並且美國一經開始動作，它的力量便能發揮的很快很大。例如重整軍備，一年多就動員幾百萬人，至於科學的研究，工業的擴充，更是令人望塵莫及。就在這激動下，大西洋的統帥部成立了，大西洋各國，紛紛的武裝起來，西德亦在計劃進行中。也就在這激動下，日本和約以及美日安全條約簽訂了，此外太平洋及中東方面，民主集團也開始佈置。這是反共力量的表現和增强，只有這才能使蘇俄懂得。

「苦撐待變」，這兩年的國際局勢，的確在轉變了，並且大體上是逐漸有利的。我們對於這國際上的轉變，也在竭盡我們的責任，一面暴露中共的眞相，揭發史毛主奴的陰謀，一面站在民主集團陣線，擔任太平洋防線上的重要一環，並且積極的訓練充實我們的力量，隨時準備貢獻在反共抗俄的鬪爭上。

兩年前胡先生的呼籲，今天還是有效的。當然這兩年間內外的形勢，已經加深我們的決心、希望和信念。可是前途仍是荊棘重重，在我們實行反攻以前，我們還得要竭盡最大的努力，自力更生，隨時警惕，不自滿，不氣餒，再接再厲，苦撐以待變。

（杭先生文前因收到較遲，故於本期補登。——編者）

日皇太子的生活

——他說：「民主政體是最好的政府組織」——

日皇太子明仁（Akihito）現年十八歲，就讀於皇族學校。一九三三年，正當日本進攻東北時，日本擧國同慶他的降生。明仁早年是一個孤獨的孩子，住在他自己的小宮殿裏，與他父母隔離，而終日與一些陰森的朝臣爲伍。無線電大約每一星期便這樣廣播一次：「天皇與皇后陛下曾看皇太子」，或是「皇太子曾看他的雙親」。這幾乎是這位小皇子所享的僅有的天倫之樂。

一九四五年八月，日本戰敗後，明仁的教育起了大的變化。他的一位御前大臣曾對他說道：「在你學習做皇太子之前，你必須學習做一個人。」他開始了「做人」的新教育。

一九四五年，美國兒童讀物作家菲玲太太由美去日本教明仁的英文。明仁很喜歡他的新教師。而她也發現他是「我所教的學生中最令人滿意的一個」。

他很機警，審愼，誠實，當她初次見到這位皇家學生時，有人告訴她，皇太子曾經被教對她說：「承你盛意，如此遠涉重洋來教我。」她準備這樣回答他：「承你盛意，如此歡迎我。」但當菲玲太太當着歡迎群衆將她所帶來的巧格力獻給那些皇家學生時，明仁欣喜之下，丟開了他所準備的歡迎詞，迸口而出道：「謝謝你的糖果。」

明仁仍然與他的双親分居。但他比以前他父親享有更愉快的友誼。他有一些同年的伙伴。他在學校裏輕鬆愉快。下課時，與同學們一塊到處嬉戲，双方都沒有一點彆扭的感覺。

明仁所愛好的書是『魯濱遜漂流記』，『三劍客』，『湯•索耶歷險記。』

有一天，菲玲太太指定明仁那一班的學生用『組織』（Organization）這個字來造一些句子。多數的學生都草率地寫了幾句。唯有明仁寫道：『民主政體是最好的政府組織』（Democracy is the best organization of government）。（苓）

「苦撐待變」與反共抗俄必勝信念

吳相湘

「苦撐待變」
[illegible]國卅年勝利
范旭東先生在重慶刻此印，卅二年寄贈
胡適

此意我最初在1938年十二月四日與五日的紐約講演中提出，曾由李惟果先生譯其全文。
適之 一九四七、十二、四夜

「苦撐待變」、「和比戰難」兩句話、一般人都知道是胡適之先生近十餘年來常用的警語；儘管有一小部份人不同意胡先生的這個見解 對這兩句話加以非議（民國卅七年冬卅八年春和談聲中報紙常見這種議論）；但就筆者所知：這兩句話實在已於抗戰史中寫下了重要的一頁，其價值比之蔣百里先生「勝也罷，敗也罷，祇要不與她和」的名言，似乎還要超過百倍哩。

關於這句話的來源，適之先生曾有一件親筆寫的簡述保存在筆者手中，同時我的日記中也記錄了胡先生寫簡述當時的話語。我感覺在此時此地將這一歷史文件發表是正當其時，因此草成這篇文字。

胡先生親筆簡述內容如附刊鋅版，圖章就是范先生贈牙章的拓文，胡先生親手為我拓印以後並且說：「撐字篆體不見於說文，因此只好借用掌字，這也是一件有趣的事哩」。這一簡述和拓印是當民國三十六年十二月初，我在北平拜謁胡先生請教有關第二次大戰著述的時候，話題轉到中國抗戰史料搜集和編纂的問題，我提到胡先生在美國發表的「美國獨立建國運動與中國抗戰」（即簡述中所謂在紐約的演講詞）一文的影響。胡先生因此告訴我寫作這一文字的背景和由來：

『當中國對日抗戰發生一年餘以後，美國輿論對於這一戰爭，雖然寄予很大同情；但民間一般對於這一大事重要性的認識還不夠深刻，援華的呼聲，若斷若續，實在微弱得很。

『我（胡自稱）久有意作演講宣傳，這第一篇是非常重要的，我不但曾費時甚多以搜集資料，尤其立意設辭更是煞費苦心，可以說我的心臟病就種因於此。幸而這一演講，在美國很快的發生了好影響。

『當我任駐美大使時，我曾多次的和羅斯福總統討論援華問題，但是當時國際情勢和美國輿論還沒有完全能傾向我方，羅斯福總統曾再三表示：只待時機成熟、國會採取行動，一定迅速以經濟軍火援助中國。

『我為此曾連篇累牘，將國際形勢美國政情詳細電呈我政府。所有電文都是我親自擬稿，我曾不惜電費的反覆陳說「苦撐待變」的道理。

『所謂「苦撐待變」的變字，雖然可以解釋作「待援」，但是我的意思卻注重在國際上反侵略集團的形成，國際上能認識日本軍國主義的發展是對於世界和平的重大威脅，以及中國抗戰是反侵略和打擊日本帝國主義的重要力量。國際間有了這樣共同的認識、不僅我國抗戰所需物資可源源而來，中國國際地位可以提高，最重要的是民主自由文化可以繼長增高的發展，不致再受野心國家的摧殘。中國軍民雖因艱苦奮鬥而遭受若干犧牲，但這一犧牲已是很有價值的，足以自慰的。我不僅將這意見電呈政府、並且常常致信國內各方朋友說明這點，范旭東先生竟以這四字鐫刊牙章遠道寄贈，可說是最使我高興感動的。

『我在紐約這一演講中，主要地是提示歷史事實以說明美國獨立建國運動成功的最主要因素有二：一是華盛頓和他的軍民能刻苦奮鬥、不顧一切誓達獨立目的的決心和作為；一是法國對美人的精神和物資援助；兩者相輔相成卒以成大功。因此：我指出：刻苦耐勞忍痛犧牲是中國民族的特長，是世人所公認的；現在對日抗戰是民族獨立或永被奴役的生死存亡關鍵，全民一定更會表現出刻苦奮鬥誓達目的的精神。但生產落後，一切現代作戰所需的設備和器物缺乏，這就祇有期待愛好自由民主的國家能認識中國抗戰的意義和價值而積極予以幫助了。

『接着我指出：中國抗戰和美國獨立運動在歷史的背景方面雖有若干不同，但兩者奮鬥的方法和誓求獨立自由的目標却是相同的，而近百年來中美傳統的深厚友誼是沒有他國所能比擬的。因此：中國非常期待美國友人的援助，而美國友人本於愛好自由民主的傳統，顯然也有對中國抗戰予以積極援助支持的義務。』……

說到這裡 胡先生擡頭看見案頭日曆正揭著『十二月四日』，略一停頓思索後，又很高興地說：『真湊巧！今天恰恰是我在紐約發表這一演講的十周年紀念日，我來將這一可紀念的圖章拓印一張送你』！說著就移坐書案旁寫了這一簡述，將抗戰中一段重要史實，留存了最原始的第一手史料。

很顯明的：全國軍民不惜犧牲一切艱苦地和敵人奮鬥加上美國的援助

（應該說是中美聯合作戰），是八年抗戰獲致最後勝利的兩大重要因素。這一事實證明了胡先生十年前在紐約的著名演講內涵的信念是非常正確的，而卅六年冬，正是國事大有可爲的時候，因此，胡先生特別留下這史料。

但不幸的，全國上下在過度緊張之餘，竟又過度的鬆懈，遂使在抗戰中坐大的中國共產黨乘機擴張其實力。更不幸的是美國對於中國的瞭解不夠深刻和清楚，既鑄成雅爾達協定的大錯誤 又輕信中共是「土地改革運動者」的虛僞宣傳而倡導「聯合政府」，終又採取停止軍援以促成中國政府改革的政策。一誤再誤的結果，遂使中美雖然在對日本的鬭爭中贏得了一場大戰，但却讓蘇俄坐收勝利之果，中國共產黨也乘隙竊據大陸，以致自由中國的軍民不得不退守臺灣。

當民國卅八年夏至卅九年夏一年間，可以說是自由中國在國際間最不利的時期，一般形勢的黯淡與危險是現在在臺灣的人所親歷的。但是全體軍民在節約生產 實事求實以增强保衛臺灣反攻大陸的號召下，大家又秉著「苦撐待變」的抗戰教訓，沉著的埋頭苦幹，時間和事實的演進，遂使臺灣重獲安定，且成爲東南亞和西太平洋反共區中最堅强的基地。卅九年六月廿七日 韓戰發生以後美國派遣第七艦隊協防臺灣，說明了美國仍無意放棄這戰時盟友；而協防臺灣的美艦是以「福吉谷」號航空母艦爲主力，很容易令人要意會到這大概不是無意義的巧合，而是與日本投降時美國特遣「密蘇里」號主力艦去東京灣受降一樣的含有深意（杜魯門總統是密蘇里州人，特遣此艦所以示尊敬杜氏也）：美國朋友顯然是有意以華盛頓在「福吉谷」苦鬭而終獲成功的史實來暗示我們刻苦努力，天助自助。

關於公元一七七七年冬季華盛頓在福吉谷苦鬭的史實，胡先生於紐約演講「美國獨立建國運動與中國抗戰」時曾特別加以引述：當時食糧非常缺乏，滿載一車鈔票（green note）才可能換到一車麥子。華盛頓和他部下「只有煎餅與水以供早餐，煎餅與水以供午餐，煎餅與水以供夜宴，上帝希望美國兵士能靠煎餅與水爲生」。同時，三分之一的兵士無襯衫以蔽體，而其外衣掛於四肢之上也襤褸不堪的縷縷下垂。不幸冬天又挾其所有的恐怖降臨於這一饑餓襤褸的軍隊，聖誕日天氣陡變，翌晨雪厚四英尺，營舍前與營舍間盡是積雪；而初雪之後又連朝天寒而晴，夜則濃霜，更使士兵們生活陷於困苦：「當被踐之泥土凝結，崎嶇之山脊銳利如刀，兵士雖裂毛毯以裹足，皮肉不久依然毫無保障，營房內與營房附近血跡斑斑」。同時，疹傷寒病症又非常猖狂地在營中傳染 醫藥設備缺乏 無人治療——十一個下級內外科醫生與助手傳染此疾的即有十人 於是遂發生四百人於草床更換以前先後死於同一草床之上的慘劇——營中生活雖然是如一篇憂悶而冗長的悲劇，但多數的美國士兵們却本於美國幽默家的傳統習慣順受當前的逆境，甚至有人還描述福吉谷的環境有山有水，實在引人入勝。就是這種不屈不撓的偉大精神，度過了這可怕的冬季，接着和暖的春天來到，一切環境和國際形勢也轉好了，從此就步上了成功的大道！

如果我對於美國特派「福吉谷」號航艦東來協防臺灣用意的推測是正確的，那這一兩年來，中國自由人民的一切努力是可以滿足太平洋彼岸友人的殷切期望了。

「苦撐待變」，雖是十三年前胡先生爲對日抗戰而提出的，但三年前，胡先生又曾舊話重提，少數共黨的同路人，恐怕這一在抗戰中獲得證明的至理名言增强國人反共抗俄的信念，曾不惜汚衊胡先生，說胡先生的「待變」是等待第三次大戰，更歪曲地引用胡先生的「和比戰難」以加强證明胡先生好戰。實則胡先生並不願見第三次大戰的發生，他之所謂「待變」，主意是在企求世人能夠了然共產國際是世界和世界文化的最大威脅，中共的一切行動都是史達林攫取中國征服世界計劃的一部份。使愛好自由和平的國家急起防治這一毒瘤的長大，藉以防止三次大戰的發生。上年十月胡先生在美國外交季刊發表「史達林雄圖下的中國」一文，企求以之幫助美國朋友了解中國眞相的用意與十三年前在紐約講演「美國獨立建國運動與中國抗戰」是一貫的。

就現在國際情勢看來：許多國家都已認清了中共匪幫的眞面目，更瞭解了史達林征服世界毒辣陰謀計劃。這一趨勢是極重要的，可以說這正就是我們二三年來「苦撐待變」所「待」的。

二年前，當我們努力臺灣防衛工作的時候，中央日報曾特譯邱吉爾回憶

「自由中國的宗旨」

第一、我們要向全國國民宣傳自由與民主的真實價值，並且要督促政府（各級的政府），切實改革政治經濟，努力建立自由民主的社會。

第二、我們要支持並督促政府用種種力量抵抗共產黨鐵幕之下剝奪一切自由的極權政治，不讓他擴張他的勢力範圍。

第三、我們要盡我們的努力，援助淪陷區域的同胞，幫助他們早日恢復自由。

第四、我們的最後目標是要使整個中華民國成爲自由的中國。

錄中「歐洲陸沉後的英倫」史實以勗國人，現在正當國際反共集團加强組織之際，邱吉爾氏又重主英國國政，因之不禁使我想起邱氏一九四二年二月二十四日對英國下院的一篇有名演詞：

『余不信日本之遽然對美進攻爲日本之福，余認此實爲一極不理智之舉動。

『……昔日戰爭之勝負決於戰爭過程中之偶然事件，而未必取決於戰爭之趨勢，此次之戰爭則趨勢較偶然之事件更爲重要，吾人甚至可以未得任何令人震駭之勝利戰役，仍能獲得全部勝利，吾人甚至可以一再遭遇極令人失望極苦惱之事件，而仍能獲得勝利。

『吾人今已遭遇一新局面，即美國已以其巨大無比之力量用於作戰，英美已建立龐大之武器軍火原料航運之總滙是也，故余相信吾人現將重掌太平洋上之制海權，且開始建立有效之空中優勢』。

這一演詞發表的當時，正是日軍偷襲珍珠港後繼續橫掃太平洋上英美軍力，且於二月十六日進佔新加坡，轟沉英國兩大主力艦，陷英美處境於最黑暗的時期，邱氏發表這一具有堅强必勝信念的演詞以後，曾招致『邱翁每戰必敗每辯必勝　的譏諷。但是時間和事實證明邱氏的信念是正確的。對於「戰爭決於趨勢」的卓越見解更使許多歷史學家爲之傾服。今日我們重讀這一演詞時，若將第一段中的「日本」云云改爲「余不信蘇俄驅使韓共中共之遽然進攻南韓爲俄帝之福」再往下讀，並以今視昔，就更加强反共抗俄的必勝的信念了。

國際上的趨勢既然有利於我，我們還應該怎樣努力以求適應把握這一有利的環境呢？

我以爲我們除開繼續的刻苦奮鬪，並虛心坦率的檢討二三年來一切工作的得失以求改進外，最重要地應該注重研究「聯合作戰」問題。

邱吉爾氏在其回憶錄第二卷第三十七篇中曾說道：『達卡爾之役，是值得精密研究的，此役經過，不只高度表現戰爭中若干種不能預見的事件，抑亦表現出政治軍事應該怎樣互相聯繫？又怎樣互相影響？也涉及同盟國聯合作戰是怎樣困難的。』可見「聯合作戰」這一課題是如何的重要。第二次大戰盟軍統帥艾森豪威爾元帥於這一問題更根據親身的經驗發表了許多精闢的見解，他在其手寫的「歐洲的十字軍」一書中有道：

「歷史證明聯盟作戰的困難，聯合軍曾屢屢失敗，他們所犯的不可原諒的錯誤是那麼多，職業軍事家早就將聯合軍事行動有效能的可能性打折扣——除非資源是那麼豐富，足以如洪水之汎濫的方式贏得勝利——甚至曾因此有傷拿破崙軍事天才的榮譽，因爲參謀學校的學生，發覺他竟時常對自家的聯盟者作戰，就是對不統一的顧問，不同的政治，經濟及軍事利益。

「從前，二個國家協力對一個共同敵人作戰時，其中的一個與另一個總是强弱懸殊，一切皆由强的支配，現在有效的合作，必須出自自發的相互謙讓。此次戰爭的史實，尤其是地中海與西北歐之戰所造成的輝煌戰史，乃基於這種自發的合作，其間自然也有差異，强梁者代表强梁與驕傲的民族，不過這些瑣事，與盟軍在歐陸併肩作戰非常的成就並提之下實毫不足道」(Crusade in Europe, P.4)。

這是第二次大戰中及其以前各次大戰中有關聯合作戰的一項綜合敍述，是值得注意，尤其是所謂「其間自然也有差異，强梁者代表强梁與驕傲的民族」二語更值注意。艾帥書中恰有一件有趣的實例，可以作此語的說明，就是當突尼西亞戰役後羅斯福總統一行在北非親自檢討處理有關法國問題的事實：艾帥於此寫道：

「我發覺總統在考慮當時北非的各種問題時，總是沒有把我們在北非的處境與在敵人疆域上作軍事佔領的情形弄清楚，他在談起一些計劃與建議時，對於當地的住民，法軍以及行政當局動不動總是命令，訓示或强制。我總得提醒他：我們的政策不是早就決定要爭取一盟友並運用他的力量！這與統治征服國差得很遠。我們不過是要把政府的基礎逐漸擴大，最後的目的是要把政權交給全部的民衆，這一點他自然同意——他個人曾參與這次進攻的基本計劃——不過，在討論當地問題時，他還老是以征服者的態度自居，也許是下意識吧！果眞我們可以征服者的態度行事的話，那問題可簡單得多了！他特別愼重地告訴我：如果要答應將法軍正在迫切請求的巨量軍用品供給法軍時必須把條件先與他們講清楚．他們必須同意美國關於歐洲方面戰略的決策，讓盟軍利用法國的基地；並逐漸將美國所反對的法軍官淘汰。除非他們普遍支持我們實現這些事情，不然，我們去替他們裝備不是落空的嗎？」(同上書一三七頁)

由這一記載：很容易使人意會到，美國政府當局對於曾經援助她獨立運動的法國尚如此的以「征服者自居」，斤斤於有條件的供給裝備，何況中美之間又有白種黃種的分別再加上史廸威將軍的倔强個性，「優越感」，「征服者」的態度表現在與中國聯合作戰的過程中是更不足怪了(史廸威手稿及中美關係白皮書正可作這一論點的最好說明)。艾帥雖然說：『這些瑣事比之盟軍在歐陸的非常成就並提下毫不足道』，但是歷史記載會告訴世人：這同樣的「瑣事」，在中國戰區却是使中美關係陷於不愉快境界的最重要因素。

現在幸而是我們的「苦撐」，美國友人已能很冷靜地檢討對華政策了……美國華盛頓大學「遠東及蘇聯研究所」所長兼國務院外事組顧問 George E. Taylor 氏在今春發表「美蘇在亞洲思想戰的檢討」文中就曾坦率地指陳：「從我們在中國問題的經驗教訓，美國應知：若徒然以本身自私短視的目的出發，而不能眞正尊重他國的民族主義和政治獨立的意願，則必然無從獲得民族主義者的同情與合作。美國人或多已淡忘雅爾達事件，但中國人因之所受痛苦，則必銘心刻骨。因此美國如欲運用亞洲民族主義者的力量，就必需衷誠地認識他們的要求了』。（譯文見本年五月十五日香港工商日報）。這一見解是值得注意的。而麥克阿瑟元帥今年四月在美國國會的演詞中更有力地指出：「殖民地時代已經過去了，亞洲人民有權利來決定自己的自由命運。他們現在所尋求的是友誼的指導，瞭解和支援，而不是專橫的指揮，是平等的尊嚴而不是被征服的恥辱」。這眞是亞洲問題的權威看法，是與上錄艾森豪威爾元帥對羅斯福總統所說：「我們是要爭取一盟友並運用其力量」同具重要性的，祇可惜在第二次大戰中羅斯福總統和麥帥很少聚首長談的機會；而戰後美國對華政策的重要執行人馬歇爾元帥於來華路過東京途中又沒有與麥帥一談中國問題，遂使這一遠東問題的權威沒有貢獻意見的機會。

麥帥卓越的見解，在過去雖被忽視，但在今日則已獲得共鳴，爲美國人士所重視了——例如最近遊歷遠東各地歸去的紐約州長杜威氏即在十月十六日發表演講，號召一項不戰而在第三次世界大戰中獲勝的運動。其方法爲在「亞洲人的亞洲——非俄羅斯人之亞洲」口號下團結遠東各國爲盟國。『吾人應提出此一口號予以證驗，吾人爲自由之故，應開始贏回吾人業已失去之友人。余並有另一基本建議，用以確立吾國與太平洋其他各國之關係，此事不僅包括有宣傳，且涉及政府之最高政策，此即吾人必須停止依照吾人之想像以改造世界其他部份之企圖』；因爲『美國人必須承認下列事實；東南亞洲及太平洋人民擁有一種截然不同之歷史背景，彼等願予保持，彼等希望其政府爲其本邦人士所治理之政府——不拘是好是壞——然却非爲任何他國所治理或享受利益之政府」。杜氏特別要求美國應即刻停止在亞洲的優越感，因爲『美國政府並非無懈可擊，而其他各國亦不願完全抄襲吾人』。這一根據實地考察心得而提出的含有深意的具體建議，很顯然地是將爲美國人民和政府所接受，並迅速採取措施的。

就以上所陳，可知當第二次大戰中在中國戰區的聯合作戰是有許多方面沒有能適合最高要求的，現在面臨反共抗俄戰爭的緊急關頭，美國人士既然在澈底根據過去教訓詳加檢討，以便改進。那麼我們更應該對於這一課題要特別注意：一方面檢討對日戰爭中盟軍聯合作戰的得失，尤其是我們自己的缺點；一方面搜集二次大戰中其他戰場上聯合作戰的情形以作學習的根據，如此双管齊下，則我們在今日和未來與盟友相處之道必更可和諧協調，緊密携手共進的結果，必更可加速反共抗俄鬭爭最後勝利的來臨。這樣，「苦撐待變」才更有意義了。

（上接第一四頁）

前年在魏德邁將軍的晚宴席上，我得有機會與塔虎脫夫婦傾談，這個已經禿了頭而又帶着眼鏡的參議員，是個高大的個子，說話聲音並不響亮，他當着客人批評杜魯門的種種措施，言談中似乎對於自己的競選具有莫大的信心。他的太太也是一位非常了不起的人物，她是議員太太中的領袖，說話比她的先生多上好幾倍，而且頻頻發表驚人的議論，他們夫婦兩人可以說是旗鼓相當。最近，有人以艾森豪威爾也將參加競選事請塔虎脫發表意見，塔虎脫說：『這對於我毫無影響』。

再說艾森豪威爾，他是在第二次世界大戰中躍登五星寶座的軍人，曾在麥克阿瑟元帥之下當過少校，所以可說是麥帥的下屬，第二次大戰之後，自歐戰場凱旋，聲名大震。他曾有一個退隱時期，做哥倫比亞大學的校長，無善可述，因爲他到底是個軍人。有人把他和麥帥相比，說麥帥是個純粹的軍人，而艾帥已學到了政客的圓滑，因此艾帥被派到歐洲握大權，而麥帥以正義受屈，這是題外的話。艾帥在以前雖曾一再聲明無意做總統，然而這話是否出諸內心還得打個問號。最近，美國最有權威的報紙紐約論壇報女老板雷特夫人已在報上聲明支持艾帥競選，而艾帥則表示緘默，想來，艾帥參加競選是不成問題的了。

當麥帥掛冠返國之時，萬人空巷，有人就提議麥帥也參加競選，可是麥帥却是眞的無意做總統，不然他成功的希望當不在艾帥之下。

離開大選雖然還有十個多月，然而美國民主與共和兩黨人士如今已加緊籌備，大家互相指責已成爲家常便飯，鹿死誰手一時還難預料。不過，美國如今是領導世界民主的先導國家，她的一切決策，將影響全世界人類的自由與幸福，無論誰做白宮主人，我們希望他將是一個充滿智慧的領導者。

談明年美國大選

陳香梅

一九四八年美國大選的結果使人有說不出的驚奇而多少帶有失望的感覺。當時大家都以爲杜威的總統寶座是十拿九穩，絕無問題，據說當時杜威本人亦非常自信，全部閣員名單都擬定了，而許多報紙和雜誌已開始預稱杜威太太爲第一夫人，喬遷白宮做新主人似乎只是彈指間的事，結果杜魯門的票數竟多於杜威，於是杜魯門連任美國總統。在這場角逐中，共產黨的策略產生了決定的作用，原來美國共產黨知道若杜威當選，他們絕無立足之地，於是選擇了杜魯門。在當時競選總統的還有代表左派的華萊士，他以爲共產黨一定會把票投給他，事實不然，共黨卻支持杜魯門，華萊士所得的票數少得可憐。共黨深知華萊士決非杜威和杜魯門之敵，與其把選票數消耗在華萊士的名義上，莫若以之來選杜魯門，對抗杜威，這是杜威所意料不及的。共產黨這一着成就了杜魯門，使他得以再任領導世界的美國總統。時光荏苒，這往事不覺又快四年了。

在這四年當中，美國人如何生活，全世界人類如何生活，直接間接都受到美國國策的影響，這是無可諱言的。據最近華盛頓消息，美國的國防預算費自一九五二年七月開始將增加到五百億美元，上週，美國國防費用已在三百八十億美元之上，試想美國人每年所需要付出的捐稅是多少，而這只是軍費而已，其他行政開支還不在內。所以現在美國商人都叫苦連天，他們的盈餘只夠支付政府天文數字的所得稅。比方說，一家大工廠獲利一百萬元的話，百分之七十以上要付給政府，剩下來的三十萬元才可由廠方和股東均分，而各股東還得再個別交納所得稅，試想，剩下來的還有多少呢！現在美國通貨膨脹的現象已經日趨顯著，一般物價均在不斷上漲，如今美國人不但躭心世界第三次的原子戰爭，而且還恐懼隨通貨膨脹而來的經濟危機。他們對於現在的政府，眞是怨聲載道。

兩天前，我接到一位美國友人的來信，她說：『我們實在有換一個政府的必要了，我雖身爲民主黨人，可是我卻希望共和黨得勢，如今這個政府太不成話了。民主黨和共和黨共同執政也未嘗不可，只是千萬不要再讓這個糊塗政府來危害我們了。……』

去年我和外子（編者按：即陳納德將軍）在華盛頓，和美國的巡迴大使傑塞普同住在華盛頓酒店，那時傑塞普的權勢頗大，他有權分配各國的經援和軍援。一個晚上，他約外子到他的房間談話，外子滿胸熱望地去了，他希望能使傑塞普對於中國和遠東的情況有所了解。兩三小時之後，外子回來了，我問他傑塞普是否很關心遠東和中國的局勢？外子說：『當我把遠東和中國的近情向他報告時，他似乎很感興趣。』我說：『他有所表示嗎？』外子說：『他已對遠東政策有所決定，這就是美國政府早已決定了對華和對遠東的政策。』

我不再多問了，外子也沉默了。

最近傑塞普一再被指控爲親共分子，想來並非全沒根據。以上的事實可間接地暗示着美國政府如今的處境，以及左右美國國策的是些什麼角色，如此說來，明年的美國大選一定是會有一番精彩表演的。

現在我且就可能參加下屆大選人物的性格來加以分析，以助我們對未來這一齣喜劇的場面有一較爲深入的了解。

自從一九三二年，羅斯福總統奪取了哈佛總統的寶座，一九三六年他又戰勝藍頓 Landon，一九四〇年戰勝了威爾基，一九四四年又擊敗杜威，造成了史無前例的四任記錄。羅斯福去世，杜魯門以副總統資格走馬上任，一九四八年又莫明其妙地戰勝了杜威，於是乎民主黨執政在美國忽忽已有二十多個年頭。美國人對於杜魯門的批評可以分爲兩派，同情他的說他太固執，不受忠言；反對他的說他簡直是一個庸才，根本沒有資格做總統。不過不管大家對於杜魯門的批評如何，照現在的情形看來，他是決心再度競選的，而許多靠他居官的民主黨人士也不得不擁護他。

杜魯門是米蘇里州人，據說微時曾以推銷領帶度日，確否待考。杜魯門有點音樂天才，彈得一手好鋼琴，有許多人說他應當做音樂家而不應做總統。去年，某音樂評判家批評他底女兒馬格烈杜魯門的歌喉無足取，把杜魯門氣到了不得，馬上寫信與那評判家聲辯一番，因此又有人說他氣量淺狹，脾氣卻大。但是，無論杜魯門有多少短處，至現在爲止，民主黨方面的競選人必以杜魯門爲首無疑。雖然，杜魯門太太，再三表示，不願乃夫再浮沉宦海，因爲她已厭倦華盛頓生涯，希望能回到故鄉去過點田園的日子，然而杜魯門是否倦鳥知還呢，那就大成問題了。

再說，共和黨方面呢，逐鹿的人似乎也數目不少，然而最有號召力的當推共和黨領袖人物塔虎脫和艾森豪威爾元帥。至於杜威則早已聲明不再作馮婦。

先說塔虎脫，他是一位非常精明的政治家，去年再度被選連任代表俄亥俄州的參議員。他曾經擬訂許多法條，防止工人們能工，可是有些工人卻投他的票，一般勞工們都會這樣說，『我們並不歡喜塔虎脫，不過他卻是美國政府今日所需要的能幹而有辦法的人，他雖制止我們能工，可是他不會讓我們餓肚皮的。』

（下轉第一三頁）

法共動態

巴黎通訊・十一月二日

本刊特約通訊記者　警雷

『在貴黨內是否有反對者及不滿的現象發生』？記者不久以前在一次訪問中問法共前政治局書記毛利斯托雷。當時他尙在病中，還未被遷往莫斯科。托雷的答覆是否定的，他對黨的健康比對他自已的健康更有自信。可是在共產黨內，現在正鬧着嚴重地所謂偏差病、機會主義病，派系病，經濟病，官僚主義病，一切的主義病似乎都百病齊發，只是狄托主義還不大正面的從黨內出現罷了。

如果法共是健康的，我想托雷的健康應該也沒有問題，法共雖一再否認托雷死去的消息，但這事實似是很難被否定的。托雷縱使不死，縱使不因着黨務太多而害得他久病纏綿，他也不會再主持黨務了，他的精神康健已經爲莫斯科否定了。

無論共產黨人向黨外人士宣揚黨的健康，却遮飾不了她外形的虛弱。事實是法共已漸漸失去了她的影響力與權威。雖然他們叫囂怒罵還是不減當年，運動宣傳標語傳單，甚或愈演愈烈，但是它過去在法國人民心中的光輝已經減退了，這並不僅是說這次的總選議員票數減低了三分之一，最主要的是法共在人民的心裡已經開始失去了憧憬，在操縱工人普羅階級方面已經失去往日的控制力。兩年前法國的造船塢與碼頭工人，只要有一點反共嫌疑，甚至不表示積極，便要遭到排斥。而今這氣燄已經大大消殺了，工人們已從這種恐怖裡得到了解放，美國軍事物資運法，起卸已不成問題，法國向安南運輸軍火也都通行無阻了。有一次法共大事叫囂呼籲海工罷工，拒絕裝運運往安南的軍火與戰略物資，結果只有巴斯德號遲延二十九小時，其他都按時開出了；在那次龐大的運動中，共產黨曾用了最大的努力，結果竟遭慘敗。

另一件事實，在明白顯示着共黨力量的衰退，那便是黨員人數的銳減。共產黨已經失去了十萬以上的黨員。最近的統計是：去年黨方大會交到一九四九年黨證共計七八六、八五五人（一說實際只有七十五萬），可是一九四八年則爲七九八、四五九人，而一九四七年則爲九〇七、七八五人（內有十分之一則爲女性）。

法共在二三等城市比較有力量，縣與鄉鎭更是他們的田園，大概有十個地區都變成了紅色盆地，這十個地區除了巴德加來 Pas-de-calais 以外，其他如亞列，低阿比斯，海亞阿比斯，克爾斯，高來思，多多扼，多洛摩，加爾，高維也納等地都在洛爾省的南部。至於在傳統上是基督教信徒的區域如東羅苜，亞爾厄斯，西厄爾曼梯、布來東，萬德等地，是共產黨無法得手的地方。

法共很注意鄉村的發展，在七十萬黨員之中，大約有二十萬分佈在鄉村。在法國每一個政黨，按照比例來說總沒有得像共產黨所爭取的這末多的鄉村黨員。這是可怕的一點。把握鄉村，在爭取政治上的勝利，是很重要的，法共在這方面是成功的。日內維也法共全會的報告說：「仗恃着村鄉的農夫可以爭取半數普羅階級得到小鄉人的歡心，更可以使小資產階級中立起來，這對我們是最有利的」。

在法國目前耕者有其田的宣傳還不曾發生什麼顯著成績，「土地」雜誌的銷售較比二年以前已經顯著的下降，瑣納與洛爾四團體爲了「耕者有其田」的事件，召開大會，結果只聚到了百十多個農人，這不僅是農人對土改不發生興趣，特別還是法國農村人士不願過問政治之故所致。

實在說、法共的力量不在黨員的數字，法共在全民數字內還不到百分之二，使法共發生力量的原因，一方面是各黨的不團結，一方面是共產黨組織的强固。

法共神經中樞是十四個政治局，（從毛利斯與雍芮特失踪之後，還有十二個）與秘密俱樂部相輔相助，至論中央委會不過是監督性質，自此以下，更有各地方性的組織，行使黨方命令，一脈相通，緊緊聯合，而馴服於最高紅都的命令之下。其基層有力的組織，則是他們的核心組織：「小組」。

法共黨方小組的組織是視其工作對象與條件而不同的，有的是爲黨員諜工作與住處，有的是專門負責聯繫。小組的主要任務是在動員，準備並指揮群衆，可是最近一兩年法共喪失了不少陣地，據一位法共領袖人物雷格爾計算在塞納省企業小組已較一九四七年少了三百十四個單位，布示羅納省比一九四五要少了二五六，佳爾少了三十七，上加羅納少了一〇〇，羅納省則少了四十六，洛爾至少失掉了一〇四個，這種趨勢，現在還在繼續發展之中。

法國的共產黨小組，全數約在三萬左右，小組領導人選的原則是：最有權威的同志，忠誠，堅定，有發展能力，會組織，能領導，會發動，鎭靜，有謀略。誰能工作，誰就當領袖。絕對不論黨齡，也沒有所謂帮帶風。

法共為了新生，為了不被淘汰，他們已經在向着淨化黨員，普羅化黨員的途程上走了，他們已經起用許多新的年青的黨員。

為了擺脫青年的共產黨員，法共機關認為只是忠誠是不足的，黨員的政治保證除其本人以外，還須有與他常來往的關係以為決定，尤其是在具體的戰鬥工作上確有著昭的表現。

現在的新趨勢是認識群衆的領袖們擡頭了，這群領袖既然認識群衆，群衆當然也認識他們，知己知彼，才易於推行工作。因此現在智識勞工的共產黨與教授們，新聞記者，教育家已經成為法共的次要份子了，法共的小組書記們已漸漸的改換了工人，中央政治局以及各地方部門，也都逐漸加入新的工人出身的黨員們，特別是巴德加來洛爾羅納河口省。總之，目前法共的目標是在改造成一個有力而眞正的工人政治集團，以接應蘇俄赤化世界發動大戰的局面。

新近法共訓練機關，已遷至維洛弗來了，這個職務是由芳濟畢儒擔任的，自從雅各都克洛擔任共產黨的總書記以後，芳濟畢儒擔任議員領袖，朱翁毛外則接替芳濟畢儒的原職，共黨黨員的訓練因之要較前更為嚴格了。新近他們設立了一個民衆大學，戰爭學校和露營學校，專收二十歲到二十五歲之間的青年男女黨員。訓練的內容除黨務活動外，有黑格爾哲學，與共產主義的理論。至於一般黨員的訓練工作也在不斷加强，尤其注重於「馬列教義」的灌輸，小組，分區，聯區內經常舉行會議討論問題。

共產黨是獨裁的政黨，黨員是沒有自由的，法共的黨性也是如此，從最上級黨部到黨員個人，從核心到外圍，每一舉動都得切切實實為了所謂黨的政治路線，不許有一絲一毫脫節，他們美其名稱這種制度叫民主集中制。黨的領袖，如果有什麼指示，當然沒有討論的自由，在小組或分區的討論，雖然是被容許的，但是誰敢違背黨的命令呢？誰不害怕被戴上偏差的帽子呢？一切黨員均必須執行書記們的指示，而書記又要執行總書記的意旨，總書記還得惟蘇俄政治局的馬首是瞻。蘇俄政治局則又是史太林的傳聲筒而已。不久以前還有研究法共的專家，懷疑法共的國際性，說它們未必是蘇俄附庸。他們雖承認法共處處為蘇俄的利益着想，但仍然否認其中有內在的聯繫，這種說法實在是太幼稚了。

總之法共黨員的減少，象徵着法共在法國的沒落，雖然，他們黨內正進行着新生運動，但是這並不足以拯救它的失勢。法國人民已漸漸覺悟到共產黨不能拯救他們。

本刊園地公開
歡迎讀者投稿

和平頌

—「向狄托歡呼」—

最近在奧地利有一首詩，表面上看起來是遵循共產黨的口吻，其實，其中含有雙層意義。在鐵幕國家內反極權者常以這種方法來打擊統治者。這一首詩是維護和平的，但每一行第一個字的第二個字母拼攏來正是『向狄托歡呼』（HAIL TITO）。

tHough the hour is getting late
rAise the bright blue flag of Peace.
lI ft the world from worldwide death.
fLock to fight, you friends of Peace.

sTeel the Communistic Front.
mI nors! Join the adults' ranks.
sTrike down armaments and want.
sO we serve the cause of Peace.

時光雖漸晚，
猶可擧起光明的和平藍旗，
使這世界不再死亡遍地。
團結奮鬭！和平的朋友！

使共產黨戰線如鋼般的堅强。
青年們！加入成人的行列，
剷除匱乏與武裝。
我們如此向和平奉獻力量。

狄托主義現流行於中歐共產國家中。此詩在奧地利發表以後，共產黨官方的一個刊物（Weg und Ziel）嚴正警告：控制所有的共產黨員，惟恐他們變成『華爾街的特務』。那些阻礙和平進展與進步的人必須與所有『被英美所僱的特務』一起剷除，尤其要剷除那些『叛黨而反對蘇聯』的份子。

（苓）

西歐通訊

西德整軍問題

安道

世界局勢緊張聲中，美國是更積極起來了。美西双方的協訂，舊金山對日和約的簽署，都足證明美國的外交政策，一天天在進步中，不似先前的一味姑息蘇聯了。舊金山對日和約簽訂以後，縈繞在美國執政者心頭的對西德整軍問題，也在積極的進行着。對日和約簽署之後，三外長仍鳳塵僕僕於華盛頓開秘密會議，正是爲了討論西德整軍和對德和約問題。西德整軍問題的醞釀已經一年有餘，時遭法方反對，而迄未能成功。

一九四九年四月間，北大西洋公約成立之初，英國保守黨人建議，讓西德也參加北大西洋公約，這意見經英工黨政府反對，未獲實現。

一九五〇年三月間，英外交部秘書處提出保衞西歐四點計劃，其中一點，就有關于西德整軍問題。因爲時感到西歐防衞力量薄弱，武裝西德等于加增了一部反共的生力軍。但因執政者規避現實。亦未正式提出討論，加之法方死力反對，這種計劃于是又告失敗。但是蘇聯先發制人，成立了東德共和國，武裝了東德共產黨軍隊二十萬人，現在更是有增無減。

一九五〇年下年度歐洲會議舉行時，又有人曾再提到必須武裝西德以對抗蘇聯武裝東德的建議，又經法方死力反對而再遭擱淺。

中共參加韓戰後，世界局勢頓形緊張，美國宛如大夢初醒，下了全國動員令。並派艾森豪威爾東來，加强西歐防務，組織聯軍。當時軍事人員，都一致主張武裝西德，促使西德參加北大西洋公約。艾森豪威爾很贊成這個主張，並竭力促使西德武裝的實現。法方曾復力加反對，但因衆議難違，於是艾帥提出了有條件的讓步，不讓西德軍隊成立參謀本部，軍隊不能獨立，同時每師的人數也要減至四千或五千人。這些條件有傷德國國格，立遭西德反對，美國處在進退兩難之中，遂採取折衷辦法，先武裝了五萬西德警察，以對抗東德。

一九五一年武裝西德的呼聲已達到了最高潮。法方還是死力反對；而蘇聯又從側面加以破壞，離間西方國家，甚至拿出恫嚇的手段來，阻止武裝西德的進行。卒使聯軍方面未能通過准許西德成立參謀本部。同時西德內部又有企見：基督教民主黨是主張盡速武裝的，而社會民主黨則頗表反對。他們說：「我們不願意把德國變成高麗第二。戰爭不會給德國帶來幸福，却只能給德國帶來比二次世界大戰時更大的毀滅。」

武裝西德，與對西德和約問題之間是有其密切關係的。由於武裝西德問題之一再擱淺，於是對德和約也遭到了不少的波折。對德和約比對日和約困難更多，對西德和約如能實現，這在世界外交史上還是一種創舉，因爲歷史上，從沒有對戰敗國的一部分簽立和約的先例。據內幕人士透露，一年以前，美國曾傷盡了腦筋研討對德和約，開會時，法方却用了否決權，從此對德和約問題，就沉寂了，在這一年之中，再也無人提起對德和約問題。

美國爲使法方安心，曾建議在對德和約成立之後，三佔領國的駐德大使，還能運用否決權來干涉德國內政。但這種條件立遭西德總理艾德諾(Adenauer)拒絕了。最後美國又提出了三個折衷條件，爲使德法兩國滿意：第一、三佔領國家，對德國將來統一問題，必須握有控制權；第二、三國在政治上要控制西柏林；第三在他們認爲必要時，能够過問德國內政問題，以阻止共產黨攫取政權。

艾德諾對一二兩條是相當滿意的。因爲對西德和約成立之時，東西德邊界問題，必定要與蘇聯直接打交道，而西柏林的經濟，又非西德政府所能控制，所以這兩條最好由美國出頭辦理，西德政府則可坐享其成。但是第三條，艾德諾却很難答應了。他應顧到社會民主黨的反對。這些條件，是艾德諾與艾奇遜商談過的，法國人認爲這已是最大的讓步；但是艾德諾則碍難接受。艾德諾的處境是很困難的：第一，他應當使社會民主黨滿意，不然的話，他們將要破壞他的政府；第二，他應當使現在的一些老軍官們滿意，不然他們將要不與政府合作，以破壞整軍計劃；第三，他還應當使他的基督教民主黨滿意，不然的話，如果一旦失敗，責任是應由艾德諾一人負起的。

在世界局勢緊張聲中，西歐的防務還很薄弱。如要加强西歐防務，只有武裝西德。而西德整軍最大的阻碍，就是法國。其他小國如荷比盧森堡，雖也加以反對，却還不如法國的積極。過去美國雖也施以壓力，但態度却不够堅强。如果美國力排衆議，拿出對日和約時的決心，不顧蘇聯的反對，則武裝西德與對德和約問題必然可以迎刃而解。到那時蘇聯只有兩條路可走，或者掀起世界大戰，或者不惜犧牲東德，使接受西德的十四點建議，來一次普選，以促成德國的中立。現在聯合國正在巴黎開會，三外長亦趕到參加，德國問題已列入了議程，這臺好戲將來是吉是凶，我們且拭目以待吧！

蕭軍之死與赤色文人的末路

羊叔子

兩個月前，我寫了一篇「蕭軍死在鷄立崗上」的文字，刊在香港自由談上，最近讀到本刊五卷七期陳紀瀅先生叙述蕭軍的長文，重燃起我對蕭軍之死的追憶，特從有關資料中探索出蕭軍的死因和他思想發展的路線，藉以發掘整個中共區知識份子苦悶困惑的因素。

在中共的統治下，是沒有任何言論自由的，不僅老百姓如此，即使御用的文人也得三緘其口噤若寒蟬，歷史具在，「野百合花事件」便是最好的例證。

毛澤東在延安文藝座談會的談話，特別指出：「為人民服務的作家必須與政治打成一片，文藝路線也必須依循政治路線而發展」。這無異是給所有赤色文人一個警告：你們必須沒有人性，祇有獸性，必須沒有自我意識，祇有奴隸意識。因之，郭沫若、茅盾、周揚、胡風之流，便像巫師一樣每天唸唸有辭，將毛澤東斯太林的「聖名」「萬歲」一番；於是他們飛黃騰達了，不僅爬到了「人民」的頭上，而且能享受「革命的果實」。

在赤色文人中，有許多也存有理性與感性的，他們關心人民的疾苦，他們憧憬自由的生活，因之，他們的命運是可悲的，「野百合花事件」主角王實味就是因為不滿現實而加上「托派」的罪名，正式以叛黨罪槍斃的，而蕭軍的下場却比王實味更要悲慘！

關於蕭軍的事蹟，陳紀瀅先生已介紹得很詳細，我不願再加贅述，不過我們應該認識的是，蕭軍是一個充滿了强烈的愛國主義自由主義的作家，他的成名作「八月的鄉村」以及「江上」「大連丸上」等短篇，所表現的是濃厚的民族思想，他雖然參加了「左翼作家大同盟」，但他並不是共產黨員，自始至終他都是以「共產黨的朋友」的地位，冷靜地觀察着共產黨的發展的。

蕭軍與共產黨積怨的開始，是在二十七年他到延安的時候，中共為了表示尊重這位「魯迅的得意門生」，特派了中央委員洛甫(張聞天)歡迎他，作為一個自由主義的作家是不慣歌功頌德隱惡揚善的，他在歡迎會上首先抨擊一路上他所看到的「解放區地方政權」的腐化情形，使得許多中共政要大失所望，結果不歡而散。在今年四月的香港大公報上，還記載了這件事的始末，作為攻擊蕭軍的口實，由此可見中共老早就想拔掉這顆眼中釘了。

在延安的八年，中共對他非常冷淡，蕭軍的寂寞和孤獨是可想而知的，共產黨員批評他是小資產階級的代表，而他也以此自承，尤其是「野百合花事件」主角王實味遭槍斃後，給他的精神打擊最大，他已經看出了中共中央的猙獰臉譜，滿腔的悲憤無處發洩，因之，他便索性擱筆不從事任何創作了。

對日戰爭勝利後，他隨林彪部隊進入東北，離別了十五年的故鄉經過蘇聯紅軍的强搶掠奪，已經是面目全非了，林彪對他還眞客氣，讓他在哈爾濱辦一張對開的「文化報」，並供給一切機件，紙張和經費。假如像馮友蘭、費孝通、王芸生之流的奴才文人，能够受到如此的「殊遇」，早就會心滿意足，甚至還會「萬歲！萬歲」的喊過不停了，但是中共的小恩小惠，是無法收買蕭軍的人格和靈魂的，他所聽的是人民對「土改」的深惡痛絕，所看到的是俄國人橫行不法，而這時，共產黨徒却在發動大規模的叛亂，製造殘酷的人海戰爭，這些非人性的瘋狂行為，任何一個有理性的知識份子都會反對，蕭軍也不能例外，於是他在自己主持的「文化報」上，以各種不同的筆調，表達出人民要求和呼聲，「文化報」這三日刊雖然只有短短五十四期的壽命，但是他確曾表現了他特殊的風格，是中共區唯一的眞正人民的報紙！

蕭軍在文化報的副刊「淞花江」上，特闢了一欄「短劍集」，運用他尖銳的筆調，對於以無產階級專政為幌子的罪惡統治，毫不容情地攻擊着，在文化報二十一期「丑角雜談」里，他寫道：「共產黨里眞正的丑角是穿上戲袍的，在這些丑角統治下，祇求機械的統一，結果，人民積極性的人格，人民積極性的創造精神，都被蔑視了，甚至被扼殺了；共產黨使那些丑角當權，使有血有肉的人都成了丑角，臺下的人都看得大拍其手，可見觀衆的日趨逃避現實，神經之日趨堅硬，並不是無稽之談了。」

文化報第八期「新年獻詞」里，蕭軍刊出了一篇署名傷心人的外稿，在上面加了一則「編者按：傷心人先生所說的，確是目前東北人民廣泛地流佈着的情緒，對於現行法令，容或有牴觸之處，然既係人民之呼聲，故特忍痛刊出。」這件外稿最精采的一段是「既「分」人之地，「起」人之糧，「搾」人之財……尚須「淨身出戶」，此眞亘古未有之强盜行為，眞李自成，張獻忠之不若也，滿清異族，日本雖異類，尚不為此，胡共產黨如此不仁其甚也哉？」這樣大膽的抨擊性的文字，確實給了東北人民以莫大的鼓舞和興奮，使新興的統治階級頭慄脚抖了，中共東北局社會處的特務們，馬上找蕭軍勒令他刊登更正啓事，並警告他不得再有類似的文字發表，否則除了封閉報館，還將招致更大的不幸。

在赤色恐怖統治下，蕭軍是不是會向統治者低頭呢？他在「病中隨筆」一文中寫道：「病了，睡在床上，思想像脫韁的野馬，我回想起在上海的那段日子，能够儘情地歡笑，儘意地痛恨，儘情地……然而，逃去的流光是不會再回來的……作爲一個飽經戰鬪的戰士，他不會爲現實所困惱，也不會向惡勢力屈服……。」他這段話，無異向迫害他的統治階級說：你們一切卑劣的手段，儘量向我施展出來吧！我是不會屈服的。蕭軍這種不畏强暴的勇敢迎戰精神，實在令人佩服！

對於中共獻媚蘇聯的卑鄙行徑，及蘇聯大規模的殖民，和超歷史的搜刮，蕭軍是極其痛恨的，在文化報五十、五一、五三等三期中，他連續寫了「蘇聯人民的渣滓」、「來而不往非禮也」、「各色帝國主義論」的諷刺文字，向這些人類的敗類放出了銳利的利箭，他說：「……不論那一個外國人，他們應以平等，尊敬對付我們，如果是蘇聯人，他們更應該尊重我們，如果相反，我們站在國際友誼的立場，根據列寧批評與自我批評的精神，更應該指出與批判，無原則的友誼是不合理的。」「今蘇聯老大哥源源來到咱們落後的中國，眞是不勝歡迎之至，然而，來而不往，非禮也，我們也應該派出若干顧問團、考察團、觀光團之類到蘇聯去觀摹觀摹才對，否則又何以貴乎爲四强之一，豈不失儀太甚！」、「中國是不幸的，同種同文的黃色帝國主義去了，又來了一個異族的帝國主義君臨到我們頭上！」「傍晚，在大連路的盡頭散步，那里住了一位蘇聯老太婆，在她的木栅外有一群中國的孩子們在做遊戲，那位老太婆也許以爲孩子們的笑聲影響了她的寂寞罷？她喝道：「去！去！你們中國人！」孩子們還是在嬉笑着並不理會，那老婆的女兒拿起一根竹棒準備來趕走這群孩子們，說時遲，那時快，一顆石子打中了她的手臂，她們哭着跑進屋子去了，對於孩子們我認爲他們保存了中國人的特性，他們是不能受侮辱的。」

蕭軍的文字里，揚溢着强烈的民族主義的思想，像一顆爆發的炸彈，掀起哈爾濱以致整個東北的軒然大波，哈爾濱蘇聯領事館認爲蕭軍的文字「意圖分化中蘇的邦交，加深中蘇兩大民族間的仇恨」，向中共東北局提出了嚴厲的通牒，蕭軍於是下獄了，禁閉在哈爾濱郊外「勞動營」的優待室中，文化報也就同時被封閉了。

過去因爲蕭軍的不隨流俗，疾惡如仇，因而得罪了許多御用文人，這時，他們便群起打落水狗了，由宋之的、劉芝明所發動的「清算蕭軍的反動思想」的論戰展開了，他們給蕭軍加上了許多罪名，什麼「流氓式的鼓詐手段，破壞性的兩面手法，濃厚的虛榮心，根深蒂固的自私自利觀念，狹隘的民族思想」。同時，中共中央並明令將哈爾濱黨委書記「記撤示罰」。原因是：縱容蕭軍這種含有毒素的宣傳竟連續了五十四期，事前並沒有將這種「叛逆」行爲呈報上級處理。

中共當局本來準備將蕭軍處以極刑的，但是王實味的「野百合花事件」教訓了他們，那樣的做法勢將引起全中國人民的憤怒，更加深了中共幹部的離心，因之蕭軍便倖逃殺頭的命運了。但是那些落井下石的奴才文人們，却時時注意蕭軍的言行，以作必要時犧牲蕭軍，向上邀功的機會。

哈爾濱郊外的「勞動集中營」，是昔日清帝的別宮，紅牆綠瓦，古柏參天，一個善感的文人，觸景生情，豈能無動於中？他便寫了一首感懷的舊詩：「我來萬事飄零後，猶見雕梁盈柱工；山色一闈殘照里，宮牆寂寞不成紅。」一片世紀末的悲戚的情調，從詩詞中盎然流露出來，蕭軍的心情是可想而知的。

這首舊詩，充其量不過是蕭軍抑鬱心情的發抒罷了，但是善於羅織的御用文人，却要斷章取義，再興文字之獄。

宋之的，劉芝明在「再駁蕭軍的反動思想」一文里，特別指出：「在人民翻身的解放區，到處都瀰漫着喜洋洋的氣氛，爲什麼蕭軍却要吟咏一些曠夫怨婦之詞呢？這些不健康的文字，勢將影響廣大的群衆。同時，所謂「一闈殘照里」，所謂「寂寞不成紅」，它所影射的是什麼呢？這不正是像反動派咒沮赤色人民政權的口吻一樣嗎？」經過這一番曲意的解釋，蕭軍的「罪名」更加深重了，由哈爾濱勞動營的優待室中，被押送到合江省鶴立崗煤區大東溝煤礦去做苦工。

蕭軍事件發生，整個中共區的文化人都有兎死狐悲之感，一年多來，從赤色報紙的斷續透露：蕭軍的健康情形很不好了。由此，我們可以想像到蕭軍所受的迫害和摧殘是多麼慘重，中央長江日報今年三月九日曾有一篇東北通訊：「蕭軍在礦區親自下井工作，臉上給煤炭塗得烏黑，幾乎使人不敢相信他就是過去煊赫一時的作家，由於實地工作的磨鍊，使他了解了勞動創造世界的偉大，他深深地感謝共產黨給他以反省的機會」！天知道蕭軍當時的心情是怎樣苦痛的，共產黨沒有痛快地將他處死，而讓繁重的工作磨折他，讓無情的誹謗攻擊他，讓難言的苦痛戕害他，使他求死不能，連最後一滴生命的膏汁也要給共產黨絞盡壓搾乾淨，共產黨的手段可說是殘忍絕倫了。

今年五月，中共區展開「抗美援朝紅五月生產競賽」，蕭軍就在這種强迫的生產壓搾中患了咯血症，但是還得繼續工作，到五月二十四日，便死在大東溝煤礦第七號礦井內，這個消息，中共的黨報上是保持緘默的，香港的某一家偏左的報紙東北通訊里，報導了這件事實的經過。這位「魯迅得意門生」，而且曾爲「左翼作家大同盟」的「同志」所一致公認的「中國文壇上的奇花」，總算是「光榮地」死在「同路人」的殘酷迫害中了。

失去了靈魂的文人是可悲的，不幸而成爲赤色宣傳機構的傳聲筒，更是最大的不幸，他們自由的意志被强姦了，言論的自由被剝奪了，思想上被帶上沉重的鐐銬，祇能在馬列主義教條的小圈子裡打轉，其精神的痛苦是可想而知的，因之在整個中國大陸，除了少數靦顏無恥的賣身文人之外，其他的便祇能在困惑、苦惱、沉默中徘徊了，連僅有的微弱的批評也被撲滅掉，毛澤東一面倒的文化政策該是心意滿足了吧！但是「防民之口，甚於防川」，共產黨它又怎能阻塞得住千千萬萬人的思潮的澎湃？在特務密探的高壓下，尚不能阻止蕭軍「人性的發揮」，那麼！中共那套箝制思想摧殘文化的政策，無疑的是會心勞日拙的。

陳毅與饒漱石間的暗鬥

柳甦生

上月廿一日中央社以「香港航訊」的形式報導赤區內幕，有陳毅已被毛記赤朝剝奪主要職權的消息，該項新聞載明，中共已免去其「上海市市長」及「軍管會主任」兩僞職。至「第三野戰軍」及「華東軍區」雙份「司令員」是否同時免除？則尚無所悉。但陳毅在「華東區」尚有一重要之黨方職務，即中共「華東局」「第二書記」官銜，似亦並未免去。事實上陳毅今後將被中共黨方壓縮於純軍事的疇範，不能大有作爲，然其間矛盾磨擦勢將從此而愈見深刻尖銳。

同「功」異賞

中共囊括全大陸的本錢，是靠她對外自炫自誇的四大「野戰軍」（去歲韓戰開始後聞將聶榮臻之「華北兵團」擴改爲「五野」惟始終未見中共「解總」的正式公報），隨着軍事情勢的發展，這四大「野戰軍」，都分佈在「華東」「中南」「西北」「西南」四「大行政區」，一班擁有大兵團的軍頭，統統蒙恩賞賜分茅列土，各有專司的特權，無形中成一大割據的形勢。中共中央爲了授予四大「野戰軍」首腦人物黨政軍統一的全權以好便宜行事起見，除黨的系統分設各區「分局」（如「華東」「中南」區她們就簡稱爲「華東局」「中南局」）外；軍政方面，依照中共中央劃定之「大行政區」（即管轄數省的行政區域）的規模，一律設置「軍政委員會」（內東北因牽涉俄帝特權早經專設「東北人民政府」由俄帝嫡派高崗主持除外），這個機構的內容與組織，與中共「中央人民政府」的龐大幾乎一模一樣，那些各部的主管稱呼，要是不冠以「中央」和「各區」的分別，就不知皇皇的「中華人民共和國」，究竟有多少「教育部長」或「財政部長」，反正「中央人民政府」所屬各部會，除外交部外，其餘的機構名稱，各「大行政區」應有盡有，特別是「部」多，幾乎可以成立一個「部長國」，想見「新中國」的「新政體」規模的龐然碩大！「一野」彭德懷，「二野」劉伯承，「四野」林彪，這幾員大將，都是以「野戰軍」的「司令員」，分兼「西北」「西南」「中南」的中共「分局」「第一書記」及各「大行政區」的「軍政委員會」主席，可以說各集黨政軍大權於一身，儼然爲一方惟我獨尊的小諸侯；其中就只「三野」陳毅，獨被視爲例外，他除了兼上海「軍管會主任」及「上海市長」以外，在中共的「華東局」，只是一名「第二書記」，所有「第一書記」和華東「軍政委員會」主席掌大權的第一把交椅，都落在「三野」「政委」饒漱石的身上，這種怪異的情形，在四大「野戰軍」的中間，尙屬創見，等而下之，就以葉劍英到廣東來說，中共中央除令兼省「人民政府」主席，廣州「市長」，「軍區司令員」兼「政委」等要職以外，還顧慮着他在黨的地位不同，特爲他專設一個「華南分局」，保持他黨方面的身份，也沒有陳毅這樣單調，四大「野戰軍」同樣作戰，各大軍頭也同等賣命，怎麼到了論功行賞的時候，忽然又異等加封呢？原來這裡面是大有文章的。

陳毅的悲哀

陳毅在中共軍事方面，雖然比不上「一野」彭德懷的年資，與「二野」劉伯承的狡猾，但從軍功戰績上講，卅五、六年間對付國軍山東沂蒙山區幾次最大的主力圍勦戰，都是他帶領「三野」部隊立下「功勛」的，同「四野」的林彪，到少可以分庭抗禮。然而陳毅終於在毛記江山大定後，竟遭遇到難以忍受的歧視，細細分析內幕原因，則不外爲二：（一）由於中共軍事系統的「封建意識」，中共軍界傳統地對「老八路」與「新八路」分辨得極其認眞，就幹部講，對「長征」與「非長征」也是大有區別。陳毅率領的「三野」，實際是「新四軍」的化身，在關係上講，是在正規的「八路軍」以外的一個旁支系統，多少帶些「土共」性質成長壯大起來的，至多列入「新八路」之流，于是在「內外新舊」的界線上不能不分出一點輕重；（二）陳毅自從接替葉挺綰掌「新四軍」以來，潛伏活動，用兵作戰，都脫離了「正統八路」指揮序列以外而發展，同時陳毅性詭而詐，中共中央對他總覺沒有像劉伯承徐向前等摸透了心性易於控制，所以總不敢過於放手；（三）陳毅在中共軍人集團中，既不屬於「實力派」圈內的組織，在黨的方面，又與「國際派」毫無淵源，因此上層更缺乏一個有力支持的條件；（四）使中共中央最感頭痛的心臟病，還是由於陳毅這個另成系統的集團圈子內，一切有異於其他部隊範圍的作風與作法，「華東區」自上到下的各級幹部人事，都是經陳毅一手費盡十年苦心苦力，訓練培植起來的基礎，已自成另一嚴整的體系，控制至爲嚴密。比方中共中央對其他「野戰軍」的人事調動，可以由「解總」或「解總總政治部」的人事系統，整個一貫的遷調，而這個辦法拿到「三野」來就行不通，陳毅有陳毅自己佈置的一套人事系統，這種尾大不掉的情形，中共中央當然不能不有防範的警覺；（五）此外陳毅雄踞東方第一個大都市的寶座，聲勢顯赫，金條美人，俯拾即得，給中共在久伏山林的權貴不無口饞眼紅之感，加以陳毅與袁雪芬一個越劇的女伶，鬧些羅曼斯的醜史，使得中共上級所謂元老派一流不能不借題發揮一番，給陳毅一點顏色。這許多直接間接的原因，都是造成陳毅失去華東「大行政區」內黨政領導地位的主要因果關係，一言以蔽之，旁支雜牌系統，是他的唯一致命傷。

防他尾大不掉

中共一向自負她所訓練出來的「馬列信徒」置之四海而皆準，不管她胡吹得如何厲害？若一放到「華東區」來，總有些走樣打折扣，這從中共中央爲了抑壓陳毅的一件決定的擧措可以觀察出來。中共中央對陳毅的不放心有顧慮具成見，防微杜漸，照說乾脆調回到赤朝的內府，或另放一最可靠的接替大員，不是直截了當嗎？爲什麼還要明降暗不降遷就「華東區」的旣成事實及陳毅最後的意見，把一個二三路的角色饒漱石搬出來頂「大行政區」方面的大軸戲？這就是中共內幕人事上註定的一大漏洞，毛記赤朝下的「馬列信徒」依然逃不過因人而施的內在弱點的侵蝕，最後亦得由此缺口趨向崩潰的悲運。原來陳毅爲人外圓內剛，面示服從而陰則緊握實權，「新四軍」於覆敗之餘，由他一手振興，「華東區」肥沃的天下，也由他手下一班嫡系大將打出來，一些握有兵力實權的主幹，如宋任窮王建安譚震林張鼎丞陶勇粟裕等主角猂將，對陳毅的命令反較對「解總」的命令奉命維謹，這不能不使中共中央深具戒心！陳毅和「華東區」在中共中央的心臟裡，猶如過去政府時代在察綏的傅作義一切作風辦法，都另有他一套，而正敎信條，則仍然依樣胡蘆，中共中央在內心上又如何不視爲腹心隱患呢？

從側面獲知的消息，當前年十月中共中央對「華東區」人事尙待決定發表的前夕，爲府與上海四馬路「軍管會」大厦各演其一幕精采的活劇。一方面是陳毅局處「軍管會」官舍，困惱惶惑，終宵繞室彷徨，苦思自固的對策；而在另一隅的北平居仁堂裡「中央政治局」幾位首腦大員，也正在議論紛紜，意見觀點，各異其趣，躊躕不定以待上海方面之反響。及至午夜陳毅的長達百餘字的覆電送達，回電文中有稱：「饒主華東區軍政兩職實爲上級賢明措置」，但對列名「副主席」一節，堅不苟同，故續稱：「名位無關主體，願竭全力，專事軍務與市政的整飭，如爲加强政治上的號召則請擧名外交家黨外民主人士顏惠慶博士爲宜。」電到中共各首腦始鬆懈了緊張的情緒，因亦特別諒解陳毅不能遷就「副主席」的苦衷，批准顏惠慶遞補。陳毅狡猾圓通及工於心計，于此可見，這一電文據聞曾費陳毅數小時深長考慮，其周密得體，乃爲另一事，但他能於婉轉服從之中而仍含蓄隱示不願放棄「上海市長」肥缺的廻環作用，確有其縝密精警獨到之處。然因此亦可見毛記赤朝對抑壓陳毅首鼠兩端深懷難言之隱，而其間勾心鬭角實已至微妙尖銳之境！

赤朝的盲腸

「抑陳提饒」，原非中共中央的本旨，「就近擢饒」，更爲遷就陳毅的一番苦衷，中共本意，志在減削陳毅的實際權力，而非爲擡高饒漱石的身價地位，而自另一角度說，饒漱石雖是「三野」的「政委」，但資歷却遠不如習仲勳鄧小平等的深長，能力作爲更非陳毅的對手，但正因爲饒漱石渾厚圓通，多年來與陳毅軍政配合，尙能以好好先生的風格融合無間，中共中央旣不可能另派新人充任，就近用饒度亦爲陳所能接受，饒漱石以二三流平庸的角色獲得「華東區」黨政首腦領導地位的來龍去脈，是在這樣情況之下所產生的。

殊不料天下事往往因果遞變，中共用饒，初意本在於融和陳毅受抑後而仍可接受的關係，不料反而種下日後陳饒二人磨擦的因素。饒漱石大概也犯了「庸人自擾」的通病，當他未登「華東區」首席寶座以前，對於陳毅本來是一向抱着馬首是瞻的態度，甚少牽掣和違反陳毅的心意與作爲，當然陳毅心內有數，當初甘願讓饒當「第一書記」和「軍政委員會」主席，也看出反正總逃不出自己勢力範圍之內，易於駕馭，可是饒漱石到了駕陳毅而之上以後，就不如陳毅那樣想法，他看到他晋升「華東區」首把交椅，仍然是徒擁一個名義上的虛銜虛職，「華東區」的大小上下各級各色的軍政幹部，依然是奉陳毅爲正朔中心，不論何時何地，均知敬奉陳毅的意旨命令，實權固始終仍然握在陳毅的手中，這使得時異勢變後的饒漱石有些按捺不下，同時也秘密的接受了多多少少有關中共中央的暗示授意，于是盡量利用這塊「第一書記」黨的招牌權威以制陳毅，重新過問人事，抓緊行政權力，饒漱石這樣一改原有作風態度以後，與陳毅首先發生短兵相接的衝突，首先是上海市政一些興革與人事進退的問題，如上海市公安總局長，陳毅原來調用在山東的舊人事實上且已到職多時，饒漱石後來却偏偏認爲這應當歸「中央公安部」的系統，堅持電請羅瑞卿遴員派充，爭執不行，後來只好由「副局長」楊帆暫行代理，然陳毅非弱者，旣覺饒高高在上心本有所不甘，今又咄咄逼人動輒以上級命令相威脅，何能再事容忍，必須報以顏色，因秘密策動，以藉口「華東區」軍政應以南京爲中心，及各級幹部不宜久居過分繁華的都會爲理由，企圖將「華東區」「軍政委員會」及中共「華東局」所在地趕離上海，然後敬鬼神而遠之，免得事事在跟前掣阻，不料饒漱石以牙還牙，主張「華東軍區」及「第三野戰軍」司令部也應以南京爲中心，要遷都遷，這一着相當厲害，因爲如此一來，「上海市長」及「軍管會主任」兩職，事實上便無法再兼，陳毅看風色不好，只好趕快收舵。由此可見饒陳暗鬭激烈之一斑。

熟知陳毅抱負的人，均知其不甘居人下，而共陰鷙機智，又爲其野心企圖之張本，依據最近的報導，陳毅上海兩權威職務均被免掉，則不難推知對饒漱石的鬭爭，陳已屈居下風，但陳毅最後的本錢，還是一手造成的一班帶兵幹部和近百萬屬於「三野」的兵力，陳毅只要始終握緊他這兩張王牌，並善於運用，中共中央便不敢遽然對他以功狗看待，撤去他的一切兵權職務，反之中共中央如不能好好的因勢利導，陳毅的「三野」可能就成爲毛記赤朝一道惡性的盲腸，最後的致命傷！

第五卷 第十一期 海外心影

文藝

海外心影

陶藍

船在晨雨裏駛離臺灣。適值早餐，同行的三個女孩都停下刀叉哭了。就是我沒有，我想到兩年來的憂患和未來的掙扎，簡直和冰一般冷。海藍浪白，我彷彿看見了海的那邊蜿蜒到家門前的路；看見母親樸素而沒表情的笑慰。母親鬢髮已白，飽經幾十年憂患，現在還要寂寞地帶着弟妹們掙扎。世界上只有女人能無盡止的忍，無盡止的愛，無盡止的期待。有時簡直是無理性的。兩年前，父親的死曾使我脆弱得無力立起。許多人不相信他們親愛的人死後太陽還會再昇起來。我知道遲遲早早，每個人都會碰到死亡的悲痛，往往是在快樂之餘。我只有從絕望的愛裏拖過來。我們要在愛和殘酷裏成長。爲了母親，爲了我十餘年來朝夕的一點夢幻，我必須向上爬。趕了一程又一程，這原就是人生。對着那寓言般的成功和快樂，我苦笑了！

船上乘客少。水手們看見海中有怪魚，便叫我們過去看。下午便到了日本。島上和漁船都出來了。白鳥飛繞，繞住了離人的心！

船整整行了三個星期才到美國。沿途風浪尚平。許多城鎮，如雜誌上的五彩畫面一樣，令人神往。上岸時記者訪問攝影，後來火車站一女職員將報紙剪下寄我。美國人好奇得有趣。他們一生在這半邊世界裏，雖舒服，却不知道別的國家正面對許多衝突和問題。

剛到時停在健哥校內。他是兩年前來美國的。他領我去康沙斯城看法國電影，吃中國飯菜，教我這般那般，帶我去店中走走。蔬菜檸檬擺得很漂亮。我用了他的時間和錢很不過意。伊利諾艾大學很安靜。鐘聲下流着密蘇里河。學生碰見我都『hi』一聲，說是joe的妹妹。我和他們同一餐室吃飯。男同學端茶，女生侍候麵包，穿着淺色的毛衣和布花裙，個個都很輕鬆愉快。刀叉響處，我不覺想起我大學的四年。這裏和重慶同樣的樹，也許還不如那密，和嘉陵同樣的水，也許還不如那綠，但這些孩子過得多輕鬆，我們實在被國事現實壓得超過自己的年齡了。我愛這恬靜的學校氣氛，我好像在外面混了兩三年，又找到回來的門，但還進不去。一年來，我一直在和疾病掙扎。我沒有一本書，我常夢想買第一本小說的快樂。我在等康復了，便要回去努力。我要拿出大學裏的忍耐和毅力，堅强地再走一程。我祈禱上帝再給我這恩惠，重聞書頁的芳香。

有一天，早上陽光，中午下雨。進得康沙斯街來，看玻璃窗內的跳舞紗衣時，忽然一陣冰雹，許多穿紅大衣的小孩都叫起來了。這便是善變的密蘇里氣候。

美國的工廠林立。不知道人家怎麼建造成這個國家?!剛來美國的人都會驚嘆美國的富庶和進步。但在這兒住住便知道這國家有很多缺點。半邊地球的豐富和百年昇平的舒適使他們簡單下來了。儘管如此，但何日我的國家能有這普遍的工作，普遍的生存？……熾烈的國家意識在我內心激盪。我從沒這樣希望中國强盛。

在健哥那裏玩了三天便去紐約表兄家。白天的紐約眞難看。但我愛紐約的夜。到紐約時正是細雨迷濛之夜，表兄表嫂駕車去車站接我。雨中驅車經過那彩色的夜景，令人迷惘。表嫂說多年不見，她一定要陪我玩個痛快。她帶我去聽音樂學院學生期終演奏，在那鋼琴和拱頂之間，我不覺想到國內那些甘苦相共的朋友，我們不是孩提時代一塊兒挑選色彩式樣的融洽，而是哭笑滄桑，「萬物芻狗」的人生裏的體驗。我覺得我們這兩年走了一段很崎嶇的路，是久在美國的朋友很難了解的。表嫂又陪我去RadioCity 看一個很有名的電影 Caruso，說一個意大利的音樂家盛名之際吐血倒逝在幕後，他幼時賣麵粉爲生。我常想許多有成就的人一生都坎坷波折。世人眞是殘酷，現實毫無情義。但我們愈知道這世界苦，只有練習去笑得更甜。一個人若倒下來，人人都要踏他一脚。我們不能被疲倦和艱苦壓下去，不能給戰爭和死亡摔折下去。只有在這一切裏忍受出來的愛和成就才是有價值的。

每當風和日麗，紐約街上的女孩都輕紗飄帶。美國的嬰兒和廿二三歲前的孩子都好看，尤其是小孩講話的聲音最好聽。但年齡再大便皮膚輪廓很粗了。中國人所謂徐娘半老的風韻在美國 是很少見的。

到紐約不久，佩芸伉儷帶着剛生的嬰兒駕車來看我。佩芸是我孩提時代的朋友。記得那時我們常坐在溪邊的大石上引吭高歌，或是傾訴我們天眞的夢幻。想不到異地重逢，我們已中年將入了。把手言歡之下，感慨萬端，滄海桑田，往事不堪回首！

我因眼疾未愈，什麼事也不能做。我不想參入那喜怒燈市的囂雜裏。我常愛一人靜坐在室內轉開無線電聽音樂。蕭邦也好，古典也好，我閉眼只要聽些柔和幫我忍耐的聲音。有時也拿起唐詩讀一兩句「揉藍衫子杏黃裙」，但現實不知道變到那裏去了?!我雖愛那些雋永的詩句，但我更欣賞古人寫下那些詩句時的昇平心情。那種寧靜淡泊的氣息對於亂世的我們太陌生了。每週末，禮拜堂的鐘聲常交織着美國的警報演習。我忽然回到所看過的許多戰爭電影裏去。我怕也許我們要回到比以往任何一個都恐怖的電影裏去。

新鮮的紐約空氣促使我的病早愈。紐約已秋意闌珊了。十月，我來到印弟安那大學。我學的是英文。我雖一直偏愛中國詩詞，現覺英詩的境界範圍大些。我愈來愈覺自己知道的太少，我眞願一生能讀，現在我漸想到我所崇拜的那幾位老師怎麼消磨他們的一生。我每日匆忙。校中所有的樹葉都轉紅了。早晚秋涼，看見遠處鐵架上的灯光，不覺又想起紐約的高厦。這小鎭太安靜太清潔。每家都是白屋青草小花。我倒反懷念在大學時代口袋裏擱把焦鹽花生，游盪在田野裏的隨便。尤其懷念那入晚燈響的沙坪街上，叫賣紅油抄手的聲音。在飯桌上生菜糖醬之間，看着那些女孩嫩潔的臉和初悉妝飾的短髮，我似乎又回到嘉陵江畔，重度十七八歲時的時光。有時我簡直想把那逝去的抓回來，把家中的薔薇燈光和爐火，把我那短髮藍衣盪進那明亮教室的自在情緒，都抓回來。那快樂的往時，我現在想起來好像以前幸福得有點痛苦。每週末，女孩們提箱回家。我幾乎硬心地站在窗後看，我知道每個人遲早都會有個快樂的以往。但我怎能忘記風雨前後家門前如黛的田野！

我欲歸去！我愛國內的山川本肴，和連年與流離掙扎的親友。東方人雖苦，但他們的生活裏有這樣細膩淡泊的味道，和忍受歲月的精神。我縱行萬里，也會回去的。

世界無雙的典禮

維也納有一個區域由四國輪流管理。法國接着英國管理，蘇聯接着法國管理，美國接着蘇聯管理，每逢美蘇行移交典禮時，凡是有照相機的人都盡量利用這時機。只有這個時候，蘇聯人才不反對被人拍照。每個人所要爭拍的照片自然是美蘇兩大巨强的代表握手時的情景。

美國的代表是巴可非克上尉。他已作過兩年代表。據他說他從未和同一蘇聯人握過手。有人問當他們握手時他們是否相視而笑，他回答說：『有時我向他們微笑，但他們從來不笑，所以我也不再笑了。我只是直視着他們。』蘇聯人從未宣佈過握手人的名字與他所屬單位。

美蘇的移交典禮可謂世界無雙。典禮開始於上午十一點鐘，一個蘇維埃軍分隊和一個美國憲兵分隊以及兩方的軍樂隊整列行過維也納盟國輪管總部。兩方的長官並肩站在總部的石階上檢閱。當美軍樂隊奏着美國國歌時，蘇聯兵致敬禮。當蘇聯軍樂隊奏蘇維埃國歌時，美軍也致敬禮。

典禮中最精彩處是當這位美國上尉和他的蘇聯對手由街的兩頭相對走來的時候。兩方面對面時便止住了脚步。於是，蘇俄的官員用俄文說道：「先生，我準備移交同盟國輪流管治權。」美國的官員用英文回答道：「先生，我準備接受同盟國輪流管治權。」然後，他們兩人便脫去右手的手套握手。這時，所有有照相機的人便爭相攝取這個鏡頭。

握手禮行過後，總部頂上的蘇維埃旗便被降下。美國旗升起。蘇聯人常將他們的國旗釘在旗桿上，因爲他們的國旗是日夜掛着的。有一次，必須用鉤子才能將他們的國旗扯下來。然而，他們對此似乎也不在乎。(苓)

鐵幕中的『新式』計算器

在一正統派的匈牙利報紙 Magyar Nemzet 中，有一條消息說匈牙利利用廢木製造了十萬個『蘇維埃型的計算器』。此消息對於蘇俄彷彿是一個有意的諷譏。　據此報紙稱，這種新的計算器是用來代替昔日在匈牙利的辦公室與學校中所用的『帝國主義型的』計算器。那種舊式計算器用於結算『資本主義者的利潤』是適當的，但不適於用在『人民民主國家』中。此新式的『蘇維埃型』的計算器是一個木匣子，其上有一些平行的金屬桿，每一條桿上有一些圓的木珠，可用手撥來撥去。

事實上，這種所謂『蘇維埃型』的『新式』計算器就是我們所稱的算盤，是用於初等教育中的。

因此，這項消息所包含的意思有下列三種：

一、所謂『資本主義者的』計算器已經破舊，沒有精通此道的機械匠來修理。

二、所有能用這種機械的人員都被整肅了。

三、新的共產黨職員的教育程度只是初等教育，因此只會用算盤。(苓)

糾正世人對共產主義的錯覺

W.H.Chamberlin原作
召　中　譯

現在．大多數美國人已經知道共產主義是一個絕對侵略力量，這個侵略力量正不斷地愈來愈束縛，箝制危脅他們的生活。但是，對共產主義威脅的精確性質仍有許多混淆和誤解。

一些人認為共產主義的威脅是精神方面的和觀念方面的。另外一些人則認為是軍事方面的和政治方面的。一些不堪救藥的一知半解者和天眞的人們根本不承認共產主義有任何威脅存在。共產黨同路人對於克里姆林政策的每一方面，從奴工營到吞併他國領土，都加以辯解，這種態度在一二年前曾流行一時。但是，在目前的美國輿論氣氛之下已銷聲匿跡。

然而，另有一種典型的人繼共黨同路人而起，此型人克斯特勒（Arthur Koestler）幽默地稱之為反反共產主義者 Anti-anti-Communist）。這種人用他們百分之五或百分之十的精神和智慧的力量排斥對共產主義的同情，而用百分之九十或九十五的精神和智慧的力量批評和非難任何阻止共產主義在國內外擴張的積極計劃。在美國這種見解仍被認為是象徵自由進步的見解，而在英國和法國則更佔優勢。

我們可以從反反共產主義者的最偏好的一些荒謬觀念來辨認他們。下面就是其中為人所最熟知的一些觀念：

一、共產主義是一種理念，你不能用武力阻止一種理念。

如果在一國際情勢中，共產主義與自由制度在理念的市場裡能有公平的競爭，那麼，此一國際情勢是最令人滿意的。但是，共產黨政權的第一個特質就是摧毀這種競爭的任何可能性。它們統治下的人民除了官方報紙的虛僞宣傳外，對於外界毫無所知。

共產主義也不藉和平的勸說作為擴張和鞏固它的權力的手段。它是藉武力發動侵略，藉殘酷的秘密警察逮捕成羣的人民而加以放逐。與共產主義勝利接踵而至的是一個永恒不變的政權，它具有無限的恐怖和無止盡的宣傳。這些事體並不是抽象的觀念。

二、人們只有建立一個較好的社會秩序和經濟秩序才能抗拒共產主義。

在這個謬見中所包含的意思就是，自由社會不能滿足人類需要；共產主義已經獲得急速的長足進步，同時，由於共產主義博得了民衆的同情以及能滿足人民的需要，而正在獲得優勢。

還有一個毫無根據而更可笑的臆斷。就是人民向鐵幕內移動是人們傾向共產主義最好的說明。但事實上，人口是從共產黨控制區移出而非移向共產黨控制區、在第二次世界大戰結束後的一年多之中，大約有八十萬難民留在難民營裡，他們拒絕回到他們的祖國，他們都隱名埋姓和造假證件匿藏起來，唯恐被強迫遣送回國。

所有的這些難民都是從共黨統治的國家逃出來的。由下列一簡單事實可知移向鐵幕的人是如何少。若有人離開自由國家而定居在鐵幕之後便成為報紙上的新聞，如同傳說人咬狗一樣的稀奇。

縱然在西德房荒嚴重並難以覓得工作，但從蘇維埃化的東德每天仍約有千人川流不息地移往西德。然而從西德移向東德的却極少。在韓國，充滿難民的不是共黨佔據區域而是聯軍控制地區。這個事實是有深長意義的。

三、倘若人民不喜歡共產主義，他們便會很快地剷除它。

這個觀念充分表示一個人的孤陋寡聞，不學無術和不用思考。他完全不知道在一個強迫人民相互監視的制度下，人民的力量全被粉碎。

四、共產主義是積極的，因此，我們必須『贊成』而不要『反對』。

這個觀念忽視了一點，就是那些主張嚴格限制專制權力（無論這種權力是握在一行政官員或一羣暴徒之手）的政治思想家已對人類幸福和自由所作的最偉大和最恆久的供獻。一個人祇要讀一遍美國憲法就會看出這部憲法的條文有多少是用否定的措辭：

國會不得制定有關建立宗教或禁止宗教儀式的法律；或剝奪言論，出版……自由的法律。

不得侵犯人身、住宅、文件和家財，不被無理搜查和沒收的人權。

犯人交保時不得要求過高保證金，也不得處以過高罰金，也不得施用苛酷刑罰。

一個有人類自由和成就的積極社會便是根據這些和其他許多堅定嚴格的否定語句而建立的。在今日這個世界最需要的革命是，掃除政府加諸公民的許多官僚的限制，而對政府可能做的事加以更多限制。倘若蘇聯人民眞享有一種如下面所說的堅定而確實的憲法之保障，試想他們將免除多少恐懼和苦難：

『人民無明確嫌疑不得逮捕，非依法不得拘禁，無公開審判不得判罪和放逐，或在非人道情況下從事奴工。』

若我們從我們的心中清除了這些和與此相類似的關於共產主義的謬見，共產主義可被認為是三重威脅。

第一、共產主義是一個破壞性的理念，是一個政權的武裝理論，這個政權公然提出其目標是藉軍事力量和內部破壞而征服世界。

第二、共產主義是密探，怠工和叛國的藍圖。

第三、共產主義是一個超速膨脹的帝國(Snowballing empire)，其面積和人口已經比過去任何征服者所擁有的還大；同時利用巧妙的恐佈戰術和誘惑使抗拒其擴張的意志和力量變爲癱瘓。

一百五十餘年前，好戰的革命法國曾向英國挑釁，這種挑釁並不與今日美國所遭遇者有何不同．在那個時候，對於怎樣應付這個挑釁曾有一個偉大的論辯。

庇特首相(Prime Minister William Pitt)在一七九三年二月一日對下院的演說中，描述法國革命的統治者的計劃和手段，他的描述可一字不變地用來描述今日蘇維埃政治局。

他們假藉自由的名義不容認任何形式的政府，僅僅容認合於他們自己信念和觀念的政府；他們憑藉大砲使他們的制度向世界每一部分擴展……他們曾經說過他們將藉瓦解的原則組織每一國家；然後告訴你，所有的這些都是依照人民的意志。我們(法國)武力所到之處，爲人民意志所支配的革命必定發生。於是一個明顯的問題發生了：什麼是人民的意志？那就是法蘭西的威力。

柏克 Edmund Burke)在同年的八月寫信給他的一個朋友無意中預示了一些觀念，這些觀念可以在我們自已這個時代甚激烈反共者的著作中找到：

我們正在和一個主義作戰，同時正在和一個不能用堡壘抗拒和用領土界限擯斥的範例作戰。沒有境界線可以限制加克賓帝國(Jacobin empire)。此帝國必須在其發源處加以消滅，否則便不能將它限制在那個地方。

最後，福克斯(Charles James Fox)回答庇特，他的話的意思是今日我們所熟知的，『你不能與一理念作戰。』茲將他的演說簡述如次：

倘若法蘭西主義中有任何危險的話，那就是不必要地發動戰爭是爲了擴展法蘭西主義而戰……阻止那些假定爲危險的信念侵入英國的一個戰爭如何打呢？那當然不是說使法蘭西人放棄他們的信念；同時信念並不像貨物，可以用戰爭防止信念從法國侵入。

這種討論在今日更有深刻的意義，因爲蘇維埃共產黨領袖們發現法蘭西加克賓黨人所不知道的秘密：藉無止盡的宣傳和無限制的恐佈手段延續其政權。加克賓黨人的獨裁機構早已被粉碎，而共產黨的機構仍舊穩固。自從布爾雪維克革命到現在三十四年期間，俄國很多的情況和顯著的特色都已變更了。但是，共產統治的兩個基本原則却被强化，這兩基本原則就是政治獨裁和極端的經濟集體主義。任何人都知道這兩個原則大大地加强了統治集團的力量。

因爲俄國經過一段温和而穩定的時期以後，其革命力量並未正常地減退。因此蘇維埃對於非共產世界的獨立和安全之威脅仍然是實在而顯明的。蘇維埃威脅是三重的威脅，今分析如下：

一、理念的威脅。蘇維埃共產主義理念中危險的因素是其普遍性的、救世主的特質。列寧和史達林曾經說過：『蘇維埃共和國將與帝國主義國家長期並存，這是不可能的。二者之中必有一個被另一個征服。在征服過程中，蘇維埃共和國和布爾喬亞國家之間將不可避免地發生許多可佈的衝突。』

一九二八年共產國際召開第六次大會，在史達林嚴密監督之下決定了許多決議，其中有一項決議是：

帝國主義完全暴露和加重資本主義社會的所有矛盾。帝國主義將階壓迫發揮到極致；加劇了資本主義政府之間的鬪爭。因而不可避免地引起世界帝國主義大戰，而導向世界無產階級革命。

還有一種恐怖的動力與假定無謬的教條之動力同時存在。一九四六年我在倫敦的時候曾和自由波蘭流亡政府最後一任總理阿色澤斯基(Tamasz Arciszewski)在一起，他曾清晰地對我說明這一點。阿色澤斯基是社會主義老鬪士，曾在共產國際會議中和列寧及其他共黨領袖相處，所以他瞭解他們的心理和觀點。

當我們分別的時候，他說：『記住，無論在什麼地方只要有一個自由國家存在，克里姆林的統治者絕不會感到安全。他們將稱她是好戰的帝國主義國家，並且盡他們的全力摧毀她。』

自從我們那次談話後已經五年了。阿色澤斯基的話已經從在世界許多地方發生的事情獲得了證明——在他自已的波蘭，在捷克，在希臘，在中國以及在韓國。

共產主義作爲一種理念而迷惑在蘇聯以外的左翼團體，完全是基於虛僞的欺騙。共產主義就是欺騙。共產主義使我們聯想到初期的基督教徒，他們在公共生活中自願地共享他們的財產；或是聯想到柏魯克農莊(Brook Farm)的理想主義者實行的淡泊的生活和高超的思想。

但事實上，在蘇聯自願共產的人可能較世界上任何國家都少。蘇聯極嚴格的强迫實行不平等，而其不平等的情形比在一個資本主義國家中所表現的更明顯。蘇維埃統治階級和瀕於饑餓的奴工在生活標準上的懸殊遠較美國富人與窮人之間的懸殊爲大。紅軍士兵發現美國軍隊中的士兵和軍官吸同一牌的香煙而感到驚異。在紅軍中階級之高低是以所供給的香煙的品質來衡量的。

不幸，善於說謊的共產黨在西方國家中發現有些人在心靈上渴望一個大的神話。許許多多的西方智識份子曾經願意放棄自由文化的基本權利而追求一個虛無飄渺的妄想。

曾有牧師讚揚蘇維埃制度有基督教精神，但是這種制度不僅僅否認和迫害所有各種宗教，而且有系統地實行集體屠殺和有計劃的消滅行動，只有納粹的罪行可與比擬。曾有知識份子對蘇維埃政權之『進步的』性質大為景仰，然而這種政權已經具有奧威爾（George Orwell 所著『一九八四年』一書中所描述的許多殘忍的妄想。曾有科學家嚮往蘇維埃獨裁，而這種獨裁不容忍獨立的科學思想，正如同宗教裁判所不容忍伽里略（Galileo）的情形一樣。曾有自稱為人類自由的擁護者却忽視了人類最基本的權利在俄國湮沒滅絕。曾有綏靖主義者相信全身武裝的暴政是最好的。

不錯，僅就共產主義是一理念，是政治和經濟思想的一學派而言，它已被別的理念最有效的反駁。但是，理念即是武器，理念會產生影響。

這樣便引起了共產黨的第二重威脅：即遍世界的第五縱隊。這種第五縱隊是由莫斯科在幕後指使的。在歷史上未曾有過像這種的事情。因為沒有無數的人民加入一政黨，而這個政黨首要的和唯一不易的原則就是盲目服從駐在外國首都的權威。

加拿大間諜案，費希案（Klaus Fuchs Case），希斯案（Alger Hiss Case），以及許多其他業經發覺和未經發覺的叛國事件，怠工和間諜工作等都是從共產主義的根本性質相繼而起的。若就共產主義是一種理論而言，對付它的最好方法是無情地分析和揭露其荒謬與其虛妄的諾言，以及將蘇維埃實情與共產主義在國外宣傳的荒誕的海市蜃樓作一對照；那麼，對付共產黨的破壞最好唯一可能的方法却是高度的警戒。

有人主張偷竊關於秘密武器的機密情報或替蘇聯情報機關工作是不滿現狀的自由思想者的特權。這種說法是荒誕的。因為每一個共產黨員就是一個潛伏的賣國賊，同時有一些共黨同路人在狂熱方面可與澈底的共產[illegible]比擬，因此顯然需要擬定明智而嚴格的强迫效忠國家的計劃。繼續不斷地揭露那些自願為莫斯科發言的個人和社團也是重要的。倘若在採取這些抗拒外國滲透必要的措施中發生暴亂，這些暴亂一定要歸罪於莫斯科的罪惡，莫斯科從最初就以煽動世界各國國內的階級戰爭為目標。

最後，共產主義還有第三重威脅：就是一個龐大帝國的成長。這個帝國從北邊的斯退汀（Stettin）向南伸張到廣東，擁有八億人民，幾乎控制了英國地緣政治家邁金達 Mackinder）所稱的中心地帶（Heartland。邁氏曾說：

誰統治東歐誰就控制中心地帶。

誰統治中心地帶誰就控制世界中心。

誰統治世界中心誰就控制世界。

現在這個帝國的一翼在歐洲鐵幕後的被征服國家，另一翼在共黨控制的中國。倘若在發動戰爭和製造和平時，每一個保持均勢的基本原則沒有被忽視，那麼，這個帝國將永不會產生的。在冷戰期間，馬歇爾和艾其遜曾承認（至少在理論上承認）克里姆林宮對美國的意圖不是善意的，甚至於在那個時候，我們在武裝同盟國家的軍隊的競賽中已瞠乎其後。

倘若我們計算赤色中國，北韓，波蘭，羅馬尼亞，匈牙利，捷克，保加利亞，阿爾巴尼亞和東德的軍隊，克里姆林宮除紅軍外可以支配的有五百萬到六百萬的武裝部隊。

在去年六月以前，我們一直未能武裝韓國人民並給他們一戰鬥機會保衛他們自已和幫助我們。我們現在仍舊堅決不給自由中國人民反攻大陸的機會，以減少我們軍隊在韓國所受的壓力。我們對武裝日本仍未作重大的努力。我們曾討論武裝西德，但迄無成就。俄國人根本沒經討論便將武器交給他們可以信賴的德國人。我們也沒有運用大批可靠的反共份子，其中許多是有軍事經驗的軍人，有許多是從波蘭，波羅的海國家，南斯拉夫和俄國逃亡的反共志士。

設若將馬歇爾計劃的款項中撥充一半作為團結反共歐洲的軍事計劃之用，那麼，無論在什麼時候若有蘇維埃進軍大西洋的謠傳，我們就無需戰慄恐懼了。

共產主義的三重威脅必須用三重的方法來對抗。對付共理念的挑戰最好的方法是揭發蘇聯實情的眞理運動和宣傳自由的眞實價值。在鐵幕後掀起反抗的火焰應該像共產黨在非共產世界從事煽動一樣容易。

共產主義的破壞及其軍事力量並不是抽象的觀念。因此，在一種情形下我們必須有效地以嚴厲而明智的警察行動以及揭露共陰謀的手段對付他們，另一方面以均勢政治來與之對抗。當我們認清了共產主義威脅的本質，認請了批評的自由並不是謀叛的自由；認清了一個殘暴帝國主義的恐怖戰略並不是一種理念的說服運動，我們才能向着還擊共產主義威脅的方向邁進。

（譯自美國自由人雜誌一卷二十期）

書刊評介

自由人 The Freeman

美國出版

海光

美國出版的刊物，無慮千百計。我爲什麼要評介『自由人』呢？因爲『自由人』是主張反共制俄的刊物。美國出版的刊物之主張反共制俄的也逐漸多起來，我爲什麼單單評介『自由人』呢？因爲這個刊物不獨是主張反共制俄而已，而且它除了消極地批評共黨與俄國底罪惡以外，更能提出一組積極的思想。這可見之於該刊底主旨。

該刊說：『至少在近二十年來，美國亟需有一個刊物來宣揚傳統的自由主義和個人自由。自由人是爲滿足這一需要而編行的。』這個旗幟一打出來，便非常鮮明奪目。

也許有一部分赤心愛國和誠意反共制俄的人士看了這個旗幟，難免心頭火起：『現在從事反共制俄，最要緊的是加强組織，鞏固紀律，你幹嗎還要評介這種刊物呢？你這不是要鬆懈組織，弛懈紀律嗎？』

評介者說：『你底心意很好，可惜性子太急。請閣下小坐一會兒，歇歇凉，咱們窮人吃不起冰琪淋，喝杯冷開水也好，靜靜心，聽咱慢慢道來：請閣下別見怪，您這種論調，不是中了法西斯底毒，就是中了共產黨底毒。』

『什麽？』他叫了起來，霍地起立，怒氣沖沖。

『請別惱火，坐下聽我說出個道理，我不是故意說你不對啊！死水魚兒在死水裡泡久了，牠就不知道牠所喝的那口死水，好人吃下去是要嘔吐的。中國古人說：「如入鮑魚之肆，久而不聞其臭。」習染既久，也就不知不覺，而視作當然了。閣下大概在這種空氣裡待久了，而且一天忙到晚，很少功夫靜下來想想問題，讓季候風一天到晚在耳邊吹，無意之間就把別人的意見作自己底意見了。我現在也不敢說自己底話百分之百地對。我不過帮助您思想思想而已。對不對還得你自己下判斷——慢慢地下判斷。

『老實告訴您，法西斯之反對傳統的自由主義與個人主義，與共產黨之反對傳統的自由主義與個人主義無殊。我們看到莫索里尼和希特勒之迫害自由，就可以充分證明這一點。在老魔王史達林統治之下，人民連『不說話的自由』也被剝奪；別的更不用談了。那個啥子毛澤東（應寫作「蟊賊通」方算名實相符。孔夫子最注重正名的。）他在「整風文獻」裡不是大駡「自由主義」嗎？是的，這位流賊張獻忠底徒孫，反對自由是反對得最徹底了。大陸人民現在連走三十里路都得要路條。在親戚家借宿一晚還得層層打報告。您說反自由反得徹底嗎？固然，我們不能由「法西斯和共產黨反對傳統的自由主義和個人主義」，而推論到「反對傳統的自由主義和個人主義者就是法西斯和共產黨」，但是，我們由此總易於聯想到反對傳統的自由主義和個人主義的，即使和法西斯與共產黨不是「一路貨」，也是在觀念上甚至於在作風上受他們沾染甚深的人物。因爲，近三十年來，只有法西斯和共產黨拚命有計劃地宣傳反對傳統的自由主義和個人主義，打擊這種優良的西方精神傳統。這股感應力眞是太大了。所以，許許多多人受其影響而猶未自覺。……您底見聞也廣。您看那有眞正講民主的人打擊傳統的自由主義和個人主義的？挖掉傳統的自由主義和個人主義，所謂民主也者，不過虛有其表啊！閣下以爲何如？』

『嗯！……』作疑難深思狀：『從理論上着想，您所說的有理。不過，實行起來，是否有困難？如果人人講自由，人人着重個人，如一盤散沙，紀律和組織從何談起？力量如何凝集？』

『先生是把自由主義和個人主義底眞義誤解了。許多人攻擊自由主義，其實一點也沒有了解。有很多人則討厭這些東西，認爲這些東西發展下去於己不利，於是先對於自由主義和個人主義加以惡意的曲解，造成一般人對於二者底歪謬印象，然後再加以攻擊。在事實上，以東方人底心理習慣和政治方式，是很難了解自由主義和個人主義的。這個，眞是說來話長，我們此時無暇討論。您剛才所提出的「組織」與「紀律」問題，所着眼的當然是「效果」。一談到效果，問題就比較簡單了。

『如果硬說只有犧牲自由才有紀律和組織可言，那末，請閣下別生氣，至少在從前，我親眼看見必須用一根繩子把人串起來才行，否則，人便一溜杏花村。而您幾時聽說英美自由人民爲國赴敵時各散各的步去了呢？有些彌賽亞以爲「組織」與「紀律」是萬靈丹，其實越搞越秀躍可觀，人比黃花瘦，一個單元底力量都組合不起來。而第二次世界大戰期間，艾森豪威爾元帥指揮那許多國底軍隊，指揮得那麽協調。這豈是强人以從己的形式所辦得到的事？這個明顯的對照，甚足發人深省。可見自由並非不講組織，更非不能發揮力量。

『實在說來，只有自由與個人才是眞正有效的組織和紀律之基礎。觀乎英美便可明瞭。組織與紀律，當其爲自由主義與個人主義之副產品時，才不是强制與屈從之別名。只有當大家爲自由爲個人而奮鬪時，組織與紀律才有意義，有內容，有實際，更能發揮眞正的力量。此外，在許多其他名義之下講組織與紀律，不是空洞無物，便是强制屈從。二者之間，雖然貌似，但本質之差別，則判若雲泥，固不可攪混淆亂也。

『顯然得很，如果您有寶貴的自由，您家裡又有美妻，以及豐富的財產。外面來了一夥兒强盜，又要打進來劫奪您底財產，把您底美妻配給別人，又在佔領了您居住的土地以後剝奪您一切的自由。您還不會爲了保家保妻保產保自由而拚命與强盜戰嗎？這時，您還會須要人强迫您編入自衛隊嗎？在事實上，河南西部底自衛隊之站隊，練槍，放哨，很少人强迫他們去做。爲什麼呢？因爲大家切身感到需要如此。

『實實在在，把一切空論揭開看，組織和紀律如其有用有益，不過是自由主義和個人主義底副產品而已。閣下以爲怎樣？』

『嗯……等……等我回去慢慢想想再答覆您。』

『對極了！您這種不輕於接受別人底話和不輕於否認別人底話之態度，正是作人之所必須。我沒有寃枉說一場。我現在可以繼續評介「自由人」了。』

該刊底宗旨接着說：『個人必須依其良心底指導而自由行動。這種自由行動以不侵犯別人底相等權利爲界限。』這幾句話，可謂道出自由底神髓。第一，自由不可不講『良心』。此處所謂『良心』，粗淺地說，就是『好心腸』，老太婆所有的心腸。所以，講自由，就得本乎好心腸。如果人人本乎好心腸說話，作事，對人，那末天國就降臨人間。但是，要做到這一點，並不是一件容易的事，而必須沒有恐怖空氣，必須人權眞有保障，必須在法律以內的言行眞不受干涉。可是，這些必須條件，在極權地區一概都不存在。你在極權空間，如果照着良心說話，保管大禍臨頭；如果你照着良心作事，保管無權生存。爲了自存，你只有心裡想一套，嘴裡對人又是一套。所以，在極權空間，大家同患一種病症，就是『人格分裂症』。極權統治對于人性底摧殘，豈可以數字計量！

第二，自由行動必須以不侵犯別人底相等權利爲界限，這就是說講自由不可不講個『群己權界』。民主國家底人民，在行動言論之間，最講人我底分界。這人我分界，任何人都不可侵犯。人民公僕更不可破壞。哥哥進弟弟底房要先敲門。在英國，人民公僕夜入民宅，那簡直是不可思議的事。惟獨極權地區，如英國小說家奧維爾(G. Orwell)在所著一九八四年裡描寫的，統治的少數者之任意侵奪人權，破壞群己權界，根本是家常便飯。因爲，只有這樣，恐怖性的極權統治才建立得起來。

在民主國家，自由爲每一公民所分享，像分享上帝賞賜的陽光一樣。在恐怖性的極權國家，大家底自由全被剝奪。自由惟有統治的少數者可得專享。大多數人民囚居地窟。彼則高立陽臺，拔劍四顧，前無古人，後無來者，念天地之悠悠。

該刊說：『無論什麼地方，只要完全實行社會主義——無論什麼地方政府是唯一的顧主，那末便不能有經濟自由。一旦經濟自由不存在，便不能有任何種自由。』寥寥數語，道盡了所謂社會主義的危險。

史達林說：『一個有職業而無自由的人遠比一個有自由而無職業的人爲佳』。當着大群人迫於飢餓的時候，很易聽信這話的。在快要餓死的時候，人自然選擇麵包而不選擇自由。所以，在貧困，混亂，而落後的東方，群衆極易聽信這種唯物主義的福音；而不易作更高的自由之追求。在人群餓極，群情憤激之時，自然容易被煽動從事鬪爭。這與一群狼餓極之逢人便噬何異？這與一群耗子爲飢餓所激而成群結隊攻擊倉庫何異？這還用得着講什麼『唯物哲學』？

馬克斯乃古往今來天字第一號底大撒旦！

麵包誠然重要，但僅啃麵包決不就是人之所以爲人的生活。馬、牛、羊、鷄、犬、豕，此六畜亦皆藉啃麵包以爲生。飢不擇食所引起的結果，更屬危險。渴極之人，常『飲鴆止渴』。飲鴆以止渴，渴固可以小止於一時，但立遭亡身之禍。所謂『社會主義』，正是這一『鴆』毒。

世上最愚蠢之事，莫過於以飯碗交給別人管。飯碗獻出之日，即開始永作奴隸之時。集體地以『生產工具收歸國有』，便是集體地作奴隸之時。秦始皇收天下兵器，鑄爲十二金人，以爲從此萬世一系，殊不知天下揭竿而起，强秦不旋踵而亡。但是，史達林則收盡全俄人民之飯碗，由彼一人掌管。全俄人民立即由人降爲牛群羊群等低級動物。腸胃受其配給控制，而莫能稍反矣！

在民主傳統深厚的國家，實行社會主義，自由已感受威脅。英國已走到這種危險的邊沿。若在毫無民主傳統的東方而講社會主義，實際上是在已有的封建和專制之上更加一個現代化的工具，而助長極權統治。這樣一來，初期的民主萌芽必被摧毀無遺；人民則在一種更嚴密的統制生活的方式之下過渡更普遍而深入的奴隸生涯。所以，在封建與專制尚未根除，民主傳統尚未確立的東方而談實行所謂社會主義，就是提倡新奴隸主義之別名。

經濟自由非經濟放任之謂。正猶之乎行動自由非行動放縱之謂。前者乃經公意協調之下的一種有節制的而不妨害他人的發展，後者乃無責任的任性衝動。無責任的任性衝動，乃獨裁與極權之特色。欲免於此禍，唯有提倡正常而健康的自由發展。自由經濟，和私有財產底保持，乃一個人作人（而不是作螞蟻，作蜜蜂，如史達林式或希特勒式底人物之所渴喜者）底必要條件。一個人有了經濟自由，並保持私有財產，乃能安身立命，保持人格，保持氣節。有了經濟自由和私有財產，你才能選擇你底職業，表現你底好惡。這樣，是非良心，才得以顯現。陶淵明因有將蕪之田園，才能『不爲五斗米折腰』，才能賦『歸去來兮』。如果在大工業國或大農業國實行徹底的社會主義，一切收歸『國有』，『將蕪之田園』失去，所謂『政府』成爲唯一的顧主，那末你爲了活命，還能不爲五斗米折腰嗎？今日之賦『歸去來兮』者，能有幾人？

該刊說：『照流行的口語說來，自由人既是激烈的，自由的，保守的，同時又是反動的。自由人是激烈的，因爲它要探究到問題底根本。自由人是自由的，因爲它要維護最高度的個人自由，容忍一切本乎誠心而出發的各種不同的意見，並且堅信藉着討論和理性來有效地解決我們內部的問題，而不是藉着壓制和强力來解決。自由人是保守的，因爲它相信要保持過去之偉大的建設性的成就。自由人是反動的，如果所謂反動底意義是反對在所謂『進步』底名義之下，以愚昧和魯莽的方法恰好來摧毁吾人在經濟上，政治上，和文化上最有價值的遺產。』

這種『擇善而固執』的剛健的態度，是一切爲自由而奮鬥的言論者所應持的態度。自由人底編者是很固執，但他們是很有理由的固執，而不是虛僞的矯强。理由能給人以力量。當着人覺得自己『理直』時，便自然『氣壯』。氣一壯，便敢挺身而戰。在美國，當然有不少反對自由人的言論，但是，自由人面對那些反對的言論，一點也不畏縮。自由人底編者並不懼怕別人說他們『激烈』，『保守』和『反動』。你說他是『激烈』，『保守』，和『反動』，他就是『激烈』，『保守』，和『反動』；不過他『激烈』得有個道理，『保守』得有個道理，『反動』得有個道理。

自由人之所謂『激烈』，是要從根本上探討問題。這種『激烈』正是世界反共制俄之所必須，共黨常從根本上或所謂『哲學』上開始，『清算』舊社會，『批判』舊制度。這是二十世紀初葉以來文明底反叛者對於人類文明最大的挑戰。在應付這一挑戰中，有的人則呼口號，伸拳頭。如果僅僅這樣，便是以小毒攻大毒。有的人則爲共黨唯物史觀等花樣所懾服，於是在『哲學』上接受了共黨底『歷史神學』，而在政治上則又高呼反對。這等於將頭伸給蛇咬而擊蛇之尾。這種人鮮有不中毒而死的。共黨從根本上或所謂『哲學』上開始『淸算』舊社會，舊制度；自由人雜誌則也從根本上探討問題，從根本上予以反對，看看我們文明的自由社會有什麼是有價值的，有什麼是值得保持的。這就是從文化的根源上去找理由反共。這樣反共，才會在社會，歷史，和文化上生根。在社會，歷史，和文化上生了根的反共，才是本質的，而不是飄浮的。從這一根本上出發來反共，才能發揮巨大的力量。

雖然，史達林又把保羅，彼得，恐怖的伊凡，這些『民族英雄』底肖像高掛宮殿，可是，各國共產黨徒，在莫斯科嗾使之下，日以繼夜地宣傳，說各國自己底過去一概是罪惡，各國過去的文化一概都是要不得的資產階級的文化。要建立『理想的共產主義社會』，首先必須把這些東西破壞凈盡。毛澤東及其徒衆，是發揮這種破壞本能的『模範英雄』。過去在大陸上，如果有讀書人敢對之加以指責，那末『反動』，『不前進』等等帽子馬上就來，許多人就被嚇住了，只好噤若寒蟬，於是共黨得以橫行無忌。當然，其時有心反共的人士所站的勢子不利，而且易於使人對之發生錯誤的聯想，把他們歸到某一類人去，加以某種人對之肆意摧殘，可是士氣消沉，士人自己振作不起來，作中流之砥柱，以阻遏洪水泛濫，也不能說不是神州陸沉原因之一。如果士人個個有自由人編者這股氣慨，那末至少可以在思想上弄出一個青紅白啊！

中國近五十年來，特別是近三十年來，『革命』之風有若西伯利亞之寒流，吹遍中國原野。這種『革命』之風，養成許多人底一種輕於破壞的心理，所謂『革命』青年尤然。『革命』，『革命』，許多人假汝之名以行不義。我眞不懂，說是要把長期努力建造起來的經濟體系，交通體系，文化教育，倫理道德，一概破壞凈盡，讓大家都返回野蠻時代，受一個極權者驅策，然後才有幸福可言。這個道理，我實在百思不得其解。

我並非說過去的一切都好。過去的一切之有毛病，亦若將來的一切之可能有毛病。但是，說過去的文化是資產階級的文化，則簡直是胡說。社會是分工合作的。在一個社群中，有勞心的，也有勞力的。過去的文化，顯然是勞心與勞力者合作累積的結晶。如果說它好，大家都有分。如果說它不好，大家也有都有分(共產黨自己也有分，因爲他們自己是文化產品之一，雖然這產品不見得怎樣令人喜悅。)然而，共黨說過去的一切都要不得。說道德是虛僞的，宗教是海洛英。非『唯物』的哲學是資產階級底『意識形態』。這是什麼原因呢？

我們要探求這種原因，必須從政治的角度去求。從這一角度去求，便立即可以明其底裡。如果從書堆或字面去追求，那就太書獃子氣了。事關指出反共者之迷津，所以評介者特地藉評介自由人之便指陳出來。

當年王陽明審小偷。他爲證實『人有良知』，叫人替小偷當場表演脫褲子。那小偷頗感難爲情，很不習慣，弄得扯扯拉拉。王陽明說這可以證實人是有良知的。良知是什麼，頗不易下定義。咱們很可不必選取『良知』這樣多義或者混含的字眼。我們無寧說，該小偷之所以怕當衆脫下尊褲，是風浴，習慣，教育，文化，等等條件形成的。當然，這些條件之所以使得那位三手先生竟不敢當衆表演，可思議地有其『理性基礎』。然而，無論如何，這些條件及其背後所依據的理性基礎，就是人之所以爲人底條件。『人之所以異於禽獸者幾稀，曰仁義而已。』仁義是什麼，讓弄中國哲學的先生去界說，我且不管。我現在只說，人之所以異於禽獸的地方，是些『人文條件』。剝去了這些人文條件，咱們跟猿人泰山還不如囉！

而北大圖書館員毛澤東君則不然。毛澤東日思夜夢之所爲者，就是如何鼓勵男女人等當衆脫褲：越脫得快越好，越脫得精光越妙，越脫得徹底越有獎！

這條褲子，就是人文條件底象徵。上述人文條件的有無，乃人獸之分野。具備了那些人文條件，才可算是人；否則人欲橫流，只好算是洪水猛獸。那些人文條件，叫人尊理性，重是非，美情操，明人倫，守禮節，知進退，發展個性，注重價值，嚴群己權界之分，因而不濫取濫予。這些條件，亦若欄柵，把人底獸性檻住了，而導人走向文明之途，造創眞，善，美的世界。這些欄柵，亦非某一個人或某一階層之私產，乃人類數千年來從野蠻到文明的發展途程中，許多大宗教家，大哲學家，大科學家，苦心思觀出來，而且經千千萬萬人從生活的實際中體驗出來的。所以，這些欄栅和軌轍，實在是人類生活底生活原理。因此，地無分南北，人無分貧富，年無分老幼，都應該謹遵這些原理，信守而弗踰的。因此，這些原理若干年來對於人類底行爲的確多少發生了拘束作用和規範作用。

可是，正因如此，對於共黨之破壞造反打殺與夫橫決大爲不利，於是乎彼輩首先要衝破這道人獸之分的欄栅讓獸性破柙而出，以造成橫決之勢。因而，共產黨徒，鼓其如簧之舌，大肆宣傳，說這些人文條件是富人底產物，是『資產階級底意識形態』，是用來保護其自己利益並束縛『無產階級』的。眞是混帳已極！而許多人雖然反共，無意之間一任毒氣流入，多少也跟着共黨同樣作法，同樣說法。事之可異，人之可悲，孰甚於此？

人底文化外衣剝除了，人剩下了什麽呢？什麽也不剩，只剩下一副人形。這些只具人形的衣冠禽獸，頭戴列寧帽，足登馬克斯鞋，身穿史達林裝，手持白朗林槍，成群結隊，搖旗吶喊，張牙舞爪，天不怕，地不管，見東西就搶，碰着不順眼的人就殺。這不是人間地獄嗎？

我說共產黨是『衣冠禽獸』，完全是爲了正名，一點也不含有駡牠們的意思。你想：一大群穿衣服的傢伙，以搶奪自豪，以鬪爭爲天性，以殺人爲職務，不講群己權界，無價值觀念，無羞惡之心，無惻隱之念，無是非之分，無優美情操，只曉得肚子餓了要吃，性欲來了要解決。你說這還算是人麽？這不是衣冠禽獸又是什麽？

所以，今日世界底反共問題，根本就是人獸之爭。我們大家要反共，必須首先好好作個人。我們要作個人，就必須遵守或具備上述的人文條件。世界如其忽視這些條件而談反共，勢必以獸鬪獸。以獸鬪獸，力大者勝。而自由人雜誌主張探入問題之底裡，並主張保持優良的文化遺產，不獨見解高人一等，而且是對症下藥，至足發人深省。

Raymond Moley 在 Newsweek 上評論道：『自由人底偉大任務是反對一個新的正教。這個正教主張一切的善都是由國家而來。』這是反共的重要論據之一。

共產黨之騙人，是要一直騙到死的。恩格斯輩一方面說『國家將要委謝』。可是列寧輩却說，雖然如此，『國家是鎮壓資產階級底武器』。他們所給予人的國家理想是無政府主義；而他們所給予人的國家現實則是絕對極權統制。眞是妙不可言！史達林則企圖締造世界最偉大的共產帝國。在這個帝國之內，『國家』保有一切財富，『國家』支配每個人底衣食住行，『國家』控制每個人底前途。總而言之，一切統制都在『國家』名義之下行之。

而這樣的『國家』在事實上又等于『我』。『我即國家』。路易十四底『朕即國家』於此得到新的翻版。此『我』代表一切。在這種『國家』之內，只有此『我』底目的，沒有個人底目的。只有此『我』底是非；絕對不容許有個人底是非。只有此『我』及其擁護者底利益，沒有個人底利益；不擁護的，甚至被剝奪其生存權。在此『我』籠罩或『領導』之下，未看見個人，只看見『全體』。在此『全體』之中，個人底一切皆不足道，皆不值得注意。個人底生命，宛如水上泡沫，旋起旋滅；宛如海邊沙粒，一任風吹浪汰。更遑論企業自由，思想自由，言論自由……？

可憐啊！我眞不明白，在這種『國家』裡，人活着是爲什麽的？人生底意義何在？人生底價值何在？人生底目的又何在？爲了『國家』嗎？所謂『國家』也者，又渺不可得，視而不見，聽而不聞，食而不知其味。所謂『國家』也者，又往往是那一個『我』。其氣焰之高，自負之甚，較之路易十四有過之而無不及。彼所予細民之現實，凡可見可聞可嘗者，乃事事干涉，樣樣鉗制，件件過問。細民胼手胝足，辛勞終日，知得一飽？千萬人流血流汗之成果，不過供其權利之資。彼對細民生命之態度，一若花匠之於園卉。生長不當其標準者，輒肆意剪而除之，毫無痛惜之意與夫憐憫之情。蓋凡此類之『我』，從未承認『人生而平等』者。

凡極權地區，都有這種性質的危厄。所不同者，惟輕重程度之別而已。所以，自來若干民主政治學者，視此『國家』爲可怕之物，多方設法防制此『國家』權力之膨脹。共產國家乃國家權力膨脹之極致。所以，如要反共，必須從根本上反對此國家乃萬善之源之謬說。國家如爲一文化單位，如爲一保養之源，當然可親可愛。但國家不可妨害個人自由發展，更不可爲一『我』所操持，而應爲『衆我』所經營。

今日反共問題底根本關鍵之一，乃在空氣方面必須與共黨迥然不同。即是，反共力量必須是與共產集團異質的力量。舉個例說，假如有一地方毫無恐怖氣氛，根本不發生『有吏夜捉人』之事。住民神經因而健康，寧靜。在這種情形之下，住民如見報端刊載共黨昏夜捉人之事，必定引爲駭異，引起不安，因而引起對共黨忿恨之情。此則無形增加反共力量至大。反之，若某地『有吏夜捉人』之事亦數見不鮮，久而久之，住民即見報端刊載共黨昏夜捉人之事，彼等必反應平平。蓋神經受同樣多次之刺激，漸趨痲木，不覺稀奇矣。其他事理，可以類推。總而言之，你要治梅毒，你必須離開毒梅之源愈遠愈好。你要反共，你愈表現得與共黨在本質上有異才愈有力量。自由人雜誌，在這一方面，提供了異於共黨的最基本的原則。所以，它很值得我們評介給誠意從事反共制俄的志士。

七年之病，求三年之艾。目前之赤禍，根由已深，不是喝白開水可醫，不是吃片阿斯匹靈可好，也不是三天五天可癒。世界歷史發展到此刼數地步，任何抄近路的辦法不足以起此沉痾。反共既是世界問題。對于世界問題，必須放開眼界在世界裡去求新見。在這一方面，自由人雜誌是一種很可取的刊物。該刊双周一出，年價美金五元，海外連同郵費六元。訂閱處：240 Madison Avenue, New York 16, N. Y., U. S. A.

第五卷　第十一期　內政部雜誌登記證內警臺誌字第一九號　臺灣省雜誌事業協會會員　三七二

給讀者的報告

根據最近各方面的報導，自從舊金山和約簽訂以後，日本朝野的言行態度已經有了很大的轉變。過去日本以戰敗國的身份對盟國表現得奉命惟謹，現在則一反其是，不自覺而流露出驕縱的意識，尤其在對共黨的態度上更有模稜與鼠首兩端的表示，揣其動機無非欲藉國際局勢的動盪以奇居而提高其國家地位。日本人民本是一個有爲的民族，其摯愛其國家的心情是我們所同情的，然正因如此，我們不能不爲他們現在所表現的態度而深爲憂慮。中國有句名言「驕者必敗」，日本人民應毋忘過去失敗的慘痛教訓。至於對國際外交的基本政策日本尤應有一明確的抉擇，須知在蘇俄赤化世界的威脅下，任何個人與國家是不可能置身事外的，如果你不奮力爭取自由，則只配永遠淪於奴役。凡企圖在自由與奴役之間混水摸魚者，終必難逃於北極熊之魔掌。而且世界局勢息息相關，日本之安危亦即遠東與世界之安危。我們以愛護日本的心情覺有不能已於言者，故爲社論「再向日本人民進一言」。

第六屆聯合國大會在巴黎開會以來，已將一月，現在正是好戲登場的時候。本屆大會討論的議案中，裁軍建議是主要議程之一，理論上裁軍是獲致世界和平的必要步驟，而世界和平則是聯大所追求的目標，可是證之蘇俄一貫玩弄和平蔑視聯合國的作風看來，我們不可能相信能在本屆大會中獲致裁軍的協議。現在巴黎鑼鼓正喧，而大西洋公約國則適時在羅馬開會，實有無限諷刺意味。然從對抗侵略的前途看來，我們則又爲民主國家之能認識蘇俄而欣慰。因就此意於時評中論之。

本期專論，張佛泉教授的大文我們要特別爲讀者介紹。張先生深入淺出地指出近若干年來國民黨在政治上失敗的原因，在於沒有養成民主的生活習慣，他具體而微地以討論開會爲主題，更提出淺顯易行的「從民權初步做起」的主張。讀此文後，我們會更了然於民主是一種生活方式，必須脚踏實地地從「自由討論」做起。

杭立武先生與吳相湘先生不謀而合的俱論「苦撐待變」。「苦撐待變」一語是本刊發行人胡適之先生於十年前抗日戰爭最艱苦的時期所提出警句，卅七年中共渡江前又再提斯言，現杭吳兩先生分別闡釋其含義，特別指出「待變」乃積極地自求進步，所以勉國人也。

陳香梅女士是國內名記者，長於文藝寫作，想爲讀者諗知，固無庸介紹。

最後海光先生的書評，因評「自由人」從而闡發自由之精義，篇中讜語警句百出，不可不一讀也。

本刊售價

一、臺幣三元
二、越幣八元
三、菲幣五角
四、港幣一元
五、暹幣四銖
六、美金二角
七、叻幣四角
八、印尼幣三盾

自由中國　半月刊　第五卷第十一期

"Free China"　總第五十號

中華民國四十年十二月一日

發行人　胡　適

主編　『自由中國』編輯委員會

出版者　自由中國社

社址：臺北市金山街一巷二號

電話：六八八五號

航空版

香港　香港時報社（高士打道六四號）

經售者

臺灣　中國書報發行所（臺北市館前街八五號）

美國　紐約民氣日報社
舊金山國民日報社

日本　東京南友堂
東京內山書局

馬尼剌　大中華日報社

印尼　椰嘉達星期日報
椰嘉達天聲日報
棉蘭繁華圖書公司

越南　西貢中原文化印刷公司
越南華僑文化事業公司

曼谷　曼谷攀多社十二號

緬甸　仰光振成書報店

新加坡　中興日報社

檳榔嶼、吉打邦均有出售

澳洲　墨爾砵王德利公司

印刷者　臺灣新生報新生印刷廠

廠址：臺北市西園路二段九號

電話：廠長室七一二五　業務課二〇九六

本刊經中華郵政登記認爲第一類新聞紙類　臺灣郵政管理局新聞紙類登記執照第二〇四號

FREE CHINA

第五卷　第十二期

要目

社論

反共與團結——本刊一貫的主張

時事述評

李宗仁完了！

不能再聽官勒索了！

民主政治就是輿論政治 …… 雷震

論巴斯底的鑰匙 …… 李中直

泰國政變與東南亞局勢 …… 張任飛

自由中國通訊

北方學人的悲劇（香港通訊）…… 党星

縱觀世局話和平（華府通訊）…… 伴耘

為日本前途憂（東京通訊）…… 苗劍秋

文藝

我的父親 …… 段永蘭

霍夫曼論自由 …… 聶華苓譯

讀者投書

封建式的現行公文程式應予改革 …… 余崇華

中華民國四十年十二月十六日出版

社址：臺北市金山街一巷二號

半月大事記

十一月廿四日（星期六）

美副總統巴克萊自韓返日，對停戰談判表示樂觀。

北大西洋公約理事會在羅馬開會。

莫斯科電臺廣播，宣佈日共赤化日本之計劃。

十一月廿五日（星期日）

蘇俄向美英法土四國提出照會，抗議中東防禦指揮部的立設。

艾森豪威爾元帥與美共同安全總署長哈里曼自巴黎飛赴羅馬，參加北大西洋公約理事會。

十一月廿六日（星期一）

美助理國務卿魯斯克飛韓與李承晚總統晤談。

艾帥在北大西洋公約軍委會演說，堅決支持法國所提組織歐洲軍之計劃。

北大西洋公約軍委會通過一九五四年建軍計劃

英殖民地大臣李特爾頓自倫敦飛往馬來亞，調查東南亞各地局勢。

十一月廿七日（星期二）

韓境停戰談判聯合小組會議對橫亘韓境長達一百四十五英里的臨時停火線獲致協議。

聯軍統帥部建議由聯共双方組聯合視察小組監督停戰。

布拉格電臺廣播，宣佈捷克副總理前捷共書記長以叛國罪被捕。

艾帥自羅馬返法。

行政院長陳誠出席立法院秘密會議，報告明年施政計劃。

十一月廿八日（星期三）

共方對聯軍統帥部七點監督停戰計劃中停止集中軍力及設立聯合調查小組兩點表示拒絕。

美第八軍團發言人聲明，停戰協定締約前，聯軍仍繼續執行任務。

西德政府發表公報，宣佈戰時陷俄之德國軍民總數約四百五十萬人，迄今下落不明。

英下院批准對日和約。

北大西洋公約理事會閉幕。

聯大政委會中，美英法三國代表表示原則上同意與蘇俄談判裁軍。

十一月廿九日（星期四）

聯軍統帥部發言人否認韓境停火之說，表示在停戰協定簽訂以前聯軍將繼續作戰。

泰國陸軍總司令乃屏領導發動政變，廢除現行憲法。

敘利亞政變，親俄總理被捕，陸軍接管內政，國會將重行選舉。

英外相艾登在羅馬表示英軍將不參加歐洲聯軍計劃。

盟總公使銜財政顧問陶奇警告日人勿幻想與中共通商。

十一月卅日（星期五）

聯大政委會通過由四强談判裁軍，並於十日提出報告。

北大西洋公約理事會發表艾帥演辭，呼籲歐洲統一，提出主權聯合之主張。

十二月一日（星期六）

聯大特別政委會通過南國控蘇案，建議共產情報局國家與南復交，並將邊界糾紛提混合委會解決。

旅美僑團發表宣言，拒絕中共勒索，要求美政府採有效對策。

聯軍提四項最低限度之停戰條件，又遭共方拒絕。

美國防動員局長魏爾森聲明，美國防軍火生產至一九五三年將達最高峯。

十二月二日（星期六）

大馬士革電臺宣佈，政變領袖希雷克萊，已就任敘利亞元首職務。

泰王哈瑪九世自歐洲返抵曼谷。

十二月三日（星期日）

美英法蘇四强代表舉行秘密會議討論裁軍問題

西貢消息：越共首領胡志明之地位已爲莫斯科訓練之陳金所取代。

共方停戰代表提妥協建議，主張凍結全韓軍力軍器，並由中立國派員視察停戰。

十二月四日（星期一）

聯大政委會否決蘇俄建議，決邀東西德代表與會，以便對德國選舉問題陳述意見。

蒲立德抵臺訪問。

共方停戰代表提出九點聲明，堅持停戰期間在北韓建築機場。

美副總統巴克萊在菲談話，謂訂立太平洋公約可防共黨侵略。

十二月五日（星期二）

運河區英埃衝突又起，埃及宣佈緊急狀態。

共方停戰代表提議由瑞典瑞士波蘭捷克四國任中立視察員。

十二月六日（星期三）

聯大經社理事會改選，我國以四十五票再度當選爲理事國。

美參院外委會遠東小組 主席斯 巴克門抵 臺訪問。

聯軍代表在聯合小組會議中提出八項新建議，以解決第三點議程之僵局，主張由双方組成視察小組。

十二月七日（星期四）

美共和黨參議員史密斯抵臺訪問。

英首相邱吉爾在下院聲明，英不能如期完成三年整軍計劃。

聯大以五十四對五票通過請安理會考慮義國入會問題。

十二月八日（星期五）

主持四强裁軍會議之聯大主席尼爾伏表示双方基本歧見迄未解決。

美國務院宣佈暫任艾理生爲主管遠東事務的助理國務卿，以繼魯斯克遺缺。

美國正式要求蘇俄及其他國家修改和約。

十二月九日（星期六）

美參議員斯巴克門與史密斯聯袂離臺飛日。

美代財長福萊就調查中共勒索華僑事發表聲明，宣佈禁止滙款共區。

東德接受聯大政委會邀請，參加選舉討論。

社論

反共與團結——本刊一貫的主張

近來極權國家的誇張爲幻，藉和平以掩飾其侵略，民主國家與之抗爭應該提高警覺，愈加團結。但是民主的陣營裡却發生意見紛歧，步驟混亂的現象，令人憂慮萬分。國際方面則美國與英國對中共態度的不同，使韓戰形成不明朗的局面，而印度則堅持其超然的態度，緬甸和印尼也游移不定，這是由來已久了。最近伊朗和埃及之反英，暹邏和叙利亞之政變，不論其表面的理由及內幕的實情如何，其爲民主陣營內步驟混亂，意見紛歧，乃是無可諱言的事實。各國的內部情形亦復類此。美國自麥克阿瑟免職以來，民主共和兩黨的爭論至爲激烈，有些人以爲美國內部的團結一致都要成爲疑問了，但是反共抗俄還是双方一致的目標，自不致於分裂。英國則工黨中畢萬一派竟反對整軍，要求美國出錢去買收蘇俄，以期避免大戰，其分裂的程度實比美國爲甚，所幸畢萬一派人數無多，尚不足以左右國策。法蘭西和意大利，則共產黨及其同路人擁有相當的群衆，結成有力的團體，更足以阻撓國家的政策。我們自由中國內部也有意見紛歧的現象，同爲反共抗俄，同是主張民主自由，只因方法不同，遂致步驟日趨日遠，甚至有各行其是，不相爲謀的樣子，這是甚麼緣故呢？

本來意見紛歧是民主國家極常有的現象，只要有服從多數與寬容少數的度量，則意見不同不妨碍其團結。這裡正可看出民主國家與獨裁國家根本差異之所在。

極權政治下的主奴關係看來似乎是一體的，但遇到緊急關頭，則變生肘腋，反刀相向，歷史上已是屢見不一見了。民主政治下的平等關係則人人以自發的精神來實現共同的目標，在這個共同的目標下，其團結的力量是堅實的。

故本刊向來的立論均以民主自由求團結，論到國際問題時是如此，談到國內問題時尤其如此。如「民主國際纔是防共長堤」（三卷四期社論），「迅速締結太平洋公約」（三卷五期社論）等等是關於國際方面者。試想，以美國之强大，對世界各國向來都不敢以單方意見强制其服從，總是多方遷就，諄諄說服，耐心等待，以獲得他國之合作，豈不是不折不扣的民主態度嗎？只有如此獲得的合作或團結，才是眞正出自內心的，也才有眞正的力量發出來，在恐怖强制下的所謂「團結」只是一塊冰，一見太陽便要消溶的。至於自由中國內部，我們也已發表過多次意見，如一卷二期「論團結對於反共抗俄的必要」二卷三期「論反共聯合陣線」及「一切當從團結做起」，早在前年末與去年初已有此提議了，今年初在四卷二期更有「建立聯合陣線是時候了」，四卷四期有「大家來對一面倒」，其他論聯合，論團結的還有許多，這是我們兩年來的一貫主張，讀者可以覆按而得，不必一一徵引了。時間經過兩年，不料聯合團結不但尚未見諸事實，而且有走到相反方向去的樣子，瞻望國事的前途，能不令人寒心嗎？客觀情勢供給我們準備的時日畢竟無多，現在還不好好運用，再待何時？

且看自由中國各方面的主張，反對團結者可謂絕無，在此一點是全體一致的了。若論我們的目標，則消極方面在乎反共抗俄，積極方面在乎自由民主，也是各方所共同的。縱使「所以」反共抗俄的理由人各不同，但政治上只能論其行動，不宜深究其動機，以免不必要的誤解。故我們以爲反共抗俄的目標是大家所共同的。關於民主自由方面，爭論就很多了。有些人以爲現在臺灣的政府是不民主的，沒有自由的，故在如此的政府下求團結，只有供其驅使，決不能獲得國利民福的結果，我們以爲這裡有程度問題與種類問題之不同，理應認清。毛澤東公然承認獨裁專政，而我們的政府當局則始終標榜自由民主，這是種類的不同。至於我們的政府實施民主自由的程度，較之先進國家固然相差甚遠，但是也已經開始了。今日的臺灣，鄉鎭長，縣市議員，縣市長，省臨時議員均已實行選擧了，地方自治已經有了雛型，如果一步一步求其切實進展，眞正的民主政治何當不可達到？對於合法的言論和行動自由，其前途我們亦作如是觀。

我們現在要反共抗俄，則必須團結一致，而團結的前提在實施自由民主，這是大家一致的。關於團結的具體辦法，自有許多不同的主張，本刊同人也曾經提出了好幾種，究以何種方法爲確實有效，今日迄未有定論。但是我們今日只有一塊小小的土地，只有一個合法的，爲多數國家所承認的政府，故從消極方面說，斷斷沒有自相火併之理，這一層也應該博得各方的贊同吧。果若此，則我們唯有「督促政府（各級的政府），切實改革政治經濟，努力建立自由民主的社會」（本刊宗旨）罷了。自由民主並不是一蹴可幾的，我們雖宣傳了數十年，到今天才勉强達到理論上的一致，十幾年前集權政治的主張，在我國論壇上，還是有力的一派，現在則除倒行逆施的共黨而外，已經銷聲匿迹了。至於實際上自由民主的社會之建立，自需要相當的時間待我們努力。努力中輟則前功盡棄，操之過急則欲速不達。故我們希望政府當局，把握主動，踏實地步，着着前進，以達到自由民主的目標，這便是團結反共力量的最好辦法。

時事述評

李宗仁完了！

作爲中華民國副總統的李宗仁，當民國三十八年代總統的任內，華中華南相繼淪陷，而西南岌岌可危的時候，輕離國境，寄寓於大英國殖民地的香港，當時國人對原有的政治期望，已冷却了一半。到了同年十一月，大陸的情勢已無可爲，自由中國可供反共的基地尚賸有臺灣海南兩島時，李氏又從香港飛美，無論他當時藉口爲何，國人看到他這種無責任心的行徑，另一半殘存的期望又統統冷完了。從此中樞無主，亙時三月之久。這其間，自由中國各方面函電交馳，促其回國主政，而李氏卒無動於中，迨三十九年三月一日蔣總統循民意迫切的請求，復行視事，而李氏竟於次日仍以「代總統」的名義在美發表聲明，否認蔣總統的合法地位。至此，國人對於李氏的認識，又透澈了一層，知道他不僅對國事無責任心，而且是在危害自己的國家以遂其個人的意氣。這種認識，由於一年多以來李氏在美的時有活動，更證明其不謬。

到了最近，事有更奇怪者：李宗仁去國一年多，雖始終以「代總統」自居，但究沒有機會給他行使所謂「代總統」的職權。現在因爲毛邦初的案件，他居然自以「代總統」的身份，批覆毛邦初的「簽呈」，並致電監察院處理此案，同時並去函美國國務院聲明其仍爲中華民國的「合法總統」，以期華盛頓聯邦地方法院拒絕受理我政府對毛邦初的控訴。這種行爲，我們在中國字典中眞找不出一個現存的恰切的字彙形容！以一個副總統的身份，長期滯留國外，已經是不成話說，而李宗仁却又要以「代總統」的名位在外國行使「職權」，而其行使「職權」，又不是有關自由中國反共抗俄的大業，而是庇護一個違抗合法政府的命令的犯官毛邦初！

一個人對於國事無責任感，雖然不算是一個政治社會的人物，還可說不失爲一個自然人，如果到了不辨是非，不辨邪正，一味地逞肆其一般動物所共同的意氣和慾望，則其所以爲人的人格就有問題了。李宗仁最近這次舉動，我們無以筆誅，只好說一句：李宗仁完了！李宗仁之「完了」，不僅就其「政治生命」說，同時也是就其「人格」言。（萍）

不能再聽它勒索了！

日前美國代理財長福萊氏曾就中共王朝勒索旅美僑胞在大陸上的親屬事件，發表一詳細聲明，其中歷述中共王朝對僑胞家屬的殘酷行爲。這一聲明曾一時使友邦人士大感驚奇。其實這種勒索行爲對中共來說不過家常便飯而已，在臺灣，在香港，在澳門，特別是留居在大陸上的數萬萬中國人，夥知之甚諗；中共這種勒索行爲的殘酷程度，若比之他們其他拿手的清算鬥爭，那實在太瞠乎其後了。在大陸上，他們動輒清算人民的靈魂，鬥爭死者的屍體，至若挖掘坟墓，鞭屍三百，那更是常見的事。因此，我們說中共王朝勒索僑胞家屬行爲的不足驚奇，並不是原恕了他們的罪惡，而是說他們的罪惡太重，友邦人士知道的太少了。

中國華僑號稱一千一百萬。他們離鄉背井，赤手空拳地在海外開闢新天地；他們無負於祖國，也無負於任何人，然而魔鬼仍然捨不了他們，不幸的日子終於降臨了。幾百年來，流落在異鄉的辛苦僑胞們，一直是用他們親手製造下的肥料來灌溉祖國的農田，他們太熱愛祖國了。而不幸，熱愛的結果，竟遭到了最殘酷的報償；在一千一百萬的僑胞中，除了接近鐵幕的港澳及備嘗民抗軍之苦的菲律賓外，其他各地僑胞，特別是印尼，馬來亞兩地的僑胞，對毛澤東在北平所揭起秧歌王朝之旗，過去或不免有些嚮往之感，可是紙永遠是包不着火的，就在這心嚮往而足還未前之際，秧歌王朝的魔掌猝然伸到他們的咽喉了。這是最切身的痛苦經驗，即便最無行的浪子也要回頭的，而況那些善良的僑胞呢？

其實這幾年來，各地僑胞在被勒索滙款回國之前，也明知道是送入虎口而無補於家屬之溫暖，但以孝弟爲先的中國人爲求良心之得安起見，仍往往是明知上當而爲之，這眞是無可如何的。不過我們要懇切地告訴各地僑胞：這種爲求一時的孝心得安而送向虎口的肥肉，其結果反使親屬愈不得安寧。秧歌王朝比不得三國時代的曹操；因爲那時候徐庶還可得安身立命，今天僑胞被勒索滙款回國，事實證明不但使在大陸上的家屬日益陷於不堪之境，並且進一步地助長布爾希維克極權主義者的兇焰，使其進一步地向外發動侵略。若有朝那一日到來，就不僅是現在尚能自由生存在海外的僑胞單方面的不安了，而那些萬一獲得倖存於大陸上的家屬將更不能安。

我們要懇切地向各地僑胞指出：對中共的壓迫是不能妥協的。勒索僑胞滙款的行爲已經證明，你無論逃避到甚麼地方，它的魔掌都是不肯放鬆的，唯一的辦法是積極地起來消滅它。

現在美國當局及旅美僑胞已經聯合起來從事斷絕中共美圓來源的工作，我們更希望英鎊區域的政治當局和僑胞們也能報以積極的響應。（白）

民主政治就是輿論政治

——「輿論與民主政治」三續——

雷震

民主政治既是民意政治，根據人民的意見行使政權的政治，已如前節所述。那末，人民的意見須用何種方法始能表達出來，使其對於實際的政治，能够發生實際的作用。換一句話說，民意要用甚麼方法，才能測驗出來，而且所測得的民意，且是『眞正的民意』，而非出於僞造的民意，或係受到壓迫的民意。在幅員遼濶，人口衆多之國家，人民必須適當的選擇，以其權力授予他們自已所願意授予的人的時候，須用『選賢與能』的辦法，以推測人民意志之所在。今日各國定期舉行的各種『選舉』，就是測驗民意最好的辦法，也是一種簡而易行的最方便的辦法。如係兼採『創制』、『複決』、和『罷免』等等制度，更是爲了要求更正確的，和更充分的能够表現民意起見，特考慮設計出來的一套妙法，以期補救因僅採選舉制度可能發生之缺陷。中山先生之民權主義，特別强調創制，複決，罷免三權之重要，合選舉而並稱爲『四種政權』者，乃是想把創制、複決、罷免三權的功能，能與選舉權配合並用，也是爲了要使政治運行上，能够充分的表達民意，才够得上稱爲『眞正的民主政治』。

這裡應該特加說明者，選舉也有不能測出民意的時候，除非選舉時採用秘密投票的辦法。今日之蘇俄共產集團和過去之德意法西斯集團，一切選舉均由政府黨事前指定，人民只有跟着盲目投票，絕無表達自由意志之機會，他們是利用選舉之名，以行獨裁之實能了。今日民主國家所行之各種選舉，均係採用秘密投票制度，即選民在投票時不須記載自已的姓名，以期保持選擇之自由。我國憲法和各種選舉法，均係如此規定。此不僅在實行選舉權時應該如此，即在行使創制，複決和罷免諸權的時候，人民用以表示可否意見的方法，亦須採用秘密投票制度，才能期望測得眞正的民意。

此外，能够充分表現民意者，就是『輿論』(Public Opinion)這個重要因素。我們若要測驗某社會的民意所在，只要觀察考驗這個社會裡面輿論之動向，就可明瞭一切。即是通過報紙、雜誌、廣播、電視、電報和講演等等所表示的衆人的共同意見，乃是在上述的選舉、罷免、創制和複決諸種制度以外，所能表現民意的最佳的辦法。即令在選舉、罷免、創制、複決這些表現民意的制度的範圍之內，仍是要靠着輿論的闡發，來釋明事物之動向，以爲人民決定意志之助。例如：候選人之是否合宜，候選人所代表的政黨的政策如何，現任官吏之是否適當，人民所需要之法律內容如何，這一切的一切，均須依賴當時的輿論來闡明，來指示，使選民在抉擇時有所參考，有所遵循。在這些場合，輿論也者，正等於選民眼中之『指南針』、『燈塔』或『指路碑』一類的東西。蓋大多數的選民，只不過是具有『普通常識』(Common Sense)的老百姓，在錯綜複雜，縱橫捭闔的政治鬪爭場裡，如果沒有輿論的分析和誘導，選民則像盲人瞎馬一樣，莫辨東西，只有在暗中摸索，隨波逐流，其結果如何，自然不難想像：若非聽任政客之播弄，只有盲從政黨之安排，其於民主政治前途，是有很大妨碍的。誠然，輿論也有若干的缺點，他不只是五花八門，可能更有歪曲和欺騙情事，人民也常會因認識錯誤而誤入歧途。但是，有輿論總比沒有輿論來得好；有則可以帮助自由判斷，沒有則只有盲從瞎摸，兩者孰優孰劣，實不待智者而後知也。大多數的選民，不是糊塗蟲，也決不會弄錯的。民可使由之，不可使知之的愚民政策，早已爲人們所詛咒的對象了。

關於選舉、罷免、創制和複決等等制度的本身問題，不在本文討論範圍之內，特略而不論。玆僅就表達民意之一的輿論，說明輿論和民主政治的關係，和他及於民主政治的實際影響，以究明民主政治不能缺少輿論這個重要因素。凡無輿論的地方，就不會有眞正的民主政治。可以說：輿論乃是民主政治的靈魂，也可以說輿論就是民主政治的原動力。民主和非民主之分，就看有沒有這種『自由討論』的輿論存在。有人專從這一角度來觀察民主政治，謂民主政治便是『輿論政治』，就是這個道理。今春，麥克阿瑟元帥被免職後起程返國，於四月二十日抵達紐約愛德威機場的時候，他對特來歡迎的新聞記者說：『你們知道我活了七十一個年頭，並在最近八天內旅行了一萬多哩，才發覺誰在眞正的統治着美國』，他接着說：『我發覺統治美國的，就是你們這些新聞界』。可見輿論在民主政治國家所具之勢力矣。尤其是像美國這個國家，一方面，政治是依賴輿論的力量來推動，而在另一方面，輿論也確實可以左右政治的。

民主的政治制度，其用意無非要使『理智』和『自發』，在一般民衆中能有幾分活動的餘地，並使那些意見不相同的人們，享有自由討論的機會，俾可作爲決定公共政策的一種準備。因爲民主政治，是以『被統治者的同意』爲政府的基礎，故被統治者的意見，自應作爲一切施政的前提，而批評政策的輿論，乃是公共政策的原動力。鮑恩斯 Burns, C.Delisle) 謂：『民主政治是對於政府的一切計劃和法案的公開討論，以及對於一切權威的不斷的自由批評，其目的在促使人類更易於共同生活』。美國哲斐遜總統 Thomas Jefferson)曾說：『人們是一種有理性的動物，他以適當的權力，授與他自己所選擇的人，又以其自己的意思，使人行使其職權，以抑惡而揚善』。

民主政治的政府的一切設施，既是以被統治者的同意爲其基礎，故被統治者的人民，對於政府所計劃和施行之公共政策，自應隨時發表意見，交換意見，自由討論，公開辯難，用以批評政策的制定與執行上可能招致之利害得失，和及於人民日常生活之影響。尤其對執行人員在執行的時候、所應具之智慧、技術、努力和忠誠等等，更應隨時檢討督責，使所有公民對這個問題的意見，能够指導或影響於實際政治。一個政策實行結果的好壞，其繫於執行人員之智慧、技術、努力和忠誠者，至深且鉅。一個良好政策，往往不能獲致良好結果者，多半由於執行人員在執行中途的疏忽和怠慢有以致之。誠然，人民對於這個政策的擁護和了解的程度如何，也大大的可以影響這個政策之結果。但即就這方面說，也有賴於健全的輿論來指導。

民主政治在這一方面，至少有兩個企圖：第一、在公共政策的構成上，擬將通常民衆所具的『才能』，都能適當的拿出來應用。認爲凡屬通常的民衆都具有相當的才能，而此種才能，惟有在民主政制之下，才可以使之成爲有用。因此，政府的目的，便被視爲並不單是爲一般的被統治者謀利益而已，並要造成男女某種的典型，使一切男女都具有健康、知識、勇敢、和忠誠的良好的德性。政治的制度，正同宗教的制度一樣 都是爲這些人們而存在。第二、使用一切才能最好的方法，莫過於使任何種類的才能，都有『自由發展』的餘地。『才能』原是說不定可能發現於何人身上；而且，這並不是說，各個不同的人的才能，都是『平等的』，或都應使之平等的。承認人們才能種類的不同，原是民主的『分工合作』的基本原則之一。而且任何社會，即小者如家庭，而其中才能的不同，也不僅限於種類上 即在程度上也是一樣。一個人既可以在同種類的才能上勝過他人，則在那些對於公共政策最有用處的才能上，自然也必有勝過他人的人。因此，民主的制度，便祗應准許那些有才能的人領導他人，而不許爲他所統治了。

人們對於自己周圍所發生的事情，因利害較切，則關心特大，對於某一問題，如能允其自由發表意見，大家一定會有多多少少的意見發表，不論這些意見是對的，或是不對的——對與不對，在普通的場合，也只能從大衆的看法，很難說有絕對不二的標準。當然，這些意見當中，可能有自私的、狹隘的，甚而至於離奇怪誕的。因爲大多數的人們，即令他是本諸良心，站在公道的立場上講話，也很容易爲着自己或小範圍之利害所朦蔽，而專從這些立場來考慮問題，或進而提出意見；或更易囿於小天地之中，僅以自己所見所聞，或自己所習慣的看法，來作一切事物衡量之標準。故各人所發表的意見，往往有爲自己、爲一家、或爲一個小團體的利害來打算，而忽略了大衆或全體的利益。何況社會中本有自私自利之徒，常會因私以害公，因個人而罔顧大衆的。各人利害不同，意見自會歧異，衆人所表示之意見，紛歧龐雜，自不能免。但是，對於某一政策或問題，如果經過公開研討，反覆辯論之後，則是非曲直，自可逐漸大白；而眞象眞理，當可慢慢現出，其紛歧複雜之意見，最後必歸結於一個或數個意見。政府於此時也，權衡利弊，比較得失，自易選擇並從而執行之，以期符合國家之利益和大衆之福利。杜魯門總統的近年遠東政策之轉變，恰是一個最好的明證。他起先覺得放棄臺灣，無損於反共之大局，援助臺灣，反而得罪了大陸上的共匪，故發表白皮書，以求擺脫自己的責任。可是經過國會議員嚴厲責難和輿論界不斷的抨擊之後，他乃逐漸的變更其政策 現已一反過去的辦法，而採取積極援助臺灣的態度矣。於此，可見其過去對臺政策之錯誤，而這種錯誤政策是經不起長期討論和批評的。凡是經不起批評，或怕人家批評的政策，其本身必不健全，這是毋庸置疑的。所以，眞理愈辯而愈明，是非益研而益曉了。

在民主制度的政府，爲政者在公共政策制定之先，讓人民自由講話，儘量批評，可收『集思廣益』之效。迨政策制定之後而在執行中間，讓人民發表意見，檢討得失，不獨某一政策之利弊得失可以明瞭，而執行人藉此更易於趨利避害，從善棄惡，以減少錯誤的發生，及因錯誤而遭受的損失。古語有云：『人非聖賢，孰能無過，過而能改，善莫大焉』。我們可以說：『何能知過，端賴輿論，聖賢之道，輿論成之』。

根據上面的分析和研究，民衆討論政治，批評政治，乃是一件良好的習慣，也是一種良好的政治教育。自政府方面來講，可以說是有百利而無一害，乃是政府『求之不得』的事情，政府最少可以得到下面幾點益處：

第一、『三個臭皮匠，當得起一個諸葛亮』。今日社會現象，錯綜複雜，千變萬化，演進轉變，靡有已時，而少數的當政者，縱欲宵旰憂勤，忠誠謀國，然而考慮容有未周，智者難免有『千慮一失』之憾。故一個問題經過公開研討，多方辯論之後，眞相既可大白，缺點自能發現，而其彌補挽救之方法，當可藉研討批評而獲致結論，不致在執行的中途，發生扞格難行之虞。一個政策在批評討論之後，缺點縱或不能全然免掉，可能減少到極少的程度。一個政策凡是經不起批評和非難的，其本身必有重大缺點存在。語云：『眞金不怕火來燒』，只有越燒越增高其價值的。

第二、政府當其實施某一政策的時候，執行人員衆多，難保良莠不齊，少數執行人員，或因一時疏忽，或竟存心舞弊，政府稽核難周，監督可能失察。如任民衆公開指摘，自由批評，在十目所視和十手所指之下，不獨疏忽或謬誤之處，可以減至最低程度，或竟致不發生；即貪污舞弊一類的事情，亦可減少或絕跡。舉例言之，大陸上此次軍事失敗之慘，乃欺瞞矇蔽和敷衍的結果。由於抗日戰爭之延續，紙幣增發，通貨膨脹，物價日趨高漲，軍人待遇降低，吃不飽，穿不暖，使整個軍隊已於民國二十九年以後，開始走上了腐敗墮落之路。軍隊或經營商業，或包庇走私，軍官或尅扣軍餉，或虛報缺額，腐敗則日益加深，紀律則日趨敗壞，士兵體格日劣，戰鬭力量日減，其初衷顯欲彌補給養之不足，其結果則使整個軍隊趨於腐化崩潰了。因在抗戰時期，軍事第一，軍人第一，大家不能批評軍事，也不敢批評軍事，只有讓吃空額，扣軍餉，販私貨，做生意這些『毒素、黴菌』腐蝕了整個軍隊，其結果是被共匪一擊而土崩瓦解矣。在抗戰末期，識者早已認為國軍沒有作戰的力量，除非是經過一番澈底的整理與訓練，實無法剿滅共匪的。

此外，還有一個待修正的觀念，認爲軍事關係國家機密，不宜公開批評和討論，進而連一個類似軍事的治安機關的工作，亦不欲讓大家來討論和批評。這是對於軍政軍令未能分開的緣故。軍令關係軍事機密，不宜公開研討，至其他有關軍政和治安諸問題，愈討論而愈使國民增加了解，可以激發同仇敵愾之心，並收到共維治安之效。我們如果早能養成人民批評軍事的習慣，也許有若干缺點，老早就可糾正，不至於等到一敗而不可收拾了。語云：『紙包不住火』，而欺瞞、矇蔽、敷衍、和搪塞這些黴菌，終有一天會被事實揭穿的，到了這個階段，則一切都完了，救藥也來不及了。

又如，『經濟管制』之實施，在政策本身上，本有許多可以研究和商討之處；而在執行的技術上，更有許多問題存乎其間；且其工作本身，涉及金錢的得失，執行人員在執行管制的時候，很容易受到環境的壓迫和物質的誘惑，而陷於貪贓枉法一類的事情。因此，在執行過程中，如果讓人民公開指摘，隨加督責，不僅可以減少許多損害人民的地方，且可促成經濟管制之實施，更爲切實而有效。

關於經濟管制和實物配給二事，英國在第一次大戰的時候，也辦得一塌糊塗，到了二次大戰發生，才能根據過去的經驗，辦得有條有理，而其他國家則始終沒有辦好。我們在抗戰期中和勝利以後，經濟管制和配給制度，弄到弊端叢生，人民聞之生厭。聞說英國當時關於這些問題，很小的地方辦理如未盡善，人民立有責言，而主婦們之控訴，更如雪片飛來。而主其事者，因爲困難重重，也希望人民多多條陳意見，藉資補救。於此可見實施這個政策之不易，而有賴於集中智慧共同努力的。

總之，貪污、腐化、欺騙、矇蔽這些黴菌和毒素，惟有在不許有輿論的政治下才容易茲生、繁殖、和很快的蔓延開來，猶如種子得到了溫床一樣。凡事一經公開討論，正係撥雲霧而見靑天；任何汚穢，醜行，在光天化日之下，是不容易隱蔽和暗藏的。巴佐特說：『其事既付之討論，則一次之後，必有二次，二次之後，必有三次四次，繼續無已，討論之習成，而神聖之威

『自由中國』的宗旨

第一、我們要向全國國民宣傳自由與民主的真實價值，並且要督促政府（各級的政府），切實改革政治經濟，努力建立自由民主的社會。

第二、我們要支持並督促政府用種種力量抵抗共產黨鐵幕之下剝奪一切自由的極權政治，不讓他擴張他的勢力範圍。

第三、我們要盡我們的努力，援助淪陷區域的同胞，幫助他們早日恢復自由。

第四、我們的最後目標是要使整個中華民國成為自由的中國。

滅矣。近人有言：「民治者，有同墳墓，有取而無交」。吾觀討論，亦同此理。今既以其事付之討論，則不能又索而還之，或爲之再飾以幽秘之衣，閫以犧牲之敬。蓋其尸身所在，既一任衆人之取舍、議論之抑揚矣』（見巴佐特著：Physics and Politics）。

第三、政府當局可藉人民批評政事之機會，提出『答辯』，說明政策之用意所在，及其如何良好，共結果如何可以福國利民，俾使大衆咸知，家諭戶曉。蓋一政策之良窳，在執行的過程中，因人民之擁護或反對，可能大異其結果。儘管政策如何良好，儘管執行人員如何公忠體國，而人民之誤解，由解，勢必不能全免。且有少數份子，或因一己之利害、或惑於小範圍之關係，可能故意刁難，吹毛求疵。政府自可利用這個機會，宣揚辯正，冀求了解，藉釋群疑。古時君主或當政者不尚自我宣傳，以自吹自擂爲可恥之舉，同時也不許人民公開批評時政，當局者爲冀人民同情，往往下詔罪己，自責自咎。可是今日的政治觀念則不同。今日是『責任政治』，做得好則繼續執政，做得不好則趕快下臺，『負責就是以政策成敗決定去就』，無所謂罪己與自責。所以，政府當局終日宣揚自己政策如何良好適當，執行人員如何忠誠努力，儘管大言不慚，說得天花亂墜，這裡不發生政治道德的問題，也不能譏諷這是厚顏鮮恥。因爲在相反的一方面，准許人民自由批評政治，討論政策；人民還可以抓住政府的弱點而大事抨擊，指責糾正，這裡也不發生政府威信的問題。因爲政府的威信，是建築在對於這些建議和指責能否虛心接納和勇於改正上面；由於討論和試驗所發現的眞理或善事，才是當政者道德上的權威之唯一可能的基礎。蓋批評政治，是以『可與爲善』爲前提，批評其不當，希冀其改正，並非以對方爲惡人，亦非以政府爲仇敵。

批評政治或責難政策的人，並不一定都是政府的反對者或反對黨。就是反對黨（oppositon），也決不是政府的仇敵。在民主政治的場合，這個觀念千萬不可弄錯。英國人稱反對黨爲吾王陛下的反對黨（His or Her majesty's opposition）者以此。我們今日最普遍的一個錯誤觀念，就是政府中有若干人往往認爲批評或指責他們的人，都是一些反政府者或反對黨，是政府的仇敵，是故意與政府爲難。更進一步，可能再加上一頂反動或搗亂的帽子。這個觀念如果不能澈底糾正，不僅輿論不易發展，而於民主政治的前途是極其可悲的。

人類是一種有錯誤，或易犯錯誤的動物，除非是神仙或畜生，才不會有謬誤。自己的短處和錯誤，如被他人發覺或指出，這裡算不得是一件重大不體面的事情，問題的關鍵，在錯誤者能不能虛心接受這些指責和批評耳。古語有『聞過則喜』，『不貳過』之訓戒。就是說：有人指摘我的錯處，聽到了很高興；而且不會有兩次相同的過失。『宰相肚子撐得船』，這是中國傳統上要求當政者應該具有的寬宏度量和容忍精神。在民主時代的今日，不消說得，自然更應如是了。

人民批評政事，條陳意見，人民的意見可能有私的，上文已經說過。但是，政府當局並非聖賢，也可能有自私的。『濫用權力』，乃是當權者通常最容易犯的一個大毛病。即令當權者不是自私，而是公忠謀國，濫用權力這個毛病，仍然不能免去。因爲當權者爲達到某一目的起見，往往會『便宜行事』而不擇手段，很容易站在主觀的立場，處理各種問題，於是在不知不覺之間，可能侵害人民之合法權利而自陷於錯誤矣。『制衡作用』（Check and balance）和『權力分離』（division of Power）這些制度，都是爲防止濫用權力的毛病而考慮出來的辦法，不論是三權分立也好，或五權並存也好。英國史學家阿克登爵士（Lord Acton）嘗言：『凡權力未有不惡化者；而絕對的權力，則必絕對的惡化焉』。要使權力不惡化，只有採行制衡作用和權力分離的辦法來補救。

第四、人民對政治有意見，若讓其公開表示出來，一則可免演成街談巷議，喁喁私語，而減少謠言傳播之機會。奸人亂黨縱欲造謠生事，淆惑聽聞，因一切是公開的，民衆心裏是明白的，必將無所施其技矣。二則可免積忿太久，積怨過深，而發生暴動或革命情事。因爲人民對政治上有願望，有意見，讓他們儘量發洩出來也就罷了，若不准其講話，可能挺而走險，而演成暴動或革命的行動了。人民批評政事，並不能强迫政府去接受，政府認爲對的則從善如流；認爲不對的，儘可置之不理。所謂『有則改之，無則加勉』，而毫無害於政府既定政策之執行。返觀古往今來之歷史演變，凡屬政府箝制輿論的時候，人民必緘默陰沉，變成敢怒而不敢言，怨戾鬱積於胸，其結果終會爆發而釀成災難。我國古時的教訓，說：『防民之口，甚於防川，川壅而潰，傷人必多，民亦如之』，就是說明這個道理。

第五、人民對政治發表意見，這就表示他們是關懷政治，熱心國事。他們意識着自己是這個國家的一份子，他們驕傲着自己是這個國家的主人，因此，他們對於這個國家是負有責任，正和執政者的居心恰恰相等，不多也不少。他們因享有權利，也負有義務，這個國家的盛衰興亡，他們是休戚相關，榮辱與共。他們因愛護這個國家，爲着愛國心所驅使，故而不避嫌怨，不懼斧鉞來過問政治，來評論國事。這個國家若能上下一體，億萬人共爲一心，人人咸知振作有爲，奮發向上，情緒眞切，工作熱烈，這個國家自會欣欣向榮，社會自會進步發展。美國正是今日最好一個例子。她原是由於各國移民的子孫結合以組成的，種族旣複雜，習俗復各異，彼此的傳統和思想，很多是格格不入，論理應該是四分五裂，無法團結在一塊，可是他們確是團結一致，尤其當抵禦外侮的時候。她今日正是民富國强，成爲領導世界之國家。其理由無他，就是在憲法規定之範圍內，人人享有充分之自由，人人都有爲國效忠之機會，人人可以自由批評國政，而不受任何人之干涉或打擊；人人可以平安靜居家中，而不受任何人之監視或訪問；人人可以發揮其全身本領，而願做其所欲做之事。換言之，人人尊重法律之規定(自然包括憲法)，人人尊重對方之人格，富國强兵之道無他，如是如是而已。如果人民要講的話，則箝制其口；人民不想講的話，偏要自我坦白，如今日大陸上共匪之作法，則人民只有詛咒着：『時日曷喪，予及汝偕亡』，那裡還說得上休戚相關，榮辱與共呢！

巴佐特說：『英之伊利薩伯斯時代，重自由討論，人民之興奮，幾於曠世無儔。是以發揚蹈厲，一往無前。如詩歌，如科學，如建築，雖性質各殊，其初若與討論之影響無關者，亦莫不風起雲湧，極一時之大觀。設馬考萊君於此，必將爲之語曰：倘君欲知討論之力者，一讀培根之文，莎士比亞之詩，則足以窺見其微矣。』又曰：『伊利薩伯斯時代，人之所重者，惟精悍高超之思想，故精悍高超之思想家亦獨衆。大氣磅礴，貫穿實科，幻渺玄微，深窮哲學。是蓋一時之風尚爲之也。風尚所趨，人人皆有創作之志，而能毅然樹立者，群起而翕從之。獨往獨來，從心所欲，造詣之遠，迥出庸流，及其大業旣成，則舉世爲之崇敬勿忘矣』(見巴氏著前書)。

第六、輿論是民衆意見的表示，是社會實況的反映，故輿論的本身，實包含有社會各方面和各階層之事實，情況，和消息之報導在內，不論是明顯的或是暗示的。這些事實，情況，和消息，也許恰在當政者的『掛萬漏一』之內，而爲其明察秋毫所未見之輿薪，故當政者看了各色各樣的輿論，儘管有五花八門之感，自可作爲各種『情報』來觀看。惟要特別說明的，我並無意要把輿論完全代替情報，因爲情報，仍有其本身的價值和效用。不過要請注意者，輿論關於各種事實和情況之報導，究與情報不同。情報儘管力求正確，仍不免有多少摭拾社會傳說，馬路新聞作爲資料，加以個人的忖度，由綜合而分析，以製成所需要之報告，故其正確性自不免有多少的疑問。凡是看情報的人，均當以此種心情來閱看，才不致於爲情報所誤而疑神疑鬼。這是實在情形，不論那一國的情報，都不能免去這些缺點。輿論所根據的事實，絕不能說沒有道聽塗說的成份，惟要公諸大衆之前，旣須負誹謗和造謠之法律的責任，又須負信用和名譽之道德的責任，究不能不斟酌再四而始發表。這並不是說情報的內容都不可靠，而輿論的內容一定可靠，但兩者在程度上，確是有這樣的差異的。所以，當政者要多看輿論，少看情報，至少要把兩者等量齊觀，比較參看，於判斷事理上必能大有幫助，而不致於爲若干歪曲之情報所誤，或爲虛構之情報所蒙蔽。如果專看情報，而忽視輿論，或者只有情報而無輿論，這個國家的前途，是極其危險而可悲的。有人說：史達林最後只能相信他自己一人，也多少是中了情報之毒害，而陷於深度的疑慮。從這個立場論之，極權國家之崩潰和失敗，自爲必然之結果，其本身早已爲之註定了。

以上的分析，是指輿論對於一國之國內政治所能發生之實際影響。我們要希望政治有進步，國家能富强，政府必須尊重輿論，扶植輿論，使一國上下之間，意見隨時溝通，情感自可融洽，儘管平時有相反的意見的存在，可是國家一旦遭遇外患之侵襲，面臨危險的時候，即可收『擧國一致』之實矣。

最後尙須一言者，關於輿論之效用，和其影響實際政治之功能，不僅在一國之國內政治爲然，即在國際政治舞臺上，有時可能因『國際輿論』之主持公道，發揚正義，而發生同樣的效力。蓋强權國家和侵略者，當其意圖侵略他國，或將發動戰爭的時候，往往因爲受着國際輿論之壓迫，感到人言可畏，而不敢爲所欲爲，任意侵略他國，或竟歛侵略之鋒，而暫時銷聲匿跡。過去日本發動九一八事變，和意大利之侵略阿比西尼亞，都是受到當時國際輿論之指責，使侵略者有時不免藏頭縮尾，以遲緩其行動。

杜勒斯(Dulles, John Foster)主張建立『世界輿論』，以這個力量來制裁侵略的國家。他於其所著的『戰爭或和平』War or pace)一書中，認爲僅僅建立『國際警察武力』，或使聯合國更進一步成爲一個擁有軍備的『世界政府』，都是不能確保世界的和平。第一、因爲大國的共同軍事政策，並不一定可靠；更沒有一個人敢於相信聯合國之成爲世界政府，在目前有其可能，雖然這是值得期望的。第二、眞正的警察武力，只能有效的應用於對抗他們所屬團體的意志之少數份子。警察不能强制執行社會認爲缺乏道義制裁的法律。『世界警察』除非能獲得世界社會的優勢道義的支持，世界警察將不足以維持世界的秩序。因爲無論在甚麼地方，警察只佔全人口之極少數，國際社會

(下 第24頁)

論巴斯底的鑰匙

——讀「自由中國」五卷十期「從艾契遜無條件支持英國的武力政策說起」的時評有感而作——

李中直

巴斯底監獄是一個凡有人性的人無不深惡痛絕的東西，但是它的鑰匙却是人類爭取自由的象徵，是宏偉的自由神像；億萬的自由人民曾經長時期地享受她那清馨的光輝；可是，健忘的人們啊！在過去一個半世紀來的日子裡，人們對她的恩慈却漸漸地遺忘了。對她的偉大意義也漸漸變得模糊了。雖則她現在仍安居在北美威基尼亞州華盛頓故居的臥龍山莊 Mount Vernon 之內，與日月共賞。

一、巴斯底鑰匙的由來

歷史性的巴斯底鑰匙（"Key of the Bastille"），本來是波旁王朝的專制帝王們用來扼殺法國志士凶器中的一件附屬品，然而後來却成爲美國國父華盛頓的重要遺物。這種物主變遷的經過，凡稍讀過美法革命史的人都知道地很清楚，然而遺憾地是人們却很少注意這種變遷的意義，更很少人瞭解她與時俱增的偉大價值。因此，在一七八九後一百多年的今天，我們乃不能不爲那些歷史的巨人大聲叫屈。

一七七五年六月十七日班克山戰役（Battle of Bunker Hill）的槍聲，不但在新大陸上鼓舞起來了十百萬人爲了爭取自由、平等、獨立而赴戰的狂潮，而同時也鼓舞起來了遠在舊大陸上的那些久被歐洲專制帝王們壓抑迫害的仁人志士，那些人類自由的追求者和開拓者。他們深知：當時他們在舊大陸上的羽毛未豐，人單勢孤，無法和傳統的專制帝王們一決雌雄；然而他們有一個偉大的信念，一個深遠的認識：他們認爲人類自由是一體而不能分割的，直接在新大陸上撒下了自由的種子，也必然會間接給舊大陸以美滿的果實；他們深信舊大陸上的人民將會因了新大陸自由浪潮的激盪，有一天會一致奮起，爲了掙脫他們頸子上的枷鎖而共同奮鬥。這時在法國有一個剛剛十七歲的青年，爲大西洋彼岸傳來的人類爭取自由的槍聲所激盪，而興奮不已。這位十七歲的法國青年當時是法軍騎兵裡的一個隊長，他恨不能立刻率領了他的馬隊前往參加新大陸的獨立戰爭，然而望洋興嘆，輕騎不能橫渡大西洋，徒呼奈何！閱一年（翌年七月四日），由哲斐遜起草的那一篇清徹、明淨、而輕快的「獨立宣言」發表了。這個不朽的宣言給十八歲的法國騎兵隊長帶來了無限的誘惑，不可抗拒的吸引力，無盡的勇氣，最後他終於忍無可忍了。他和他的部下共同策劃，秘密地購置了一艘小船（注意：那時汽船還沒有發明呢！）經過嚴冬，迨次年（一七七七）春雷一動，他們就迅速起航了。原來這位青年就是法國的巨人，不，全人類自由的巨人，與日月爭光的拉法野德（Lafayette, Marguis De; M. De La Fayette）將軍。

在近代史上，有兩個人以超國界的身份，或者說是國際的人格，獻身人類爭取自由的運動而有不可計量的供獻者，他們是英人培恩（Thomas Paine）和我們剛剛提到的拉法野德；前者以一身參加了美法英三國的革命，而後者除了在美法兩國革命中都有最大的供獻外，並曾直接間接援助希臘、葡萄牙、西班牙、意大利、波蘭、及南美諸國的革命或改革；前者激發了哲斐遜起草獨立宣言的靈感，後者供給了華盛頓指導戰爭的軍事智慧；前者爲美國人開創了心靈的境界，後者增强了美國人實戰的力量；前者以「文字」毅力和勇氣鼓舞了美國人歷久不衰的民氣；後者以「韜略」毅力和勇氣陪伴了華盛頓屢戰屢敗的寂寞。在人類自由紀念碑的行列中，他們永遠是名列前排。

拉法野德率領着他的同志於一七七七年春在新大陸登岸後，並沒有即時獲得美國人的諒解和歡迎，過了相當時間後，「大陸會議」才給了他一個空洞的少將頭銜；他需要自己裹糧，自己招兵買馬，爲了北美十三州的獨立而戰。然而他並不灰心，並不自怨自艾，他想盡一切方法爲自由而戰。在獨自爲戰的過程中，不久便爲年歲上可以作爲他父親的華盛頓所賞識，而被邀請出任華氏的軍事顧問。這時拉法野德才祇有十九歲。十九歲的人就如此地知道自由的可貴，如此地肯爲自由而奮鬥；而將近兩個世紀後的今天，竟鬧到五十歲、六十歲乃至七十多歲的人——狄托、毛澤東、佛郎哥、斯達林們，有生但知與自由作對；在外形上雖然都叫作人，誠不可同日而語啊！

由於年青的拉法野德對自由懷有高度的熱忱，所以每當臨陣，他總是身先士卒，奮不顧身；不幸他終於受傷了，時在一七七七年秋。然而，受傷死亡嚇退不了他追求自由的勇氣，哈得遜河左岸傳來的勝利的消息，使他雀躍於病院的床上，他又重新起來了。那一次在美國獨立戰爭中居於轉捩點的戰役，論功行賞（他要甚麼賞啊！），華盛頓的目光很自然地發現拉法野德屬於第一。於是華氏乃介其一師的兵力，與英軍鏖戰於羅得島上。當時英軍欺其年輕，呼他「孩子」（The Boy），然而正是由於這個「孩子」在羅得島的力戰不屈，才使華盛頓渡過了他最黯淡的「佛谷時代」（"The Time of Valley Forge"）；正是這個孩子在佛谷爲華盛頓決謀定計，上下鼓舞，才使美國獨立戰爭的火不被壓滅；也正是這個孩子在威基尼亞設下天羅地網，驅敵於不利之地，才使華盛頓約克城一戰（一七八一）注定了約翰牛在新大陸上殖民的命運。人皆知華盛頓在獨立戰爭中有慣打敗仗，而始終不餒的特點，却很少人注意他之所以能得如此，除了其天生的秉賦外，還有另一重要因素，那便是這個「孩子」——自由神的使臣拉法野德——經常在華氏周圍做工的結果。

拉氏在戰爭進行期間雖曾數度返法，但並不是爲了去看他的嬌妻，或聽候波旁王朝的訓令；在爭取獨立戰爭的外援上，他的來來去去，比經常駐在巴黎的鼎恩（Deane）或佛蘭克林更有力量。總之，在戰爭期間，他始終是華盛頓軍中的靈魂，是十三州外援的天使，是美國人在獨立戰爭中最後必勝的象徵。在若干年的戎馬倥傯中，他變成了「殖民地」爭取獨立的恩人，華盛頓人生途中的錚友；迨一八三四年五月廿日他在巴黎逝世時，美國政府曾派專船一艘運送班克山的聖土及星點紅條的國旗一面覆蓋在他的棺木之上；一七八四年華盛頓享度其解甲歸田後的恬靜生活時，他是「臥龍山莊」華盛頓最親密敬愛的上賓。拉氏在美國獨立戰爭中的供獻太大了。我們在這裡無法，也不必要詳述他在美國的事跡，但有關於他的一個絕對不應該忽略而却一直被人忽略的問題，我們則不能不鄭重地在這裡提出來。否則，我們這些後來的自由追求者便無以對這個自由神遺下來的「先烈」了。

拉法野德獻身美國獨立戰爭的全部目的是甚麼？

法國人恬不知恥，在第一次大戰後，他們爲了「賴債」（應不應該賴是另一個問題）起見，藉故向美國人說：你們在獨立戰爭時，我們從各方面援助你們，特別是我們的拉法野德將軍，自己裹糧，自己招兵買馬，幫助你們美國獲得了獨立戰爭的勝利，你們有恩不報，還應該向我們要這幾個錢嗎？

這絕不是拉氏獻身美國獨立戰爭的目的，直到他氣絕身死爲止，他沒有一次表示過這樣的意思。相反地，假定今天拉氏尚活在人間，他一定援助反共反法的越南人民爲爭取獨立而戰。然則他獻身獨立戰爭的目的究竟是甚麼呢？是協助美國人爭取自由獨立。對的，但這還不够，不是他的全部目的，我們只要一究拉氏的生平，就會發現他對美國人獲得了獨立自由以後，還有進一步的希望。

盧梭的「民約論」激盪了法國人重獲人權的思想，美國的獨立戰爭活躍了法國人爭取自由的行動。到了一七八九年七月十四日之夜，他們遂向波旁王朝正式開刀了。這種場合，拉法野德自然是當仁不讓。在打開巴斯底獄後不久，他被舉爲巴黎的衛戍司令。這時他快樂極了，他立刻將那一枝巴斯底的鑰匙——一切舊大陸上人民獲得自由的象徵——贈送給他新大陸上最親密的朋友：美國的華盛頓總統。若問他爲甚麼要把一枝生了鏽的鑰匙贈送給華盛頓呢？絕不是好耍的，這裡面乃大有文章。巴斯底的鑰匙放在法國人民勝利後的凡爾賽宮並不足貴，放在巴黎博物館也不足貴，惟獨送給當時的華盛頓先生才最有意義。這是拉法野德的慧眼，也是他的偉大過人處。原來隨着巴斯底的鑰匙一起送給華盛頓和美國人民的，還有一個艱巨的任務：讓新大陸上的自由人民拿着這把鑰匙打開舊大陸的——全世界的——一切扼殺人民的監獄和枷鎖。

我們不要忘了，拉法野德是『國民大會 中第一個提議發表「人權宣言」的。洛克和盧梭的力量推動他跑到新大陸，而培恩 哲裴遜及全體爭取獨立自由的美國人民又鞏固了他建立自由世界的世界觀。他曾親眼目睹並曾實際獻身締造北美合衆國的工作。他曾親眼看着美國人打破了一切舊大陸上的不良傳統，而最後把一個嶄新的國家建立在了自由平等——一個偉大的理想之上。當時的美國雖祇東海岸十三州一塊小小的地方，但在他的戰爭及旅行經驗中，他深信這個國家的理想會引導她在新大陸遼濶的原野沃壤和青山綠水之間，建立起來一個偉大的國家。於是這位人類自由的巨人——拉法野德——就把打破舊大陸上一切巴斯底型的監獄的偉大任務，經華盛頓之手委託給美國人了。這就是拉法野德獻身美國獨立戰爭進一步的意義。

拉法野德有資格委託給美國人這一個偉大的任務，而華盛頓和當時的美國人民也欣然接受了。因此，協助全世界人類爭取自由是美國人締建國以俱來的無法推脫的義務，而一切愛好自由的人都有權要求美國人民履行這個義務。

二、巴斯底監獄的現代化

上帝造人也造魔鬼，不幸地是高道一尺魔高一丈；自由人攻破了舊式的巴斯底獄，魔鬼則到處借尸還魂。波旁王朝的巴斯底獄被打開五十九年後，來了世界共產主義的精靈鬼怪；再六十九年後，列寧的巴斯底獄的高牆沿着整個的帝俄疆界建立起來了。在紅色的列寧魔鬼群中，又出現了一個黑色的夥伴——墨索里尼，繼列寧之後，他圍繞着意大利建立起來了另一個巴斯底監獄；希特勒後來居上，他的巴斯底監獄有一時期幾乎擴展到全歐洲。於是繼希特勒之後而紛起效尤者，如佛郎哥之流，一時風起雲湧，竟使自由世界黯然失色。

被極權主義——世界共產主義，法西斯主義，和在本質上與以上二者相近的種種主義——現代化了的巴斯底監獄較「舊時代的巴斯底獄」有兩個不同的特點：第一，是全面化。波旁王朝的巴斯底監獄僅僅祇是巴黎市內一個小小的方城，而近代化了的巴斯底監獄動輒是一個國家，乃至於幾個國家或全世界。總之，祇要其秘密警察威力所及的地方，都實行監獄化。最奇怪地是斯達林在他親自建立的世界規模的大監獄中，又建立起來一個小監獄——克里姆林宮（雖然是沙皇的遺產）——把他自己監禁起來（這是任何極權統治者都無法逃避的悲哀）。第二，是思想化。舊日的監獄祇是用來拘束犯人的行動，而現代化了的監獄則又開拓了一個新的領域，它不但要更嚴格地拘束犯人的行動，並且要同時監禁犯人的思想，犯人的靈魂，它要把監獄內一切犯人的思想統統拘禁到一個先知所創立的甚麼主義——如馬恩列史主義，毛澤東思想，狄托主義，法西斯主者等等——的鐵殼之內。上帝原來給每一個人都造下兩個宇宙——自然的宇宙和精神的宇宙：讓人類的肢體在太空中遨遊；心靈在幻境中飛翔。而近代極權主義者却反天道而行之；他們乃給每一個人建造了兩個監獄——地理上的監獄和思想上的監獄，內外夾攻，務使每一個被它統治的人，進無法逃於天地間——自然的宇宙，退不能返回其自己的心靈之內——精神的宇宙，終久變成一個不折不扣的原始人（primitive man）而後已」。

查理第五，腓力第二，路易十四，查理第一，菲特烈大王，法蘭西斯，亞力山大和所有歐洲歷史上的專制君王們，他們雖然蔑視人權，專橫暴虐，但却不敢公然反對上帝，無法無天；他們統治人民必假託上帝的旨意，而不敢赤裸裸地說其統治權力是從自身而來。中國帝王必自稱眞龍「天子」。絕無敢妄稱天「父」的。帝王既是上天差遣下來的，所以他祇能尊照天的意思來統治黎民。天父、天子和黎民三者原是相互關連的，天子之所以統治黎民，不過是爲天父服務而已，人死了後還是要歸同上帝的，所以「人命關天」，就不能視人民如草芥。世道必來自天道，任何的專制帝王都不敢自作「道」的最後根據。他們既不敢否認天道，所以雖然暴虐專橫，但也有一個限度，有一個不敢違拗的最低調的道德律。而現代的極權統治者可就不然了。他們根本不承認上帝的存在，當然否認天道。這般人們在沒有取得必要的暴力以前，往往是高張「人道」的幌子（如共產黨在沒有奪得政權以前，一切的口號都是爲了「人民」）誘人入彀；迨一旦大權在握後，人道就立刻變成了「霸道」，變成了「强盜」，其實强盜也不如，因爲「盜亦有道」，這些人連盜者的道都沒有，簡直不是人，充其量不過是一些衣冠禽獸而已。禽獸如何能治理人類，於是他們就祇有使用双重的監獄來箝制人民了。

做賊的最怕有人撕破其鬼臉，而使他的行動形像化。一九四六年三月六日邱吉爾在富爾敦一聲「鐵幕」，斯達林着慌了。於是立刻下令全世界共產黨的宣傳機構向邱吉爾狂吠，以否認他的强盜行爲。其實否認是否認不掉的。鐵幕就是巴斯底監獄的双重鐵殼化，使監獄裡面的一切澈底和外面絕緣。今天鐵幕後面人民的遭遇恐怕不是當時拉法野德和華盛頓等人所能想像到的，他們的命運太悲慘了。今天自由世界的全體人民若不用最大的力量擊碎這些双重鐵殼的監獄，那麼，上帝造下的另一部份人類就要永遠與外界——自由世界絕緣，而逐漸被野獸吞噬下去。

三、美國人沒有認清他們的任務

打開所有近代化的巴斯底監獄，建立完全自由的世界，是拉法野德交給美國人的一個理應承當的任務，上帝也交給了美國人這樣一個任務。確切地說，上帝和拉法野德交給美國人的是同一個任務，後者之所以會得如此，不過是在造物者所遺給世人的自然律和道德律的激勵和啓發之下，傳達或重申上帝的旨意能了。

信仰基督教的美國人應該不會忘記上帝的一個嚴重的警告能，聖經上說：「你必須愛你的鄰人，像愛你自己一樣」，然而，不幸地是五十年代的美國人已經無愛於他們的鄰人了。億萬人久已陷入了双重鐵殼的巴斯底監獄之內，他們受盡了人世間最悲慘的折磨，而現在這類監獄還正在積極地擴大和强化中，可是世界上唯一手握現代巴斯底的鑰匙——建國的理想和龐大的生產力——的北美合衆國，對於這種悲慘世界的景象竟然無動於衷。他們祇知花費億萬的金圓用作保護美國人民的生命財產，而對於舊大陸上各種各式極權主義者壓迫下的億萬人的呻吟和哀號之聲，竟至充耳不聞。截至目前爲止，他們既沒有明白表示、也沒作任何有力的暗示，他們有打開「巴斯底監獄」拯救億萬「犯人」的決心和行動。美國人年來的態度太令人失望了，他們完全沒有認清上帝和拉法野德交付給他們的任務。

我們這樣地批評美國人絕不能視作『春秋責備賢者』，因爲「責賢」祇是希望賢者「百尺竿頭，更進一步」，而今天美國人在賢者的路上還一步沒有走呢！

第二次大戰以後的「里約公約」、「第四點計劃」，杜魯門主義，馬歇爾計劃，北大西洋公約，中東防衛組織，以及在太平洋方面的美日、美澳、紐菲間的安全協定等等，都不過是一種不健全的心理和不大方的動機交互下的作品，毫無足稱道之處；它們只不過爲了保護美國人的生命財產而產生的，更確切一點說，僅僅是爲了獲得北美四十八州的安全，而使其一億五千萬人能够繼續他們豐富的物質享受而產生的。美國人的這種作法與歐洲中古時代的封建貴族又有甚麼區別呢？當時的封建貴族們通常是在他們的林園周圍，建築起來巨大的堡壘，顧用騎士保護他們的生命和封地以內的財產，如此他們自己乃得享受狩獵和堡內的逸樂生活。假定今天美國民族的生活果眞是這種封建貴族放大的話，那就太微不足道了，太辜負上帝給與他們的巨量的物質享受了。耶蘇早就提醒人類說：「物質很容易生銹，可以腐蝕人類的靈魂。」美國人由他們的開國元勳，特別是由後來的林肯、回特曼、威爾遜等幾位人類理想的化身，所洗濯過的高潔的靈魂，已經隨着威爾遜總統的去世而關進了封建堡壘之中，開始腐蝕了，現在已經到了非常嚴重的程度。

杜魯門先生和美國的政要們常彈『美蘇兩種制度可以並存於世』的令人作嘔的詞調，他們不知道這就是美國民族理想的枯竭，美國文化開始走向衰落的哀鳴。很顯然的，杜魯門的所謂『美蘇兩種制度可以並存於世』，絕不是指現在和過去而說的，因爲那已經是事實　這樣說就等於毫無意義；因此他顯然是指長遠的未來而說的。第一次大戰後當蘇俄建國之初，哲人羅素先生也曾呼籲世人，給布爾希維克黨人一個試驗的機會。但試驗的結果，早已證明被試驗下的人民都變成了最徹底的奴隸，所以羅素也早已宣佈不能再讓共產主義繼續試驗了。現在地球上已很清楚地映出兩種畫面：一部份是自由；另一部份是奴役。林肯精神的美國不能容忍一半自由人，一半奴隸的存在，而杜魯門和杜魯門時代的美國却有意無意地鼓勵這種狀態的存在。美國人的這種態度，不但我們不能饒恕，拉法野德不能饒恕，就是上帝也不能饒恕的。

一個國家或民族也像一個人、一個家庭或一個政治團體一樣，一旦失去了向上昇進的理想，就必然要走上衰落的路子。天下絕無絕對靜止的東西。想持盈保泰，絕不可能；在所謂「泰」的一瞬間，否就開始了。泰與否之間祇有一個「理想的」瞬間，事實上這個瞬間並不存在。

聖經上說：「物質是給那些首先尋覓天國和正義的人們的」。美國人獲得了世界上最豐富的物資，可是她尋覓的天國在那裡呢？是北美合衆國嗎？是里約公約嗎？是北大西洋公約嗎？是幾個安全協定嗎？當然都不是；她的正義又在那裡呢？兩億一千萬善良的俄國人被長期的關在鐵幕裡，兩千萬俄國的政治犯又被置放在鐵幕後面的集中營內，她可會抗議過一句話嗎？一億五千萬的東歐人和四億五千萬的中國人被繼續關進鐵幕內，數千萬無辜的中國人被集體屠殺掉，她可會仗義執言過嗎？一千五百萬的南斯拉夫各族人民呻吟在狄托的淫威之下，三千六百萬的西班牙人繼續作佛朗哥和長槍會的奴隸，美國可曾對這些被壓迫下的人民採取過任何解救他們的行動嗎？絕對沒有。事實經過之所以如此，絕不是耶蘇的話說錯了，而是美國人根本沒有認清楚上帝交付給他們的任務——尋覓天國與伸張正義的任務；要不然，那就是他們太玩忽了。

杜魯門時代的美國祇知尋覓自身的安全，貪得眼前的和平。祇要能達到這種目的，就是各種類型的現代巴斯底獄永遠把人類的一大部份繼續監禁下去，和自由的美國社會並存於世，亦無不可。這種做法太卑鄙了。威爾遜先生說：「正義比和平更重要」。在此，我要借這偉大的威爾遜先生的名言，鄭重地向現代的美國人提出警告：撇開正義，眞正的和平是永遠無法獲致的啊！

四、如何使用巴斯底的鑰匙

關於美國人是如何地未認清楚和逃避他們的義務一點，我們在上文中已經明白地指出來了；他們近年來在外交上一切的措施都被局限於謀求自身安全的一個狹隘和消極的範圍之內，和打開全世界的巴斯底監獄以履行他們無法規避的義務一點，至少在動機或精神上，毫不相干。這是最令人感到遺憾的。但美國究竟是一個年青的民族，究竟是一個以理想為主要動力而建立的國家；自由神像依然巍峩地站立在遊人如織的哈得遜河口的岩岸上；費拉道費亞的自由鐘和自由鐘聲在電視和廣播條件的配合下，年年七月四日還照舊地傳播到四十八州的每一個角落，林肯的銅像並未被推翻，而回特曼的詩篇依然膾炙人口；美國人的理想雖然失掉了與新大陸以俱來的那種活潑剛健的創造力，但並沒有枯竭；祇要迷途知返，以無窮盡的理想主義代替狹隘的拜物主義，他們偉大的創造能力仍然是會油然恢復的。我們對美國人近年來的作風感到萬分遺憾，但還不完全失望；現在的情形是，沙漠之中還有片片的綠洲，夜深人靜之夜，仍有曠野的呼聲；「哀莫大於心死」，但美國人的心並沒有完全死掉，例如自威爾遜到杜魯門連續擔任六個總統義務顧問的元老政治家巴魯區（Barnard W. Baruch），在西方國家中手屈一指的外交家，而一直未能以美國國務卿的身份處理外交事務的杜勒斯，當今美國最能幹的州長而早早晚晚將入主白宮的杜威，和那個甩掉美國護照自稱「世界第一公民」而最近又要求返回美國的戴維斯（你不要小看了這種人）等等，都曾連年奔走，呼號於新舊大陸之上，努力招回美國人失掉了的理想，使這個國家重新走上她創造理想世界的路子。我們深信在內外兩種壓力激盪之下，迷途不遠的美國會毅然回頭的。他們不久定將發現，人類是一個整體，自由不能分割；他們定將發現，當年威爾基並不是生活在夢幻中，全世界都是一家，世界各民族都是他們的兄弟姊妹，都是他們的鄰人；他們不久將會豁然貫通，他們賴以生存的那最基本的道德律：愛他們的鄰人一如愛他們自己一樣地要無微不至；他們不久將會徹底瞭然他們對上帝、對人類，對拉法野德所負的任務，那時他們將會勇敢地拿起巴斯底的鑰匙，走上全人類自由解放之路。

現在重要的是一個技術問題，是巴斯底的鑰匙如何使用的問題。這個問題却萬分重要和嚴重。因為使用不得其當，不但打不開監獄，反有一起被緊入累紲之中的危險。這種情形絕不是沒有可能，否認這種可能性的人，那就是太天眞了。

美國因為是一個年青的民族，所以富於理想，富於朝氣，富於青春的活力，因而創造了近代文明，這是美國人的優點，為舉世其他任何民族所不及之處。但近代文明並不完備，它周圍還有一個遼濶的荒園需待拓殖，它前面還有一段漫長的叢道尚待開闢，而就在這半山途中，問題發生了；相對於廿世紀的世界局面來說，美國人有一個嚴重的缺點，那便是處世太天眞太幼稚了。華盛頓在他有名的「臨別贈言」（Farewell Address）中會指出，美國是個「嬰兒國家」，不能和老奸巨滑的歐洲人為伍；但一個半世紀後的天今，美國人並沒有變為老練，並沒有長大成人；在外交事務中，他們雖然比一百五十四年前華盛頓退休的時代多知道了些路數，但道高一尺，魔高一丈，相形之下，她依舊是個「嬰兒」。在前個時代裡，他們所遇到的拿破崙、梅特涅、狄斯累利、俾斯麥等人，雖然劍法高强，但仍有路數可尋，可是現在的場面却完全不同了。他們的對手盡是些辯證唯物論和馬加維里主義的綜合者，一枝外交的花槍要得出神入化，如墜人於旋宮囈夢中，年青的美國人遇之焉有不失神墜馬之理？而況事實還並不如此簡單呢。我們若略加分析，便會發現在耍花槍的敵人，並非來自一個方向；他們來自四面八方，以各種不同的面孔同時出現。事實上美國人現在是陷入一個巧合的八封陣團團包圍之中。因此，在這種情形之下，要想從中殺出，克敵破陣，那就不是專憑金力——金圓，原子彈，——所能辦得到的了。這處處需要精密的分析，正確的認識和判斷，然後對「對症下藥」，使每一件有關的事物嚴格地納入共應歸的範疇。如此，反共的行動才能產生最大或較大的效果。否則，前途是黯淡的。譬如，現在全世界都表示反對以蘇俄為中心的世界共產主義，但性質和態度有很大的大同；你絕不能不分青紅皂白，一概助以金圓，引為同志。為甚麼呢？問題就在這裡，這就是為甚麼美國人年年花下巨量的金圓而仍不能發動起來一個國際自由運動的癥結所在。

在反抗以斯達林為中心的世界共產主義戰爭的行列中，其不同性質可粗略地分為：西歐國家型的，佛郎哥者流的法西斯集團型的，狄托型的，美國人型的，和全世界一切被壓迫的民族及個人型的。在這五種不同的類型中，祇有後二者，即美國人型的和全世界一切被壓迫的民族及個人型的，有其一致的方向——個體的自由或全人類的自由，其他三種都是同床異夢，各有其自私自利的打算。號稱反極權的西歐國家，他們在其本國之內，雖然都尊重基本人權，尊重個體自由，但卻絕不肯把同樣的基本人權和個體自由交還給他們殖民地的人民；號稱反共的渃佛郎哥一流的國家，他們自已和共產主義卻同樣的是自由的敵人，是萬惡的極權主義者；而最可笑的是狄托，他和斯達林一模一樣，都是最殘酷的布爾希維克主義者，彼此之間祇不過是赤裸裸的權利之爭，不問是誰——斯達林或狄托——統治，南斯拉夫各族的人民依然是極權共黨壓迫下的可憐蟲，依然是自由的遺棄者。由於這種性質上的根本差異，於是也就嚴重地影響了各地人民反抗世界共產主義的態度問題：你不能希望西方殖民地的人民會同他們的主人站立在一條整齊的線上，共同發揮反共的效能；你不能希望西班牙人和一切法西斯主義者統治下的人民，會熱切地追隨着他們的獨裁者們，為了自由而積極地獻身於反抗共產極權之戰；你更不能希望南斯拉夫的人民會在狄托的旗幟之下積極地從事同樣的戰爭。你不能希望任何一個患瞎病的人會熱切地去尋找一個他已經確知不能帶給他光明的大夫，這是很顯然的道理。根據和這極其相近的理由，若是毛澤東一旦變為托狄他即可被優容於民主世界，斯達林祇要不公然發動戰爭，他的制度即被認為可與西方制度長期並存於世的話，那就無異告訴中俄兩國六七萬萬，乃至一切被世界共產主義監禁下的人民說：他們的自由和命運西方人是不關懷的，他們是被遺棄了。他們渴望中的自由生命既被美國人套上了送葬的花圈，則以後再想鼓舞起他們追求自由的情緒就不容易了。

手拿巴斯底鑰匙的美國人，一直沒有認識清楚世界共產主義威脅人類自由的嚴重性；他們不知道世界共產主義運動就是一個具有有機綜合性能的「人類惡化運動」，個人、家庭、團體、社會、民族、國家、人種……以及他們相互之間，都先天或後天地存在着若干惡性和缺點，世界共產主義就有效地把這一切惡性和缺點綜合起來，和追求自由的人類為敵。他們的理論雖然虛妄，但在人類世界的惡性和缺點到處存在時，它卻具有無比的吸引力。雖然是虛妄的——但是他們對人類也有一個綜合的打算；雖然是虛妄的——但是他們也有一個極權觀念下的順理成章的世界觀。在宣傳式的理論上，他們經常肯定地保證滿足人類一切基本的需要。這一切誘惑力不是理性欠缺的人所能抗拒的，而它虛妄的內容也不是人人所能洞穿的。現在它已監禁了將近全世界一半的人口，遼闊的地區，龐大的生產力，而所謂自由世界還俯拾皆是他們可以利用的惡性和缺點。情勢已經萬分嚴重。

很顯然地，要保存「人類自由的遺體」（哲裴遜語），必須徹底剷除共產主義，它和自由制度絕無併存的可能，其中的一個必將為另一個所否定。時至今日，要徹底剷除共產主義，就必須大動干戈，要動員人類的全部本錢：喚起全人類的幻想，恢復全人類的自信，鼓舞起全人類（特別是長期陷在監獄裡的人民）追求自由的情緒和勇氣，充份發揮全人類向上的創造力，把造物者所賦與人類的一切善性和優點統統有效地動員和綜合起來，使一點一滴的力量——無論是道德的、精神的還是物質的——都能在反極權的方向上發揮它的邊際效用；如此，尚必須持之以恆，繼續長期的艱苦奮鬪，人類自由庶幾有獲致的希望。基於上述的認識，負有重大使命的北美合衆國今後在處理外交問題時，就不能再頭痛醫頭，脚痛醫脚，無原則地亂幹；更不能犧牲理想，遷就現實，處處權宜行事，她唯一而且離棄了就要滅亡的積極原則是：

第一、發動一個以全人類獲得完全自由為核心課題的國際運動，這個運動要毫不隱諱地公開宣佈它的宗旨，公開宣佈它有自各色各樣的極權主義和過時了的殖民主義者的統治下，拯救出所有被壓迫的民族和個人的決心。即使因此而招致『戰爭販子』的反宣傳、乃至失掉若干所謂「與國」亦在所不惜。因為失掉的充其量亦不過是那樣大，而換回來的是無窮無盡的精神力和道德力。從此以後，自由世界即可以這無窮無盡的精神力量和道德力量作為主要的戰鬪武器，而使有限的物質力量退居於次要地位；因為物質力量即使再豐富也會有窮的。

第二，在這個偉大運動體現的過程中，策略自然是必須講求的，但不能無原則，或離開了自由人類所賴以生存的基本道德律；當同時面臨數個自由的敵人時，輕重，緩急，先後，和直接間接是應該作各別而不同的安排的，但不能因此便縱容次要的敵人繼續無情地與自由為敵。基於這個原則，全世界一切被極權主義者、獨裁者或殖民主義者壓迫下的人民——民族與個人——都無條件地 （下轉第28頁）

泰國政變與東南亞局勢

張任飛

由於美英傳統的重歐輕亞外交政策，致使目前東南亞局勢處於異常脆弱的形勢，凡關心世界前途的人無不爲之憂心。緬甸、泰國、越南和香港皆與中國大陸相連，可是這四個地區的反共武力的總和僅只二十餘萬衆，中共一旦大舉南侵，東南亞地區即將立刻危殆。

越南戰爭已歷數年，胡志明在中共積極與大量的支援之下，聲勢日益坐大。美國現在雖正忙於軍援越南，然力亦僅止於防止局勢之更形惡化而已。緬甸是東南亞力量最弱的一環，陸軍只有一萬三千人。緬甸政府對緬共的叛亂簡直束手無策，傳說緬甸政府已允緬共劃地成立自治政府 這與中國大陸上所曾發生的情形宛出一轍。緬甸已經承認中共政權，緬甸政府的本身現在實處於懸崖之上。至於香港，她是在國際外交夾縫中生存着，有如火山上跳舞 隨時可以發生危險。第二次世界大戰期中的歷史，可以爲鑑。

在東南亞國家中比較安定的是泰國，現有陸軍七師，約四萬人，海軍陸戰隊三千人，但軍備皆差，警察一萬五千人 軍備優於陸軍，具有國防軍的性質．總計軍力共約六萬人。美國自去年十月開始軍援泰國，已有美援飛機五十架到泰，此外尚計劃裝備泰軍九營。泰國軍隊的訓練及士氣皆尚不差，但共兩面外交政策可能使其軍隊失去用武的機會。

圜顧東南亞，唯有自由中國反共的決心最堅，反共的軍力最大，不僅超過東南亞的任一國家，而且大過東南亞諸國軍力的總和（包括菲律賓及馬來亞在內）。紐約州長杜威旅行亞洲之後，曾著論呼籲支援自由中國，杜威的話，在明瞭東南亞實況的人看來，益覺有其眞實性。

然而，無疑的，自由中國的强大軍力，將僅用於保衛臺灣及將來反攻大陸，東南亞其他地區未來的可能的戰禍，須憑其本身的實力應付。如此說來，無論在軍事地形上，在政治意義上，泰國的地位實爲除自由中國而外的另一東南亞的反共重鎮，如果泰國不保，則整個東南亞便將成共黨之囊中物。

泰國建國以來，位於英法兩大勢力之間，緬越曾皆爲人殖民屬地，而泰終未亡國，這個道理，只有從兩面外交中去尋求。歷史上有過泰緬之爭，也有過泰越之爭，泰國常以彼制此 或以此制彼。因此，泰國曾一度爲英國的勢力範圍，又曾一度爲法國的勢力範圍，即以泰國軍隊的武器爲例，目前仍有英式的 亦有法式的，較近的例子，第二次大戰期中，當時的（亦是現任的）國務院長鑾披汶先與英法訂立互不侵犯條約，嗣守中立，等到珍珠港事變，日軍迫近泰境，鑾披汶迅即主降，允許日軍於一九四一年十二月八日進駐曼谷，十一日即與日本訂立攻守同盟，並於一九四二年一月二十五日向英美宣戰，等到德國投降，日本將敗，泰政府的態度就又再轉變了，鑾披汶下野，由乃寬組閣，一個國家的戰罪歸於鑾披汶一身，而鑾披汶入獄數月即再出獄，如此一套把戲連鑾披汶也就無罪了，泰國竟因此而得一「非戰敗國」之名，並獲通過加入聯合國。

去年十月十八日美泰簽訂軍援協定、自一九四八年重任國務院長的鑾披汶立即公開宣稱反共，藉以爭取美國的軍援和經援。泰國始終沒有承認中國大陸的中共政權，臺北記者團今年十一月上旬訪問鑾披汶時，他也肯定的說「如有共產黨入侵泰國，泰國一定抵抗」。泰國陸軍總司令乃屛在鑾披汶發表上述談話的第二天，也說，「泰國萬萬不讓共產黨統治。泰政府現已經常戒備，可以隨時抵抗共產黨的侵略」。但即在這兩位泰國領袖發表談話的當時，曼谷也仍有人懷疑泰政府的反共決心。各方面的口頭評論是：一旦共軍入侵，泰政府即將政變，鑾披汶下野出國，而由其亦曾數次組閣、現居上海的政敵乃比里出組新閣，不發一彈而宣佈接受共產國際指揮。當時甚至有人認爲：美國雖軍援泰國，對其外交政策實亦時時存有戒心，但如不予援助，適足早日促使泰國赤化；於是采取的援助政策是給予援助，而不多予援助。

鑾披汶實也有其一己的苦悶和矛盾。除在外交上憂慮美國在東南亞的力量不可恃，及恐懼中共可能入侵的力量不可抗外，在內政上又是困難重重。第一，擁護他於一九四八年政變成功，奪得目前政權的「變政團」，其內部並不團結，而且互相攻擊。據說「變政團」分爲三派，陸軍總司令乃屛及警察總監乃砲（乃屛之婿）結爲一派，以鑾披汶爲偶像；陸軍中實力最强的第一軍長少立又爲一派，反對乃屛、乃砲甚烈；前任陸軍副總司令鑾角又爲一派，與前兩派皆不相容，鑾角本人現雖在押，而其勢力尚在。第二，泰國爲一君主立憲國家，有國王，又有國會；在國王的周圍是一群保皇黨人，在國會中又有黨派複雜的議員。就國會而言，泰國的政黨皆無政綱，皆無中下層黨員，都是由少數政客，以彼此利害相同，結爲一個集團，即向外宣稱爲某某黨，常有十人即爲一黨者。國會中擁護鑾披汶的政府派議員，原來即有五個黨：一爲正義黨 又稱保守黨，以內政部長鑾蓬裕提爲首；一爲人民黨，以教育部長乃良爲首；一爲國家社會黨，以內政部次長乃邦若爲首；一爲自由黨，以交通部長乃巴統爲首；一爲農工黨，以外交部長乃佛拉堪班查爲首。以上擁護政府的五個黨，彼此間亦有意見，後來五黨合組爲「聯合黨」，以鑾蓬裕提爲黨魁，倡「披汶永恆」口號 表示忠於鑾披汶。但這政客集團「聯合黨」，又和軍人集團「變政團」意見不盡相合，兩者雖皆表示擁護鑾披汶，而竟彼此傾軋。另外，國會中還有反對鑾披汶的民主黨，以乃寬爲首：（曾任國務院長），雖然主張不以武力奪取政權，但在政治方面極力反對鑾披汶、爲鑾披汶的政敵。第三，目前泰國國內的情形，在政治上是互相爭權奪利，官吏明目張膽的貪污搜括；在經濟上但見貧富過份懸殊，人民生活困苦，雖然立國以來皆爲一個獨立的國家，而政治迄未上軌道，經濟方面毫無建設基礎，不像一個現代國家。根據上述三點分析，如果鑾披汶想有一點作爲，在此現狀之下，當然不能沒有苦悶。這苦悶表現在他的政績上，是一事莫辦，以致泰國目前分明是有泰共從事地下活動，而反共措施則並不够堅強，他自己口口聲聲反共，而別人則頗以爲他會投共，鑾披汶的矛盾，亦即在此。

在如此不健全的內政下，於是曼谷社會中政變之說頻傳；不僅口說耳語，甚至報紙上亦不斷醒目刊載，且加各種臆測，描繪即將到來的政變會是如何如何。鑾披汶想政變，失意政客和軍人想叛變，泰國人民也希望政府變換一下。政變果然到來了，今年第一次是在六月二十九日下午三時，海軍將領組成的「救國團」掠走鑾披汶，要求撤職查辦陸軍總司令乃屏，警察總監乃砲及其他兩位非屬海軍的將領。陸空警部隊立刻聯合行動，警告海軍釋放鑾披汶，海軍未聽，陸空警開始攻擊，形成泰國史上不多見的流血事件，據說空軍炸沉了一艘軍艦．鑾披汶從艦上跳水（湄南河）逃生，又被海軍所獲，直至三十日下午十一時四十分幸得脫險歸來，復任國務院長，捕押叛亂海軍將領十九人，削弱海軍力量，加強了陸軍總司令乃屏的控制力量。這次未成功的政變，並未解決泰國內政上的任何問題，事過以後，一切照舊。

於是，相隔五個月後，今年第二次的政變，又果爲衆所預料的在十一月二十九日發生了。陸軍總司令乃屏，空軍總司令傅恩，海軍副總司令柯索，陸軍第一軍長沙立及警察總監乃砲聯合組成的集團，以乃屏爲首，於下午八時佔領國家廣播電臺，宣佈政變。可謂頃刻之間，未流一滴血，即獲成功，進行非常順利。

泰國的政變有時是如此容易，實爲泰國在東方以政變多而聞名的原因之一。泰國歷史上最先也是最重要的一次政變，是在一九三二年六月廿四日，來自民間的人民黨領袖推翻了君主專制，仍保留君主，改爲君主立憲，首次公佈憲法，這一天現已成爲泰國的國慶日。從此二十年來，政局始終不安定，凡想執政者皆以政變爲手段，差不多每次倒閣皆由於政變的結果，泰國雖自稱民主，而無根深蒂固的法治基礎，如有的話，則可以人民的選票來代替所謂政變。從過去的若干次政變看來，皆爲軍人干政的表現，主謀政變者即或非爲軍人，亦必假借軍人的力量來行事。而二十年來的許多次政變，皆爲政客和軍人的爭權奪利的極度表現，非爲因有不同的政治主張而政變，政變當時未嘗不喊口號，事過境遷則忘。例如今年「六、二九」由「救國團」領導的政變，就只以「救國」爲口號，至於救國主張如何？則無所聞。因而，政變常有，政治仍舊未見改善，經濟仍舊未見改善，於是另一政變再起，如此層層相因。所幸政變皆以不流血方式出之，双方武力鬪爭，只是偶然才見，最常見的，是一夜之間換了一個執政者，不僅人民不受驚擾，對待失敗的政敵也只逐他下臺了事，不殺、不捕、最多驅逐出國。有時也許逮捕失敗的政敵，但絕不殺戮，稍過時日，仍可釋放。此在人民看來，每一政變似乎皆與人民福利無關，那不過是上層階級的例事，視爲平常，處之泰然。

除一九三二年的首次政變，因由君主專制改爲君主立憲，有其特殊意義外，世人甚願最近一次由乃屏爲首的政變在目前的國際反共鬪爭中亦將有其特殊意義。這次政變的情形可有六點足述如下。

第一、這次政變的人物，是包括了陸海空警最高將領的聯合陣線；是全體軍人發難，企圖從政府中淸除反對派文人政客。這個軍人的聯合陣線，也就是平日擁護鑾披汶最力的所謂「鑾政團」。

第二、這次政變領袖乃屏宣布「現政府是被推翻了」，但並未打倒鑾披汶，鑾披汶未被逮捕，未受驚擾；相反的，在迅速改組成立的新政府中，乃屏並未奪取鑾披汶的位置，鑾披汶仍任國務院長。並且仍兼國防部長，這次政變，對於鑾披汶並無絲毫不利，相反的，他的地位更見加強了。

第三、乃屏宣布廢除了一九四九年公布的憲法，而恢復了一九三二年的舊憲法，因此今後的新國會，將由兩院制改爲一院制，且完全是親政府派的議員，保皇黨人以及反政府派議員皆被淸除，政府較爲有力控制了。

第四、這次政變，發生在一九四九年憲法規定下的下議院議員正將改選的時候。關於這次改選下議院議員，全國各省的競選運動皆甚激烈，反對派企圖爭取更多的席次；在競選運動中，政府派「聯合黨」中利害不同的份子又在互相傾軋；而且，由於競選而來的賄賂與貪污事件，更較平日爲劇。鑾披汶及其同路人如欲保證控制今後的政權，必須有所行動。

第五、這次政變，又正好發生在國王哈嗎九世即將回到國內的前夕。哈嗎九世係於一九四六年繼位，去年四月二十八日結婚，去年五月五日加冕，今年才二十三歲，甫在瑞士完成學業，獲得法律學位，正由瑞士偕后歸國，已過新加坡，定於十二月二日抵曼谷，執行國王職務。乃屏選擇此時發動政變，無疑是事先妥爲安排好了的，要在國王回國之前造成事實，等候國王回國以後立予批准。

第六、據乃屏所宣布的，這次政變的動機，是因世界局勢愈益緊張，共產勢力正從事滲入，必須加強泰政府的反共陣容，剔除反對派，共黨份子及貪污有據的人員。並且強調宣布仍爲一個君主立憲國家，國王仍爲國家元首，外交政策保持不變，仍繼續支持聯合國，維持和民主國家的親善關係，並將對共黨侵略較以前作更堅强的抵抗。

根據上述六點分析，可以說這次由乃屏為首所發動的事件，實非政變，而為一種「變法運動」，和過去的政變性質大不相同。研究這次政變的內容，就只在於變更憲法一點；因憲法之變更，政府及國會中的保皇黨人，反對派，共黨份子及貪汚有據的人員乃得剔除。這次政變，與其說是乃屏等陸海空警將領發動的，不如說是鑾披汶本人策劃的，或者不如說是鑾披汶及其所親信的陸海空警將領聯合發動的，亦即是由所謂「變政團」發動的。

在近二十年來，泰國的憲法已經五次的變更。一九三二年六月二十四日的不流血革命，將君主專制改為君主立憲，產生了第一部憲法，名為「臨時憲法」，是由當時的國王於六月二十七日公布。同年十二月十二日，將臨時憲法改訂為「永久憲法」。第二次大戰以後，一九四六年五月十日修改原憲法，產生「修正憲法」，改設兩院制的國會，代替過去一院制的人民議會。一九四七年十一月四日廢除那部修正憲法，重行制定一部「臨時憲法」。一九四九年三月二十三日，再將這部臨時憲法，制定為新的一永久憲法」，直至如今，此即乃屏在這次政變中所廢除的現行憲法。

這部現被廢除的一九四九年憲法，共有一百八十八條，其中規定人民享有言論、著作、出版、通訊、集會、結社，宗教信仰的自由；規定人民不論出生及宗教不同，皆受憲法同等保護，人民在法律之前一律平等。這部憲法採行主權分立制，國務院行使行政權，國會行使立法權，大理院行使司法權。國會分為上下兩院，上議院共有議員一百人，另有院長及副院長，議員年齡須在四十以上，皆由國王任命，任期六年，每三年以抽籤方式更易二分之一。下議院議員，即一九三二年憲法中所稱之人民議會的人民代表，是由全國各省依照人口多寡，由人民以秘密投票方式，直接選舉產生，任期四年，期滿重行改選。現有議員一百二十一人，另有院長及副院長。

這種政體，係仿效英國。照此憲法規定，一切法案先由下議院討論，通過後再提上議院，上議院通過後，始得成為法律，由國務院長奏呈國王簽署公布。如上議院對下議院通過的法案有異議時，可行使保留之權；上院保留之法案，經過一年後下院可再重提舊案，此時如由兩院特設的共同審查委員會多數通過後，即視為兩院一致同意之法案。國王如對國會制定之法案有異議時，得在九十天內送交國會複決，如有三分之二以上議員堅持原案，即應生效。國務院長由國王任命，但如國會不予信任時，全體國務委員須總辭職。

今年十一月二十九日以乃屏為首的政變已將上述一九四九年憲法廢除，而恢復了一九三二年的舊憲法，這可算是泰國第六次的變更憲法。所謂一九三二年憲法，係採一院制，此一院即為「人民議會」。此憲法中規定國家之最高主權屬於人民全體，國王之繼承法照舊，惟王位繼承時，須得人民議會的同意。人民議會有創制法律之權，經國王簽署公布後即生效力。國王對於法律認為不能行時，得送回議會複議，如議會仍堅持原案時，國王須即簽署公布，如國王仍不認可時，議會可以自行公布生效。其最重要之點，為人民議會議員之產生，分為三個時期，第一期自此憲法施行日起六個月內或至國內秩序安定時止。先由政府推舉議員若干人，呈經國王任命組成第一屆議會；第二期再由各省人民選舉若干人，與第一屆議會議員混合組成第二屆議會，第三期再由全國各省人民直接選舉全體議員，組成第三屆議會。

乃屏此次領導的政變，既已成功。一九四九年的憲法既已被廢除，兩院制的國會已被解散，過去由國王任命的上議院議員（皆為元老重臣及保皇黨人）皆被停職，而且失去了所有的政治勢力，過去下議院議員（包括反對派及共黨份子）也被全體停職。此次政變後產生的新的泰政府，在宣布恢復一九三二年憲法之下，現已迅速任派了一百二十三個人民議會議員，這個新設的人民議會並且已於十二月一日成立，開始集會，首次會議到會者九十六人，鑾披汶亦便裝蒞會。在這任派的一百二十三個議員中，據說有一百人以上是軍警人員，換言之，也就是擁護鑾披汶最力的「變政團」份子，從此可以看出，這新設的人民議會已由鑾披汶所完全控制。在由人民選舉議員以前，上述任派的議員即為人民議會的負責者。

今後，鑾披汶將是泰國名副其實的執政者了，他將擁有完全的權力。鑾披汶，是一位矮身材的人，態度溫和而謙遜，生於一八九七年，今年五十五歲，早年留學法國，攻讀軍事，歸國後即服務於軍職，而無一點軍人的威嚴。一九三二年泰國史上著名的不流血革命時，鑾披汶為一陸軍少校，是當時領導革命的人民黨黨員。一九三三年升為中校。一九三四年九月二十五日開始入閣出任國防部長。一九三五年升為上校，仍任國防部長，是年曾遇刺。一九三七年連任國防部長。一九三八年十月再遇刺，家人皆被殺害，同年十一月廿六日開始第一次組閣，出任國務院長，兼任國防部長及內政部長。一九四二年三月六日內閣改組，第二天即又第二次組閣，此時升為少將，以國務院長兼任國防部長，一九四四年七月二十七日倒閣。此時鑾披汶因於第二次大戰中曾與日本合作，一度以戰犯身份入獄數月。一九四七年十一月九日泰國由「變政團」領導政變成功，獲得政權，此「變政團」係由鑾披汶在幕後操縱，但鑾披汶此時並未出山，仍居幕後，此後每年十一月九日，「變政團」必皆舉行閱兵紀念其一九四七年之政變成功。一九四八年四月七日，泰國又發生政變，鑾披汶以陸軍元帥官階出山，作第三次組閣，自任國務院長。今年「六、二九」海軍曾謀叛變，叛軍失敗，鑾披汶幸獲脫險，仍任國務院長兼國防部長。

鑾披汶被人視爲一個國家主義者，這因爲他曾倡「大泰國主義」，曾撰「唯國」五信條，指示泰人應以國家利益爲依歸，勿與外國人合作，否則即爲賣國行爲，應受裁制。但今日以前的鑾披汶，實不是一個極權的獨裁者，因爲，如果他是獨裁者的話，則必能在國內控制其政權，而不致常有政變發生。希特拉和墨索里尼都是被外來力量擊倒的，當時德意何嘗有過所謂政變？從這次（十一月二十九日）政變起，鑾披汶的生命史則將展開新的一頁，因爲以乃屏爲首的這次政變，並非以打倒鑾披汶爲目的，而且看來實爲以擁護鑾披汶爲目的，這可解釋爲目前泰國仍以鑾披汶爲一最有權力的人。鑾披汶並非僅是一個偶像，這對目前東南亞的局勢是極重要的，這使美國可有一個給予援助的對象，助其合力反共。如果泰國目前竟無一個擁有最高權力的人，這才反而眞會使人失望。至於今後的鑾披汶因爲有了完全的權力，是否會要變成一個獨裁者？這就須看他自己的做法了。

目前的泰國，有很多的中共地下活動份子，有中共的機關報——全民報，有不少的俄籍間諜，聽說在泰南還有候機集中的武裝泰共。如果有了權力的鑾披汶，利用其鐵腕，毫不留情的肅淸這些赤色份子和報刋，這是不能用「獨裁者」來侮辱鑾披汶的，因爲泰政府的政策既是反共的，這些重要措施即爲必需的。擁有了權力的鑾披汶，只須除了對付共產黨外，在任何其他內政問題上的措施皆能採用民主的原則，則他即永不會被人視爲一個獨裁者。

泰國在屹立着，可能會比過去要堅强，今後的問題，在於如何利用急迫的時間，釐頓內政，加强軍事，眞正成爲東南亞的另一反共重鎭。如果美國能夠增加給予泰國的軍援，將更可加强泰政府的反共決心，如果太平洋國家能夠早日積極發起包括泰國在內的太平洋公約，也將更可加强泰政府的反共信心。泰國現有很多的華僑，估計華僑壯丁多達三十萬人，如果泰政府將他們和泰人同樣的編成軍隊，利用華僑的反共力量，則泰國的反共力量必更壯大，可以穩立於不敗之地了。

（十二月二日泰國政變後三日寫於臺北）

香港通訊

北方學人的悲劇

莞星

西北利亞的寒流南侵，大陸的原野充滿了肅殺之氣。入秋以來這股肅殺之氣又從大陸的原野向平津瀰漫。緊接着廣大農村裡無數善良人民之被屠殺，毛澤東的『矛頭』馬上指向平津的學人。本年九月，秧歌王朝爲了對北京天津兩市高等學校教師『開展學習運動改造思想』，『努力學習做文化戰線的革命戰士』，在『中央人民政府教育部』之下，成立了『京津高等學校教師學習委員會』。參加這次學習的包括北京大學，淸華大學，燕京大學，等二十院校。人數三千餘；爲時四月。

就這樣，北方的學人，像暴露在冬天裡的草蟲，一任風吹霜凍，在嚴寒中戰慄。

在這個『改造』過程之中，國內外知名之士，迭有『自白書』或『悔過書』之類的文字，在『人民日報』上刋佈。這些文字的內容雖然多少各不相同，可是所集中指陳的基本觀念則是千篇一律的。概括起來是：一、痛責自由主義和個人主義。二、不應『爲學問而學問』，『純技術觀點』乃是一錯誤觀點。三、排除西方文化，或『資產階級意識』；四、反對『美帝』；五、過去不該對『革命運動』袖手旁觀，不應不起而積極參加；六、因而歸結到；今後要痛改前非，努力改造學習，以便爲『人民』服務。

記者茲摘錄幾篇典型的文字中的要點；由此我們就可瞭然於這一『學習』『檢討』，與『悔過』的性質和用意之所在。

淸華大學教授金岳霖在『分析我解放以前的思想』中說：『我在十九歲的時候到美國去讀書。在五四運動的時候，已經在大學研究院讀了兩年書。這時，知識分子自高自大的心已經養成了。憑個人的興趣，我已陷入資產階級腐朽哲學的泥坑。回國後，我又介紹這一類的形而上的概念，圖案式的哲學，並且還努力創造了這一類的個人哲學體系。這樣的體系本來是離開現實的：教書是爲教書而教書。研究是爲研究而研究……一方面在業務上我誤人子弟；另一方面我也助長了淸華大學那種强調個人興趣的學風。』

在這段話裡，金岳霖爲什麼特別提出『知識分子自高自大的心已經養成了』的話呢？金是個高大個子，近視眼。抗戰期間自美講學歸來後；一隻眼鏡片子上塗了一層油漆。乍看起來樣子的確有點與衆不同。他是個純西方頭腦的人。平日除教書與研究以外，不問外事，很少作公開活動與講演。在討論問題的時候，他認爲別人不對，便馬上就直說，不稍寬假，不講客套。這樣，形成中國社會上以爲他『高驕』的印象。所謂『自高自大』云云，恐怕就是因此而發的。

金岳霖多年遨遊英德法美，長期浸潤於西方文化之中，人的尊嚴感表現得比較顯著。記得在昆明他正在上邏輯課的時候，蔣夢麟以常務校委的身份察課，只在他講堂後面站了一刻，他馬上不安，竟面紅起來。這樣的習性，正是共黨最忌惡的。共黨要將人一個一個地變成毫無自尊感的工奴、農奴、商奴、文奴。因此，他們要藉口『自高自大』來打擊這種人的自尊感。

『哲學』還有什麼『資產階級的』，或不是『資產階級的』之分，眞是天大的笑話！俄國根本是個落後的野蠻部落之組合。他們沒有西方世界那樣優美的思想文化，加之西方世界的優美思想文化是馬列史輩的野蠻殘酷的『鬪爭主義』之大障碍，於是他們設詞把這些東西一掃而光，好讓大家接受馬列史的這種『主義』。鬪爭主義者是要把每個人掀動，走上鬪爭的戰線，因而反對『離開現實』的『哲學體系』，反對『爲教書而教書』，反對『爲研究而研究』。

『强調個人興趣的學風』，照共黨看來是一種基本的大罪。『强調個人興趣』，實乃民主生活方式之本。觀乎美國與西歐學府便可知曉。個人是最根本的單元，也是最後的目的。因而依照個人的興趣而自由研究，是神聖不可侵犯的人權。西歐四百年來的學術思想史幾乎可說是『强調個人興趣的學風』之歷史。共黨則提倡『集體創作』以與此一傳統相抗。奴隸工作常是集體的。修築金字塔，萬里長城，都是集體的。『集體』是『奴役』的別名。俄國草原上就充滿了這種奴隸集體的氣氛。古往今來，那有奴隸能各人待在各人家裡做自己的事的？共產黨人則要把這種俄式奴隸集體氣氛播散到全世界，以消滅全人類的自由。集體創作之訓練和暗示，乃極權統治的準備程序。由『集體創作』到『極權統治』只有一步路。所以，凡共黨政治影響所及之圈和已經統治了的地區，無不强調集體創作。今金岳霖輩强調個人興趣的學風，恰好與共黨所欲導向之路相反，無怪乎要認爲是一『錯』而必須『坦白』一番了。

金岳霖接着說：『我有非常濃厚的純技術觀點。我特別着重抽象的分析方法，也着重訓練分析技術。我從前是一個實在論者。就我個人說，我的確堅持實在論中的唯物成分。我的確和唯心論者作了近三十年的鬪爭。但是，我的注意點並不在唯物與唯心在觀點上的分別，並不在唯心論出發點的錯誤，而只是在唯心論底說不通。我認爲一個人有相信唯心論的自由，但是我要指出他的思想說不通，我不管別人底思想方向，只管別人的思想技術。在這一點上我又助長了淸華大學的純技術觀點的學風。』

這一段『自白』，簡直是自由主義的思想家金岳霖之現身說法。末尾

『在這一點上我又助長了清華大學的純技術觀點的學風』，與上文思意不啣接，顯然是在暴力刼持之下的『畫蛇添足』。

共黨爲什麼如此痛恨『純技術觀點』呢？『純技術觀點』，是科學發達的西方世界之特長。落後的『無產階級祖國』望塵莫及。『吃不到葡萄說葡萄酸』，索興不要它。而更本質的理由則是：『純技術觀點』乃中立性的(neutral)觀點。這種中立性的觀點，乃中立於任一種宇宙觀，人生觀，歷史觀，和政治觀的；因而也就中立於馬列史主義了。我們不能設想電機工程、數學、化學、波動力學，與唯物史觀有何相干；雖然馬列史主義者胡扯一氣，而眞有學術修養的人無不付之一笑的。既然純技術觀點是中立性的，它那末對於共黨的政治自然也是中立性的。這是共黨絕對不能容忍的態度。共黨要把一切都從屬於其組織之下。如果搞電機工程的可以專門搞電機工程，研究數學的可以專門研究數學，那末就不會去過問那些什麼鬼政治了。如果各人不去過問那些什麼鬼政治，各人逃避在各人的研究圈子裡，那末就是至少在精神上不接受共黨極權統治。復次，共黨那套說法，在稍有現代思想技術訓練（即現代邏輯解析者）的人看來，無一不是胡說八道。如果有人提倡思想技術，那末共黨那套說法的眞像畢露，立刻站不住脚，完全失去蠱惑作用。照共黨看來，這還了得？爲了防止這一漏洞，於是共黨把學人過去僅有的出口堵塞起來，痛斥『純技術觀點』。他們把無論什麼科學都往馬列史主義和所謂『人民』那兒扯。他們不僅把一切物質資源置於其控制之下，而且也要把一切思想文化置於『黨』的控制之下。共黨這種極權統治，眞是一種包天蓋地的極權統治。

聰明的讀者諒能分辨清楚：正統哲學史上所謂的唯物論和唯心論，與共黨宣傳家口裡的唯物論和唯心論，在字面雖然相同，可是在含義上根本是兩回事。因此，金岳霖所謂的『我的確堅持實在論中的唯物成分，我的確和唯心論者作了近三十年的鬪爭』，與共黨仁兄所說的『鬪爭』，根本是南轅而北轍。關於這一點，我們不必遠求，就在緊接的話便可證明：『我的注意點並不在唯物與唯心在觀點上的分別，並不在唯心論出發點的錯誤，而只是在唯心論底說不通。……我不管別人底思想方向。』這種觀點與共黨仁兄的觀點是大不相同的。共黨仁兄在從正面就事論事，就理論理上，完完全全是些白痴，於是他們專門從『人身攻擊』着手：他們往往撇開你的理論不談，專門說你這人出身如何，你這種想法是『小資產階級的意識』，因而是『有害的』，等等。其實，是否小資產階級，與道理之是非有什麼相干呢？二加二等于四，『無產階級』得承認，『資產階級』還得承認。其他關於社會現象的道理，如把人的成分和以及因利害所形成的偏見免除，一樣地必須爲任何人所承認。

其實，一個說法講得通與否，在共黨是根本無關重要的（祇要字面矇哄得過群衆就行了）。他們所認爲重要的倒是此說法之是否與其政治發展及其控制有利。因而，他們專門注意你的『思想』之『觀點』，留心你的『思想』之『出發點』，更着重『思想』者的『階級成分』。因此，他們天然地就不承認『一個人有相信唯心論的自由』了。

錢端升在他所寫的『爲改造自己更好地服務祖國而學習』一文中，談到北京大學的種種。無疑，北京大學是中國近五十年來思想文化上的領導中心。那個毛澤東也是側身北大而得到他的『思想』的。毫無問題，北大之所以得有這樣的成就，主要地是由於蔡孑民先生的領導。可是，在目前的情勢之下，錢端升很巧妙地將個整體的北大，在思想上，分作兩條發展路線。一條路線是蔡孑民先生和胡適之先生所代表的，他說這一條路線是根本要不得的。另一條路線才是要得的。言下之意，『毛主席』是屬於這條路線的。

他說：『北京大學的自由散漫，蔡元培先生是要負一部責任的。而將他在北京大學的主要教育思想——所謂「思想自由」和「學術自由」——長期地保留在北京大學之中的老一輩的教師們，包括我自己在內，則應負更大的責任。人民的思想和學術是應當自由的。但是，在蔡先生長校的時候，思想自由的具體表現是「兼容並包」，更具體的表現則是資產階級的思想佔有統治的地位。……至於「學術自由」，不但一開始就和實際脫離，以後更演變爲院系各自爲政，以及學術與政治對立，技術與政治對立，爲學術而學術等種種嚴重的而且至今還沒有肅清的錯誤思想。』

我們知道，北京大學之所以偉大，就在蔡孑民先生之『兼容並包』。當年在北京大學裡教過書的，有蓄辮子的辜鴻銘，有講新學問的胡適之，有保守派，也有社會主義者。濟濟一堂，相激相盪，蔚爲中國現代學術思想上之奇觀，於是而開出五四新文化之花。而培育這個花朵的，則是『思想自由』與夫『學術自由』的條件。沒有思想自由，則無思想可言，只有教條可頌。沒有學術自由，則無學術可言，只有獨斷的信仰橫行。近五十年來，北京大學，在蔡孑民先生的開明領導之下，在中國的啓明運動 Aufklaerung 中起了創導的作用。而這一作用之得以發生，主要地靠思想自由，和學術自由。蔡先生之於中國現代化之遺惠，其影響之深遠，和價值之偉大，實在難以計量。凡屬渴望中國之進步與現代化的人都應該感謝他。而毛澤東之徒，今日逼使北方學人，摧毀此一遺惠，惟恐不速。這種國賊，眞是死有餘辜。

錢端升接着說：『北京大學畢業的人們和在北京大學工作多年的人們容易爲北京大學的光榮傳統所迷惑。應當問，除了『五四』以外，北京大學的光榮傳統究竟在那裡？是的，在一二·九，一二·一和一九四六年底的反抗美軍暴行運動中，以及其他由中國共產黨所領導的學生運動中，我們北京大學的同學都是站在戰線的前列的。但是，其他一些學校的同學難道不是同樣站在前列的麼？即以「五四」而說，它誠然是在北京大學首先發動的，北京大學領導或參加的師生也特別多，但要承繼「五四」的光榮傳統，我們教師們首先應當分淸「五四」運動的革命思想和「五四」右翼分子的反動思想。我們除了宣佈胡適的思想爲敵人的思想外，還應該好好地批判蔡元培的思想和這思想所遺留在我們中間的影響。』

這一段話之將北大思想分劃爲兩條路線，眞是再明顯也沒有了。錢端升之所謂「五四」運動的革命思想」，給人一種意象，也給共黨史家以一種撒謊根據，就是這種思想乃『親愛的毛主席』的思想。可惜得很，五四運動距離現在太近了，不過三十二年的時間。五十歲左右的人可親身感受到當時的影響。誠然，北京大學裡是有着『革命思想』的。可是，如果把一些眞作學問的人除開，北大還剩下些什麼？剩下『革命思想』嗎？它的結果就是造反而已。即使是這點造反思想，『親愛的毛主席』也還是沒有分的。這種『革命思想』的創導者是陳獨秀和李大釗他們。怎樣也數不上那當一名圖書館員中學程度的現任『人民政府主席』毛潤之君囉！

『我們除了宣佈胡適的思想爲敵人的思想外，還應該好好地批判蔡元培的思想和這思想所遺留在我們中間的影響。』共黨是可以借用錢端升的嘴『宣佈胡適的思想爲敵人的思想』的，他們也可以借用在共暴力刼持之下的任何學人的嘴來宣佈與其極權統治不利的思想爲『敵人的思想』，然而，是否爲『敵人的思想』爲一件事，這思想是否正確則爲另一件事。共產黨敢于宣佈『凡與我共黨作敵的思想都是錯誤的思想』嗎？共黨縱有這種勇氣，恐怕只有靠槍桿來支持吧！共黨要『好好地批判蔡元培的思想和這思想所遺留在我們中間的影響』。這暴露了什麼？沒有別的，正暴露了蔡孑民先生的自由思想及其影響正是共黨所害怕的。

由此，我們也可以引伸出來，眞正反共制俄的有效途程是什麼。

共黨這樣摧抑學人，在歷史上是空前的。秦始皇號稱暴君，下令『焚書坑儒』，當然很是殘酷。不過，他只直截了當叫人把書燒掉，把儒坑掉。儒生雖然死得慘，但却死得乾脆，死得乾淨，沒有留下『助秦爲虐』的壞名聲。『毛主席』的老前輩張獻忠對待書生也很慘毒的。明史流賊列傳張獻忠傳載：『獻忠黃面長身虎頷，人號黃虎。性狡譎嗜殺，一日不殺人，輒悒悒不樂。詭開科取士，集於青羊宮盡殺之，筆墨成坵塚。』這種對待知識分子的殘忍，的確駭人聽聞；但是比起毛大王來，實望塵莫及。毛大王之摧殘士人，較之秦始皇和張老前輩，實在是『靑出於藍而勝於藍』的。

秦始皇和張獻忠至多不過覺得這些書生可恨可惡，殺了拉倒。他們所消滅的不過是書生的肉身，而不及其精神與名節。毛大王在這一方面，眞是『百尺竿頭更進一步』。照他看來，老前輩的原始殺人法收效不宏。大陸上那些書生的生命在他掌握之中，如籠中之鷄，要什麼時候宰就什麼時候宰。毛澤東之要毀滅那些學人的生命，那不在話下，他更要毀滅他們的精神，思想，學識，和名節，根絕這些因素，免得這些因素在日後發酵。要達到這個目的，怎麼辦呢？靠殺人是辦不到的，於是乎毛澤東利用死神來威脅這些學人。他要這些學人，在死神的威脅之下，用自己的嘴和自己的筆來『否定』自己的過去，來毀滅自己，來剷除自己過去在學術思想上所留下的影響。這樣，他們便可根絕了西方文明的種子，掃清了一切阻力，而放手實行俄羅斯化（Russification）了。

在這樣的一種情勢之下，北方學人，受着共黨規模空前巨大的集體的精神迫害，受着長期的心理凌遲之刑，受着人格損毀的炮烙之刑，共黨決不讓你痛痛快快地死。他，毛澤東，這隻由撒旦史達林和殺魔張獻忠合成的怪物，要留着你，慢慢從精神上折磨你，打擊你人的尊嚴，折辱你，叫你心理難堪，讓你在他和共黨面前感到自卑，然後俯首帖耳，供其利用，作他的播音筒，播送那些狗屁不通的說法，和馬列史撒旦的聲音。古今中外，除了俄國以外，那有比這更甚的對於學人的殘害？那還有比這更使學人難堪的手法？毛澤東這個湖南辣子未免太辣了！

在中國古代，布衣可以干王，遺臣可以不奉召。這表示在帝王權力之外，還可以有東西存在。古者天子郊祭。這表示在帝王權力之上，還有假託的更高權力。可是，在包天蓋地的共黨極權統治之下不是如此。包天蓋地的共黨極權統治乃至高無上之統治（雖然毛澤東俯首作兒皇帝）。這種統治既不容許有任何東西在它之上，也不容許有任何東西在它之外。像中國過去詩人名士之隱居，或嘯傲林泉，共黨是絕對不容許的。他們要將每一個人納入『組織』之中。共黨了解，中國好的學人是獨立自尊目無君王的。因此，他們要藉着『訓練』和『改造』這一套方法來折辱士人，用各種手段逼使他們當衆自承有罪。中國一般人民究竟沒有完全擺脫『士爲四民之首』的老觀念。在平津三千餘人之中，有些是學術權威，有些是中外知名之士。共黨逼着這些人認罪，在民間自然發生『帶頭』作用。這一作用，是多少有助於他們之『鎭壓反革命』的。

除了這類政治的原因以外，共黨之所以摧折北方學人，記者以爲還可能從毛澤東個人的心理上找到原因。毛澤東是想讀北京大學沒有讀上的『落第秀才』。正像洪秀全一樣，他是抑鬱於懷的。共產黨徒有許許多多是考大學考不上的傢伙，有許許多多是讀書讀不成器被開除的『高材生』。毛氏不能擠身於陳獨秀和李大釗之流，是憤憤不平的，他現在造反很有成績了，自封爲『人民政府主席』。這一下

（下轉第26頁）

華府通訊・十二月五日

縱觀世局話和平

—從邱吉爾當選談到聯合國裁軍—

伴耘

一、邱吉爾當選的意義

七七高齡的戰時英首相邱吉爾，於六年失意之餘，在十月二十五日的大選中，又再度當選組閣了。當世局緊張已達頂點而大英帝國又面臨瓦解之際，他的當選是意味深長的。尤其我們如從他競選演說中的要點，以及他當選所獲票數作一分析的研究，他的上臺，不僅充份反應出來英國人內在的盾矛，並且也暴露出英國人對這苦悶的世局失去了耐心！

這次邱吉爾向英國選民爭取選票的口號很簡單，要求英國人給他最後的機會來阻止第三次世界大戰。內政方面他還向選民保證一般社會福利措施照樣進行，他的任務是尋求和平，並「將英國回復到她在世界上應有的地位」(保守黨負責人伍頓爵士 Lord woolton語)。換句話說，他認為工黨執政六年來，使英國影響世界大局的潛力一落千丈，是一個大大的失敗。他要把這個失敗的局勢挽救過來，其次，我們再看看這次大選的結果：邱吉爾領導的保守黨，僅以在下院多獲二十六席而當選（保守黨三二一席，工黨二九五席，自由黨六席，其他三席）；如就公民投票言，工黨比保守黨所獲票數尚多千份之七—約二十二萬多票。再如將此次大選與一九五〇年二月大選作一比較，保守黨的公民投票固有增加，工黨所獲的公民投票也同樣增加。這說明什麼呢？很明顯的，這表示英國人對於六年來工黨的對內措施，並無不滿之處，此次之所以借重邱吉爾，是為了這緊張而煩悶的國際局面。邱氏在英人心目中是位撐持危局的舵手，此時的英國人，一方面苦悶，一方面矛盾，苦悶的是世局不戰不和，擴軍重擔的壓力下，已危及了穩定的經濟基礎及生活水準，矛盾的是昔日國旗不夜的大英帝國，今天已是土崩瓦解。在這双重的苦惱下，英國人相信實施社會政策的工黨，無法開出既要解除苦悶又要解除矛盾的良方，不得已只有很勉強的再請邱翁出來一顯身手。如我這分析尚有幾分理由的話，他的當選，是表明了政治素養很深的英國紳士，也對這不戰不和，似戰似和的局面，失去了耐心。因之，他主要任務，便是早日對澄清國際局勢作一番努力，至少，他可以探明美蘇双方對和平的行情，我們不見邱氏一上臺後便大叫再來一次杜邱史會談嗎？同時在杜魯門一再宣稱聯合國是解決國際問題的適當機構之後，他便決定明年正月先來拜會杜氏。這些舉措，固然說明了邱氏的動向，也說明了世局已到了和戰攤牌的時候了。事實上，在擴軍的重擔下，何嘗僅英國人苦悶，法國也不是面臨經濟的崩潰嗎？主角的美國呢，國民所得百分之廿五已送進了兵工廠，同時還要援助英法兩大聯邦及其他各國，美國雖富又怎能塡這無底洞？所以從邱氏的上臺，我們很容易的得到一個啟示，世局無論和戰，為期已不在遠。

二、邱吉爾能調和美蘇基本衝突嗎？

邱吉爾決在明年正月美國會開會時來美會見杜魯門，任務是很明顯的，為英國自身的經濟問題、英國在中東的權益，以及最重要的探明美國的態度。為了促使美蘇的直接商談，他會更以西歐建軍困難，人民期望和平等為詞來軟化美國，並請美國在遠東讓步期與蘇聯妥協。假使再有一個杜邱史的雅爾達，英國還可能坐收漁人之利，如此，世界的和平有了，英國也回復了她應有的地位。豈不一舉兩得嗎？不過問題並不如此簡單，邱氏來美的成就，我可替他算一個命；儘管美國一般輿論以英美對遠東步調不一而對英國極為不滿，錢是可以借到的，因為美國需要利用英國本土的空軍基地，以及她的海軍合作；對於英國在中東的地位，至少在對埃及蘇彝士運河的駐軍會設法支持，因為事關軍事要略，美國也得老着臉皮讓同教國家罵為帝國主義的幫兇。可是談到如何讓步能與蘇聯尋求妥協？縱然邱氏能鼓其如簧之舌，也未必能得到一個可以双方接受的結論。原因不是當前的讓步問題，而是在彼此猜忌已深的情況下，無法保證讓步以後的結果的問題。舉一個例，在東方美國何嘗不想妥協以換取朝鮮的停戰，可是朝鮮停戰解決了問題嗎？由於蘇聯橫跨歐亞兩洲的優越地勢，政治同軍事上的主動都操之在手，美國遠隔重洋，一旦有警，根本無法應變，這便是美國一再聲明就是停戰成功，聯合國軍隊也不願立即撤退，而臺灣亦必予以防衛的原因。在歐洲情形亦復如此，西歐建軍尚待時日，美國自己也不得不先將國防軍送往歐洲為艾森豪威爾撐腰。

美蘇衝突演變到今天，如我們相信只是為了主義及制度，那是自欺欺人，原因很簡單，你說美國反對共產主義吧！美國最近同南斯拉夫訂了軍事同盟，南斯拉夫不是舉世皆知的共產主義國家嗎？你說推翻獨裁制度嗎？美行政當局一反以前不與西班牙締交的態度，並不顧國內外的譏評而在最近與西班牙也締了盟約，難道今日的佛朗哥又忽然變成了民主先鋒嗎？至於美國是否反對帝國主義呢？這一點從美國支持英法分在中東越南及非洲的帝國主義行徑看來，也很難引起東方民族的共鳴。那麼美蘇的緊張，究竟爲了什麼呢？就美國人自己說，是爲了國家安全與生存，就旁觀者看能說不是爲了覇權嗎？這種衝突、不是部份權益的問題，而是基本權益的問題，這種問題，在外交史上，從未見一個本身也虛弱的國家，能作一個成功的調停者的。——試想兩個健强的醉漢，爲了一杯酒而準備以武力來爭取，豈是手無寸鐵的老翁所能勸阻的？

那麼，美國要在什麼條件下才能與蘇聯談到和平相處呢？本月二十四日，費城星期六郵報雜誌一篇題爲「現在是告訴克里姆林宮什麼和平我們願意買的時候了」的社評中，可以找到答案：

「如果我們要想免除戰爭的恐懼，那麼什麼是蘇俄想要而我們又不能給的呢？這答案是德國同日本。一個分裂的德國，本身便是一個最重要阻止東西貿易恢復的障碍，東西貿易不恢復，歐洲將無限期的成爲美國納稅人的負擔，一個分裂的德國，將永遠是挑動戰爭的因素。在舊金山美國及她的四十七個友邦簽訂了對日和約，但是，這個和約是無法保證日本能依賴她自己的工業而生活的。自日本投降，美國付出了日本不足的差額，如日本不能獲得亞洲的市場，我們將不得不繼續支付下去。俄國控制了東德，結果使德國乃至整個歐洲分裂了，俄國控制了中國及滿洲結果是日本人民的生活也被控制了．這兩種情況都是不可容忍的。

作爲與俄國清算的代價，我們有權要求俄國，放棄她對德國的經濟桎梏，此外，我們並盼望她能將她在莫斯科及雅爾達協定與夫聯合國宣言中鄭重所作的諾言，予以兌現；讓東歐被解放的國家，能由他們的自由意志選擇他們的政府，這就是說，如果她有意於和平解決的話，俄國必須自中歐東歐撤除她的軍隊及傀儡，並撤回到她自己歷史的國境以內」。

我們試玩味這段文章，並參證美官方的佈置，這是美國的最低要價，分析這段話的最後用意。消極的說，美國不能再拿出錢來了，進一步言之，美國尚得再找市場做生意。這個要價邱氏能拿出來向史達林開口嗎？

至於蘇聯在今天，她也沒有示弱出此代價的理由：八億人口橫跨兩洲的大帝國業已建立。列寧所謂亞洲是通歐洲的大門，能登堂自能入室，如今史達林已將此遺志實現，控制了直通歐洲的大門。相反的，民主國家經濟險象已呈，內部意見分歧，利益衝突，同時原子彈也不再是他們的專有品了。他大可以靜坐觀變，談和平嗎，史達林說蘇聯並無意戰爭，只是西方的戰爭販子們逼她採自衞行動，試問北大西洋公約是對付誰的？美國將國防推到萬里以外的歐洲及遠東，並遍設基地用意何在？沒有蘇聯參加的對日和約，能不重行簽訂嗎？這些威脅蘇聯及其盟邦的問題不予討論，談什麼裁軍？双方的基本衝突無法調協且不談，如今，先談裁軍乎或先談廢除這些威脅蘇聯及其盟邦的多邊及双邊條約乎？這一問題，邱氏就無法找一杜史都能接受的辦法。

三、兩個方案的比較

邱吉爾能否在明年正月來美後創造和平的奇蹟？在前兩段中我已作了一個初步的討論現在我們再看看進行中的所謂結束冷戰的聯合國大會吧！不錯，聯合國的最重要的使命，便是促進世界和平，可是我們稍稍研究一下一百一十條聯合國憲章，今日的聯合國與昔日的國際聯盟，是五十步以笑百步，無力解決大問題的，這個所謂世界政府是基於「幾大强國能够合作」的假定上而成立的機構，也因此項假定便決定了聯合國只是一個鷄尾酒會的場所，能作的不過是協助防務與救濟難民等不關世局和平的小玩意而已。試想歷來大戰不都是所謂强國大國所挑起來的嗎！假定强大國家能合作，又何必多此一舉要什麼聯合國，相反的，强大國家如不能合作，縱有聯合國，又何能解決問題？目前的世局是美蘇基本利益不能協調的結果，那麼這個建築在「强大國家能够合作」假定上的聯合國，其無能爲力，不言可知。

但是聯合國畢竟是個世界性的組織，尤其今年的大會其目的在於結束東西冷戰建立世界永久和平，渴望和平的人們，不得不將他們的眼光，投向巴黎，尤以杜魯門總統，於本月七日晚發表一篇美國祈求和平誠意的演說，並提出了更進步更具體的和平方案，如結束朝鮮熱戰與世界其他各處冷戰，以及在有效國際調查各國軍備實況包括原子武器在內的條件下，商訂縮軍計劃等。更使世人寄以無限希望，不料很快的便得到了蘇聯的反應——西方的建議使蘇聯外長維辛斯基笑得一夜不能安眠，這一開玩笑的恣態是很使西方代表們難堪的，事實上，我也覺得好笑，如要有意於和平的話，任何一方提出一個建議，總要使對方願意考慮，這才有双方進一步討論的機會，蘇聯不願揭開鐵幕，美國硬以揭開鐵幕來作商談基礎，豈非强人所難？維辛斯基自然要嗤之以鼻了。今天兩强並立，如想避免衝突的話，只有以討價還價方式作爲談判基礎，双方才能坐下來聽聽彼此的意見。舉例來說，目下要談的，是西方在遠東方面能讓步到什麼程度，而希望交換些什麼最基本的利益，現實問題不求解決，不表明以什麼代價來解決什麼問題，一開始就是縮軍計劃，其用意只有代表們自己知道。

相反的，蘇聯提出的方案，雖然不爲西方所接受，照我看來，不僅具體，而且也充份表明了蘇聯的和平標價，不信我們試看蘇聯的和平方案：

一、聯合國大會應宣佈參加美國建立的侵略性的北人西洋集團是與聯合國會員身份相違，二、甲、各參加韓戰國家，應立即結束敵對行爲並同意於十日內休戰將軍隊撤到三十八度邊境；乙、外國軍隊於三個月內自韓撤退；三、大會應召集會員國及非會員國開一世界會議，研究有效裁軍及國際管制原子武器等問題，該會應在一九五二年六月一日召集；四、大會應召集「五强」締結一和平公約，並請所有中立國及其他國家參加此一公約。此外，他並將美國把持所訂的對日和約，加以斥責，我們看了這四點建議，姑無論其內容是否會爲西方國家所接受，就我個人看，這種堂而皇之要價的態度，實在比西方國家提出來表面上含糊其詞，骨子裡準備在幕後鬼鬼祟祟作讓步的態度要高明得多。

我們再進一步比較這兩個和平方案的要點吧：蘇聯的要價是清清楚楚的喊出來了，西方國家的要價呢？至少在他們所提出的所謂裁軍方案中看不出來，不過有一點可以斷言的，西方國家即令要在遠東讓步的話，本錢不多，更高的代價便是對日和約的重訂與夫北大西洋公約的解體，這一點西方國家是不能出的，也因此之故，紙上裁軍的計劃只能在大會中談談而已，反過來說，蘇聯所能出的最高代價是什麼呢？她會眞的將自己的勢力縮回本土麼？大不了是維持韓戰未爆發前的狀況，而這種狀況，已不是今天美國所能接受的。在一件交易中，一方要價太高，一方出價太低，這宗交易便做不成功。因此之故，聯合國的裁軍方案，一如歷來的裁軍方案一樣，只能作爲外交史上的參考資料，於世界和平是無多大補益的。雖然如此，我們從杜魯門的演詞及裁軍計劃中，仍可找出一線美國對世局的啓示，美國人在今天的心情與處境，也同英國人無可奈何選邱吉爾上臺一樣，這樣的日子是不能長此拖下去的！因之，誠懇其辭的所謂「要求蘇聯接受這個裁軍計劃」便等於告訴蘇聯美國已經到了快要解決問題的時候了，同時更堪玩味的是，艾其遜在離美赴法開會之前，一再揚言爭取和平攻勢的主動，以免蘇聯趁機宣傳，那麼這個裁軍計劃，主要目的在於宣傳而不在於是否求其實現，又不言而喻了。如果一個裁軍計劃是來作宣傳武器的，那末政治家們的眞正動機又何在呢？

四、不可及的和平

世人一致祈求和平這是毫無疑問的，可惜今天世界上沒有一個第三者的強有力的國家來緩和美蘇的基本衝突，使和平前途極爲黯淡。今後三個月，將是世局轉變的重要關頭，邱吉爾不論爲英國及爲世界，都會爲和平作一次最後的努力，他要勸美國冷靜一下，「蘇聯也有原子彈了！在遠東方面作點政治性的讓步吧！」同時他一定先會設法打聽一下史達林的行情，請蘇聯將其龐大帝國能對美作一點經濟性的讓步，三巨頭再來一次勢力範圍的新調整，那末和平前途不是柳暗花明又一村嗎？可是困難的是今天的英國其強不足以壓伏蘇聯，其弱只成了美國的第四十九州（共產黨人對英國的譏諷），她在國際天平上的分量，老實講遠不及共產黨的中國，邱氏發言對双方有何影響都很成問題。而且美國在二次大戰結束前，於出賣中國權益給蘇聯的雅爾達秘密會議中已上了一次大當，現在還能上第二次嗎？這一點邱氏自己何嘗不知道，我們且看他自兼國防部長的用意，不是明明告訴世人「萬一我老邱不能作和事老，那麼只有幫同老杜與老史一拚老命了」！

根據以上的論點，在蘇聯只有要價沒有出價的前提下，我對和平前途不敢樂觀，儘管美國想在朝鮮得一不傷大雅的停戰，使運韓軍火加速運往歐洲，儘管美行政當局要在大選年中作和平的努力俾能爭取選票，由於美蘇基本衝突無法解除，和平是很渺茫的。如果今年聯大是美國要蘇聯作「和平」的攤牌的話，明年此刻美國大選揭曉後，美國便會在聯大中要蘇聯作「戰爭」的攤牌了！

一九五一感恩節於華盛頓大學

（上接第9頁）

也應與國內社會一樣。因此，杜氏認爲：在這世界發展的舞臺上，只能行使『道義力量』與『世界輿論的力量』，才可以制裁侵略國家，才可以確保世界和平。故在聯合國章程起草之時，他極力主張並堅持在聯合國大會及安全理事會，應該有保證自由討論之條款，俾一旦問題發生，各國可以公開討論，充分辯難，使是非得失，孰曲孰直，均可以大白於天下。因爲聯合國大會是由全體會員國的代表組成，會中各項討論，不獨可以啓發國際輿論，且可反映全球道義的裁判。

杜氏並指出蘇俄於一九四六年五月二十一日，由伊朗撤兵，和英國軍隊仍然留駐希臘之舉，乃是全球輿論一致認爲蘇軍若繼續留駐伊朗，其行爲無異大國侵略小國。而英軍之留駐希臘，係應希政府的請求而協助防衛國土的。當時蘇俄尙未敢藐視輿論的判決，道義力量因此得以伸張。所以說，當時蘇軍的撤出是受了一種遠勝於武力的壓迫的力量，這種力量，就是『世界輿論』。至於英軍留駐希臘，經證明係幫同希政府抵抗希臘以北的阿爾巴尼亞、保加利亞與南斯拉夫支持下的共產黨游擊隊。全球輿論一致證明：英政府並非希臘的侵略者，而是希臘的保護者。

杜氏說：『灯光集中於二個竊賊身上，這竊賊必將捨棄他所盜得的贓物。展開明亮的灯光，便是一種無可比擬的偉大力量』。

今日的世界已發展至國際社會的世界，對付同一的敵人，彼此痛癢相關，安危與共，故發展國際的輿論，乃是制裁野心家，促進世界和平最有力而且最有效之武器。我們今後並應向這個方向奮鬥、努力，以達成自由民主的和平世界。

爲日本前途憂

東京通訊，十二月三日

苗劍秋

如果第二次世界大戰是日本民族的悲劇大演出，那麼這個悲劇的性質仍是屬於東方型的，像中國舊式小說一樣地，這悲劇的尾聲竟然是用喜劇的筆調來結束的。一九四五年日本無條件投降以來，似乎是日本國運的最黯淡時期，可是命運之神却給她帶否極泰來的福音，戰後數年的時間裡，由於世界與遠東形勢的轉移，使日本的地位亦隨之起了很大的變易，假如我們把這種國際情勢變化的根由歸之於上帝的造化，那麼上帝眞是太厚愛於日本人民了。日本因此而獲得簽訂歷史上戰敗國從未享有的寬大和約的機會，只待各盟國分別批准舊金山和約以後，日本即將以新的自主國家的恣態重返於國際政治舞臺，她的倖運還不只此，這留待她扮演的地位仍然是一個舉足輕重的角色。美國人正積極地寄望她成爲遠東抗共的主力。這種大好的情勢，對日本民族而言，應是一個千載難得的時機，以日本人民刻苦實幹的精神，是很可以爲自己開創一個嶄新而光明的局面，以贖免昔日軍閥們給東亞造成災害的過失。可是，目前有很多徵兆又使我們爲日本前途深懷憂慮，也許因爲日本民族性先天地缺乏一種渾厚遠大的氣質，使她一旦置身順境之中，則又不免驕縱形於顏色，而忘忽了過去的教訓。記者旅日多年，旁觀默察，覺得這種傾向實是日本民族的心腹之患。日本的命運現在仍懸於戰盤之上，是喜劇的開始？還是悲劇的重演？將決定她自己的抉擇。關鍵是在日本人民能否拋開狹窄的心胸而以遠大的眼光迎接未來的局面。我們以愛護的心情，實深寄予厚望。

日本今天的處境並不是毫無阻障的，她的周遭潛存着很多內在與外在的危機，日本如果不善爲應付國際與國內的局勢，這些危機將會如暗疾齊發而影響日本的生存。今天的國際情勢雖然使日本的去從在兩大集團的鬪爭中勢成居奇的形勢，但日本如果誤以爲可以乘此混水摸魚的恃此以自重，或竟以示好於共產集團，而昧然於侵略的魔掌早經伏之堂奧，則赤禍之來臨閃轉瞬間事耳。同樣日本國內的經濟危機亦復四面埋伏，如不求自力更生，亦將終成大禍。這些都是日本人民尤其是政治家們所面臨而必須愼爲處理的問題。

日本今天面臨的外在禍患，毫無疑問的是來自共黨侵略集團。早在雅爾達會議時期，蘇俄便已處心積慮地作侵略日本之計了，他奪取千島及庫頁的用意便在以此爲未來席捲日本的基地。待中共竊據大陸中國以後，和蘇俄簽訂的所謂中蘇協定，其中第一條便是防止日本的侵略，其實日本武裝早經爲盟軍解除，自衛之不足，遑論侵略他人，所以此種條文無非在作將來聯合進攻日本的伏線而已。再看戰後各盟國都已早把日本俘虜遣送回國了，然而在蘇俄與中共境內仍有數十萬日俘被集體奴役或施以共黨訓練，其目的也無非是準備他日進攻日本時充作嚮導部隊。去年共產國際情報局發表聲明抨擊日共首領野坂參三理論的聲明，明白指示日共必須遵循莫斯科所訂定的積極赤化日本的計劃。就在這個聲明發表之後的不久，韓共的侵略戰爭便發動了。固然，日共未能發揮內應的配合力量，但是國際共黨攫取日本的陰謀，已經因意欲先占全韓以爲跳板的企圖，而暴露無餘了。現在蘇俄及中共完成了包圍日本的海空軍基地已經達到三十八處之多，莫斯科十一月二十四日廣播，宣示日本共黨的綱領在打倒反動的日本政府以樹立「日本人民政府」，並宣佈蘇俄和中共才是日本人民的朋友。舉凡以上種種，全是日本今後將有外患臨頭的鐵證。如果不面對這些事實而妄存「中立」一周旋兩大之間的意圖，那才眞是天下最大的幼稚與愚昧！

其次轉觀日本國內的經濟情形又如何呢？在被佔領的六年間，美國援助的數字已達幾十億美元，再加上朝鮮戰爭以來日本突然增加了軍需供應費三億多美元，使日本人民的生活不致陷于匱乏的窘境。可是展望日本獨立以後的情況，的確未可樂觀，第一美國的援助即便有也要減少的多了，至於外國資本又不可期望過奢，可是支出方面例如賠償費據估計總額達二百五十五億美元之鉅，平均每人需要負擔十一萬四千七百五十日圓，固然這是分期或以勞力償還的數字，但除此而外加上處理外債的費用，分擔防衛日本的費用以及國內警察豫備隊費用等等與獨立初年有關係的支出就有兩千億之多，假使以前有積蓄亦可，可惜日本浪費太大，只是今年在東京建築的大厦以百五十室爲單位的便有三十多所，什麼神社寺院等等也在復興昔日的建築，東京市與日本人有直接間接關係的新式汽車，竟達三萬輛之多。在這種情形之下，外滙的浪費是勢所必然的。唯一的希望只有發展對外貿易　所以日本人目前很重視對於亞洲各國邦交的建立，尤其重視東南亞。可是東南亞國家大多是英鎊集團，缺乏美圓，所以貿易亦不易暢達，據聞日本與印尼的通商協定迄未成功的原因就因爲印尼美元缺乏。總之橫亘在日本人面前的經濟問題，是一課頗不易解決的難題。

日本政治家如果能够認淸局勢，和遠東各國提携，以突破本身困難，而增益自由世界。但是左翼人士仍在作夢，以爲可以經由與中共締結邦交而緩和軍事威脅，並主張與中共恢復貿易。甚至如朝日新聞已由模稜的反共態度，進而歌頌中共；該報香港特派員中村在十一月廿四日報上登載讚美中共建設新中國的文章。十一月十日東京大學總長南原繁對學生講演聲稱反對此次和約，竟謂是半面講和，未包含中共蘇俄云云。十一月十二日京都大學共黨學生竟公然包圍日本天皇之汽車。這都是左翼政客們宣傳影響所致。另一方面右翼份子則另走極端的有日趨反動的傾向，極力準備在獨立後恢復天皇的神格，如倡導重建皇宮，强迫捐助伊勢神宮遷宮費，在對日和約書的封皮上不印日本國旗而印皇室徽章。尤以新被解除追放之昔日要人，行將再登政治舞臺，無形中使一般人崇拜君權的心理再燃，並對國粹主義思想，重感興趣。總而言之，日本左右翼政治家將日本之政治情況夾擊成一種渾沌糟雜的狀態。民主黨社會黨因和約問題惹起糾紛，甚而因之造成分裂的局勢，自由黨則因停止統制食糧問題被陶奇顧問斥責而失信於選民，又以官風紀漸壞而惹起國民的怨憤。至所謂新政黨之設立更非易易。這就是日本目前混亂政情的一斑。

再觀日本今日的社會情況，竟與我國政府還都時的京滬情況，大有相近之處。日本的舊人物準備在獨立後恢復昔日的榮華，新人物悉心竭力模倣美式的摩登享受，舊日的歌舞伎(日本劇)浪花曲(日本歌)較戰前尤盛，旅館以東京溫泉那類土耳其式澡堂爲首，在東京已有兩千多家，待合所料理店等也增加到三千多家，酒館，舞場也有兩千多處，眞是妓女舞女成群，汽車隊結，大家揮金如土，賭博與貪汚的現象到處可見，政府所發行的彩票從十一月起至年底止將達五億一千萬圓之鉅額，所以賽馬場、賽脚踏車場，賽汽艇設備等等規模既大且普遍於全國，最近雜誌報紙每日均付有彩票，與昔日上海租界之景象相同，尤以機器賭博舖於一兩個月間在東京已有三千家之多，普遍深入民間，這種侈奢淫逸所惹出來的貪汚案件，幾乎遍及各官廳，一九四五年被司法當局檢擧的案件共六千件，今年則在十一月份已達一萬二千多件，長此下去，獨立後之日本反有自行崩潰之危矣。

就以上所述，統觀日本社會與政治的趨向，足見日本缺乏國際警覺性，不知新日本對於自由世界應負責任之重大。假使此次朝鮮戰爭停火，則在精神弛懈之後，日本將更趨頹廢，豈不可怕！記者在上文中曾經指出日本的心腹之患在於狹窄與驕縱的心性，現在所呈現的許多社會與政治的病態都是由於這種心性造成的後果，如何及時挽救這種禍患，需要日本人民與政治家拿出遠大與明智的識見。我們希望日本在未來國際政治上扮演喜劇的角色，不要淪爲一個悲劇的民族！

(上接第21頁)

好了！『老子做了主席，你們這些大學教授神氣什麼，看老子來擺佈你們，老子要教訓你們了。』毛澤東不是說過知識分子『嘴尖，皮厚，腹中空』嗎？他對於知識分子多麼嫉恨。這回他有機會報復了。北方學人可就遭殃了。

海角天涯，想起這批學人，眞令人心酸。他們是這個大動亂時代的犧牲者。抗日戰爭剛一勝利，醞釀多年而暫時隱伏的舊病立刻爆發。那時，忙於搶東西的忙於搶東西，忙於造反的忙於造反。國內黨派傾軋，法幣一夕數驚，社會動盪，人心惶惶，不可終日，狼煙遍地，血腥四野，眼看着天下要大變了。可是，兩不着岸的書生們，叫他們往那裡走？走向西嗎？洪水橫流，震撼山岳。走向東嗎？爛泥一團，何處立足？希望在那裡？光明在何方？眞正的把握又何在？可憐這些書生，平日不善鑽營奔競，不屑於拉扯關係。臨危時交通工具被人控制住了，誰再管他們？他們拿鏡子照照自己的灰白的頭髮，含淚看看自己的家小，惆悵地望着刼後殘書，往那兒去？些許的積蓄，經過八年的播遷，早已用光了。就令有地方去，又怎麼去？他們絕望，徬徨，進退失據，一身陷入莫可如何的絕境。就在這個當口，洪水冲來了，只好聽憑命運擺佈吧！

這就是在這個大動亂時代中國學人的一副悲慘圖。

這些時代鬪爭漩渦裡的犧牲者，於正在被共黨折磨的現今，還被許多人用各種名詞咒詛着，不分淸紅皂白地辱罵着。如此不分淸紅皂白，只有增加時代的混亂啊！至多像吳晗，像馬序倫，像費孝通，這樣的些人，可說是士林的敗類。這樣的些人，弄學問弄不出個所以然，眼看着新興的暴力起來，於是投身於這一勢力，可是，這些人的發展，與和他們作相反方向發展的人，似無高下之分吧！然而，我們却不可『以偏概全』，說北方學人全是這些敗類。就記者之所知，大多數與實際政治絕緣的北方學人，都是潔身自好，埋頭究學之士。他們多接受西方文化。他們是中國近五十年來新文化的精華。這些人給予中國近半個世紀以來學術思想文化的影響之大，是無法估計的。然而，這些人給洪水淹沒了。他們平均是五十歲左右的人，這種損失，何時可以彌補？他們如今只剩下微弱的喘息。民族的叛徒們還要對他們最後的殘生施以集體的精神謀殺，對他們微弱的意志施行集體的强姦。利用他們微弱的聲息來推翻半個世紀以來的努力。這是中國學人多麼悲慘的浩刼。後世史家，一定認爲這次北方學人所遭的空前浩刦，是中國學術史上最悲慘的一頁。

這一次，五十年來的啓明人物，幾乎被共黨一網打盡了。所剩下的可說是幾個『漏網之魚』。然而這少數漏網之魚的命運也是怪可憐的。他們身處赤流的思想與暴力震撼的影響圈之邊沿。他們同樣地不能自己掌握自己的命運。然而，國家的命脈，文化的絕續，歷史的存亡，就繫於這少數的殘存者身上。如果還有人稍以民族國家爲念，對於這些許『刼後餘生』，應該存點什麼心腸呢？大家都睜眼望着。

文藝

我的父親

段永蘭

段書貽先生之遺像

記得兒時，常在冬寒夜裏，炭火初紅，父親對我們訴說他童年的遭遇。『冬天，我常翻看灰裡的蕃薯，擡不起頭來。年夜裏，我穿着舊棉襖，一家家敲門借錢，但我失望地從江邊跑回來。祖母將鹽炒豆子遞我，我忙去盛碗冷飯充飢。那年夏天，正是三伏天氣，我爲祖父在穀場曬書。祖父嘆口氣對我說：「留給你一生唸吧！」』從這一年起，父親成了孤兒。

當過年過節的時候，父親常要我們退還別人餽贈的糕點。我兩手捧在一籃籃紅紅的蘋果裏，恨恨地說他不懂人情。父親說：『我小時幾個月都吃不到肉，只爲省錢買雞送給催糧的差吏。你知道別人的兒女不比你更想吃蘋果嗎？』

有一次，我陪父親遊明孝陵。天藍雲白，我指給父親看遠處一樹如火的楓葉。

『看看他們穿什麼，住什麼！』父親打斷我，指我看那樹下泥築的土屋，和半死的老牛。『大多數人就這麼活着的。這是我們這輩的過錯，也就是你們的責任了。』

我望着秋郊美麗的夕陽，只怨有這樣無風趣的父親！

記得在重慶時，家住沙坪壩，父親在城內辦公。一天夜晚，重慶城的燈火如繁星閃爍，我帶一束薔薇去看父親。走進父親室內，沒有一張圖畫，沒有一隻花瓶，父親也不覺笑了，對我說道：『你進了重慶最簡單的辦公室，但效率成績也許是最好的。』忽然我懷疑，這是講效率成績的社會嗎？但他的實幹勇敢使我默然。我見他和同事處理事件時，言辭鋒利，動作機警，態度認眞。他回頭見我詫異，笑着回答：『人生就是戲劇。』我至今似乎還看見那滿桌公文，憑窗坐在山城霧後的陽光裏的父親。

他將辦公室裏扔掉的毛筆一支支洗淨，揀尙可用的慷慨送我，我一字一字寫給他看。

『這種字！』

『我成不了書法家是可以原諒的！』我也生氣了。『用你們各位科長科員用舊了的禿筆！』

人常批評國民黨貪汚腐敗，我每聽到別人這麼說，便想起父親，想起暮色蒼茫裏，淸瘦病喘，擠進公共汽車回復興關的父親！他常着粗嗶嘰制服，深夜燈下，屛息研究兩黨方策。我自問對政治毫無興趣，但也不覺對政黨裏這樣的黨員而肅然！有一個傍晚風勁樹老，父親回顧言我：『先天下人之憂而憂，後天下人之樂而樂。』我驚起擡頭，一直以爲是綫裝書上大家讀讀的罷了！想不到父親一生所恪守的正是這兩句格言。

有一次，一位建築界的朋友和父親第一次見面。他送客轉來贊嘆地說：『河南只有這一個gentleman！』我自覺唸了三四行莎士比亞，沒想到父親遠比我淸絕！

又有一次，朋友婚禮，他欲行又止：『我還記得他第一位太太的葬禮。我不能去。這樣的人生未免太不美。』父親一生毫不浪漫，我奇怪他和我言美。

父親參加陳獨秀先生的葬禮回來，我接過杖帽隨口問道：『人很多吧！』『三四個人，世情同此！』我默默無語，肅然於父親的風義。

柳無忌先生散文課上，父親在窗前候我。課畢，父親掏出幾塊我心愛的香蕉糖，要看我當面吃下，我緊抓在手裏，不願給前後的同學看見。我着急的看着他，幾乎想說：『你簡直不懂大學裏的規距，沒有家長這樣的！』事隔經年，我每讀到朱自淸先生的『背影』，便黯然想到天下的父親。

我愛父親，愛他穿着舊衣見客時的昂然；愛他覺得不對時，千人之間能起立反對，覺得對時，千人之前毫無猶豫的精神。我愛他不是爲了兒時吻我，而是因爲他能在貪利的社會裏屹樹着高亮的廉潔；因爲他能在未上軌道的政治環境裏質樸而苦幹；他抱有一個崇高地理想從事政治。我知道最能表現他風骨的是風雲亂世裡的義旗和艱難危局下的鬪志。『政治是藝術。』他對我講：『你不知道那充分用才智去分析、組織、推動的樂趣。』『我一生只做了一件半事。五四是一件。』我每聽人提起他的才幹，便無語想起他未盡的抱負。

星光夜裏，他偶然對我說道：『成敗不足以衡人！』是的，也許當時有些自己很成功的人，反促成了大局的失敗。

連年烽火，有一次我打開世界地圖，指着一片淺綠和平的瑞士說道：『來世出生在瑞士罷！』但父親想也不想，毫不猶豫的說：『我還做中國人！』

他奇怪我愛讀茶花女。我展開瑪格麗特、亞芒，一定要他唸兩行，但他還是拿起邱吉爾的演講。

『我朋友裏也有文史不錯的。』他翻開報上中央研究院院士的名單。從數學到地質，讀出他認得的朋友，驕傲地看着我說：『這是當時第一流的腦筋！』我聽到這些人名，便一一想起自己五六十分的理科考試。我自愧在學術上將永無成就，但我如何被父親的鼓勵感動！『你也許說我現實，別人說我嚴謹。其實我對人講風格，對政治求理想，一身硬骨，永遠戰鬪。朋友承認我够朋友，敵人也承認我配做敵人！』他笑我道：『你已失去了農田樸實奮鬪的勇氣，又沒有得到城市高度的文化和教養！』這是父親給我印象最深的責備。

山城的雨夜，茶暖花香。母親發愁畦裏的蠶豆受不了雨水的打擊，父親和我靜聽嘉陵江水的潮漲。感謝這完美的童年！我知道無論以後遇到什麼困難，心中永遠有一張美麗的圖畫。燈光後橙色的窗上現出黑色的花影，貓捲伏一團地睡在鋼琴上，誰在彈『我的家庭眞可愛，冬天溫暖夏天涼……』我們有這樣美麗的感情，若非相隔竟如生死，我知道他千山萬水，也會趕回來的。

小時初懂人事，聽父親唸『梨兒心裏酸，蓮子心中苦』的明詩。我常想發誓願來生再做他的女兒，但一時遲說，竟暮草三年！

他輕視如我這樣蛋殼般的女兒，他一生高傲。他常對我說：『永遠不要向惡勢力屈服！永遠要奮鬪！』記得我初次做事時，父親送我到門邊。異鄉多雨，四季常綠。每當我慢步在臺北的石子路上，便想起在暮靄的家園裏，那白布短掛，把我送入社會的父親！

在父親病中，我勸父親請朋友還回多年前借的錢。

『他如果有錢，他自己會還我的。』他半臥在病床上。

我本不敢和父親談錢，但我想到父親的醫藥費和一個比一個小的弟妹。

『父親！』

『如果我沒錢，我的朋友怎麼會有錢？』

『哦，你從來不為我們想，』我大喊：『你眞自私！』

父親吃驚的擡起頭來，充滿着受傷的眼光，他兩手支着垂危的頭低聲說道：『我已經算好的了，我還沒有欠人錢。』

我猛然止住，他好像在作最後的道歉。啊！我恨！為什麼我們常傷害我們最愛的人的心。

父親病時，我為他曬書。我將一疊疊左傳、史記從書架上扔下，埋怨那唸得了這麼多。父親笑笑：『留給你慢慢讀吧！』我忽然怕起來，怕我們將世世代代幾本薄書傳家。颱風颱雨裏，小妹妹騎着輛自行車回家，我開門看她被雨淋濕的栗色的圓臉，為什麼我們世世代代都是孤兒？

父親病重在醫院時，我端碗雞湯素麵給他送去，醫生打開病房的門，父親看着湯裏的麵，露出高興，不，幾乎是天眞的笑容：『這樣白的麵，這碗麵錢可以够老百姓吃幾頓了！』老百姓！老百姓！我搖着病重的父親，我聽够了！

父親一生布衣粗食，然而他却貢獻了一切。父親去世已經三年了，我與社會上已有點接觸，才漸漸認識出眞有人的風骨、有人的膽識、有人的感情的原來是自己的父親！

孟眞伯父去世後，安靜的睡在靈堂裏，我站在那裏含淚想起父親和傅伯伯搶書玩笑，風趣四起的情景，想起沒有見過的蔡元培先生，想起他們那一代的文化！後浪推前浪，忽然竟又是今天的局面，世局更動亂！蒼生更痛苦！

至今我猶記得我得到第一次薪津時，在上海外灘的冬風裏，四處糖果店中，慌忙找父親心愛的食物。他嚐了一口說：『就在外國的巧克力和高跟鞋裏，國家給賣掉了！』一直到以後，偶然碰到要穿高跟鞋的場合，我的脚都放不下去。說這話的幾天以後，父親死了。那晚聖誕之夜，醫院裏傳來聖瑪利亞的歌聲，我看着壁爐中漸滅的爐火，看着將死的父親，我疲倦絕望得一點感覺也沒有了。我已用盡一切女兒的力量來愛我的父親，但我終愛不過上帝的意旨！年年聖誕，我驚聽彌賽亞的歌聲四起，風雪裏我何處去找回父親？

——為十二月二十六日先父段書貽先生逝世三週年紀念而作。

(上接第14頁) 給與援助；一切反抗以蘇俄為中心的世界共產主義的國家或集團原則上都給與援助，但在這中間有些例外，對例外者要附以條件，那就是有些國家或集團其本身是壓迫人民和自由者，如狄托、佛郎哥之流，或法國之於越南，英國之於馬來亞，比利時之於剛果等，絕不能無條件無原則地給與援助。對於他們的一切援助必須根據世界自由運動的最高原則要求對等的交換條件：給你援助，你就得給人民以自由；一塊美金；就要換回一塊美金的自由；繼續迫害自由者，就絕不能給以援助。如此做法，挽救人類酷刼的世界自由運動，才能油然而雲，沛然而雨，滙成澎湃的巨流，將一切極權主義者統統湮滅。

這就是現代巴斯底監獄的竅，找不到這個竅，就不能打開它。

美國人太天眞了，太幼稚、太淺薄了。老是站在「帝國大厦」的高樓上看舊大陸是看不清楚的，天馬行空式的坐着飛機看舊大陸是看不清楚的；到現在為止，他們既不瞭解世界共產主義，更不瞭解東方，乃至於不够相當瞭解他們所自來的西歐世界。辛勞終日，賺來的錢被大量大量地騙跑，而還到處挨罵，普遍為人所不喜歡。美國人應該痛切地作一番檢討了。(完)

霍夫曼論自由

——這是美國前經合總署署長霍夫曼(Paul G. Hoffman)在紐約自由大厦落成十週年紀念時的一篇演講詞。他在此重申自由對於這個時代的需要。——譯者

聶華苓摘譯

自由大厦所象徵的是維護自由以及維護並完成一個自由的社會。在我們的歷史中，沒有一個時代比現在更需要維護自由。我們的祖先稱自由爲人的基本權利。但自由現正在世界各地遭受着嚴重的打擊。

克里姆林宮已下決心强迫世界實行其獨裁的生活方式。這是對於我們自由最顯明的威脅。我在此並不强調這一點。我所要談到的是一個更險惡的危機。這個危機之產生乃由於我們不能了解自由社會的眞實性質以及其力量之深遠的來源。因此，我們在美國以外持有太多的中立主義；而在國內呢，有許多活動雖然是以自由的名義實行的，但實際上却危害了我們的自由。

中立主義者認爲我們的自由社會與極權社會有一個共同的弱點，就是兩者都是唯物的。兩者都不能滿足人的內在需要。他們將目前的世界衝突看作兩大列强之間的衝突，此兩大列强都想强迫世界實行他們各自的生活方式。

美國眞正的光榮

無疑的，我們美國促成了這種誤解。我們曾絮絮不休地統計我們一億五千萬人民所擁有的汽車、電話、無線電、洗衣機、電視設備等。

我們有權驕傲我們製造財富的特殊經濟能力。尤其應該令我們驕傲的是我們的財富分配公平。但是，過份着重這些成就是一個錯誤。這些成就的眞正意義乃在於它們與它們來源之間的關係。因爲它們反映出一個自由社會的創造力量。這些成就是一個光明之點，但它們本身並不是美國的光榮。

我們美國自由社會的光榮是：美國人民有機會實現他們在智力方面的，精神方面的以及物質方面的才能，而這種機會正不斷地在擴大。這也就是說美國的環境鼓勵個人的成長與發展。我們的目標不僅是使人人平等，並且使每一個公民都一定有機會得到充分的成長。我們離此目標尚有一些距離，但我們是在向着這方向前進。

人的天性是自由的

我們美國一直不斷地在注意「社會公正」，我覺得此可象徵我們國家的精神遠景。由於這個原故，我們大的公民團體之間已產生了較好的新關係；我們已發展了新的行爲準則；並且對於人與人之間的相倚性有了新穎的見地。

我們美國在智力與精神方面很有進步，而得到這種進步的機會之所以能成長與發展乃由於我們自由社會是適合人的天性的。人天生是自由的；人天生是不能脫離社會的。當我們的祖先立下我們自由政府的原則時已經想到人的二重天性的事實。他們一再講到『自然法和自然的上帝法』

我們美國人本能地知道，被奴役的人是不能够滿足他們的天性的。我們美國人也承認這個事實：就是人天生是不能脫離社會的。「沒有一個人是一個孤立的島。」人不能爲了自由的緣故而摒棄社會；但人也不能因放棄他的自由的自然權利而滿足他社會生活的自然需要。

有人支持我們這種制度乃是由於我們有龐大預算、高度生產、以及戰勝其他國家的能力。這種見解根本無根據。因爲它忽視了歷史的變遷。這種見解無異就是說倘若在某時有某個其他的國家在預算、生產以及武力方面都超過了我們，那麼，就證明他們的制度對於人類是更適合的。這種見解也可被人解釋爲：我們的制度僅在過去二十五年或是五十年我們物質文明興起的時期中獲得效力。這無異就是嘲弄美國的創國先哲們。因爲從物質的觀點來看，我們與拿破崙的法蘭西和亞歷山大第一的俄國相比，我們眞是瞠乎其後了……。

倘若一個社會要適合人的社會需要，那麼，此社會便必須供給一種能使人相互尊敬與信任的環境。

我們能够很輕易地叙述出一個自由社會的目標。但是，若要達到這些目標，還需經過複雜的過程。美國的憲法、人權法案、聯邦法、州律、美國的習俗、以及各種自願組織等全是欲達到一個自由社會的目標之過程中的一部份。這便是爲什麼自由社會被稱爲人類最顯著的成就。

極權社會與自由社會的兩個基本不同點

極權社會與自由社會幾乎在每一方面都有顯明的不同點。茲僅述其二：

第一、極權社會根本不允許其公民有自行決定思想、言論和行動的權利，它若給予公民這種自由便與極權主義的基本觀念相衝突。極權主義的基本觀念是：人並不是一個目的，僅僅是一個工具，是一個實現國家的目的之工具。

我最近去過一次東柏林，在那裏，我看清了在一個極權國家中思想、言論和行動被控制到若何程度。東柏

林充滿了青年，他們是由東歐被召集來參加一個共產黨的青年遊行的。他們步伐一致，歌唱一致，思想一致。其中約有數千人溜到了西柏林。這些人的思想內容完全是一樣的。他們熱情地高唱着頌揚史達林和攻擊美國的歌曲。男女學生都穿着藍制服。現代獨裁者所施於兒童的教育真令人可怕。墨索里尼令他們着黑裝；希特勒令他們着黃裝；而現在史達林却令他們着藍裝。這都是奴化他們思想的計劃之一部份。

極權社會與自由社會之間的第二個不同點就是極權社會對於人不能脫離社會的天性所加的打擊。人只有在一種信任的氣氛中才能共同愉快地生活和工作。但在一個極權國家的統治下，這種情況是不可能存在的。因爲極權社會只有藉人與人之間嚴密的監視才能控制人的思想，言論和行動。在今日的蘇俄，沒有一個人能夠確信他的伙伴——甚至於他的家人——不是一個秘密警察的特務。因此，蘇俄人民的生活充滿了恐怖，他們並不能愉快的生活和工作。

我着重這兩個不同點的目的有二：這兩個不同點表示極權國家未能滿足人的內在需要，這對於中立主義者是一個完善的答覆。此外，這兩點明顯的指出了我們必須加强決心使我們的自由國家不受極權主義的汚染，並且指出了我們在這方面應採的態度。

思想自由是一個基本人權

我們必須謹防任何危害我們個人權利的行爲。我們個人有權決定我們自己的思想，言論和行動。當然，我們決定自己的行動時應適當地顧及到他人的權利。

思想的自由是一個基本的人權。宗教自由，新聞自由，以及集會結社的自由皆由此而生。但是，我們若無討論，批評和辯論的自由，思想的自由是無意義的。批評，討論和辯論是使社會進步之唯一的和平手段。歷史顯示給我們沒有批評，討論和辯論的社會必定是停滯和滅亡的。

獨裁國家的思想控制是藉武力而實行的。但是，討論，批評和辯論既能藉恐怖也能靠武力而抑止。輿論壓制的力量能與整肅和迫害的力量比擬。教師，政府職員，政府官員，甚至於商人等都能由於恐怖而不能享受第一次美國憲法修改所賦予他們的權利，其效力如同將此次憲法修改廢止一樣。在所有壓制人類思想的獨裁形式之中，再沒有此恐怖更令人可怕的了。

批評不容壓制

不久前，曾有些人——其中常常是善良的人——盲目地散佈這種恐怖。他們有高度的反共熱情，但他們利用的方法與策略却傷害了我們的反共力量，因而直接幫助了克里姆林宮。他們在社會上所製造的輿論是危險的。他們是藉恐怖而强迫一致。凡是持有不爲人所歡迎的見解或支持一個不爲人所歡迎的主義的人，他們都準備予以折辱。

因此，許許多多的人民都怕坦白說出他們心中的話。我們在許多事件中所作的決定（常常是在高級人員中所作的決定）都是受了恐怖的影響，總之，這種散佈的恐怖造成了共產黨滲透與離間的危險。所有這些情形竟發生在一個偉大而光榮的美國，而美國之所以變成偉大和光榮的乃因爲它承認反對者的權利。

倘若我們要維護人的自由天性，和加强我們的自由社會，我們便必須堅持一個原則：就是必須在不違犯誹謗法的範圍內維護無限制的批評權。此批評權應擴張到我們所不同意的思想上去，用美國一個偉大的最高檢察長的話說，就是我們所憎恨的思想之自由。例如，我極端不贊成工人日報謾罵每一個敵手爲法西斯的作風。我也極端不贊成那些任意責難同情共產黨的人。但是，我並不壓制這些不負責任的批評者。批評是不容許被壓制的。

自由社會是公正的社會

我們也必須牢記，一個自由的社會是一個公正的社會。每一個追求自由的人也必須追求公正。我們之所以必須鼓勵批評乃因爲我們必須鼓勵人民指出社會上的不公正，並鼓勵人民爲剷除這些不公正而奮鬪。一個不公正的社會是不能持久的。對於一個人不公正便危害了所有的公正。

我們只有保護少數人的權利才能保護多數人的權利。在美國，種族和宗教的歧視，特權以及機會發展的不平等現象都逐漸消失。無論它們仍存在於什麼地方，它們必定會被發現並被剷除。

我的這些信念最多不過是一個採取行動的計劃之導言。擬定那樣一個計劃必須是那些上級人員的工作。但是我們必須輔助此工作之進行，而自由大厦應處領導地位。

克里姆林宮的擴張主義使美國和自由世界必須重建軍事力量以維護和平。但是，我們必須再作些有效的工作以對抗極權主義者統治世界的計劃。我們必須重新努力使美國表現爲一個自由，公正，無恐怖的社會。任何警察制度也不能阻止關於這種表現的消息達到世界人民的耳中，甚至於達到鐵幕之後。

我們的祖先蓄意使美國表現爲這樣的一個國家，因此才擬成了一個以人性爲基礎並綴合自由與公正的憲法。我們一定不能讓他們熱切的希望消失了；我們必須不斷地向着實現美國理想的方向邁進。

譯自十月十二日
美國基督教箴言報

讀者投書

封建式的現行公文程式應予改革

余崇華

主編先生：

貴刊五卷十期登載雷震先生「民主政治就是民意政治」一文，議論精闢，實堪深佩。尤其是認定「官吏是人民的公僕」，「公僕是要以人民之意志爲意志的」數語，深入淺出，要言不煩地闡明了民主政治的眞諦。由此推論，却接觸了一個似小實大的實際問題，我們的國家既是個民主國家，爲什麼人民向他的公僕文字往來，要稱公僕爲：「鈞座」「鈞局」「貴局」？爲什麼要向公僕遞「呈文」？爲什麼等候公僕的「批諭」？爲什麼要自稱爲民？要說的事情吞吞吐吐說是：「飭查」？此種君主時代的陳言，豈不應該改革而另用新式合理的字眼和格式嗎？

現在大陸鐵幕裏人民與僞官方往來文字已改爲語體文，和稱僞官爲「你」「你局」「你所」，人民自稱爲「我」「我店」「我廠」「我會」，而且沒有什麼「呈」，也不要求他「德便」，文末只來一個簡單的「敬禮」二字。我們姑不論僞政權一切都是僞裝，而且上述這一套無非向歐美各國——尤其是俄國方面官民往來文字抄襲過來，但在反共抗俄的今日，鐵幕內僞裝民主，表面似模似樣，而自由中國却還讓帝制時代「鳴鑼開道」式的公文格式來替「公僕」呼喝助威，豈非大不可解嗎？

雷先生說：「民主政治是繁瑣政治，常識政治」，所以我提出了這個似繁瑣的問題，希在貴刊號召愛好自由民主的同胞展開討論，研究出一個合理的公文格式，爲自由中國樹立自由民主風氣，未知尊意以爲如何？敬頌

撰安

讀者　余崇華

四十年十一月廿日香港

崇華先生：

你的來信提出了一個切中時弊的問題，我們深具同感！

誠如來信所說，現行公文用語與格式是很不合理的。如果我們現在是民主政治的話，爲甚麼還要襲用「帝制時代」的陳腔濫調？這毋寧是一個很大的諷刺。關於這類不合理的用語我們到處可見，比如人民的請求要「伏乞恩准」，官吏說話則叫做「頒訓」，電影院的告示也要「奉諭」，老百姓對這些「訓」「諭」必須「毋違凛遵」，（抗戰前，現任總統府秘書長王雪艇先生長教育部時，對下行文末尾用「仰即知照」等用語，深爲痛恨，曾多方努力改革，去掉這個『仰』字。但現各機關公文仍襲用如故。）諸如此類，不僅是公文用語與格式的問題，而係代表一種「政治意識」，常久的處於這種氣氛之下，對於民主政治的教育自然會產生一種很不良的影響。這眞是一個「似小實大」的問題！

不僅公文用語與格式，現行公文程序也同樣地需要予以改革。現行公文制度在政治上表現的是一切政治措施都在公文裡兜圈圈，於是政治就是辦公，辦公就是做公文之謂。所以有人說我們的政治是科員政治、圖章政治。這種現象，一部是由於不合理的公文制度造成的。

因此，我們願提出改革現行公文程式的建議。我們把你的原信登載出來，表示同意你的意見，並如你所說，希望藉以引起討論，研究出一個合理的公文程式來。

敬祝

康樂

編者　四〇、十二、十二

第五卷　第十二期　內政部雜誌登記證內警臺誌字第一九號　臺灣省雜誌事業協會會員　四〇四

給讀者的報告

「反共與團結」是本刊一貫的主張，兩年以來我們的言論從沒有離開這個立場，我們曾經不斷爲文，呼籲各方團結，致力反共抗俄。無疑地，我們國家的存亡，文化的絕續，都繫於反共抗俄的成敗；作爲一個中國的自由人民，便不能逃避這個時代的責任。反共抗俄是一個艱鉅的使命，需要結集並有效地發揮所有反共的力量，所以團結是非常必要的。可是事實上，直到今天反共陣營裡仍然存在着分裂的現象，很多反共力量還沒有能夠有效地利用，一個堅強的聯合的形勢還沒有能夠形成，在反共的立場上這是很堪惋惜的。這種現象之所以發生，主要的是源於觀念的差異，因使在反共的方法上從而形成了不同的歧見。我們認爲：談反共便不能離開民主自由，離開了民主自由，便失去了所以反共的依據，同樣，捨棄了民主自由的方法，便不可能導致反共的成功。這原則應該是大家所能接受的，因爲直到現在我們沒有聽到有人公開反對過民主自由。如果眞正能夠遵守這個原則，團結將應該不再是問題了。因此，我們不同意任何人視反共爲專利的事業，不同意在反共者之間自存門戶之見，更不同意一切梏桎與削弱反共力量的舉措。團結必須是諸多力量的集結與更有效的發揮。只要大家能占在民主自由的基礎上，這目的是不難達到的。最近香港方面的人士正熱烈討論此一問題，意見儘管不同，討論總是有益的，希望從討論中能獲致解決問題的方法。

本期專論有雷震先生的「民主政治就是輿論政治」，本文是作者前文「輿論與民主政治」之三續，再有一篇便續完全文，全文長逾五萬言，讀者宜統貫讀之，庶可知輿論於民主政治之重要也。

象徵人類自由的「巴斯底鑰匙」，是法國革命的遺物，由法國革命領袖拉發野德以之贈予美國父華盛頓先生，現在這巴斯底鑰匙是操在美國人手裡的，而關係全人類自由的鑰匙也操在美國人手裡。李中直先生在本文中提示美國人應如何善於使用這把鑰匙，以打開奴役人類的極權主義的牢獄。

張任飛先生新近隨記者團訪泰歸來，根據此行所獲印象，分析泰國政局，說明這次泰國政變內幕及其對東南亞局勢的影響。

本期香港通訊「北方學人的悲劇」一文，係報導共黨最近對平津大專教授集體實施思想改造的實況，引述名教授金岳霖錢端升等被迫發表的自白書，共產黨這種摧殘文化迫害學術自由的罪行，使人爲之切齒。

文藝一篇紀念逝世三周年了的段書眙先生，本文爲其女公子永蘭小姐所作，自美國寄來者。

本刊售價

一、臺幣三元
二、越幣八元
三、菲幣五角
四、港幣一元
五、暹幣四銖
六、美金二角
七、叻幣四角
八、印尼幣三盾

自由中國 半月刊 第五卷第十二期

"Free China" 總第五十一號

中華民國四十年十二月十六日

發行人　胡　適

主編　『自由中國』編輯委員會

出版者　自由中國社
社址：臺北的金山街一巷二號
電話：六八八五號

航空版
香港　香港時報社（高士打道六四號）

經售者
臺灣　中國書報發行所（臺北市舘前街八五號）
美國　紐約民氣日報社　舊金山國民日報社
日本　東京南友堂　東京內山書局
馬尼剌　大中華日報社
印尼　椰嘉達星期日報　椰京達天聲日報　棉蘭蘇華圖書公司
越南　西貢中原文化印刷公司　越南華僑文化事業公司
曼谷　曼谷攀多社十二號
緬甸　仰光振成書報店
新加坡　中興日報社　檳榔嶼、吉打邦均有出售
澳洲　墨爾缽王德利公司

印刷者　臺灣新生報新生印刷廠
廠址：臺北市西園路二段九號
電話：廠長室二七一一五　業務課二〇一九六

本刊經中華郵政登記認爲第一類新聞紙類　臺灣郵政管理局新聞紙類登記執照第二〇四號

自由中國
第四集

第五卷第一期至第五卷第十二期
1951.07-1951.12

數位重製・印刷　秀威資訊科技股份有限公司
http://www.showwe.com.tw
114 台北市內湖區瑞光路 76 巷 65 號 1 樓
電話：+886-2-2796-3638
傳真：+886-2-2796-1377
劃　撥　帳　號　19563868　戶名：秀威資訊科技股份有限公司
讀者服務信箱：service@showwe.com.tw
網　路　訂　購　秀威網路書店：https://store.showwe.tw
網路訂購：order@showwe.com.tw

2013 年 9 月
全套精裝印製工本費：新台幣 50,000 元（不分售）

Printed in Taiwan